User: SHas
Passwort: ______

Die Bonus-Seite

Ihr Vorteil als Käufer dieses Buches

Auf der Bonus-Webseite zu diesem Buch finden Sie zusätzliche Informationen und Services. Dazu gehört auch ein kostenloser **Testzugang** zur Online-Fassung Ihres Buches. Und der besondere Vorteil: Wenn Sie Ihr **Online-Buch** auch weiterhin nutzen wollen, erhalten Sie den vollen Zugang zum **Vorzugspreis**.

So nutzen Sie Ihren Vorteil

Halten Sie den unten abgedruckten Zugangscode bereit und gehen Sie auf **www.galileodesign.de**. Dort finden Sie den Kasten **Die Bonus-Seite für Buchkäufer**. Klicken Sie auf **Zur Bonus-Seite / Buch registrieren**, und geben Sie Ihren **Zugangscode** ein. Schon stehen Ihnen die Bonus-Angebote zur Verfügung.

Ihr persönlicher **Zugangscode**: 2hvc-u8ys-xadi-35jf

István Velsz

Adobe Photoshop Lightroom 3

Das umfassende Handbuch

Galileo Press

Liebe Leserin, lieber Leser,

mit Version 3 von Photoshop Lightroom hat Adobe seine Software zur professionellen Bildverwaltung, Raw-Entwicklung und Präsentation weiter optimiert. Vor allem die neuen Funktionen zur Korrektur von Objektivfehlern und die direkte Ausgabe an Internetdienste wie Flickr oder Facebook sind eine lang ersehnte Verbesserung! Aber fragen Sie sich vielleicht, wie der ideale Arbeitsablauf vom Import der Bilder über deren Verschlagwortung und Bearbeitung bis hin zur Ausgabe aussieht? Die Antwort liefert Ihnen der Fotograf István Velsz in diesem umfassenden Handbuch.

Möchten Sie direkt mit der Arbeit in Lightroom starten, verschaffen Sie sich am besten zunächst in Kapitel 1 einen kurzen Überblick über die Module und die Fähigkeiten der Software. In den Kapiteln zu den einzelnen Modulen geht es dann ins Detail: Dort helfen Ihnen vor allem die vielen Schritt-für-Schritt-Anleitungen, die Funktionen von Lightroom kennenzulernen. Auf Seite 15 finden Sie alle Workshops dieses Buchs zusammengefasst, so dass Sie die Aufgabe, die Sie bewältigen möchten, schnell finden sollten.

Wenn Sie wissen möchten, wie Sie die Fähigkeiten von Lightroom weiter ausreizen können, interessiert Sie sicherlich Kapitel 14 – dort erfahren Sie, wie Lightroom mit Photoshop zusammenarbeitet und welche Erweiterungsmöglichkeiten Plugins bieten. Und eine umfangreiche Auflistung wichtiger Tastenkürzel hilft Ihnen dabei, Ihre Arbeit in Lightroom noch schneller zu erledigen (ab Seite 645).

Sollten Sie Fragen oder Anmerkungen zu diesem Buch haben, können Sie sich gerne an mich wenden. Jetzt wünsche ich Ihnen aber erst einmal viel Freude beim Lesen und viel Erfolg bei der Arbeit mit Lightroom 3!

Ihre Christine Keutgen
Lektorat Galileo Design

christine.keutgen@galileo-press.de
www.galileodesign.de

Galileo Press • Rheinwerkallee 4 • 53227 Bonn

Auf einen Blick

Inhalt

BACALLANERIES
Gomà
27'85 P.V.P. €UROS
KILO.

Workshops

Farbmanagement

Die Arbeitsoberfläche

Arbeiten mit Katalogen

Bilder importieren

Das Bibliothek-Modul

Bilder exportieren

Das Entwickeln-Modul

Das Diashow-Modul

Das Drucken-Modul

Das Web-Modul

Video-Lektionen auf der Buch DVD

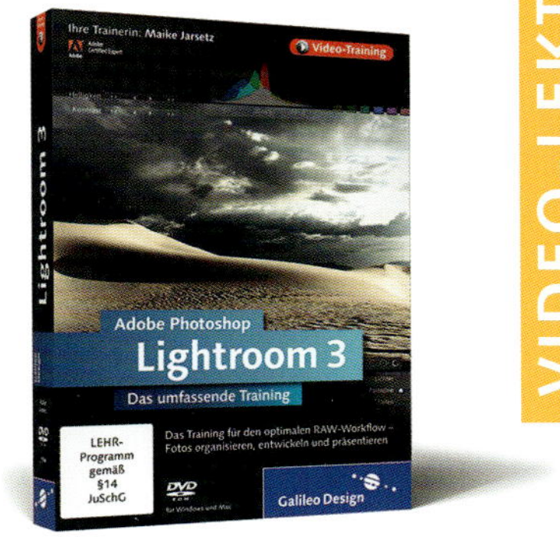

Als Ergänzung zum Buch stellen wir Ihnen thematisch passende Lehrfilme aus dem Video-Training »Adobe Photoshop Lightroom 3. Das umfassende Training« (978-3-8362-1584-8) von Maike Jarsetz auf der Buch-DVD zur Verfügung. So haben Sie die Möglichkeit, das neue Lernmedium kennenzulernen und gleichzeitig Ihr Wissen um Lightroom 3 zu vertiefen. Sie schauen der Trainerin Maike Jarsetz bei der Arbeit mit Lightroom über die Schulter und können so ganz leicht die unten vorgestellten Methoden nachvollziehen.

Um das Video-Training anzusehen, gehen Sie auf der Buch-DVD in den Ordner Video-Training und klicken dort die Datei »Start.html« an. Alle anderen Dateien in diesem Ordner können Sie ignorieren. Das Video-Training startet mit einer gesonderten Oberfläche, von der aus Sie die einzelnen Lektionen auswählen können.

Kapitel 1 »Fotos individuell verbessern«

1.1 Virtuelle Kopien erstellen .... [06:56 Min.]
1.2 Perspektive korrigieren .... [06:06 Min.]
1.3 Retuschieren in Lightroom .... [09:48 Min.]
1.4 Schwarzweiß und Tonungen .... [05:52 Min.]

Kapitel 2 »Lightroom und Photoshop«

2.1 Bilder in Photoshop öffnen .... [08:21 Min.]
2.2 Lightroom & Photomerge .... [02:47 Min.]
2.3 CMYK-Bilder bearbeiten .... [08:11 Min.]

Kapitel 3 »Metadaten und Kataloge«

3.1 LR-Kataloge verwalten .... [03:46 Min.]
3.2 Als Katalog exportieren .... [03:60 Min.]
3.3 Kataloge zusammenlegen .... [06:55 Min.]
3.4 Einstellungen übergeben .... [11:06 Min.]

1 Einführung

Als Adobe Anfang 2007 den Vorhang lüftete und die erste fertige Version von Photoshop Lightroom vorstellte, war die gesamte Fotowelt förmlich »elektrisiert«. Das Programm war so lange erwartet worden wie schon lange keine Software mehr – denn es versprach vieles: einen neuartigen Raw-Konverter, eine effiziente Bildorganisation und eine neue Art der Bildbearbeitung, die extra auf die Anforderungen von Fotografen abgestimmt worden war. Diese Software war komplett neu – abgesehen von Apple Aperture gab es diesen Ansatz noch nicht, mit einem Programm den ganzen digitalfotografischen Prozess vom Bildimport bis zum Druck oder zur Diashow abzubilden.

Die Anfänge von Photoshop Lightroom reichen aber schon bis ins Jahr 2002 zurück, bis zu einem Softwareexperiment namens PixelToy. Dieses wurde mehr oder weniger als Spielzeug entwickelt, mit dem man testen wollte, ob es für die Bildbearbeitung eine gute Alternative zum komplexen Ebenenkonzept von

All-in-one-Lösung Lightroom
Die erste Idee war, verschiedene Bearbeitungsstadien eines Bildes als Schnappschüsse zu speichern und darauf aufsetzend Bilder immer weiter zu entwickeln. Durch gute Beziehungen der Entwickler zu Fotografen kam zusätzlich heraus, wie schwierig es war, mit hunderten oder tausenden von Raw-Bildern umzugehen. Der Dateibrowser von Photoshop erwies sich dafür als unhandlich. Der gesamte Workflow basierte damals auf einzelnen, unabhängigen Tools.

▲ **Abbildung 1.1**
Es war ein langer Weg von der ersten Idee namens PixelToy (links, Bildquelle: *PhotoshopNews.com)* über Shadowland bis zum fertigen Produkt Lightroom (rechts).

▲ **Abbildung 1.2**
Im Studio und am Set muss es oft schnell gehen. Von Bildern wie diesem werden hunderte aufgenommen. Die Fotos werden oft noch während des Shootings vom Kunden kontrolliert und abgenommen.

Photoshop gibt. Aus diesem Spielzeug wurde Shadowland, die erste Alphaversion von Lightroom.

Vier Jahre später wurde aus dem Projekt Lightroom, das Adobe als öffentliche Betaversion allen Interessierten im Internet zur Verfügung stellte. Das Feedback tausender Fotografen half, die Software zu perfektionieren. Im Februar 2007 war es dann so weit: Die erste finale Version konnte zum Verkauf angeboten werden.

Gut 18 Monate später kam Lightroom 2 auf den Markt. Viele Fehler der ersten Version waren beseitigt worden, und die neuen Funktionen rundeten das Paket weiter ab. Für Amateure und Profis wurde nun ein Programm angeboten, das sich als Standard etablieren konnte.

Lightroom 3 kam mit etwas Verzögerung nach rund 22 Monaten im Juni 2010. Diese Version beinhaltet zahlreiche Änderungen unter der Haube, die vor allem die Bildqualität in der Raw-Verarbeitung noch weiter verbessern. Dies ist jedoch ein nicht zu unterschätzender Schritt, auch wenn sich sonst augenscheinlich nicht viel geändert hat. Mehr zu den Neuerungen erfahren Sie ab Seite 44.

▲ **Abbildung 1.3**
Auch bei Reportagen entstehen zahllose Bilder. Um etwa Nachfragen nach konkreten Situationen oder Gebäuden befriedigen zu können, benötigt man ein gutes Archivierungssystem.

1.1 Workflow mit Lightroom

Der Workflow von professionellen und ambitionierten Amateurfotografen unterscheidet sich kaum. Der Profi legt besonderes Augenmerk auf Geschwindigkeit und besitzt eventuell höhere Ansprüche an die Ausgabequalität, doch auch der Amateur freut sich sicher, wenn diese Anforderungen vom Programm optimal umgesetzt werden.

1.1.1 Anforderungen im Fotoalltag

Zunächst benötigt man ein System zur **Verwaltung** der Bilder. Bei vielen Fotografen geht die Bildanzahl in den Archiven in die Zehntausende. Wie findet man hier das richtige Bild? Schon während eines Shootings entstehen oft mehrere hundert Bilder. Wie bekommt man die Bilder schnell und übersichtlich verwaltet?

Ein weiteres Problem, vor allem bei professionellen Fotografen, ist eine mangelnde Geschwindigkeit in der **Bearbeitung**. Oft werden Bilder schon während des Shootings vorsortiert und grob korrigiert, damit sie der Kunde noch am Set beurteilen kann. Viele Bilder müssen schnell zusammen verarbeitet werden können, einzelne Bilder benötigen später dann eventuell weitere Korrekturen. Die Anforderungen in der Bearbeitung reichen von

▲ **Abbildung 1.4**
In welchem Ordner würden Sie dieses Bild ablegen? Vielleicht gleich in mehreren? Lightroom bietet bessere Lösungen für die Verwaltung, zum Beispiel die Vergabe von Schlagwörtern oder die Einordnung in verschiedene Kollektionen.

einer schnellen groben Korrektur am Set bis hin zur Schaffung perfekter Kunstwerke für den Fine-Art-Druck.

Zur **Präsentation** der Bilder müssen diese als Kontaktbogen oder als Abzüge ausgedruckt oder in elektronischer Form am Bildschirm angezeigt werden. Ist man selbst unterwegs oder der Kunde weiter weg, bietet das Internet dafür die ideale Infrastruktur. Allerdings kann man eine größere Anzahl an Bildern nicht per E-Mail verschicken, da die Übertragung zu lange dauern würde. Die Alternative ist eine Bildergalerie auf einer Webseite. Hier kann der Kunde dann selbst in Ruhe durchklicken und auswählen.

Unabhängig davon arbeiten viele professionelle Fotografen mit dem **Raw-Format**. Die im Raw-Format abgespeicherten Dateien bieten größtmögliche Flexibilität. Diese geht aber auf Kosten des Speicherplatzes, da Raw-Dateien meist unkomprimiert gespeichert werden und somit um einiges größer sind als beispielsweise JPEG-Dateien. Zusätzlich unterliegt dieses Datenformat keinem Standard, und jeder Kamerahersteller kocht hier sein eigenes Süppchen.

Und zu guter Letzt wollen Fotografen in erster Linie fotografieren und sich nicht mit dem Erlernen und Bedienen vieler unterschiedlicher Programme herumärgern.

1.1.2 Lightroom als Universaltool

Weil kein bestehendes Programm all diese Anforderungen von Anfang bis Ende des digitalen Workflows ausreichend erfüllte, wurde Lightroom entwickelt. Jede Stufe des Workflows hat in Lightroom ein eigenes Modul. Im idealen Fall arbeitet man für eine Aufnahmeserie Modul für Modul ab. Jedes Einzelne davon bietet die Möglichkeit, viele Bilder gleichzeitig oder auch nur einzelne Bilder zu editieren – sowohl im JPEG- oder TIFF- als auch im Raw-Format. Für erweiterte Bearbeitungen ist ein schneller Sprung zu Photoshop möglich, ohne den Workflow verlassen zu müssen.Speziell für Raw-Bilder bietet Lightroom durch die DNG-Unterstützung eine möglichst hohe Kompatibilität und lange Archivierungssicherheit. Aber auch das Arbeiten im Raw-Format des jeweiligen Herstellers ist möglich – für manche besonders Qualitätsbewusste immer noch das einzig Wahre.

Bilder verwalten | Unbestritten ist die Anzahl der zu verwaltenden Bilder seit der analogen Fotografie auf Film enorm angestiegen. Auf Speicherkarten haben nicht mehr nur 24 oder 36 Bilder Platz, sondern 200 oder sogar noch viele mehr. Das wird von den Fotografen in der Regel auch reichlich ausgenutzt. Es werden nicht zwei oder drei Bilder von einem Motiv gemacht, sondern zehn oder noch mehr.

Natürlich wird auch aussortiert, aber am Ende bleiben immer noch erheblich mehr Bilder übrig als in der analogen Fotografie. Profis und engagierte Amateurfotografen arbeiten mit bis zu mehreren zehntausend Aufnahmen. Und diese Flut will verwaltet werden. Bisher benutzte man dafür die klassischen Verzeichnisordner, in denen man auch die sonstigen Dateien auf dem Computer archiviert. Diese Art der hierarchischen Verwaltung stößt aber bei einem großen Aufkommen an Daten und Informationen – wie es bei Bildern der Fall ist – schnell an ihre Grenzen. Das Ergebnis ist, dass man Aufnahmen, die man schnell zur Hand haben muss, erst aufwändig suchen muss.

Ein Beispiel: Das links abgebildete Foto entstand während einer Geburtagsfeier auf einer Finca in Spanien. In welchem Ordner würden Sie es ablegen? In EVENTS/GEBURTSTAG/2007-03-04 oder in SPANIEN/COSTA BRAVA? Oder vielleicht doch in den Ordner für Ihre privaten Bilder? Oder am besten gleich in allen drei? Jede Lösung wäre nur ein Kompromiss. Eine richtige Lösung für ein solches Problem bieten flexible Verwaltungstools, die mehr können als nur Ordner und Unterordner anlegen. Lightroom bietet als solches ein mehrschichtiges, flexibles System aus Verzeichnissen, Kollektionen, Stichwörtern und Metadaten.

▲ **Abbildung 1.5**
Links die unbearbeitete Hälfte eines Bildes: So hat die Kamera den Ort gesehen. Rechts eine kreative Entwicklung durch Veränderung von Farben und Kontrasten mit dem Ziel, eine bestimmte Stimmung zu transportieren.

Bilder bearbeiten | Lightroom ist jedoch noch viel mehr als ein reines Verwaltungstool. Im Modul ENTWICKELN reizt es nahezu alle Möglichkeiten der Bildbearbeitung aus, die in einem nichtdestruktiven Workflow möglich sind – ohne dabei zu komplex zu erscheinen.

Nichtdestruktiv bedeutet, dass bei der Bearbeitung keine Pixel im Originalbild zerstört werden. Sie können also jederzeit wieder auf die Ursprungsdaten der Grundaufnahme zurückgreifen. Es ist somit nicht nötig, das Original als eine separate Datei aufzubewahren.

Die Bearbeitungstools erlauben eine relativ genaue Anpassung von Farben, Kontrasten etc. In Lightroom ist es auch möglich, Änderungen nur auf bestimmte Teile des Bildes anzuwenden. Warum heißt das Modul nun aber »Entwickeln« und nicht »Bearbeiten«? Das hat mit dem Raw-Format zu tun. In diesem Dateiformat liegen die Bilddaten quasi noch unentwickelt vor. Mehr dazu erfahren Sie in Kapitel 4, »Das Raw-Datenformat«, ab Seite 107.

Bilder präsentieren und ausgeben | Bilder können auf verschiedene Arten ausgegeben werden. Man kann sie als Dateien exportieren: als komprimierte JPEG-Datei oder als hochwertige TIFF- oder Photoshop-Datei zur Weiterverarbeitung in anderen

▲ Abbildung 1.6
Bilder können auf unterschiedliche Weise ausgegeben werden: gedruckt, als Diashow, Datei oder – wie hier abgebildet – als Website.

Programmen wie Adobe Photoshop. Oder man präsentiert die Bilder direkt aus der Software heraus.

Die letzten drei Module von Lightroom beschäftigen sich mit der Ausgabe der Bilder. Als Erstes gelangen Sie in das Modul Diashow. Dieses dient zur Präsentation direkt vom Rechner aus auf dem Bildschirm oder Beamer. Zahlreiche Einstellmöglichkeiten erlauben es Ihnen, die Präsentation an Ihre Bedürfnisse anzupassen. Beispielsweise kann ein eigener Kopfbalken (Erkennungstafel) integriert werden, auch Rahmen und Schatten lassen sich konfigurieren, falls ein Bild nicht den ganzen Bildschirm ausfüllt.

Das zweite Präsentationsmodul Drucken bietet Ihnen alles, um Ihre Bilder in gedruckter Form, quasi als Fotoabzug, auszugeben. Zusätzlich lassen sich Kontaktbogen von Ihren Sammlungen zusammenstellen. Die Erstellung von Fotobüchern, wie mit Apple Aperture, ist leider noch nicht möglich. Aber vielleicht kommt das ja noch in einer zukünftigen Version.

Mit dem Modul Web können Sie Ihre Bilder im Internet auf der eigenen Website präsentieren. Dabei können sowohl HTML-Seiten als auch interaktive Flash-Anwendungen erzeugt werden.

Theoretisch ist es also möglich, alle digitalen Fotoarbeiten in Lightroom zu erledigen.

Das Installieren verschiedener Raw-Konverter oder Softwaretools der Kamerahersteller kann man sich damit eigentlich sparen, da Lightroom alle nötigen Funktionen bereits beinhaltet und auch die meisten Raw-Formate der verschiedensten Kameras verarbeiten kann – vom Import der Bilder bis zur Ausgabe.

1.2 Die Module im Überblick

In diesem Abschnitt erhalten Sie einen ersten Eindruck von den fünf Modulen von Lightroom. Sie erfahren, welche Funktionen diese bieten und welche Möglichkeiten damit verbunden sind. Alle Bilder und Einstellungen werden in einer Datenbank gespeichert, der Katalogdatei, auf die alle Module zugreifen.

1.2.1 Modul 1: Bibliothek

Die Bibliothek ist die Bildzentrale von Lightroom. Hier werden alle Bilder gespeichert. Alle weiteren Bearbeitungsschritte oder Bildausgaben werden von hier aus erledigt.

Bilder importieren | Am Anfang steht das Einlesen der Bilder – über einen Cardreader, von der Kamera oder auch von einer

▾ Abbildung 1.7
Kern von Lightroom ist eine Datenbank, in der alle Bilder verwaltet werden. Sie wird »Bibliothek« genannt.

Festplatte. Dabei werden die Daten nicht in der Katalogdatei von Lightroom gespeichert, sondern nur an eine vorab definierte Stelle kopiert, und der Verweis darauf wird in der Lightroom-Datenbank erfasst.

Je nach Konfiguration des Betriebssystems kann Lightroom automatisch gestartet werden, wenn Sie die Kamera anschließen oder eine Speicherkarte in den Reader einlegen. Beim Import können Sie Bilder gleich in Ordnern strukturieren oder automatisch nach Datum sortiert ablegen. Sie können Raw-Daten auch direkt ins DNG-Format konvertieren, automatisch benennen und Entwicklungsvoreinstellungen zuweisen.

Verwalten in Ordnern | In Lightroom wird die Ordnerstruktur auf Ihrer Festplatte oder im Netzwerk angezeigt. Sinnvoll ist es, alle Bilderordner in einem übergeordneten Ordner abzulegen. Dieser wird dann als oberstes Verzeichnis in der Struktur angezeigt. Da diese Struktur ebenfalls nur eine Datenbankinformation ist, werden Änderungen, zum Beispiel das Verschieben von Ordnern, auf Betriebssystemebene nicht automatisch übertragen. Die Ordner oder Bilder werden dann als fehlend markiert.

Verwalten nach Sammlungen | In Sammlungen können Bilder unabhängig von ihrem Ablageort zusammengefasst werden. Der Vorteil dabei ist, dass sich Bilder gleichzeitig in mehreren Sammlungen befinden können. Es wird dabei aber immer nur auf die Originaldatei im Quellverzeichnis verwiesen. Sie können beispiels-

▲ **Abbildung 1.8**
Der Import von Festplatte, Karte oder Kamera bietet vielfältige Möglichkeiten zur Raw-Konvertierung, Benennung und Verwaltung schon während des Importvorgangs an.

▲ **Abbildung 1.9**
Die Verwaltungssysteme innerhalb von Lightroom ermöglichen eine sehr hohe Flexibilität.

▲ **Abbildung 1.10**
Bilder können mit Stichwörtern versehen werden.

▲ **Abbildung 1.11**
Die Schnellkorrektur erlaubt eine erste grobe Bildoptimierung bereits in der Bibliothek.

weise Zusammenstellungen von Bildern zu einem Thema oder für eine bestimmte Diashow als Sammlung speichern. Sammlungen für Veröffentlichungsdienste speichern Bildzusammenstellungen für Onlinedienste wie Flickr oder Facebook.

Verwalten nach Stichwörtern | Zusätzlich können Sie zu jedem Bild beliebige Stichwörter hinzufügen. Diese können für den Ort, das Wetter, die Anzahl an Personen, die vorherrschende Farbstimmung etc. vergeben oder auch hierarchisch verknüpft werden. Zu jedem Stichwort können zudem Synonyme eingegeben werden, zum Beispiel die Einzahl und Mehrzahl eines Begriffs sowie seine Bezeichnung in einer anderen Sprache. Dies erhöht die Treffsicherheit bei Sucheingaben.

Verwalten nach Metadaten | Bei der Aufnahme schreiben Kameras Metadaten in das Bild. Dazu zählen die Bezeichnung des Kameramodells, Belichtungszeit, Blende, das verwendete Objektiv, etc. Nach diesen Kriterien können Sie ebenfalls suchen und sortieren. Oder Sie lassen sich nur Bilder anzeigen, die mit einem bestimmten Objektiv bei einer bestimmten Blende gemacht wurden. Natürlich können Sie auch Metadaten zum Urheber oder Ähnliches direkt eingeben. Lightroom unterstützt hier den IPTC-Standard (International Press Telecommunications Council).

Suche | In Lightroom können Sie Ihre Bilder nach allen Attributen wie Dateinamen, Stichwörtern, Aufnahmedatum oder Metadaten durchsuchen. Die Suche arbeitet in Echtzeit. So sind Ergebnisvorschläge schon während des Tippens sichtbar.

Ad-hoc-Entwicklung | Bereits in der Bibliothek können Sie eine erste grobe Korrektur der Bilder durchführen. Augenscheinlich fehlbelichtete Bilder werden damit zum Beispiel nachbelichtet oder abgedunkelt. Auch lassen sich alternative Weißabgleiche anwählen – für einzelne oder mehrere Bilder auf einmal. Das funktioniert auch unter Zeitdruck während eines Shootings sehr gut. Man kann die Bilder natürlich auch einfach archivieren und dann später noch optimieren.

Virtuelle Kopien | Von jedem Bild kann eine virtuelle Kopie angefertigt werden. Diese verweist dann auf das Originalbild, kann aber auch schon eigene Entwicklungseinstellungen besitzen. So sind beispielsweise eine Farb- und eine Graustufenvariante von ein und demselben Bild möglich, ohne es dafür kopieren zu müssen und damit Platz auf dem Datenträger zu verschwenden.

▲ **Abbildung 1.12**
Das Entwickeln-Modul erlaubt die Veränderung von Bildern, ohne dabei die originale Bildinformation zu zerstören.

1.2.2 Modul 2: Entwickeln

Da Raw-Bilder keine eigentlichen Bilder sind, sondern vielmehr nur Negative, müssen sie zuerst entwickelt werden. Daher wird die Bearbeitung von Bildern in Lightroom »Entwickeln« genannt. In diesem mächtigen Modul von Lightroom werden die Farben korrigiert, Kontraste herausgearbeitet sowie die Bilder geschärft. Einige Korrekturen lassen sich nur auf ausgewählte Bereiche anwenden.

Alle Einstellungen während der Entwicklung werden aufgezeichnet und lassen sich als Vorgaben speichern. Zu jedem Arbeitsschritt kann man zurückspringen. Alle Einstellungen werden nur als Metadaten an die Datei geheftet und verändern nicht das Bild selbst.

Grundeinstellungen | In diesem Modul werden alle Grundparameter zur Entwicklung festgelegt. Dazu zählen Weißabgleich, Helligkeit, Kontrast und Steuerelemente zur Farbsättigung.

Es ist auch möglich, eine automatische Korrektur durchzuführen. Dabei wird das Bild so angepasst, dass eine homogene Helligkeitsverteilung und genügend Lichter- und Schattendetails vorhanden sind. Bilder mit geringem Kontrastumfang wirken brillanter – oftmals eine gute Ausgangssituation für weitere Optimie-

Abbildung 1.13 ▲
Das Bild, wie es direkt von der Kamera importiert wurde

rungen. Bei gewollt über- oder unterbelichteten Bildern ist die automatische Korrektur jedoch nicht zu empfehlen.

Gradationskurve | Mit Hilfe der Gradationskurve können Helligkeit und Kontrast über eine Kurve gesteuert werden. Mit dieser Methode können ganz bestimmte Helligkeitswerte im Bild bearbeitet werden. Der Vorteil ist, dass Weiß- und Schwarzpunkt nicht verändert werden. Der gesamte Helligkeitsumfang bleibt dadurch erhalten. Das Ausreißen von Schattenpartien oder Lichtern wird damit verhindert.

▼ Abbildung 1.14
Mit den GRUNDEINSTELLUNGEN wird das Gesamterscheinungsbild optimiert. Die Automatik liefert meistens eine gute Ausgangsposition.

▲ Abbildung 1.15
Die Gradationskurve steuert Helligkeit und Kontrast über einen Graphen – ähnlich wie die Gradationskurve in Photoshop.

Die Gradationskurve kann über vier Schieberegler zu einer mehr oder weniger starken S-Kurve geformt werden. Dabei verändert sich der Kontrast entsprechend. Die Schwarz- und Weißpunkte bleiben dabei erhalten.

Selektive Farbkorrekturen | Des Weiteren können Farbkorrekturen für alle Grund- und Komplementärfarben durchgeführt werden, indem man Farbregler für Farbton, Helligkeit und Sättigung verschiebt. Dies ist auch im Graustufenmodus möglich, um beispielsweise einen Kontrast im Himmel zu verstärken.

▼ Abbildung 1.16
Farben lassen sich selektiv in Helligkeit, Sättigung und Farbton verändern. Zusätzlich können Lichter und Schatten getrennt eingefärbt werden.

▲ **Abbildung 1.17**
Die Teiltonung färbt Lichter und Schatten unterschiedlich ein.

Weitere Steuerelemente erlauben eine Farbverschiebung speziell für die Lichter und Tiefen eines Bildes oder eine generelle Farbkorrektur der Kameraprofile.

Teiltonung | Mit Hilfe der Teiltonung können helle und dunkle Stellen eingefärbt werden. Dadurch lassen sich ganz eigene Bildstile entwickeln.

Details herausarbeiten | Das Rauschen von Bildern, vor allem bei höheren ISO-Werten, kann über eine Rauschunterdrückung

▼ **Abbildung 1.18**
Rauschunterdrückung und Scharfzeichnung verbessern die Detaildarstellung im Bild.

herausgefiltert werden. Diese kann sowohl Farb- als auch Helligkeitsrauschen getrennt voneinander korrigieren. Eine sehr fein zu regulierende Scharfzeichnungsmethode kann Bildern auf anderem Wege kaum sichtbare Details entlocken.

Objektivkorrekturen | Lightroom korrigiert auch optische und perspektivische Fehler wie chromatische Aberration (Seite 414), Vignettierungen (Randabdunklung) oder stürzende Linien. Solche Abbildungsfehler treten vor allem bei Weitwinkelobjektiven auf – sie lassen sich damit kaum vermeiden. Die Vignettierung kann jedoch auch als Effekt verwendet werden. Diese wird dann über eigene Regler nach der Freistellung angewendet, so dass sie nur auf das endgültige und nicht auf das Originalbild Einfluss nimmt.

Lightroom kann objektivbedingte Fehler auch automatisch korrigieren. Dabei greift es auf eine Objektivdatenbank zurück, in der die Eigenschaften gespeichert sind. Perspektivische Fehler wie stürzende Linien kann Lightroom nicht automatisch korrigieren, da diese durch den Fotografen selbst, d.h. dadurch wie er die Kamera hält, verursacht werden.

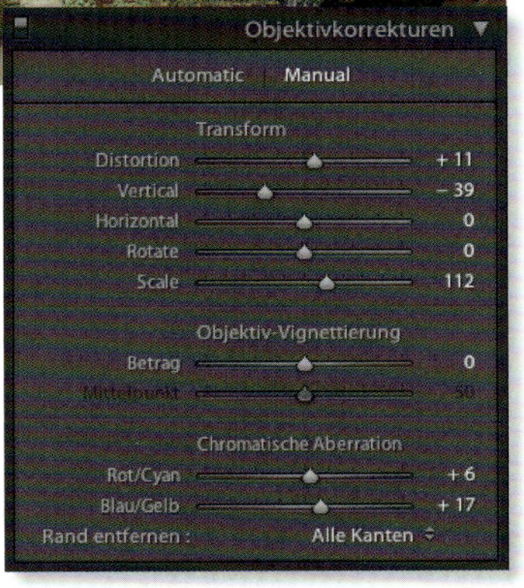

▲ **Abbildung 1.19**
Über die Objektivkorrekturen lassen sich auch stürzende Linien korrigieren.

Partielle Korrekturen | Bis auf die Objektivkorrekturen wirken sich alle bisher erwähnten Entwicklungsschritte auf das gesamte Bild aus. Oft ist es jedoch wünschenswert, Teilbereiche anders zu entwickeln als den Rest des Bildes. Man denke nur an die Herausarbeitung des Himmels, ohne dabei die Landschaft zu verändern.

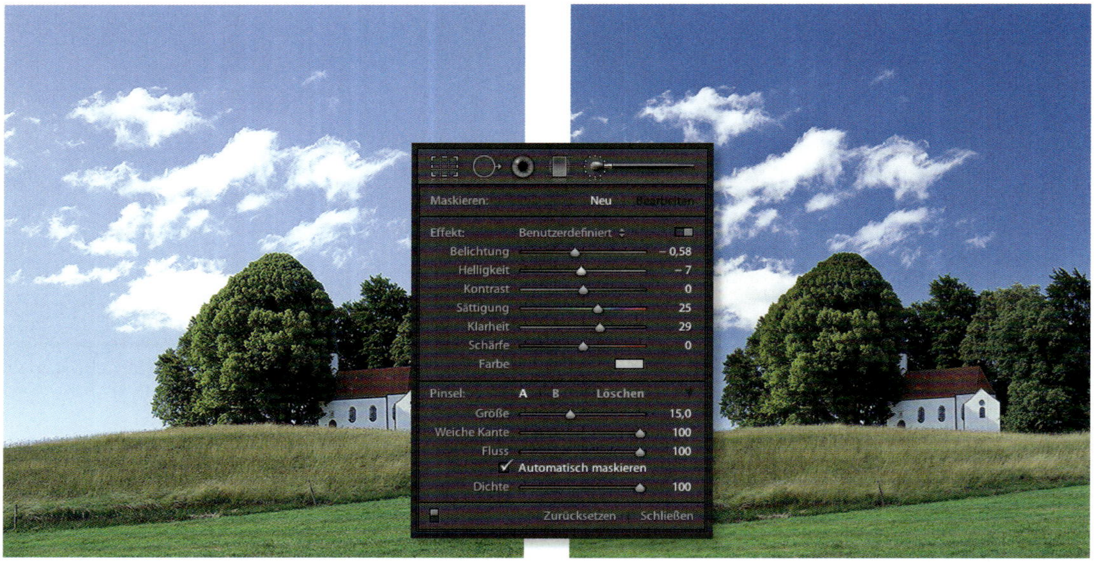

▲ **Abbildung 1.20**
Im rechten Bild wurde nur der Himmel mit Hilfe des Korrekturpinsels abgedunkelt.

In Lightroom gibt es zwei Werkzeuge, mit denen Sie die Auswahl der zu bearbeitenden Bereiche einschränken können.

Der Verlaufsfilter erstellt eine lineare Verlaufsmaske. Diese eignet sich vor allem zur Betonung von Wolkeneffekten in Landschaftsbildern mit einem geraden Horizont und ohne herausragende Gebäude im Vordergrund. Der Korrekturpinsel erlaubt dagegen das freie Malen von Masken. Dabei kann die Maske über eine automatische Bereichserkennung nur Bereiche mit ähnlicher Farbe maskieren.

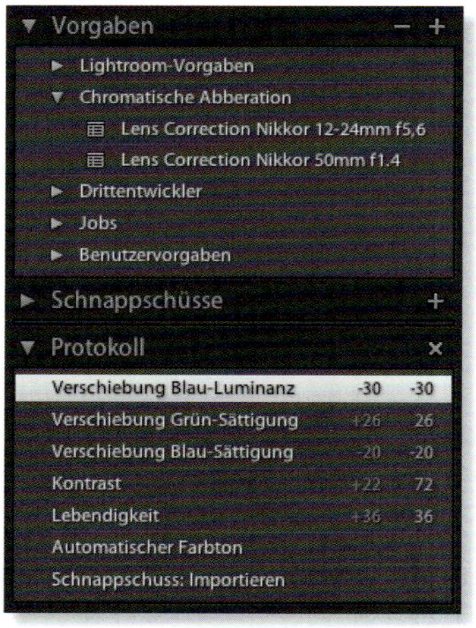

▲ **Abbildung 1.21**
Für jedes Bild wird ein eigenes Protokoll geführt. Einstellungen lassen sich als Vorgaben ablegen und auf andere Bilder anwenden. Schnappschüsse halten verschiedene Bearbeitungsstadien eines Bildes fest.

Freistellung, rote Augen und Reparatur | Bilder können mit Hilfe der Freistellungsüberlagerung (Seite 429) beliebig beschnitten und ausgerichtet werden. Zur Unterstützung wird dafür ein Raster über das Bild gelegt.

Zusätzlich lassen sich rote Augen entfernen, die bei Blitzaufnahmen in Porträtsituationen entstehen. Ebenso lassen sich kleine kreisförmige Fehler beseitigen. Dabei haben die Programmierer vor allem an Staubflecken auf dem Sensor gedacht.

Kamerakalibrierung | Diese Regler sind vor allem für fortgeschrittene User gedacht. Sie ermöglichen die Profilierung einer Kamera in Bezug auf Farb- und Gradationsverhalten. Die Profile können dann als Voreinstellung zur Kamera gespeichert und wiederverwendet werden. Über das Programm DNG Profile Editor lassen sich auch eigene Profile erstellen. Den DNG Profile Editor erhalten Sie über die Adobe Labs Website *(http://labs.adobe.com)*.

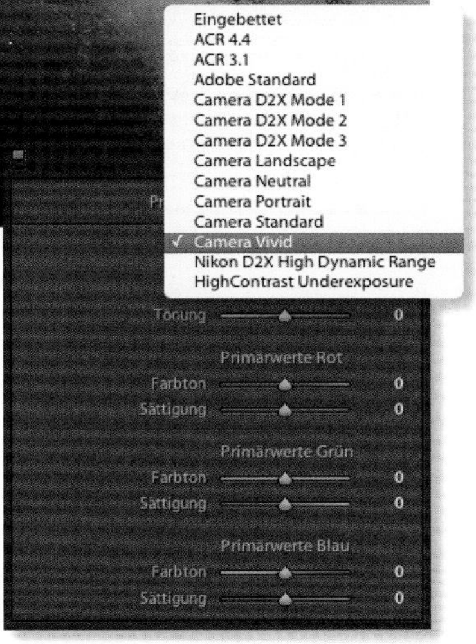

▲ **Abbildung 1.22**
Links das Originalbild mit dem Adobe-eigenen Profil, rechts das Bild mit dem für die Kamera optimierten Profil

Synchronisieren | Alle Einstellungen können von einem Bild auf beliebig viele andere übertragen werden. Dies kann auch selektiv nur für bestimmte Parameter geschehen. Bei der automatischen Synchronisation werden dann alle Einstellungen sofort auf alle anderen ausgewählten Bilder angewendet.

Protokoll, Schnappschüsse und Vorgaben | Sämtliche Veränderungen werden aufgezeichnet und in einem Protokoll gespeichert. Dieses bleibt so lange erhalten, wie das Bild in der Bibliothek bleibt. Man kann jederzeit zu einem beliebigen Punkt im Protokoll springen und diesen als Schnappschuss speichern. Dabei wird das derzeitige Aussehen des Bildes zwischengespeichert. So können Sie auch Entwicklungsvarianten austesten.

Alle Einstellungen oder auch nur eine Zusammenstellung von Parametern können als Vorgabe gespeichert und auf ein beliebiges anderes Bild angewendet werden.

1.2.3 Modul 3: Diashow

Zum Präsentieren der Bilder beim Kunden oder im Kreis der Familie bietet Lightroom die Möglichkeit, eine Bildauswahl als selbstablaufende Diashow abzuspielen. Einstellungen der Diashow lassen sich als Vorlagen abspeichern und auf eine andere Bildauswahl anwenden.

Layout-Optionen | Das Bild muss nicht immer bildschirmfüllend angezeigt werden. Sie können einen Abstand um das Bild bestimmen und es mit einer Kontur einrahmen. Vor allem, wenn

▲ **Abbildung 1.23**
Das Diashow-Modul zum Präsentieren über Beamer, Fernseher oder Monitor

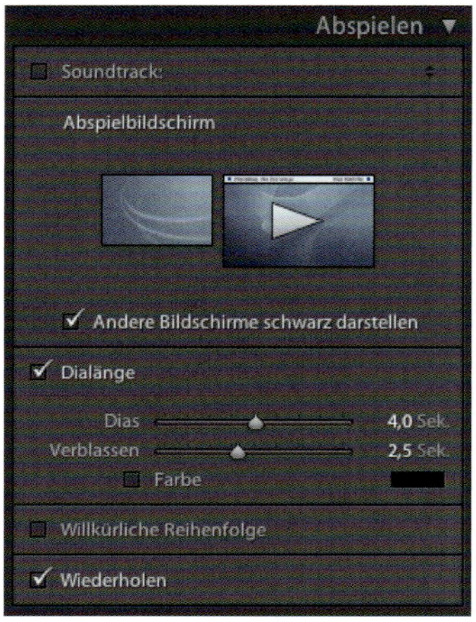

▲ **Abbildung 1.24**
Lightroom erkennt, wenn ein zweiter Monitor oder Beamer angeschlossen ist.

das Bild nicht dem Seitenverhältnis des Monitors oder Beamers entspricht, ist ein Randabstand sinnvoll, sonst wird eventuell zu viel vom Bild abgeschnitten. Zusätzlich können Sie einen Schatten festlegen, der das Bild optisch vom Hintergrund trennt.

Überlagerungen | Über oder hinter dem Bild können Sie auch eine Erkennungstafel platzieren. Diese kann aus Text oder auch aus Ihrem eigenen Logo bestehen. Des Weiteren lassen sich automatisch generierte Texte am Bild oder am Hintergrund ausrichten. In Textblöcken werden Metadaten wie Belichtungszeit, Schlüsselwörter, Kamera, Objektiv, Copyright etc. oder auf Wunsch auch benutzerdefinierter Text angezeigt.

Hintergrund | Als Hintergrund können Sie beliebige Farben oder einen Verlauf definieren. Es ist auch möglich, ein anderes Bild als Hintergrund zu verwenden, indem Sie es dort durchscheinend platzieren.

Titel | Jeweils am Anfang und am Ende der Diashow können Titelfolien platziert werden. Hier können Sie auch eigene Bilder als Erkennungstafeln konfigurieren und verwenden.

Abspieloptionen | Lightroom erkennt, wenn Sie einen zusätzlichen Monitor oder Beamer anschließen. Sie haben dann die Möglichkeit, auszuwählen, auf welchem der beiden Geräte das Bild ausgegeben werden soll. Der andere Monitor wird dabei abgedunkelt. Um die Präsentation noch interessanter zu gestalten, lässt sich in einer Diashow auch Hintergrundmusik einbinden. Diese wird aus iTunes oder einem Ordner mit Audiodateien zusammengestellt.

1.2.4 Modul 4: Drucken

Lightroom erlaubt es, sowohl Raw- als auch JPEG-, TIFF- oder PSD-Dateien als Kontaktbogen oder einzelne Bilder als Abzüge zu drucken. Dabei können Sie die Darstellung frei konfigurieren. Mit dem Bildpaket können auch unterschiedlich große Versionen einer Aufnahme auf eine Seite gedruckt werden.

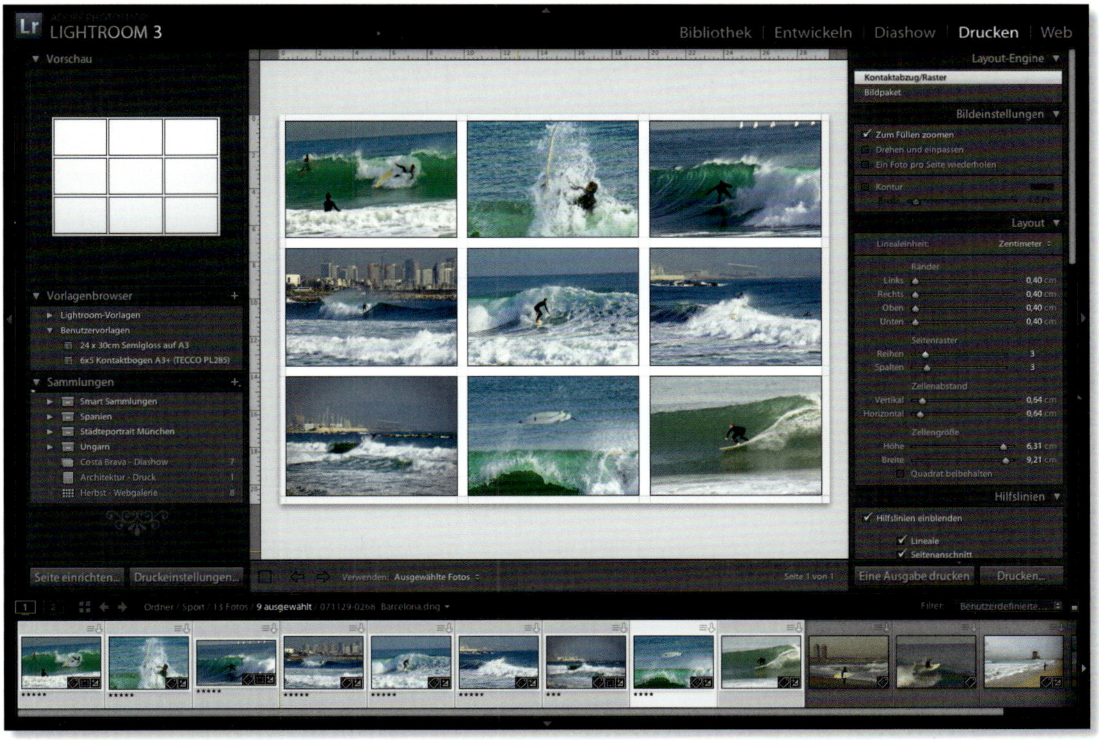

▲ Abbildung 1.25
Das Drucken-Modul für hochqualitative Abzüge oder Kontaktbogen

Layoutstil | Für Kontaktabzüge können Sie ein Raster mit einer Kombination von Zeilen und Spalten angeben. Jede Zelle wird dann mit einem Bild aus der aktuellen Bildauswahl gefüllt. Alternativ können Sie pro Seite auch nur ein Bild drucken. Dieses wird dann so oft wiederholt, wie Zellen durch das Raster vorgegeben werden. Es lassen sich auch Seitenränder und Abstände zu den anderen Bildern angeben. Oder Sie gestalten jede Seite individuell mit unterschiedlichen Bildern.

Überlagerungen | Bilder können mit einer Erkennungstafel überlagert werden, die dann als Wasserzeichen dient. Wahlweise lassen sich auch zusätzlich aus Metadaten generierte Textangaben an jedes Bild anfügen.

Drucken mit Farbmanagement | Die Abzüge können farbprofiliert ausgedruckt werden. Dabei wird die Darstellung auf den Drucker hin optimiert. Für eine schnelle Kontrolle gibt es einen Entwurfsmodus. Bei Abzügen in hoher Qualität ist es zudem möglich, eine bestimmte Auflösung mit zusätzlicher Schärfung vorzugeben.

1.2.5 Modul 5: Web

Eine Veröffentlichung im Internet erlaubt das Anbieten von Bildern von nahezu jedem Punkt der Welt aus. Man benötigt nur den Zugang zu einem Webserver. Die Webgalerie in Lightroom ermöglicht es Kunden oder Freunden, blitzschnell auf Bilder zuzugreifen – auch wenn sie erst kurz zuvor weit von ihnen entfernt entstanden sind.

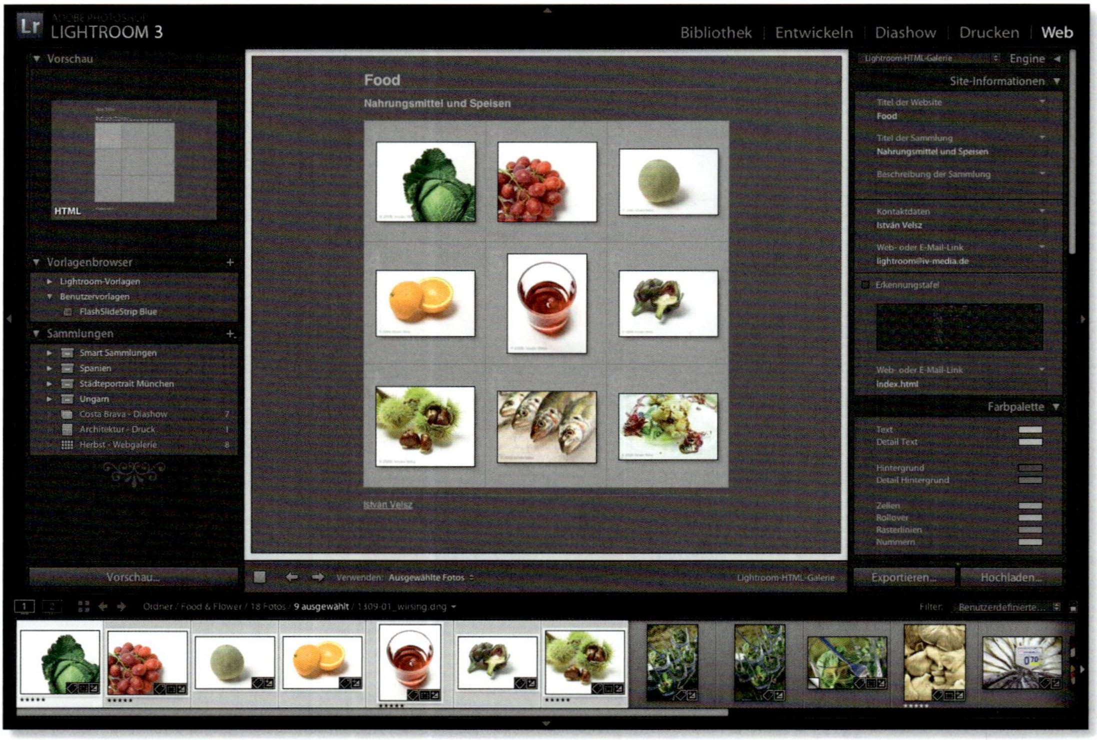

▼ Abbildung 1.26
Das Web-Modul zum Erstellen von HTML- oder Flash-Galerien im Internet

Flash- oder HTML-Galerien | Sie können sich zwischen einer HTML- oder einer Flash-basierten Website entscheiden. HTML-Galerien werden eher im professionellen Umfeld verwendet, während die meist animierten Flash-Galerien vor allem zum Präsentieren von privaten Bildern eingesetzt werden. Es gibt im Internet bereits eine Vielzahl von externen Galerievarianten für Lightroom.

▼ Abbildung 1.27
Beispiel für eine Flash-Galerie: Die Vorlage wurde aus dem Internet heruntergeladen.

Anpassen der Galerien | Je nach Art einer Galerie lassen sich Farbe, Größe der Bilder oder Überblendungen anpassen. Die Galerien können mit Titel oder Erkennungstafeln ergänzt werden. Ebenso können auch Bildinformationen aus Metadaten generiert und eingeblendet werden. Welche Einstellmöglichkeiten zur Verfügung stehen, ist abhängig von der jeweils ausgewählten Galerie. Alle Einstellungen können als Vorlagen gespeichert und auf weitere Bildauswahlen angewendet werden.

FTP-Upload | Eine Galerie kann direkt aus Lightroom heraus auf einen Webserver übertragen werden. Dazu sind lediglich ein Benutzername und ein Passwort erforderlich. Das Hochladen wird dann vom integrierten FTP-Client erledigt. Arbeiten Sie mit mehreren Galerien, so können Sie auch Unterverzeichnisse angeben, in denen verschiedene Galerien abgelegt werden können. Die Interessenten können dann über verschiedene Webadressen darauf zugreifen.

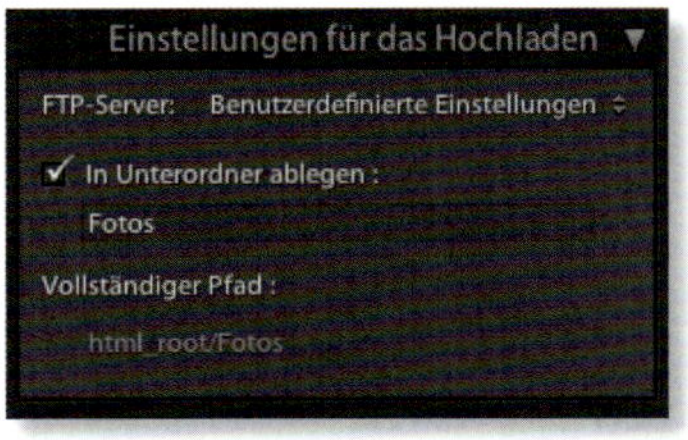

▲ Abbildung 1.28
Webgalerien können in Lightroom direkt per FTP auf einen Webserver übertragen werden.

Flickr, Facebook und Co. | Das Web-Modul hat übrigens nichts mit Diensten wie Facebook, Flickr, Picasa etc. zu tun. Diese werden über die Veröffentlichungsdienste der Bibliothek bedient.

1.3 Was Lightroom 3 (noch) nicht kann

TIPP

Wie bei jeder Software, die die Bearbeitung von Raw-Daten zulässt, gibt es auch für Lightroom alle paar Monate ein Update, um die Raw-Formate der jüngst erschienenen Kameramodelle zu unterstützen. Updates können Sie unter *www.adobe.com/products/photoshoplightroom/* herunterladen. Bisher wurden in den Updates auch gleich kleinere Verbesserungen und Bugfixes mitgeliefert.

Auch Lightroom 3 ist noch nicht perfekt und bietet Spielraum für neue Features und Verbesserungen. Trotzdem kann man sehr gut mit dem Programm arbeiten und kommt auch fast immer zu einem akzeptablen Ergebnis. Im Zweifel muss man den Bildern aber mit einem externen Programm den letzten Schliff geben. Gerade im Zusammenspiel mit Photoshop bleiben jedoch eigentlich keine Wünsche offen.

So manche Funktion bleibt bisher trotzdem vermisst und – liebe Adobe-Produktmanager, bitte herhören – würde einer späteren Version von Lightroom gut zu Gesicht stehen:

- **Softproof:** die Simulation der Druckausgabe. Dabei wird die Farbseparation nach CMYK (Cyan, Magenta, Gelb, Schwarz) simuliert. Dadurch können Farbveränderungen erkannt und korrigiert werden.
- **Netzwerkunterstützung:** Bilder können zwar auf Netzwerkservern liegen, nicht aber die Katalogdateien. Eine bessere Netzwerkunterstützung würde mir persönlich und sicher auch vielen anderen Fotografen sehr helfen.
- **Gemeinsame Nutzung von Vorgaben:** Vorgaben auf andere Rechner zu übertragen oder anderen Benutzern zur Verfügung zu stellen ist bisher mühsam und unhandlich.
- **Fotobuch:** Gerade für das Präsentieren von Portfolios wäre eine flexiblere Fotobuchfunktion wie in Apple Aperture oder iPhoto wünschenswert.
- **Geotagging:** Bilder mit den darauf abgebildeten Orten über eine Karte direkt zu verknüpfen ist ebenfalls ein Feature, das Aperture 3 bereits beherrscht. Jetzt wünschen sich das auch viele Lightroom-Anwender.
- **Flexiblere Diashows:** Auch die Diashow-Funktionalität könnte noch eine weitere Optimierung vertragen. Zusätzliche Überblendeffekte und eine Variationsmöglichkeit der Anzeigedauer für einzelne Bilder würde dem Modul mehr Flexibilität verleihen.

Kameraunterstützung

Ob Lightroom die Raw-Daten Ihrer Kamera lesen kann, erfahren Sie auf der Website von Adobe Camera Raw unter *www.adobe.com/de/products/photoshop/cameraraw.html*.

Jeder, der mit Lightroom arbeitet, hat sicher noch weitere Wünsche, und die Zukunft wird zeigen, was davon in späteren Versionen der Software umgesetzt wird. Ein Forum, das sicher auch von den Adobe-Verantwortlichen mitverfolgt wird, finden Sie auf der Adobe-Website (leider nur auf Englisch) unter *http://forums.adobe.com*.

▲ **Abbildung 1.29**
Photoshop ist ein sehr mächtiges Bildbearbeitungsprogramm. Es kann in der Bearbeitung weit mehr als Lightroom, ist aber auch schwerer zu erlernen, langsamer und für fotografische Funktionen umständlicher. Manchmal muss man aber nach wie vor darauf zurückgreifen.

1.4 Und was ist mit Photoshop?

Vor Lightroom mussten Fotografen hauptsächlich mit Photoshop arbeiten, um ihre Bilder zu optimieren. Aber bietet Lightroom nun wirklich einen Ersatz für Photoshop? Mit Sicherheit nicht für jeden, vor allem Profis werden auch weiterhin zusätzlich mit Photoshop arbeiten. Denn es gibt darin einige Features, die Lightroom wahrscheinlich nie besitzen wird und die für bestimmte Zwecke unverzichtbar sind. Dazu zählt die Möglichkeit, mit Ebenen zu arbeiten, um beispielsweise Personen oder Objekte freizustellen,

◀ **Abbildung 1.30**
Das Camera-Raw-Plug-in für Photoshop bietet die gleiche Funktionalität wie das Entwickeln-Modul von Lightroom. Allerdings fehlen in Camera Raw Verwaltungswerkzeuge und Ausgabemodule.

damit diese mit Text oder anderen Bildern kombiniert werden können. Lightroom dient vielmehr als Handwerkszeug für den Fotografen und wird erst mit Photoshop zusammen zum vollständigen Künstlerwerkzeug.

In Kombination mit Adobe Camera Raw kann Photoshop Bilder genauso entwickeln wie Lightroom, bietet aber keine annähernd vergleichbar leistungsstarke Verwaltungsmöglichkeit. Darüber hinaus ist Photoshop im Gegensatz zu Lightroom schwerer zu erlernen und deutlich teurer. Wer also nur fotografiert und seine Bilder drucken und präsentieren will, für den ist Lightroom ein guter Ersatz für Photoshop. Künstler, Grafiker und alle, die Motive freistellen, montieren und in Compositings verarbeiten wollen, werden an Photoshop nach wie vor nicht vorbeikommen. Letztlich ergänzen sich beide Produkte ganz hervorragend und gehören in jede professionelle digitale Dunkelkammer.

1.5 Lightroom für wen?

Es gibt Artikel und Testberichte, die Lightroom als Einsteigerprogramm beschreiben. Das ist irreführend, denn für Anfänger in der Bildbearbeitung kann das Programm entschieden zu viel. Was aber das Prädikat »einsteigertauglich« verdient, sind die geordnete Arbeitsoberfläche und die intuitive Bedienung des Programms. Man findet leicht zu den gewünschten Funktionen und erzielt damit schnell sehr gute Ergebnisse. Was nicht auf Kosten der Funktionsvielfalt geht – sogar für Profis taugt Lightroom als zentrales Bildtool für die Arbeit.

Lightroom richtet sich daher an alle Fotografen, vom Amateur bis zum Profi, die im Raw-Datenformat fotografieren. Auch das Arbeiten mit anderen Formaten wie JPEG ist möglich, allerdings mit den formatbedingten Einschränkungen wie der fehlenden Möglichkeit, verlustfrei Unter- und Überbelichtung auszugleichen oder einen korrekten Weißabgleich vorzunehmen.

Es gibt auch noch einige weitere Programme zur Raw-Bearbeitung auf dem Markt, die bisher alle ihre Nutzer und Anhänger finden. Allerdings habe ich noch keines entdeckt, das meine Ansprüche an Bedienkomfort, Funktionsumfang und Qualität so gut abdeckt wie Lightroom. Der größte Konkurrent ist sicher Aperture von Apple. Es bietet einen ähnlichen Funktionsumfang, die Fotobuchfunktion hat es Lightroom sogar voraus. Aber es arbeitet auf meinem Powerbook G4 sehr langsam. Und für die meisten Benutzer ist es nicht verfügbar, da es nicht für Windows-PCs angeboten wird.

Auch weitere Raw-Werkzeuge wie Capture One, Bibble Pro, Adobe Camera Raw, DxO Optics Pro, Lightzone oder Nikon Capture NX besitzen in Teilbereichen besondere Stärken, die Lightroom noch nicht bietet. Aber als Gesamtlösung bieten sie nicht den gewünschten Funktionsumfang, und ich persönlich vermeide es, zu viele unterschiedliche Programme für ähnliche Einsatzzwecke zu verwenden.

1.6 Was Sie in diesem Buch erfahren

Dieses Buch ist ein Handbuch für den Einsatz von Lightroom. Es vermittelt Ihnen Lightroom aus der Sicht und basierend auf der Arbeitsweise eines Profis. Beim alltäglichen Arbeiten mit dem Programm sind mir viele Dinge aufgefallen, die meine Art, mit Bildern umzugehen, verändert haben. Als ich mit dem Schreiben des ersten Lightroom-Buches begonnen habe, verwaltete ich bereits ca. 20.000 Bilder mit Lightroom. Und das nicht einmal zwei Monate nach Erscheinen der ersten Version.

Es tauchten dabei auch viele Fragen auf, die ich mir durch Recherche oder Ausprobieren zum größten Teil selbst beantworten musste. Das so im Laufe der Zeit erworbene Wissen möchte ich hier an Sie weitergeben. Anhand von vielen Beispielen, kleinen Workshops und einem reichen Vorrat an Tipps erfahren Sie wesentlich mehr als in einer normalen »Bedienungsanleitung«. Nebenbei finden Sie auch einige Kniffe, die Ihnen im Umgang mit Dateiformaten, Farbmanagement und dem digitalen Foto-Workflow helfen.

Auf der dem Buch beiliegenden DVD finden Sie für Ihren Privatgebrauch lizenzfreie Raw-Bilder aus den Workshops und darüber hinaus viele Beispiele, mit denen Sie die meisten Schritt-für-Schritt-Anleitungen aus dem Buch nacharbeiten können.

1.7 Arbeiten mit diesem Buch

Eigentlich gibt es zur Handhabung dieses Buches nicht viel zu sagen. Es ist so weit selbsterklärend. Was sicher auffällt, ist, dass die Screenshots alle auf einem Mac erstellt wurden. Das soll Sie aber nicht abschrecken. Alle Funktionen innerhalb von Lightroom sind unter Windows dieselben. Der einzige Unterschied sind die Dialoge, die vom Betriebssystem bereitgestellt werden. Solche finden Sie beispielsweise beim Öffnen von Dateien oder im Drucken-Dialog. Hat eine Funktion auf einem Betriebssystem

HINWEIS

Sind Tastaturangaben für Mac OS X und Windows unterschiedlich, sind diese durch einen Schrägstrich »/« voneinander getrennt, also Mac OS X/Windows.

besondere Eigenheiten, werden alle Varianten abgebildet und beschrieben.

Dieses Buch wird unter dem Link *lightroom.iv-media.de* aktualisiert und mit Zusatzinformationen ausgestattet. Dort finden Sie beispielsweise Informationen zu neuen Versionen von Lightroom sowie eine Bookmark-Sammlung mit wichtigen und interessanten Websites.

1.8 Neuerungen in Lightroom 3

Neu in Lightroom 3 Lr

Lightroom 3 ist das zweite große Update und beinhaltet daher verständlicherweise eine Vielzahl neuer Funktionen. Hier wurde auch »unter der Haube« richtig Hand angelegt. Nachfolgend liste ich kurz die wichtigsten Neuerungen auf. Diese sind im Buch mit dem Hinweis »Neu in Lightroom 3« gekennzeichnet. Dort erfahren Sie auch mehr zu den einzelnen Stichpunkten.

- **Neue Raw-Prozessverarbeitung (Seite 424):** Die Raw-Verarbeitung ist für die Umwandlung der Raw-Information in das fertige, unkorrigierte Bild verantwortlich und trägt daher maßgeblich zur Bildqualität bei. Der neue Prozess erzeugt detailreichere Bilder mit etwas mehr »Analog-Feeling«.

▲ **Abbildung 1.31**
Der neue Raw-Prozess erzeugt Bilder mit einem größeren Detailreichtum: links eine vergrößerte Ansicht des bisherigen Raw-Prozesses, rechts eine des neuen.

- **Bearbeitung von Punktkurven (Seite 374):** Punktkurven waren auch schon in den Vorabversionen verfügbar. Allerdings konnten sie nicht in Lightroom erzeugt und bearbeitet werden. Punktkurven sind erweiterte Gradationskurven, die anhand beliebig zu setzender Punkte gesteuert werden können. Diese können als Basiskurven zur weiteren Verarbeitung durch die bereits vorhandenen Gradationskurvenparameter verwendet werden.

- **Verbesserte Rauschunterdrückung (Seite 399):** Die Rauschunterdrückung kann jetzt feiner geregelt werden. Dadurch werden weniger Details weggefiltert. Vor allem bei hohen ISO-Werten arbeitet die Rauschunterdrückung deutlich effektiver.

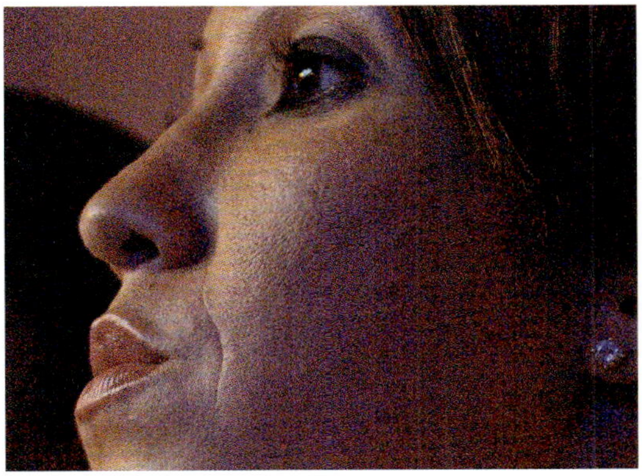
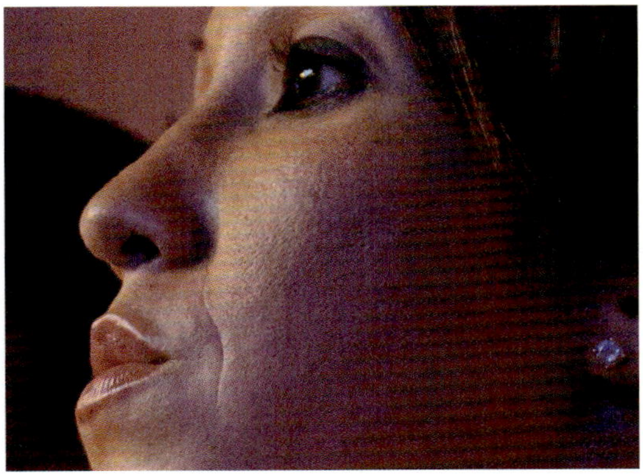

▲ **Abbildung 1.32**
Die Rauschunterdrückung lässt sich feiner einstellen und belässt mehr Details.

- **Objektivkorrekturen (Seite 404):** Die Objektivkorrekturen ermöglicht jetzt neben der Korrektur von chromatischer Aberration und Vignettierung auch die Entfernung von optischen und perspektivischer Verzerrungen.

▲ **Abbildung 1.33**
Die Objektivkorrektur ermöglicht auch die Korrektur stürzender Linien (rechts).

- **Tether-Aufnahme (Seite 225):** Kameras können direkt aus Lightroom heraus gesteuert werden. Nach dem Auslösen werden die Fotos direkt in den Katalog importiert und angezeigt. Leider können nicht alle Kameras unterstützt werden, da die Hersteller die Schnittstellen nicht immer freigeben. Gerade ältere Modelle werden eventuell nicht mehr unterstützt.
- **Veröffentlichungsdienste (Seite 320):** Über Veröffentlichungsdienste können Bilder direkt nach Flickr oder zu anderen Diensten exportiert werden.

- **Erweiterte Wasserzeichenkonfiguration (Seite 315):** Für Bilder können Wasserzeichen eingerichtet und beim Export in den Bildern platziert werden.

Abbildung 1.34 ▶
Texte oder Bilder können jetzt flexibel als Wasserzeichen konfiguriert und über zu exportierende Bilder gelegt werden.

- **Erweiterte IPTC-Unterstützung (Seite 283):** Für Fotografen, die mit Bildagenturen oder Verlagen zusammenarbeiten, wurde die Eingabe der IPTC-Daten vereinfacht.
- **Körnung (Seite 421):** Unglaublich, aber wahr: Man kann Rauschen auch nachträglich hinzufügen! Ich mache das schon seit meinen ersten digitalen Bildern mit Photoshop. Die Bilder wirken dadurch natürlicher und in vielen Fällen sogar detailreicher.

▲ Abbildung 1.35
Körnung fügt den Bilder eine feine Struktur hinzu (rechts).

- **Videos verwalten:** Immer mehr Digitalkameras verfügen über eine Videofunktion. Dieser Entwicklung trägt Lightroom 3 Rechnung, indem Sie damit nun Videos verwalten können, bearbeiten können Sie sie hier jedoch (noch) nicht.

2 Arbeitsweise von Lightroom

Photoshop Lightroom ist ein Programm, das alle Aspekte der digitalen Fotoverarbeitung aufgreift und komplexe Vorgänge einfach bedienbar macht. Um zu verstehen, was Lightroom eigentlich ausmacht und wie es arbeitet, ist ein wenig grundlegendes Wissen um die Verarbeitung von digitalen Bildern notwendig – etwa um die Konzepte des nichtdestruktiven Workflows und der Metadaten auch richtig anwenden zu können. Auf beide geht dieses Kapitel ein. Sie werden Lightroom danach besser verstehen und auf die Arbeit damit gut vorbereitet sein.

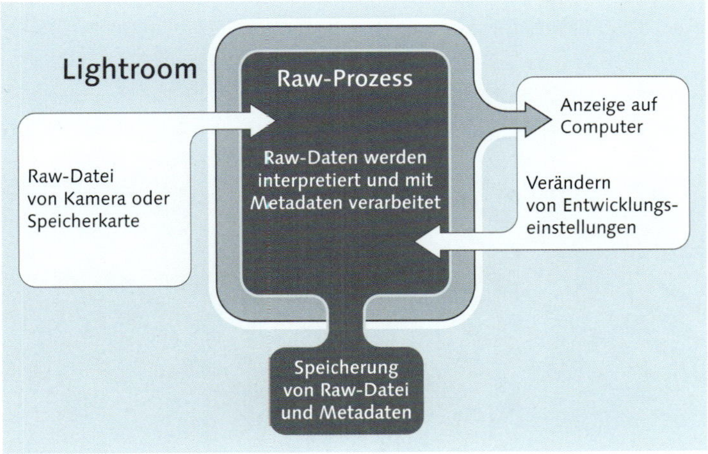

◂ **Abbildung 2.1**
Lightroom nimmt die Raw-Daten und verarbeitet diese mit Hilfe des integrierten Raw-Prozessors. Alle Änderungen werden als Metadaten an die Datei geheftet. Bei jeder Verwendung des Bildes werden die Raw-Daten wieder mit den Metadaten zusammengebracht und neu verarbeitet.

2.1 Nichtdestruktiver Workflow

Schon seit eh und je war der Workflow in der Fotografie nichtdestruktiv. Das heißt, das Original wurde, nachdem es mit der Kamera aufgenommen wurde, nicht mehr verändert. Es wurden lediglich Abzüge davon erstellt. Die Qualität des Ausgangsbildes, also des Negativs, blieb immer gleich.

Was viele Jahre in der Dunkelkammer als selbstverständlich galt, war in der digitalen Fotografie eine bahnbrechende Neuerung. Mit dem Abgreifen der Daten direkt am Sensorchip und der Speicherung im Raw-Format ist es möglich, digitales Negativ und digitale Abzüge voneinander zu trennen. Zur Erzeugung der Abzüge ist eine spezielle Software erforderlich, der Raw-Konverter. Darin kann man aus der Raw-Datei einen JPEG- oder TIFF-Abzug generieren und diesen dann in einer anderen Anwendung bearbeiten oder drucken. Photoshop Lightroom ist nun eine der ersten Anwendungen, die einen kompletten nichtdestruktiven Workflow am Computer ermöglichen – vom Bildimport über die Farbkorrektur bis zum Druck.

Doch was ist mit nichtdestruktiv genau gemeint? Wörtlich bedeutet es »nicht zerstörerisch«. Gemeint ist damit, dass eine Veränderung in einem Bild nicht die Originalinformation zerstört. Damit sind nun keine Staubkörner oder Kratzer gemeint wie auf einem Dia oder Negativ. Hier sind es vielmehr alle Arbeitsschritte, die auf ein Bild angewendet werden und dessen Bildinformation verändern. In den folgenden Beispielen werden Effekte dieser »Zerstörung« aufgezeigt.

2.1.1 Zerstörung durch Weichzeichnen

Bilddetails sind eigentlich nichts anderes als lediglich unterschiedliche Farb- und Helligkeitsinformationen in benachbarten Pixeln. Bei einer Weichzeichnung wird der Kontrast von nebeneinanderliegenden Pixeln – meist über mehrere Pixel hinweg – verringert.

▲ **Abbildung 2.2**
Dieses Originalbild stellt ein Detail des Torre Agbar in Barcelona dar. Es zeigt viele scharfe Kanten.

▲ **Abbildung 2.3**
Das Bild wurde zunächst weichgezeichnet und dann …

▲ **Abbildung 2.4**
… scharfgezeichnet. Durch die verloren gegangenen Details kann die Qualität des Originals nicht wiederhergestellt werden.

Ist der Kontrast so gering, dass sich zwei benachbarte Pixel nicht mehr unterscheiden, so geht die Detailinformation verloren und kann auch nicht mehr wiederhergestellt werden. Von einer Korrektur kann also eigentlich nicht die Rede sein, wenn dabei Bildinformationen verloren gehen. Auch beim Vergrößern von Bildern tritt dieser Effekt zutage. Denn dabei werden künstlich Pixel in das Bild hineingerechnet. Die Software kann aber nicht wissen, welche Details an der eingefügten Stelle vorhanden sein sollen. Daher richtet sie sich nach den umliegenden Pixeln. Das Ergebnis entspricht dann weitgehend dem aus Abbildung 2.4.

2.1.2 Zerstörung durch Helligkeitskorrektur

Wird das Bild heller oder dunkler gemacht, werden alle Pixel gemeinsam aufgehellt oder abgedunkelt. Zunächst bleibt dabei die Detailinformation des Bildes erhalten.

▲ **Abbildung 2.5**
Der Ausschnitt des Bildes zeigt im Originalbild die Details am Boot im Schatten.

▲ **Abbildung 2.6**
Nach dem Abdunkeln der dunklen Stellen sind die Details nicht mehr sichtbar ...

▲ **Abbildung 2.7**
... und können auch durch Aufhellen nicht wieder zurückgeholt werden.

In den hellsten und dunkelsten Bereichen des Bildes passiert aber Folgendes: Ein schwarzes Pixel kann nicht noch dunkler werden. Pixel, die jedoch nur einen Helligkeitswert heller sind, schon. Diese werden mit der Bearbeitung ebenfalls auf Schwarz gesetzt. Somit gehen der Kontrast und die damit verbundene Detailzeichnung im Bild verloren. Ein anschließendes Aufhellen würde alle Pixel aufhellen.

Das Gleiche gilt in umgekehrter Weise auch für helle Stellen. Je stärker die Helligkeitsveränderung, umso mehr Details gehen an den jeweiligen Stellen verloren, da auch weitere helle und dunkle Pixel an die Helligkeitsgrenzen verschoben werden.

Um diese Fehler in Grenzen zu halten, wird in der Bildbearbeitung zum Aufhellen und Abdunkeln die Gradationskurve angepasst. Dabei ist es möglich, die hellste und dunkelste Stelle als solche zu belassen und nur alle Tonwerte dazwischen zu verändern. Dies schützt Details in den beiden Extrembereichen weitgehend.

2.1.3 Zerstörung durch Rauschunterdrückung

Auch bei der Rauschunterdrückung gehen Details unwiederbringlich verloren. Dort ist der Effekt jedoch oft so gewollt und basiert auf besonderen Berechnungen, zum Beispiel auf der gezielten Weichzeichnung der Farbkontraste. Als Filter angewendet, kann dieser jedoch nachträglich nicht mehr verändert oder zurückgenommen werden.

2.1.4 Zerstörung durch verlustbehaftete Kompression

Eine weitere Form der Bildzerstörung kann durch die Kompression der Bilddaten erfolgen. Eine Kompression ist das Verkleinern von Datenmengen durch Weglassen unwichtiger oder doppelter Informationen. Man unterscheidet dabei zwischen verlustfreier und verlustbehafteter Kompression.

▲ **Abbildung 2.8**
Die Struktur des Originalbildes, um das Dreifache vergrößert und verlustfrei gespeichert

▲ **Abbildung 2.9**
Derselbe Ausschnitt mit einer hohen JPEG-Kompression

▲ **Abbildung 2.10**
Bei weiterer Vergrößerung des mit JPEG komprimierten Bildes werden die Kompressionsartefakte deutlich.

Verlustfreie Kompression | Bei der verlustfreien Kompression sind die Daten vor dem Komprimieren und nach dem Dekomprimieren gleich. Es findet dabei also keine Veränderung der Bildinhalte und somit der Details im Bild statt. Dies wird dadurch ermöglicht, indem ausschließlich doppelt vorhandene Informationen nur einmal abgespeichert werden. Auf Worte übertragen, könnte ein Satz wie »Nur ein kleiner Beitrag ist auch ein Beitrag« in etwa wie folgt komprimiert werden: »Nur ein kleiner Beitrag ist auch –5 –4«. Da die Worte »ein« und »Beitrag« doppelt vorkommen, werden sie mit den entsprechenden Bezügen gespeichert. Die Datenmenge ist dadurch geringer. Als verlustfreies Verfahren bekannt, ist das ZIP-Archivieren, das oft beim Versenden von Texten oder in Programmen eingesetzt wird. Das TIFF-Format erlaubt es, Bilddaten mit ZIP oder über den LZW-Algorithmus verlustfrei zu komprimieren.

Verlustbehaftete Kompression | Bei dieser Art der Kompression wird bewusst Bildinformation weggelassen – je nach Kompressionsfaktor weniger oder mehr. Bei Text und Programmen ist dies nicht möglich, weil dabei jedes Zeichen wichtig ist. Dafür funktionieren die Verfahren aber bei Bilddaten und Videos. Dabei wird über ein Bild ein Matrixgitter gelegt und die Bildinformation über ein mathematisches Verfahren (Quantisierung) heruntergerechnet beziehungsweise abgerundet. Je nach Grad der Rundung wird die Bildinformation geringer und die Kompression stärker. Dies hat eine geringere Dateigröße zur Folge. Allerdings werden die Rundungsfehler durch sogenannte Kompressionsartefakte sichtbar. Dieser Effekt tritt vor allem bei JPEG-Bildern mit hoher Kompression auf.

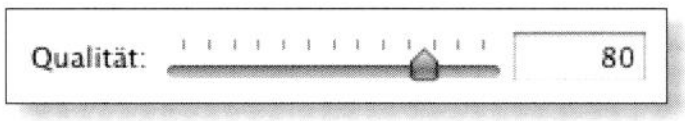

▲ Abbildung 2.11
In Lightroom kann die JPEG-Kompression beim Exportieren von Bildern eingestellt werden. Ein Wert von »80« ist ein guter Kompromiss zwischen Dateigröße und Bildqualität.

2.1.5 Zerstörung durch Raw/DNG-Konvertierung

Einige Fotografen behaupten sogar, dass die Konvertierung der Raw-Daten der Kamera in das Standardformat DNG (siehe Seite 118) mit Verlusten behaftet sei. Zum Teil stimmt das auch, denn nicht alle Hersteller haben alle Angaben, die in die Raw-Datei geschrieben werden, für Dritthersteller freigegeben. So ist es Adobe nicht immer möglich, alle Informationen in die DNG-Datei zu übernehmen. Ob dies einen realistischen Qualitätsverlust nach sich zieht, darf jedoch bezweifelt werden. Tatsache ist aber, dass Originalinformationen verloren gehen und somit der nichtdestruktive Workflow eigentlich nicht eingehalten wird. Lightroom bietet immerhin mehrere Möglichkeiten, die Original-Raw-Information zu schützen, indem Sie original Raw-Datei einbetten, um auch diese Kritiker zufriedenzustellen.

Arbeiten mit herstellereigenen Raw-Dateien | Grundsätzlich können Sie auch im herstellereigenen Raw-Format arbeiten. Allerdings kann dabei nicht garantiert werden, dass diese Formate, die sich teilweise schon von Kameramodell zu Kameramodell unterscheiden, auf lange Sicht unterstützt werden.

Einbetten der Raw-Dateien in die DNG-Datei | Beim Konvertieren kann die originale Raw-Datei in die DNG-Datei eingebunden und später auf Wunsch auch wieder extrahiert werden. Die Dateigröße verdoppelt sich dabei jedoch nahezu.

Backup der Raw-Information | Beim Import kann die originale Datei in ein anderes Verzeichnis gelegt oder zur Sicherung auf eine CD/DVD gebrannt werden.

2.1.6 Keine Zerstörung im nichtdestruktiven Workflow

In den vorangegangenen Beispielen haben wir uns die Zerstörung von Bildinformation verdeutlicht. Jetzt wollen wir einen Blick auf die Verfahren werfen, mit denen man in Bilder eingreifen kann, ohne ihre Daten unwiederbringlich zu verändern.

▲ **Abbildung 2.12**
Im nichtdestruktiven Workflow werden Bildveränderungen nicht in das Bild hineingerechnet, sondern lediglich als Metadaten »angeheftet«. Dies erlaubt jederzeit den Zugriff auf das Originalbild. In der Abbildung sind die Metadaten im Bildbrowser Adobe Bridge sichtbar gemacht. Sie sehen, welche Korrekturen hier möglich sind.

Nichtdestruktiv bedeutet, dass sämtliche Veränderungen, die Sie an unserem Bild vornehmen, keinerlei Auswirkung auf das Originalbild haben. Die Veränderungen werden nicht direkt in das Bild hineingerechnet, sondern nur als Eigenschaftenliste angefügt. Veränderung und Wert werden genauso als Metadaten in die Datei geschrieben wie Angaben zu Fotograf, Copyright oder Kamera. Beim Laden des Bildes in einer Software werden diese Daten dann ausgelesen und in das Bild hineingerechnet. Die Berechnung der Bilddaten ist dabei relativ aufwändig und kann je nach Bildgröße dauern. Sie muss bei jeder Änderung der Bilddarstellung durchgeführt werden. Um dies zu beschleunigen, werden in Lightroom und anderen Programmen auch immer Vorschaubilder mit unterschiedlicher Größe erstellt. Diese werden dann anstatt des Originalbildes verwendet. Die Vorschauen werden nur dann neu berechnet, wenn sich Parameter ändern, die den Bildinhalt betreffen. Das beschleunigt das Arbeiten enorm. Einen Nachteil hat das Ganze: Die Vorschauen sind nur innerhalb der Software gültig, mit der sie erzeugt wurden. Ebenso verhalten sich die gespeicherten Bearbeitungseinstellungen. Diese sind nicht mit anderen Programmen kompatibel. Um etwa ein verändertes Bild in einem anderen Programm zu öffnen, müssen die Einstellungen mit den Bilddaten zusammengerechnet und in eine Kopie gespeichert werden. In diesem Moment verlässt man den nichtdestruktiven Workflow. Bisher gibt es nur eine Produktlinie, die über alle Formen hinweg den nichtdestruktiven Workflow zulässt: Adobe Photoshop zusammen mit Adobe Lightroom beziehungsweise Adobe Bridge mit Adobe Camera Raw (ACR).

2.2 Verwaltung über Metadaten

Jedes Bild, das Sie in Lightroom bearbeiten wollen, muss zuerst in die Bibliothek der Software importiert werden. Dabei handelt es sich um eine Datenbank. Sie stellt den Kern von Lightroom dar. Alle Bearbeitungsschritte und Einstellungen für die Ausgabe werden in der Datenbank gespeichert und daraus erstellt.

▲ Abbildung 2.13
Metadaten wie ISO-Wert, Belichtungsdaten oder Brennweite können in Lightroom bei den Vorschaubildern angezeigt werden.

Dieses Konzept erscheint auf den ersten Blick umständlich. Warum soll man ein Bild zuerst in eine Datenbank importieren, nur um zum Beispiel kurz die Belichtung zu korrigieren oder um es auszudrucken? Wenn es bei so einfachen Arbeiten bleibt, ist diese Frage durchaus berechtigt. Wer jedoch in mehreren hundert oder tausend Bildern nach einem bestimmten sucht, benötigt ein Verwaltungstool, das mit allen Assoziationen zu diesem Bild umgehen kann. Da hilft nur eine Datenbank weiter. Neben den Bildern werden dort auch die Metadaten verwaltet und den Bildern zugewiesen.

Auch die Hierarchie auf der Festplatte ist eigentlich nur eine Datenbank, die über den Verzeichnisdienst des Betriebssystems verwaltet wird. Sicher haben Sie schon von NTFS oder FAT, FAT32 oder von HFS gehört. Dies sind die unterschiedlichen Verzeichnisdienste von Betriebssystemen, die als Datenbanken für

▲ **Abbildung 2.14**
In Metadaten vom Typ EXIF werden vor allem Kameradaten und technische Informationen zu einer Bilddatei angegeben.

▲ **Abbildung 2.15**
Stichwörter, Sammlungen und Metadaten bilden die Basis für die leistungsfähige Verwaltung von Bildern.

Dateien fungieren. Innerhalb von Lightroom wird diese Verwaltung quasi nur erweitert.

Die Verwaltung über Metainformationen ist ein Konzept, um Dateien zu verwalten, indem man sie nicht nur einfach in Ordnern ablegt, sondern ihnen zusätzlich die Ordnungsinformationen anhängt. Heutige Dateisysteme arbeiten leider nur bedingt damit, sie setzen auf eine hierarchische Ordnerstruktur. Darüber hinaus gibt es auch kaum leistungsfähige Programme, mit denen man Metadaten in Dateien hineinschreiben kann. Lightroom schließt diese Lücke, indem es Metadaten und Bilder zusammenbringt und Werkzeuge zur Bearbeitung von Metadaten zur Verfügung stellt.

2.2.1 Was sind Metadaten?

Metadaten sind Zusatzinformationen zu Dateien, die unabhängig von ihrem Speicherort oder ihren Verzeichnissen Informationen bereitstellen. Sie schweben sozusagen in einer Metaebene über dem Dateisystem und umfassen Informationen zu Inhalt, Autor, technischen Angaben oder zum Copyright einer Datei. Metadaten werden in das Dokument mit hineingeschrieben – egal, ob es sich dabei um ein Text-, Bild- oder ein anderes Dokument handelt – und dienen der Beschreibung dieses Dokuments. Sie können dann von speziellen Programmen ausgelesen und interpretiert werden. Alle Adobe-Produkte erlauben es, Metainformationen in die bearbeitbaren Dateien zu integrieren.

2.2.2 Metadatenformate

Metadaten gibt es für alle Arten von Aufgaben und Dokumenten. Auch die Raw-Informationen in Lightroom für die Bildverarbeitung werden als Metadaten an die Datei geheftet und beim Anzeigen oder Exportieren mit hineingerechnet. Dies ermöglicht erst den nichtdestruktiven Workflow, da das Bild so selbst unberührt bleibt. Für die zusätzliche Beschreibung oder Klassifizierung von Bilddateien haben sich zwei Standards herausgebildet: EXIF und IPTC.

EXIF | EXIF (Exchangeable Image File Format) kümmert sich um die technische Seite einer Aufnahme. In EXIF werden Angaben zu Kamera, Objektiv, Verschluss, Belichtungszeiten, Farbtemperatur, Farbraum etc. verwaltet. EXIF-Informationen werden bei der Erstellung des Bildes, beispielsweise beim Fotografieren von der Kamera, in die Datei geschrieben und können nachträglich nicht mehr verändert werden.

IPTC | IPTC (International Press Telecommunications Council) kümmert sich vor allem um die Inhalte im Bild, deren Herkunft und um Fragen rund ums Copyright. IPTC besitzt auch feste Begriffe und Codes für das Genre oder die Art des Bildinhalts, etwa für Sport, Stillleben etc. Dies erlaubt einen international standardisierten Umgang mit Bilddaten. Die entsprechenden Codes können auf der Website des IPTC (*www.iptc.org*) nachgeschlagen werden. Professionelle Fotografen kommen an diesen Angaben nicht vorbei, vor allem in der Kommunikation mit Nachrichten- und Bildagenturen.

IPTC-Daten lassen sich in Lightroom bequem editieren. Zum Beispiel schreibt Lightroom Schlüsselwörter, mit denen man ein Bild verschlagworten kann, in ein extra dafür vorgesehenes Feld der IPTC-Metadaten. Ebenso lassen sich hier umfassende Angaben zu Copyright, Aufnahmeort und Fotograf unterbringen. Als Fotograf sollte man sich die Mühe machen, seine Bilder mit allen wichtigen Informationen auszustatten. In der Zusammenarbeit mit Verlagen oder Bildagenturen sind diese Informationen elementar.

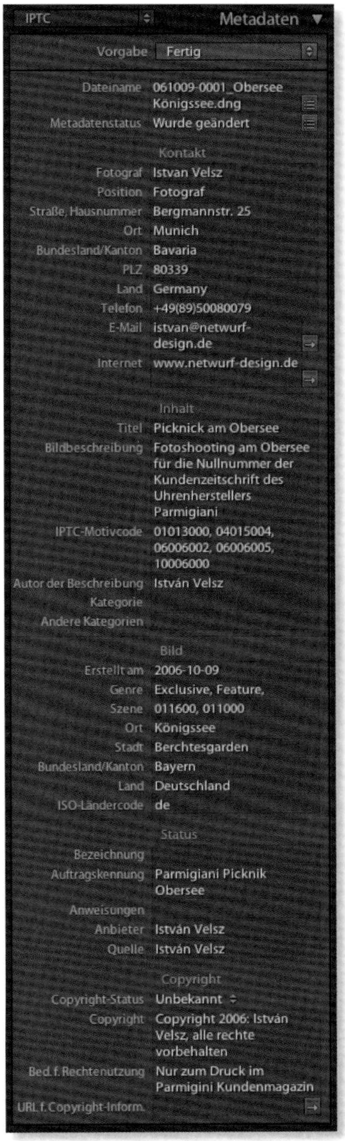

▲ **Abbildung 2.16**
IPTC-Informationen beinhalten Daten zu Autor, Bildinhalt, Genre, Copyright und Verbreitung.

2.2.3 Mangelnde Unterstützung in Betriebssystemen

Ausgelesen werden Metadaten bisher nur von wenigen Applikationen. Die gängigen Betriebssysteme bieten leider noch keine ausreichende Unterstützung. Auch erlauben viele Spezifikationen von Dateiformaten es nach wie vor nicht, Metainformationen in einer Datei mitzuspeichern. Die aktuellen Betriebssysteme bieten zumindest einen beschränkten Zugriff. So kann man damit zum Beispiel nach Fotos von einem speziellen Kameramodell suchen, die Suche nach Hochformatbildern ist aber noch nicht möglich. Von einer Verwaltung der Dateien nur noch über Metainformationen – ganz unabhängig von Ordnern – sind wir noch weit entfernt. Aber darin liegt mit Sicherheit die Zukunft, da Daten mehr Informationen beinhalten können als den Dateinamen und die Bezeichnung des Ablageordners.

2.2.4 Speicherung von Metadaten mit XMP

Adobe hat mit XMP (Extensible Metadata Platform) ein Dateiformat geschaffen, das die Unzulänglichkeiten der Betriebssysteme im Umgang mit Metadaten vorübergehend überbrücken soll. Mit XMP werden Metadaten, darunter auch EXIF und IPTC, in ein XML-basiertes Format übertragen. Somit können auch Dateien mit Metadaten ausgestattet werden, die die Daten nicht in sich selbst abspeichern. Es wird dann eine externe XMP-Datei mit

Abbildung 2.17 ▶
Nicht nur in Raw-Daten können Metadaten integriert werden. Auch InDesign bietet beispielsweise die Unterstützung des XMP-Standards.

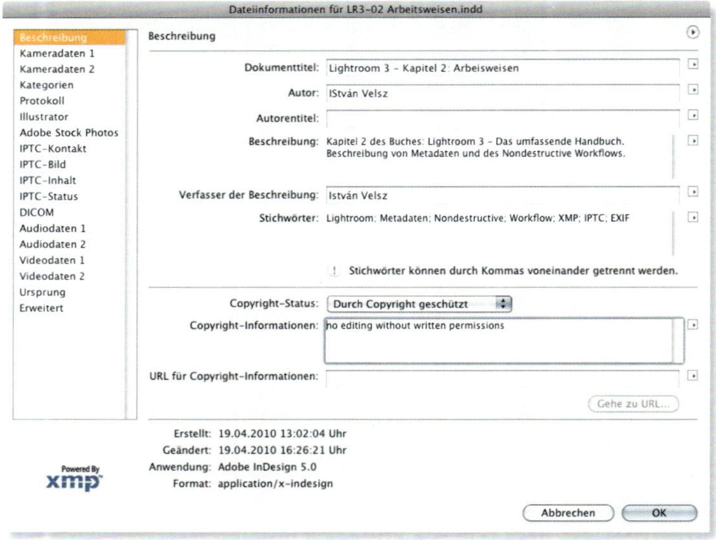

demselben Namen wie die Originaldatei, die die Metainformationen beinhaltet, erstellt.

XMP-Dateien sind also eigene Dateien, die bis auf denselben Namen keinen Bezug zur Originaldatei haben. Löscht man die Originaldatei, verbleibt die zugehörige XMP-Datei auf der Festplatte und umgekehrt. Das Umbenennen der XMP-Datei oder des Originals sollte man besser unterlassen, da sonst der Bezug verloren geht. Darüber hinaus können die Informationen in XMP-Dateien nur von Programmen ausgewertet werden, die dieses Format unterstützen.

▲ **Abbildung 2.18**
Raw-Daten mit XMP-Filialdokumenten: Diese beinhalten die Metadaten der Raw-Bilder.

Lightroom kann XMP-Dateien lesen und auch erzeugen. Etwa für proprietäre Raw-Dateien der Kamerahersteller schreibt Lightroom die Metainformationen in eine XMP-Datei. Für alle anderen Formate, wie zum Beispiel DNG, TIFF, PSD und JPEG, werden die Metainformationen in die Datei selbst integriert – es sei denn, man weist Lightroom an, auch für diese Dateien externe XMP-Dateien anzulegen. Dies bietet sich vor allem dann an, wenn die Originaldatei nicht verändert werden darf. XMP erlaubt es, über EXIF und IPTC viele Informationen, darunter sogar GPS-Daten (Global Positioning System) oder herstellereigene Angaben, zu speichern.

2.2.5 Verwaltung von Metadaten

So viel zu dem nicht unkomplizierten, aber hilfreichen Konzept der Metadaten. Was aber soll man nun mit diesen Daten anfangen? Die Möglichkeit, nach Informationen wie Bildinhalt, Kameratyp, Aufnahmeeinstellungen etc. zu suchen, stellt nur die rudimentärste Art der Verwaltung dar. Eine effektive Bildorganisation erfordert aber mehr Funktionen. Dazu bietet Lightroom eine ganze Reihe von Möglichkeiten.

Sammlungen | In Lightroom lassen sich Bilder in Sets oder Sammlungen ablegen, das sind Gruppen von Bildern mit ähnlichen Eigenschaften. Das Prinzip erinnert an herkömmliche Ordner, allerdings werden hier nicht die Dateien selbst verwaltet, sondern nur Verknüpfungen davon angelegt. Somit kann ein Bild auch zu mehreren Sammlungen gehören. Welchen Sammlungen ein Bild angehört, wird von Lightroom in die Datenbank geschrieben.

Das Löschen eines Bildes aus einer Sammlung entfernt dieses dadurch nicht, es wird lediglich aus der Sammlung entfernt, in der es sich befindet. Dies kann man auch wieder rückgängig machen, da das Bild ja nicht wirklich gelöscht wurde, sondern nur seine Zuordnung zur Sammlung.

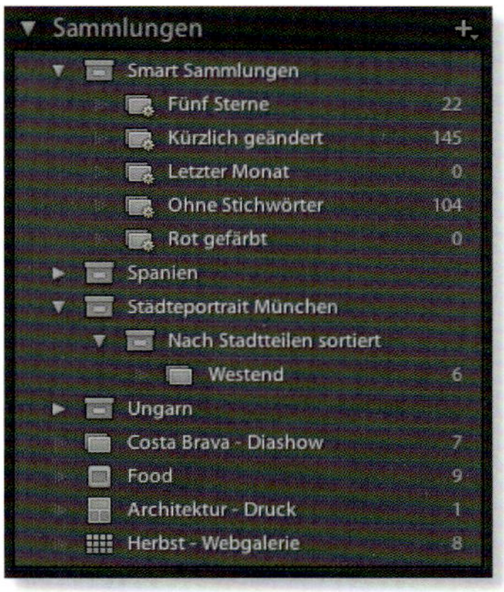

▲ **Abbildung 2.19**
Sammlungen ähneln Ordnern, mit dem Unterschied, dass nicht die Bilder selbst darin liegen, sondern nur Verweise darauf. Daher können Bilder auch in mehreren Sammlungen liegen.

Filter | Eine weitere Möglichkeit, um Bilder nach ihren Metadaten zu sortieren, bieten die Filter in Lightroom. Diese können nahezu beliebig nach allen zur Verfügung stehenden Bildeigenschaften gesetzt werden. Nur Bilder, die den aktivierten Filtern entsprechen, werden dann angezeigt. Filter können aus allen Arten der Dateiinformation bestehen – nicht nur aus den erwähnten IPTC- und EXIF-Daten, sondern auch aus Markierungsflaggen (Flags), hierarchischen Stichwörtern und deren Synonymen, Farbmarkierungen oder Bewertungen.

All diese Möglichkeiten bietet Lightroom mit der Verarbeitung von Metadaten. Solange diese nicht über das Betriebssystem bereitgestellt werden, werden Sie die Bilder für die Verwaltung auch weiterhin in die Datenbank von Lightroom importieren müssen.

▼ **Abbildung 2.20**
Neben der Filterung nach Metadaten wie EXIF und IPTC lassen sich auch Markierungsfilter setzen. Diese filtern die Bilder nach Bewertung, Farbmarkierung oder Markierungsflaggen.

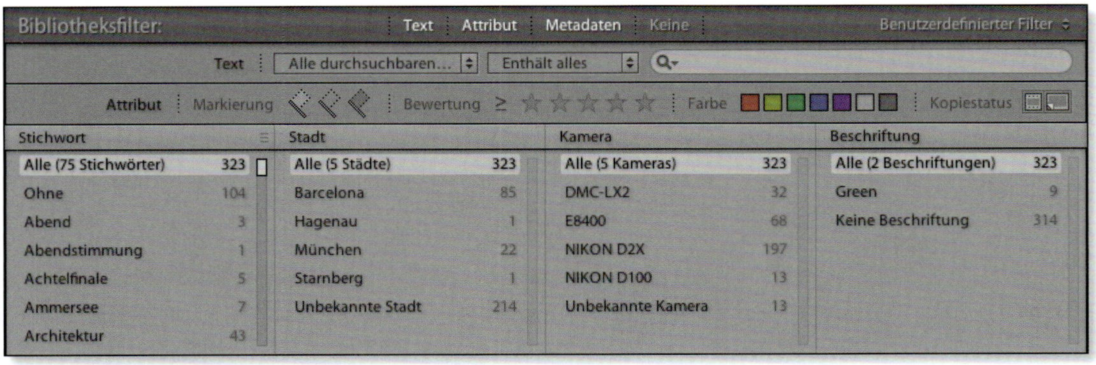

Fototipp

Nehmen Sie sich Zeit, wenn Sie fotografieren, und warten Sie ab. Versuchen Sie, Situationen vorrauszuahnen.

Bei diesem Bild habe ich mich zunächst in Position gebracht und dann abgewartet. Als der Kitesurfer anfing, seine Schnüre zu richten, drückte ich auf den Auslöser. Ich konnte zwar nicht voraussehen, welche Bewegungen er durchführen würde aber seinen Schatten habe ich bei der Bildplanung bereits berücksichtigt. Übrigens drückte ich nur einmal auf den Auslöser, denn dieses Bild ist noch zu Analogzeiten entstanden.

KAPITEL 3

3 Farbmanagement

Jedes Gerät, egal, ob Scanner, Fotoapparat, TFT-Flachbildschirm, Fernseher, Röhrenmonitor, Beamer, Farblaserdrucker, Tintenstrahldrucker, Offsetdrucker, Fotoprinter etc. hat seine eigene Farbinterpretation. Rot auf dem einen Gerät ist nicht unbedingt das gleiche Rot wie auf einem anderen. Hinzu kommen noch Papiereigenheiten und die Lichtsituation am Arbeitsplatz.

Damit die Farben auf Ihren Aufnahmen am Ende des Workflows immer noch so aussehen wie am Anfang oder wie nach einer Farbkorrektur, ist daher ein Farbmanagement unbedingt erforderlich. Dieses Kapitel hilft Ihnen dabei, die Farben auf Ihrem System in den Griff zu bekommen, um dann exakt mit Lightroom arbeiten zu können.

3.1 Die Grundlagen

Um ein Gefühl für die Farben in Ihren digitalen Aufnahmen zu bekommen und Ihren Arbeitsplatz richtig einzurichten, sollten Sie wissen, wie Farben entstehen und wie Sie sie beurteilen und beeinflussen können. Am Anfang steht dabei ein wichtiger Zusammenhang – der von Licht und Farbe.

▼ Abbildung 3.1
Licht ist nicht mehr als eine Ansammlung von elektromagnetischer Strahlung. Diese Strahlung »vibriert« wellenförmig. Den Abstand von einer Wellenspitze zur nächsten bezeichnet man als Wellenlänge. Das menschliche Auge reagiert auf Licht im Bereich von 380 bis 740 nm (1 Nanometer = 10^{-9} m).

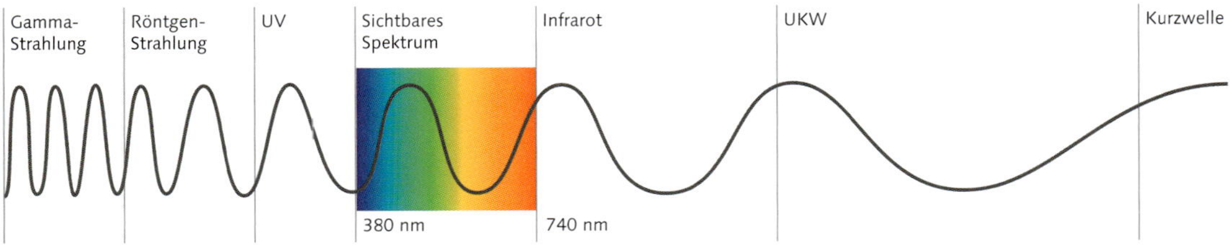

3.1.1 Prolog: Licht und Farbe

Licht ist eigentlich nichts anderes als elektromagnetische Strahlung, vergleichbar mit UKW- oder Funkstrahlen. Die Überbringer

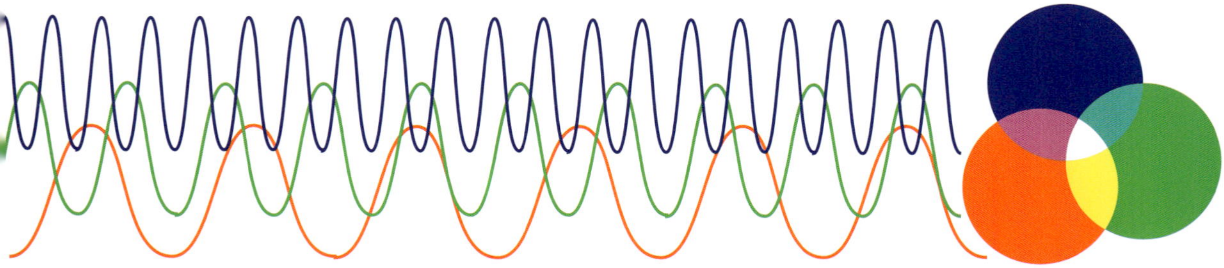

▲ **Abbildung 3.2**
Weißes Licht entsteht, wenn alle Strahlen unterschiedlicher Wellenlänge in gleicher Intensität vorkommen.

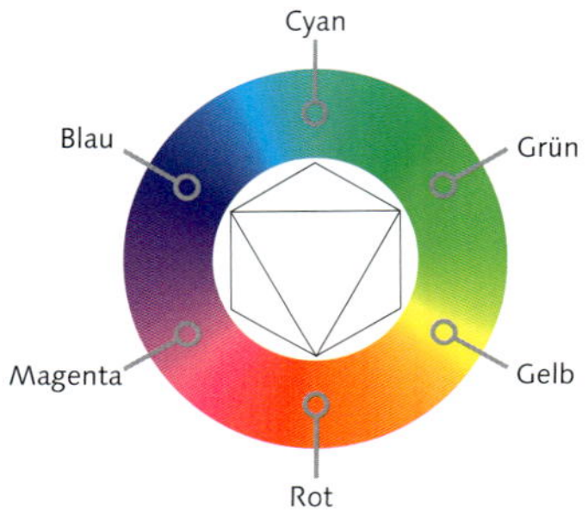

▲ **Abbildung 3.3**
Da im Licht alle drei Grundfarben vorhanden sind, mischt sich jede Farbe jeweils mit den beiden anderen. Zeichnen wir das grafisch auf, wird jede Farbe durch einen Punkt symbolisiert. Die Mischung der Farben zeichnen wir als Verbindungslinien zwischen den Punkten. Dadurch entsteht ein Dreieck. Zeichnet man die Linien gleich lang, entsteht ein gleichschenkliges Dreieck. Setzt man für die Mischfarben jetzt erneut Punkte, entsteht ein Sechseck. Weitere Punkte könnte man je nach Mischungsverhältnis setzen – dann erhält man einen Farbkreis. An diesem lassen sich die RGB- und die dazugehörigen Komplementärfarben ablesen. Die zugehörige Komplementärfarbe liegt im Farbkreis immer der Lichtfarbe gegenüber.

dieser Strahlung können wir uns als kleine Teilchen vorstellen, die eine bestimmte Schwingung haben. Wenn diese Teilchen auf uns Menschen treffen, reagieren unsere Sinnesorgane, abhängig von der Geschwindigkeit, die die Schwingungen besitzen. Unser Gehirn wandelt diese dann in Sinneseindrücke um.

Die Geschwindigkeit der Schwingung wird im Falle von Licht meist in der Wellenlänge angegeben. Das ist der Weg, den ein Teilchen während einer Schwingung zurücklegt. Je kürzer die Strecke, umso schneller schwingt das Teilchen. Sichtbares Licht legt dabei eine Strecke im Bereich von 380 nm bis 740 nm (1 Nanometer = 0,000 000 001 m) zurück. Unsere Augen fangen diese Strahlen auf und wandeln sie in Reize um, die unser Gehirn dann als Bilder interpretiert. Das Auge arbeitet also eigentlich wie eine Antenne.

Färbung von Licht | Augen können aber noch mehr. Sie »messen« auch die Geschwindigkeit der Schwingung und geben das Messergebnis als unterschiedliche Reize wieder, die unser Gehirn in Farben umsetzt. Ist die Wellenlänge größer, was einer langsameren Geschwindigkeit entspricht, erscheinen die Teilchen rot. Schwingen die Teilchen schneller, so verkürzt sich die Wellenlänge und unser Gehirn interpretiert das eher als Grün bis hin zu Blau.

In der Realität schwingen ziemlich viele dieser Teilchen, meist mit unterschiedlicher Wellenlänge. Sie vermischen sich dann zu einem gewissen Farbeindruck. Durch die Mischung der drei hauptsächlich vorkommenden Grundfarben Rot, Grün und Blau (RGB) lassen sich dabei alle Farben erzeugen, die wir sehen können. Überwiegen Strahlen mit einer bestimmten Wellenlänge, färbt sich das Licht entsprechend ein.

Diese Art nennt man **additive Farbmischung**, da durch die Summierung von Strahlen die Helligkeit ansteigt, die Grundfarben gemischt werden und wir somit überhaupt erst Farben sehen können. Alle Geräte, die Licht aussenden, wie Lampen, Diaprojektoren, Monitore oder Beamer, arbeiten nach diesem Prinzip.

Farben von Oberflächen | Einen weiteren Einfluss auf die Lichtfärbung besitzen die Oberflächen der bestrahlten Objekte. Diese verschlucken (absorbieren) einen Teil der Teilchen, der Rest prallt ab (reflektiert). Dadurch wird das Verhältnis der schwingenden Teilchen verändert und somit auch der Farbeindruck.

Wenn also eine Oberfläche eingefärbt werden soll, sollte man annehmen, dass man diese einfach in der entsprechenden Grundfarbe einfärben könne. Das Problem ist jedoch, dass Oberflächen selbst kein Licht erzeugen, sondern dieses nur absorbieren. Je mehr Farbe also auf die Oberfläche aufgetragen wird, umso dunkler erscheint diese, weil sie mehr Licht verschluckt. Will man aber die Farbe sehen, die das Licht besitzt, muss das komplette vorhandene Spektrum reflektiert werden. Ein Auftragen der Farbe ist also der falsche Weg.

Soll ein bestimmter Farbton erzeugt werden, muss sichergestellt werden, dass nur ein ganz bestimmter Teil des Lichts absorbiert wird. Damit zum Beispiel Grün ausgestrahlt wird, müssen Blau und Rot herausgefiltert werden. Man färbt die Oberfläche daher mit der entsprechenden Komplementärfarbe ein.

◂ Abbildung 3.4
Die Lichtstrahlen selbst kann man nicht sehen. Erst wenn diese auf ein Objekt treffen, wird dieses »beleuchtet« und somit sichtbar. Welche Farbe das Objekt hat, ist abhängig davon, welcher Teil des Lichts geschluckt (absorbiert) wird.

Komplementärfarben entstehen im Licht durch Mischung aus zwei Grundfarben. Mischt man beispielsweise Blau und Grün, so erhält man Cyan. Mischt man Rot und Grün, so erhält man Gelb. Rot und Blau ergeben zusammen Magenta.

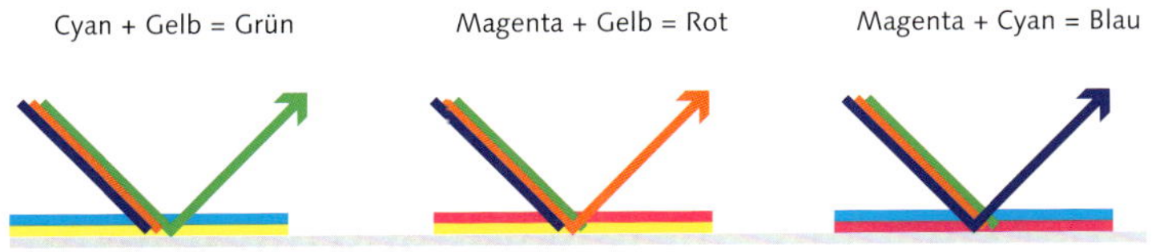

◂ Abbildung 3.5
Farbige Oberflächen absorbieren Teile des Lichtspektrums. Das heißt, sie ziehen Licht ab. Um Farben zu erzeugen, die Teile des Lichts absorbieren, werden die Komplementärfarben von Rot, Grün und Blau gemischt.

Wenn zwei Komplementärfarben gemischt werden, absorbieren diese zwei Anteile der Lichtfarbe. Für das Beispiel der grünen Oberfläche müssen also die Komplementärfarben der beiden zu absorbierenden Farben gemischt werden. Cyan und Gelb müssen zusammen auf eine Oberfläche aufgetragen werden, um Grün zu erhalten.

Das Verfahren, das durch Weglassen Farben erzeugt, heißt **subtraktive Farbmischung**. Jede Art von Oberflächenfärbung arbeitet damit, auch der Druck.

Farberzeugung im Druck | Um ein Grün zu drucken, müssen wir Cyan und Gelb nehmen und diese Farben dann vermischen. Das heißt, wir schütten die beiden Farben in einen Topf und rühren um, dann nehmen wir die Mischfarbe und tragen diese als Punkt auf eine Oberfläche, beispielsweise auf Papier, auf.

Da der nächste Punkt aber vielleicht schon wieder eine andere Farbe besitzt, müssen wir die Farbe neu anmischen und erneut als neues Pixel auftragen. Das ist natürlich nicht praktikabel. Daher muss man sich eines Tricks bedienen. Sind Punkte klein genug, erkennt man dazwischen keinen Unterschied, sie verschwimmen vor dem Auge zu einem Punkt. Dabei werden auch die beiden Farben optisch gemischt. Die Größe der verwendeten Punkte ist abhängig vom Betrachtungsabstand. Je größer die Entfernung zur Abbildung, umso größer können die Punkte sein, die verwischen – man kennt das von Plakatwänden, auf denen die Punkte gut sichtbar sind, wenn man direkt davorsteht.

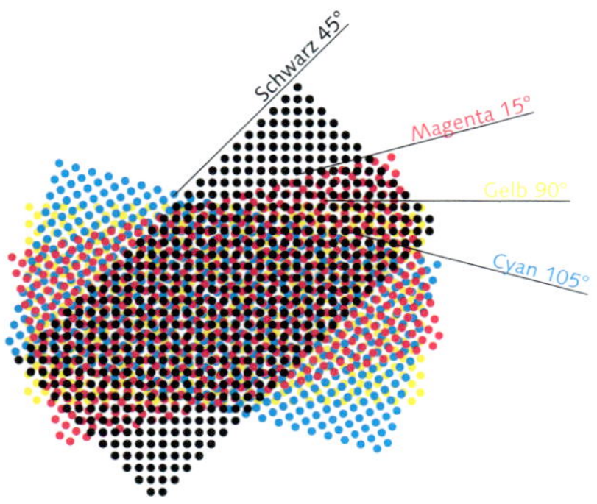

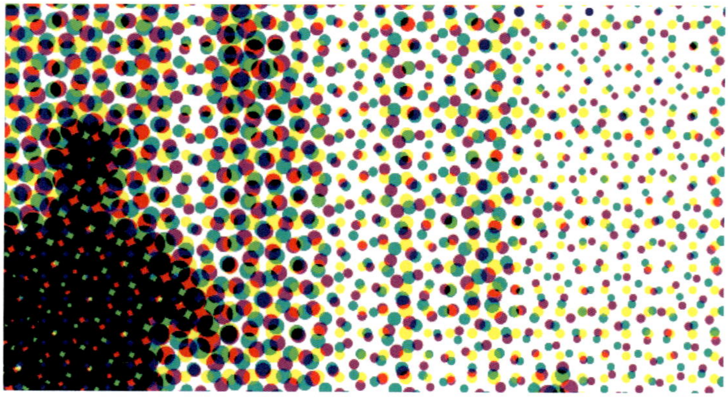

▲▶ Abbildungen 3.6 und 3.7
Durch Variation von Größe und Winkel des Druckrasters wird es erst möglich, Mischfarben zu drucken. Oben die Winkelangaben im PostScript-Raster, rechts in einem Bild vergrößert dargestellt. Man erkennt auch, wie durch die Größenvariation Helligkeiten gesteuert werden.

Jetzt variieren die Farbtöne zwar optisch, wenn man sie mischt, auf die Helligkeit trifft das aber leider nicht zu. Dazu müsste ja weiße Farbe beigemischt werden. Auch hier bedient man sich eines Tricks. Man druckt in einem Raster nebeneinanderliegende Punkte kleiner. Durch den Rasterdruck bleibt der Abstand der Punkte zueinander gleich, und der Untergrund wird deutlicher sichtbar. Je kleiner die Punkte bei gleichem Abstand sind, umso mehr weißes Papier scheint durch und umso heller wirken die Farben. Damit eine Farbe keine andere überdeckt, werden die

Raster aller Farben zusätzlich noch leicht versetzt gedreht. So entsteht das typische Druckraster.

Über dieses Verfahren kann man durch die Mischung der drei Komplementärfarben von Rot, Grün und Blau, nämlich Cyan, Magenta und Gelb (Yellow), alle Farben erzeugen. Da es damit aber nicht möglich ist, absolut reine Komplementärfarben herzustellen, erscheint die Mischung dieser drei Farben im Druck eher bräunlich. Bei dunklen Stellen füllt man daher auch noch schwarze Farbe hinzu. Diese wird als Key-Farbe bezeichnet. Daher das K für Schwarz in CMYK.

Neuere Druckverfahren arbeiten nicht mehr mit einem gleichmäßigen Druckraster. Das dort eingesetzte Raster erscheint willkürlich und wird frequenzmoduliertes Raster genannt. Es wird auch bei Tintenstrahldruckern eingesetzt. Im herkömmlichen Offsetdruck findet es nur noch selten Einsatz.

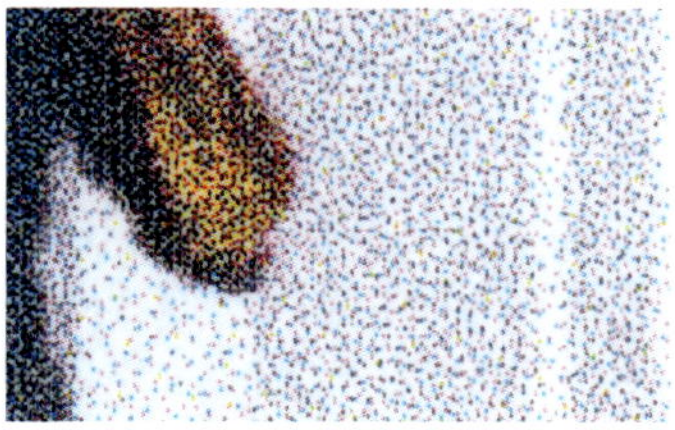

▲ **Abbildung 3.8**
Tintenstrahldrucker arbeiten mit einem Raster, das beliebig erscheint. Je dunkler eine Farbe ist, umso dichter werden die Punkte gesetzt.

3.1.2 Beurteilung von Farben

Nun ist bekannt, wie Licht arbeitet und wie Farben entstehen. Somit können wir uns näher mit dem Thema Farbmanagement beschäftigen. Vorher soll aber noch geklärt werden, wie Farben korrekt beurteilt und mögliche Störeinflüsse erkannt und eliminiert werden.

▲ **Abbildung 3.9**
Bei dieser Aufnahme ist der Weißabgleich auf die Wand im Hintergrund gesetzt. Der Monitor erscheint sehr blau.

Einflüsse auf die Farbwirkung | Licht selbst trägt ja schon Farbanteile in sich, und jede Veränderung durch Absorbierung oder Reflexion verändert die Farbanteile. Das bedeutet, dass jede Veränderung der Farbanteile im Lichtstrahl auch den Farbeindruck mit verändert. Erst wenn man diese Einflüsse erkennt und ausschaltet, kann von einer neutralen Farbbeurteilung gesprochen werden. In erster Linie beeinflussen folgende Faktoren den Farbeindruck eines Bildes:

- **Farbtemperatur:** Warmtoniges Licht verursacht einen anderen Farbeindruck als »kaltes« Licht.
- **Abstrahlverhalten:** Monitore strahlen selbst Licht ab, die Färbung kann dabei in Helligkeit und Farbton schwanken.
- **Reflektierendes Umgebungslicht:** Farbige Wände, Textilien oder Möbel reflektieren Licht mit veränderten Farbanteilen.
- **Farbe eines Objekts:** Das Material, auf das das Licht auftrifft, hat einen Einfluss durch seine Farbe.
- **Farben, die Oberflächen einfärben:** Auch Druckfarben oder andere Farbzusätze beeinflussen den Farbeindruck.

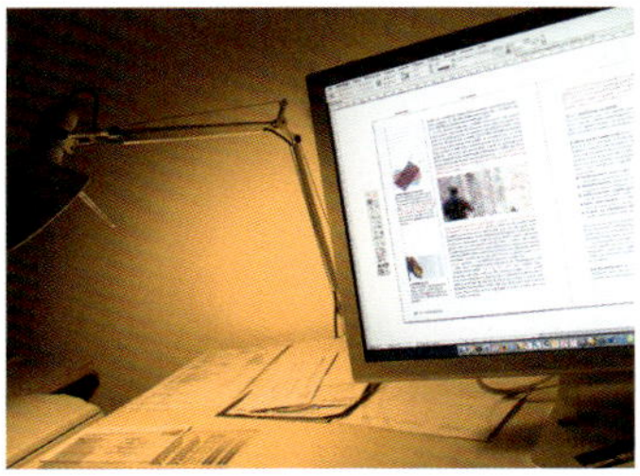

▲ **Abbildung 3.10**
Da der Monitor auf ein Normlicht bei 6500 K kalibriert ist, entspricht die Lichtsituation eher dieser Abbildung. Das Weiß der Papiere im Hintergrund erscheint gelb. Daher ist es wichtig, Vorlagen bei Normlicht mit einer Farbtemperatur von 6500 K zu betrachten.

Darüber hinaus gibt es natürlich noch andere Einflussfaktoren wie Farbenblindheit, Farbfilterung durch Folien etc. Diese sind aber

▲ **Abbildung 3.11**
Dieses Bild wurde am Vormittag aufgenommen. Die Farben wirken eher stumpf. Die Farbtemperatur liegt bei 5 000 K.

entweder nicht veränderbar oder werden bewusst eingesetzt, um spezielle Effekte damit zu erzielen.

Aufmerksamkeit verlangen die ungewollten Farbveränderungen. Diese beeinflussen den Farbeindruck von gedruckten Bildern und verhindern somit eine objektive Beurteilung. Eine solche ist aber nötig, um farbechte Ausdrucke auf unterschiedlichen Materialien zu erstellen.

Die Farbtemperatur | Lichtquellen strahlen immer das gesamte Spektrum des Lichts ab. Allerdings ist dieses nicht immer gleich verteilt. Die Verteilung richtet sich grundsätzlich nach der Farbtemperatur eines schwarzen Strahlers in Grad Kelvin. Um das zu verstehen, müssen wir einen kleinen Abstecher in die Physik machen.

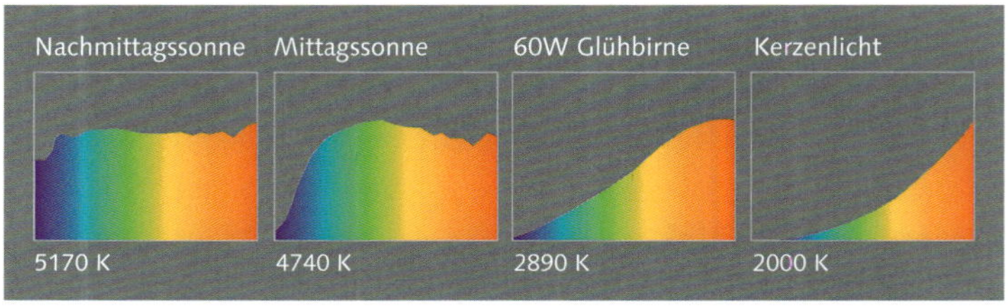

Abbildung 3.12 ▸
Abhängig von der Farbtemperatur der Lichtquellen verändert sich die Verteilung der Grundfarben und somit die Färbung des Lichtspektrums.

Damit die Farbe einer Lichtquelle gemessen werden kann, darf diese zunächst selbst keine Strahlen aussenden, sondern muss alles vorhandene Licht selbst absorbieren. Sonst würde das reflektierende Licht ja die Farbgebung beeinflussen. Ideal ist also

▲ **Abbildung 3.13**
Dieses Bild ist am selben Tag entstanden wie das linke, jedoch am späten Nachmittag, fast bei Sonnenuntergang. Die Farbtemperatur liegt bei 3000 K.

ein schwarzer Körper. Dieser wird so lange erhitzt, bis er Strahlen aussendet. Besitzt er eine bestimmte Temperatur, beginnt er, sichtbares Licht auszusenden. Je nach seiner Temperatur verändert er den Anteil der Farben im Spektrum und nimmt somit eine bestimmte Farbe an. Ein Beispiel verdeutlicht dies: Wird eine Herdplatte erhitzt, beginnt sie irgendwann zu glühen. Zunächst glüht sie rot. Bei weiterer Erhitzung wird das Glühen orange. Könnte man sie noch weiter erhitzen, würde sie weiß, später dann blau und violett. Man kennt das auch von einer Kerze. Am Docht ist die Flamme am heißesten, sie erscheint dort blau. Weiter weg vom Docht wird die Flamme orange bis rot, da die Temperatur geringer wird.

Da normales Licht von der Sonne oder durch künstliche, glühende Lichtquellen erzeugt wird, gibt es einen direkten Bezug zwischen der Farbtemperatur und der alltäglichen Lichtsituation. Die Farbtemperatur beschreibt also eine Lichtsituation mit einem Zahlenwert. Sie wird in Grad Kelvin eines idealen schwarzen Körpers gemessen, so dass dessen Strahlungsspektrum ungefähr der beschriebenen Lichtsituation entspricht.

Erschwerend kommt hinzu, dass sich Lichtsituationen ständig verändern. Selbst die Sonne liefert kein konstantes Farbspektrum, da das Licht durch die Filterung in der Atmosphäre verändert wird – beispielsweise beim Abendrot. Über den ganzen Tag hinweg verändert sich die Farbtemperatur. Wie soll also eine Farbe neutral beurteilt werden, wenn ständig andere Lichtsituationen vorherrschen?

Neutrale Beurteilung bei Normlicht | Sollen Farben also ohne Einfluss der Farbtemperatur beurteilt werden, müssen wir diesen Faktor ausschalten. Da aber ohne Licht keine Farben entstehen können, ist das nicht möglich. Also muss eine Lichtsituation gewählt werden, bei der alle Farben des Spektrums möglichst gleichmäßig vorkommen.

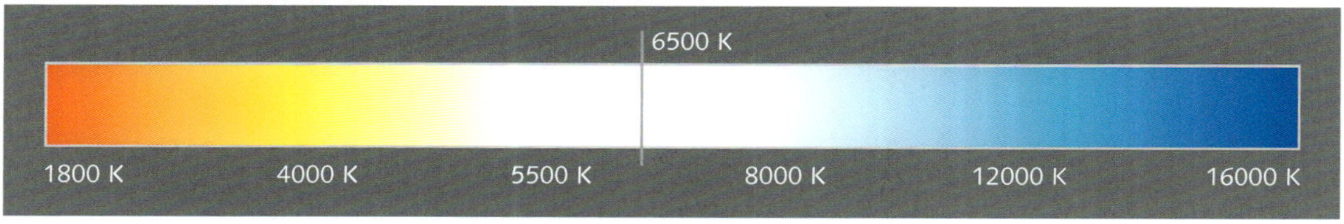

▲ **Abbildung 3.14**
Unser Gehirn nimmt ein Licht bei einer Farbtemperatur von 6500 K als weiß wahr. Niedrigere Temperaturen erscheinen rötlicher, höhere bläulicher.

Da die Farbverteilung im Spektrum als Temperaturwert definiert wird, verwendet man einfach eine Referenztemperatur. Betrachtet man Bilder also immer bei einem Licht mit dieser Farbtemperatur, kann davon ausgegangen werden, dass auch das gesehen wird, was beabsichtigt ist.

Daher wurde von der Internationalen Organisation für Normung (ISO) eine Farbtemperatur als Standard festgelegt, die eine möglichst gleichmäßige Verteilung besitzt und zusätzlich unsere Sehgewohnheiten mit einbezieht. Diese Temperatur beträgt 6500 Kelvin und wird als D65 bezeichnet. Das »D« gibt an, wie der UV-Lichtanteil berücksichtigt wird, um auch selbst fluoreszierende Materialien beurteilen zu können.

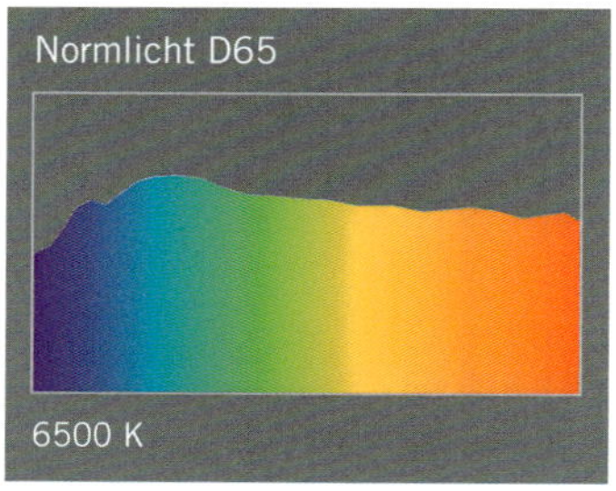

▲ **Abbildung 3.15**
Die Spektralverteilung bei D65-Normlicht: Diese Verteilung erscheint uns als weißes Licht (siehe Abbildung 3.14).

Materialien, die unter diesem Licht betrachtet werden, erscheinen weiß, weil sie das gesamte Spektrum des Lichts reflektieren. Es gibt noch weitere Standards (D50, D55, D75), die aber nicht so verbreitet sind. In der Fotografie hat sich D65 etabliert. Es entspricht ungefähr einem bewölkten Himmel zur Mittagszeit.

Was bedeutet das nun für den Fotografen in der Praxis? Hat er ein Foto gemacht und druckt dieses aus, so muss es unter Normlicht D65 die Farben so darstellen, dass sie der Lichtsituation am Aufnahmeort während des Fotografierens entsprechen. Um das zu prüfen, gibt es spezielle Normlichtlampen, Neonröhren oder Leuchttische.

Einfluss der diffusen Beleuchtung | Bisher gingen wir davon aus, dass Farben immer unter direkter Lichteinstrahlung betrachtet werden. Arbeitet man aber nicht im Freien bei direktem Sonnenlicht, ist der Anteil direkter Strahlung eher gering.

In einem Raum besteht das Licht überwiegend aus indirekten Strahlen. Es wird von Wänden, Möbeln, Vorhängen, Kleidern und Personen reflektiert. Dabei verändert es die Farbe – abhängig

von der Objektfarbe der reflektierenden Gegenstände. Die Beurteilung eines Fotos in einem Raum mit roten Wänden ist daher sicher nicht empfehlenswert.

Man sollte also sichergehen, dass in einem Studioraum keine größeren Farbflächen vorhanden sind. Spezielle Leuchttische mit Normlicht ermöglichen eine noch bessere neutrale Beurteilung ohne Störeinfluss.

▲ **Abbildung 3.16**
Selbst in Außenszenen spielt die diffuse Reflexion eine Rolle. Hier kann man sehr schön sehen, wie sich die Farben der Häuser im Schnee spiegeln.

Einfluss der Oberfläche und Farbauftrag | Hat man eine genormte Lichtsituation ohne störende farbige Reflexion, kann nur noch ein einziger Faktor die Farbbeurteilung von Bildern beeinflussen: das zu beurteilende Objekt selbst, bei gedruckten Fotoabzügen die Papierfarbe oder die Druckfarbe.

Die Druckfarbe hat sicher einen geringeren Einfluss – und zwar aus dem Grund, dass sie mehr oder weniger unveränderlich ist. Der Druck erfolgt beispielsweise auf unterschiedlichen Papierarten mit derselben Tintenpatrone. Auch im Laserdrucker bleibt der Toner immer derselbe. Selbst im Offsetdruck sind Farben genormt. Hier besteht also relativ wenig Gefahr, dass sich die Farbdarstellung verändert.

Ein weiterer Grund für das Ausschalten der Druckfarben als Fehlerquelle liegt darin dass eine gewünschte Farbe ja erst dadurch erzeugt wird, dass sie aus wenigen Grundfarben gemischt wird. Durch die Mischung wird nahezu jede Farbe darstellbar, die

▲ **Abbildung 3.17**
Das gleiche Blau, gedruckt auf unterschiedlichen Papieren, erscheint jedes Mal anders. Die Papiersorte hat hierbei den größten Einfluss auf die unterschiedlichen Farben.

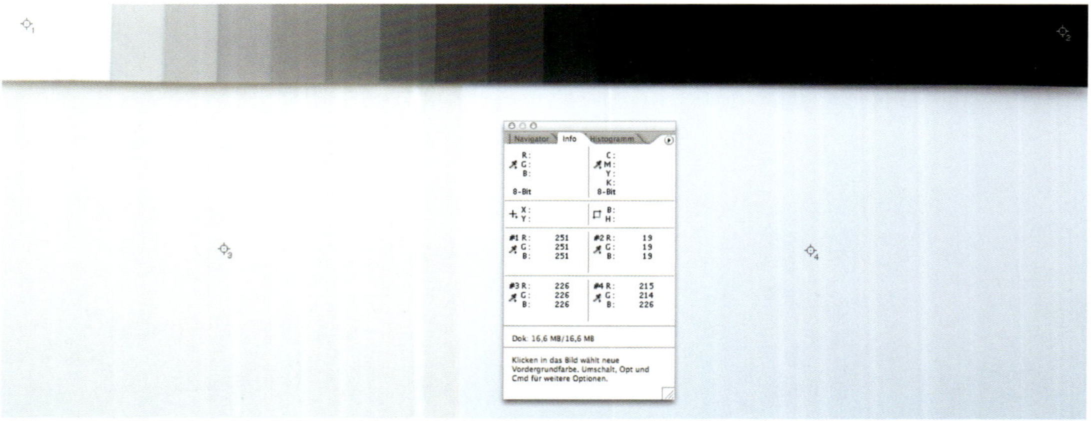

▲ Abbildung 3.18
Welches Papier ist weiß? Der Farbpicker beweist, dass das rechte Weißmacher enthält, die das Papier blau färben. Trotzdem erscheint es weißer.

benötigt wird. Die eigentlichen Grundfarben des Drucks (CMYK) haben also einen geringen Einfluss und müssen als konstante Größe gesehen werden.

Mehr Einfluss dagegen besitzt die Farbe des Materials, auf das gedruckt wird, bei Bildern also das Papier. Dieses kann die Farben durch mehrere Eigenschaften verändern:

- die Farbe des Papiers
- die Fähigkeit der Farbaufnahme
- die Reflexionseigenschaften des Materials

Betrachtet man eine Papiersorte für sich, so erscheint sie weiß. Legt man aber beispielsweise Kopierpapier neben Fotopapier, so erkennt man, dass Ersteres oftmals gelblicher erscheint als Spezialpapier für Fotoabzüge. Ein Papier kann also weißer sein als ein anderes. Da stellt sich die Frage, welches denn nun wirklich weiß ist: grundsätzlich dasjenige, das das gesamte vorhandene Lichtspektrum reflektiert.

Es ist zu beachten, dass beispielsweise Fotopapiere für Tintenstrahldrucker spezielle Weißmacher enthalten. Diese erhöhen das Reflexionsverhalten gegenüber den blauen Anteilen im Licht. Das Gehirn interpretiert es daher als heller und strahlender als ein korrekt reflektierendes Papier.

So kommt der »weißere« Eindruck bei Fotopapier zustande. Es wirkt oft sogar weißer als zum Beispiel speziell genormte, aber auch entsprechend teure Proofpapiere, die dafür das Licht allerdings gleichmäßiger reflektieren.

Man kennt die abweichende Farbdarstellung auch vom Monitor. Normalerweise ist er auf eine Farbtemperatur von ca. 9300 Kelvin voreingestellt. Das erscheint zunächst als Weiß. Stellt man ihn über das Konfigurationsmenü auf ein Normlicht von 6500 K, so erscheint der Monitor extrem rötlich. Legt man aber ein Blatt Papier neben den Bildschirm, so sieht man, dass dessen Farbe bei 6500 K eher einem Weiß entspricht als bei 9300 K. Außerdem gewöhnt sich das Auge schnell an diese Einstellung, nach einer kurzen Zeit erscheint es bereits als reines Weiß.

Da Papier normalerweise bedruckt wird, vermischt sich die Papierfarbe mit dem Farbauftrag. Da man diesen im gewissen Grad beeinflussen kann, hat man damit eine Stellschraube, um die Farben in den Bildern zu neutralisieren. Und damit stecken wir schon mitten in der praktischen Umsetzung des Farbmanagements.

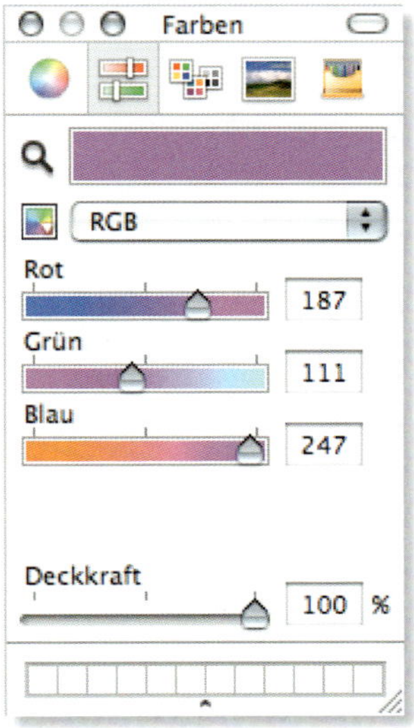

▲ **Abbildung 3.19**
Der Farbauswahl-Dialog von Mac OS X stellt für jede RGB-Farbe einen eigenen Regler zur Verfügung. Das Mischungsverhältnis regelt die Farbe.

3.1.3 Farbsysteme

Das Farbmanagement verwaltet die Ein- und Ausgabegeräte mit ihren jeweiligen Farbeigenschaften. Wird ein Bild von einem Gerät zu einem anderen weitergegeben, müssen diese zuerst einander angepasst werden. Die Darstellung und Zusammensetzung der Farben geschieht über das Farbsystem, mit dem die Geräte arbeiten. Zwei der bekanntesten Farbsysteme sind das CMYK-System für den Druck und das RGB-System für die Darstellung auf selbstleuchtenden Geräten – etwa auf dem Monitor oder auf Messgeräten wie Scannern oder Digitalkameras. Besondere Probleme entstehen dabei vor allem durch die unterschiedlichen Farbdarstellungen. Drucker können zum Beispiel im CMYK-Farbraum nicht die im RGB-Farbsystem darstellbaren Farben reproduzieren. Es reicht also nicht aus, im Farbmanagement nur die Farbeigenschaften jedes einzelnen Geräts zu berücksichtigen. Auch die jeweiligen Farbsysteme müssen dabei Beachtung finden.

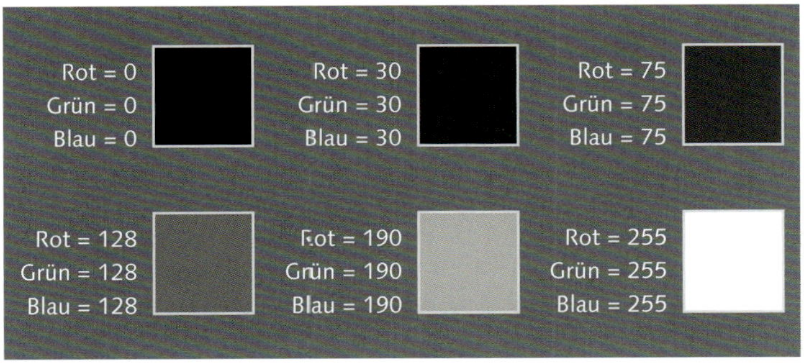

◄ **Abbildung 3.20**
Farbwerte im RGB-Modus werden pro Farbkanal in Abstufungen von 0 (dunkel) bis 255 (hell) angegeben. Das entspricht dem Zahlenraum von 8 Bit. Bei allen drei Farben zusammen entspricht das einer Farbtiefe von 24 Bit. Sind alle Werte gleich, entsteht ein Grau.

RGB-Farbsystem | Die Farben Rot, Grün und Blau sind die Hauptfarben des Lichtspektrums. Durch die Mischung dieser drei Farben lassen sich alle anderen Farben darstellen. Alle Monitore und digitalen Fernsehbildschirme arbeiten nach diesem Verfahren. Auch Geräte, die Farben messen, wie etwa Scanner, können nur RGB-Daten verarbeiten.

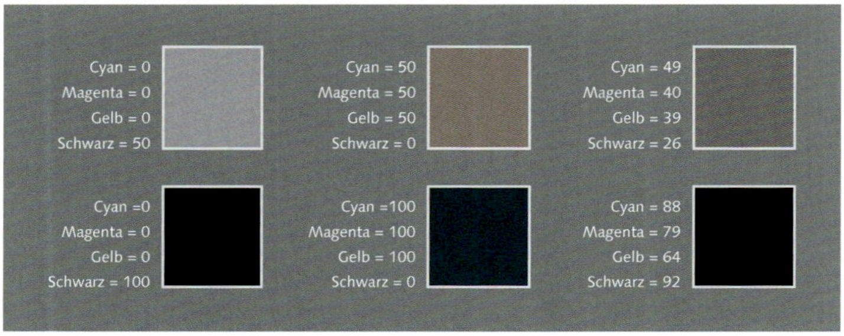

Abbildung 3.21 ▶
Theoretisch erfolgt eine direkte Umsetzung von RGB nach CMY. Dabei sollten gleiche Werte auch ein Grau oder Schwarz ergeben. Aufgrund von Papiereigenschaften wie der Saugfähigkeit etc. ergibt dies jedoch einen bräunlichen Ton. Daher wird Schwarz beigemengt und das Verhältnis der Farben zueinander verändert. Dies erschwert eine Farbkorrektur im CMYK-Modus, da die Auswirkungen schwer einzuschätzen sind.

- **Vorteil:** Dieser Farbraum eignet sich hervorragend als Arbeits- und Archivfarbraum.
- **Nachteil:** Er kann nicht direkt auf dem Drucker ausgegeben werden. Darüber hinaus gibt es keine Vorgaben dafür, wie die Farben dargestellt werden. Jede Hard- und Software kann ihre eigene Farbinterpretation generieren.

CMY, CMYK | Cyan, Magenta und Gelb (Yellow) sind die Komplementärfarben von Rot, Grün und Blau. Sie sind – im Gegensatz zu den RGB-Farben – auch physikalisch anfassbar, zum Beispiel im Druck. Beim Vermischen der drei Farben zu gleichen Teilen entsteht jedoch nicht wie im RGB-Farbsystem Weiß, sondern Schwarz. Dieses Schwarz ist jedoch aus den Farben zusammengesetzt und besitzt nicht genügend Schwärzung von »reinem« Schwarz. Das kommt daher, dass Druckfarben in der Herstellung nie so rein produziert werden können, dass sie gemischt ein echtes tiefdunkles Schwarz ergeben. Die entstehende Farbe ist eher ein dunkles Braun. Aus diesen Gründen hat man zusätzlich das Schwarz in den Farbraum eingeführt.

Bei der Separation werden die Farben so verteilt, dass Farben, die zu gleichen Anteilen Cyan, Magenta und Gelb enthalten, durch echtes Schwarz ersetzt werden. Dieser Vorgang, zusammen mit der Rasterung, spart zusätzlich auch viel Geld durch die Einsparung von Druckfarbe und Trockenzeit zwischen den Druckprozessen. Auch kann man damit verhindern, dass die Farben »zurückschlagen« – dass also die eine Farbe die nächste im Druck aufgetragene abweist.

- **Vorteil:** Man kann die Farben physikalisch anfassen und ausdrucken.
- **Nachteil:** Die Farbdarstellung ist vom Untergrund, vom Farbhersteller, von der Luftfeuchtigkeit, der Druckmaschine, dem Farbauftrag etc. abhängig. Die Farben können außerdem nicht am Monitor dargestellt werden. Und die Grauwerte besitzen nicht die gleichen Anteile der Einzelfarben, was die Farbkorrektur schwierig macht.

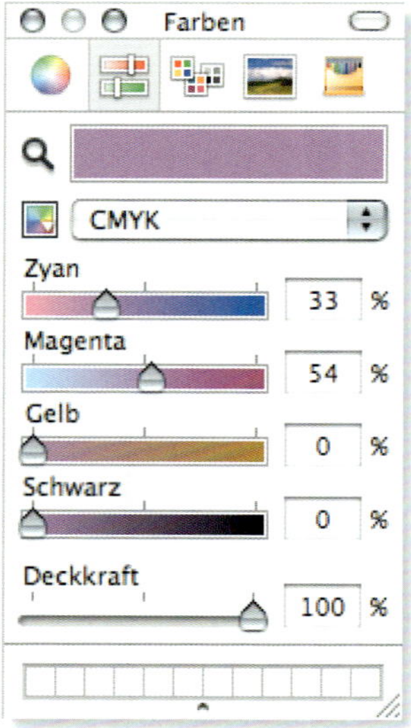

▲ Abbildung 3.22
CMYK-Werte werden in Prozent angegeben, da es dabei darauf ankommt, wie stark der Farbauftrag beim Druck ausgeführt werden soll – von 0 % bis 100 %.

HSB, HSL | Es gibt noch ein weiteres Farbsystem. Dieses begegnet Ihnen weniger beim Farbmanagement, sollte aber trotzdem erwähnt werden, da es sich nach der Wahrnehmung des menschlichen Auges richtet. Es wird gern bei der Bearbeitung von Bildern eingesetzt. Bei der Arbeit in Lightroom findet es bei der selektiven Farbkorrektur, also dem Verändern von ausgewählten Farben, Anwendung.

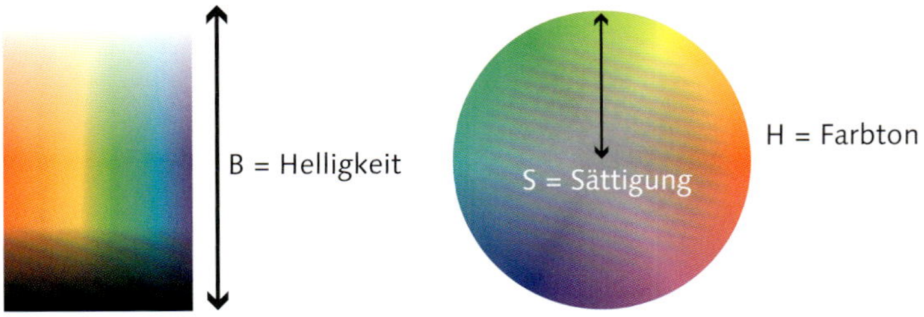

◂ **Abbildung 3.23**
Der HSB-Farbmodus wird vor allem zur Veränderung von einzelnen Farben verwendet. Diese können dann nach Helligkeit, Sättigung und Farbton getrennt bearbeitet werden.

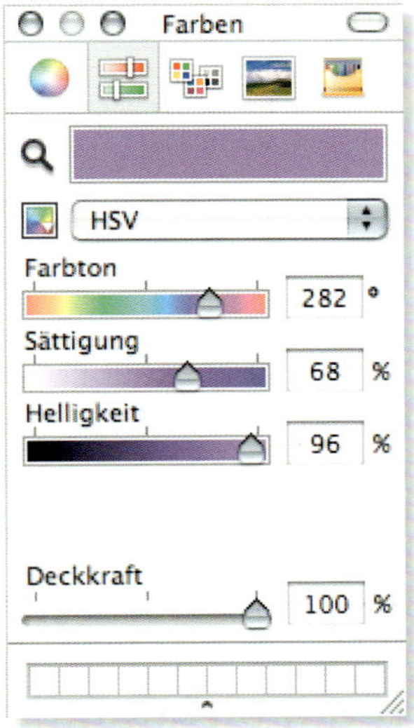

▴ **Abbildung 3.24**
Der HSB-Standard trennt den Farbton von der Sättigung und Helligkeit ab. In diesem Farbmodus lassen sich gut Farbkorrekturen durchführen.

Im HSL-/HSB-Modell gibt der Hue-Wert (H) den Winkel des Farbtons in Grad auf dem Farbkreis an. S ist die Sättigung in Prozent und B ist die Brightness (Helligkeit) – auch Luminanz (L) genannt.

- **Vorteil:** Änderungen an Farbton und Sättigung sind einfacher als in RBG auszuführen.
- **Nachteil:** Dieses Farbsystem kann nicht direkt dargestellt werden und muss erst in RGB oder CMYK umgerechnet werden.

CIE, CIELAB | Das Farbmodell CIE bzw. CIELAB (Commission Internationale de l'Eclairage) ist das einzige Modell, das unabhängig von Ausgabemedium und Wahrnehmung arbeitet. Zudem ist darin die Beleuchtung bei Normlicht berücksichtigt (D50, D65). Die CIE-Farbmodelle sind im Gegensatz zu allen anderen gängigen Farbsystemen geräteunabhängig. Dadurch können über

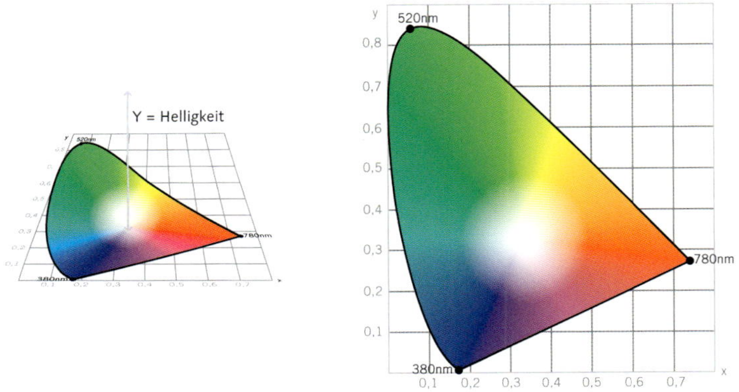

◂ **Abbildung 3.25**
Das CIE-Farbsystem ist geräteunabhängig. Die Farben werden in einem Koordinatensystem platziert. Es enthält mehr Farben, als ein Gerät darstellen kann, und dient somit als Referenzfarbraum für alle Farbberechnungen.

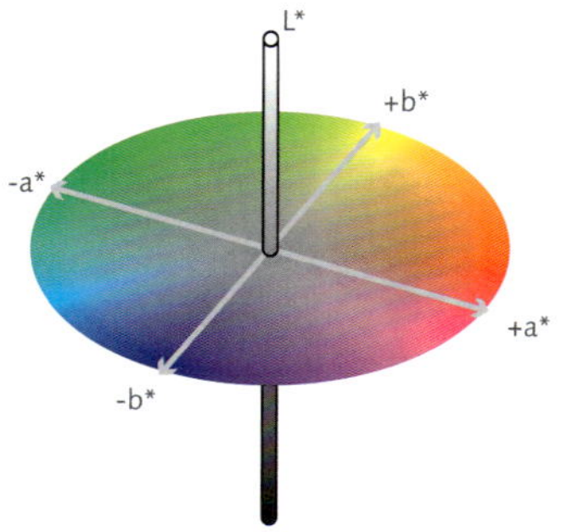

▲ **Abbildung 3.26**
Das CIELAB, auch L*a*b*-Farbsystem genannt, arbeitet mit drei Parametern. Die Helligkeit (L*) wird von den Farben getrennt. Der Wert a* beschreibt einen Wert zwischen Rot und Grün, b* einen Wert zwischen Blau und Gelb.

diese Systeme alle Farbkonvertierungen stattfinden. Die Farbsysteme der CIE gelten dabei als Referenz.

Die Farben werden im CIE-Farbdreieck angeordnet. In diesem Dreieck werden der Farbton und die Sättigung der sichtbaren Farben beschrieben. Die Helligkeit wird in der dritten Dimension angegeben.

Im Farbumfang des CIE-Modells sind alle anderen Farbmodelle enthalten, da der maximale Farbumfang dieser Modelle kleiner ist als der des CIE-Standards. In der Praxis heißt das, dass es im Druck zum Beispiel kein absolutes Schwarz gibt. Es wird immer Licht zurückgeworfen. Im CIE-Modell ist das anders. Hier gibt es das absolute Schwarz.

- **Vorteil:** Das Modell eignet sich zum Speichern von farbneutralen Daten. Die Zeichnung liegt im Helligkeitskanal. Dadurch lassen sich beispielsweise Farbänderungen ohne Kontrastverlust durchführen.
- **Nachteil:** Das Bearbeiten der Farben, zum Beispiel über die Gradationskurve, ist schwierig, da es ungewohnt ist, über die Farbachsen Änderungen durchzuführen.

3.1.4 Farbmanagement mit ICC-Farbprofilen

In einer Agentur arbeiten oft viele Personen an unterschiedlichen Rechnern mit unterschiedlichen Monitoren. Eingescannte oder fotografierte Bilder werden auf einem Server abgelegt, in Layouts integriert, auf Farblaser- oder Tintenstrahldruckern ausgegeben. Am Ende wird alles im Offsetdruck gedruckt. Ein typisches Sze-

▼ **Abbildung 3.27**
Ohne Farbmanagement weicht die Ausgabe aufgrund der unterschiedlichen Farbcharakteristika auf jedem Ausgabegerät vom gewünschten Ergebnis ab.

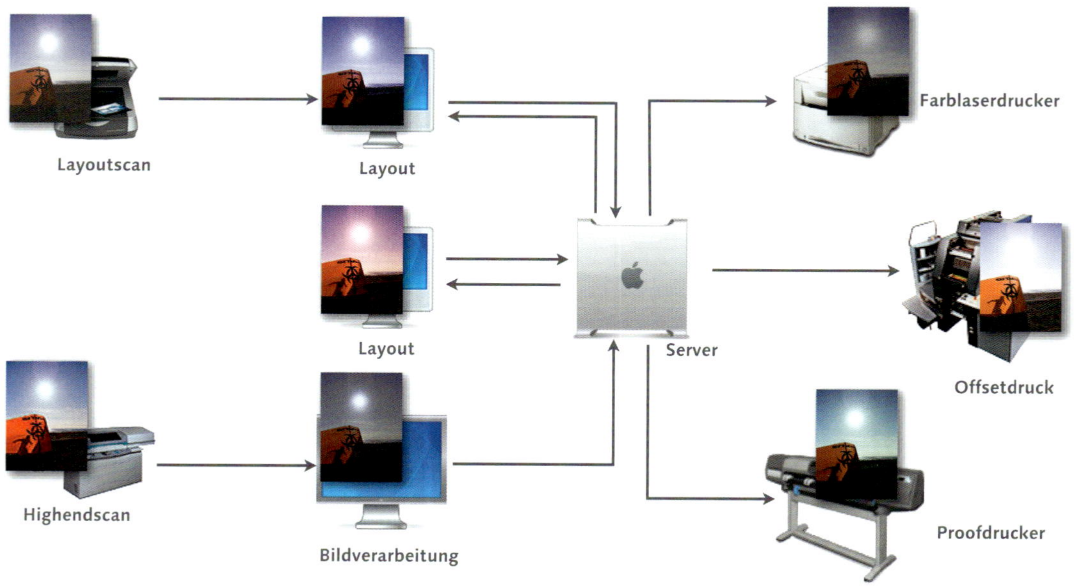

nario, das auch im Kleinen zu Hause funktioniert. Auf der einen Seite stehen die Eingabegeräte wie der Scanner oder die Digitalkamera, auf der anderen Seite die Ausgabegeräte wie der Fotodrucker, das Digitallabor und das Internet. Diese Geräte sollten die Farben immer so darstellen, dass sie dem Original möglichst nahekommen.

Da alle Ein- und Ausgabegeräte neben dem entsprechenden Farbsystem (RGB oder CMYK) eigene Farbcharakteristika besitzen, wird eine Art Meldesystem benötigt. Dieses gibt die Information weiter, mit welchem Gerät ein Bild gerade erstellt, bearbeitet oder betrachtet wird. Bei jeder Weitergabe findet dann eine Anpassung an die jeweiligen Eigenheiten des Gerätes statt, das das Bild gerade verarbeitet.

Dafür besitzt jedes Gerät optimalerweise ein eigenes Farbprofil. Dieses beschreibt den Farbraum und die Farbcharakteristika des Gerätes. Zusätzlich benötigt man noch eine Basis, von der aus die Farbinformationen in alle anderen Geräte umgerechnet werden können. Dies ist der Arbeitsfarbraum, der in der Bilddatei mitgespeichert werden kann.

Dieses Arbeitsprofil besitzt einen möglichst großen Farbraum, damit auch alle eventuellen Ausgabefarbräume darin Platz haben. Denn wäre ein Ausgabeprofil größer als das Arbeitsprofil, würden ja Farben verschenkt. Der Arbeitsfarbraum ist somit der Farbraum des Bildes. Jede Ausgabe rechnet die Farbinformation ausgehend von diesem Arbeitsfarbraum in den Ausgabefarbraum der jeweiligen Geräte um.

[ICC]
Das ICC (International Color Consortium) ist ein Zusammenschluss von Hard- und Softwareherstellern, die zusammen einen plattformunabhängigen Standard für das Farbmanagement geschaffen haben. Alle ICC-Farbprofile richten sich danach.

▼ Abbildung 3.28
Mit einem Farbmanagement mit Farbprofilen kann auf allen Ein- und Ausgabegeräten eine nahezu identische Darstellung erreicht werden.

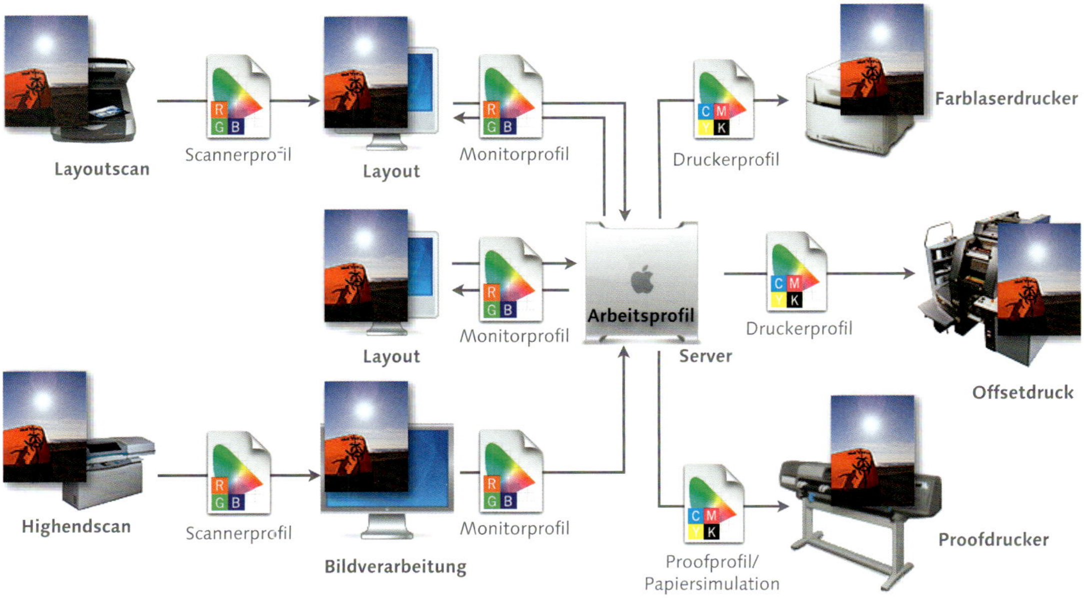

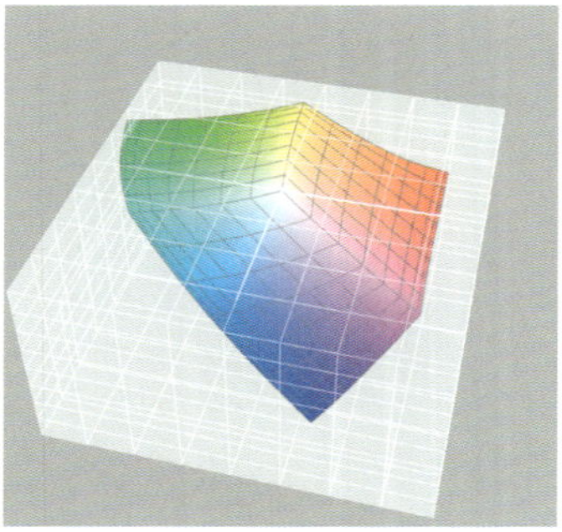

▲ **Abbildung 3.29**
Größenvergleich zwischen LAB (heller Quader) und dem eciRGB-Profil, dem Standardarbeitsprofil in der Druckindustrie

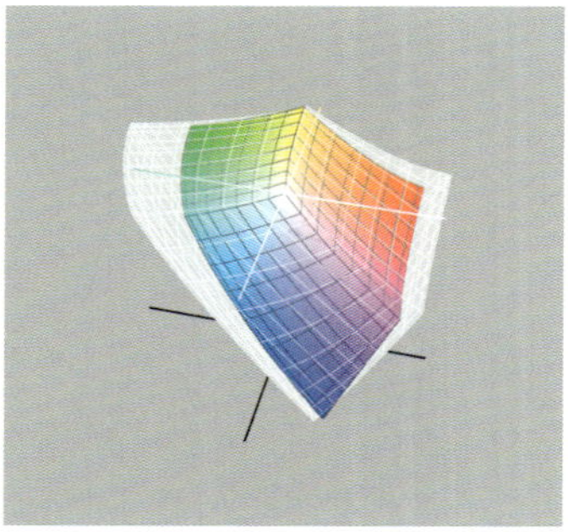

▲ **Abbildung 3.30**
Größenvergleich zwischen eciRGB und sRGB. Letzteres wird auch für das Internet verwendet.

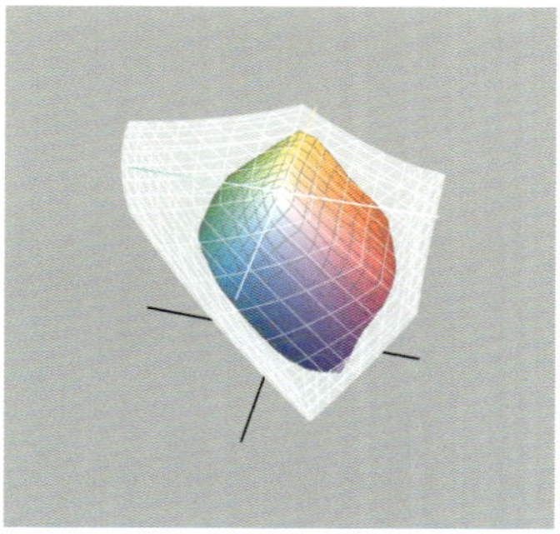

▲ **Abbildung 3.31**
Größenvergleich zwischen eciRGB und ISO Coated v2, dem Standard für den Offsetbilderdruck

Damit dies auch alles richtig funktioniert, benötigen Programme ein Werkzeug, mit dem die Arbeitsfarbräume eingestellt und verändert werden können. Das Arbeiten mit den Farbräumen in den verschiedenen Arbeitsschritten funktioniert dann wie folgt beschrieben:

- **Bei der Aufnahme:** Das Bild wird mit einer Digitalkamera oder mit dem Scanner aufgenommen. Dabei wird dem Bild ein Kameraprofil (bzw. Scannerprofil) angeheftet. Digitale Spiegelreflexkameras haben meist mehrere Profile zur Auswahl, Kompaktkameras arbeiten meist mit einem Standardprofil mit geringerem Farbraum.
- **Bei der Bearbeitung:** Das Bild wird in einem Bildverarbeitungsprogramm wie Adobe Photoshop geöffnet. Dabei kann man jetzt den im Bild gespeicherten Farbraum als Arbeitsfarbraum verwenden oder ihn in einen anderen, eventuell besser geeigneten Farbraum konvertieren. Bei der Anzeige auf dem Bildschirm rechnet das Betriebssystem die Farbinformation vom Arbeitsfarbraum in den Monitorfarbraum um. Das geschieht unbemerkt im Hintergrund.
- **Beim Drucken:** Das Bild wird beim Drucken in den Druckerfarbraum konvertiert. Der Farbraum des Bildes bleibt dabei bestehen. Nur der Ausdruck wird angepasst.
- **Für Web und E-Mail:** Das Bild wird in einen allgemeinen Farbraum konvertiert, der möglichst auf allen Systemen vorhanden ist und einen Querschnitt durch alle möglichen Ausgabemöglichkeiten darstellt. Er gewährleistet, dass das Bild bei allen Betrachtern einigermaßen gleich aussieht.

Größe von Farbräumen und Konvertierung | Farbräume kann man sich wie echte dreidimensionale Räume vorstellen. Die Ausdehnung der Räume ist durch die maximal darstellbaren Farben begrenzt. Vergleicht man Farbräume miteinander, so passt der kleinere in den größeren hinein (siehe Abbildungen 3.29, 3.30 und 3.31).

Ist der neue Farbraum größer als der ursprüngliche, befindet sich um den Ausgangsfarbraum herum eine Art von Nichts. Alle Farben des ersten Farbraums sind also auch in dem größeren Farbraum vertreten. Es treten keine Probleme durch eventuell fehlende Farben auf.

Problematisch wird es nur, wenn der zweite Farbraum kleiner ist als der erste. Dann muss dieser in den Farbraum mit dem geringeren Raum verkleinert werden. Dazu kann man die überstehenden Farben einfach abschneiden oder den gesamten Farb-

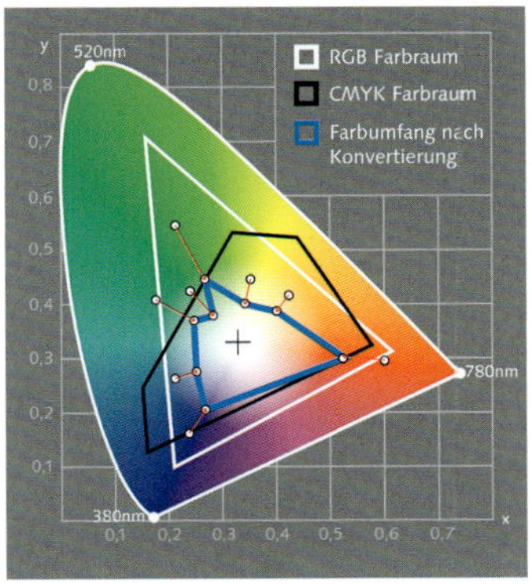

▲ Abbildung 3.32
Bei der Umrechnung nach dem Perzeptiv-Verfahren werden alle Farben des Ausgangsfarbraums in den Zielfarbraum skaliert. Dabei ändern sich jedoch die Farben im Zielfarbraum.

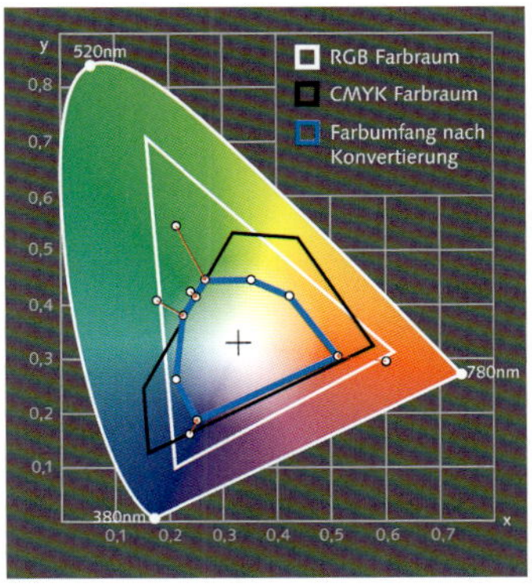

▲ Abbildung 3.33
Bei der Umrechnung nach dem Relativ-farbmetrisch-Verfahren werden nur die Farben abgeschnitten, die außerhalb des Zielfarbraums liegen. Die Farben innerhalb des Zielfarbraums bleiben erhalten.

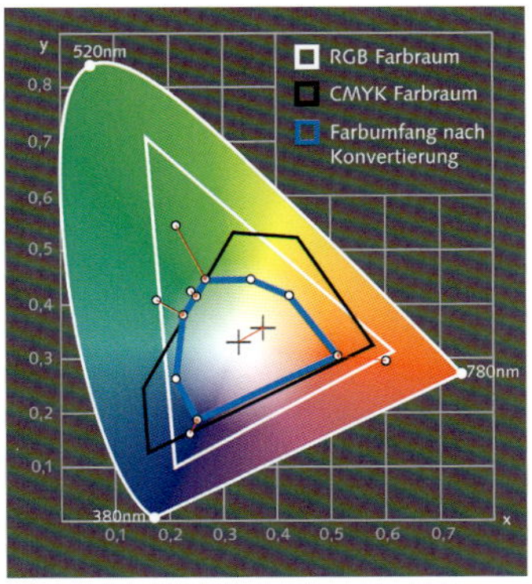

▲ Abbildung 3.34
Bei der Umrechnung nach dem Absolut-farbmetrisch-Verfahren werden die Farben außerhalb des Zielfarbraums abgeschnitten. Zusätzlich wird der Weißpunkt verschoben.

raum verkleinern. Es gibt vier Verfahren, auch **Rendering Intents** genannt, um Arbeitsfarbräume zu konvertieren:

- **Perzeptiv/wahrnehmungsorientiert:** Hierbei wird der größere Farbraum einfach so weit proportional verkleinert, bis er in den Zielfarbraum passt. Das Problem ist, dass sich dabei alle Farben verändern, auch die, die bereits innerhalb des Zielfarbraums liegen. Das Gute an dieser Konvertierungsart ist, dass die Farbkontraste der Farben zueinander bestehen bleiben.
- **Relativ farbmetrisch:** Dabei werden Farben, die außerhalb des Zielfarbraums liegen, abgeschnitten. Es gehen dabei oft Kontraste zwischen nahe beieinanderliegenden und außerhalb des Farbraums liegenden Farben verloren. Farben, die innerhalb des Zielfarbraums liegen, bleiben dafür bestehen.
- **Absolut farbmetrisch:** Dieses Verfahren entspricht der relativ farbmetrischen Umrechnung mit dem Unterschied, dass auch der Weißpunkt des Zielprofils berücksichtigt wird. Dies ist zum Beispiel dann wichtig, wenn das zu verwendende Druckpapier kein reines Weiß bietet – wie es bei Zeitungspapier der Fall ist. Man kann damit im Druck auf rein weißem Papier das Weiß des Zeitungspapiers simulieren.
- **Sättigung:** Dieses Verfahren ist für die Umrechnung von Businessgrafiken gedacht, bei denen es nicht so sehr auf die Farbtreue, sondern mehr auf eine möglichst hohe Farbsättigung ankommt. Es wird in der Fotografie und in der Druckindustrie nicht verwendet.

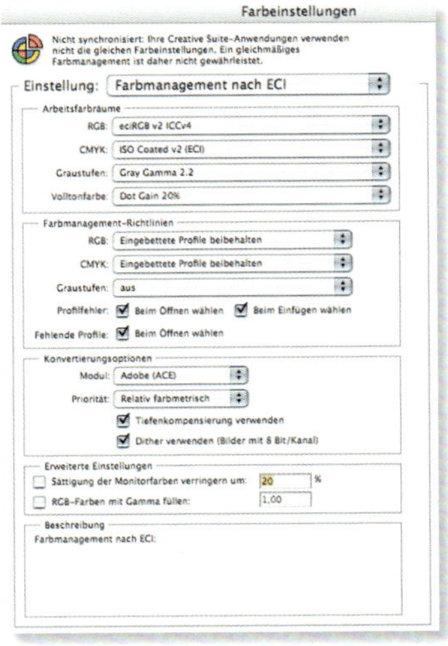

▲ Abbildung 3.35
Adobe Photoshop bietet viele Einstellungen zum Farbmanagement, da mit diesem Programm auch in der Druckvorstufe gearbeitet wird. Diese Möglichkeiten bietet Lightroom nicht, da sie von Fotografen nicht benötigt werden.

Ein zusätzlicher Einflussfaktor ist die »Rechenmaschine«, die die Farbprofile konvertiert, das sogenannte CMM (Color Management Modul). Es spielt aber eine eher untergeordnete Rolle, da die Unterschiede sehr gering sind und quasi keine Auswirkung auf das Bildergebnis haben.

3.1.5 Erstellung von Farbprofilen

Das Anfertigen von eigenen Farbprofilen ist keine Hexerei. Für Eingabegeräte benötigt man dafür nur eine Vorlage, zum Beispiel eine Farbtafel, deren Farbwerte bekannt sind. Diese wird dann unter Normlicht abfotografiert oder eingescannt. Das Ergebnis mit den Ist-Werten wird schließlich mit den Soll-Werten verglichen. Die Abweichung wird in das Profil hineingeschrieben und kann dann in der Farbverarbeitung beachtet werden.

▲ **Abbildung 3.36**
Zum Kalibrieren von Druckern werden Ausdrucke mit Hilfe eines Densitometers oder eines Spektralfotometers vermessen – hier mit ColorMunki.

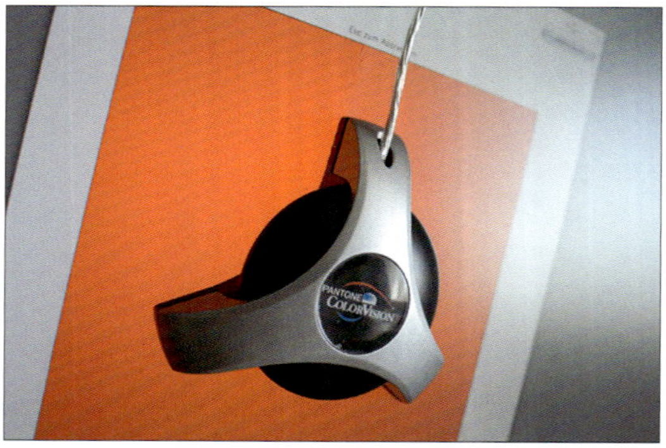

▲ **Abbildung 3.37**
Auf dem Monitor werden die Farben mit einem Messgerät – hier ein Colorvision Spyder – gemessen, und daraus wird ein Profil erstellt.

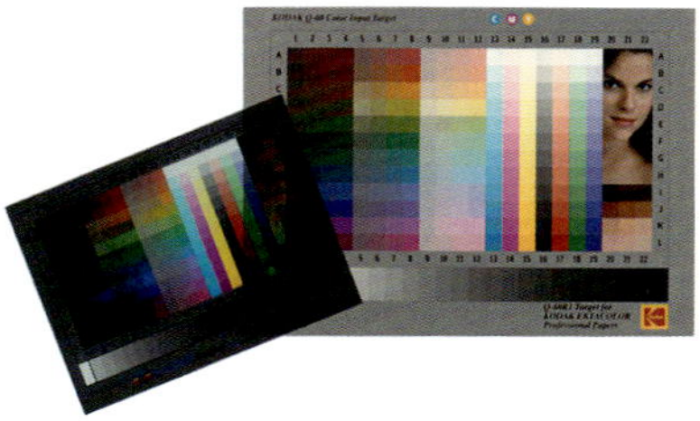

▲ **Abbildung 3.38**
Mit genormten und speziell vermessenen Testcharts können Scanner und Digitalkameras kalibriert werden.

Für Ausgabeprofile von Druckern läuft das Erstellen von Farbprofilen nach dem gleichen Schema ab. Hier wird die Farbtafel mit den Soll-Werten ausgedruckt. Dann werden die Werte mit einem Densitometer gemessen und die Abweichungen in das Profil geschrieben. Durch Messung des Papierweiß wird die Abweichung anschließend herausgefiltert.

Auch Monitorprofile werden nach diesem Prinzip erstellt. Extra vorgegebene Farben werden auf dem Monitor angezeigt. Ein Sensor vermisst diese und korrigiert die Darstellung mit dem resultierenden Monitorprofil.

Da ein kalibrierter Monitor für das Arbeiten mit digitalen Fotos elementar ist, finden Sie eine Anleitung zum Kalibrieren in Abschnitt 3.3, »Monitorkalibrierung«.

3.2 Farbmanagement in Lightroom

Das Farbmanagement in Lightroom ist eines der meistdiskutierten Themen in den Foren rund um die Software. Viele Profis bemängeln die Einschränkung im Farbmanagement. Diese ist auf der einen Seite wirklich gegeben, auf der anderen Seite vereinfacht sie die Handhabung enorm und bietet trotzdem eine ausreichende Flexibilität.

Die Entwickler von Lightroom wollten ein Programm erschaffen, das einfach zu erlernen und zu bedienen ist. Farbmanagement ist zwar in sich logisch, bleibt aber trotzdem ein komplexes Thema. Daher entschied sich Adobe für einen anderen Weg als bei Photoshop.

Ziel war es, das Farbmanagement in Lightroom für den Benutzer nahezu unsichtbar zu machen. Für die Bildausgabe arbeitet Lightroom aber auch mit einem ICC-Farbmanagement – wie zum Beispiel Adobe Photoshop. Und um in Lightroom farbneutrale Bilder zu erhalten und zu bearbeiten, benötigt man daher genauso einen kalibrierten Monitor.

Und beim Bildimport?
Beim Laden der Bilder direkt von der Kamera hat man keine Möglichkeit, ein Profil anzugeben. Dies ist aber auch gar nicht nötig, da Raw-Bilder keine RGB-Informationen besitzen und die Farben erst im Konverter erzeugt werden.

[Proof]
Um den Druck von Bildern besser vorhersehen zu können, werden diese vorher zur Überprüfung ausgedruckt. Solche farbverbindlichen Ausdrucke heißen Proofs.

3.2.1 Bibliothek und Entwickeln

Der wesentliche Unterschied bei Lightroom liegt in der Verarbeitung der Raw-Bilddaten. Das Programm ist voll auf die Arbeit mit »rohen« Bildern ausgerichtet. Raw-Bilder werden erst bei der Ausgabe in RGB-Daten gerendert. Vorher sind sie nichts anderes als Graustufenbilder (siehe Seite 109), die durch eine spezielle Filterung in Farbbilder umgerechnet werden. Dabei arbeitet Lightroom nach einem abgewandelten ProPhoto-RGB-Farbprofil. Dieses besitzt einen speziell auf die Digitalfotografie und auf Raw hin optimierten Farbraum. Darin werden alle Konvertierungen erledigt. Mit anderen Worten, man arbeitet innerhalb von Lightroom immer mit diesem Arbeitsprofil.

[Softproof]
Bei Softproofs werden die Proofausdrucke am Monitor simuliert. Dabei werden die Bilder mit dem Farbprofil des Druckers angezeigt, mit dem sie später gedruckt werden.

3.2.2 Drucken

Hier verhält es sich schon etwas komplizierter. Im Bedienfeld gibt es zwar die Möglichkeit, ein Ausgabeprofil sowie zwischen den beiden Rendering Intents Perzeptiv und Relativ (realtiv Farbmetrisch) zu wählen, aber es ist nicht möglich, ein anderes Papierweiß zu definieren oder einen Softproof zu erstellen.

Vor allem das Anzeigen von Softproofs wäre wünschenswert, da damit das Druckergebnis vor der Ausgabe überprüft werden könnte. Ohne kann es nämlich passieren, dass man ein unvorhergesehenes Ergebnis erhält und den Druck mit anderen Einstellungen wiederholen muss, was wiederum Zeit, Tinte und Papier

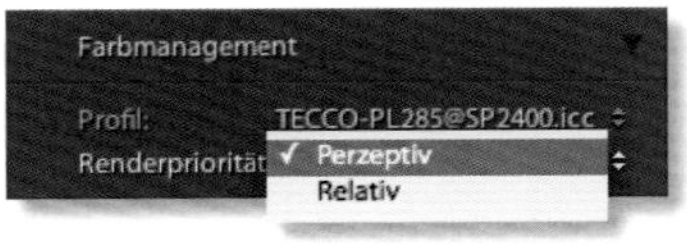

▲ Abbildung 3.39
In Lightroom stehen Ihnen nur zwei Rendering Intents zur Verfügung. Die anderen sind für Fotografen eher nebensächlich.

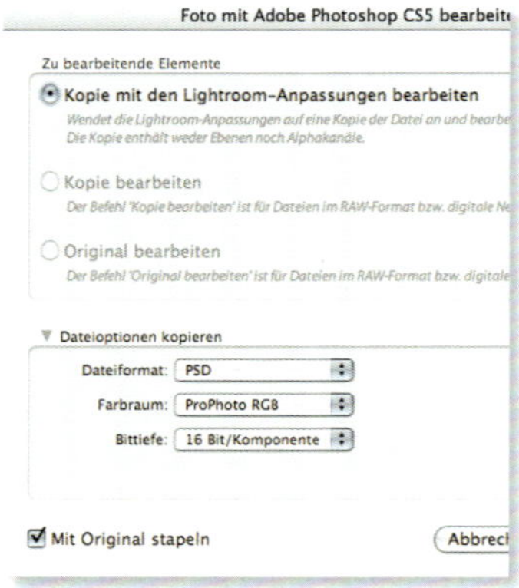

▲ **Abbildung 3.40**
Bilder können in Photoshop bearbeitet werden und anschließend in Lightroom als zusätzliche Version mit dem Originalbild gruppiert werden.

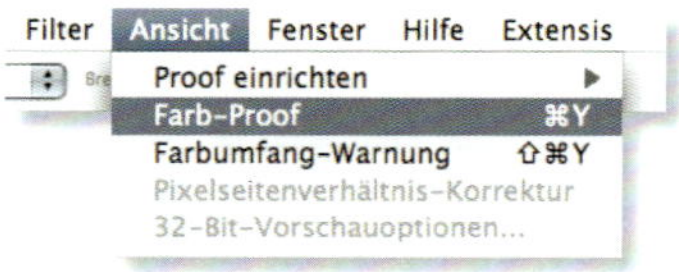

▲ **Abbildung 3.41**
Das Adobe-Photoshop-Menü zur Aktivierung der Softproof-Anzeige. In Lightroom fehlt diese leider.

▲ **Abbildung 3.42**
Beim Softproof in Photoshop ist es möglich, sich nicht druckbare Farben, hier in Pink dargestellt, als Farbwarnung anzeigen zu lassen.

kostet. Hinweise für die Farbeinstellungen beim Drucken finden Sie in Kapitel 12, »Das Drucken-Modul«, ab Seite 547.

3.2.3 Web

Im Web-Modul hat man keinerlei Möglichkeiten, ein Farbprofil auszuwählen. Hier werden alle Bilder einfach generell in das sRGB-Farbprofil konvertiert. Dies gewährleistet, dass die Farben auf allen RGB-Ausgabegeräten innerhalb des jeweiligen Farbraums liegen. Im Internet liegt man damit auf jeden Fall auf der sicheren Seite.

3.2.4 Diashow

Auch hier ist keine spezielle Konvertierung der Farbräume erforderlich. Die Ausgabe findet schließlich noch innerhalb von Lightroom statt, so dass kein Gerätewechsel erfolgt, für den man ein Farbprofil benötigen würde. Die optimale Ausgabe erfolgt, wie auch bei der normalen Anzeige auf dem Bildschirm, mit dem Monitorprofil.

3.2.5 Zusammenarbeit mit anderen Programmen

Grundsätzlich besitzt man zwei Möglichkeiten, mit anderen Programmen zusammenzuarbeiten. Man kann die Bilder exportieren und dann mit einer anderen Anwendung weiterbearbeiten. Die geänderten Bilder haben dann allerdings keinen Bezug mehr zu Lightroom und werden auch nicht mehr in seinem Katalog geführt.

Alternativ öffnet man die Bilder direkt aus Lightroom heraus in einem externen Programm. Nach der Bearbeitung werden sie dann in der Bibliothek von Lightroom als extern editierte Versionen des Originals weitergeführt.

In beiden Fällen besitzt man die Möglichkeit, ein Farbprofil zu wählen. Wird Photoshop zur Weiterverarbeitung verwendet, empfiehlt es sich, das ProPhoto-RGB-Profil bei 16 Bit Farbtiefe in der PSD-Datei weiterzureichen und Farbraum sowie Farbtiefe erst in Photoshop anzupassen. So verliert man keine Farben und Kontraste. Mit der Softproof-Funktionalität in Photoshop kann man zudem Farbverschiebungen und Einschnitte bereits vorher erkennen.

3.2.6 Fazit

Insgesamt bietet Lightroom eigentlich durchaus eine ausreichende Farbmanagement-Funktionalität. Lightroom ist eine Software für Fotografen und nicht für die Druckvorstufe, und daher sind Funktionen wie Softproof eigentlich auch nicht nötig. Natürlich wären sie wünschenswert, aber im Grunde nur als Nebensächlichkeit, da man mit externen Bildverarbeitungsprogrammen wie Photoshop diese Aufgaben hervorragend erledigen kann.

3.3 Monitorkalibrierung

Damit alle Bilder am Ende auch so aus dem Drucker kommen, wie man es sich wünscht, ist schon die Qualität der Darstellung am Monitor entscheidend, da ausschließlich dort die Bearbeitung und Kontrolle der Bilder erfolgt. Ist die Farbdarstellung am Bildschirm nicht genau so wie in der Kamera, wird das Bild unter Umständen falsch korrigiert. Belichtungskorrekturen, Farbstichentfernung und Weißabgleich werden zum Glücksspiel. Ein kalibrierter Monitor ist daher absolute Pflicht.

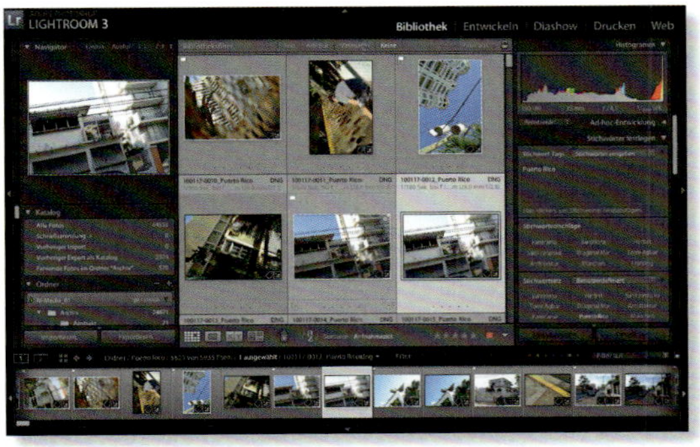

▲ **Abbildung 3.43**
Bei der Auflösung von 1280 x 800 Pixeln wird fast der halbe Bildschirm durch die Bedienfelder verdeckt.

▲ **Abbildung 3.44**
Ab einer Auflösung von 1920 x 1200 Pixeln macht das Arbeiten richtig Spaß.

Aber nicht jeder Monitor ist auch für eine Kalibrierung geeignet. Vor allem ältere Röhrenmonitore lassen in der Darstellungsqualität deutlich nach. Die Einstellung der Helligkeit und des Kontrastes kann nicht mehr in den gewünschten Bereichen geregelt werden, da sie eventuell bereits jeweils am Anschlag steht. Günstige Flachbildschirme oder ältere Geräte haben erst gar nicht den nötigen Kontrastumfang oder einen zu geringen Abstrahlwinkel. Bei diesen Geräten ändert sich die Darstellung des Monitorbildes schon, wenn man nicht direkt davorsitzt oder auch nur leicht den Kopf in der Höhe bewegt. Gerade dieser geringe Abstrahlwinkel ist störend, da man sich nie sicher sein kann, ob die Darstellung beim aktuellen Blickwinkel auch richtig ist.

TIPP

Der Mac ist traditionell die Domäne der Grafiker und Fotografen. Eine Software zum Kalibrieren von Monitoren ist hier im Betriebssystem schon eingebaut. Ältere Apple-Röhrenmonitore hatten sogar eine interne Hardwarekalibrierung. Die neuen Cinema-Displays besitzen dieses Feature nicht mehr. Daher muss als Messinstrument das menschliche Auge herhalten.

3.3.1 Der richtige Monitor

Röhrenmonitore waren bis vor drei, vier Jahren noch die erste Wahl für die Bildverarbeitung. Nur teure LCD-Geräte konnten da mithalten. Die Preise für Flachbildschirme sind jedoch enorm gefallen, und das bei einer immer höheren Bildqualität. Trotzdem sollte man nicht zum günstigsten Gerät greifen – nicht nur wegen der besseren Farbdarstellung, sondern auch wegen der Augenfreundlichkeit und Haltbarkeit.

Ein 23"-Monitor muss es zwar nicht unbedingt sein, aber größer ist in jedem Fall besser. Gerade die Bedienfelder in Lightroom nehmen viel Platz ein, so dass entspanntes Arbeiten erst ab einer horizontalen Auflösung von 1600 Pixeln möglich ist. Bei Monitoren mit geringerer Auflösung muss man schon mal öfter die Bedienfelder ausblenden. Folgende Leistungsdaten sind für die Arbeit mit Lightroom empfehlenswert:

- Technologie: TFT-Aktivmatrix-LCD-Flachbildschirm
- Horizontale Auflösung: 1920 Pixel, entspricht ca. 24" (mindestens 1200 Pixel)
- Helligkeit: 300 – 400 cd/m^2
- Kontrastumfang: ab 700:1
- Blickwinkel: ca. 178°
- Anschluss: digital über DVI (Digital Visual Interface)

Ob sich ein Monitor gut kalibrieren lässt, ist nur durch Ausprobieren herauszufinden. Einige Hersteller geben dazu auch Informationen in den Datenblättern. Spezielle Monitore für die Bildverarbeitung besitzen interne Messeinheiten zum Kalibrieren oder werden im Paket mit Kalibrierungsinstrumenten verkauft. Sie sind dann aber auch preislich höher angesiedelt. Erfahrungs-

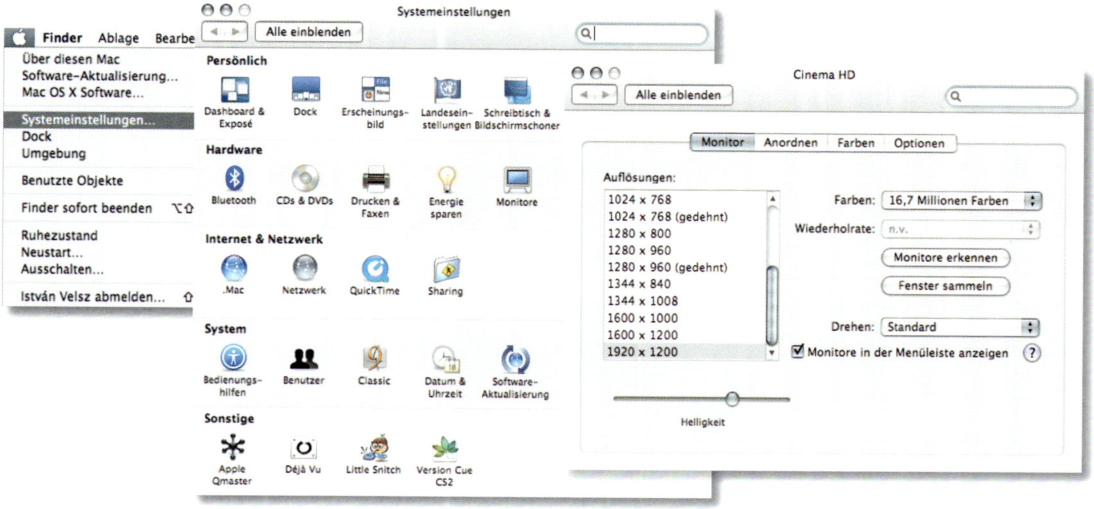

Abbildung 3.45 ▼
Einstellungen für Monitor und Farben lassen sich im Dialogfeld MONITOR in den SYSTEMEINSTELLUNGEN einrichten.

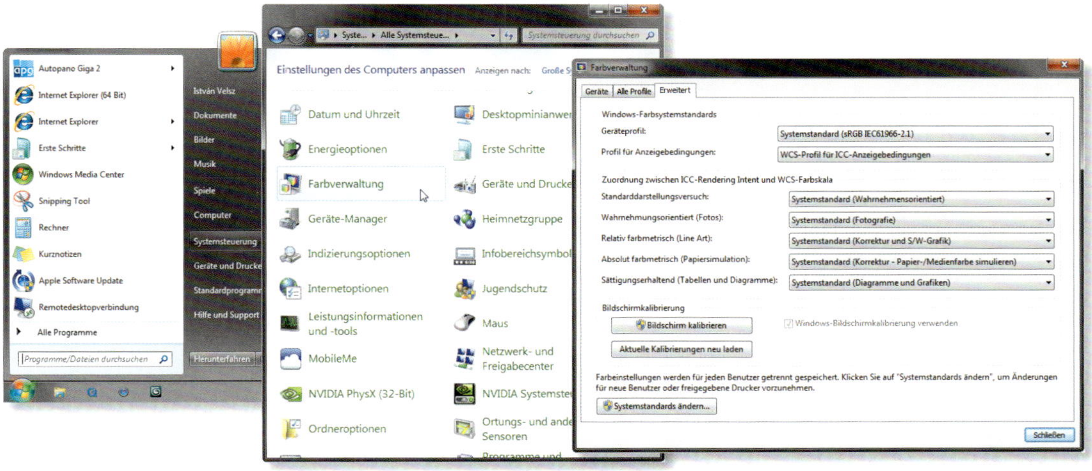

▲ Abbildung 3.46
Windows 7 ermöglicht in den Systemeinstellungen mit der Farbverwaltung ebenfalls eine (eher rudimentäre) Kalibrierung.

gemäß hat man an einem Monitor von einem Markenhersteller mehr und länger Freude.

Verspiegelte Oberflächen | Im Moment liefern viele Hersteller ihre Monitore mit verspiegelter Oberfläche aus. Dies soll angeblich zu mehr Brillanz und einem höheren Kontrast verhelfen. Aber im Grunde wird nur eine Kunststoffscheibe vor das Display montiert. Dadurch wird das Bild nicht heller. Stattdessen spiegelt sich alles im Monitor, auch ein farbiges Hemd oder ein Bild an der Wand, was den Farbeindruck verfälschen kann. Ich kann von diesen Monitoren nur abraten, denn es gibt bis auf die Schutzfunktion der Scheibe keinen Grund für verspiegelte Displays. Zudem ermüden die Augen bei matten Oberflächen nicht so schnell.

3.3.2 Softwarekalibrierung

Kalibrierungshardware arbeitet genauer und ist unabhängig vom Betrachtungswinkel auf den Monitor beziehungsweise von der persönlichen Verfassung des messenden Betrachters. Wer aber nicht darauf zurückgreifen kann, sollte eine Softwarekalibrierung durchführen. Mac OS X bietet eine solche an. Für Windows XP und Vista muss man dafür auf spezielle Anwendungen zurückgreifen. Windows 7 bietet eine interne Softwarekalibrierung, die allerdings nicht gerade genau arbeitet. Eine Hardwarelösung ist immer besser als eine Softwarelösung.

Eine Softwarekalibrierung besteht aus einer Reihe an Dialogfeldern, in denen Sie den Monitortyp angeben und einen visuellen Abgleich vornehmen müssen. Um dabei eine möglichst hohe Exaktheit herzustellen, sollten Sie die Monitorkalibrierung nicht allein durchführen, sondern Ihre Einstellungen von einer Testperson gegenprüfen lassen.

Schritt für Schritt: Softwarekalibrierung unter Mac OS X

In dieser Anweisung erfahren Sie, wie Sie die Softwarekalibrierung des Mac verwenden, um auch ohne Harwarekalibirerung annehmbare Ergebnisse zu erzielen.

▲ **Abbildung 3.47**
Die Monitoreinstellungen finden Sie in Mac OS X unter Systemeinstellungen im Bereich Hardware.

1 Kontrollfeld »Monitor« öffnen

Die Software zum Kalibrieren von Monitoren befindet sich bei Mac OS X im Monitor-Kontrollfeld der Systemeinstellungen. Die Systemeinstellungen lassen sich über das Apfel-Menü aufrufen. Dort finden Sie das Kontrollfeld in der Gruppe der Hardware.

Nachdem Sie es angeklickt haben, öffnet sich auf jedem der angeschlossenen Monitore ein eigener Einstell-Dialog – bei einer Zweischirmlösung also auf beiden Bildschirmen.

Wenn Sie dort das Kontrollkästchen Monitore in der Menüleiste anzeigen aktivieren, können Sie den Dialog auch direkt über die Menüleiste aufrufen.

2 Starten der Kalibrierung

Wechseln Sie in das Register Farben. Hier finden Sie eine Liste bereits installierter Farbprofile. Haben Sie Ihren Monitor noch nicht kalibriert, kann er auch nicht in dieser Liste stehen. Eine Auswahl eines Profils vor der Kalibrierung ist sowieso irrelevant, da diese immer ohne Profil startet.

Klicken Sie also auf die Kalibrieren-Schaltfläche, um den Vorgang zu starten.

Abbildung 3.48 ▶
Im Farben-Register können Sie ein beliebiges RGB-Farbprofil auswählen. Beim Start einer Kalibrierung wird ein ausgewähltes Profil aktiviert.

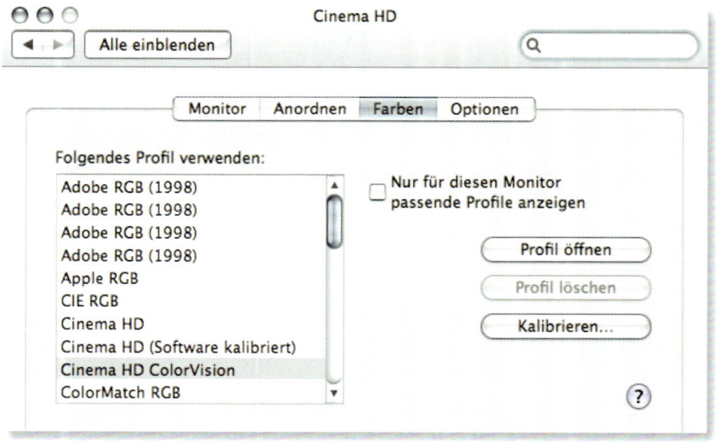

3 Kalibrieren mit Experten-Modus

Haben Sie die Schaltfläche gedrückt, so kann es passieren, dass der Monitor die Farbdarstellung verändert. Dies geschieht, weil er das derzeit verwendete Profil deaktiviert und in seinen Ursprungszustand wechselt.

Aktivieren Sie das Kontrollkästchen Experten-Modus. Dabei werden weitere Einstellmöglichkeiten aktiviert.

▲ Abbildung 3.49
Der Experten-Modus erlaubt eine genauere Kalibrierung der Wiedergabekurve. Über Schieberegler werden Helligkeit und Farbton eingestellt.

4 Wiedergabekurve einstellen

Das Dialogfeld zeigt Ihnen jetzt den Einstell-Dialog. Dabei sehen Sie drei Quadrate. Das mittlere erscheint etwas anders als die Fläche im Hintergrund. Ziel ist es nun, mit den beiden Reglern links und rechts die Helligkeit und Farbton des Apfels so zu verändern, dass er mit dem Hintergrund verschmilzt. Kneifen Sie dafür am besten die Augen etwas zusammen, und schielen Sie etwas. Schieben Sie dann den linken Regler nach oben und unten – so lange, bis die Helligkeit von Apfel und Hintergrund gleich ist. Verschieben Sie danach noch den Farbregler nach rechts, um die Farbtönung anzugleichen. Wenn Sie fertig sind, klicken Sie auf Fortfahren. Es erscheinen weitere Einstell-Dialoge mit unterschiedlichen Helligkeiten. Passen Sie diese nach dem gleichen Muster an.

▲ Abbildung 3.50
Die Wiedergabekurve wird bei verschiedenen Helligkeiten eingestellt. So wird eine höhere Genauigkeit der Kalibrierung erreicht.

5 Gamma-Wert einstellen

Sind alle Einstellungen in der Wiedergabekurve erledigt, gilt es, den Gamma-Wert anzupassen.

Der Gamma-Wert dient dazu, den Helligkeitsverlauf von Schwarz nach Weiß an das menschliche Sehvermögen anzupassen. Mac OS X verwendet einen Gamma-Wert von 1,8, während Windows-PCs mit einem Gamma-Wert von 2,2 arbeiten.

Deaktivieren Sie die Kontrollbox MONITOR-GAMMA VERWENDEN, falls diese aktiviert ist. Schieben Sie den Regler auf 1,8. Die Stelle ist bereits mit der Bezeichnung MAC STANDARD markiert.
Zur Kontrolle sollten Sie nun im rechten Testbild alle Details erkennen. Der Verlauf darunter sollte einen gleichmäßigen Helligkeitsübergang besitzen. Klicken Sie dann auf FORTFAHREN.

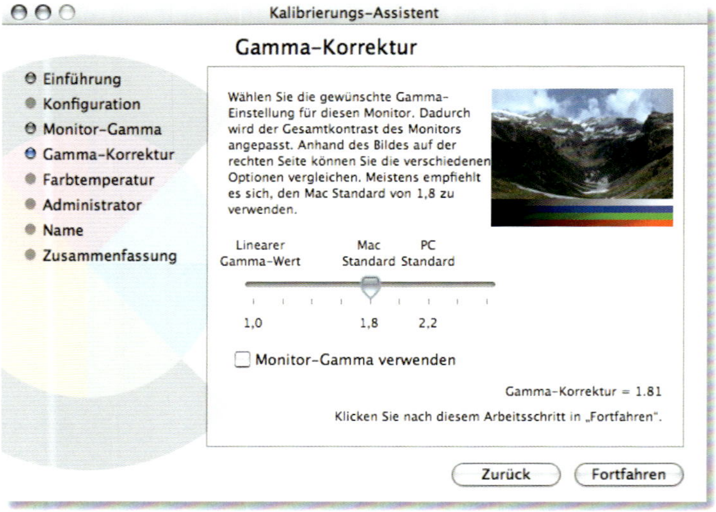

Abbildung 3.51 ▸
Der Gamma-Wert passt den Helligkeitsverlauf an die Sehgewohnheiten des menschlichen Auges an.

6 Farbtemperatur anpassen

Als letzte Einstellung stellen Sie im Dialogfeld zur Farbtemperatur einen Wert von 6500 K ein. Dies entspricht dem Normlicht D65.

Haben Sie die Möglichkeit, die Farbtemperatur über Ihr Monitormenü einzustellen, können Sie das auch dort machen. Sie

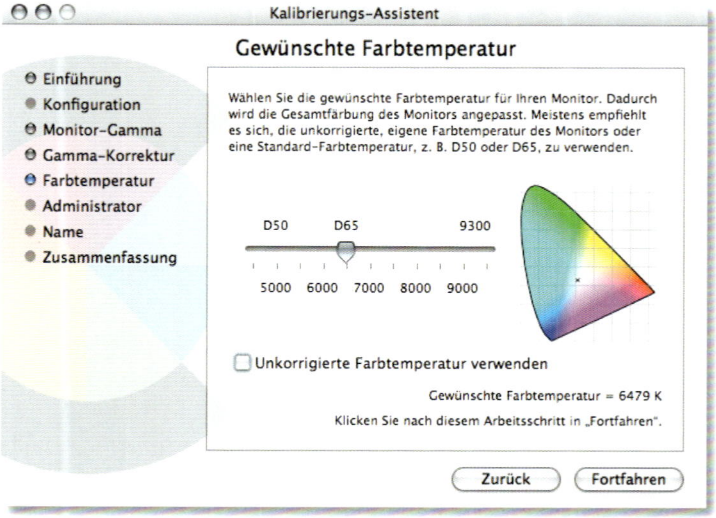

Abbildung 3.52 ▸
Der Dialog zur Farbtemperatur erlaubt es, die Darstellung an Normlichtverhältnisse anzupassen.

müssen dann allerdings die Kontrollbox UNKORRIGIERTE FARBTEMPERATUR VERWENDEN aktiv eren.
Das Monitorbild wird Ihnen zunächst ziemlich rotstichig vorkommen. Wenn Sie sich unsicher sind, halten Sie einfach ein Blatt weißes Papier neben eine weiße Fläche im Monitor. Sie werden sehen, dass die Weißtöne einander in etwa entsprechen. Spätestens nach einer Stunde haben Sie sich an die neue Monitordarstellung gewöhnt.

Probieren Sie einmal den Gegencheck: Wenn Sie jetzt den Monitor zurück auf den alten Wert stellen, in der Regel auf 9 300 K, erkennen Sie der Blaustich. Nach der Einstellung klicken Sie auf FORTFAHREN.

7 Benutzerfreigabe und Speicherung

Zum Abschluss wird das Profil generiert und gespeichert. Wollen Sie es allen Benutzern auf Ihrem Rechner zur Verfügung stellen, klicken Sie die entsprechende Kontrollbox im aktuellen Dialogfeld an. Das Profil wird dann im COLORSYNC-Ordner gespeichert, auf den alle Benutzer zugreifen können. So muss nicht jeder Benutzer den Monitor extra kalibrieren.

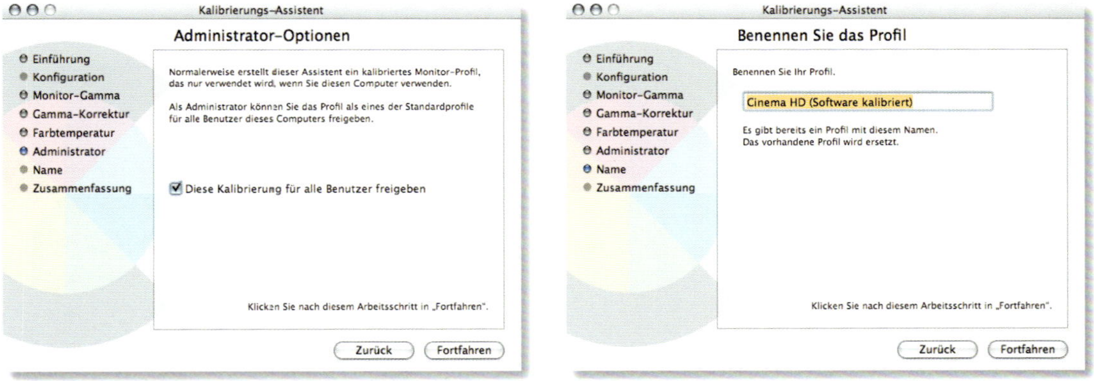

▼ **Abbildung 3.53**
Wählen Sie einen klaren Namen für Ihr Profil, vor allem dann, wenn andere Benutzer auf Ihr Profil zugreifen können.

Wenn Sie anschließend fortfahren, können Sie dem Profil einen Namen geben. Es empfiehlt sich, den Produktnamen des Herstellers und ein Datum zu verwenden, um festzuhalten, um welches Profil es sich genau handelt.

Arbeiten Sie mit einem Zweischirmsystem, so können Sie die Schritte auch für den anderen Monitor durchführen. Dazu wählen Sie auch für den Zweitmonitor das Register FARBEN und anschließend die Schaltfläche KALIBRIEREN. ■

Schritt für Schritt: Softwarekalibrierung unter Windows 7

Windows 7 bringt jetzt eine eigene Kalibrierungslösung mit. Diese ist zwar nicht so ausführlich wie die von Mac OS X, erledigt aber grundsätzlich ihre Aufgabe. Das Problem hierbei ist, dass eine Farbkalibrierung ohne visuelle Vergleichsmöglichkeit eher schwierig ist. Zum Kalibrieren des Monitors benötigen Sie das Administratorenpasswort.

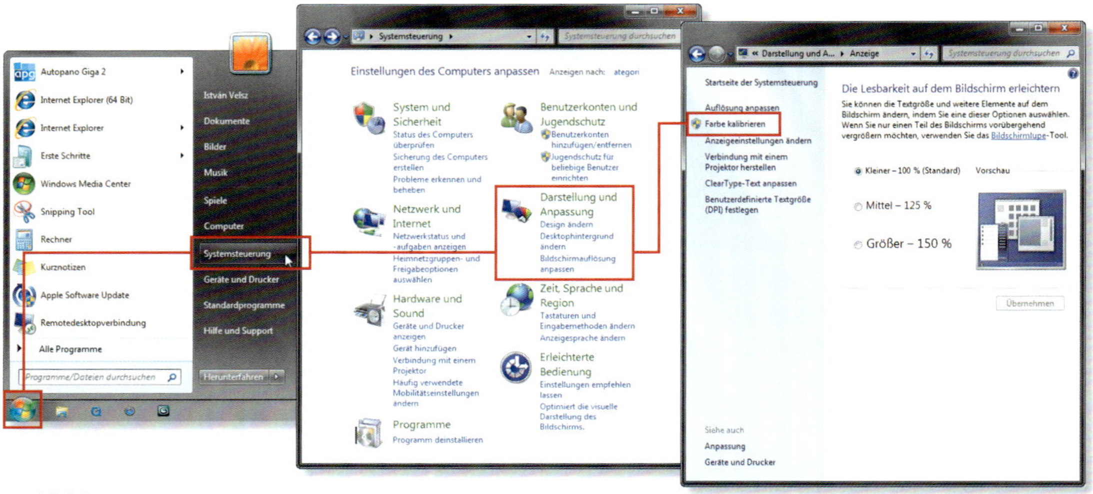

▲ Abbildung 3.54
Ähnlich wie unter Mac OS X finden Sie unter Windows 7 die Kalibrierung in der SYSTEMSTEUERUNG.

1 Öffnen des Einstell-Dialogs

Die Farbeinstellungen für den Monitor befinden sich in der Systemsteuerung. Je nachdem, wie Sie Ihre Ansicht der Systemsteuerung eingestellt haben, gelangen Sie auf unterschiedliche Weise zum Kalibrierungs-Dialog. Hier wird der Weg beschrieben, über den Sie in der Standardeinstellung des zum Dialog gelangen.

Öffnen Sie die Systemsteuerung, indem Sie auf START klicken und anschließend die Schaltfläche für die SYSTEMSTEUERUNG anklicken.

Im Fenster der Systemsteuerung öffnen Sie dann die Einstellung für DARSTELLUNG UND ANPASSUNG. Klicken Sie dabei auf die Überschrift, um auf die entsprechende Übersichtsseite zu gelangen. Die Funktion für die Kalibrierung finden Sie dann links in der Liste (FARBE KALIBRIEREN).

2 Gamma-Korrektur

Kern der Kalibrierung ist die Homogenisierung des Hell-Dunkel-Verlaufs. Dabei wird der Verlauf von Weiß nach Schwarz möglichst gleichmäßig verteilt. Dieser Verlauf kann anhand weniger Punkte eingestellt werden, unter Windows 7 wird, im Gegensatz zum

Mac, nur ein einziger Wert eingestellt. Windows geht also davon aus, dass über den gesamten Helligkeitsbereich keine Unterschiede in den einzelnen Abschnitten des Verlaufs auftreten.

Nach dem Start des Kalibrierungsvorgangs durch das Anklicken der Schaltfläche FARBE KALIBRIEREN in der SYSTEMSTEUERUNG, müssen Sie eventuell das Passwort des Administrators eingeben. Falls Sie als Administrator angemeldet sind, geben Sie hier Ihr Passwort ein. Anschließend erhalten Sie vom Kalibrierungswizard einige Hinweise zum Funktionsablauf. Klicken Sie auf WEITER, nachdem Sie die Hinweise gelesen haben.

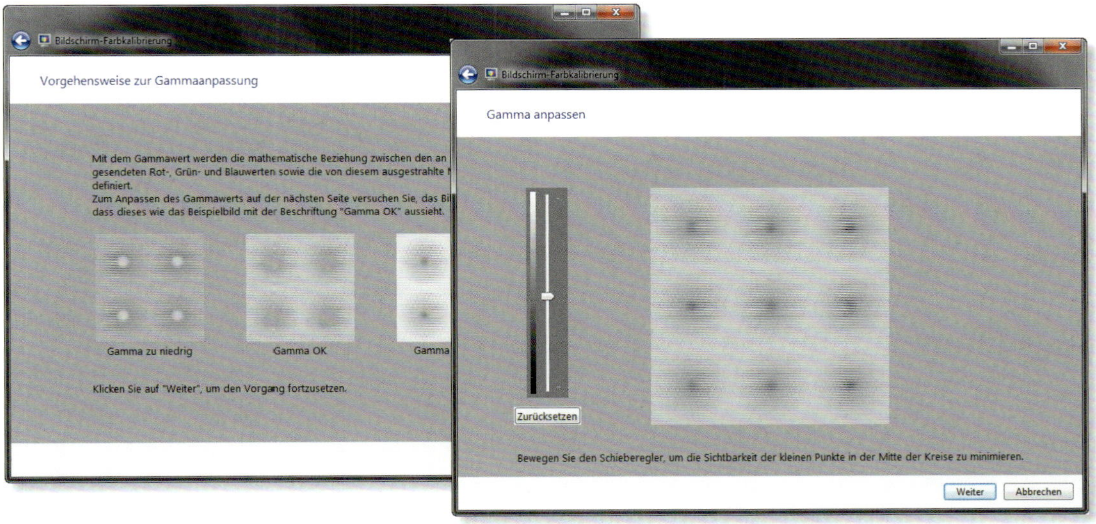

▲ **Abbildung 3.55**
Die Gamma-Korrektur korrigiert den Monitor, damit ein gleichmäßiger Verlauf von Schwarz nach Weiß dargestellt wird. Dadurch wird auch Detailzeichnung in den hellen und dunklen Bildbereichen erkennbar – eine Voraussetzung für die Fotobearbeitung.

Prägen Sie sich auf der Hinweisseite VORGEHENSWEISE ZUR GAMMAANPASSUNG die Musterabbildungen ein, denn diese dienen als Vorgabe zur Einstellung des Gamma-Reglers auf der nächsten Seite.

Stellen Sie auf der Seite GAMMA ANPASSEN dann den Regler so ein, dass weder ein heller noch ein dunkler Punkt in den kreisförmigen Verläufen sichtbar ist.

Kneifen Sie dazu die Augen ein wenig zusammen, und erhöhen Sie Ihren Abstand zum Monitor, bis die Linien des Musters verschwimmen. Dann lässt sich der Regler besser einstellen.

Im Idealfall weicht die Reglereinstellung nicht zu weit von der Mittelstellung ab.

3 Hell-Dunkel-Kontrast einstellen

Nach der Gamma-Einstellung werden über die Helligkeits- und Kontrastregler des Monitors der Schwarzwert und der Kontrast im Weißwert angepasst. Dazu benötigen Sie jedoch die entsprechenden Regler am Monitor. Besitzt Ihr Monitor diese Regler nicht, was vor allem bei neueren LCD-Monitoren der Fall sein dürfte, können Sie diesen Schritt überspringen. Schauen Sie sicherheitshalber in der Dokumentation zum Monitor nach.

Abbildung 3.56 ▸
Die Anpassung der Helligkeit und des Kontrasts ist nur möglich, wenn der Monitor über entsprechende Regler verfügt.

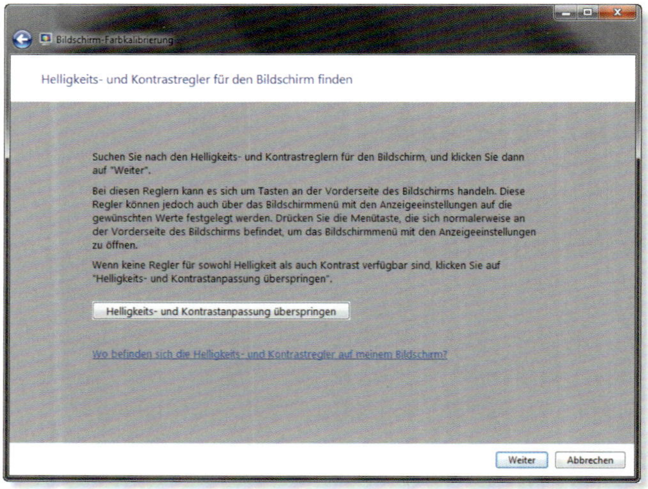

Falls Ihr Monitor einen Helligkeitsregler besitzt, sollte dieser so eingestellt werden, dass in dem Foto zwischen Anzug und Hemd ein geringer Unterschied sichtbar wird. Ebenso sollte auf der schwarzen Fläche des Hintergrunds ein »X« noch sichtbar sein.

Den Kontrast im Weißbereich müssen Sie über den Kontrastregler des Monitors einstellen. Auch hierzu gibt Ihnen Windows zunächst eine Beispielseite mit Musterabbildungen vor.

▾ **Abbildung 3.57**
Über den Helligkeitsregler des Monitors stellen Sie den Kontrast in den Schwarzbereichen ein.

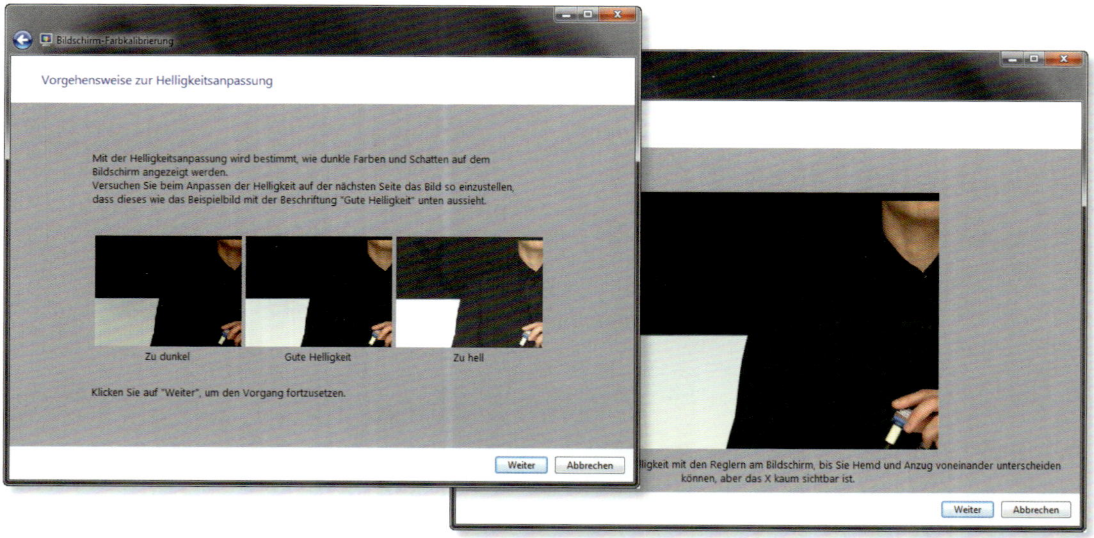

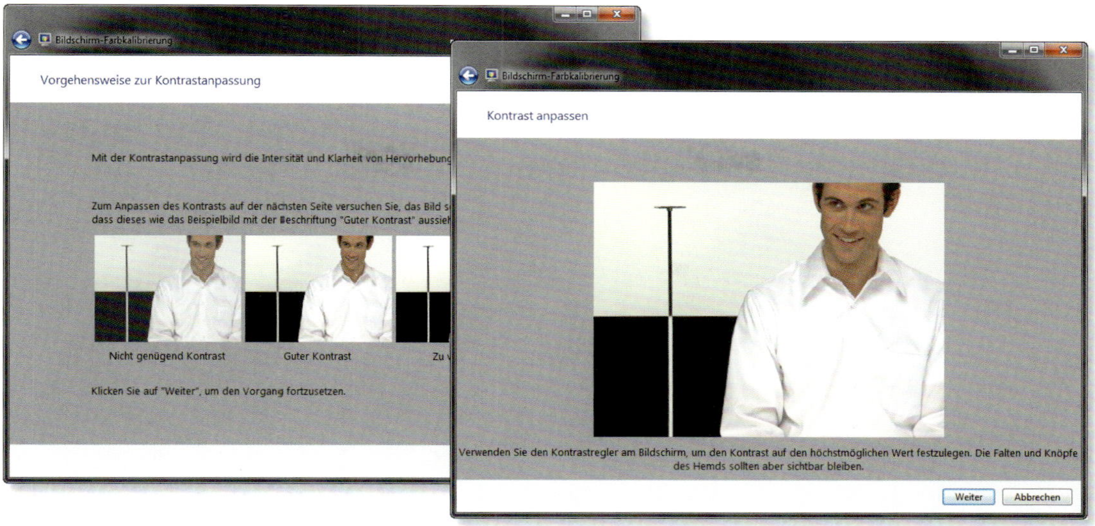

▲ **Abbildung 3.58**
Über den Kontrastregler wird der Weißbereich eingestellt.

Stellen Sie den Kontrastregler am Monitor möglichst hoch ein, so dass die Falten und Schattierungen im Hemd gerade so sichtbar werden. Das Hemd sollte sich zudem vom weißen Hintergrund abheben.

4 Farbton einstellen

An dieser Stelle der Kalibrierung müssen Sie noch die Färbung des Monitors einstellen. Diese entspricht in etwa der Einstellung der Farbtemperatur. Grundsätzlich sind Monitore zu kalt eingestellt. »Kalt« bedeutet hier zu blau.

▼ **Abbildung 3.59**
Die Graufärbung des Monitors wird über Farbregler korrigiert.

Auch hier erhalten Sie zunächst eine Musterseite. Leider ist die Konfiguration des Farbwerts auch nach Betrachten der Musterseite eher ein Glücksspiel, da eine echte Bezugsgröße bzw. Anzeige fehlt. Im Idealfall besitzen Sie eine Graukarte, die Sie sich am besten direkt neben den Monitor legen. Diese kann dann als Vergleichswert verwendet werden.

5 Kalibrierung kontrollieren

Abschließend der Kalibrierung können Sie die erstellte Kalibrierung noch mit dem vorherigen Zustand vergleichen. Darüber hinaus können Sie die Schriftdarstellung einstellen. Wollen Sie diese nicht einstellen, deaktivieren Sie die Kontrollbox für den Start des ClearType-Tuners 1.

Die Kalibrierung wird anschließend als Farbprofil im System gespeichert und in der SYSTEMSTEUERUNG im Kontrollfeld FARBVERWALTUNG verwaltet.

▼ Abbildung 3.60
Die Kalibrierung kann zum Schluss mit dem vorherigen Zustand verglichen werden.

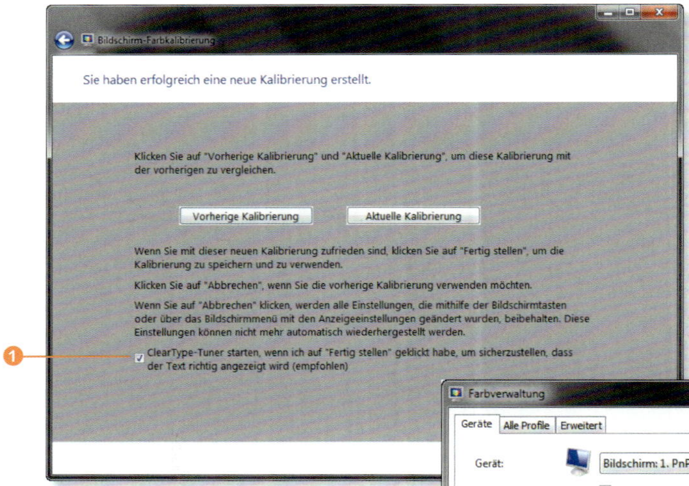

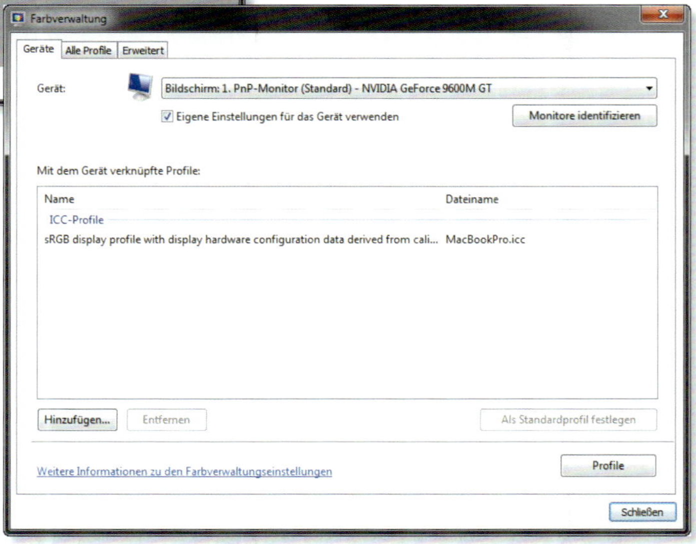

Abbildung 3.61 ▶
Windows 7 verwaltet im Kontrollfeld FARBVERWALTUNG der SYSTEMSTEUERUNG die Farbprofile.

Schritt für Schritt: Softwarekalibrierung mit Adobe Gamma

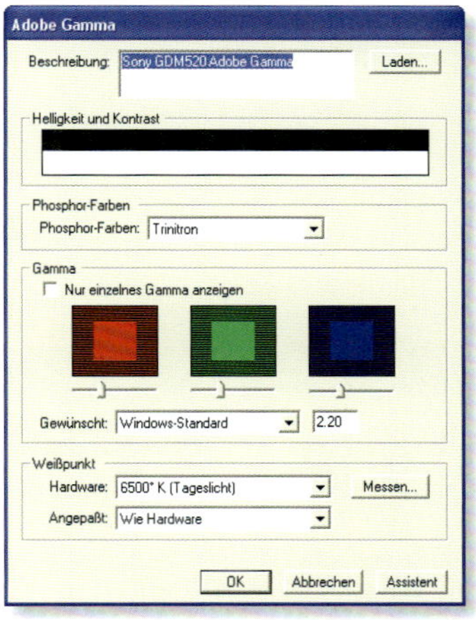

▲ **Abbildung 3.62**
Adobe Gamma erlaubt eine grobe Kalibrierung. Alternativ zur SYSTEMSTEUERUNG gibt es auch einen Schritt-für-Schritt-Assistenten.

Unter Microsoft Windows XP und Vista gibt es keine integrierte Betriebssystemfunktion zum Kalibrieren eines Monitors. Hier muss man sich mit Programmen von Drittherstellern behelfen. Besitzt man Adobe Photoshop vor der Version CS2, so wurde beim Kauf Adobe Gamma, mitgeliefert. Ab CS2 ist diese leider nicht mehr im Lieferumfang enthalten, ist aber über das Internet noch auffindbar. Auch unter Windows 7 ist dieses Programm noch verwendbar. Das erzeugte Farbprofil muss dann jedoch manuell über die FARBVERWALTUNG (Abbildung 3.61) eingebunden werden.

1 Öffnen von Adobe Gamma und Starten des Assistenten

Das Kontrollfeld ADOBE GAMMA.CPL befindet sich nach der Installation im Verzeichnis C:\PROGRAMME\GEMEINSAME DATEIEN\ADOBE\CALIBRATION. Je nach Installation finden Sie das Programm auch in der Systemsteuerung. Diese erreichen Sie über den Windows-Menüpfad START • SYSTEMSTEUERUNG.

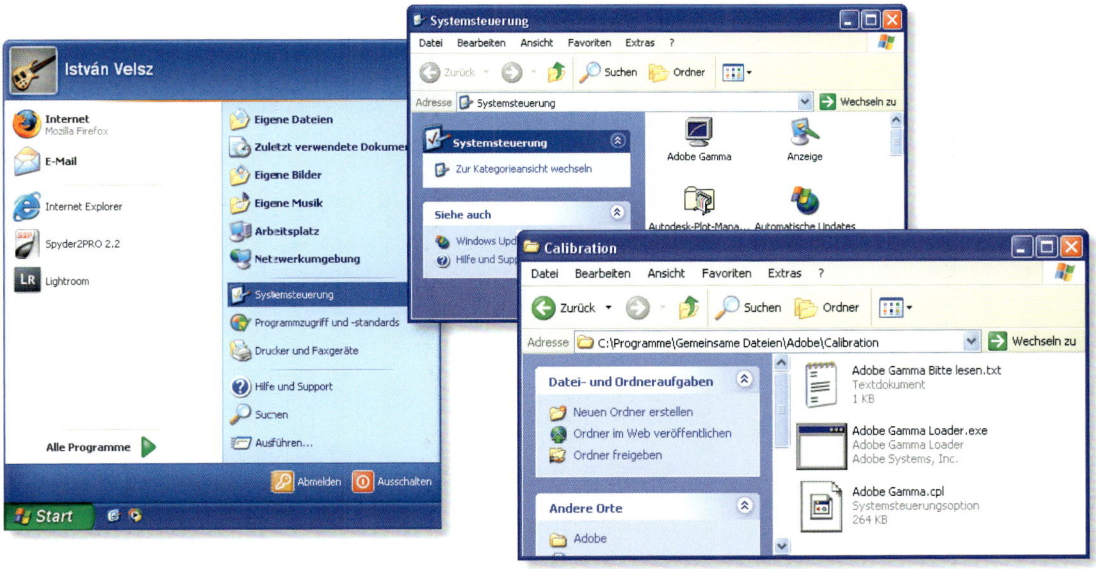

▲ **Abbildung 3.63**
Normalerweise befindet sich das Kontrollfeld in der Systemsteuerung, doch leider nicht immer. Wenn nicht, finden Sie es auch im Programmordner unter GEMEINSAME DATEIEN.

Öffnen Sie das Programm, indem Sie im Verzeichnis auf das Kontrollfeld doppelklicken. Verwechseln Sie das Kontrollfeld nicht mit dem Programm ADOBE GAMMA LOADER.EXE. Dieses dient zum Laden der Monitoreinstellungen und sollte auch über das Startmenü unter PROGRAMME • AUTOSTART erreichbar sein. Sie können bei der Softwarekalibrierung zwischen einer schrittweisen Einrichtung über einen Assistenten-Dialog und der manuellen Kontrolle per Systemsteuerung wählen. Wählen Sie den Assistenten.

2 Beschreibung des Profils

Nachdem Sie den Assistenten gestartet haben, können Sie eine Beschreibung des Profils angeben. Geben Sie hier den Namen Ihres Monitors, die Software der Kalibrierung (Adobe Gamma) und eventuell ein Datum an. Haben Sie eine Beschreibung angelegt, klicken Sie auf WEITER.

▼ Abbildung 3.64
Der Assistent führt den Nutzer Schritt für Schritt durch die Kalibrierung und gibt Hinweise. Für fortgeschrittene Anwender kann auch direkt das Kontrollfeld eingeblendet werden.

3 Grundeinstellung des Monitors

Damit der Monitor kalibriert werden kann, stellen Sie den Kontrast am Monitor auf den Maximalwert. Passen Sie dann die Helligkeit so an, dass Sie im Quadrat gerade noch das schwarze Feld in der Mitte erkennen können (siehe Abbildung 3.65). Der weiße Rahmen sollte so hell wie möglich sein. Haben Sie die Einstellung getroffen, klicken Sie auf WEITER.

Abbildung 3.65 ▸
Der Kontrast und die Helligkeitseinstellungen begrenzen die Gamma-Einstellung am hellsten und dunkelsten Ende des Farbraums.

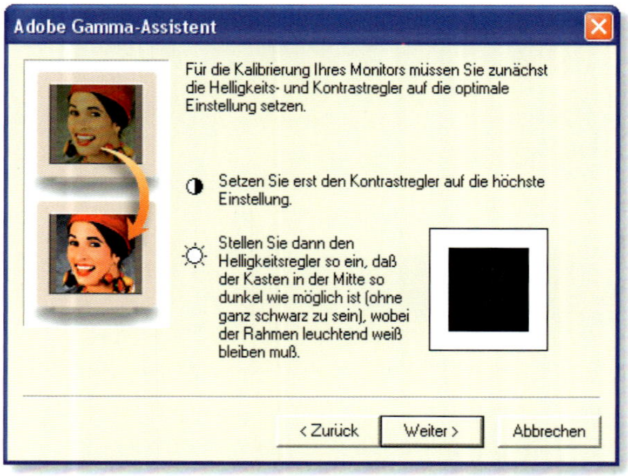

4 Phosphor-Farben

Sie können auch den Farbumfang Ihres Monitors vorauswählen. Dies hat aber nur sehr geringen Einfluss auf die Darstellung und macht meiner Meinung nach optisch keinen Unterschied.

Um auf Nummer sicher zu gehen, stellen Sie das Menü PHOSPHOR-FARBEN für einen normalen Röhrenbildschirm auf P22-EBU oder auf TRINITRON, wenn Sie ein Sony-Trinitron-Monitormodell verwenden. Alle anderen Auswahlpunkte sind für Fernsehmonitore gedacht. Auch wenn Sie einen LCD-Monitor verwenden, benutzen Sie am besten die Einstellung TRINITRON. Klicken Sie dann auf WEITER.

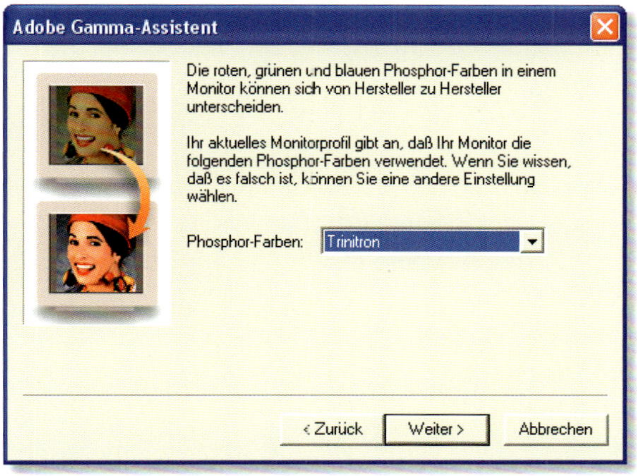

◂ **Abbildung 3.66**
Die Phosphor-Farben passen den Farbraum an die Bildröhre an. Die Unterschiede sind aber marginal.

5 Gamma-Wert einstellen

Den Kern des Kontrollfeldes bilden drei Farbfelder mit dazugehörigen Reglern. Diese verändern den Gamma-Wert für jede einzelne Farbe. Ist das Kontrollkästchen NUR EINZELNES GAMMA ANZEIGEN aktiv, sehen Sie nur ein graues Rechteck. Deaktivieren Sie das Kontrollkästchen in diesem Fall.

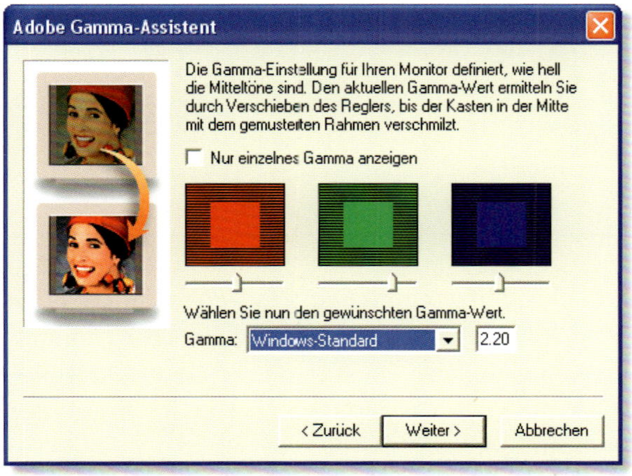

◂ **Abbildung 3.67**
Die Gamma-Einstellung korrigiert den Helligkeitsverlauf des Monitors. Durch die Korrektur der Farben werden Farbstiche eliminiert.

Als Vorgabe für die gewünschte Gamma-Kurve wählen Sie im Dropdown-Menü GEWÜNSCHT den Punkt WINDOWS-STANDARD aus. Dies entspricht dem Gamma-Wert von 2,2. Dies sollte aber auch schon voreingestellt sein und bedarf dann keiner weiteren Änderung.

Die farbigen Quadrate darüber bestehen aus einem Farbraster und einer Farbfläche. Das Raster besteht aus schwarzen Pixeln und dem jeweiligen Farbwert in der maximalen Helligkeit. Dadurch wird bei erhöhtem Betrachtungsabstand und mit zusammengekniffenen Augen ein optischer Mittelwert generiert. Im Inneren des Rasters befindet sich eine Farbfläche mittlerer Helligkeit.

Ziel ist es jetzt, über den Regler unter dem Rechteck dem äußeren und dem inneren Bereich optisch die gleiche Helligkeit zu verleihen. Dazu kneift man erneut die Augen zusammen und geht etwas weiter vom Monitor weg als gewohnt, bis die Flächen verschwimmen.

Verstellen Sie den ersten Regler so, dass kein Unterschied mehr zwischen den beiden Bereichen sichtbar ist. Wiederholen Sie diesen Vorgang für die beiden anderen Farben. Wenn Sie fertig sind, klicken Sie auf WEITER.

6 Weißpunkt einstellen

Nach der Einstellung der Gamma-Werte müssen Sie noch den Weißpunkt festlegen. Dazu gibt es zwei Möglichkeiten, die von den Einstellmöglichkeiten Ihres Monitors abhängig sind.

▼ Abbildung 3.68
Erlaubt der Monitor eine Einstellung der Farbtemperatur im eigenen Menü, sollte man diese dort vornehmen.

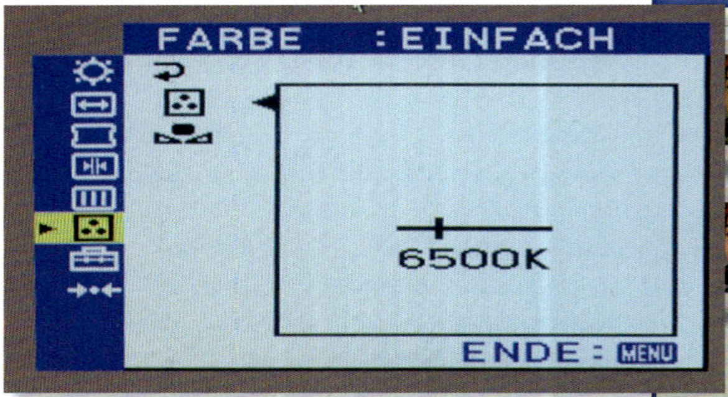

- **Weißpunkt am Monitor einstellen:** Besitzen Sie einen Monitor, der es Ihnen erlaubt, den Weißpunkt über das Monitormenü festzulegen, stellen Sie dort den Wert auf 6500 K. Danach stellen Sie diese Farbtemperatur auch im Assistenten von Adobe Gamma ein.

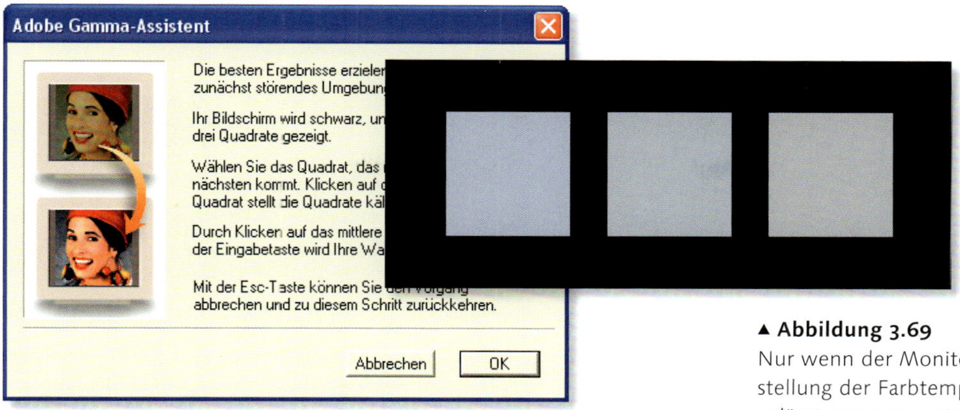

▲ **Abbildung 3.69**
Nur wenn der Monitor keine Einstellung der Farbtemperatur zulässt, muss man sich an den Weißpunkt herantasten.

- **Unbekannten Weißpunkt messen:** Können Sie keine Farbtemperatur an Ihrem Monitor angeben, müssen Sie diese messen. Messen ist etwas übertrieben, herantasten wäre das bessere Wort. Klicken Sie dazu auf MESSEN. Es erscheinen drei mehr oder weniger graue Felder. Das Feld in der Mitte repräsentiert die aktuelle Einstellung, links befinden sich bläulichere Weißtöne, rechts rötlichere Weißtöne. Durch Klicken auf eines der seitlichen Felder wird die jeweilige Farbe in die Mitte übernommen. Die seitlichen Felder verändern sich dann so, dass ihr Weißton entweder bläulicher oder rötlicher wird.

Klicken Sie sich so durch die Farbfelder, bis das Feld in der Mitte grau erscheint. Wenn Sie eine Graukarte besitzen, können Sie diese zum Vergleich heranziehen. Wenn das mittlere Feld den richtigen Grauton besitzt, klicken Sie es an. Der Wert wird dann übernommen. Entspricht er keinem Normlichtwert, so steht EIGENE im Dropdown-Menü des Hardware-Weißpunkts. Klicken Sie auf WEITER.

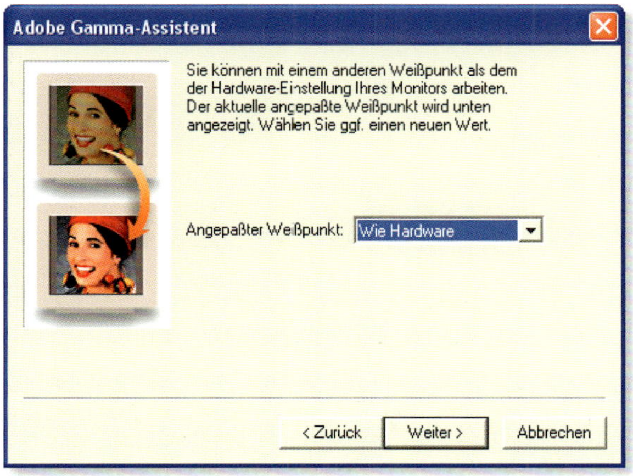

◂ **Abbildung 3.70**
Der angepasste Weißpunkt sollte der gleiche sein wie der reale Weißpunkt des Monitors. Hier müsste man nur einen anderen Weißpunkt einstellen, wenn die Monitordarstellung bewusst abweichen soll.

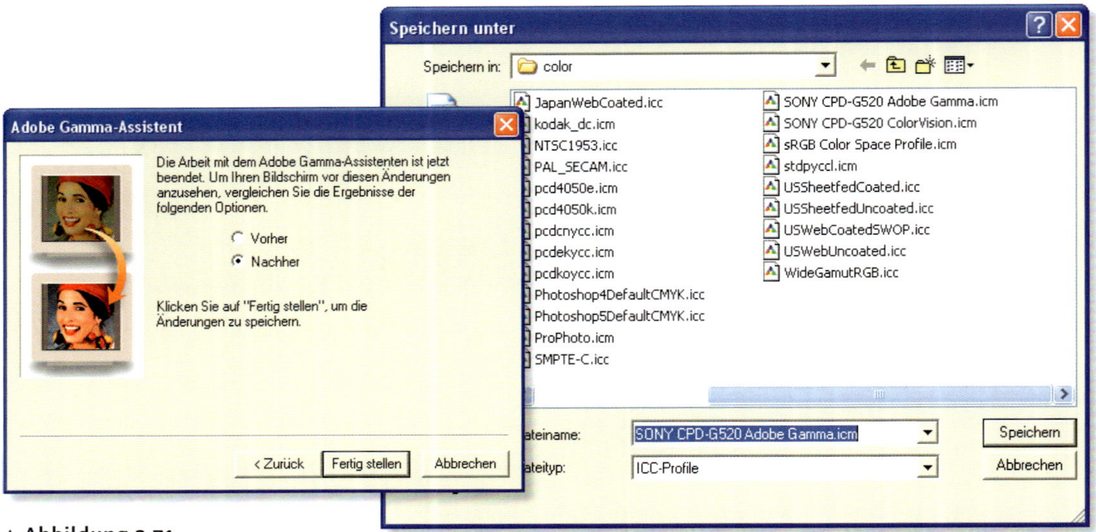

▲ **Abbildung 3.71**
Das erstellte Profil lässt sich mit dem unkalibrierten Zustand vergleichen und abschließend speichern.

- **Angepasster Weißpunkt:** Wenn der Weißpunkt eingestellt worden ist, erscheint ein weiteres Menü zur Einstellung eines Weißpunkts. Geben Sie hier Wie Hardware an. Eine andere Einstellung wäre nur dann nötig, wenn Sie für die Darstellung einen anderen Wert angeben wollen. Klicken Sie auf Weiter.

7 Vergleichen und speichern

Zum Abschluss können Sie noch die Kalibrierung mit der unkalibrierten Darstellung vergleichen. Dazu klicken Sie einfach die jeweilige Optionsbox an. Klicken Sie dann auf Weiter, so erscheint ein Speichern unter-Dialog. Sichern Sie die Datei in dem vorgegebenen Ordner. Verwenden Sie dabei einen Dateiamen, der zumindest Ihre Monitorbezeichnung und die Software, mit der Sie den Monitor kalibriert haben, enthält.

Das gespeicherte Monitorprofil wird schließlich als Farbprofil in der Farbverwaltung des Betriebssystems eingestellt. Diese befindet sich in den erweiterten Einstellungen des Anzeige-Kontrollfeldes in der Systemsteuerung. ■

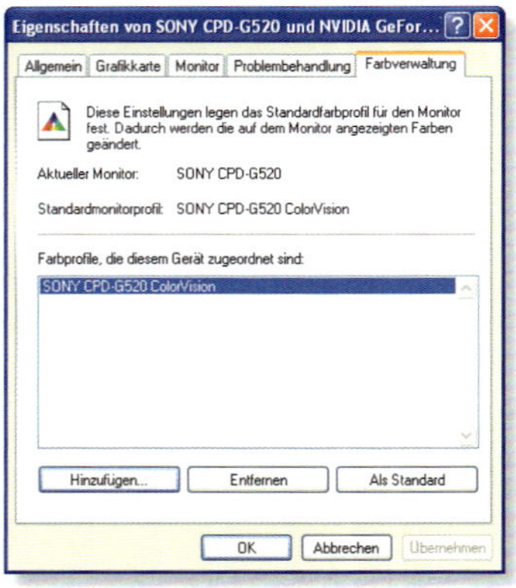

▲ **Abbildung 3.72**
Das Monitorprofil wird direkt in den Anzeige-Dialog der Farbverwaltung eingetragen. Hier muss keine Einstellung mehr vorgenommen werden.

Schritt für Schritt: Kalibrierung mit Monitor Calibration Wizard

Ein frei verfügbares Tool zum Kalibrieren des Monitors ist der Monitor Calibration Wizard. Eine kostenlose Version (Monitor Calibration Wizard 1.0) ist unter Products auf der Website *www.hex2bit.com* erhältlich. Dieses Werkzeug arbeitet wie Adobe Gamma, ist jedoch genauer.

1 Öffnen des Programms und Grundeinstellungen

Nach der Installation öffnen Sie das Programm über STARTMENÜ • ALLE PROGRAMME • MONITOR CALIBRATION WIZARD. Um das erstellte Profil beim Starten direkt zu laden, aktivieren Sie das Kontrollkästchen LOAD AT WINDOWS STARTUP. Um zu verhindern, dass andere Programme Profile laden, aktivieren Sie das zweite Kontrollkästchen PERSISTENT PROFILE, DON'T LET THE CURRENT PROFILE CHANGE. Danach können Sie den Monitor kalibrieren.

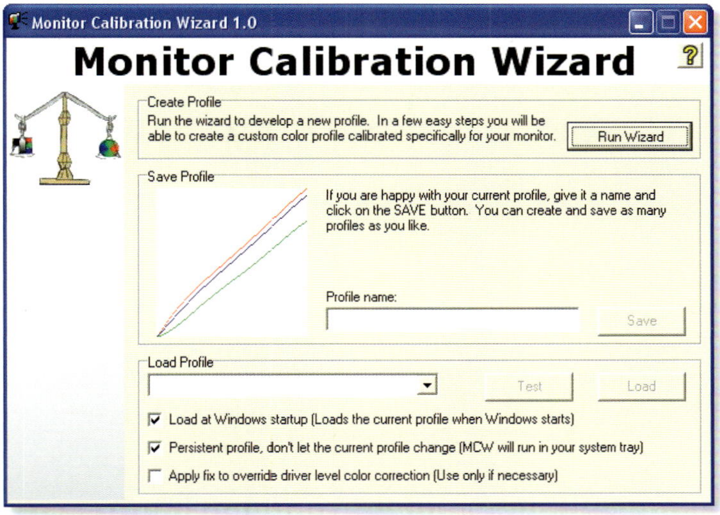

◂ **Abbildung 3.73**
Der Monitor Calibration Wizard: Hier stellen Sie ein, dass das Monitorprofil beim Starten von Windows geladen wird.

2 Helligkeit und Kontrast einstellen

Klicken Sie auf die Schaltfläche RUN WIZARD. Nach einem Hinweisfenster wird der Vorgang gestartet. Dazu müssen Sie, wie bei

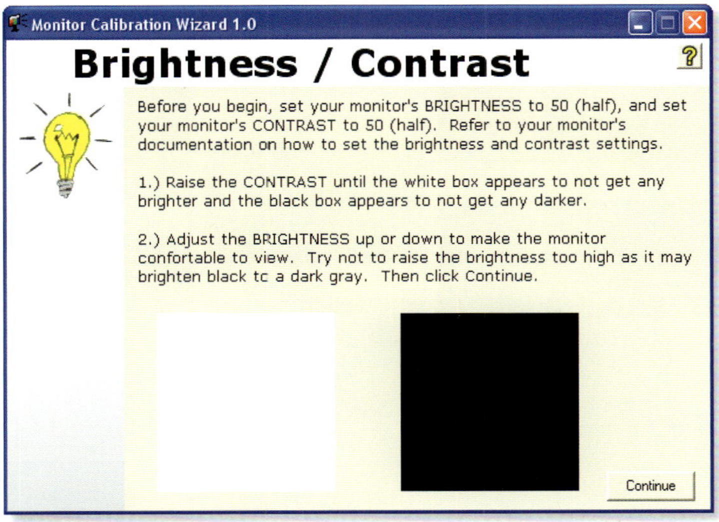

◂ **Abbildung 3.74**
Wie in jeder anderen Kalibrierungssoftware muss der Kontrast am Monitor auf den Maximalwert gesetzt werden. Stellen Sie dann mit Blick auf die Farbkästen die Helligkeit ein.

Adobe Gamma auch, zunächst die Helligkeit und den Kontrast des Monitors einstellen. Stellen Sie den Kontrast des Monitors auf den hellsten Wert. Danach stellen Sie die Helligkeit so ein, dass das weiße Feld nicht zu dunkel und das schwarze nicht zu hell wird. Klicken Sie dann auf die Schaltfläche CONTINUE.

3 Gamma-Werte einstellen

Als Erstes stellen Sie die Korrekturkurve für die Farbe Rot ein. Dazu müssen Sie in den beiden linken Einstellfeldern zunächst die hellste und dunkelste Stelle festlegen. Diese Felder sind zweigeteilt. In der oberen Hälfte ist die Farbe im Soll-Zustand, darunter im Ist-Zustand.

Verschieben Sie die Regler unter den beiden linken Feldern so weit, bis in den beiden Hälften kein Unterschied mehr sichtbar ist. Beginnen Sie dazu mit einer Einstellung, mit der ein deutlicher Unterschied feststellbar ist.

Anschließend stellen Sie bei den anderen Feldern die Regler so ein, dass zwischen dem Quadrat in der Mitte und dem Bereich darum herum kein Unterschied mehr zu sehen ist. Kneifen Sie dazu am besten die Augen ein wenig zu, und entfernen Sie sich etwas vom Monitor. Wenn das Raster der Umrandung der Quadrate verschwimmt, haben Sie die richtige »Augenstellung«, um den Gamma-Wert zu beurteilen. Wenn Sie mit einer Farbe fertig sind, klicken Sie auf CONTINUE und stellen anschließend auch die beiden anderen Farben nach dem gleichen Verfahren ein.

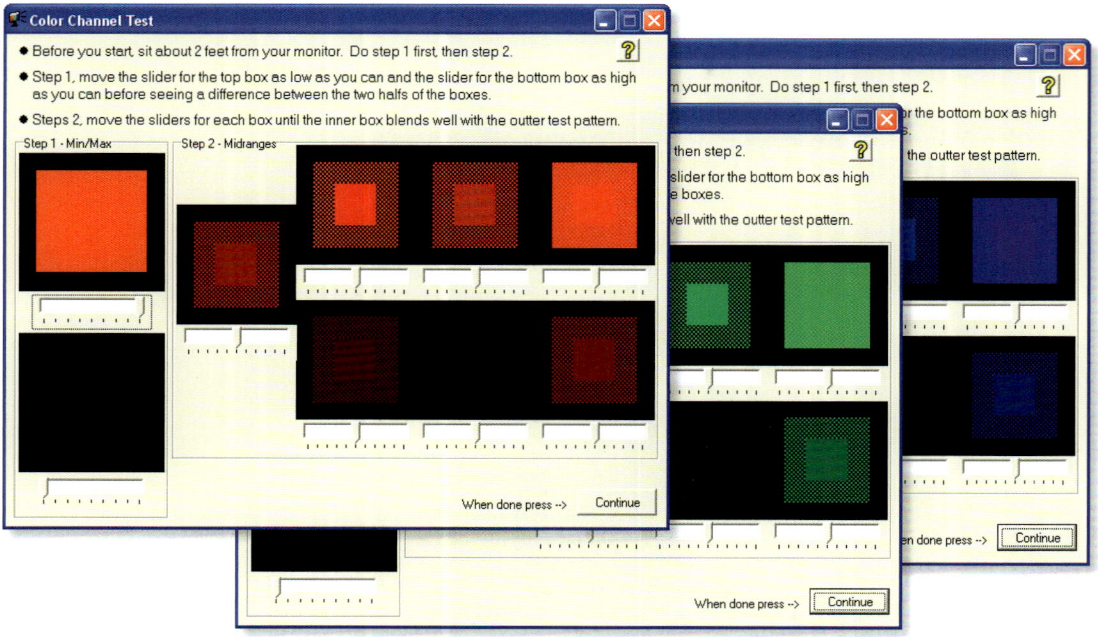

▾ Abbildung 3.75
Durch die Gamma-Korrektur mit mehreren Feldern wird die Farbcharakteristik des Monitors so herausgefiltert, dass am Ende eine neutrale Darstellung erreicht wird.

4 Profil testen

Nach Abschluss der Gamma-Korrektur sehen Sie die Korrekturkurve. Über die Schaltfläche 15 SECOND TEST können Sie das Profil jetzt testen. Ist Ihnen das Bild zu dunkel oder zu hell, können Sie das Profil über den Schieberegler BRIGHTNESS korrigieren. Wenn Sie fertig sind, können Sie über APPLY das Profil anwenden.

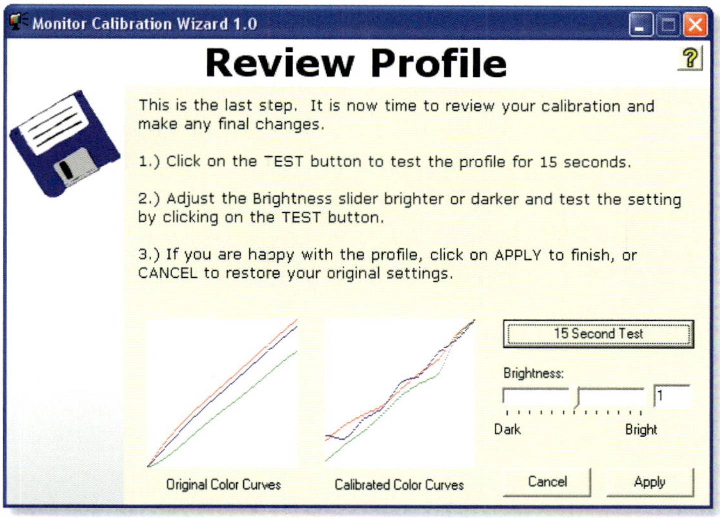

◂ **Abbildung 3.76**
Nach der Korrektur kann das erstellte Profil getestet werden.

5 Profil speichern

Nach dem Anwenden des Profils kommen Sie wieder zurück zum Start-Dialogfeld, wo Sie das Profil nun speichern können. Geben Sie dafür einen eindeutigen Namen ein. Dieser kann beispielsweise aus dem Monitornamen und dem Datum bestehen.

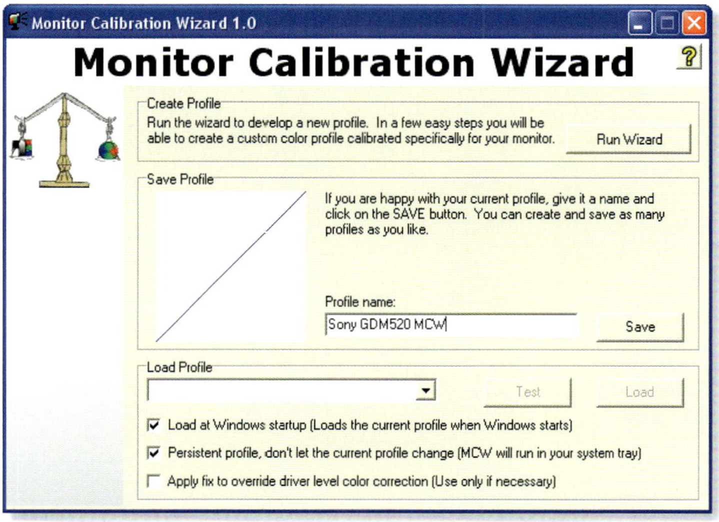

◂ **Abbildung 3.77**
Das gespeicherte Profil kann nur über den Monitor Calibration Wizard geladen werden. Es handelt sich nicht um ein standardisiertes ICC-Profil.

Bitte beachten Sie, dass das hier gespeicherte Profil kein ICC-Farbprofil ist und nur über den Monitor Calibration Wizard geladen werden kann. ■

3.3.3 Hardwarekalibrierung

Die Hardwarekalibrierung läuft eigentlich nach dem gleichen Schema ab wie eine Softwarekalibrierung. Der Unterschied besteht lediglich in der Verwendung eines speziellen Sensors, dem Spektrometer, der das manuelle bzw. visuelle Abschätzen unnötig macht.

Der Sensor wird dabei auf den Monitor gehalten. Die Software misst eine Reihe von abgestrahlten Farben und erstellt dadurch eine Korrekturkurve.

Spektrometer arbeiten viel genauer und objektiver als das menschliche Auge. Daher sind sie sicher die erste Wahl. Allerdings sind sie auch mit zusätzlichen Kosten verbunden.

Empfehlenswerte Geräte sind das i1 Display 2 von X-Rite, das Spyder3 von Datacolor sowie das ColorMunki (Abbildung 3.78) von X-Rite, das sich auch hervorragend zum Kalibrieren von Druckern eignet.

Abbildung 3.78 ▸
Bei der Hardwarekalibrierung misst ein Sensor die dargestellten Farben. Die Abweichungen und Korrekturwerte werden dann im Monitorprofil gespeichert. Hier sehen Sie den ColorMunki von X-Rite.

3.4 Kalibrieren von Digitalkameras

Bisher wurden in diesem Kapitel nur Ausgabegeräte kalibriert. Drucker oder Monitore geben die Farbinformation wieder, aber Digitalkameras und Scanner lesen die Farbinformationen. Das Problem des Farblesens ist jedoch, dass Farben vom Untergrund und vom Umgebungslicht beeinflusst werden (siehe Seite 63).

Scanner haben einige Vorteile gegenüber Kameras, denn sie besitzen eine eigene Lichtquelle, die vom aufzunehmenden Bild reflektiert wird. Diese Lichtquelle besitzt einen festen Weißpunkt, wodurch alle zu scannenden Objekte im gleichen Licht erscheinen. Durch die gleichmäßige Ausleuchtung wird auch der Einfluss der Oberflächeneigenschaften reduziert. Werden genormte Farbflächen gescannt und mit den entsprechenden Soll-Werten verglichen, lässt sich einfach eine Abweichung errechnen und entsprechend korrigieren.

◂ **Abbildung 3.79**
Zum Profilieren der Kamera benötigt man genormte Farbfelder, deren Werte bekannt sind. Diese werden mit dem fotografierten Bild verglichen. Die Abweichung wird dann als Korrekturwert im Kameraprofil gespeichert.

Bei Digitalkameras verhält es sich etwas komplizierter, denn diese haben weder eine eigene Lichtquelle noch ist immer eine gleichmäßige Ausleuchtung möglich. Diese Fehlerquellen lassen sich nur in einem Fotostudio unter Normbedingungen eliminieren. Hinzu kommt noch, dass in Raw-Dateien keine Korrekturinformationen mit eingebettet werden. Die Integration von ICC-Farbprofilen ist also nicht möglich.

Die Korrektur muss daher über die Raw-Konvertierung, z.B. in Lightroom, erledigt werden. Adobe bietet daher in Lightroom über die Einbindung von Kameraprofilen die Möglichkeit, Digitalkameras zu kalibrieren. Zum Erstellen von Profilen für Ihre Kamera benötigen Sie Folgendes:

- **Farbcharts:** Der Hersteller X-Rite hat mit dem Colorchecker Passport *(http://www.xrite.com)* eine Tafel im Angebot, die man auch zum Shooting mitnehmen kann. Diese enthält neben den standardisierten 24 Farbfeldern auch eine Weißabgleichstafel und Felder zur Abstimmung von Porträt- und Landschaftsaufnahmen.
- **Studioumgebung:** Sie sollten für eine möglichst farbneutrale Studioumgebung sorgen. Diese kann auch aus einem Lichtzelt und einem Aufsteckblitz bestehen – ein Fotostudio mit einer Blitzanlage besitzt ja nicht jeder.
- **Profilierungssoftware:** Adobe bietet mit dem Programm Adobe DNG Profile Editor eine Software, mit der Sie eigene Profile generieren können. Diese können Sie von der Adobe-Website herunterladen *(http://labs.adobe.com/wiki/index.php/DNG_Profiles)*.

Schritt für Schritt: Kamera kalibrieren mit dem X-Rite Colorchecker Passport und Adobe DNG Profile Editor

Der Colorchecker Passport wird zwar mit einer eigenen Profilierungssoftware geliefert, um aber auch Fotografen mit Farbcharts anderer Hersteller die Möglichkeit zu geben, die Schritte nachzuvollziehen, wird hier der Prozess mit dem Adobe DNG Profile Editor gezeigt.

Abbildung 3.80 ▸
Die Aufnahme des Farbcharts sollte gleichmäßig belichtet sein.

1 Farbchart aufnehmen

Am Anfang steht die Aufnahme der genormten Farbcharts. Die Aufnahme wird möglichst bei Normlicht mit einer Farbtemperatur von 5500 bzw. 6500 Kelvin erstellt. Nicht jeder Fotograf hat jedoch die Möglichkeit, genau diese Farbtemperatur am Set zu erzeugen. Der Wert der Farbtemperatur ist in den EXIF-Daten der Raw-Datei gespeichert und wird in der Profilierungssoftware ausgeglichen. Wiederholen Sie das für alle ISO-Werte der Kamera, die Sie verwenden.

HINWEIS

Kameraprofile bestehen aus mehreren Unterprofilen. Für jeden ISO-Wert wird ein eigenes Profil angelegt, das im Kameraprofil abgelegt wird. Wollen Sie ein globales Profil Ihrer Kamera erstellen, benötigen Sie Fotos des Farbprofils bei allen möglichen ISO-Werten.

2 Laden der Aufnahme in die Profilierungssoftware

Für den Adobe DNG Profile Editor müsen die Bilder als DNG vorliegen. Wenn Sie diese in Lightroom als DNG importiert haben (siehe Seite 157), können Sie diese Bilder verwenden. Ansonsten müssen Sie diese mit Hilfe des DNG-Konverters erst in eine DNG-Datei konvertieren.

Nachdem Sie den DNG Profile Editor geöffnet haben, laden Sie das Bild über den Befehl Open DNG Image aus dem Menüpunkt File. Schauen Sie dazu gegebenenfalls in Lightroom nach, wo Sie das Bild abgelegt haben. Laden Sie so alle Bilder mit den ISO-Wertabstufungen.

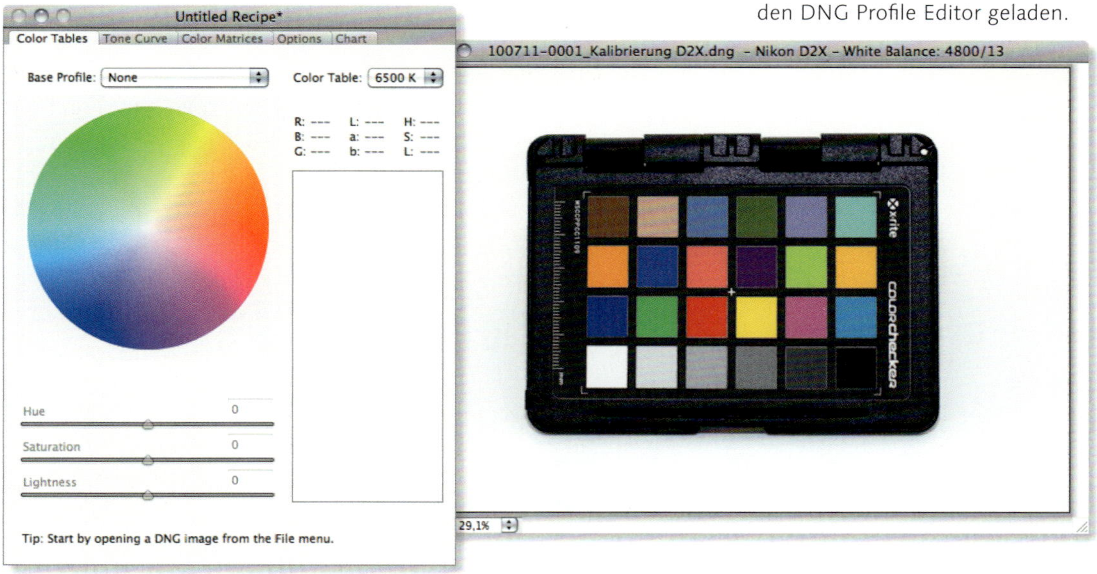

▼ Abbildung 3.81
Das Bild des Farbcharts wird in den DNG Profile Editor geladen.

3 Profil erstellen

Zum Erstellen des Profils aktivieren Sie den Reiter Chart. Über dem Bild erscheinen vier farbige Punkte. Diese müssen Sie mit gedrückter Maustaste auf die entsprechenden Farbfelder des Farbcharts ziehen.

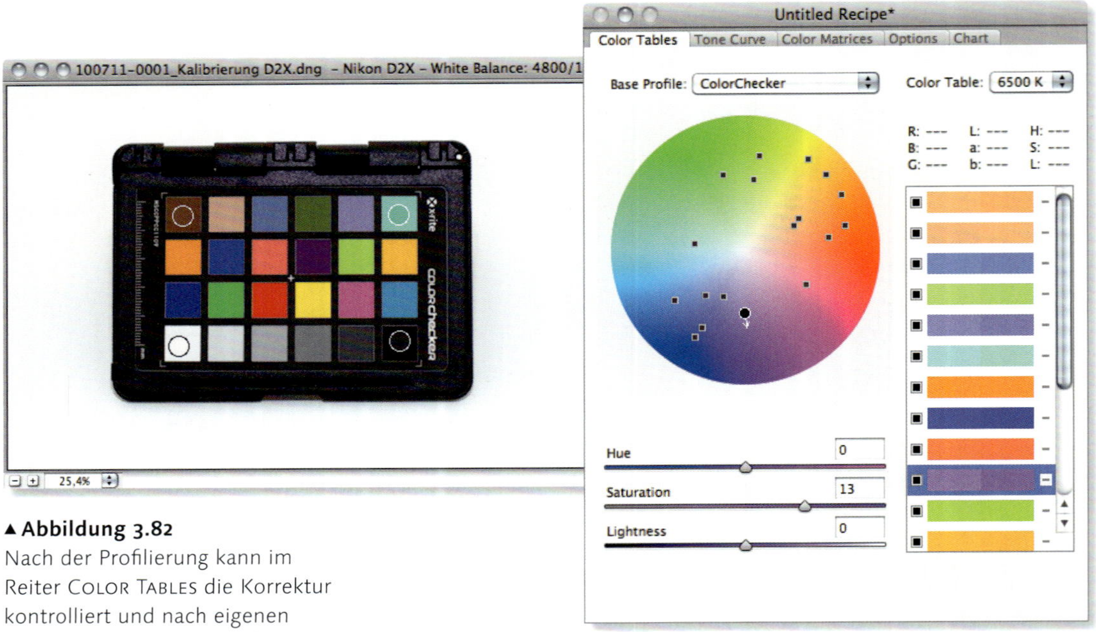

▲ **Abbildung 3.82**
Nach der Profilierung kann im Reiter Color Tables die Korrektur kontrolliert und nach eigenen Wünschen angepasst werden.

Nach dem Platzieren drücken Sie die Schaltfläche Create Color Table. Das Programm erstellt die Profiltabelle und wechselt in den Reiter Color Tables. Dort können Sie die Änderung kontrollieren und nach eigenem Geschmack korrigieren. Durch eine nachträgliche Veränderung können Farbprofile mit besonderen Eigenschaften, z.B. erhöhter Farbsättigung, erstellt werden.

4 Kameraprofil speichern

Zum Abschluss müssen Sie das Profil noch speichern. Dazu wählen Sie aus dem Menü File den Befehl Export. Das Profil wird in den Ordner CameraProfiles gespeichert. Dieser befindet sich im Systemordner des Camera-Raw-Plug-ins, auf den auch andere Adobe-Anwendungen – wie Photoshop oder Bridge – Zugriff haben.

Sie können den aktuellen Zustand zusätzlich als sogenanntes *Recipe* abspeichern. Ein Recipe entspricht einer Art Projektdatei. Dies ist dann hilfreich, wenn Sie später weitere Profile derselben Kamera bei anderen ISO-Werten oder Farbeigenschaften erstellen wollen.

Es gibt noch weitere Reiter, mit deren Hilfe Sie nicht nur die Farbwiedergabe, sondern auch das Kontrastverhalten und die Farbgebung einstellen können. Das Profil ist anschließend in Lightroom verfügbar (siehe Seite 426), allerdings nur bei Bildern mit ISO-Werten, für die Sie das Profil erstellt haben.

▲ **Abbildung 3.83**
Die generierten Profile sind im Entwickeln-Modul verfügbar.

5 Profil in Lightroom anwenden

Das Profil ist anschließend in Lightroom verfügbar. Ist Lightroom bereits geöffnet, kann ein Neustart erforderlich sein. Das Profil weisen Sie über das rechte Bedienfeld KAMERAKALIBRIERUNG im Entwickeln-Modul zu. Mehr dazu erfahren Sie auf Seite 423. ■

▼ **Abbildung 3.84**
Ein Vergleich vor (links) und nach (rechts) dem Zuweisen des Profils

Fototipp

Achten Sie auf Spiegelungen, gerade an modernen Bauten entstehen dadurch oft interessante Blickwinkel.

Diese Front zeigt zu einem Innenhof der Universität von Barcelona. Steht man in der Mitte und blickt auf die schräge Fläche, sieht man die Dächer der umliegenden Gebäude. Der Blick wird sogar noch weiter auf die Skyline der Stadt geleitet. Dieser Blickwinkel ist sicher vom Architekten mitgeplant worden.

4 Das Raw-Datenformat

Das Arbeiten mit Raw-Bilddaten gilt als der beste Weg im Umgang mit digitalen Fotografien. Viele ambitionierte Hobbyfotografen und noch mehr Profifotografen arbeiten mit diesen Daten, da sie im Vergleich zu normalen Datenformaten wie JPEG oder TIFF viele Vorteile bringen. Welche das sind, was das Raw-Format genau ist, wie Raw-Bilder entstehen und wie man damit umgeht, erklärt dieses Kapitel.

4.1 Was sind Raw-Daten?

Eine Raw-Datei ist wie ein Rohdiamant. Ungeschliffen ist ein solcher unförmig, rau und ohne Glanz. Erst das Schleifen macht ihn zu dem, wovon viele träumen. Ähnliches trifft auch auf Raw-Bilder zu. Sie sind in ihrer Rohform, wenn sie aus der Kamera kommen, noch gänzlich unbearbeitet und damit frei von allen durch die Kamera vorgegebenen Zwängen wie Farbbalance oder Dateiformat. Wie diese »digitalen Negative« dann weiterverarbeitet, also entwickelt werden, ist für die Bildqualität entscheidend.

Raw-Daten speichern nur die reine Information des Kamerachips ab, ohne diese zu interpretieren oder zu verändern. Chips können aber nur Helligkeitsinformationen aufnehmen und abspeichern, daher verhält sich ein Raw-Bild eher wie ein Schwarzweißnegativ.

4.1.1 Analoger Film

Um den Unterschied zum analogen Film deutlich zu machen, werfen wir zunächst einen kurzen Blick in die analoge Welt. Herkömmlicher Film besteht aus mehreren Schichten (siehe auch Abbildung 4.1):

Zwischen dem Trägermaterial und einer UV-Filterschicht befinden sich drei farbempfindliche Schichten. Je nach Wellenlänge dringt das Licht mehr oder weniger tief in diese Farbschichten ein und belichtet die Kristalle in der jeweiligen Farbschicht. Die

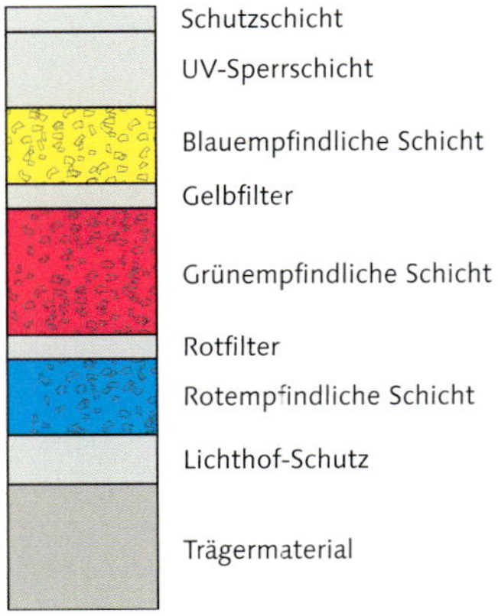

▲ **Abbildung 4.1**
Beim analogen Film werden die Farben in drei übereinanderliegenden Schichten gespeichert. Jedes »Filmkorn« besitzt somit die komplette Farbinformation.

Auflösung wird dabei durch die Größe der Kristalle bestimmt. Da die Schichten übereinanderliegen, kann also theoretisch jedes »Filmkorn« jede Farbe annehmen.

Bei der Entwicklung werden dann die ungebrauchten Schichten entfernt und die lichtempfindlichen Kristalle fixiert. Durch die drei übereinanderliegenden Farbschichten kann dabei jede beliebige Farbe erzeugt werden.

Die Farbtemperatur eines analogen Films wird durch die chemische Zusammensetzung fest definiert. Tageslichtfilme haben eine Farbtemperatur von 5500 K. Verwendet man einen solchen Film bei Kunstlicht, erscheinen die Bilder extrem rot. Daher gibt es spezielle Kunstlichtfilme. Diese sind auf niedrigere Farbtemperaturen von ca. 3400 K eingestellt.

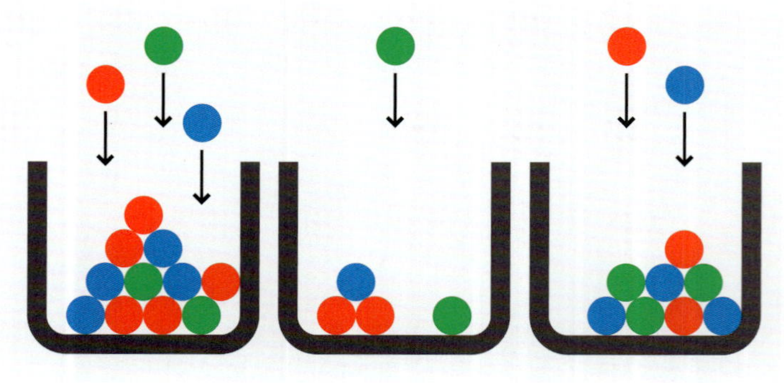

Abbildung 4.2 ▸
Sensorelemente fangen Photonen ein, die nach der Belichtung gezählt werden: Je mehr Photonen vorhanden sind, desto heller ist das Bild.

4.1.2 Digitale Sensorchips

Wie entsteht nun aber das digitale Foto? Sensorchips in Digitalkameras bestehen aus einer Vielzahl von in Gitterform angelegten kleinen Sensorelementen. Diese kann man sich als kleine Eimer vorstellen. Während der Belichtung werden die Elemente mit Photonen aufgefüllt. Nach der Belichtung werden die Photonen gezählt und anschließend die »Eimer« wieder ausgeleert. Je mehr Photonen sich im Eimer befinden, umso heller das gemessene Licht. Die Elemente können keine Farben messen, sondern nur Helligkeiten.

Der Messwert der Helligkeit wird in digitale Werte mit mindestens 12 Bit umgewandelt. Das entspricht einem Wert von 4096 Helligkeitsabstufungen. 0 bedeutet dabei Schwarz, Weiß wird durch den Wert 4095 repräsentiert. Neuere Sensorchips arbeiten bereits mit 14 Bit, was einer Anzahl von 16348 Helligkeitsabstufungen entspricht. Das Problem ist, dass Sensorchips keine Farben unterscheiden können. Alle Photonen aller Wellenlängen werden von allen Sensorelementen erfasst.

4.1.3 Von der Helligkeit zur Farbe

Die meisten Sensorchips besitzen nicht mehrere Farbschichten wie ein analoger Film, sondern nur eine Ebene, und sie können auf dieser nur Helligke tsinformationen verarbeiten. Wie gelangt also die Farbe in die digitalen Bilder?

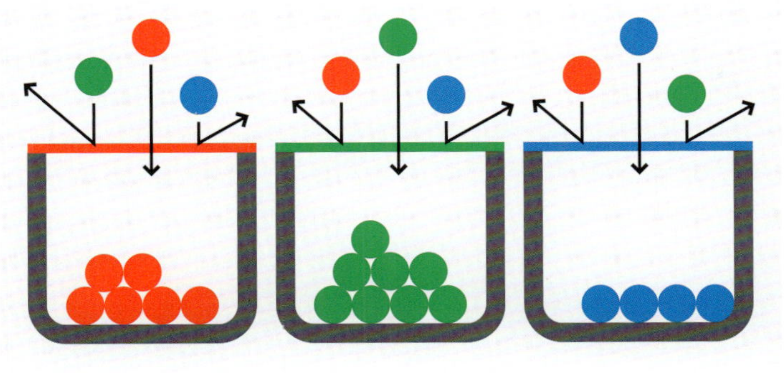

▲ **Abbildung 4.3**
Durch das Vorschalten von Farbfiltern werden die Sensorelemente nur für die jeweilige Filterfarbe sensibilisiert.

▲ **Abbildung 4.4**
Das Bayer-Raster der meisten Sensorchips berücksichtigt die höhere Empfindlichkeit des menschlichen Auges gegenüber Grün.

Um diese zu erzeugen, wird vor dem Sensorchip ein Farbfilter platziert. Da ein Lichtstrahl aus der Kombination von Rot, Grün und Blau jede erdenkliche Farbe ergeben kann, benötigt man nur drei Filter. Diese werden in einem bestimmten Muster über den Sensoren platziert. Das am meisten eingesetzte Muster ist das Bayer-Muster (siehe Abbildung 4.4).

Das Bayer-Muster berücksichtigt die größere Grünempfindlichkeit des menschlichen Auges. Daher befinden sich doppelt so viele grüne Filter wie blaue oder rote in diesem Muster.

▼ **Abbildung 4.5**
Bei der Mosaikfilterung wird das Graustufenbild des Sensors mit Hilfe des Bayer-Rasters zum finalen Bild verrechnet.

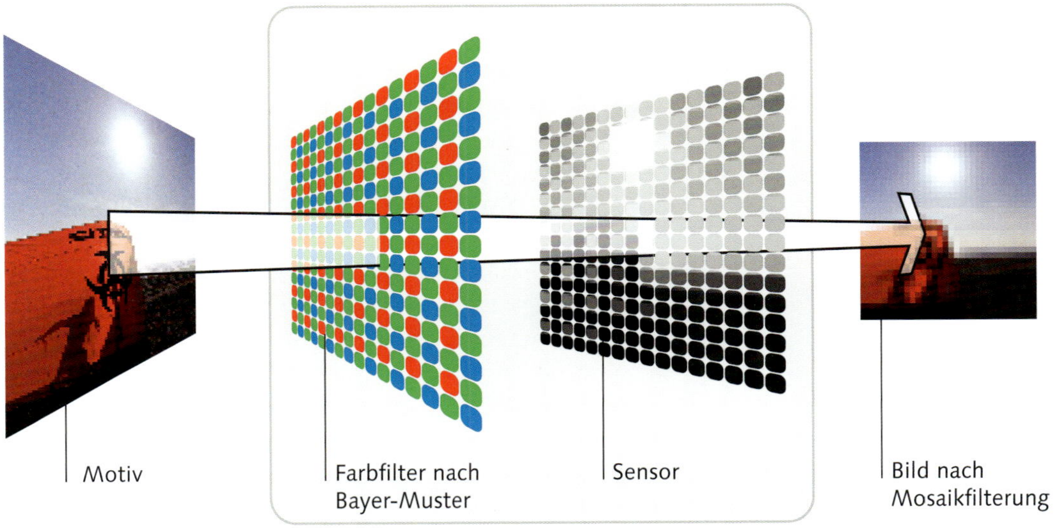

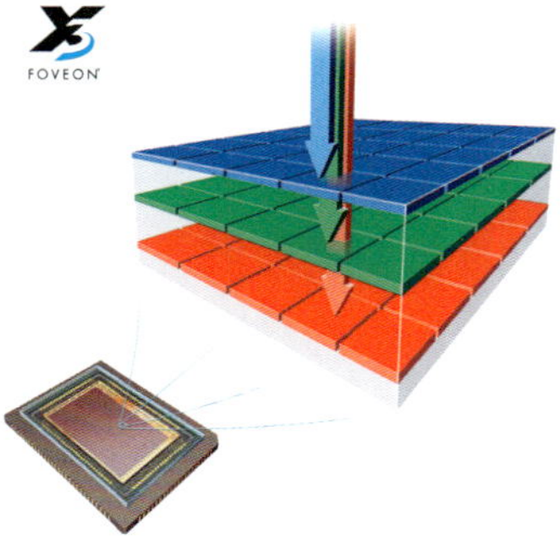

▲ **Abbildung 4.6**
Der Foveon-Chip ist bisher der einzige Chip, der keinen Mosaikfilter benötigt. Jedes Pixel verarbeitet die Information aller drei Farben wie bei einem herkömmlichen Film.

Es gibt auch andere Muster oder Farbfilterungen, die aber nicht so verbreitet sind. Erwähnenswert ist der Foveon-Chip. Dieser arbeitet nicht wie die anderen Sensoren mit nur einer Ebene, sondern, ähnlich wie ein analoger Film, mit drei Schichten. Auch hier dringen die Farben des Lichts unterschiedlich tief ein. Der Vorteil dabei ist, dass jedes Pixel gleich die komplette Farbinformation erhält.

Bei einschichtigen Chips empfängt jedes Pixel aber nur einen Teil der gesamten Farbinformation. Um jedes Pixel mit der kompletten Farbinformation abzubilden, muss diese erst aus den benachbarten Pixeln über komplizierte Rechenprozesse interpoliert werden. Dieses Verfahren nennt sich Mosaikfilterung. Wichtig ist, dass die dahinter operierenden Algorithmen zuverlässig arbeiten und beispielsweise auch harte Kontrastkanten im Bild erkennen und darstellen können. Ist der Abstand zwischen zwei Linien ungefähr doppelt so groß wie der zwischen zwei Sensorelementen, zum Beispiel bei parallel liegenden Linien, können Moiré-Fehler auftreten. Diese Fehler werden oft als Muster, zum Beispiel als linierte Farbschattierungen, oder als partielle, regelmäßig auftretende unscharfe Bildstellen sichtbar. Aber nur qualitativ hochwertige Objektive zeichnen so feine Details, dass diese Fehler überhaupt optisch wahrnehmbar werden.

Abbildung 4.7 ▶
Bei feinen Strukturen können durch die Mosaikfilterung Moiré-Fehler auftreten.

Je nach Anordnung des Filters und je nach Kamerahersteller werden bei der Berechnung unterschiedliche Filteralgorithmen angewendet. Auch eine Software wie Lightroom, die Raw-Dateien verarbeitet, benötigt solche Filter, da sie von der Kamera ja nur die unberechneten Raw-Daten bekommt und die Farbinformation selbst errechnen muss. Daher ist die Art der Filterung ein Qualitätsmerkmal von Raw-Programmen.

▲ **Abbildung 4.8**
Die Wiederherstellung von überbelichteten Bildbereichen (*Highlight-Recovering*) ist einer der Vorteile des Raw-Workflows. Bei JPEGs oder TIFFs ist das nicht möglich.

4.1.4 Warum in Raw fotografieren?

Werden Bilder in der Kamera als JPEGs oder TIFFs gespeichert, werden die Raw-Daten gleich zusammen mit weiteren Informationen verarbeitet. Dabei passiert Folgendes:

1. Die Raw-Helligkeitsdaten werden mit einem Farbmosaikfilter zu einem Farbbild zusammengerechnet.
2. Zusätzlich eingerechnet wird die Information über den in der Kamera eingestellten Weißabgleich.
3. Auf die Bildinformation wird dann ein Scharfzeichnungsfilter angewendet.
4. Das Bild wird schließlich automatisch von der Kamera in eine Farbtiefe von 8 Bit konvertiert und dann komprimiert abgespeichert. Bei JPEGs ist die Kompression zusätzlich mit Verlusten behaftet.

Durch die Verwendung des Raw-Datenformats entfallen all diese Bearbeitungsschritte in der Kamera. Die Möglichkeiten dafür sind kameraintern auch eher gering.

Mit Raw können Sie die Bilder später am weitaus leistungsstärkeren Computer mit einer viel feiner arbeitenden Raw-Software selbst zu Ende entwickeln. So behalten Sie die komplette Kontrolle über die Bilddaten.

Vorteile des Raw-Workflows | Die Vorzüge von Raw-Bildern liegen auf der Hand. Man erreicht damit eine größere Kontrolle und Präzision:

- Sie haben die volle Kontrolle über den Entwicklungsprozess Ihrer Bilder bis zum Ergebnis und können Weißpunkt, Schärfe, Farbbalance, Sättigung etc. auch nachträglich noch ändern.

- Raw-Daten sind noch nicht auf eine Farbtiefe von 8 Bit reduziert. Sie haben darin den vollen Zugriff auf 12 oder mehr Bit und können so detailliertere Bearbeitungen durchführen.
- Sie haben Zugriff auf den vollen Farbumfang des Chips. Es findet keine Beschränkung durch ein angewendetes Farbprofil wie zum Beispiel sRGB statt.
- Von einem Raw-Bild als »digitalem Negativ« können mehrere unterschiedliche Varianten, quasi als Abzüge, angefertigt werden. Die Raw-Datei selbst bleibt dabei als Negativdatei unberührt.
- Durch den größeren Helligkeitsumfang können auch Fehlbelichtungen korrigiert werden.
- Es entstehen keine Kompressionsfehler oder -artefakte wie bei JPEG-Bildern.
- In Raw-Bildern lassen sich Licht- und Schattendetails besser herausholen.

Was bedeuten die Blendenwerte wie f2,8? Die Irisblende der Kamera verringert beim Schließen die Fläche des einfallenden Lichts. Entscheidend für den Blendeneffekt ist das Verhältnis zwischen Brennweite und Blendendurchmesser.
Ein Verhältnis von Brennweite »f« (Focus) und Blende von 1,0 bedeutet, dass der Durchmesser der Brennweite entspricht. Bei 50 mm wäre der Blendendurchmesser also ebenfalls 50 mm. Jedes Abblenden um eine Stufe halbiert die einfallende Lichtmenge.
Da es sich dabei um Flächenangaben handelt, verursacht nicht die Verdopplung der Blendenwerte eine Halbierung der Lichtmenge, sondern die Quadratwurzel aus 2, also ca. 1,4. Das ergibt dann eine Wertefolge von 1,0 – 1,4 – 2,0 – 2,8 – 4,0 – 5,6 – 8 – 11 – 16 etc. f2,8 – also eigentlich f/2,8 – bei 50 mm bedeutet einen Blendendurchmesser von 17,86 mm. Dadurch wird auch klar, warum lange Brennweiten höhere Ausgangsblenden besitzen.

Nachteile des Raw-Workflows | Sicher gibt es auch einige Nachteile in Verbindung mit dem Raw-Format, die hauptsächlich im Verzicht auf den Komfort einer schnellen, automatischen Entwicklung der Bilder liegen:

- Der größte Nachteil ist die deutlich höhere Dateigröße. Selbst bei verlustfreier Kompression kann eine Datei bei einer 12-Megapixel-Kamera schon mal 10 MB besitzen. Das macht die Handhabung nicht einfacher: Die Kamera benötigt länger, bis die Daten auf die Speicherkarten geschrieben werden. Auch das Herunterladen auf den Rechner dauert länger.
- Der zweite Punkt ist, dass man bei Raw-Bildern nicht um die Nachbearbeitung herumkommt. Die Bilder müssen mit einer Software nachbearbeitet werden, um ansehnlich oder gar präsentierbar gemacht zu werden. Die Raw-Daten können somit auch nicht direkt von der Kamera gedruckt oder präsentiert werden. Sie müssen erst durch eine Software in druckbare Bildformate konvertiert werden.

Ein Abwägen zeigt recht schnell: Die Vorteile überwiegen eindeutig. Daher fotografieren auch so viele Profis im Raw-Modus ihrer Kamera. Nur wenn Schnelligkeit und geringe Datenmengen wichtiger sind als die Bildqualität, kann vom Raw-Workflow abgesehen werden – das ist beispielsweise in der Sport- oder Reportagefotografie der Fall. Dort werden die Bilder häufig noch während einer Veranstaltung per Mobilfunk in die Redaktion geschickt. Hier gewinnt der schnellere Workflow mit JPEG.

Für den Fotografen, dem es auf Präzision ankommt und der trotzdem auch erste Ansichten seiner Bilder schnell präsentieren möchte, bietet es sich an, an seiner Kamera gleichzeitig JPEG- und Raw-Dateien zu erzeugen. Erstere kann er dann schnell vorzeigen, Letztere kann er in aller Ruhe entwickeln.

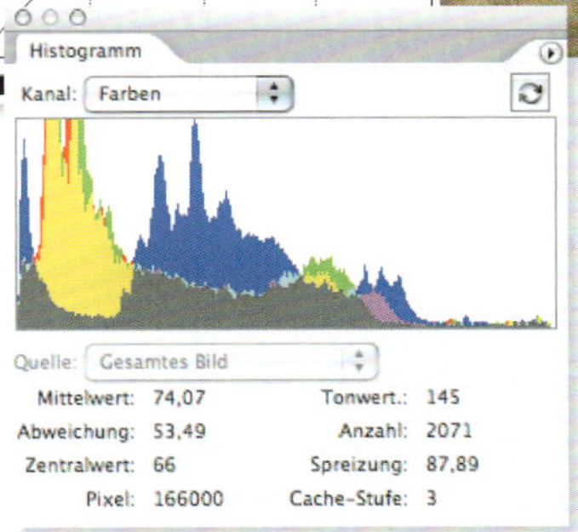

▲ **Abbildung 4.9**
Raw-Daten werden von der Kamera linear aufgenommen. Die Bilder erscheinen zu dunkel, enthalten aber die komplette Bildinformation. Das Histogramm zeigt, dass sich die Daten im linken Bereich sammeln.

4.2 Belichtung im Raw-Workflow

Ein großer Unterschied zwischen Film und digitalen Sensoren ist, wie diese jeweils auf Licht reagieren. Film verhält sich dabei wie das menschliche Auge, das nicht linear auf eine Lichtmenge reagiert. Das Auge, oder besser unser Gehirn, führt dabei eine automatische Gamma-Korrektur durch.

Was ist das genau? Schalten wir in einem dunklen Raum eine 40 Watt starke Glühbirne an, nehmen wir eine bestimme Helligkeit wahr. Wird dann eine zweite Glühbirne mit 40 Watt zugeschaltet, erscheint uns das Licht zwar heller, aber nicht unbedingt doppelt so hell. Und eine dritte Glühbirne verdreifacht erst recht nicht die Helligkeit. Je mehr Licht erzeugt wird, umso geringer scheint die Zunahme der Helligkeit zu sein. Der Vorteil dieser Art der Wahrnehmung ist, dass wir dadurch einen sehr großen Belichtungsraum bis zum Faktor 10000 erfassen können.

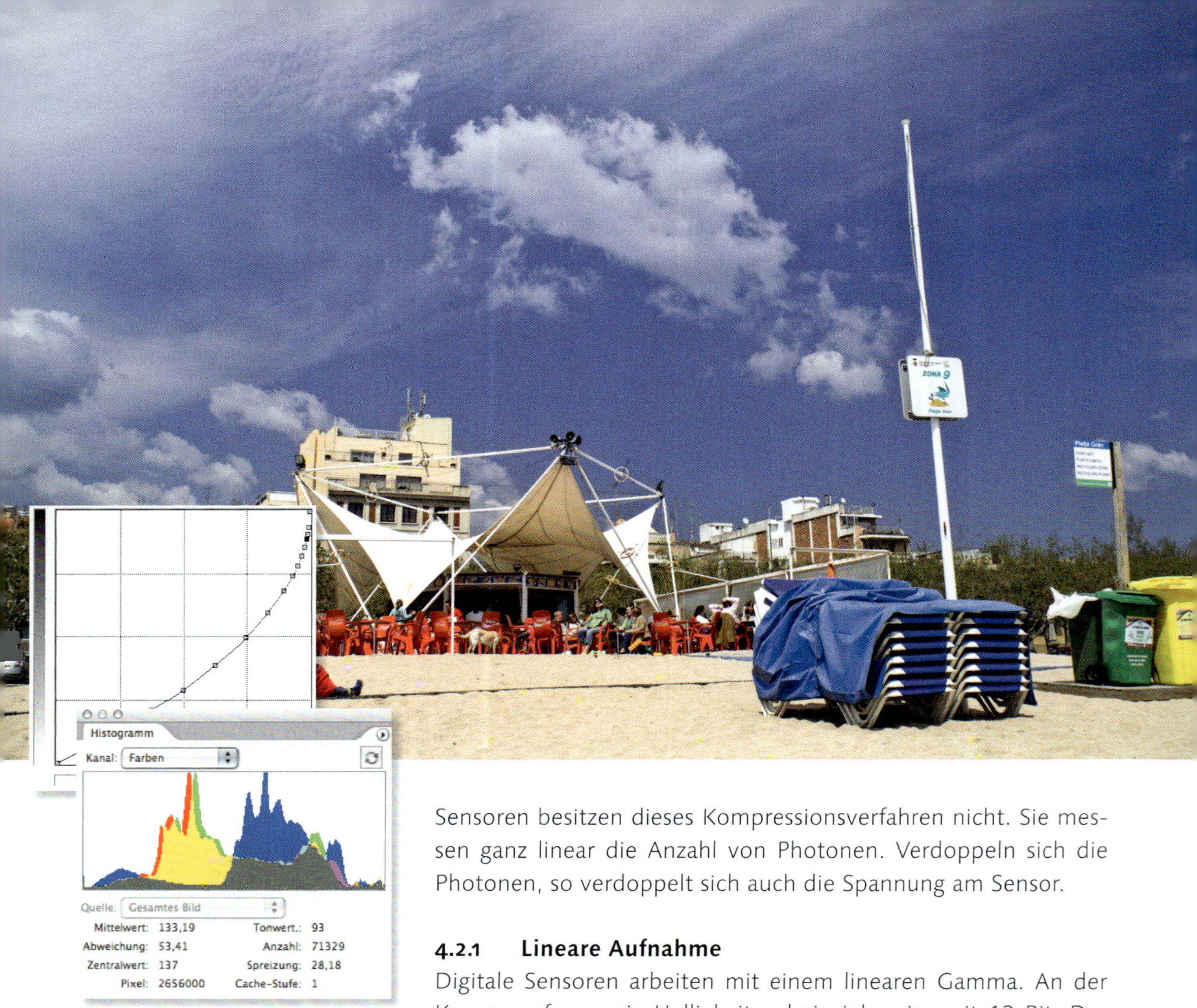

▲ **Abbildung 4.10**
Nach einer Gamma-Korrektur erscheint das Bild so, wie wir es sehen. Das Histogramm zeigt jetzt eine normale Verteilung.

Sensoren besitzen dieses Kompressionsverfahren nicht. Sie messen ganz linear die Anzahl von Photonen. Verdoppeln sich die Photonen, so verdoppelt sich auch die Spannung am Sensor.

4.2.1 Lineare Aufnahme

Digitale Sensoren arbeiten mit einem linearen Gamma. An der Kamera erfassen sie Helligkeiten beispielsweise mit 12 Bit. Das entspricht einer Anzahl von 4096 Helligkeitsstufen. 2048 entspricht der Hälfte davon, und das ist eine Blende am Objektiv. Jede weitere Blende halbiert die einfallende Lichtmenge weiter. Nehmen wir als Beispiel einen Bereich von sechs Blenden, was dem üblichen Spielraum einer Digitalkamera im Raw-Modus entspricht, so erhalten wir folgende Abstufung der Helligkeitswerte:

- 2048 Stufen im Bereich der offenen Blende bis zur ersten geschlossenen Blende. Das entspricht den hellsten Stellen im Bild.
- 1024 Stufen im Bereich der ersten bis zur zweiten Blende. In diesem Bereich befinden sich die helleren Bildbereiche.

Abbildung 4.11 ▶
Jede Blendenstufe halbiert die einfallende Lichtmenge. Das bedeutet analog eine Halbierung der Tonwerte je Blende.

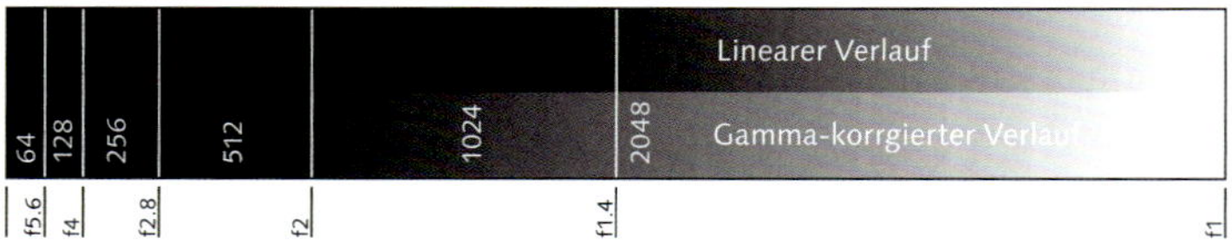

- 512 Stufen im Bereich der zweiten bis zur dritten Blende. Das sind die mittleren Helligkeiten im Bild.
- 256 Stufen im Bereich der dritten bis zur vierten Blende.
- 128 Stufen im Bereich der vierten bis zur fünften Blende. Dort befinden sich die dunkleren Stellen.
- 64 Stufen im Bereich der fünften bis zur sechsten Blende. Dort befinden sich die dunkelsten Stellen.

In JPEGs mit 8 Bit entspricht der gesamte Belichtungsbereich nur 256 Abstufungen. Das ergibt eine Anzahl von lediglich vier Tonwerten in den dunkelsten Stellen.

Wird ein Bild um eine Blende unterbelichtet, verliert man die Hälfte der verfügbaren Töne, und man hat bei 12 Bit nur noch 2048 Tonwertabstufungen für das gesamte Bild zur Verfügung.

Ein weiteres Phänomen der Kamerasensoren erschwert die Belichtung zusätzlich. Überträgt man die Empfindlichkeit eines Sensors in einen Graphen, entsteht eine gerade Linie von der hellsten bis zur dunkelsten Stelle.

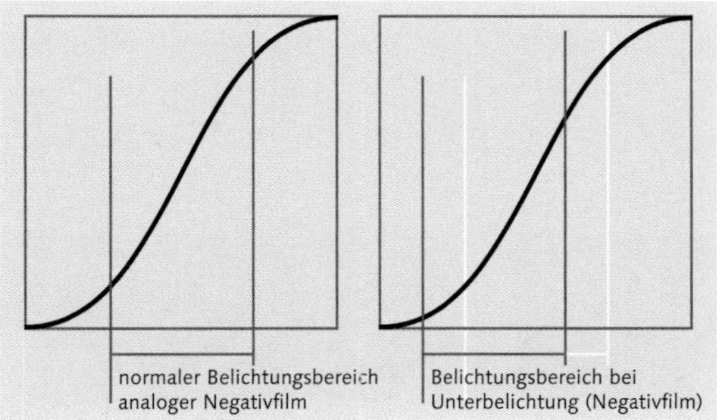

▲ Abbildung 4.12
Der S-förmige Belichtungsverlauf von analogen Negativfilmen verzeiht auch Belichtungsfehler von mehr als einer Blende. Durch die abgeflachte Kurve bleiben Details erhalten. Nur der Kontrast verringert sich.

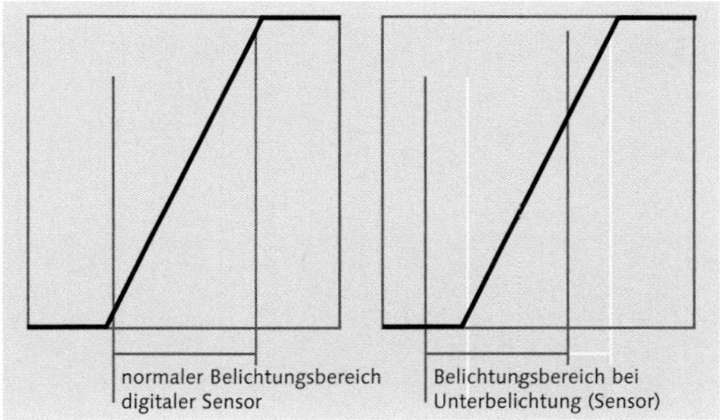

▲ Abbildung 4.13
Sensoren schneiden alles ab, was außerhalb des Belichtungsbereichs liegt. Daher gehen bei einer Fehlbelichtung von mehr als einer Blende Details verloren.

Film besitzt im Gegensatz dazu eine S-förmige Kurve. Diese fällt zu den Belichtungsgrenzen hin flach ab. An den Grenzen zur jeweils minimalen bzw. maximalen Belichtung erhält man daher einen weichen Übergang, der den Belichtungsspielraum etwas erweitert und die Detailauflösung in Grenzbereichen erhöht. Sensoren dagegen schneiden an den hellsten und dunkelsten Stellen abrupt die Werte ab, die außerhalb ihres Belichtungsbereichs liegen.

▲ **Abbildung 4.14**
Extreme Überbelichtungen verursachen ein Übersteuern einzelner Farben und einen Überlauf zwischen den Sensorelementen, was zu Farbverschiebungen führt.

4.2.2 Belichtung auf helle Stellen

Aus diesen Erkenntnissen heraus sollte man schon beim Fotografieren Folgendes beachten, um Probleme mit Über- oder Unterbelichtung zu vermeiden:

Die Belichtung sollte so genau wie möglich sein, denn zu helle oder zu dunkle Stellen werden radikal abgeschnitten. Bei Bildern mit großem Tonwertumfang ist das durchaus ein Problem.

Die Belichtung sollte auf die hellen Bereiche ausgerichtet sein. Belichten Sie im Zweifelsfall also ein wenig über, das verringert das Rauschen in den Tiefen. Die Überbelichtung sollte aber nicht mehr als eine Blende betragen, da eine stark gesättigte Grundfarbe, z.B. ein Blau im Himmel, sein Maximum erreicht und nicht mehr weiter ansteigen kann. Jede weitere Überbelichtung verschiebt dann den Farbton zu jener Grundfarbe hin, deren Anteil an zweiter Stelle liegt. Zusätzlich können Photonen von einem Sensor auf einen benachbarten überlaufen. Im Extremfall entstehen dann nur Graustufen, da alle Elemente aufgrund des Überlaufs gleich viele Photonen messen.

Übrigens: Einige Kameras nehmen es mit den ISO-Werten nicht so genau. ISO 100 können sich wie »wahre« ISO 125 oder auch nur ISO 75 auswirken. Es kann einige Zeit dauern, bis man die eigentliche Empfindlichkeit seiner Kamera herausgefunden hat.

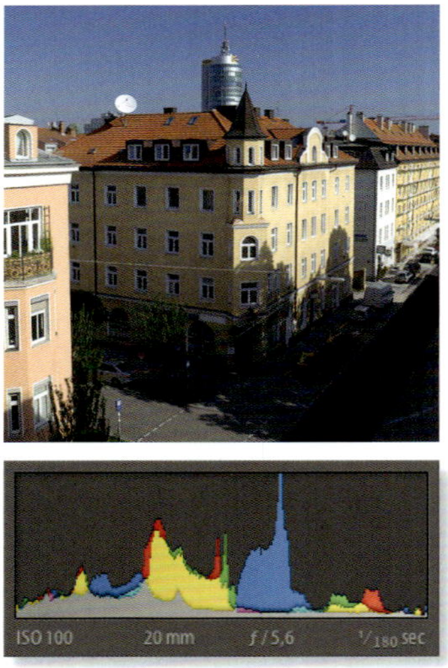

▲ **Abbildung 4.15**
Normalbelichtung: Das Histogramm zeigt, dass sowohl dunkle als auch helle Töne ideal verteilt sind und keine Detailverluste auftreten.

▲ **Abbildung 4.16**
Belichtung auf Lichter: Das Bild wurde leicht überbelichtet. Es entstehen Spitzen auf der rechten Seite des Histogramms.

▲ **Abbildung 4.17**
Korrektur: Die hellsten Stellen wurden korrigiert und abgedunkelt. Dadurch gehen keine Details verloren. Gleichzeitig bleiben alle Schattendetails erhalten.

Histogramm richtig deuten

Histogramme zeigen immer die Häufigkeit von Helligkeitswerten an. Je höher die Spitze, umso mehr Pixel besitzen den entsprechenden Helligkeitswert bzw. die jeweilige Farbe oder Luminanz (die zusammengerechnete Gesamthelligkeit der Farben). Die Luminanz wird grau dargestellt – Rot, Grün und Blau in ihren jeweiligen Farben. Überlagern sich zwei Farben, wird die jeweilige Mischfarbe dargestellt. Im unteren Beispiel überlagern sich vor allem Rot und Grün, was Gelb ergibt. Links im Histogramm werden die dunkelsten, rechts die hellsten Stellen angezeigt.

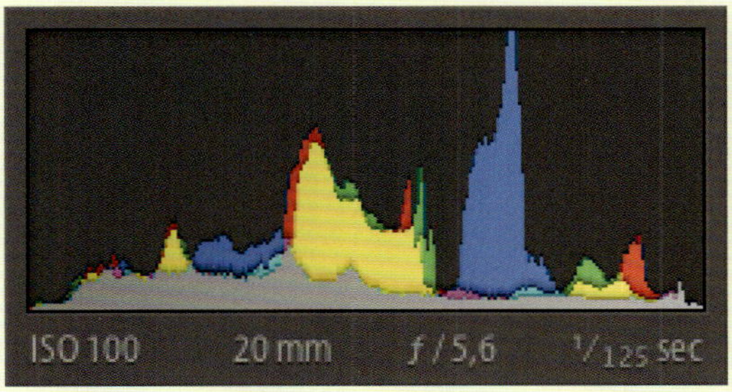

Eine ideale Helligkeitsverteilung: Weder die hellsten noch die dunkelsten Stellen weisen Spitzen auf.

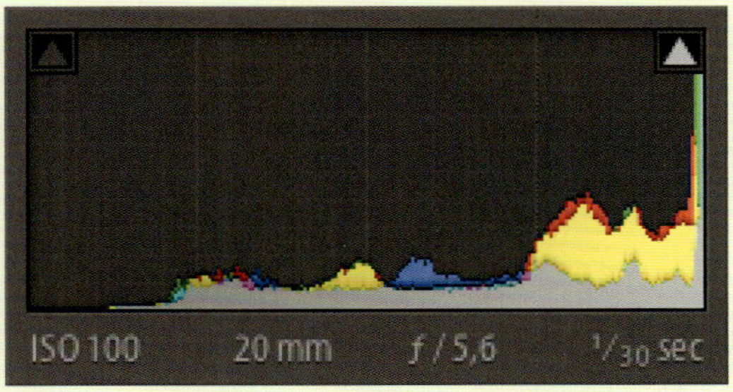

Befinden sich Spitzen am rechten Rand des Histogramms, deutet dies auf eine Überbelichtung hin. An den hellsten Stellen des Bildes gehen dabei Details verloren.

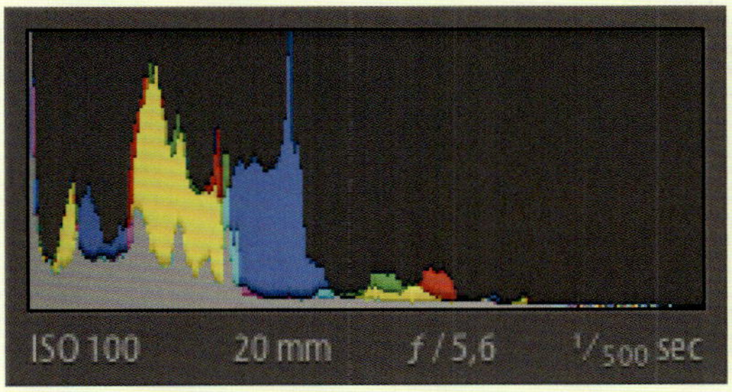

Sind die Spitzen dagegen am linken Rand, weist das auf eine Unterbelichtung hin. Hier gehen Details in den dunklen Bereichen des Bildes verloren.

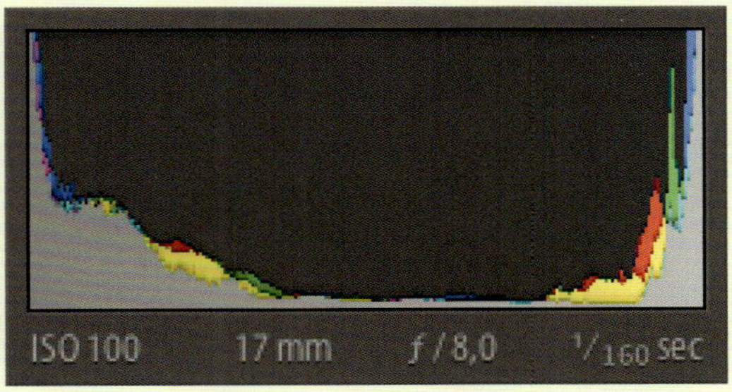

Befinden sich Spitzen an beiden Seiten, ist der Dynamikumfang (Helligkeitsumfang) zu groß, um ohne Verluste abgebildet werden zu können. Dies ist oft bei Gegenlichtaufnahmen der Fall.

Die Grenzen des Histogramms | Viele Digitalkameras der Kompaktklasse und durchgängig alle digitalen Spiegelreflexmodelle sind in der Lage, ein Histogramm anzuzeigen. Dieses zeigt die Helligkeitsverteilung im Bild. Allerdings stellt es nur die Verteilung in einer JPEG-Datei dar. Die Darstellung stimmt nicht ganz für Raw-Daten. Vor allem an den Rändern, also den dunkelsten und den hellsten Stellen, werden eventuell noch vorhandene Helligkeitsstufen abgeschnitten, da diese in der 8-Bit-Umsetzung eines JPEGs nicht erfasst werden können.

Bei einer Belichtung auf helle Stellen, das sind die rechten Bereiche im Histogramm, kann der Graph daher eine Überbelich-

> **TIPP**
>
> Wenn Lightroom Ihre Kamera nicht unterstützt, versuchen Sie es mit dem DNG-Konverter. Dieser erfährt häufiger ein Update als Lightroom. Am besten informieren Sie sich vorher, ob Ihre Kamera unterstützt wird. Die Integration von neuen Modellen kann zwei bis drei Monate dauern.

tung anzeigen, obwohl dort in Wirklichkeit noch Informationen vorhanden sind. Belichtet man das Histogramm also im Raw-Modus, hat man noch etwas mehr Spielraum.

4.3 DNG – das Standard-Raw-Format?

Für Raw-Dateien gibt es kein standardisiertes Dateiformat. Das bedeutet, dass jeder Kamerahersteller sein eigenes Raw-Format erzeugen kann. Und das geschieht auch: Es existieren Dutzende verschiedene Formate mit Namen wie NEF (Nikon-Exposure-Format) von Nikon, CRW (Canon-Raw-Format), ORF (Olympus-Raw-Format) und viele mehr.

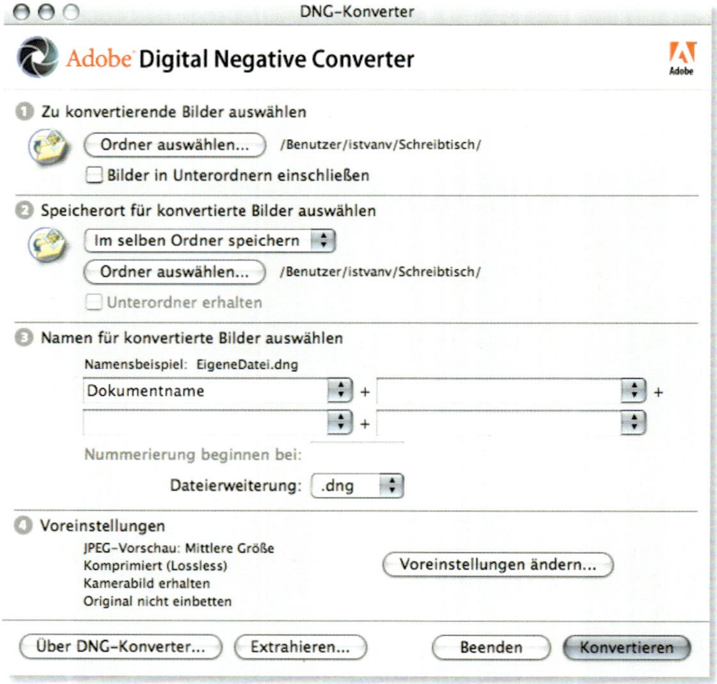

Abbildung 4.18 ▸
Der DNG-Konverter von Adobe konvertiert Raw-Daten diverser Hersteller in das DNG-Format.

Das macht auch Sinn, denn Raw-Daten werden in der Kamera mit diversen kameraspezifischen Parametern in JPEG-Bilder umgerechnet. Hier sind je nach Modell unterschiedliche Einstellungen möglich. So können sogar Kameras von einem Hersteller unterschiedliche Raw-Daten erzeugen.

Der Computer bietet größere Ressourcen an als der kleine Prozessor der Kamera, was einen größeren Funktionsumfang in der Entwicklungssoftware möglich macht. Auch hier gibt es kein

Standardprogramm. Vielmehr liefert jeder Hersteller auch eine Software zur Bearbeitung mit, die dann nach offiziellen Informationen besonders gut zu dem nativen Raw-Format der Kamera passen soll.

Das wirft jedoch einige Probleme auf. Ist man mit dem Funktionsumfang der Software des Herstellers nicht zufrieden, hat man zunächst keine Möglichkeit, mit einem anderen Programm zu arbeiten. Denn viele Hersteller geben die Spezifikationen ihrer Raw-Formate nicht frei und verhindern so, dass unabhängige Hersteller eventuell bessere Programme entwickeln können.

Ein weiteres Problem ist die Langzeitarchivierung. Neuere Programme unterstützen eventuell alte Kameratypen nicht mehr, oder die mitgelieferte Software läuft nicht mehr auf einem Rechner mit dem neuesten Betriebssystem.

Aus all diesen Gründen ist es aus Benutzersicht wie auch aus Sicht der Softwarehersteller erforderlich, dass ein herstellerneutrales, auf Langzeitarchivierung ausgelegtes Raw-Format entwickelt wird.

Den Anfang machte dabei Adobe mit dem DNG-Format, und das mit großem Erfolg.

Kompression der Raw-Daten von Nikon
Nikon-Kameras ermöglichen eine Kompression der Raw-Dateien im NEF-Format. Diese soll visuell ein verlustfreies Ergebnis liefern. Die Daten werden je nach Helligkeit anders komprimiert. Vor allem helle Stellen werden stärker zusammengerechnet. Dies kann jedoch zu einem Verlust an Zeichnung führen – vor allem bei stärkeren Helligkeitskorrekturen. Für die Anwendung des Grundsatzes »besser etwas heller belichten« kann dies problematisch sein.

4.3.1 DNG (Digital Negative)

Adobe hat mit DNG ein Raw-Format geschaffen, das alle Anforderungen an die Raw-Technologie erfüllt. Das Format beinhaltet einen Container für die Metadaten und einen für die Raw-Bilddaten. Die Bilddaten selbst werden so wie in den meisten anderen Raw-Formaten als TIFF gespeichert. Dieses kann auch Informationen speichern, die von seinem Standard abweichen, und somit auch herstellereigene Daten berücksichtigen.

In den Metadaten werden alle Informationen abgelegt, die zur Weiterverarbeitung der Daten benötigt werden. Dazu zählen nicht nur die für uns »informativen« Daten zu Kamera, Objektiv etc., sondern auch rein technische Daten, die ganz spezifische Aufnahmedaten enthalten und die zur Weiterverarbeitung erforderlich sind – wie zum Beispiel die Bit-Tiefe (meistens 12 Bit), defekte Pixel (diese werden dann interpoliert), Linearisierung, Kompression etc.

TIPP
Auf der englischsprachigen DNG-Website von Adobe (*http://www.adobe.com/products/dng/*) erfahren Sie, welche Programme und Kameras das DNG-Format unterstützen. Einige Kamerahersteller erzeugen sogar direkt DNG-Dateien.

4.3.2 Probleme von DNG

Doch wie wird aus einem herstellereigenen Raw-Format wie CR2 nun eine DNG-Datei? Um ein DNG zu erzeugen, müssen die Raw-Dateien der Kamera in das DNG-Format konvertiert werden. Da dies natürlich nicht durch die herstellereigene Software erledigt wird – die meisten Hersteller wollen an ihren nativen Formaten festhalten –, gibt es dafür den DNG-Konverter von Adobe. Diesen kann man frei im Internet unter *http://www.adobe.com/de/dng/* herunterladen. In Lightroom ist er jedoch schon fest integriert.

Bei jeder Neuerscheinung einer Kamera muss ein neues, herstellereigenes Raw-Format in den DNG-Konverter integriert werden. Daher dauert es in der Regel einige Zeit, bis eine entsprechende, alle neuen Kameramodelle unterstützende Version des Konverters verfügbar ist. Auch von Lightroom erscheint aus diesem Grund alle paar Monate eine neue Version mit der Unterstützung neuer Raw-Kameraformate.

Darüber hinaus haben viele Hersteller ihre eigenen Raw-Spezifikationen nicht veröffentlicht. So können eventuell nicht alle Informationen erkannt und richtig interpretiert werden. Aus diesem Grund sprechen einige Brancheninsider von einem verlustbehafteten Format und stellen DNG infrage. Ob die zusätzlichen Daten jedoch Einfluss auf die Bildwirkung bzw. Darstellung haben, bleibt fraglich.

Welche Blende liefert das schärfste Bild?
Der kreisförmige Querschnitt von Linsen führt zur sphärischen Aberration, die ein scharfes Bild mit einem unscharfen überlagert. Wird die Blende geschlossen, werden die schräg einfallenden Strahlen reduziert, was die Bildschärfe erhöht.
Bei der Reduzierung der Blendenöffnung wird das Licht an den Rändern der Blende jedoch gebeugt, was die Schärfe wiederum reduziert.
Sowohl eine offene als auch eine zu weit geschlossene Blende erzeugt eine leichte Unschärfe. Die Verwendung einer mittleren Blende erzeugt daher die besten Ergebnisse – das entspricht bei Spiegelreflexkameras etwa der Blende f5,6, f8 bis f11.

4.3.3 Arbeiten mit DNG

DNG wird von Adobe als offenes Raw-Format propagiert. Da es aber aufgrund der erwähnten Einschränkungen nicht hunderprozentig »verlustfrei« ist, gibt es für den Umgang damit die folgenden Optionen:

Mit Originaldateien arbeiten | Man verzichtet auf die Konvertierung in das DNG-Format und arbeitet mit der Raw-Datei der Kamera. Allerdings hat man in Lightroom dann auch nicht Zugriff auf alle Daten, da die vom Hersteller unveröffentlichten Funktionen nicht in die Bearbeitung einfließen können. Man muss dann gegebenenfalls auf die herstellereigene Raw-Software ausweichen.

Originaldaten einkapseln | Man integriert die Raw-Daten in die DNG-Datei als gekapselten Teil. Dabei werden die Bilddaten jedoch sehr groß, da nicht nur die DNG-Daten, sondern auch die Originaldaten in einer Datei gespeichert werden.

Originaldateien archivieren | Man konvertiert einfach alle Bilder in DNG und speichert die Originaldaten extern ab. Werden diese sofort auf CD/DVD gebrannt, nehmen sie keinen Platz auf dem Rechner ein und können später wiederhergestellt werden. Dabei besteht jedoch die Gefahr, dass die CDs/DVDs vorher Schaden nehmen könnten oder verschleißen.

Konsequente DNG-Konvertierung | Die letzte Möglichkeit ist die radikalste: Man konvertiert alle Raw-Bilder in DNG, vernachlässigt den Datenverlust und löscht die Originaldateien. Das ist sicher die platzsparendste Methode, für Qualitäts- und Kontrollfreaks aber ein Graus. Ich persönlich arbeite mit dieser radikalen Variante. Bis jetzt konnte mir niemand den Beweis dafür erbringen, dass die Qualität eines DNG schlechter ist als die der Originaldaten. Mir sind aus dieser Methode noch keine echten Nachteile entstanden.

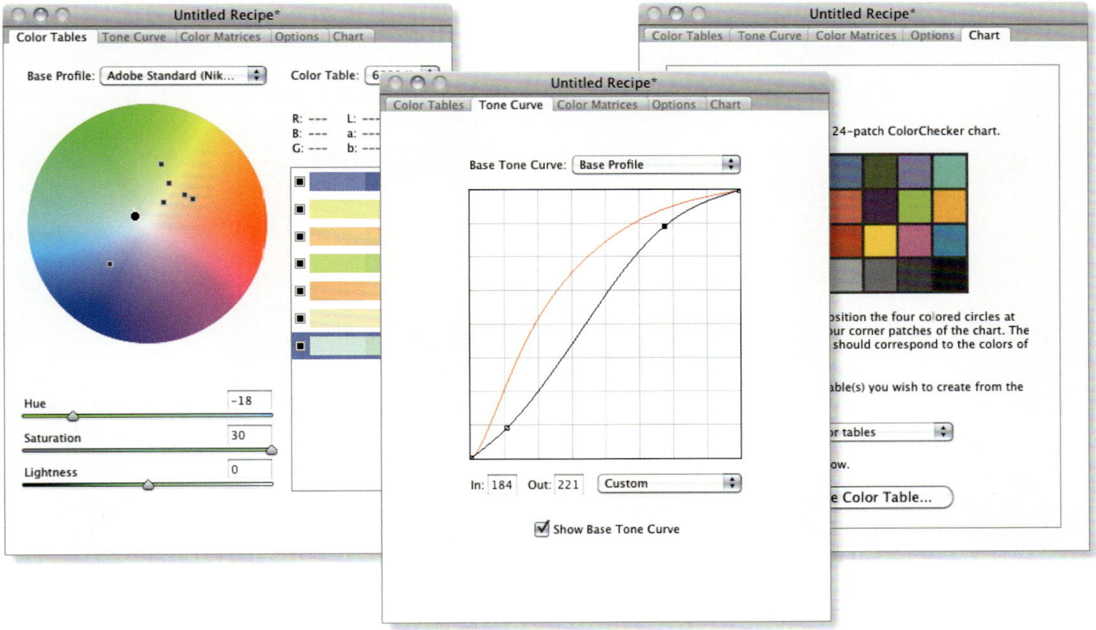

▼ Abbildung 4.19
Der DNG Profile Editor erlaubt es, eigene Kameraprofile anzulegen.

4.3.4 DNG-Kameraprofile

Jede Kamera sieht Farben und Helligkeiten auf ihre eigene Art und Weise, so wie dies andere RGB-Eingabegeräte auch tun (siehe »Farbmanagement«, Seite 59). Darüber hinaus bieten viele Spiegelreflexkameras zusätzlich die Möglichkeit, über Profile Einstellungen vorzunehmen, um diese Eigenschaften anzupassen. Meistens werden dabei Kontraste und die Farbinterpretation verändert, um beispielsweise Dia- oder Negativfilme zu simulieren. Diese Profileinstellungen verändern zwar nicht die eigentlichen Raw-Daten, aber Fotografen, die mit Profilen arbeiten, würden diese natürlich gerne direkt beim Import berücksichtigt sehen.

Diese Profile werden in Lightroom als Kameraprofil eingebettet und arbeiten augenscheinlich ähnlich wie ein Profil für das Farbmanagement. Da sie aber keinerlei Informationen über

TIPP

Auf der englischsprachigen DNG-Website von Adobe (*http://www.adobe.com/products/dng/*) finden Sie auch den Link zum DNG Profile Editor.

▲ **Abbildung 4.20**
Für jede Kamera gibt es ein ADOBE STANDARD PROFIL. Dieses erzeugt ein neutrales Bild.

▲ **Abbildung 4.21**
Das Profil CAMERA VIVID erzielt eine höhere Farbsättigung und einen höheren Kontrast.

Farbraum, Gamma-Korrektur etc. enthalten, werden sie nicht als Farbprofil gesehen, sondern eher als Korrektureinstellungen.

Lightroom bietet die Möglichkeit, die Kamera über DNG-Kameraprofile zu kalibrieren bzw. die an der Kamera eingestellten Profile zu simulieren. Eigene Profile können über den *DNG Profile Editor* erstellt werden. Innerhalb des Editors können Sie anhand von Raw-Bildern Ihre Kalibrierung vornehmen und als Profil speichern. Die so erstellten Profile können dann in Lightroom den Bildern zugewiesen werden. Zur optimalen Kalibrierung können auch genormte Testbilder fotografiert und vermessen werden. Eine Beschreibung zum Erstellen von Kameraprofilen mit Hilfe des DNG Profile Editors finden Sie ab Seite 102.

5 Die Arbeitsoberfläche

Als Sie das erste Mal einen Blick auf Photoshop Lightroom geworfen haben, wird Ihnen sicher gleich aufgefallen sein, dass es anders aussieht als die Programme, die man sonst so kennt – sei es Ihr Betriebssystem, Ihre Textverarbeitung oder auch die anderen Adobe-Programme wie Photoshop und Co. Mit Lightroom folgt Adobe dem Trend, nicht auf das Standarddesign des Betriebssystems zurückzugreifen. Das dunkle *Look-and-feel* ist für die Bearbeitung von Fotos ideal, es rückt das Bild in den visuellen Mittelpunkt und lässt es vom Monitor strahlen.

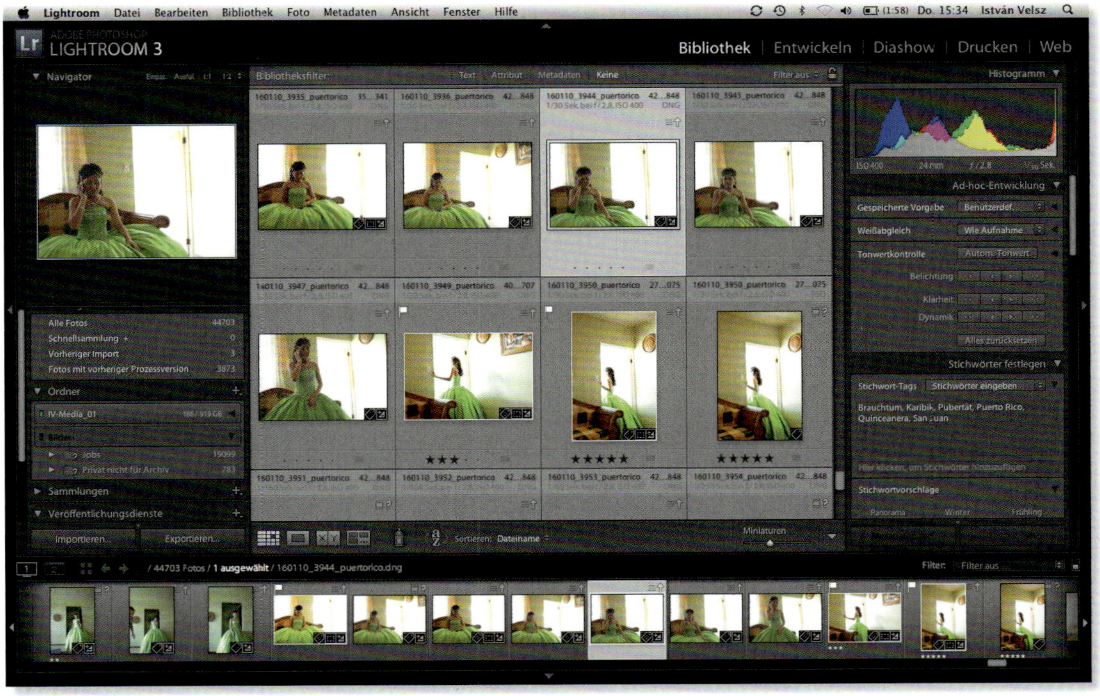

▼ Abbildung 5.1
Im Zentrum der Oberfläche befindet sich immer das Bild beziehungsweise eine Bildauswahl, links befinden sich globale Bedienelemente, während sich rechts immer die Funktionen zur direkten Bearbeitung der Auswahl befinden. Unten zeigt ein Filmstreifen die engere Bildauswahl.

Die Benutzeroberfläche bietet auch einige interaktive Attraktionen: So bekommt der Benutzer zu allen Einstellungen, die er auf ein Bild anwendet, ein direktes Feedback in der Ansicht. Er muss keinen OK-Knopf mehr drücken, um eine Bearbeitung anzuwenden. Darüber hinaus findet man sogar spielerische Elemente, die sich nach persönlichen Wünschen anpassen lassen – wie die Erkennungstafel mit den Modulnamen. Auch der Gebrauch der rechten Maustaste lohnt sich. Hinter vielen Elementen verbergen sich Zusatzfunktionen, die dem Benutzer das Leben erleichtern.

Auf die einzelnen Regler und Schalter, die Sie in den Modulen finden, wird in den späteren Kapiteln eingegangen. Dieses Kapitel soll Ihnen zunächst dabei helfen, sich in den Arbeitsbereichen von Photoshop Lightroom zurechtzufinden.

▲ **Abbildung 5.2**
Durch den Aufbau in Modulen werden immer nur die für die jeweilige Aufgabe benötigten Werkzeuge zur Verfügung gestellt.

5.1 Module

Die fünf Funktionsbereiche entsprechen dem Workflow der Verwaltung, Bearbeitung und Ausgabe Ihrer digitalen Fotos. Sie können nacheinander abgearbeitet werden.

Ein jedes Modul hat eine eigene, auf seine Funktionen zugeschnittene Bedienoberfläche. Gemeinsam nutzbare Paletten befinden sich aber immer an der gleichen Stelle:

- So bietet das erste Modul Bibliothek vor allem eine variable Vorschau auf die Bilder und sogar eine Zoomfunktion.
- Das Modul Entwickeln hält viele Paletten und noch mehr Regler für die Anpassung von Belichtung, Weißabgleich, Tonwert, Sättigung etc. parat.
- Die Module Diashow, Drucken und Web dienen zur Präsentation der Bilder. Hier kann man Kontaktbogen, Bilderschauen und Webgalerien zusammenbauen – und schon dabei das Ergebnis live in der Voransicht betrachten.

5.2 Bedienelemente

Das Anwendungsfenster von Lightroom ist in sechs Bereiche unterteilt. Diese finden sich in allen Modulen, wenn auch mit entsprechend angepassten Funktionen. Werden die Bedienelemente nicht gebraucht, können sie auch weggeklappt werden, um mehr Platz für die anderen Bereiche zu schaffen.

5.2.1 Menüleiste

Natürlich hat Lightroom – wie alle anderen Programme auch – eine Menüleiste. Diese wird aber nur eher selten verwendet, da sich fast alle Funktionen, die darüber aufzurufen sind, auch über das Anwendungsfenster durchführen lassen. Sie passt sich je nach dem verwendeten Modul an. In den Ausgabemodulen Diashow, Drucken und Web gibt es beispielsweise keine Bibliotheksfunktionen.

Nur Befehle für globale Einstellungen müssen über das Menü aufgerufen werden. Alternativ können die meisten auch über das Klicken mit der rechten Maustaste an Stellen ausgeführt werden, an denen sie sinnvoll sind. Ein Foto lässt sich beispielsweise über das Menü wie auch über den Rechtsklick im Bibliothek-Modul löschen.

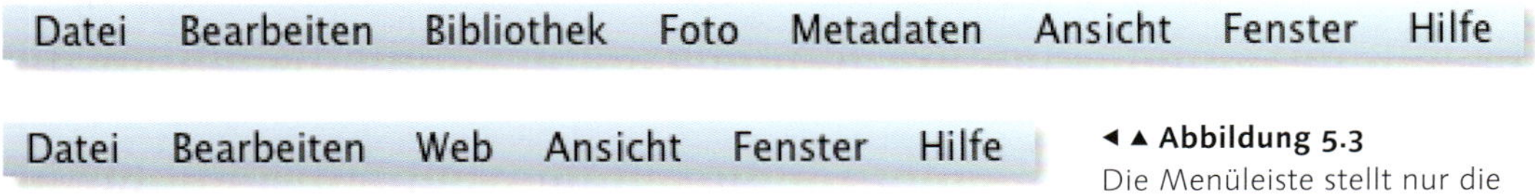

◄ ▲ **Abbildung 5.3**
Die Menüleiste stellt nur die Befehle zur Verfügung, die für das jeweilige Modul benötigt werden. Oben sehen Sie die Menüleiste des Bearbeiten-Moduls, unten die des Web-Moduls.

5.2.2 Erkennungstafel mit Erkennungsgrafik

Die Erkennungstafel besitzt nur eine wichtige Funktion. Sie dient zum Umschalten zwischen den Modulen ❸ Bibliothek, Entwickeln, Diashow, Drucken und Web. Diese lassen sich per Klick auf einen Modulnamen oder per Tastenkürzel aufrufen. Hat man sich die Tastenkürzel einmal eingeprägt, kann man die Tafel per Klick auf den Pfeil ❷ auch komplett ausblenden.

Zur Anpassung an den eigenen Geschmack kann die Erkennungsgrafik ❶ auf der linken Seite auch komplett gegen ein eigenes Bild ausgetauscht werden. In der Grundeinstellung zeigt sie das Programmlogo und die Versionsnummer an. Die Schriftart und -größe der Modulbezeichnungen können ebenfalls angepasst werden. Die personalisierte Erkennungsgrafik können Sie auch in der Diashow einblenden, mitdrucken oder als Kopfzeile in einer Webgalerie verwenden. Es besteht sogar die Möglichkeit, mehrere Erkennungsgrafiken zu definieren. So lassen sich bei der Diashow, beim Drucken oder in der Webgalerie auf die Ausgabe hin optimierte Grafiken generieren.

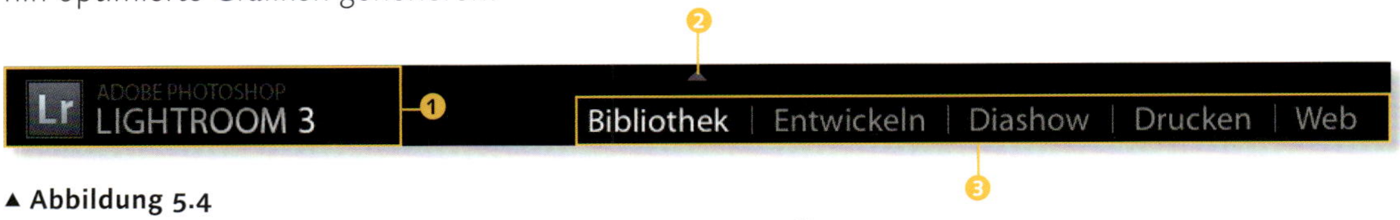

▲ **Abbildung 5.4**
Die Erkennungstafel mit Modulumschaltung und Erkennungsgrafik

Schritt für Schritt: Eigene Erkennungstafel konfigurieren

In dieser Schritt-für-Schritt-Anleitung erfahren Sie, wie Sie eine neue Erkennungstafel erstellen. Diese können Sie dann in Diashows, Drucklayouts oder Webseiten als Schmuckelement einblenden.

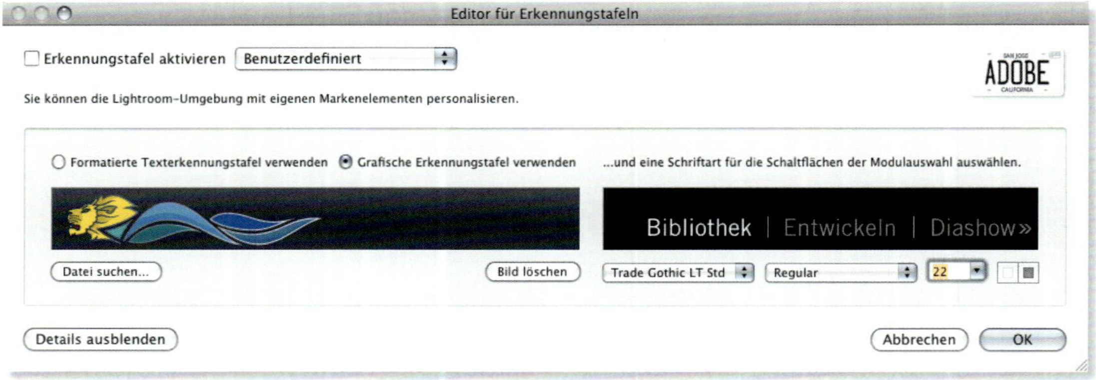

▲ **Abbildung 5.5**
Erstellt man eine Grafik mit 60 Pixeln in der Höhe und Monitorbreite, kann die Erkennungstafel nach eigenen Wünschen gestaltet werden.

1 Generieren der Erkennungstafel

Um eine eigene Erkennungstafel zu erstellen, benötigen Sie ein externes Bildbearbeitungsprogramm – etwa Adobe Photoshop.

In diesem erstellen Sie eine Grafik, die unbedingt 60 Pixel hoch sein muss. Die Breite der Erkennungstafel richtet sich nach der Breite Ihres Monitors. Wollen Sie die Erkennungstafel auf mehreren Rechnern verwenden oder arbeiten Sie mit einer Zweischirmlösung, dann nehmen Sie die Breite des höher auflösenden Monitors.

Falls Sie ein Logo in die Erkennungstafel integrieren wollen, achten Sie darauf, dass sich dieses nur in der linken Hälfte befinden darf, da es sonst von den Modulbezeichnungen überlagert wird.

Speichern Sie die Erkennungstafel als PSD, TIFF, JPEG, PNG, GIF oder als PDF ab.

▲ **Abbildung 5.6**
Alternativ zur eigenen grafischen Erkennungstafel kann man auch eine einfache Texttafel verwenden. Dafür aktivieren Sie einfach die Option FORMATIERTE TEXTERKENNUNGSTAFEL verwenden« statt der Option für die grafische Erkennungstafel.

2 Aktivieren der eigenen Erkennungstafel

Zum Konfigurieren der Erkennungstafel rufen Sie am Mac den Menüpunkt LIGHTROOM • EINRICHTUNG DER ERKENNUNGSTAFEL beziehungsweise unter Windows BEARBEITEN • EINRICHTEN DER ERKENNUNGSTAFEL auf. Aktivieren Sie das Kontrollkästchen ERKENNUNGSTAFEL AKTIVIEREN.

3 **Erkennungstafel speichern**

Über das Dropdown-Menü daneben können Sie Ihre Einstellungen speichern, nachdem Sie alle Konfigurationen vorgenommen haben, um schneller zwischen mehreren Erkennungstafeln umzuschalten. Sie können beispielsweise auch in der Diashow eine andere Erkennungstafel einblenden, die höher als 60 Pixel ist.

4 **Eigene grafische Erkennungstafel laden**

Aktivieren Sie die Option GRAFISCHE ERKENNUNGSTAFEL VERWENDEN, und laden Sie diese, nachdem Sie die erscheinende Schaltfläche DATEI SUCHEN angeklickt haben, über den Dialog des Dateibrowsers. Nach dem Auswählen der eigenen Erkennungstafel sollte diese links im Vorschaufenster abgebildet werden.

5 **Schriften für Modulbezeichnung wählen**

Rechts neben der VORSCHAU DER ERKENNUNGSTAFEL sehen Sie die Vorschau für die Modulbezeichnungen. Darunter befinden sich zwei Dropdown-Menüs. Über diese können Sie die Schrift, den Schriftschnitt, die Größe und die Farbe definieren. Das linke Farbkästchen dient zur Festlegung des aktiven Moduls. ■

5.2.3 Linke Bedienfeldpalette

Die vertikale Bedienfeldpalette links stellt übergeordnete Verwaltungsfunktionen zur Verfügung. Alle Funktionen helfen bei der Bildauswahl, sind Voreinstellungen, die als Presets (Vorgaben) gespeichert sind, oder betreffen den Arbeitsablauf. Die Funktionen des Bedienfeldes passen sind je nach Modul an:

Bibliothek | Im Bibliothek-Modul finden Sie in der linken Bedienfeldpalette alle Ordnungswerkzeuge zum Verwalten der Bilder. Hier können Sie Bilder in Ordnern ablegen oder Sammlungen zuweisen. Zum Exportieren auf verschiedene Medien stehen Ihnen Veröffentlichungsdienste zur Verfügung. Auch automatisch generierte Kataloge, wie für fehlende Bilder oder die Schnellsammlung, befinden sich hier:

- **Navigator:** Hier wird das im Ansichtsfenster ausgewählte Bild in einer Vorschau angezeigt. Sie können dieses auch einzoomen, der angezeigte Bildausschnitt wird dann mit

▲ **Abbildung 5.7**
Der NAVIGATOR zeigt in der Rasteransicht das aktuell ausgewählte Bild. In der Lupenansicht zeigt ein Rechteck den aktuellen Ausschnitt (siehe Abb. 5.9).

▲ **Abbildung 5.8**
Das linke Bedienfeld in der Bibliothek dient als Verwaltungszentrale. Hier können die Bilder nach Such- oder Filterkriterien per Mausklick sortiert werden.

einem Positionsrahmen in der Bildminiatur gezeigt. Klicken Sie, bei aktivierter Rasteransicht, auf das Vorschaubild im Navigator, wird das aktuelle Bild vergrößert. Nach dem Loslassen der Maustaste wird wieder in die Rasteransicht gewechselt.

- **Katalog:** Hier finden Sie automatische Zusammenstellungen von Bildern. Neben der Übersicht über alle vorhandenen Bilder (Alle Fotos) gibt es hier eine Übersicht über die zuletzt importierten Bilder (Vorheriger Import), die Schnellsammlung, für temporäre Zusammenstellungen, sowie Fehlende Fotos und fehlerhafte Bilder.
- **Ordner:** Hier wird die Ordnerstruktur der importierten Bilder angezeigt, wie sie auf Ihrer Festplatte existiert. Per Klick auf das Pluszeichen können Sie den Dateibrowser öffnen, um weitere Ordner in Lightroom zu erstellen. Ausgewählte Ordner listen auch alle Bilder untergeordneter Verzeichnisse auf. Jedes Laufwerk, von dem Bilder importiert wurden, wird mit seinem Status – ob gerade verfügbar oder nicht – angezeigt.
- **Sammlungen:** Haben Sie Bilder in Sammlungen zusammengefasst, können Sie diese hier aufrufen. Ein Bild kann auch in mehreren Sammlungen eingebunden sein, was hohe Flexibilität ermöglicht. Über das Pluszeichen können Sie neue Sammlungen erstellen. Smart Sammlungen sammeln Bilder anhand bestimmter Attribute wie Datum, Objektiv oder anderer Metadaten.
- **Veröffentlichungsdienste:** Über Veröffentlichungsdienste können Sie Bilder auf Medien oder Diensten im Internet veröffentlichen und diese synchron mit Ihrem Katalog halten. Jede Änderung an den Bildern kann automatisch auf den Dienst übertragen werden. Weitere Dienste können als Plug-ins installiert werden.
- **Importieren/Exportieren:** Über diese beiden Schaltflächen können Sie Bilder von Festplatte, Wechseldatenträger oder Speicher-

karte in Lightroom laden beziehungsweise darauf auslagern. Ist ein Veröffentlichungsdienst ausgewählt, wird die EXPORTIEREN-Schaltfläche zum VERÖFFENTLICHEN-Button.

Entwickeln | Im zweiten Modul dient das Bedienfeld allgemeinen Verwaltungsaufgaben zum ausgewählten Bild. Diesem können hier Vorgaben zugewiesen werden, und der Bearbeitungsverlauf kann über ein Protokoll eingesehen werden. Im Einzelnen finden Sie hier:

- **Navigator:** Die Vorschau des Bildes funktioniert hier genauso wie in der Bibliothek. Der aktuell sichtbare Ausschnitt wird mit einem Rahmen dargestellt.
- **Vorgaben:** Hier können Sie vordefinierte Entwicklungseinstellungen auf ein Bild anwenden. Lightroom liefert eine Palette von *Presets* mit. Eigene Vorgaben können in Ordnern strukturiert werden. Nur ausgewählte Parameter werden in den Presets gespeichert, um beispielsweise nur Objektivkorrekturen zu sichern. Andere Einstellungen werden dabei nicht überschrieben.
- **Schnappschüsse:** Bearbeitungsstadien können als Schnappschuss gespeichert werden, beispielsweise um verschiedene Entwicklungen zu vergleichen. Sie machen einen Schnappschuss von der gegenwärtigen Entwicklungsstufe des rechts angezeigten Bildes, indem Sie auf das Pluszeichen klicken.
- **Protokoll:** Hier wird Ihnen eine Historie der ausgeführten Entwicklungsschritte des aktuellen Bildes angezeigt. Sie können zwischen den Stufen vor- und zurückspringen, etwa wie in der Protokoll-Palette von Photoshop.
- **Sammlungen:** Liste aller vorhandenen Sammlungen. Wird eine Sammlung ausgewählt, werden die darin enthaltenen Bilder im Filmstreifen angezeigt.
- **Kopieren/Einfügen:** Über diese beiden Schaltflächen am Ende der Palette können Sie Bildeinstellungen kopieren und auf andere Bilder anwenden (EINFÜGEN).

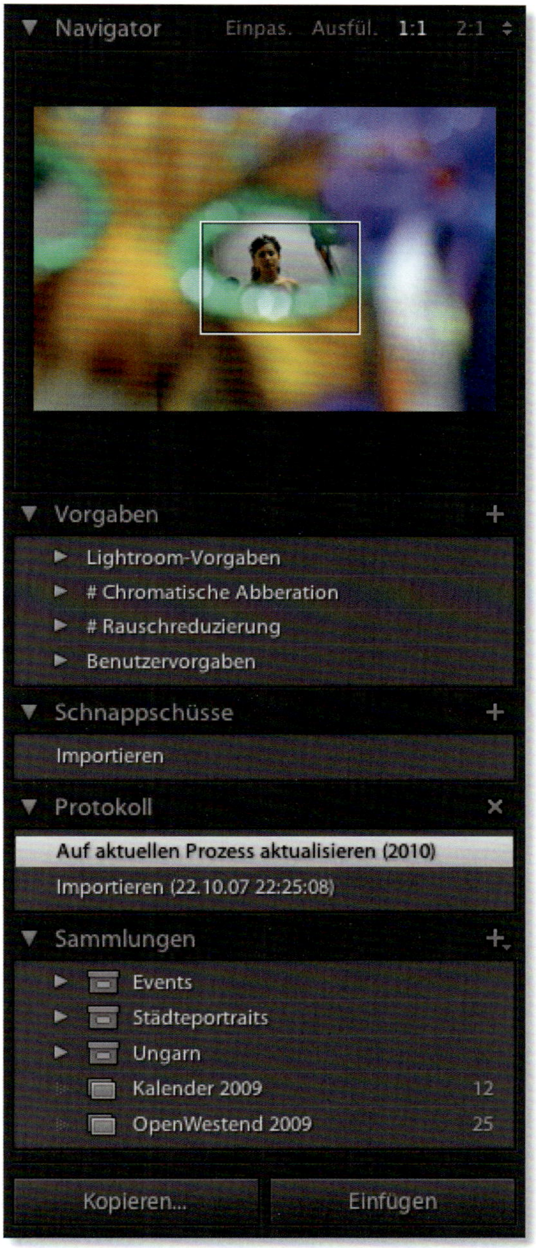

▲ **Abbildung 5.9**
Das linke Bedienfeld im Entwickeln-Modul dient als Verwaltungszentrale von Einstellungen. Hier befindet sich auch das Protokoll, in dem alle Bearbeitungsschritte aufgezeichnet werden.

Diashow, Drucken, Web | Bei diesen Modulen können Sie über das linke Bedienfeld Vorgaben wie zum Beispiel fertige Diashows, Drucklayouts und Webgalerien laden. Zusätzlich wird die gewählte Einstellung als Vorschau gezeigt.

- **Vorschau:** Die Vorschau zeigt eine Voransicht der jeweiligen ausgewählten Voreinstellung beziehungsweise der aktuellen Sammlung an. Bewegen Sie im linken Bedienfeld die Maus über eine Vorgabe, so wird das Vorschaubild entsprechend verändert. So können Sie die Auswirkungen sehen, bevor diese zugewiesen werden.
- **Vorlagenbrowser:** Aus der Liste können Sie in Lightroom mitgelieferte oder selbst erstellte Vorlagen direkt auf Ihre Bild-

▲ **Abbildung 5.10**
Das linke Bedienfeld des Diashow-Moduls mit Vorschau und Vorlagenbrowser

▲ **Abbildung 5.11**
Das linke Bedienfeld des Web-Moduls mit Vorschau und Vorlagenbrowser für HTML- und Flash-Galerien

auswahl anwenden. Neue Vorlagen können mit Hilfe des Plus-Symbols erstellt werden.

- **Sammlungen:** Hier werden zunächst die Sammlungen aus dem Bibliothek-Modul angezeigt. Speichert man jedoch in den Modulen Diashow, Drucken oder Web eine Sammlung, werden die dazugehörigen Einstellungen des Moduls mitgespeichert. Zur besseren Kennzeichnung besitzen diese dann ein besonderes Symbol. Beim Aktivieren der jeweiligen Sammlung werden dann die mitgespeicherten Voreinstellungen geladen. Die Sammlungen können auch modulübergreifend verwendet werden. Dann werden die jeweiligen Voreinstellungen ignoriert.
- **PDF exportieren/Video exportieren:** Die Einzelbilder einer Diashow können als PDF-Dateien exportiert werden. Dabei erhalten Sie ein Präsentations-PDF mit Übergängen, das mit dem Acrobat Reader abgespielt werden kann. Dieses können Sie dann auch als E-Mail verschicken. Die Diashow kann auch als Video exportiert werden. Dabei wird eine H.264-Datei erstellt. Die exportierten Videos können Sie dann mit dem QuickTime Player, dem Windows Media Player 12 oder dem Adobe Mediaplayer abspielen. Je nach Auflösung sind diese Dateien auch mit Smartphones und dem iPod kompatibel.
- **Vorschau in Browser:** Erzeugt man im Web-Modul eine Vorschau, wird die Galerie mit allen HTML- und Flash-Dateien exportiert und im Browser angezeigt. Dadurch ist eine Kontrolle der Webgalerie möglich, bevor diese auf den Webserver geladen wird.
- **Seite einrichten/Druckeinstellungen:** Im Drucken-Modul können unter SEITE EINRICHTEN das Papierformat und die Ausrichtung eingestellt werden. Das Seitenformat hat Auswirkungen auf die Layouteinstellungen. Über die Druckeinstellungen wird der Drucker konfiguriert. Die Einstellmöglichkeiten sind vom verwendeten Drucker und Druckertreiber abhängig.

▲ **Abbildung 5.12**
Das linke Bedienfeld des Drucken-Moduls mit Layoutvorschau und Vorlagenbrowser für Seitenraster

TIPP: Bedienelemente verdecken

Durch Klicken auf das kleine Dreieck am Rand der Bedienfelder können Sie Bedienbereiche ein- und ausblenden. Über das Drücken der rechten Maustaste können Sie das Verdecken mit verschiedenen Optionen regeln:

- **Automatisch aus- und einblenden:** Damit wird das Bedienfeld angezeigt, wenn Sie den Mauszeiger an den äußeren Rand des Anwendungsfensters bewegen, und wieder ausgeblendet, wenn Sie den Zeiger wegbewegen.

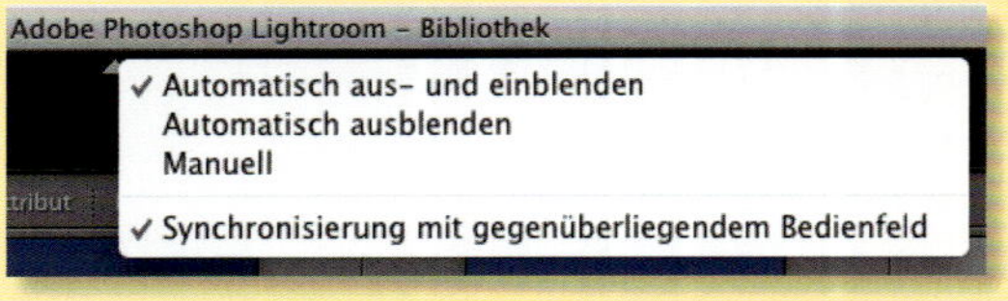

- **Automatisch ausblenden:** Diese Option blendet das Bedienfeld aus, wenn Sie den Zeiger vom Bedienfeld wegbewegen. Öffnen können Sie es manuell durch Anklicken des kleinen Dreiecks.
- **Manuell:** Hiermit blenden Sie die Bedienfelder durch Klicken auf das Dreieck am Rand ein und aus.
- **Synchronisierung mit gegenüberliegendem Bedienfeld:** Dabei werden die gegenüberliegenden Bedienfelder gleich behandelt und können gemeinsam ein- beziehungsweise ausgeblendet werden. Diese Option aktiviert sich dann auch im gegenüberliegenden Bedienfeld.

Die Option GESPERRT ÖFFNEN aus Lightroom 1 ist nicht mehr vorhanden.

5.2.4 Rechte Bedienfeldpalette

Im rechten Bedienfeld können Sie in allen fünf Modulen sämtliche Einstellungen an Ihren Bildinformationen, Entwicklungen und Präsentationen vornehmen. Hier findet die eigentliche Bearbeitung statt. Es gibt unzählige Einstellparameter, die je nach Art ihrer Auswirkung gruppiert sind. Das schafft mehr Überblick. Ist Ihnen die Vielfalt der Regler zu hoch, können Sie einzelne Gruppen auch ausblenden.

Bibliothek | Nach dem Import können Sie hier eine erste grobe Bearbeitung der Bilder durchführen. Des Weiteren können Sie direkt Stichwörter zu einzelnen oder einer Auswahl von Bildern über ein Textfeld eingeben. Bei der schnelleren Zuweisung helfen die Stichwortsets. Ebenso können Metadaten betrachtet und eingestellt werden. Im Einzelnen finden Sie hier folgende Rubriken:

- **Histogramm:** Hier können Sie gleich bei der Bildauswahl einen Eindruck von der Farb- und Helligkeitsverteilung im ausgewählten Bild gewinnen. Diese kann schon mal ein gelungenes Bild von einem weniger gelungenen unterscheiden.
- **Ad-hoc-Entwicklung:** Hier können Sie in einer Schnellentwicklung erste grobe Korrekturen schon während der Durchsicht der Bilder durchführen. Das kann dabei helfen, viele Bilder in kurzer Zeit zumindest so aufzubereiten, dass sie beispielsweise beim Kunden präsentiert werden können.
- **Stichwörter festlegen:** Hier können Sie neue Stichwörter eingeben oder bereits bestehende Stichwörter zuweisen. Auf die Dauer werden dabei viele Stichwörter zusammen-

kommen. Daher bietet es sich an, zueinanderpassende Stichwörter in Sätzen zu gruppieren. Die einzelnen Sätze können hier aufgerufen werden. Die darin befindlichen Stichwörter werden darunter angezeigt. Lightroom erkennt Stichwörter, die bereits mit anderen Stichwörtern zusammen vergeben wurden, und bietet diese als Stichwortvorschläge an. Je mehr Stichwortkombinationen vergeben wurden, umso treffender sind die Vorschläge.

- **Stichwortliste:** Hier werden alle Stichwörter aufgelistet, die Sie Bildern per Drag & Drop zuweisen können. Die Stichwörter können auch hierarchisch verknüpft werden. Um bei einer Vielzahl von Stichwörtern den Überblick zu behalten, können Sie diese über ein Textfeld filtern.
- **Metadaten:** In der letzten Gruppe können Sie die Bildinformationen in den Metadaten der Bilder einsehen und zum Teil auch verändern. In dem Dropdown-Menü können Sie verschiedene Metadatenkategorien aufrufen.
- **Kommentare:** Hier stehen Kommentare, die User auf einer Online-Plattform hinterlassen, wenn die Bilder über Veröffentlichungsdienste wie Flickr publiziert wurden.

Querverweise

In diesem Abschnitt erhalten Sie nur einen Überblick über die einzelnen Bedienfelder. Nähere Beschreibungen zu deren Handhabung finden Sie hier:
Histogramm: Seite 339
Ad-hoc-Entwicklung: Seite 289
Stichwörter: Seite 272
Metadaten: Seite 279

◀ **Abbildung 5.13–5.14**
Die rechte Bedienfeldpalette des Bibliothek-Moduls stellt im oberen Teil Werkzeuge zur ersten groben Korrektur zur Verfügung. Der untere Teil der rechten Bedienfeldpalette dient zur Verschlagwortung und Metadatendefinition.

Entwickeln | Hier findet die eigentliche Bearbeitung und Entwicklung der Bilder statt. Über die vielen Regler in dieser Palette werden Farbeindruck, Helligkeit, Kontrast, Schärfe, Rauschen und alle anderen Parameter eines Bildes verändert. Mit Hilfe dieser Funktion werden sämtliche Korrekturen und Optimierungen vorgenommen. Die Palette unterteilt sich in zwölf Gruppen:

- **Histogramm:** Das Histogramm zeigt die Häufigkeit von Farben an. Gerade bei der Bearbeitung der Bilder sollten Sie die Farb- und Helligkeitsverteilung im Auge behalten – insbesondere wenn Sie Belichtungs- oder Farbkorrekturen vornehmen.
- **Bereichswerkzeuge:** Unter dem Histogramm befinden sich Werkzeuge, mit denen das Bild beschnitten oder rotiert werden kann, rote Augen und Sensorstaub entfernt werden können oder der Bearbeitungsbereich der Entwicklung auf ausgewählte Bereiche begrenzt werden kann.
- **Grundeinstellungen:** Hier geht es um die wichtigsten Parameter für die Basisentwicklung Ihrer Bilder. Eingestellt werden zum Beispiel Weißabgleich, Belichtung, Helligkeit, Kontrast, Sättigung, Lichter und Schatten. Diese Einstellungen werden üblicherweise als Erstes ausgeführt.

Abbildung 5.15 – 5.19 ▸
Darstellung der rechten Bedienfeldpalette des Entwickeln-Moduls: Hier werden alle Bildkorrekturen vorgenommen.

- **Gradationskurve:** In dem Diagramm wird die Helligkeitsverteilung über einen Graphen gesteuert. Sie können damit das Kontrastverhalten Ihrer Bilder über Regler einstellen. Zusätzlich können Sie noch eine PUNKTKURVE als Basiskurve hinterlegen. Diese kann über beliebige Anfasspunkte gesteuert werden.
- **HSL / Farbe / S/W:** Über die drei Register, die Sie über den kleinen Pfeil links auch noch weiter ausklappen können, lassen sich Ton, Sättigung und Helligkeit der Farben im Bild fein regeln. HSL und FARBE führen zu den gleichen Ergebnissen, bieten aber unterschiedliche Wege dazu an. S/W ermöglicht eine kanalbasierte Entfärbung des Bildes – ganz ähnlich wie mit der Schwarzweißfunktion in Adobe Photoshop.
- **Teiltonung:** Hier können die Farbtöne in Lichtern und Schatten separat verändert werden.
- **Details:** Diese Gruppe für die Bildkorrektur dient zum Schärfen des Bildes und zum Filtern von digitalem Rauschen, wie es etwa durch hohes ISO erzeugt wird. Die Vorschau ermöglicht eine Beurteilung des Ergebnisses, ohne das Bild im Ansichtsfenster auf die Größe 1:1 skalieren zu müssen.

Querverweise

In diesem Abschnitt erhalten Sie nur einen Überblick über die einzelnen Bedienfelder. Nähere Beschreibungen zu deren Handhabung finden Sie hier:

- Histogramm: Seite 339
- Bereichswerkzeuge: Seite 134
- Grundeinstellungen: Seite 350
- Gradationskurve: Seite 367
- HSL/Farbe/S/W: Seite 377
- Teiltonung: Seite 385
- Details: Seite 388
- Objektivkorrekturen: Seite 404
- Effekte: Seite 418
- Kamerakalibrierung: Seite 423
- Synchronisieren: Seite 457
- Zurücksetzen: Seite 463

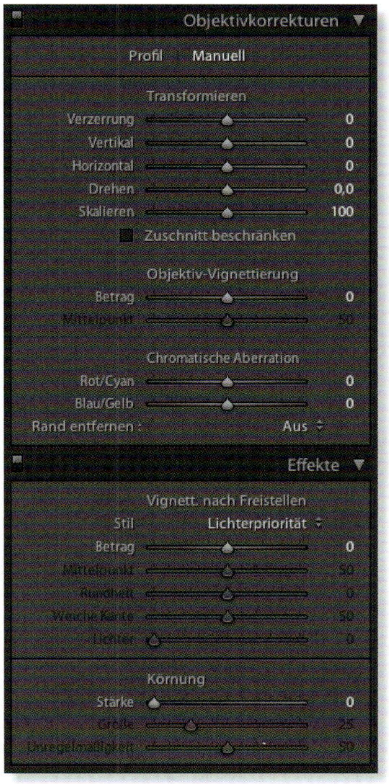

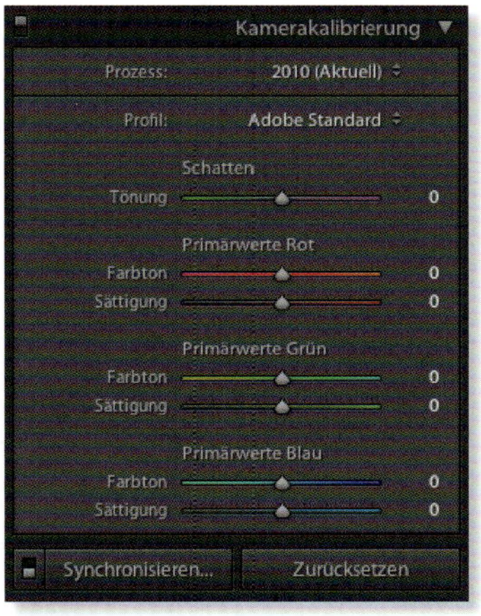

Tipp: Bedienfelder verdecken

Durch einen Rechtsklick auf die Gruppenbezeichnungen der Bedienfelder können einzelne Parametergruppen verdeckt werden. Das Sternchen neben einer Gruppe kennzeichnet die aktive Gruppe. Entfernen Sie das Häkchen links neben einer Gruppenbezeichnung, wird diese vom Bedienfeld entfernt. Sie kann aber über das Menü wieder angezeigt werden. Der Solomodus erweitert nur die aktive Gruppe; dies ist besonders nützlich auf kleineren Monitoren.

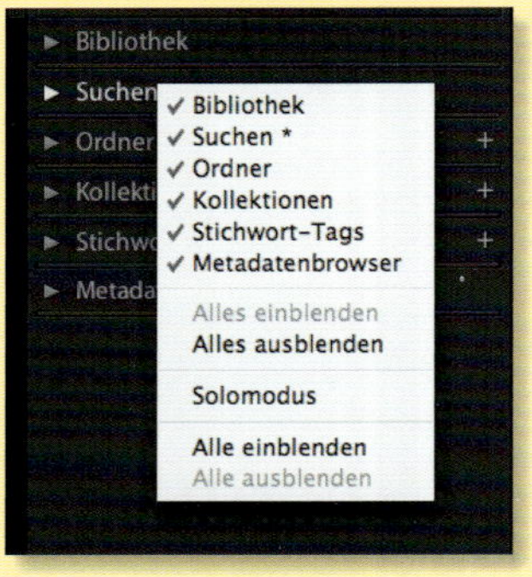

- **Objektivkorrekturen:** Dieses Bedienfeld dient zum Entfernen von optischen Farbverschiebungen (chromatische Aberration), Verzerrungen und von Vignettierungen, die allesamt durch Objektive verursacht worden sind. Darüber hinaus können Sie auch perspektivische Verzerrungen, zum Beispiel stürzende Linien, entfernen. Objektivbedingte Fehler können auch in Profilen gespeichert werden.
- **Effekte:** Hier können Effekte wie eine gezielte Randabdunklung (Vignettierung) und ein Rauschen kreativ verwendet werden. Diese werden erst am Ende auf das Bild gerechnet, um nicht durch Beschnitt oder Farbkorrektur zerstört zu werden.
- **Kamerakalibrierung:** In dieser Gruppe können Sie ein Kameraprofil benutzen oder Ihre Kamera nachträglich kalibrieren – etwa wenn es zu Farbstichen durch eine unzureichende Farbkalibrierung des Sensors kommt.
- **Synchronisieren:** Mit dieser Schaltfläche können Sie Entwicklungseinstellungen über mehrere Bilder hinweg synchronisieren und abgleichen.
- **Zurücksetzen:** Klicken Sie diese Schaltfläche an, werden alle Entwicklungseinstellungen gelöscht.

Diashow | Die Einstellungen konfigurieren die Darstellung und den Ablauf einer Diashow. Sie legen die Darstellungsgröße der Bilder fest, die Art des Rahmens, die Anzeigedauer pro Bild etc.

Abbildung 5.20 – 5.21 ▸
Darstellung der ersten beiden Bedienfelder der Optionen, des Layouts und der Überlagerungen des Diashow-Moduls

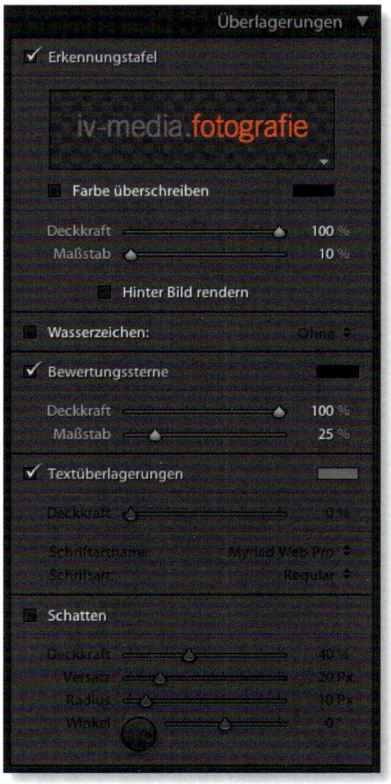

- **Optionen:** Hier nehmen Sie die Einstellungen für das Einpassen der Bilder in die Bildschirmfläche sowie für Konturen und Schatten vor.
- **Layout:** Definieren Sie hier den Abstand, den das Bild zum Rand der Präsentation einnimmt. Die Hilfslinien sind dabei eine nützliche Hilfe.
- **Überlagerungen:** Hier bestimmen Sie, ob und wie Erkennungstafel, Bewertungssterne und Text eingeblendet werden sollen.
- **Hintergrund:** Gestalten Sie Ihre Diashow hier mit Hintergrundfarben oder -bildern.
- **Titel:** Als Start- und Endbildschirm der Diashow können einfarbige Folien mit individuellen Erkennungstafeln oder -grafiken erscheinen.
- **Abspielen:** Hier bestimmen Sie, wie lange ein Bild angezeigt und überblendet werden soll und ob die Bilder in einer zufälligen Reihenfolge präsentiert werden. Sie können sogar eine Musikdatei als Soundtrack einfügen. Beim Arbeiten mit mehreren Bildschirmen können Sie hier den Abspielmonitor angeben.
- **Vorschau/Abspielen:** Zeigt eine Vorschau der Show im Ansichtsfenster von Lightroom an. ABSPIELEN startet die Diashow im ausgewählten Monitor Der andere Monitor wird dann abgeblendet.

Querverweise

In diesem Abschnitt erhalten Sie nur einen Überblick über die einzelnen Bedienfelder. Nähere Beschreibungen zu deren Handhabung finden Sie hier:

- Optionen: Seite 504
- Layout: Seite 508
- Überlagerungen: Seite 510
- Hintergrund: Seite 515
- Titel: Seite 518
- Abspielen: Seite 519
- Vorschau/Abspielen: Seite 520

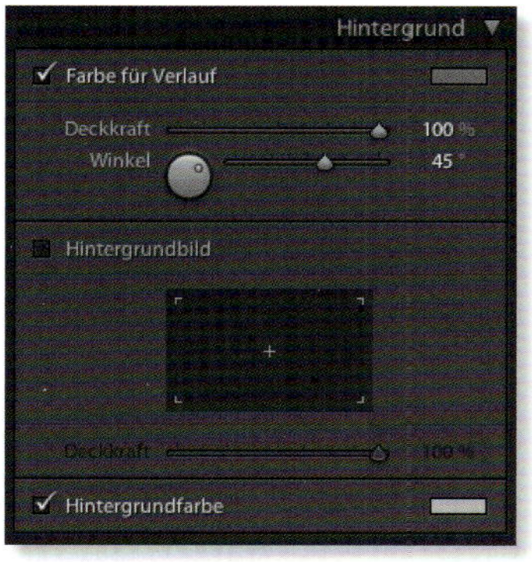

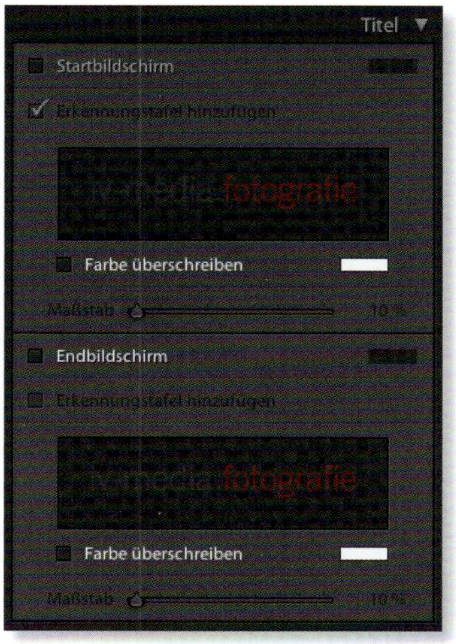

▲ **Abbildung 5.22 – 5.24**
Darstellung der Bedienfelder zum Konfigurieren des Hintergrunds, von Titelfolien und zum Abspielen der Diashow

Querverweise

In diesem Abschnitt erhalten Sie nur einen Überblick über die einzelnen Bedienfelder. Nähere Beschreibungen zu deren Handhabung finden Sie hier:

- Layoutstil: Seite 548
- Bildeinstellungen: Seite 550
- Layout: Seite 553
- Hilfslinien: Seite 556
- Seite: Seite 557
- Druckauftrag: Seite 572
- Lineale, Raster und Hilfslinien: Seite 566
- Zellen: Seite 567

Drucken | Gedruckt werden können aus Lightroom heraus sowohl Einzelbilder, Kontaktbogen, Bildpakete mit einem Bild in mehreren Größen als auch benutzerdefinierte Pakete im Fotobuchstil. Über das rechte Bedienfeld können Sie die Bildanzahl pro Seite, die Größe und auch die Beschriftungen festlegen. Das zentrale Ansichtsfenster wird dabei dynamisch aktualisiert.

- **Layoutstil:** Lightroom stellt unterschiedliche Layoutvarianten mit jeweils eigenen Parametern bereit. Neben einfachen Kontaktbogen und Einzelabzügen sind auch komplexe Bildkombinationen möglich.
- **Bildeinstellungen:** Hier legen Sie die Darstellung Ihrer Bilder auf der Seite beziehungsweise innerhalb eines Feldes auf einem Kontaktbogen fest. Über KONTUR geben Sie den Bildern einen Rand.
- **Layout:** Mit dieser Option legen Sie die Seitenränder fest und ebenso, wie viele Bilder auf einer Abzugseite gedruckt werden sollen.
- **Hilfslinien:** Zur einfacheren Platzierung und besseren Kontrolle lassen sich Hilfslinien und Lineale einblenden. Diese sind nur in der Ansicht sichtbar und werden nicht gedruckt.

▼ **Abbildung 5.25 – 5.27**
Darstellung der rechten Bedienfeldpalette des DRUCKEN-Moduls

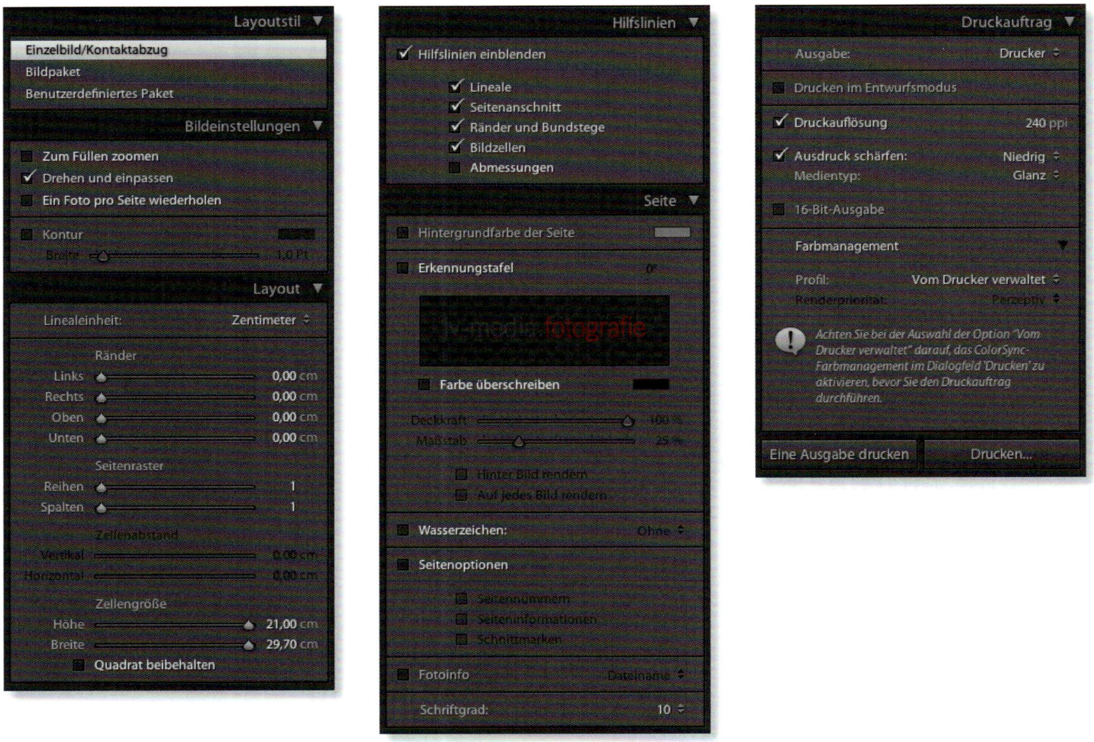

- **Seite:** Bei dieser Option geht es um das Einbinden zusätzlicher Elemente in die Druckseite. Zur Verfügung stehen dafür eine Erkennungstafel, Bewertungssterne und zusätzlicher Text.
- **Druckauftrag:** Hier konfigurieren Sie Ihre Drucker und das Farbmanagement Ihres Geräteworkflows. Zusätzlich können auch Farbprofile für verschiedene Drucker eingebunden werden, um die Farben auf den Drucker wie auch auf das verwendete Fotopapier hin zu optimieren. Bilder, die gedruckt werden sollen, können hier auch leicht geschärft werden. Es besteht die Möglichkeit, die Bilder auch als 6-Bit-Version auf den Drucker zu senden. Damit werden vor allem bessere Verläufe ohne Stufen erzeugt.
- **Lineale, Raster und Hilfslinien:** Dieses Bedienfeld ist nur bei den Layoutstilen BILDPAKET und BENUTZERDEFINIERTES PAKET sichtbar. Diese Einstellungen helfen bei der genaueren Platzierung von Bildern.
- **Zellen:** Dieses Bedienfeld ist ebenfalls nur bei den Layoutstilen BILDPAKET und BENUTZERDEFINIERTES PAKET sichtbar. Hiermit können Sie Rahmen in vordefinierter Größe auf der Seite erstellen oder neue Seiten hinzufügen.

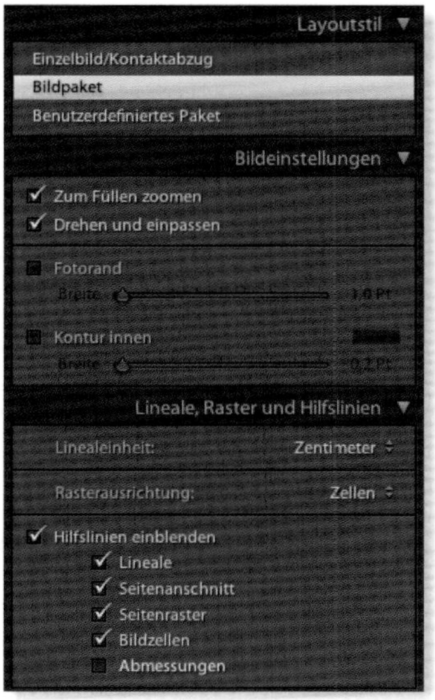

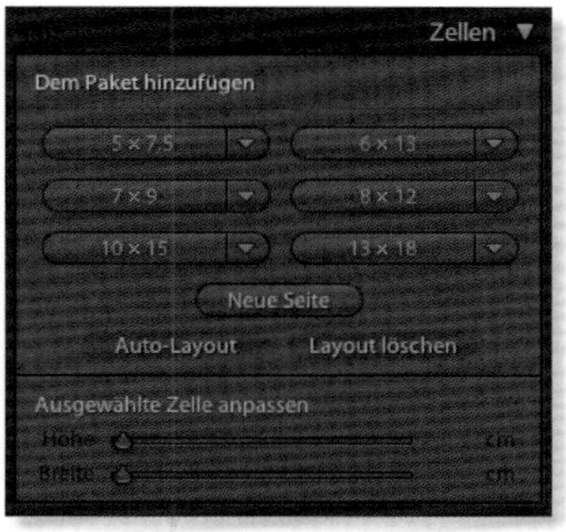

◂ **Abbildung 5.28 – 5.29**
Je nach Layoutstil können unterschiedliche Bedienfelder erscheinen.

Überlagerungen
Überlagerungen tauchen in Lightroom in allen Ausgabemodulen (Diashow, Drucken, Web) auf. Dabei werden Texte oder Erkennungstafeln über die Bilder gelegt. Diese können beispielsweise als Schmuck oder als Wasserzeichen dienen.

Web | In dem Bedienfeld des Web-Moduls können Sie Ihre Webgalerie konfigurieren und die Ausgabe als HTML- oder Flash-Film bestimmen. Je nach Galerieart stehen Ihnen entsprechende Einstellmöglichkeiten zur Verfügung. Die Galerie kann auch gleich auf einen Webserver übertragen werden.

- **Layoutstil:** Wählen Sie hier die Art der Galerie aus – Flash oder HTML. Es stehen bereits mehrere mögliche Galeriestile zur Auswahl bereit. Die nachfolgenden Bedienfelder sind abhängig von dem gewählen Layoutstil.
- **Site-Informationen:** Verleihen Sie der Galerie hier die notwendige Beschriftung mit Titel, Beschreibungen, Kontaktdaten etc. In der HTML-Galerie können Sie hier auch eine Erkennungstafel einstellen.
- **Farbpalette:** Hier legen Sie die Farben für Hintergrund, Text und Links fest.
- **Erscheinungsbild:** Die weitere Gestaltung nehmen Sie hier vor, indem Sie das Layout der Übersichtsseiten und einige

▼ **Abbildung 5.30 – 5.32**
Darstellung der rechten Bedienfeldpalette des Web-Moduls bei der Ausgabe als HTML-Galerie

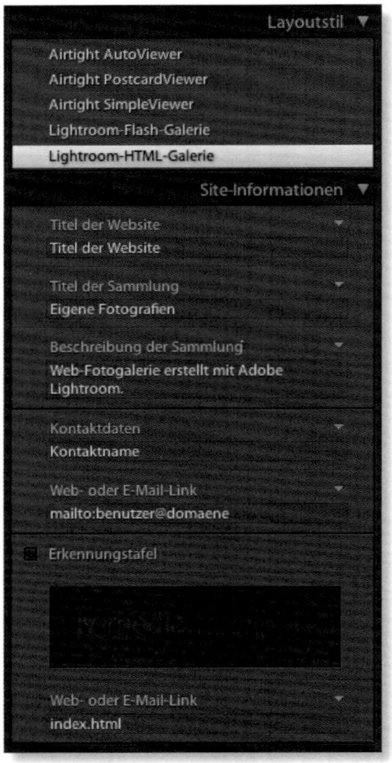

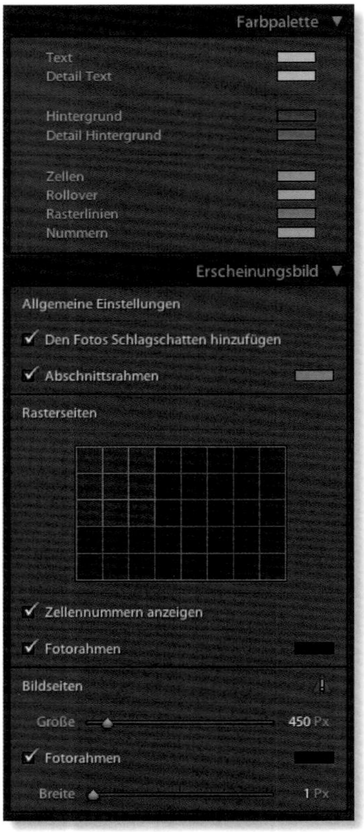

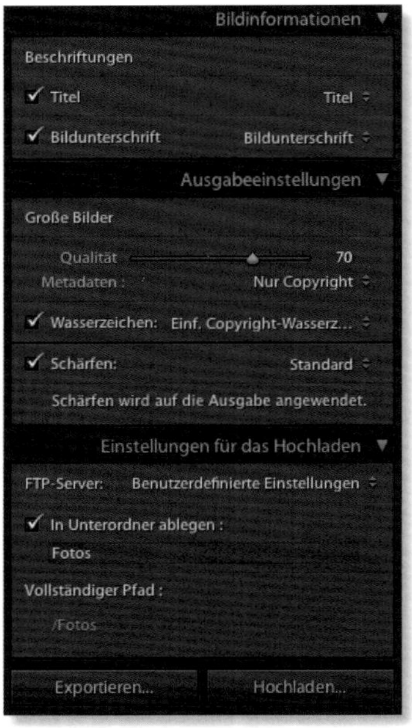

visuelle Effekte vorgeben, zum Beispiel die Rasterdarstellung in der HTML-Galerie. Die Einstellungen können je nach gewählter Engine und Designvorlage stark variieren. Im Gegensatz zur HTML-Galerie befindet sich die Einstellung der Erkennungstafel in diesem Bedienpanel.

- **Bildinformationen:** Geben Sie hier an, welche Daten zu den Bildern auf den Seiten angezeigt werden – Sie können dabei auf die Metadaten verlinken, die dann entweder im Titel oder als Bildunterschrift dargestellt werden.
- **Ausgabeeinstellungen:** Hier werden Einstellungen zur Qualität (und damit auch zur Größe von JPEG-Bilddateien) und zu Wasserzeichen vorgenommen. Um eine detailreichere Darstellung zu erhalten, ist das Nachschärfen der Bilder nach dem Herunterrechnen möglich.
- **Einstellungen für das Hochladen:** Hier können Sie Ihren FTP-Zugang für den Upload auf einen Webserver sowie die Vorschau im Browser konfigurieren.

Querverweise

In diesem Abschnitt erhalten Sie nur einen Überblick über die einzelnen Bedienfelder. Nähere Beschreibungen zu deren Handhabung finden Sie hier:

- Layoutstil: Seite 596
- Site-Informationen: Seite 605, 615
- Farbpalette: Seite 607, 616
- Erscheinungsbild: Seite 608, 617
- Bildinformationen: Seite 611, 621
- Ausgabeeinstellungen: Seite 612, 622
- Einstellungen für das Hochladen: Seite 623

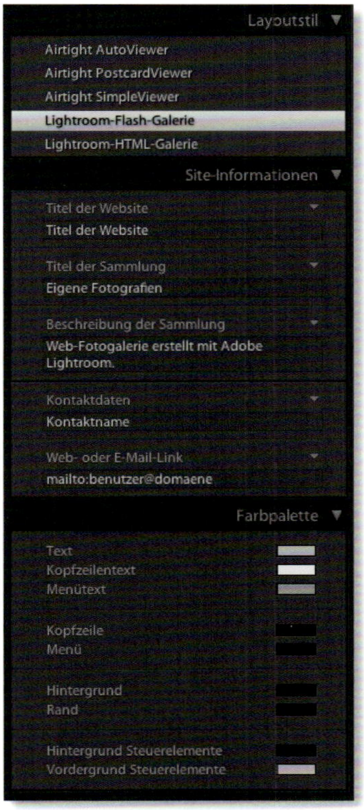

◂ **Abbildung 5.33 – 5.34**
Darstellung der rechten Bedienfeldpalette des Web-Moduls bei der Ausgabe als Flash-Galerie

5.2.5 Das Ansichtsfenster

Die Raster- oder Bildansicht in der Mitte des Fensters ist der größte und zentrale Arbeitsbereich in Lightroom. Hier wird je nach Modul eine entsprechende Darstellung mit einer Echtzeitdarstellung der getroffenen Bearbeitungen angezeigt. Keine Änderung muss erst bestätigt werden, sondern wird, je nach Rechnergeschwindigkeit, noch während der Parameteränderung sichtbar. Die Bibliothek bietet eine Übersicht über die Bilder aus

▼ **Abbildung 5.35**
Im Zentrum des Programmfensters befindet sich das Ansichtsfenster. Hier ist die Rasteransicht der Bibliothek abgebildet. Darüber befinden sich die Filterwerkzeuge und darunter die Werkzeugleiste.

▲ **Abbildung 5.36**
Ansichtsfenster des Drucken-Moduls

▲ **Abbildung 5.37**
Vergleichsansicht im Bibliothek-Modul

selektierten Katalogen, Ordnern, Sammlungen oder Filtern. Das Entwickeln-Modul zeigt das darin geöffnete Bild in einer großen Ansicht an und gibt auch gleich die im rechten Bedienfeld vorgenommenen Bearbeitungen wieder. Einige Bearbeitungen können auch direkt in der Ansicht durchgeführt werden. Die drei Präsentationsmodule zeigen die Diashow, Druckseite und Webgalerie an, an der man gerade arbeitet.

5.2.6 Filterwerkzeuge

Im Bibliothek-Modul befinden sich über dem Ansichtsfenster die Filterwerkzeuge. Ist eine Filterart aktiviert, wird die dazugehörige Leiste eingeblendet. Hinter dem Begriff Text verbirgt sich die Suche. Die Filterung von Bildern nach Metadaten funktioniert beispielsweise wie in der Übersicht in iTunes. Filterzusammenstellungen lassen sich als Benutzerdefinierter Filter speichern.

▼ Abbildung 5.38
Die Filterwerkzeuge befinden sich oben in der Rasteransicht der Bibliothek (oben) und eine Leiste zum Filtern von Attributen über dem Filmstreifen (unten).

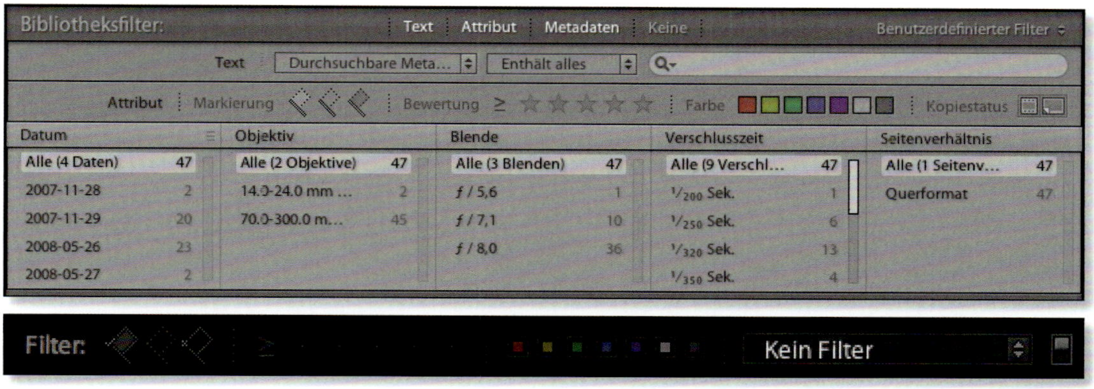

Eine weitere Filterleiste befindet sich über dem Filmstreifen. Diese stellt jedoch nicht alle Filter zur Verfügung, sondern kann nur Attributefilter aktivieren. Gespeicherte Filter lassen sich über ein Dropdown-Menü auswählen.

▼ Abbildung 5.39
Die Werkzeugleiste stellt Funktionen zum Ansichtsfenster bereit. Über das rechte Dreieck-Symbol lassen sich weitere Werkzeuge einblenden.

5.2.7 Die Werkzeugleiste

Unterhalb des zentralen Ansichtsfensters befindet sich die Werkzeugleiste. Abhängig vom Modul, enthält diese jeweils andere Steuerelemente – in der Bibliothek zum Beispiel zum Sortieren nach Metadaten und zum Wechseln zur Lupen-, Vergleichsansicht und Übersicht. Im Entwickeln-Modul befinden sich hier kleinere

Bearbeitungswerkzeuge sowie bei den drei Ausgabemodulen eine Abspielleiste zum Starten der Diashow und zum Blättern zwischen Druck- und Webseiten.

Bibliothek-Werkzeugleiste | In der Bibliothek kann die Ansicht mit Hilfe von Schaltflächen gewechselt werden. Je nach Ansicht ändert sich die Werkzeugleiste. In der Rasteransicht lassen sich zum Beispiel auch über die Menüleiste Sterne, Farbmarkierungen etc. vergeben.

- **Rasteransicht:** Damit werden alle Bilder eines Ordners, einer Sammlung, Stichwortauswahl, Metadatenauswahl oder Filterung im Ansichtsfenster als kleine Thumbnails in einem tabellarischen Raster angezeigt.

▼ **Abbildung 5.40**
Werkzeugleiste der Rasteransicht des Bibliothek-Moduls

- **Lupenansicht:** Es wird nur ein Bild angezeigt. Per Klick zoomt man sich in das Bild hinein. Das ist auch die Darstellung im Entwickeln-Modul. Die Sortierfunktion hat hier nur auf den Filmstreifen Auswirkung.

▼ **Abbildung 5.41**
Werkzeugleiste der Lupenansicht des Bibliothek-Moduls

- **Vergleichsansicht:** Zwei Bilder werden nebeneinander zum direkten Vergleich angezeigt, um beispielsweise das bessere Bild in eine Sammlung zu übernehmen. Beide Ansichten lassen sich auch synchronisieren. Dabei wird das Zoomen oder das Verschieben eines Bildes auf das jeweils andere übertragen.

▼ **Abbildung 5.42**
Werkzeugleiste der Vergleichsansicht des Bibliothek-Moduls

- **Erfassungsansicht/Überprüfungsansicht:** Hier werden selektierte Bilder nebeneinander dargestellt, zum Beispiel um eine Bildauswahl auf Konsistenz zu überprüfen. Dadurch erkennt man auch, ob die Bilder eine Geschichte erzählen und zueinanderpassen.

▼ **Abbildung 5.43**
Werkzeugleiste zur Überprüfung und Zusammenstellung von Bildern im Bibliothek-Modul

Entwickeln-Werkzeugleiste | Auch im zweiten Modul kann in der Menüleiste von der Lupenansicht zur Vorher-nachher-Vergleichsansicht gewechselt werden. Darüber hinaus lassen sich hier Attribute zu den Bildern definieren.

- **Lupenansicht:** Dies ist in diesem Modul die normale Ansicht mit einstellbarer Zoomfunktion und der Möglichkeit, Attribute zuzuweisen.

▼ Abbildung 5.44
Werkzeugleiste der Lupenansicht des Entwickeln-Moduls

- **Vorher-Nachher-Vergleich:** Hier wird das Bild einmal ohne und einmal mit den Parameterauswirkungen aus der Entwicklung angezeigt, um die Auswirkung von Bearbeitungsschritten miteinander zu vergleichen.

▼ Abbildung 5.45
Vergleichsansicht zwischen vorher und nachher

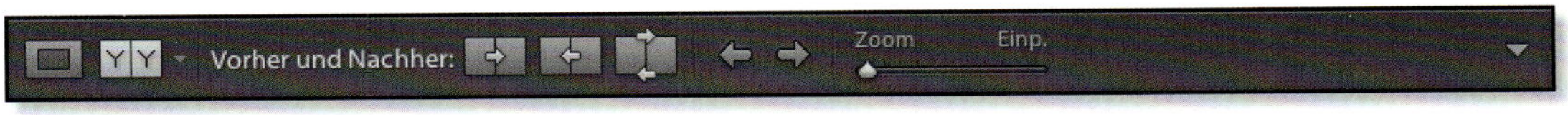

Diashow-Werkzeugleiste | Diese Werkzeugleiste der Diashow dient zum Navigieren zwischen den einzelnen Dias, zum Drehen von Bildern, Abspielen und zum Erstellen von Textfeldern. Zusätzlich kann man auswählen, ob alle Bilder des Filmstreifens oder nur die gerade selektierten Bilder verwendet werden sollen. Bei der Verwendung von Textfeldern kann hier auch Text eingegeben werden.

▼ Abbildung 5.46
Werkzeugleiste des Diashow-Moduls

Drucken-Werkzeugleiste | Hier finden Sie die Seitennavigation und Schaltflächen zum Konfigurieren der Seiteneinstellungen.

▼ Abbildung 5.47
Werkzeugleiste des Drucken-Moduls

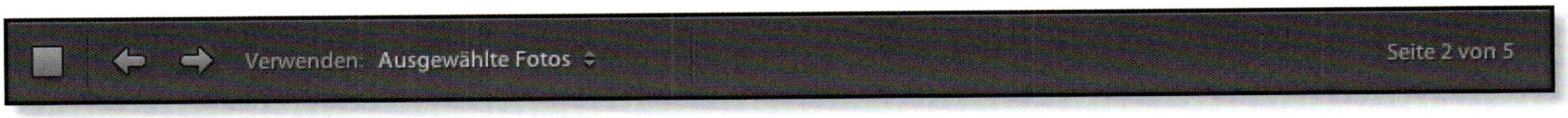

Web-Werkzeugleiste | Hier finden Sie die Seiten- und Bildnavigation sowie die Schaltfläche zur Vorschau der Webgalerie im Webbrowser.

▼ Abbildung 5.48
Werkzeugleiste des Web-Moduls

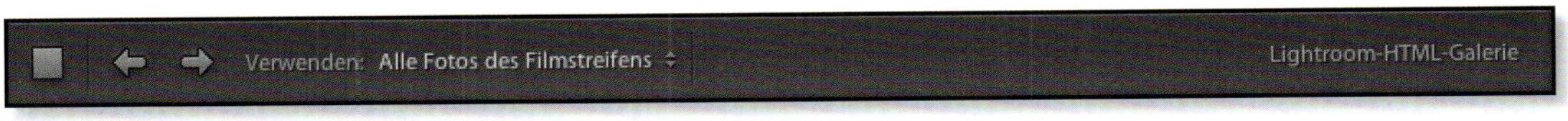

5.2.8 Filmstreifen

Unter der Menüleiste befindet sich der letzte Bereich der Arbeitsoberfläche in Lightroom: Der Filmstreifen stellt eine Art Mini-Bibliothek Ihrer Bilder dar. Dort werden auch in den Modulen Entwickeln bis Web alle Bilder angezeigt, die im Bibliothek-Modul angezeigt werden. Wird die Auswahl dort über die Filterung nach Sammlungen, Stichwörtern etc. eingeschränkt, geschieht dies auch gleichzeitig im Filmstreifen in den anderen Modulen.

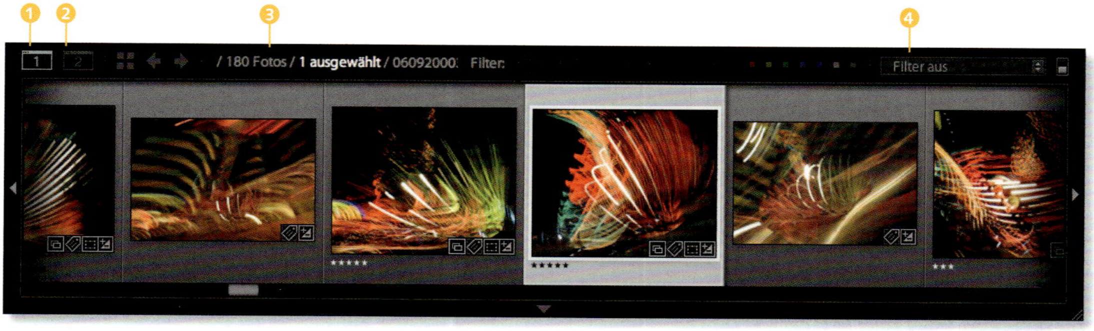

▲ **Abbildung 5.49**
Über den Filmstreifen lassen sich einzelne Bilder auswählen, ohne dass man dafür extra in die Bibliothek wechseln muss.

Über die Schaltfläche zur Bibliothek-Rasteransicht ❶ wechseln Sie zur entsprechenden Ansicht im Bibliothek-Modul. Mit Hilfe der Pfeiltasten ❷ wird durch die vorherigen Ansichten und durch die zuvor verwendeten Module geschaltet – eine Art History nur für die verwendeten Ansichten und Module. Zusätzlich erhalten Sie noch Angaben zur aktuellen Bildauswahl ❸. Durch das Anklicken des kleinen Dreiecks am Ende öffnet sich ein Dropdown-Menü mit den zuletzt dargestellten Bildauswahlen.

Unabhängig davon lassen sich im Filmstreifen über die Schaltflächen rechts darüber zusätzliche Filter ❹ nach Bewertung, Farbetiketten oder Markierungsstatus anwenden und somit die Auswahlen schnell weiter einschränken.

Die Auswahl von einer Reihe von Bildern im Filmstreifen schränkt in den Modulen Diashow, Drucken und Web die jeweils in den Präsentationen verwendeten Bilder ein. Nur die unten ausgewählten Bilder werden gedruckt, präsentiert oder als Webgalerie übernommen. Ist kein Bild ausgewählt, werden automatisch alle Bilder aus dem Filmstreifen verwendet.

5.3 Arbeiten mit einem zweiten Monitor

Lightroom bietet die Unterstützung eines zweiten Monitors. Aber auch Anwender ohne einen zusätzlichen Monitor profitieren von dieser Funktion, denn die Ansicht, die auf einem zweiten Monitor angezeigt wird, erscheint dann in einem schwebenden Fenster.

Auf dem zweiten Monitor wird immer die Bibliothek dargestellt. Dies macht auch Sinn, denn man kann auf dem Nebenmonitor Bilder auswählen oder sortieren, während auf dem Hauptmonitor die Bearbeitung stattfindet. Zwei Entwicklungsvorgänge gleichzeitig würden keinen Sinn machen.

Hat man den zweiten Monitor durch Anklicken des Symbols im Filmstreifen aktiviert, stehen einem die gleichen Darstellungsformen zur Verfügung, wie Sie sie im Bibliothek-Modul finden. Lightroom stimmt die beiden Fenster aufeinander ab. Ist auf dem Hauptmonitor die Rasteransicht aktiv, so schaltet diese automatisch in die Lupenansicht, wenn am Nebenmonitor ebenfalls die Rasteransicht angezeigt wird. Die Darstellungsmodi im Nebenmonitor können entweder im Fenster über die Kopfzeile oder durch Anklicken und Gedrückthalten der Maustaste auf das jeweilige Monitor-Symbol umgeschaltet werden.

▲ **Abbildung 5.50**
Durch Anklicken des Symbols für den zweiten Monitor wird ein Bibliothek-Ansichtsfenster auf dem zweiten Monitor dargestellt.

▲ **Abbildung 5.51**
Alternativ kann man ein zweites Fenster öffnen, das im Vordergrund schwebt. Das Symbol wechselt dabei sein Aussehen.

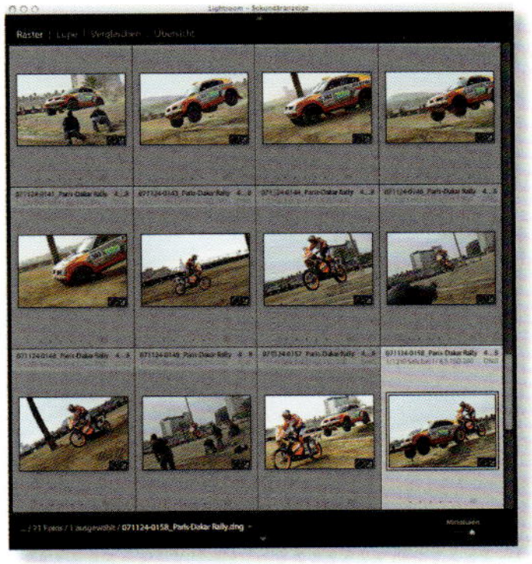

◄▲ **Abbildung 5.52**
Auf dem Hauptmonitor (links) findet die Entwicklung statt. Im Nebenmonitor (rechts) können Bilder ausgewählt werden. Den Filmstreifen als Mini-Bibliothek kann man dann ausblenden.

5.3.1 Einstellen des Darstellungsmodus

Das Anklicken des Symbols für das Hauptfenster öffnet das Einstellungsmenü. Es zeigt alle Modi an, die im Modul zur Verfügung stehen. Bei dem zweiten Monitor besitzt das Symbol eine Doppelfunktion. Einfaches Anklicken aktiviert die Anzeige auf dem zweiten Monitor oder das schwebende Fenster. Um das Einstellungsmenü zu öffnen, müssen Sie die Maustaste gedrückt halten.

▲ **Abbildung 5.53**
Das Anklicken des Symbols öffnet ein Dropdown-Menü zum Auswählen der Darstellungsform.

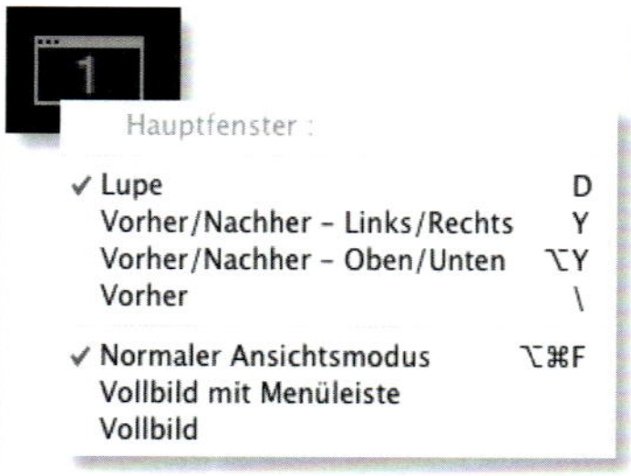

▲ **Abbildung 5.54**
Je nach Modul stehen unterschiedliche Darstellungen zur Verfügung – hier die des Entwickeln-Moduls.

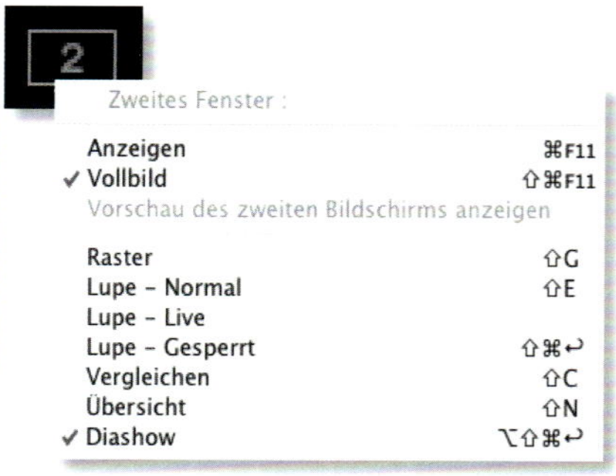

▲ **Abbildung 5.55**
Die möglichen Darstellungsformen des zweiten Fensters bzw. Monitors bleiben in allen Modulen gleich.

5.3.2 Darstellungsarten des zweiten Fensters

Im Hauptfenster können Sie nur die Funktionen des Ansichtsfensters aktivieren, die das aktuelle Modul bereitstellt und die auch über die Werkzeugleiste angewählt werden können. Zusätzlich können Sie den Ansichtsmodus wählen (siehe Seite 464).

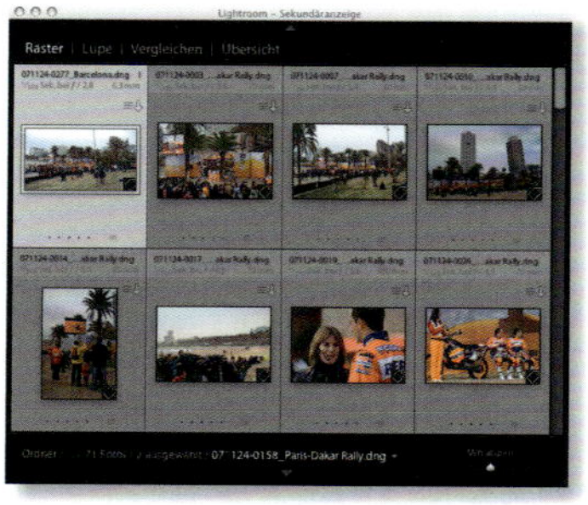

▲ **Abbildung 5.56**
Die Bedienelemente des zweiten Fensters im Rastermodus

Abbildung 5.57 ►
Die Bedienelemente des zweiten Fensters im Lupenmodus

Das zweite Fenster ist eine eingeschränkte Bibliothek. Man kann hier alle Darstellungen der Bibliothek ❶ wählen, allerdings fehlt die linke und rechte Bedienfeldpalette. Das zweite Fenster dient daher vor allem der Auswahl und Überprüfung von Bildern. Wer eine andere Sammlung oder Bilder aus einem anderen Ordner wählen will, muss wieder zurück in die Bibliothek. Einzig das Dropdown-Feld ③ unter dem Ansichtsfenster gibt die Möglichkeit, zuletzt gewählte Ordner und Sammlungen auszuwählen.

Unten rechts ⑤ können Sie die Zoomstufe auswählen. In der Rasteransicht haben Sie einen Schieberegler zum Zoomen. Wenn die Kopf- und Fußleiste Sie stören sollten, können Sie diese wie die Bedienfeldpaletten über die Dreieck-Symbole unten und oben ④ ein- und ausblenden. Die drei Schaltfächen rechts in der Kopfleiste ② stellen das Reaktionsverhalten des zweiten Fensters in der Lupenansicht ein. Andere Darstellungsformen besitzen diese Funktionen nicht.

Normal | Ist diese Option eingestellt, wird immer das aktuell ausgewählte Bild in der Lupenansicht des zweiten Fensters angezeigt. Erst wenn ein anderes Bild aktiv angeklickt wird, erscheint dieses in der Lupenansicht.

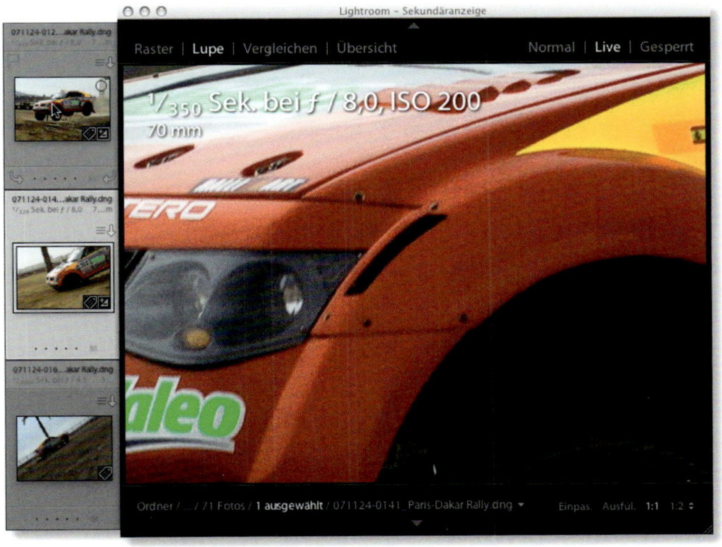

◂ Abbildung 5.58
Ist die Option LIVE aktiviert, wird der Ausschnitt mit der Mausposition synchronisiert.

Live | Hier reagiert das Fenster direkt auf jede Mausbewegung. Bewegt man im Hauptfenster die Maus über ein Bild der Rasteransicht, wird es sofort in der Lupenansicht des zweiten Fensters angezeigt. Ist das Bild gezoomt, wird der Ausschnitt entsprechend der Mausposition verschoben. Hier hat man dann eine echte Lupenfunktion, diese erfordert aber mehr Rechenleistung, da jede Mausveränderung den Ausschnitt im zweiten Fenster verändern muss.

Befindet man sich nicht über einem Bild, sondern beispielsweise über einem Bedienfeld, wird das ausgewählte Bild angezeigt.

Gesperrt | Dabei wird immer das Bild angezeigt, das zum Zeitpunkt der Aktivierung des Modus GESPERRT ausgewählt ist – unabhängig davon, ob später ein anderes Bild ausgewählt wurde. Um ein neues Bild anzuzeigen, muss dann erst die Sperrung aufgehoben werden.

5.4 Voreinstellungen

Den Voreinstellungen-Dialog erreichen Sie unter Mac OS X über das Menü LIGHTROOM • VOREINSTELLUNGEN. Bei Windows finden Sie ihn unter BEARBEITEN • VOREINSTELLUNGEN. Im Folgenden werfen wir einen Blick auf seine Register und Einstellungen.

▼ Abbildung 5.59
Der Dialog für die allgemeinen Voreinstellungen

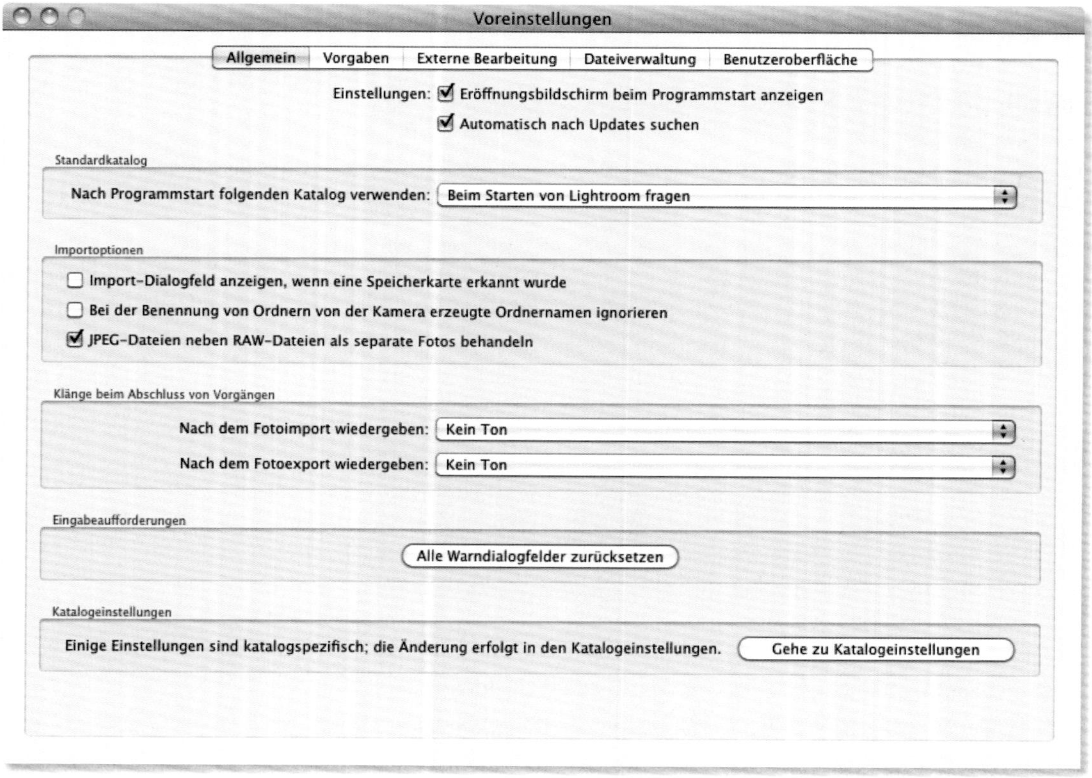

5.4.1 Register »Allgemein«

Im Register ALLGEMEIN lassen sich Voreinstellungen zurücksetzen, alternative Katalogdateien angeben, Tonsignale und Updatefrequenz einstellen:

- **Eröffnungsbildschirm beim Starten zeigen:** Beim Start von Lightroom wird grundsätzlich eine Tafel, auch Splashscreen genannt, angezeigt. Diese bleibt so lange stehen, bis das Programm komplett hochgefahren ist. Wird sie ausgeblendet, startet das Programm, subjektiv gesehen, geringfügig schneller.
- **Automatisch nach Updates suchen:** Ist diese Option aktiviert, sucht Lightroom automatisch in regelmäßigen Abständen im Internet nach Updates. Will man selbst die Kontrolle behalten, sollte man diese Option deaktivieren.

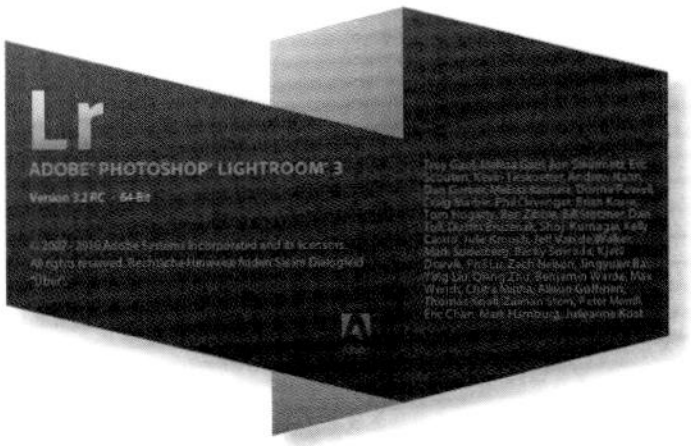

▲ **Abbildung 5.60**
Der Eröffnungsbildschirm (Splashscreen) kann über die Voreinstellungen ausgeblendet werden.

Standardkatalog | Hier treffen Sie Einstellungen zum Verhalten der Bibliotheken beim Programmstart. Über NACH PROGRAMMSTART FOLGENDEN KATALOG VERWENDEN können Sie Lightroom veranlassen, mit einem alternativen Katalog zu starten bzw. Ihnen beim Programmstart eine Auswahl alternativer Kataloge anzubieten. Nähere Informationen zum Arbeiten mit Katalogen erfahren Sie in Kapitel 6, »Arbeiten mit Katalogen«, ab Seite 169.

Importoptionen | Dieser Dialog kümmert sich um die generellen Importeinstellungen in Lightroom und um die Optionen für die Konvertierung der Raw-Bilder in DNG-Daten. Im oberen Bereich können Sie die folgenden Aktionen vorgeben:

- **Import-Dialogfeld anzeigen, wenn eine Speicherkarte erkannt wurde:** Wird eine Speicherkarte (SD-Card, Compact Flash etc.) vom Rechner initialisiert, kann der Import automatisch gestartet werden. Allerdings erscheint dann wirklich jedes Mal der Import-Dialog, wenn eine Speicherkarte erkannt wird – auch wenn Sie gar nichts importieren wollen.
- **Bei der Benennung von Ordnern von der Kamera erzeugte Ordnernamen ignorieren:** Ordner, die von der Kamera auf der Speicherkarte erzeugt werden, besitzen meist kryptische Bezeichnungen ohne Aussagekraft (DCIM, 101NCD2X). Diese Bezeichnungen können beim Import ignoriert werden. Dazu ist standardmäßig die Kontrollbox aktiviert.
- **JPEG-Dateien neben Raw-Dateien als separate Fotos behandeln:** Einige Fotografen ziehen es vor, ihre Bilder gleichzeitig als Raw- und als JPEG-Bilder abzulegen. Dies verhindert zusätzlichen Zeitaufwand für die Konvertierung nach JPEG, etwa um die Bilder dem Kunden zur Auswahl vorzulegen. Allerdings hat man so auch immer zwei unabhängige Dateien, erhöhten Platzbedarf und Verwaltungsaufwand – etwa beim Umbenennen oder Löschen. Mit dieser Option in Lightroom können Sie angeben, wie die zusätzlichen JPEG-Dateien

gehandhabt werden sollen. Ist das Kontrollkästchen deaktiviert, werden JPEGs und Raw-Bilder wie ein Bild behandelt. Wird es angeklickt, werden JPEGs als eigene, vom Raw-Bild unabhängige Bilder betrachtet und importiert.

Klänge beim Abschluss von Vorgängen | Laufen Berechnungen im Hintergrund ab, bekommt man oft nicht mit, wann diese beendet sind. Dafür ist es hilfreich, ihnen ein Tonsignal zuzuweisen:

- **Nach dem Fotoimport wiedergeben:** Es ertönt ein Signal, nachdem alle Bilder importiert wurden.
- **Nach dem Fotoexport wiedergeben:** Das Signal ertönt, nachdem ein Exportvorgang beendet ist.

Eingabeaufforderungen | Beim Arbeiten in Lightroom erscheinen an einigen Stellen Warnmeldungen – zum Beispiel beim Verschieben von Bildern in andere Ordner. Diese Dialogfelder besitzen meist Kontrollkästchen, mit denen Sie die Warnmeldung unterbinden können. Wollen Sie, dass die Warnungen wieder erscheinen, klicken Sie auf ALLE WARNDIALOGFELDER ZURÜCKSETZEN.

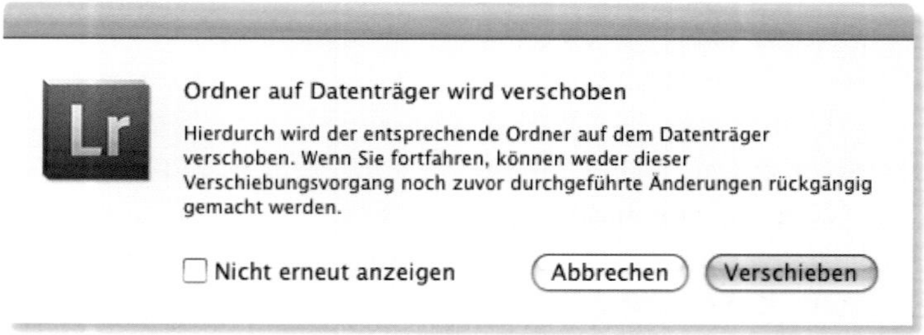

Abbildung 5.61 ▸
Sich wiederholende Warnmeldungen können ganz schön stören – vor allem wenn sie überflüssig sind. Daher können sie Warnmeldungen deaktivieren, indem Sie auf das Kontrollkästchen NICHT ERNEUT ANZEIGEN klicken.

Katalogeinstellungen | Über diese Schaltfläche haben Sie einen Querverweis auf den Dialog der KATALOGEINSTELLUNGEN, der sich auch unter Mac OS X unter dem Menüpunkt LIGHTROOM • KATALOGEINSTELLUNGEN und unter Windows unter BEARBEITEN • KATALOGEINSTELLUNGEN befindet.

5.4.2 Register »Vorgaben«

Haben Sie Entwicklungseinstellungen für ein Bild vorgenommen, können Sie diese als Vorgaben speichern, um sie auch auf andere Bilder anzuwenden. Für die Massenbearbeitung ist diese Funktion äußerst hilfreich – etwa wenn ein Weißabgleich oder eine Grundschärfung auf eine ganze Aufnahmereihe angewendet werden soll.

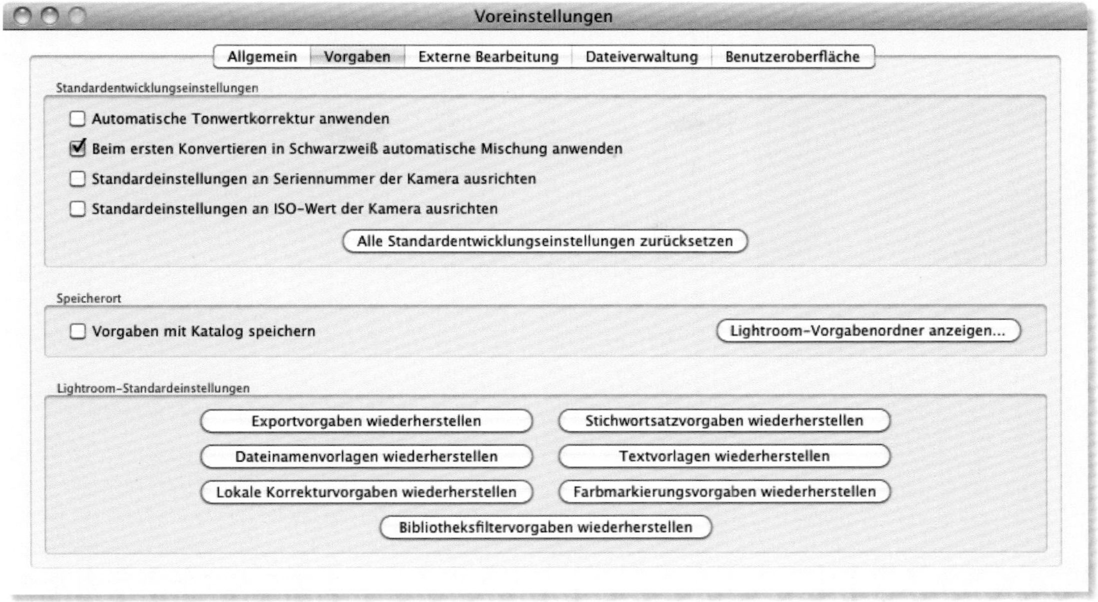

▲ **Abbildung 5.62**
Der Dialog für den Umgang mit Vorgaben in Lightroom

Standardentwicklungseinstellungen | Hier wird angegeben, wie die Standardvorgaben auf Bilder zum Beispiel beim Import oder bei der Wandlung in Graustufen angewendet werden. Mit den Kontrollkästchen können Sie die Verwendung steuern:

- **Automatische Tonwertkorrektur anwenden:** Aktivieren Sie dieses Kontrollkästchen, so wird auf die Bilder während des Imports eine automatische Tonwertkorrektur angewendet.
- **Beim ersten Konvertieren in Schwarzweiß automatische Mischung anwenden:** Ist diese Kontrollbox aktiviert, wird beim Zuweisen einer Graustufenkonvertierung eine automatische Korrektur durchgeführt, um bei gleichen Luminanzwerten einen höheren Kontrast zu erzielen.
- **Standardeinstellungen an Seriennummer der Kamera ausrichten:** Arbeiten Sie mit mehreren Kameras gleicher Bauart, können Sie für jede einzelne eigene Standardvorgaben festlegen. Die entsprechenden Vorgaben werden dann abhängig von der angeschlossenen Kamera automatisch angewendet.
- **Standardeinstellungen an ISO-Wert der Kamera ausrichten:** Hiermit kann man für verschiedene ISO-Einstellungen unterschiedliche Vorgaben einstellen, zum Beispiel um bei hohen ISO-Werten eine stärkere Rauschreduzierung anzuwenden. Diese Einstellung kann auch mit der vorhergehenden Option kombiniert werden.

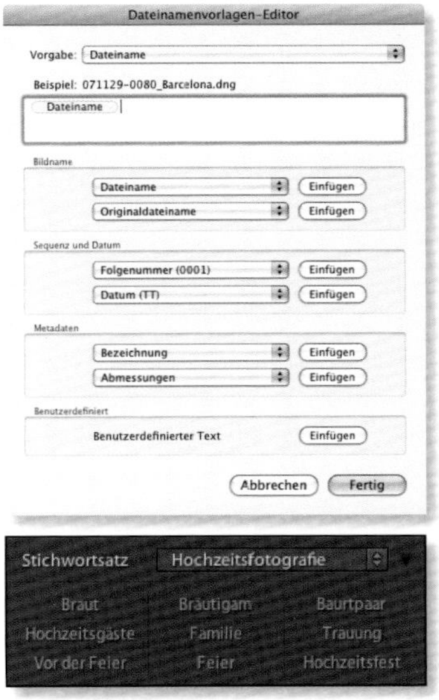

▲ **Abbildung 5.63**
Lightroom ermöglicht es, nahezu alle Parameter in Vorgaben zu speichern: beispielsweise Dateinamenvorgaben (oben) oder Stichwortsätze (unten).

Vorgaben mit Katalog speichern | Exportiert man Kataloge, kann man wahlweise die Vorgaben in die exportierte Bibliothek

[Chromatische Aberration]
Fällt Licht durch eine Linse, wird dieses je nach Wellenlänge unterschiedlich gebrochen. Dadurch entstehen Farbsäume, vor allem an Bildrändern. Der Effekt ist abhängig von der Brennweite – bei Weitwinkel stärker – und von der Qualität des Objektivs.

integrieren. Über die Schaltfläche Lightroom-Vorgabenordner anzeigen rechts daneben wird der Ordner, in dem die Vorgaben abgelegt werden, im Finder bzw. Windows Explorer angezeigt. Sie lassen sich dann einfach sichern oder kopieren und müssen nicht erst in den Tiefen des Betriebssystems gesucht werden.

Lightroom-Standardeinstellungen | Lightroom merkt sich an vielen Stellen die zuletzt vorgenommenen Einstellungen und erlaubt es Ihnen, die Standardvorgaben des Programms zu überschreiben. Das Überschreiben, ob absichtlich oder unabsichtlich, kann aber auch wieder zurückgenommen werden. Unter eigenen Namen erstellte Vorgaben bleiben davon jedoch unberührt und müssen, falls gewünscht, per Hand gelöscht werden. Zu den Vorgaben können Sie die Einstellungen Vorgaben wiederherstellen vornehmen. Über diese Schaltfläche können Sie die Urzustände für Stichwortsätze, Exportvorgaben, Dateinamenvorlagen, Textvorlagen, lokale Korrekturvorgaben, Farbmarkierungen und Bibliotheksfilter wiederherstellen.

5.4.3 Register »Externe Bearbeitung«

Auch in Lightroom kann es erforderlich sein, mit anderen Programmen zusammenzuarbeiten. Zum Beispiel wenn Bilder kombiniert oder extrem verfremdet werden müssen, benötigt man ein Programm, das auch Ebenen und Masken unterstützt. Adobe bietet mit Photoshop ein solches Programm an. Andere Editoren wären beispielsweise Paintshop Pro, Gimp, LightZone oder PhotoImpact. Unter Umständen möchte man auch gewisse Arbeitsschritte, die Lightroom unterstützt, lieber in einem anderen Raw-Konverter erledigen. All das ist möglich – mit den folgenden Voreinstellungen:

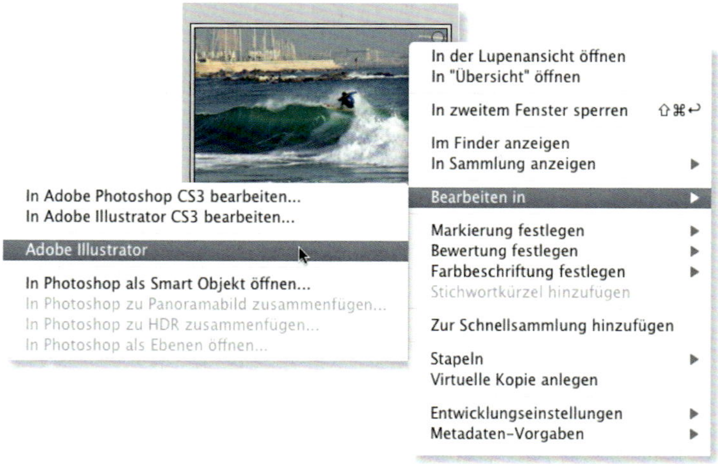

Abbildung 5.64 ▸
Gespeicherte Vorgaben für externe Editoren, hier für Adobe Illustrator, können direkt am Bild aufgerufen werden. Die Anwendung wird dann gestartet und das Bild im angegebenen Format geladen.

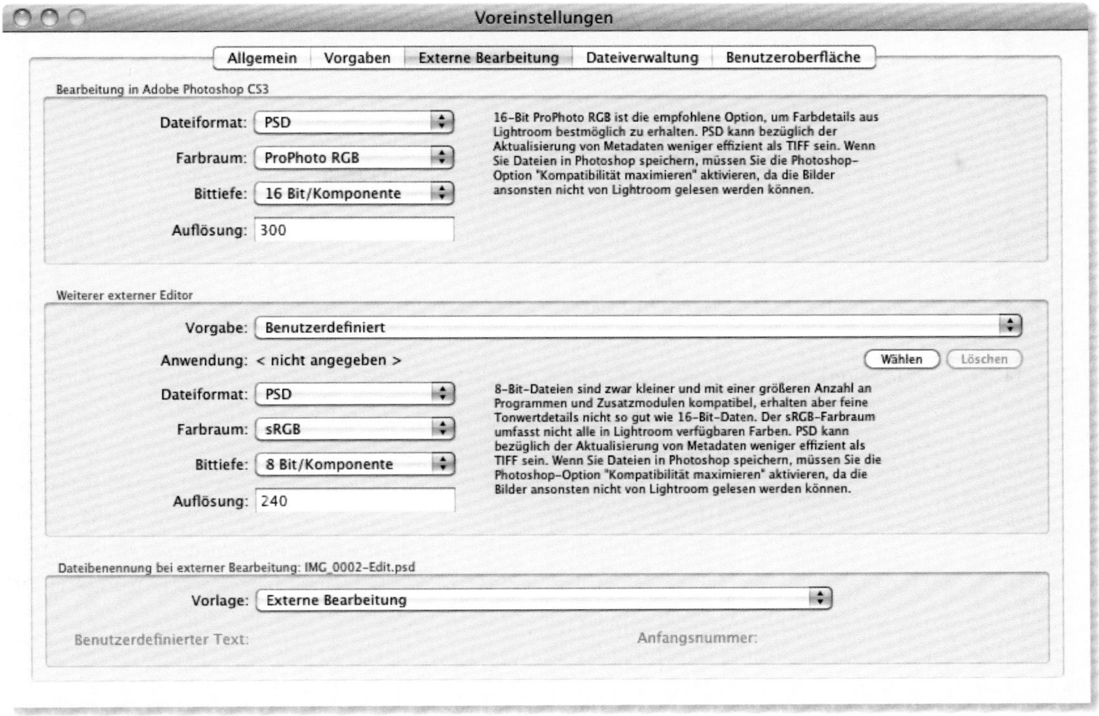

▲ Abbildung 5.65
Dialog für die Zusammenarbeit mit externen Programmen

- **Vorgabe:** Alle im Bereich Weiterer externer Editor gemachten Einstellungen können als Vorgabe gesichert werden. Diese können dann direkt im Menü oder am Bild angewählt werden.
- **Anwendung:** Mit Hilfe der Schaltfläche Wählen kann ein beliebiges Programm zur externen Bearbeitung eingerichtet werden.
- **Dateiformat:** Lightroom unterstützt zur externen Bearbeitung nur das Photoshop-Format (PSD) und das TIFF-Format. Für einen fremden Editor sollte man das TIFF-Format wählen, PSD wird nur von Photoshop vollständig unterstützt. TIFF bietet außerdem die Möglichkeit einer verlustfreien Kompression.
- **Farbraum:** Für das Arbeiten mit externen Programmen sollte ein möglichst großer Farbraum verwendet werden. Hier sollte Adobe RGB oder ProPhoto RGB eingestellt werden. Mehr zum Thema Farbmanagement finden Sie ab Seite 59.
- **Bittiefe:** Will man im externen Programm gravierende Helligkeits- oder Farbänderungen durchführen, sollte man 16 Bit/Komponente wählen. Für einfaches Nacharbeiten wie Scharfzeichnen oder Effektfilter reichen auch 8 Bit/Komponente aus. Digitalkameras speichern Raw-Daten meistens in 12 oder 14 Bit Farbtiefe ab.

Von Bits und Bytes
Ein Bit besitzt zwei Werte: 0 und 1. Beginnt man zu zählen, benötigt man ab 2 eine neue Stelle. Die nächste Stelle ab der Zahl 4. Die Zahl 255 schreibt man dann beispielsweise 11111111. Das sind 8 Bit; dies entspricht, inklusive der Null, 256 Werten. Ordnet man jedem Wert eine Helligkeitsstufe zu, haben wir 256 Helligkeitswerte bei 8 Bit. Nehmen wir für Rot, Grün und Blau jeweils 8 Bit, kommen wir auf 24 Bit Farbtiefe. Das entspricht dann insgesamt ca. 16,7 Mio. Farben. Viele Digitalkameras speichern Raw-Daten mit 12 Bit pro Farbe. Dies bedeutet pro Farbe 4096 Abstufungen und eine Gesamtanzahl von ca. 68,7 Mrd. Farben.

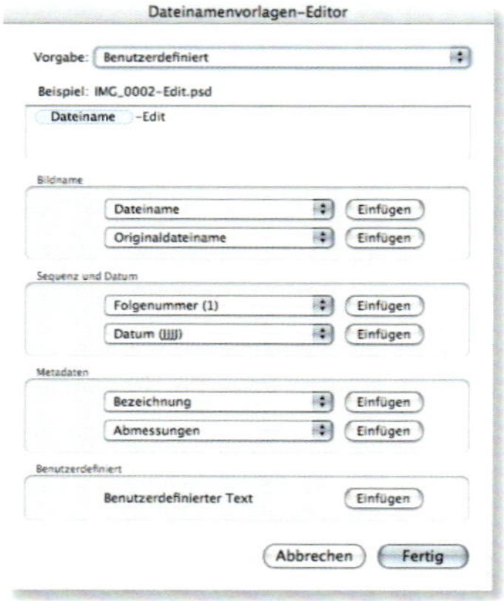

▲ **Abbildung 5.66**
Zum Speichern von Dateien können Kombinationen aus Variablen verwendet werden. Diese können wiederum als Vorgabe gespeichert werden.

- **Auflösung:** Gibt die Pixeldichte pro Inch (dpi) an. Je höher diese Zahl ist, desto dichter und kleiner sind die Pixel. Die Abmessungen werden dann geringer, das Bild wirkt im Ausdruck aber schärfer. 300 dpi sind für den Offsetdruck geeignet. Für großformartige Ausdrucke, die größer sind als DIN A3, reichen 200 dpi. Für noch größere Formate wie DIN A0 und größer reichen oft schon 100 dpi, da auch der Betrachtungsabstand größer ist.
- **Komprimierung:** Beim TIFF-Format können Sie eine verlustfreie Komprimierungsart angeben. Diese verändert den Bildinhalt nicht. Bei 8 Bit Farbtiefe können Sie zwischen Ohne, LZW und ZIP wählen. Bei 16 Bit steht nur die ZIP-Kompression zur Verfügung. Da die Kompression verlustfrei ist, sollten Sie sich auf jeden Fall dafür entscheiden. Das spart Platz auf der Festplatte.
- **Dateibenennung bei externer Bearbeitung:** Extern bearbeitete Bilder werden in die Lightroom-Bibliothek reimportiert. Dabei erhalten die Bilder eigene Namen. Normalerweise werden die ursprünglichen Dateinamen einfach um die Bezeichnung »Edit« erweitert.

▲ **Abbildung 5.67**
Um mit Bildern kreativ zu arbeiten, können die Bilder direkt einer anderen Anwendung, hier Adobe Photoshop, übergeben werden.

5.4.4 Register »Dateiverwaltung«

Einige Betriebssysteme und Programme reagieren empfindlich auf Sonderzeichen in Dateinamen. Auch speichern manche Programme Metainformationen unterschiedlich ab. Wie betroffene Daten interpretiert werden, können Sie in diesem Register einstellen.

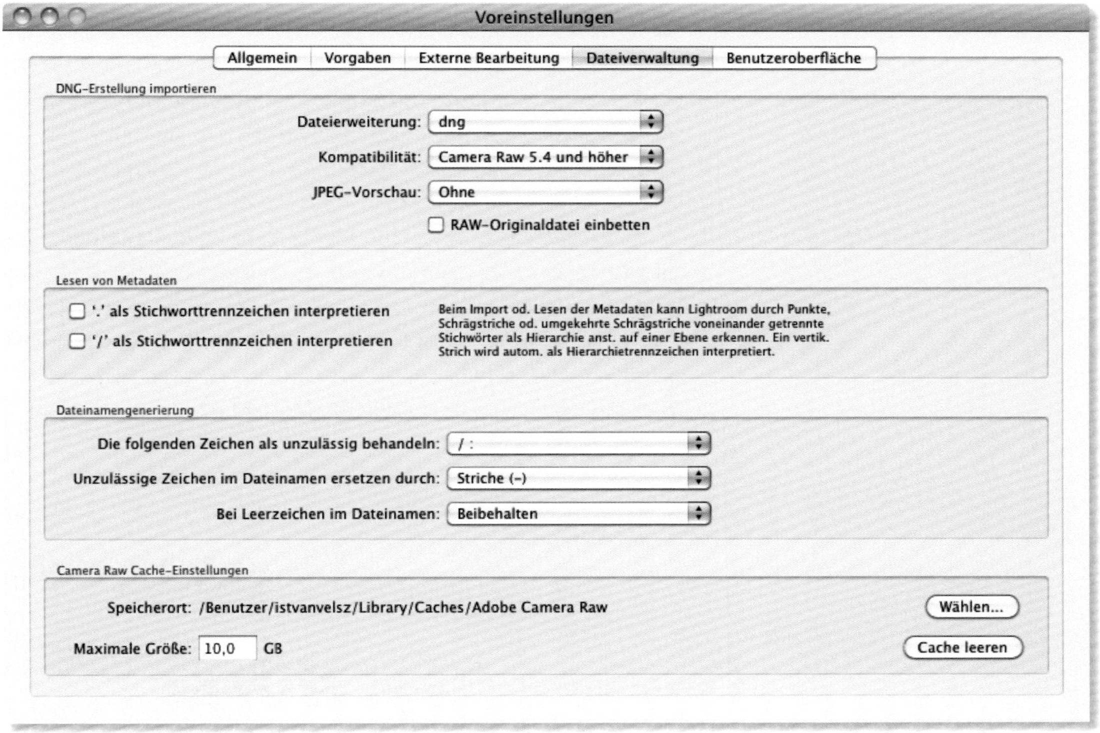

▲ **Abbildung 5.68**
Dialog für die Grundeinstellung des Dateimanagements

DNG-Erstellung importieren | Raw-Bilder können von Lightroom direkt beim Import in das DNG-Format konvertiert werden. Wer bereits früher mit DNG-Bildern gearbeitet hat, kennt eventuell das Programm DNG-Konverter von Adobe. Die dortigen Voreinstellungen entsprechen denen von Lightroom:

- **Dateierweiterung:** Hier können Sie zwischen der Groß- und Kleinschreibung der Dateierweiterung wählen.
- **Kompatibilität:** Hier können Sie die Kompatibilität mit älteren DNG-Versionen garantieren. Dies ist aber nur notwendig, wenn Sie Raw-Bilder mit Personen austauschen, die keine aktuellen DNG-Daten verarbeiten können. Außerdem sollten Sie Raw-Daten besser nicht aus der Hand geben. Denn im Falle von Copyright-Streitigkeiten kann das Besitzen der Raw-Daten ein Beweis dafür sein, dass Sie der Fotograf/Urheber sind.

- **JPEG-Vorschau:** Da Raw-Daten immer erst zu Bilddaten umgerechnet werden müssen (siehe ab Seite 107), viele Programme oder Betriebssysteme dies aber nicht direkt können oder einfach zu viel Zeit dafür benötigen, ist es möglich, JPEG-Vorschaudateien in die DNG-Bilder zu integrieren. Arbeitet man ausschließlich mit Lightroom, benötigt man diese Vorschauen eigentlich nicht, da Lightroom eigene Vorschaubilder erstellt. Man kann dann die Option OHNE aus dem Dropdown-Menü wählen. Wer sich nicht sicher ist, ob er seine Bilder auch mit anderen Programmen betrachten will, sollte mindestens MITTLERE GRÖSSE einstellen.
- **Raw-Originaldatei einbetten:** Beim Konvertieren von Raw-Bildern können nur Daten berücksichtigt werden, deren Funktion bekannt ist. Einige Kamerahersteller schreiben aber Informationen in ihre Raw-Daten, deren Beschreibung sie nicht freigeben. Daher weiß Lightroom – wie auch andere Raw-Bearbeitungsprogramme – dann nicht, wie diese zu interpretieren sind. Die Zusatzinformationen darin gehen also bei der Konvertierung verloren. Damit man aber trotzdem auch später noch auf diese Daten zugreifen kann, kann die Original-Raw-Datei in die DNG-Datei eingebettet werden – dies aber auf Kosten von erheblich mehr Speicherplatz. Dabei ist es fraglich, ob in den Daten Informationen stecken, die für die Darstellung und Bearbeitung wichtig sind. Wenn Sie auf Nummer sicher gehen wollen, aktivieren Sie das Kontrollkästchen.

Lesen von Metadaten | Stichwörter werden als aneinandergereihte Wörter angegeben. Die Begriffe werden durch Kommata getrennt. Lightroom unterstützt auch Stichworthierarchien. Diese werden durch Punkt oder Schrägstrich gekennzeichnet. Verwenden andere Programme diese Zeichen zur Trennung von Stichwörtern, wird daher von Lightroom eine Hierarchie erkannt, wo eigentlich keine ist. Um dies zu verhindern, können die Zeichen zur Trennung von Stichwörtern anders eingestellt werden. Vermeintliche Hierarchien werden dann nicht mehr fehlinterpretiert.

Dateinamengenerierung | Hier können unzulässige Dateinamen automatisch in allgemein zulässige Dateinamen konvertiert werden. Im Einzelnen bedeutet dies:

- **Die folgenden Zeichen als unzulässig behandeln:** Sie können aus zwei Varianten unzulässiger Zeichen wählen.
- **Unzulässige Zeichen im Dateinamen ersetzen durch:** Hier können Sie auswählen, was mit den unzulässigen Zeichen passieren soll.

- **Bei Leerzeichen in Dateinamen:** Hier können Leerzeichen durch Bindestriche (-) oder Unterstriche (_) ersetzt werden.

Camera-Raw-Cache-Einstellungen | Im Cache werden Dateien zwischengespeichert, auf die oft zugegriffen werden muss. Der Zugriff auf den Cache ist schneller, als jedes Mal die benötigten Informationen aus den Originaldaten zu generieren. Hier können Sie die maximale Größe und das Verzeichnis angeben.

5.4.5 Register »Benutzeroberfläche«

In Lightroom lässt sich die Benutzeroberfläche nach eigenen Wünschen anpassen – zumindest in einem gewissen Rahmen.

▼ **Abbildung 5.69**
Dialog für die Voreinstellungen der Benutzeroberfläche

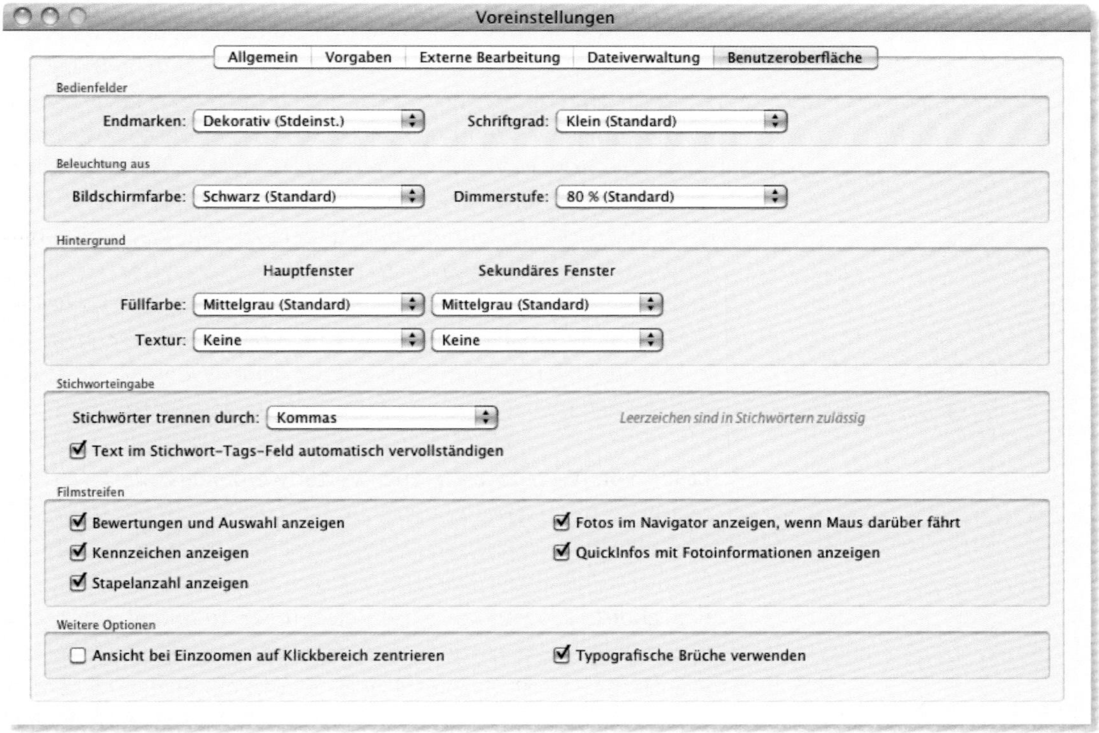

Endmarken | Die geschwungene Bedienfeldendmarke unter dem letzten Bedienfeld markiert das Ende. Sie ist eigentlich nur eine grafische Spielerei, sieht aber nett aus. Wer es jedoch lieber schlicht hat, der kann statt »Dekorativ« auch »Kästchen« wählen. Nicht jeder Benutzer kann die kleine, graue Schrift auf schwarzem Grund gut lesen. Die Einstellung GRÖSSER unter SCHRIFTGRAD ermöglicht es, die Bezeichnungen der Parameter größer darzustellen, um die Lesbarkeit zu erhöhen. Dies ist nur auf großen Monitoren empfehlenswert, da es sonst zu Platzproblemen kommt.

▲ **Abbildung 5.70**
Eigentlich nur Schnickschnack sind die Endmarken am Ende der Bedienfelder. Man kann sie auch ausblenden.

Beleuchtung aus | Über den Menübefehl ANSICHT • BELEUCHTUNG AUS können Sie die Bedienfeldpaletten in zwei Stufen abdunkeln. GEDÄMPFTES LICHT blendet die Paletten teilweise aus, BELEUCHTUNG AUS blendet alles bis auf die Bildansicht schwarz ab.

- **Bildschirmfarbe:** Geben Sie hier die Hintergrundfarbe vor, zu der hin ausgeblendet werden soll.
- **Dimmerstufe:** Diese Einstellung gibt an, wie stark sich der Effekt im Zustand GEDÄMPFTES LICHT auswirkt.

Stichworteingabe | Regelt die Vorgabe für das Eingeben von Stichwörtern im Bedienfeld STICHWÖRTER FESTLEGEN der Bibliothek.

- **Stichwörter trennen durch:** Hier können Sie ein Trennzeichen eingeben, das Lightroom anzeigt, wenn ein neues Stichwort beginnt.
- **Text im Stichwort-Tags-Feld automatisch vervollständigen:** Hier aktivieren Sie die Auto-Vervollständigen-Funktion für die Stichworteingabe.

Hintergrund | Befindet man sich in der Lupenansicht und hat dabei kein Bild markiert, kann auch kein Bild angezeigt werden. Der sichtbare leere Hintergrund kann über die hier vorhandenen Funktionen eingefärbt werden. Er wird dann auch als Hintergrund in den anderen Modulen sichtbar.

Die Angaben lassen sich auch für die Darstellung auf dem zweiten Monitor beziehungsweise im schwebenden sekundären Fenster getrennt vom Hauptmonitor/Hauptfenster einstellen.

- **Füllfarbe:** Wählen Sie hier eine Farbe, mit der der Hintergrund gefüllt werden soll.
- **Textur:** Gibt eine Struktur für den Hintergrund an – etwa ein Streifenmuster.

Filmstreifen | Der Filmstreifen stellt eine Art Mini-Bibliothek ausgewählter Bilder dar und ist in allen Modulen vorhanden. Mit folgenden Vorgaben können Sie ihn einstellen:

- **Bewertungen und Auswahl anzeigen:** Normalerweise werden im Filmstreifen keine Bewertungssterne angezeigt. Ist diese Option aktiviert, werden die Sterne und Markierungen (Flags) unter den Bildern eingeblendet.
- **Kennzeichen anzeigen:** Ist diese Option aktiviert, werden in der rechten unteren Ecke kleine Kennzeichen eingeblendet, wenn das Bild mit Stichwörtern versehen, beschnitten oder im Entwickeln-Modul verändert wurde.

▲ **Abbildung 5.71**
Auch zusätzliche Informationen wie Farbmarkierungen, Bewertung, Quickinfos etc. können im Filmstreifen mit angezeigt werden.

- **Fotos im Navigator anzeigen, wenn Maus darüberfährt:** Ist dieses Kontrollkästchen aktiviert, wird das Bild auch im Navigator-Bedienfeld angezeigt. Dies ist vor allem dann sinnvoll, wenn der Filmstreifen nur recht klein dargestellt wird.
- **Quickinfos mit Fotoinformationen anzeigen:** Bewegt man die Maus über ein Bild und »parkt« sie dort einen Moment, erscheint ein gelbes Feld mit Quickinfos zum Bild. Diese Anzeige kann mit dieser Option verhindert oder erlaubt werden.
- **Stapelanzahl anzeigen:** Aktiviert das Icon zur Symbolisierung von Stapeln und zeigt die Anzahl der enthaltenen Bilder an.

Weitere Optionen | Unten im Dialogfeld finden sich noch die folgenden Optionen:

- **Ansicht bei Einzoomen auf Klickbereich zentrieren:** Diese Einstellung zentriert die Ansicht auf den angeklickten Bereich beim Zoomen von Bildern.
- **Typografische Brüche verwenden:** In den Metadaten angezeigte Bruchzahlen werden mit dieser Einstellung typografisch korrekt dargestellt – zum Beispiel bei »⅓-Blenden«.

5.5 Einstellen des Bildmodus

Wenn der Platz auf dem Monitor nicht ausreicht oder die Menüleiste, die Windows-Taskleiste oder das Dock in Mac OS X stören, hat man die Möglichkeit, diese auszublenden. Dabei wird Lightroom so vergrößert, dass es diese Elemente überlagert. Inklusive der Standardansicht sind in Lightroom drei Bildmodi möglich:

- **Normal (Standardmodus):** Menüleiste, Taskleiste und Dock sind eingeblendet. Zusätzlich wird die Titelzeile des Fensters beziehungsweise des Programms angezeigt.
- **Vollbildschirm mit Menüleiste (Vollbild mit Menü):** In diesem Modus wird nur der Fensterbalken ausgeblendet. Dadurch ist es nicht mehr möglich, das Fenster zu skalieren oder zu verschieben.

TIPP

So können Sie den Bildmodus noch schneller umschalten: Wählen Sie im Menü den Punkt FENSTER, im offenen Menü den Punkt BILDMODUS und den Unterpunkt VOLLBILDSCHIRM. Mit der Taste [F] können Sie durch die einzelnen Bildschirmmodi schalten.

Abbildung 5.72 ▸
Die Standarddarstellung mit Menüleiste und Dock am Mac. Unter Windows sind die Menüleiste und die Schnellstartleiste/Taskleiste zu sehen.

Abbildung 5.73 ▸
Dock oder Taskleiste und Menüleiste lassen sich über das Umschalten des Bildmodus ausblenden. Dies geht auch schnell durch Drücken der F-Taste.

Abbildung 5.74 ▸
Die Beleuchtung der Arbeitsoberfläche kann in Lightroom gedimmt oder sogar komplett abgedunkelt werden. Wählen Sie dafür im Menü Fenster den Punkt Beleuchtung, und aktivieren Sie darin den Unterpunkt Gedämpftes Licht. Mit Beleuchtung aus werden die Bedienelemente komplett ausgeblendet. Sie können durch die einzelnen Beleuchtungsmodi auch mit der Taste L hin- und herwechseln.

- **Vollbildschirm (Vollbild):** Hier wird zusätzlich die Taskleiste beziehungsweise das Dock ausgeblendet. Lightroom nimmt den kompletten Platz auf dem Bildschirm ein, Elemente des Betriebssystems sind nicht mehr zu erkennen. Bewegt man in diesem Modus die Maus an den oberen Bildschirmrand, wird die Menüleiste wieder eingeblendet.

5.6 Die Dateistruktur von Lightroom

Dank dieser Fülle an Einstellungsmöglichkeiten nimmt Lightroom dem Benutzer viel manuelle Verwaltungsarbeit ab. Dabei erzeugt es jede Menge Dateien, die es in einer speziell dafür entworfenen Dateistruktur ablegt. Ein Blick darauf kann nicht schaden – vor allem, wenn man einmal manuell eingreifen muss.

5.6.1 Die Vorgaben-Dateien

Lightroom legt alle Vorgaben in externen Verzeichnissen ab. Diese befinden sich am Mac im Benutzerordner unter LIBRARY/APPLICATION SUPPORT/ADOBE/LIGHTROOM. Unter Windows befinden sich die Dateien unter DOKUMENTE UND EINSTELLUNGEN/{BENUTZERNAME}/ANWENDUNGSDATEIEN/ADOBE/LIGHTROOM.

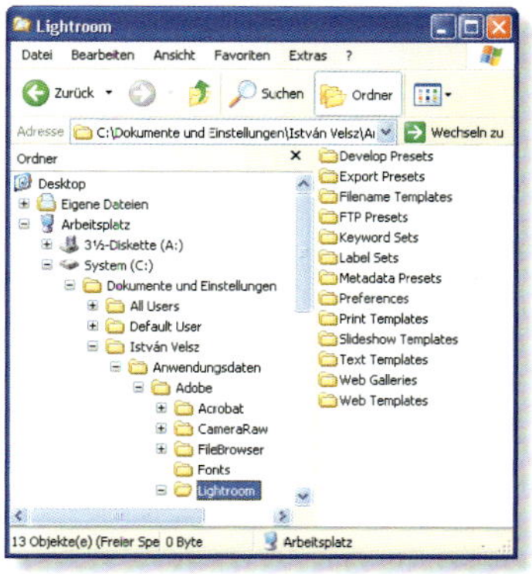

▲ **Abbildung 5.75**
Die Abbildung zeigt den Pfad zum Vorlagenordner unter Microsoft Windows.

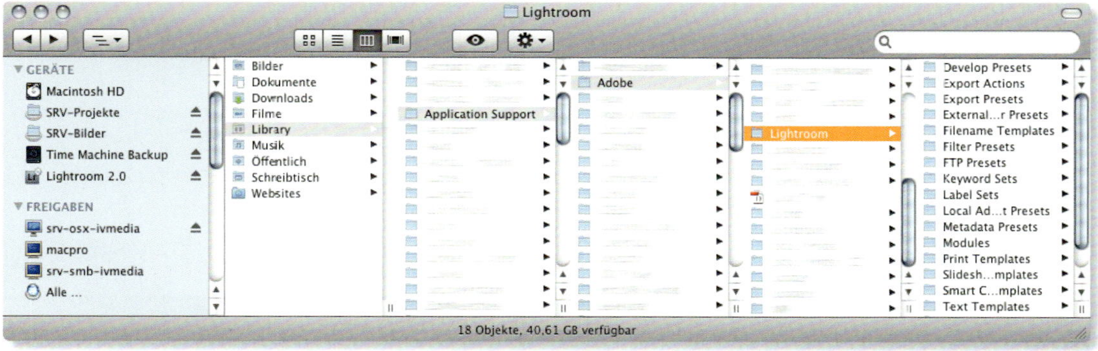

▲ **Abbildung 5.76**
Die Abbildung zeigt den Pfad zum Vorlagenordner unter Mac OS X.

Vorgaben können nicht in einem gemeinsam genutzten Ordner für alle Benutzer abgelegt werden, sondern sie müssen per Hand in den Ordner der anderen Benutzer kopiert werden. Für weniger versierte Benutzer können Vorgaben exportiert und unter einem anderen Benutzer wieder importiert werden. Das Austricksen per Alias beziehungsweise Verknüpfung funktioniert leider nicht.

Vorgaben werden grundsätzlich als Textdateien abgelegt. Ihr Inhalt erinnert an eine Scriptsprache wie zum Beispiel JavaScript. Wer sich ein wenig damit beschäftigt, kann theoretisch auch eigene Vorgaben programmieren. Allerdings stellt sich die Frage

```
s = {
    internalName = "Lens Correction Nikkor 50mm f1.4",
    title = "Lens Correction Nikkor 50mm f1.4",
    type = "Develop",
    value = {
        settings = {
            ChromaticAberrationB = 0,
            ChromaticAberrationR = -6,
            ColorNoiseReduction = 5,
            EnableDetail = true,
            EnableLensCorrections = true,
            LuminanceSmoothing = 0,
        },
        uuid = "421CA26E-EC64-11DB-9DD2-00145131B40A",
    },
    version = 0,
}
```

▲ **Abbildung 5.77**
Vorgaben werden als scriptähnliche Textdateien gespeichert.

nach dem Warum, denn es müsste sich dabei um Aufgaben handeln, die mit den bestehenden Funktionen im Programm nicht möglich wären – und da fällt einem auch nach längerem Arbeiten nicht viel ein.

5.6.2 Die Lightroom-Datenbank

Interessant ist die Struktur der Datenbank, in der Lightroom alle relevanten Bildinformationen speichert. Die Default- bzw. Standarddatenbank wird im Ordner BILDER/LIGHTROOM am Mac beziehungsweise unter EIGENE BILDER/LIGHTROOM auf dem Windows-PC des angemeldeten Benutzers erzeugt. Sie besteht aus der Katalogdatei (LIGHTROOM DATABASE.LRDB), einer externen Datei mit den gerenderten Vorschaubildern (LIGHTROOM PREVIEWS.LRDATA) und einem Verzeichnis namens BACKUP. Dort hinein wird in regelmäßigen Abständen die Datenbank gesichert. Den Namen der Datenbank kann man auch ändern, etwa wenn man mit mehr als nur einer Datenbank arbeiten möchte.

Bei einem Backup wird nur die Datenbank selbst gesichert, die Vorschaubilder können ja aus der Datenbank neu generiert werden. Außerdem kann die Datei mit den Vorschaubildern bei mehreren tausend Bildern schnell auf ein paar Gigabyte anwachsen.

▲ **Abbildung 5.78**
Vorschaubilder werden getrennt von der Datenbank gespeichert. Das reduziert die Dateigröße der wichtigen Datei. Previews lassen sich jederzeit neu generieren, eine Datenbank kann nicht mehr rekonstruiert werden. Deshalb gibt es auch die Backup-Funktionen.

5.7 Zusatzmodule für Lightroom

Adobe Lightroom bietet eine eigene Plug-in-Schnittstelle an, mit der man den Funktionsumfang erweitern kann. Allerdings ist diese Erweiterungsfähigkeit nur auf Funktionen beschränkt, die nicht die Module verändern bzw. erweitern. Das bedeutet, es sind Plug-ins für Import, Export, Metainformationen (IPTC, EXIF) etc. möglich, jedoch kann beispielsweise kein eigenes Rauschreduzierungs- oder Maskierungs-Plug-in integriert werden. Plug-ins, die das anbieten, exportieren das Bild in eine externe Anwendung. Weitere Bearbeitungen werden dann an dieser Arbeitskopie vorgenommen. Die zusätzlichen Kopien benötigen meist viel Platz, da sie als 16-Bit-TIFF-Bilder gespeichert werden müssen.

Dennoch sind diese Zusatzmodule sehr hilfreich, denn sie ermöglichen es beispielsweise, Online-Bilddatenbanken wie Gallery2, Coppermine oder Social-Media-Plattformen wie Facebook, Flickr etc. direkt mit Bildern zu versorgen. Die Tethering-Verbindung von Adobe wird auch über diese Plug-ins realisiert.

▲ **Abbildung 5.79**
Der Zusatzmodul-Manager wird über das Datei-Menü aufgerufen.

5.7.1 Zusatzmodule installieren

Im Gegensatz zu Vorgaben können Plug-ins systemübergreifend in einem für alle Benutzer gemeinsamen Ordner abgelegt werden. Plug-ins können sogar an beliebigen Plätzen gespeichert werden.

Sinnvollerweise sollten die Zusatzmodule immer am selben Ort abgelegt werden. Lightroom sieht dafür einen Standardordner vor. Dieser befindet sich unter Mac OS X im Verzeichnis Library • Application Support • Adobe • Lightroom • Modules auf Ihrer Festplatte. Unter Windows sollten die Zusatzmodule unter Documents and Settings • All Users • Anwendungsdaten • Adobe • Lightroom • Modules zu finden sein.

Nach dem Kopieren in die entsprechenden Verzeichnisse sollten die Zusatzmodule im Zusatzmodul-Manager von Lightroom aufgelistet werden. Wenn dies nicht der Fall ist, müssen Sie diese dort hinzufügen.

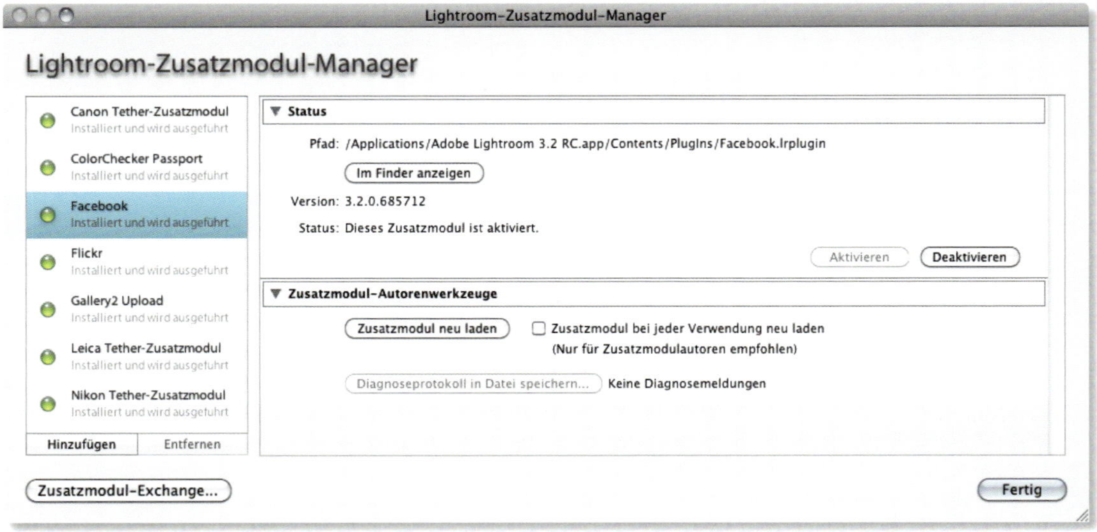

▲ **Abbildung 5.80**
Mit Hilfe des Zusatzmodul-Managers lassen sich die Plug-ins verwalten.

5.7.2 Zusatzmodul-Manager

Im Zusatzmodul-Manager können Sie Plug-ins hinzufügen, aktivieren oder deaktivieren. Darüber hinaus zeigt der Manager auch noch weitere Informationen zu jedem Plug-in an.

Hinzufügen | Über die Schaltfläche links unten können Sie neue Zusatzmodule hinzufügen. Nach dem Anklicken öffnet sich ein Dateidialog, mit dessen Hilfe Sie den Speicherort des Plug-ins angeben können.

Entfernen | Natürlich können Sie Zusatzmodule auch wieder löschen. Dazu wählen Sie ein Plug-in aus der Liste aus und klicken auf die Entfernen-Schaltfläche. Es können aber nur Plug-ins entfernt werden, die nicht im Standardverzeichnis für Module (siehe oben) liegen.

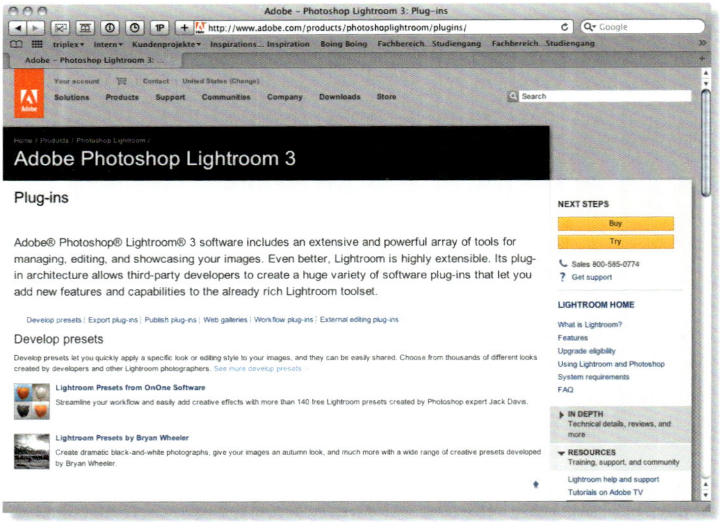

Abbildung 5.81 ▶
Adobe bietet eine eigene Seite mit Links und Downloads zu den wichtigsten Plug-ins und Presets. Diese finden Sie unter *http://www.adobe.com/products/photoshoplightroom/plugins*

Zusatzmodul-Exchange | Über diese Schaltfläche gelangen Sie direkt auf die Website von Adobe Exchange. Dort können Sie Plug-ins herunterladen.

Aktivieren und Deaktivieren | Ist ein Zusatzmodul ausgewählt, können Sie dieses im Informationsbereich rechts temporär deaktivieren und später auch wieder aktivieren. Das ist erforderlich, falls sich Plug-ins gegenseitig beeinflussen und dann eventuell nicht richtig funktionieren. Dann hilft es oft, diese vorübergehend zu deaktivieren.

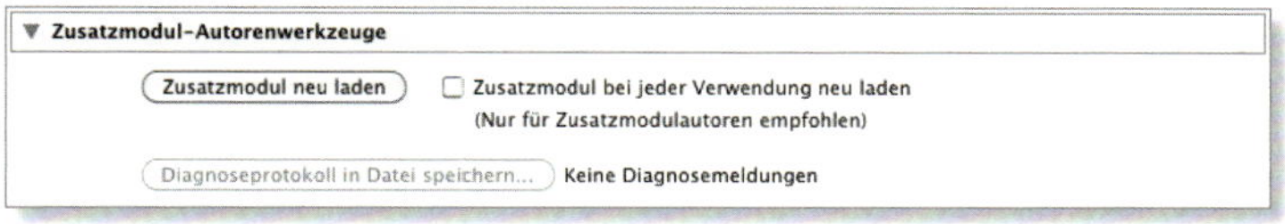

◂ Abbildung 5.82
Für Entwickler bietet der Zusatzmodul-Manager zusätzliche Einstellungen zur Fehlerdiagnose.

Zusatzmodul-Autorenwerkzeuge | Hier aktivieren Entwickler die Darstellung von Fehlermeldungen. Weiterhin können instabile Zusatzmodule bei jeder Verwendung neu geladen werden.

5.7.3 Zusatzmoduloptionen

Einige Plug-ins benötigen zusätzliche Parameter wie zum Beispiel Speicherorte. Diese können auch ohne den Weg über den Zusatzmodul-Manager eingestellt werden. Dazu müssen Sie nur im Menü Datei • Zusatzmoduloptionen das entsprechende Plug-in anwählen.

◂ Abbildung 5.83
Erforderliche Einstellungen für einzelne Plug-ins können über den Menüpunkt Zusatzmoduloptionen eingestellt werden.

Fototipp

Erzählen Sie mit Ihren Bildern Geschichten. Versuchen Sie sich vorher gedanklich ein Thema zurechtzulegen.

Dieses Bild für einen »Spiegel«-Artikel hat den Titel »Püppchen wird flügge«. Es ging um eine Quinceañera, in der 15-jährige Mädchen symbolhaft den Übergang zur Frau erleben – ein vor allem in Lateinamerika weit verbreitetes Ritual. Das Bild symbolisiert den Blick des Mädchens in einen ungewissen neuen Lebensabschnitt.

6 Arbeiten mit Katalogen

Der Katalog ist die physikalische Datenbankdatei von Lightroom. Darin werden alle Bildhinweise, Metadaten, Schlüsselwörter, Entwicklungseinstellungen etc. gespeichert. Der Katalog ist quasi die Projektdatei für Ihre Arbeit mit Lightroom. Geht sie verloren, sind womöglich alle Entwicklungen und Informationen zu den Bildern verschwunden. Man sollte also wissen, wie man mit Katalogen umgeht.

In diesem Kapitel erfahren Sie, wie Sie Kataloge verwalten, prüfen und sichern. Sie erfahren auch, wie Sie Kataloge austauschen und was erforderlich sein kann, wenn Sie auf wechselnden Rechnern arbeiten – etwa auf einem Desktop-Computer und einem Notebook.

▼ Abbildung 6.1
Katalogordner liegen normalerweise auf beiden Betriebssystemen in den benutzereigenen Bilderordnern.

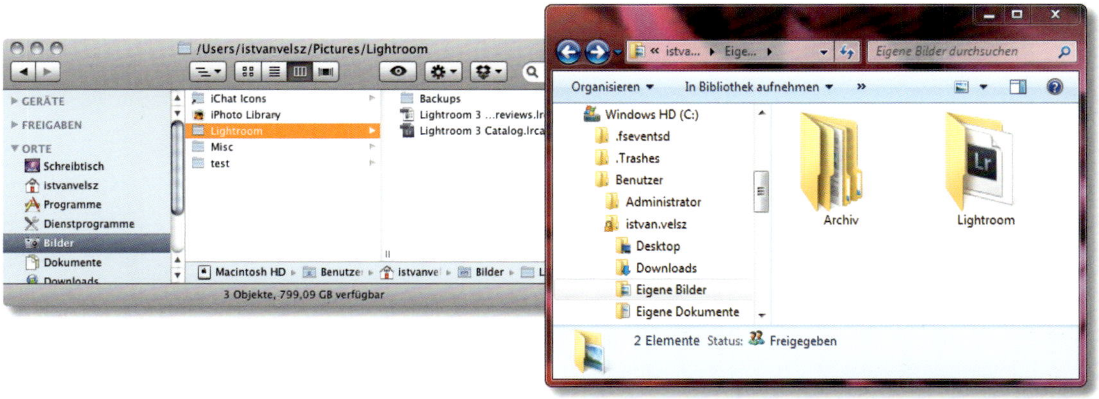

6.1 Einer oder mehrere Kataloge?

Zu Beginn eine Vorüberlegung: Theoretisch ist es möglich, mehrere Kataloge für Lightroom anzulegen. Die Frage ist nur, warum sollte man das tun? Sicher könnte man dann jeden Auftrag oder jede Fotoreise in eine eigene Datenbank importieren. Der Vorteil, dass Sie mit Lightroom all Ihre Bilder zusammen in einem Katalog verwalten können, geht dann aber verloren. Mehrere Kataloge

TIPP

Beim ersten Start legt Lightroom den Katalog in den Lightroom-Ordner direkt im benutzereigenen Bilderordner ab. Arbeitet man mit mehreren Katalogen, sollte man den Standardkatalog mit seinen zugehörigen Daten (Previews, Backup) in einen neuen Unterordner verschieben und weitere Kataloge im Ordner Lightroom anlegen. Dann behält man eine saubere Struktur bei.

machen nur Sinn, wenn sich Bilder in ihren Themen oder Einsatzzwecken nicht überschneiden.

Ich selbst arbeite mit nur einer Bibliothek und noch mit einer zusätzlichen nur für dieses Buch. Anfangs hatte ich einen weiteren Katalog mit Bildern für meine 360°-Panoramafotos. Da hier ein komplettes Panoramabild aus bis zu 75 Einzelbildern besteht, hatte ich mich entschlossen, den Katalog auszulagern. Doch inzwischen regle ich das über Metadaten und Farbmarkierungen.

Wenn Sie Lightroom zum ersten Mal starten, geht das Programm davon aus, dass Sie mit nur einem Katalog arbeiten wollen, und legt einen Standardkatalog an. Dieser trägt sinnigerweise den Namen Lightroom 3 Catalog.lrcat und ist unter Mac OS X zu finden unter dem Benutzerordner in Bilder • Lightroom und auf dem Windows-PC unter Eigene Bilder • Lightroom. Es können beliebig viele Kataloge angelegt oder geöffnet werden, allerdings nicht mehrere gleichzeitig. Auch das Importieren von einzelnen Katalogen in andere Kataloge ist möglich.

6.2 Katalogeinstellungen

Jeder Katalog besitzt in Lightroom seine eigenen Voreinstellungen. Diese geben Informationen zum Katalog, legen das Backup-Intervall, die Vorschaugrößen oder das Verarbeiten der Metadaten fest. Das Voreinstellungsmenü erreichen Sie über den Menübefehl Datei • Katalogeinstellungen oder aus dem Dialog Voreinstellungen im Register Allgemein.

▼ Abbildung 6.2
Katalogeinstellungen zur allgemeinen Dateiinformation und zum Backup-Intervall

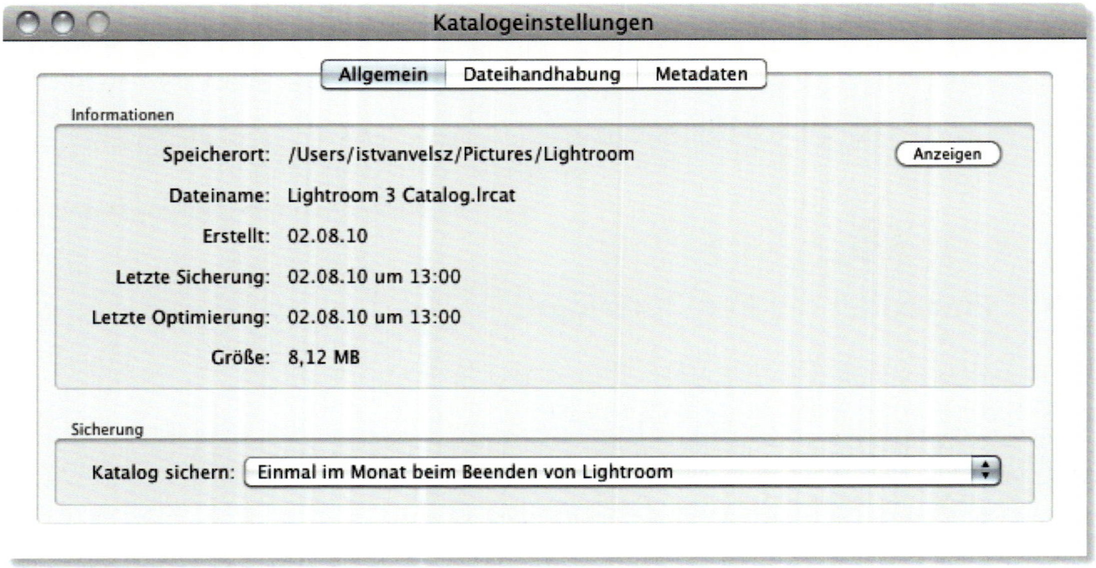

6.2.1 Register »Allgemein«

Im ersten Bereich finden Sie Dateiinformationen und den Speicherpfad des aktuell aufgerufenen Katalogs. Zudem können Sie ein automatisches Backup einstellen und die Dateigrößen optimieren. Im Einzelnen können Sie folgende Optionen anpassen:

Informationen | Hier werden Ort, Größe und Bearbeitungsdatum der Katalogdatei angegeben. Über ANZEIGEN wird der Ordner der Katalogdatei geöffnet, und die Datei darin wird sichtbar.

Sicherung | Kataloge sollten in regelmäßigen Abständen als Kopie gesichert werden. Über das Dropdown-Menü wird dafür ein automatisches Intervall festgelegt. Am besten brennt man die gesicherte Bibliotheksdatei dann noch auf eine DVD. Gesicherte Kataloge befinden sich im Ordner BACKUP des jeweiligen Katalogs.

6.2.2 Register »Dateihandhabung«

Das zweite Register dreht sich um die im Modul BIBLIOTHEK angezeigten Miniaturen der Bilder aus dem jeweiligen Katalog. Zudem kann Ordnung in den Bildimport gebracht werden.

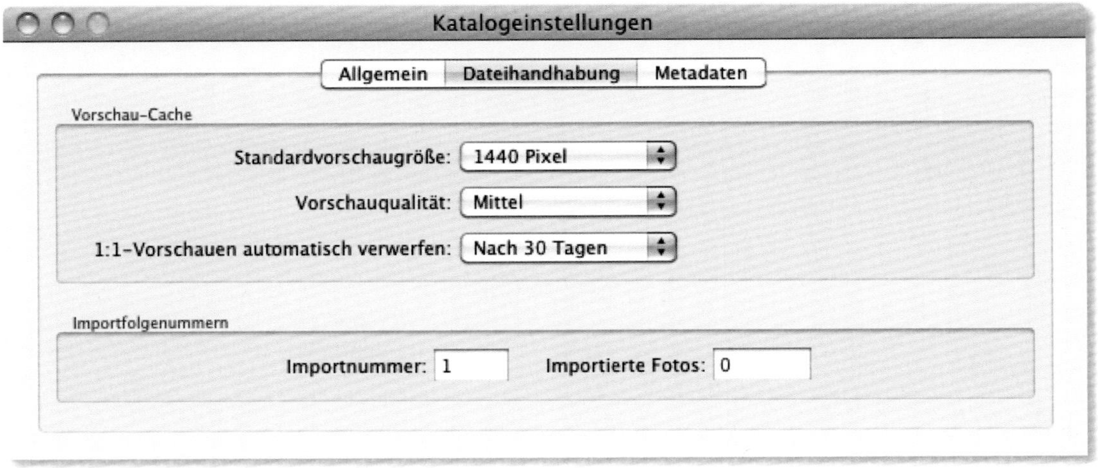

▲ **Abbildung 6.3**
Katalogeinstellungen zur Größe von Previewdateien und zur Nummerierung von Bildern beim Import

Vorschau-Cache | Damit Dateien in der Bibliothek schneller angezeigt werden, erstellt Lightroom Vorschaubilder und legt diese in einer Cachedatei ab. Im oberen Bereich des Einstellungsmenüs kann man die Erstellung und den Umgang mit diesen Vorschaubildern steuern:

- **Standardvorschaugröße:** Hier wird angegeben, in welche Pixelgröße die Vorschaubilder heruntergerechnet werden sollen.

TIPP

Wählen Sie als Vorschaugröße einen Wert, der nicht größer ist als die Auflösung Ihres Notebooks oder Beamers. Das spart Speicherplatz. Stationäre Systeme benötigen ebenfalls keine hohe Vorschaugröße, da sie im Zweifelsfall auch auf die Originaldaten zugreifen können – in der Regel liegen diese ja auf einem lokalen Rechner vor.

- **Vorschauqualität:** Previews werden als komprimierte JPEGs gespeichert. Die Qualität ist dabei abhängig von der Kompressionsrate. Je geringer die Qualitätsstufe, umso geringer ist der benötigte Speicherplatz. MITTEL ist ein guter Kompromiss.
- **1:1-Vorschauen automatisch verwerfen:** Bei Raw-Daten errechnet Lightroom die Vorschaubilder zuerst aus den Einstellungen in den Metadaten. Die dann gezeigten Bilder besitzen die volle Auflösung und sind unkomprimiert. Daher benötigen sie, je nach Auflösung der Kamera, viel Platz – bis zu 30 MB und mehr. Um nicht für Daten, die selten oder nur einmal gebraucht werden, Speicherplatz zu verschwenden, vergisst sie Lightroom nach einiger Zeit wieder. Arbeitet man aber nur mit kurzen Unterbrechungen an einem Bild, wird der Workflow durch die 1:1-Vorschauen beschleunigt. Das Zeitintervall, in dem die 1:1-Vorschauen gelöscht werden, können Sie hier wählen.

Importfolgenummern | Beim Import können die Bilder automatisch durchnummeriert werden. Dazu wird ein Token (Textbaustein) verwendet. Bei jedem Import, der dieses Token verwendet, wird der Zähler für die Bildnummer erhöht. Zusätzlich wird dann auch noch die Anzahl der Importsitzungen (Sequenzen) mitgezählt. Somit werden doppelte Nummern vermieden. Durch Eingabe eines beliebigen Wertes kann in die Zählung eingegriffen werden, zum Beispiel bei einer fehlerhaften Importsequenz.

▼ Abbildung 6.4
Dateien können beim Import mit Nummern versehen werden. So wird beispielsweise verhindert, dass aus Versehen doppelte Dateinamen entstehen.

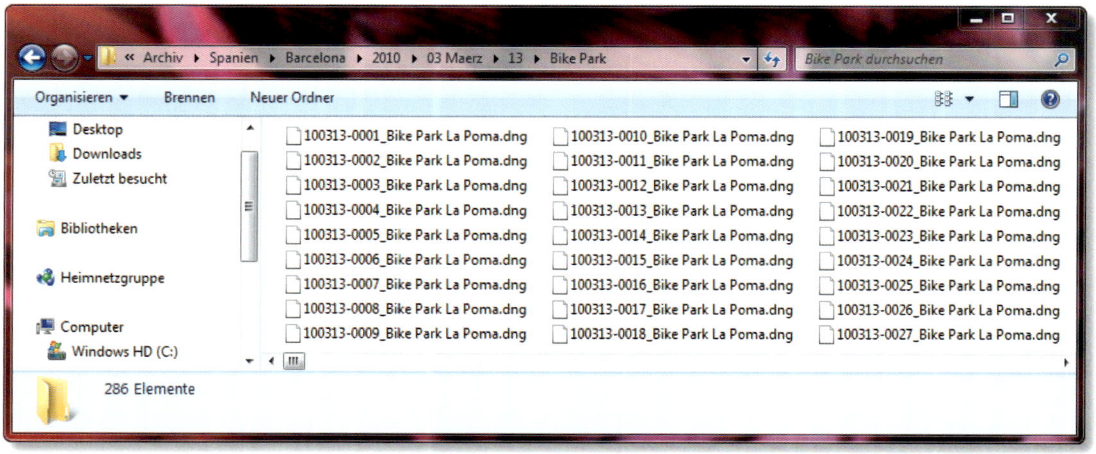

- **Importnummer:** Gibt die Anzahl der Importsitzungen/Sequenzen unter Verwendung des entsprechenden Tokens vor.
- **Importierte Fotos:** Gibt die Anzahl aller importierten Fotos unter Verwendung des entsprechenden Tokens vor.

6.2.3 Register »Metadaten«

Das letzte Register dient dazu, die Anzeige und das Speichern der Metadaten zu konfigurieren. Hier kann auch eingestellt werden, dass Lightroom die Metadaten in XMP-Daten schreibt, die auch von anderen Programmen ausgelesen werden können.

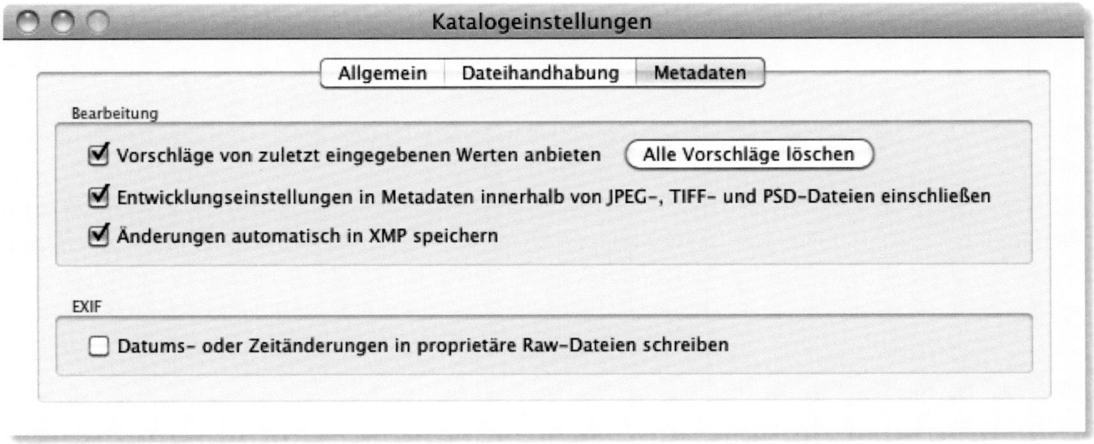

▲ **Abbildung 6.5**
Katalogeinstellungen zur Verarbeitung und Speicherung von Metadaten im Katalog

Vorschläge von zuletzt eingegebenen Werten anbieten | Werden Metadaten für ein Bild eingetragen, speichert Lightroom diese in einer Liste. Beim Eintippen neuer Metadaten wird dort nachgesehen, ob die Buchstabenkombination bereits existiert, und die entsprechenden Wörter werden als Vorschlag angezeigt. Dieses Verfahren wird auch als »Autovervollständigen« bezeichnet und beispielsweise in Webbrowsern bei Webadressen verwendet. Die Liste können Sie mit der Schaltfläche rechts neben der Beschreibung löschen.

Entwicklungseinstellungen in Metadaten innerhalb von JPEG-, TIFF- und PSD-Dateien einschließen | Entwicklungseinstellungen können in die Lightroom-Datenbank oder in den XMP-Teil der Dateien geschrieben werden. Bei aktiviertem Kontrollkästchen schreibt Lightroom die Daten in die Datei. Andere Programme können somit die Entwicklungseinstellung übernehmen. Allerdings funktioniert das bisher nur mit Lightroom und ACR (Adobe Camera Raw). Das hat aber den Vorteil, dass selbst bei einem Verlust der Datenbank die Einstellungen in den Dateien erhalten bleiben. Beim Neuimport sind dann die Einstellungen wieder vorhanden. Für Benutzer, die mit ACR arbeiten, stehen die Einstellungen somit ebenfalls zur Verfügung.

Vorschaubilder
Lightroom zeigt in der Bibliothek in der Regel sehr viele Bilder auf einmal an. Das geht auf die Systemauslastung, vor allem wenn es sich um speicherintensive Raw-Daten handelt. Um die Ressourcen zu schonen, arbeitet Lightroom mit klein gerechneten Vorschaudateien. Ein weiterer Vorteil dabei ist, dass man Bilder so auch betrachten kann, ohne die Originalbilder mit dabeihaben zu müssen – beispielsweise wenn man ohne externe Festplatte mit Laptop unterwegs ist. Sogar eine Diashow kann man aus Previewbildern erzeugen.

Änderungen automatisch in XMP schreiben | Gerade wenn man mit anderen Benutzern an einer Sammlung gleicher Bilder arbeitet, will man nicht unbedingt, dass die Metadaten bei jeder Änderung in die Datei geschrieben werden. Man könnte sonst die jeweils vom anderen vorgenommenen Einstellungen überschreiben. Daher ist es anzuraten, diese Option zu deaktivieren und die Metadaten »von Hand« in die Dateien zu schreiben. Wer aber ausschließlich mit Lightroom arbeitet, kann sie auch aktivieren. Sind sehr viele Dateien in der Bibliothek, kann das Schreiben der Metadaten einige Zeit dauern.

Datums- oder Zeitänderungen in proprietäre Raw-Dateien schreiben | Mit dieser Option wird gesteuert, ob Lightroom ein neues Datum und die Uhrzeit in proprietäre Raw-Dateien schreibt, wenn Sie mit Hilfe des Menübefehls des Bibliothek-Moduls Metadaten • Aufnahmezeit bearbeiten die Metadaten zur Aufnahmezeit eines Fotos ändern. Standardmäßig ist diese Option deaktiviert.

Mit dieser Funktion können Sie beispielsweise auf einer Reise die Aufnahmen an die entsprechende Zeitzone anpassen, ohne das Datum und die Uhrzeit an der Kamera von Hand umstellen zu müssen.

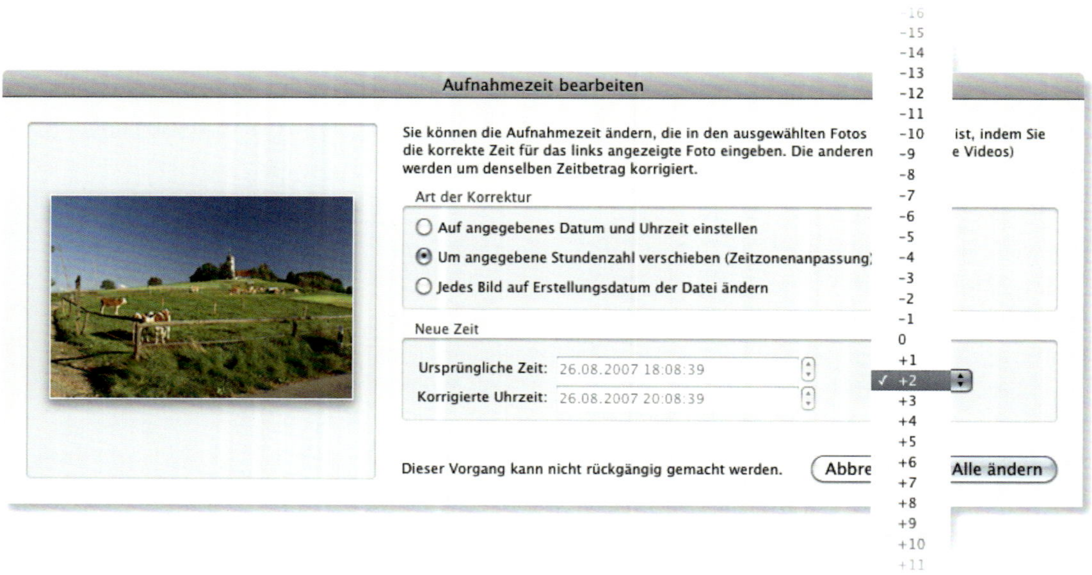

▲ **Abbildung 6.6**
Normalerweise können die EXIF-Aufnahmedaten nicht geändert werden. Nur das Datum kann umgestellt werden, um es beispielsweise an Zeitzonen anzupassen.

6.3 Vorgaben mit Katalog speichern

Arbeitet man mit Lightroom in der Grundeinstellung, werden alle Vorgaben im Systemordner abgelegt (siehe Kapitel 5, Seite 163). Man kann die Vorgaben für Entwicklung, Diashows etc. aber auch zusammen mit dem Katalog speichern. Dabei wird neben den Katalogdateien auch ein Ordner LIGHTROOM-EINSTELLUNGEN abgelegt. Wird diese Option aktiviert, nachdem bereits Vorgaben erstellt wurden, werden diese nicht automatisch in den Ordner übertragen.

Die Einstellung, um die Vorgaben zusammen mit dem Katalog zu speichern, ändern Sie unter den VOREINSTELLUNGEN, die Sie über das Menü LIGHTROOM • VOREINSTELLUNGEN am Mac bzw. BEARBEITEN • VOREINSTELLUNGEN unter Windows erreichen. Aktivieren Sie anschließend im Register VORGABEN die Kontrollbox VORGABEN MIT KATALOG SPEICHERN.

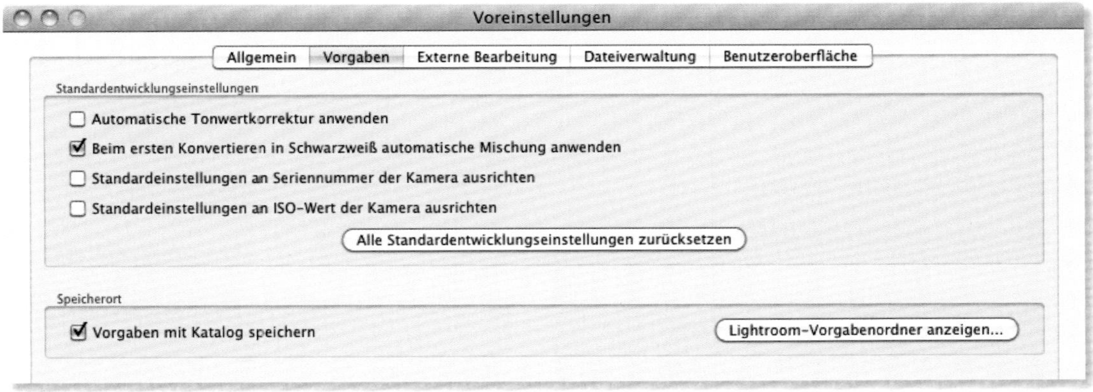

▲ **Abbildung 6.7**
Ist das unterste Kontrollkästchen aktiviert, werden die Vorgaben im selben Ordner wie der Katalog gespeichert.

Dadurch, dass die Vorgaben beim Umschalten nicht kopiert werden, ergeben sich unterschiedliche Szenarien:

- **Lightroom wurde neu installiert, und es sind noch keine Vorgaben angelegt:** Dabei spielt es eigentlich keine Rolle, ob Sie die Option aktivieren oder nicht. Ist die Option aktiviert und Sie legen einen weiteren Katalog an, sind dort keine Vorgaben vorhanden. Sie müssen diese erst in den neuen Katalogordner kopieren.
- **Es wurden schon Vorgaben gespeichert, die Option war bisher aber deaktiviert:** Aktivieren Sie jetzt die Option, verschwinden alle Vorgaben. Sie bleiben jedoch im Vorgabenordner des Betriebssystems. Möchten Sie diese auch in Ihrem Katalog haben, müssen Sie diese aus dem Systemordner in den Ordner LIGHTROOM-EINSTELLUNGEN des Katalogs kopieren.

TIPP

Falls Sie die Vorgaben im System speichern, können Sie eine Verknüpfung zu Ihrem Vorgaben-ordner in dem Ordner ablegen, in dem auch die Katalogdateien liegen. So haben Sie schnell Zugriff auf die Vorgaben, um sie beispielsweise auf den mobilen Rechner zu kopieren.

- **Es wurden bereits Vorgaben erstellt, und die Option war aktiviert:** Deaktivieren Sie die Option jetzt, müssen Sie die Vorgaben aus dem Katalogordner in den Systemordner übertragen. Arbeiten Sie mit mehreren Katalogen und unterschiedlichen Vorgaben und wollen diese jetzt zusammen vereinen, müssen Sie die Einstellungen per Hand in den Systemordner verschieben.

Schritt für Schritt: Vorgaben kopieren beim Wechseln der Option »Vorgaben mit Katalog speichern«

Um die Vorgaben auf andere Computer zu übertragen bzw. um sie zu kopieren, wenn Sie sie für weitere Kataloge benötigen, öffnen Sie den Vorgabenordner von Lightroom.

1 Öffnen des Voreinstellungen-Dialogs

Öffnen Sie den Dialog über das Menü LIGHTROOM • VOREINSTELLUNGEN am Mac bzw. BEARBEITEN • VOREINSTELLUNGEN unter Windows und wechseln in das Register VORGABEN.

▼ Abbildung 6.8
Öffnen der VOREINSTELLUNGEN und Wechseln zum Reiter VORGABEN

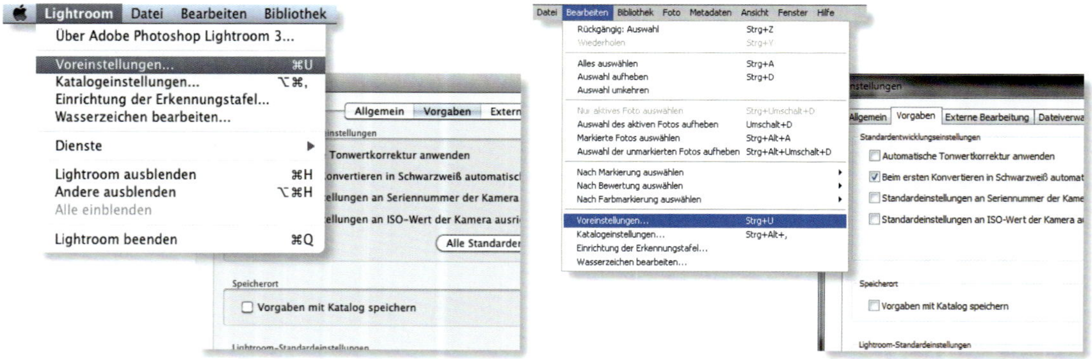

2 Öffnen des Vorgabenordners

Klicken Sie auf die Schaltfläche LIGHTROOM-VORGABENORDNER ANZEIGEN, bevor Sie das Kontrollkästchen aktivieren oder deaktivieren.

Abbildung 6.9 ▶
Über diese Schaltfläche wird der Ordner im Finder bzw. Explorer angezeigt.

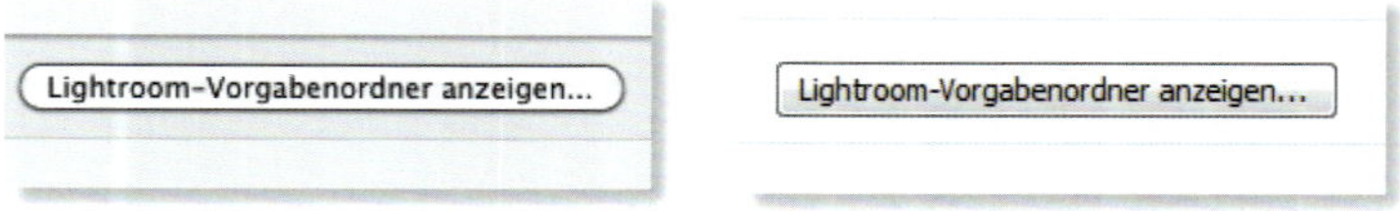

3 Kopieren der Voreinstellungen auf den Schreibtisch

Nachdem der Ordner angezeigt wird, kopieren Sie diesen an einen temporären Platz, zum Beispiel auf den Schreibtisch.

▲ **Abbildung 6.10**
Normalerweise werden Vorgaben im Systemordner des Programms gespeichert. Durch Aktivierung des Kontrollkästchens werden Vorgaben im Ordner des Katalogs gespeichert.

4 Aktivieren/Deaktivieren der Option

Wechseln Sie zu Lightroom, und aktivieren oder deaktivieren Sie im Voreinstellungen-Dialog die Option Vorgaben mit Katalog speichern.

5 Kopieren der Voreinstellungen an einen neuen Ort

Klicken Sie jetzt erneut auf die Schaltfläche Lightroom-Vorgabenordner anzeigen. In den sich daraufhin öffnenden Ordner verschieben Sie jetzt den Inhalt des Vorgabenordners, der sich auf dem Schreibtisch befindet.

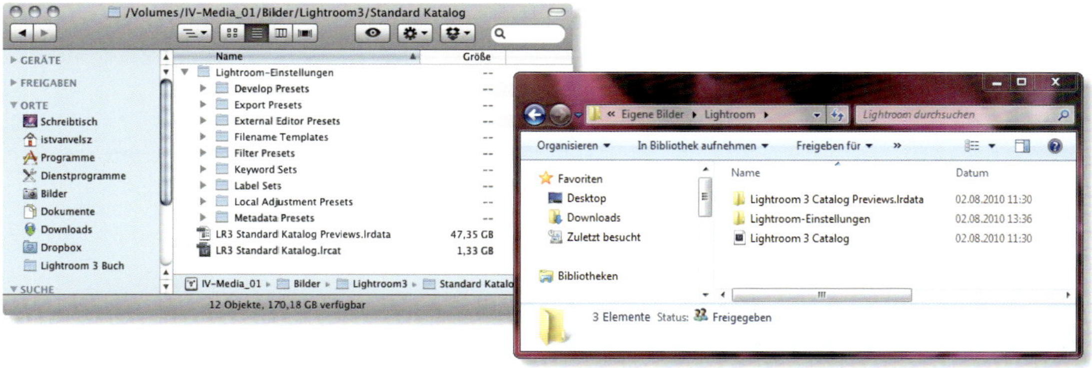

▲ **Abbildung 6.11**
Werden die Vorgaben mit dem Katalog gesichert, wird ein neuer Ordner neben dem Katalog angelegt. Dieser enthält Unterordner mit den Vorgaben. ■

Je nachdem, ob die Option aktiviert oder deaktiviert ist, wird entweder der Vorgabenordner des Systems oder der des Katalogs angezeigt. Wenn Sie sich nicht sicher sind, ob in beiden Ordnern bereits Vorgaben vorhanden sind, die sie nicht überschreiben wollen, müssen Sie die Inhalte der Ordner manuell überprüfen und kopieren.

Nach diesem Prinzip können Sie auch Vorgaben zwischen Katalogen kopieren. Dazu müssen Sie nur die Schaltfläche Lightroom-Vorgabenordner anzeigen anklicken, nachdem Sie den Katalog gewechselt haben.

6.4 Neuen Katalog anlegen und öffnen

Nachdem ein neuer Katalog angelegt wurde, startet Lightroom neu und öffnet den eben erstellten Katalog. Lightroom ist nicht in der Lage, mehrere Kataloge parallel zu öffnen.

Schritt für Schritt: Neuen Katalog erstellen und öffnen

In dieser Anleitung erfahren Sie, wie Sie neben dem Hauptkatalog weitere Kataloge anlegen und diese öffnen.

1 Neuen Katalog anlegen

Wählen Sie den Menüpunkt Datei • Neuer Katalog, und geben Sie einen Namen und Speicherort für den Katalog an.

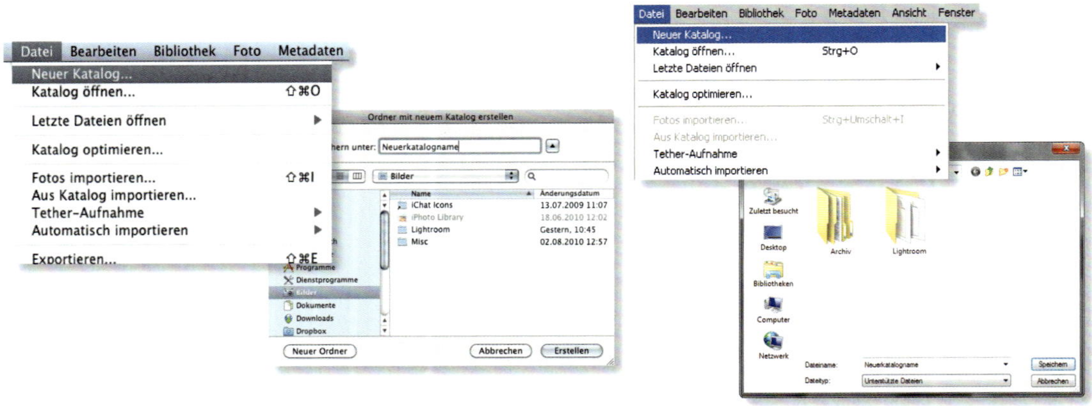

▲ **Abbildung 6.12**
Über den Menübefehl Datei • Neuer Katalog können Sie weitere Kataloge erstellen.

Für den neuen Katalog wird ein Ordner mit dem angegebenen Namen erstellt. In diesem Ordner liegen dann die gleichnamige Katalogdatei und die Vorschaudatei.

Lightroom öffnet immer den zuletzt aktiven Katalog. Wie man das umstellen kann, erfahren Sie im nächsten Abschnitt. Wenn Sie einen anderen Katalog öffnen wollen, geschieht das wie in allen anderen Programmen auch über einen Öffnen-Dialog.

2 Katalog öffnen

Wählen Sie den Menüpunkt Datei • Katalog öffnen, und wählen Sie die Katalogdatei aus, die Sie öffnen wollen. Lightroom startet daraufhin mit dem gewählten Katalog neu. ■

6.5 Katalog beim Programmstart wählen

Es ist auch möglich, Lightroom so voreinzustellen, dass bei jedem Neustart gefragt wird, welcher Katalog verwendet werden soll. Diese Option wird über die VOREINSTELLUNGEN aktiviert.

Schritt für Schritt: Katalog beim Programmstart wählen

Wenn Sie oft zwischen Katalogen wechseln müssen, ist es einfacher, die Auswahl beim Starten von Lightroom zu treffen. Hier erfahren Sie, wie Sie Lightroom dahingehend einstellen.

1 Voreinstellungen öffnen

Das Dialogfeld wird am Mac über den Menübefehl LIGHTROOM • VOREINSTELLUNGEN und unter Windows über BEARBEITEN • VOREINSTELLUNGEN geöffnet. Den entsprechenden Parameter finden Sie dann im Register ALLGEMEIN.

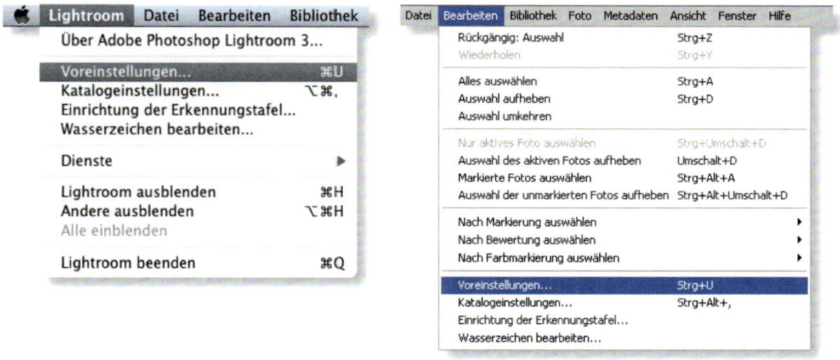

◂ **Abbildung 6.13**
Menübefehle zum Öffnen des Voreinstellungen-Dialogs

2 Beim Starten von Lightroom wählen

In der Parametergruppe STANDARDKATALOG befindet sich ein Dropdown-Menü neben der Beschreibung NACH PROGRAMMSTART FOLGENDEN KATALOG VERWENDEN. Dieses ist normalerweise

▾ **Abbildung 6.14**
Voreinstellungen zum Festlegen des Standardkatalogs

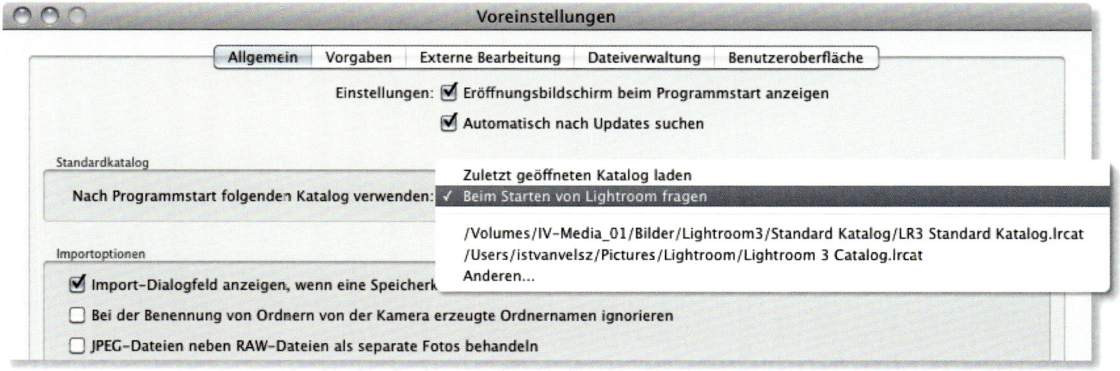

auf Zuletzt geöffneten Katalog laden eingestellt. Klicken Sie es an, und aktivieren Sie den Punkt Beim Starten von Lightroom fragen. ■

Starten Sie jetzt Lightroom neu, erscheint ein Dialog zum Auswählen des Katalogs. In der Liste werden alle bekannten Kataloge angezeigt, die Sie schon einmal geöffnet hatten. Kopieren Sie einen Katalog von einem anderen Rechner, kann es vorkommen, dass dieser nicht angezeigt wird. In diesem Fall können Sie den entsprechenden Katalog über die Schaltfläche Anderen Katalog wählen öffnen. Bei Bedarf kann über die Schaltfläche Neuen Katalog erstellen auch ein neuer Katalog anlegt werden.

▼ **Abbildung 6.15**
Nach dem Starten von Lightroom wird ein Auswahl-Dialogfeld angezeigt.

6.6 Optimieren eines Katalogs

Da es sich bei Lightroom um eine echte Datenbank handelt, können auch hier datenbankspezifische Inkonsistenzen auftreten – vor allem, wenn viele Dateien umbenannt, gelöscht oder Verzeichnisse verschoben werden. Bei solchen Operationen bleibt immer ein Rest in der Datenbank bestehen und erzeugt beispielsweise »tote« Verknüpfungen. Der Verwaltungsaufwand erhöht sich somit, was den Betrieb von Lightroom verlangsamen kann. Es gibt jedoch Möglichkeiten, Datenbanken zu säubern.

Um kleinere Integritätsprobleme zu beheben, kann man die Datenbank beim Starten von Lightroom überprüfen lassen.

Eine Optimierung dagegen sortiert die Einträge neu und legt einen komplett sauberen Katalog an. Man kann das mit einer Defragmentierung der Festplatte vergleichen. Dadurch wird die Verarbeitung beschleunigt. Die Optimierung dauert allerdings länger als eine Prüfung.

Schritt für Schritt: Prüfen der Integrität des Katalogs

Die Integrität prüft und repariert Bezüge innerhalb der Datenbank. Dadurch werden Fehler und Probleme verhindert und repariert – ein Vorgang, den man ab und an ausführen sollte.

1 Ändern der Starteinstellungen

Öffnen Sie das Menü LIGHTROOM • VOREINSTELLUNGEN beziehungsweise BEARBEITEN • VOREINSTELLUNGEN und darin das Register ALLGEMEIN. Ändern Sie das Dropdown-Menü neben NACH PROGRAMMSTART FOLGENDEN KATALOG VERWENDEN auf BEIM STARTEN VON LIGHTROOM FRAGEN. Arbeiten Sie bereits mit mehreren Datenbanken, können Sie diesen Schritt auslassen.

▼ **Abbildung 6.16**
Voreinstellungen zum Festlegen des Standardkatalogs

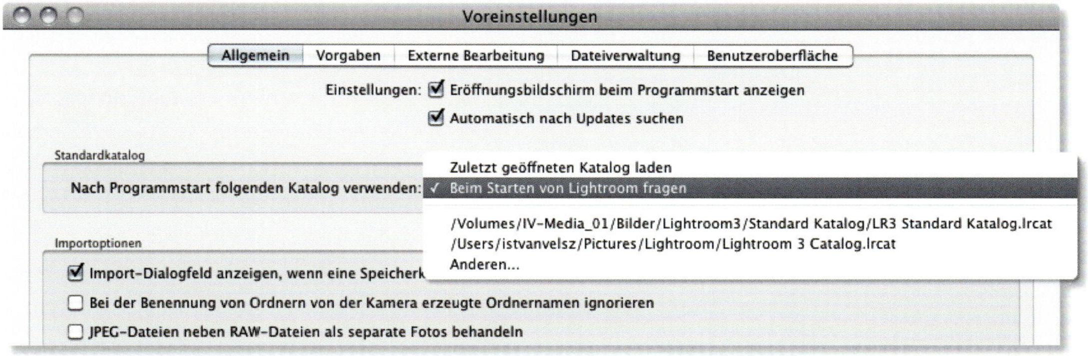

2 Prüfen der Datenbankintegrität

Wenn Sie jetzt Lightroom neu starten, erscheint ein Dialogfeld zum Auswählen einer alternativen Datenbank.

Unter dem Dropdown-Menü finden Sie ein Kontrollkästchen mit der Beschreibung INTEGRITÄT DIESES KATALOGS TESTEN. Aktivieren Sie dieses, wird die Datenbank geprüft, sobald Sie auf die Schaltfläche ÖFFNEN klicken.

▼ **Abbildung 6.17**
Über das Kontrollkästchen wird die Integritätsprüfung des selektierten Katalogs beim Öffnen aktiviert.

Katalog optimieren | Die Optimierung sortiert den Katalog neu und »reinigt« diesen. Eine Optimierung kann nur ausgeführt werden, wenn der Katalog geöffnet ist. Dazu wählen Sie den Menübefehl Datei • Katalog optimieren. Lightroom optimiert daraufhin den aktuellen Katalog. Dieser Vorgang kann je nach Größe des Katalogs einige Minuten dauern.

Diese Maßnahme empfiehlt sich vor allem dann, wenn Sie viele Dateien verschoben, gelöscht, umbenannt, importiert, also größere Umbaumaßnahmen an der Struktur durchgeführt haben. Die Optimierung kann die Verarbeitungsgeschwindigkeit erhöhen.

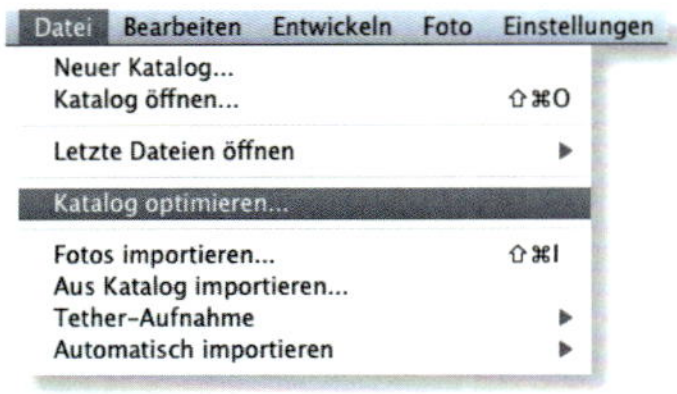

▲ Abbildung 6.18
Über den Menübefehl Datei • Katalog optimieren kann der geöffnete Katalog optimiert werden.

6.7 Sicherungskopien von Katalogen

Lightroom sichert Ihre Datenbank automatisch in ein Backup-Verzeichnis mit aktuellem Datum. Dieses liegt im selben Ordner wie die Datenbank. Ältere Backups werden dabei nicht überschrieben. Diese müssen Sie gegebenenfalls manuell aus dem Verzeichnis löschen.

Bei einem automatischen Backup kann die Datenbank auch auf Inkonsistenzen geprüft und optimiert werden. Die Prüfung der Inkonsistenz wird dabei vor dem Erstellen des Backups durchgeführt, die Optimierung jedoch im laufenden Betrieb.

▼ Abbildung 6.19
Die Katalogeinstellungen sind getrennt von den allgemeinen Voreinstellungen, da sie für jeden Katalog individuell geregelt werden können.

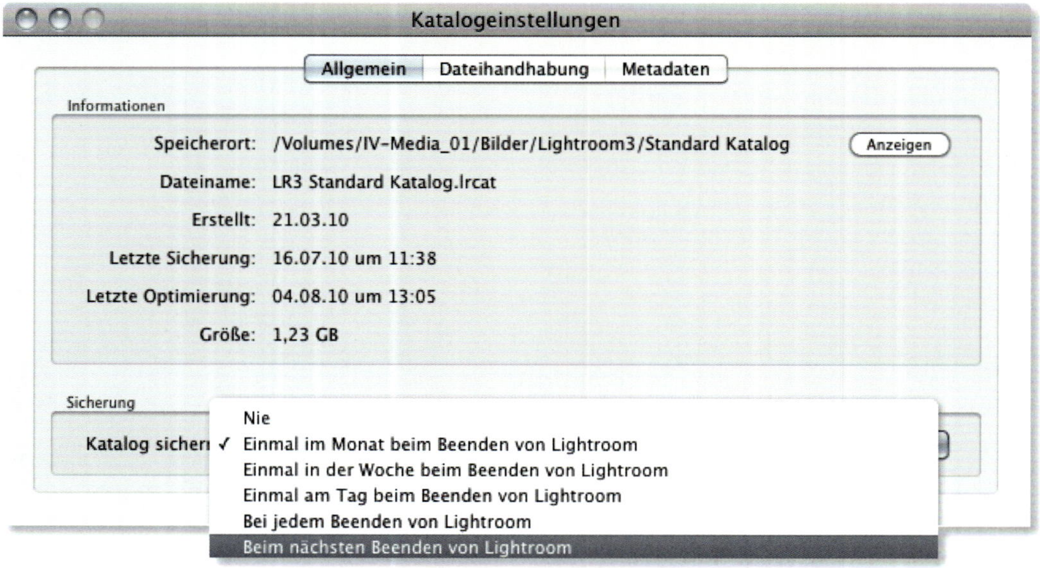

Möchten Sie die Voreinstellung für das Backup-Intervall ändern, öffnen Sie am Mac den Menüpunkt Lightroom • Katalogeinstellungen (unter Windows: Bearbeiten • Katalogeinstellungen). Im Register Allgemein können Sie über das Dropdown-Menü neben Katalog sichern das gewünschte Intervall für die automatischen Backups einstellen.

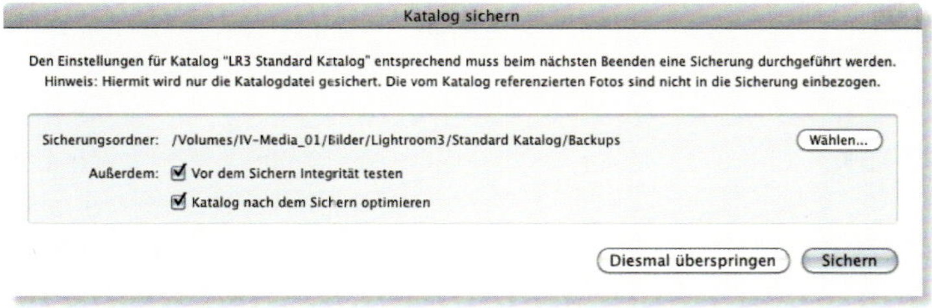

◂ Abbildung 6.20
In regelmäßigen Abständen können Kataloge als Backup gesichert werden. Dabei wird immer eine neue Version angelegt.

Bevor ein Backup ausgeführt wird, werden Sie noch gefragt, ob Sie die Sicherung auch wirklich durchführen wollen. Sie können das Backup dann auch um ein Intervall verschieben oder einen alternativen Speicherort wählen.

6.8 Löschen eines Katalogs

Einen Katalog können Sie nicht innerhalb von Lightroom löschen, sondern nur über das Betriebssystem.

Schließen Sie dafür Lightroom, und wechseln Sie in das Verzeichnis, in dem sich der Katalogordner befindet, den Sie löschen wollen. Ziehen Sie dann einfach das gesamte Verzeichnis in den Papierkorb. Achten Sie dabei unbedingt darauf, dass sich darin keine anderen Kataloge befinden.

▾ Abbildung 6.21
Um einen Katalog zu löschen, müssen Sie den kompletten Ordner mit Katalog- und Preview-Datei in den Papierkorb verschieben.

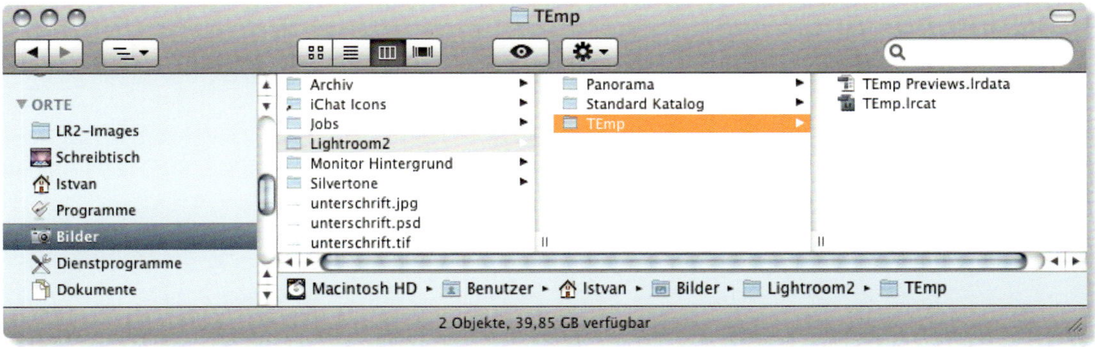

Wenn Sie auch die dazugehörigen Bilder löschen möchten, sollten Sie das vorher über das Bibliothek-Modul erledigen. Befinden sich neben den zu löschenden Bildern auch noch andere im Katalog, ist eine Operation über das Betriebssystem nicht so komfortabel. Sie löschen dann eventuell nämlich die falschen Bilder.

TIPP

Der Menübefehl Letzte Dateien öffnen zeigt Ihnen eine Liste mit den zuletzt geöffneten Katalogen an.

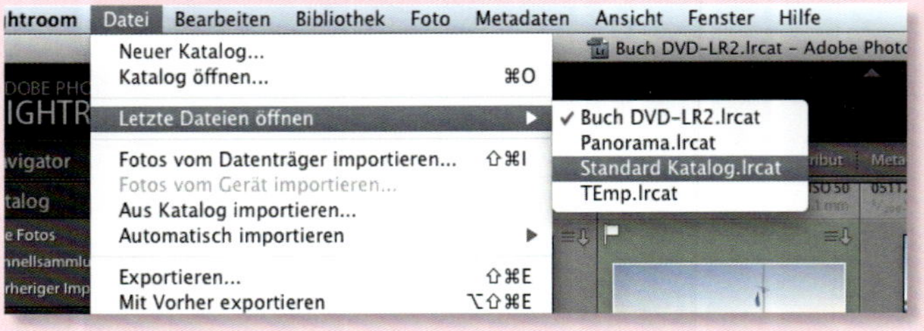

6.9 Bildauswahl als Katalog exportieren

Um flexibel mit Katalogen zu arbeiten, ist es möglich, Teilbereiche aus einem Katalog, zum Beispiel Sammlungen, als eigenständigen Katalog zu exportieren.

Dabei werden die verwendeten Metadaten, Entwicklungseinstellungen und wahlweise die dazugehörigen Raw-Dateien und Previews kopiert. Vor allem für das Sichern erledigter Aufträge ist das eine sinnvolle Funktion.

Schritt für Schritt: Bilder als Katalog exportieren

In dieser Anleitung erfahren Sie, wie Sie eine Zusammenstellung von Bildern als eigenen Katalog exportieren.

1 Bildauswahl erstellen

Selektieren Sie zunächst im Bibliothek-Modul die gewünschten Bilder, indem Sie die Bilder beispielsweise am Mac mit gedrückter [⌘]-Taste (Windows: [Strg]-Taste) anklicken. Sie können auch Sammlungen, Ordner oder nach Metadaten gefilterte Bilder in einen neuen Katalog umschichten. Mehr zur Auswahl von Bildern erfahren Sie auf Seite 244.

2 Als Katalog exportieren

Wählen Sie anschließend den Menüpunkt Datei • Als Katalog exportieren. Sie können zwischen folgenden Optionen wählen:

- Nur ausgewählte Fotos exportieren: Deaktivieren Sie diese Kontrollbox, so werden alle Bilder des Katalogs exportiert. Einen Sinn sehe ich darin nicht, da ich in diesem Fall ja auch einfach den ganzen Katalog kopieren könnte.

- Negativdateien exportieren: Dabei werden auch die zugehörigen Raw-Dateien an den Zielort verschoben.
- Verfügbare Vorschaubilder einschliessen: Hier werden auch Previews exportiert und müssen somit nicht neu erstellt werden.

▼ **Abbildung 6.22**
Eine Bildauswahl kann als eigenständiger Katalog exportiert werden.

6.10 Kataloge importieren

Sie können auch den umgekehrten Weg gehen und Bilder aus einem anderen Katalog importieren, zum Beispiel wenn Sie auf Reisen einen eigenen Katalog für Urlaubsbilder verwenden.

Schritt für Schritt: Bilder aus dem Katalog importieren

Diese Anleitung zeigt, wie Sie einzelne Bilder eines Katalogs in einen anderen importieren.

1 Import-Dialog öffnen

Öffnen Sie jetzt den Standardkatalog bzw. den Katalog, in den Sie die Bilder des mobilen Katalogs importieren möchten. Um den Import-Dialog aufzurufen, wählen Sie den Menübefehl Datei • Aus Katalog importieren.

▼ **Abbildung 6.23**
Menübefehl zum Importieren von Bildern aus anderen Katalogen

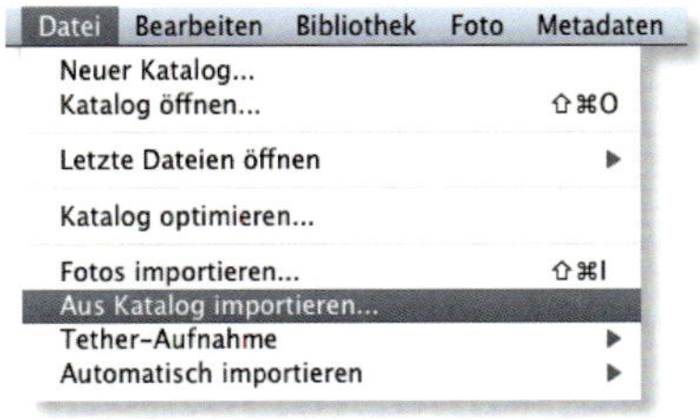

2 Bilder auswählen

Wenn Sie nicht alle Bilder importieren wollen, können Sie auch unerwünschte Bilder vom Import ausschließen. In der Liste

Inhalte des Katalogs ist es sogar möglich, ganze Ordner zu deaktivieren und somit zu verhindern, dass Bilder daraus importiert werden.

Einzelne Bilder können Sie ausschließen, indem Sie zunächst die Vorschau aktivieren. Dazu klicken Sie das Kontrollkästchen Vorschau anzeigen ❶ an. Bei Bildern, die Sie nicht importieren wollen, deaktivieren Sie die entsprechende Kontrollbox, die sich links oben neben dem jeweiligen Thumbnail befindet.

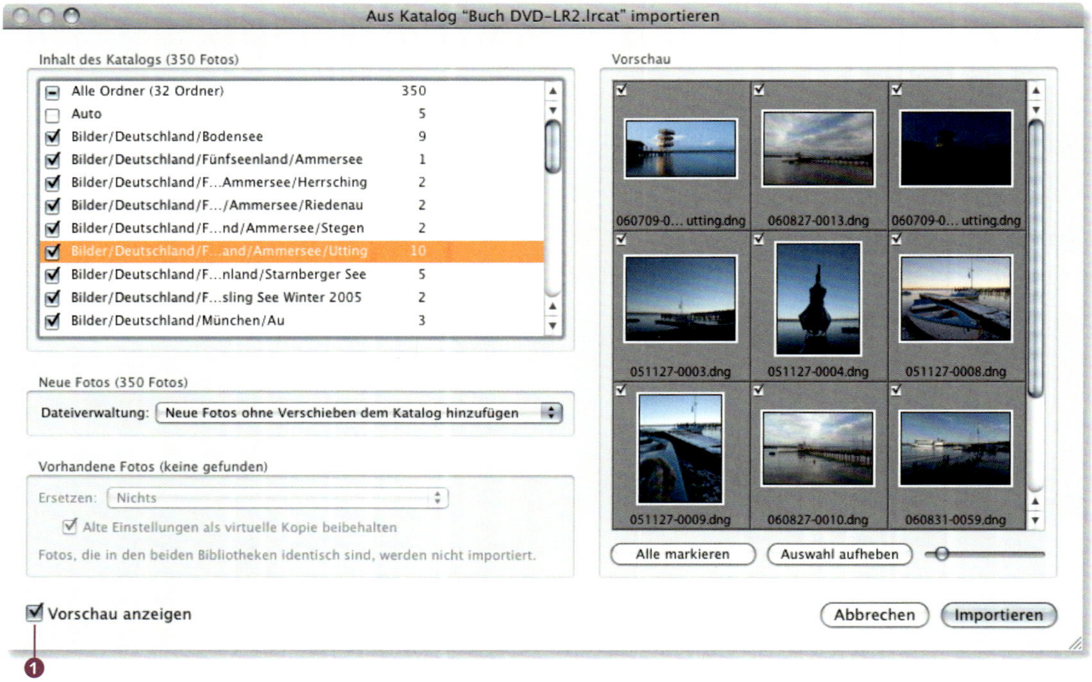

▼ Abbildung 6.24
Der Auswahl-Dialog beim Importieren von Bildern aus anderen Katalogen

3 Dateiverwaltung wählen

Als Nächstes müssen Sie angeben, was mit den Bildern geschehen soll. Befinden sie sich noch auf einem anderen Datenträger, müssen sie an den Ort kopiert werden, an dem sich auch die anderen Bilder befinden. Haben Sie die Bilder schon an ihren endgültigen Ort kopiert, müssen diese nur noch importiert werden. Wählen Sie aus dem Dropdown-Menü Dateiverwaltung eine der folgenden drei Möglichkeiten aus:

- **Neue Fotos ohne Verschieben dem Katalog hinzufügen:** Hierbei werden keine Bilder verschoben. Sie bleiben an ihrem Platz. Die Bilder müssen für diese Option also schon an ihren endgültigen Platz kopiert oder verschoben worden sein.
- **Fotos in einen neuen Ordner kopieren und importieren:** Hier werden die Bilder an einen Ort kopiert, den Sie mit der Schaltfläche auswählen, die unter dem Dropdown erscheint.

Links neben der Schaltfläche wird der aktuelle Zielordner angezeigt.

- **Keine neuen Fotos importieren:** Dies ist ein Sonderfall. Hier werden nur Bilder ersetzt, die bereits in der Datenbank vorhanden sind.

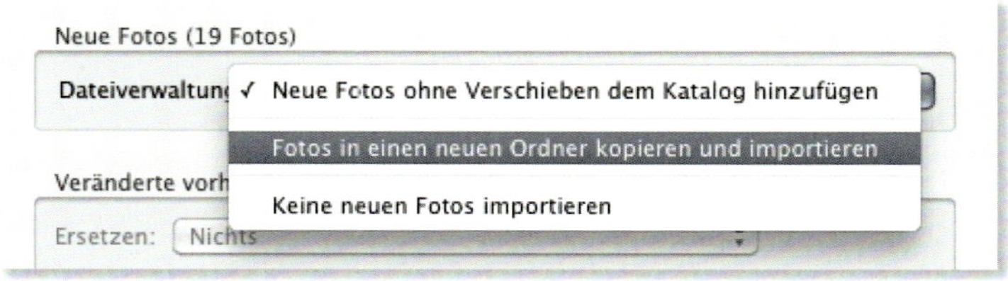

◂ **Abbildung 6.25**
Je nach Auswahl werden entweder nur Einstellungen oder auch Bilder von einem Katalog in einen anderen importiert.

4 Metadaten von vorhandenen Bildern übernehmen

Importieren Sie Bilder, die sich bereits im Ordner befinden, werden nur die Metadaten übernommen. Sie können dazu verschiedene Optionen angeben:

- Ersetzen: Hier geben Sie an, welche Metadaten ersetzt werden sollen. Mit Nur Metadaten und Entwicklungseinstellungen bleiben die Dateien unangetastet. Die Einstellungen aus der Bibliothek und aus dem Entwickeln-Modul werden jedoch aktualisiert. Sollen auch die Raw-Daten überschrieben werden, so wählen Sie die Variante Metadaten, Entwicklungseinstellungen und Negativdateien. Der Menüpunkt Nichts unterbindet den Import von bereits vorhandenen Bildern.

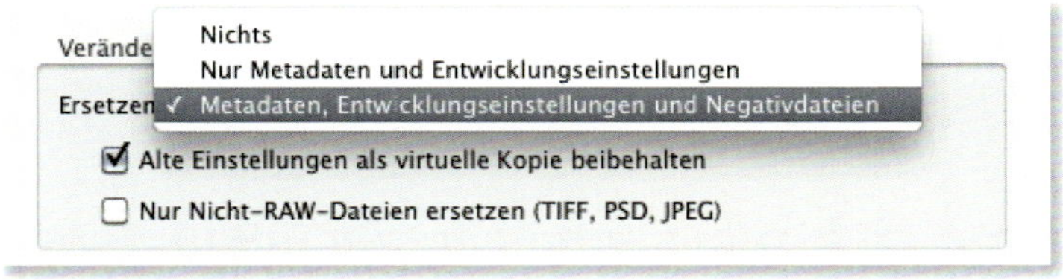

◂ **Abbildung 6.26**
Um zu verhindern, dass Bilder überschrieben werden, hat man die Möglichkeit, bestehende Einstellungen als virtuelle Kopien zu belassen.

- **Alte Einstellungen als virtuelle Kopie beibehalten:** Werden bereits vorhandene Bilder mit anderen Entwicklungseinstellungen und Metadaten importiert, so kann verhindert werden, dass die Einstellungen überschrieben werden. Ist das Kontrollkästchen aktiviert, werden die bereits bestehenden Bilder als virtuelle Kopien angelegt.
- **Nur Nicht-Raw-Dateien ersetzen (TIFF, PSD, JPEG):** Existieren neben doppelten Raw-Dateien noch dazugehörige TIFF-, PSD- oder JPEG-Dateien, so können auch nur diese importiert werden. Die dazugehörigen Raw-Dateien werden ignoriert, wenn diese schon im Katalog vorhanden sind. ■

Virtuelle Kopien
Virtuelle Kopien sind alternative Varianten eines Bildes. Dabei werden nur die Einstellungen als Alternative zum Original gespeichert. Alle virtuellen Kopien eines Originals greifen auf die gleiche Negativdatei zu wie das Original.

Grundsätzlich werden in Lightroom bereits vorhandene Bilder nur dann importiert, wenn ihre Metadaten oder Entwicklungseinstellungen von der vorhandenen Version abweichen. Identische Kopien werden nicht importiert.

6.11 Fehlende Bilder oder Ordner suchen

Durch das Umkopieren von Bildern, Umbenennen oder Verschieben von Ordnern kommt es öfter sogar vor, dass die Bezüge zwischen Katalog und Bildern oder ganzen Ordnern verloren gehen. Dies erkennen Sie daran, dass im Ordner-Browser oder am Bild selbst ein Fragezeichen-Symbol ❶ erscheint.

Klicken Sie mit der rechten Maustaste auf den Ordnernamen in der obersten Hierarchie, und verwenden Sie aus dem Dropdown-Menü den Befehl FEHLENDEN ORDNER SUCHEN. Wählen Sie anschließend im Dialogfeld den entsprechenden Ordner aus. Daraufhin verschwinden die Fragezeichen.

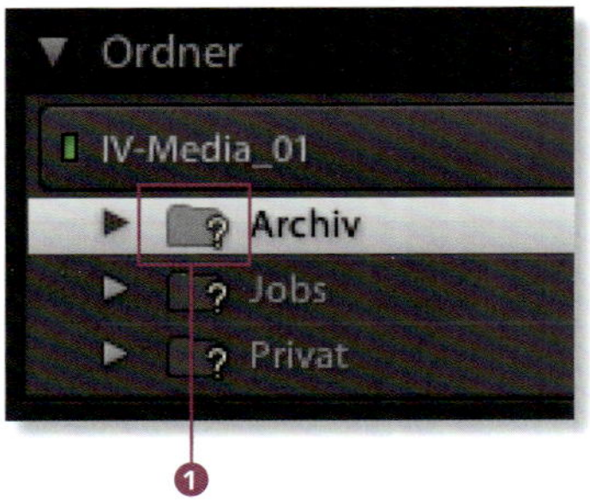

Abbildung 6.27 ▲▶
Fehlende Ordner werden mit Hilfe eines Fragezeichens kenntlich gemacht und können per Rechtsklick erneut verknüpft werden.

Dies funktioniert übrigens auch mit einzelnen Bildern. Sehen Sie oben rechts am Bild ein Fragenzeichen, rechtsklicken Sie darauf, um es neu zu verbinden (siehe Seite 252).

6.12 Lightroom auf mehreren Computern

[NAS]
Ein NAS (Network Attached Storage) ist eine Festplatte mit Netzwerkanschluss. Oft kann in das Gehäuse auch mehr als eine Festplatte eingebaut werden. Jede weitere Festplatte dient zur Vergrößerung des Speicherplatzes oder als Sicherung.

Leider ist es nicht möglich, gemeinsam mit anderen Nutzern an einem Katalog beispielsweise über ein Netzwerk zu arbeiten. Dies macht das Arbeiten mit mehreren Computern leider nicht sehr komfortabel. Jeder Computer muss seinen eigenen Katalog besitzen, und bei Änderungen muss der gesamte Katalog auf die einzelnen Rechner verteilt werden. Dazu gibt es drei Szenarien:

- **Zwei komplett unabhängige Computer:** Hier beherbergt ein Rechner Katalog und Bilder. Zum Austausch müssen beide Verzeichnisse immer komplett kopiert werden. Diese Methode ist vor allem bei großen Datenmengen unpraktisch. Wenn diese Rechner nicht vernetzt sind, kann das Austauschen der Daten sehr zeitintensiv sein.

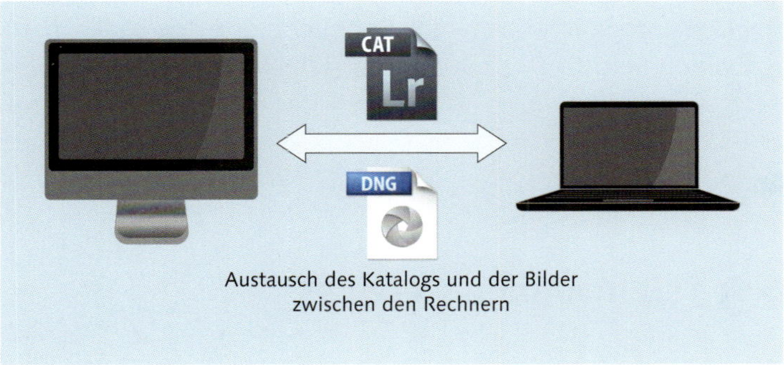

◂ **Abbildung 6.28**
Ohne externes Speichermedium müssen Sie die Bilddaten und Kataloge immer auf den anderen Rechner kopieren. Wenn Sie keine externe Festplatte besitzen, geht das zum Beispiel über WLAN – aber das kann dauern.

- **Zwei unabhängige Computer und eine externe Festplatte:** In diesem Fall bietet es sich an, den Katalog und die Bilder auf die externe Festplatte zu legen und einfach die Festplatte zwischen den Rechnern zu tauschen.

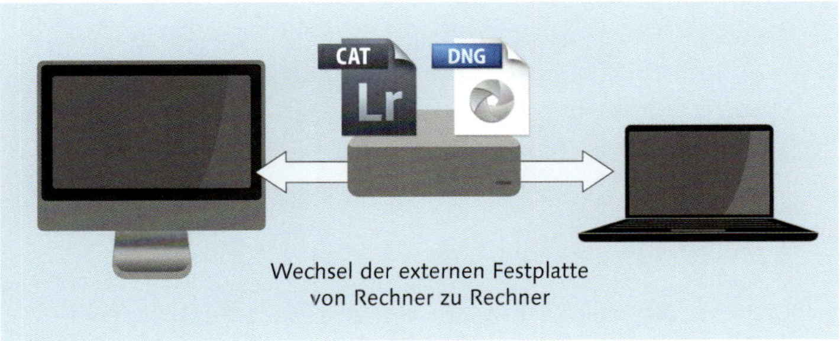

◂ **Abbildung 6.29**
Eine externe Festplatte können Sie immer an den Computer anschließen, mit dem Sie gerade arbeiten wollen.

- **Zwei Rechner und ein Netzwerkserver:** Das ist die komfortabelste Lösung. Dabei liegen alle Bilder auf dem Server oder NAS. Nur die Kataloge müssen zwischen den Rechnern getauscht werden. Da Server meistens über ein Backup-System verfügen und die Kataloge auf beiden Rechnern liegen, ist diese Lösung auch relativ sicher vor Datenverlust. Oft wird der Katalog noch zusätzlich auf dem Server gesichert.

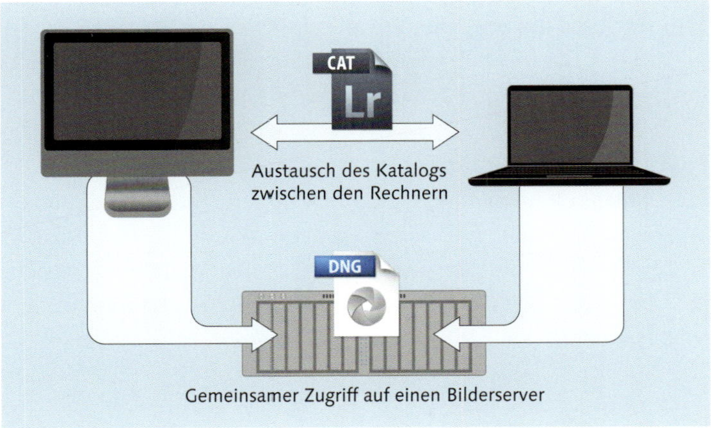

◂ **Abbildung 6.30**
Liegen die Bilder auf einem Netzwerkserver, müssen nur die Kataloge getauscht werden. Das macht man normalerweise nur, wenn es notwendig ist, oder aber regelmäßig einmal am Tag.

Voreinstellungen mit Katalog ablegen | Wenn Sie mit mehreren Computern arbeiten, empfiehlt es sich, die Voreinstellungen immer mit dem Katalog abzulegen. Dazu aktivieren Sie im Dialog der Katalogeinstellungen im Register VORGABEN das Kontrollkästchen VORGABEN MIT KATALOG SPEICHERN. Näheres hierzu finden Sie auf Seite 175.

6.13 Lightroom unterwegs

Wenn Sie Lightroom auf Reisen zur Verfügung haben möchten, müssen Sie noch das Problem der großen Bilddatenmengen mit berücksichtigen. Allerdings gibt es für diese Situationen ein paar Workarounds. Grundsätzlich gilt: Immer genügend Backups haben. Digitale Fotos sind unwiederbringlich und externe Festplatten mittlerweile preiswert!

6.13.1 Ein mobiler Computer mit lokalen Daten

Für Benutzer, die lokal und unterwegs an ein und demselben Gerät arbeiten, gibt es eigentlich nichts Besonderes zu beachten, wenn der Computer mit auf Reisen gehen soll – außer dass Sie vor einer Tour am besten alle Daten sichern.

6.13.2 Ein mobiler Computer mit externer Festplatte

Hier gibt es zwei Szenarien: Entweder es liegen alle Daten, also Katalog und Bilder, auf der externen Festplatte, oder der Katalog liegt auf der internen Festplatte, und nur die Bilder liegen auf der externen Harddisk.

Liegen nur die Bilder auf einer externen Festplatte und die Kataloge sind lokal vorhanden, müssen Sie die Originale nicht mitnehmen, wenn Sie sie nicht bearbeiten wollen. Zum Präsentieren und Bearbeiten der Metadaten reichen die Vorschaubilder aus. Sicherheitshalber sollten Sie den Katalog vor der Abreise aber noch auf der externen Festplatte sichern.

Nehmen Sie die externe Festplatte mit, sollten Sie die gesamten Daten vorher noch auf einem weiteren Medium sichern.

6.13.3 Ein mobiler und ein stationärer Computer

Für Lightroom-Anwender, die unterwegs ein Notebook einsetzen und lokal an einem stationären Desktop-System arbeiten, gibt es bei der Migration der Lightroom-Kataloge einiges zu beachten. Um Ihre Datenbanken portabel zu machen, haben Sie zwei Möglichkeiten:

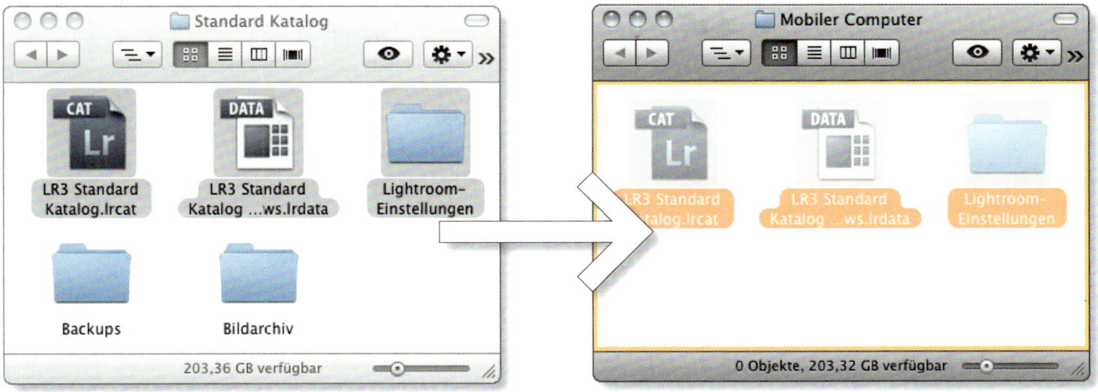

▲ **Abbildung 6.31**
Wenn man auch unterwegs seine Bilder präsentieren will, muss man den bestehenden Katalog inklusive der Vorschaudatei auf den mobilen Rechner kopieren.

Hauptkatalog mitnehmen | Sie nehmen den Standardkatalog mit und importieren in ihn dann alle neuen Bilder. Nach der Reise kopieren Sie den Katalog auf den lokalen Rechner zurück.

- **Vorteil:** Sie können auch unterwegs Ihre Bilder gut präsentieren. Außerdem haben Sie alle Stichwörter parat und müssen diese nicht erst hin- und herkopieren. Alle Bilder sind bereits importiert und müssen nur noch lokal kopiert werden. Darüber hinaus sind sämtliche Zuweisungen zu Kollektionen und virtuelle Kopien bereits angelegt.
- **Nachteil:** Sie müssen die Daten immer vor der Tour auf das Notebook und danach wieder auf den lokalen Rechner kopieren. Dabei sollten Sie die Preview-Datei nicht vergessen, da sonst keine Thumbnails angezeigt werden. Man kann mit dieser Methode auch schon mal damit durcheinanderkommen, auf welchem Rechner der aktuelle Katalog liegt.

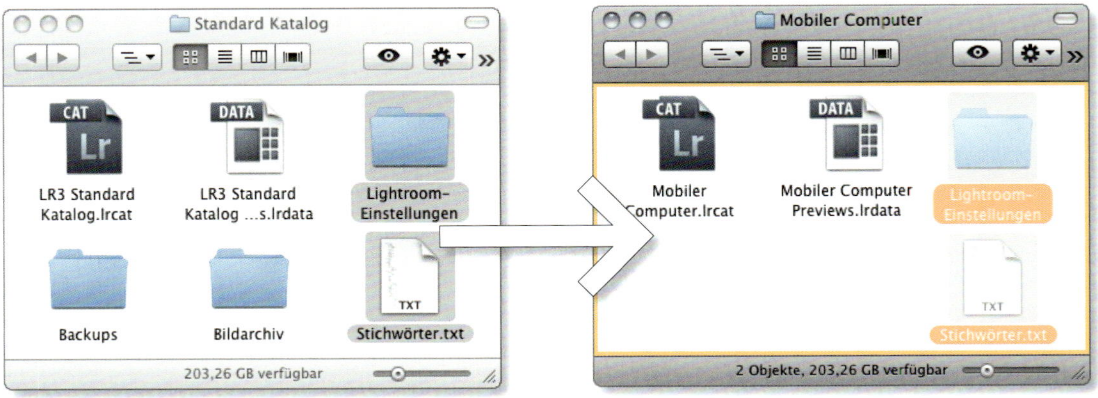

▲ **Abbildung 6.32**
Man kann unterwegs auch mit einem eigenen Katalog arbeiten. Dann benötigt man allerdings die Stichwörter und Voreinstellungen.

Nebenkatalog anlegen | Die zweite Möglichkeit besteht darin, immer einen neuen Katalog pro Reise anzulegen. Zu Hause importiert man dann die Bilder in den bestehenden lokalen Hauptkatalog.

- **Vorteil:** Neue Kataloge lassen sich schneller handhaben. Auch muss man nicht so genau arbeiten. Stichwörter oder Kollektionen weist man erst zu Hause zu, wenn man mehr Zeit dafür hat. Man kann unterwegs etwas schlampiger arbeiten. Oft hat man sowieso nicht die Zeit, den Katalog sauber zu pflegen.
- **Nachteil:** Wenn die Stichwörter des Hauptkatalogs auch in dem portablen Katalog zur Verfügung stehen sollen, muss man diese erst übertragen.

TIPP

Wenn Sie viel mobil arbeiten und die Kataloge hin- und herkopieren, empfiehlt es sich, die Vorgaben im Katalogordner zu speichern. Dies erledigen Sie über die Katalogeinstellungen (siehe Seite 170).

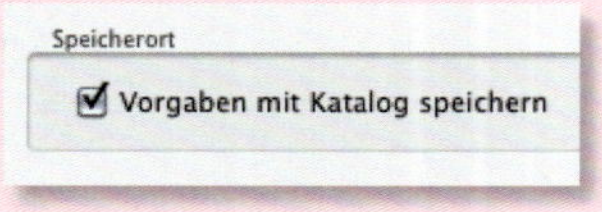

Ich persönlich bevorzuge es immer, meinen kompletten Katalog dabeizuhaben, da man nie weiß, welche Bilder man vielleicht doch auf Reisen präsentieren will. Außerdem gibt es immer wieder mal Zwangspausen, in denen man an der Optimierung seiner Bibliothek arbeiten kann – zum Beispiel im Flieger oder Zug.

Aber die Möglichkeit, Bilder aus unterschiedlichen Katalogen über die Importfunktion zusammenzuführen, gibt einem genügend Freiraum, und jeder kann seine Arbeitsmethode selbst bestimmen.

Nachfolgend finden Sie Schritt-für-Schritt-Anleitungen zum mobilen Arbeiten mit einem stationären Computer und einem mobilen Rechner, z.B. einem Laptop.

Schritt für Schritt: Mobiles Arbeiten mit einem zusätzlichen mobilen Katalog

In diesem Szenario wird davon ausgegangen, dass Sie einen stationären Computer besitzen, auf dem sich der Standardkatalog befindet, und unterwegs ein Notebook verwenden, auf dem Sie einen neuen, leeren Katalog anlegen.

1 Neuen Katalog auf mobilem Rechner anlegen

Öffnen Sie auf dem mobilen Computer Lightroom. Wählen Sie dann aus dem Menü Datei den Befehl Neuer Katalog. Danach können Sie über ein Dialogfeld die Benennung und den Speicherort bestimmen. Nähere Infos zum Erstellen neuer Kataloge finden Sie auf Seite 178.

Für jeden Katalog wird ein eigener Ordner erzeugt. In diesem werden die Katalogdatei, Backups und die Datei mit den Previews abgelegt. Haben Sie in den Katalogeinstellungen die Option Vorgaben mit dem Katalog speichern aktiviert, wird auch noch ein Ordner für die Lightroom-Einstellungen angelegt.

2 Stichwörter exportieren

Bevor man einen neuen Katalog anlegt, sollte man zunächst die Stichwörter exportieren, um sie auch im neuen Katalog zuweisen zu können. Sonst kann es schnell zu inkonsistenten Schreibweisen kommen, was im Endergebnis ärgerlich ist.

Öffnen Sie Ihren Standardkatalog. Wählen Sie dann aus dem Menü METADATEN den Befehl STICHWÖRTER EXPORTIEREN ❶.

Speichern Sie die Stichwörter auf der lokalen Festplatte ab – am besten in dem Verzeichnis, in dem auch Ihr Standardkatalog liegt. Beenden Sie danach Lightroom auf dem stationären Computer.

❶

◄ ▲ **Abbildung 6.33**
Stichwörter können inklusive Hierarchie und Synonyme exportiert und in neue Kataloge wieder importiert werden. Stichwortdateien sind einfache Textfiles.

3 Stichwörter/Vorgaben auf mobilen Rechner kopieren

Damit Sie die Stichwörter unterwegs nutzen können, müssen Sie diese auf den mobilen Rechner kopieren. Wechseln Sie in das Verzeichnis, in dem die Stichwortdatei liegt, und kopieren Sie sie auf den mobilen Rechner.
Das Kopieren können Sie über eine Netzwerkverbindung, eine externe Festplatte oder einen USB-Stick durchführen.

Vergessen Sie nicht die Vorgaben. Haben Sie besondere Voreinstellungen erstellt, mit denen Sie oft arbeiten, sollten Sie diese ebenfalls auf den mobilen Rechner kopieren. Wo sich diese befinden, erfahren Sie auf Seite 152.

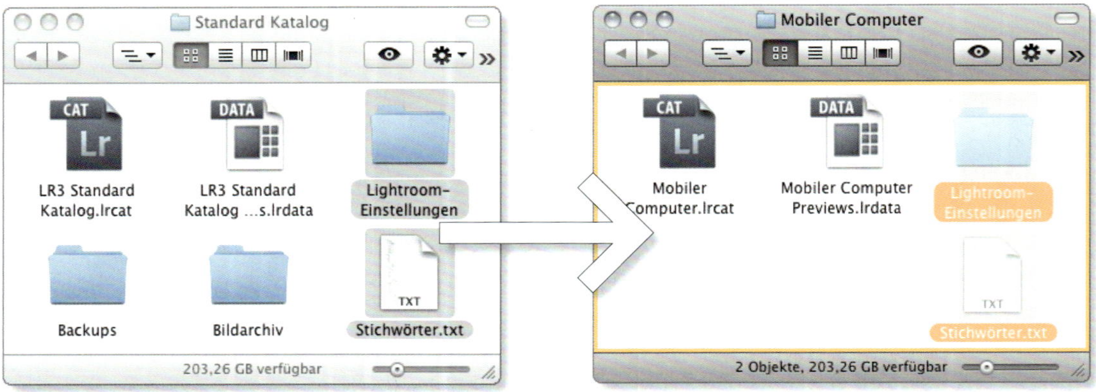

▲ **Abbildung 6.34**
Wenn Sie Stichwörter und Vorgabenordner auf den mobilen Computer kopieren, haben Sie dort Zugriff auf alles.

Am einfachsten geht dies, wenn Sie die Vorgaben immer mit dem Katalog speichern. Dann befinden sich diese direkt bei Ihrem Standardkatalog und lassen sich einfach auf den mobilen Rechner übertragen.

4 Stichwörter importieren

Als Letztes müssen Sie noch die Stichwörter in den Katalog laden. Dazu wählen Sie im Menü Metadaten den Befehl Stichwörter importieren ❶. Wählen Sie dann die Textdatei mit den Stichwörtern aus, die Sie unter Schritt 2 exportiert haben, idealerweise im selben Ordner, in dem sich die Katalogdatei befindet.

Abbildung 6.35 ▶
Stichwortdateien aus anderen Katalogen können in den aktuellen Katalog importiert werden.

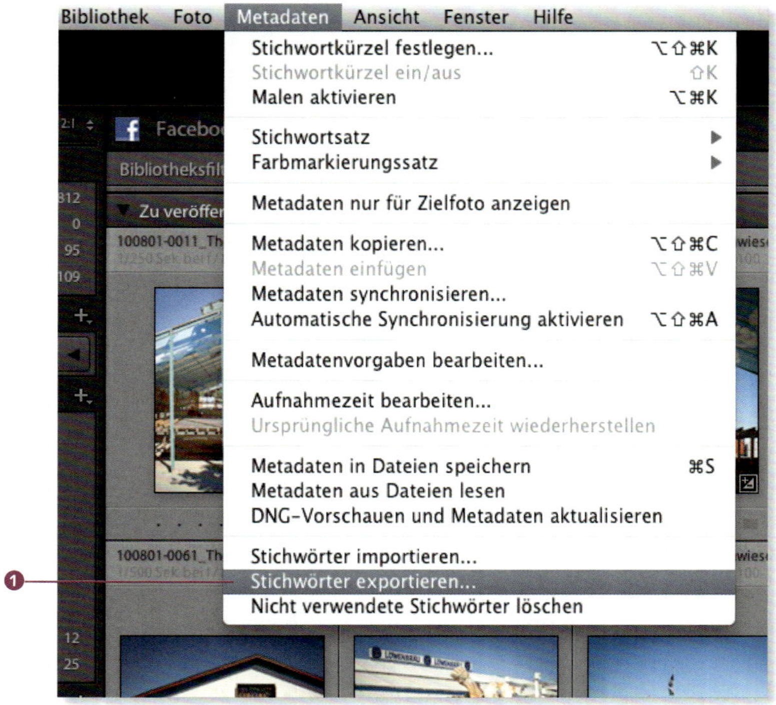

Natürlich können Sie den Katalog auch auf dem lokalen Rechner anlegen und diesen zusammen mit den Vorgaben auf den mobilen Rechner kopieren. Hat man einen leeren Katalog mit Stichwörtern angelegt, könnte man ihn auch als »Vorlage« auf CD brennen. Veränderungen an den Stichwörtern und Vorgaben erfordern dann aber eine neue Vorlagen-CD.

5 Wieder zu Hause

Sind Sie von ihrer Reise zurück, kopieren Sie den Katalog und die gemachten Bilder auf den Hauptrechner. Dann öffnen Sie den Katalog und kontrollieren, ob der Bilderordner gefunden wird. Wenn nicht, aktualisieren Sie die Verknüpfungen, wie es auf Seite 188 beschrieben ist.

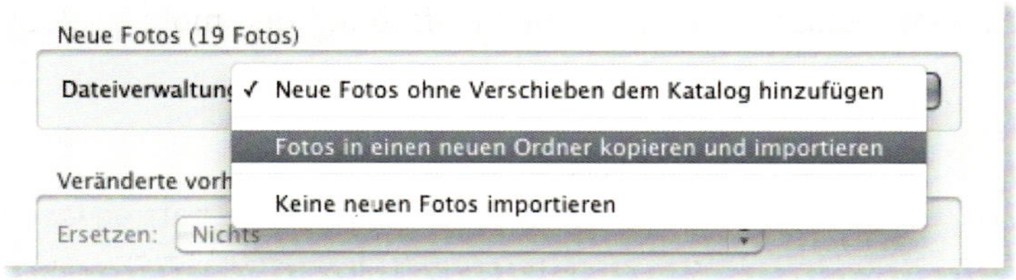

◂ **Abbildung 6.36**
Beim Import werden Bilder an einen Zielordner auf der Festplatte des stationären Rechners kopiert und importiert.

Danach öffnen Sie Ihren Hauptkatalog und importieren den gesamten mobilen Katalog (Seite 185). Dabei aktivieren Sie die Option Fotos in einen neuen Ordner kopieren und importieren und geben einen Ordner in Ihrem Hauptbilderordner an. ■

Schritt für Schritt: Mobiles Arbeiten mit einem einzigen Katalog

Dies ist meine bevorzugte Methode. Ich besitze im Büro einen stationären Computer, und das Bildarchiv liegt auf einem Server. Unterwegs nehme ich alles auf dem Laptop mit, bis auf die Originalbilder – die haben keinen Platz. Sie müssen für diese Vorgehensweise allerdings keinen Server besitzen, die Bilder können auch auf dem Hauptrechner oder einer externen Festplatte liegen.

1 Vorgaben im Katalog speichern

Idealerweise speichern Sie die Vorgaben mit dem Katalog, dann werden diese einfach beim Übertragen des Katalogs mit auf den mobilen Rechner kopiert. Dazu müssen Sie in den Katalogeinstellungen im Register Vorgaben die Kontrollbox Vorgaben mit Katalog speichern aktivieren (Seite 175).

Falls Sie die Option aktivieren und Sie bereits Vorgaben gespeichert haben, müssen Sie diese aus dem Systemordner (Seite 163) in Ihren Katalogordner kopieren.

2 Katalog auf mobilen Rechner kopieren

Jetzt müssen Sie den Katalog mit den Preview-Dateien und Vorgaben auf den mobilen Rechner kopieren. Den Backup-Ordner benötigen Sie nicht.

Unterwegs können Sie in Ihren Hauptkatalog beliebig Bilder importieren. Von Bildern, die bereits in Ihrem Katalog vorhanden sind, können Sie nur die Metadaten bearbeiten oder diese präsentieren. Entwicklungen können Sie keine durchführen.

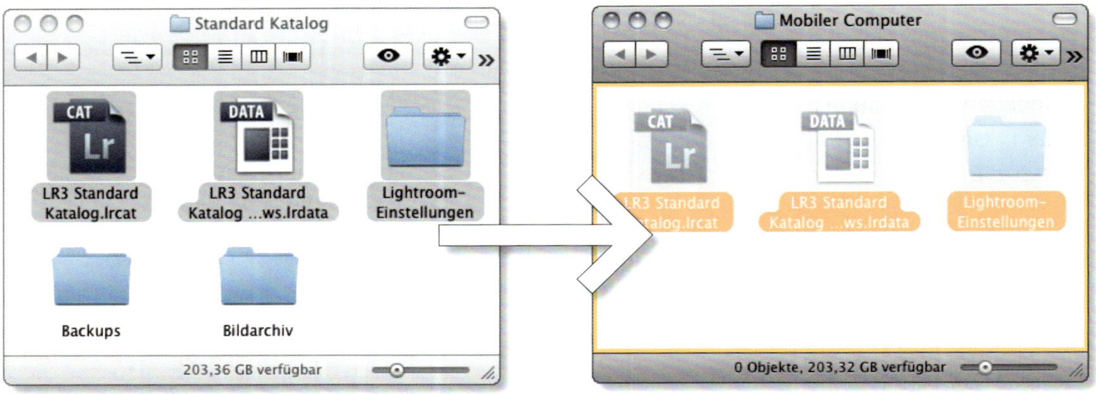

▼ Abbildung 6.37
Auf dem mobilen Rechner benötigen Sie nur die Katalogdatei, die Previews und die Lightroom-Einstellungen.

3 Wieder zu Hause

Wieder zu Hause, kopieren Sie einfach den Katalog mit allen Previews, Vorgaben und Bildern auf Ihren stationären Computer zurück. Den dort vorhandenen Katalog können Sie überschreiben. Besser noch: Sie benennen den Hauptkatalog vorher um, damit dieser, im Falle eines Schreib- oder Lesefehlers, als Backup dienen kann.

Öffnen Sie dann den Katalog auf Ihrem Hauptrechner, und kontrollieren Sie die Verknüpfungen zu Ihren neuen Bildern. Diese werden eventuell nicht gefunden. Dann müssen Sie die Verknüpfungen wiederherstellen (siehe Seite 188). Danach können Sie in Lightroom die Bilder über die Ordner-Bedienpalette verschieben oder umbenennen (siehe Seiten 251, 252). ■

7 Bilder importieren

Lightroom arbeitet mit einem datenbankbasierten Katalog, in den alle Bilder importiert werden müssen. Auf die Originalbilder wird zwar über die Ordner des Betriebssystems zugegriffen, aber trotzdem müssen die Bilder für die Verwaltung und Entwicklung in die Datenbank importiert werden. Wenn Sie bisher Ihre Bildern über Ordner verwaltet haben, mag es umständlich erscheinen, erst die Bilder in Lightroom zu importieren. Erledigen Sie diesen Vorgang, anstatt die Bilder auf den Rechner zu kopieren, werden Sie sich schnell an den Workflow gewöhnen, und es geht Ihnen keine zusätzliche Zeit verloren.

▼ Abbildung 7.1
Der Importdialog von Lightroom 3 wurde komplett überarbeitet.

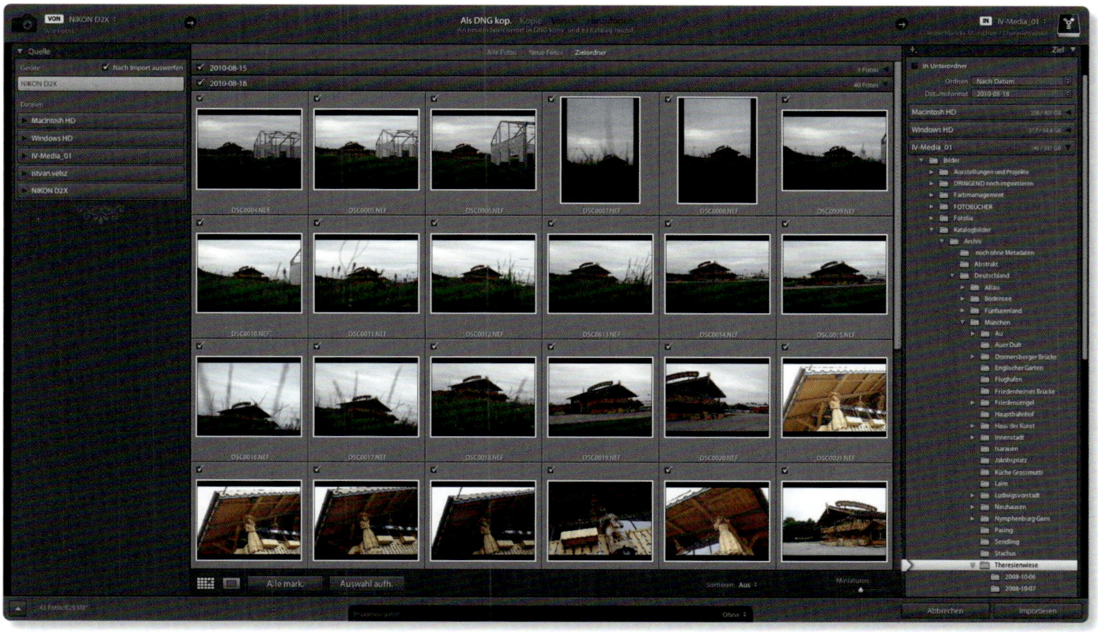

Bilder können auf drei verschiedene Arten importiert werden: von der Festplatte, einer Speicherkarte oder direkt während der Aufnahme von der Kamera (*Tethering*). Der Importvorgang von Festplatte und Speicherkarte funktioniert nahezu identisch.

7.1 Importvorbereitung

Die meistangewendeten Methoden sind der Import von einer Kamera, einem Kartenleser oder der Festplatte. Darüber hinaus lassen sich in Lightroom auch Bilder aus anderen Katalogen importieren oder neue Inhalte mit Einstellungen aus bereits importierten Ordnern synchronisieren. Alternativ kann ein Ordner auf der Festplatte auch überwacht werden: Werden darin dann neue Bilder abgelegt oder bearbeitet, werden diese auch automatisch in den ausgewählten Lightroom-Katalog importiert.

Unter Mac OS X und auch unter Windows kann automatisch festgelegt werden, was passiert, wenn eine Kamera oder ein Kartenleser an den Computer angeschlossen wird. Hier können Sie dann automatisch Lightroom starten lassen. Ich persönlich bin kein Freund davon, da ich mir nicht gerne vorschreiben lasse, was passiert, wenn ich ein Gerät in die USB-Schnittstelle einstecke. Eventuell will ich die Daten ja auch zuerst auf die Festplatte kopieren oder andere Dinge erledigen.

Unabhängig davon, ob Sie die Bilder von einer Festplatte oder einer Speicherkarte einlesen, öffnet sich derselbe Importdialog.

7.1.1 Unterstützte Formate

Obwohl Lightroom eigentlich ein Raw-Konverter ist, erlaubt das Programm auch den Import anderer Dateiformate. Lightroom unterstützt Bilder bis zu einer Kantenlänge von 65 000 Pixeln und einer Dateigröße kleiner als 512 MB.

Einige Formate können Farben auch im CMYK-Farbsystem, beispielsweise für den Offsetdruck, enthalten. Diese können Sie ebenfalls importieren, Entwicklungseinstellungen werden allerdings im RGB-Farbmodus angewendet. Die Daten liegen beim Exportieren dann auch nur als RGB-Dateien vor.

TIPP

Um Raw-Formate direkt zu unterstützen, ist eine Art Treiber nötig. Diese Treiber sind in Lightroom integriert. Ob Ihre Kamera unterstützt wird, erfahren Sie auf der Adobe-Website unter *http://www.adobe.com/de/products/photoshop/cameraraw.html*.

Raw-Formate | Lightroom kann zahlreiche proprietäre Raw-Formate verarbeiten. Dazu werden nahezu vierteljährlich Updates veröffentlicht, die dann auch neuere Kameras unterstützen. Welche Kameras von Lightroom direkt unterstützt werden, finden Sie auf der Website von Adobe heraus *(http://www.adobe.com/de/products/photoshop/cameraraw.html)*. Neben diesen herstellerabhängigen Raw-Formaten kann auch das herstellerunabhängige Raw-Format DNG verwendet werden (siehe Seite 118 oder unter *http://www.adobe.com/de/products/dng/*).

TIFF-Format | Das TIFF-Format hat sich als Austauschformat für Bilddaten bewährt und bietet nahezu keine Einschränkung in

Größe, Farbtiefe, Farbsystem etc. Es bietet unter anderem auch die Möglichkeit einer verlustfreien Kompression, was es zum idealen Austauschformat mit anderen Programmen macht.

JPEG | Das JPEG-Format ist vor allem für den Datenaustausch über das Internet geeignet, besitzt aber eine verlustbehaftete Kompression.

PSD | PSD (Photoshop) ist das Standardformat für Photoshop-Dateien. Wenn Sie eine PSD-Datei mit mehreren Ebenen in Lightroom importieren möchten, müssen Sie die Datei zuvor in Photoshop bei aktivierter Voreinstellung Kompatibilität von PSD- und PSB-Dateien maximieren speichern. Lightroom speichert PSD-Dateien mit einer Bittiefe von 8 oder 16 Bit pro Kanal.

Videoformate | Neu in Lightroom 3 ist auch die Unterstützung von Videodateien. Allerdings ist dazu der QuickTime Player erforderlich. iTunes-Besitzer haben diesen schon auf dem Rechner installiert, andere Anwender können ihn unter *http://www.apple.de/quicktime/* herunterladen. Bearbeiten können Sie Videos im Entwickeln-Modul allerdings nicht .

7.1.2 Automatischer Import beim Einlegen einer Speicherkarte

Sie können Lightroom dazu veranlassen, den Import automatisch zu starten, sobald Sie eine Speicherkarte über einen Kartenleser oder die Kamera anschließen. Dazu aktivieren Sie im Dialog Voreinstellungen im Register Allgemein die Option Import-Dialogfeld anzeigen, wenn eine Speicherkarte erkannt wurde.

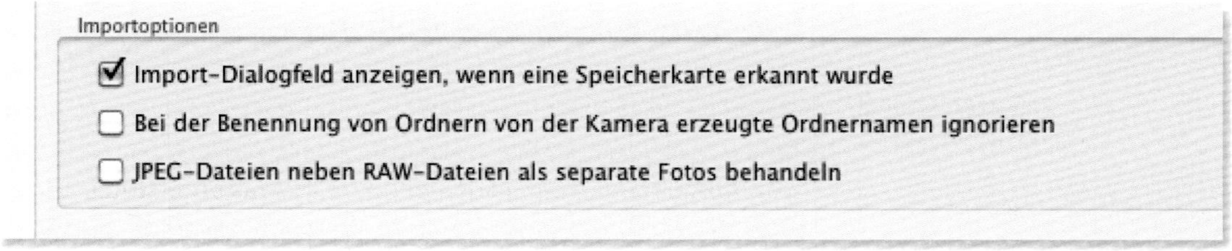

▼ **Abbildung 7.2**
Lightroom kann den Importdialog beim Einlegen einer Speicherkarte automatisch öffnen.

Sie haben zusätzlich noch zwei weitere Optionen, um den Import zu steuern. Diese gelten aber auch für den Import von einem anderen Datenträger.

- **Bei der Benennung von Ordnern von der Kamera erzeugte Ordnernamen ignorieren:** Ordner, die von der Kamera auf der Speicherkarte erzeugt werden, besitzen meist kryptische Bezeichnungen ohne Aussagekraft (DCIM, 101NCD2X). Diese

Bezeichnungen können beim Import ignoriert werden. Dazu ist standardmäßig die Kontrollbox aktiviert.

- **JPEG-Dateien neben Raw-Dateien als separate Fotos behandeln:** Einige Fotografen ziehen es vor, ihre Bilder gleichzeitig als Raw- und als JPEG-Bilder abzulegen. Dies verhindert zusätzlichen Zeitaufwand für die Konvertierung nach JPEG, etwa um die Bilder dem Kunden zur Auswahl vorzulegen. Allerdings hat man so auch immer zwei unabhängige Dateien, erhöhten Platzbedarf und Verwaltungsaufwand – etwa beim Umbenennen oder Löschen. Mit dieser Option in Lightroom können Sie angeben, wie die zusätzlichen JPEG-Dateien gehandhabt werden. Ist das Kontrollkästchen deaktiviert, werden JPEGs und Raw-Bilder als ein Bild behandelt. Wird es angeklickt, werden JPEGs als eigene, vom Raw-Bild unabhängige Bilder betrachtet und importiert.

7.1.3 Automatischer Import mit Ordnerüberwachung

Der Importdialog öffnet sich ebenfalls, wenn Dateien in einen vorgegebenen Ordner kopiert werden. Tauchen dort neue Bilder auf, werden diese automatisch in Lightroom importiert. Diese Tatsache erlaubt einige besondere Szenarien.

TIPP

Welche Kameras von Lightroom für Tether-Aufnahmen unterstützt werden, erfahren Sie auf der Adobe-Website unter *http://kb2.adobe.com/cps/842/cpsid_84221.html*.

Tethering mit Kameras ohne direkte Unterstützung | Einige Kamerahersteller bieten Zusatzprogramme zur Kamerasteuerung an. Diese kopieren während des Fotografierens die Bilder bereits auf den Computer und zeigen sie als Vorschau an. Tethering-Programme erlauben oft auch die Steuerung der Kamera. Allerdings können diese Programme nicht auf Lightroom zugreifen. Wenn Sie jedoch den Speicherordner dieser Programme als überwachten Ordner anlegen, können die Bilder nach der Aufnahme direkt in Lightroom importiert werden.

In Lightroom 3 ist zwar auch direktes Tethering möglich, allerdings nicht mit allen Kameras. Selbst die professionelle, aber schon etwas ältere Nikon D2x wird nicht unterstützt. Diese lässt sich jedoch über das Nikon-Programm *Camera Control* fernsteuern. Ähnliche Programme gibt es auch von Canon und anderen Herstellern. Wird Ihre Kamera also von Lightroom nicht unterstützt, schauen Sie, ob Ihr Kamerahersteller ein solches Programm anbietet.

Groupware-Funktionalität | Arbeiten in Studios mehrere Personen zusammen, ist es denkbar, dass ein Fotograf Bilder in einem Studio aufnimmt und sie in einem Ordner auf dem Server ablegt. An einem Bildverarbeitungsplatz in einem anderen Raum überwacht Lightroom diesen Ordner auf dem Server und importiert die neu hinzugefügten Bilder.

Schritt für Schritt: Überwachten Ordner erstellen

Es wird davon ausgegangen, dass Sie wissen, wie Sie mit Ihrem Tethering-Programm einen Speicherordner anlegen. Alternativ können Sie auch einen Ordner über das Betriebssystem erstellen und die Bilder dort manuell hineinkopieren.

1 Zu überwachenden Ordner anlegen

Erzeugen Sie mit Ihrem Tethering-Programm einen Ordner mit der Bezeichnung Von LR3 überwacht. Sie können auch einen anderen Ordnernamen verwenden. Eine eindeutige Bezeichnung hilft allerdings, auch noch nach einiger Zeit die Bedeutung des vergebenen Namens zu verstehen. Erstellen Sie diesen Ordner am besten im Bilderordner Ihres Benutzeraccounts oder an einem allgemein zugänglichen Ort.

2 Konfigurationsdialog aufrufen

Wechseln Sie zu Lightroom, und wählen Sie den Menüpunkt Datei • Automatisch importieren • Einstellungen für den automatischen Import. Es erscheint der Dialog zum Konfigurieren des Imports.

▼ Abbildung 7.3
Der Dialog zum Konfigurieren des automatischen Imports wird über das Menü aufgerufen.

3 Konfigurationsoptionen einstellen

Da der Import automatisch abläuft, haben Sie im Gegensatz zum manuellen Import keine Eingriffsmöglichkeiten. Daher müssen Sie die Parameter voreinstellen. Diese gelten dann im Idealfall immer nur für den aktuellen Vorgang.

Abbildung 7.4 ►
Dialog zur Konfiguration von überwachten Ordnern

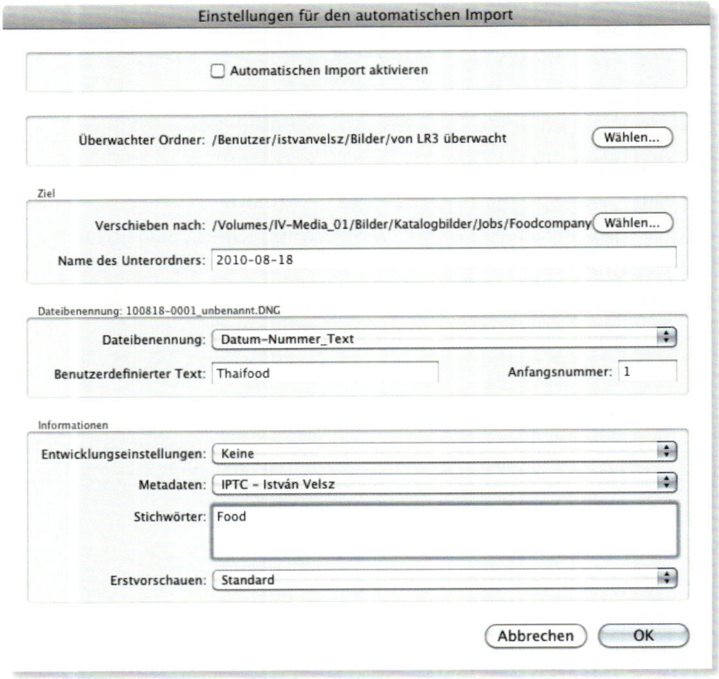

► **Automatischen Import aktivieren:** Diese Option ist nur verfügbar, wenn Sie die darunter befindlichen Parameter aktiviert haben. Ist die Konfiguration abgeschlossen, können Sie hiermit die Überwachung aussetzen.
Dies können Sie auch über das Menü Datei • Automatischer Import • Automatischen Import aktivieren erledigen. Befindet sich vor dem Menüpunkt ein Häkchen, ist die Überwachung aktiv. Haben Sie keine Überwachung konfiguriert, ist der Menüpunkt ausgegraut.

Abbildung 7.5 ►
Menü zum Aktivieren der Ordnerüberwachung nach der Konfiguration

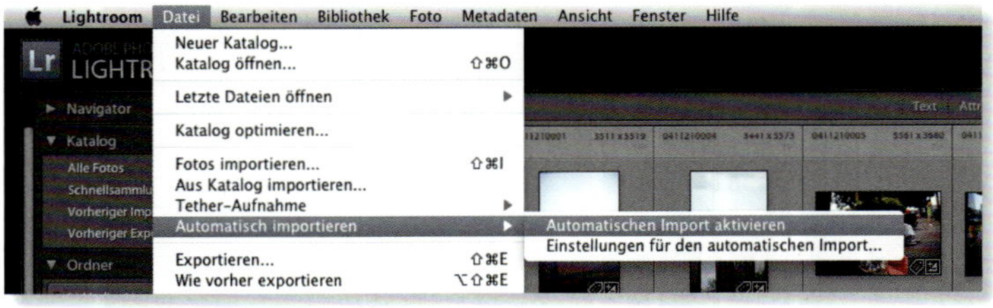

► **Überwachter Ordner:** Über die Wählen-Schaltfläche können Sie den überwachten Ordner auswählen oder auch einen neuen Ordner anlegen.

► **Ziel:** Lightroom verschiebt die Bilder aus dem überwachten Ordner in einen Zielordner. Dieser kann beispielsweise der Kundenordner oder ein Ordner mit dem Ort sein, an dem Sie die Bilder aufnehmen. Innerhalb dieses Zielordners können Sie einen Unterordner, beispielsweise mit dem aktuellen Datum, anlegen lassen. Dies ist praktisch, wenn Sie für einen Ort oder Kunden bereits Unterordner nach demselben Prinzip angelegt haben.

- **Dateibenennung:** Die importierten Bilder können Sie mit Hilfe von Dateinamenvorgaben umbenennen. Je nach verwendeter Vorgabe erhalten Sie weitere Felder. Weitere Informationen zu den Vorgaben für die Dateibenennung finden Sie auf Seite 158.
- **Informationen:** Während des Imports können Sie auch gleich eine gespeicherte Entwicklungsvorgabe anwenden. Zum Beispiel können die Fotos direkt in Schwarzweißbilder umgewandelt werden, oder es wird eine Kamerakalibrierung durchgeführt. Mehr zum Erstellen von Entwicklungsvorgaben lesen Sie auf Seite 468.
  Auch Metadaten, wie beispielsweise Informationen zum Fotografen, zum Copyright oder zu Stichwörtern, können den Bildern automatisch zugeordnet werden. Nähere Informationen zu Metadatenvorgaben erhalten Sie auf Seite 286.
- **Erstvorschauen:** Als letzte Einstellung können Sie noch angeben, welche Größe für die Vorschauen verwendet werden soll. Am besten verwenden Sie die Einstellung STANDARD. Dann werden hier gleich die in den KATALOGEINSTELLUNGEN angegebenen Werte genutzt. Wenn Sie jedoch schnell viele Bilder hintereinander fotografieren, kann es zu Wartezeiten beim Import kommen, da die Berechnung der Vorschauen Rechenzeit in Anspruch nimmt. Dann reduzieren Sie hier am besten die Größe.

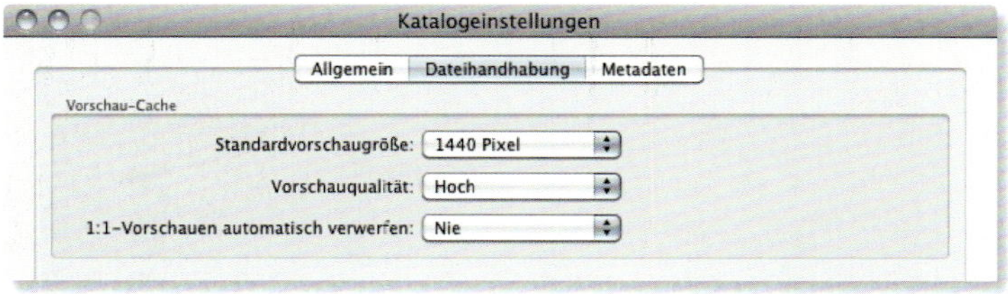

◂ **Abbildung 7.6**
Die Erstvorschauen werden in den Katalogeinstellungen konfiguriert.

4 Fotografieren

Nun können Sie die Aufnahmen erstellen. Natürlich könnten Sie die Bilder auch manuell in den überwachten Ordner kopieren. Dies ist allerdings nur wirklich sinnvoll, wenn sich beispielsweise das Studio in einem anderen Raum befindet und Sie die Bilder über das Netzwerk im überwachten Ordner ablegen. Denn sonst könnten Sie die Bilder ja auch gleich manuell kopieren. ■

7.2 Import von Speicherkarte und Festplatte

Der Import von einer Speicherkarte oder einer Festplatte funktioniert gleich. Der einzige Unterschied besteht darin, dass Sie den Importvorgang automatisch nach dem Erkennen der Speicherkarte auslösen können (siehe Seite 199). Den Importdialog können Sie auslösen über

- den Menübefehl Datei • Fotos importieren,
- die Schaltfläche Importieren am unteren Ende der linken Bedienfeldpalette im Bibliothek-Modul oder
- über den Eintrag In diesen Ordner importieren im Kontextmenü, das sich per Rechtsklick auf ein Verzeichnis im Bedienfeld Ordner öffnet (nur im Bibliothek-Modul).

Abbildung 7.7 ▸
Sie können den Importdialog über das Hauptmenü, ...

Abbildung 7.8 ▸
... die Schaltflächen im Bibliothek-Modul oder ...

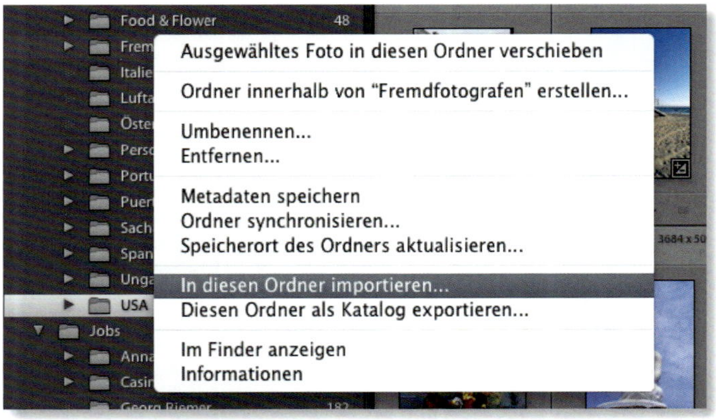

Abbildung 7.9 ▸
... über das Kontextmenü im Bedienfeld Ordner aufrufen.

Nach dem Starten des Importbefehls öffnet sich das Importfenster, das in drei Bereiche unterteilt ist.

7.2.1 Das Import-Dialogfenster

Neu in Lightroom 3

Das Dialogfenster wirkt auf den ersten Blick etwas ungewöhnlich und unterscheidet sich wahrscheinlich von allem, was Sie bisher von anderen Programmen kennen. Es verdeckt fast das gesamte Programmfenster von Lightroom und kann nicht verkleinert werden. Es wird immer der maximal verfügbare Raum genutzt.

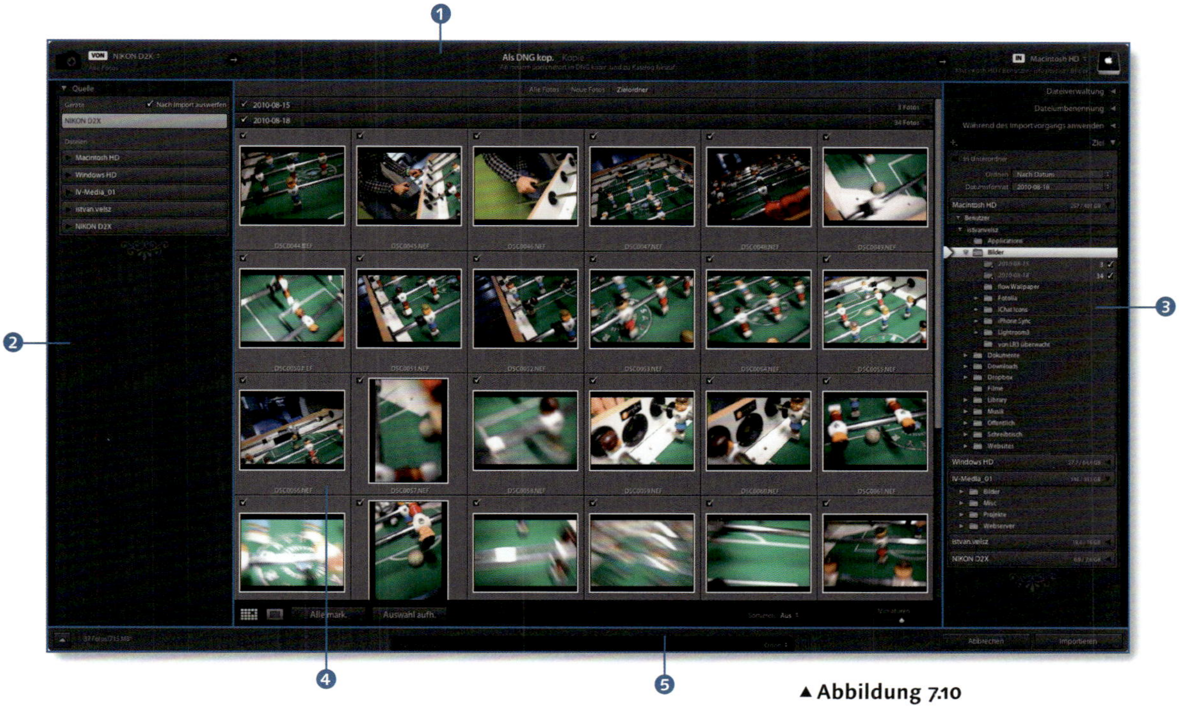

▲ **Abbildung 7.10**
Das Dialogfenster für den Importvorgang

Das Import-Dialogfenster besitzt eine Kopfzeile ❶. Diese zeigt links die Quelle, in der Mitte die Übertragungsart und rechts das Ziel an. Im Mittelteil setzt sich diese Dreiteilung fort. Links sind die Auswahloptionen im Quellbedienfeld ❷, in der Mitte der Vorschaubereich ❹ und rechts das Options- und Zielbedienfeld ❸. Die Fußzeile ❺ dient zur Auswahl einer Importvorgabe und zum Starten des Vorgangs.

Diese Aufteilung spiegelt auch hier den Workflow wider. Zunächst wird eine Quelle ausgewählt, anschließend werden die Bilder der Quelle selektiert und dann in ein Ziel übertragen.

In den Bereichen des Dialogfensters befinden sich weitere Einstellungen zu den einzelnen Aufgabenbereichen. Sie können beispielsweise die Rasteransicht der Bilder zoomen oder sogar ein einzelnes Bild in der Vorschau betrachten. Die Einstellungen können als Importvorgabe gespeichert werden, um sie auch für weitere Importaktionen zu verwenden.

7.2.2 Quellenauswahl und Optionen

Die Auswahl der Quelle steht an erster Stelle. Hier können Sie nur Quellmedium und -ordner auswählen, aus dem Sie die Bilder importieren wollen.

▲ **Abbildung 7.11**
Anzeige einer Speicherkarte als Importquelle

Import von der Speicherkarte | Haben Sie eine Speicherkarte eingelegt, wird Ihnen in der Kopfzeile ein Kamera-Symbol angezeigt. Die Speicherkarte wird auch als Erstes in der Liste der Quellmedien aufgeführt. Als einzige Option können Sie die Kontrollbox NACH IMPORT AUSWERFEN aktivieren. Dadurch wird die Verbindung zur Speicherkarte direkt nach dem Import getrennt, so dass Sie sie sicher aus dem Kartenleser entfernen können.

TIPP

Der gesamte Bereich hinter dem Kamera-Icon kann angeklickt werden. Dabei öffnet sich ein Dropdown-Menü, in dem Sie die zuletzt verwendeten Quellen auswählen können.

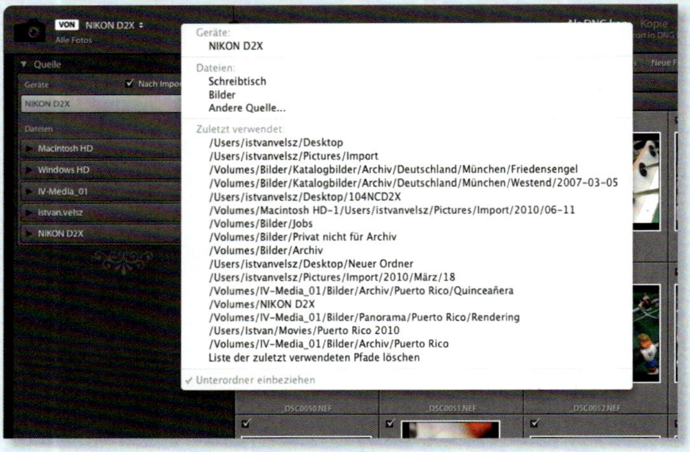

Import von einem Datenträger | Wählen Sie einen Datenträger aus der Liste aus, werden die darin enthaltenen Verzeichnisse angezeigt. Durch Anklicken von Unterordnern können Sie zu tiefer liegenden Ordnern wechseln.

Liegen in Unterordnern mehrere Ordner, die Sie gleichzeitig importieren möchten, wählen Sie den übergeordneten Ordner aus, und aktivieren Sie die Kontrollbox UNTERORDNER EINBEZIEHEN. Achten Sie nur darauf, dass diese Option nicht schon in der obersten Ebene aktiv ist, denn befindet sich beispielsweise in einem Unterordner auch Ihr Bildarchiv, wird das komplette Archiv gescannt. Aktivieren Sie sie also erst, wenn Sie den Überordner angewählt haben und die Option benötigen.

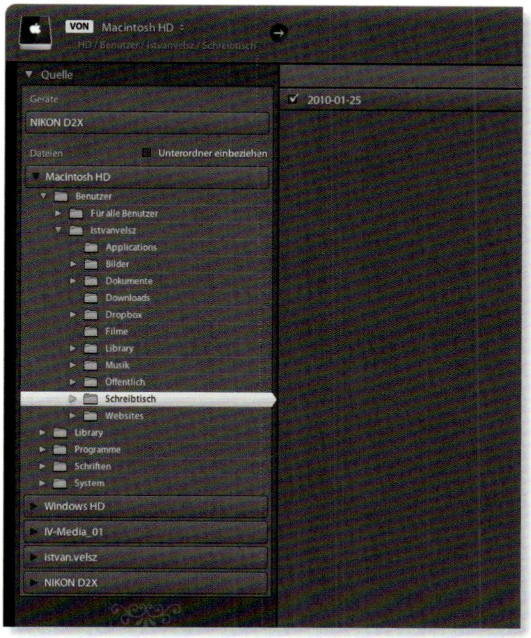

▲ **Abbildung 7.12**
Befinden sich die Bilder in Unterordnern, zum Beispiel auf dem Schreibtisch, sind sie im Importdialog nicht sichtbar.

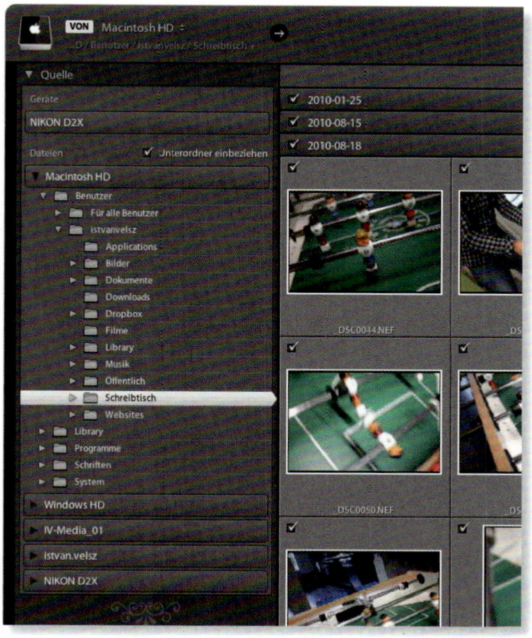

▲ **Abbildung 7.13**
Erst wenn Sie die Option UNTERORDNER EINBEZIEHEN aktivieren, werden auch Bilder in Unterordnern sichtbar.

7.2.3 Übertragungsweise festlegen

Da Lightroom ja nicht die Bilderdateien in den Katalog importiert, sondern auf die Daten auf der Festplatte zurückgreift, müssen Sie angeben, was Lightroom mit den Originaldateien machen soll. Dazu stehen Ihnen vier Varianten zur Verfügung, die Sie oben in der Mitte der Kopfzeile auswählen können.

Als DNG kopieren | Sie können Bilder als Raw-Daten importieren, so wie sie Ihre Kamera erzeugt, oder auch gleich in das DNG-Format konvertieren. Mehr über das DNG-Format erfahren Sie ab Seite 118. Das DNG-Format ist herstellerneutral und ermöglicht eine verlustfreie Kompression. Es ist daher fast immer empfehlenswert, das DNG-Format zu verwenden. Probieren Sie es einmal aus, und archivieren Sie Ihre original Kamera-Raw-Daten zunächst auf einem Backup-Laufwerk. Sie werden bald feststellen, dass Sie sie nicht mehr brauchen. Diese Backup-Funktion können Sie bei den IMPORTOPTIONEN (Seite 197) festlegen.

◂ **Abbildung 7.14**
Importierte Bilder werden in das DNG-Format konvertiert und auf einen Zieldatenträger kopiert.

Kopie | Wollen Sie lieber die Raw-Daten Ihrer Kamera im Originalformat importieren, aktivieren Sie den Eintrag KOPIE. Dabei bleiben die Originaldateien auf dem Quelldatenträger unangetastet. Auch in diesem Fall können Sie eine zusätzliche Kopie der Originaldatei an einem weiteren Ort als Backup sichern lassen.

Abbildung 7.15 ▸
Bei einer Kopie werden die Bilder im Originalformat auf den Zieldatenträger kopiert.

Verschieben | Beim Verschieben werden die Daten an den Zielort verschoben. Dies ist sinnvoll, wenn Sie die Daten bereits auf der Festplatte haben und Sie diese nur verschieben müssen. Sie sparen sich dann das Löschen der Originaldateien. Dabei ist allerdings keine DNG-Konvertierung möglich.

Abbildung 7.16 ▸
Das Verschieben macht Sinn, wenn die Dateien schon auf der Festplatte liegen.

Hinzufügen | Bei dieser Methode werden die Dateien an ihrem Originalort belassen, und der Verweis im Katalog wird auf diesen Ort gesetzt. Dabei werden keine Daten transferiert. Dies ist dann sinnvoll, wenn Sie die Dateien bereits in den Bildarchivordner kopiert haben, bevor Sie sie importieren. Sie sollten jedoch nie HINZUFÜGEN wählen, wenn sich die Dateien noch auf einer Speicherkarte befinden.

Abbildung 7.17 ▸
Beim Hinzufügen wird der Verweis im Katalog auf den aktuellen Speicherort der Datei gesetzt.

7.2.4 Bildauswahl

Schon während des Imports können Sie die Bilderflut im Zaum halten und eine Grobauswahl treffen. Bilder, die schlecht sind, sollten Sie gar nicht erst importieren. Um die Auswahl zu erleichtern, werden Ihnen dazu die Bilder als Thumbnails angezeigt. Zur besseren Beurteilung können Sie auch in eine Lupenansicht wechseln, die Sortierung ändern oder die Bilder bereits in der zukünftigen Ordnerstruktur betrachten. Jedes Bild kann über das Deaktivieren der Markierung aus dem Import ausgeschlossen werden. Die gesamte Bildauswahl findet im Zentrum des Dialogfensters statt.

▲ **Abbildung 7.18**
Vorschaubereich des Detailfensters

Gliederung der dargestellten Bilder | Im Streifen über dem Ansichtsfenster der Rasterdarstellung haben Sie die Möglichkeit, die Gliederung der Bilder in der Rasteransicht einzustellen. Ein Wechsel der Form hat Auswirkungen auf die Menge und Darstellung der angezeigten Bilder.

- **Alle Fotos:** Diese Option zeigt Ihnen alle Fotos in der Quelle an – unabhängig davon, ob sie bereits im Zielordner vorhanden sind oder aus dem Import ausgeschlossen werden sollen. Die Sortierung können Sie über das Dropdown-Menü im Vorschaubereich einstellen.
- **Neue Fotos:** Duplikate von Bildern, die bereits im Katalog vorhanden sind, werden ausgeblendet. Dadurch können Sie sofort erkennen, ob Sie die Bilder einer Speicherkarte bereits importiert haben.
- **Zielordner:** Es werden alle Bilder angezeigt, aber so, wie sie in die Zielordner verteilt werden. Das bedeutet, wenn Sie die zu importierenden Bilder nach Datum sortiert in Lightroom einpflegen, werden diese im Vorschaubereich auch nach dem Aufnahmedatum gruppiert. Dabei werden die Tage durch einen grauen Balken voneinander getrennt. Diesen können Sie durch einen Klick auf das Dreieck am rechten Rand neben der Bildanzahl ein- und ausblenden.

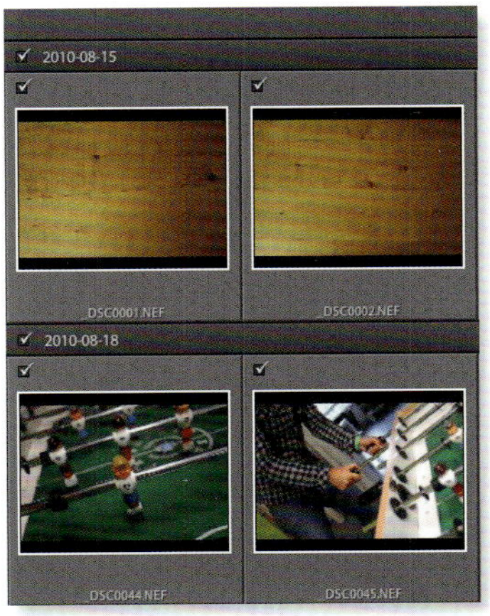

▲ **Abbildung 7.19**
Gliederung der Vorschaubilder nach Datum

Bilder vom Import aus- und einschließen | Jedes Vorschaubild besitzt oben links ein Kontrollkästchen, das normalerweise aktiv ist ❶. Es kennzeichnet in diesem Fall, dass ein Bild importiert wird. Zum Ausschließen eines Bildes vom Import kann dieses Kästchen auch deaktiviert ❷ werden.

Wird die Darstellung nach Datum gegliedert, erhält der Gliederungsbalken mit der Datumsangabe ebenfalls eine Kontrollbox ❸, mit der Sie komplette Tage vom Import ausschließen können ❹. Vom Import ausgeschlossene Bilder werden dunkler dargestellt.

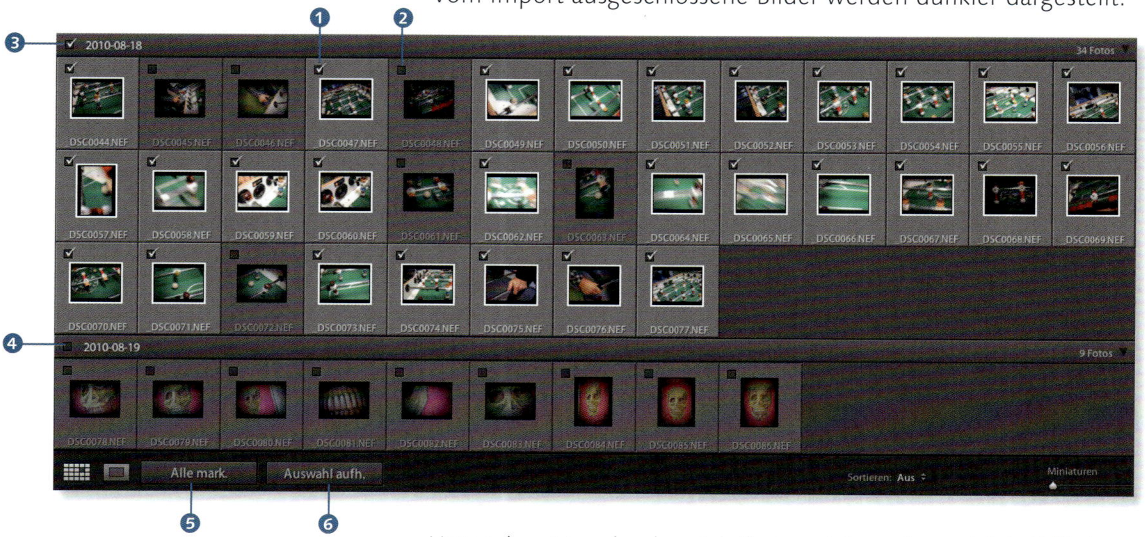

▲ **Abbildung 7.20**
Vorschaubereich mit aktivierten und deaktivierten Bildern

Unter dem Vorschaubereich finden sich noch zwei Schaltflächen, die Sie ebenfalls bei der Selektion unterstützen. Über die Schaltfläche ALLE MARK. ❺ können Sie eine Selektion zurücksetzen, und es werden wieder alle Bilder aktiviert. Die Schaltfläche AUSWAHL AUFH. ❻ deaktiviert alle Bilder. Das ist nützlich, wenn Sie nur wenige Bilder aus einer Auswahl von vielen importieren wollen. Dann ist es oft einfacher, nur die gewünschten zu aktivieren, als eine Vielzahl von Bildern zu deaktivieren.

7.2.5 Sortieren der Bilderliste

Die angezeigten Bilder können in ihrer Reihenfolge nach den folgenden Kriterien sortiert werden:

- **Aufnahmezeit:** wann ein Bild aufgenommen wurde
- **Markierter Status:** Bilder, die für den Import aktiviert sind, werden zuerst angezeigt.
- **Dateiname:** Sortierung nach Dateinamen
- **Medientyp:** Sortierung nach Dateiformat

▲ **Abbildung 7.21**
Dropdown-Menü zur Sortierung im Vorschaufenster

Das Dropdown-Menü befindet sich in der Leiste unter dem Vorschaubereich.

7.2.6 Miniaturen skalieren

Zur besseren Beurteilung können die Vorschaubilder auch vergrößert werden. Dazu verwenden Sie den MINIATUREN-Schieberegler ❼ rechts unten in der Leiste unter dem Vorschaubereich.

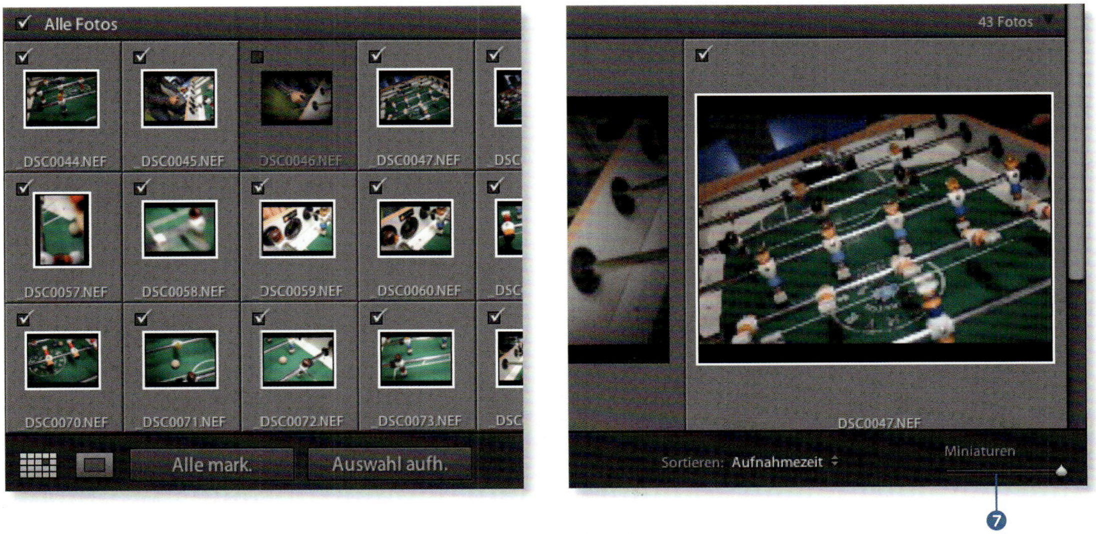

▼ **Abbildung 7.22**
Schieberegler zum Vergrößern der Miniaturansicht

Maximaldarstellung mit der Lupenansicht | Reicht die Darstellungsgröße nicht aus, um zu beurteilen, ob ein Bild importiert werden soll, können Sie ein einzelnes Bild in der Lupenansicht darstellen lassen und bis auf elffache Vergrößerung zoomen ❽.

Um von der Rasteransicht in die Lupenansicht und wieder zurück zu wechseln, finden Sie links unten in der Leiste zwei Schaltflächen. Die linke aktiviert die Rasteransicht und die rechte die Lupenansicht.

▲ **Abbildung 7.23**
Schaltflächen zum Umschalten zwischen Raster- und Lupenansicht

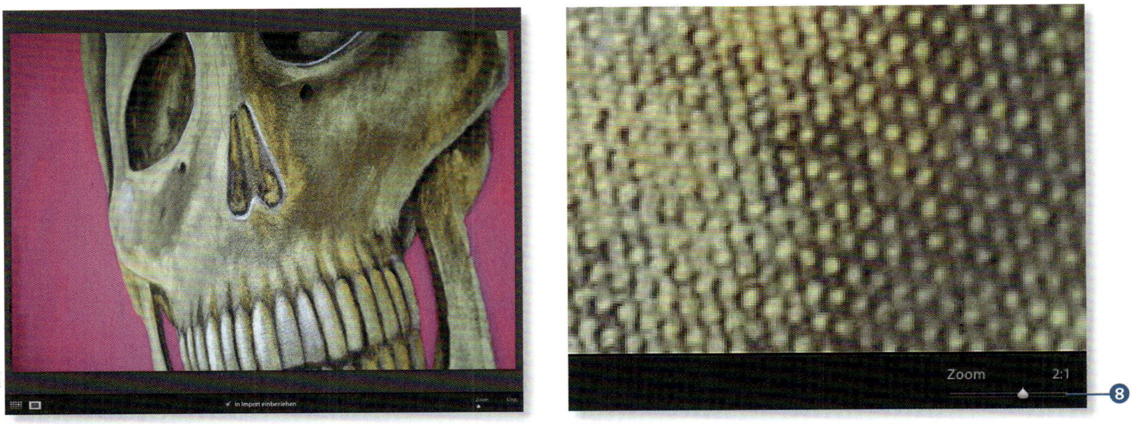

▲ **Abbildung 7.24**
Regler zum Zoomen in der Lupenansicht

Durch Deaktivieren des Kontrollkästchens IN IMPORT EINBEZIEHEN können Sie das dargestellte Bild vom Import ausschließen.

7.2.7 Einstellungen für die Verarbeitung während des Imports und für den Zielordner

Vor dem Starten des Importvorgangs sollten Sie die Einstellungen im rechten Bedienfeld überprüfen und gegebenenfalls ändern. Dort befinden sich Parameter für den Umgang mit den Dateien, die Benennung der Dateien im Katalog, eine mögliche Verwendung von Entwicklungsvorgaben und den Zielort.

Abbildung 7.25 ▶
Auf der rechten Seite finden sich die Einstellungen der Importoptionen und des Zielorts.

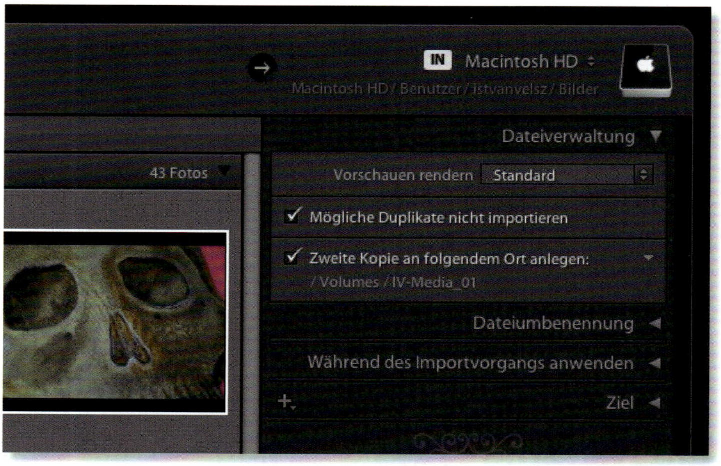

TIPP

Der gesamte Bereich hinter dem Symbol des Zielordners kann angeklickt werden. Dabei öffnet sich ein Dropdown-Menü, in dem Sie die zuletzt verwendeten Quellen auswählen können.

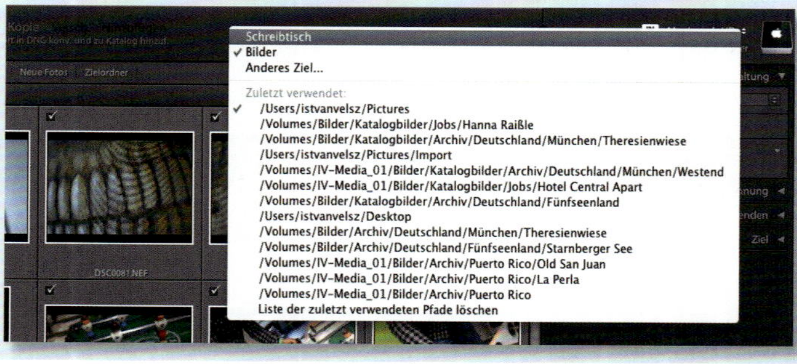

7.2.8 Dateiverwaltung

In der Bedienpalette Dateiverwaltung stellen Sie den Umgang mit den Dateien während des Imports ein. Dazu zählen das Erstellen von Vorschaubildern, Angaben dazu, wie Lightroom mit Duplikaten umgehen soll, und ob Sie ein Backup der original Raw-Dateien wünschen.

Vorschauen rendern | Über dieses Dropdown-Menü können Sie angeben, ob bereits während des Imports die Vorschaubilder zur Darstellung in der Bibliothek erstellt werden sollen.

- MINIMAL übernimmt ebenfalls die Darstellung der Raw-Dateien – allerdings nicht die maximale Größe, sondern nur die kleinste Vorschauvariante. Dieses Verfahren benötigt am wenigsten Rechenzeit.
- Über den Eintrag EINGEBETTETE UND FILIALDATEIEN werden die Vorschaubilder aus den Raw-Dateien der Kamera extrahiert. Da diese nicht über das Farbmanagement verwaltet werden, können sie von der korrekten Darstellung abweichen.
- Der Menüeintrag STANDARD erstellt Thumbnails in der Größe, die in den KATALOGEINSTELLUNGEN angegeben ist. Diese Einstellung ist die Vorgabe.
- Eine 1:1-Darstellung benötigt sehr viel Platz, da sie die Vorschauen in der Originalgröße des importierten Bildes abspeichert. Außerdem benötigt sie die längste Rechenzeit.

◀ **Abbildung 7.26**
Angabe der zu erstellenden Vorschaugröße

Mögliche Duplikate nicht importieren | Importieren Sie einen Ordner erneut, weil sich sein Inhalt verändert hat, so können Sie bereits importierte Bilder ignorieren. Denn importieren Sie Fotos erneut, werden die Bilder mit einer Nummer am Ende des Dateinamens versehen, wenn dieser der gleiche ist wie der einer bereits importierten Datei. Lightroom erkennt Duplikate selbstständig – auch wenn diese beim Import umbenannt wurden.

◀ **Abbildung 7.27**
Ist die Option aktiv, werden keine Duplikate importiert.

Zweite Kopie an folgenden Ort ablegen | Backup der Originalbilder: Um wirklich auf der sicheren Seite zu sein, können die unkonvertierten Originalbilder von der Speicherkarte an einem beliebigen Ort gesichert werden. Im Fall der Fälle können diese dann erneut importiert oder in anderen Programmen ohne DNG-Unterstützung verwendet werden.

◀ **Abbildung 7.28**
Einstellmöglichkeit zum Erstellen eines Backups der original Raw-Dateien

Ist das Kontrollkästchen vor dem Eintrag aktiviert, können Sie über das Dreieck-Symbol ▾ das Dropdown-Menü zum Auswählen des Ordners öffnen.

7.2.9 Benennung der importierten Datei

Die Benennung von mehreren Dateien in einem Durchgang ist keine einfache Sache, wenn man verhindern will, dass ein Dateiname zweimal auftaucht. Übernimmt man beispielsweise eine vierstellige Zahlenfolge, beginnt die Kamera nach 9999 wieder bei 0001 zu zählen. Auch die Vergabe von Begriffen und Nummern schützt nicht vor Inkonsistenzen.

Lightroom bietet ein sehr flexibles Werkzeug zur Benennung an. Dieses wird an mehreren Stellen verwendet, zum Beispiel auch beim Exportieren oder im Web-Modul. Dabei wird der Dateiname aus verschiedenen Variablen wie Folgenummern, Sequenznummern und Datum zusammengesetzt. Eine erstellte Benennungsvariante kann als Vorlage abgespeichert und wiederverwendet werden.

Dateien umbenennen | Mit diesem Kontrollkästchen aktivieren Sie die Dateibenennung. Ist es deaktiviert, werden die Dateien ohne Änderungen des Dateinamens übernommen.

Abbildung 7.29 ▶
Bedienpalette zur Umbenennung der importierten Dateien

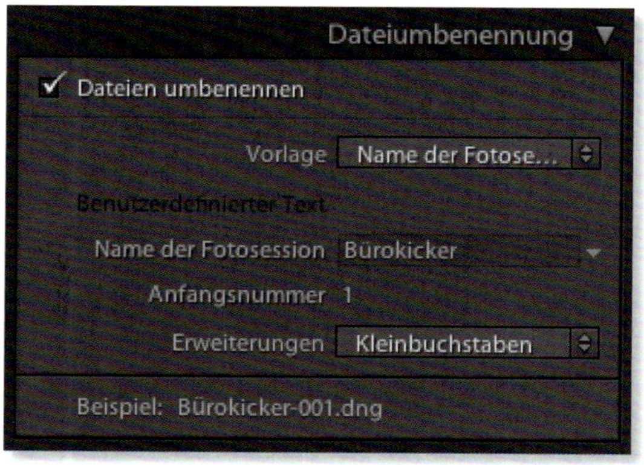

TIPP

Ich verwende bei der Dateibenennung ein System aus der Kombination von Datum und einer fortlaufenden, vierstelligen Nummer nach dem Muster: YYMMTT-####_Text.dng. Dabei fängt das Datum mit dem Jahr an, gefolgt vom Monat und dem Tag. Dann werden die Bilder auch im Ordner nach Aufnahmetag richtig sortiert. Vier Stellen für die Nummer reichen aus. Ich habe selten über 1000 Bilder am Tag geschossen, und das System lässt 9999 Bilder pro Tag zu. Der Text beschreibt zusätzlich die Location oder die Jobbezeichnung.

Vorlage | Hier können Sie aus einer Liste bestehender Vorlagen auswählen und neue Vorlagen erstellen. Nähere Informationen zum Erstellen von Dateinamenvorlagen finden Sie auf Seite 215.

Die nachfolgenden Eingabefelder sind abhängig von der eingestellten Vorlage. Beispielsweise können Dateinamen benutzerdefinierten Text enthalten, den Sie hier eingeben können. Bei der Vorlage Name der Fotosession – Sequenz können Sie den Titel der Fotosession angeben, an den dann eine fortlaufende Nummer gehängt wird.

Erweiterungen | Ob Sie die Dateinamenerweiterung lieber in Klein- oder Großbuchstaben haben, steht Ihnen frei und kann über das Dropdown-Menü eingestellt werden. Der Eintrag BEIBEHALTEN übernimmt die Schreibweise der Originaldatei.

Beispiel | Hier wird Ihnen ein Beispiel für die Dateinamen bei den verwendeten Einstellungen angezeigt.

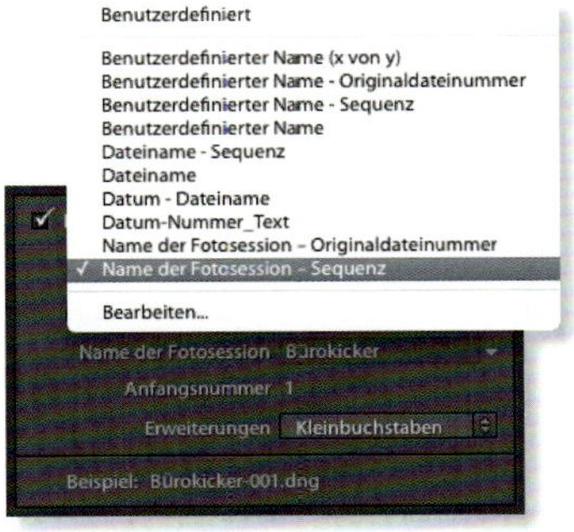

▲ **Abbildung 7.30**
Dropdown-Menü zur Auswahl einer Dateinamenvorlage

Schritt für Schritt: Dateinamenvorlage erstellen

In der folgenden Anleitung erstellen Sie eine Vorlage nach dem Beispiel des links unten beschriebenen Tipps.

1 Vorlagen-Editor öffnen

Wählen Sie aus dem Dropdown-Menü den Punkt BEARBEITEN. Daraufhin erscheint der DATEINAMENVORLAGEN-EDITOR zum Ändern und Speichern von Vorlagen. Dieses Dialogfeld wird Ihnen so oder mit mehr Variablen auch an anderen Stellen von Lightroom wieder begegnen.

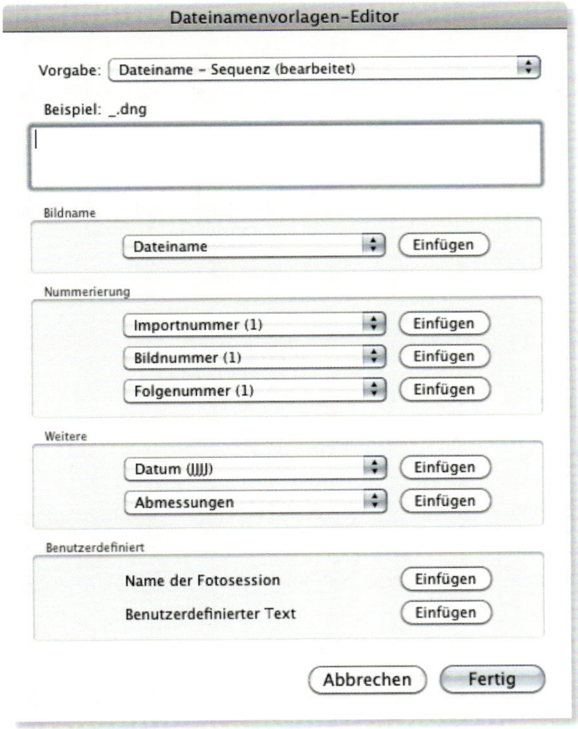

◄ **Abbildung 7.31**
Über den DATEINAMENVORLAGEN-EDITOR lassen sich flexible Dateinamen für Bildsequenzen erstellen und als Vorlage abspeichern. Einzelne Variablen werden aus Dropdown-Menüs ausgewählt und als Tokens eingefügt.

2 Datumsvariablen kombinieren

Markieren Sie die beiden Variablen im Eingabefeld, und löschen Sie diese. Variablen werden immer mit Hilfe von hellblauen Metadaten-Tokens dargestellt. Das Feld sollte jetzt leer sein.

Wählen Sie dann unter der Parametergruppe WEITERE aus dem Dropdown-Menü den Punkt DATUM (JJ) aus. Es wird automatisch ein Token für die zweistellige Jahreszahl eingefügt.

Wählen Sie nun nacheinander aus derselben Dropdown-Liste die Punkte DATUM (MM) und DATUM (TT) aus. Es entsteht eine Datumsangabe aus JJMMTT. Es gibt auch ein Token mit der vierstelligen Jahresangabe, das ebenfalls verwendet werden kann. Man verschenkt dann aber zwei Stellen.

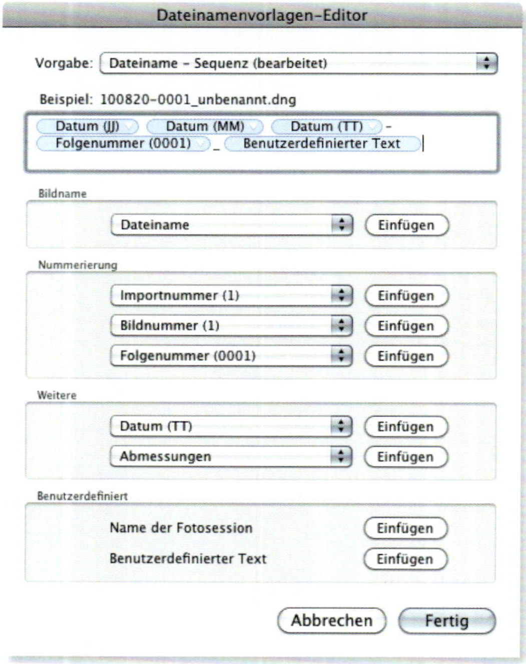

Abbildung 7.32 ▶
Zusammenstellung der Tokens für die Dateinamenvorlage

TIPP

Durch die umgekehrte Reihenfolge im Datum (Jahr-Monat-Tag) werden die Bilder immer fortlaufend sortiert.

3 Mit Folgenummern nummerieren

Jetzt geben Sie einen Bindestrich »-« über die Tastatur ein. Dieser trennt das Datum vom Zähler. Es gibt vier Varianten der Nummerierung:

- **Importnummer:** Das ist die Nummerierung der Importvorgänge. Bei jedem Import wird der Zähler um einen Wert erhöht.
- **Bildnummer:** Dieser Zähler wird bei jedem Importvorgang wieder auf 1 gesetzt. Jedes Bild erhöht den Zähler jeweils um 1.

- **Folgenummer:** Den Anfangswert des Zählers können Sie selbst festlegen.
- **Gesamtzahl:** Bezeichnet die Anzahl aller Bilder eines Imports.

Wählen Sie im Dropdown-Menü FOLGENUMMER die Variante mit den vier Stellen (0001).

4 Zusätzlicher Text für nähere Beschreibung

Geben Sie als weiteres Trennzeichen einen Unterstrich »_« an. Zum Abschluss klicken Sie auf die Schaltfläche EINFÜGEN neben der Variable BENUTZERDEFINIERTER TEXT.

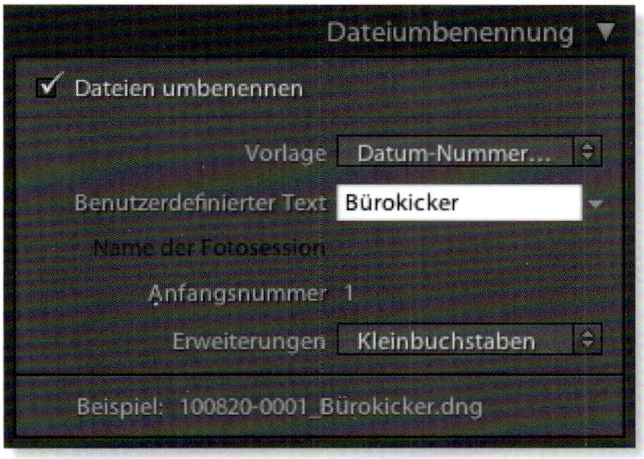

◂ **Abbildung 7.33**
Eine Eingabe in das Feld BENUTZERDEFINIERTER TEXT ermöglicht eine bessere Identifizierung einer Datei.

5 Vorlage speichern

Um die Vorlage zu speichern, wählen Sie im Dropdown-Menü VORGABE über dem Eingabefeld den Punkt AKTUELLE EINSTELLUNGEN ALS NEUE VORGABE SPEICHERN. Geben Sie für die Vorgabe einen eindeutigen Namen an, zum Beispiel »Datum-Nummer-Text«. Nach der Fertigstellung beenden Sie den Dialog über die Schaltfläche ERSTELLEN. Sie können jetzt noch im Bedienfeld in das Feld einen benutzerdefinierten Text eingeben, beispielsweise den Ort oder den Anlass der Aufnahmen. Zusätzlich können Sie im Wertefeld darunter eine ANFANGSNUMMER eingeben. Der Zähler der Folgenummern startet dann bei diesem Wert.

▾ **Abbildung 7.34**
Die erstellte Vorgabe kann unter einem neuen Namen gespeichert werden.

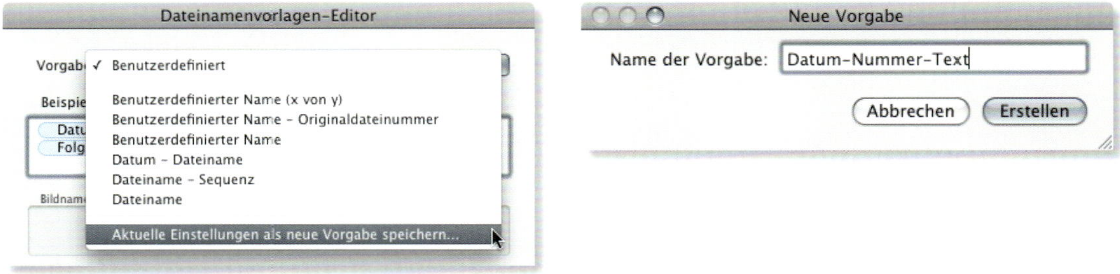

7.2.10 Während des Importvorgangs anwenden

Dateien, die in Ihren Katalog importiert werden, können bereits während des Importvorgangs Entwicklungseinstellungen und Metadaten zugewiesen bekommen. Zusätzlich können Sie auch schon Stichwörter eingeben.

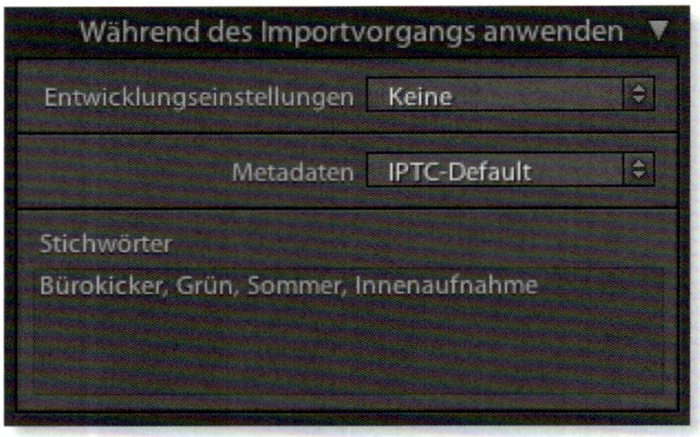

Abbildung 7.35 ▶
Auswahl der Entwicklungseinstellungen und Metadaten, die auf die importierten Bilder angewendet werden

Entwicklungseinstellungen | Bereits beim Import können Bildern Vorgaben für ihre Entwicklung zugewiesen werden – zum Beispiel eine Konvertierung in Graustufen oder auch die Korrekturautomatik. Wählen Sie dazu aus dem Dropdown-Menü eine Vorgabe aus. Näheres zum Erstellen und Abspeichern von Entwicklungseinstellungen erfahren Sie ab Seite 468.

Metadaten | Die Bilder können auch schon während des Imports mit Metadaten wie Copyright-Informationen oder Angaben zum Fotografen ausgestattet werden. Dies geschieht über die IPTC-Daten (siehe Seite 55 und 283). Sie können dabei aus einer Liste von gespeicherten IPTC-Datensätzen auswählen oder eine neue Vorlage erstellen.

Es ist ratsam, sich eine Vorlage zu generieren, die Adresse und Copyright-Informationen beinhaltet. So können Sie sichergehen, dass diese Daten automatisch beim Importieren im Bild gespeichert werden und dass Sie es somit später nicht vergessen.

Die Vorgabe IPTC-DEFAULT ist meine persönliche Vorlage für den Metadatensatz. Sie wird jedem Bild, das ich in Lightroom importiere, zugewiesen.

Schritt für Schritt: Metadaten-Vorgabe erstellen

In dieser Anleitung erstellen Sie eine IPTC-Vorlage mit Copyright-Informationen und den Angaben zum Fotografen nach dem Muster meiner Standardvorlage.

1 Vorgaben-Editor öffnen

Wählen Sie aus dem Dropdown-Menü Metadaten den Punkt Neu, um den Vorgaben-Dialog zu öffnen.

◂ **Abbildung 7.36**
Über das Dropdown-Menü können Sie auch neue Metadatensätze erzeugen.

2 Metadaten angeben

Geben Sie in die Textfelder in den Bereichen IPTC-Copyright und IPTC-Autor die erforderlichen Angaben ein. Jedes Feld und jede Eingabegruppe besitzt ein eigenes Kontrollkästchen. Ist dieses aktiviert, wird die Angabe beim Import übernommen. Zur besseren Übersicht können Sie einzelne Rubriken über die Dreiecke ein- und ausblenden.

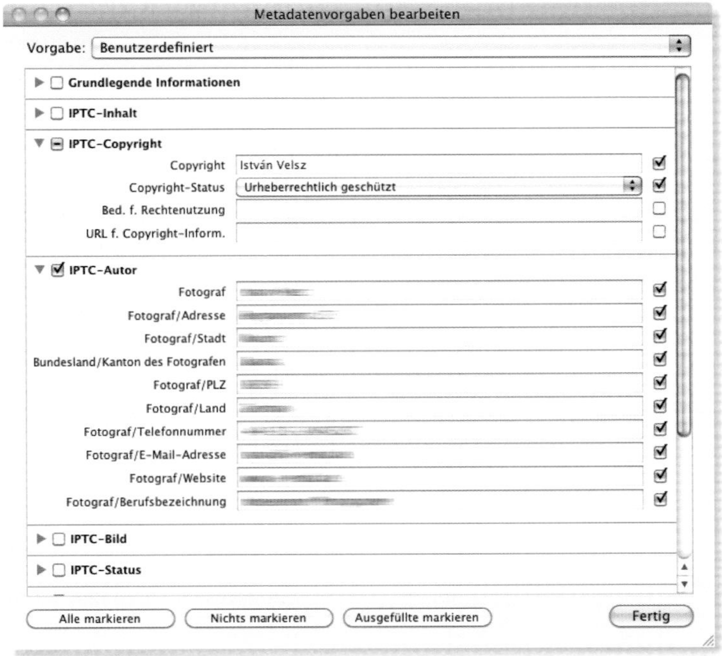

◂ **Abbildung 7.37**
Der Vorgaben-Editor zum Erstellen neuer IPTC-Vorlagen

3 Datensatz speichern

Zum Sichern des Datensatzes wählen Sie im Dropdown-Menü Vorgabe den Punkt Aktuelle Einstellungen als neue Vorgabe speichern. Vergeben Sie einen eindeutigen Namen, und klicken Sie auf die Schaltfläche Erstellen.

▲ **Abbildung 7.38**
So speichern Sie die Metadatenvorlage.

Abschließend klicken Sie im Vorgaben-Editor ebenfalls auf die Schaltfläche Erstellen, um den Dialog zu schließen.

Die Vorgabe kann jetzt über das Dropdown-Menü Metadaten ausgewählt werden. ■

Stichwörter angeben | Im Import-Dialog finden Sie ein Eingabefeld, in dem Sie den importierten Bildern gleich eine Reihe an Stichwörtern zuweisen können.

Bereits während der Eingabe des Wortes überprüft Lightroom, ob dieses schon unter den bereits vorhandenen Stichwörtern zu finden ist, und macht beim Tippen Vorschläge zur Vervollständigung des Wortes. Das verhindert, dass Sie dieselben Stichwörter mit unterschiedlichen Schreibweisen verwenden.

Haben Sie eine Stichworthierarchie angelegt, wird diese entsprechend mitsamt Synonymen übernommen. Neue Stichwörter werden in die Stichwortliste geschrieben. Mehr Informationen zu Stichwörtern finden Sie ab Seite 272.

7.2.11 Zielordner auswählen

Die letzte Palette dient zur Auswahl des Zielordners. Dabei können Sie den Basisordner angeben, in dem ein Unterverzeichnis angelegt werden kann. Die importierten Bilder werden dann wiederum nach Datumsordner sortiert abgelegt.

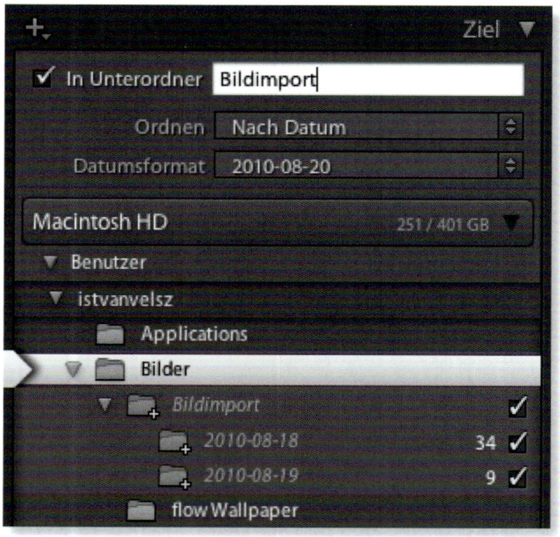

Abbildung 7.39 ▸
Bedienpalette zur Angabe des Importziels

Etwas versteckt, weil nicht so oft benötigt, finden Sie auch den Befehl, um einen ganz neuen Ordner anzulegen. Dazu öffnet sich mit einem Klick auf das Plus-Symbol ein Dropdown-Menü.

Damit lässt sich nicht nur ein neuer Ordner ❶ auf der Festplatte anlegen, der dann auch in der Ordnerauswahl erscheint, Sie können zusätzlich noch eine Darstellungsoption wählen. Mit dem Punkt NUR BETROFFENE ORDNER ❸ wird in der Ordnerliste die Hierarchie ab dem ausgewählten Basisordner angezeigt. Die Standardansicht ALLE ORDNER ❷ zeigt den kompletten Weg bis zu den Importordnern.

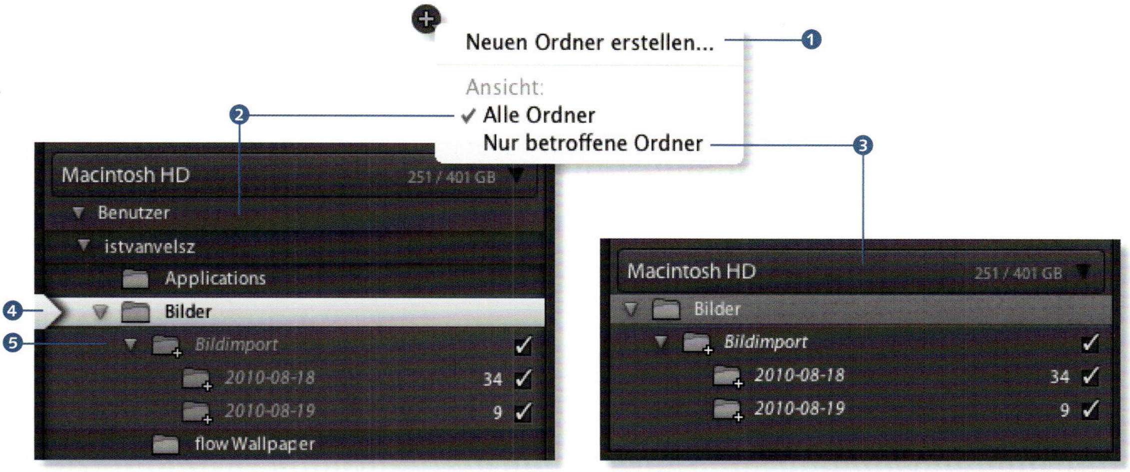

▲ **Abbildung 7.40**
Darstellung des Zielordners

Sind mehrere Festplatten und/oder Server angeschlossen, kann Lightroom etwas Zeit benötigen, um die komplette Hierarchie in der Ordneransicht aufzubauen.

In Unterordner | Ist diese Option aktiviert, wird in dem ausgewählten Ordner ❹ noch ein Unterordner ❺ erstellt. Die Bilder werden dann in diesen Unterordner importiert.

▲ **Abbildung 7.41**
Die importierten Bilder können nach Datum gruppiert werden.

Ordnen | Über dieses Dropdown-Menü können Sie sich entscheiden, ob alle Bilder in einem gemeinsamen Ordner erscheinen sollen oder ob Sie die Bilder noch nach Datum gruppieren möchten. In diesem Fall erhalten Sie darunter ein weiteres Dropdown-Menü zum Einstellen des Datumsformats.

Datumsformat | Die Bilder können auch in nach Datum sortierten Ordnern verteilt werden. Hier haben Sie die Möglichkeit, die Unterteilung nach Tag, Monat und Jahr über das Dropdown-Menü zu variieren. Es wird dann je nach Auswahl eines Menüpunkts eine entsprechend tiefe Verzeichnisstruktur erstellt. Im

Dropdown-Menü steht dabei der Slash »/« jeweils für eine neue Verzeichnisebene.

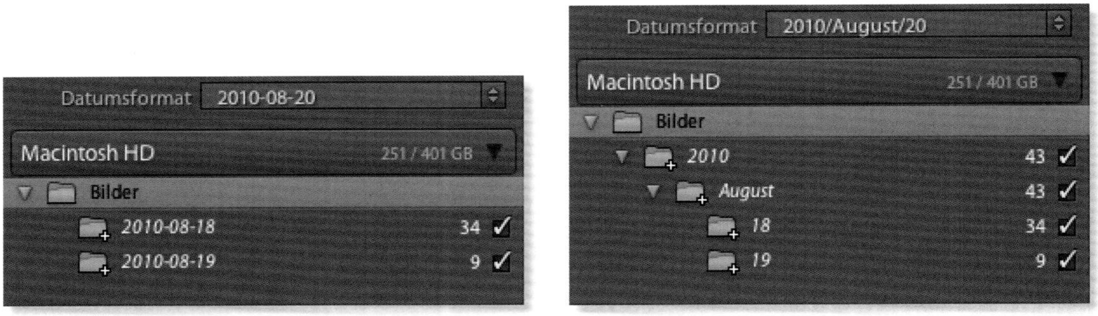

▲ **Abbildung 7.42**
Das DATUMSFORMAT stellt die Gliederungstiefe ein.

7.2.12 Importvorgabe speichern und starten

Alle Importoptionen können als Importvorlage gespeichert werden. Dabei werden alle Einstellungen des rechten Bedienfelds inklusive Zielordner und Übertragungsart gesichert. Das Quellverzeichnis und die selektierten Bilder ebenfalls mitzusichern macht keinen Sinn.

Um die Einstellungen zu speichern, befindet sich ganz unten am Dialogfenster ein Dropdown-Menü. Wenn Sie dieses aufklappen, können Sie eine neue Vorlage speichern oder eine gewählte Vorlage umbenennen beziehungsweise löschen.

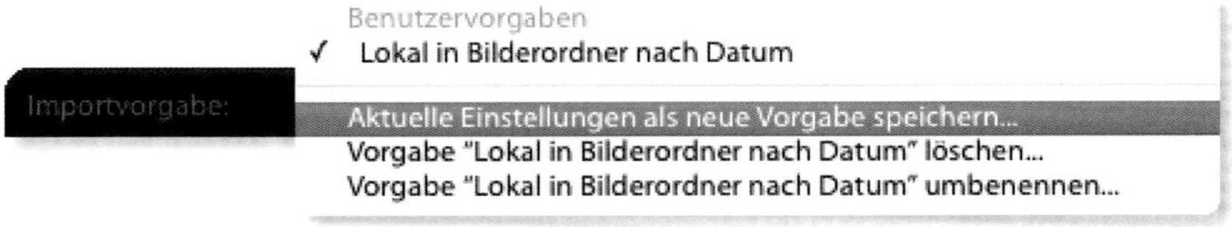

▲ **Abbildung 7.43**
Dropdown-Menü zum Speichern einer Importvorgabe

▲ **Abbildung 7.44**
Schaltflächen zum Starten und Abbrechen des Imports

Import ausführen | Nach dem Einstellen aller Optionen können Sie über die beiden Schaltflächen unten rechts den Import starten oder abbrechen.

Während des Imports können Sie diesen abbrechen, indem Sie am Fortschrittsbalken links oben in Lightroom auf das X-Symbol klicken.

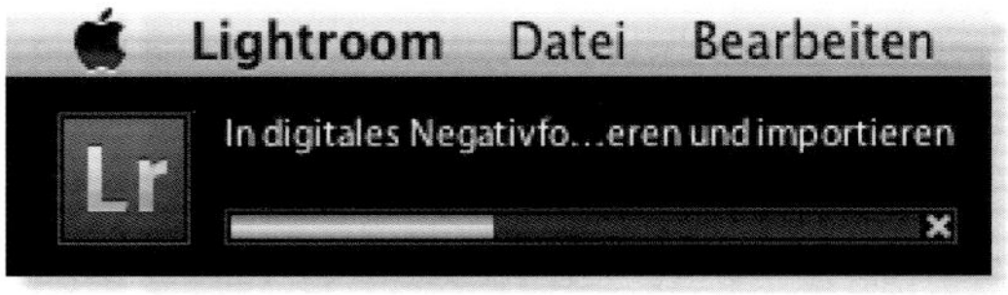

Abbildung 7.45 ▶
Während des Imports können Sie den laufenden Prozess überwachen und notfalls beenden.

▲ **Abbildung 7.46**
Der komplette Ablauf auf einen Blick im Import-Dialogfenster

Schritt für Schritt: Der komplette Importvorgang im Schnelldurchlauf

Auf den vorhergehenden Seiten haben Sie einen detaillierten Einblick in den Importprozess erhalten. Da dies eventuell zu viel auf einmal war, um den Gesamtablauf im Auge zu behalten, beschreibe ich nun den gesamten Importprozess im Schnelldurchlauf. An den einzelnen Schritten finden Sie Querverweise zu den Detailinformationen auf den vorhergehenden Seiten.

1 Quelle auswählen

Nach dem Aufrufen des Import-Dialogfensters über einen der Importbefehle (Seite 205) wählen Sie zunächst die Quelle aus. Öffnet sich das Dialogfenster automatisch beim Einlegen einer Speicherkarte (Seite 199), müssen Sie dies natürlich nicht tun.

2 Übertragungsart wählen

Als Nächstes stellen Sie die Übertragungsart ein. Bei mir ist das normalerweise Als DNG kopieren, da die Bilder noch nicht auf dem Rechner sind und ich alle Raw-Bilder in das DNG-Format konvertieren möchte (siehe Seite 253).

3 Bilder auswählen

Wollen Sie alle Bilder importieren, können Sie diesen Schritt überspringen. Ansonsten schließen Sie einzelne Bilder durch Deaktivieren des Kontrollkästchens vom Import aus (Seite 210).

4 Dateiverwaltung einstellen

Aktivieren Sie die Option Mögliche Duplikate nicht importieren (siehe Seite 213). Als Vorschaugröße verwende ich Standard (siehe Seite 213). Nur wenn es einmal schnell gehen soll, verwende ich die Einstellung Minimal. Bei Bedarf können Sie noch ein Backup Ihrer Originaldateien festlegen (siehe Seite 213).

5 Dateibenennung

Jetzt geben Sie an, wie Ihre Dateien nach dem Import heißen sollen. Eine eindeutige Benennung aller Bilder verhindert ungewollte Duplikate (siehe Seite 214).

6 Entwicklungsvorgaben und Metadaten wählen

Falls gewünscht, können Sie jetzt bereits eine Entwicklungsvorgabe und Metadaten für das Copyright angeben, die auf das Bild angewendet werden sollen (siehe Seite 468).

7 Zielverzeichnis wählen

Zum Abschluss müssen Sie noch das Zielverzeichnis angeben. Dabei können Sie die Bilder auch nach Datum gruppiert ablegen (siehe Seite 254). ■

Die Entwickler von Lightroom haben sich wirklich umfassend Gedanken gemacht, um den komplexen Importprozess in einem Dialog unterzubringen.

7.2.13 Schnellimport ohne Bildauswahl

Importieren Sie immer wieder Bilder nach dem gleichen Schema und benötigen Sie dabei keine Bildauswahl, können Sie den Dialog auch verkleinern. Dann bekommen Sie nicht mehr alle Einstelloptionen angezeigt, können aber schnell unterwegs Speicherkarten einlesen. Dazu klicken Sie unten links am Dialogfenster auf den Pfeil ❶. Dieser blendet viele Optionen und auch die Bildauswahl aus. Einblenden können Sie den Dialog durch ein erneutes Anklicken des Pfeils.

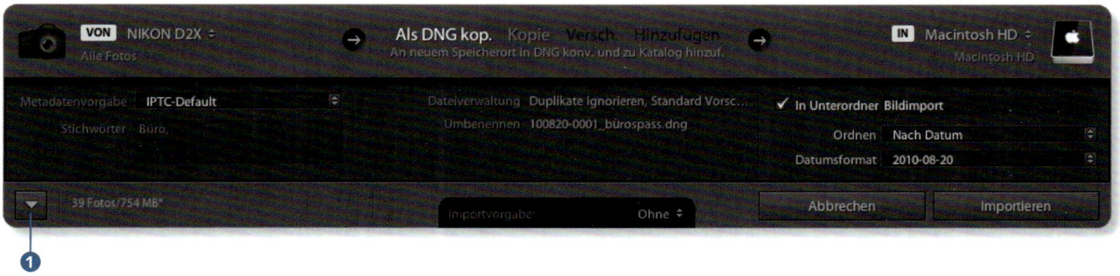

▼ **Abbildung 7.47**
Der minimierte Importdialog mit reduzierten Einstellmöglichkeiten

7.3 Import über Tethering

Neu in Lightroom 3

Im vorangegangenen Abschnitt wurden Bilder importiert, die bereits auf einem Datenträger vorhanden sind. Beim Tethering wird eine Kamera direkt mit dem Computer, zum Beispiel per USB-Kabel, verbunden. Über eine Schnittstelle kann Lightroom mit der Kamera kommunizieren und diese auch ferngesteuert auslösen. Egal, ob Sie an der Kamera oder direkt in Lightroom auslösen, die Bilder werden sofort importiert und im Katalog abgelegt. Es kann also schon während des Shootings eine Kontrolle der Bilder vorgenommen werden.

Leider ist nicht jede Kamera tetheringfähig. Gerade ältere Kameras werden nicht unterstützt. Adobe integriert aber, ähnlich wie bei der Raw-Kompatibilität, mit jedem Update neue Kameras. Beim Tethering werden die Bilder im Raw-Format der Kamera importiert. Arbeiten Sie mit DNG-Dateien, können Sie diese später aus den Original-Raw-Dateien konvertieren.

TIPP

Auf der Adobe-Website unter *http://kb2.adobe.com/cps/842/cpsid_84221.html* können Sie kontrollieren, ob Ihre Kamera bei Tether-Aufnahmen unterstützt wird.

▲ **Abbildung 7.48**
Das Tethering wird über das Menü gestartet.

7.3.1 Einstellungen für Tether-Aufnahmen

Zunächst muss Lightroom für die Tether-Aufnahme vorbereitet werden. Öffnen Sie dazu den Einstell-Dialog über den Menübefehl Datei • Tether-Aufnahme • Tether-Aufnahme starten. Anschließend müssen Sie folgende Einstellungen vornehmen:

Sitzungsname | Hier geben Sie einen Namen für die Fotosession an. Jede Sitzung erhält innerhalb des Zielordners einen Unterordner mit dem Titel der Sitzung. Hier geben Sie zum Beispiel den Namen des Modells oder die Jobbezeichnung an.

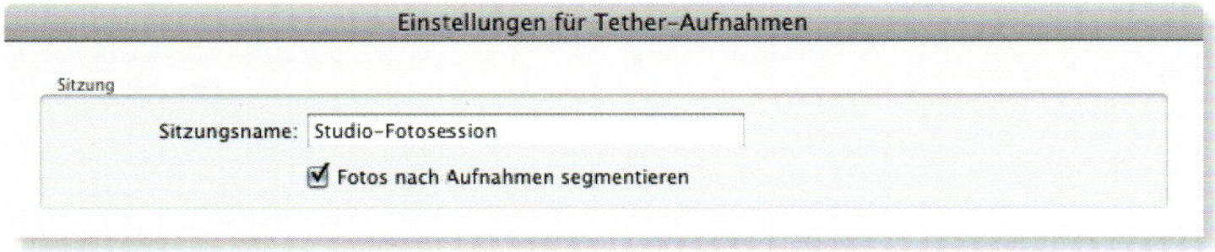

◄ **Abbildung 7.49**
Der Sitzungsname dient zur Benennung des Fotoshootings, und die Segmentierung unterteilt das Shooting in kleinere Sessions.

Fotos nach Aufnahme segmentieren | Sie können zusätzlich innerhalb einer Session weitere Unterordner anlegen. Dazu aktivieren Sie das Kontrollkästchen. Bevor Sie dann mit dem Shooting beginnen, werden Sie nach dem Namen des Ordners gefragt. Das ist ideal, wenn während eines Shootings mehrere Objekte fotografiert werden sollen. Dann kann für jedes Objekt ein eigener Ordner erstellt werden. Den Segmentordner können Sie dann in der Kamerasteuerung auch direkt ändern.

Benennung | Hier legen Sie die Bestandteile des Dateinamens fest. Dieser kann beispielsweise aus dem Datum, einer fortlaufenden Nummer und der Jobbezeichnung bestehen. Näheres zu den Dateibenennungen und Dateinamenvorlagen finden Sie auf Seite 158, 216. Die zur Verfügung gestellten Eingabefelder sind abhängig von der eingestellten Dateinamenvorlage.

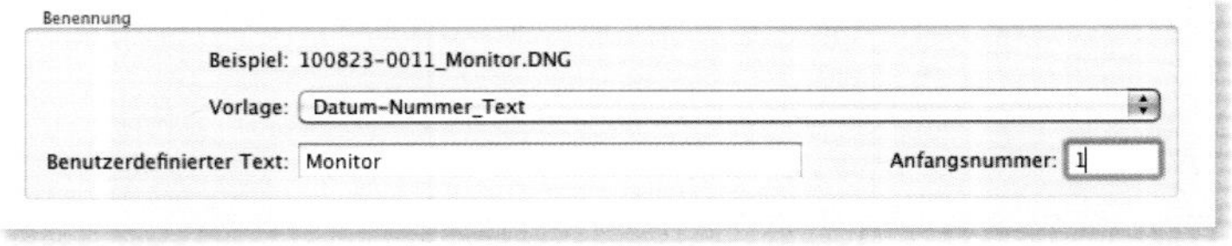

Abbildung 7.50 ▸
Die importierten Fotos werden automatisch nach Vorlagen benannt.

Ziel | Hier geben Sie den übergeordneten Zielordner ein. Dieser steht in der Ordnerhierarchie aus Ziel/Sitzung/Segmentierung ganz oben und kann z. B. der Ordner in Ihrem Bildarchiv sein. Unterwegs kann das auch ein spezieller Importordner sein.

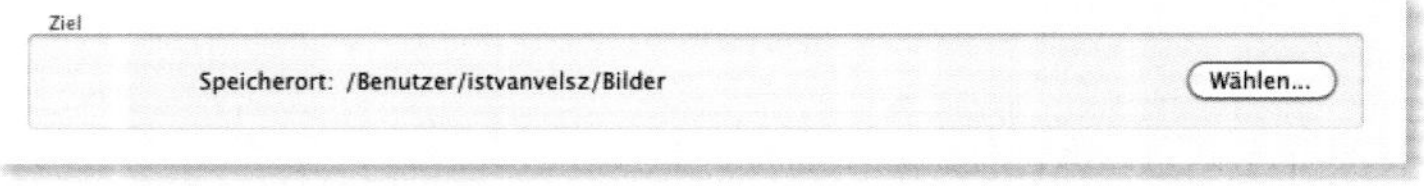

Abbildung 7.51 ▸
Das Ziel stellt den obersten Ordner dar, in dem alle Shootings abgelegt werden.

Metadaten | Schon während der Aufnahme können Metadaten in die Datei geschrieben werden. Am besten besitzt man dafür eine Standardvorlage. Diese können Sie dann über das Dropdown-Menü aufrufen. Sie können hier aber auch eine neue erstellen. Näheres dazu finden Sie auf Seite 218. Die Vorlage sollte vor allem Copyright-Informationen enthalten.

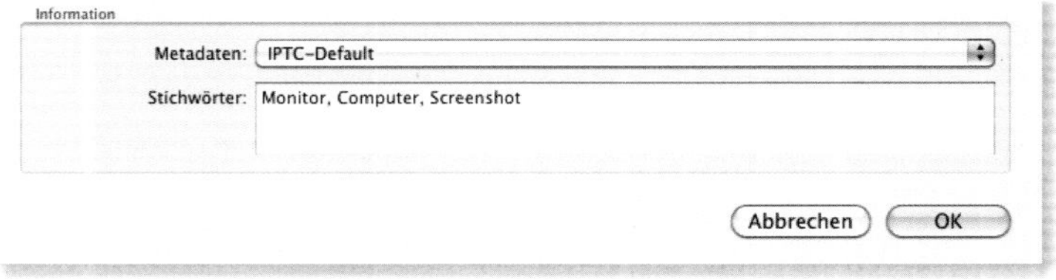

Abbildung 7.52 ▸
Metadaten und Stichwörter werden während des Shootings hinzugefügt.

Stichwörter | Auch die Stichwörter können Sie schon vor der Aufnahme angeben. Diese werden dann jeder Aufnahme hinzugefügt. Ein nachträgliches Verschlagworten wird nahezu überflüssig. Eventuell müssen Sie später nur noch bei einzelnen Bildern nacharbeiten.

Haben Sie alle Einstellungen erledigt, können Sie mit dem Shooting beginnen, indem Sie auf die OK-Schaltfläche klicken. Haben Sie die Segmentierung der Aufnahmen aktiviert, werden Sie noch nach einem Namen für das Segment/den Unterordner gefragt.

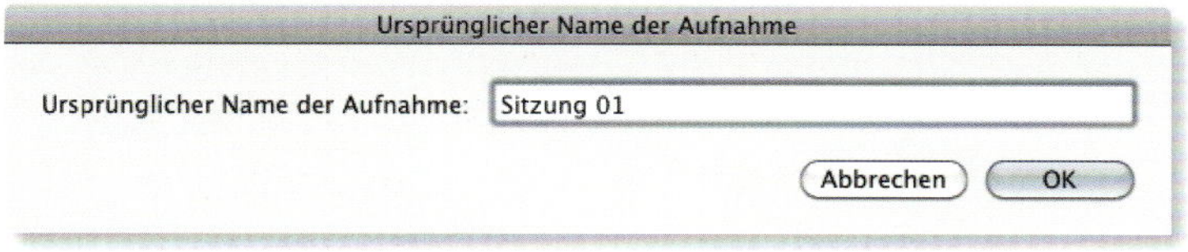

◂ **Abbildung 7.53**
Dieser Dialog erscheint nur, wenn die Segmentierung aktiviert ist.

7.3.2 Tether-Aufnahmen durchführen

Wenn die Einstellungen ausgeführt sind und Sie mit dem Shooting beginnen, empfiehlt es sich, in die Lupenansicht zu wechseln. Dann haben Sie das gesamte Bild im Blick.

Über dem Programmfenster schwebt das Tether-Aufnahmefenster. Dort können Sie die Kameraeinstellungen ablesen und auslösen.

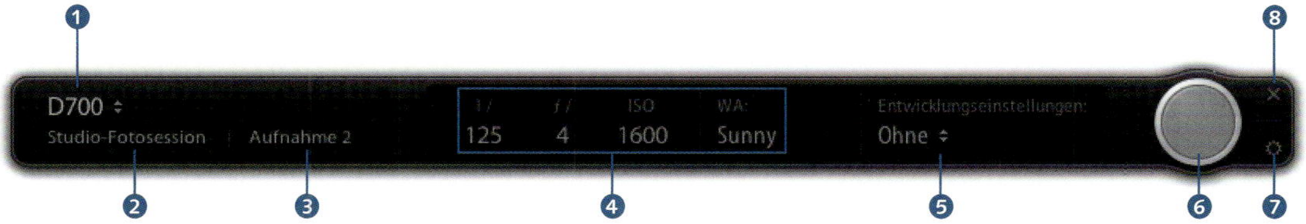

▴ **Abbildung 7.54**
Das Tether-Aufnahmefenster

Das Tether-Aufnahmefenster liefert Ihnen einige Informationen. Zunächst zeigt es Ihnen den Kameratyp ❶ an. Falls Sie mehrere Kameras einsetzen, können Sie hier den Typ zusätzlich auswählen. Darunter finden Sie den Namen der Sitzung ❷, den Sie zuvor in den Einstellungen vergeben haben. Diesen können Sie hier nicht ändern. Sie können aber den Einstell-Dialog über die Werkzeugtaste ❼ wieder öffnen.

Neben dem Sitzungsnamen finden Sie, falls Sie die Segmentierung aktiviert haben, den Namen des Segments ❸. Diesen können Sie per Klick ändern. Im Zentrum finden Sie Kameraangaben ❹ wie die gewählte Belichtungszeit, Blende, den ISO-Wert und die Weißabgleichseinstellung. Diese sind ebenfalls fest und dienen nur zur Information.

Anpassen lassen sich aber die Entwicklungseinstellungen ❺. Hier können Sie über das Dropdown-Menü aus der Liste der Entwicklungsvorlagen auswählen, bespielsweise um direkt während des Shootings einen gewissen Bildstil zu erzielen. Mehr über Entwicklungsvorgaben finden Sie auf Seite 468.

Der große graue Knopf ❻ dient unübersehbar zum Auslösen der Kamera. Sie können aber natürlich weiterhin direkt an der Kamera auslösen. Das Zahnrad ❼ dient wie bereits erwähnt zum Aufrufen des Einstell-Dialogs, um dort beispielsweise Stichwörter zu ändern. Zum Beenden des Tetherings klicken Sie auf das Schließensymbol ❽.

▼ Abbildung 7.55
Jede neue Aufnahme wird in der Bibliothek angezeigt. Am besten sieht man die Bilder in der Lupenansicht.

7.3.3 Optionen zur Tether-Aufnahme

Während der Tether-Aufnahme sind einige Optionen über das Menü DATEI • TETHER-AUFNAHME möglich.

Tether-Aufnahme beenden | Stoppt die Session und beendet die Tether-Aufnahme. Das Aufnahmefenster wird geschlossen.

Tether-Aufnahmefenster ausblenden | Blendet nur das Fenster aus, ohne die Aufnahme zu beenden. Sehr hilfreich, wenn man an der Kamera auslöst und den gesamten Bildschirm mit dem Bild bedecken will.

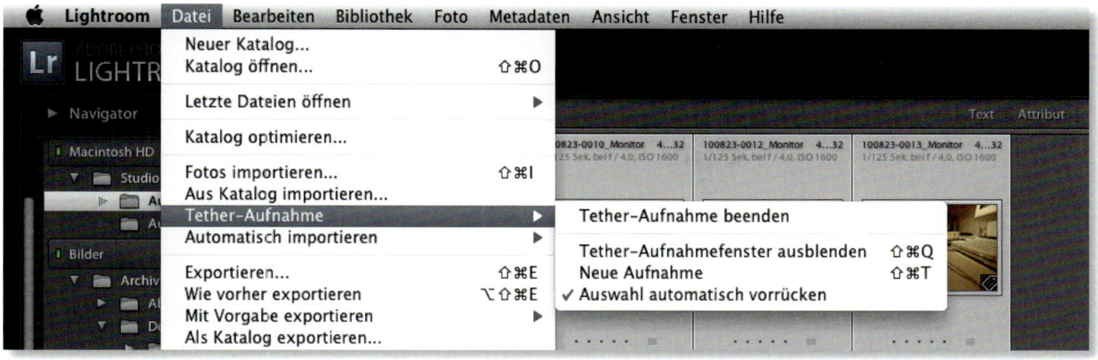

▲ **Abbildung 7.56**
Einige Optionen können während der Tether-Aufnahme über das Menü eingestellt werden.

Neue Aufnahme | Legt einen neuen Aufnahmeordner an, um das Shooting zu segmentieren.

Auswahl automatisch vorrücken | Die Standardeinstellung zeigt immer das neu ausgelöste und importierte Foto an. Ist diese Option deaktiviert, müssen Sie das Bild manuell auswählen. Dann wird immer das zuletzt selektierte angezeigt.

7.4 Import aus einem anderen Katalog

Der Import aus einem anderen Katalog wurde in einer ausführlichen Schritt-für-Schritt-Anleitung bereits auf Seite 185 erklärt. Hier finden Sie eine Kurzbeschreibung der Funktionen.

Um Bilder aus einem anderen Katalog zu importieren, rufen Sie zunächst den Menübefehl Datei • Aus Katalog importieren auf. Anschließend müssen Sie den Katalog angeben, aus dem Sie die Bilder importieren wollen.

▼ **Abbildung 7.57**
Bilder können auch aus einem anderen Katalog importiert werden.

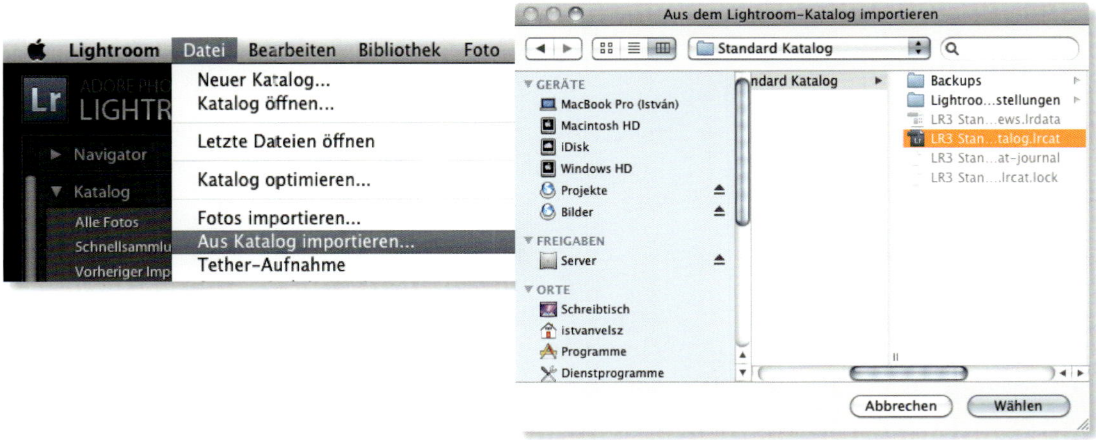

7.4.1 Bildauswahl

Im Import-Dialog für Kataloge können Sie Ordner und einzelne Bilder auswählen. In der Ordnerliste werden alle im Katalog befindlichen Ordner angezeigt. Sie können alle Ordner, die Sie nicht importieren wollen, deaktivieren. Rechts werden nur die Bilder angezeigt, die sich in den aktivierten Ordnern befinden. Bilder können hier einzeln aktiviert oder deaktiviert werden.

▼ Abbildung 7.58
Der Auswahl-Dialog beim Importieren von Bildern aus anderen Katalogen

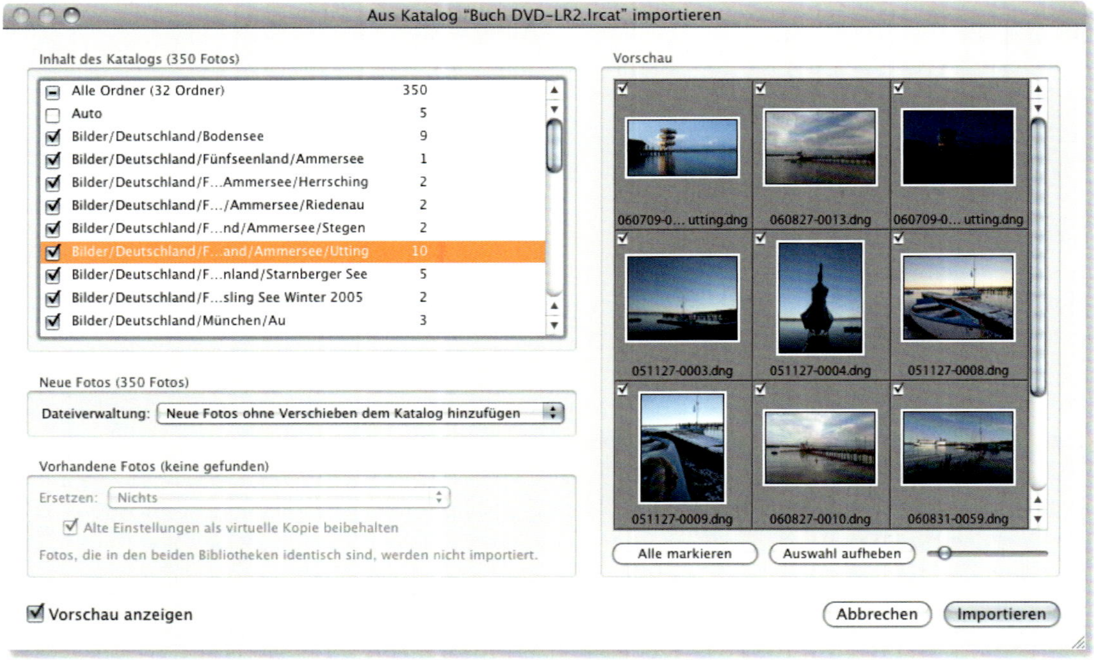

7.4.2 Übertragungsart festlegen

Anschließend wird definiert, was mit den zu importierenden Bildern geschehen soll. Dazu haben Sie im Dropdown-Menü DATEIVERWALTUNG die Möglichkeit, zwischen den folgenden Punkten zu wählen:

- **Neue Fotos ohne Verschieben dem Katalog hinzufügen:** Dabei werden die Originaldaten an ihrem Platz belassen und nur die Verlinkungen importiert.

Abbildung 7.59 ▶
Mit dieser Option verbleiben die die Bilder im Originalordner und werden nur importiert.

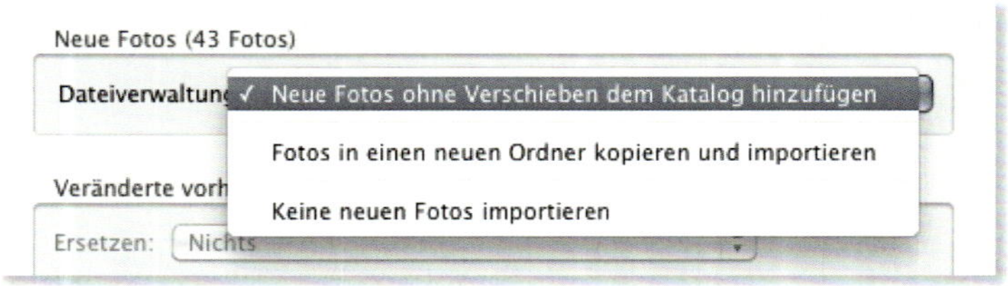

- **Fotos in einen neuen Ordner kopieren und importieren:** Hier werden die Bilder an einen Ort kopiert, den Sie mit der Schaltfläche auswählen, die unter dem Dropdown erscheint. Daneben wird der aktuelle Zielordner angezeigt.

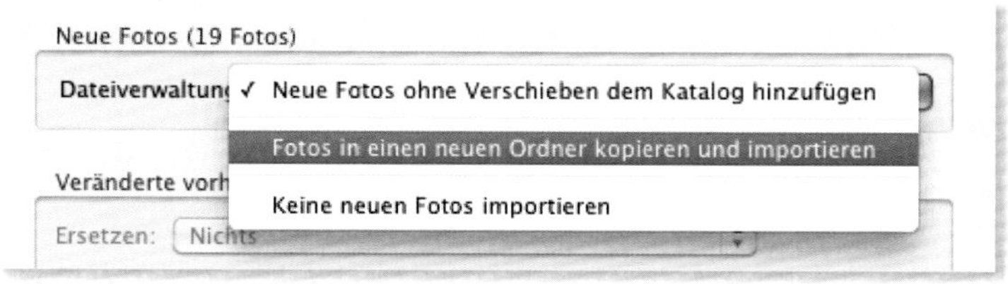

◂ **Abbildung 7.60**
Die Fotos werden mit dieser Option in einen neuen Ordner kopiert, bevor sie importiert werden.

- **Keine neuen Fotos importieren:** Hier werden nur Bilder ersetzt, die bereits in der Datenbank vorhanden sind.

7.4.3 Metadaten übernehmen

Sind Duplikate bereits im Katalog vorhanden, müssen Sie angeben, was mit den importierten Bildern geschehen soll. Sie können die bereits vorhandenen Bilder überschreiben (Metadaten, Entwicklungseinstellungen und Negativdateien). Dabei werden alle Metadaten und Entwicklungseinstellungen überschrieben, und die Verknüpfung wird angepasst.

Wünschen Sie, dass nur die Entwicklungseinstellungen und Metadaten aktualisiert werden, wählen Sie Nur Metadaten und Entwicklungseinstellungen. Dabei werden die Originaldateien belassen, Metadaten und Entwicklung jedoch aktualisiert.

In diesem Fall können Sie die alten Einstellungen in virtuellen Kopien belassen. Existieren neben doppelten Raw-Dateien auch noch dazugehörige TIFF-, PSD- oder JPEG-Dateien, können auch nur diese importiert werden. Die dazugehörigen Raw-Dateien werden ignoriert, soweit diese schon im Katalog vorhanden sind.

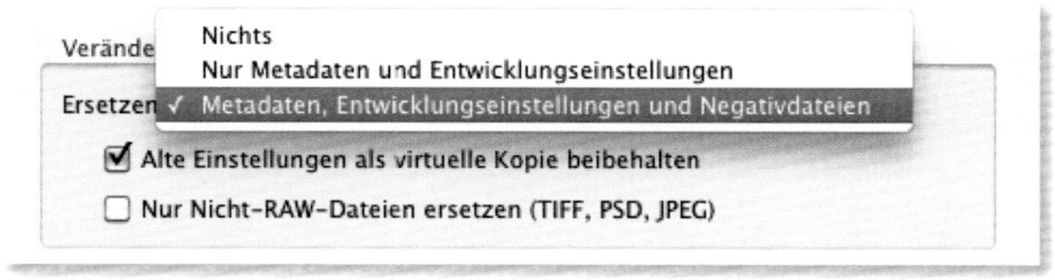

▴ **Abbildung 7.61**
Um zu verhindern, dass Bilder überschrieben werden, haben Sie die Möglichkeit, bestehende Einstellungen als virtuelle Kopien zu belassen.

7.5 Automatischer Programmstart beim Einlegen einer Speicherkarte

Unter Mac OS X und Windows können Sie festlegen, was passiert, wenn Sie eine Kamera oder einen Kartenleser an den Rechner anschließen. Hier können Sie Lightroom automatisch starten.

7.5.1 Mac OS X

Unter Mac OS X ist dazu das Programm Digitale Bilder zuständig. Je nach Version des Betriebssystems finden Sie die Startoption in den Programmeinstellungen im Menü DIGITALE BILDER • EINSTELLUNGEN oder, unter Snow Leopard, links unten.

Abbildung 7.62 ▸
Links das Programm DIGITALE BILDER unter Mac OS X 10.6, rechts das der Vorgängerversion 10.5

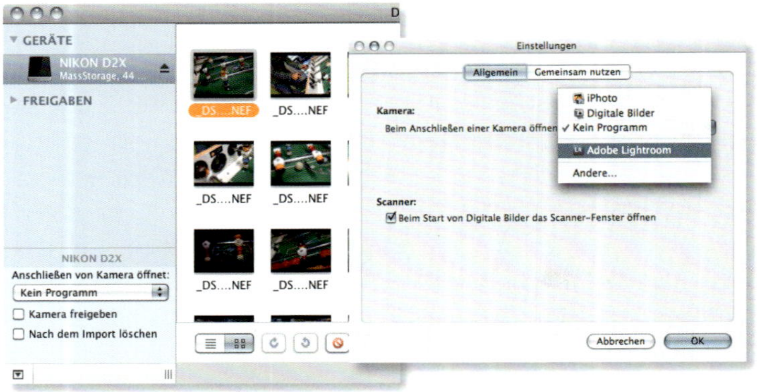

7.5.2 Microsoft Windows

Unter Windows wird, sobald eine Speicherkarte erkannt wird, grundsätzlich ein Dialogfenster angezeigt, das es erlaubt, eine Aktion auszuwählen. Bei Windows 7 finden Sie diese Funktion in den Systemeinstellungen.

▾ Abbildung 7.63
Unter Windows 7 können Sie in den Systemeinstellungen den automatischen Programmstart einstellen.

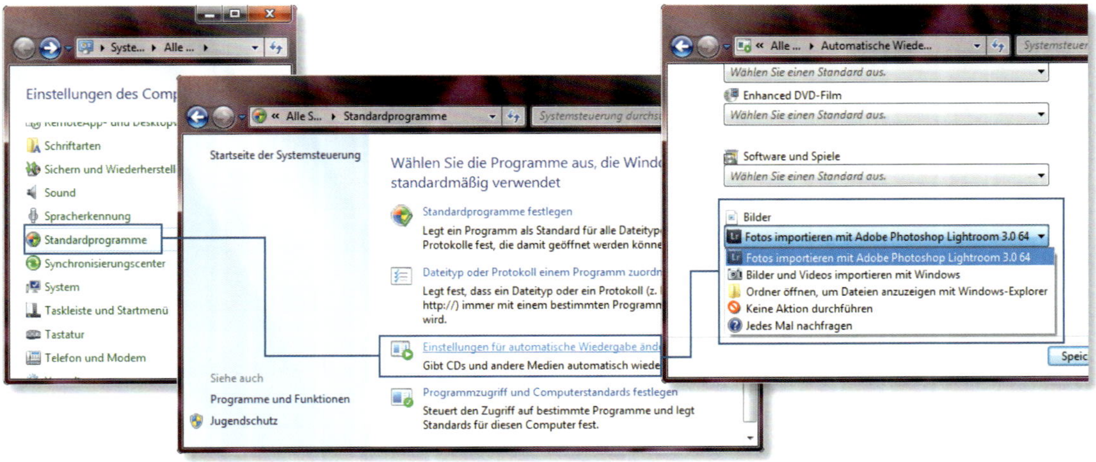

8 Das Bibliothek-Modul

Die Bibliothek ist die Schaltzentrale von Photoshop Lightroom. Von ihr aus werden alle anderen Module bedient. Egal, ob Sie ein Bild bearbeiten oder eine Auswahl als Diashow präsentieren oder drucken – die Bilder werden dafür immer aus der Bibliothek geholt. Hier ist es also besonders wichtig, den Überblick zu behalten. Eine sinnvolle Verwaltungsstrategie erleichtert das Auffinden von einzelnen Bildern – besonders in Sammlungen mit mehreren zehntausend Aufnahmen.

▼ Abbildung 8.1
Das Bibliothek-Modul ist die Schaltzentrale. Auf seine Inhalte greifen alle anderen Module zu.

In diesem Kapitel erfahren Sie, wie Sie Bilder optimal verwalten, bewerten, sortieren und gruppieren. Die Abschnitte sind jeweils so angeordnet, dass Sie der Reihe nach erfahren, wie Sie Ihre Bildverwaltung immer weiter verfeinern und strukturieren.

8.1 Raster- und Lupenansicht

Normalerweise arbeitet man in der Bibliothek hauptsächlich in der Rasteransicht und in der Lupenansicht. In der Rasteransicht werden die Bilder als kleine Vorschaubilder angezeigt. In der Lupenansicht wird immer nur ein Bild angezeigt. Dieses kann dann in verschiedenen Stufen bis auf Pixelgröße gezoomt werden.

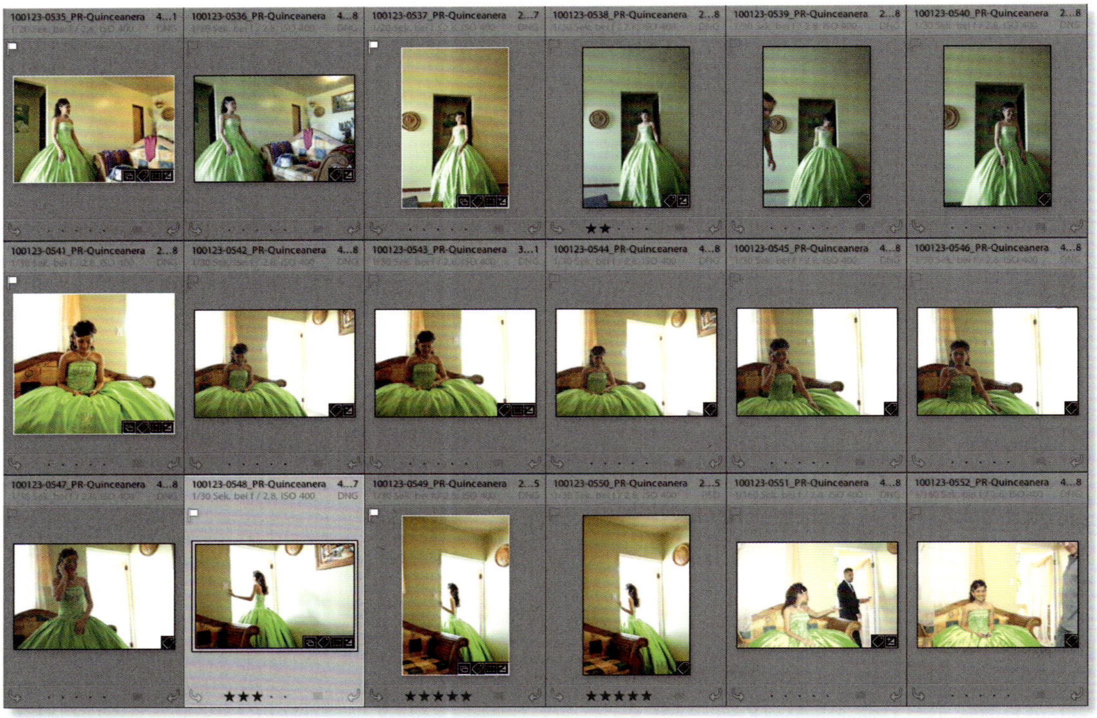

▲ **Abbildung 8.2**
Darstellung der Rasteransicht im Ansichtsfenster

8.1.1 Rasteransicht

In der Rasteransicht erhalten Sie einen Überblick über alle Bilder in Ihrer Bibliothek. Jedes Bild wird dabei als Miniatur dargestellt. Die Miniaturen werden beim Import aus der Datei ausgelesen beziehungsweise erzeugt.

▲ **Abbildung 8.3**
Klicken Sie in der Werkzeugleiste auf dieses Symbol, so wird die Rasteransicht aktiviert.

Die Rasteransicht wird durch Drücken der [G]-Taste aktiviert. Wenn Sie sich in einem anderen Modul befinden, springen Sie beim Drücken dieser Taste direkt in das Bibliothek-Modul. Die Rasteransicht bietet zwei Darstellungsformen für Miniaturbilder: eine kompakte und eine erweiterte, die mehr Informationen über das Bild bereithält. Die Ansichtsmodi können über die Ansicht-Optionen umgeschaltet werden.

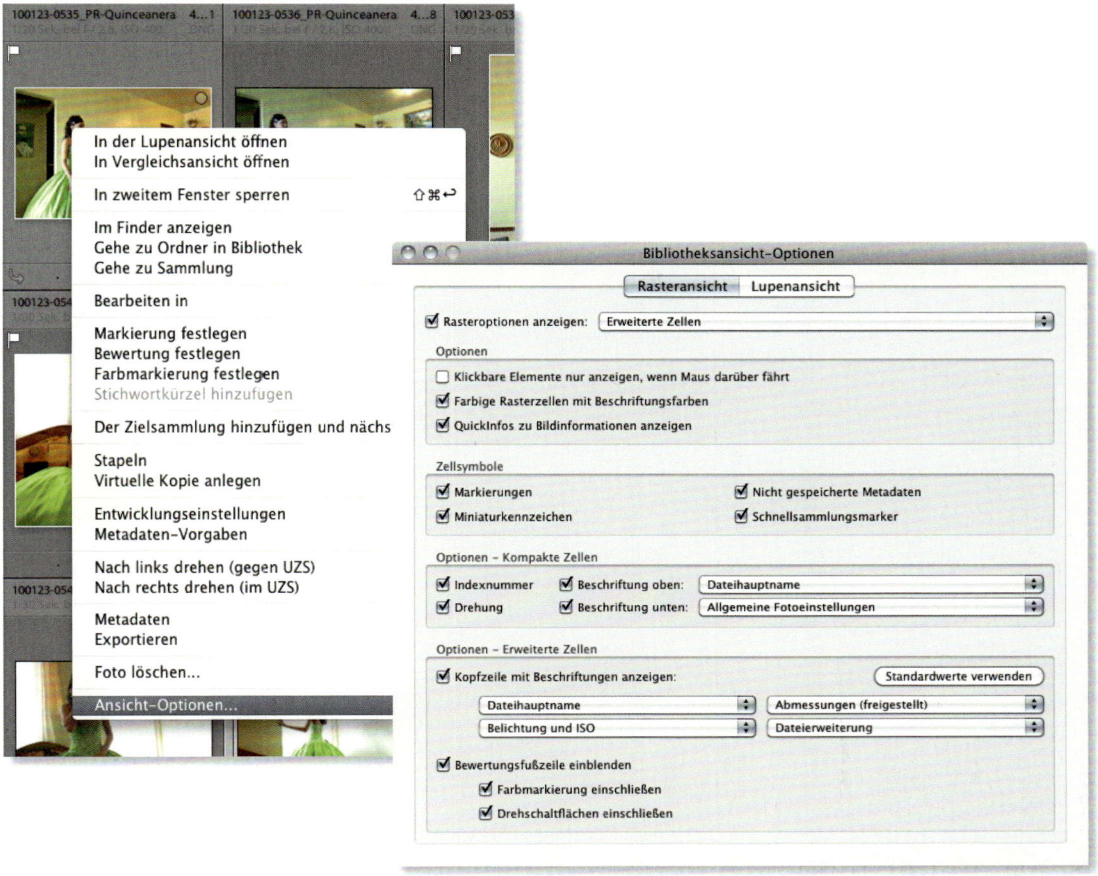

▲ **Abbildung 8.4**
Über den Menüpunkt Ansicht-Optionen kann die Darstellung der Informationen zum Miniaturbild eingestellt werden. Der Dialog lässt sich aus dem Kontextmenü heraus öffnen.

Ansicht-Optionen für Rasteransicht | Die Darstellung der Rasterzellen lässt sich über einen Dialog einstellen. Grundsätzlich stehen Ihnen drei Darstellungsformen zur Verfügung: eine ohne Zusatzinformationen, die kompakte und die erweiterte Zellendarstellung. Kompakte Zellen benötigen weniger Platz, zeigen aber nicht so viele Informationen wie die erweiterte Zelle an. Die Darstellung ohne Zusatzinformationen benötigt den gleichen Platz wie die kompakte Zelle. Auf Notebooks zum Schnellsortieren reichen die kompakten Zellen meist aus. Die erweiterte Zelle zeigt mehr Zusatzinformationen, benötigt aber mehr Platz. Für jede dieser Zellenformen können Sie die zusätzlich angezeigten Informationen einstellen. Das Dialogfeld kann über das Menü Ansicht • Ansicht-Optionen oder über das Rechtsklickmenü der Miniaturbilder aufgerufen werden. Dort ist es der letzte Menüeintrag. Im selben Dialog stellen Sie übrigens auch Optionen für die Lupenansicht ein, wir bleiben aber zunächst bei der Rasteransicht. Die Einstellungen dafür befinden sich unter dem Reiter Rasteransicht.

▲ **Abbildung 8.5**
Darstellung von Rasteroptionen deaktiviert

▲ **Abbildung 8.6**
Darstellung von Rasteroptionen aktiviert und kompakte Zelle

▲ **Abbildung 8.7**
Darstellung von Rasteroptionen aktiviert und erweiterte Zelle

- **Rasteroptionen anzeigen:** Über die Kontrollbox aktivieren Sie die generelle Darstellung von Informationen und Funktionen in der Zelle. Ist die Kontrollbox deaktiviert, werden nur die Vorschaubilder in der Zelle dargestellt. Ist diese jedoch aktiviert, kann über das nebenstehende Dropdown-Menü zwischen der Darstellung Kompakte Zellen und Erweiterte Zellen gewählt werden.
- **Klickbare Elemente nur anzeigen, wenn Maus darüberfährt:** Einige Symbole in den Zellen sind anklickbar. Sie rufen entsprechende Befehle wie Zuweisen zur Schnellauswahl oder Bild um 90° drehen auf. Sie sind normalerweise nur aktiv, wenn sich der Mauszeiger über der Zelle befindet (siehe Abbildung 8.10). Beim Deaktivieren der Kontrollbox sind sie ständig sichtbar.
- **Farbige Rasterzellen mit Beschriftungsfarben:** Ist diese Kontrollbox aktiviert, werden die Zellenhintergründe und Rahmen um die Miniaturbilder in der Farbe der gewählten Farbmarkierung dargestellt.
- **QuickInfos zu Bildinformationen anzeigen:** Blendet einen Tooltipp ein, wenn sich die Maus über einem Bild befindet und ca. eine Sekunde lang nicht bewegt wurde. Dort werden Belichtungszeit, Blende und Brennweite angezeigt.
- **Zellsymbole:** Hier kann spezifiziert werden, welche Zellensymbole aktiviert werden können. Eine nähere Beschreibung der einzelnen Symbole finden Sie im folgenden Abschnitt.
- **Optionen – Kompakte Zellen:** Hier können Sie Elemente nur bei der Darstellung Kompakte Zellen angeben. Sie können

▲ **Abbildung 8.8**
Alternative Beschriftungsvariante über und unter dem Miniaturbild

die Symbole für die graue INDEXNUMMER im Hintergrund oder die 90°-Drehung ein- beziehungsweise ausblenden. Zusätzlich können Sie festlegen, welche Beschriftung, zum Beispiel Dateiname oder Belichtungsinformationen, über und unter dem Miniaturbild eingeblendet wird.

- **Optionen – Erweiterte Zellen:** Ähnlich wie bei den Optionen der kompakten Zelle können Sie auch hier die Beschriftung ändern. Allerdings stehen dafür vier statt nur zwei Beschriftungsoptionen zur Verfügung. Zusätzlich können die FARBMARKIERUNG, die BEWERTUNGSFUSSZEILE und die DREHSCHALTFLÄCHEN eingeschlossen oder ausgeblendet werden.

▲ **Abbildung 8.9**
Kompakte Zelle ohne sichtbar anklickbare Elemente

▲ **Abbildung 8.10**
Beim Rollover werden die anklickbaren Elemente eingeblendet.

▲ **Abbildung 8.11**
Bei zugewiesener Farbmarkierung werden Zellen farbig dargestellt. Zusätzlich ist die QuickInfo eingeblendet.

Symbole der Rasterzellen | An den Rasterzellen können Symbole eingeblendet werden, die den Metadatenstatus der Datei kennzeichnen. Diese Symbole dienen jedoch nicht nur der Anzeige, sondern auch der Warnung und können auf Klick den angezeigten Status aktualisieren. Sie ermöglichen es, schnell zu erkennen, ob Metadaten zwischen der Datenbank und der Datei synchron sind oder ob eine Dateiverknüpfung unterbrochen ist. Weitere Symbole kennzeichnen Bilder nach Markierungsstatus oder ermöglichen es, Bilder zu drehen oder zu erkennen, ob sich ein Bild in der Schnellsammlung (siehe Seite 271) befindet.

Auf den folgenden Seiten finden Sie eine Beschreibung der dargestellten Elemente in den Rasterzellen der kompakten und der erweiterten Zellendarstellung:

Abbildung 8.12 ▸
Die Miniaturdarstellung als kompakte Zelle. Die Bildzelle nimmt relativ wenig Platz ein.

❶ **Indexnummer:** Diese Zahl gibt die Nummer der Zelle an und hat nichts mit der eigentlichen Bildnummer zu tun. Sie wird nur in der kompakten Darstellung angezeigt.

❷ **Nicht gespeicherte Metadaten:** Gibt an, ob die Metadaten in der Bibliothek und in der Datei übereinstimmen.

Metadaten sind im Katalog neuer als in der Datei. Auf Klick werden sie in die Datei geschrieben.

Metadaten in der Datei wurden von einem externen Programm, zum Beispiel Adobe Bridge, geändert. Auf Klick werden die Daten in den Katalog übernommen.

Metadateninformationen werden zwischen dem Katalog und der Datei abgeglichen.

Bild wurde nicht gefunden. Auf Klick kann ein Dialog zur Suche der Datei gestartet werden.

❸ **Schnellsammlungsmarker:** Fügt ein Bild der Schnellsammlung hinzu oder entfernt es daraus (siehe Seite 271).

❹ **Miniaturkennzeichen:** Zeigt an, ob das Bild IPTC-Metadaten enthält, beschnitten wurde oder Entwicklungseinstellungen enthält. Klickt man ein Symbol an, so springt man direkt zu der jeweiligen Funktion im entsprechenden Modul.

❺ **Drehschaltflächen:** Über diese Schaltflächen kann das Bild in 90°-Schritten im oder gegen den Uhrzeigersinn gedreht werden.

▲ **Abbildung 8.13**
Videos erhalten links unten im Vorschaubild ein Kamerasymbol mit der Angabe über die Filmlänge. Wie bei Bildern werden Metadatenänderungen mit einem Miniaturkennzeichen angezeigt.

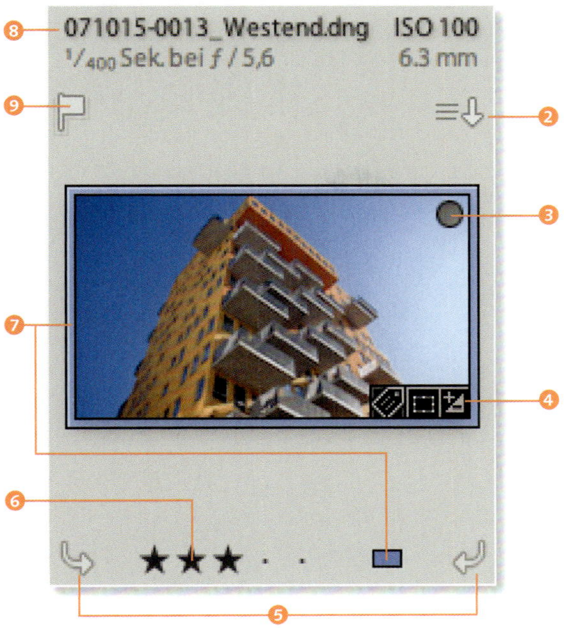

◂ **Abbildung 8.14**
In der Darstellung als erweiterte Zelle werden Bildinformationen, Bewertungen etc. angegeben.

- ❻ **Bewertungssterne:** Zeigt die Wertung von maximal fünf Sternen an. Durch Anklicken eines der Sterne kann eine entsprechende Bewertung abgegeben werden. Mit den Tasten [1] bis [5] weisen Sie dem Bild eine entsprechende Wertung zu. [0] löscht die Bewertung.
- ❼ **Farbbeschriftung:** Zeigt die entsprechende Farbe als Markierung oder Rahmen an.
- ❽ **Beschriftung:** Zeigt Metadaten an. Durch Rechtsklick auf die vorhandene Beschriftung kann diese durch eine andere ersetzt werden. Da in der erweiterten Ansicht der Platz relativ gering ist, klicken Sie am besten in die Nähe des ersten Buchstabens oder neben die Zahl der Beschriftung.
- ❾ **Kennzeichnung:** Diese Option zeigt an, ob ein Bild als MARKIERT, UNMARKIERT oder ABGELEHNT gekennzeichnet ist. Über einen Rechtsklick auf das Symbol kann die Kennzeichnung geändert werden.

▴ **Abbildung 8.15**
Der Markierungsstatus kann mit einem Rechtsklick auf das Symbol geändert werden.

Größe der Miniaturbilder festlegen | Die Miniaturbilder lassen sich über den Schieberegler MINIATUREN in der Werkzeugleiste in der Größe regulieren. Dadurch werden entsprechend mehr oder weniger Rasterzellen dargestellt.

Wird der Regler nicht angezeigt, können Sie ihn über das Dropdown-Menü einblenden, das sich öffnet, wenn Sie auf das

▲ **Abbildung 8.16**
Die Größe der Miniaturen lässt sich über einen Schieberegler verändern.

Dreieck ❶ am rechten Rand der Werkzeugleiste klicken. Der zugehörige Punkt heißt MINIATURGRÖSSE.

TIPP

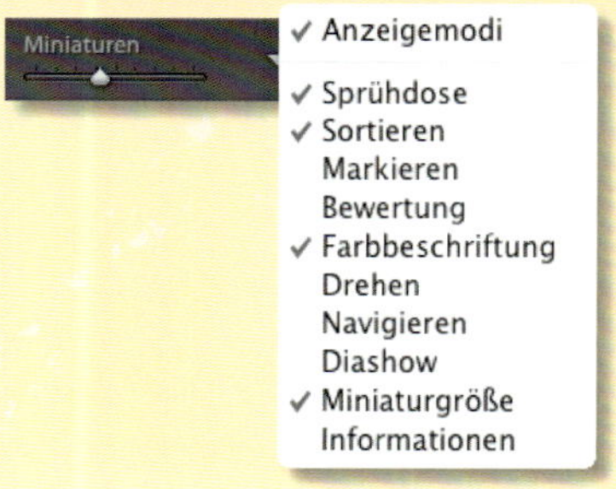

Werkzeuge in der Werkzeugleiste lassen sich über das Dropdown-Menü am rechten Rand der Werkzeugleiste ein- und ausblenden. Dies ist vor allem auf Monitoren mit geringer Auflösung hilfreich. Dort haben nämlich nicht alle Werkzeuge Platz.

8.1.2 Lupenansicht

In der Lupenansicht wird das aktuell ausgewählte Bild im gesamten Ansichtsbereich angezeigt. In dieser Ansicht haben Sie die Möglichkeit, auch in das Bild hineinzuzoomen.

Um die Lupenansicht zu aktivieren, drücken Sie die E-Taste auf Ihrer Tastatur. Befinden Sie sich in einem anderen Modul, springt Lightroom automatisch in die Lupenansicht des Bibliothek-Moduls. Sie können natürlich auch auf das Symbol in der Werkzeugleiste klicken.

▲ **Abbildung 8.17**
Klicken Sie in der Werkzeugleiste auf dieses Symbol, so wird die Lupenansicht aktiviert.

Zoomen in der Lupenansicht | Die Funktionalität der Lupenansicht entspricht im Großen und Ganzen der Ansicht im Entwickeln-Modul. Im Folgenden werden nur kurz die wichtigsten Möglichkeiten angerissen, die dieses Werkzeug bietet. Nähere

▲ **Abbildung 8.18**
In der Lupenansicht wird das aktuell ausgewählte Bild angezeigt.

Informationen erhalten Sie auf Seite 145. Es gibt mehrere Möglichkeiten, in Bilder hineinzuzoomen:

- **Bedienfeld Navigator:** Lightroom bietet mehrere Zoomstufen, die Sie über den NAVIGATOR abrufen können. Ein weißer Ausschnittsrahmen zeigt Ihnen im Vorschaufenster des Bedienfeldes an, welchen Ausschnitt Sie im Ansichtsfenster sehen. Verschieben Sie den Rahmen, so verschiebt sich der Ausschnitt in der Lupenansicht mit.
- **Einfacher Mausklick:** Sicher ist Ihnen das Lupen-Symbol schon aufgefallen, das erscheint, sobald Sie sich mit der Maus über dem Bild befinden. Klicken Sie damit einmal kurz in das Bild, so wird dieses noch näher herangezoomt. Klicken Sie erneut ins Bild, wird wieder aus ihm herausgezoomt. In der gezoomten Ansicht erscheint eine Hand anstatt der Lupe. Mit gedrückter Maustaste können Sie jetzt das Bild anfassen und den Bildausschnitt verschieben.
- **Temporärer Zoom:** Klicken Sie mit der Maustaste in das Bild, und halten Sie die Maustaste gedrückt. Das Bild wird so lange gezoomt, bis Sie die Maustaste wieder loslassen. Während das Bild einzoomt und Sie die Maustaste gedrückt halten, können

▲ **Abbildung 8.19**
Aktivierung des Zooms über die Tasten der Zoomstufen-Bezeichnungen im NAVIGATOR-Bedienfeld

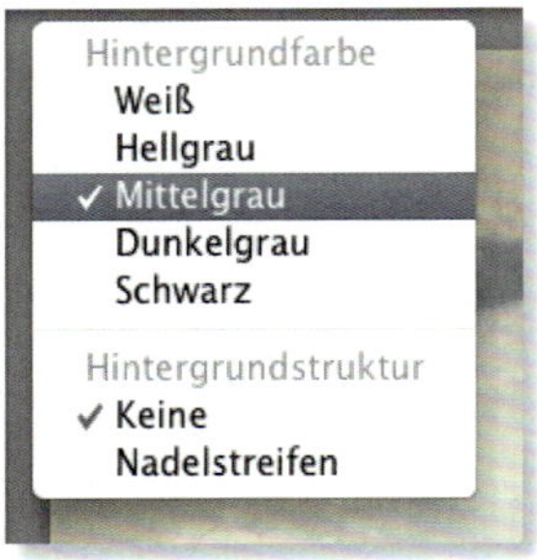

▲ Abbildung 8.20
Die Farbe des Hintergrunds kann über ein Dropdown-Menü verändert werden.

Sie den Ausschnitt des Bildes verschieben, um ausgewählte oder besonders kritische Bildstellen zu kontrollieren.

Hintergrundfarbe ändern | In der Lupenansicht können Sie die Hintergrundfarbe im Ansichtsfenster ändern. Auf Grau leuchten die Bilder zwar sehr schön, gedruckt wird aber oft auf Weiß. Daher ist es manchmal sinnvoll, das Bild auf einem völlig farblosen Hintergrund zu kontrollieren. Auch eine aus Linien bestehende Hintergrundstruktur (NADELSTREIFEN) kann man einblenden, diese stört aber eher.

Klicken Sie mit der rechten Maustaste auf die Hintergrundfläche, und wählen Sie eine Farbe aus dem Dropdown-Menü aus.

Lupeninformationen einblenden | In der Lupenansicht stellen zwei konfigurierbare Blöcke bestimmte Informationen zum Bild zur Verfügung. Es kann ausgewählt werden, welcher der beiden Blöcke angezeigt wird.

Um die Informationen einzublenden, wählen Sie den Menüpunkt ANSICHT • LUPENINFORMATION • INFORMATIONEN ANZEIGEN. Im selben Menü können Sie die Auswahlsätze tauschen. Wählen Sie einfach INFORMATION 1 oder 2 aus. Über die Taste [I] schalten Sie zwischen den Informationen um oder blenden diese aus.

Welche Informationen Sie in welchem Block anzeigen wollen, regeln Sie über die ANSICHT-OPTIONEN.

Die Lupeninformationen bleiben auch in der Ansicht des Entwickeln-Moduls sichtbar und können dort über das gleiche Menü konfiguriert werden.

Abbildung 8.21 ▶
In der Lupenansicht werden die Textinformationen über dem Bild angezeigt.

Bibliotheksansicht-Optionen | Diesen Dialog kennen Sie schon von der Rasteransicht. Er lässt sich in der Lupenansicht nicht über das Rechtsklickmenü in der Ansicht aufrufen. Öffnen Sie ihn daher über den Menüpunkt ANSICHT • ANSICHT-OPTIONEN.

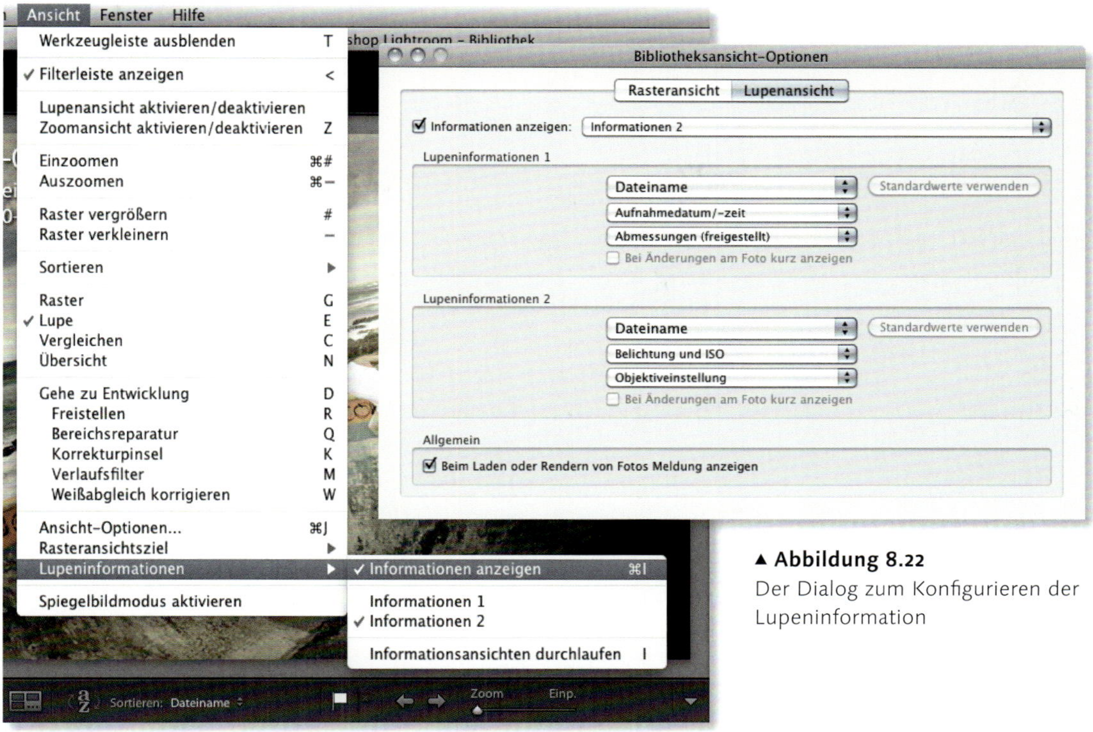

▲ **Abbildung 8.22**
Der Dialog zum Konfigurieren der Lupeninformation

- **Informationen anzeigen:** Mit diesem Kontrollkästchen können Sie die Darstellung der Informationen aktivieren. Über das Dropdown wählen Sie die verwendete Information aus.
- **Lupeninformationen:** Es können zwei Lupeninformationen konfiguriert werden. Beide bieten die gleichen Parameter. Aus den Dropdown-Menüs können Sie drei Informationen auswählen. Über die Schaltfläche STANDARDWERTE VERWENDEN wird die jeweilige Einstellung zurückgesetzt.
- **Bei Änderungen am Foto kurz anzeigen:** Dabei wird die Information nur kurz eingeblendet, wenn sich das Bild geändert hat. Ansonsten bleibt die Information verdeckt.
- **Beim Laden oder Rendern von Fotos Meldung anzeigen:** Werden Bilder gezoomt, muss die 1:1-Vorschau neu erstellt werden. Je nach Rechenleistung kann das etwas dauern. Während des Vorgangs wird eine Meldung über das Bild geblendet.

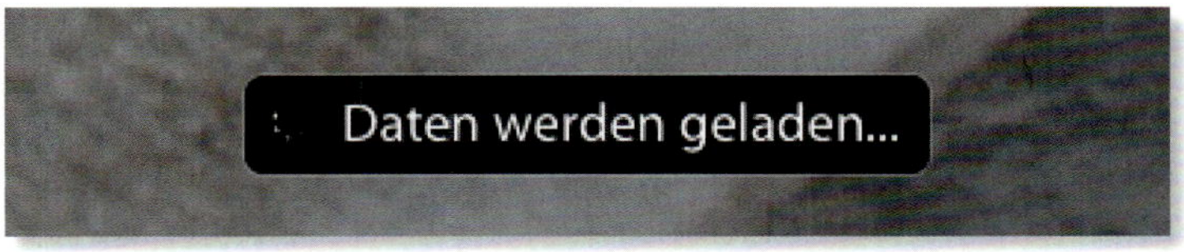

◂ **Abbildung 8.23**
Während 1:1-Vorschauen neu berechnet werden, wird eine Meldung auf dem Bild angezeigt.

8.2 Globale Verwaltungsaufgaben

Videoverwaltung

Videos werden bei der Verwaltung wie Bilder behandelt und werden deshalb nicht extra erwähnt.

In diesem Abschnitt lernen Sie einige Verwaltungsaufgaben kennen. Diese sollen Ihnen das Arbeiten und Sortieren der Daten erleichtern. Einige der im Folgenden geschilderten Aufgaben können nur in der Ordnerverwaltung durchgeführt werden – so zum Beispiel das Gruppieren von Bildern zu Stapeln.

8.2.1 Bilder auswählen

Diese Aufgabe wurde schon geschildert, der Vollständigkeit halber soll sie aber noch einmal kurz angesprochen werden. Das Verfahren zur Auswahl funktioniert auch im Filmstreifen und eigentlich auch in allen anderen Bereichen – und das nicht nur bei Bildern, sondern zum Beispiel auch bei der Auswahl von Stichwörtern.

Auswahl eines Bildes | Klicken Sie mit der linken Maustaste auf ein Bild, so wird es aktiviert – zu erkennen ist dies an der hellgrauen Hintergrundfläche.

▾ Abbildung 8.24
Ein einzelnes Bild wurde ausgewählt.

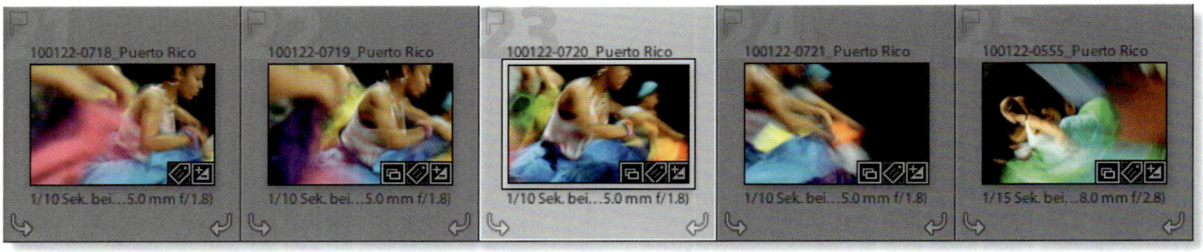

Auswahl von mehreren Bildern in einer Reihe | Klicken Sie mit der linken Maustaste auf das erste Bild der Reihe. Gehen Sie dann zum letzten Bild, halten die [⇧]-Taste gedrückt und klicken das letzte Bild an. Danach können Sie die [⇧]-Taste wieder loslassen. Eine zusammenhängende Auswahl wird aktiviert.

▾ Abbildung 8.25
Mehrere Bilder in einer Reihe wurden ausgewählt.

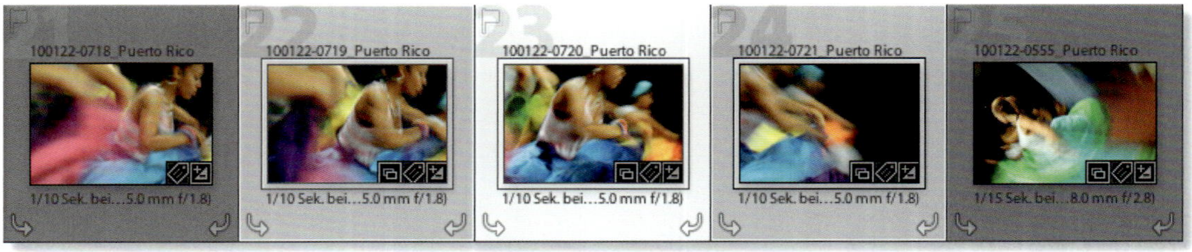

Auswahl von mehreren Bildern | Klicken Sie mit der linken Maustaste auf das erste Bild. Gehen Sie dann zum nächsten Bild, halten die [⌘]/[Strg]-Taste gedrückt und klicken ein weiteres beliebiges Bild an. So können Sie vereinzelte Bilder, die nicht nebeneinander in der Bibliothek liegen, einer Auswahl hinzufügen. Klicken Sie bei gedrückter [⌘]/[Strg]-Taste auf ein bereits ausgewähltes Bild, so wird es aus der Auswahl entfernt.

▼ **Abbildung 8.26**
Mehrere Bilder, die nicht in einer Reihe stehen, wurden ausgewählt.

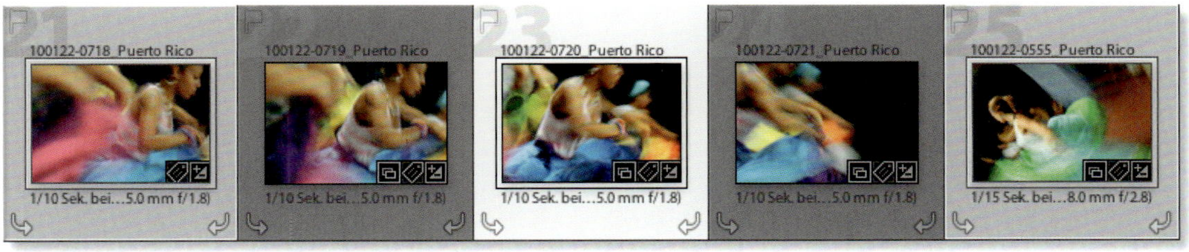

Auswahl umkehren | Dieser Befehl ist nur über die Menüleiste anzuwählen. Er selektiert alle nicht ausgewählten Bilder und hebt die bereits ausgewählten auf.

▼ **Abbildung 8.27**
Die Auswahl wurde umgekehrt.

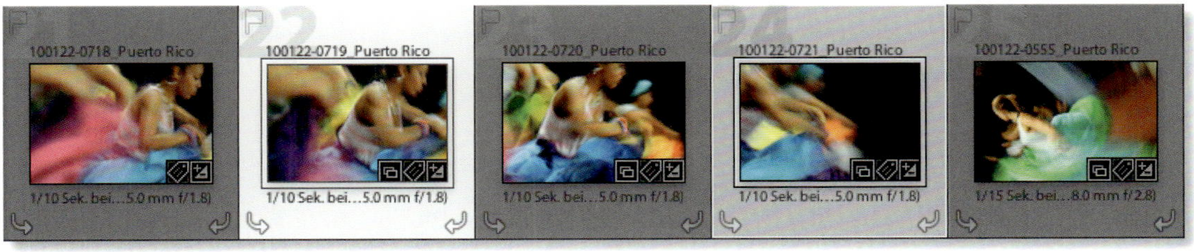

Alles auswählen | Um alle Bilder auszuwählen, verwenden Sie die Tastenkombination [⌘]/[Strg]+[A] oder den Menübefehl BEARBEITEN • ALLES AUSWÄHLEN.

▼ **Abbildung 8.28**
Alle Bilder wurden ausgewählt.

Auswahl aufheben | Um eine Auswahl aufzuheben, drücken Sie die Tastenkombination [⌘]/[Strg]+[D] oder wählen den Menübefehl BEARBEITEN • AUSWAHL AUFHEBEN. Befinden Sie sich in der Lupenansicht, wird ein leeres Ansichtsfenster angezeigt.

▼ **Abbildung 8.29**
Die vorherige Auswahl wurde aufgehoben.

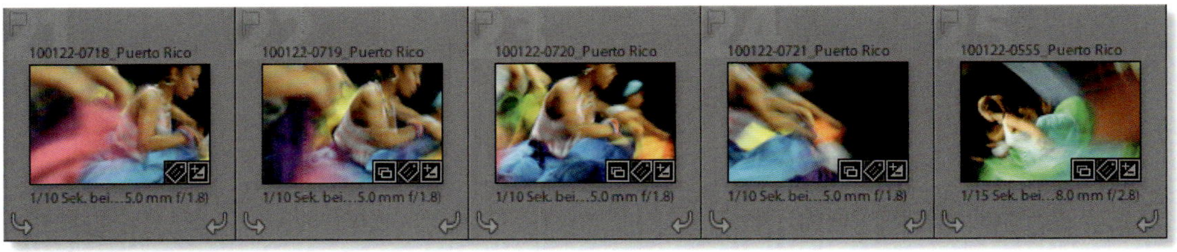

Das erste Bild in der Bibliothek ist immer in der Ansicht aktiv und wird beispielsweise im Entwickeln-Modul bearbeitet. Der Hintergrund der Miniatur ist etwas heller als bei den anderen ausgewählten Bildern. Innerhalb einer Auswahl können Sie durch Anklicken ein anderes Bild hervorheben.

8.2.2 Bedienfeld »Katalog«

▲ **Abbildung 8.30**
In den Sammlungen der Bibliothek werden automatisch erzeugte Sammlungen angezeigt.

Im ersten Bedienfeld auf der linken Seite kann man diverse automatische Bildzusammenstellungen aktivieren. Ein Klick auf die Bezeichnung zeigt dann die darin enthaltenen Bilder in der Rasteransicht an.

- **Alle Fotos:** Zeigt alle im Katalog vorhandenen Fotos an.
- **Schnellsammlung:** Bilder können temporär in der Schnellsammlung gespeichert werden. Das Plus neben der Bezeichnung definiert die Schnellsammlung als aktive Zielsammlung. In der Zielsammlung werden alle Bilder abgelegt, die mit Hilfe der Taste [B] der Sammlung zugewiesen werden.
- **Vorheriger Import:** Zeigt alle Bilder des letzten Importvorgangs an.
- **Fehlende Dateien:** Zeigt alle fehlende Dateien an. Fehlen keine Dateien, wird die Option nicht angezeigt.
- **Fehlerhafte Bilder:** Wurde bei der Verarbeitung von Aufgaben ein Fehler festgestellt, werden die entsprechenden Bilder hier aufgelistet.

8.2.3 Mit Ordnern arbeiten

Sind die Bilder importiert, wird die Ordnerstruktur im linken Bedienfeld ORDNER angezeigt. Diese entspricht der Struktur auf der Festplatte oder im Netzwerk. Es werden aber nur Ordner angezeigt, deren Inhalte in Lightroom importiert wurden.

▲ **Abbildung 8.31**
Im Bedienfeld ORDNER wird die Verzeichnisstruktur der Festplatte abgebildet.

Als oberstes Element wird immer die Festplatte oder das Netzwerklaufwerk angezeigt. Dieses besitzt links neben der Bezeichnung eine Statusanzeige in Form eines kleinen Rechtecks. Ist dieses grün, ist das Laufwerk verfügbar. Als Zusatzinformation werden Ihnen der freie Platz und die Gesamtgröße des Laufwerks angezeigt. Diese können Sie auch ausblenden und in die Anzahl der Bilder oder den Verfügbarkeitsstatus ändern. Dazu klicken Sie mit der rechten Maustaste auf den Balken des entsprechenden Laufwerks und wählen aus dem Dropdown-Menü die gewünschte Zusatzinformation aus.

Über das Anklicken der Dreiecke ▶ können Sie Ordner auf- und zuklappen. Wird ein Dreieck gepunktet dargestellt, besitzt der Ordner keinen Unterordner ▒. Am Ende der Ordnerzeile wird die Anzahl der enthaltenen Elemente beziehungsweise Bilder angezeigt.

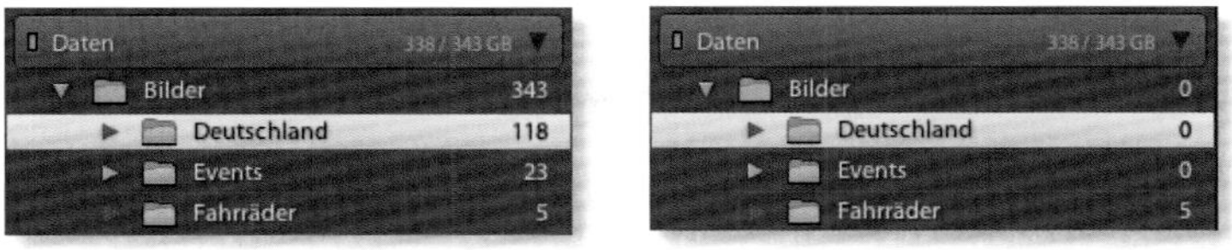

◂ **Abbildung 8.32**
Die Anzeige der Bilder aus Unterelementen kann deaktiviert werden (rechts). Es werden dann nur Bilder angezeigt, die sich in dem Ordner befinden. Bilder aus Unterordnern werden in diesem Fall nicht angezeigt.

Fotos aus Unterordnern einschließen | Wird ein Ordner angeklickt, so werden alle darin befindlichen Bilder angezeigt – auch die der Unterordnern. Die Anzahl der Bilder wird dabei entsprechend zusammengerechnet und rechts neben dem Ordner angezeigt.

Über den Menübefehl Bibliothek • Fotos in Unterordnern anzeigen kann die Anzeige auch eingeschränkt werden. Es werden dann nur die Bilder angezeigt, die sich direkt in dem Ordner befinden. Alternativ können Sie auch auf das ⊞-Symbol neben dem Bedienfeldnamen klicken. Dort finden Sie denselben Befehl (siehe Abbildung 8.33).

Ordner erstellen | Um einen Ordner zu erstellen, gibt es mehrere Möglichkeiten. Die erste besteht über einen Klick auf das ⊞-Symbol neben der Bezeichnung des Bedienfeldes. Dabei haben Sie die Wahl, einen Ordner an beliebiger Stelle auf der Festplatte oder einen Unterordner zu erstellen. Ein Unterordner kann aber nur erstellt werden, wenn Sie einen Ordner im Bedienfeld ausgewählt haben, der als übergeordnetes Element fungiert.

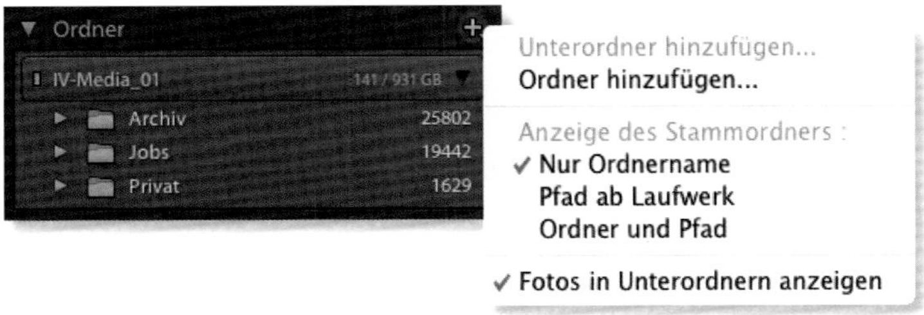

◂ **Abbildung 8.33**
Ordner können über das Plus-Symbol neben der Bedienfeldbezeichnung erstellt werden.

Ordner innerhalb von (...) erstellen | Eine andere Möglichkeit, einen neuen Ordner zu erstellen, besteht in einem Klick mit der rechten Maustaste auf einen bestehenden Ordner. Wählen Sie dann den Befehl Ordner innerhalb von »Ordnername« erstellen aus dem Kontextmenü (Rechtsklickmenü) aus.

In beiden Fällen geben Sie im Dialogfeld Ordner erstellen einen Namen an. Sind Bilder ausgewählt, so können Sie diese über das Kontrollkästchen AUSGEWÄHLTE FOTOS EINSCHLIESSEN in den neuen Ordner verschieben. Der Ordner wird normalerweise als Unterordner des angeklickten Ordners erstellt.

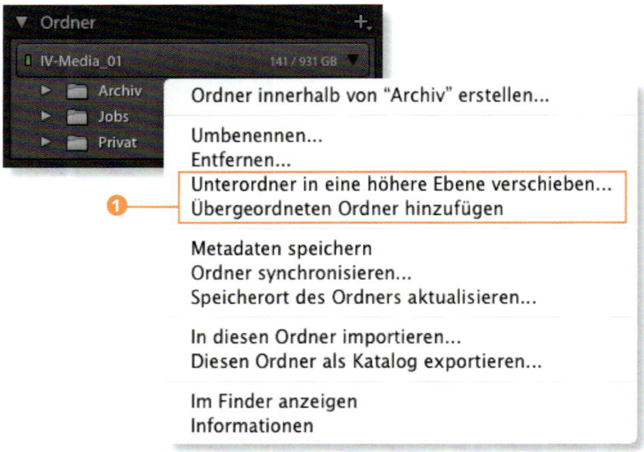

Abbildung 8.34 ▸
Über das Rechtsklickmenü können Sie diverse Ordneroperationen wie das Umbenennen oder das Erstellen neuer Ordner ausführen.

Umbenennen | Um den Namen eines Ordners zu ändern, klicken Sie mit der rechten Maustaste auf den gewünschten Ordner und wählen aus dem Dropdown-Menü den Befehl UMBENENNEN.

Entfernen | Über das ▬-Symbol im Bedienfeldtitel sowie im Rechtsklickmenü über den Punkt ENTFERNEN können Sie Ordner löschen. Dabei werden der Ordner und die enthaltenen Bilder nur aus dem Katalog entfernt. Die Bilder verbleiben weiterhin auf der Festplatte. Befinden sich keine Bilder im Ordner, so wird er von der Festplatte gelöscht.

Unterordner in eine höhere Ebene verschieben | Verschiebt alle Unterordner eines ausgewählten Verzeichnisses eine Ebene nach oben ❶. Dieser Befehl ist nur möglich, wenn Sie einen Ordner der obersten Ebene ausgewählt haben.

Übergeordneten Ordner hinzufügen | Normalerweise werden Ihnen nur die Ordner gezeigt, die selbst Bilder enthalten. Der oberste Stammordner, der keine eigenen Bilder enthält, wird nicht dargestellt. Ich habe beispielsweise einen Ordner KATALOGBILDER; in diesem befinden sich die drei Ordner ARCHIV, JOBS und PRIVAT.

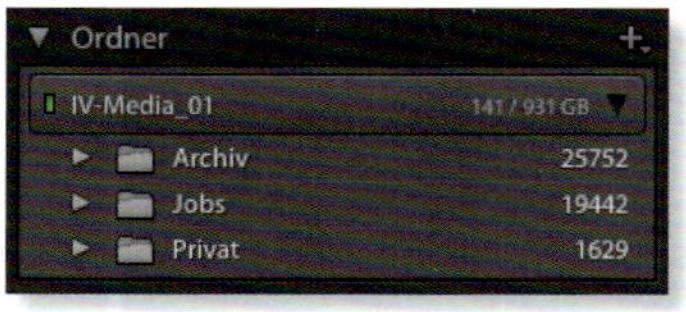

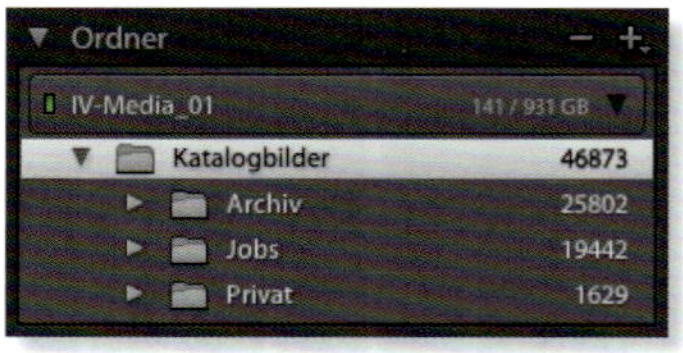

Abbildung 8.35 ▸
Normalerweise wird der Stammordner nicht angezeigt. Über den Befehl ÜBERGEORDNETEN ORDNER HINZUFÜGEN wird der Stammordner angezeigt.

Diese werden angezeigt, der Ordner Katalogbilder wird ausgeblendet. Wählen Sie den Menüpunkt Übergeordneten Ordner hinzufügen, wird der Ordner Katalogbilder ebenfalls als oberste Ebene angezeigt ①. Dieser Befehl ist nur möglich, wenn Sie einen Ordner der obersten Ebene ausgewählt haben. *Aber Achtung:* Es gibt keinen Befehl, der das umkehrt, den Stammordner also wieder ausblendet.

Metadaten speichern | Normalerweise werden Metadaten zunächst nur im Katalog gespeichert. Um sie in sämtliche Bilder in einem Ordner zu sch-eiben, wählen Sie über das Rechtsklickmenü den Punkt Metadaten speichern.

Ordner synchronisieren | Verschiebt man auf Betriebssystemebene Bilder oder Unterordner in einen bereits importierten Ordner, so erscheinen sie nicht automatisch in Lightroom, da die Ordner nicht ständig überwacht werden.

Über den Befehl Ordner synchronisieren werden die Daten abgeglichen. Neue Bilder werden dabei importiert und nicht vorhandene gelöscht. Die Metadaten können ebenfalls abgeglichen werden.

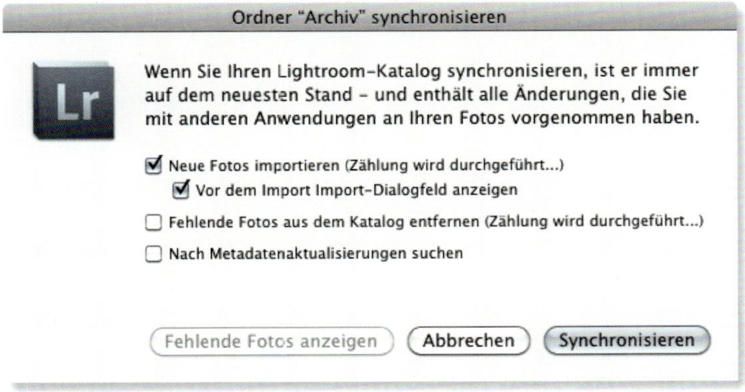

◂ **Abbildung 8.36**
Neue Elemente, die über das Betriebssystem in Ordner kopiert oder verschoben wurden, können über die Synchronisation erkannt und importiert werden.

In diesen Ordner importieren | Über diesen Befehl starten Sie den Importvorgang und wählen den selektierten Ordner als Zielordner aus. Alle Bilder werden dann in den selektierten Ordner abgelegt.

Speicherort des Ordners aktualisieren | Wurde ein Ordner auf Betriebssystemebene verschoben oder gelöscht, kann Lightroom nicht mehr darauf zugreifen. Das Verzeichnis wird dann mit einem Fragezeichen am Ordner-Symbol als fehlend gekennzeichnet. Über das Rechtsklickmenü können Sie den Ordner im Dateibrowser suchen und neu zuweisen. Sie können fehlende Ordner auch direkt mit der rechten Maustaste anklicken und über den Befehl FEHLENDEN ORDNER SUCHEN den Ablageort aktualisieren.

Abbildung 8.37 ▸
Fehlende Ordner werden mit einem Fragezeichen markiert. Der Speicherort kann über ein Rechtsklickmenü aktualisiert werden.

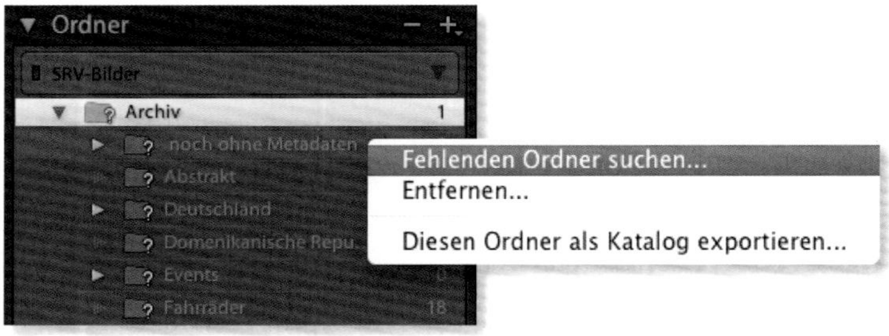

Im Finder anzeigen (Im Explorer anzeigen) | Wird dieser Befehl über das Rechtsklickmenü aufgerufen, öffnet sich der entsprechende Ordner im Dateibrowser des Betriebssystems.

Informationen (Eigenschaften) | Mit diesem Befehl wird die Betriebssysteminformation über den Ordner angezeigt.

Diesen Ordner als Katalog exportieren | Sie können einen Ordner als eigenen Katalog exportieren. Dies kann im Projektgeschäft hilfreich sein. Dadurch können Sie einen kompletten Ordner mit Inhalt, Metadaten, Schlüsselwörtern etc. als eigenen Katalog in Form eines Backups sichern oder an andere Personen übergeben.

Ordner verschieben | Sie können Ordner verschieben, indem Sie einen Ordner anklicken und diesen mit gedrückter Maustaste an einen neuen Ort bewegen. Ziehen Sie den Ordner auf ein Verzeichnis mit Unterordnern, so klappen diese nach einer kurzen Wartezeit auf. Sie können auf diese Weise durch Verzeichnisse navigieren, bevor Sie die Dateien ablegen.

▴ Abbildung 8.38
Ordner können per Drag & Drop verschoben werden.

8.2.4 Bildverwaltung in Ordnern

Viele der auf Ordner anwendbare Funktionen lassen sich auch für jedes einzelne Bild aufrufen.

Bilder verschieben | Sie können Bilder von einem Ordner in einen anderen bewegen, indem Sie die ausgewählten Bilder aus der Rasteransicht auf einen beliebigen Ordner im Bedienfeld ziehen.

Dabei werden die Bilder immer verschoben. Eine Kopierfunktion gibt es nicht. Das macht auch keinen Sinn. Jedes Bild soll schließlich nur einmal im Katalog vorkommen – virtuelle Kopien ermöglichen das Abspeichern mehrerer Varianten, die auf einer Datei beruhen.

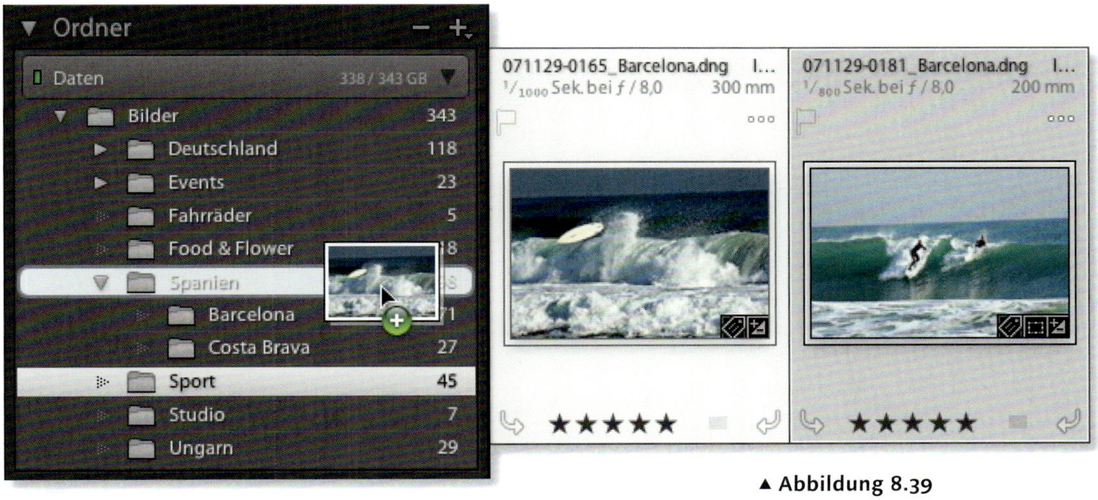

▲ **Abbildung 8.39**
Bilder können per Drag & Drop zwischen Ordnern verschoben werden.

Ausgewähltes Foto in diesen Ordner verschieben | Um ein einzelnes Bild schnell in einen anderen Ordner zu verschieben, wählen Sie erst ein Bild aus. Klicken Sie dann mit der rechten Maustaste auf den gewünschten Zielordner, und rufen Sie den Befehl Ausgewähltes Foto in diesen Ordner verschieben auf. Der Zielordner muss dabei nicht ausgewählt sein.

◂ **Abbildung 8.40**
Ausgewählte Bilder können per Rechtsklick auf einen Zielordner verschoben werden.

Bilder löschen | Beim Löschen haben Sie die Möglichkeit, die Bilder nur aus dem Katalog oder komplett von der Festplatte zu entfernen. Wirklich löschen können Sie nur Bilder im Bibliothek-Modul, wenn ein Ordner oder eine der automatischen Sammlungen (ALLE BILDER, VORHERIGER IMPORT etc.) ausgewählt ist.

Klicken Sie mit der rechten Maustaste auf ein Bild, und wählen Sie aus dem Dropdown-Menü den Befehl FOTO LÖSCHEN. Sind mehrere Bilder markiert, klicken Sie mit der rechten Maustaste auf eines davon und wählen den Befehl FOTOS LÖSCHEN.

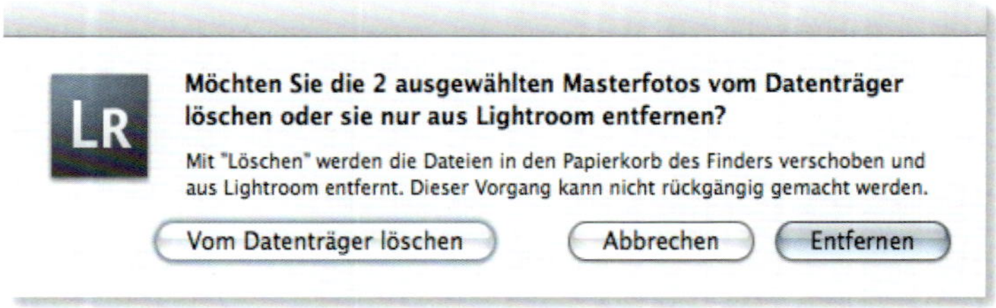

Abbildung 8.41 ▶
Beim Löschen können Sie sich entscheiden, ob Sie die Bilder nur aus dem Katalog entfernen oder komplett vom Datenträger löschen wollen.

Bilder umbenennen | Namen von Fotos können über den Menüpunkt BIBLIOTHEK • FOTOS UMBENENNEN verändert werden. Sie können dabei auf die Dateinamenvorlagen zurückgreifen, die schon beim Bildimport angelegt wurden. Wie Sie eine neue Vorlage erstellen, erfahren Sie auf Seite 215.

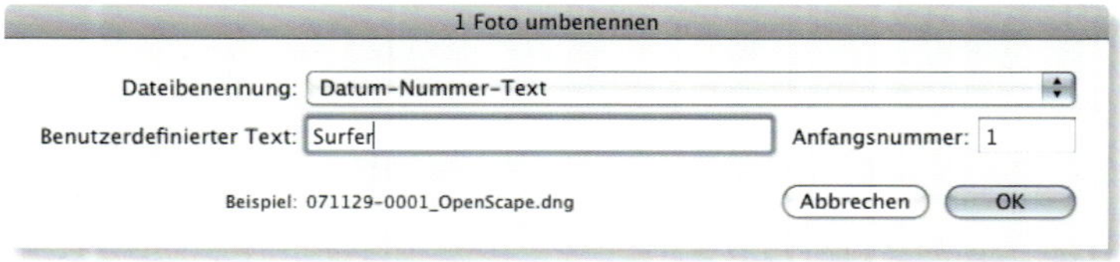

Abbildung 8.42 ▶
Auch mehrere Bilder können Sie nach einem vorgegebenen System auf einmal umbenennen.

TIPP

Wenn Sie ein einzelnes Bild umbenennen wollen, empfehle ich Ihnen, die Vorlage BENUTZERDEFINIERTER NAME zu verwenden. Denn das Konfigurieren einer Vorlage dauert länger, als den Text einmal zu tippen.

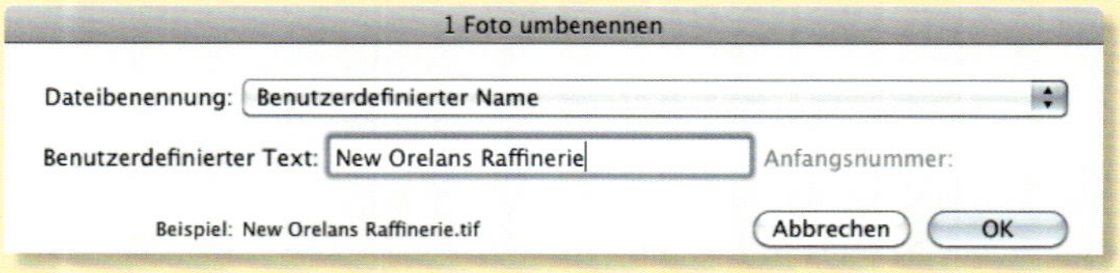

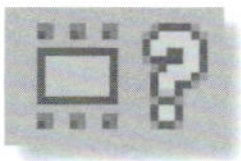

▲ Abbildung 8.43
Dieses Symbol in der Rasterzelle zeigt an, dass ein Bild nicht gefunden wurde.

Fehlende Bilder suchen | Haben Sie einzelne Bilder auf Betriebssystemebene verschoben oder umbenannt, kann Lightroom sie nicht mehr finden. Es wird dann in der Rasterzelle ein entsprechendes Symbol angezeigt. Klicken Sie es an, so öffnet sich ein Dialog, mit dem Sie das Bild neu zuweisen können.

Bilder in DNG konvertieren | Sie können alle Bilder in ein Digitales Negativ (DNG) konvertieren – auch JPEGs, TIFFs und Photoshop-Dateien. Allerdings müssen Sie bei diesen Formaten Nachteile in Kauf nehmen, etwa größere Dateien oder den Verlust von Ebenen bei Photoshop-Dateien. Die Konvertierung von herstellerabhängigen Raw-Bildern ist jedoch empfehlenswert.

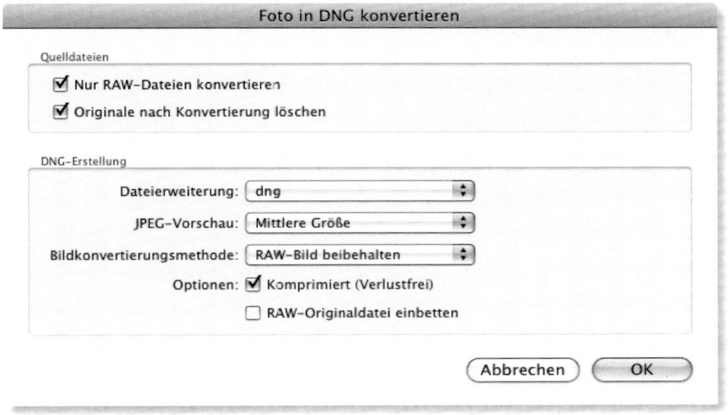

◂ **Abbildung 8.44**
Raw-Bilder können auch noch nachträglich in das DNG-Format konvertiert werden.

Vorschauen erstellen | Haben Sie beim Importieren nicht auch gleich die Vorschauen erstellen lassen, können Sie den Vorgang nachträglich anstoßen. Es lassen sich dabei sowohl die Standardvorschauen wie auch 1:1-Vorschauen generieren. Sie finden die entsprechenden Befehle unter dem Menüpunkt Bibliothek • Vorschauen.

Haben Sie viele 1:1-Vorschauen erstellt beziehungsweise im Voreinstellungsdialog eingestellt, dass diese Vorschauen nicht automatisch gelöscht werden sollen, dann können Sie sie hier über den Befehl 1:1-Vorschauen verwerfen wieder aus dem Cache entfernen – das spart Platz.

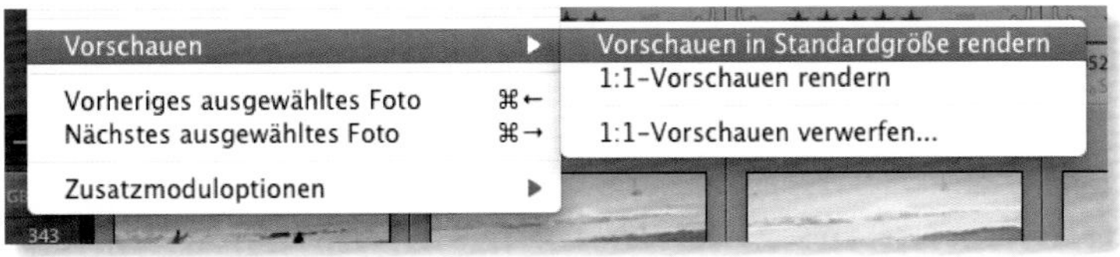

◂ **Abbildung 8.45**
Sie können Lightroom auch händisch veranlassen, Vorschauen zu erstellen.

8.2.5 Bilder um 90° drehen

Nicht jede Kamera erkennt von sich aus, ob sie ein Bild im Quer- oder im Hochformat aufgenommen hat. Wenn Sie Bilder um 90° drehen wollen, klicken Sie in der Rasteransicht auf eines der Rotationssymbole – je nachdem, ob Sie das Bild im oder gegen den Uhrzeigersinn drehen wollen.

Abbildung 8.46 ▸
In der Lupenansicht können Sie die Bilder nur dann drehen, wenn Sie dort das Drehen-Werkzeug aktiviert haben. Über die Pfeile im unteren Teil der Rasterzelle können die Bilder dann in 90°-Schritten gedreht werden.

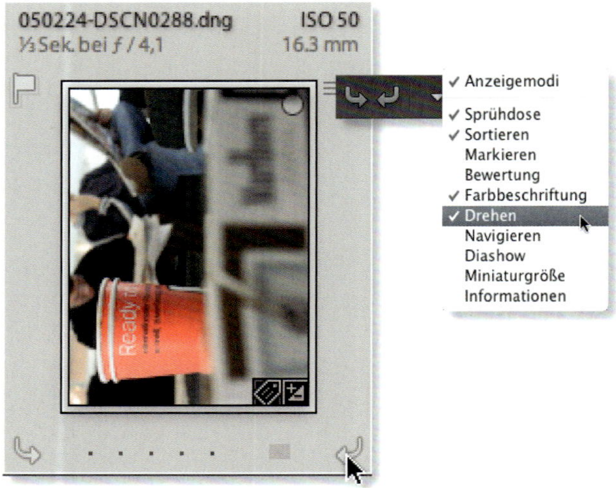

Sie können die Bilder auch in den anderen Ansichten drehen, wenn Sie am rechten Rand in der Werkzeugleiste das Drehen-Werkzeug über das Dropdown-Menü aktivieren.

Gehe zu Ordner in Sammlung/Gehe zu Sammlung | Ist ein Bild ausgewählt, können Sie über das Kontextmenü (Rechtsklickmenü) direkt zu dem Ordner springen, in dem es abgelegt ist. Ist das Bild zusätzlich in einer oder mehreren Sammlungen, können Sie auch zu diesen Sammlungen wechseln.

Abbildung 8.47 ▸
Das Rechtsklickmenü bietet die Möglichkeit, zum Ordner oder einer Sammlung zu springen, in der das Bild abgelegt ist.

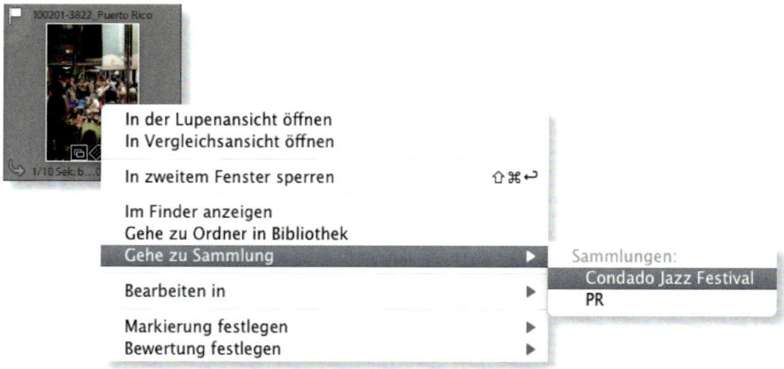

▴ Abbildung 8.48
Über die Werkzeugleiste kann die Sortierung in der Rasteransicht und gleichzeitig auch im Filmstreifen geändert werden.

8.2.6 Bilder in der Ansicht anordnen und sortieren

Die übliche Sortierung in der Rasteransicht erfolgt nach den Namen der Dateien. Sie können die Bilder aber auch nach Aufnahmezeitpunkt, Bewertung, Dateityp, Seitenverhältnis und einigen anderen Kriterien ordnen. Die Sortierung rufen Sie über die Werkzeugleiste auf. Dort befindet sich auch eine Schaltfläche ❶, die zwischen auf- und absteigender Sortierung umschaltet.

In Sammlungen können Sie die Bilder aber auch in einer beliebigen Reihenfolge sortieren. Dazu ziehen Sie ein Bild in der Rasteransicht per Drag & Drop an eine andere Position. Die Sortierart zeigt dann Benutzerdefiniert an.

Hinweis

Eine benutzerdefinierte Sortierung ist nur in Sammlungen möglich, da diese in der Ordneransicht mit Funktionen wie den Stapeln kollidieren würde.

8.3 Bilder filtern

Über Filter können Sie Fotos in der Rasteransicht ausblenden. Auch eine Suche ist eine Art Filter, der bei jeder Sucheingabe neu definiert wird. Nur Bilder, die dem Suchergebnis entsprechen, werden durch den Filter gelassen. Generell sind Filter in der Sprache von Lightroom nichts anderes als vordefinierte Suchen, die Bilder nach Farbbeschriftung, Bewertung, Markierung, Kopierstatus oder Metainformation durchsuchen und ausfiltern.

Die Filterung kann zwar in allen Modulen und Ansichtsmodi durchgeführt werden, nirgendwo ist sie aber so flexibel wie in der Rasteransicht des Bibliothek-Moduls.

8.3.1 Filter über Menüleiste

Grundsätzlich können Filter über die Menüleiste unter dem Menüpunkt Bibliothek • Filter aktivieren ein- und ausgeschaltet werden. Welche Filter Sie verwenden wollen, können Sie über die darunter befindlichen Menüpunkte auswählen. Befinden Sie sich in der Rasteransicht, wird die Bibliotheksfilterleiste erweitert. Über das Menü eingestellte Filter werden dann in der Bibliotheksfilterleiste angezeigt und können dort direkt verändert werden.

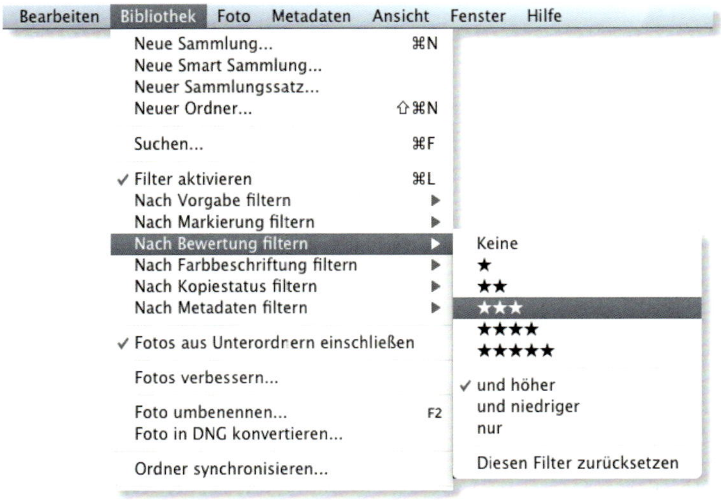

◂ **Abbildung 8.49**
Das Setzen von Filtern ermöglicht das Ausblenden von temporär unwichtigen Bildern.

8.3.2 Bibliotheksfilterleiste

Befinden Sie sich in der Rasteransicht, werden alle Filter über die Bibliotheksfilterleiste eingestellt. Ist kein Filter aktiviert, ist nur eine schmale Leiste sichtbar. Die Suche wird immer in einem selektierten Ordner oder in einer bestimmten Sammlung durchgeführt. Wenn Sie alle Bilder Ihrer Bibliothek durchsuchen wollen, müssen Sie daher im Bedienfeld KATALOG die Liste ALLE FOTOS wählen. Wird ein Filter aktiviert, wird die entsprechende Leiste ausgeklappt.

▼ **Abbildung 8.50**
Die zugeklappte Bibliotheksfilterleiste

Text | Dahinter befindet sich nichts anderes als eine Volltextsuche. Neben dem Textfeld zur Eingabe des Suchbegriffs befinden sich zwei Dropdown-Menüs. Das linke dient zur Einschränkung der zu durchsuchenden Informationen. Das rechte gibt an, wie der Text verarbeitet werden soll.

▼ **Abbildung 8.51**
Die Suchfunktion der Filterleiste

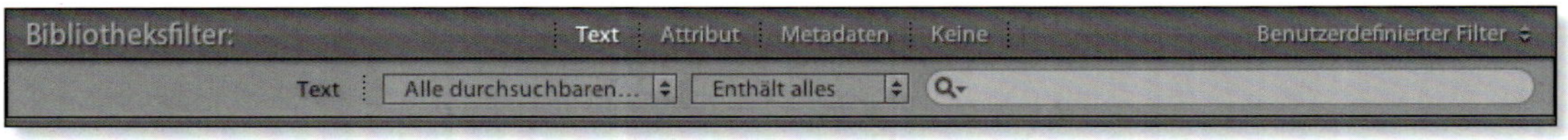

Attribut | Hierüber können Sie nach Bewertungssternen, Markierungen, Farbbeschriftungen oder dem Kopierstatus filtern. Dazu klicken Sie einfach die entsprechenden Attribute an. Diese können auch kombiniert werden. Um einen einzelnen Attributfilter zu deaktivieren, klicken Sie das gesetzte Attribut erneut an.

▼ **Abbildung 8.52**
Filterung nach Attributen

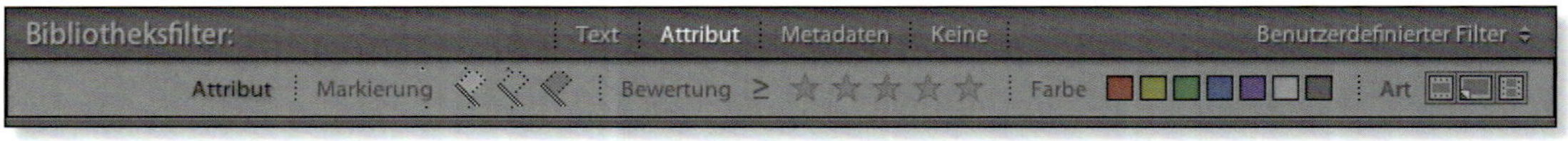

Metadaten | Sie können nach jeder Metainformation filtern, dazu zählen alle Kamerainformationen (EXIF) und die bildbezogenen IPTC-Daten. Die Filterung nach Metadaten funktioniert ähnlich wie beispielsweise die Übersicht in iTunes. Die Metadaten sind in Spalten sortiert. Wird eine Metainformation angezeigt, werden nur noch die Bilder dargestellt, die diese Metainformation enthalten.

▼ **Abbildung 8.53**
Filterung nach Metadaten

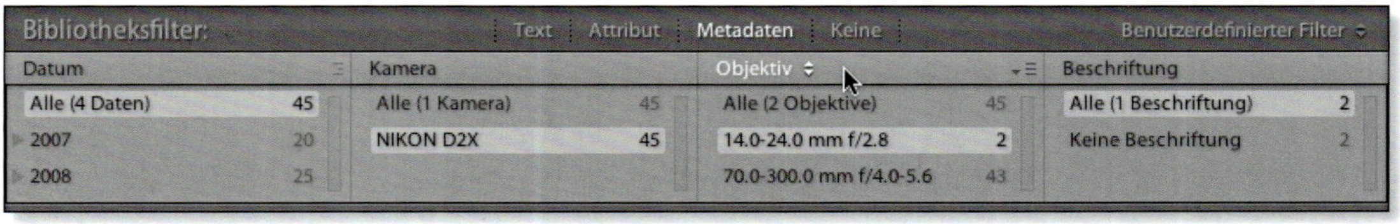

Werden zwei Filterarten mit gedrückter [⌘]- bzw. [Strg]-Taste ausgewählt, sind diese als Kombination konfigurierbar. Lightroom bietet Ihnen drei Filtersysteme an, die auch kombiniert werden können. Die Anzahl der dargestellten Filter verringert sich dadurch mit jedem gesetzten Filter, da immer weniger Bilder den gesetzten Filtern entsprechen.

▼ **Abbildung 8.54**
Darstellung einer kombinierten Filterung

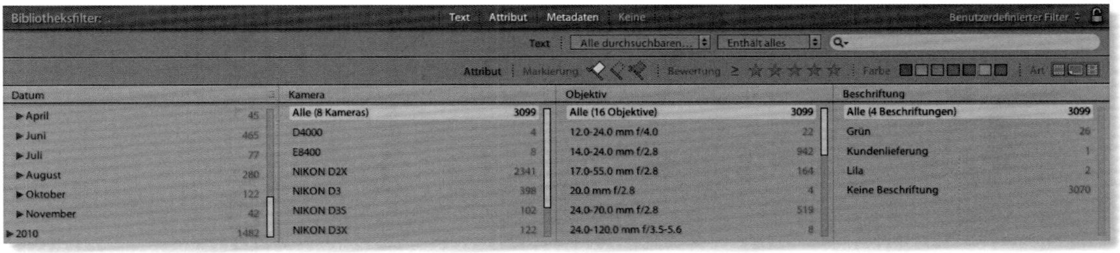

Die Informationen jeder Spalte können Sie ändern, indem Sie mit der Maus auf den Spaltentitel klicken und aus dem Dropdown-Menü eine andere Metadatenquelle auswählen.

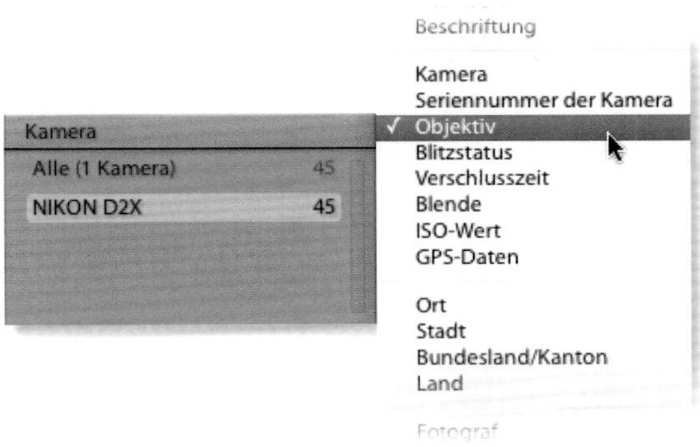

▲ **Abbildung 8.55**
Über das Anklicken des Spaltentitels können Sie eine andere Metadatenquelle angeben.

▲ **Abbildung 8.56**
Eine Spalte können Sie über das rechte Symbol des Spaltentitels hinzufügen oder löschen.

Auf Wunsch können auch neue Spalten hinzugefügt werden. Dazu klicken Sie auf das ▾☰- Symbol in der Titelzeile und wählen aus dem Dropdown-Menü die Option Spalte hinzufügen. Dort finden Sie auch die Option, um eine Spalte wieder zu entfernen.

Haben Sie eine Metadatenquelle aktiviert, die hierarchische Informationen wie das Datum enthalten kann, haben Sie die Möglichkeit, über das Listen-Symbol in der Titelzeile die hierarchische Darstellung zu deaktivieren oder die Sortierreihenfolge zu ändern.

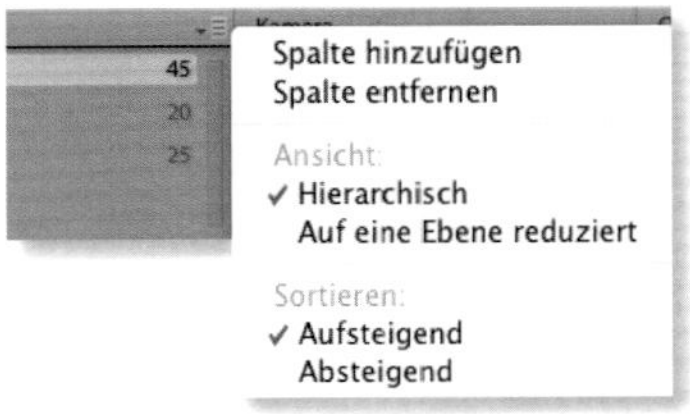

▲ **Abbildung 8.57**
Die Anzeige hierarchischer Metadaten können Sie auch deaktivieren oder in der Sortierung umdrehen.

8.3.3 Sichern von Filtereinstellungen

Eingestellte Filter können zur erneuten Verwendung als Vorgabe gesichert werden. Dabei werden alle Einstellungen der Textsuche, Attributfilter, Spalteneinstellungen und angewählten Metadaten in einer Vorgabe abgespeichert.

Um einen gesicherten Filter auszuwählen, haben Sie drei Möglichkeiten: über die Menüleiste unter dem Menüpunkt BIBLIOTHEK • NACH VORGABE FILTERN, über das Dropdown-Menü rechts in der Bibliotheksfilterleiste oder über das Dropdown-Menü in der Filterleiste über dem Filmstreifen.

▼ **Abbildung 8.58**
Filter können als Vorgabe gespeichert und über ein Dropdown-Menü ausgewählt werden.

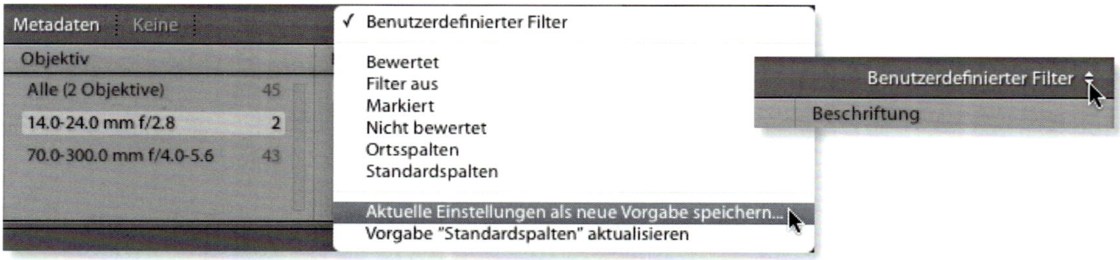

Das Speichern kann aber nur über die beiden Dropdown-Menü in der Werkzeugleiste und in der Bibliotheksfilterleiste erfolgen. Dazu klicken Sie auf die Doppelpfeile und wählen den Befehl AKTUELLE EINSTELLUNGEN ALS NEUE VORGABE SPEICHERN. Vergeben Sie anschließend einen Namen für die Vorgabe, und drücken Sie die ERSTELLEN-Schaltfläche.

Änderungen an einer bestehenden Vorgabe sowie das Löschen einer Vorgabe können Sie mit dem Befehl VORGABE »VORGABENNAME« AKTUALISIEREN im gleichen Dropdown übernehmen.

8.3.4 Filter über Filmstreifen

Filter können auch im Filmstreifen gesetzt werden. Generell gelten sie auch immer für alle anderen Module. Zum Aktivieren eines Filters klicken Sie das entsprechende Symbol an. Die hellere Darstellung kennzeichnet die aktivierten Filter. Sie können auch mehrere Filter kombinieren.

▼ **Abbildung 8.59**
Die Filterleiste im Filmstreifen ist in jedem Modul verfügbar.

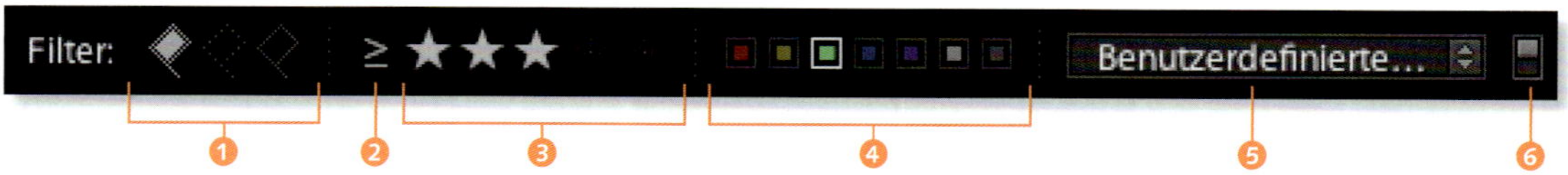

Folgende Filterungen sind möglich:

- Filter, die auf dem Markierungsstatus basieren ❶
- Filter nach Bewertung ❷: Die Anzahl der Bewertungssterne ❸ muss mindestens der der aktivierten Sterne entsprechen.

Über das Dropdown-Menü ist es möglich, auch die Mengeneinschränkung BEWERTUNG IST NIEDRIGER ODER ENTSPRICHT oder BEWERTUNG ENTSPRICHT genauer auszuwählen.

- Filter nach Farbbeschriftung ④
- Dropdown-Menü zur Auswahl einer Filtervorgabe ⑤

Die Filter können generell ein- oder ausgeschaltet werden ⑥. Die jeweiligen Einstellungen bleiben auch in inaktiven Filtern erhalten. Dies entspricht ebenfalls der Vorlage FILTER AUS. Im Gegensatz zur Bibliotheksfilterleiste können Sie im Filmstreifen nicht nach dem Kopierstatus filtern.

8.4 Bilder in Stapeln gruppieren

Bilder können in Stapeln gruppiert werden. Im zusammengeklappten Zustand wird nur das erste Bild im Stapel angezeigt. Bilder lassen sich nur dann stapeln, wenn sie in einem gemeinsamen Ordner liegen. Das Stapeln in Sammlungen ist nicht möglich.

◂ **Abbildung 8.60**
Stapel werden durch ein Symbol gekennzeichnet. In diesem wird auch die Anzahl der eingeschlossenen Bilder angezeigt.

Bilder stapeln | Markieren Sie die Bilder, die gestapelt werden sollen, und wählen Sie den Menüpunkt FOTO • STAPELN • IN STAPEL GRUPPIEREN aus dem Hauptmenü. Die Bilder werden dann zusammengepackt. Das Miniaturbild erhält oben links ein Stapel-Symbol mit der Nennung der Anzahl der im Stapel enthaltenen Bilder ⑦.

Stapel ein- und ausblenden | Rechts und links neben dem Stapel finden Sie zwei schmale Anfasserstreifen ⑧. Werden diese angeklickt, so werden die einzelnen Bilder ein- bzw. ausgeblendet. Sie können auch mit der rechten Maustaste auf das Stapel-Symbol klicken und die entsprechenden Befehle dort auswählen.

▲ **Abbildung 8.61**
Im aufgeklappten Zustand werden zwischen den gestapelten Bildern keine Trennlinien angezeigt.

Bilder automatisch stapeln | Bilder können auch automatisch nach ihrem Aufnahmedatum gestapelt werden. Wählen Sie dazu den Menüpunkt FOTO • STAPELN • AUTOMATISCH NACH AUFNAHMEZEIT STAPELN. Im Einstellungsdialog geben Sie den Zeitraum an, in dem die Bilder aufgenommen worden sein müssen, um zu einem Stapel gruppiert zu werden.

Abbildung 8.62 ►
Bilder werden gestapelt, wenn sie innerhalb eines angegebenen Zeitraums aufgenommen wurden.

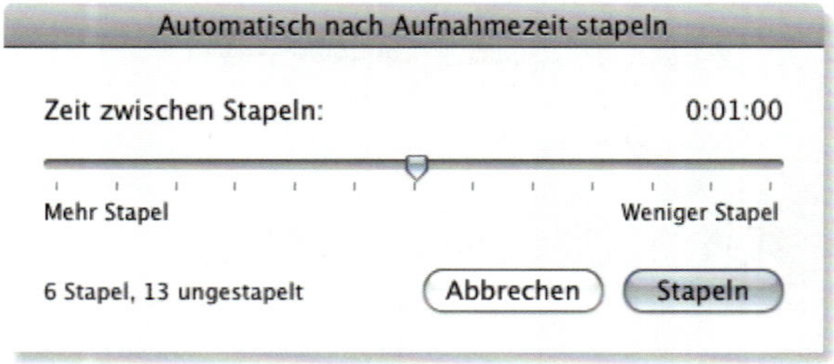

Bild im Stapel verschieben | Innerhalb eines Stapels können die Bilder beliebig verschoben werden. Dies kann über das Kontextmenü (Rechtsklickmenü) ausgeführt werden. Sie können aber auch einfach im Stapel ein Bild anklicken und dieses mit gedrückter Maustaste an eine andere Stelle verschieben. Bewegen Sie ein Bild an die erste Stelle des Stapels, so wird dieses im eingeklappten Modus als Miniatur angezeigt.

▼ **Abbildung 8.63**
Die Bilder können im Stapel mit der Maus per Drag & Drop umsortiert werden.

Bilder zu Stapeln hinzufügen | Ziehen Sie ein Bild außerhalb des Stapels einfach per Drag & Drop in den Stapel, so wird es hinzugefügt.

Bilder aus Stapel entfernen | Ziehen Sie ein Bild mit der Maus aus dem Stapel heraus, und es wird daraus entfernt. Sie können ein Bild auch über das Kontextmenü aus dem Stapel entfernen. Das erste Bild im Stapel können Sie nur über das Kontextmenü löschen, denn wenn es verschoben wird, wird der gesamte Stapel an eine andere Stelle bewegt.

Stapel teilen | Enthält ein Stapel mehr als drei Bilder, so können Sie ihn auch teilen. Klicken Sie dazu mit der rechten Maustaste auf das erste Bild des abzutrennenden Stapels, und wählen Sie aus dem Kontextmenü den Menüpunkt STAPEL • STAPEL TEILEN.

TIPP

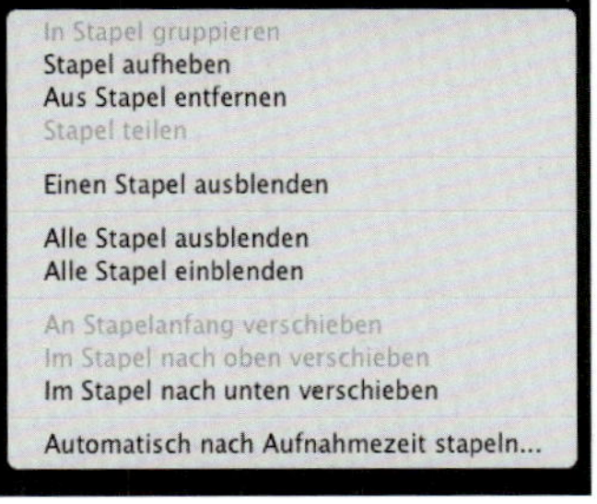

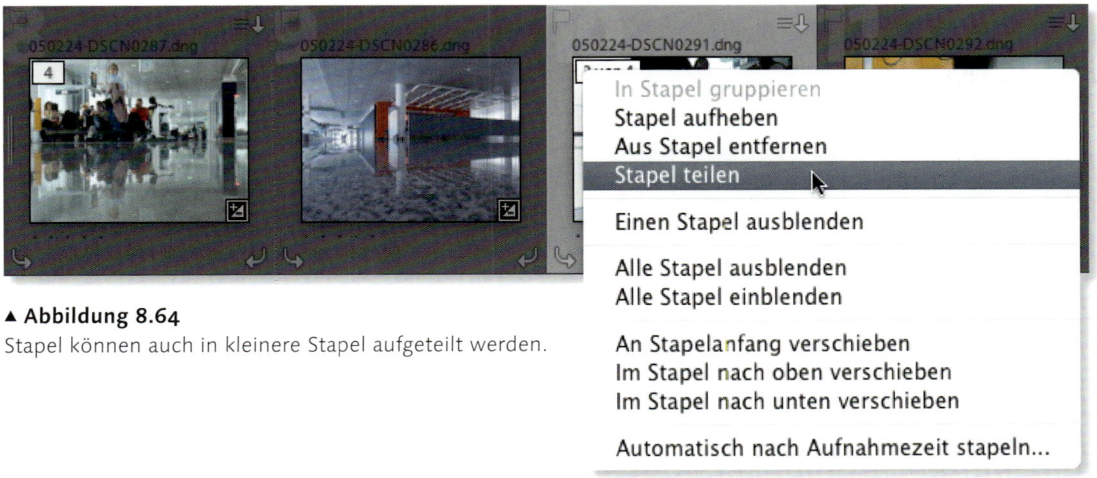

▲ **Abbildung 8.64**
Stapel können auch in kleinere Stapel aufgeteilt werden.

Stapel aufheben | Sie können einen Stapel auch wieder in Einzelbilder zerlegen. Dazu klicken Sie mit der rechten Maustaste auf ein Bild im Stapel und wählen aus dem Kontextmenü den Befehl STAPEL • STAPEL AUFHEBEN.

HINWEIS

Ist ein geschlossener, also ausgeblendeter Stapel ausgewählt und Sie wenden Entwicklungen oder Metadaten auf diesen an, werden die Änderungen nur für das Titelbild eingestellt. Die anderen Bilder des Stapels bleiben davon unberührt. Wollen Sie Einstellungen auf alle Bilder des Stapels anwenden, müssen Sie diesen erst einblenden und dann alle Bilder selektieren.

8.5 Bildvarianten durch virtuelle Kopien

Physikalisch vorhandene Bilder werden in Lightroom Masterfotos genannt. Von ihnen können virtuelle Kopien angelegt werden. Diese verweisen auf das Masterfoto, können jedoch eigene Entwicklungseinstellungen und Metadaten besitzen. Eine virtuelle Kopie benötigt sehr wenig Speicherplatz, da nur die in Relation zum Original geänderten Daten gespeichert werden. So kann man von einer Datei zum Beispiel eine Farb- und eine Graustufenvariante erstellen. Gekennzeichnet werden virtuelle Kopien mit einem Eselsohr-Symbol ❶ in der linken unteren Ecke in der Rasteransicht und im Filmstreifen.

▼ Abbildung 8.65
Virtuelle Kopien verweisen auf das Masterfoto, können aber eigene Entwicklungseinstellungen besitzen.

Virtuelle Kopie erstellen | Zum Erstellen von virtuellen Kopien klicken Sie mit der rechten Maustaste auf ein Bild und wählen den Punkt VIRTUELLE KOPIE ANLEGEN. Die virtuellen Kopien werden mit dem Masterfoto gestapelt, können aber aus dem Stapel herausgelöst werden. Sie können virtuelle Kopien auch aus einer Sammlung heraus erstellen. Diese sind dann in der aktuellen Sammlung und in dem Ordner sichtbar, in dem sich das Original befindet, aber nicht in anderen Sammlungen.

Virtuelle Kopien für Sammlungen | Erstellen Sie aus einer Bildauswahl eine neue Sammlung (siehe Seite 266), können Sie automatisch neue Kopien anlegen lassen. Dann können Sie die Bilder dort zweckgebunden formatieren, beispielsweise für ein Schwarzweißalbum oder für das HDTV-Format. Gleiches gilt auch für die Veröffentlichungsdienste (siehe Seite 320).

Virtuelle Kopie löschen | Virtuelle Kopien, die im Ordnerbrowser gelöscht werden, werden auch aus den Sammlungen gelöscht, denen sie zugewiesen sind. Werden diese jedoch in einer Sammlung gelöscht, bleiben sie im Ordner erhalten. Sie verhalten sich diesbezüglich wie Masterfotos.

8.6 Bilder kennzeichnen

Es gibt drei Möglichkeiten, Bilder in Lightroom zu markieren, um sie besser klassifizieren und ordnen zu können. Die *Bewertungssterne* und *Beschriftungseinstellungen* werden global in allen Sammlungen angewendet. Der *Markierungsstatus* hingegen ist eine lokale Einstellung. In unterschiedlichen Sammlungen können auch unterschiedliche Markierungen verwendet werden.

8.6.1 Markierungen

Die Markierungszeichen werden als kleine Fahnen in der linken oberen Ecke der Miniaturen angezeigt. Es gibt die drei Zustände »unmarkiert«, »markiert« und »abgelehnt«. Diese Bezeichnungen geben einen ersten Hinweis auf den Verwendungszweck. Man verwendet die Markierungen vor allem bei der ersten Durchsicht der Bilder nach dem Import: Bilder, die auf den ersten Blick misslungen sind, werden abgelehnt. Markierte Bilder erfordern mehr Aufmerksamkeit und sollten zuerst entwickelt werden. Unmarkierte Bilder schaut man sich in einem zweiten Durchgang noch einmal an.

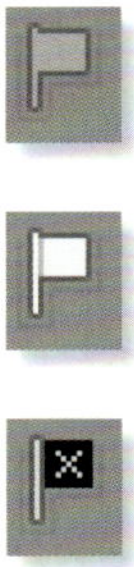

unmarkiert U

markiert P

abgelehnt X

▲ **Abbildung 8.66**
Markierungen werden als kleine Fahnen in der linken oberen Ecke der Miniatur dargestellt. Die unmarkierte Variante (links) ist nur beim Rollover sichtbar.

Markierungen zuweisen | Sie können Markierungen über den Menüpunkt Foto • Markierungen festlegen zuweisen. Schneller geht es, wenn Sie mit der rechten Maustaste auf das Flaggen-Symbol in der Miniatur klicken und den Zustand über das Kontextmenü aufrufen. Am schnellsten aber weisen Sie Markierungen über die Tastatur zu (siehe rechts oben). Es gibt zusätzlich noch weitere Tastaturbefehle, die das Markieren beschleunigen:

- **Den Markierungsstatus eingeben und zum nächsten Bild springen:** Drückt man zusätzlich zur Taste des Markierungsstatus die [⇧]-Taste, wird nach der Markierung sofort das nächste Bild ausgewählt. Das ist besonders bei der Durchsicht in der Lupenansicht hilfreich.
- **Den Markierungsstatus erhöhen bzw. verringern:** Durch Drücken der Tasten [⌘]/[Strg] und [↑] oder [↓] wird der Markierungsstatus erhöht beziehungsweise verringert.

TIPP

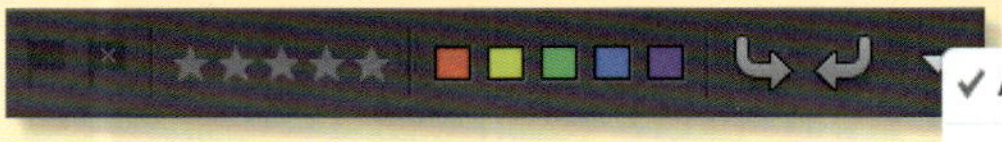

Alle Kennzeichnungsvarianten lassen sich auch über die Werkzeugleiste des zuweisen. Dazu müssen Sie diese über das Dropdown-Menü in die Leiste integrieren. Die Aktivierung ist von der Ansicht abhängig. In der Lupenansicht sind andere Funktionen aktiv. Die Bewertung und Farbbeschriftung können Sie alternativ auch im Entwickeln-Modul vornehmen.

Abgelehnte Fotos löschen | Nach der Durchsicht können Sie mit FOTO • ABGELEHNTE FOTOS LÖSCHEN alle abgelehnten Bilder entfernen. Befinden sie sich in einem Ordner, werden die Bilder von der Festplatte gelöscht, in Sammlungen aber nur aus der Sammlung.

Fotos verbessern | Mit dieser Funktion werden alle nicht markierten Fotos als abgelehnt und alle markierten als unmarkiert gekennzeichnet. Zusätzlich wird ein Filter aktiviert, der nur unmarkierte Bilder anzeigt. Diese können anschließend entwi-

▼ Abbildung 8.67
Über Bewertungen können Sie ein Ranking für Ihre Bilder erstellen.

ckelt werden. Man hat so nach Abschluss der Korrekturen gleich alle wichtigen Bilder korrigiert und deren Markierungsstatus aufgehoben.

Abgelehnte Bilder können dann entfernt werden. Es werden zudem auch immer die neuen abgelehnten Fotos gelöscht, die vorher unmarkiert waren. So bleiben am Ende nur noch die korrigierten Bilder übrig.

8.6.2 Bewertungen

Bewertungssterne tauchen auch in anderen Programmen auf – beispielsweise in iTunes. In Lightroom können Sie damit Bilder benoten. Je mehr Sterne ein Bild erhält, umso höher wird es bewertet.

Die Bewertungssterne können entweder direkt durch Anklicken des entsprechenden Sterns unter der Miniatur zugewiesen werden oder über die Tasten [1] bis [5]. Die Taste [0] entfernt eine vergebene Bewertung wieder. Natürlich können Sie dies auch über den Menüpunkt Foto • Bewertung festlegen erledigen.

8.6.3 Farbbeschriftung

Eine wertungsneutrale Kennzeichnung ist die Farbbeschriftung. Diese weist den Bildern eine von fünf Farbmarken zu. Welche Bedeutung die Farben haben, bleibt Ihnen überlassen. Sie können Farben dazu verwenden, um einen Bearbeitungsstatus festzulegen oder um anzugeben, ob ein Bild für den Druck oder für das Web gedacht ist beziehungsweise ob es bereits zum Beispiel für eine Broschüre verwendet wurde und daher für die nächste Zeit gesperrt ist.

▲ **Abbildung 8.68**
Farbbeschriftungen weisen den Bildern Farben zu. Die Bedeutung der Farben können Sie selbst definieren.

Farben können Sie über das Menü unter FOTO • FARBBESCHRIFTUNG FESTLEGEN zuweisen. Alternativ finden Sie den Menüpunkt auch im Kontextmenü. Zudem können Sie die ersten vier Farben auch über die Tasten 6 bis 9 vergeben.

Stellen Sie die Miniaturen in erweiterten Zellen dar, so können Sie auch auf das Farbfeld neben den Bewertungssternen klicken und die Farbe aus dem Menü wählen.

8.7 Bilder in Sammlungen zusammenfassen

Die Sammlungen in Lightroom verhalten sich zwar wie Ordner, sind jedoch besser mit Auswahlsätzen vergleichbar. Der entscheidende Unterschied liegt darin, dass ein Bild gleichzeitig in mehreren Sammlungen liegen kann. Die darin vorhandenen Bilder verweisen lediglich auf das Original in den Ordnern – ähnlich wie auch virtuelle Kopien. Sie können mit einer Sammlung beispielsweise die Bildauswahl für eine Diashow speichern. Oder ein Bild sowohl in einer Sammlung mit Herbstimpressionen als auch in einem Portfolio über Architekturfotografie ablegen. Sammlungen sind für solche Mehrfachzuweisungen ein sehr flexibles Ordnungssystem.

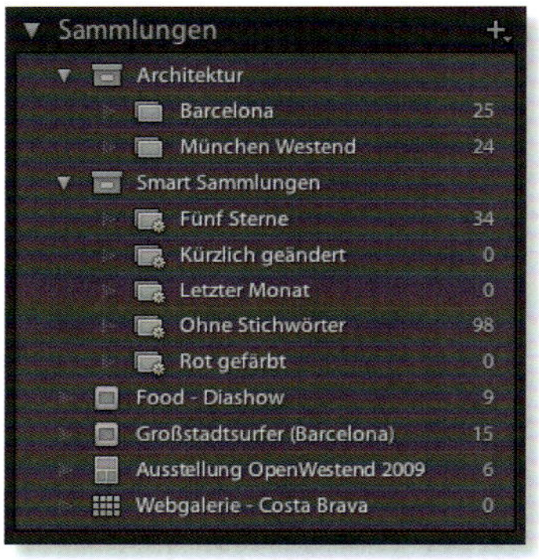

▲ **Abbildung 8.69**
Bedienfeld zur Verwaltung von Sammlungen

Bis auf das Entwickeln-Modul können in allen Modulen Sammlungen erzeugt werden. Während in der Bibliothek die Bilder in einer Sammlung ohne weitere Eigenschaften liegen, werden in den Modulen Diashow, Drucken und Web die jeweils getätigten Einstellungen mitgesichert. Wie Sie mit Sammlungen in den Ausgabemodulen arbeiten, erfahren Sie auf Seite 501. Alle Sammlungen können in Ordnern, sogenannten Sammlungssätzen, zusammengefasst werden.

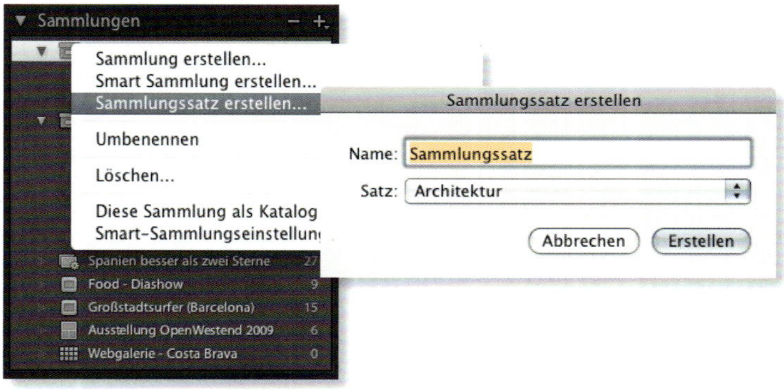

Abbildung 8.70 ▶
Das Dropdown-Menü für die Erstellung von Smart Sammlungen öffnet sich mit einem Rechtsklick ins Bedienfeld.

8.7.1 Sammlungssätze erstellen und bearbeiten

Sammlungssätze sind Ordner, die Sammlungen oder andere Sammlungssätze beinhalten können. Sie lassen sich entweder über das [+]-Symbol neben dem Bedienfeldtitel oder mit einem Rechtsklick im Bedienfeld SAMMLUNGEN über das Kontextmenü erstellen, umbenennen oder löschen.

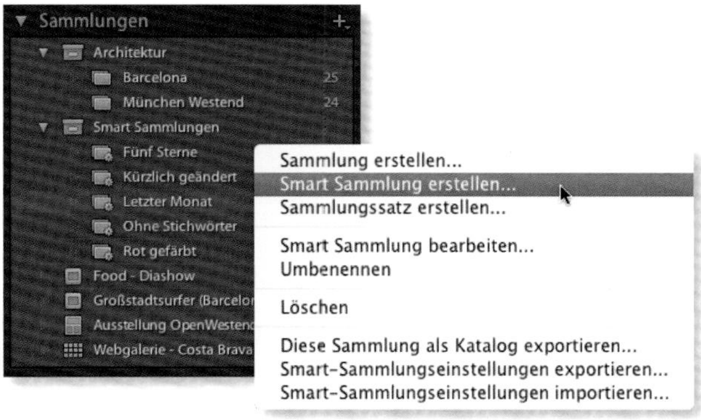

◂ **Abbildung 8.71**
Das Kontextmenü der Smart Sammlungen stellt die gleichen Funktionen zur Verfügung wie für einfache Sammlungen.

8.7.2 Smart Sammlungen

Smart Sammlungen sind eine besondere Sammlungsart. Sie stellen die Bildauswahl automatisch nach Kriterien wie ausgesuchten Metadaten oder Attributen zusammen.

Smart Sammlung erstellen | Zum Erstellen einer Smart Sammlung müssen Sie zunächst auf das [+]-Symbol neben dem Bedienfeldtitel klicken. Alternativ können Sie auch im Bedienfeld an einer beliebigen Stelle mit der rechten Maustaste klicken. Wählen Sie in beiden Fällen den Punkt SMART SAMMLUNG ERSTELLEN aus dem Dropdown-Menü aus.

▾ **Abbildung 8.72**
Das Dialogfeld zum Erstellen und Speichern von Smart Sammlungen

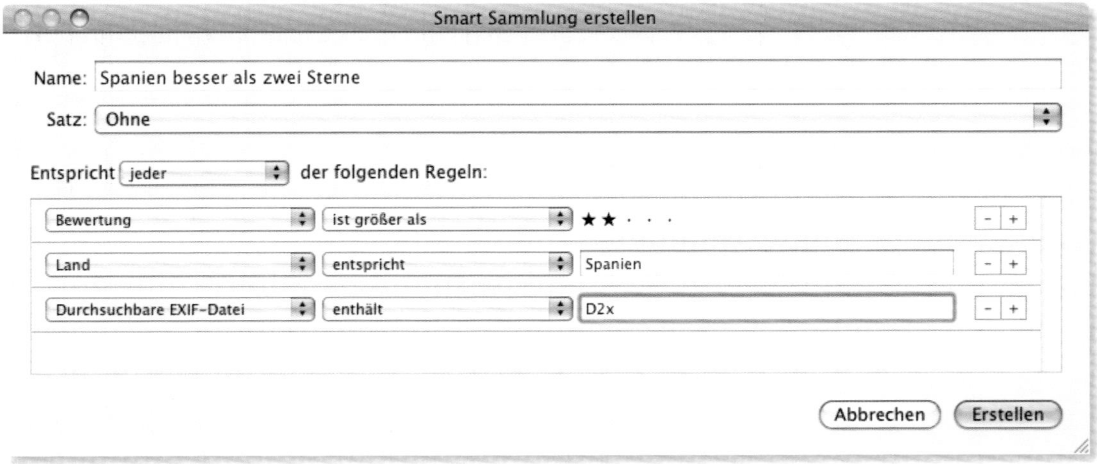

▲ **Abbildung 8.73**
Fotos können in mehreren Sammlungen liegen, beruhen aber auf der Originaldatei im Ordner.

Es öffnet sich das Dialogfeld für die Einstellungen der Smart Sammlungen mit folgenden Parametern:

- **Name:** Hier tragen Sie die Bezeichnung des Sammlungssatzes ein, der im Bedienfeld angezeigt wird.
- **Satz:** Hier können Sie einen übergeordneten Sammlungssatz auswählen. Die Smart Sammlung wird dann als Unterobjekt des gewählen Satzes erstellt.
- **Entspricht (...) der folgenden Regeln:** Hier haben Sie die Möglichkeit, über das Dropdown-Menü auszuwählen ob alle (JEDER) Regeln erfüllt sein müssen oder ob nur eine (MINDESTENS EINER) der generierten Regeln reicht, um ein Bild in die Sammlung aufzunehmen.
- **Regelliste:** In dem Listenfeld werden die Regeln angegeben. Hier können auch mehrere Regeln definiert werden. Im Dropdownmenü links geben Sie das Attribut oder die Metadatenquelle an, die als Basis für die Regel gelten soll. Je nach gewählter Quelle passen sich die Parametereinstellungen und das Dropdown an dessen Verwendung an. So können Sie bei den Bewertungssternen angeben, wie viele zur Aufnahme nötig sind, während Sie bei einer Ortsangabe den Namen in ein Textfeld eingeben können. Über das Pluszeichen am Ende einer Zeile können Sie weitere Regeln generieren. Sind mehrere Regeln vorhanden, erscheint zusätzlich ein Minus-Symbol, mit dem Sie Regeln löschen können.

▲ **Abbildung 8.74**
Smart Sammlungen besitzen zusätzlich ein kleines Zahnrad am Symbol.

Smart Sammlungen managen | Sie können mit Smart Sammlungen dieselben Arbeitsschritte erledigen wie mit anderen Objekten auch. Sie können diese verschieben, löschen, umbe-

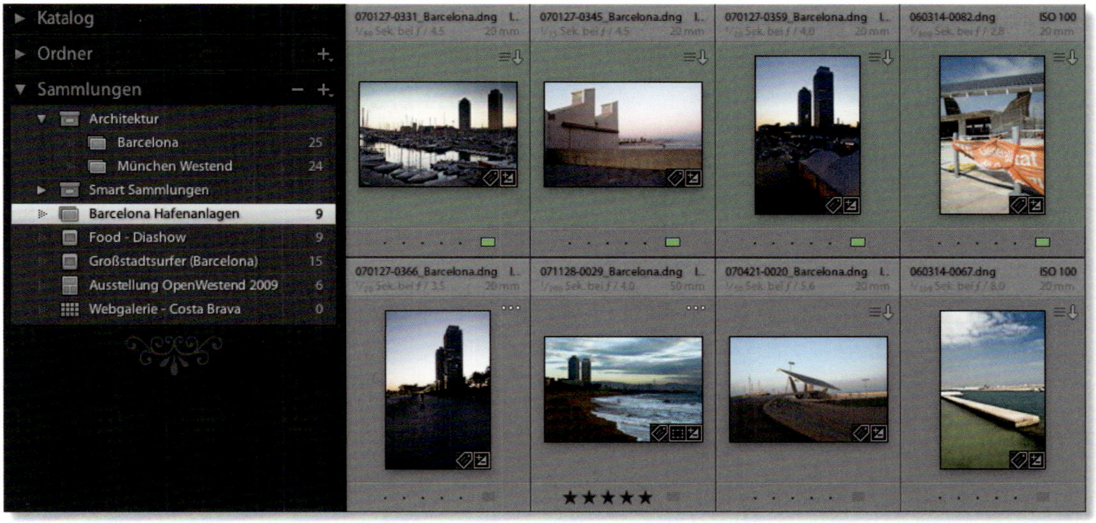

▲ **Abbildung 8.75**
Die grün gekennzeichneten Bilder liegen sowohl in der Sammlung für »Architektur > Barcelona« (siehe Abbildung 8.73) als auch in der Sammlung »Barcelona Hafenanlagen«.

nennen, bearbeiten oder als eigenständigen Katalog exportieren. Alle Arbeitsschritte können Sie über das Kontextmenü aufrufen, das durch Rechtsklick auf eine Sammlung erscheint (siehe Abbildung 8.76). Über den Befehl Smart Sammlung bearbeiten öffnet sich der Dialog (Abbildung 8.72) zum Ändern der Sammlungskriterien.

8.7.3 Bildzusammenstellungen als Sammlungen

Sammlungen verhalten sich bis auf wenige Ausnahmen wie Ordner und können daher genauso gehandhabt werden. Auch Menübefehle wie Fotos aus Unterordnern einschliessen (siehe Seite 247) funktionieren hier. Über das Anklicken der Dreiecke können Sie Sammlungssätze auf- und zuklappen. Wird ein Dreieck gepunktet dargestellt, besitzt der Satz keine Unterelemente. Am Ende der Satzzeile wird immer die Anzahl der enthaltenen Elemente bzw. Bilder angezeigt.

▲ **Abbildung 8.76**
Sammlungen lassen sich über das Kontextmenü im Bedienfeld oder über das Plus-Symbol im Bedienfeldtitel erzeugen und verwalten.

Sammlungen erstellen | Eine Sammlung können Sie erstellen, indem Sie auf das -Symbol neben dem Bedienfeldtitel klicken oder per Rechtsklick das Kontextmenü öffnen und den Befehl Sammlung erstellen aufrufen.

▲ **Abbildung 8.77**
Der Dialog zum Erstellen einer neuen Sammlung

Im Dialogfeld Sammlung erstellen geben Sie einen Namen an. Sind Bilder markiert, können Sie diese über das Kontrollkästchen Ausgewählte Fotos einschliessen in die neue Sammlung kopieren. Wahlweise lassen sich dabei auch virtuelle Kopien erstellen.

Sammlungen verschieben | Sie können eine Sammlung verschieben, indem Sie sie anklicken und mit gedrückter Maustaste in eine andere hineinbewegen.

Legen Sie die Sammlung in eine andere mit Untersammlungen ab, so klappt diese nach einer kurzen Wartezeit auf. Sie können so leicht durch die Struktur navigieren.

Sammlungen umbenennen | Um den Namen einer Sammlung zu ändern, klicken Sie mit der rechten Maustaste auf die gewünschte Sammlung und wählen aus dem Dropdown-Menü den Befehl Umbenennen.

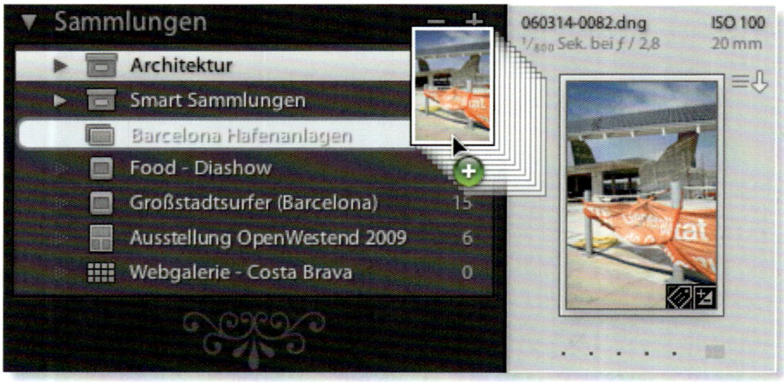

Abbildung 8.78 ►
Bilder werden zwischen Sammlungen kopiert und nicht verschoben.

Sammlungen löschen | Über das ▬-Symbol im Bedienfeldtitel oder über das Rechtsklickmenü können Sie eine Sammlung löschen. Die Zuweisung von Bildern geht dabei verloren. Die Bilder bleiben aber in anderen Sammlungen und in den Ordnern weiterhin erhalten.

Bilder in Sammlungen ablegen | Sie können Bilder aus dem Ansichtsfenster einfach per Drag & Drop auf eine Sammlung ziehen. Sie werden dann in der neuen Sammlung abgelegt. Wird der Inhalt einer Sammlung angezeigt, so werden die darin befindlichen Bilder in die andere Sammlung kopiert. Das Verschieben von Bildern aus einer Sammlung in eine andere ist nicht möglich.

Bilder aus Sammlungen löschen | Markieren Sie ein Bild, und drücken Sie die Entf-Taste. Sie können natürlich auch den

Befehl Bild aus Sammlung entfernen aus dem Haupt- oder aus dem Kontextmenü verwenden.

8.7.4 Schnell- und Zielsammlung

In Kapitel 6, »Arbeiten mit Katalogen«, wurde die Schnellsammlung bereits erwähnt. Dabei handelt es sich um eine Sammlung, die vor allem zum temporären Ablegen von Bildern dient. Sie können dort schnell Bilder zusammenfassen, um diese zu exportieren oder auf CD/DVD zu brennen. Die Schnellsammlung befindet sich auch nicht im Bedienfeld Sammlungen, sondern unter dem Katalog, um möglichst schnell auf sie zugreifen zu können. Am schnellsten können Sie Bilder durch Drücken der Taste [B] zur Schnellsammlung hinzufügen. Sie können dies aber auch per Drag & Drop oder über das Kontextmenü und den Befehl Zur Schnellsammlung hinzufügen erledigen. Vor allem über das Tastaturkürzel lassen sich so sehr schnell Bilder der Sammlung zuweisen.

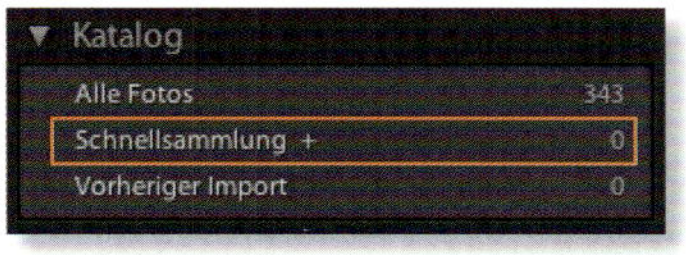

▲ **Abbildung 8.79**
Die Schnellsammlung wird im Bedienfeld Katalog aufgelistet.

Lightroom bietet aber auch die Möglichkeit, jede Sammlung zur Schnellsammlung umzuwandeln. Sobald das Schnellsammlungsziel nicht mehr auf die Schnellsammlung zeigt, sondern auf eine andere Sammlung, wird diese als Zielsammlung bezeichnet. Alle Bilder, die Sie jetzt über die Taste [B] zuweisen, landen in der Zielsammlung. Natürlich geht das auch über das Kontextmenü: Der Befehl lautet dann Zur Zielsammlung hinzufügen.

Welche Sammlung gerade als Ziel dient, wird durch das Pluszeichen neben dem Namen der Sammlung signalisiert.

▲ **Abbildung 8.80**
Das Pluszeichen hinter einer Sammlung signalisiert, dass diese die aktuelle Zielsammlung ist.

Eine Sammlung als Zielsammlung festlegen | Um eine Sammlung als Zielsammlung zu definieren, klicken Sie mit der rechten Maustaste auf die gewünschte Sammlung und wählen aus dem Kontextmenü den Befehl Als Zielsammlung festlegen.

▲ **Abbildung 8.81**
Nach der Aktivierung einer Zielsammlung ist neben dem Befehl ein Häkchen zu sehen, das beim Deaktivieren wieder verschwindet.

Zielsammlung deaktivieren | Um wieder die Schnellsammlung zu aktivieren, klicken Sie erneut mit der rechten Maustaste die zuvor definierte Zielsammlung an und wählen den Befehl FÜR ZIELSAMMLUNG FESTLEGEN erneut aus. Das Häkchen vor dem Menüeintrag wird entfernt, die Schnellsammlung erhält wieder das Pluszeichen und ist somit erneut aktiv.

8.8 Bilder verschlagworten

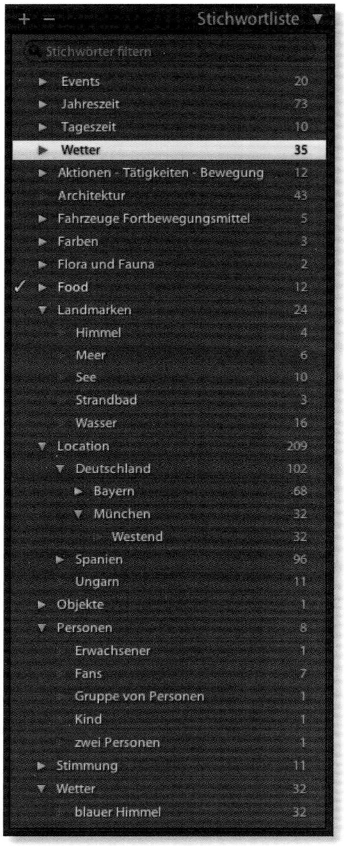

▲ **Abbildung 8.82**
Hierarchische Stichwortlisten erleichtern es, den Überblick zu behalten. Auch ganze Zweige lassen sich mit nur einem Klick zuweisen.

Stichwörter zuzuweisen stellt eine weitere effektive Möglichkeit dar, seine Bilder besser zu ordnen und zu finden. Stellen Sie sich vor, Sie suchen nach Aufnahmen mit Wasser und blauem Himmel. Sind Ihre Bilder gut verschlagwortet, geben Sie die Begriffe in die Suche ein und erhalten dann eine passende Auswahl.

Das Verschlagworten benötigt etwas Disziplin, hilft aber gerade in großen Katalogen enorm – wie sonst fänden beispielsweise Bildagenturen Ihre Bilder? Lightroom bietet hier fast alle gewünschten Möglichkeiten. So können Sie zu einzelnen Stichwörtern auch Synonyme angeben, die ebenfalls zugewiesen werden. Es lassen sich auch mehrsprachige Stichwörter zuteilen. Oder Sie verknüpfen die Stichwörter hierarchisch, beispielsweise für den Standort, der mit einer Stadt und einem Land verbunden ist. Sie müssen dann nur die Location zuweisen, die übergeordneten Stichwörter werden automatisch mit übernommen.

8.8.1 Aufbau einer Stichwortliste

Natürlich hat man nicht von vornherein eine vollständige Stichwortliste. Diese entsteht nach und nach, wenn man seine Bilder in Lightroom erfasst. Am besten beginnen Sie gleich beim ersten Import damit und sortieren anschließend die vergebenen Stichwörter. Die Änderungen werden automatisch abgeglichen. Diesen Vorgang wiederholen Sie bei jedem Import. Ab einer gewissen Anzahl müssen Sie die Stichwörter nicht mehr sortieren.

Es gibt dabei allerdings einen Nachteil: Beim Import werden die Stichwörter immer direkt allen Bildern zugewiesen, eine Verschlagwortung einzelner Bilder ist also nicht möglich. Daher beschränken sich die verwendeten Begriffe am besten auf passende allgemeine Kriterien wie Jahreszeit, Location oder Wetter. Nach dem Import können Sie weitere Stichwörter individuell zuweisen.

Meine Stichwortliste ist stark hierarchisch geordnet. Sie beinhaltet Angaben zu Tageseit, Jahreszeit, Wetter, Objekten, Fahrzeugen, Landmarken, Locations, Flora und Fauna, Farben, Personen und Personengruppen, Kunden etc. Diese Obergruppen besitzen jeweils mehrere Unterbegriffe, die teilweise wieder eigene Unterbegriffe beinhalten. Die oberste Ebene dient also nur der Gruppierung.

8.8.2 Stichwörter mit Synonymen

Stichwörter, die beim Import neu angelegt werden, besitzen keine Synonyme. Diese können Sie aber auch noch nachträglich – am besten gleich nach dem Import – angeben.

◂ **Abbildung 8.83**
Bei der Eingabe von Stichwörtern können Synonyme mit angegeben werden. Dies ermöglicht Stichwörter in mehreren Sprachen oder das Verwenden ähnlicher Begriffe. Die Stichwortverwaltung wird damit sehr leistungsfähig.

Stichwort neu eingeben | Um ein neues Stichwort einzugeben, klicken Sie auf das ⊞-Symbol neben der Bedienfeldbezeichnung. Es öffnet sich das Dialogfeld STICHWORT-TAG ERSTELLEN. Geben Sie in das Feld STICHWORT-TAG ein Schlagwort ein. Verwenden Sie nur feststehende Begriffe und keine Satzzeichen.

Synonym angeben | Zusätzlich können Sie in das Feld SYNONYME gleichbedeutende Begriffe eintragen. Wenn Sie hier mehrere Wörter angeben, trennen Sie diese mit einem Komma.

Optionen angeben | Über die Kontrollboxen können Sie noch weitere Optionen angeben, die das Verhalten auch bei hierarchischer Verknüpfung regeln:

- **Zu ausgewählten Fotos hinzufügen:** Diese Option ist nur dann aktiv, wenn Bilder ausgewählt sind. Schon beim Erstellen eines Stichworts kann sie direkt den Bildern zugewiesen werden.
- **Ebenfalls exportieren:** Gibt an, ob das Stichwort exportiert wird. Wird es als Oberbegriff – zum Beispiel »Location« – verwendet, sollte es nicht in die Datei geschrieben werden.

- **Enthaltene Stichwörter exportieren:** Ist dieses Kontrollkästchen aktiv, wird die gesamte übergeordnete Hierarchie eines Stichworts exportiert, es sei denn, Sie haben die Option EBENFALLS EXPORTIEREN deaktiviert. So lassen sich durch Zuweisen des untersten Begriffs einer Stichworthierarchie auch alle übergeordneten Stichwörter mit einer einzigen Zuweisung exportieren.
- **Synonyme exportieren:** Gibt an, ob Synonyme mit exportiert werden.

Stichwörter bearbeiten | Sie können Stichwörter jederzeit ändern. Dazu klicken Sie mit der rechten Maustaste auf den gewünschten Begriff und wählen aus dem Menü den Punkt STICHWORT-TAG BEARBEITEN.

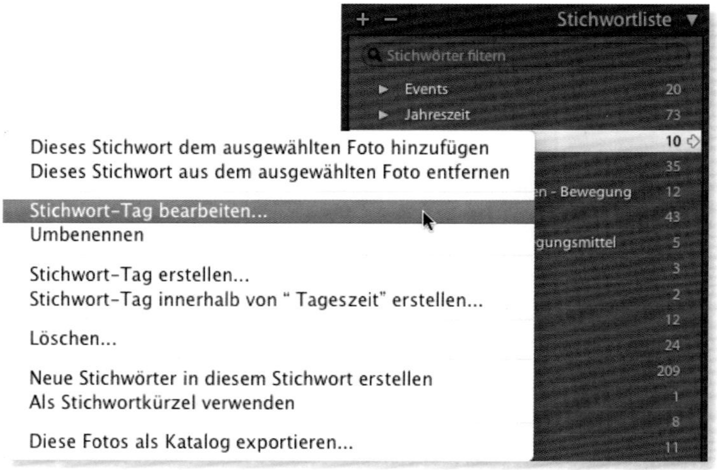

Abbildung 8.84 ▸
Stichwörter lassen sich auch direkt als untergeordnete Begriffe erstellen.

8.8.3 Stichwörter hierarchisch anordnen

Eine der Stärken von Lightroom ist die hierarchische Verknüpfung der Stichwörter. Sie können ein Stichwort schon bei seiner Erstellung einem anderen unterordnen und es auch später per Drag & Drop verschieben.

Zum Erstellen eines untergeordneten Stichworts klicken Sie mit der rechten Maustaste auf den gewünschten Oberbegriff und wählen aus dem Menü den Punkt STICHWORT-TAG INNERHALB VON (...) ERSTELLEN. Geben Sie dann die Daten wie gewünscht in das Dialogfeld ein.

Sie können Stichwörter auch noch nachträglich hierarchisch anordnen. Dazu ziehen Sie ein Stichwort mit gedrückter Maustaste auf ein anderes und lassen dann die Maustaste los.

▴ Abbildung 8.85
Stichwörter können per Drag & Drop als neue untergeordnete Begriffe in andere Stichwörter verschoben werden.

8.8.4 Stichwörter zuweisen

Die Stichwörter müssen natürlich den Bildern noch zugewiesen werden. Dies kann über das Rechtsklickmenü auf ein Stichwort mit dem Befehl Dieses Stichwort dem ausgewählten Foto hinzufügen erledigt werden.

Haben Sie ein oder mehrere Bilder ausgewählt, erscheint beim Rollover über ein Schlagwort ein kleines Kontrollkästchen. Wird dieses angeklickt, wird der Begriff dem Bild hinzugefügt, und es erscheint ein Häkchen.

Sie können einem Bild Stichwörter zuweisen, indem Sie auf das entsprechende Bild einfach mit gedrückter Maustaste ein Stichwort ziehen und dann die Maustaste loslassen.

▲ **Abbildung 8.86**
Durch Aktivierung des Kontrollkästchens wird das Stichwort den ausgewählten Bildern hinzugefügt.

▲ **Abbildung 8.87**
Sie können per Drag & Drop Bilder auf Stichwörter oder umgekehrt auch Stichwörter auf Bilder ziehen.

Es funktioniert aber auch andersherum: Ziehen Sie ein Stichwort auf eines der ausgewählten Bilder, und das Schlagwort wird sogleich allen selektierten Fotos zugewiesen. Ist kein Bild ausgewählt, so wird der Begriff nur dem einzelnen Bild zugeteilt, auf das er gezogen wurde.

8.8.5 Stichwortkürzel

Über die Tastenkombination [⌘]+[K] unter Mac OS X bzw. [Strg]+[K] unter Windows können Sie einem Bild ein Stichwort per Kürzel zuweisen. Vorher müssen Sie jedoch ein Schlagwort als Stichwortkürzel definieren. Dies können Sie über das Rechtsklickmenü auf das entsprechende Stichwort mit dem Befehl Als Stichwortkürzel verwenden erledigen. Hinter dem Stichwort signalisiert dann ein Pluszeichen den Zustand. Deaktivieren können Sie das Stichwortkürzel über den gleichen Befehl.

Die Befehle zum Zuweisen eines Stichwortkürzels finden Sie natürlich auch in der Menüleiste unter dem Punkt Foto oder über das Kontextmenü eines Bildes.

▲ **Abbildung 8.88**
Das Pluszeichen kennzeichnet den Begriff als Stichwortkürzel.

8.8.6 Stichwörter filtern

Die Liste der Stichwörter kann mit der Zeit ziemlich lang werden. Um in einer langen Liste Begriffe besser zu finden, ist am Anfang des Bedienfeldes ein Suchfeld platziert. Sobald Sie hier einen Buchstaben eingeben, wird die Liste nach diesem Buchstaben durchsucht und gefiltert. Jeder weitere Buchstabe schränkt die Liste weiter ein.

▲ **Abbildung 8.89**
Über das Textfeld am Anfang des Bedienfeldes lassen sich Stichwörter filtern.

8.8.7 Bilder nach Stichwörtern filtern

Stichwörter machen nur dann Sinn, wenn man nach ihnen auch Bildbestände filtern kann. Vielleicht haben Sie schon bemerkt, dass rechts ein Pfeil erscheint, wenn Sie mit der Maus über ein Stichwort rollen. Klicken Sie den Pfeil an, dann werden alle Bilder angezeigt, die dieses Schlagwort besitzen.

Wenn Sie nach mehreren Stichwörtern gleichzeitig filtern möchten, müssen Sie den Weg über die Bibliotheksfilterleiste (siehe Seite 169) gehen. Dort können Sie in der Filterrubrik Metadaten auch mehrere Stichwörter anwählen. Befinden Sie sich bereits in der Rasteransicht, wird die Filterleiste automatisch eingeblendet, sobald Sie auf den Pfeil beim Stichwort klicken.

▲ **Abbildung 8.90**
Klicken Sie den Pfeil am Stichwort an, werden nur die Bilder angezeigt, die dieses Schlagwort besitzen.

8.8.8 Bedienfeld »Stichwörter festlegen«

Das Bedienfeld dient ebenfalls zum Zuweisen von Stichwörtern zu Bildern. Die dort befindlichen Funktionen sollen vor allem den Vorgang beschleunigen. Dazu ist es in drei Funktionsgruppen unterteilt:

- Stichwort-Tags: Hier werden Ihnen alle aktuell zugefügten Stichwörter angezeigt, weitere können direkt über ein Textfeld eingegeben werden.
- Stichwortvorschläge: Hier gibt Lightroom Stichwörter vor. Die Zusammenstellung der neun Stichwörter erfolgt nach einem internen Verfahren.
- Stichwortsatz: Wichtige Stichwörter können zu einem Satz zusammengefasst werden. Man kann einen Satz auswählen und die beinhalteten Stichwörter schnell über Tastenkombinationen zuweisen.

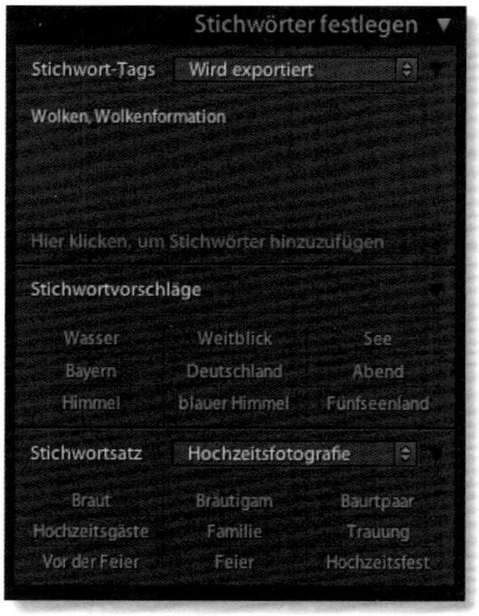

▲ **Abbildung 8.91**
Das Bedienfeld zur Stichworteingabe in der rechten Bedienfeldpalette

Stichwort-Tags eingeben | Im ersten Funktionsbereich des Bedienfeldes werden Ihnen alle bereits zugewiesenen Stichwörter aufgelistet. Im Dropdown-Menü über dem Anzeigefeld können Sie aus drei Funktionen für das Feld auswählen:

- **Stichwörter eingeben:** Das Anzeigefeld wird editierbar, und Sie können direkt Begriffe eingeben.

- **Stichwörter & Enthält Stichwörter:** Hier werden alle zugewiesenen Stichwörter, Synonyme und hierarchischen Bezüge angezeigt, auch wenn diese nicht exportiert werden.
- **Wird exportiert:** Zeigt alle Stichwörter, Synonyme etc. an, die auch wirklich in die Datei exportiert werden.

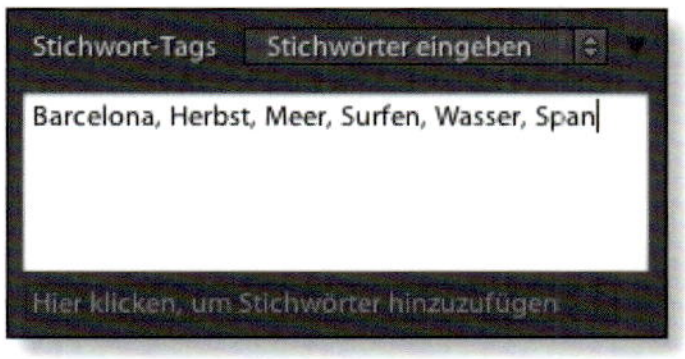

▲ **Abbildung 8.92**
Das Anzeigefeld wird zu einem editierbaren Textfeld.

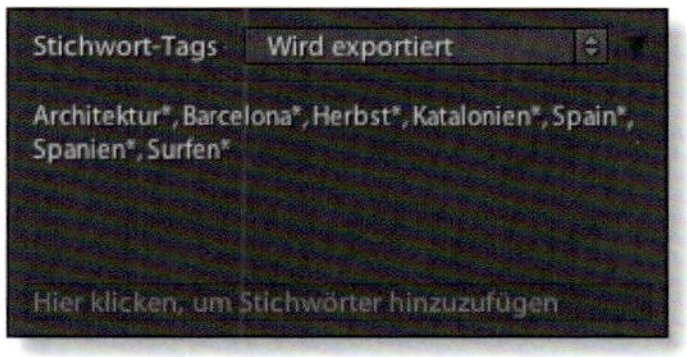

▲ **Abbildung 8.93**
Zur Kontrolle der exportierten Stichwörter kann man sich Synonyme und übergeordnete Begriffe anzeigen lassen. Sterne kennzeichnen bei einer Mehrfachauswahl Begriffe, die nicht allen Bildern zugewiesen sind.

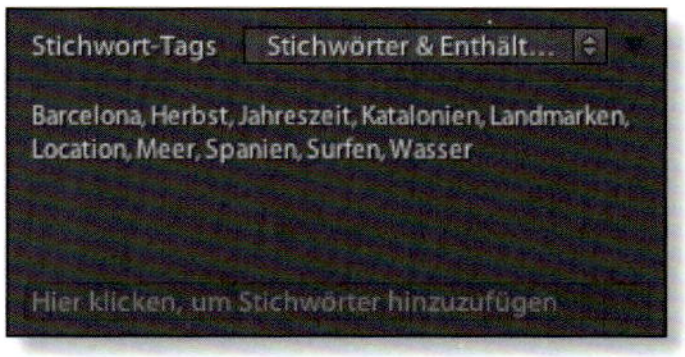

▲ **Abbildung 8.94**
Es werden alle Stichwörter, Synonyme und übergeordneten Begriffe angezeigt, auch wenn diese nicht exportiert werden.

Unter dem Anzeigefeld finden Sie ein Textfeld, in das Sie direkt Stichwörter eingeben können. Während des Tippens zeigt Lightroom Ihnen als Vorschläge bereits vorhandene Stichwörter an und vervollständigt so das Getippte. Dies reduziert Fehleingaben und das Eingeben gleicher Stichwörter mit verschiedenen Schreibweisen.

Sind mehrere Bilder ausgewählt, so kann es vorkommen, dass neben den Stichwörtern ein »*« steht. Das bedeutet, dass dieser Begriff nur einem Teil der Bilder zugewiesen ist.

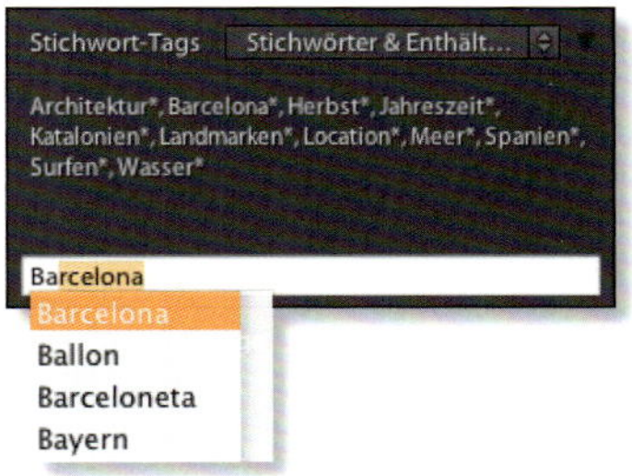

▲ **Abbildung 8.95**
Das Eingabefeld unter dem Anzeigebereich schlägt alternative Begriffe während des Tippens vor.

Stichwortvorschläge | Lightroom generiert automatisch einen Satz an Stichwörtern. Die Zusammenstellung wird anhand eines Algorithmus erstellt, der unter anderem die Häufigkeit von Schlagworten auswertet und Begriffe berücksichtigt, die andere Bilder besitzen, die zu einem ähnlichen Zeitpunkt aufgenommen wurden.

Um einen Vorschlag zuzuweisen, muss mindestens ein Bild markiert sein. Dann können Sie einfach auf das Stichwort klicken, um es hinzuzufügen.

▲ **Abbildung 8.96**
Stichwortvorschläge werden automatisch generiert, liegen aber häufig daneben.

Stichwörter aus Sätzen zuweisen | Eine weitere Methode, um Schlagwörter zuzuweisen, sind Stichwortsätze. Dabei werden Stichwörter in Gruppen, den Stichwortsätzen, zusammengefasst. Es werden dann immer nur Stichwörter aus dieser Gruppe

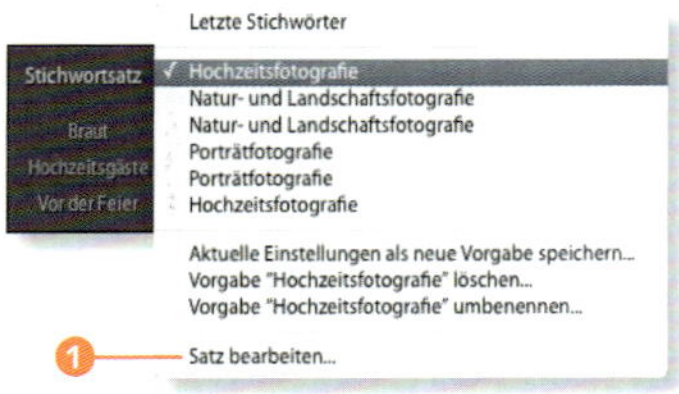

▲ **Abbildung 8.97**
Über ein Dropdown-Menü können Sie verschiedene Stichwortsätze auswählen.

zugewiesen. Die Anzahl ist auf neun Stichwörter pro Gruppe beschränkt.

Diese Methode ist dann geeignet, wenn Sie Stichwörter zu einem bestimmten Event, zum Beispiel einer Hochzeit, verteilen wollen. Der Stichwortsatz »Hochzeitsfotografie« beinhaltet dann Begriffe wie Braut, Bräutigam, Brautpaar, Hochzeitsgäste, Buffet, Geschenke, Trauung etc. Sie können Schritt für Schritt durch die Bilder gehen und nur Schlagwörter aus diesem Satz zuweisen. Das geht schneller als das Heraussuchen der Begriffe aus einer langen Liste. Vor allem deswegen, weil jedem Stichwort ein Tastenkürzel zugewiesen ist: [⌥]+[1] bis [⌥]+[9] unter Mac OS X oder [Alt]+[1] bis [Alt]+[9] unter Windows.

Unter dem Eingabefeld finden Sie die Stichwortsätze. Aus dem Dropdown-Menü daneben können Sie einen Satz auswählen und einen neuen erstellen oder bearbeiten. Darunter finden Sie neun Schaltflächen, über die die entsprechenden Begriffe zugewiesen werden können.

Abbildung 8.98 ▸
Das Dialogfeld zum Anpassen der Stichwortsätze

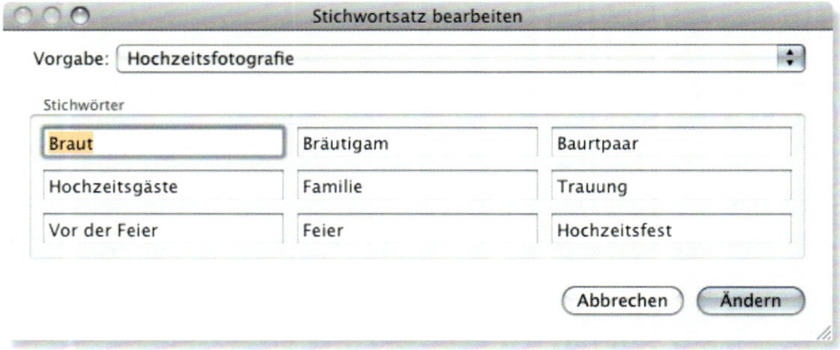

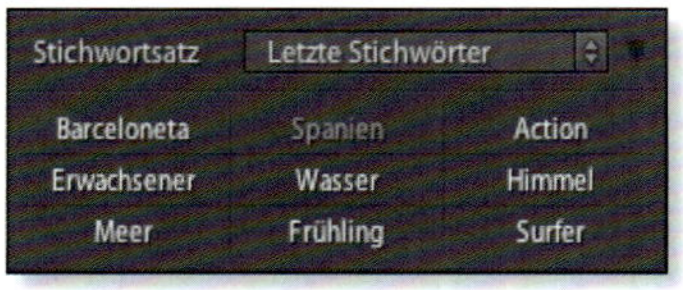

▲ **Abbildung 8.99**
Der Stichwortsatz »Letzte Stichwörter« zeigt die neun Stichwörter an, die als letzte zugewiesen wurden.

Um einen Stichwortsatz zu ändern, wählen Sie den Punkt SATZ BEARBEITEN ❶ aus dem Dropdown-Menü aus. Welchen Satz Sie ändern möchten, können Sie im Dialogfeld auswählen. Schreiben Sie dann bis zu neun Stichwörter in die Textfelder. Auch hier gibt Ihnen Lightroom Alternativen vor.

Wollen Sie den Stichwortsatz unter einem neuen Namen speichern, können Sie das über das Dropdown-Menü im Dialogfeld tun, ebenso können Sie den Satz umbenennen oder löschen.

Als Letztes gibt es noch automatisch generierte Stichwörter. Diese zeigen die letzten Stichwörter an, die zugewiesen wurden.

8.8.9 Stichwörter entfernen oder löschen

Um ein Stichwort von einem Bild zu entfernen, wählen Sie dieses aus und klicken mit der rechten Maustaste auf das betreffende Stichwort. Gehen Sie im Menü auf den Punkt DIESES STICHWORT AUS DEM AUSGEWÄHLTEN FOTO ENTFERNEN ❷. Das Stichwort bleibt in der Liste und wird nur vom Bild entfernt.

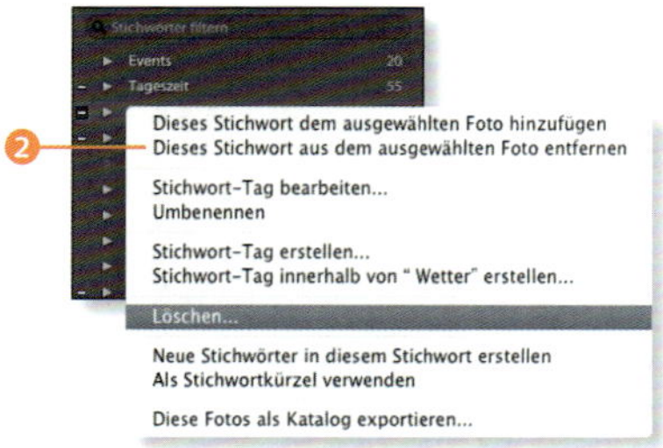

▲ **Abbildung 8.100**
Stichwörter lassen sich über das Rechtsklickmenü löschen.

Wenn Sie im Dropdown-Menü den Befehl LÖSCHEN wählen, wird das Schlagwort komplett gelöscht. Gleichzeitig wird es auch von allen anderen Bildern entfernt, denen es zugewiesen ist.

8.9 Metadaten bearbeiten und verwalten

Neben Ordnern, Sammlungen und Stichwörtern gibt es noch eine vierte Verwaltungsmöglichkeit in Lightroom: die Organisation über Metadaten. Sind die ersten drei Lösungen programmspezifisch für Lightroom, so ist die Verwaltung mit Metadaten systemübergreifend, denn die Metadaten werden direkt in die Datei geschrieben. Unterstützt ein Dateiformat die Metadatenspeicherung innerhalb einer Datei nicht, so schreibt Lightroom die Informationen in eine XMP-Datei, die denselben Namen wie die Bilddatei besitzt. Mac OS X und Windows 7 unterstützen dies auf Betriebssystemebene. Beim Suchen im Finder bzw. Explorer werden hier also auch Bilder gefunden, die den Suchbegriff in den Metadaten enthalten. Die Verwaltung findet nicht mehr über die Ordnerhierarchie, sondern über die Informationen über Bildinhalt, Verfasser etc. statt.

Einige der Metadaten, wie die EXIF-Daten der Kamera, werden beim Fotografieren erzeugt und bleiben über den ganzen Lebenszyklus in das Bild eingebrannt. Andere Metadaten, wie die IPTC-Daten zu Fotograf, Copyright, Inhalt und Verbreitung, können in Lightroom ins Bild hineingeschrieben werden und werden dadurch für andere Programme lesbar. Nach diesen Metadaten können Sie auch in Lightroom Ihre Bilder suchen bzw. filtern (siehe Seite 57).

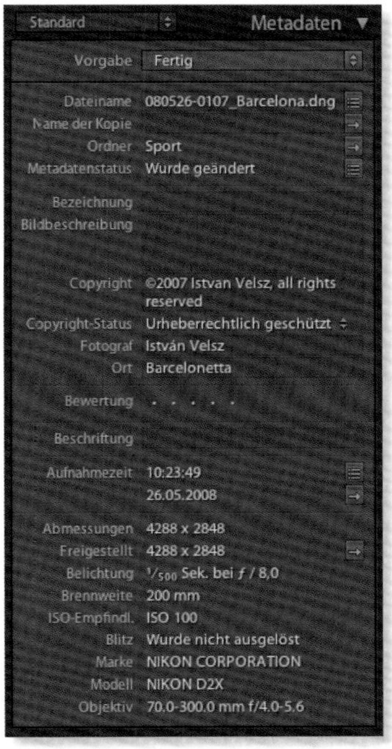

▲ **Abbildung 8.101**
Das Bedienfeld zur Metadateneingabe in der rechten Bedienfeldpalette

8.9.1 Metadaten verwalten

Die Metadaten befinden sich in der rechten Bedienfeldpalette unter den Stichwörtern. Die Verwaltung erledigen Sie dort über das Bedienfeld METADATEN. Hier können Sie alle Informationen sehen, die Ihr Bild praktisch oder theoretisch besitzen kann. Metadaten können auch in Vorlagen gespeichert werden, um sie auf andere Bilder zu übertragen. Bevor man mit Metadaten arbeitet, muss man sich für eine Metadatenmaske entscheiden, denn die Anzahl der möglichen, von Lightroom unterstützten Metadaten ist ziemlich groß. Sie liegt bei ca. 90 unterschiedlichen Informationen. Diese vielen Informationen sind in Masken unterteilt. Jede dieser Masken dient einem bestimmten Zweck. Die Auswahl der Maske wird über das Dropdown-Menü links von der Bedienfeldbezeichnung vorgenommen.

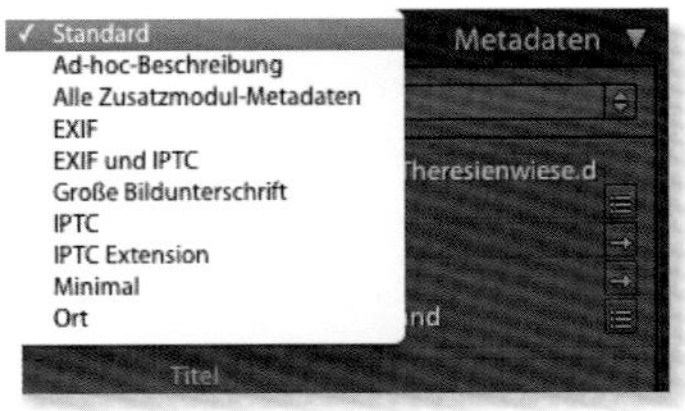

▲ **Abbildung 8.102**
Über das Dropdown-Menü können verschiedene Zusammenstellungen von Metadaten angezeigt werden.

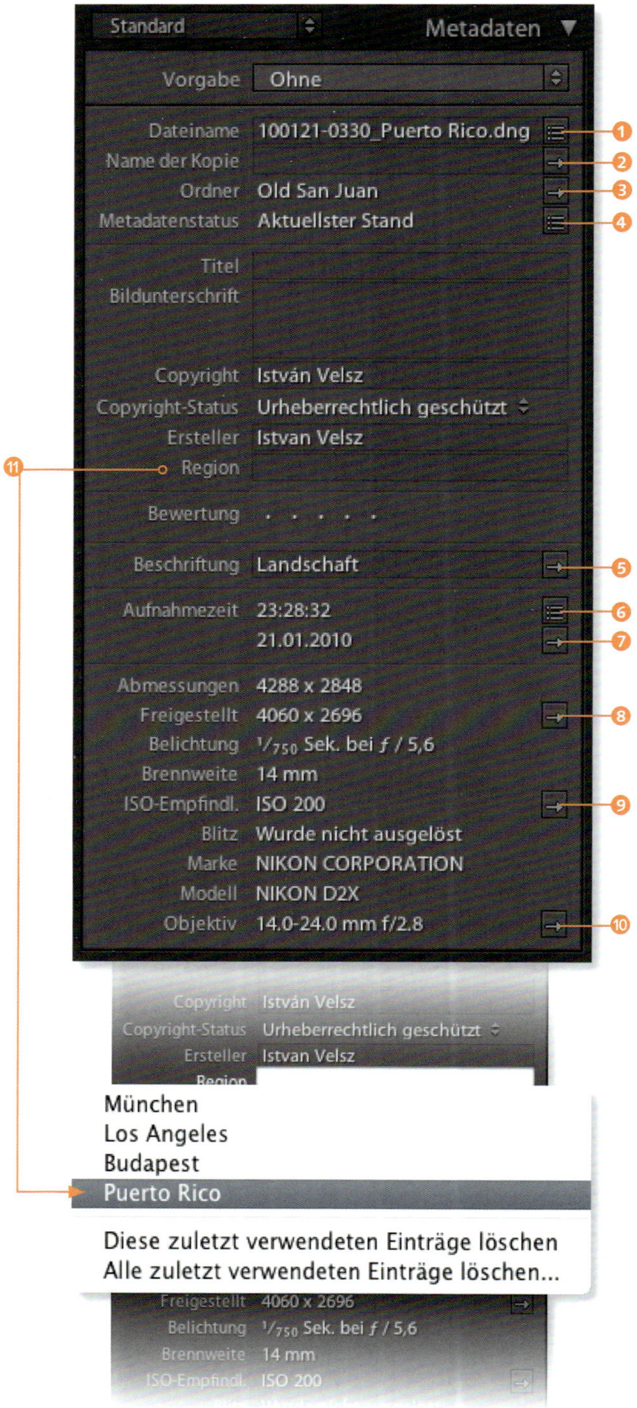

▲ **Abbildung 8.103**
Die Standard-Metadatenmaske mit zusätzlichen Verwaltungswerkzeugen

Auf der rechten Seite vieler Metadatenfelder befinden sich kleine Symbole, über die Sie weitere Verwaltungsaufgaben erledigen können. Einige dieser Symbole haben das gleiche Aussehen, tragen aber unterschiedliche Bedeutungen:

1. Öffnet den Dialog Sammelumbenennung. Dort können einzelne oder eine Reihe selektierter Bilder umbenannt werden.
2. Handelt es sich um eine virtuelle Kopie, können Sie hier zur Masterdatei wechseln.
3. Wechselt zum übergeordneten Ordner und zeigt dessen Inhalt in der Rasteransicht an.
4. Beseitigt Probleme mit inkonsistenten Metadaten, zum Beispiel wenn diese noch nicht in die Datei geschrieben wurden.
5. Filtert alle Bilder gemäß der angezeigten Beschriftung.
6. Öffnet den Dialog zum Ändern der Aufnahmezeit (Seite 174).
7. Zeigt alle Bilder mit dem gleichen Aufnahmedatum.
8. Wechselt zum Freistellungswerkzeug im Entwickeln-Modul.
9. Zeigt alle Bilder mit demselben ISO-Wert.
10. Zeigt alle Bilder, die mit demselben Objektiv gemacht worden sind.
11. Einige Felder wie Region und Beschriftung lassen sich anklicken. Hier lassen sich die zuletzt verwendeten Einträge auswählen und auch anderen Bildern zuweisen. Ob ein Feld anklickbar ist, erkennen Sie daran, dass der Begriff heller wird, wenn Sie mit der Maus darüberrollen.

8.9.2 Einfache Metadatenmasken

Standard | Die Standardmaske zeigt nur die wichtigsten Daten an. Vor allem für Amateurfotografen reichen diese Angaben oft aus. Interessant ist, dass auch einige EXIF-Daten, die durch die Kamera bei der Aufnahme erzeugt werden, dargestellt sind. Dies erlaubt auch einen schnellen Blick auf die Aufnahmedaten. Nachfolgend sind erklärungsbedürftige Felder beschrieben:

- **Name der Kopie:** Für Dateien können neben den Dateinamen eigene Namen vergeben werden. Diese Namen sind eher technischer Natur und als Ergänzung zum Dateinamen gedacht. Sie müssen daher nicht den Inhalt beschreiben. Hier können Sie beispielsweise auch Umlaute verwenden, die man in Dateinamen vermeiden sollte. Auch virtuelle Kopien können hier eine eigene Bezeichnung bekommen.
- **Metadatenstatus:** Gibt an, ob die Metadaten in der Datei gespeichert sind oder aktualisiert wurden.
- **Titel:** Der Titel bezieht sich im Gegensatz zum Feld NAME DER KOPIE auf den Inhalt und kann als Überschrift des Inhalts verwendet werden. Reportagefotografen schreiben hier beispielsweise die Überschrift des Artikels hin.
- **Bildunterschrift:** Beschreibt den Inhalt des Bildes und der ausgeführten Handlung.
- **Copyright:** Bezeichnung des Copyright-Inhabers. Dies kann auch der Name einer Bildagentur sein, über die ein Bild vertrieben wird.
- **Copyright-Status:** Gibt an, ob ein Bild urheberrechtlich geschützt oder frei ist.
- **Region:** Aufnahmeort der Fotografie
- **Beschriftung:** Hier können Sie einen selbst gewählten Begriff eintragen, der das Bild kategorisiert, zum Beispiel »Landschaft« oder »Städteporträt«. Ihnen sind eventuell schon einige andere Beschriftungen bekannt, denn Lightroom stellt diese als Farbmarkierung zur Verfügung. Klicken Sie auf den Begriff BESCHRIFTUNG, öffnet sich ein Dropdown-Menü mit einer Liste mit den Farbmarkierungen. Geben Sie einen eigenen Begriff ein, erscheint er ebenfalls in dieser Liste.

Ad-hoc-Beschreibung | Diese Maske stellt eine reduzierte Version der Standardmaske dar. Sie dient der schnellen Betitelung und Beschreibung der Bilder. Vor allem die Bilder, die für eine Veröffentlichung gedacht sind, sollten zumindest einen Titel und eine Bildunterschrift enthalten.

▲ **Abbildung 8.104**
Ad-hoc-Beschreibung zur schnellen Beschriftung von Bildern

Alle Zusatzmodul-Metadaten | Diese Maske ist normalerweise eher klein und nicht wichtig. Sie ermöglicht jedoch Zusatzmodulen, eigene Metadaten in Lightroom zu sichern. Dies können beispielsweise Einstellungen oder Verknüpfungsdaten sein.

EXIF | Zeigt Metadaten an, die beim Fotografieren in die Datei geschrieben werden. Diese können Sie nicht ändern, sondern nur auslesen und danach filtern. Es werden aber nicht alle theoretisch möglichen EXIF-Informationen angezeigt. Dazu zählt beispielsweise der Zähler für die getätigten Auslösungen einer Kamera.

EXIF und IPTC | Zeigt die EXIF- und die IPTC-Metadaten zusammen an. Unter Lightroom 2 und 1 waren dies alle möglichen Metadaten. Durch die Erweiterung der IPTC-Funktionalität wurde die Maske umbenannt. Die Beschreibung der ITPC-Funktionen finden Sie auf den folgenden Seiten.

Große Bildunterschrift | Zeigt nur das Feld für die Bildunterschrift an, dies aber mit viel Eingabefläche für längere Texte.

Minimal | Zeigt nur die Felder Dateiname, Bewertung, Bildunterschrift und Copyright an.

Ort | Stellt neben einigen Standardfeldern vor allem Felder für den Ortsbezug der Aufnahme dar. Diese entsprechen den Ortsangaben der IPTC-Maske.

8.9.3 IPTC-Metadatenmasken

Das IPTC (International Press Telecommunications Council) ist eine Vereinigung von Nachrichtenagenturen, Zeitungen und Newssystem-Anbietern, die sich um eine Standardisierung von Nachrichtenformaten kümmert. Profifotografen aus allen Bereichen des Fotojournalismus kommen daher nicht um die Verwendung von IPTC-Daten herum. Über die genaue Verwendung von IPTC-Daten ließen sich eigene Bücher schreiben. Wer sich genau über das IPTC und dessen Standards informieren will, findet rechts im Kasten einige interessante Links.

In Lightroom 3 wurde die Eingabe der Daten auf zwei Masken verteilt. Basisinformationen werden über die IPTC-Maske (siehe Abbildung 8.106) eingepflegt. Erweiterte Informationen werden dann in die IPTC-Extension-Maske (siehe Abbildung 8.107) eingegeben. Nachfolgend erhalten Sie zunächst einen kurzen Überblick über die Bedeutung beider Masken. Danach folgen Erläuterungen zu den wichtigsten Feldern.

TIPP

- Website der IPTC: *http://www.iptc.org*
- Beschreibung der IPTC-Core Informationen: *http://www.iptc.org/std/photometadata/specification/IPTC-PhotoMetadata-201007.pdf*
- Newscodes: *http://www.newscodes.org*

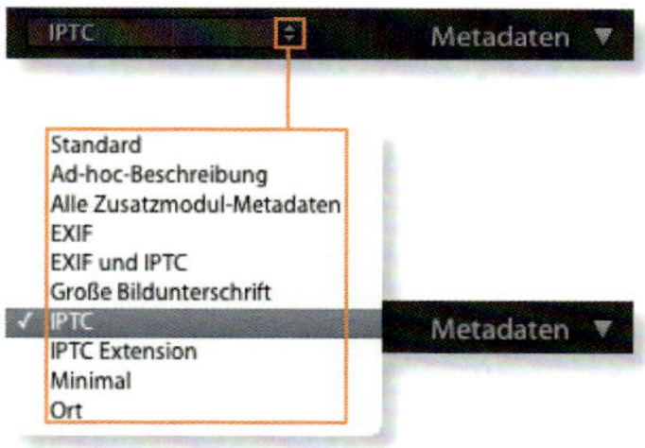

▲ **Abbildung 8.105**
Die Auswahl der IPTC-Masken findet über das Dropdown-Menü im Metadaten-Bedienfeld statt.

IPTC | Diese Maske stellt die Basisinformationen zur Verfügung. Sie ermöglicht den einfachen Transfer von Metadaten der XMP-Daten (siehe Seite 55), wie sie von Adobe integriert wurden, und den IIM-Standard (Information Interchange Model) des IPTC. Die Kerninformationen dienen vor allem der groben Beschreibung der Bilddaten und deren Verbreitungsmöglichkeiten. Diese werden durch die Copyright-Daten festgelegt.

Neu in Lightroom 3 Lr

IPTC Extension | Die erweiterte IPTC-Maske bietet ergänzende Informationen zu den Kerninformationen. Dort werden vor allem Informationen zum abgebildeten Inhalt angeführt. Hierzu zählen beispielsweise auch Informationen zu abgebildeten Objekten/Kunstwerken wie Hersteller, Name eines Objekts, Standort etc. Außerdem können hier zusätzliche Copyright-Informationen zu Modellen, wie Modellfreigaben oder Bildregistrierungsangaben, eingegeben werden.

Arbeiten mit den IPTC-Masken | Normalerweise werden zunächst alle Daten der IPTC-Maske ausgefüllt. Anschließend füllt man die Felder der IPTC Extension aus. Dabei sollten alle Angaben, die in beiden Masken sind, auch doppelt ausgefüllt werden. Leider ist es nicht möglich, die Daten aus der Kernmaske in die

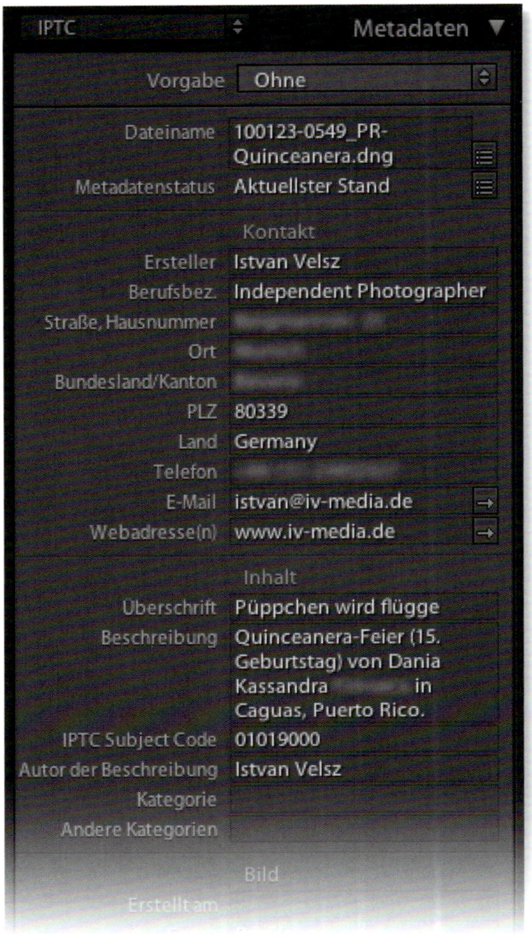

▲ **Abbildung 8.106**
Das Bedienfeld zur Eingabe der IPTC-Standard Metadaten

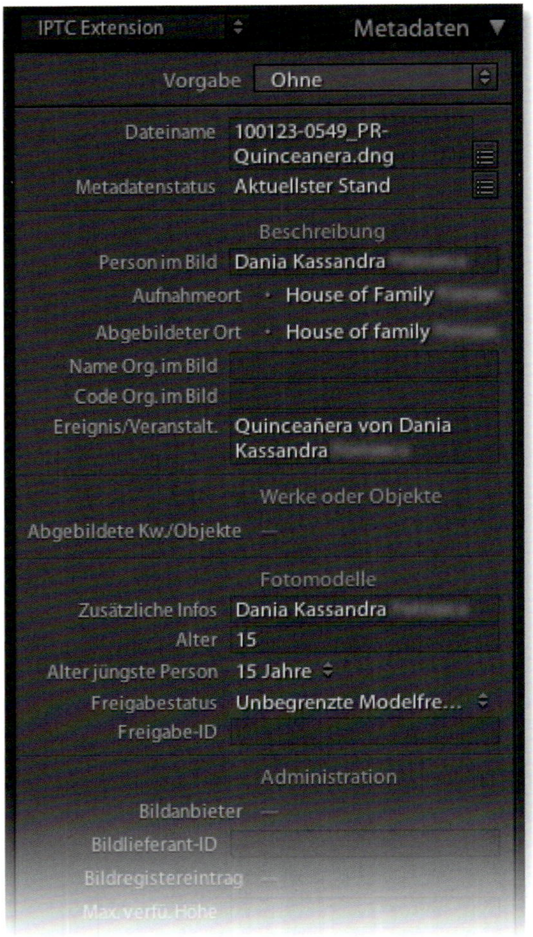

▲ **Abbildung 8.107**
Das Bedienfeld zur Eingabe erweiterter IPTC-Metadaten

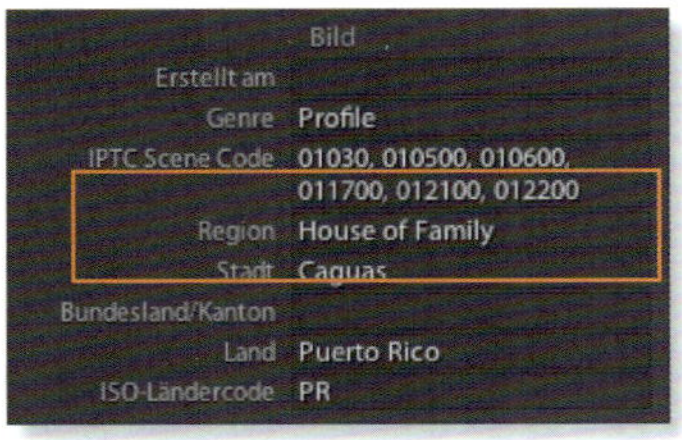

▲ **Abbildung 8.108**
Einige Felder wie GENRE oder IPTC SCENE CODE erfordern die Eingabe von fest definierten Begriffen oder IDs.

erweiterte Maske zu übernehmen. In diesem Fall müssen diese dann doppelt ausgefüllt werden.

Nicht alle Felder enthalten frei wählbare Textangaben. In die Felder GENRE oder IPTC SCENE CODE müssen Sie beispielsweise fest vorgegebene Begriffe oder IDs eingeben, deren Bedeutung Sie auf der Seite *http://www.newscodes.org* nachschlagen können. Dort finden Sie Listen der Codes mit ihren Bedeutungen. Machen Sie beispielsweise ein Bild des Almabtriebs in Österreich, so fällt das SUBJECT unter den Punkt »Brauchtum«. Dies wird mit »Eine spezielle Verhaltensweise oder ein Brauch, die bzw. der sich für eine bestimmte Gruppe von Menschen über einen Zeitraum entwickelt hat« beschrieben. Der entsprechende Code lautet »01019000«. Dieser wird in den IPTC Subject Code eingetragen.

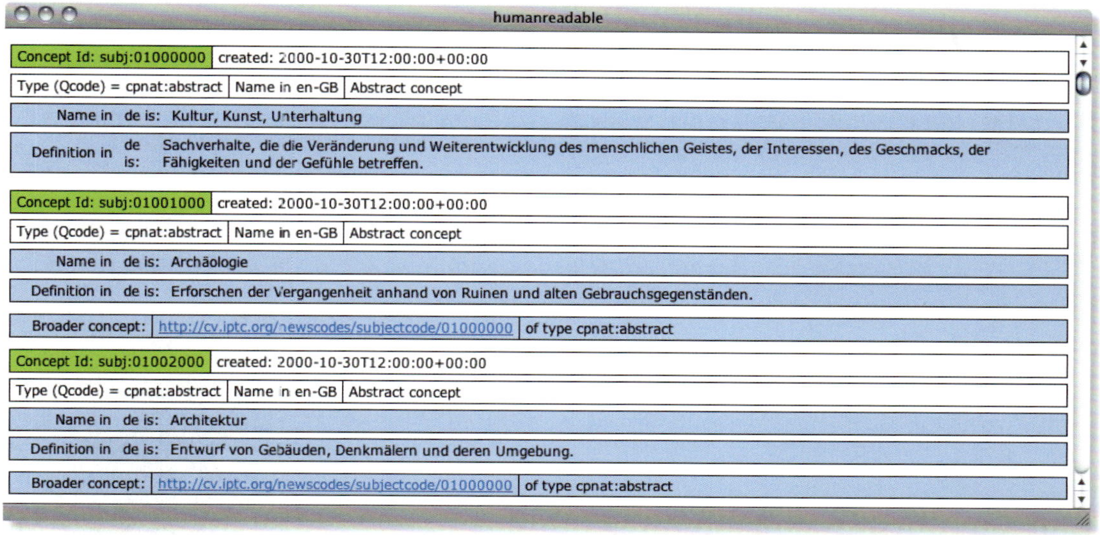

▲ **Abbildung 8.109**
Ausschnitt aus der Liste der Subject Codes der IPTC

TIPP

Über die Website *www.iptc.org* des IPTC *(International Press Telecommunications Council)* erhalten Sie auch ein Toolkit zum Zuweisen der IPTC-Metadaten innerhalb von Adobe Bridge. Dies bietet zwar nicht mehr Felder, aber Werkzeuge und Hinweise zum einfacheren Ausfüllen, wie zum Beispiel das Übernehmen der Ortsinformation aus der Kernmaske in die erweiterte Maske. Auch werden für alle Felder Hilfeinformationen angezeigt.

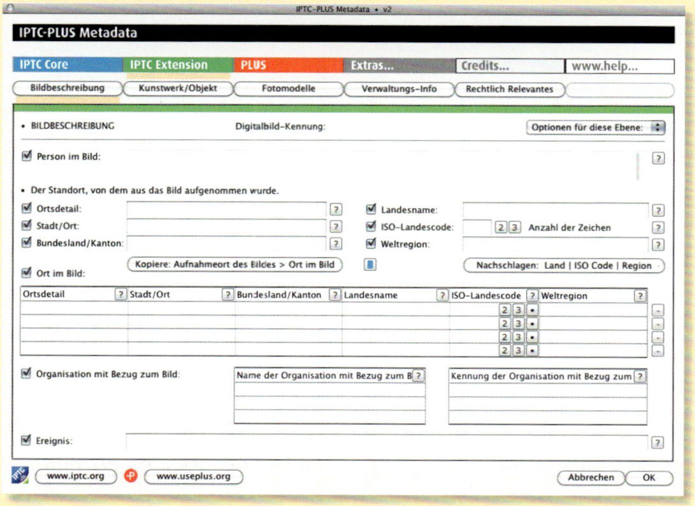

8.9.4 Die wichtigsten IPTC-Angaben

Die korrekte Beschriftung nach den IPTC-Vorgaben kann ziemlich anstrengend sein, wenn man alles nachschlagen muss. Eine Dropdown-Auswahl und ein automatischer Abgleich mit der Onlinedatenbank wären da sehr hilfreich. Allerdings hilft es auch, nur einige Felder auszufüllen.

Beim Ausfüllen wird die Auto-Vervollständigen-Funktion angewendet. Diese macht Ihnen bereits während der Eingabe Vorschläge zu Begriffen, die schon einmal in das Feld eingegeben wurden. Sind mehrere Bilder selektiert, so werden die Daten in alle ausgewählten Bilder geschrieben. Folgende Metadatengruppen und -felder empfehle ich auszufüllen. Dabei verwende ich die einfache IPTC-Maske.

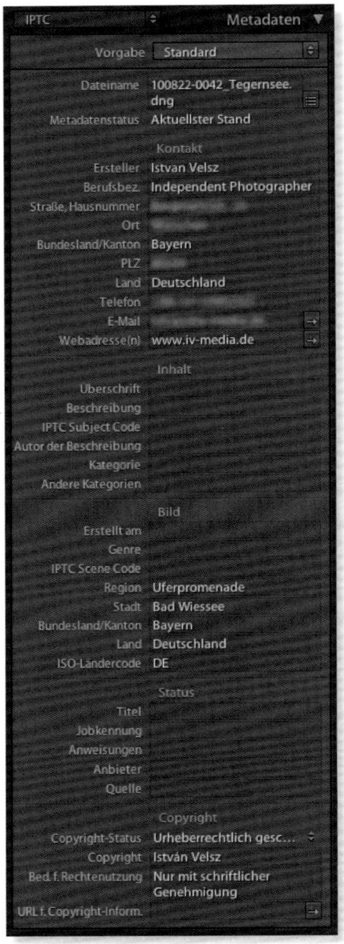

▲ **Abbildung 8.1110**
Diese IPTC-Felder fülle ich in jedem Bild aus, andere nur auf Anforderung.

Kontakt | Unter diesen Angaben versteht man die Kontaktinformationen des Fotografen. Wenn Sie also Bilder weitergeben, sollten Sie diese Felder ausfüllen. Ich habe sie als Metadatenvorgabe gespeichert und wende sie automatisch beim Bildimport an.

Inhalt | Diese Felder fülle ich nur aus, wenn ich Bilder an Zeitschriften weiterleite, die dann die BESCHREIBUNG als Bildunterschrift verwenden. Ich fülle dann auch nur die BESCHREIBUNG für die Bilder aus, die ich verschicke. Die restlichen Felder lasse ich leer.

Bild | Hier fülle ich die Felder zu den Ortsangaben aus. Das erspart mir, die Ortsangaben in die Stichwortliste einzutragen.

Copyright | Hier trage ich zumindest meinen Namen ein, um als Urheber geführt zu werden. Diese Angabe ist bei mir ebenfalls in den Metadatenvorgaben gespeichert.

Alle anderen IPTC-Angaben können Sie erst einmal außer Acht lassen. Diese füllen Sie nur aus, wenn es verlangt wird. Wenn Sie Ihre Bilder über eine Agentur vertreiben lassen, können Sie dort auch nachfragen, welche Daten überhaupt benötigt werden.

8.9.5 Metadatenvorgaben

Einige Bildinformationen sind unveränderlich – dazu zählen beispielsweise der Name des Fotografen und die Copyright-Informationen. Diese können daher nur einmal eingegeben und als Vorlage abgespeichert werden.

Sie können aber auch kombiniert werden. Die Vorlage eines Fotografen kann beispielsweise mit einer anderen Copyright-Vorlage verbunden werden. Solange sich Angaben in den Feldern nicht gegenseitig überschreiben, lassen sich viele derartige Vorlagenkombinationen anfertigen. Wie Sie eine Metadatenvorlage erstellen, erfahren Sie auf Seite 218. Um eine Vorlage zuzuweisen, wählen Sie einfach eine gespeicherte Version im Dropdown-Menü VORGABE aus.

8.10 Die Sprühdose

Die Sprühdose ist ein Werkzeug, mit dem man den Bildern schnell und einfach Einstellungen, Markierungen, Metadaten, Beschriftungen etc. zuordnen kann. Man stellt einfach die zuzuweisende Information ein, und jedes Bild, das »angesprüht« wird, erhält die entsprechende Eigenschaft. Je nachdem, welche Information Sie aufsprühen, besitzt die Sprühdose ein anderes Symbol. Je nach Informationsart können Sie zudem zusätzliche Optionen einstellen.

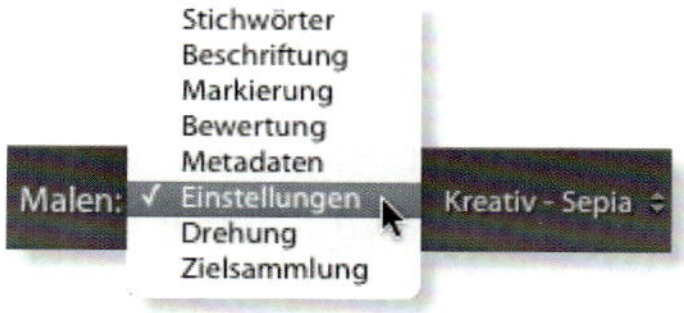

▲ **Abbildung 8.111**
Über das Dropdown-Menü MALEN wählen Sie die Eigenschaft aus, die Sie mit der Sprühdose zuweisen möchten.

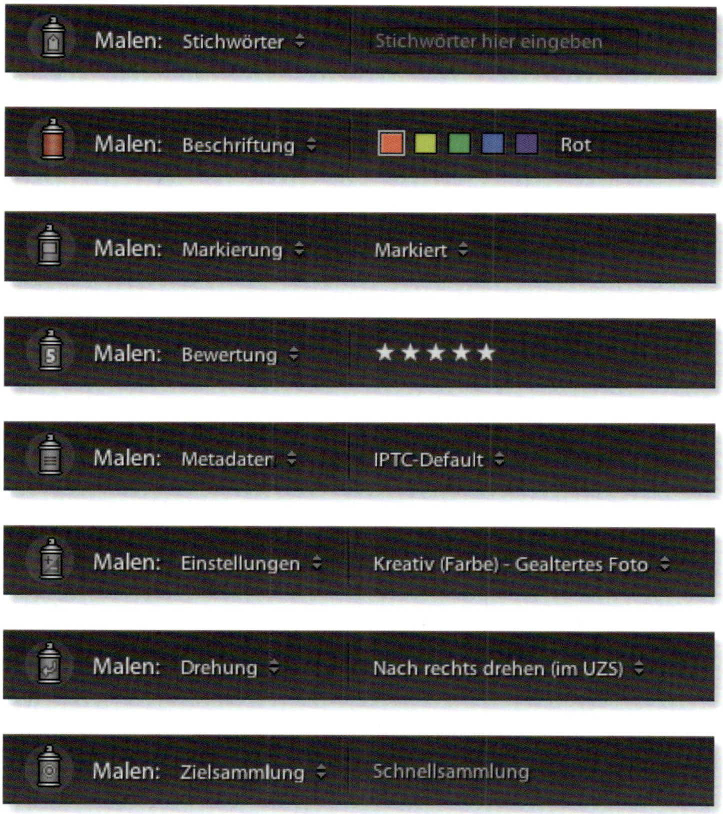

◂ **Abbildung 8.112**
Die Sprühdose und ihre Darstellung bei den unterschiedlichen MALEN-Optionen

Schritt für Schritt: Entwicklungseinstellungen aufsprühen

In diesem Beispiel werden wir eine gespeicherte Entwicklungseinstellung auf einige Bilder aufsprühen.

1 Werkzeug auswählen

Klicken Sie auf das Werkzeug SPRÜHDOSE in der Werkzeugleiste. Der Mauszeiger wird zur Sprühdose. Dabei wird zunächst die zuletzt verwendete Eigenschaft verwendet – hier die Fünf-Sterne-Bewertung.

Abbildung 8.113 ▸
Auswahl der Sprühdose

2 Zu sprühende Eigenschaft auswählen

Als Nächstes wird angegeben, welche Eigenschaften auf die Bilder aufgetragen werden sollen.

Klicken Sie auf die aktuelle Eigenschaft neben dem Begriff MALEN. Daraufhin wird ein Dropdown-Menü geöffnet, mit dem Sie die unterschiedlichen Parameter auswählen können. Wählen Sie den Punkt STICHWÖRTER.

Abbildung 8.114 ▸
Auswahl der MALEN-Eigenschaft

3 Optionen einstellen

Anschließend geben Sie in das Feld neben der Eigenschaft den Begriff »blauer Himmel« ein. Dies ist das Stichwort, das aufgesprüht werden soll. Ist dieses bereits in Ihrer Stichwortliste enthalten, wird es mit der Funktion zum automatischen Ausfüllen bereits während des Tippens angezeigt. Beim Aufsprühen werden dann auch eventuelle Stichworthierarchien und Synonyme berücksichtigt.

Abbildung 8.115 ▸
Eingabe der Eigenschaftsoption

3 Eigenschaften aufsprühen

Klicken Sie jetzt nacheinander die Bilder an, denen Sie die Entwicklungseinstellung zuweisen wollen. Halten Sie die Maustaste gedrückt, und fahren Sie damit über die Bilder. Diesen werden dann die Einstellungen aufgesprüht. Einzelne Bilder können Sie auch einfach mit der Sprühdose anklicken. ■

▲ **Abbildung 8.116**
Aufsprühen der Eigenschaft

Zum Beenden legen Sie die Sprühdose einfach auf die Kreisfläche zurück, von der Sie sie aufgenommen haben, und klicken dort einmal mit der Maustaste.

8.11 Die Ad-hoc-Entwicklung

In den seltensten Fällen sind Bilder von Haus aus perfekt belichtet – selbst im Studio schwankt die Belichtung. Um schnell grobe Bildkorrekturen durchzuführen, muss man in Lightroom nicht erst in das Entwickeln-Modul wechseln. Auch in der Bibliothek gibt es die Möglichkeit, die wichtigsten Korrekturen wie Belichtung, Lichter- und Schattenkorrektur, Helligkeit, Kontrast und Lebendigkeit durchzuführen. Alle Arbeitsschritte werden im Protokoll des Bildes gespeichert und können auch wieder rückgängig gemacht werden.

Mit der Ad-hoc-Entwicklung können Sie nach einem Shooting schnell viele Bilder auf einmal korrigieren und sie in vorzeigbaren Versionen Ihren Kunden oder Freunden präsentieren. Die finale Anpassung findet dann im Entwickeln-Modul statt.

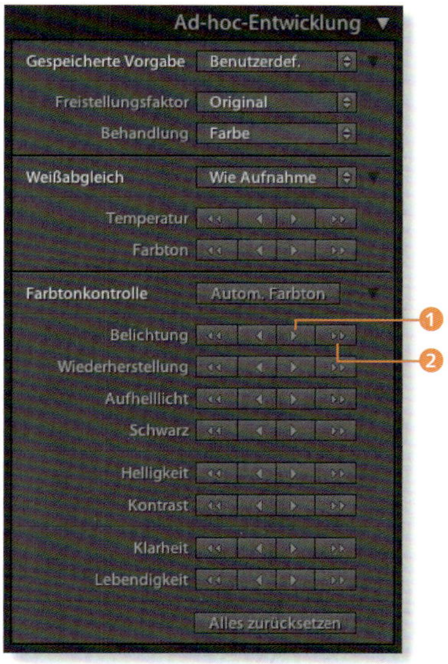

▲ **Abbildung 8.117**
Mit der Ad-hoc-Entwicklung kann man in der Bibliothek schnell erste Korrekturen durchführen.

8.11.1 Ad-hoc-Entwicklung zuweisen

Die Ad-hoc-Entwicklung wird auf ausgewählte Bilder angewendet. Sie können also große Aufnahmeserien in einem Schwung korrigieren. Dabei sind die Änderungen relativ. Das heißt, dass der Wert, der im Entwickeln-Modul oder über die Automatik bereits zugewiesen wurde, immer um einen bestimmten Betrag erhöht oder verringert wird. Der genaue Wert wird in den Reglern festgelegt – doch dazu später mehr. Das Histogramm, oben rechts in der Bedienfeldpalette, hilft Ihnen bei der Kontrolle.

Selektieren Sie also die gewünschten Bilder, und klicken Sie anschließend auf einen der Pfeile, um den Wert zu verändern. Für den Weißabgleich und die Auswahl einer Entwicklungsvorgabe stehen Ihnen Dropdown-Menüs zur Verfügung. Die Einzelpfeile ❶ ändern die Werte in kleinen Schritten, z.B. ⅓-Blendenstufen. Die Doppelpfeile ❷ ändern die Werte in großen Schritten, z.B. in einer ganzen Blendenstufe.

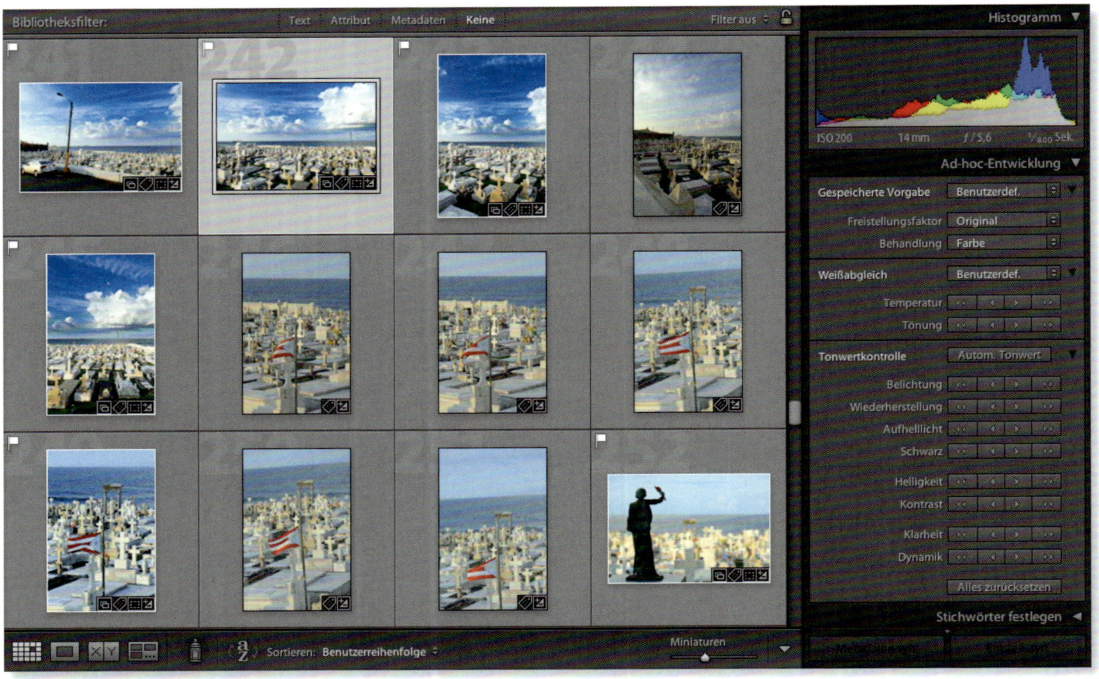

▲ **Abbildung 8.118**
Für die ausgewählten Bilder wurde hier der Belichtungswert erhöht. Die Veränderungen werden auf alle selektierten Bilder angewendet.

Einstellungen synchronisieren | Wollen Sie Einstellungen von einem Bild auf ein anderes übertragen, wählen Sie zunächst das Bild aus, das die zu übertragenden Einstellungen besitzt. Anschließend klicken Sie mit gedrückter [⌘]/[Strg]-Taste auf die Bilder, die die Einstellungen bekommen sollen.

Sind alle Bilder ausgewählt, drücken Sie die Schaltfläche EINSTELL. SYN. unter der rechten Bedienfeldpalette und wählen aus dem Dialogfeld die Parameter aus, die übertragen werden sollen. Da dies der Dialog aus dem Entwickeln-Modul ist, werden hier auch einige Parameter angezeigt, die Sie nicht über die AD-HOC-ENTWICKLUNG verändern können. Diese sind daher im Menü ausgegraut und können nicht angeklickt werden.

Abbildung 8.119 ▼
Welche Einstellungen synchronisiert werden sollen, legen Sie im Dialogfeld fest.

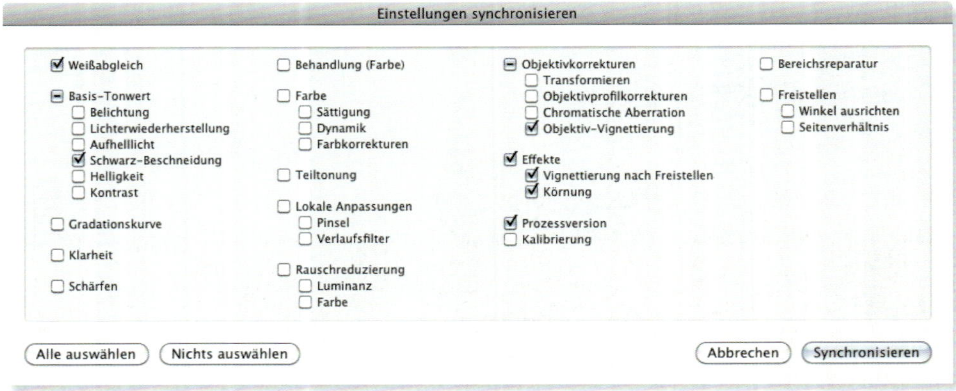

8.11.2 Kurzbeschreibung der Korrekturmöglichkeiten

In diesem Abschnitt werden die Parameter nur kurz angerissen. Eine genauere Beschreibung der Einstellungen und deren Auswirkungen erhalten Sie in Kapitel 10, »Entwickeln«, ab Seite 333.

▲ **Abbildung 8.120**
Über das Dropdown-Menü GESPEICHERTE VORGABE können gesicherte Entwicklungsvorgaben zugewiesen werden.

Gespeicherte Vorgabe | In diesem Dropdown-Menü können Sie bereits gespeicherte Entwicklungsvorgaben über ein Dropdown-Menü auswählen und zuweisen.

Freistellungsfaktor | H er können Sie ein Seitenverhältnis auswählen, in dem ein Bild beschnitten wird.

Behandlung | Sie können hier ein Bild zwischen Farb- und Schwarzweißdarstellung umschalten.

Weißabgleich | Diese Einstellung reguliert die Farbtemperatur in der Aufnahme, um weiße Bildstellen auch wirklich weiß erscheinen zu lassen. Sie können aus dem Dropdown-Menü nur feste Werte für bestimmte Lichtsituationen festlegen oder die Lightroom-Automatik aufrufen.

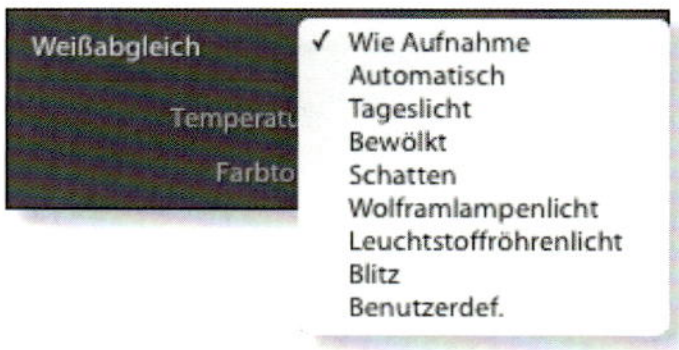

▲ **Abbildung 8.121**
Auswahl von voreingestellten Farbtemperaturwerten

Farbtonkontrolle | Durch Anklicken der Schaltfläche AUTOM. FARBTON wird eine automatische Korrektur durchgeführt. Dabei versucht Lightroom, die optimale Belichtung des Bildes herauszufinden, und passt dabei alle nötigen Parameter an. Oft ist dies ein guter Ausgangspunkt für weitere Korrekturen.

Belichtung | Der einzelne Pfeil erhöht beziehungsweise verringert die Belichtung in ⅓-Blendenstufen. Der Doppelpfeil erhöht oder verringert die Belichtung um eine ganze Blendenstufe. Eine Veränderung der Belichtung hat stärkere Auswirkungen auf die helleren Bildstellen. Für eine stärkere Beeinflussung der dunklen Bildstellen verwenden Sie den Regler HELLIGKEIT.

▼ **Abbildung 8.122**
Die Belichtungskorrektur arbeitet entsprechend der Blenden-Zeit-Einstellung an der Kamera.

Wiederherstellung | Die WIEDERHERSTELLUNG regelt die Helligkeit der hellsten Bereiche. Der einzelne Pfeil verändert den Wert um »5«, der Doppelpfeil um »20«.

▾ **Abbildung 8.123**
Die WIEDERHERSTELLUNG bringt wieder mehr Zeichnung in die hellen Stellen im Bild.

Aufhelllicht | Das AUFHELLLICHT regelt die dunklen Bereiche. Der Wert wird mit dem einzelnen Pfeil um den Wert »5« verändert. Der Doppelpfeil ändert den Wert um »15«.

▾ **Abbildung 8.124**
Das AUFHELLLICHT bringt Licht in schattige Bereiche des Bildes.

Schwarz | Dieser Parameter stellt den Schwarzwert ein. Der Wert wird mit dem einzelnen Pfeil um den Wert »1« verändert. Der Doppelpfeil ändert den Wert um »10«.

▾ **Abbildung 8.125**
SCHWARZ regelt den dunkelsten Wert des Bildes.

Helligkeit | Dieser Regler steuert die Gesamthelligkeit – Tiefen werden stärker beeinflusst als bei der Belichtungskorrektur. Der einzelne Pfeil ändert den Wert um »5«, der Doppelpfeil um »20«.

▼ Abbildung 8.126
Helligkeit steuert vor allem mittlere bis dunkle Helligkeitswerte.

Kontrast | Dieser Parameter verstärkt oder verringert den Kontrast. Der Wert wird mit dem einzelnen Pfeil um den Wert »5« verändert. Der Doppelpfeil ändert den Wert um »20«.

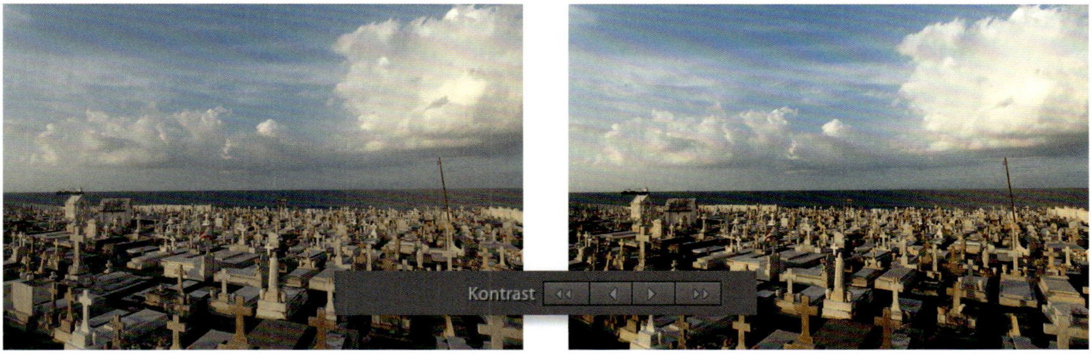

▼ Abbildung 8.127
Der Kontrast unterstützt die Detailzeichnung in den Bildern.

Klarheit | Die Klarheit erhöht die Tiefenwirkung im Bild. Der Wert wird mit dem einzelnen Pfeil um den Wert »5« verändert. Der Doppelpfeil ändert den Wert um »20«.

▼ Abbildung 8.128
Die Klarheit verstärkt die Tiefenwirkung durch eine Kontrastverstärkung an den Kanten.

Schärfen | Dieser Parameter wird anstelle der KLARHEIT sichtbar, wenn Sie die ⌥/Alt-Taste gedrückt halten. Er schärft das Bild. Der einzelne Pfeil verändert den Wert um »5«, der Doppelpfeil um »20«.

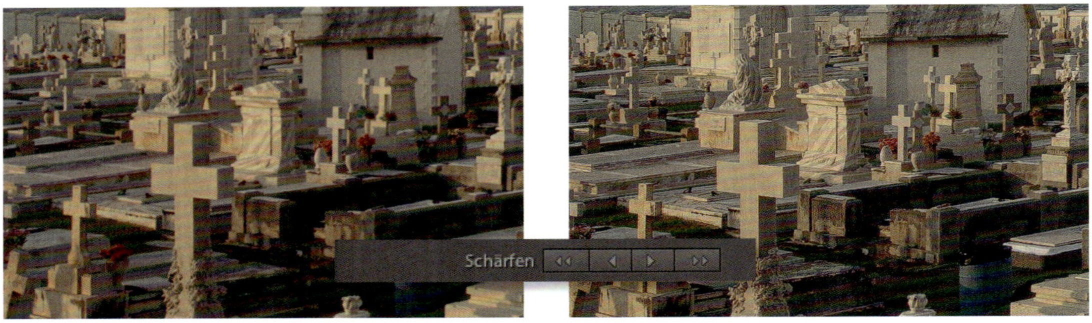

▼ Abbildung 8.129
Das SCHÄRFEN unterstützt die Detailzeichnung in den Bildern.

Dynamik | Die DYNAMIK verstärkt die Sättigung von geringer gesättigten Farben. Der einzelnen Pfeil ändert den Wert um »5«. Der Doppelpfeil ändert den Wert um »20«.

▼ Abbildung 8.130
Die DYNAMIK erhöht die Sättigung wenig gesättigter Farben.

Sättigung | Dieser Parameter wird anstelle der DYNAMIK sichtbar, wenn Sie die ⌥/Alt-Taste gedrückt halten. Er steuert die Sättigung des gesamten Bildes. Der einzelne Pfeil verändert den Wert um »5«, der Doppelpfeil um »20«.

▼ Abbildung 8.131
Die SÄTTIGUNG erhöht die Farbsättigung aller Farben.

Alles zurücksetzen | Mit dieser Schaltfläche werden alle Parameterwerte auf die Standardwerte von Lightroom zurückgestellt.

Einzelne Parameter zurücksetzen | Sie können auch einzelne Parameter zurückstellen, indem Sie auf die Bezeichnung des entsprechenden Parameters klicken.

8.12 Die Vergleichsansicht – welches ist das beste Bild?

Neben der Raster- und der Lupenansicht gibt es noch zwei weitere Ansichten im Bibliothek-Modul. Eine davon ist die Vergleichsansicht. Mit ihr werden zwei Bilder nebeneinander angezeigt. Dies dient beispielsweise zum Finden des besten Fotos aus einer Serie, indem ein ausgewähltes Bild mit einem »Kandidaten verglichen wird«.

▼ Abbildung 8.132
In der Vergleichsansicht können zwei Bilder einander gegenübergestellt werden. Das bessere wird erhalten und das schlechtere ersetzt. So findet man das beste Bild einer Serie.

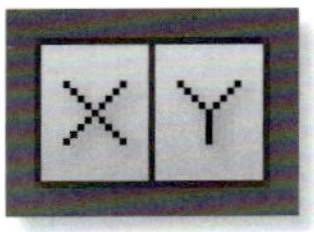

▲ **Abbildung 8.133**
Die Schaltfläche zum Starten der Vergleichsansicht

Sie beginnen mit den ersten zwei Fotos aus einer Reihe. Das bessere Bild bleibt mit dem Vermerk AUSWÄHLEN bestehen, und das schlechtere wird durch das nächste Bild als KANDIDAT ersetzt. Der Kandidat wird so oft durch ein neues Bild ausgetauscht, bis dieses besser als die aktuelle Auswahl ist. Dann wird die Auswahl durch den Kandidaten ersetzt. Dieser Vorgang wird fortgesetzt, bis das beste Bild übrig bleibt.

Die Vergleichsansicht öffnen Sie durch einen Klick auf das entsprechende Symbol in der Werkzeugleiste (siehe Abb. 8.133).

▲ **Abbildung 8.134**
Die Bedienelemente der Vergleichsansicht im Überblick

8.12.1 Benutzerinterface der Vergleichsansicht

Die Vergleichsansicht halbiert die Ansicht in zwei Fenster. Links befindet sich das mit AUSWÄHLEN markierte Bild ❶. Das ist das favorisierte FOTO. Rechts wird der KANDIDAT ❷ platziert. Unter jedem Bild befindet sich eine Leiste ❸, mit der Sie das jeweilige

Bild kennzeichnen können. Sie können Markierungen, Farbbeschriftungen und Bewertungssterne vergeben. Mit dem x-Symbol am Ende der Leiste löschen Sie das aktuelle Foto aus dem Fenster. Es wird kein neues Bild geladen.

In der Werkzeugleiste befinden sich Tools zur Handhabung beim Vergleich von Bilddetails. Beide Ansichten können gezoomt ❺ werden. Das Schloss ❹ sperrt die Positionen zueinander, so dass sich beim Verschieben oder Zoomen des einen Bildes das andere mitbewegt beziehungsweise mitgezoomt wird. Die Schaltfläche SYNCHRONISIEREN ❻ gleicht die Position der beiden Bilder an.

Am rechten Ende der Werkzeugleiste befinden sich die Schaltflächen zum Wechseln des Kandidaten und der Auswahl ❼. Die Schaltfläche FERTIG ❽ beendet die Vergleichsansicht und springt in die Lupenansicht des Favoriten.
Im Filmstreifen werden das ausgewählte Bild ❾ und der Kandidat ❿ zusätzlich mit kleinen Rautensymbolen gekennzeichnet.

◂ Abbildung 8.135
Eine zusätzliche Kennzeichnung im Filmstreifen erleichtert das Arbeiten.

TIPP

Für eine Auswahl des besten Bildes empfiehlt sich folgende Vorgehensweise: Zunächst trägt kein Bild einen Bewertungsstern. Wenn Sie einen Kandidaten gefunden haben, der besser als die Auswahl ist, erhält die aktuelle Auswahl einen Stern. Dann machen Sie den Kandidaten zur Auswahl. Wenn Sie wieder einen besseren Kandidaten haben, geben Sie der aktuellen Auswahl zwei Sterne. Vergeben Sie bei jedem Tausch des Kandidaten zur Auswahl einen Stern mehr. Nach dem fünften Tausch haben Sie fünf Sterne vergeben. Eigentlich sollte das bis zum Ermitteln des besten Bildes reichen. Wenn nicht, verringern Sie alle Bewertungen um einen oder mehrere Sterne und machen dann weiter.

8.12.2 Fotos auswählen und vergleichen

Für einen Vergleich in der Ansicht benötigen Sie immer zwei Bilder. Am besten erstellen Sie dafür eine Schnellsammlung oder eine ähnliche Auswahl, um alle zu vergleichenden Kandidaten im Filmstreifen zu sehen. Alternativ können Sie auch alle infrage kommenden Bilder markieren und nach dem Markierungsstatus filtern (siehe Seite 263).

Schritt für Schritt: Bilder vergleichen

In dieser Anleitung werden die Bilder einer Aufnahmeserie miteinander verglichen, bis am Ende das beste Bild gefunden ist.

1 Bilder auswählen

Wählen Sie zwei Bilder im Filmstreifen aus. Am besten, Sie fangen bei den ersten beiden Bildern des Filmstreifens an. Das Bild im AUSWÄHLEN-Fenster erhält eine weiße Raute im Filmstreifen, der KANDIDAT eine schwarze.

▼ **Abbildung 8.136**
Zwei Bilder im Filmstreifen, die miteinander verglichen werden: Der Kandidat erhält eine schwarze Raute, das derzeit selektierte Bild eine weiße.

2 Kanditaten wechseln

Ist der Kandidat schlechter als die Auswahl, können Sie einfach einen neuen wählen.

Sie sollten dabei am besten systematisch vorgehen, um kein Bild auszulassen. Klicken Sie deshalb auf den Navigationspfeil, der nach rechts zeigt.

Klicken Sie alternativ einmal mit der Maus neben das Bild des Kandidaten im Ansichtsfenster, um dessen Fenster zu aktivieren. Das aktive Fenster erhält dann einen weißen Rahmen. Jetzt können Sie ein beliebiges Bild im Filmstreifen auswählen.

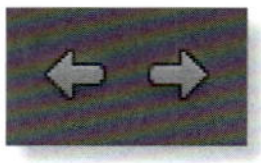

▲ **Abbildung 8.137**
Über die Navigationspfeile können Sie das nächste beziehungsweise das vorherige Bild als Kandidat auswählen.

◂ **Abbildung 8.138**
Das nächste Bild wurde als Kandidat ausgewählt. Ist das Fenster des Kandidaten weiß eingerahmt, ist es aktiv. Jetzt kann man auch mit der Maus einen neuen Kandidaten im Filmstreifen auswählen.

3 Kandidat als Auswahl übernehmen

Haben Sie einen Kandicaten gefunden, der Ihnen besser als die Auswahl gefällt, klicken Sie auf die Schaltfläche AUSWAHL VORNEHMEN. Dabei wird der Kandidat zur Auswahl, und das nächste Bild wird automatisch zum neuen Kandidaten.

▾ **Abbildung 8.139**
Durch die Schaltfläche AUSWAHL VORNEHMEN wird der Kandidat zur Auswahl, und das nächste Bild wird als Kandidat genommen.

Wählen Sie über die Navigationspfeile das nächste Bild aus, und beginnen Sie erneut. Führen Sie diesen Vorgang so oft durch, bis Sie einmal alle Bilder miteinander verglichen haben. Die Aufnahme, die als letzte im Auswahlfenster steht wird, ist die beste. ■

Es gibt noch eine weitere Schaltfläche zum Wechseln der Auswahl. Mit Klick auf VERTAUSCHEN wird der Kandidat durch die Auswahl ausgetauscht.

▲ **Abbildung 8.140**
Kandidat und Auswahl können ebenfalls miteinander vertauscht werden.

8.12.3 Detailvergleich

Manchmal müssen Sie in die Ansicht zoomen, um Bilder anhand von Details vergleichen zu können. Grundsätzlich haben Sie dazu alle Zoom- und Verschiebemöglichkeiten wie auch in der Lupenansicht. Sie können hier also auch per Mausklick vergrößern und im gezoomten Zustand mit gedrückter Maustaste das Bild im Ausschnitt verschieben. Dabei gibt es die folgenden Optionen:

Fenster koppeln | Sie können die Ansichten miteinander koppeln. Wird dann eine Ansicht gezoomt oder das Bild darin verschoben, macht die andere Ansicht dieselbe Veränderung »live« mit. Klicken Sie dafür einfach auf die Schaltfläche mit dem Schloss. Zeigt das Symbol ein geschlossenes Schloss, sind beide Ansichten gegenseitig gesperrt. Sind die Zoomstufen unterschiedlich, werden beim Sperren die Stufen des selektierten Fensters auf das andere Fenster übertragen. Bei gleicher Zoomstufe, aber unterschiedlicher Position des dargestellten Bildbereichs wird diese unterschiedliche Positionierung gesperrt.

Mit der [⇧]-Taste lässt sich der Zustand des Schlosses für die Dauer des Tastendrucks umkehren. Das hilft, wenn die Ansichten gesperrt sind, Sie aber den Ausschnitt in nur einem Bild verändern wollen.

▲ **Abbildung 8.141**
Über das Schloss lassen sich die Ansichten koppeln.

Fenster synchronisieren | Über die Schaltfläche SYNCHRONISIEREN werden die Vergrößerung und die Position der aktiven Ansicht auf die andere Ansicht übertragen. Der Zustand des Schlosses bleibt davon unberührt.

▲ **Abbildung 8.142**
Die SYNCHRONISIEREN-Schaltfläche überträgt Zoomfaktor und Bildposition auf die inaktive Ansicht.

8.13 Die Überprüfungsansicht – passen meine Bilder zusammen?

Die Überprüfungsansicht wird in der Online-Hilfe von Lightroom auch als »Erfassungsansicht« bezeichnet, der Tooltipp über der Schaltfläche zeigt aber »Überprüfungsansicht« an. Meiner Meinung nach ist dieser Begriff eher zutreffend.

Die Überprüfungsansicht ist eine Art Leuchttisch. In ihr werden alle ausgewählten Bilder angezeigt und im Fenster so platziert, dass sie alle stets sichtbar sind. Fügt man Fotos hinzu, werden alle Bilder kleiner. Entfernt man Bilder, werden die verbleibenden größer – immer so, dass dabei der Platz optimal genutzt wird.

Sie können in dieser Ansicht vor allem Zusammenstellungen von Bildern prüfen – passen sie zusammen, erzählen sie die richtige Geschichte, passen die Farben zueinander etc.?

Zum Aufrufen der Überprüfungsansicht klicken Sie auf das Symbol in der Werkzeugleiste.

▲ **Abbildung 8.143**
In der Überprüfungsansicht können Bildzusammenstellungen kontrolliert werden.

8.13.1 Bilder auswählen und entfernen

Alle Bilder, die in der Rasteransicht verfügbar sind und somit im Filmstreifen angezeigt werden, können zur Überprüfungsansicht hinzugefügt werden.

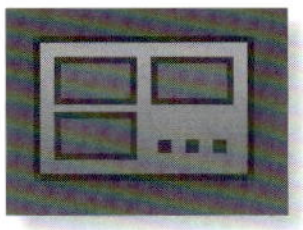

▲ **Abbildung 8.144**
Die Überprüfungsansicht öffnet sich durch das Anklicken des Symbols in der Werkzeugleiste.

Bilder hinzufügen | Haben Sie bereits Bilder ausgewählt, werden diese in der Ansicht angezeigt. Neue Bilder fügen Sie hinzu, indem Sie die ⌘/Strg-Taste gedrückt halten, während Sie mit der Maustaste weitere Bilder anklicken. Für jedes neue Bild wird die Ansicht neu berechnet, so dass die Bilder die gesamte Fläche ausfüllen.

Wenn Sie im Filmstreifen nur ein Bild auswählen, verlassen Sie automatisch die Überprüfungsansicht und wechseln in die Lupenansicht.

◂ **Abbildung 8.145**
Die Größe der Bilder wird immer so berechnet, ...

◂ **Abbildung 8.146**
... dass alle Bilder in der Überprüfungsansicht sichtbar sind – egal, wie viele es sind.

Bilder entfernen | Fahren Sie mit dem Mauszeiger über ein Bild, so erscheint in der Ecke unten rechts ein ☒-Symbol ④. Klicken Sie es an, um das Bild aus der Auswahl und somit auch aus der Überprüfungsansicht zu entfernen.

Alternativ können Sie auch mit gedrückter [⌘]/[Strg]-Taste auf ein Bild in der Ansicht oder im Filmstreifen klicken.

8.13.2 Bilder kennzeichnen

In der Überprüfungsansicht können Sie die Bilder auch direkt kennzeichnen. Dazu finden Sie unter den Bildern die Werkzeuge für die Markierungen ①, Bewertungssterne ② und Farbbeschriftungen ③. Durch Anklicken der jeweiligen Symbole werden die Bilder markiert.

Abbildung 8.147 ▸
Fotos können in der Überprüfungsansicht auch gekennzeichnet werden.

9 Bilder exportieren

Alle Bilder, die Sie verschicken, ins Internet hochladen, auf CD/DVD brennen oder auf andere Arten weitergeben wollen, müssen vorher aus Lightroom exportiert werden. Intern sind die Daten nur mit den Entwicklungseinstellungen verknüpft. Würden Sie die Raw-Dateien weitergeben, wären diese nicht nur sehr groß, sondern könnten von vielen Programmen überhaupt nicht richtig gelesen werden, cenn die Entwicklungseinstellungen können nur von Lightroom interpretiert werden. Daher müssen Sie diese für jede Verwendung außerhalb von Lightroom exportieren. Einzige Ausnahme ist das Öffnen in Photoshop mit dem Camera-Raw-Plug-in. Üblicherweise können exportierte Bilder aber nach dem Versenden, Brennen etc. wieder gelöscht werden, da diese dann ja nicht mehr benötigt werden und jederzeit wieder über Lightroom generiert werden können.

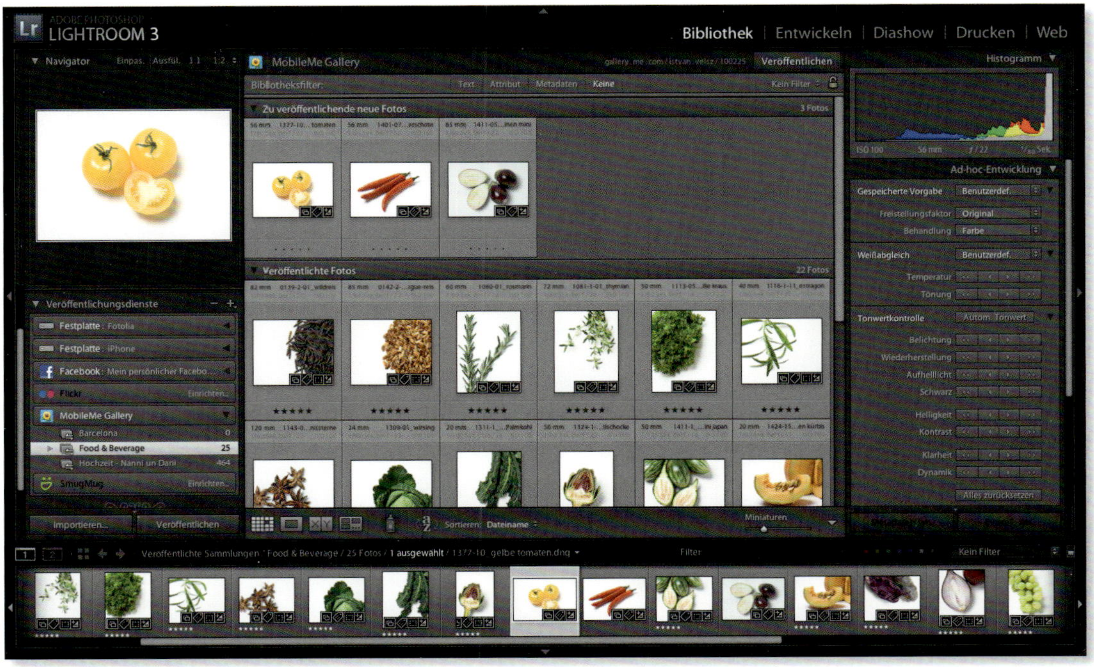

▼ Abbildung 9.1
Über Veröffentlichungsdienste können direkt aus Lightroom heraus Sammlungen mit Onlinediensten synchronisiert werden.

Lightroom 3 bietet neben dem bisher bekannten Export als neue Funktion die Möglichkeit, über Veröffentlichungsdienste Bilder auf soziale Netzwerke wie Flickr oder Facebook zu übertragen. Ein weiterer Veröffentlichungsdienst erlaubt, die Bilder mit Ordnern auf der Festplatte zu synchronisieren, um auch Medien wie das iPhone oder das iPad indirekt zu unterstützen.

In diesem Kapitel erfahren Sie zunächst, wie Sie Bilder einfach exportieren. Danach betrachten wir den Export zu Onlinediensten.

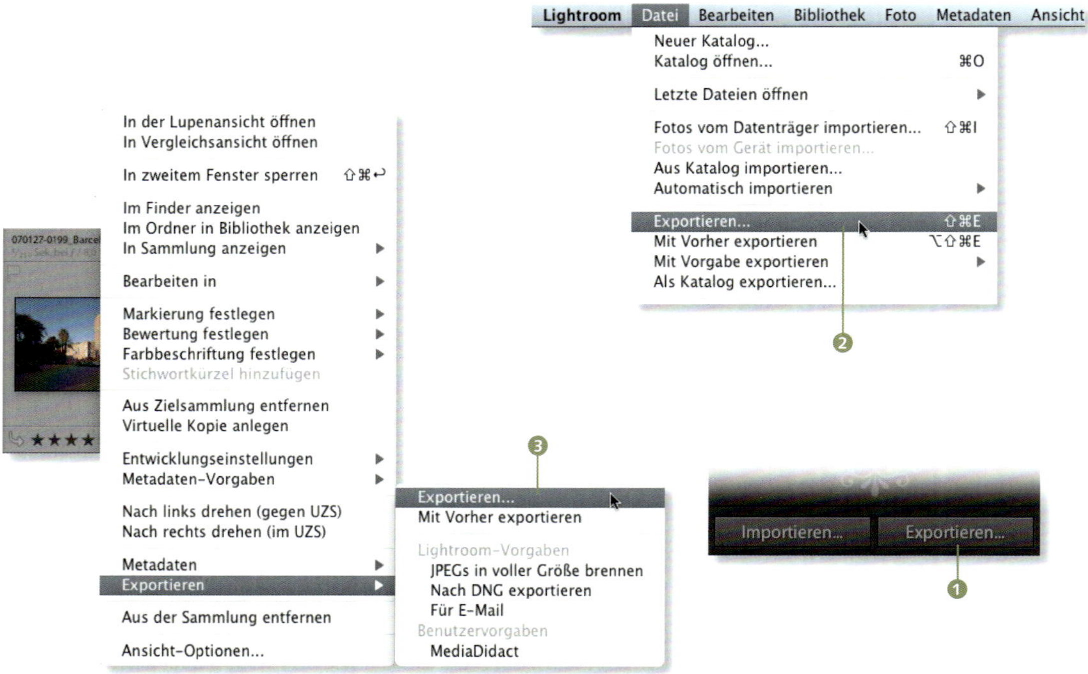

▲ **Abbildung 9.2**
Der Export kann von mehreren Stellen des Programms aus gestartet werden.

Export-Plug-ins

Auf der Adobe-Website gibt es eine eigene Rubrik mit Plug-ins. Unter *www.adobe.com/de/products/photoshop-lightroom/* klicken Sie auf den Navigationspunkt ERWEITERTE FUNKTIONALITÄT FÜR LIGHTROOM.

9.1 In Ordner exportieren

Solange Sie die Bilder nur in Lightroom verarbeiten, präsentieren oder drucken, können Sie mit den Originaldaten arbeiten. Wollen Sie die Bilder jedoch auf CD/DVD brennen, per E-Mail verschicken oder für den Offsetdruck weitergeben, müssen Sie sie exportieren. Sie können die Bilder dabei in allen Formaten, die Lightroom lesen kann, auch exportieren. Je nach gewähltem

Export-Plug-in können die Bilder danach direkt auf CD/DVD gebrannt oder auf eine Bilddatenbank übertragen werden.

Um Bilder zu exportieren, wählen Sie sie im Bibliothek-Modul aus und drücken die Schaltfläche EXPORTIEREN ❶ am Ende der linken Bedienfeldpalette. Alternativ können Sie auch den Befehl EXPORTIEREN aus dem Menü DATEI ❷ wählen. Auch das Kontextmenü hält diesen Befehl ❸ bereit. Ist kein Bild ausgewählt, so werden alle Bilder exportiert, die in der Rasteransicht angezeigt werden, z.B. die komplette Sammlung oder der aktuelle Ordner. Ist der Export-Dialog geöffnet, sieht man, dass er aus vier Elementen besteht:

❹ **Auswahl des Exportmoduls:** Hier können Sie zwischen Exportmodulen mit unterschiedlichen Aufgaben wählen, zum Beispiel zwischen dem Export auf die Festplatte oder dem Brennen von Bildern auf CD/DVD.

❺ **Exportparameter:** Hier werden alle Angaben zu den zu exportierenden Bildern wie Größe, Dateiformat, Metadaten etc. eingestellt. Die in diesem Bereich angezeigten Parameter sind auch abhängig vom verwendeten Exportmodul.

❻ **Exportvorgaben:** Alle Einstellungen können als Vorgabe gespeichert und bei Bedarf wiederverwendet werden.

❼ **Zusatzmodul-Manager:** Hier können Sie weitere Module integrieren oder Probleme mit Exportmodulen beheben.

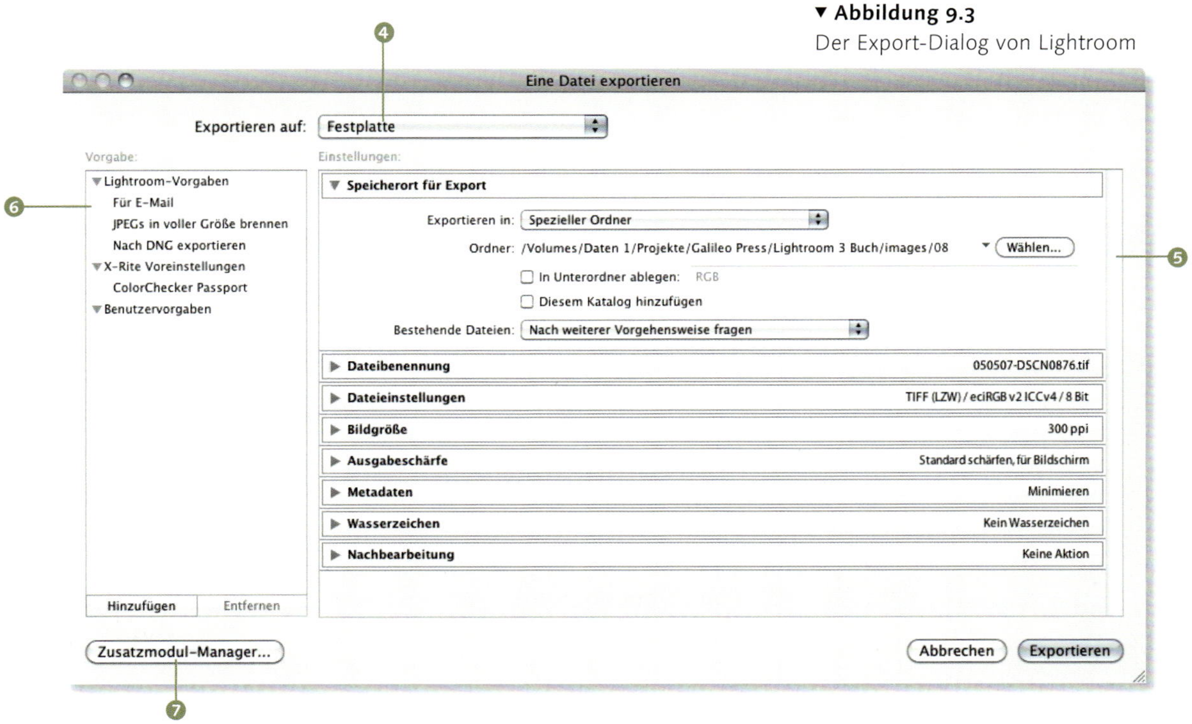

▼ Abbildung 9.3
Der Export-Dialog von Lightroom

Abbildung 9.4 ▸
Das gewünschte Export-Plug-in lässt sich über das Dropdown-Menü in der Kopfzeile aufrufen.

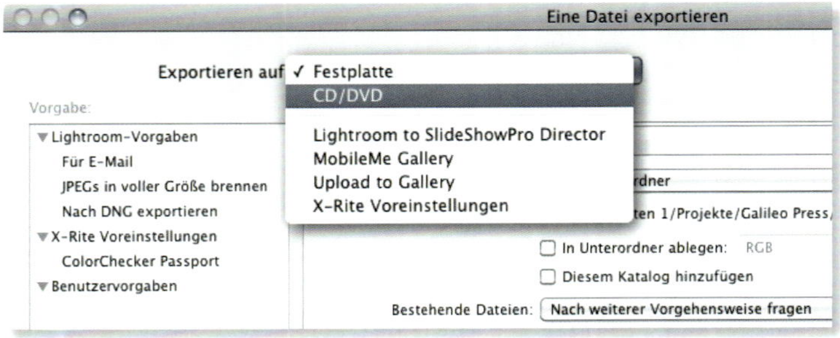

9.1.1 Export-Zusatzmodul auswählen

Bei der Installation von Lightroom werden zwei Export-Plug-ins mitgeliefert, die bezüglich der Parameter nahezu identisch sind. Die Auswahl von Plug-ins wird über das Dropdown-Menü erledigt, das sich öffnet, wenn Sie auf den Begriff »Festplatte« neben EXPORTIEREN AUF oder auf die Doppelpfeile rechts davon ❶ klicken. Weitere Exportmodule können über den Zusatzmodul-Manager installiert werden.

▾ Abbildung 9.5
Die Angaben für den Export richten sich nach dem gewählten Export-Plug-in – links das Standardmodul für den einfachen Dateiexport. Im rechten Plug-in können Sie die Bilder direkt auf eine MobileMe-Gallery ❷ hochladen.

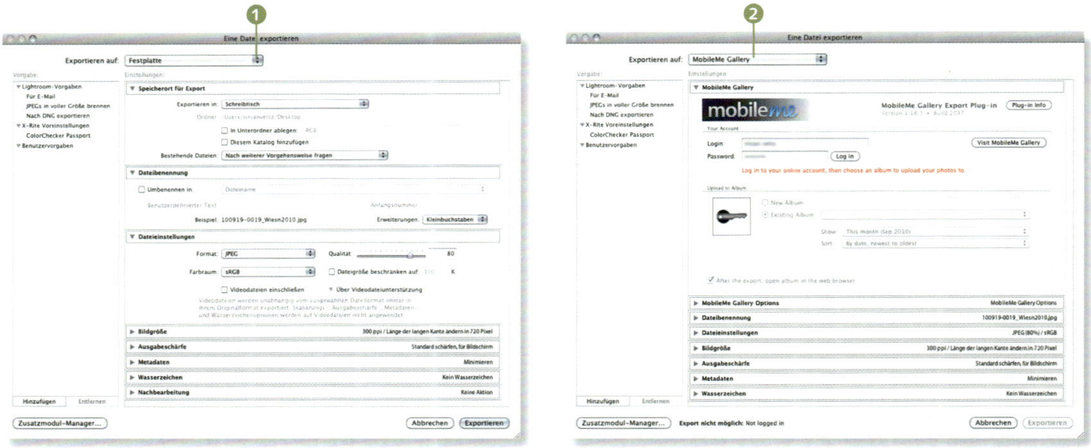

Vorgaben | Links im Dialog befindet sich die Liste mit gespeicherten Vorgaben. Diese können in Ordnern abgelegt werden, die mit Hilfe der Dreieck-Symbole auf- und zugeklappt werden.

Durch Drücken der Schaltfläche HINZUFÜGEN ❸ können Sie neue Vorgaben oder Ordner erstellen. Für eine neue Vorgabe geben Sie im Dialogfeld NEUE VORLAGE (siehe Abbildung 9.7) einen Namen der Vorlage an und wählen über das Dropdown-Menü, das sich unter dem Eingabefeld befindet, einen Zielordner aus. Über den Dropdown-Befehl NEUEN ORDNER können Sie einen neuen Ordner anlegen.

Weitere Funktionen zu den Vorgaben, wie das Exportieren und Importieren zum Übertragen auf andere Rechner oder Accounts

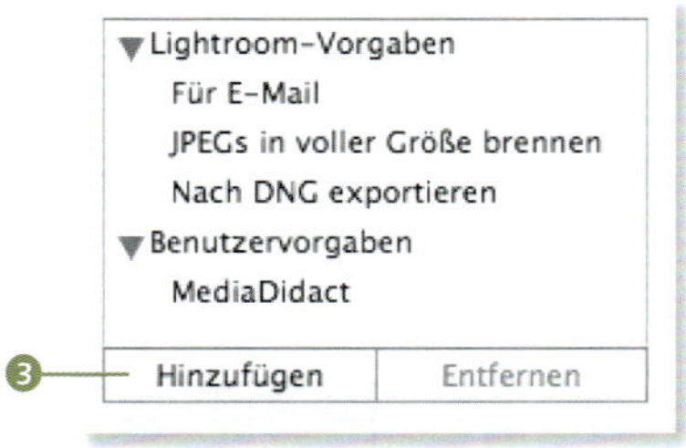

▴ Abbildung 9.6
Die Exporteinstellungen können als Vorgaben gespeichert und wieder abgerufen werden.

sowie das Löschen von Vorgaben etc., können Sie durch Rechtsklick auf eine Vorgabe aufrufen. Vorgaben können allerdings nicht umbenannt werden. Dazu müssen diese zunächst ausgewählt und unter einem neuen Namen gespeichert werden. Die Originaleinstellung wird danach gelöscht.

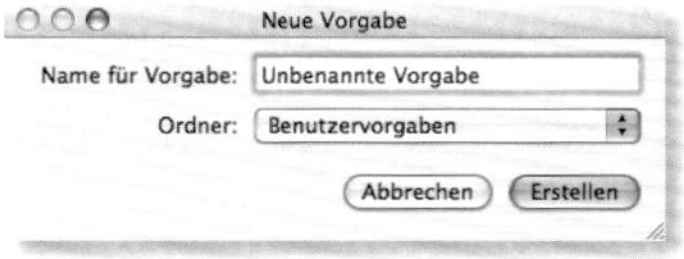

▲ **Abbildung 9.7**
Dialogfeld zur Eingabe einer Bezeichnung für neue Vorgaben

Speicherort für Export | Neben Exportieren in wird der gerade aktuelle Pfad angegeben. Sie können auch einen anderen Ordner auswählen, indem Sie die Schaltfläche Wählen anklicken.

Klicken Sie auf das Dreieck-Symbol, so öffnet sich ein Dropdown-Menü, aus dem Sie die zuletzt verwendeten Ordner auswählen können. Besitzen Sie einen allgemeinen Exportordner, so können Sie darin einen Unterordner erstellen. Aktivieren Sie dazu die Kontrollbox bei In Unterordner ablegen, und geben Sie in das Textfeld eine Bezeichnung für den Ordner ein.

▼ **Abbildung 9.8**
Ablageort für exportierte Dateien

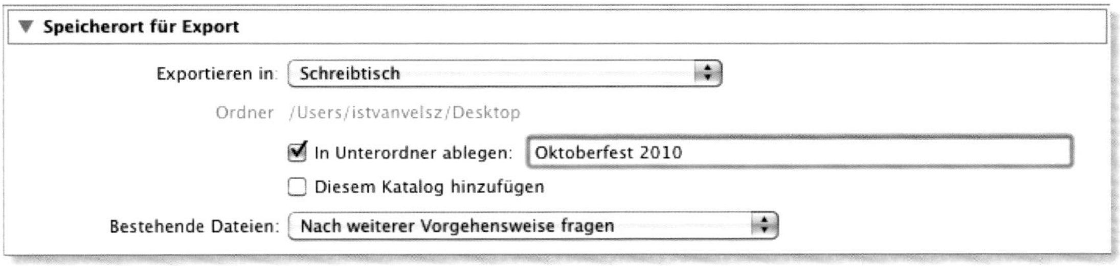

Die exportierten Bilder können auch wieder in den Katalog reimportiert werden. Dazu müssen Sie das Kontrollkästchen Diesem Katalog hinzufügen aktivieren. Dadurch können beispielsweise eigenständige Kopien erstellt werden.

Existiert bereits eine Datei mit gleichem Namen, können Sie im Dropdown Bestehende Dateien angeben, wie Lightroom vorgehen soll. Beispielsweise können Sie die Datei überschreiben, einen neuen Namen vergeben oder die Datei einfach auslassen.

Dateibenennung | Normalerweise behält man den Namen der Datei bei und wählt dazu im Dropdown-Menü den Punkt Dateiname. Dieser ist darin bereits als Standard vorgesehen. Auf Wunsch können Sie aber auch eine andere Vorlage verwenden

▼ **Abbildung 9.9**
Dateibenennung von exportierten Bildern ändern

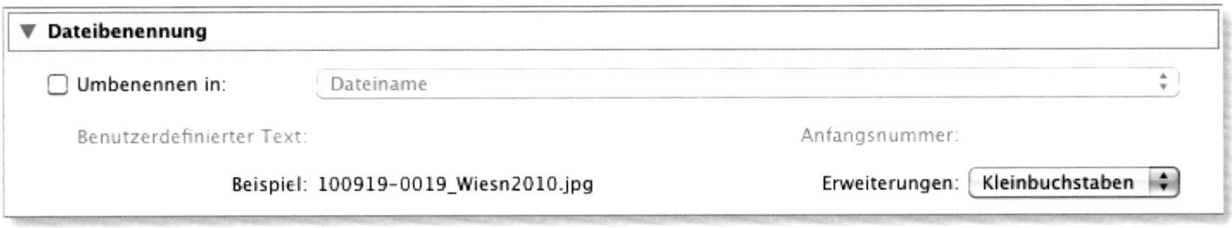

oder eine eigene anlegen. Das Erstellen der Vorlage funktioniert analog zum Import. Eine genaue Beschreibung hierzu finden Sie auf Seite 215.

Dateieinstellungen | In dieser Parametergruppe können Sie das Dateiformat angeben. Je nach Datei lassen sich auch noch Zusatzoptionen wie Kompressionsart oder -faktor angeben. Das hier angegebene Dateiformat beeinflusst möglicherweise auch die Bildeinstellungen. Beispielsweise können Sie JPEGs nur in 8 Bit abspeichern.

▼ Abbildung 9.10
Beim Export nach JPEG können Sie über den Schieberegler die Kompressionsrate und somit die Qualität festlegen.

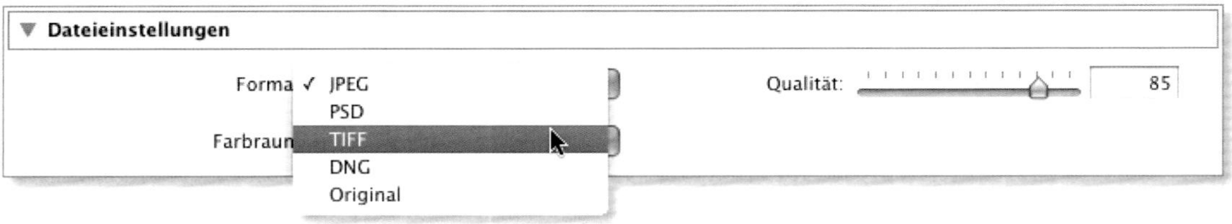

- **Farbraum:** Hier stehen zunächst nur drei Farbprofile zur Auswahl. Wenn Sie Bilder als JPEGs zur Ansicht verschicken wollen, verwenden Sie am besten das Profil sRGB. Dieses besitzt einen Farbraum, der auf allen gängigen Ausgabegeräten wie Monitoren, Druckern etc. dargestellt werden kann. Das Farbprofil AdobeRGB (1998) eignet sich für die direkte Weiterverarbeitung im Druck, während man ProPhoto RGB für weitere

Abbildung 9.11 ▶
Damit die Liste der Farbprofile nicht unübersichtlich wird, stehen zunächst nur drei Profile zur Verfügung. Weitere können auf Wunsch hinzugefügt werden.

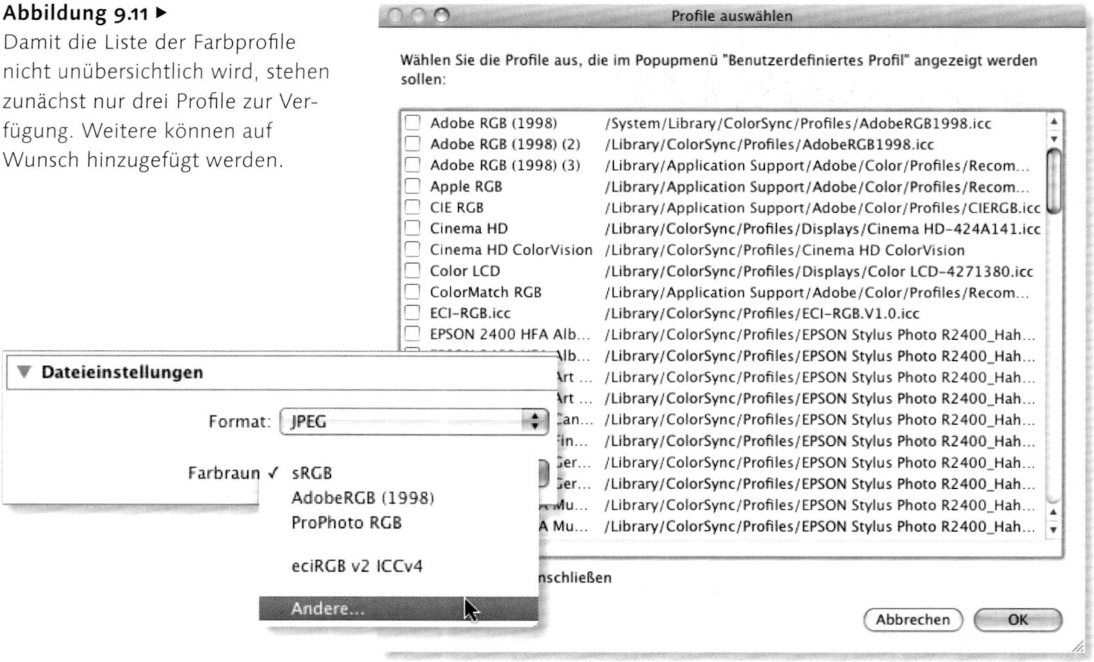

Optimierungen in Photoshop verwenden sollte. Sie können der Liste aber auch weitere Profile hinzufügen. Klicken Sie dazu im Dropdown auf den Punkt ANDERE. Dann erhalten Sie ein Dialogfeld, aus dem Sie weitere Profile auswählen können. Aktivieren Sie für jedes Profil das dazugehörige Kontrollkästchen. Sehen Sie nur Druckprofile, aktivieren Sie das Kontrollkästchen ANZEIGEPROFILE EINSCHLIESSEN, um auch wichtige Arbeitsfarbräume oder Monitorprofile auswählen zu können.

- **Bittiefe:** Dieses Dropdown können Sie nicht bei JPEGs verwenden, da diese nur eine Farbtiefe von 8 Bit unterstützen. Bei den anderen Formaten können Sie auch 16 Bit auswählen. Dies ist aber nur dann sinnvoll, wenn Sie später noch stärkere Farb- und Helligkeitskorrekturen durchführen wollen.
- **Videodateien einschließen:** Ist diese Kontrollbox aktiviert, werden auch Videodateien exportiert. Da diese jedoch von Lightroom nicht verändert werden können, bleiben sie im Originalformat. Auch Metadaten werden nicht gespeichert.

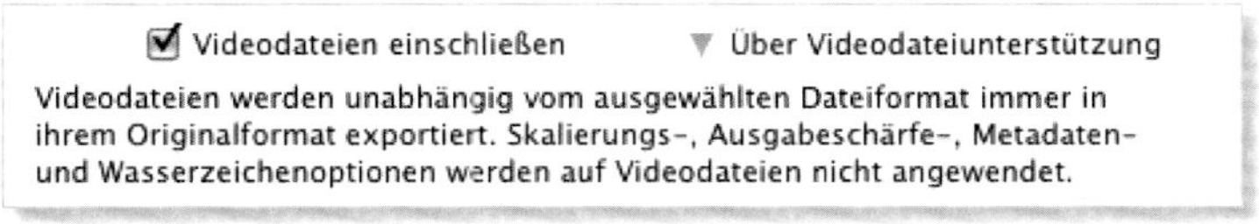

◂ **Abbildung 9.12**
Option zum zusätzlichen Export der Videodateien

Bildgröße | Beim Export sollen Bilder oft in der Größe verändert werden, um sie besser verschicken zu können oder um sie für eine bestimmte Druckgröße zu optimieren.

- **In Bildschirm einpassen:** Ist dieses Kontrollkästchen aktiviert, wird die Bildgröße umgerechnet. Über das Dropdown-Menü daneben können Sie wählen, wie die Angaben verarbeitet werden sollen. Beispielsweise können Sie dort auch nur die Abmessung an der langen Kante angeben. Dann wird die kurze Seite entsprechend angepasst. Diese Option ist beispielsweise von Vorteil, wenn Sie Hoch- und Querformatbilder zusammen skalieren wollen.

▾ **Abbildung 9.13**
Unter BILDGRÖSSE bestimmen Sie die Größe der exportierten Bilder.

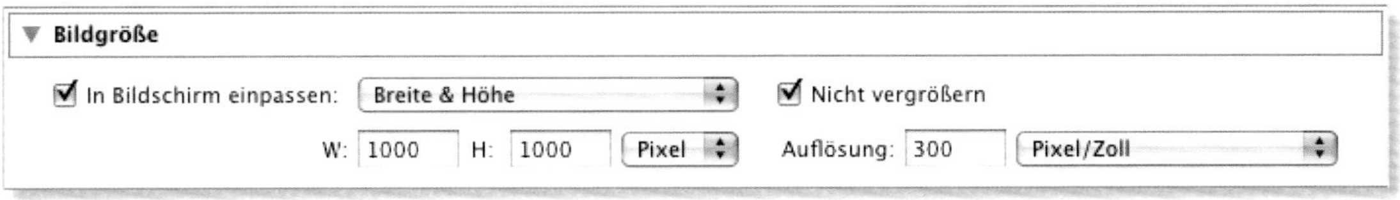

- **Nicht vergrößern:** Sind einzelne Bilder kleiner als die angegebenen Abmessungen, können Sie durch dieses Kontrollkästchen verhindern, dass diese Bilder vergrößert werden.
- **W (Width/Breite), H (Height/Höhe) und Einheit:** In diese Felder geben Sie die gewünschten Abmessungen ein. Über

das nebenstehende Dropdown-Menü können Sie die Einheit der angegebenen Werte bestimmen.

- **Auflösung:** Hier wird die Auflösungsdichte angegeben. Je mehr Pixel pro Zentimeter oder Zoll, umso kleiner wird ein Bild in seinen absoluten Abmessungen (cm oder Zoll). Für die Ausgabe auf Tintenstrahldruckern reicht eine Auflösung von 200 Pixel/Zoll aus, für den Offsetdruck werden 300 Pixel/Zoll benötigt (siehe Tabelle 10.1 auf Seite 398).

Ausgabeschärfe | Vor allem beim Verkleinern können Bilder etwas unscharf wirken. Außerdem zeichnet ein Drucker durch sein Raster die Bilder etwas weicher, als sie auf einem Monitor dargestellt erscheinen. Über diese Parameter können Sie die Bilder während des Exports scharfzeichnen. Gerade da dieser Effekt nach dem Herunterrechnen angewendet wird, empfiehlt es sich, die Bilder scharfzuzeichnen. Je nach Ausgabemedium wird ein etwas anderer Algorithmus verwendet.

- **Schärfen für:** Das Kontrollkästchen aktiviert den Effekt, und über das Dropdown können Sie das Ausgabemedium angeben. Für den Druck stehen zwei Papiersorten zur Auswahl.
- **Stärke:** Sie haben für jedes Medium drei Stärken zur Auswahl. Generell sollte man nicht zu stark nachschärfen, da die Bilder sonst unnatürlich wirken.

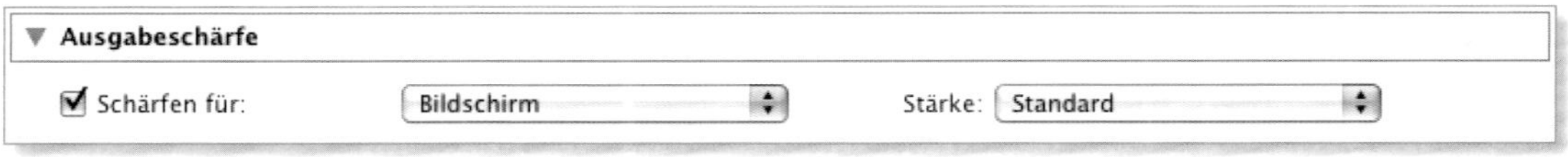

▼ **Abbildung 9.14**
Bilder können beim Export nachgeschärft werden.

Metadaten | Grundsätzlich werden alle Metadaten in die Datei geschrieben. Um nur Copyright-Informationen in der Datei mitzuspeichern, müssen Sie die Kontrollbox Eingebettete Metadaten minimieren anklicken.
Ist das Kontrollkästchen Stichwörter als Lightroom-Hierarchie schreiben aktiviert, wird ein vertikaler Strich »|« verwendet, um eine über- beziehungsweise untergeordnete Position der Stichwörter in den Metadatenfeldern anzugeben (zum Beispiel »Deutschland|Bayern«). Diese Option ist dann von Vorteil, wenn Sie mit Zusatzprogrammen oder Onlinegalerien zusammenarbei-

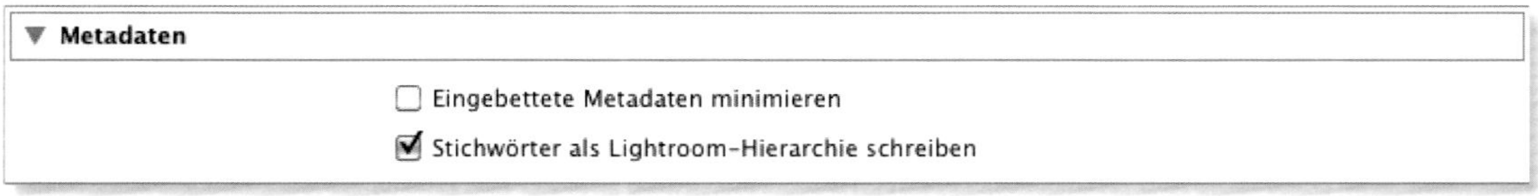

▲ **Abbildung 9.15**
Metadaten müssen nicht in exportierte Bilder integriert werden. Werden diese jedoch mitexportiert können sie auch Hierarchieangaben enthalten.

ten, die diese Hierarchien lesen können. Nicht kompatible Programme können eventuell Fehler erzeugen.

Wasserzeichen | Ist das Kontrollkästchen aktiviert, so können Sie über ein Dropdown eine Wasserzeichenvorgabe auswählen. Im Anschluss an diesen Abschnitt erläutere ich Ihnen, wie Sie Ihr eigenes Wasserzeichen erstellen können (siehe Seite 315). Ist der Menüpunkt EINF. COPYRIGHT-WASSERZEICHEN aktiviert, wird der Inhalt des Metadatenfeldes COPYRIGHT auf das Bild gedruckt.

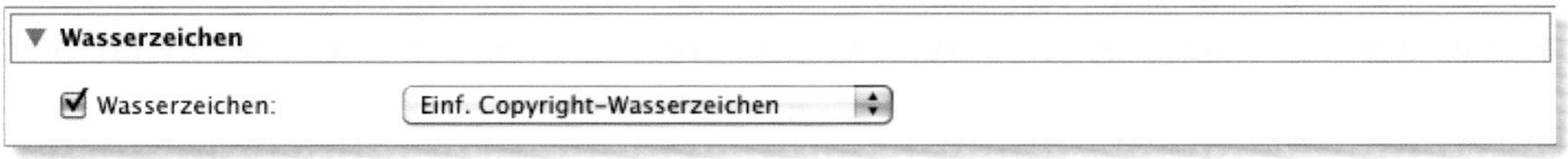

▲ **Abbildung 9.16**
Parameter zur Auswahl eines Wasserzeichens

Nachbearbeitung | Nach dem Export können die Bilder im Ordner angezeigt, auf CD/DVD gebrannt oder in einem externen Programm geöffnet werden. Welche Aktion Sie ausführen, wählen Sie im Dropdown-Menü aus.

Sie können auch eigene Programme in die Liste aufnehmen. Dazu wählen Sie den Punkt JETZT ZUM ORDNER »EXPORT ACTIONS« WECHSELN. Legen Sie in diesem Ordner eine Verknüpfung des Programms ab, das Sie nach dem Export öffnen wollen – zum Beispiel auf den E-Mail-Client, um Bilder zu verschicken. Diese Bilder werden dann automatisch als Anhang in eine leere E-Mail-Nachricht gepackt.

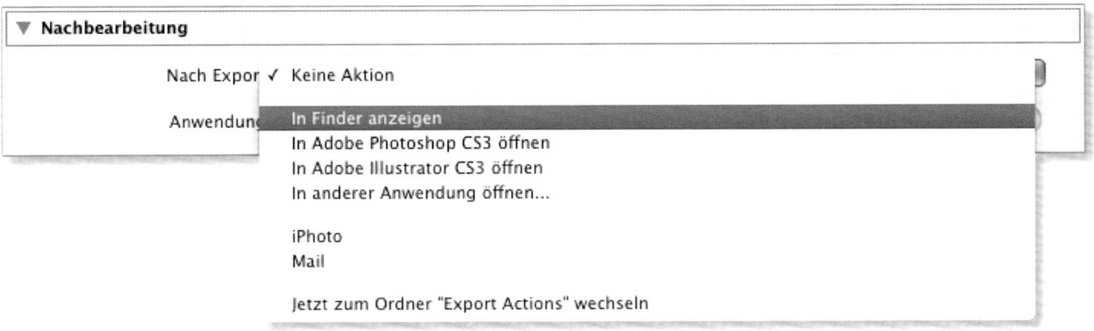

▲ **Abbildung 9.17**
Nach dem Export können die Bilder in einem anderen Programm aufgerufen oder auf CD/DVD gebrannt werden.

Ganz oben im Dialogfeld wird Ihnen übrigens angezeigt, wie viele Dateien exportiert werden. Gestartet wird der Vorgang schließlich durch Drücken der Schaltfläche EXPORTIEREN.

9.1.2 Schnelles Exportieren

Die Einstellungen müssen nicht bei jedem Export neu festgelegt werden. Über das Hauptmenü oder das Kontextmenü gibt es weitere Menüpunkte, die schneller zum Ziel führen.

Abbildung 9.18 ▸
Wiederholen sich die Exportaufgaben, kann das Dialogfeld auch übersprungen werden. Dann können Sie die letzten Einstellungen oder direkt gespeicherte Vorgaben verwenden.

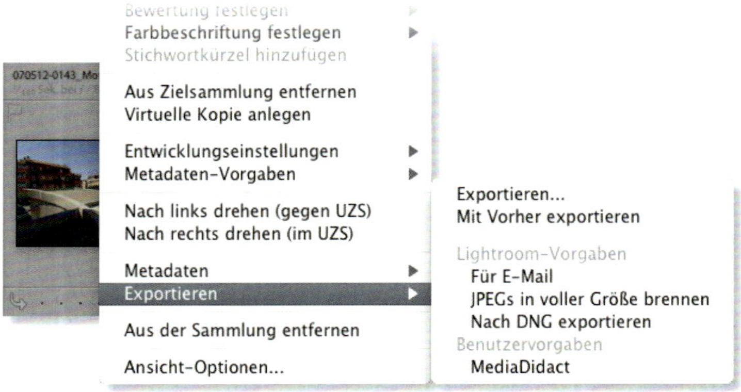

Mit Vorher exportieren | Wählen Sie diesen Menüpunkt, so werden die zuletzt verwendeten Exporteinstellungen benutzt – unabhängig davon, ob diese als Vorgaben gesichert wurden oder nicht.

Mit Vorgabe exportieren | Unter dem Menüpunkt MIT VORHER EXPORTIEREN befindet sich eine Auswahlliste mit den gespeicherten Exportvorgaben. Im Kontextmenü der Bilder sind die Vorgaben direkt unter dem Menüpunkt EXPORTIEREN aufgelistet.

9.1.3 Als Katalog exportieren

Jede Bildauswahl kann auch als neuer Katalog gespeichert werden. Mit diesem werden auch alle Einstellungen wie Metadaten, Stichwörter, Sammlungen etc. exportiert.

Abbildung 9.19 ▸
Eine Bildauswahl kann auch als neuer Katalog exportiert werden. Dies ist vor allem beim Archivieren von Aufträgen sinnvoll.

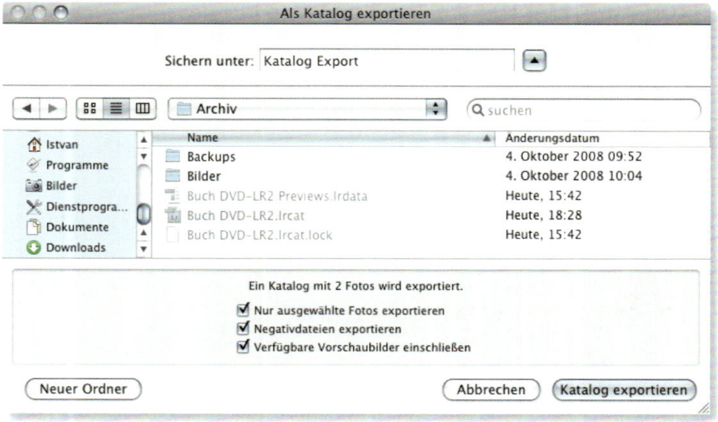

Wählen Sie den Menüpunkt DATEI • ALS KATALOG EXPORTIEREN, oder klicken Sie mit gedrückter ⌥/Alt-Taste auf die Schaltfläche KATALOG EXPORTIEREN am Ende der linken Bedienfeldpalette.

Im Dialogfeld zum Katalogexport können Sie den Zielordner und weitere Optionen festlegen:

- **Nur ausgewählte Fotos exportieren:** Speichert nur ausgewählte Bilder im neuen Katalog ab. Ansonsten werden alle Bilder des ausgewählten Ordners oder der Sammlung exportiert.
- **Negativdateien exportieren:** Kopiert die Originaldateien in den Ordner mit dem Katalog. Ansonsten werden nur die Verweise auf die Originaldaten verwendet.
- **Verfügbare Vorschaubilder einschließen:** Für die exportierten Bilder werden die Vorschaubilder mit im neuen Katalog gespeichert.

9.2 Wasserzeichen

Neu in Lightroom 3

Wasserzeichen können Texte oder Bilder sein, die über das Bild geblendet werden. Dies ist immer dann interessant, wenn Sie die Bilder zur Voransicht an Kunden oder Bekannte weitergeben, Sie aber verhindern wollen, dass diese ohne Rücksprache abgedruckt oder weiterverbreitet werden.

9.2.1 Wasserzeichen-Dialog öffnen

Den Dialog zum Bearbeiten von Wasserzeichen können Sie an zwei Stellen aufrufen:

- **Menüleiste:** Wählen Sie in der Menüleiste den Befehl LIGHTROOM • WASSERZEICHEN BEARBEITEN am Mac oder unter Windows BEARBEITEN • WASSERZEICHEN BEARBEITEN.

◂ **Abbildung 9.20**
Öffnen des Dialogs zum Bearbeiten von Wasserzeichen über die Menüleiste

- **Während des Exports:** Den Dialog können Sie auch dann noch öffnen, wenn Sie bereits im Exportprozess sind. In diesem Fall können Sie im Export-Dialog in der Parametergruppe WASSERZEICHEN den Befehl über das Dropdown auswählen.

▼ **Abbildung 9.21**
Öffnen des Dialogs während des Exportvorgangs

9.2.2 Text- oder Bildwasserzeichen

Lightroom bietet Ihnen die Möglichkeit, sowohl Text als auch Bilder als Wasserzeichen zu verwenden. Texte können Sie direkt in ein Textfeld eingeben, während Sie Bilder als JPEG- oder PNG-Dateien laden können. Bei PNGs werden auch Transparenzen unterstützt. JPEGs werden dagegen komplett über das Bild geblendet. Über die Optionsschaltsflächen WASSERZEICHENSTIL können Sie zwischen Text und Bild-Wasserzeichen umschalten. Das ist aber eigentlich gar nicht nötig, denn wenn Sie ein Bild laden wird automatisch in den Bildstil gewechselt.

▲ **Abbildung 9.22**
Wasserzeichen aus Text

▲ **Abbildung 9.23**
Wasserzeichen aus einem transparenten PNG

▲ **Abbildung 9.24**
Wasserzeichen aus einer JPEG-Datei

9.2.3 Wasserzeichenoptionen

Je nachdem, ob Sie ein Bild oder Text als Wasserzeichen verwenden, haben Sie die Möglichkeit, weitere Optionen anzugeben.

Bildoptionen | Wollen Sie ein Bild als Wasserzeichen verwenden, können Sie dieses innerhalb der Parametergruppe über die Schaltfläche WÄHLEN laden. Danach können Sie das Bild über den Öffnen-Dialog des Betriebssystems auswählen.

JPEGs werden allerdings komplett über das Bild gelegt. Das heißt, wenn Sie beispielsweise ein freigestelltes Logo einbetten, wird der Hintergrund trotzdem weiß dargestellt (siehe Abbildung

9.24). PNGs, die eine Transparenz enthalten, können auch mit ihr dargestellt werden (siehe Abbildung 9.23).

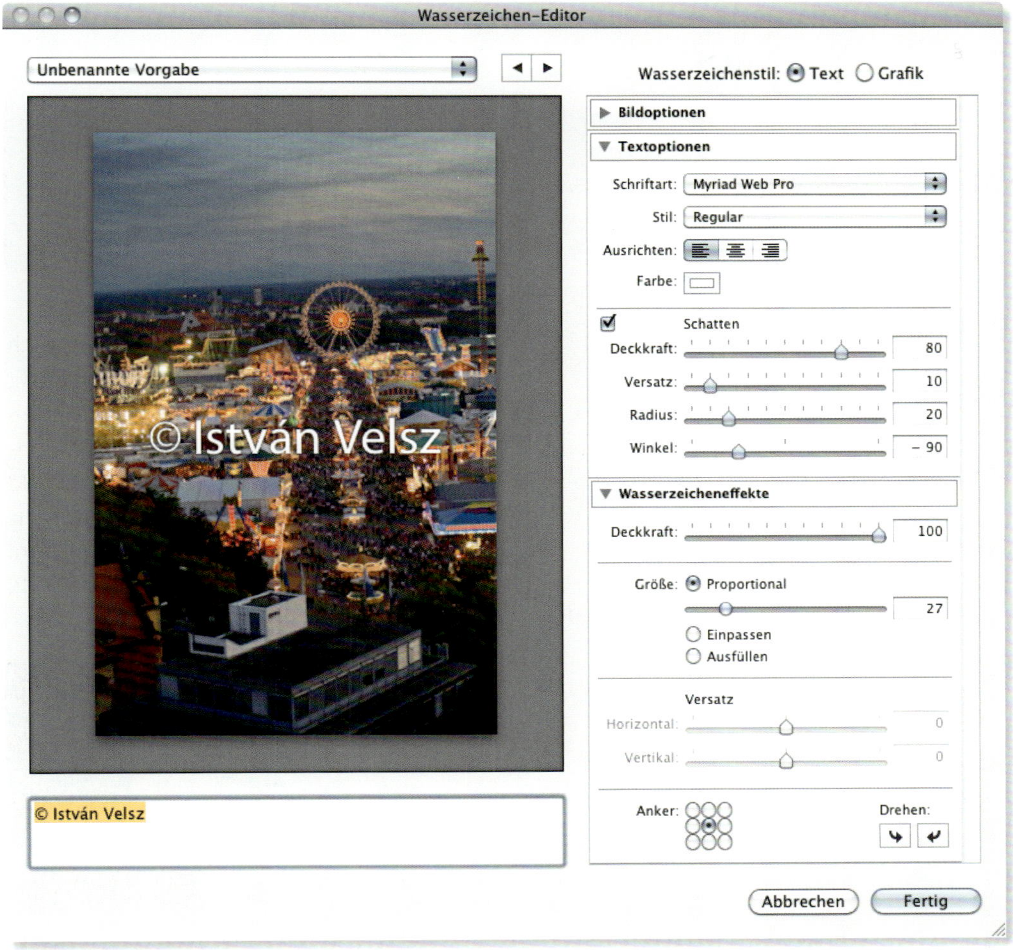

▲ **Abbildung 9.25**
Dialog zum Einrichten des Wasserzeichens

Textoptionen | Über die Textoptionen geben Sie die SCHRIFTART, den STIL, wie fett oder kursiv, die AUSRICHTUNG und die FARBE an. Die Ausrichtung bezieht sich dabei nicht auf die Platzierung im Bild, sondern bei mehrzeiligem Text auf den Absatz.

Ist die Kontrollbox SCHATTEN aktiviert, können Sie über die darunterstehenden Regler diverse Parameter einstellen. Der Schatten empfiehlt sich immer dann, wenn Sie mit heller Schrift Wasserzeichen auf hellen Bildern platzieren. Auf dunklen Bildern hat der Schatten nur geringe Auswirkung.

Die DECKKRAFT steuert die Deckung, je höher der Wert, umso dunkler ist der Schatten. Der VERSATZ gibt den Abstand von der Schrift an und der RADIUS die Unschärfe. Der WINKEL dreht den Schatten in die gewünschte Richtung.

Wasserzeicheneffekte | Hier werden die Größe und Platzierung der Wasserzeichen geregelt. Diese Einstellungen gelten für Bild- oder Textwasserzeichen.

- **Deckkraft:** Steuert die Transparenz des Bildes oder Textes über dem Bild.

▲ **Abbildung 9.26**
Die Deckkraft mit 100 %

▲ **Abbildung 9.27**
Die Deckkraft mit 70 %

- **Größe:** Über diese Parameter können Sie die Größe des Wasserzeichens einstellen. Über den Schieberegler PROPORTIONAL können Sie einen eigenen Skalierungsfaktor einstellen. Aktivieren Sie die Option EINPASSEN, wird das Wasserzeichen so skaliert, dass es in der maximalen Größe komplett dargestellt wird. AUSFÜLLEN maximiert das Wasserzeichen, bis das Bild maximal mit dem Wasserzeichen überdeckt wird. Dabei können Teile des Wasserzeichens abgeschnitten werden.

▲ **Abbildung 9.28**
PROPORTIONAL mit dem Wert 35

▲ **Abbildung 9.29**
Option EINPASSEN aktiv

▲ **Abbildung 9.30**
Option AUSFÜLLEN aktiv

- **Versatz:** Diese beiden Schieberegler versetzen das Wasserzeichen in der Waagerechten oder Senkrechten. Ist das Wasserzeichen mittig verankert, scheinen die Regler es zusätzlich zu skalieren. Erst wenn das Zeichen in einer der Ecken platziert wird, sieht man, dass es horizonal bzw. vertikal verschoben wird. Die Werte werden in Prozent angegeben.

▲ **Abbildung 9.31**
Versatz des Wasserzeichens deaktiviert bzw. Wert 0

▲ **Abbildung 9.32**
Versatz des Wasserzeichens aktiviert mit Wert 10

- **Anker:** Der Anker gibt an, in welcher Ecke das Wasserzeichen platziert wird. Außer in allen Ecken kann das Wasserzeichen auch zentriert verankert werden.
- **Drehen:** Dreht das Wasserzeichen in 90°-Schritten entweder mit oder gegen den Uhrzeigersinn durch Anklicken der entsprechenden Schaltfläche.

▲ **Abbildung 9.33**
Wasserzeichen links unten verankert

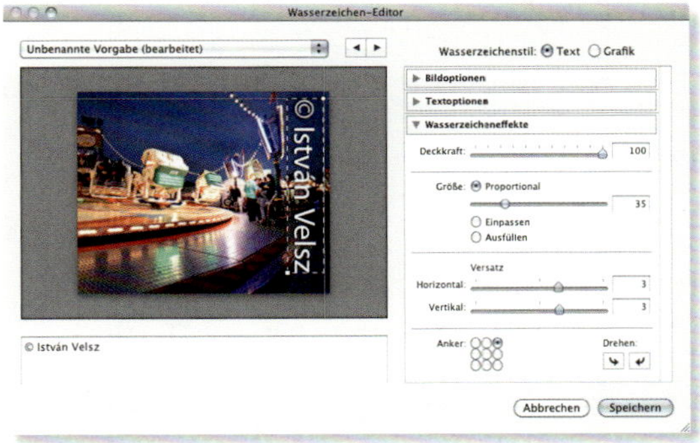

▲ **Abbildung 9.34**
Wasserzeichen rechts oben verankert und um 90° im Uhrzeigersinn gedreht

9.2.4 Wasserzeichen als Vorgabe speichern

Alle Einstellungen für das Wasserzeichen können Sie als Vorgabe speichern. Dazu dient das Dropdown über der Bildvorschau.

Aktuelle Voreinstellungen als neue Vorgabe speichern | Mit diesem Befehl wird eine neue Vorgabe mit neuem Namen erstellt. Die neue Vorgabe wird dann der Liste hinzugefügt.

Vorgaben löschen | Dieser Menüpunkt ist erst dann aktiv, wenn Sie vorher eine bestehende Vorgabe ausgewählt haben.

▲ **Abbildung 9.35**
Dropdown zum Speichern der Vorgaben von Wasserzeichen

Vorgabe aktualisieren | Speichert die aktuellen Änderungen an den Parametern einer Vorgabe in die ausgewählte Vorgabe.

9.3 Veröffentlichungsdienste

Neu in Lightroom 3

▲ **Abbildung 9.36**
Veröffentlichungsdienste mit Unterordnern

Neu in Lightroom sind die Veröffentlichungsdienste im Bibliothek-Modul. Diese publizieren Sammlungen in Ordnern auf der Festplatte oder auf Onlinediensten wie Flickr oder Facebook. Weitere Dienste können als Plug-in integriert werden, z.B. eine MobileMe-Galerieanbindung.

Zunächst wird ein Veröffentlichungsdienst nach einer Vorgabe erstellt. Diesem werden dann die Exportparameter zugewiesen. Ein Veröffentlichungsdienst kann zusätzliche Unterordner enthalten, die dann beispielsweise als Alben synchronisiert werden.

Jeder Dienst kann auch mehrmals verwendet werden, so lassen sich verschiedene Facebook- und Flickr-Konten oder -Ordner verwalten. Dies ist beispielsweise dann sinnvoll, wenn Sie einen Ordner zum Synchronisieren mit Ihrem iPhone oder iPod und zusätzlich mit einem Ordner für Fotolia verwenden wollen.

9.3.1 Benutzeroberfläche

Veröffentlichungsdieste sind zwar eigentlich nur Sammlungen, haben aber durch ihre Zusatzfunktionen bezüglich der Synchronisation einige Besonderheiten in der Benutzerführung.

Bedienfeldpalette | Die Veröffentlichungsdienste finden Sie im linken Bedienfeld als letzte Palette. Neben der Bezeichnung der Bedienfeldpalette ❶ befindet sich ein Plus-Symbol ❷, über das Sie neue Dienste hinzufügen beziehungsweise bestehende Dienste konfigurieren können.

Abbildung 9.37 ▸
Elemente der Veröffentlichungsdienste in der Bedienfeldpalette

Darunter werden die Dienste aufgelistet. Jeder Dienst besteht aus einem Titelbalken mit einem repräsentativen Symbol, der Typenbezeichnung ❸ und dem Namen. Ist ein Dienst noch nicht konfiguriert, steht auf der rechten Seite der Begriff EINRICHTEN ❼, der mit dem Konfigurationsdialog verknüpft ist. Ansonsten befindet sich dort ein Dreieck ❻, das die Ordnerliste einblendet.

Je nach Dienst kann die Ordnerdarstellung unterschiedlich ausfallen. Beim Typ FESTPLATTE beispielsweise wird der Hauptordner ❹ kursiv dargestellt. Er stellt die oberste Hierarchieebene dar. In ihm können weitere Ordner ❺ abgelegt werden. Diese werden in der Listendarstellung unter dem Hauptordner aufgeführt. Andere Dienste wie FACEBOOK besitzen keinen Hauptordner, da sie direkt mit dem Onlinedienst kommunizieren.

Ansichtsfenster | Im zentralen Ansichtsfenster werden die Bilder des selektierten Albums in einer Rasteransicht dargestellt. Sie bietet alle Möglichkeiten, die die normale Rasteransicht auch besitzt, wie beispielsweise die Filterleiste ❾. Auch das Umschalten in die Lupenansicht oder Vergleichsansicht ist möglich. Über die Filterleiste erhalten Sie zusätzliche Informationen zum Dienst ❽ und Sie finden hier einen VERÖFFENTLICHEN-Button ⓫. In der Rasteransicht werden Bilder nach ihrem Status gruppiert. Der Status wird im Kopfbalken jeder Gruppe angezeigt ❿. Es gibt neben den

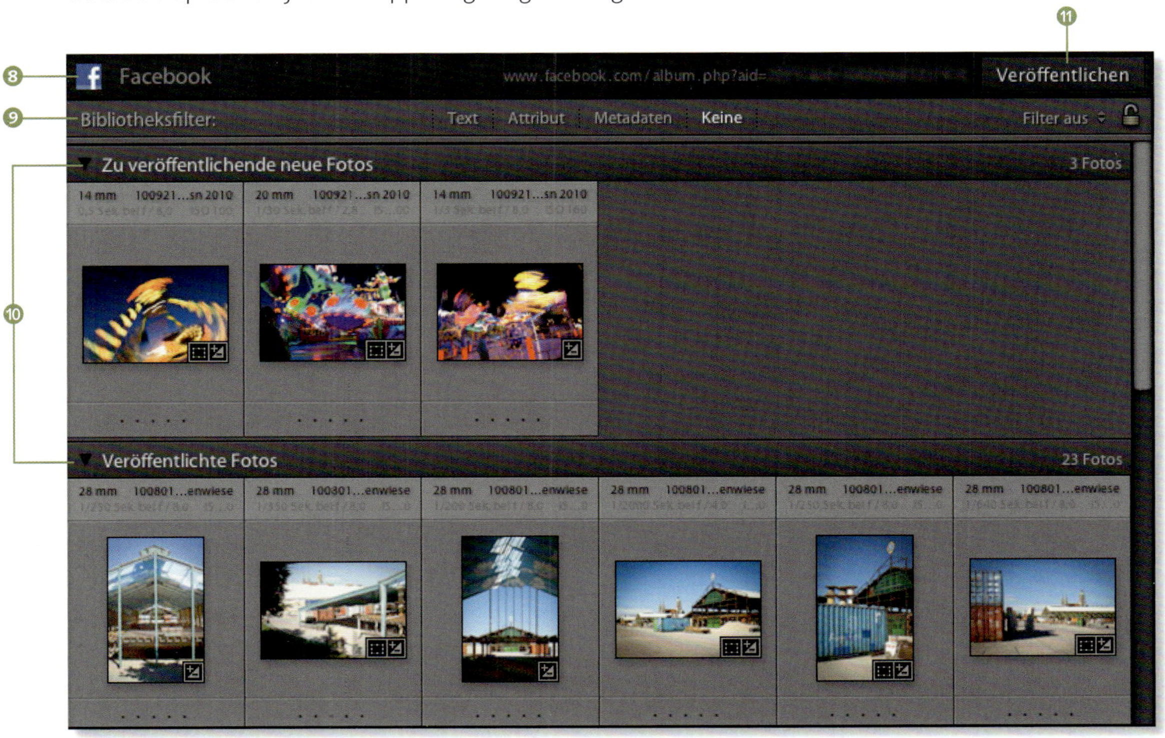

▼ Abbildung 9.38
Rasteransicht des FACEBOOK-Dienstes

in Abbildung 9.38 gezeigten Zuständen noch weitere, es wird z.B. angezeigt, wenn Bilder verändert oder gelöscht wurden.

Kommentarfunktion | In Facebook und Flickr können Betrachter Ihre Bilder kommentieren. Diese können beim Synchronisieren abgerufen und in einer Liste dargestellt werden. Lightroom bietet dazu eine Palette, die sich unten im rechten Bedienfeld des Bibliothek-Moduls befindet. Bei Facebook können Sie Kommentare zu einzelnen Fotos hinterlassen ❷ und einsehen ❸. Auch die Anzahl der Klicks auf den »Gefällt mir«-Button wird angezeigt. Ein Update der Kommentare kann über den Reload-Button ❶ ausgeführt werden, auch ohne die Bilder zu synchronisieren.

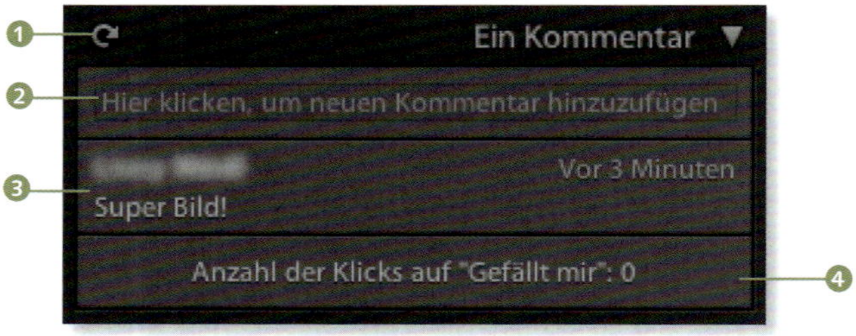

Abbildung 9.39 ▸
Kommentarfunktion des FACEBOOK-Dienstes

9.3.2 Arbeiten mit Veröffentlichungsdiensten

Sind Veröffentlichungsdienste konfiguriert, werden sie wie Sammlungen verwaltet. Bilder können per Drag & Drop hinzugefügt werden. Gelöschte Bilder werden nur aus der Sammlung entfernt, aber nicht vom Datenträger gelöscht.

Neuen Dienst erstellen | Jeder Dienst ist bereits mit einem Titelbalken im linken Bedienfeld vorhanden, auch wenn er noch nicht konfiguriert ist. Ist er noch nicht einsatzbereit, wird dies durch den Link mit der Bezeichnung EINRICHTEN auf dem Titelbalken symbolisiert. Bereits konfigurierte Dienste erhalten ein ◂-Symbol zum Aufklappen und Anzeigen der Unterordner. Aber auch von diesen Diensten lassen sich weitere Instanzen anlegen. In allen Fällen wird nach dem Aufrufen des Befehls der Veröffentlichungsmanager gestartet, um den Dienst zu konfigurieren. Zum Anlegen einen neuen Dienstes gibt es die folgenden Möglichkeiten:

- **Bei einem noch nicht konfigurierten Dienst:** Klicken Sie auf den EINRICHTEN-Link. Dieser Link ist nur vorhanden, wenn noch kein Dienst dieses Typs erstellt wurde.

Abbildung 9.40 ▸
Der EINRICHTEN-Link ist nur bei unkonfigurierten Diensten vorhanden.

- **Bei einem bereits konfigurierten Dienst:** Mit Rechtsklick auf den Titelbalken öffnet sich das Kontextmenü. Dort wählen Sie den Menüpunkt EINEN ANDEREN VERÖFFENTLICHUNGSDIENST ÜBER (...) ERSTELLEN.

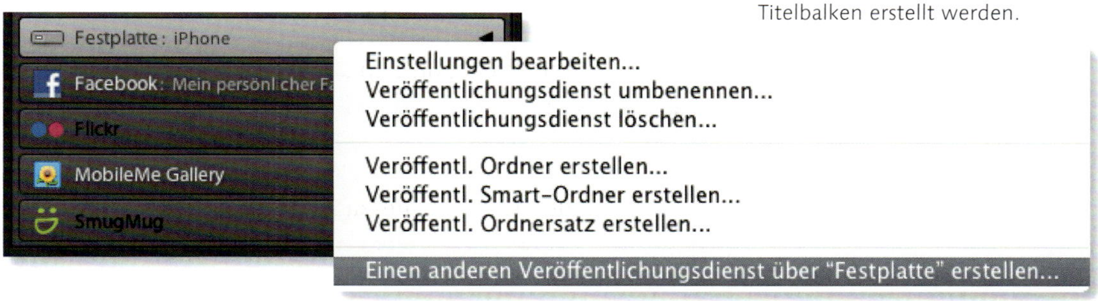

▼ **Abbildung 9.41**
Eine neue Instanz eines Dienstes kann per Rechtsklick auf den Titelbalken erstellt werden.

- **Über den Veröffentlichungsmanager:** Diesen erreichen Sie, indem Sie auf das ⊞-Symbol im Kopf der Palette rechtsklicken und den Punkt ZUM VERÖFFENTLICHUNGSMANAGER WECHSELN auswählen. Mehr über den Veröffentlichungsmanager erfahren Sie auf der nächsten Seite.

▼ **Abbildung 9.42**
Der Veröffentlichungsmanager kann auch über den Titelbalken der Palette geöffnet werden.

Dienst löschen | Um einen Dienst zu löschen, klicken Sie mit der rechten Maustaste auf den Titelbalken und wählen den Menüeintrag VERÖFFENTLICHUNGSDIENST LÖSCHEN. Dabei wird nur die konfigurierte Instanz gelöscht. Auch über den Veröffentlichungsmanager ist das Löschen eines Dienstes möglich.

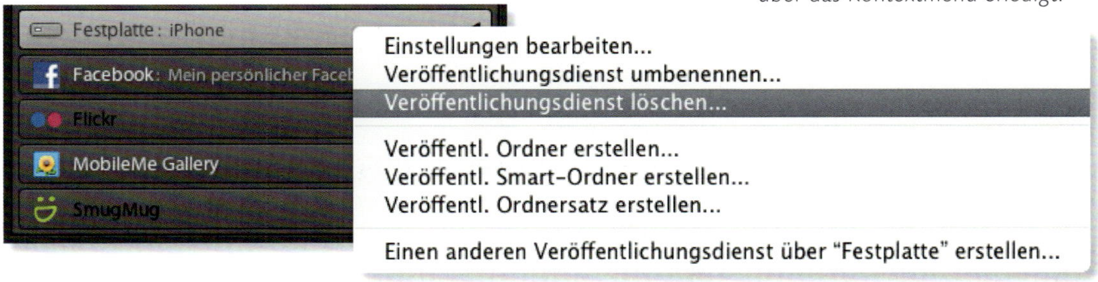

▼ **Abbildung 9.43**
Das Löschen eines Dienstes wird über das Kontextmenü erledigt.

Der Veröffentlichungsmanager | Dieser Dialog ist die Schaltzentrale der Veröffentlichungsdienste. Jeder Diensttyp, der in der Liste selektiert ist, wird hier mit seinen individuellen Einstellungen ❶ konfiguriert. Über ihn können Sie aber auch neue Instanzen eines Dienstes anlegen ❷ oder löschen ❸ und zum Zusatzmodul-Manager ❹ wechseln, um neue Diensttypen zu installieren.

▼ Abbildung 9.44
Dialogfenster des Veröffentlichungsmanagers

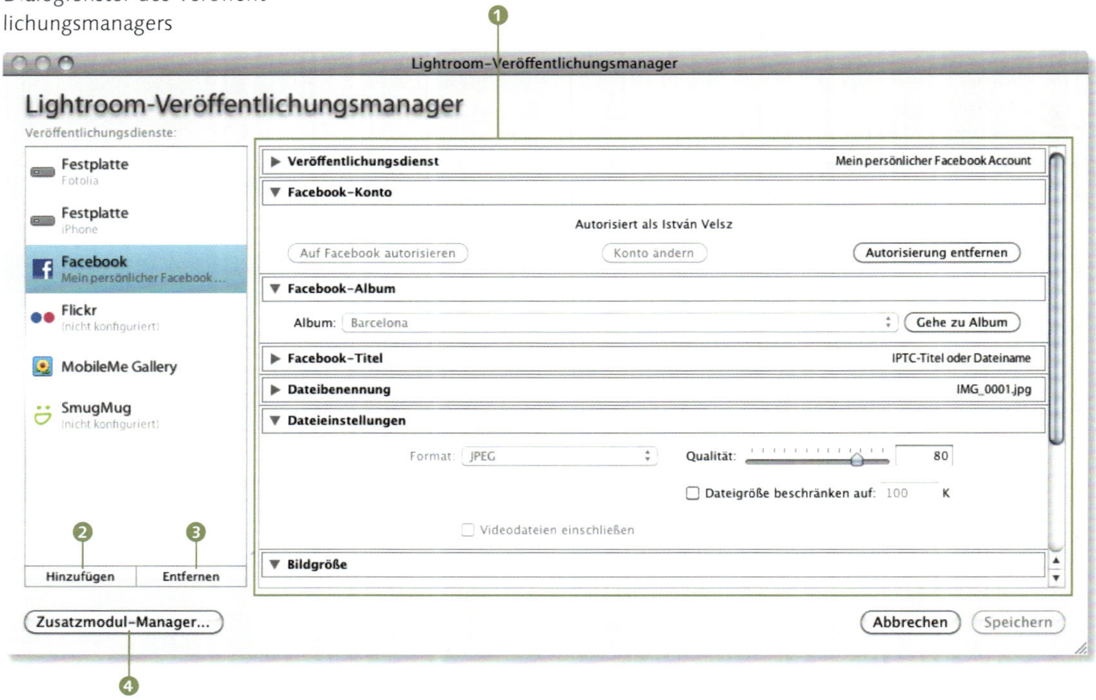

Dienste nachträglich verändern | Die Dienste lassen sich auch nachträglich noch ändern, beispielsweise um Bildgrößen anzupassen. Dazu klicken Sie mit der rechten Maustaste auf den Titelbalken eines Dienstes und wählen den Menüpunkt EINSTELLUNGEN BEARBEITEN. Daraufhin wird der Veröffentlichungsmanager gestartet. In diesem Kontextmenü können Sie einen Dienst auch umbenennen, ohne in den Manager zu wechseln.

Abbildung 9.45 ▶
Anpassen eines Dienstes über das Kontextmenü

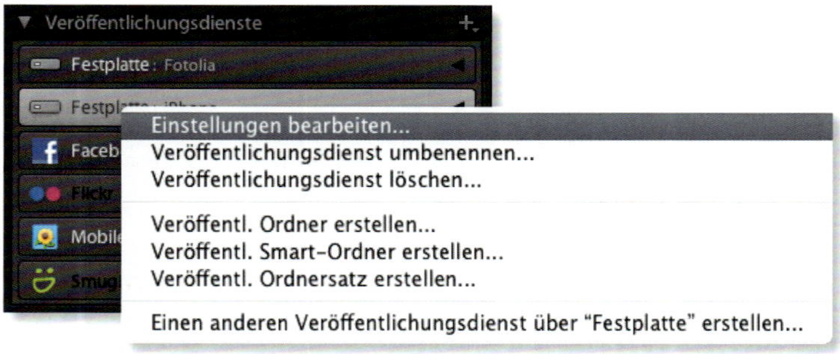

Sammlungen managen | Jedem Dienst können Bilder zugewiesen werden. Dazu wird pro Dienst immer mindestens eine Sammlung angelegt. Je nach Typ ist es auch möglich, weitere Sammlungen anzulegen, die dann als Alben oder Ordner veröffentlicht werden.

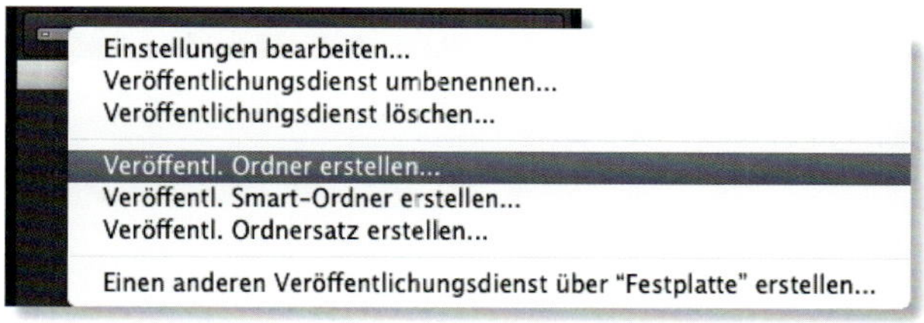

▲ **Abbildung 9.46**
Sammlungen werden über das Kontextmenü verwaltet. Dort können diese erstellt, angepasst oder gelöscht werden.

Beim Dienst Festplatte werden die Bilder in Ordnern auf einem Datenträger veröffentlicht, bei Facebook, Flickr, SmugMug oder MobileMe als Alben direkt auf den Onlinedienst übertragen.

Die Sammlungen für die Veröffentlichungsdienste verhalten sich übrigens genau so wie andere Sammlungen in Lightroom auch. Es ist also möglich, Sammlungssätze oder Smart Sammlungen zu erstellen. Auch lassen sich die Sammlungen als Zielsammlung definieren. Alle Aufgaben lassen sich über das Kontextmenü ausführen. Dazu klicken Sie mit der rechten Maustaste auf den Titelbalken eines Dienstes oder direkt auf eine Sammlung. Je nach Typ können hier auch angepasste Funktionen stehen. Beispielsweise können Sie hier auch direkt zu Facebook in das selektierte Album springen.

Veröffentlichen | Nach der Konfiguration und dem Sammeln der Bilder folgt das Veröffentlichen. Dabei werden die Bilder gemäß den Regeln des Diensttyps an die jeweilige Stelle exportiert, also beim Typ Festplatte auf einen Datenträger. Onlinedienste wie Flickr, Facebook oder SmugMug veröffentlichen direkt auf den jeweiligen Onlinedienst, ohne dass die Daten irgendwo auf der Festplatte zwischengelagert werden.

Jede Änderung an den Bildern z. B. wie eine neue Entwicklungseinstellung erfordert eine neue Veröffentlichung. Dabei werden aber nur die geänderten Bilder übertragen. Aber auch wenn die Basiseinstellungen eines Dienstes angepasst werden, kann eine komplette Neuveröffentlichung notwendig sein.

▲ **Abbildung 9.47**
Einzelne Bilder können zum erneuten Veröffentlichen markiert werden.

Die Veröffentlichung lässt sich über zwei Schaltflächen auslösen. Diese befinden sich am Ende des linken Bedienfeldes ❶ und oben rechts im unteren Ansichtsfenster ❷. Um diese Schaltflächen einzublenden, ist jedoch die Auswahl eines Dienstes oder einer Veröffentlichungssammlung nötig.

▼ **Abbildung 9.48**
Schaltflächen zum Starten der Veröffentlichung

Schritt für Schritt: Veröffentlichungsdienst zur Synchronisation mit iPod oder iPhone einrichten

In dieser Anleitung erstellen Sie einen Veröffentlichungsdienst für die Synchronisation mit dem iPod oder iPhone. Da dies nicht direkt über Lightroom geht, wird ein Ordner auf der Festplatte erstellt, der innerhalb von iTunes als Synchronisationsordner festgelegt wird.

1 Neuen Veröffentlichungsdienst anlegen

Als Erstes wird ein neuer Veröffentlichungsdienst vom Typ FESTPLATTE angelegt. Dieser Typ veröffentlicht alle Bilder in einen Ordner auf der Festplatte, den Sie für die Synchronisation mit dem iPod benötigen.

Ist noch kein Dienst konfiguriert, klicken Sie auf den Begriff EINRICHTEN auf dem Balken des Veröffentlichungsdienstes vom Typ FESTPLATTE. Haben Sie bereits einen Dienst dieses Typs erstellt, klicken Sie mit der rechten Maustaste auf den Balken und wählen aus dem Dropdown-Menü den Menüpunkt EINEN ANDEREN VERÖFFENTLICHUNGSDIENST ÜBER »FESTPLATTE« ERSTELLEN. Dadurch wird ein weiterer Dienst generiert. Sie können auch mehrere Dienste des gleichen Typs erstellen.

▲ **Abbildung 9.49**
Über den EINRICHTEN-Button wird der Konfigurationsdialog geöffnet.

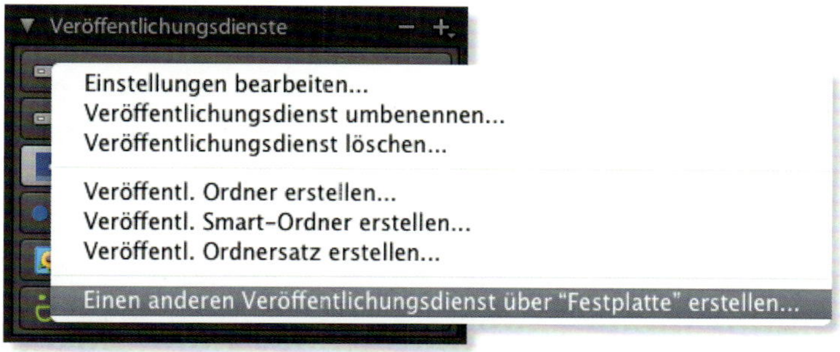

◂ **Abbildung 9.50**
Über ein Dropdown-Menü wird ein weiterer Dienst des gleichen Typs angelegt.

2 Einstellungen bearbeiten

Nach dem Anklicken des Einrichten-Buttons erscheint der Veröffentlichungsmanager. Dieser ist nichts anderes als der Export-Dialog – allerdings mit einigen speziellen Parametern, die sich je nach Typ unterscheiden. Beim Typ Festplatte sind die Angaben nahezu identisch mit denen des einfachen Exports. Für die erstmalige Konfiguration geben Sie folgende Angaben ein:

- **Beschreibung:** Dies ist die Bezeichnung, die als Titel des Dienstes angezeigt wird. Geben Sie hier »iPod« ein.
- **Speicherort für Export:** In dieser Parametergruppe geben Sie den Speicherort an. Achten Sie darauf, dass Sie den Hauptordner immer an dieser Stelle belassen. Ein nachträgliches Ändern des Ortes ist nicht möglich. Am besten erstellen Sie einen Ordner innerhalb des Bilderordners Ihres Benutzerprofils. Wählen Sie dazu aus dem Dropdown-Menü Exportieren in den Punkt Ordner »Bilder« aus.
- **Dateibenennung:** Es gibt in diesem Fall keinen Grund, die Dateien umzubenennen. Daher deaktivieren Sie das Kontrollkästchen Umbenennen in.

▾ **Abbildung 9.51**
Konfigurationsdialog für den Veröffentlichungsdienst

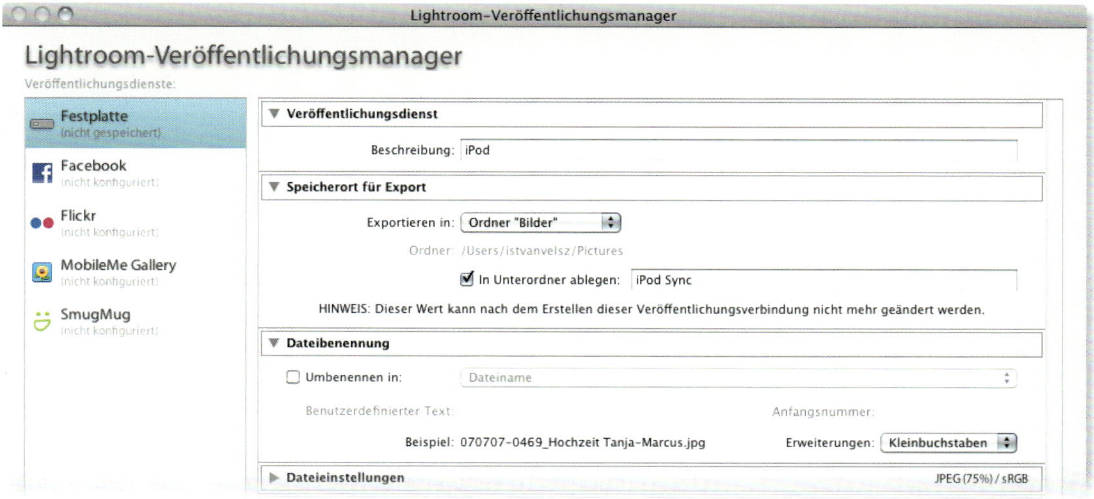

- **Dateieinstellungen:** Zur Darstellung auf dem iPod oder iPhone ist JPEG das Dateiformat der Wahl. Selbst wenn Sie ein anderes Format wählten, würde iTunes die Bilder sowieso ins JPEG-Format konvertieren. Stellen Sie also zunächst das Format auf JPEG.

  Der Regler für die Qualität stellt das Verhältnis zwischen Dateigröße und Bildqualität ein. Je niedriger der Qualitätswert, umso kleiner ist die Datei – das heißt aber auch, dass die Bildqualität nachlässt. Mein persönlicher Lieblingswert ist »75«. Einige Fotografen gehen sogar auf einen Wert von bis zu »60« zurück. Das müssen Sie selbst entscheiden. Stellen Sie daher einen Wert zwischen »60« und »75« ein.

  Den Farbraum stellen Sie auf sRGB. Dieser ist für die Darstellung auf den meisten RGB-Ausgabegeräten optimiert.

  Wenn Sie in Ihrer Sammlung auch ein paar Videos haben, aktivieren Sie noch das Kontrollkästchen VIDEODATEIEN EINSCHLIESSEN.

▾ Abbildung 9.52
Dateieinstellungen für die Veröffentlichung auf einem iPod

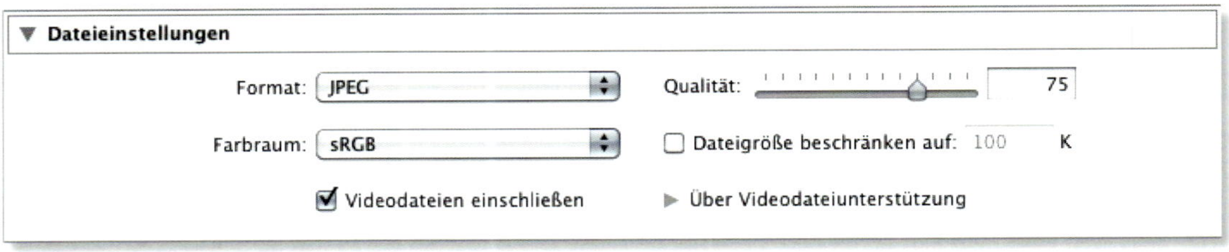

- **Bildgröße:** Es macht keinen Sinn, die Originalauflösung der Fotos auf dem iPod zu verwenden, da das iOS (Betriebssystem des iPods/iPhones) und die Fotoapplikation des iPods damit gar nicht arbeiten können. Die Bilder würden vor dem Hochladen von iTunes skaliert. Da ist es besser, diese bereits durch Lightroom herunterzurechnen.

  Für den iPod touch und das iPhone bis Generation 3 ist die Darstellung für eine Kantenlänge von max. 960 Pixeln optimiert. Ab der Generation 4 erlaubt Apple aufgrund des Retina-Displays eine Kantenlänge von 1920 Pixeln.

  Aktivieren Sie die Kontrollbox IN BILDSCHIRM EINPASSEN, wählen Sie aus dem Dropdown-Menü den Punkt LANGE KANTE, und geben Sie die entsprechende Größe für Ihren iPod/Ihr iPhone ein. Der Wert für die AUFLÖSUNG spielt keine Rolle.

▾ Abbildung 9.53
Die Bildgröße ist abhängig von der iPod-Generation. Ab der Generation 4 ist auch eine Kantenlänge von 1920 Pixeln erlaubt.

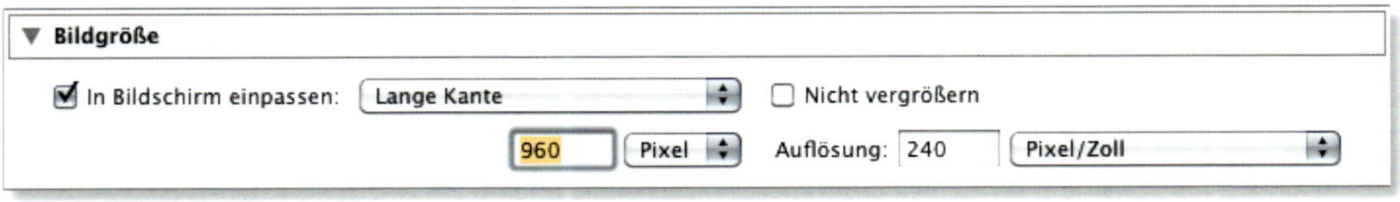

- **Ausgabeschärfe:** Aktivieren Sie dieses Kontrollkästchen, um das automatische Optimieren der Bilder zu erlauben. Wählen Sie dann aus dem ersten Dropdown den Punkt Bildschirm. Als Stärke verwenden Sie Hoch, wenn Sie die Bilder auf eine Auflösung von 960 Pixeln herunterrechnen. Wenn Sie die Bilder auf 1920 Pixel reduzieren, reicht der Wert Standard.

▼ **Abbildung 9.54**
Bilder werden nach dem Skalieren für die Bildschirmdarstellung optimiert.

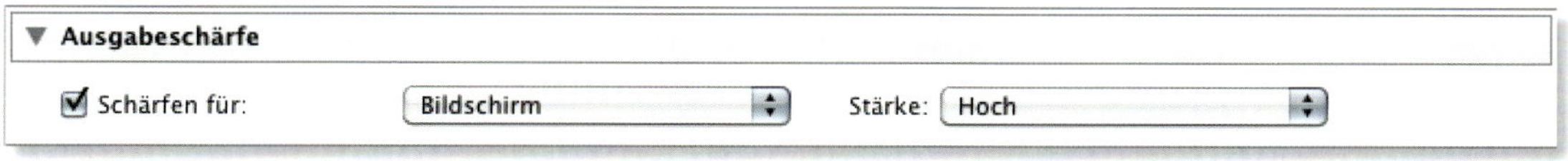

- **Metadaten:** Da für die Betrachtung auf dem iPod die Metadaten keine Rolle spielen, können Sie diese deaktivieren. Dazu klicken Sie das Kontrollkästchen Eingebettete Metadaten minimieren an.
- **Wasserzeichen:** Auch ein Wasserzeichen benötigen Sie nicht für die Darstellung auf dem iPod. Deaktivieren Sie also das entsprechende Kontrollkästchen.

▼ **Abbildung 9.55**
Metadaten und Wasserzeichen können deaktiviert werden.

Zum Abschluss der Konfiguration klicken Sie auf Speichern. Der Titelbalken bekommt jetzt den Namen »iPod«, und darunter erscheint der Hauptordner »iPod Sync«.

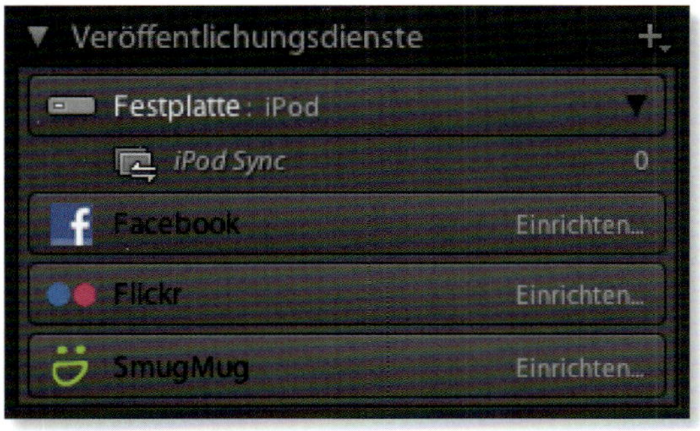

▲ **Abbildung 9.56**
Darstellung der Palette nach dem Konfigurieren des Veröffentlichungsdienstes

3 Albumordner anlegen

Man könnte jetzt alle Bilder, die man auf dem iPod haben möchte, in diesen einen Ordner ablegen. Besser ist es jedoch, für bestimmte Themen oder Ereignisse eigene Ordner anzulegen, die dann als eigenes Album auf dem iPod erscheinen.

Klicken Sie dazu mit der rechten Maustaste auf den Titelbalken des eben erstellten Veröffentlichungsdienstes. Wählen Sie den Menüeintrag VERÖFFENTL. ORDNER ERSTELLEN.

Geben Sie dann im Dialogfeld den gewünschten Namen an. Arbeiten Sie mit dem auf der Buch-DVD enthaltenen Katalog, geben Sie hier den Titel »Barcelona« ein. Lassen Sie das Kontrollkästchen AUSGEWÄHLTE FOTOS EINSCHLIESSEN deaktiviert, da Sie wahrscheinlich kein geeignetes Bild ausgewählt haben.

▼ Abbildung 9.57
Erstellen eines Unterordners als Sammlung

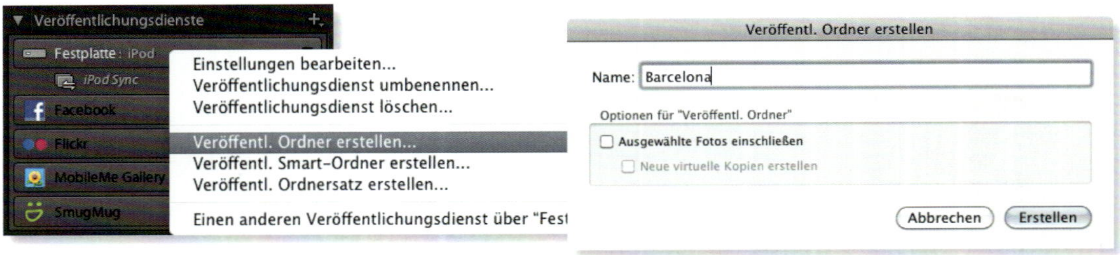

4 Bilder zur Sammlung hinzufügen

Jetzt können Sie Bilder zur Sammlung hinzufügen. Ziehen Sie dazu per Drag & Drop die Bilder in den Ordner, die Sie innerhalb des Albums veröffentlichen wollen. Wenn Sie zum Beispiel mit den Bildern von der Buch-DVD arbeiten, wählen Sie die schönsten Bilder aus dem Ordner »Spanien/Barcelona«.

▼ Abbildung 9.58
Bilder werden jetzt per Drag & Drop zum Ordner hinzugefügt.

5 Veröffentlichen

Abschließend können Sie den Ordner veröffentlichen. Dazu müssen Sie den Ordner mit den neu zugewiesenen Bildern auswählen. Anschließend klicken Sie auf die Schaltfläche VERÖFFENTLICHEN am unteren Ende des linken Bedienfeldes ❶ oder oben rechts in der Infoleiste ❷.

▼ Abbildung 9.59
Zum Veröffentlichen können Sie auf eine der zwei entsprechenden Schaltflächen klicken.

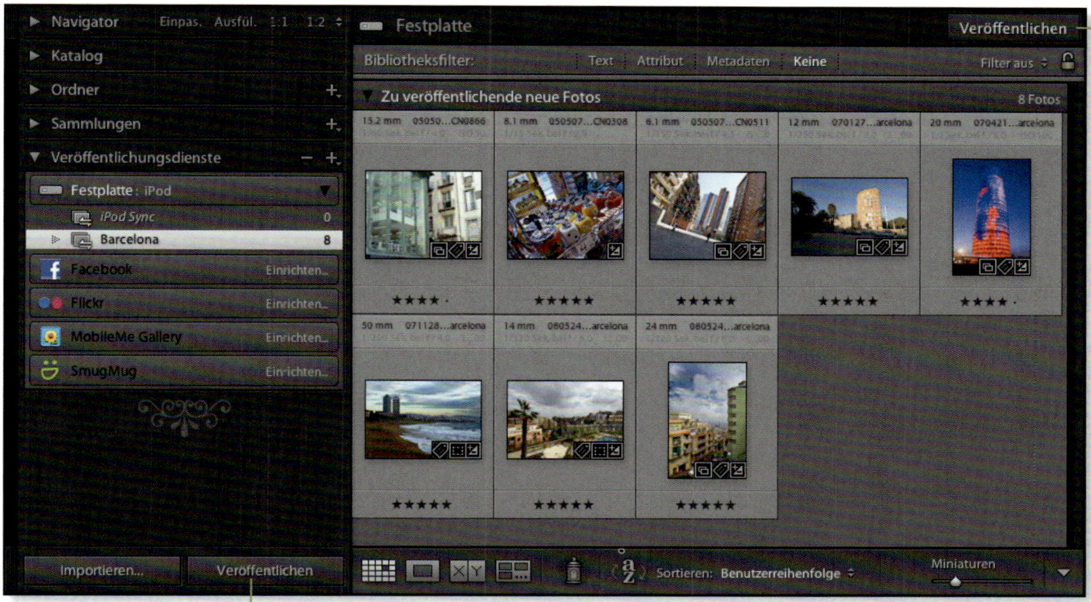

❶ ❷

Der Ordner wird von Lightroom an der angegebenen Stelle erzeugt, und die Bilder werden darin veröffentlicht. Jetzt müssen Sie nur noch in iTunes angeben, dass das Programm die Bilder künftig mit diesem Ordner synchronisieren soll.

▼ Abbildung 9.60
Der veröffentlichte Ordner in Mac OS X; unter Windows befindet er sich an vergleichbarer Stelle.

6 iTunes-Synchronisation einstellen

Starten Sie iTunes, und schließen Sie Ihren iPod oder Ihr iPhone an. Sobald das Gerät erkannt wird ❶, aktivieren Sie den Reiter Fotos ❹. Haben Sie noch nie Bilder mit dem iPod oder iPhone synchronisiert, müssen Sie jetzt das Kontrollkästchen oben links im Fenster ❷ aktivieren. Danach können Sie mit Hilfe des Dropdown-Menüs ❸ den Ordner auswählen, in dem die Bilder veröffentlicht wurden. Verwenden Sie dazu den Ordner »iPod Sync« und nicht den Unterordner. Sonst wird nur dieser Unterordner synchronisiert und nicht die darin enthaltenen Albumordner.

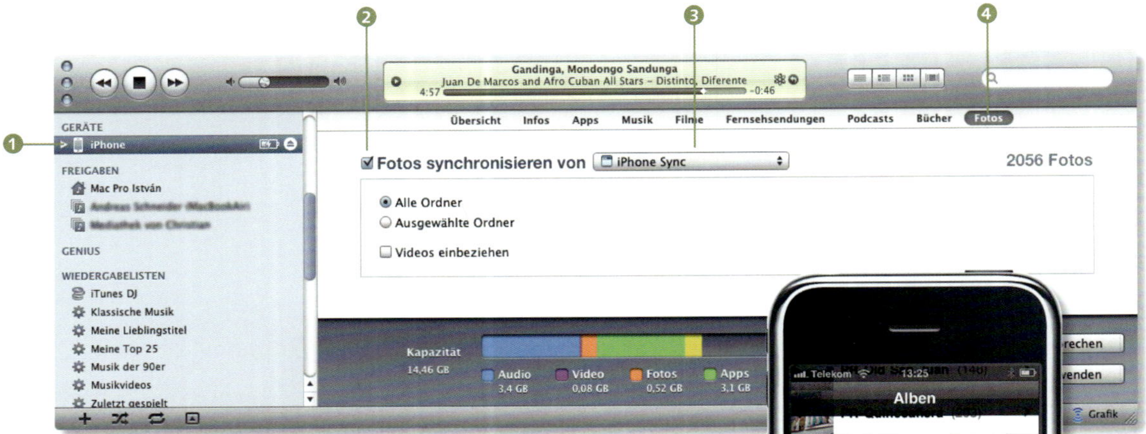

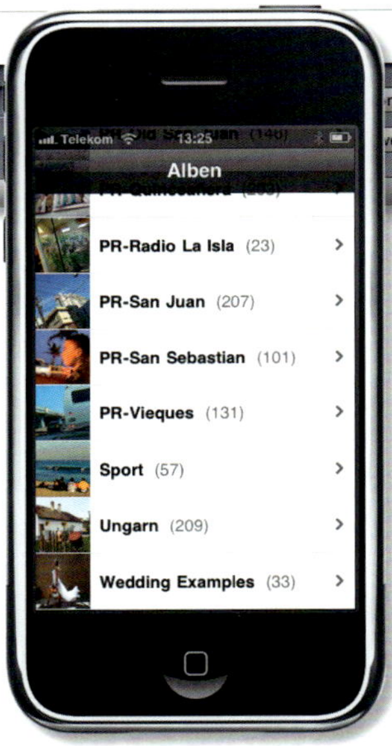

▲ **Abbildung 9.61**
Innerhalb von iTunes wird der Hauptordner als Synchronisationsordner definiert. Nach der Synchronisation erscheinen die Unterordner als Alben auf dem iPod beziehungsweise iPhone.

10 Das Entwickeln-Modul

Jetzt kommen wir zum Herzstück von Photoshop Lightroom – in den Bereich, in dem die Bilder entwickelt und korrigiert werden. Das dafür zuständige Modul ENTWICKELN enthält die Steuerelemente zur Anpassung von Weißabgleich, Belichtung, Farb- und Tonwerten. Hier werden Bilder beschnitten, gedreht, rote Augen, Objektivfehler, Bildrauschen oder Staubflecken entfernt.

▲ Abbildung 10.1
Das Entwickeln-Modul zur Bearbeitung von Bildern im Überblick

Diese Anpassungen werden nicht in das Bild hineingeschrieben, sondern als Einstellungen extra in den Metadaten abgespeichert. Alle Bearbeitungen können also ganz einfach wieder zurückgenommen werden – ganz im Sinne des nichtdestruktiven Workflows. Am Ende der Arbeiten im Entwickeln-Modul steht ein perfektes Bild, das dann abgespeichert an andere Programme wie Photoshop für weitere gestalterische Arbeiten oder aber an die Ausgabemodule von Lightroom übergeben werden kann.

10.1 Ansichtssteuerung

Bevor Sie damit beginnen, Ihre Bilder zu bearbeiten, sollten Sie sich mit den Werkzeugen vertraut machen. Wichtig ist etwa zu wissen, wie man die Bildansicht so einstellen kann, dass man an einem Bild möglichst gut arbeiten kann. Es gibt einige Möglichkeiten, in ein Bild hineinzuzoomen und den Bildausschnitt zu verändern. Eine weitere Funktion der Ansicht ist die gleichzeitige Vorher-Nachher-Darstellung. Diese ist bei der Entwicklung von Bildern sehr hilfreich, da man damit direkt erkennt, welchen Grad an Verbesserung eine Bearbeitung in einem Bild bewirkt hat.

Abbildung 10.2 ▸
Aktivierung des Zooms über die Tasten der Zoomstufen-Bezeichnungen im Bedienfeld NAVIGATOR

10.1.1 Zoomen von Bildern

Das gesamte Bild im Ansichtsfenster zu sehen erleichtert den guten Überblick beim Bearbeiten von Farben und Helligkeit. Beim Beurteilen von Schärfe, chromatischer Aberration und Bildrauschen jedoch müssen Sie schon näher an das Bild herangehen, um jedes Pixel einzeln betrachten zu können. Lightroom bietet für solche Arbeiten mehrere Zoomstufen an, die Sie über das linke Bedienfeld NAVIGATOR aufrufen können. Ein weißer Ausschnittsrahmen zeigt Ihnen im Vorschaufenster dieses Bedienfeldes an, welchen Ausschnitt Sie im Ansichtsfenster sehen.

Zum Einzoomen klicken Sie auf die Bezeichnung der gewünschten Zoomstufen neben dem Bedienfeldnamen: EINPAS., AUSFÜL., 1:1 oder 4:1. Diese Bezeichnungen bedeuten im Einzelnen:

TIPP

Nur in der 1:1-Darstellung oder in einer größeren Zoomstufe erkennt man Effekte wie das Scharfzeichnen richtig, da hier keine Pixel interpoliert (umgerechnet) werden müssen. Jede Umrechnung verfälscht den Effekt.

- **Einpassen:** Hierbei wird das Bild immer komplett im Ansichtsfenster angezeigt, der Ausschnittsrahmen umrahmt das gesamte Bild. Diesen Ausschnitt wird man vor allem dann wählen, wenn Farb- oder Helligkeitskorrekturen durchgeführt werden, denn dafür muss immer das ganze Bild sichtbar sein.

◂ **Abbildung 10.3**
In der Zoomstufe EINPAS. wird das Bild in das Ansichtsfenster eingepasst.

- **Ausfüllen:** Das Bild wird vergrößert, bis es das Ansichtsfenster ausfüllt. Hochformatfotos passen dabei zwar in der Breite ins Fenster, werden jedoch in der Höhe beschnitten, während Querformatbilder seitlich beschnitten werden.

◂ **Abbildung 10.4**
In der Zoomstufe AUSFÜL. passt sich das Bild in das Ansichtsfenster ein, bis eine Seite den Rand berührt – in diesem Fall die Breite.

- **Originalgröße (1:1):** In dieser Zoomstufe werden Pixel in der Größe dargestellt, in der sie einem Pixel der Monitorauflösung entsprechen. Das bedeutet, dass in dieser Stufe keine Größenumrechnungen stattfinden und Sie jedes Pixel so sehen, wie es im Bild tatsächlich vorhanden ist. Diese Darstellung sollten Sie beim Schärfen, bei der Rauschfilterung und bei der Korrektur der chromatischen Aberration verwenden.

Abbildung 10.5 ▸
In der Zoomstufe 1:1 füllt jedes Pixel des Bildes ein Pixel des Monitors aus.

- **Konfigurierbare Zoomstufe (1:4 bis 11:1):** Die letzte Zoomstufe können Sie selbst festlegen. Sie wählen sie über das Dropdown-Menü aus, das nach einem Mausklick auf die Pfeile neben der aktuell eingestellten Zoomstufe erscheint.

Abbildung 10.6 ▸
Über ein Dropdown-Menü können Sie die vierte Zoomstufe einstellen.

Die Stufen lassen sich von der Darstellung in 25% (= 1:4) über die doppelte Größe (2:1) bis zu einer Vergrößerung von 1100% (11:1) einstellen.

10.1.2 Bildausschnitt verändern

Passt das Bild in der aktuellen Zoomstufe nicht in das Ansichtsfenster, gibt es drei Möglichkeiten, den Ausschnitt zu verändern:

- **Verschieben im Ansichtsfenster:** Bewegen Sie die Maus auf das Ansichtsfenster und halten dabei die Maustaste gedrückt, so erscheint eine Hand anstatt der Lupe. Verschieben Sie nun den Ausschnitt mit der Maus.
- **Verschieben im Navigator:** Befindet sich die Maus über dem Vorschaubild im NAVIGATOR-Bedienfeld, wird an der Mausposition ein Kreuz angezeigt. Klicken Sie an eine beliebige Stelle in der Vorschau, und der Ausschnitt verschiebt sich an diesen Punkt. Angezeigt wird das durch das Wandern des weißen Rechtecks, das den aktuellen Ausschnitt anzeigt.
- **Verschieben mit dem Mausrad:** Besitzer einer Maus mit Mausrad oder der Mighty-Mouse von Apple haben auch noch die Möglichkeit, den Ausschnitt damit zu verschieben. Das Scrollen mit dem Mausrad bewegt den Ausschnitt auf und ab. Das seitliche Wegdrücken des Rades bewegt den Ausschnitt seitlich. Diese Variante ist eventuell nicht mit jeder Maus möglich, probieren Sie es einfach aus.

▲ **Abbildung 10.7**
Der Rahmen zeigt die Position des Bildausschnitts an. Klickt man mit dem Kreuz-Mauszeiger an einer anderen Stelle in das Bild, wird der Ausschnitt um diesen Punkt zentriert.

10.1.3 Zoomen auf Mausklick

Für erfahrene Benutzer und Profis bedeutet jede Strecke, die man mit der Maus zurücklegen muss, einen Zeitverlust. Sie greifen auf die fortgeschrittene Mausbedienung zurück, zumal diese keine versteckte Wunderwaffe ist. Alles geschieht einfach auf Mausklick.

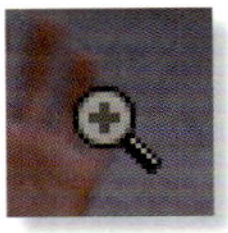

▲ **Abbildung 10.8**
Erscheint das Lupen-Symbol, so können Sie mit einem Mausklick zoomen.

Einfacher Mausklick | Sicher ist Ihnen das Lupen-Symbol schon aufgefallen. Es erscheint, sobald Sie sich mit der Maus im Ansichtsfenster über dem Bild befinden.

Klicken Sie mit dem Lupen-Symbol einmal kurz in das Bild, so wird es herangezoomt. Der Punkt, an dem Sie geklickt haben, ist dabei immer der Mittelpunkt des neu entstandenen Ausschnitts. Klicken Sie erneut in das Bild, und es wird wieder ausgezoomt.

Temporärer Zoom | Klicken Sie mit der Maustaste in das Bild und halten dabei die Maustaste gedrückt, bleibt das Bild so lange gezoomt, bis die Maustaste wieder losgelassen wird. Während-

TIPP

Über das Dropdown-Menü hinter der dreieckigen Schaltfläche am rechten Rand der Werkzeugleiste können Sie in allen Modulen die dafür vorgesehenen Werkzeuge ein- und ausblenden. Denn vor allem bei niedrigen Auflösungen von Notebooks haben eventuell nicht alle Werkzeuge Platz.

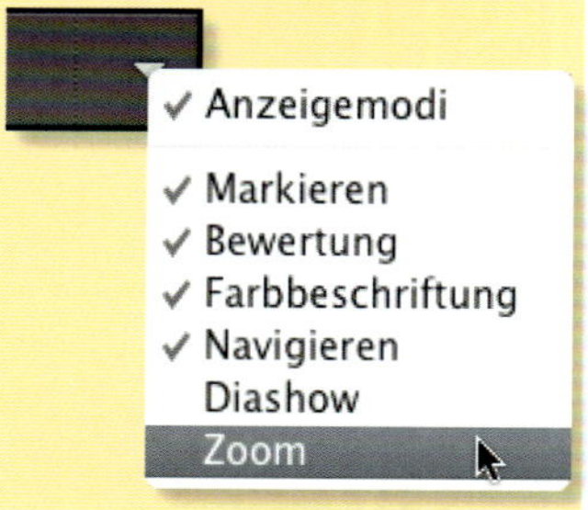

dessen können Sie den Ausschnitt des Bildes frei verschieben, um ausgewählte Bildstellen gezielt zu kontrollieren.

Zoomgrenzen festlegen | Das Zoomen auf Mausklick bietet noch eine weitere Möglichkeit, derer man sich zunächst nicht bewusst ist:

Arbeitet man in der Zoomstufe EINPAS. (Einpassen), wird das Bild beim Klicken auf Originalgröße (1:1) gezoomt. Ein weiterer Klick verkleinert das Bild wieder. Wenn man nun aber im Bedienfeld NAVIGATOR auf die konfigurierbare Zoomstufe klickt, wird beim nächsten Zoomvorgang diese anstelle der Originalgröße verwendet. Man wechselt jetzt also zwischen EINPAS. und beispielsweise 4:1 anstatt zwischen EINPAS. und 1:1.

Die Zoomstufen werden somit quasi umgeschaltet. Dies funktioniert übrigens auch auf der anderen Seite mit EINPAS. und AUSFÜL. Zoomt man von der eingepassten Ansicht, ist dies auch der nächste Ausgangspunkt des Zoomvorgangs.

10.1.4 Zoomen in der Werkzeugleiste

Es gibt noch eine weitere Variante zum Zoomen. In der Werkzeugleiste kann ein Regler eingeblendet werden (siehe Tipp-Kasten links oben), über den die Zoomstufe reguliert wird. Alle anderen Zoomfunktionen bleiben erhalten. Sie verändern nur den Wert der konfigurierbaren Zoomstufe.

Abbildung 10.9 ▸
Zoomregler in der Werkzeugleiste

Ist der Regler bei Ihnen nicht sichtbar, müssen Sie ihn erst zur Werkzeugleiste hinzufügen. Klicken Sie dazu auf die dreieckige Schaltfläche am rechten Rand der Werkzeugleiste. Im geöffneten Dropdown-Menü wählen Sie den Punkt ZOOM aus. Dadurch wird die Anzeige des Reglers in der Werkzeugleiste aktiviert (siehe Tipp-Kasten links oben).

Der Zoomregler hat die gleichen Auswirkungen wie die Einstellung der konfigurierbaren Zoomstufe im Navigationsbedienfeld. Regler und Zoomfaktor sind voneinander abhängig, die Veränderung eines der beiden Werkzeuge passt den Wert des jeweils anderen an.

10.2 Bildbeurteilung mit dem Histogramm

Jedes Pixel eines Bildes besitzt einen Farbwert mit einer bestimmten Helligkeit. Durch die Verteilung der Farben und Helligkeitswerte auf die Bildpixel wird der Inhalt des Bildes für uns erst sichtbar. Auf Monitoren wird der gesamte Helligkeitsumfang eines Bildes nicht immer korrekt dargestellt. Dies hat mehrere Gründe: Zum einen ist kein qualitativ noch so hochwertiger Monitor in der Lage, eine dem menschlichen Auge entsprechende Auflösungsfähigkeit darzustellen. Zum anderen ist der Monitor selten so eingestellt, dass er Farben und Helligkeiten wirklich korrekt wiedergibt. Die Farben werden am Monitor quasi komprimiert angezeigt. Dadurch werden vor allem an hellen und dunklen Bildstellen die Helligkeitsunterschiede nicht so deutlich, wie man es für eine wirklich präzise Beurteilung benötigt und wie man es vielleicht in der Realität gesehen hat. Am besten wäre eine Beurteilung der Farb- und Helligkeitsverteilung anhand einer inhaltsneutralen Form.

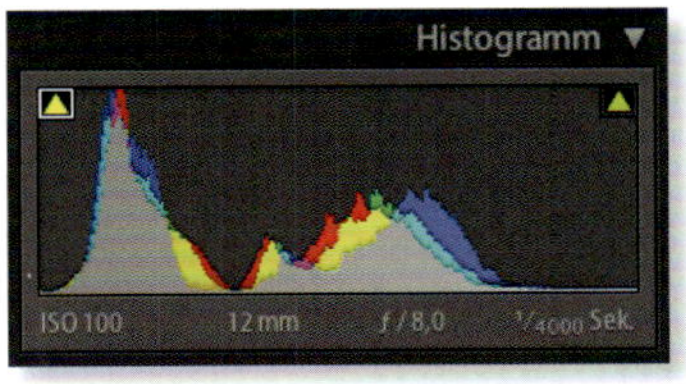

▲ **Abbildung 10.10**
Das Histogramm wird in den Modulen Bibliothek und Entwickeln angezeigt. Während der Entwicklung ist es ein unverzichtbares Kontrollwerkzeug.

10.2.1 Farb- und Helligkeitsverteilung im Histogramm

Eine inhaltsneutrale Darstellung der Farb- und Helligkeitsverteilung wird über das Histogramm erreicht. Es zeigt die Menge und die Verteilung der Helligkeitswerte in einem Bild an.

Die waagerechte Achse definiert die Helligkeit: Rechts sind die hellen Werte zu finden, links die dunklen. In Zahlen ausgedrückt: Rechts befindet sich ein Helligkeitswert von 255 (Weiß), links ein Wert von 0 (Schwarz). Die Abstufungen entsprechen den 256 Stufen der 8-Bit-Darstellung pro Farbe.

HISTOGRAMM

Das Histogramm gibt an, wie oft ein Farb- oder Helligkeitswert im Verhältnis zu allen anderen Werten vorkommt. Rechts im Histogramm befinden sich die hellen Stellen, links die dunklen. Das Histogramm geht von einer Abstufung von 8 Bit = 256 Stufen aus.

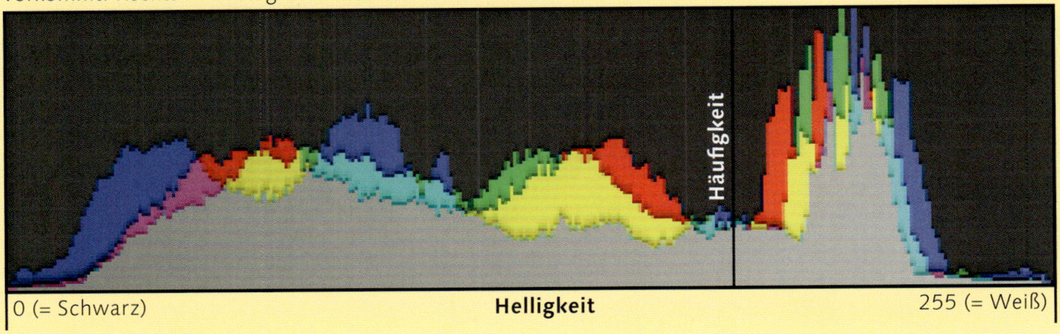

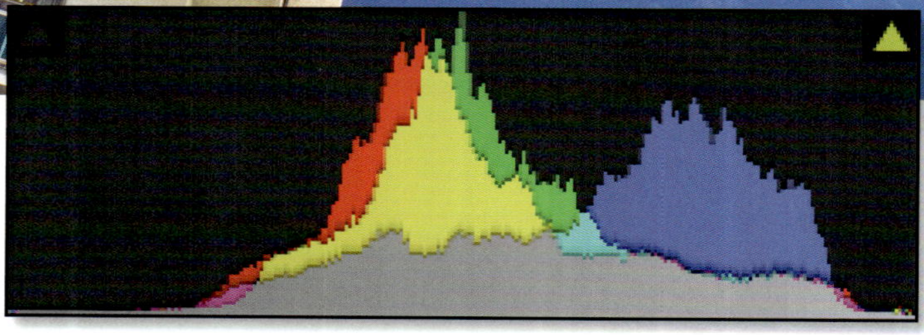

▲ **Abbildung 10.11**
Das Histogramm zeigt nicht nur die Gesamthelligkeit an, sondern auch die Helligkeit der einzelnen Grund- und Komplementärfarben.

Die vertikale Achse gibt an, wie häufig ein Wert im Bild vorkommt. Je mehr Pixel einen bestimmten Helligkeitswert besitzen, umso höher ist der Balken bei dem entsprechenden Helligkeitswert.

Farbdarstellung im Histogramm | Das Histogramm von Lightroom zeigt für jede Farbe ein eigenes Histogramm an. Diese Kurven liegen hinter der Gesamthelligkeit und werden in der jeweiligen Farbe dargestellt. Sie kommen vor allem in solchen Fotos zum Vorschein, die eine hohe Farbsättigung haben und in denen die Farben stark voneinander getrennt sind.

In der oben abgebildeten Aufnahme herrschen die Farben Blau und Gelb vor. Das zarte Gelb der Hauswand hat eine wärmere Färbung, gekennzeichnet durch den roten Bereich im Histogramm. Der Grün- und Cyananteil entsteht durch die Farbe der Glasverkleidung an den Balkonen.

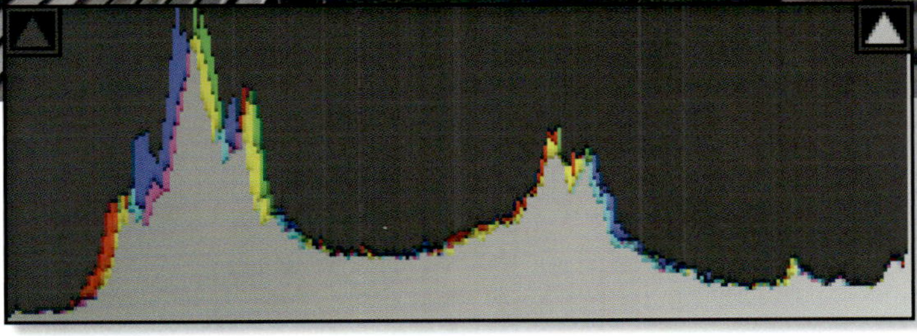

▲ **Abbildung 10.12**
Bei Bildern mit einer geringen Farbsättigung deckt sich der Verlauf der Gesamthelligkeit mit den Graphen der Farben.

Sind alle Farben in einem Helligkeitswert enthalten, wird der gemeinsame Anteil als Gesamthelligkeit in einer grauen Kurve dargestellt.

Verlauf der Gesamthelligkeit | Der graue Verlauf im Histogramm gibt also die Gesamthelligkeit aller Farben zusammen an. Nur wenn beispielsweise mindestens ein Pixel alle drei Grundfarben mit voller Helligkeit besitzt – also Rot, Grün und Blau den Wert 255 besitzen –, kann am linken Rand des Histogramms ein grauer Balken erscheinen. Ein Pixel allein erzeugt aber noch keinen hohen Kurvenausschlag. Nur wenn viele Pixel diesen Wert haben, wird eine Kurve sichtbar. Blitzen hinter dem grauen Graphen nur wenige Farbspitzen auf, besitzt das Bild eine geringe Farbsättigung. Dieser graue Graph ist für uns der wichtigste. Die Farbkanäle sind nur in zweiter Linie interessant. Ist der Histogrammverlauf in der Gesamthelligkeit optimal, so spielen die Farbgraphen keine Rolle.

HINWEIS

In diesem Abschnitt erfahren Sie vieles über die optimale Belichtung von Bildern. Grundsätzlich gilt aber natürlich: Optimal ist, wenn das Bild gefällt. Für die hier beschriebene Beurteilung wird angenommen, dass eine Detailzeichnung in allen Bereichen des Bildes gewünscht wird.

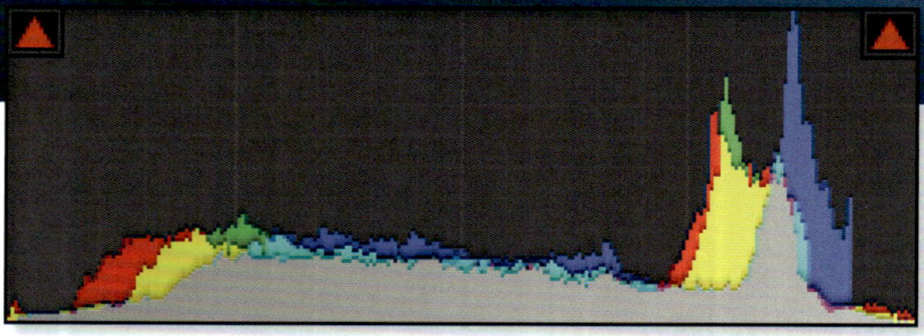

▲ **Abbildung 10.13**
Ein optimaler Histogrammverlauf besitzt weder Spitzen an der hellsten (ganz rechts) noch an der dunkelsten Stelle (ganz links).

10.2.2 Beurteilung der Bildqualität mit dem Histogramm

Das Histogramm gibt uns mit den Graphen Informationen über die Qualität eines Bildes bezüglich seiner Zeichnung und seines Helligkeitsverlaufs. Unter Zeichnung oder Detailzeichnung versteht man den Helligkeitsunterschied benachbarter Pixel. Denn nur wenn Pixel von unterschiedlicher Farbe oder Helligkeit sind, kann man die feinen Details in Bildern erkennen. Eine Aussage über die Bildqualität kann schon bei der Aufnahme getroffen werden, da die meisten Digitalkameras die Darstellung eines Histogramms erlauben. Somit können Sie bereits beim Fotografieren über das Histogramm die Qualität der Aufnahme in Bezug auf ihre Belichtung überprüfen und eventuell mit einer anderen Belichtungswahl eine neue, korrigierte Aufnahme machen.

Optimale Verteilung im Histogramm | Ein Bild gilt dann als optimal belichtet, wenn es weder komplett schwarze noch vollständig weiße Bildstellen hat. Auf das Histogramm bezogen

▲ **Abbildung 10.14**
Bei einem überbelichteten Bild entstehen im rechten Bereich des Histogramms Spitzen. Dort geht die Detailzeichnung verloren.

bedeutet dies, dass ganz rechts und ganz links keine hohen Balken bzw. Spitzen zu sehen sein sollten. Nur dann enthält das Bild alle Details. Am einfachsten erreicht man das bei weichem Vormittags- oder Nachmittagslicht, das von hinten einfällt, oder bei stark bewölktem Himmel.

Aus einem optimal belichteten Bild lassen sich auch ganz bewusst Über- oder Unterbelichtungen erstellen, während dies umgekehrt normalerweise nicht möglich ist.

Überbelichtung | Überbelichtung bedeutet, dass zu viel Licht auf den Sensor gefallen ist. Dabei entstehen viele extrem helle Pixel. Auf der rechten Seite des Histogramms bildet sich ein hoher Berg, und die Detailzeichnung im hellen Bereich geht verloren. Im abgebildeten Beispiel ist davon sogar der Kontrast zwischen Himmel und Wasser betroffen. Fehlt die Detailzeichnung im Bild infolge einer Überbelichtung, so kann sie auch später in der Farbkorrektur nicht wiederhergestellt werden.

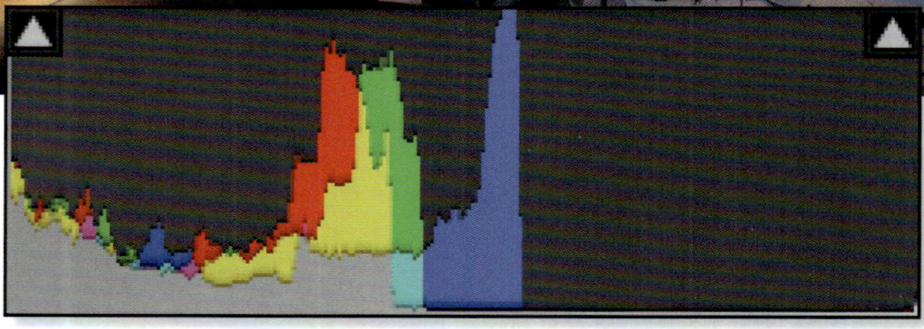

▲ Abbildung 10.15
Bei einem unterbelichteten Bild entstehen am linken Rand des Histogramms Spitzen. Dabei geht die Detailzeichnung in den dunklen Bereichen verloren.

Unterbelichtung | Bei der Unterbelichtung eines Bildes entsteht das gleiche Problem wie bei der Überbelichtung – nur auf der anderen Seite des Histogramms. Dabei fällt zu wenig Licht auf den Sensor, und das Rauschen wird stärker. Dabei geht dann auch die Detailzeichnung verloren, da nicht genügend Helligkeitsabstufungen gespeichert werden können (siehe Seite 362).

Natürlich gibt es auch gewollte Unterbelichtungen – zum Beispiel bei Nachtaufnahmen oder um Personen und Gegenstände im Licht besser hervorzuheben. Dabei wird der unerwünschte Hintergrund ausgeblendet. Das satte Schwarz verdeckt auch das Bildrauschen, das besonders bei langen Belichtungszeiten und bei hohen ISO-Werten in dunklen Bereichen auftritt.

▼ Abbildung 10.16
Zwei Beispiele für gewollte Unterbelichtung: links, um den Hintergrund auszublenden, und rechts, um die Personen als Silhouetten darzustellen

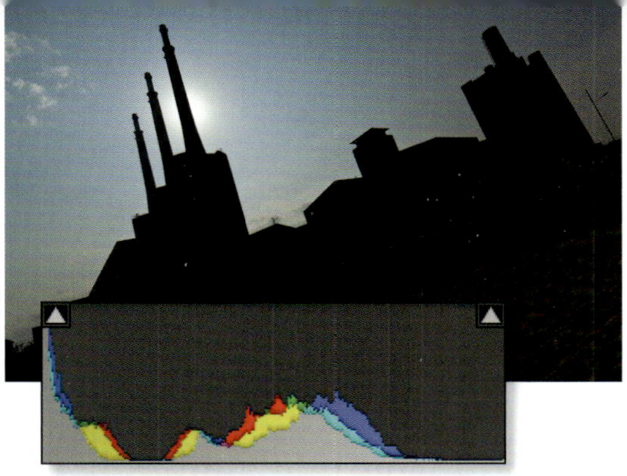

▲ **Abbildung 10.17**
Versucht man bei Gegenlichtaufnahmen durch geringe Belichtung die Detailzeichnung an den hellen Stellen zu erhalten, so erhält man meist eine eher unterbelichtete Aufnahme.

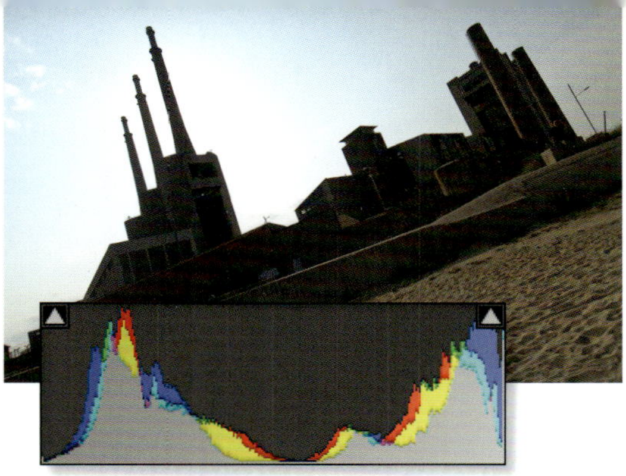

▲ **Abbildung 10.18**
Bei Gegenlicht ist ein Überstrahlen der Sonne nicht zu vermeiden. Es entsteht zwar eine Spitze im Histogramm, dafür erkennt man aber noch die Details in den anderen Bereichen.

Gegenlicht | Bei Gegenlicht kämpft man vor allem mit Überbelichtung. Fotografieren Sie direkt in die Sonne, werden Sie das nicht vermeiden können. Sie laufen nämlich sonst Gefahr, dass der Rest des Bildes zu stark unterbelichtet wird. Hier hilft es nur, in diesem Fall das Schicksal zu akzeptieren und sein Augenmerk auf den Rest des Bildes zu lenken.

Extremer Dynamikumfang | Leider besitzen Digitalkameras einen eher geringen Dynamikumfang. Dieser liegt im Bereich von vier bis sechs Blendenstufen. Durch das Raw-Format lässt sich der Umfang zwar etwas erweitern, allerdings gibt es bislang keine Geräte, die diesen Helligkeitsumfang tatsächlich reproduzieren können.

▼ **Abbildung 10.19**
Spitzen am rechten und linken Rand des Histogramms zeigen einen zu hohen Dynamikumfang an.

Daher werden Sie vor allem dann Probleme bekommen, wenn sehr helle und sehr dunkle Stellen zugleich im Bild vorkommen.

Charakteristisch sind Spitzen an beiden Seiten des Histogramms. Da bei Raw-Daten eine Unterbelichtung besser ausgeglichen werden kann, sollten Sie in diesem Fall darauf achten, die hellen Stellen entweder gar nicht oder nur ganz wenig überzubelichten. Das Rauschen an den dunklen Stellen nimmt dann allerdings zu. Um auf Nummer sicher zu gehen, machen Sie einfach eine Belichtungsreihe.

▲ **Abbildung 10.20**
Bilder mit überbelichteten Bereichen besitzen im Histogramm am linken Rand eine Spitze und oft eine Lücke zu den nächstdunkleren Werten.

▲ **Abbildung 10.21**
Die Überbelichtung lässt sich hier nicht mehr korrigieren. Das ist in diesem Beispiel allerdings kein Beinbruch. Die gewollte Wirkung bleibt dennoch erhalten.

10.2.3 Fehlbelichtungen im Histogramm erkennen

Manchmal können Sie es nicht vermeiden, dass Teile des Bildes über- oder unterbelichtet werden. Im Raw-Modus haben Sie die Möglichkeit, Fehlbelichtungen auch noch im Nachhinein zu korrigieren – in einem gewissen Rahmen zumindest. Es gilt dabei zwei Aspekte zu beachten: Unterbelichtungen zu korrigieren bedeutet erhöhtes Rauschen in den dunklen Bildpartien. Überbelichtung verursacht einen Photonenüberlauf, was die Farben verfälschen kann und somit das Korrigieren erschwert. Wie viel man über- oder unterbelichten kann, ist auch von der Kamera abhängig. Haben Sie schon Erfahrungswerte mit Ihrem Gerät gesammelt, können Sie bereits am Verlauf des Histogramms erkennen, ob sich eine Fehlbelichtung überhaupt noch korrigieren lässt.

▲ **Abbildung 10.22**
Überbelichtungen, die extreme Spitzen aufweisen, lassen sich nicht mehr korrigieren.

▲ **Abbildung 10.23**
Knapp überbelichtete Bilder enthalten in der Regel so viel Reserven …

▲ **Abbildung 10.24**
… dass in der Korrektur noch Details herausgearbeitet werden können.

Steigt das Histogramm in den Grenzbereichen plötzlich an und klafft eine Lücke zu den nächsten Werten, deutet das auf einen großen Bereich mit extremer Helligkeit oder Dunkelheit hin. Diese Stellen lassen sich meist nicht mehr nachkorrigieren. Aber wie an den Beispielen zu erkennen ist, stört eine Überbelichtung auch nicht grundsätzlich.

Wenn man aufgrund des Helligkeitsumfangs keine andere Möglichkeit hat, als eine Über- oder Unterbelichtung in Kauf zu nehmen, sollte man beim Fotografieren darauf achten, dass im Histogramm die Helligkeitswerte neben den Spitzen möglichst

▼ **Abbildung 10.25**
Bei Gegenlicht neigt man zur Unterbelichtung. Wenn Sie diese aber in Grenzen halten …

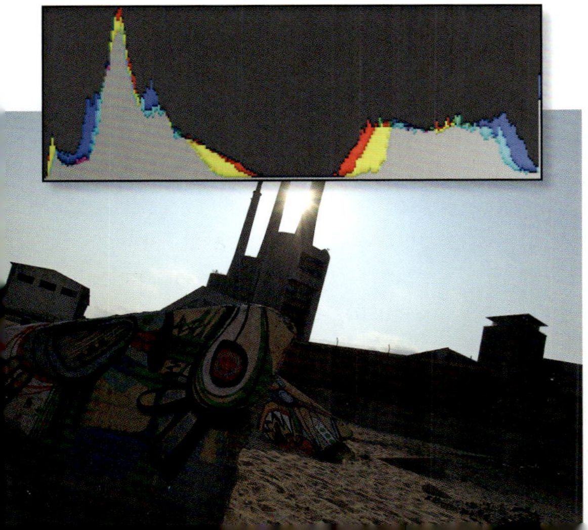

▼ **Abbildung 10.26**
… können Sie sie fast vollständig korrigieren. Ein Aufhellblitz wäre hier jedoch hilfreich gewesen.

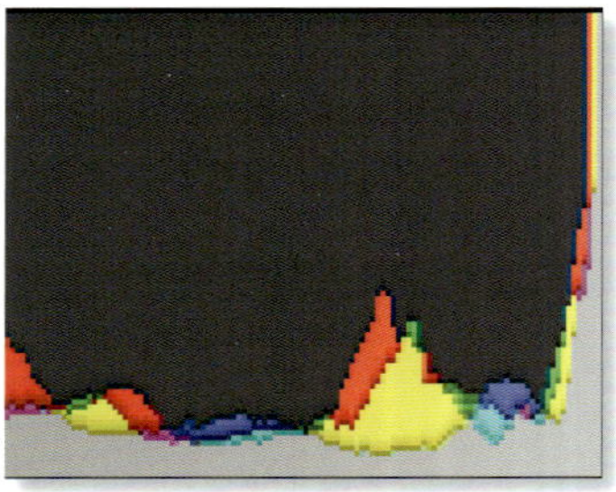

▲ **Abbildung 10.27**
Weiche Anstiege im Histogramm weisen auf Detailzeichnung trotz Überbelichtung hin. Hier hat man gute Chancen, die Überbelichtung zu korrigieren.

weich ansteigen beziehungsweise abfallen. Das bedeutet, dass in diesen Bereichen noch Detailzeichnung vorhanden ist, und das heißt wiederum, dass man von der optimalen Belichtung nicht allzu weit entfernt sein kann. Eine halbe oder ganze Blende lässt sich dann meist noch problemlos korrigieren. In einem solchen Fall ist es immer besser, das Bild unterzubelichten.

10.2.4 Hellste und dunkelste Stellen anzeigen

Das Histogramm gibt zwar darüber Auskunft, ob ein Bild falsch belichtet ist, über die Stelle und die Verteilung der über- bzw. unterbelichteten Pixel sagt es allerdings nichts aus. Sie können sich jedoch die Stellen auch anzeigen lassen, an denen ein Bild komplett ins reine Schwarz oder Weiß springt (Clipping).

Schritt für Schritt: Vorschau der hellsten und dunkelsten Bildpixel

In dieser Anleitung erfahren Sie, wie Sie zur Belichtungskontrolle die Clipping-Funktion der hellsten und dunkelsten Bereiche aktivieren.

1 Anzeige der dunkelsten Pixel temporär aktivieren

Achten Sie darauf, dass Sie sich im Entwickeln-Modul befinden. Bewegen Sie den Mauszeiger über das linke Dreieck am rechten oberen Rand des Histogramms.

▼ **Abbildung 10.28**
Über das linke Dreieck-Symbol wird die Vorschau der dunkelsten Stellen im Bild aktiviert.

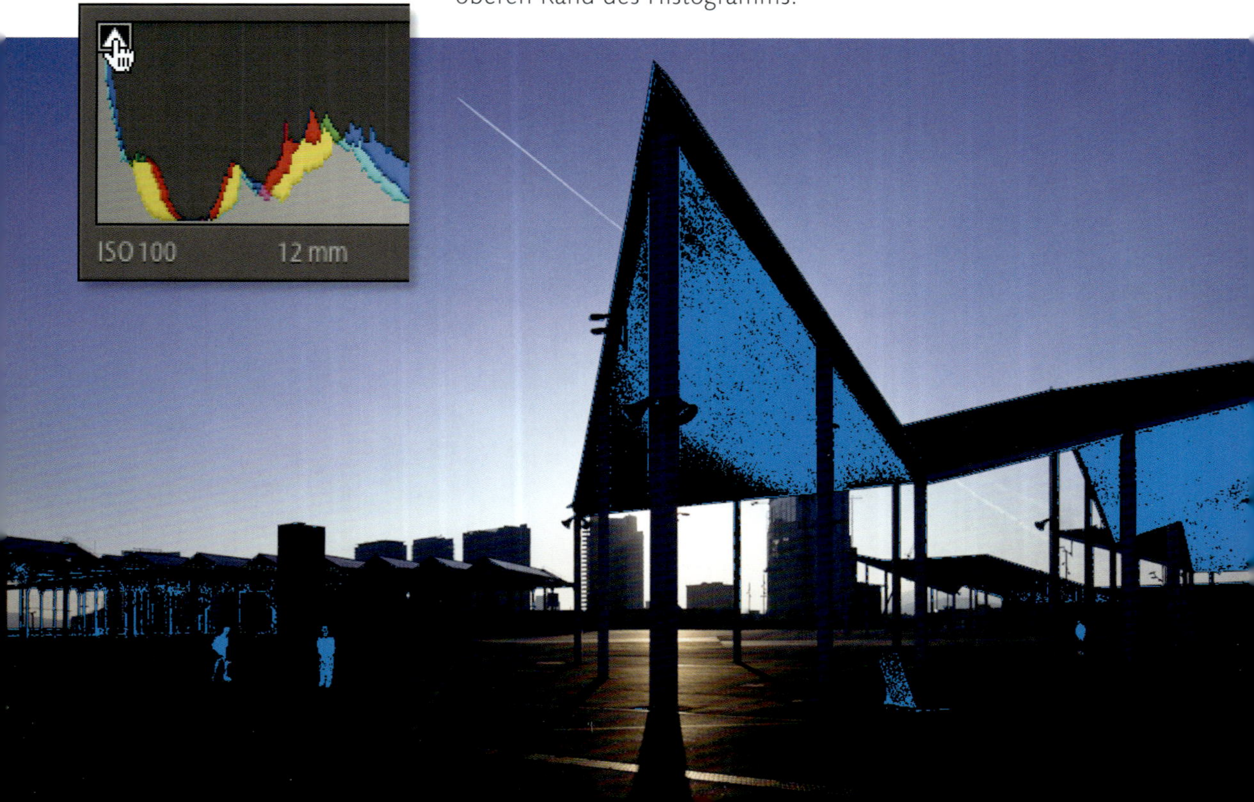

Sobald sich der Mauszeiger über dem Dreieck befindet, wird er zum Handcursor. Zugleich werden im Ansichtsfenster alle schwarzen Pixel Blau dargestellt. Wenn Sie den Zeiger vom Dreieck wegbewegen, werden die Pixel in ihrer Originalfarbe angezeigt.

2 Anzeige dauerhaft aktivieren

Um die Anzeige der dunkelsten Pixel dauerhaft zu aktivieren, klicken Sie das Dreieck an. Das Feld wird daraufhin weiß umrandet, und die Tiefenwarnung bleibt nun im Bild, auch wenn Sie die Maus vom Dreieck wegbewegen.

Nicht immer sind die dunkelsten Pixel im Bild schwarz. Sie können auch nur aus einer oder zwei anderen Farben bestehen. Dies wird durch die Färbung des Dreiecks angezeigt. Neben den Grundfarben (Rot, Grün, Blau) und den Komplementärfarben (Cyan, Magenta, Gelb) gibt es noch Weiß als neutralen Ton sowie Grau. Letzteres bedeutet, dass kein Pixel mit einem Helligkeitswert von Null in mindestens einer Farbe vorkommt.

3 Anzeige der hellsten Pixel aktivieren

Analog zu den dunkelsten Pixeln funktioniert auch die Vorschau der hellsten Pixel. Diese werden rot eingefärbt.

Bewegen Sie den Mauszeiger zur Anzeige der hellsten Pixel über das rechte Dreieck des Histogramms.

Klicken Sie auch hier das Dreieck an, um die Warnung der hellsten Pixel dauerhaft festzulegen. Ein weiteres Anklicken entfernt die Vorschau wieder. ■

▼ Abbildung 10.29
Über das rechte Dreieck-Symbol wird die Vorschau der hellsten Stellen im Bild aktiviert.

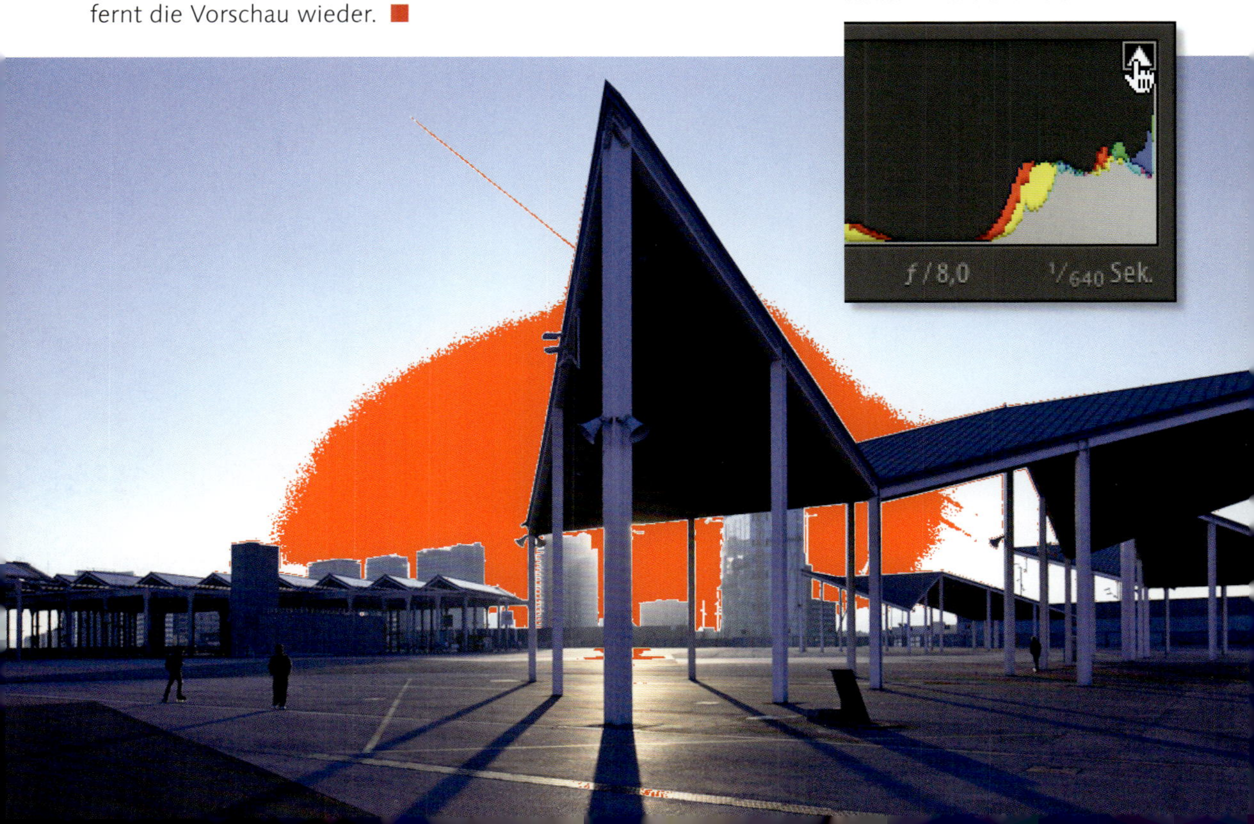

10.3 Grundeinstellungen

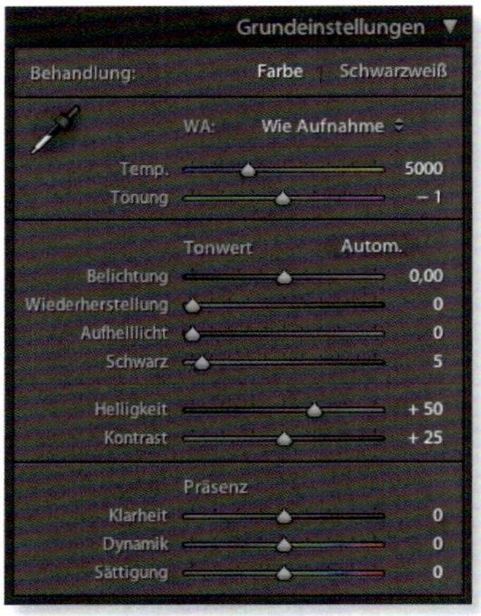

▲ **Abbildung 10.30**
Das Bedienfeld GRUNDEINSTELLUNGEN im Entwickeln-Modul gibt die richtige Reihenfolge der Bearbeitungen vor. Gehen Sie immer von oben nach unten vor.

Die Anordnung der Bedienfelder und Parameter gibt einen möglichen Entwicklungsablauf vor. Als Erstes wird im Bedienfeld GRUNDEINSTELLUNGEN ausgewählt, ob man aus dem digitalen Negativ ein Farbbild oder ein Schwarzweißbild entwickeln möchte. Diese Entscheidung hat Auswirkung auf die Regler darunter.

Als Nächstes führt man den Weißabgleich durch. Anschließend werden – am besten genau in dieser Reihenfolge – Belichtung, Lichter, Schatten, Helligkeit und Kontrast korrigiert. Danach kann man dann noch die Klarheit – eine Art großflächige Scharfzeichnung zur Erhöhung der Tiefenwirkung – und Sättigungseinstellungen anpassen. Doch beginnen wir mit dem ersten Parameter:

10.3.1 Farbe oder Schwarzweiß?

Am Anfang einer jeden Korrektur steht die Entscheidung, ob man ein Farb- oder ein Schwarzweißbild wünscht. Denn davon hängen wiederum weitere Steuerelemente ab. Alle Parameter, die die Sättigung betreffen, werden im Schwarzweißmodus deaktiviert.

▲ **Abbildung 10.31**
Grundsätzlich werden digitale Fotos in der Kamera in Farbe aufgenommen. Farben bieten viele Parameter, über die das Bild bearbeitet werden kann.

▲ **Abbildung 10.32**
Farbbilder können jedoch auch in Schwarzweißbilder umgewandelt werden. Sättigungseinstellungen sind dann nicht mehr möglich.

Um von Farbe auf Schwarzweiß umzuschalten, klicken Sie im Bedienfeld HSL/FARBE/S/W auf S/W. Sie können jederzeit wieder in den Farbmodus zurückkehren, indem Sie den Begriff FARBE anklicken.

Grundsätzliche Farbeinstellungen wie Weißabgleich und selektive Farbkorrekturen sind auch im Schwarzweißmodus möglich, da sie Einfluss auf die Umwandlung der einzelnen Farben in Schwarzweiß haben.

10.3.2 Weißabgleich

Wann ist Weiß wirklich weiß? Je nach der Lichtfarbe, die abhängig von Tageszeit und Wetter schwanken kann, erscheint das Weiß im Bild anders, da die Zusammensetzung der Farben im Licht variiert. Nachmittags bei Sonnenschein haben wir rötlicheres Licht als mittags oder bei bewölktem Himmel. Dann ist das Licht bläulicher und wirkt kälter. Die Färbung des Lichts wird in der Farbtemperatur definiert und in der Einheit Kelvin angegeben. Mehr über die Zusammensetzung von Licht und über die Farbtemperatur können Sie auf Seite 64 nachlesen.

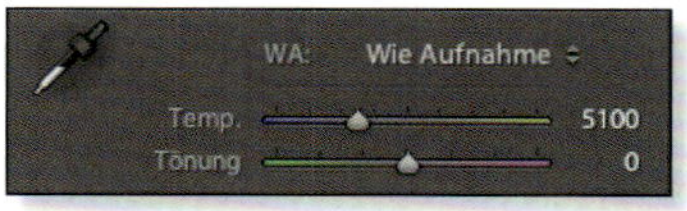

▲ **Abbildung 10.33**
Die Einstellregler für den Weißabgleich

Unser Gehirn korrigiert die Farbtemperatur so, dass für uns Weiß immer als Weiß erscheint — egal, welchen Farbstich es besitzt. Bei Fotos schaltet unser Gehirn diese Korrektur aber ab, und somit erscheint uns dort Weiß manchmal rötlicher oder bläulicher – ganz abhängig von den Lichtverhältnissen bei der Aufnahme. Die Korrektur muss also noch zusätzlich stattfinden. Das geht entweder schon beim Fotografieren selbst oder in der Nachbearbeitung.

Es muss also ein Weißabgleich vorgenommen werden. Dabei wird ein Farbwert gemessen und dessen Abweichung von einem reinen Weiß beziehungsweise neutralen Grauton mit gleicher

▼ **Abbildung 10.34**
Dreimal dasselbe Motiv. Durch die unterschiedliche Lichtfärbung (Farbtemperatur) entsteht jedes Mal ein anderer Eindruck.

Helligkeit analysiert. Anschließend wird die Färbung des Bildes so weit korrigiert, bis der gemessene Punkt eine neutrale Färbung besitzt. In Lightroom gibt es oben im Bedienfeld Grundeinstellungen vier Steuerelemente zur Einstellung des Weißabgleichs.

Stimmung beim Weißabgleich erhalten

Wenn man den Weißabgleich durchführt, sollte man sich möglichst an die Stimmung während des Fotografierens erinnern. In dieser Situation ist die in der Kamera gewählte Farbtemperatur zu niedrig (links), und das Bild wirkt zu warm. Das Anwählen einer weißen Fläche im Kerzenschein hat hier zur Folge, dass die Stimmung verloren geht. Die Bilder sehen dadurch eher so aus, als seien sie bei Blitzlicht fotografiert worden (Mitte). Stellen Sie den Weißabgleich manuell ein. Dabei können Sie die Stimmung besser kontrollieren (rechts). Nur bei rein technischen Reproduktionen – zum Beispiel beim Abfotografieren von Gemälden – ist ein genauer Weißabgleich nötig.

Auswahl einer voreingestellten Farbtemperatur | Neben der Parameterbezeichnung WA (Weissabgleich) befindet sich ein Dropdown-Menü. Dieses ist, solange Sie noch keinen anderen Wert eingestellt haben, mit Wie Aufnahme beschriftet. Dabei wird die im Bild gespeicherte Weißlichtangabe der Kamera übernommen.

Klicken Sie das Dropdown-Menü an, können Sie aus verschiedenen Lichtsituationen auswählen oder Automatisch eine Korrektur durchführen lassen. Diese sucht sich einen hellen, möglichst neutralen Wert und führt anhand dessen den Weißabgleich durch.

Sie können auch wieder zur Kameraeinstellung zurückkehren, wenn keiner der Werte den gewünschten Effekt bringt.

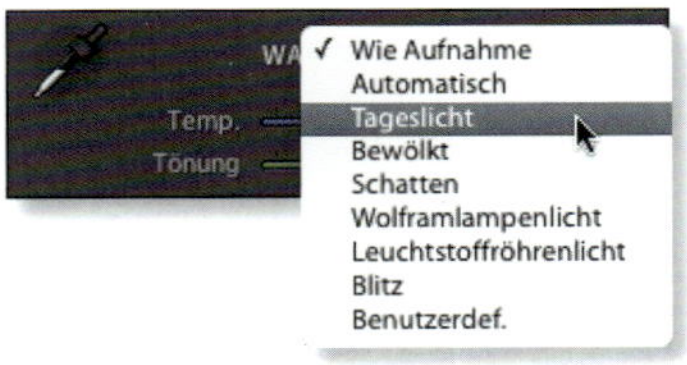

▲ **Abbildung 10.35**
Über ein Dropdown-Menü kann aus einer Liste von voreingestellten Farbtemperaturen ausgewählt werden.

▲ Abbildung 10.36
Das Ausgangsbild, wie es von der Kamera gesehen wird. Der Wert 4900 K ist etwas zu niedrig. Die Farben wirken kalt.

▲ Abbildung 10.37
Hier wurde über das Menü die Voreinstellung TAGESLICHT angewendet. Dieser Wert kommt dem realistischen Eindruck schon sehr nahe.

▲ Abbildung 10.38
Der Weißabgleich AUTOMATISCH wählt eine zu hohe Farbtemperatur. Das Bild wirkt gelblich – ähnlich wie ein alter Abzug auf Fotopapier.

▲ Abbildung 10.39
Der manuell eingestellte Wert verstärkt noch etwas das warme Licht im Gegensatz zum Wert für Tageslicht. Das ist für diese Aufnahme die optimale Lösung.

Manueller Weißabgleich mit Tönung | Beim manuellen Weißabgleich können Sie über den Schieberegler einen beliebigen Wert zwischen 2000 und 5000 Kelvin angeben.

Verschieben Sie den Regler TEMP. (Temperatur) so weit, bis Sie den gewünschten Eindruck erhalten.

Wenn die Bilder nach dem Weißabgleich noch einen Farbstich aufweisen, so können Sie diesen durch den Regler TÖNUNG (Farbton) eliminieren. Durch Verschieben des Reglers nach links bringen Sie mehr Grün, nach rechts mehr Magenta ins Bild.

▲ **Abbildung 10.40**
Pipette zur Weißabgleichsauswahl

Halbautomatischer Weißabgleich mit der Pipette | Im Gegensatz zum vollautomatischen Weißabgleich können Sie hier den Wert, der als neutral gelten soll, selbst auswählen.

Dazu steht Ihnen ein eigenes Werkzeug zur Weißabgleichsauswahl [W], auch Pipette genannt, zur Verfügung.

Schritt für Schritt: Weißabgleich mit der Pipette

In dieser Anleitung erfahren Sie, wie Sie mit der Pipette die Referenzfarbe für den Weißabgleich selbst wählen.

1 Pipette aktivieren

Zur Aktivierung der Pipette klicken Sie sie einfach an. Sie wird dann von der Oberfläche gelöst und folgt dem Cursor ins Bild.

2 Neutralen Farbton auswählen

Bewegen Sie die Pipette über das Bild, so erscheint zusätzlich die Lupe. Diese zeigt Ihnen in einem Fenster die aktuellen und umliegenden Pixel vergrößert an. Dadurch können Sie genau das Pixel wählen, das Sie als Referenzton benutzen wollen. Das Umschalten auf die 1:1-Ansicht kann noch zusätzlich helfen, da die Bewegung der Maus in einer verkleinerten Ansicht oft mehrere Pixel überspringen kann.

▼ **Abbildung 10.41**
Bei der Pipette wird die Lupe angezeigt. Sie zeigt das aktuelle Pixel in starker Vergrößerung an. Im Navigator erhalten Sie eine Vorschau des Weißabgleichs. Wählen Sie am besten eine Stelle mit einem neutralen Grauton aus – wie in diesem Beispiel.

Klicken Sie zur Auswahl das gewünschte Pixel mit der Maustaste an. Die Wahl des richtigen Farbwertes ist entscheidend für die Farbwirkung im Bild. Im Beispiel nehmen wir mit der Pipette einen Wert von einer weißen Wand auf, die weder komplett im Schatten liegt noch direkt von der Sonne angestrahlt wird. Dieser Punkt wird anschließend als neutral definiert und das Bild entsprechend korrigiert.

3 Ablegen der Pipette

Die Pipette bleibt auch nach der Auswahl des Farbwertes als Werkzeug aktiv. Sie können damit jederzeit ein anderes Pixel auswählen und verschiedene Weißabgleicheinstellungen ausprobieren. Um die Pipette abzulegen, führen Sie sie zurück in das Bedienfeld und klicken dort einmal. Der Bereich ist durch ein dunkelgraues Feld gekennzeichnet. Oder Sie drücken einfach erneut die Taste [W]. ■

Weißabgleich bei nicht Raw-Bildern | Arbeiten Sie in Lightroom mit JPEG-, TIFF- oder Photoshop-Dateien, fehlt Ihnen die Information über die Original-Farbtemperatur des Bildes. Eine Weißabgleicheinstellung wie bei Raw-Daten funktioniert dann nicht.

Aus diesem Grund können Sie keine Temperaturvoreinstellung auswählen. Auch der Schieberegler für die Temperatur sieht anders aus: Er steht nicht auf einem Temperaturwert, sondern bietet nur die Möglichkeit, das Bild kälter oder wärmer erscheinen zu lassen.

◂ **Abbildung 10.42**
Bei der Korrektur von Nicht-Raw-Daten kann keine echte Korrektur der Farbtemperatur nach Werten erfolgen. Man kann sie jedoch relativ zur derzeitigen Darstellung verschieben und somit das Bild wärmer oder kälter erscheinen lassen.

Abbildung 10.43 ▸
Mit einer wärmeren Färbung wirkt das Bild gelblich.

Abbildung 10.44 ▸
Mit einer kälteren Färbung wirkt das Bild bläulich.

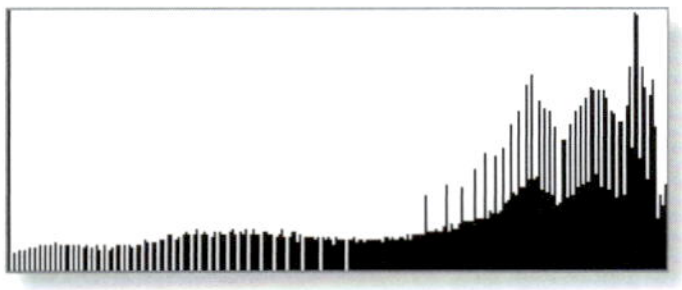

▴ **Abbildung 10.45**
Eine Helligkeitskorrektur in einem 8-Bit-Bild zeigt im Histogramm von Photoshop Lücken. Diese entstehen, da nicht genügend Tonwertabstufungen vorhanden sind.

Tageslicht-Diafilme sind beispielsweise auf eine Temperatur von ca. 5500 Kelvin geeicht und erfordern somit bei anderen Lichtverhältnissen unter Umständen eine Anpassung. Negativfilme sind da etwas »verträglicher«. Farbstiche lassen sich auch noch bei der Vergrößerung herausfiltern.

Werden Negative digital eingescannt, wird man den gewünschten Farbeindruck bereits während des Erfassens in der Scansoftware erstellen. Denn in diesem Fall kann jede Korrektur einen Informationsverlust bedeuten. Man arbeitet hier selten mit einer 16-Bit-Farbtiefe pro Kanal, und 8 Bit besitzen nicht genügend Abstufungen, um größere Farb- und Helligkeitskorrekturen durchzuführen.

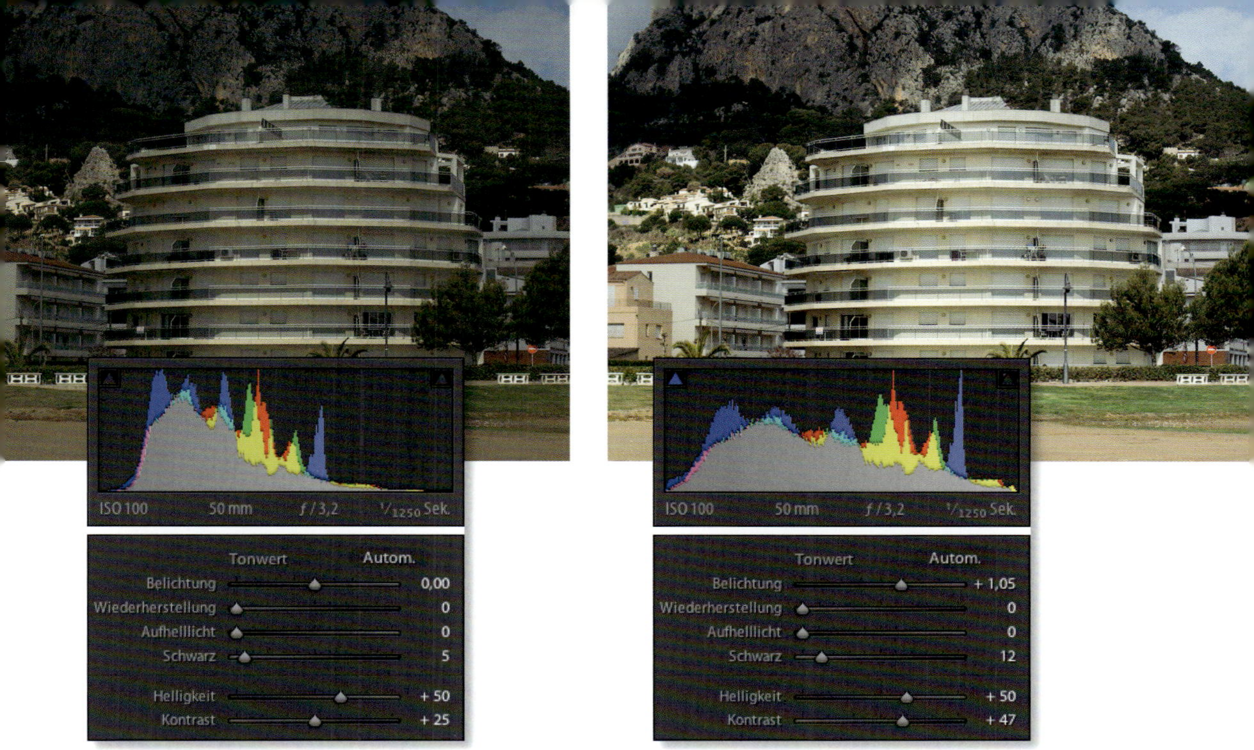

▲ **Abbildung 10.46**
Im Histogramm links erkennt man, dass zwar alle Helligkeiten vorhanden sind, trotzdem ist das Bild zu dunkel und besitzt keine »Strahlkraft«. Die automatische Anpassung streckt das rechte Histogramm bis an die Grenzen, hellt das Bild auf und erhöht den Kontrast. Nicht immer funktioniert die Automatik so gut wie hier.

10.3.3 Tonwert

Über die Steuerelemente des Tonwert-Bedienfeldes können Sie die Belichtung, Helligkeit, den Kontrast und die Detailzeichnung der Lichter und Schattenpartien eines Bildes justieren. Diese Parameter sind neben dem Weißabgleich die wichtigsten und wohl am häufigsten eingesetzten in der Raw-Entwicklung.

Automatische Korrektur | Die automatische Farbtonoptimierung passt alle Parameter der Steuerelemente des Bedienfeldes automatisch an. Die Automatik kann Bilder nur nach ihren internen Regeln angleichen. Daher dient sie eher für grobe Korrekturen.

Sie hilft vor allem dann, wenn man viele Bilder schnell anpassen muss, um sie beispielsweise beim Kunden in einer Vorauswahl zu präsentieren, oder als Ausgangspunkt für manuelle Korrekturen, die für eine Feinoptimierung des Farbtons auf jeden Fall erforderlich sind. Doch dazu gleich mehr.

Zum Aktivieren der Automatik klicken Sie zunächst auf die Schaltfläche Autom. (Automatisch) rechts neben Tonwert.

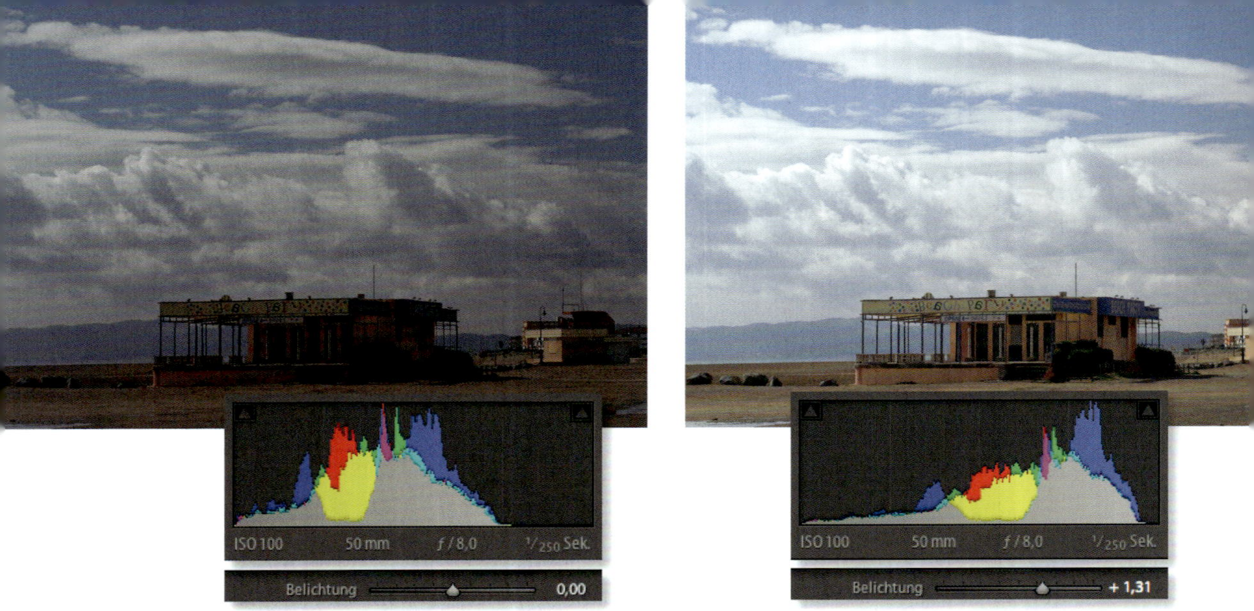

▲ **Abbildung 10.47**
Ein unterbelichtetes Bild vor (links) und nach der Belichtungskorrektur (rechts)

Belichtung | Der Belichtungsregler simuliert eine Belichtungsänderung, wie sie eine Veränderung der Blende bzw. Verschlusszeit an der Kamera bewirken würde. Dabei werden vor allem die helleren Bildbereiche stärker beeinflusst als die dunkleren.

Die Belichtungskorrektur in Lightroom ist nur für eine globale Korrektur der Belichtung geeignet und arbeitet am besten bei unterbelichteten Bildern. Sie ist nicht zum Aufhellen ausgesuchter dunkler Bildstellen geeignet, die hellen Bereiche würden dabei zu stark mitverändert.

Bei stark unterbelichteten Bildern ist eine kombinierte Anpassung aus Belichtung und Helligkeit oftmals effektiver, da die Verschiebung hier für den gesamten Helligkeitsbereich stattfindet.

Bei Überbelichtungen mit sehr hellen und dunklen Stellen ist die Belichtungskorrektur überfordert. Der Einflussbereich in den dunklen Bereichen ist wiederum so groß, dass hier auch Stellen abgedunkelt werden, die besser hell bleiben sollten. Lightroom bietet für solche Fälle das Steuerelement Wiederherstellung.

▼ **Abbildung 10.48**
Bei einem überbelichteten Bild werden bei einer Veränderung der Belichtung auch die Töne abgedunkelt, die bestehen bleiben sollen.

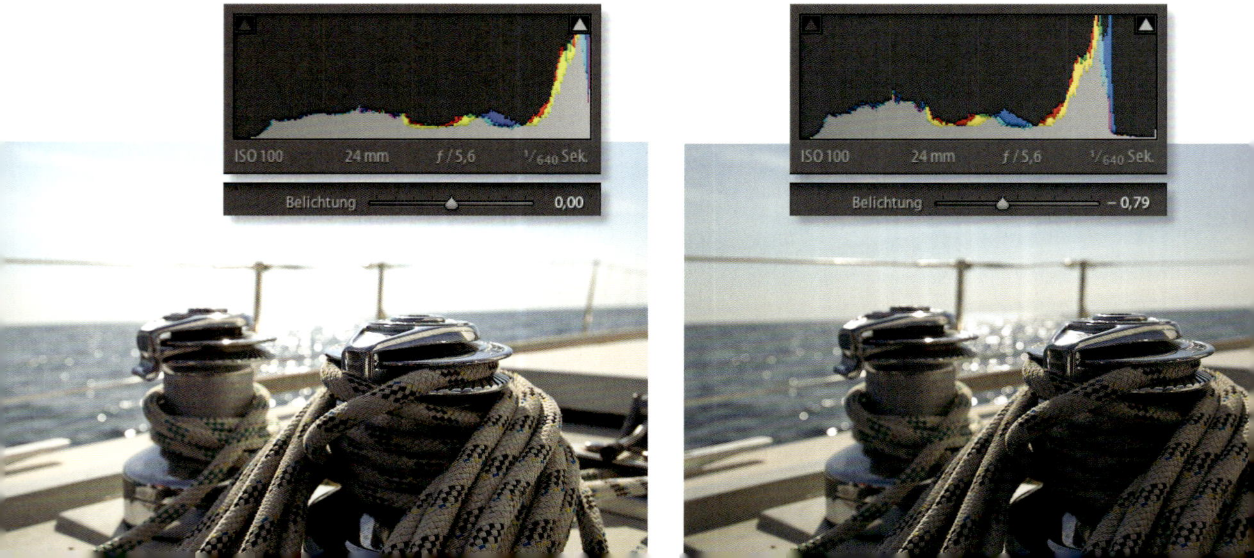

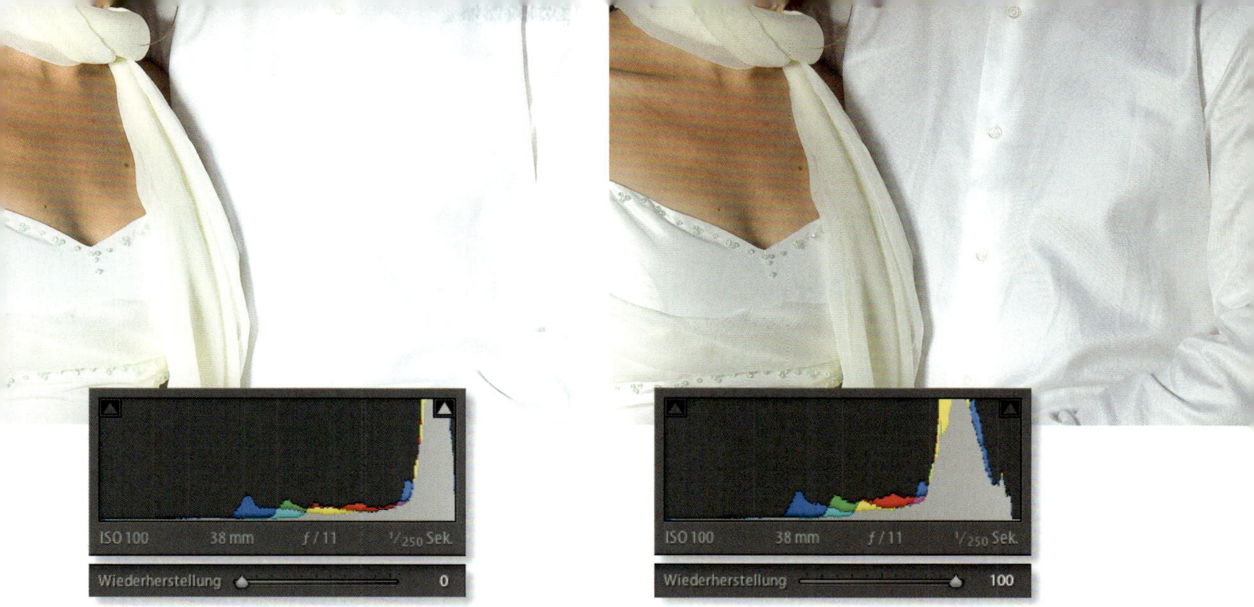

▲ **Abbildung 10.49**
Der WIEDERHERSTELLUNG-Regler restauriert überbelichtete Bildinhalte und erhöht somit die Details in den Lichtern.

Wiederherstellung | Mit dem Regler WIEDERHERSTELLUNG können Sie die Helligkeit extremer Lichter im Bild reduzieren und die verloren gegangene Zeichnung in überbelichteten Bildern wiederherstellen – ohne dabei auch die mittleren Helligkeitswerte zu beeinflussen.

Die Wiederherstellung von Details in den Lichtern erreicht dann ihre Grenzen, wenn die Überbelichtung alle drei Farbkanäle betrifft und mehrere Blendenstufen umfasst. Auch lassen sich die Details nur dann restaurieren, wenn dies auch über die Belichtung der Kamera möglich gewesen wäre. Eine extreme Überbelichtung lässt sich nicht korrigieren.

Auch unerwünschte Effekte an Kanten mit hohem Kontrast sollten Sie stets im Auge behalten. Treffen helle und dunkle Flächen aufeinander, kann es zu störenden Kontrastverschiebungen im Übergangsbereich kommen. Hier ist der Wirkungsbereich des Steuerelements zu eng. Daher sollten Sie diese Stellen am besten in der 1:1-Ansicht kontrollieren.

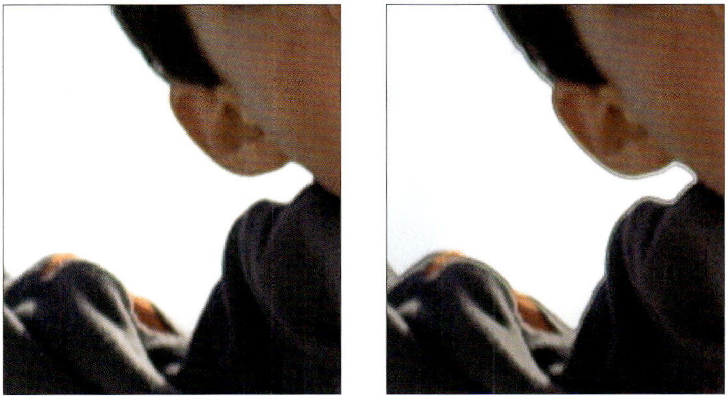

◂ **Abbildung 10.50**
Bei angrenzenden Flächen mit hohem Kontrast kann es zu unerwünschten Kanteneffekten – wie hier im rechten Bild zur Saumbildung – kommen.

▲ **Abbildung 10.51**
Das Aufhelllicht erhöht die Helligkeit und die Details in den Schattenpartien – hier in den Bäumen und im Gras.

Aufhelllicht | Der Regler Aufhelllicht verhält sich ähnlich wie der für die Wiederherstellung, er beeinflusst aber nur die dunklen, »zugelaufenen« Stellen im Bild. Die Korrektur erhöht damit die Detailzeichnung und die Helligkeit in den Schattenpartien des Bildes und lässt dabei die absoluten Schwarztöne nahezu bestehen. Gerade in Bildern mit hohem Dynamikumfang, bedingt durch Sonne und dunklen Schatten, ist sie eine hilfreiche Steuerung zum Aufhellen von Schatten.

Dies ist zum Beispiel sehr nützlich bei Gegenlichtaufnahmen, da sich damit nur die unterbelichteten Bereiche aufhellen lassen. Auch in Aufnahmen, die am Abend entstanden sind, erhöht der Parameter die meist nicht mehr optimale Detailzeichnung in den Schatten.

Bei stark unterbelichteten Bereichen gibt es aber einen unschönen Nebeneffekt: Das Bildrauschen wird verstärkt, weil das Rauschen des Sensors stärker sichtbar wird. Zusätzlich sind in dunklen Bildpartien nicht genug Helligkeitsabstufungen vorhanden (siehe Seite 362).

Abbildung 10.52 ▸
Sicher ein Extremfall, aber die Zunahme des Rauschens durch das Aufhelllicht wird in diesem Beispiel gut sichtbar.

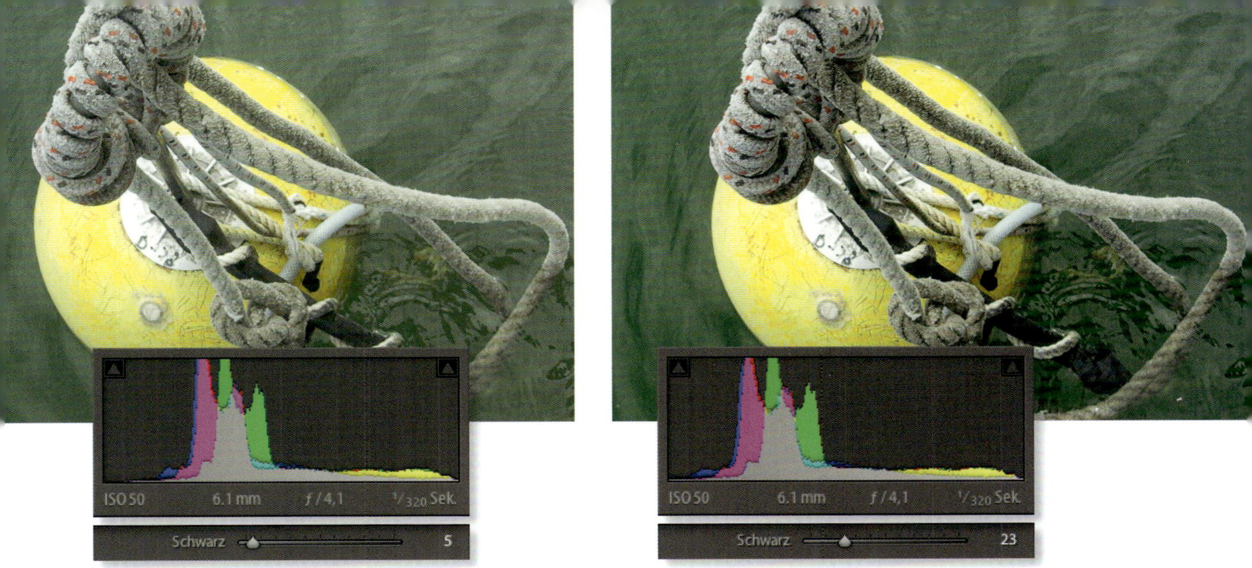

▲ **Abbildung 10.53**
Das Steuerelement SCHWARZ regelt nur die dunkelsten Stellen des Bildes. Bei überbelichteten Bildern erhöht es den Kontrast.

Schwarz | Dieser Parameter legt fest, welche Werte im Bild wirklich schwarz dargestellt werden sollen. Wird der Wert erhöht, werden Farbtöne, die bisher nicht schwarz waren, dunkler. Nahezu schwarze Töne werden dann vollends schwarz.

Überbelichtete Bilder erhalten somit mehr Kontrast. Aber auch aufgehellte Schwarztöne, die durch eine Anwendung des Parameters AUFHELLLICHT entstanden sind, kann man mit dem Regler wieder abdunkeln, ohne dabei die Schattenpartien zu stark zu beeinflussen.

Als Anfangswert wird ein Wert von »5« vorgegeben. Durch eine Herabsetzung dieses Wertes ist es möglich, schwarze, unterbelichtete Bildbereiche aufzuhellen und diesen mehr Tiefenzeichnung zu geben. Vor allem in Kombination mit dem AUFHELLLICHT lassen sich auch in unterbelichteten Bildern noch Details in die Tiefen zaubern. Tiefen werden durch dieses Steuerelement stärker beeinflusst als helle Stellen.

▼ **Abbildung 10.54**
Reduziert man den SCHWARZ-Wert, so lassen sich auch in unterbelichteten Bereichen noch Details erkennen. In Kombination mit dem AUFHELLLICHT können selbst sehr dunkle und unterbelichtete Bereiche noch so weit aufgehellt werden, dass sie wieder Zeichnung bekommen.

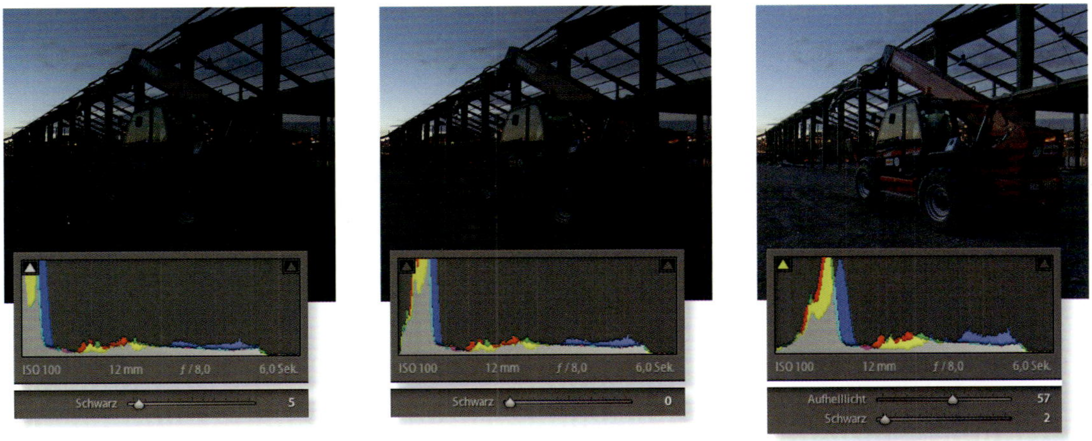

Farbtonänderungen direkt im Histogramm

Lightroom bietet die Möglichkeit, die Korrekturen Belichtung, Wiederherstellung, Aufhelllicht und Schwarz auch direkt im Histogramm durchzuführen. Dies beschleunigt das Korrigieren der Bilder, da alle Änderungen an einer Stelle vorgenommen werden können, ohne dass zwischen den Steuerelementen hin- und hergesprungen werden muss. Bewegen Sie dafür den Mauszeiger einfach in das Histogramm hinein. Es erscheint ein Verschiebe-Cursor. Je nach Position im Histogramm können Sie jetzt einen der Parameter durch seitliches Ziehen mit gedrückter Maustaste verändern. Den Einflussbereich des Steuerelements erkennen Sie an der hellgrauen Unterlegung im Histogramm. Welchen Parameter Sie gerade modifizieren und welchen aktuellen Wert Sie einstellen, ist unter dem Histogramm angegeben. Zum Beenden der Einstellung lassen Sie die Maustaste einfach wieder los.

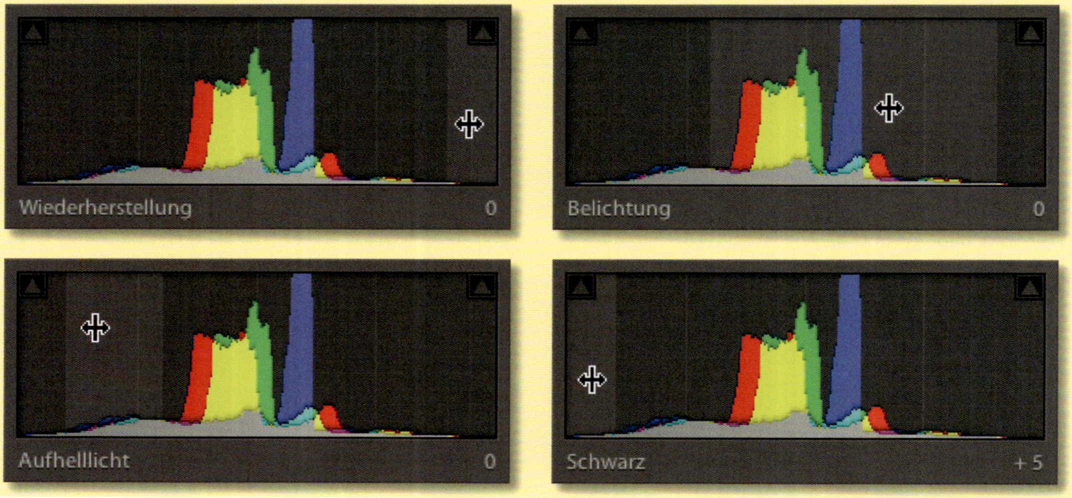

Helligkeit | Wie der Name schon verrät, regulieren Sie über diesen Regler die Helligkeit eines Bildes. Am besten stellen Sie diese erst nach der Korrektur von Belichtung, Wiederherstellung, Aufhelllicht und Schwarz ein. Umfangreiche Helligkeitsänderungen wirken sich nämlich auf die Tiefen- beziehungsweise Lichterdetails aus und müssen eventuell nachgeregelt werden.

Die Steuerelemente Helligkeit und Belichtung korrigieren beide die Helligkeit in den Bildern. Vergleicht man die jeweiligen Ergebnisse, so fällt auf, dass bei der Korrektur mit Helligkeit zwar die Mitten bis in die dunklen Bereiche hinein heller werden, in den hellen Bereichen dafür aber der Kontrast verloren geht. Es findet also vor allem eine Aufhellung der Mitten statt. Belichtung regelt hingegen überproportional die hellen Stellen im Bild nach.

Möchte man unterbelichtete Bilder anpassen, ist daher oft eine Kombination aus Belichtungskorrektur und Helligkeitsanpassung am effektivsten. Dabei wird der gesamte Tonwertumfang im Bild aufgehellt, nicht nur die helleren Bereiche oder die Mitteltöne.

▲ **Abbildung 10.55**
Das Bild vor und nach dem Einstellen der Helligkeit: Die dunklen Stellen werden aufgehellt und schieben die helleren Stellen im Histogramm nach rechts, hellen diese also ebenfalls auf – jedoch nicht so stark wie mit Hilfe des Belichtungsreglers.

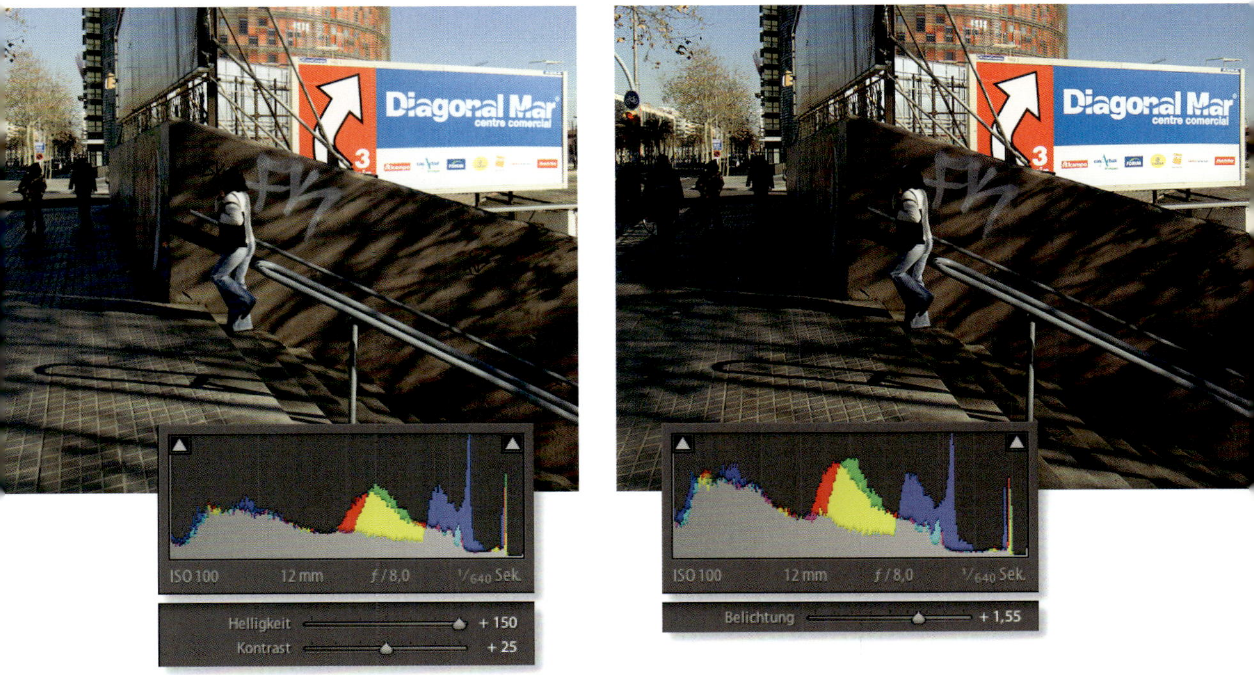

▲ **Abbildung 10.56**
Die Helligkeitskorrektur wirkt sich auf die mittleren und dunklen Bildbereiche aus. Dafür fehlt dann in den hellen Stellen der Kontrast – das ist an dem Werbeplakat gut zu erkennen. Rechts sehen Sie die Veränderung über den Belichtungsregler.

▲ **Abbildung 10.57**
Eine Kontrastverstärkung erhöht nebenbei auch die Sättigung im Bild.

▼ **Abbildung 10.58**
Eine Kontrastverringerung bewirkt, dass in den Tiefen und Lichtern mehr Details sichtbar werden. Dabei verringert sich auch die Sättigung – hier gut am Himmel zu erkennen.

Kontrast | Zur Verstärkung des Kontrastes werden die Tiefen abgedunkelt und die Lichter weiter aufgehellt. Damit sich der Detailverlust in Grenzen hält, wirkt sich der Kontrast vor allem auf die Mitten aus.

Der Kontrast kann erhöht oder verringert werden, der Schieberegler bietet in beiden Richtungen Spielraum. Eine Reduzierung des Kontrastes kann vor allem bei Bildern mit einem sehr hohen Dynamikumfang hilfreich sein, um darin die Tiefen- und Lichterdetails zu verstärken. Außerdem wirkt das Bild dann in den Tiefen heller. Dabei kann man im Histogramm erkennen, dass die Kontrastminderung die extremen Tiefen und Lichter in die Mitte des Histogramms zieht.

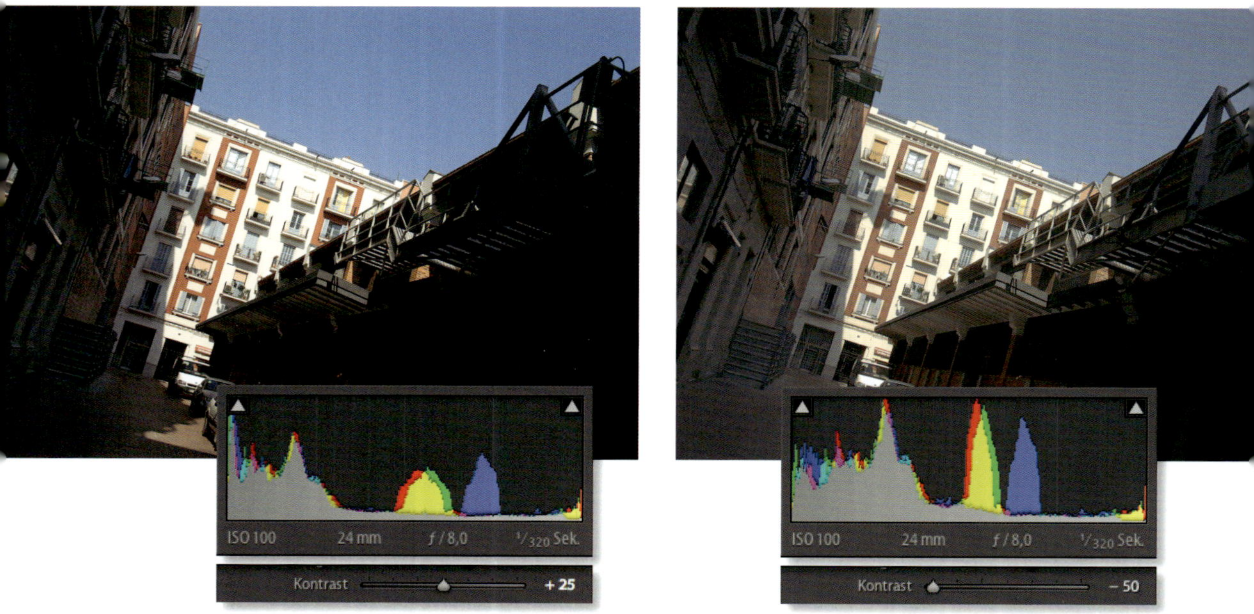

▲ **Abbildung 10.59**
Die Klarheit verstärkt die Tiefenwirkung. Es scheint so, also würde ein Schleier vom Bild genommen.

10.3.4 Präsenz

Das Bedienfeld Präsenz beinhaltet drei Steuerelemente. Diese regulieren die Sättigung und Tiefenwirkung des Bildes. Im Einzelnen handelt es sich dabei um die folgenden Regler:

Klarheit | Dieses Steuerelement arbeitet wie ein Scharf-/Weichzeichner. Es betrachtet nebeneinanderliegende Punkte und verstärkt oder verringert den Kontrast. Allerdings werden dabei nicht einzelne Pixel verglichen, sondern größere Bildbereiche. Treffen unterschiedlich helle Bereiche aufeinander, so wird hier der Kontrast verändert. Dies geschieht auf eine relativ weiche Art, so dass beispielsweise kein Scharfzeichnungseffekt an den Kanten entsteht, sondern nur die gewünschte höhere Tiefenwirkung.

Dynamik | Mit dem Regler Dynamik erhöhen Sie die Sättigung im Bild. Dabei berücksichtigt dieses Steuerelement die bereits vorhandene Sättigung eines Farbwertes.

Werte, die bereits eine hohe Farbsättigung besitzen, werden weniger stark beeinflusst als Pixel mit einer geringen Sättigung. Die Korrekturen führen daher zu einer weichen, oftmals angenehmeren Farbsättigung im Bild.

▼ **Abbildung 10.60**
Die Dynamik gibt dem Foto ein frischeres, knackigeres Aussehen, ohne dabei den Sättigungseffekt zu übertreiben.

Sättigung | Im Gegensatz zur Dynamik erhöht dieser Regler die Sättigung unabhängig von den vorhandenen Farbwerten. Dadurch kann es vorkommen, dass in bereits gesättigten Bereichen die Detailzeichnung verloren geht. Hier wird jeglicher Kontrast durch die hohe Sättigung überstrahlt.

Darüber hinaus läuft man Gefahr, durch eine hohe Sättigung Probleme in der Druckausgabe zu bekommen, da Farben mit einer extremen Farbsättigung oftmals nicht mehr im Farbraum des Druckers liegen.

▼ Abbildung 10.61
Die Sättigung erhöht die Farbsättigung aller Pixel gleich. Dadurch läuft man Gefahr, dass die Bilder unnatürlich wirken. Zusätzlich riskiert man einen Zeichnungsverlust im Druck.

▲ Abbildung 10.62
Bei der Reduzierung der Dynamik werden niedrig gesättigte Pixel stärker reduziert. Dadurch bleiben in stark gesättigten Pixeln auch bei einem Wert von »0« noch Farben sichtbar.

▲ Abbildung 10.63
Bei einer Reduzierung der Sättigung auf »0« entsteht ein Graustufenbild, da dem Bild alle Farbwerte entzogen werden.

Die Steuerelemente Sättigung und Dynamik lassen natürlich auch die Reduzierung der Sättigung zu. Entsprechend den dahinterliegenden Algorithmen erhält man dabei über die Dynamik ein sehr niedrig gesättigtes Bild, das aber immer noch Farbwerte enthält. Reduziert man hingegen die Sättigung auf »0«, so erhält man ein Schwarzweißbild.

10.4 Gradations- und Punktkurve

Die Einflussmöglichkeiten auf die Gradation wurden in Lightroom 3 stark verbessert und bieten nun die gleiche Flexibilität wie die Funktionen von Photoshop.

10.4.1 Gradationskurve

Die Gradationskurve ist eine grafische Darstellung der Tonwertskala. Sie zeigt Änderungen der Tonwerte gegenüber den ursprünglichen Helligkeitswerten an. Die Gradationskurve verwendet dazu zwei gleich lange Achsen. Auf der X-Achse werden die ursprünglichen Tonwerte aus dem Bild angezeigt. Dabei befinden sich ganz links Schwarz und ganz rechts Weiß. Senkrecht dazu steht auf der Y-Achse die Tonwertskala, die die veränderten Werte repräsentiert. Hier befindet sich Schwarz unten und Weiß oben.

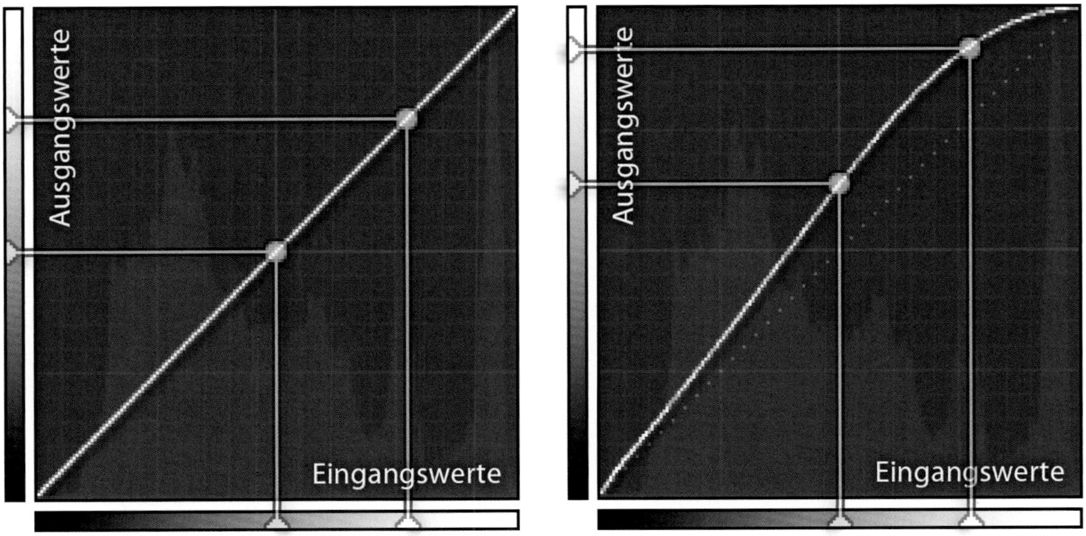

▲ **Abbildung 10.64**
Bei einer unveränderten Gradationskurve entspricht der Eingangswert dem Ausgangswert (links). Wird die Kurve verändert, so weicht der Ausgangswert vom Eingangswert ab. Die Tonwerte/Helligkeiten im Bild verschieben sich (rechts).

Gradationskurve

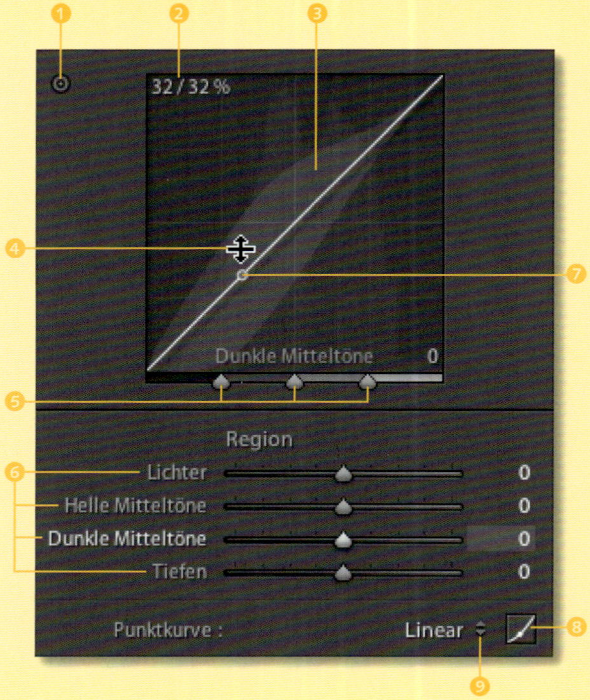

1. **Zielauswahl:** Mit Hilfe der Zielauswahl können Sie die Gradationskurve direkt im Bild editieren (siehe Seite 376).
2. **Prozentuale Veränderung:** Zeigt den Wert des Markierungspunktes vor und nach der Veränderung an.
3. **Einflussbereich:** Zeigt die minimale und die maximale Veränderung der Kurve an, die beim Verschieben des aktiven Steuerelements entstehen kann.
4. **Verschiebepfeil:** Verschiebt die Kurve am entsprechenden Abschnitt und verändert das entsprechende Steuerelement mit.
5. **Bereichsmarker:** Legt den Einflussbereich der Steuerelemente fest (siehe Seite 371).
6. **Steuerelemente:** Verschiebt die Kurve in den zugehörigen Abschnitten.
7. **Markierungspunkt:** Zeigt den derzeitig ausgewählten Farbwert an.
8. **Modusumschalter:** Schaltet zwischen der Bearbeitung der Gradationskurve und der Punktkurve um.
9. **Punktkurvenauswahl:** Über das Drop-down-Menü kann eine voreingestellte Kontrastkurve ausgewählt werden.

Bei einem unveränderten Bild entspricht der Eingangswert dem Ausgangswert. So entsteht eine diagonale Linie. Verändert man den Verlauf dieser Linie, so verändert sich der Ausgangswert gegenüber dem Eingangswert. Der Ausgangswert wird entweder höher (= heller) oder niedriger (= dunkler). So kann man die Helligkeit über die Gradationskurve steuern.

Werden die dunklen Farbtöne abgedunkelt und gleichzeitig die hellen Farbtöne aufgehellt, wird die Kurve im Mittelteil steiler. Das ergibt mehr Kontrast. Zu den Enden hin läuft die Kurve immer flacher aus. Dies gewährleistet, dass die Tonwertänderung zu den weißen und schwarzen Tönen hin weich verläuft und keine Zeichnung verloren geht. Eine S-Form steht für eine klassische Kontraststeigerung (siehe Abbildung 10.65). Wird die Kurve im Mittelteil flacher, verringert sich dagegen der Kontrast.

Die Punktkurve ist ebenfalls eine Gradationskurve. Allerdings lässt sich diese über die Platzierung von Punkten auf der Kurve steuern. Die Gradationskurve beeinflusst dann die Punktkurve, und beide Kurven werden miteinander verrechnet. Mehr über Punktkurven erfahren Sie ab Seite 372.

◄▼ Abbildungen 10.65
Oben: Dies ist das Ausgangsbild für die Kontraststeigerung über die Gradationskurve.
Mitte: Eine steilere Kurve bedeutet eine Verstärkung des Kontrastes – man erkennt die typische S-Form.
Unten: Wird die Kurve abgeflacht, wird der Kontrast reduziert.

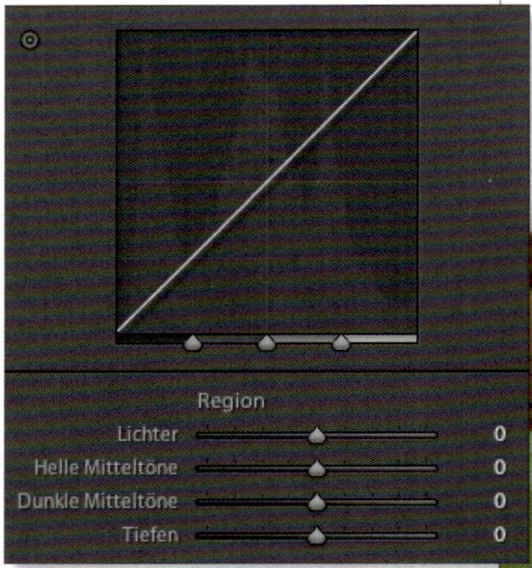

▲ **Abbildung 10.66**
Die Regler in der Ausgangsposition

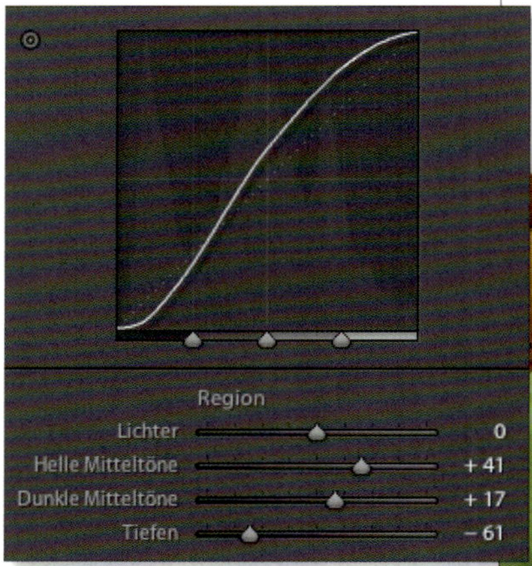

▲ **Abbildung 10.67**
Die Regler nach der Anpassung

Steuern der Gradationskurve über Regler | Unter der Gradationskurve befinden sich vier Regler. Diese regeln jeweils einen Abschnitt des Graphen. Unterteilt sind sie in LICHTER, HELLE MITTELTÖNE, DUNKLE MITTELTÖNE und TIEFEN. Durch Verschieben dieser Regler wird die Kurve an den entsprechenden Stellen verformt. Dabei wird die maximal mögliche Verformung als hellgraue Fläche gleich hinter der Kurve angezeigt.

Um den Kontrast zu erhöhen, muss die Kurve steiler werden. Dazu werden die dunklen Mitteltöne und Tiefen abgedunkelt und die hellen Mitteltöne und Lichter aufgehellt. Dadurch entsteht die typische S-Kurve (siehe Abbildung 10.65) für höhere Kontraste. Wird die Kurve dagegen abgeflacht, wird der Kontrast geringer.

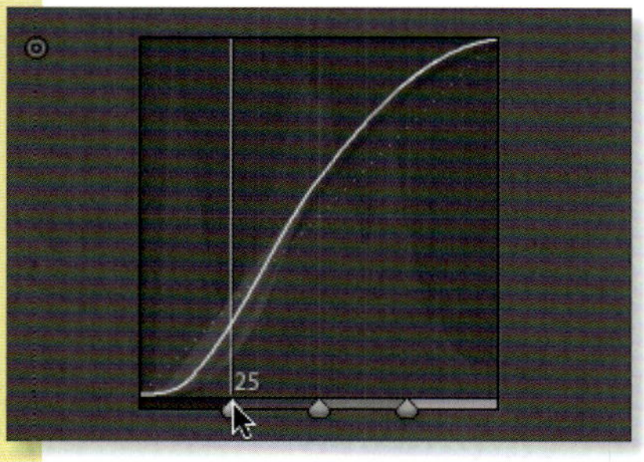

▲ **Abbildung 10.68**
Die Verstärkung des Kontrastes lässt die Haare schwarz werden. Der Bereichsregler steht dabei noch auf 25.

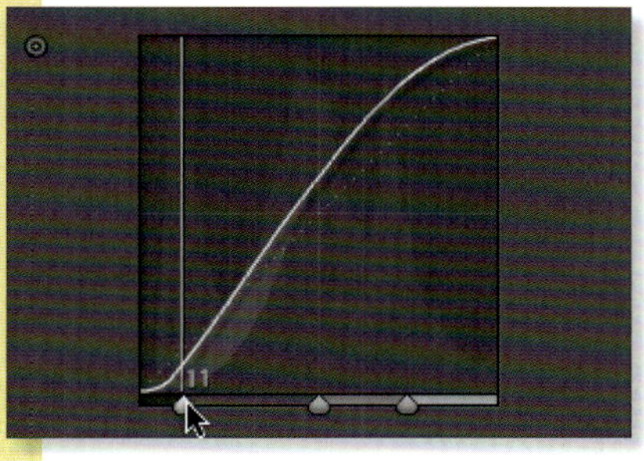

▲ **Abbildung 10.69**
Durch die Verschiebung der Bereichsmarkierung wird der Beginn des Kurvenanstiegs nach links verschoben. Dadurch wird der Einflussbereich des TIEFEN-Reglers reduziert, und die Haare bekommen wieder Zeichnung.

Bereichsmarkierung verändern | Um die Gradationskurve möglichst flexibel verändern zu können, kann auch der Einflussbereich der Regler variiert werden. Dazu verschiebt man die Markierungspfeile für die TIEFEN, MITTELTÖNE und LICHTER unter der Kurve. Bewegt man die TIEFEN-Markierung nach links, wird der Einflussbereich des Reglers verringert. Das bedeutet, dass nur ganz dunkle Stellen vom TIEFEN-Regler beeinflusst werden. Analog gilt das natürlich auch für die hellen Bildstellen. Der mittlere Regler verschiebt die Mitteltöne. Diese werden dann abgedunkelt, wenn der Regler nach rechts verschoben wird. Nach links werden die Mitteltöne heller.

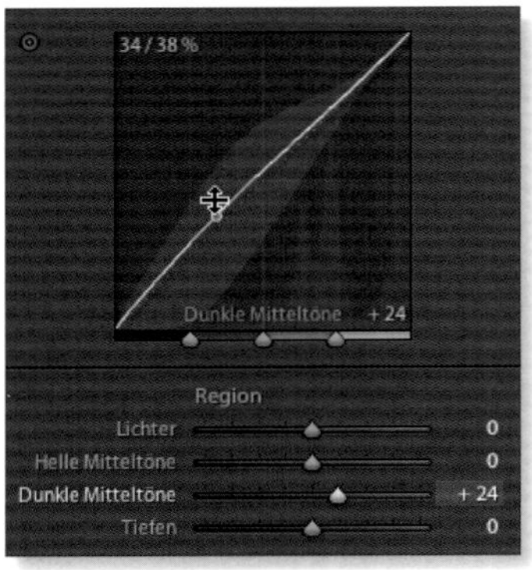

▲ **Abbildung 10.70**
Die Parameter der Kurve lassen sich mit der Maus auch direkt in der Gradationskurve verändern.

▲ **Abbildung 10.71**
Auswahl der voreingestellten Punktkurven

Anpassen der Gradationskurve im Graphen | Die Kurve kann auch direkt im Graphen bearbeitet werden, ohne die Schieberegler zu verwenden. Sobald Sie sich mit dem Mauszeiger über der Gradationskurve befinden, erscheint ein Verschiebepfeil, und ein Markierungspunkt zeigt an, welchen Bereich der Gradationskurve Sie verändern können. Der dazugehörige Parameter der Schieberegler LICHTER, HELLE MITTELTÖNE, DUNKLE MITTELTÖNE beziehungsweise TIEFEN wird dann entsprechend angepasst.

Links über dem Graphen werden dabei jeweils der Eingangs- und der veränderte Ausgangswert angezeigt. Unten rechts finden Sie immer den Wert des dazugehörigen Steuerelements. Diese Anzeige ist hilfreich, wenn Sie die Steuerelemente ausgeblendet haben.

10.4.2 Punktkurve

In der Punktkurve ist definiert, wie die Linie zwischen dem dunkelsten und hellsten Punkt verläuft. Die Aussage »verlaufe gerade vom dunkelsten zum hellsten Punkt« erzeugt also den linearen Verlauf der Gradationskurve. In Lightroom gibt es drei voreingestellte Punktkurven, die über das Dropdown-Menü unter den Reglern der Gradationskurve ausgewählt werden können:

- **Linear:** eine lineare Kurve ohne Kontrastverstärkung
- **Mittlerer Kontrast:** eine Kurve, bei der die dunklen Töne abgedunkelt werden, dadurch erhöht sich der Kontrast etwas. Dieser Verlauf entspricht ungefähr der Darstellung vom analogen Negativfilm. Sie ist der Standardwert in Lightroom.
- **Starker Kontrast:** eine S-Kurve, die den Kontrast weiter verstärkt. Dieser Verlauf entspricht eher dem analogen Diafilm.

Die gewählte Punktkurve wird als neue Gradationskurve angezeigt. Obwohl die Kurve bereits eine Krümmung besitzt, verbleiben die Regler der Gradationskurve in der Grundstellung. Dies macht deutlich, dass die Punktkurve quasi die mathematische Beschreibung des Verlaufs der Gradationskurve darstellt. Alle Änderungen der Gradationskurve werden demnach auf die Punktkurve angewendet, egal, wie deren Verlauf ist.

Punktkurven sind Bestandteil des Raw-Prozesses und werden deshalb auch über das Camera-Raw-Modul verwaltet. Haben Sie eine eigene Kurve mit Adobe Camera Raw – dem Raw-Konverter von Photoshop – erstellt, so erscheint diese Kurve hier als CUSTOM-Kurve und verhält sich wie eine der anderen Punktkurven. Wählen Sie eine andere Punktkurve aus, so geht die CUSTOM-Kurve verloren.

▲ **Abbildung 10.72**
Punktkurve LINEAR

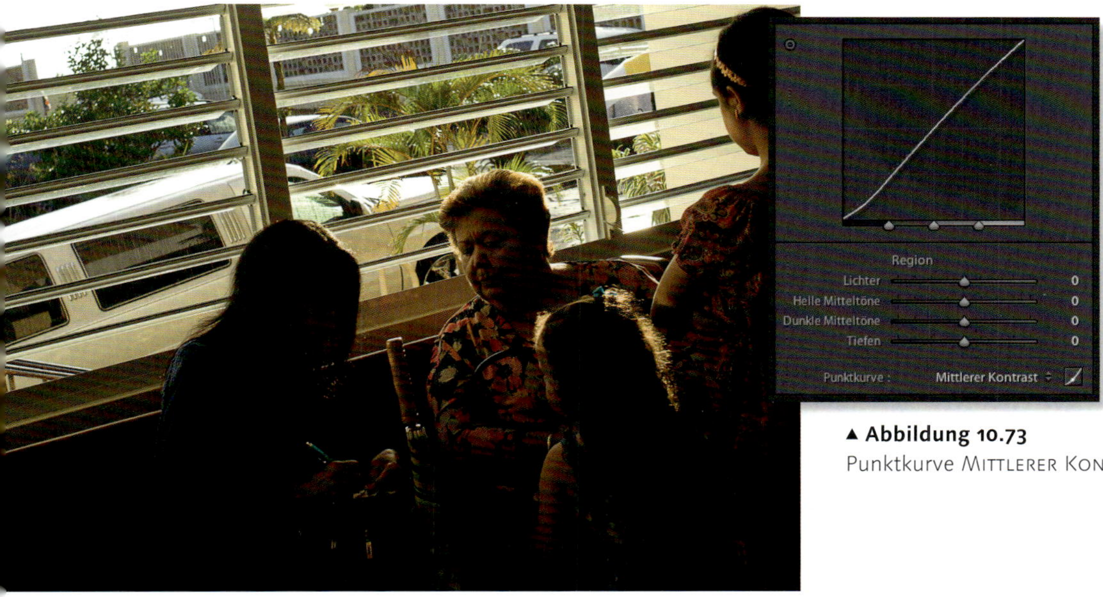

▲ **Abbildung 10.73**
Punktkurve MITTLERER KONTRAST

▼ **Abbildung 10.74**
Punktkurve STARKER KONTRAST

Neu in Lightroom 3 Lr

Bearbeitung der Punktkurve | Die Punktkurve kann innerhalb von Lightroom verändert werden. Dazu können auf der Kurve beliebige Punkte gesetzt werden, durch die dann die Kurve verläuft. Auch die Endpunkte der Kurve lassen sich verändern. Verschiebt man beispielsweise die Punkte der dunkelsten Stelle nach oben und die der hellsten nach unten, so erhält man ein Negativbild. In Abbildung 10.75 sehen Sie eine angepasste Punktkurve, mit der ein gescanntes Negativ in ein Positivbild verwandelt werden soll. Durch die andere Gradation und die orange Farbe des Negativs muss der Verlauf durch das Setzen weiterer Punkte noch optimiert werden.

Um die Punktkurve zu bearbeiten, klicken Sie auf die Schaltfläche rechts neben der Vorauswahl. Daraufhin verschwinden die Regler der Gradationskurve, und die Enden der Linie erhalten Punkte.

- **Erstellen von neuen Punkten:** Befinden Sie sich nicht über einem Punkt, erhalten Sie einen Kreuz-Cursor. Wenn Sie jetzt klicken, wird an dem entsprechenden Y-Wert ein Punkt erstellt.
- **Verschieben von Punkten:** Um Punkte der Linie zu verschieben, bewegen Sie die Maus über einen Punkt, bis der Verschiebe-Cursor erscheint. Dann können Sie den Punkt mit gedrückter Maustaste bewegen.

▾ **Abbildung 10.75**
Sicher ein Extrembeispiel, aber es zeigt, dass man über das Anpassen der Punktkurve gescannte Negative in Positivbilder umwandeln kann. Hier wurde zusätzlich noch die Farbtemperatur angepasst, um den Orangestich zu entfernen.

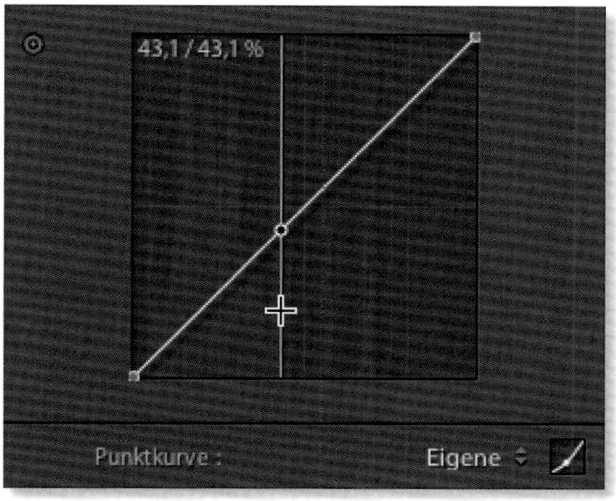

▲ **Abbildung 10.76**
Erscheint der Kreuz-Cursor, können neue Punkte hinzugefügt werden.

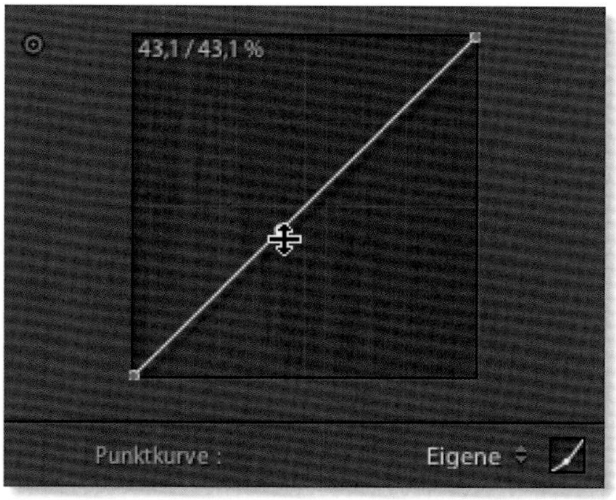

▲ **Abbildung 10.77**
Mit dem Verschiebe-Cursor können Sie Punkte der Linie an eine neue Stelle bewegen.

Punktkurven als Vorgabe | Da Punktkurven ein Bestandteil des Raw-Prozesses sind, werden diese auch innerhalb des Camera-Raw-Moduls von Adobe verwaltet. Das bedeutet, sie werden nicht im Voreinstellungsordner von Lightroom gespeichert, sondern im Ordner CURVES des Camera-Raw-Plug-ins:

- **Mac:** BENUTZERNAME • LIBRARY • APPLICATION SUPPORT • ADOBE • CAMERARAW • CURVES
- **Windows 7:** BENUTZERNAME • APPDATA • ROAMING • ADOBE • CAMERARAW • CURVES

Um eine bearbeitete Kurve zu speichern, öffnen Sie das Dropdown-Menü mit den gespeicherten Punktkurven und wählen den Punkt SPEICHERN. Geben Sie der Kurve in dem Dialog einen eindeutigen Namen, und beenden Sie dann den Dialog.

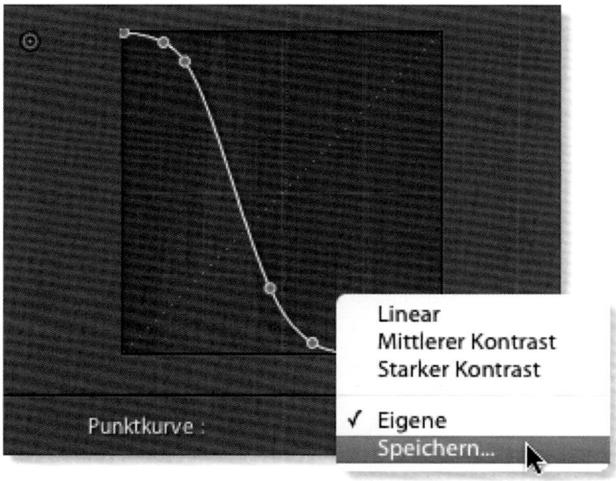

◀ **Abbildung 10.78**
Über das Dropdown-Menü können Punktkurven als Vorgabe gespeichert und wieder aufgerufen werden.

▲ **Abbildung 10.79**
Die Zielauswahl erlaubt es, einen Punkt im Bild anzuwählen und den entsprechenden Tonwert direkt zu verändern.

▲ **Abbildung 10.80**
Ist die Zielauswahl aktiv, wird dies durch zwei Pfeile am Symbol gekennzeichnet.

10.4.3 Verändern von Kurven mit der Zielauswahl

Die Gradations- beziehungsweise Punktkurve kann auch direkt im Ansichtsfenster verändert werden. Der Vorteil dabei ist, dass Sie eine bestimmte Stelle im Bild aussuchen können, um diese heller oder dunkler zu ziehen. Die Kurve passt sich dabei entsprechend an. So muss man gar nicht erst suchen, welcher Regler den gewünschten Bereich beeinflusst. Man sieht die Auswirkungen vielmehr direkt am Ergebnis.

Klicken Sie dazu mit der Maus auf das Symbol der Zielauswahl ❷ – das ist das Symbol oben links im Bedienfeld GRADATIONSKURVE. Der Mauszeiger übernimmt das Symbol.

Suchen Sie den zu verändernden Farbton ❶ im Bild, und ziehen Sie die Maus an dieser Stelle mit gedrückter Maustaste nach oben oder unten. Der entsprechende Teil der Gradationskurve wird dabei angepasst.

Sie können die Zielkorrektur auch über das Menü aufrufen. Sie finden sie unter ANSICHT • ZIELKORREKTUR • GRADATIONSKURVE. Wie Sie dort sehen können, gibt es auch noch andere Steuerelemente, die eine Korrektur über die Zielauswahl ermöglichen.

Zum Verlassen der Zielauswahl klicken Sie erneut auf das Zielauswahl-Symbol im Bedienfeld oder auf den FERTIG-Button ❹ unter dem Ansichtsfenster. Zu einem anderem Zielwerkzeug können Sie wechseln, indem Sie dieses aus dem Dropdown-Menü ❸ in der Werkzeugleiste auswählen.

10.5 HSL / Farbe / S/W (Graustufen)

Mit dem Bedienfeld HSL / FARBE / S/W können die Helligkeit, der Ton und die Sättigung der einzelnen Farben geregelt werden. Sie haben durch die Steuerelemente Zugriff auf alle Grundfarben (Rot, Grün, Blau), Komplementärfarben (Gelb, Cyan, auch Aquamarin genannt, und Magenta) wie auch auf zwei wichtige Mischfarben (Orange und Lila).

Jede dieser Farben können Sie hier einzeln regulieren. So können Sie beispielsweise einen blauen Himmel wärmer (mit mehr Magenta-Anteil) oder kälter (mit mehr Cyan-Anteil) erscheinen lassen. Zusätzlich können Sie die Sättigung einer selektierten Farbe verändern oder ihre Helligkeit reduzieren.

[HSL]
HSL steht für Hue (Farbton), Saturation (Sättigung) und Luminance (Helligkeit). Im HSL-Farbraum lassen sich Farben sehr detailliert und selektiv korrigieren.

▲ Abbildung 10.81
Verändern des Farbtons nach Aquamarin (Cyan)

▲ Abbildung 10.82
Reduzierung der Sättigung des blauen Himmels

▲ Abbildung 10.83
Reduzierung der Helligkeit des blauen Himmels

▲ Abbildung 10.84
Reduzierung der Helligkeit des blauen Himmels im Schwarzweißmodus

Für die Schwarzweißumwandlung haben Sie die Möglichkeit, die Helligkeit jeder einzelnen Farbe zu regulieren, um beispielsweise den Himmel abzudunkeln – damit können Sie gut am Objektiv angebrachte Farbfilter simulieren.

Es werden immer alle Farben eines Tons zugleich angepasst – unabhängig von ihrer Position im Bild. Verändern Sie beispielsweise den Himmel, werden auch andere blaue Objekte im Bild wie Autos, Textilien etc. modifiziert.

10.5.1 HSL

Um die Steuerelemente des HSL-Bedienfeldes zu aktivieren, klicken Sie auf den Begriff HSL ❶ im Titel des Bedienfeldes.

In der Leiste ❷ können Sie wählen, ob Sie nur den FARBTON, die SÄTTIGUNG, die LUMINANZ oder ALLE Steuerelemente gleichzeitig sehen und bearbeiten wollen. Sie können mit gedrückter [⇧]-Taste ein ausgeblendetes Parameterset dem angezeigten hinzufügen oder es ausblenden. Haben Sie sich für ein Parameterset entschieden, so können Sie über die Regler der einzelnen Farbtöne die entsprechenden Änderungen vornehmen.

Zusätzlich können Sie über die Zielkorrektur auch direkt im Bild angewählte Farben verändern. Dazu klicken Sie das Zielauswahl-Symbol ❸ an und wählen aus FARBTON, SÄTTIGUNG oder LUMINANZ ein Parameterset aus, das Sie bearbeiten möchten.

Anschließend bewegen Sie den Mauszeiger an die Stelle im Bild, deren Farbe Sie verändern wollen. Durch Ziehen der Maus mit gedrückter Maustaste nach oben oder unten verändert sich der Parameter entsprechend.

Abbildung 10.85 ▸
Das HSL-Bedienfeld – hier mit dem Parameterset für SÄTTIGUNG. Die anderen Rubriken FARBTON und LUMINANZ lassen sich durch Mausklick einblenden. ALLE blendet alle drei Parametergruppen ein.

Schritt für Schritt: Farben mit HSL-Bedienfeld anpassen

Das in Abbildung 10.86 gezeigte Foto wird mit der Zielkorrektur optimiert. Aufgabe ist dabei, die Dramatik des Himmels weiter zu verstärken.

▼ Abbildung 10.86
Das ist die Ausgangssituation: Das Bild soll mit Hilfe der Zielkorrektur im HSL-Bedienfeld optimiert werden.

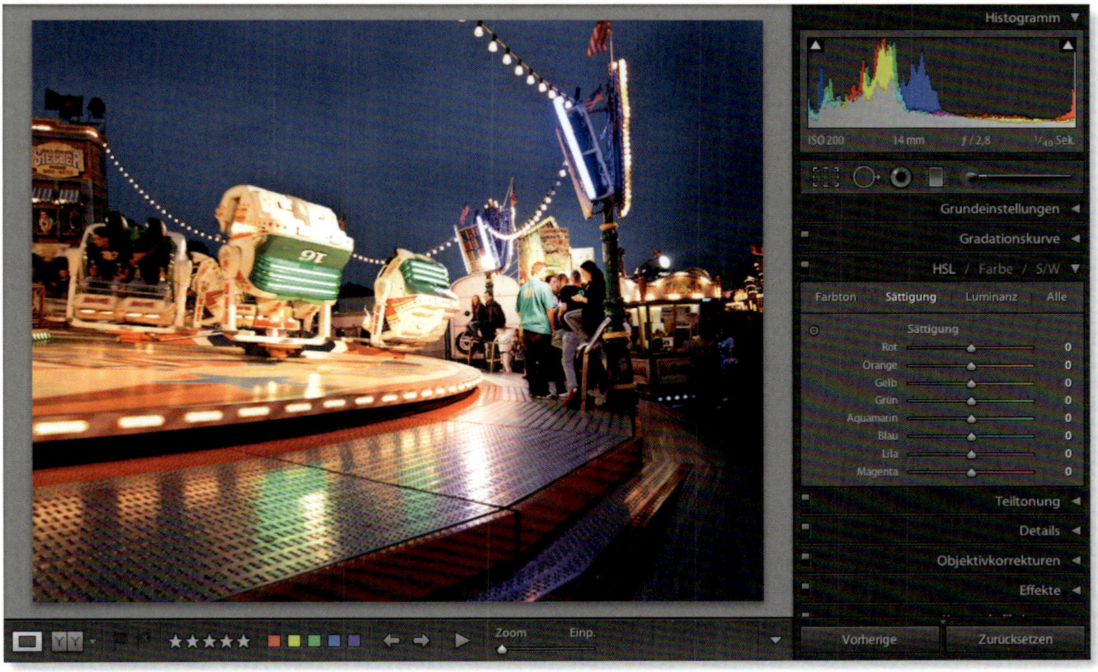

1 Zielauswahl aktivieren

Um direkt im Bild arbeiten zu können, aktivieren Sie die Zielauswahl per Klick auf das Symbol links unter FARBTON.

Am Symbol erscheinen nun zwei Pfeile, die signalisieren, dass das Werkzeug aktiv ist. Der Maus-Cursor nimmt die Form des Symbols an, sobald Sie die Maus über das Bild bewegen.

▲ Abbildung 10.87
Die Zielauswahl befindet sich in der linken oberen Ecke des Bedienfeldes.

2 Parameterset »Farbton« auswählen

Bevor Sie eine Farbe auswählen können, müssen Sie noch angeben, welches Steuerelement Sie verändern wollen. Beginnen Sie mit dem Farbton. Dazu klicken Sie über den Schiebereglern auf die entsprechende Schaltfläche FARBTON. Das Zielauswahl-Werkzeug bleibt erhalten, so dass Sie dafür jederzeit andere Parameter auswählen können, ohne es neu aufnehmen zu müssen.

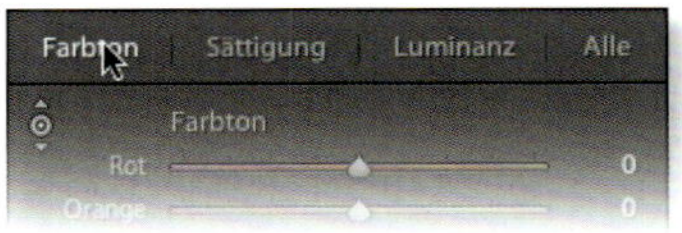

▲ Abbildung 10.88
Um die Farbtöne zu verändern, muss zuerst die entsprechende Parametergruppe ausgewählt werden.

3 Farbton des Himmels verändern

Jetzt sind Sie bereit, um das Blau im Himmel zu verändern. Bewegen Sie den Mauszeiger an eine Stelle im Bild, an der der Himmel tiefblau erscheint. Das ist beispielsweise rechts des linken Mastens der Fall. Ziehen Sie dann mit gedrückter Maustaste nach oben, bis der Wert des Steuerelements für BLAU den Wert »+16« besitzt.

Eventuell verschiebt sich dabei der Regler für LILA mit. Das bedeutet, dass im Blauton auch ein wenig Lila enthalten ist. Lightroom verschiebt in diesem Fall den Regler aller Farben – analog zu ihrem Anteil, mit dem sie an der ausgewählten Stelle enthalten sind. Die Farbtonproportionen bleiben dadurch erhalten.

Für unser Bild bedeutet das, dass der Blauton etwas wärmer wird, da er mehr in Richtung Rot wandert.

▼ Abbildung 10.89
Die vertikale Verschiebung der Zielauswahl mit gedrückter Maustaste verändert den zugehörigen Regler.

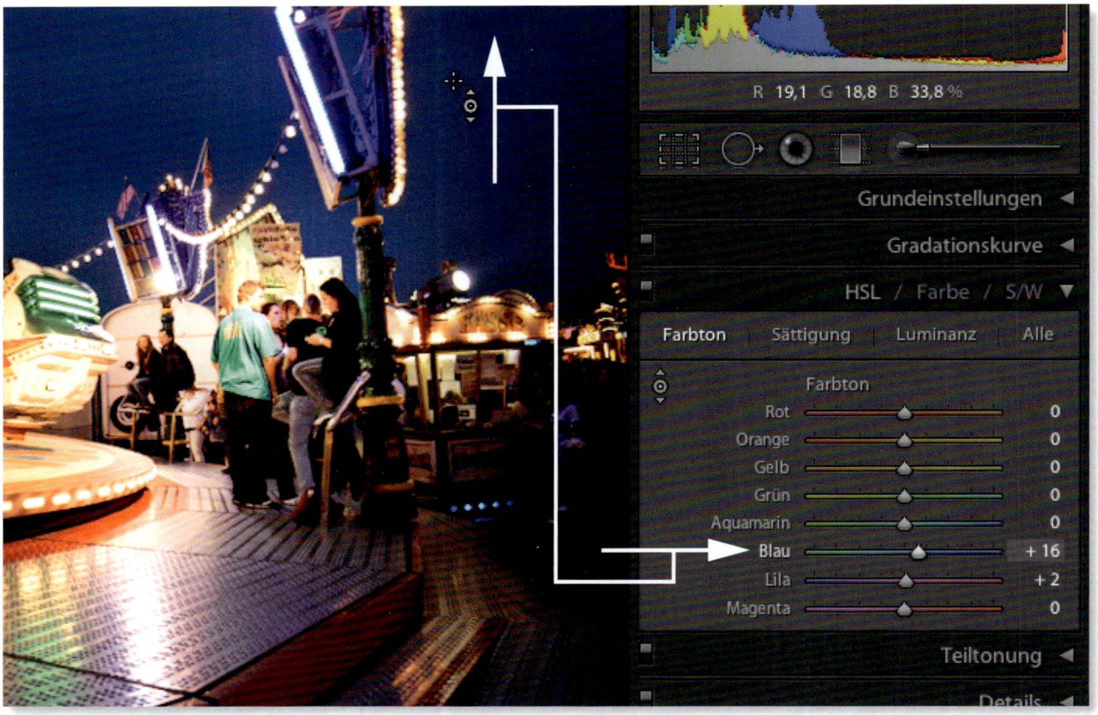

4 Helligkeit des Himmels reduzieren

Jetzt soll die Helligkeit des Himmels reduziert werden. Wir dunkeln auch hier nur den Blauanteil ab, wodurch der Kontrast zu dem Rest des Bildes noch weiter verstärkt wird.

Aktivieren Sie im Bedienfeld das Parameterset LUMINANZ, und bewegen Sie den Mauszeiger wieder an den Punkt, an dem auch schon die Änderung des Farbtons durchgeführt wurde.

Halten Sie die Maustaste gedrückt, und ziehen Sie die Maus nach unten. Der Himmel wird dabei abgedunkelt. Bei einem Wert von »–40« für BLAU können Sie die Maustaste loslassen.

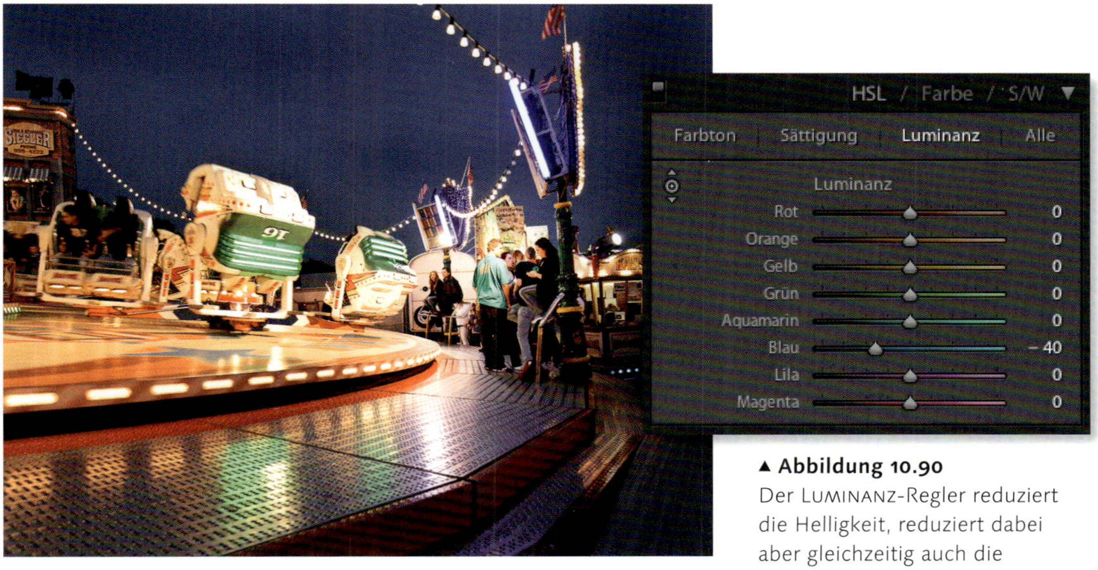

▲ **Abbildung 10.90**
Der LUMINANZ-Regler reduziert die Helligkeit, reduziert dabei aber gleichzeitig auch die Sättigung.

5 Sättigung anpassen

Zum Abschluss erhöhen Sie noch die SÄTTIGUNG. Klicken Sie im Bedienfeld einfach auf die gleichnamige Parametergruppe.

Gehen Sie mit dem Mauszeiger noch einmal an die Stelle, an der auch die beiden vorherigen Anpassungen vorgenommen wurden.

Klicken Sie wiederum die Maustaste, und verschieben Sie die Maus dabei nach oben. Die Sättigung nimmt nun zu, ein Wert von »+60« für BLAU sollte genügen. Um die Zielkorrektur zu beenden, klicken Sie auf das Symbol im Bedienfeld.

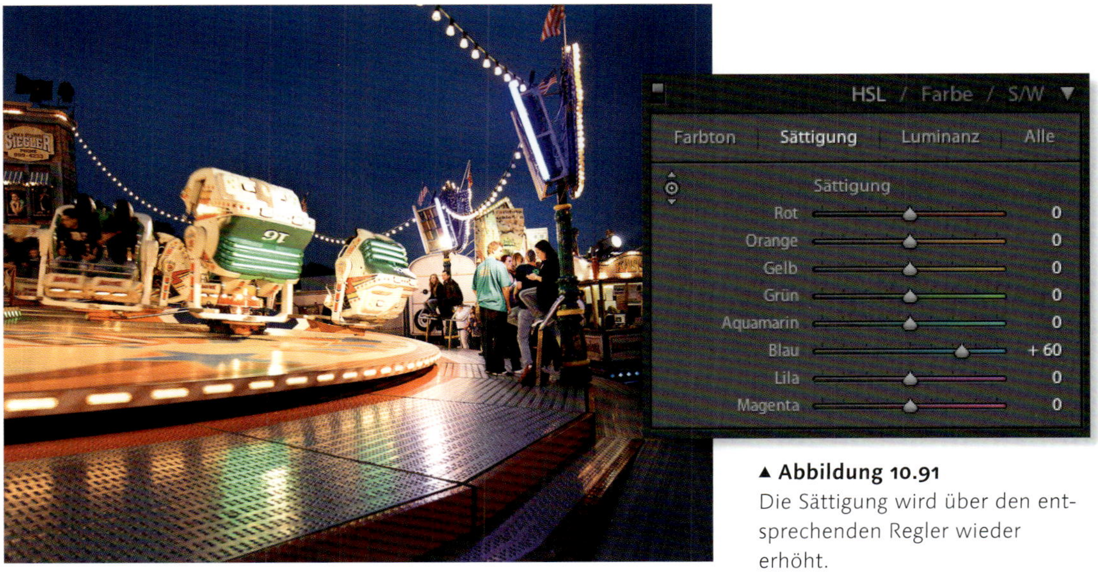

▲ **Abbildung 10.91**
Die Sättigung wird über den entsprechenden Regler wieder erhöht.

TIPP

Sie können die Zielkorrektur auch über das Menü Werkzeuge • Zielkorrektur aufrufen. Hier finden Sie außerdem die entsprechenden Kurzbefehle.

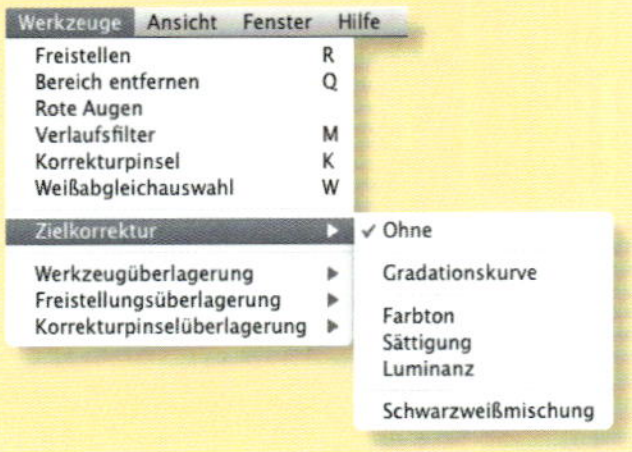

Die Korrektur des Himmels ist somit beendet. Sie können natürlich auch noch andere Farben im Bild korrigieren. Achten Sie aber darauf, dass zu hohe Sättigungen eventuell nicht druckbar sind. Leider gibt es in Lightroom noch keine Softproof-Funktion, um den Druck mit den entsprechenden Farbräumen und -profilen des Druckers zu simulieren und nicht druckbare Farben zu erkennen. ■

10.5.2 Farbe

Das Bedienfeld Farbe arbeitet mit den gleichen Reglern und besitzt im Wesentlichen auch die gleichen Funktionen wie das Feld HSL. Allerdings sind die Parameter hier anders zusammengefasst: Stehen im HSL-Bedienfeld alle Regler jeweils nach ihrer Funktion (Farbton, Sättigung, Luminanz) getrennt zur Verfügung, so sind sie in diesem Bedienfeld nach Farben sortiert – zu finden in den Farbfeldern über den Reglern.

Sie wählen also immer zuerst das gewünschte Farbfeld aus und können dann die dazugehörigen Regler für Farbton, Sättigung und Luminanz einstellen. Die Zielkorrektur funktioniert bei diesem Bedienfeld nicht.

Sie können sich auch alle Farben anzeigen lassen, dies benötigt aber viel Platz auf dem Bildschirm.

Abbildung 10.92 ▼
Das Farbe-Bedienfeld sortiert die Regler nicht wie das HSL-Bedienfeld nach ihrem Einsatzzweck, sondern nach den einzelnen Farben. Man kann sich die Parameter für eine, zwei oder auch alle Farben anzeigen lassen.

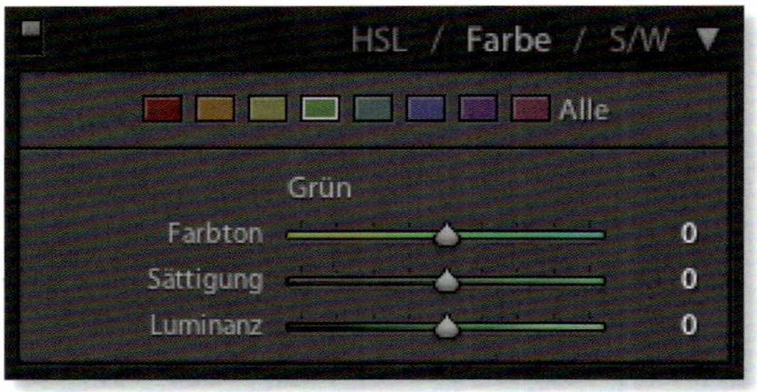

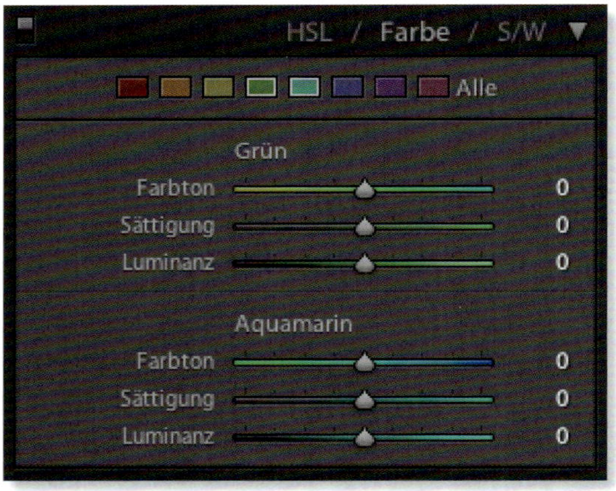

Alternativ können Sie auch nur zwei oder mehr Farben aktivieren. Dazu klicken Sie zunächst ein Farbfeld an, halten die ⌘/Strg-Taste gedrückt und klicken dann ein weiteres Farbfeld an. Sie können mit dieser Methode auch noch weitere Farbfelder im Bedienfeld einblenden.

10.5.3 Schwarzweiß

Aktiviert man das S/W-Bedienfeld, so wird das Bild in den Schwarzweißmodus versetzt. Alle im Farbmodus getätigten und nicht benötigten Einstellungen bleiben erhalten, werden jedoch deaktiviert und haben keine weitere Auswirkung auf das Bild im S/W-Modus. Beim Zurückschalten in den Farbmodus durch Anklicken des Begriffs HSL oder FARBE, wechseln Sie wieder in den Farbmodus, und die ursprünglichen Einstellungen werden wiederhergestellt.

Beim ersten Umschalten wird eine automatische Korrektur der Helligkeit durchgeführt, um ein homogenes Schwarzweißbild mit möglichst viel Kontrast zu erhalten. Farben gleicher Helligkeit werden dabei besser differenziert. Die Automatik kann jederzeit wieder aktiviert werden. Dazu klicken Sie auf die Schaltfläche AUTOM. unter den Reglern.

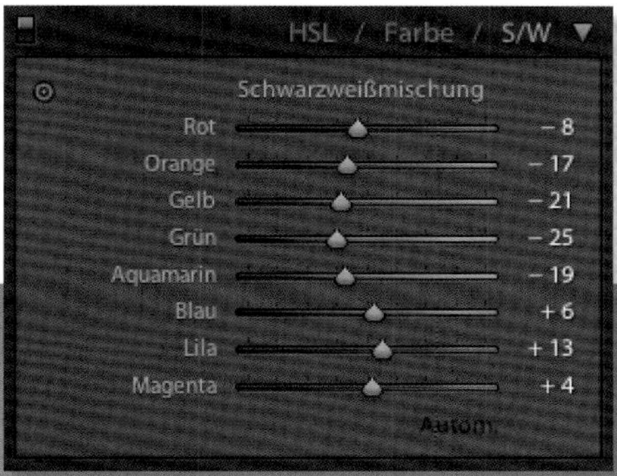

▼ Abbildung 10.93
Im Schwarzweißmodus können die Helligkeiten der einzelnen Farben verändert werden. Die Automatik sorgt beim ersten Umschalten für ein ausgewogenes Bild mit durchschnittlichem Kontrast.

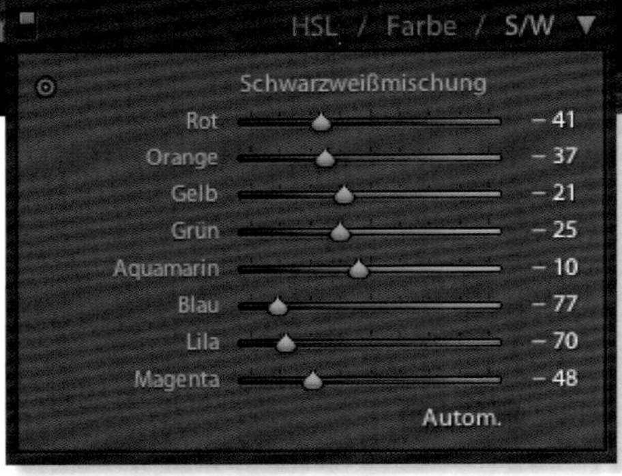

▲ **Abbildung 10.94**
Durch das Anpassen der Regler der Schwarzweißmischung können ausgewählte Farben selektiv abgedunkelt oder aufgehellt werden. In der Analogfotografie wurde das über Farbfilter erreicht, die auf das Objektiv geschraubt wurden.

Im Schwarzweißmodus ist für jede Farbe ein Luminanzregler vorhanden. Die Einstellung kann auch über die Zielkorrektur erfolgen – genau so wie im HSL-Bedienfeld. Reduziert man beispielsweise die Blau-Luminanz, so erhält man einen dunklen Himmel, wie er durch einen dunkelroten Filter bei der analogen Schwarzweißfotografie erzeugt wird. Beachten Sie, dass das Rauschen im Bild zunimmt, wenn Sie eine Farbe extrem abdunkeln.

Einige Einstellungen, die während der Entwicklung durchgeführt werden, haben auf die Färbung des Schwarzweißbildes Auswirkungen, beispielsweise bringen die Teiltonung oder auch das Einstellen einer Farbe wieder Farbe ins Bild. Allerdings färben sie nur das Schwarzweißbild entsprechend ein. Über diese Methode lassen sich beispielsweise Sepiatonungen erstellen.

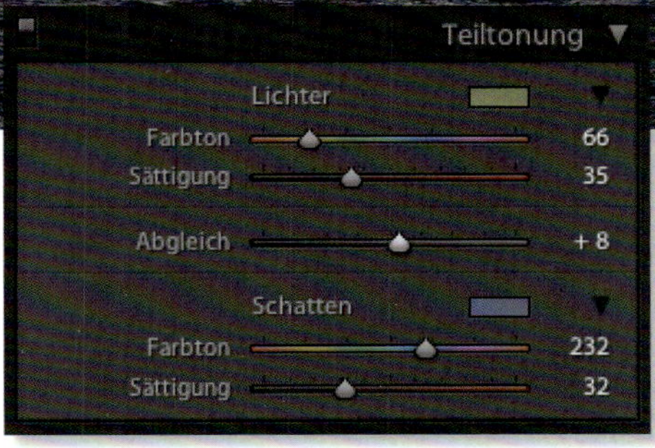

▲ **Abbildung 10.95**
Die TEILTONUNG erlaubt es, die Lichter und Schatten in zwei getrennten Farben einzufärben. Dadurch lassen sich beispielsweise Schwarzweißaufnahmen mit einer Duplextonung versehen.

10.6 Teiltonung

Im Bedienfeld TEILTONUNG können Lichter und Schatten getrennt voneinander mit einem Farbstich versehen werden. Dieser Effekt wird oft auf Schwarzweißbilder für Sepiatonungen oder ähnliche Effekte angewendet. Aber auch bei Farbbildern lassen sich interessante Effekte erzielen, wie z.B. eine künstliche Alterung von Fotos. Lichter und Schatten haben jeweils einen Regler für den FARBTON und einen für die SÄTTIGUNG. Der ABGLEICH-Regler steuert den Übergang.

Farbton | Dieser Regler gibt den Farbton der Einfärbung an. Er kann für Lichter und Schatten getrennt gesteuert werden. Die Farben Weiß und Schwarz werden dabei nicht beeinflusst, da man diese Farben nicht tonen kann.

TIPP

Halten Sie beim Verschieben des FARBTON-Reglers die Taste ⌥/Alt gedrückt, so sehen Sie die Auswirkungen der Einfärbung auch ohne Anwenden einer Sättigung. Dabei wird einfach temporär die Sättigung erhöht und beim Loslassen der Taste wieder reduziert.

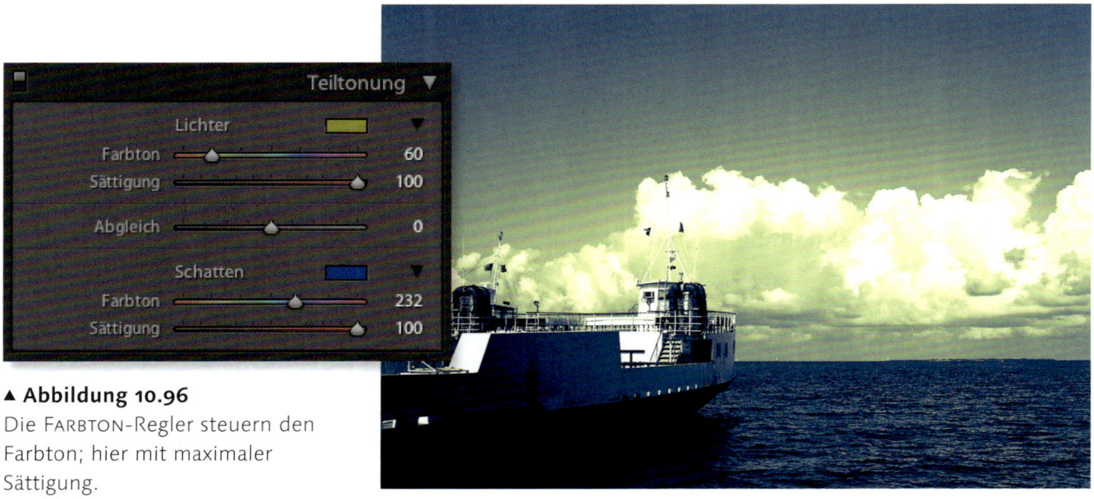

▲ **Abbildung 10.96**
Die Farbton-Regler steuern den Farbton; hier mit maximaler Sättigung.

Sättigung | Hierüber wird die Intensität des Effektes gesteuert. Steht der Regler auf »0«, gibt es keinen Effekt bei einer Veränderung von Farbton, da Farben bei einer Sättigung von »0« grau sind. Erst bei Erhöhung der Sättigung wird der Effekt sichtbar und zunehmend intensiver.

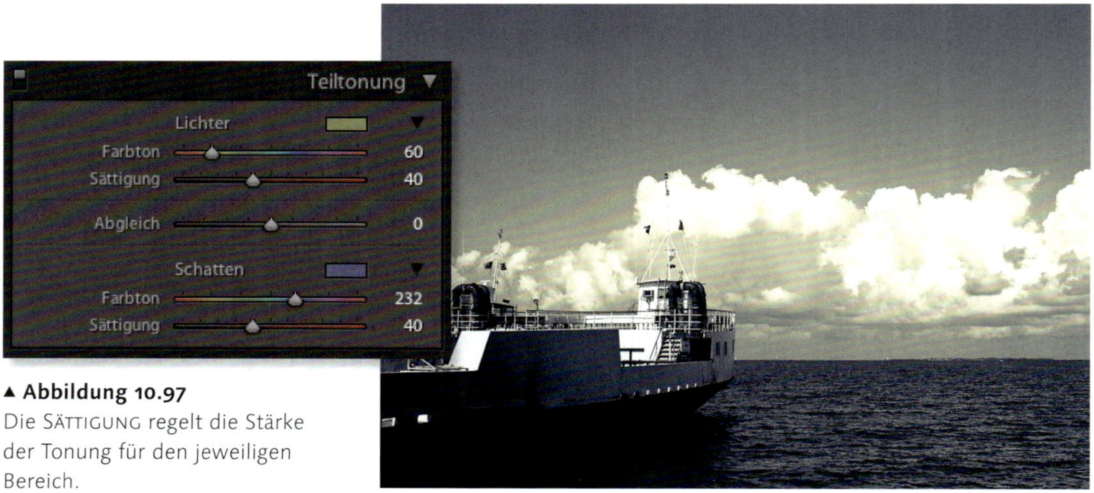

▲ **Abbildung 10.97**
Die Sättigung regelt die Stärke der Tonung für den jeweiligen Bereich.

Abgleich | Der Übergang zwischen der Schatten- und Lichterfarbe geschieht weich, bei 50 % Helligkeit halten sich beide Farben die Waage. Diesen Wert können Sie in Richtung Lichter oder Schatten verschieben. Der Übergang beginnt bei negativen Werten früher, bei positiven später. Früher bedeutet, dass die Farbe der Schatten mehr Gewicht bekommt und auch schon hellere Werte mit dem entsprechenden Farbton eingefärbt werden. Bei positiven Werten kommt der Lichterfarbton stärker durch.

▲ **Abbildung 10.98**
Der Regler für den Abgleich gibt den Punkt an, an dem die Überblendung der beiden Farben 50 % beträgt.

Teiltonung bei Farbbildern | Die Teiltonung ist nicht nur für Schwarzweißbilder verfügbar. Sie kann auch auf Farbbilder angewendet werden (siehe Abbildung unten). Damit lassen sich recht gut Effekte wie Fehlentwicklungen von Negativen oder die Alterung von Fotoabzügen nachstellen.

Teiltonung über Farbfelder | Die Farbe und Sättigung lassen sich auch über Farbfelder ❶ einstellen. Dazu klicken Sie auf die kleine Farbfläche. Über eine Pipette kann jetzt die gewünschte Farbe mit einem entsprechenden Sättigungswert eingestellt werden.

Arbeiten Sie überwiegend mit der Farbauswahl, können Sie die Regler auch über die Dreiecke ❷ ausblenden.

▼ **Abbildung 10.99**
Bei Farbbildern kann man ebenfalls interessante Stimmungen erzielen.

10.7 Details

Das Bedienfeld Details dient zur Verbesserung der Detailzeichnung von Kanten und Strukturen. Es enthält dazu die Steuerelemente zur Reduzierung des Bildrauschens, das zum Beispiel bei hohen ISO-Werten entsteht, und für das Nachschärfen der Bilder.

Da sich all diese Korrekturen auf den Kontrast zwischen einzelnen Pixeln beziehen, lassen sich die Einstellungen nur richtig beurteilen, wenn jedes Pixel sichtbar ist. Dies ist ab einer Zoomstufe im Maßstab 1:1 der Fall. Das Bedienfeld besitzt daher eine 1:1-Vorschau ❷. Den Ausschnitt können Sie im kleinen Vorschaufenster mit der Maus verschieben oder über den Picker ❶ im Ansichtsfenster wählen.

Dazu klicken Sie den Picker an und klicken danach im Ansichtsfenster die Stelle an, die Sie zum Kontrollieren der Detaileinstellungen verwenden wollen.

Das Vorschaufenster können Sie auf Wunsch mit Hilfe des grauen Dreiecks ❸ auch ausblenden. Dann signalisiert Ihnen ein

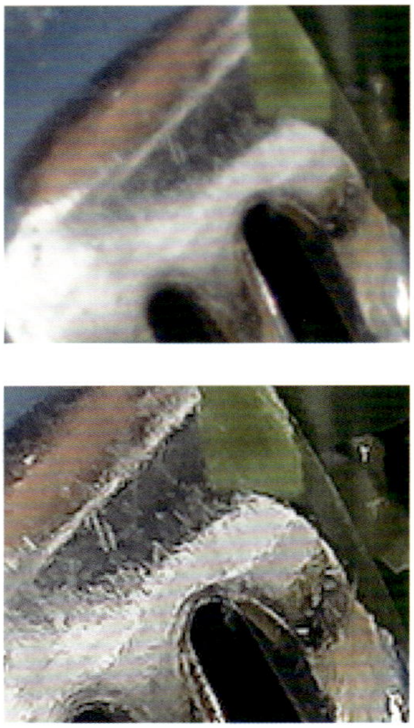

▲ **Abbildung 10.100**
Obwohl die Darstellung im Zoomfaktor Einpas. (oben) nahezu der 1:1-Darstellung (unten) entspricht, werden die Detaileinstellungen nicht richtig angezeigt. Nur in der 1:1-Darstellung wird der Scharfzeichnen-Effekt korrekt dargestellt.

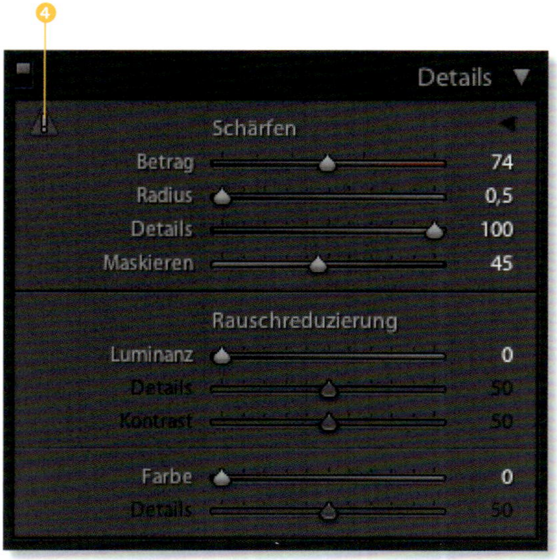

Abbildung 10.101 ▲►
Mit Hilfe der Details-Palette werden Kanten und feine Strukturen herausgearbeitet.

Achtung-Zeichen ④, dass Sie den Zoomfaktor 1:1 im Ansichtsfenster wählen sollen, da sonst die Detailkorrekturen nicht richtig dargestellt werden. Falls Sie diesen bereits eingestellt haben, bleibt das Achtung-Zeichen ausgeblendet.

Die 1:1-Darstellung im Ansichtsfenster besitzt die gleiche Qualität wie die Vorschau. Im Ansichtsfenster sehen Sie allerdings meist einen größeren Bildanteil. Dieser lässt sich oft besser beurteilen als ein kleiner Ausschnitt in einem Vorschaufenster.

10.7.1 Schärfen

Beim Schärfen eines Bildes wird der Kontrast zwischen nebeneinanderliegenden Pixeln verstärkt. Für eine optimale Scharfzeichnung reicht es aber nicht, nur den Kontrast zwischen zwei Bildpunkten zu erhöhen. Der Bereich im direkten Umfeld eines Pixels kann ebenso entscheidend sein. Beispielsweise ist es wichtig, ab welchem Kontrastunterschied Pixel überhaupt erst berücksichtigt werden. Zuletzt hängt die Schärfeberechnung auch von der Motivart, z.B. ob Porträt- oder Architekturaufnahme, ab.

Lightroom bietet daher in diesem Bedienfeld eine Reihe von Steuerelementen, die es erlauben, je nach Kamera und Aufnahmesituation die richtige Scharfzeichnung individuell einzustellen. Hier spielt vor allem die richtige Kombination der Regler eine Rolle. Kein Parameter kann für sich betrachtet werden, keine Änderung kann ohne die Anpassung eines anderen Parameters erfolgen. Doch schauen wir uns die Parameter zunächst im Einzelnen an.

▼ **Abbildung 10.102**
Ein Bildausschnitt als ungeschärfte und als geschärfte Variante – diagonal voneinander getrennt.

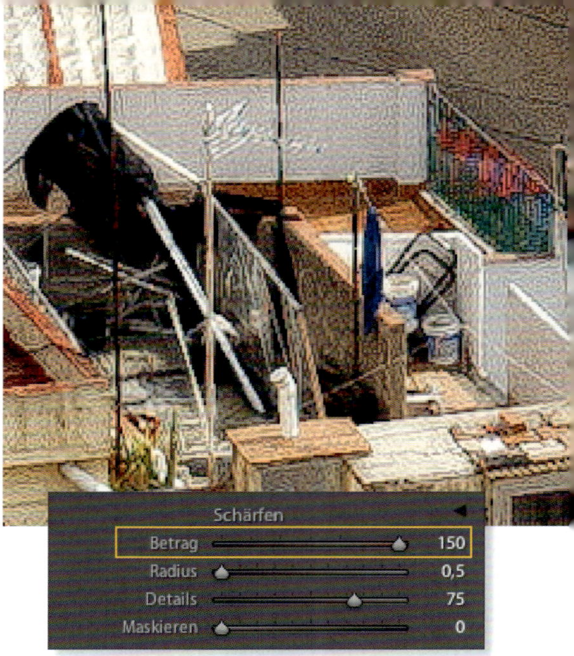

▲ Abbildung 10.103
Der Betrag der Schärfung legt die Intensität fest, mit der sich die anderen Parameter auf das Bild auswirken.

Betrag | Der Betrag legt die Stärke des Effektes fest. Befindet er sich auf dem Wert »0«, sind alle anderen Regler inaktiv. Befindet sich der Regler auf dem Maximalwert, wirkt der Effekt am stärksten. Grundsätzlich jedoch ist die Auswirkung immer auch von den Werten der anderen Reglern für Radius, Details und Maskieren abhängig.

Übertreiben Sie es nicht mit dem Betrag. Normalerweise reichen Werte von maximal »50« völlig aus.

Vorschau: Betrag

Wenn Sie die ⌥/Alt-Taste gedrückt halten, während Sie den Betrag-Regler verschieben, so sehen Sie ein Schwarzweißbild. Dieses zeigt den Effekt in einer neutralen Darstellung.

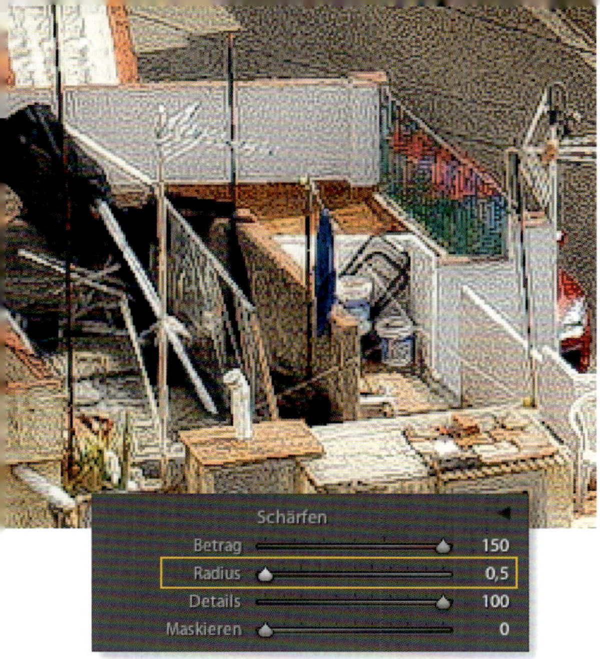

▲ **Abbildung 10.104**
Der Radius beschreibt den Bereich, in dem der Kontrast zum Scharfzeichnen erhöht wird.

Radius | Dieser Regler gibt an, in welchem Umkreis um ein Pixel herum der Kontrast verstärkt werden soll. Bilder mit vielen feinen Strukturen benötigen kleinere Radien, da sonst Details »übersehen« werden und in der Kontrasterhöhung untergehen können.

Höhere Werte erzeugen hingegen Farbsäume an den scharfgezeichneten Stellen. Sie können das Ergebnis damit aber auch verbessern – etwa bei leicht unscharfen Objekten, da hier der Übergang an Kanten eher weich über mehrere Pixel hinweg verläuft.

Vorschau: Radius

Wenn Sie die ⌥/Alt-Taste gedrückt halten, während Sie den Radius-Regler verschieben, so sehen Sie ein Schwarzweißbild mit erhöhtem Kontrast an den Kanten. Je höher der Radius ist, umso dicker erscheinen die Kanten.

Unscharf maskieren
Die Schärfen-Funktion entspricht weitestgehend der »Unscharf maskieren«-Funktion in anderen Programmen zur Bildbearbeitung. Dieser Begriff stammt noch aus dem Laboralltag der Analogfotografie. Dabei wird ein unscharfes Negativ aus dem Bild generiert. Über das Bild gelegt, verstärkt es bei der Nachbelichtung die Kanten. Je nach Unschärfe der Maske wirkt sich der Effekt auf Details oder größere Bereiche aus. Der Parameter Radius in Lightroom entspricht der Schärfe der Maske.

▲ **Abbildung 10.105**
Die DETAILS arbeiten die feinen Strukturen im Bild heraus.

Details | Während BETRAG und RADIUS den Effekt steuern, dient dieser Regler eher der Erkennung. DETAILS sucht im Bild nach Strukturen. Je niedriger der Wert ist, umso weniger Strukturen werden erkannt und umso weniger Details werden berücksichtigt. In diesem Fall werden zwar Kanten verstärkt, aber Strukturen in Flächen ignoriert. Bei hohen Werten werden mehr Pixel mit geringem Kontrast berücksichtigt. Dabei werden auch feinere Strukturen erkannt und scharfgezeichnet.

Vorschau: Details

Wenn Sie die [⌥]/[Alt]-Taste gedrückt halten, während Sie den DETAILS-Regler verschieben, so sehen Sie ein Schwarzweißbild. Es zeigt Ihnen alle Pixel an, die von der Scharfzeichnung betroffen sind.

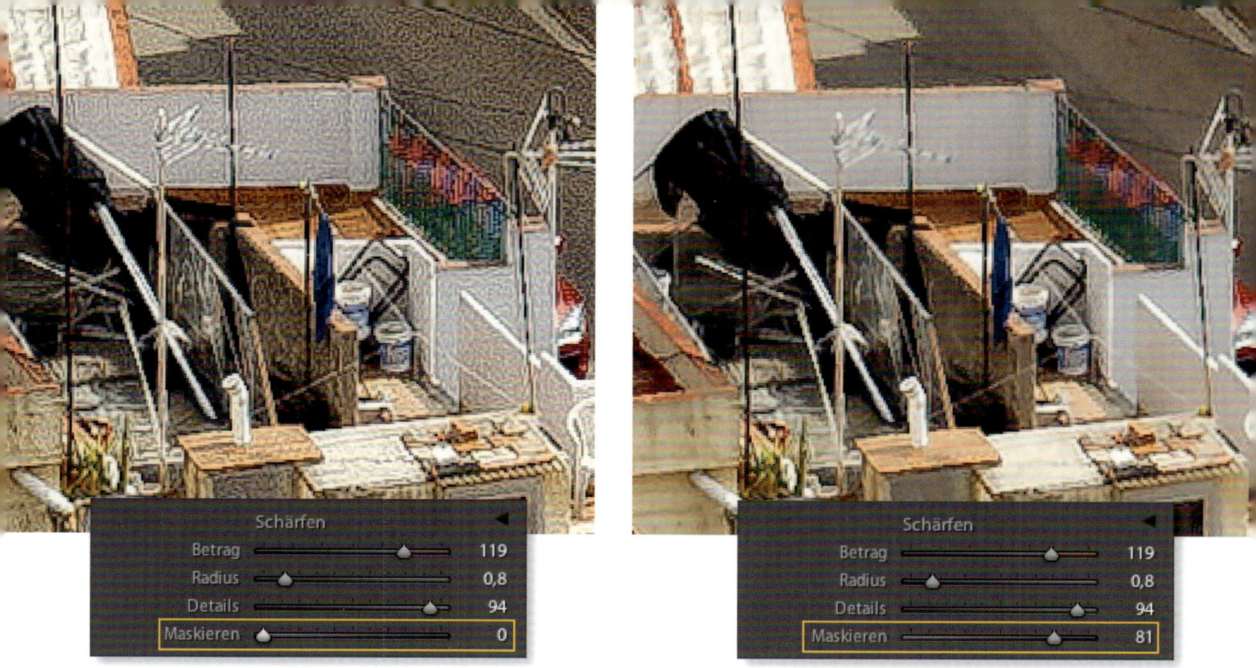

▲ **Abbildung 10.106**
Beim MASKIEREN werden nur Pixel scharfgezeichnet, die über einem bestimmten Kontrastwert liegen. Alles, was ähnlich ist, wird nicht scharfgezeichnet.

Maskieren | Die Einstellung MASKIEREN gibt an, wie hoch der Kontrast zwischen zwei Pixeln sein muss, damit diese von der Scharfzeichnung überhaupt erfasst werden.

Während die DETAILS beschreiben, wie weit die Pixel auseinanderliegen müssen, gibt die Maske an, wie groß ihr Helligkeitsunterschied sein muss.

Vorschau: Maskieren

Wenn Sie die ⌥/Alt-Taste gedrückt halten, während Sie den MASKIEREN-Regler verschieben, so sehen Sie eine Schwarzweißmaske. Diese zeigt an, welche Bereiche beim Schärfen verändert werden. Nur weiße Stellen werden durch den Scharfzeichner beeinflusst.

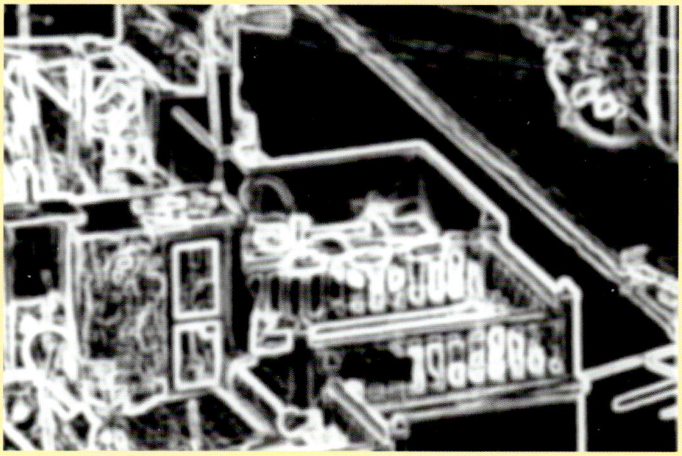

▲ **Abbildung 10.107**
Bilder mit feinen Strukturen benötigen viel Scharfzeichnung in den Details ...

▲ **Abbildung 10.108**
... ebenso wie Landschaftsaufnahmen, damit auch entfernte Objekte detailgetreu dargestellt werden.

10.7.2 Schärfen nach Motiv

Die Art und die Stärke, mit der man eine Scharfzeichnung durchführen sollte, hängt immer von mehreren Faktoren ab. Zum einen hat das Motiv bestimmte Eigenheiten, die man beachten sollte, zum anderen spielt die Ausgabe eine wichtige Rolle.

Sollen die Bilder zum Beispiel ausgedruckt werden, entscheidet oft die Größe des Prints über die Scharfzeichnung – je kleiner, desto mehr Scharfzeichnung, da beim Herunterrechnen oft Details herausgerechnet werden. Weitere Faktoren sind natürlich auch die bei der Aufnahme verwendete Kamera und das Objektiv. In der Folge wollen wir uns einige Fälle anschauen und die passenden Techniken für die Schärfung veranschaulichen.

Schärfeebene
Die Schärfeebene entspricht der Entfernung, auf die beim Fotografieren fokussiert wurde. Dabei handelt es sich aber nicht nur um einen Punkt, der scharf ist, sondern um alle Punkte, die in dieser Entfernung liegen. Sie liegen auf einer Fläche – der Schärfeebene.

Objekte mit Struktur | Bei technischen Objekten, Textilien oder auch bei Landschaftsaufnahmen kommt es oft auf die feinen Strukturen im Bild an. Hier wird generell eine höhere Scharfzeichnung gewünscht, um auch jedes Detail erkennbar machen zu können. Dabei ist neben einer korrekten Schärfeebene auch die Qualität des Objektivs und des Sensors entscheidend für das

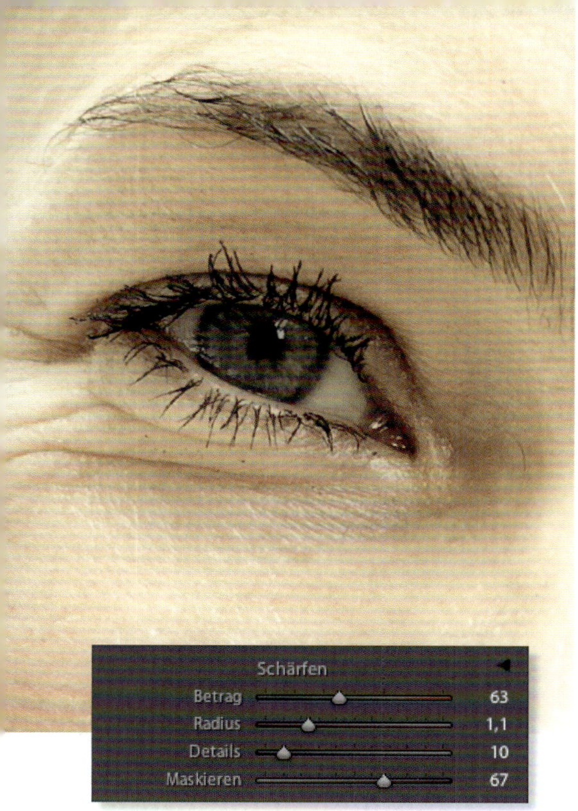

▲ **Abbildung 10.109**
Scharfgezeichnete Wimpern und Pupillen im Kontrast zu weicher Haut ziehen den Blick des Betrachters auf das Wichtigste – die Augen.

▲ **Abbildung 10.110**
Bei moderner Architektur werden die Formen betont, Strukturen treten zurück.

erreichbare Qualitätsniveau. Die Parameter sollten wie folgt eingestellt werden:

- **Betrag:** Der Betrag ist eher hoch – bei Objektiven mit schlechterer optischer Leistung höher als bei hochqualitativen.
- **Radius:** Hier ist mein Lieblingswert »0,5«. Dabei wird gewährleistet, dass kein Detail von der Kontrastverstärkung überzeichnet wird.
- **Details:** Dieser Wert steht meist auf Maximum oder knapp darunter, damit möglichst viele Details im Bild geschärft werden.
- **Maskieren:** Jeder Kontrast im Bild, so gering die Unterschiede auch sein mögen, soll scharfgezeichnet werden. Daher steht dieser Wert meist auf »0«.

Porträts | Bei Porträts will man nicht unbedingt jede Pore sehen, trotzdem sollten die Augen klar und die Haare scharf abgebildet werden. Die Haut hingegen sollte nicht geschärft werden:

- **Betrag:** Der Wert sollte je nach Grundschärfe gewählt werden, ist aber in der Regel niedriger als bei Objekten mit Struktur.

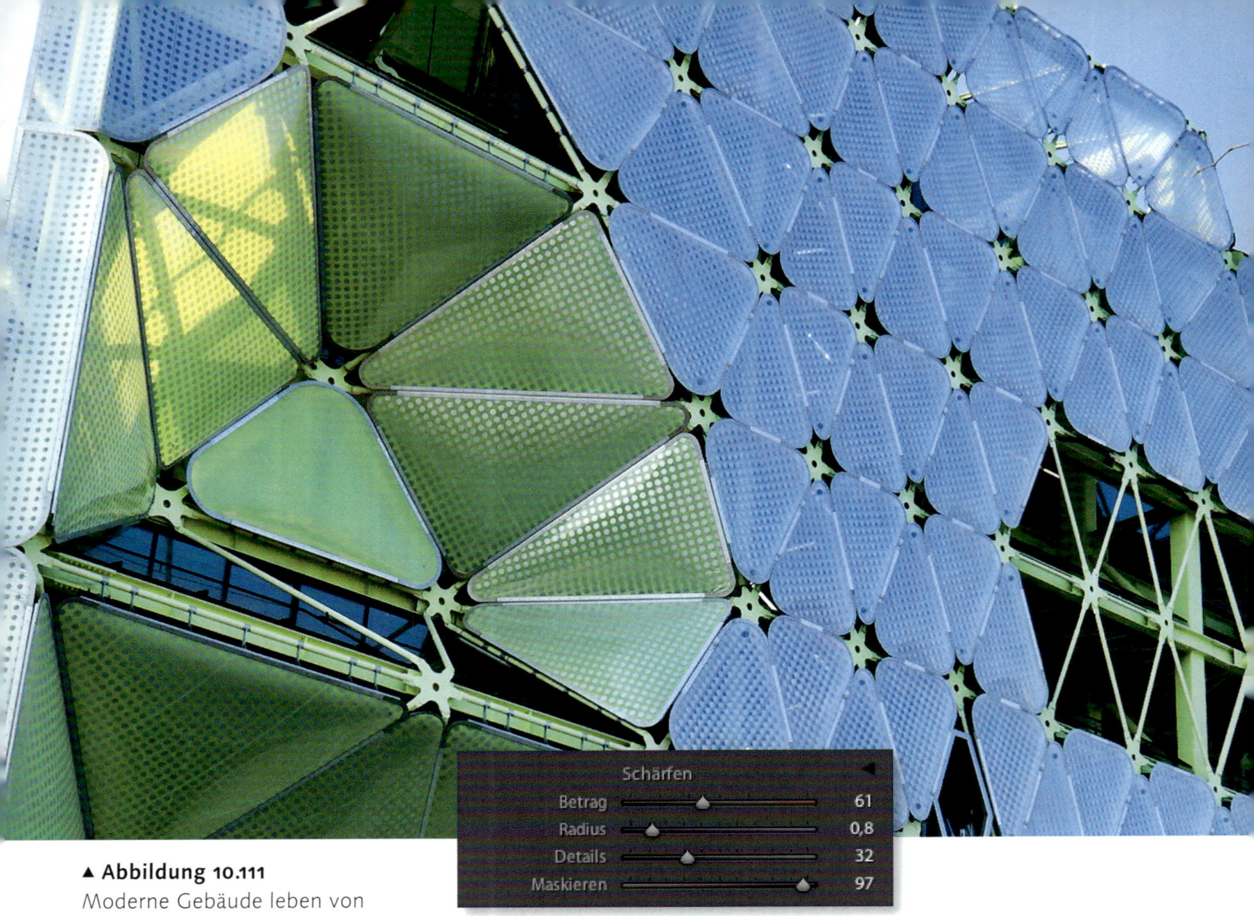

▲ **Abbildung 10.111**
Moderne Gebäude leben von Kanten und weniger von Strukturen.

- **Radius:** Der Radius sollte bei etwa 1 Pixel liegen. Ganz feine Strukturen werden dadurch eher »übersehen«.
- **Details:** Ein niedriger Wert verhindert das Betonen ganz feiner Details wie Poren, Schminkresten etc.
- **Maskieren:** Hier ist auf jeden Fall ein hoher Wert wichtig. Es sollen nur Bereiche mit hohem Kontrast wie die Wimpern oder die Pupillen geschärft werden, aber keine Haut.

Architektur | Bei der Architekturfotografie kommt es vor allem auf die Eigenschaften des Motivs an. Man muss von Fall zu Fall entscheiden, was daran betont und was kaschiert werden soll.

In der modernen Architektur sind die Formen entscheidend, die Struktur der Gebäude ist meist schlicht und tritt in den Hintergrund – das ist eine Gemeinsamkeit mit People-Aufnahmen. Daher werden solche Motive auch mit ähnlichen Einstellungen der Parameter scharfgezeichnet:

- **Betrag:** Der Wert sollte je nach vorhandener Grundschärfe gewählt werden, er darf aber nicht zu hoch sein, um nicht zu stark scharfzuzeichnen.

▲ **Abbildung 10.112**
Alte Gebäude mit Stuck oder Wandmalereien erfordern eine Scharfzeichnung feinster Strukturen.

- **Radius:** Der RADIUS sollte in etwa bei 1 Pixel liegen. Ganz feine Strukturen werden dadurch unterdrückt.
- **Details:** Ein mittlerer bis hoher Wert holt auch feine Details hervor, ohne diese überzubetonen.
- **Maskieren:** Ein mittlerer bis hoher Wert unterdrückt nur die feinen Strukturen – das ist hier in den meisten Fällen gefragt.

Bei alten Gebäuden mit Stuck, Wandmalereien oder anderen Applikationen sollten Strukturen eher betont werden – etwa mit folgenden Einstellungen:

- **Betrag:** Der Wert ist eher hoch, bei Objektiven mit schlechterer optischer Leistung sollte der Betrag entsprechend höher sein als bei hochqualitativen.
- **Radius:** Arbeiten Sie hier mit einem Wert um »0,5«. So werden keine Details überzeichnet.
- **Details:** Dieser Wert sollte bei strukturstarken Motiven auf Maximum oder knapp darunter eingestellt sein.
- **Maskieren:** Jeder Kontrast, so gering die Unterschiede auch sein mögen, soll scharfgezeichnet werden. Daher sollte MASKIEREN auf »0« stehen.

10.7.3 Schärfen nach Ausgabeart

Ein weiterer Aspekt, der bei der Scharfzeichnung berücksichtigt werden sollte, ist das Ausgabemedium. Werden Bilder beispielsweise nach dem Export noch verkleinert, vertragen sie eine stärkere Scharfzeichnung, da die Schärfe beim Skalieren durch die Interpolation (Umrechnung) wieder reduziert wird.

Internet | Bilder, die man für das Web aufbereitet, werden oft stark verkleinert. Eine Reduzierung auf 10% der Originalgröße ist keine Seltenheit. Das bedeutet, dass ca. 10 Pixel auf 1 Pixel geschrumpft werden. In diesem Fall kann der RADIUS einen höheren Wert als gewöhnlich aufweisen, denn je deutlicher ein Bereich hervorgehoben wird, umso stärker wird er bei der Umrechnung berücksichtigt.

Druck | Im Druck wird nicht jedes Pixel einem Druckpunkt zugewiesen. Denn hier werden Farben und Helligkeiten aus nur wenigen Farben mit unterschiedlicher Verteilung zusammengesetzt (siehe Seite 62).

Das bedeutet, dass auch hier, ähnlich wie bei der Skalierung, eine Interpolation stattfindet. Erst wenn die Auflösung des Bildes so gering ist, dass ein Pixel durch das Druckraster komplett abgedeckt werden kann, wird ein einzelnes Pixel sichtbar. Das geschieht je nach Druckverfahren bei unterschiedlichen Auflösungen (siehe Tabelle 10.1).

Grundsätzlich kann beim Druck auch etwas stärker scharfgezeichnet werden. Lightroom bietet die Möglichkeit, im Drucken-Dialog eine nachträgliche Schärfung einzustellen. Diese lässt aber keine Feineinstellung zu (siehe Seite 573).

Beim Export können Sie zusätzlich Bilder nachschärfen lassen. Aber auch hier gilt, dass Sie keine Kontrolle darüber haben. Aber Wenn Sie allerdings Bilder stark verkleinern, hilft die nachträgliche Scharfzeichnung enorm. Aber wie immer, gilt auch hier: Erfahrung sammelt man durch Ausprobieren.

▼ **Tabelle 10.1**
Die empfohlene Auflösung hängt auch mit dem Betrachtungsabstand zusammen. Daher ist bei größeren Bildern eine geringere Auflösung nötig.

Druckauflösung	Scharfzeichnung	Größe bei 8 MP	Größe bei 10 MP	Größe bei 12 MP	Größe bei 16 MP
300 dpi (Offsetdruck)	Scharfzeichnung stärker als Bildschirmdarstellung	27 × 20 cm	31 × 23 cm	36 × 24 cm	42 × 28 cm
200 dpi (Tintenstrahldruck, optimale Auflösung)	Scharfzeichnung stärker als Bildschirmdarstellung	41 × 31 cm	47 × 35 cm	55 × 36 cm	63 × 43 cm
100 dpi (Tintenstrahldruck, minimale Auflösung)	Scharfzeichnung entspricht Bildschirmdarstellung	83 × 62 cm	93 × 70 cm	109 × 73 cm	127 × 85 cm

10.7.4 Rauschreduzierung

Neu in Lightroom 3 Lr

In der Digitalfotografie wird das Rauschen vor allem durch zwei Faktoren verursacht:

- Da hohe ISO-Werte bei schlechten Lichtverhältnissen verwendet werden, bedeutet dies normalerweise, dass das Bildsignal sowieso eher schwach ist und nur geringen Motivkontrast besitzt. Die Signalverstärkung verstärkt jetzt nicht nur das Bildsignal, sondern gleichzeitig auch das Sensorrauschen bis in den sichtbaren Bereich.
- Auch bei niedrigen ISO-Werten tritt Rauschen auf – an dunklen Stellen, die stark aufgehellt werden. Die Ursache ist dieselbe wie bei höheren ISO-Werten: Der Abstand zwischen Bildsignal und Sensorrauschen ist gering und wird bei Aufhellung verstärkt. Hinzu kommt hier, dass in den dunklen Bereichen weniger Helligkeitsabstufungen vorhanden sind (siehe Seite 362), was zusätzlich zur Verschlechterung beiträgt.

Es gibt zwei Arten von Rauschen. Das reine Helligkeitsrauschen vermittelt das Gefühl einer Körnung. Dieses ist meistens nicht störend und täuscht in vielen Fällen sogar Detailstruktur vor. Das andere ist das Farbrauschen. Dies ist eher störend, da es je nach Sensor sogar den Farbton in dunklen Stellen verschieben kann, da eine Farbe wie z. B. Blau besonders stark rauscht.

▼ Abbildung 10.113
Zwei Bildausschnitte unterschiedlicher Kameras bei ISO 3200: links mit der schon etwas älteren D2x und rechts mit der modernen D3x aufgenommen.

▲ **Abbildung 10.114**
Eine typische Szene, aufgenommen bei ISO 1600

Ich persönlich beginne immer mit dem störenderen Farbrauschen. Dieses lässt sich einfach entfernen, und die Auswirkungen auf Details und Struktur sind weniger dramatisch. Das optische Ergebnis dagegen ist beeindruckend.

Farbrauschen reduzieren | Die unteren beiden Parameter entfernen das störende Farbrauschen. Oft reicht schon ein geringer Wert aus, um es abzustellen. Üblicherweise wird das Farbrauschen erst ab ISO-Einstellungen von ca. ISO 400 zu einem störenden Effekt. Darunter muss keine Unterdrückung durchgeführt werden, da das Farbrauschen im Druck entweder gar nicht oder nur bei starker Vergrößerung sichtbar wird.

- **Farbe:** Dieser Regler stellt die Stärke des Filters ein; je höher der Wert ist, umso stärker wird das Farbrauschen unterdrückt.
- **Details:** Mit diesem Regler wird der Schwellenwert angegeben, ab dem das Farbrauschen reduziert wird. Dabei werden benachbarte Pixel verglichen. Liegt der Unterschied über dem Schwellenwert, so werden diese gefiltert.

◂ **Abbildung 10.115**
Detailausschnitt ohne Rauschreduzierung

◂ **Abbildung 10.116**
Je nach Kamera reicht schon ein geringer Wert aus, um das Farbrauschen zu beseitigen.

◂ **Abbildung 10.117**
Ein hoher DETAILS-Wert verbessert die Detaildarstellung. Dies ist vor allem in den feinen Brechungen am Stiel des Glases erkennbar.

▲ **Abbildung 10.118**
Ein besonders schwerer Fall von Luminanzrauschen. Das Farbrauschen wurde bereits eliminiert.

Nach dem Farbrauschen ist das Helligkeitsrauschen (auch Luminanzrauschen genannt) an der Reihe. Dieses ist weniger störend, da es an das Korn eines analogen Films erinnert.

Luminanzrauschen entfernen | Die drei Steuerelemente entfernen das Helligkeitsrauschen. Sie sollten die Parameter mit Vorsicht verwenden, denn sie entfernen eventuell auch feine Details aus dem Bild, die oftmals über die Helligkeit und nicht über die Farben transportiert werden. Darüber hinaus wirken die Bilder plastischer und detailreicher, wenn sie einen gewissen Rauschanteil besitzen.

- **Luminanz:** Dieser Regler stellt die Stärke des Filters ein. Je höher der Wert, umso stärker wird das Rauschen herausgefiltert.
- **Details:** Dieser Regler arbeitet analog zum Detailfilter des Farbrauschens. Er stellt den Wert ein, um den sich zwei Pixel unterscheiden müssen, damit der Filter greift.
- **Kontrast:** Dieser Regler versucht den Kontrast im Bild beizubehalten, der bei zu starker Filterung verloren geht. Bei höheren Werten kann das Rauschen wieder etwas zunehmen. Niedrigere Werte erzeugen ein homogeneres, aber auch kontrastärmeres Bild.

◂ Abbildung 10.119
Der LUMINANZ-Regler allein regelt die Stärke der Filterung, bedeutet aber auch Detail- und Kontrastverlust.

◂ Abbildung 10.120
Der DETAILS-Regler verbessert die Detailzeichnung, verstärkt damit aber auch wieder das Rauschen ein wenig.

◂ Abbildung 10.121
Der KONTRAST-Regler verbessert den Kontrast im Bild.

10.8 Objektivkorrekturen

Neu in Lightroom 3 Lr

Mit Hilfe der Bedienfeldpalette Objektivkorrekturen lassen sich alle Fehler beseitigen, die aufgrund optischer Eigenschaften von Objektiven entstehen. Diese Fehler können teilweise automatisch entfernt werden, indem Sie Kameraprofile laden und speichern. Diese können dann geladen werden, wenn eine Aufnahme mit einem profilierten Objektiv entwickelt wird. Natürlich lassen sich auch alle Einstellungen manuell durchführen. Das Bedienfeld kann zwischen dem Profil- und dem Manuell-Modus umgeschaltet werden ①.

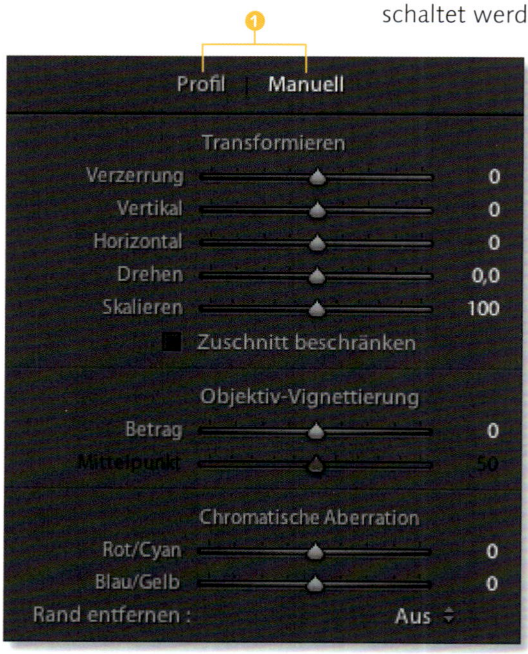

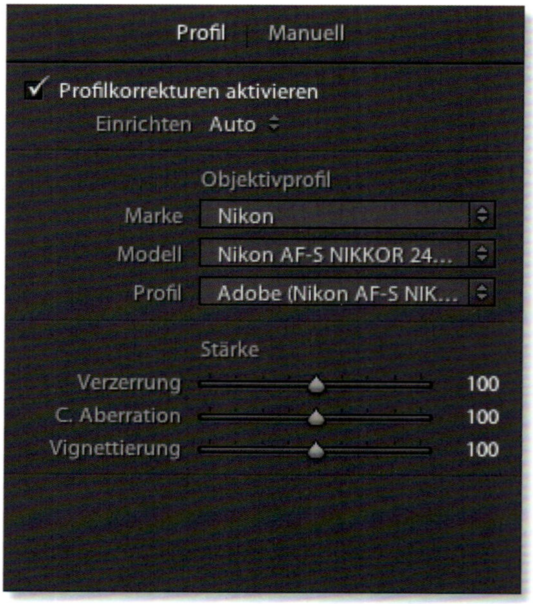

▲ **Abbildung 10.122**
Palette zum automatischen oder manuellen Entfernen von Objektivfehlern

Betrachten wir zunächst die manuelle Korrektur. Dazu klicken Sie den Begriff Manuell ① im Kopf der Bedienfeldpalette an.

10.8.1 Perspektivische Fehler beseitigen (Transformieren)

Bei den perspektivischen Fehlern handelt es sich nicht unbedingt um Fehler, die durch eine schlechte Bauart der Objektive entstehen, sondern oft um optische Eigenschaften, mit denen man einfach leben muss oder diese auch kreativ einsetzen kann.

Verzerrung | Tonnenverzerrungen sind eher eine Eigenheit von Weitwinkelobjektiven. Um einen möglichst großen Blickwinkel zu erreichen, müssen die Linsen extrem konvex sein. Die dabei entstehende Tonnenverzerrung kann nur mit extrem hohem Aufwand korrigiert werden. Bei Fischaugenobjektiven ist dieser Effekt

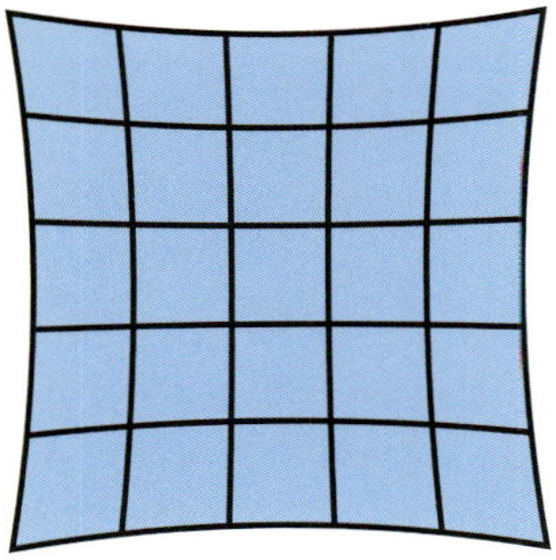

▲ **Abbildung 10.123**
Grafik einer Kissenverzerrung. Sie tritt bei Teleobjektiven auf.

▲ **Abbildung 10.124**
Idealfall ohne Verzerrung

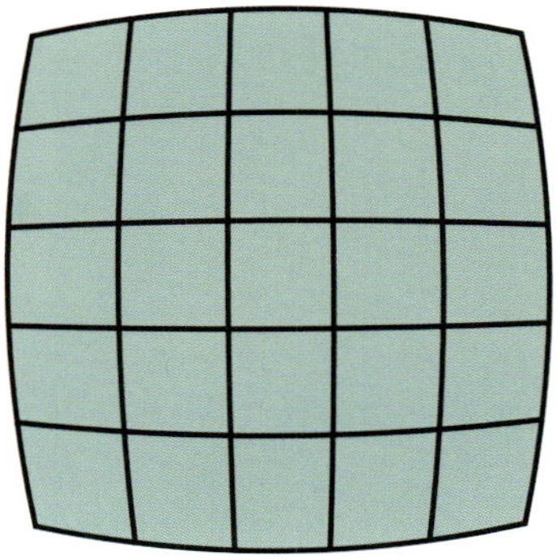

▲ **Abbildung 10.125**
Grafik einer Tonnenverzerrung – eine Eigenheit von Weitwinkelobjektiven.

am extremsten. Teleobjektive neigen dagegen eher zu Kissenverzerrungen. Hinzu kommt, dass bei diesen Objektiven Objekte, die nah am Rand stehen, verzerrt werden. Daher sollte man es bei extremen Weitwinkelobjektiven – unter 20 mm Brennweite bei Vollformat – vermeiden, Personen im Randbereich abzulichten.

Tonnen- und Kissenverzerrungen können über den Schieberegler VERZERRUNG entfernt werden. Eine Tonnenverzerrung lässt sich durch positive Werte ausgleichen, eine Kissenverzerrung durch negative Werte.

Vertikal | Die vertikale Verzerrung ist geläufiger unter dem Begriff »stürzende Linien«. Diese können zwar bei allen Objektiven entstehen, sind aber bei Weitwinkelobjektiven besonders ausgeprägt. Sie entstehen, wenn man nah vor einem hohen Objekt steht und die Kamera nach unten oder oben neigt, um das Motiv komplett abbilden zu können. Das ist oft in der Architekturfotografie der Fall.

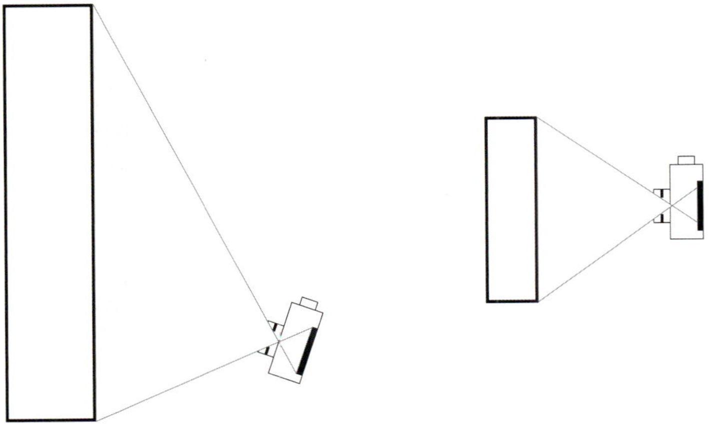

◂ **Abbildung 10.126**
Neigt man die Kamera nach oben, wird die Entfernung von der Spitze zur Bildebene länger und zum Boden kürzer. Die Spitze ist daher weiter weg und wird kleiner als der Boden. Dadurch entstehen die stürzenden Linien. Bei kleinen oder weit entfernten Objekten muss die Kamera dagegen nicht geneigt werden. Die Linien bleiben gerade.

▲ **Abbildung 10.127**
Während des Verschiebens der Regler wird ein Hilfsgitter eingeblendet.

Abbildung 10.128 ▼ ▶
Oben das Original, unten wurde das Bild vertikal geneigt, um die stürzenden Linien zu korrigieren.

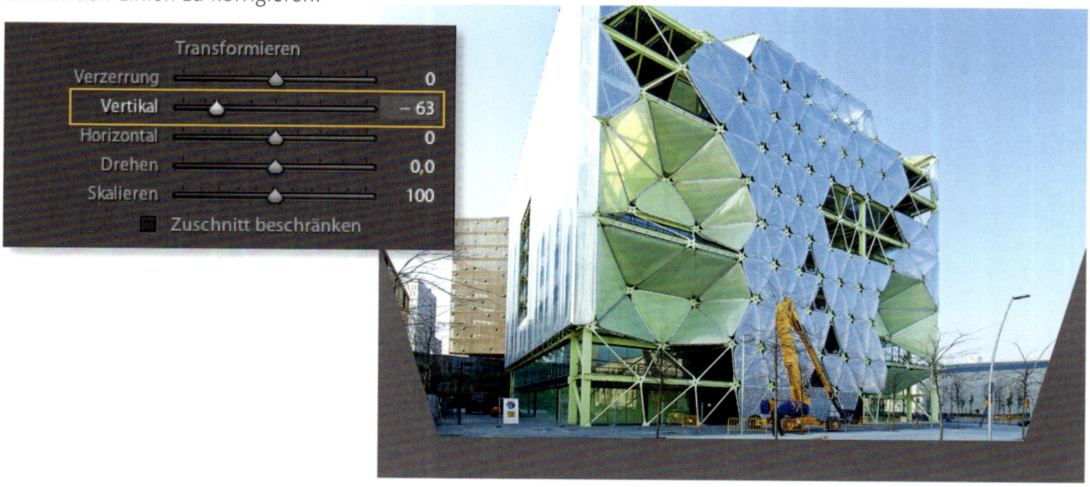

Der Parameter VERTIKAL gleicht die stürzenden Linien aus, indem er das Bild virtuell um eine waagerechte Achse neigt. Diese Achse befindet sich in der Mitte der Bildhöhe.

Durch die Neigung wird ein grauer Hintergrund sichtbar, der durch das Skalieren des unteren Bildbereichs entsteht. Diesen können Sie später abschneiden (siehe Seite 410).

Horizontal | Es handelt sich hier um den gleichen Effekt wie bei den vertikal stürzenden Linien, allerdings entsteht er durch die seitliche Drehung zum Objekt. Fotografieren Sie beispielsweise entlang einer Häuserzeile, sind die Gebäude, die sich weiter weg befinden, kleiner als die nahe liegenden. Dieser Effekt ist oft weniger störend als die stürzenden Linien, aber auch er kann hier ausgeglichen werden. Der Regler HORIZONTAL dreht das Bild um seine senkrechte Mittelachse.

◄▼ **Abbildung 10.129**
Oben das Original, unten das horizontal gedrehte Bild. Die waagerechten Fluchten laufen nun parallel.

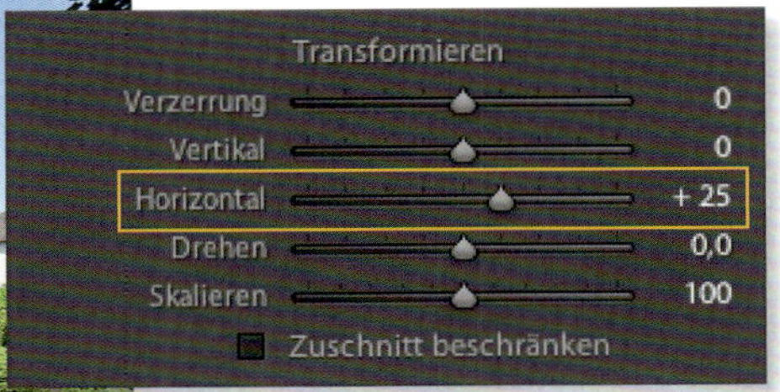

Abbildung 10.130 ▶
Im Original sind die stürzenden Linien gut zu erkennen, aber dass die Kamera auch horizontal verdreht war …

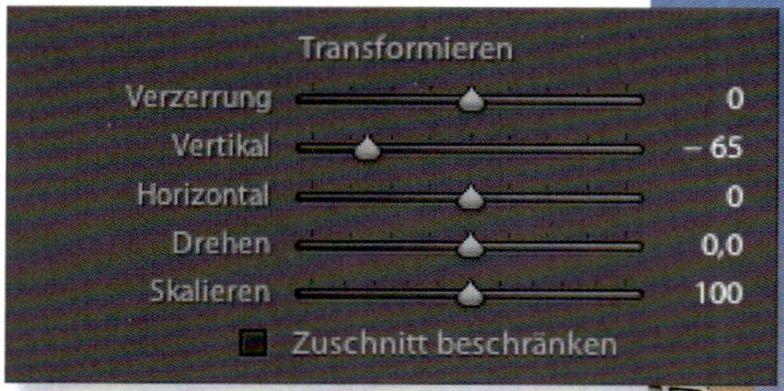

▲ Abbildung 10.131
… erkennt man erst, wenn man die stürzenden Linien eliminieren will. Denn obwohl die Linien rechts nahezu senkrecht stehen, kippen diese links immer noch nach außen – ein Zeichen für die gedrehte Kamera.

Drehen | Dieser Parameter dreht das Bild im oder gegen den Uhrzeigersinn. Grundsätzlich kann das Bild auch während des Beschneidens gedreht werden, allerdings ist der Parameter an dieser Stelle hilfreich, damit während der Beseitigung perspektivischer Fehler gleichzeitig auch ein Verdrehen der Kamera beseitigt werden kann.

Oft zeigt sich erst während der Regulierung der stürzenden Linien, dass die Kamera zusätzlich verdreht gehalten wurde. Dies erkennt man daran, dass senkrechte Linien auf der einen Seite des Bildes zwar senkrecht, auf der anderen Seite jedoch noch schräg stehen. In diesem Fall muss das Bild zusätzlich gedreht werden.

▲ **Abbildung 10.132**
Nach dem Drehen zeigen die senkrechten Linien an den Rändern im gleichen Winkel nach außen.

▲ **Abbildung 10.133**
Der Regler für die vertikale Verzerrung wurde nachkorrigiert, um die stürzenden Linien komplett zu entfernen.

Skalieren | Bei der Entfernung der perspektivischen Verzerrungen wird das Bild um die jeweilige Mittelachse virtuell gedreht. Dies bedeutet, dass beispielsweise bei der vertikalen Korrektur die oberen Bildbereiche zur Kamera hin geneigt werden. Diese ragen dann über das Bild hinaus. Gleiches gilt natürlich für die horizontale Korrektur. Dabei ragt dann immer eine Seite über das Bild hinaus. Enthält die hinausragende Seite bildwichtige Motive, so werden diese eventuell angeschnitten.

Der Skalieren-Parameter zoomt jetzt das Bild so, dass diese wieder in das Bild hineinwandern. Dabei verhält sich das Bild so, als würde es sich von der Kamera entfernen. Natürlich ist es auch

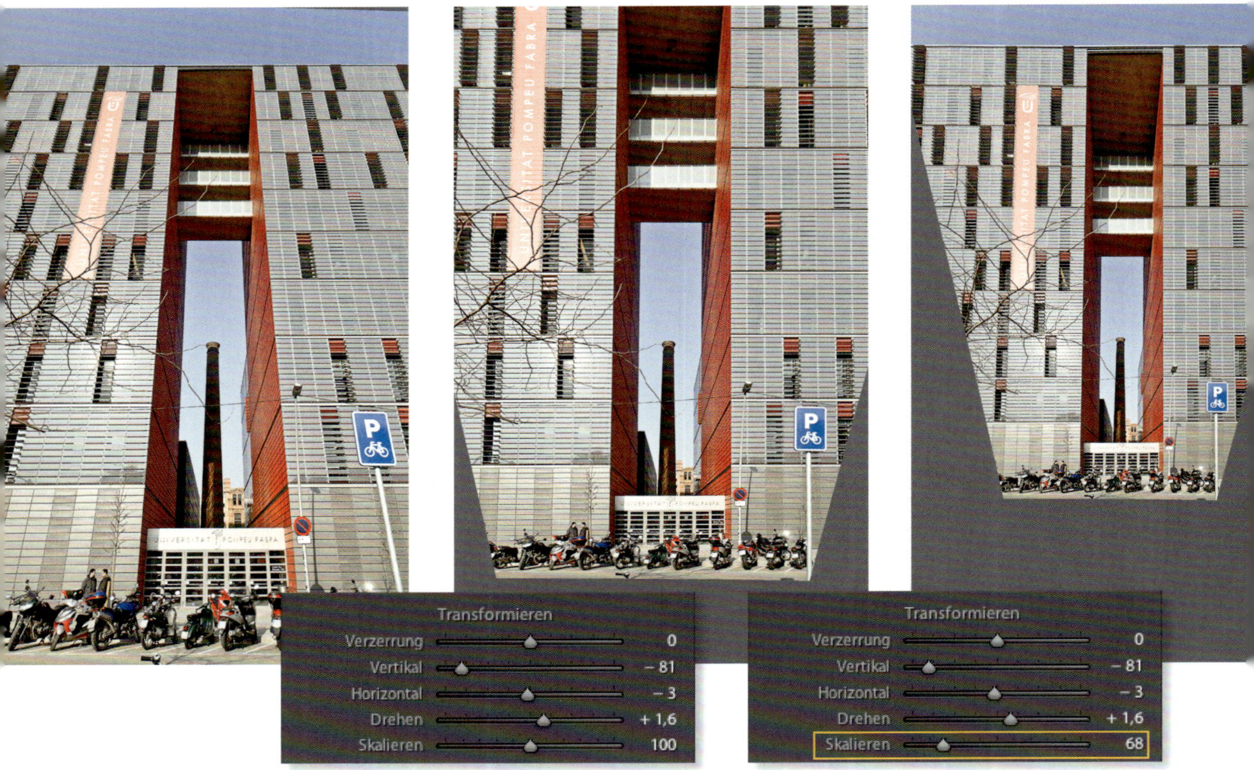

▲ **Abbildung 10.134**
Von links nach rechts: Durch die vertikale Korrektur des Originals wird der Himmel abgeschnitten. Mit der Skalierung wird dieser wieder sichtbar.

möglich, die Kamera näher an das Bild heranzuschieben. Dabei werden aber mehr Bereiche vom Bild abgeschnitten.

Das größte Problem ist jedoch, dass die Skalierung natürlich auch die Bildgröße verändert. Bei einem Beispiel wie dem oben abgebildeten geht durch das Skalieren insgesamt mehr als die Hälfte der Auflösung verloren. Das Hochrechnen beim Export ist nur in gewissen Maßen möglich.

Zuschnitt beschränken | Dieser Parameter ist nur eine Kontrollbox. Ist sie aktiviert, wird das Bild so beschnitten, dass kein grauer Hintergrund, der sonst bei der Korrektur der Verzerrungen entsteht, mehr sichtbar wird. Dazu wird das Bild mit Hilfe des Beschneidungsrahmens (siehe Seite 430) freigestellt. Das Seitenverhältnis des derzeitigen Bildes wird dabei beibehalten.

Das nachträgliche Deaktivieren der Kontrollbox löscht nicht den Beschnitt, sondern nur die automatische Anpassung während der Korrekturen. Das Aufheben des gesamten Beschnitts kann nur über das Beschnittwerkzeug zurückgenommen werden. Dort kann dafür aber auch das Seitenverhältnis angepasst und der Beschnittrahmen verschoben werden, um einen anderen Ausschnitt festzulegen.

▲ **Abbildung 10.135**
Wird der Zuschnitt automatisch beschränkt, kann es sein, dass wichtige Bildbereiche, z. B. der Boden, abgeschnitten werden.

▲ **Abbildung 10.136**
Oft hilft nur das manuelle Nachbearbeiten mit dem Beschneidungswerkzeug. Dort findet sich übrigens ebenfalls die Kontrollbox AUF VERKRÜMMEN BESCHRÄNKEN zum Aktivieren des automatischen Beschnitts.

10.8.2 Vignettierung

Vor allem bei Weitwinkelobjektiven kann ein weiterer Abbildungsfehler auftreten: die Randabdunklung. Je weiter ein Sensorelement vom Zentrum der Blendenöffnung entfernt liegt, umso mehr erwischt es vom unbeleuchteten Bereich des Objektivs. Kleinere Blenden oder Sensorflächen entwickeln daher günstigere Verhältnisse zwischen Brennweite (Winkel), Blendenöffnung und Sensorgröße. Deshalb haben vor allem Vollformatsensoren in Kombination mit extremen Weitwinkeln Probleme mit der Vignettierung. Dieses Problem ist aber kein speziell digitales, es tritt auch bei Aufnahmen mit Film auf. Bei Digitalkameras hat es aber noch eine andere Ursache.

Vor jedem Sensorelement sitzt eine Art Minilinse, und je schräger das Licht auf diese Linse einfällt, umso weniger Licht kommt am Sensor an.

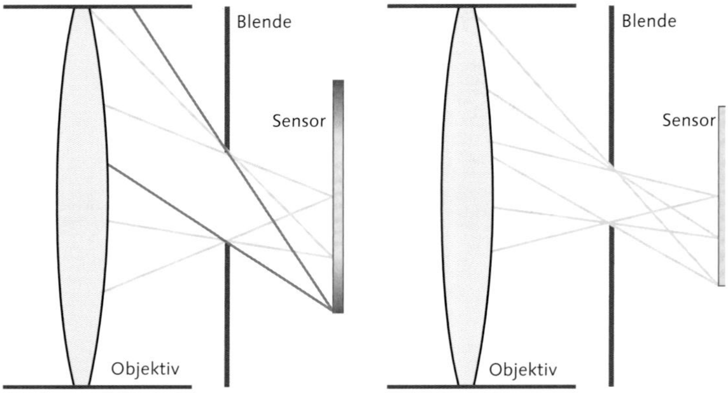

Abbildung 10.137 ▸
Links wirkt sich die Kombination aus großem Sensor und offener Blende negativ auf die Vignettierung aus, da Sensorelemente an der Linse vorbeischauen und so weniger Licht erhalten.
Rechts die Kombination aus kleiner Blende und kleinerem Sensor. Hier ist die Vignettierung schwächer.

Doch die Vignettierung muss nicht immer störend sein. Sie kann auch den Blick auf das Zentrum des Bildes lenken, da dieses heller ist und strahlender wirkt.

Beim Beschneiden von Bildern entsteht jedoch ein Problem. Eine Vignettierung, die infolge eines ungünstigen Brennweiten-Blende-Sensor-Verhältnisses entstanden ist, muss vor einer Beschneidung herausgefiltert werden. Der kreative Einsatz der Vignettierung sollte aber erst auf das Endformat angewendet werden, sonst könnte sie unsymmetrisch beschnitten werden.

Aus diesem Grund besitzt Lightroom zwei Vignettierungsfunktionen, eine als Objektivkorrektur und eine als Kreativfilter, der erst nach dem Freistellen angewendet wird. Hier wird die Beseitigung des Effektes beschrieben. Der kreative Einsatz wird auf Seite 418 erklärt.

◂ **Abbildung 10.138**
Oben das Original mit Vignettierung (Randabdunklung), unten die korrigierte Version

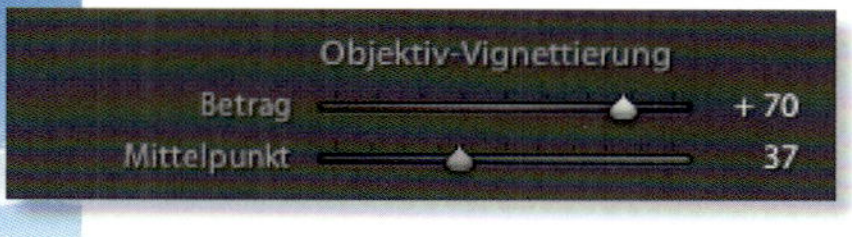

Die Entfernung der Vignettierung mit Hilfe der Objektivkorrektur wird auf das Originalbild ohne Beschnitt oder Rotation angewendet.

Betrag | Der Betrag legt die Stärke fest, mit der die Vignettierung aufgehellt werden kann. Dieser Wert kann auch negativ sein, dann wird der Rand weiter abgedunkelt. Für den kreativen Einsatz wird jedoch ein eigener Effekt verwendet (siehe Seite 419).

Mittelpunkt | Je nach Objektiv und Brennweite beginnt die Vignettierung weiter im Bild oder mehr am Rand. Über das Steuerelement Mittelpunkt legen Sie den Radius fest, ab dem die Vignettierung korrigiert werden soll.

10.8.3 Chromatische Aberration

Wenn Licht durch die Linsen eines Objektivs fällt, werden Farbanteile mit unterschiedlichen Wellenlängen unterschiedlich gebrochen und treffen somit an unterschiedlichen Stellen auf den Sensor.

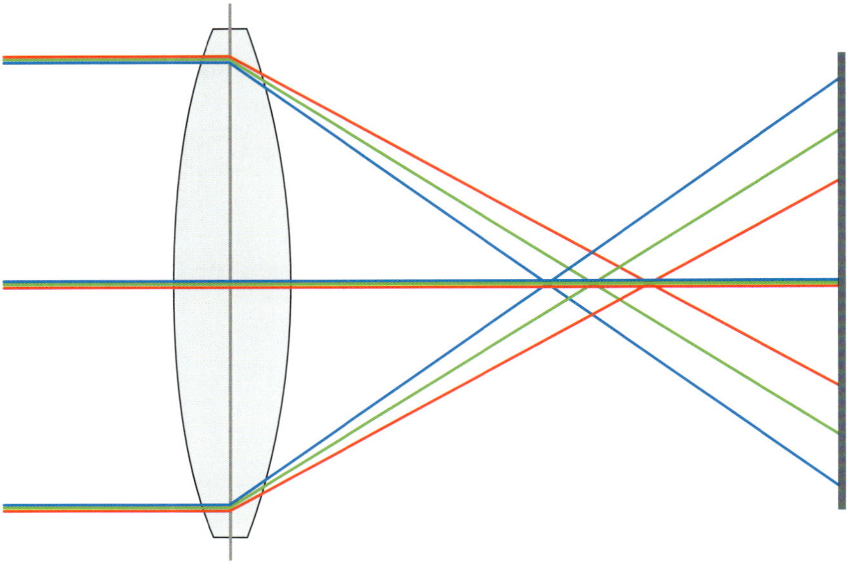

▲ **Abbildung 10.139**
Chromatische Aberration tritt durch unterschiedliche Brechung der Wellenlängen auf. Dabei können Farbsäume entstehen.

Es entstehen dabei Farbsäume, die vor allem an Kanten mit hohem Kontrast auftreten. Diese sind zum Bildrand hin stärker, da hier die Strahlen stärker gebrochen werden. Auch bei kurzen Brennweiten, den Weitwinkelobjektiven, wird das Licht stärker gebrochen, was den Effekt verstärkt. Zoomobjektive besitzen bei unterschiedlichen Brennweiten ebenso unterschiedliche Verschiebungen.

Rot/Cyan, Blau/Gelb | Bei der chromatischen Aberration entsteht auf der einen Seite immer ein roter und gegenüberliegend

▼ **Abbildung 10.140**
Beispiel einer chromatischen Aberration (links) und der Korrektur in Lightroom (rechts)

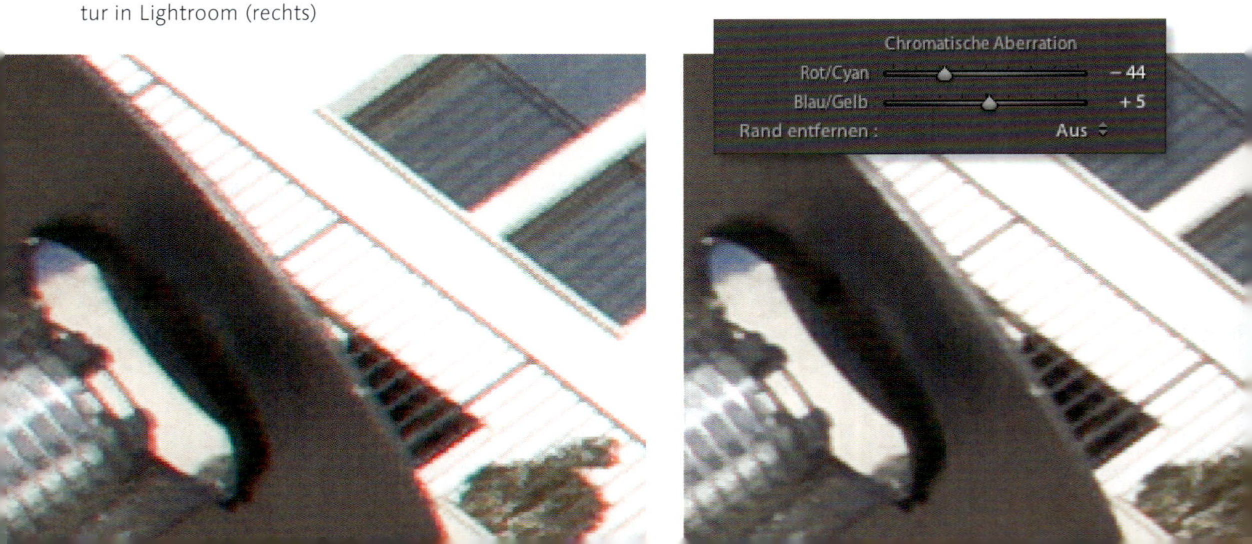

▲ **Abbildung 10.141**
Ist die Option SPITZLICHT KANTEN aktiviert, werden nur bei Spitzlichtern die farbigen Kanten entfernt.

ein cyanfarbiger Farbsaum. Gegenüber einem blauen Farbsaum entsteht ein gelber. Für jede der beiden Varianten bietet Lightroom einen Regler. Diese können in zwei Richtungen verschoben werden.

Rand entfernen | Unabhängig von der chromatischen Aberration treten an Rändern mit hohem Kontrast zusätzlich noch häufig Farbränder auf. Diese werden verursacht, weil bei hohen Kontrasten die Photonen eines Sensorelements in das benachbarte Element überlaufen. Der Abbildungsfehler lässt sich mit verschiedenen Methoden entfernen. Klicken Sie auf das Dropdown-Menü neben der Bezeichnung RAND ENTFERNEN, und wählen Sie zwischen den beiden folgenden Optionen:

- **Spitzlicht Kanten:** Entfernt nur Farbsäume an Kanten mit starken Helligkeitsunterschieden. Beispiele hierfür sind Bäume im Gegenlicht, Sonnenspiegelungen auf Wasseroberflächen oder Häuserkanten im Gegenlicht.
- **Alle Kanten:** Entfernt Farbsäume an allen Kanten, auch bei geringem Kontrast. Dabei können eventuell graue Kanten entstehen, oder die Gesamtsättigung wird etwas reduziert.

▼ **Abbildung 10.142**
Ist die Option ALLE KANTEN aktiviert, wird generell das Überlaufen der Farben an den Kanten reduziert.

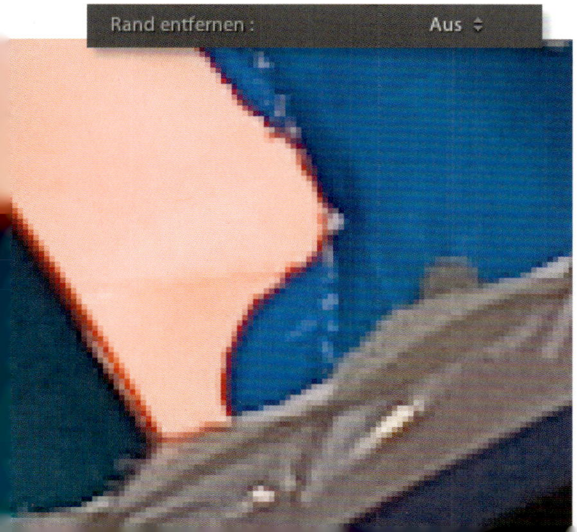

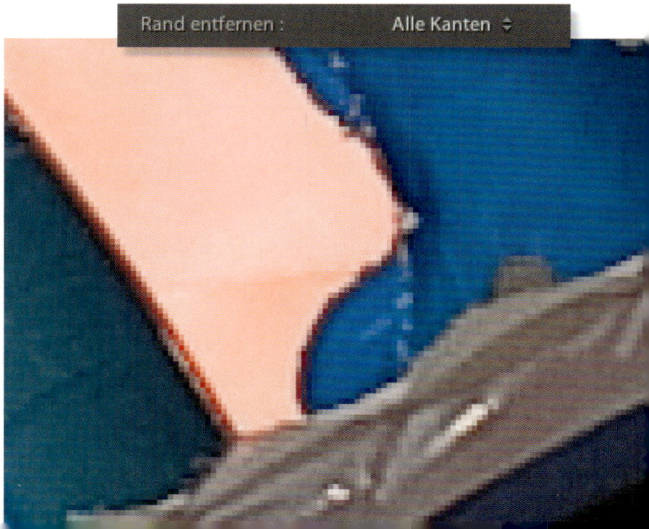

10.8.4 Objektivkorrektur mit Profilen

Jedes Objektiv besitzt seine spezifischen Eigenschaften, die als Profil gespeichert und abgerufen werden können. Dazu zählen aber nur die Fehler, die nicht durch die Bauart und nicht durch die Haltung der Kamera verursacht werden. Dies sind im Einzelnen:

- **Verzerrung:** Tonnen- oder Kissenverzerrung von Weitwinkel- und Teleobjektiven (siehe Seite 404)
- **Chromatische Aberration:** unterschiedliche Brechung der Farben und damit verbundene Farbsäume an Bildrändern (siehe Seite 414)
- **Vignettierung:** Randabdunklung, vor allem bei Weitwinkelobjektiven (siehe Seite 412)

Zusatzprogramme

Adobe bietet zum Profilieren von Objektiven zwei Zusatzprogramme an. Mit dem Adobe Lens Profile Creator lassen sich eigene Profile erstellen. Dies ist aber nur für Fotografen empfehlenswert, die ein Studio besitzen, da die Prozedur etwas komplex ist und einen standardisierten Aufbau erfordert. Die andere Software ist der Adobe Lens Profile Downloader. Diese Software greift auf eine Online-Datenbank mit Profilen zu und installiert diese. Beide Programme können über die Website *http://labs.adobe.com* heruntergeladen werden.

Ähnlich wie Kameraprofile (siehe Seite 426) sind diese Eigenschaften für jedes Objektiv gleich oder zumindest so ähnlich, dass Adobe hierzu eine Profilierungsschnittstelle geschaffen hat, über die diese direkt in das Raw-Profil eingebettet werden. Es kann für jede Aufnahme eine Kamera-Objektiv-Kombination in den Raw-Prozess mit integriert werden, um die hardwarebedingten Eigenheiten auszubremsen.

Neu in Lightroom 3 Lr

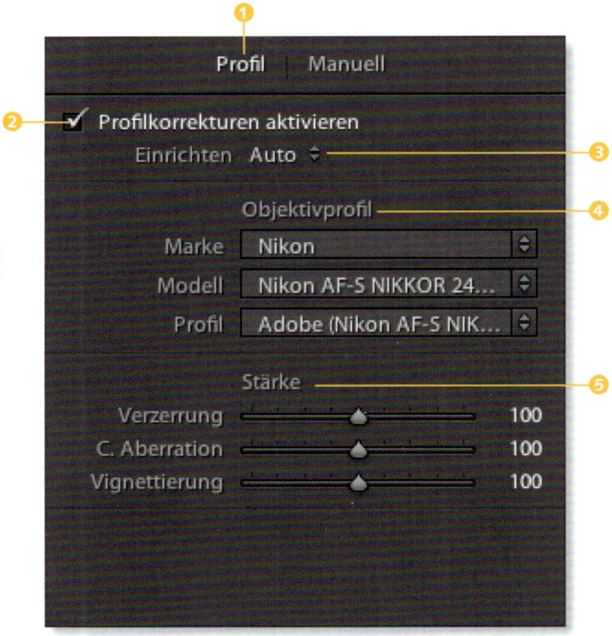

Abbildung 10.143 ▸
Palette zum automatischen Entfernen von Objektivfehlern mit Hilfe von Profilen

Um die automatische Profilierung zu aktivieren, müssen Sie in den Profil-Modus wechseln. Dazu klicken Sie den Begriff Profil im Kopf der Bedienfeldpalette. Diese wechselt daraufhin in den Modus zum Auswählen und Feinjustieren der Profile.

Profilkorrektur aktivieren | Zunächst müssen Sie die Korrektur mit Profilen aktivieren. Dazu klicken Sie das entsprechende Kontrollkästchen ② an. Ist Ihr Objektiv in der Liste der Profile, werden die Dropdown-Menüs für MARKE, MODELL und PROFIL automatisch ausgefüllt. Dies trifft aber nur zu, wenn das Objektiv in Kombination mit Ihrer Kamera gespeichert ist. Anderenfalls müssen Sie die Parameter manuell angeben.

Einrichten | Über dieses Dropdown-Menü ③ haben Sie die Möglichkeit, zwischen diesen Voreinstellungen zu wählen:

- **Auto:** Die AUTO-Einstellung verwendet die im Profil gespeicherten Daten.
- **Standard:** Ihre gespeicherte Standardeinstellung. Falls Sie keine eigene Standardeinstellung gespeichert haben, ist diese mit der AUTO-Einstellung identisch.

Objektivprofil | In dieser Parametergruppe ④ können Sie die automatisch gesetzten Werte überschreiben bzw. ein Profil einstellen, wenn die automatische Erkennung versagt hat:

- **Marke:** Hersteller des Objektivs
- **Modell:** Modellbezeichnung des Objektivs
- **Profil:** Name des Profils – diese Option ist nur auswählbar, wenn mehrere Profile zu einem Objektiv existieren.

Stärke | Hier finden Sie drei Regler ⑤ zum Einstellen der Intensität der Korrekturen. Die Werte werden in Prozent angegeben und können von 0 bis 200 % eingestellt werden. 0 % bedeutet dann keine Anwendung der Korrektur.

Eigene Standardeinstellung speichern | Verändern Sie einen der Profilparameter, ändert sich der Eintrag unter EINRICHTEN in BENUTZERDEFINIERT.

Klicken Sie jetzt das EINRICHTEN-Dropdown-Menü an, und wählen Sie den Befehl NEUE STANDARDEINSTELLUNGEN FÜR OBJEKTIVPROFIL SPEICHERN. Der EINRICHTEN-Eintrag wechselt zu STANDARD. Dieser enthält nun Ihre Standardeinstellung.

Diese Einstellung wird für alle Aufnahmen verwendet, die mit diesem Objektiv erstellt wurden und die über die Profileinstellung STANDARD verfügen.

Die ursprüngliche Standardeinstellung können Sie mit Hilfe des Befehls OBJEKTIVPROFIL AUF STANDARDEINSTELLUNGEN ZURÜCKSETZEN wiederherstellen.

HINWEIS

Wenn Sie die Profilkorrektur aktivieren, werden Ihre manuellen Einstellungen nicht automatisch deaktiviert. Die manuellen Einstellungen für Verzerrung, chromatische Aberration und Vignettierung bleiben erhalten und stören sich eventuell mit der Profilkorrektur. In diesem Fall setzen Sie besser Ihre manuellen Einstellungen zurück.

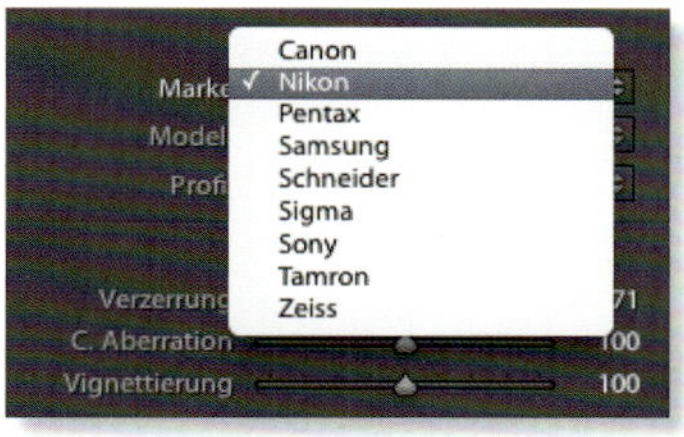

▲ **Abbildung 10.144**
Dropdown-Menü zur Auswahl der Marke des Objektivherstellers

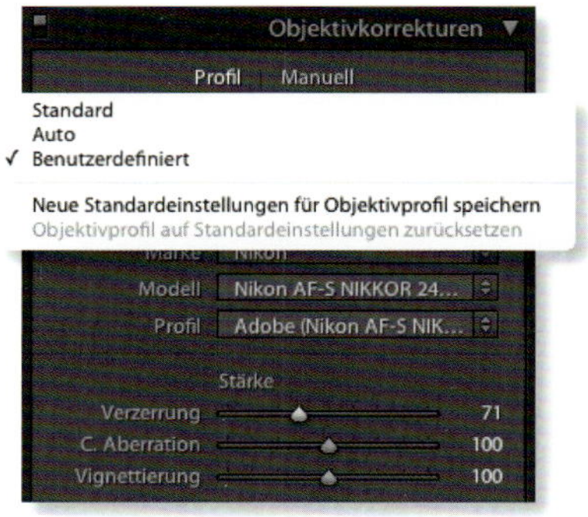

▲ **Abbildung 10.145**
Geänderte Parameter des Profils können als eigene Standardeinstellung gespeichert werden.

10.9 Effekte

Neu in Lightroom 3

Lightroom bietet auch Effekte, die Sie abschließend dem Bild zuweisen können. Diese werden als letzter Bearbeitungsschritt auf das fertig entwickelte Bild angewendet. In Lightroom 3 gibt es zwei Effekte.

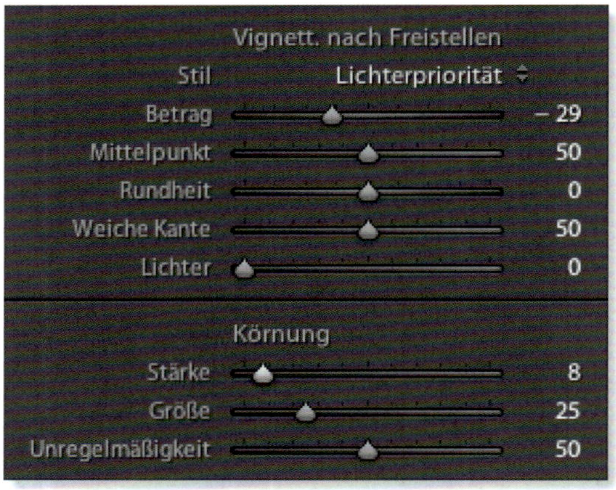

Abbildung 10.146 ▸
Palette zum Einstellen von nachträglichen Effekten

10.9.1 Vignettierung als Kreativfilter

Sie kennen bereits den Vignettierungsfilter aus der Palette zur Objektivkorrektur. Theoretisch könnten Sie auch dort den Effekt simulieren. Allerdings wird dort der Effekt auf das Originalbild vor dem Beschneiden angewendet. Wenn Sie also die Vignettierung als Effekt verwenden wollen, würde dieser beim Beschneiden abgeschnitten. Aus diesem Grund gibt es die Vignettierung zusätzlich als Effekt. Dieser bietet Ihnen auch noch mehr Einstellmöglichkeiten.

Stil | Sie haben die Möglichkeit, zwischen drei Vignettierungsstilen zu wählen:

- **Lichterpriorität:** Ermöglicht die Wiederherstellung von Lichtern, kann jedoch Farbverschiebungen in dunklen Bereichen zur Folge haben. Geeignet vor allem für helle, etwas überbelichtete Fotos.
- **Farbpriorität:** Reduziert Farbverschiebungen in dunklen Stellen, führt aber keine Korrektur der Lichter durch wie die Lichterpriorität.
- **Farbüberlagerung:** Vermischt die beeinflussten Randbereiche mit schwarzen oder weißen Pixeln. Erzeugt meist ein graues, flaches Aussehen.

▲ **Abbildung 10.147**
Ausschnitt eines Bildes mit Option LICHTERPRIORITÄT

▲ **Abbildung 10.148**
Ausschnitt eines Bildes mit Option FARBPRIORITÄT

▲ **Abbildung 10.149**
Ausschnitt eines Bildes mit Option FARBÜBERLAGERUNG

Betrag | Gibt die Stärke des Effektes an. Negative Werte dunkeln den Rand ab, während positive Werte den Rand aufhellen.

▲ **Abbildung 10.150**
BETRAG = –100

▲ **Abbildung 10.151**
BETRAG = 0

▲ **Abbildung 10.152**
BETRAG = +100

Mittelpunkt | Legt den Startradius fest, ab dem die Vignettierung beginnt. Niedrige Werte bedeuten einen kleineren Radius.

▲ **Abbildung 10.153**
MITTELPUNKT = 0

▲ **Abbildung 10.154**
MITTELPUNKT = 50

▲ **Abbildung 10.155**
MITTELPUNKT = 100

Rundheit | Die Rundheit regelt die Form der Vignettierung. Ein hoher Wert erzeugt eine kreisförmige Vignettierung. Werte im Minusbereich erzeugen eher ein abgerundetes Rechteck.

▲ **Abbildung 10.156**
RUNDHEIT = –100

▲ **Abbildung 10.157**
RUNDHEIT = 0

▲ **Abbildung 10.158**
RUNDHEIT = +100

Weiche Kante | Dieser Wert legt die Schärfe der Vignettierungskante fest. Je höher der Wert, umso weicher wirkt die Blende.

▲ **Abbildung 10.159**
WEICHE KANTE = 0

▲ **Abbildung 10.160**
WEICHE KANTE = 50

▲ **Abbildung 10.161**
WEICHE KANTE = +100

Lichter | Steuert den Lichterkontrast, wenn der BETRAG negativ ist. Dieser Parameter ist beim Stil FARBÜBERLAGERUNG deaktiviert.

▲ **Abbildung 10.162**
LICHTER = 0

▲ **Abbildung 10.163**
LICHTER = 50

▲ **Abbildung 10.164**
LICHTER = +100

10.9.2 Körnung zur Simulation von Film

Neu in Lightroom 3

Ein weiterer Effekt, den Sie Bildern hinzufügen können, ist die Simulation von Korn. Digitale Fotos haben oft einen künstlichen Touch. Dies kommt unter anderem daher, dass diese kein Rauschen besitzen. Die Bilder wirken sehr »clean«, und in homogeneren Flächen kann sogar der Eindruck einer gewissen Unschärfe und in Verläufen können sichtbare Farbtreppen entstehen.

Die KÖRNUNG fügt dem Bild nachträglich ein Rauschen hinzu. Das erzeugt nicht nur den Look eines analogen Bildes, sondern fügt Flächen sogar Struktur hinzu, was zu einem besseren Schärfeeindruck führen kann. Vor allem wenn Sie Bilder vergrößert ausdrucken wollen, hilft die Körnung, die Interpolationsprobleme zu überdecken – in einem gewissen Rahmen zumindest.

▲ **Abbildung 10.165**
Palette zum Hinzufügen eines Rauschens

Stärke | Dieser Schieberegler steuert die Stärke des Effektes. Der optische Eindruck ist aber auch von den beiden anderen Parametern abhängig, so dass Sie diesen Regler eventuell anpassen müssen, wenn einer der beiden anderen verändert wurde.

▲ **Abbildung 10.166**
Die STÄRKE regelt die Intensität des Effektes. Bei »0« ist der Effekt deaktiviert.

▲ **Abbildung 10.167**
Die Körnung bei einem Wert von »60«

Größe | Die Größe des Korns kann über diesen Wert geändert werden. Passen Sie die Größe der Struktur im Bild an. Scharfe technische Aufnahmen erfordern kleinere Werte. Das Verändern dieses Wertes erfordert oft eine Nachkorrektur der Stärke.

▲ **Abbildung 10.168**
Ein Wert von »25« ist für die Grösse in diesem Fall zu groß. Das Korn macht das Bild leicht unscharf.

▲ **Abbildung 10.169**
Ein Wert von »10« verstärkt den Eindruck von Details in den Felsen.

Unregelmäßigkeit | Dieser Parameter legt über das Rauschen ein weiteres Rauschen. Das bedeutet, dass das Korn zufällig verteilt wird. Homogene Flächen benötigen niedrigere Werte, denn bei zu hohen Werten können Flächen fleckig wirken.

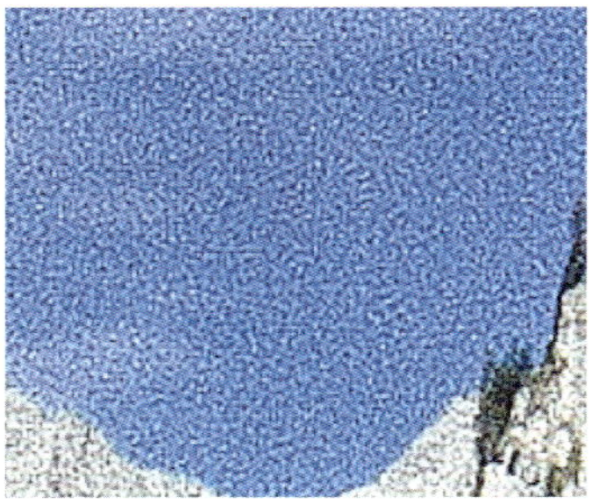

▲ **Abbildung 10.170**
Unregelmässigkeit = 0

▲ **Abbildung 10.171**
Unregelmässigkeit = 50

▲ **Abbildung 10.172**
Unregelmässigkeit = 100

10.10 Kamerakalibrierung

Die Umwandlung vom Raw-Bild zum darstellbaren Farbbild wird über eine Art »Rechenmaschine« von Abobe erledigt. Dahinter verbirgt sich die komplette Raw-Technologie von Adobe, die allgemein als »Adobe Camera Raw« (ACR) bezeichnet wird. Das Umrechnen kann durch Profile gesteuert werden. Diese können auch kameraspezifische Eigenheiten berücksichtigen und arbeiten ähnlich den Farbprofilen des Farbmanagement.

In Lightroom 3 wurde eine neue Raw-Prozessverarbeitung integriert. Diese arbeitet deutlich feiner und erzeugt detailreichere Bilder. Das Umschalten in die neue Prozessversion erfolgt ebenso wie das Einstellen des Kameraprofils über die Palette KAMERAKALIBRIERUNG.

In Lightroom wurden bereits für alle kompatiblen Kameras Standardprofile integriert. Diese werden als ADOBE STANDARD PROFIL (1) angezeigt. Für ausgewählte Kameras stehen auch erweiterte Profile zur Verfügung, die Sie statt dem ADOBE STANDARD Profil wählen können. Eigene Profile können Sie mit dem DNG Profile Editor von Adobe erstellen (siehe Seite 121).

Mit den Steuerelementen im Bedienfeld KAMERAKALIBRIERUNG können Sie einstellen, wie Lightroom die Farben Ihrer Kamera interpretieren soll. Die Regler überschreiben dabei die im Profil gespeicherten Farbmatr x-Werte. Im Normalfall ist das jedoch nicht nötig, weil die Profile bereits gute Ergebnisse liefern. Wenn es jedoch auf absolute Farbtreue ankommt, wie etwa bei Sachauf-

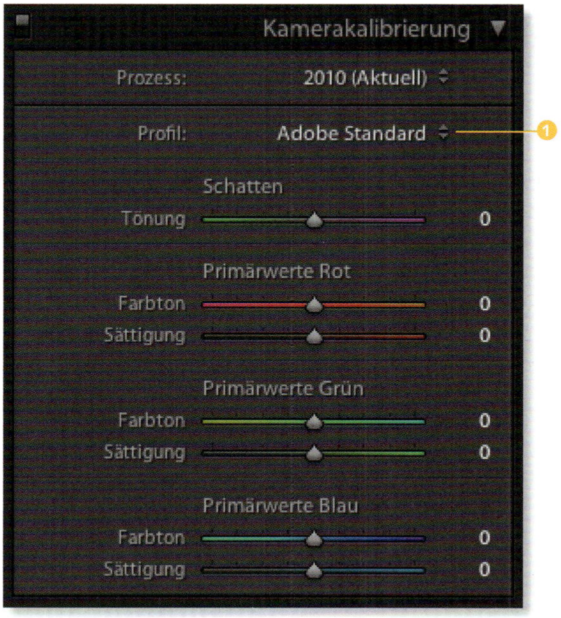

◀ **Abbildung 10.173**
Bedienfeldpalette zur Kamerakalibrierung

nahmen für Katalogproduktionen oder Ähnlichem, können Sie hier die Korrekturen durchführen. Die Regler lassen sich zudem auch kreativ nutzen.

10.10.1 Prozessversion einstellen

Neu in Lightroom 3 Lr

Haben Sie schon mit Vorgängerversionen von Lightroom gearbeitet, sind alle Ihre bisher bereits im Katalog enthaltenen Bilder in der Prozessversion 2003 vorhanden. Sie könnten alle Bilder automatisch in die Version 2010 konvertieren. Allerdings entstünden dabei Bildveränderungen, die eventuell Nachkorrekturen erforderlich machten. Daher sollten Sie nur Bilder, die neu benötigt werden, konvertieren.

▲ **Abbildung 10.174**
Vergleich zwischen altem (links) und neuem Raw-Prozess (rechts)

Wenn wir uns die Abbildungen auf dieser Seite anschauen, fällt auf, dass der neue Prozess mehr Strukturen herausarbeitet als der alte Prozess. Dies wird vor allem bei stark geschärften Bildern – wie bei den oben abgebildeten – sichtbar. Die Prozessversion 2010 benötigt in diesen Fällen eine Reduktion der Schärfe. Das heißt, dass Sie bereits geschärfte Bilder nachkorrigieren müssen.

Einzelnes Bild in eine neue Prozessversion konvertieren | Sie können die Prozessversion über das Dropdown-Menü Prozess in der Bedienfeldpalette umschalten. Bilder, die noch die Version 2003 zugewiesen haben, erhalten in der Lupenansicht ein Hinweis-Symbol 1 rechts unten im Ansichtsfenster. Dieses Symbol ist gleichzeitig eine Schaltfläche. Klicken Sie diese an, öffnet sich ein Dialog, mit dessen Hilfe Sie vor der Konvertierung einige Optionen festlegen können.

- **Änderungen mit Vorher/Nachher überprüfen:** Öffnet die Überprüfungsansicht zum direkten Vergleich der beiden Versionen.
- **Nicht erneut anzeigen:** Verdeckt in Zukunft den Dialog und verwendet immer die zuletzt angegebenen Optionen.
- **Alle Fotos des Filmstreifens aktualisieren:** Konvertiert alle Bilder des Filmstreifens, die noch in der alten Version sind, in die neue Prozessversion.

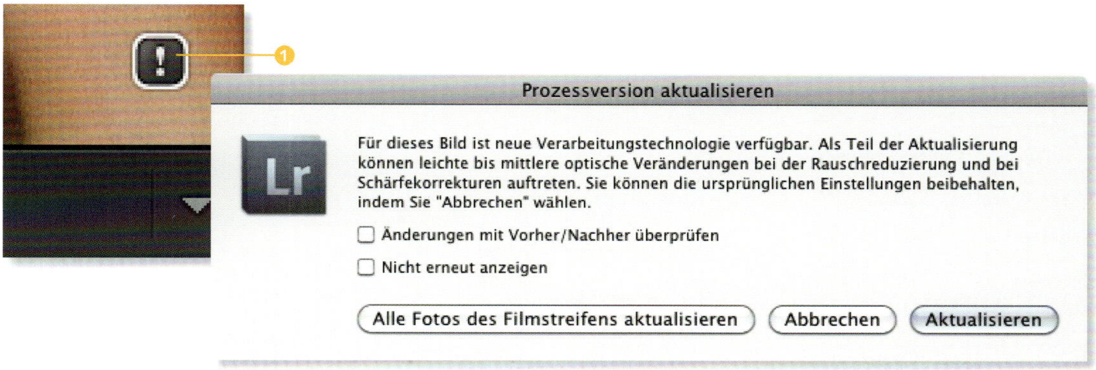

▲ **Abbildung 10.175**
Über einen Klick auf das Hinweis-Symbol 1 kann ein Bild in die neue Prozessversion konvertiert werden.

Alle Bilder in eine neue Prozessversion konvertieren | Sie können aber auch pauschal alle Bilder konvertieren lassen. Dazu wählen Sie im Bibliothek-Modul den Menübefehl Bibliothek • Fotos mit vorheriger Prozessversion suchen.

Daraufhin wird der komplette Katalog nach Bildern mit alter Prozessversion durchsucht. Die gefundenen Bilder werden in einer Sammlung zusammengefasst.

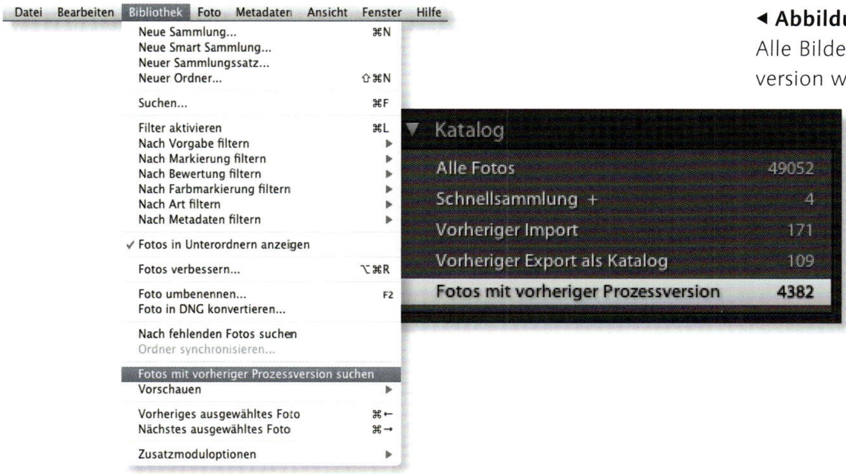

◀ **Abbildung 10.176**
Alle Bilder mit alter Prozessversion werden gesammelt.

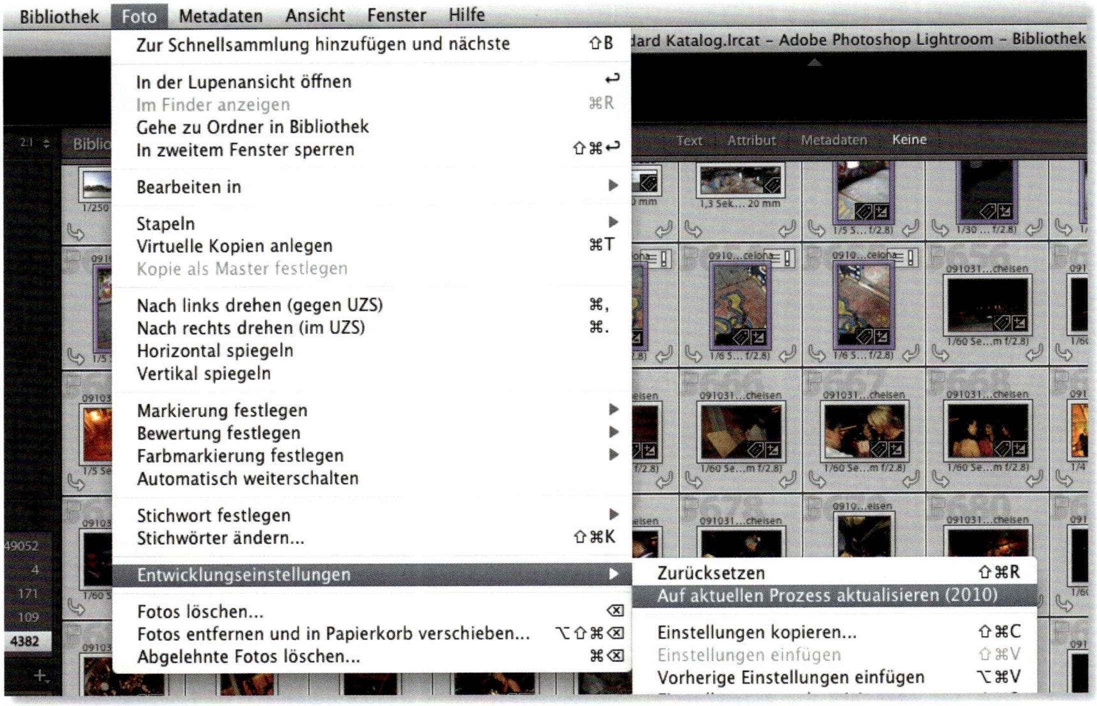

▲ Abbildung 10.177
Die Konvertierung aller ausgewählten Bilder über das Menü

Jetzt können Sie alle Bilder auswählen und mit Hilfe des Menübefehls FOTO • ENTWICKLUNGSEINSTELLUNGEN • AUF AKTUELLEN PROZESS AKTUALISIEREN (2010) auf den neuen Prozess umstellen.

10.10.2 Mit Kameraprofilen arbeiten

Kameraprofile sind wie Objektivprofile, die Farb- und Helligkeitseigenschaften der diversen Kameratypen berücksichtigen. Adobe liefert für alle kompatiblen Kameratypen Standardprofile mit. Eigene Profile können jedoch jederzeit hinzugefügt werden.

Profil | Hiermit wird die Version des für Ihre Kamera zu verwendenden Kameraprofils ausgewählt. Wenn mehrere Profile verfügbar sind, können Sie ein älteres wählen, um konsistente Ergebnisse mit älteren Fotos zu erzielen. EINGEBETTET bedeutet, dass die aktuelle Datei – in der Regel eine TIFF-, JPEG- oder PSD-Datei von gescannten Fotos – ein eingebettetes Profil enthält. Sie können aber auch eigene Profile installieren, die Sie mit Hilfe des DNG Profile Editors erstellen können (siehe Seite 121). Allerdings ist das nur etwas für Perfektionisten und technisch versierte Anwender, denn hier wird auf das Raw-System von Adobe Einfluss genommen. Mehr zur Kalibrierung von Digitalkameras lesen Sie auf Seite 101.

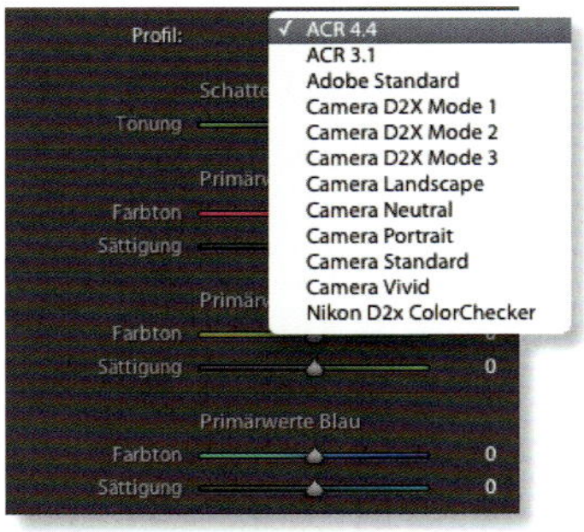

▲ Abbildung 10.178
Auswählen des Kameraprofils

▲ **Abbildung 10.179**
Ein älteres Standardprofil von Adobe Lightroom

▲ **Abbildung 10.180**
Ein Profil, das eine mögliche Profileinstellung innerhalb der Kamera nachahmt. Die Farben sind weniger gesättigt, und das Bild hat einen geringeren Kontrast.

▲ **Abbildung 10.181**
Ein kalibriertes Profil, das über den DNG Profile Editor speziell auf die Kamera abgestimmt ist. Es besitzt eine höhere Farbsättigung und etwas mehr Kontrast als das Standardprofil.

Schatten | Falls Ihre Kamera an den dunklen Stellen einen Magenta- oder Grünstich aufweist, so kann dieser mit dem SCHATTEN-Regler korrigiert werden. Die Korrektur muss dabei nicht immer nur aus technischen Gründen durchgeführt werden. Auch wenn Sie den Farbton der Schatten generell korrigieren wollen, z.B. an einem diesigen Tag, können Sie das hiermit bewirken.

Abbildung 10.182 ▸
An diesigen Tagen erhalten Schatten einen Blaustich.

Abbildung 10.183 ▸
Diesen Blaustich können Sie auch über den Regler SCHATTEN in der KAMERAKALIBRIERUNG korrigieren.

Farbton und Sättigung | Mit diesen Reglern kann der FARBTON der Grundfarben Rot, Grün und Blau verschoben werden. Der SÄTTIGUNG-Regler reduziert oder erhöht den Farbauftrag.

Die Steuerelemente besitzen eigentlich die gleiche Funktion wie diejenigen im HSL/FARBE/S/W-Bedienfeld (siehe ab Seite 377). Daher sind sie für eine kreative Nutzung nicht nötig. Sie dienen hier generell eher zur manuellen Korrektur des Kameraprofils.

10.11 Werkzeuge im Entwickeln-Modul

Unter dem Histogramm der rechten Bedienfeldpalette befindet sich eine Werkzeugleiste (1). Diese stellt Tools zur Verfügung, die sich auf das Format des Bildes auswirken oder über die Sie Korrekturen nur auf bestimmte Bereiche des Bildes anwenden.

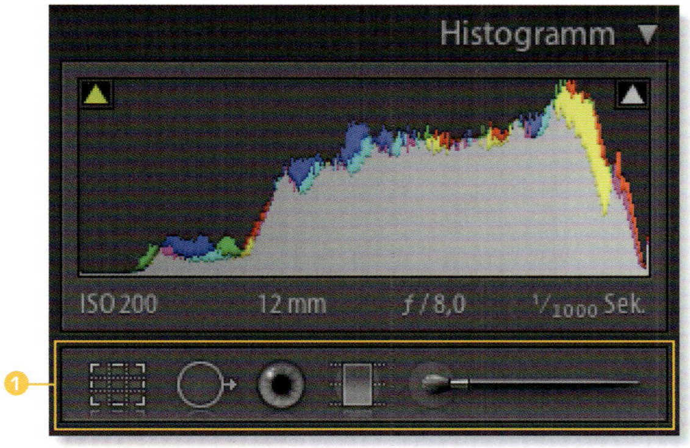

◂ **Abbildung 10.184**
Die Werkzeugleiste im Entwickeln-Modul befindet sich direkt unter dem Histogramm.

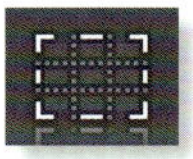

Freistellungsüberlagerung | Dieses Werkzeug erlaubt das Freistellen eines Bildausschnitts und das Drehen des Bildes, um beispielsweise den Horizont auszurichten. Sie können das Werkzeug direkt durch Drücken der [R]-Taste aufrufen oder es mit der Maus anklicken. Nähere Informationen finden Sie auf Seite 434.

Bereichsreparatur | Mit diesem Werkzeug können Sie Staubflecken und größere Objekte aus dem Bild entfernen. Es erlaubt aber auch das Kopieren von Objekten an andere Stellen im Bild. Sie starten das Werkzeug über die Taste [Q]. Nähere Informationen finden Sie auf Seite 438.

Rote-Augen-Korrektur | Rote Augen, die durch Blitzlicht verursacht werden, können mit diesem Tool korrigiert werden. Nähere Informationen finden Sie auf Seite 444.

Verlaufsfilter | Mit diesem Werkzeug erstellen Sie eine Verlaufsmaske. Über diese Maske können Sie Belichtung, Helligkeit, Kontrast und einige weitere Korrekturen nur auf einen bestimmten Bereich anwenden. Die Stärke des Filters wird dabei über den Verlauf gesteuert. Sie starten das Werkzeug über die Taste [M]. Nähere Informationen finden Sie auf Seite 451.

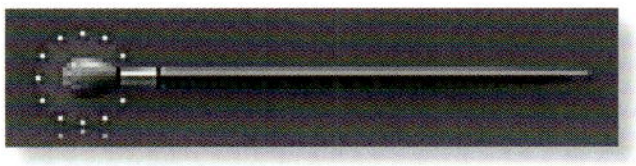

Korrekturpinsel | Dieses Werkzeug besitzt die gleiche Grundfunktionalität wie der Verlaufsfilter. Jedoch können Sie die zu korrigierenden Bereiche hier mit einem Pinsel selbst kontrollierter festlegen. Sie malen damit einfach die Maske in das Bild. Sie starten das Werkzeug über die Taste K. Nähere Informationen finden Sie auf Seite 448.

10.12 Freistellen und gerade ausrichten

In Lightroom können Sie Bilder natürlich auch beschneiden und ausrichten. Das Werkzeug dafür heißt FREISTELLUNGSÜBERLAGERUNG und befindet sich in der Werkzeugleiste unter dem Histogramm. Es kann durch Drücken der Taste R oder durch Anklicken aufgerufen werden.

Mit dem Werkzeug ziehen Sie einen Freistellungsrahmen auf. Der Rahmen kann dabei in einem beliebigen Seitenverhältnis variiert werden. Das Bild wird darin gedreht und verschoben.

▲ **Abbildung 10.185**
Beim Ausrichten und Freistellen von Bildern wird ein Drittelraster angezeigt, das dabei behilflich ist, einen ausgewogenen Ausschnitt zu wählen.

Der Rahmen besitzt zusätzlich ein Raster mit Dreiteilung. Dieses erlaubt beim Beschneiden die Ausrichtung bildwichtiger Objekte, um sie nach der Drittelregel zu platzieren. Es können auch andere Unterteilungen wie ein Diagonalraster oder eine Spirale angezeigt werden.

10.12.1 Bild ausrichten

Um Bilder auszurichten, stehen Ihnen mehrere Möglichkeiten zur Verfügung: ein Schieberegler, ein Wasserwaagen-Werkzeug und die Möglichkeit, das Bild direkt in der Ansicht zu drehen. Während der Rotation wird das Drittelraster stärker unterteilt. Dies hilft bei der genaueren Ausrichtung. Bei der Rotation eines unbeschnittenen Bildes wird der Beschnittrahmen gleich mit angepasst, um ein rechteckiges Bild zu erhalten.

◂ **Abbildung 10.186**
Bei der Bilddrehung wird das Bild automatisch so beschnitten, dass es mittig in das bestehende Seitenverhältnis passt. Oben sehen Sie das Bild vor der Rotation …

◂ **Abbildung 10.187**
… und unten während der Rotation.

Ausrichten mit dem Steuerelement | In der Werkzeugleiste können Sie das Bild über den Schieberegler Winkel um bis zu 45 Grad in beide Richtungen drehen. Mehr macht keinen Sinn, denn dann würde das Bild auf dem Kopf stehen. Wenn es sich bei Ihrem Bild um eine falsche Ausrichtung handelt, können Sie diese

▲ **Abbildung 10.188**
Die Bildrotation kann über den Schieberegler oder die Werteeingabe vorgenommen werden.

in der Bibliothek mit den Schaltflächen am Bild in 90°-Schritten korrigieren (siehe Seite 253). Um eine Gradzahl direkt einzugeben, können Sie auf den angezeigten Wert klicken. Nach der Eingabe eines Wertes bestätigen Sie mit [↵].

▲ **Abbildung 10.189**
Befindet sich die Maus nahe am Bild, wird der Cursor zum Rotationswerkzeug.

Ausrichten direkt in der Ansicht | Sie können das Bild auch direkt in der Ansicht drehen. Bewegen Sie dazu den Mauszeiger nahe an den Freistellungsrahmen, ohne ihn zu berühren. Der Mauszeiger wird dann zum Rotationswerkzeug. Drücken Sie die Maustaste, und halten Sie sie gedrückt. Ziehen Sie die Maus jetzt nach links, rechts, oben oder unten, um das Bild zu drehen. Zum Beenden lassen Sie die Maustaste einfach wieder los. Bei der Rotation passt sich der Rahmen des Werkzeugs an das maximal mögliche Format an.

Gerade-ausrichten-Werkzeug | Dieses Werkzeug erleichtert das Ausrichten des Bildes an einer markanten Linie im Bild. Dabei kann es sich beispielsweise um den Horizont oder um eine Gebäudekante handeln. Das Werkzeug erkennt automatisch, ob es sich um eine senkrechte oder waagerechte Kante handelt.

Schritt für Schritt: Horizont waagerecht ausrichten

Das Gerade-ausrichten-Werkzeug wird in diesem Beispiel zum Ausrichten des Horizonts verwendet.

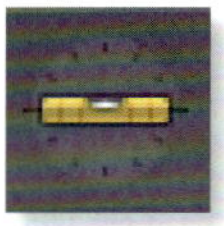

▲ **Abbildung 10.190**
Das Gerade-ausrichten-Werkzeug in der Werkzeugleiste

1 Werkzeug aufnehmen

Um das Werkzeug aufzunehmen, klicken Sie das Symbol in der Werkzeugleiste an. Danach erscheint es neben einem kleinen Fadenkreuz am Mauszeiger, sobald Sie sich über dem Bild befinden. Das Fadenkreuz markiert den Punkt am Cursor, an dem die Ausrichtungslinie erzeugt wird.

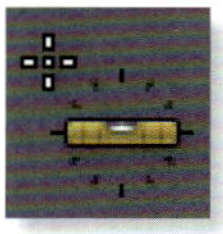

▲ **Abbildung 10.191**
Das Fadenkreuz markiert die Spitze des Cursors.

2 Ausrichten des Horizonts

Die Ausrichtung wird gestartet, indem Sie das Fadenkreuz an den ersten Punkt der Ausrichtungslinie bewegen – beispielsweise im linken Bildbereich an eine Stelle am Horizont, an dem sich Wasser und Himmel berühren.

Ziehen Sie dann mit gedrückter Maustaste eine Linie zum rechten Bildrand. Die Linie sollte dabei genau dem Verlauf des Horizonts folgen.

◂ Abbildung 10.192
Mit dem Gerade ausrichten-Werkzeug wird eine Linie gezogen. Das Bild wird dann anschließend so gedreht, dass die Linie waagerecht wird.

◂ Abbildung 10.193
Das Bild besitzt nach dem Ausrichten des Horizonts einen kleineren Ausschnitt.

Wenn die Linie richtig platziert ist, lassen Sie die Maustaste los. Danach wird das Bild automatisch gedreht und der Bildbeschnitt festgelegt. ■

TIPP

Halten Sie während des Erzeugens der Linie die [⌥]/[Alt]-Taste gedrückt, so wird ein feineres Raster eingeblendet. Dieses hilft vor allem beim Ausrichten von Linien in Architekturaufnahmen.

▲ **Abbildung 10.194**
Zwei unterschiedliche Ausschnitte aus demselben Bild. Die Bildwirkung ist komplett unterschiedlich.

10.12.2 Bilder beschneiden

Die Bildwirkung hängt entscheidend vom richtigen Ausschnitt ab. Gerade beim Fotografieren von bewegungsintensiven Szenen ist es in der Kürze der Zeit aber oft nicht möglich, den richtigen Ausschnitt schon bei der Aufnahme festzulegen. Das lässt sich anschließend in der Bildverarbeitung nachholen. Es wird dabei ein Rahmen über dem Bild platziert, den Sie beliebig verschieben können. In Lightroom bleibt dieser Rahmen immer im Zentrum der Ansicht, und das Bild wird dahinter »durchgeschoben«.

Freistellungsüberlagerung einstellen | Bei der Bildgestaltung wird oft von einer Drittelteilung gesprochen. Das bildwichtige Motiv ist dabei nicht immer in der Mitte, sondern befindet sich eher in einem seitlichen Drittel. Dies ist aber stark vom Motiv abhängig. Lightroom bietet noch andere grafische Unterteilungen als die Drittelung.

Diese Unterteilungen können Sie über das Untermenü von WERKZEUGE • FREISTELLUNGSÜBERLAGERUNG auswählen. Die verschiedenen Überlagerungen können Sie durch Drücken der Taste

Abbildung 10.195 ▸
Für dieses Bild eignet sich das Diagonalraster als Freistellungsüberlagerung besser als die Drittelteilung.

[O] durchlaufen. Die Ausrichtung können Sie ebenfalls über das Menü oder mit der Tastenkombination [⇧]+[O] durchschalten.

Beschneiden im Ansichtsfenster | Mit dem FREISTELLUNGSÜBERLAGERUNG-Werkzeug wird das Bild mit dem Freistellungsrahmen überlagert. Befinden Sie sich mit dem Mauszeiger über einer der Kanten des Rahmens, erscheint der Verschiebepfeil.

Bewegen Sie nun die Maus mit gedrückter Maustaste, so können Sie den Freistellungsrahmen verändern. Wenn Sie die Ecken des Rahmens anfassen, können Sie diesen diagonal verschieben.

Ist das Schloss-Symbol geschlossen, so ist das Seitenverhältnis gesperrt. Das Verhältnis kann über das Dropdown-Menü unter dem Begriff SEITENVERHÄLTNIS angegeben werden.

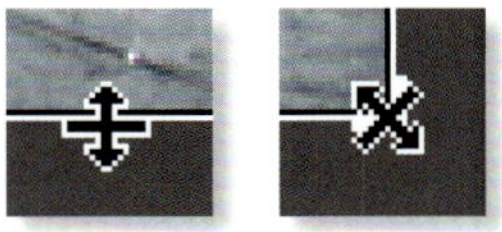

▲ **Abbildung 10.196**
Befindet sich der Mauszeiger über dem Freistellungsrahmen, so kann dieser verändert werden.

◂▾ **Abbildung 10.197**
Über das Schloss-Symbol wird das Seitenverhältnis gesperrt (oben) oder freigegeben (unten).

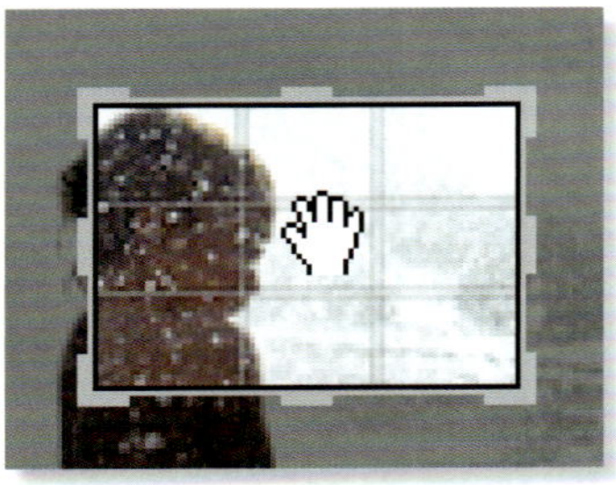

▲ **Abbildung 10.198**
Das Bild wird hinter dem Rahmen durchgeschoben.

Bild im Ausschnitt verschieben | Das Bild kann im Ausschnitt verschoben werden, indem Sie den Mauszeiger innerhalb des Freistellungsrahmens platzieren – der Cursor wird dann zur Hand. Mit gedrückter Maustaste können Sie das Bild jetzt im Rahmen verschieben. Das Bild wird dabei, anders als in vielen anderen Programmen, hinter dem Rahmen bewegt, während der Rahmen an seiner Position bleibt. Dadurch haben Sie immer den kompletten sichtbaren Ausschnitt im Auge.

Das Freistellungsrahmen-Werkzeug | Wollen Sie einen kleineren Bereich freistellen, so ist die Anpassung im Ansichtsfenster relativ aufwändig, da Sie die Kanten des Rahmens ständig verschieben müssen. Daher bietet Lightroom ein Werkzeug an, mit dem Sie einen Rahmen einfach über einen freizustellenden Bereich ziehen können. Dieser Ausschnitt wird dann freigestellt.

Abbildung 10.199 ▶
Das Freistellungsrahmen-Werkzeug erlaubt das Aufziehen eines Rahmens über einen gewünschten Bereich. Dieser wird dann ausgeschnitten.

Aktivieren Sie das Freistellungsrahmen-Werkzeug in der Werkzeugleiste. Nun können Sie einen Rahmen im Bild aufziehen, indem Sie auf einen Eckpunkt des gewünschten Ausschnitts klicken und die Maus mit gedrückter Taste zur diagonal gegenüberliegenden Ecke des gewünschten Rechtecks ziehen. Hierdurch wird der freizustellende Bereich eingefasst und freigestellt.

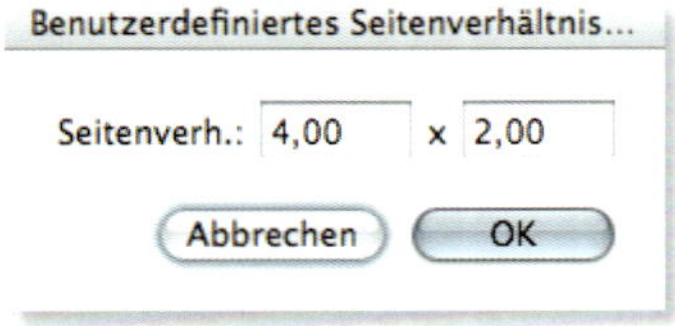

▲ **Abbildung 10.200**
Dialogfeld zur Eingabe eines eigenen Seitenverhältnisses

Seitenverhältnis auswählen | Neben dem Schloss und der Beschriftung Seitenverhältnis befindet sich die Angabe des aktuellen Seitenverhältnisses. Im Normalfall steht hier Original, was dem Seitenverhältnis des Ausgangsbildes entspricht.

Klicken Sie darauf, so öffnet sich ein Dropdown-Menü, aus dem Sie aus einer Liste von vordefinierten Seitenverhältnissen

▲ **Abbildung 10.201**
Ein festes Seitenverhältnis wird über ein Dropdown ausgewählt.

auswählen können. Um ein eigenes Seitenverhältnis festzulegen, wählen Sie den Punkt BENUTZERDEFINIERT EINGEBEN (Ben. def. eingeb.) und geben im Dialogfeld das gewünschte Verhältnis vor. Dabei können Sie auch Kommawerte verwenden, um exakte Vorgaben zu definieren.

Aus Hochformat wird Querformat und umgekehrt | Manchmal will man aus einem Hochformatbild einen Querformatausschnitt mit dem umgekehrten Seitenverhältnis erstellen – und zwar im Verhältnis 3:4 statt 4:3.

Dazu muss das Seitenverhältnis gesperrt sein (siehe Seite 435). Dann verschieben Sie eine Ecke des Freistellungsrahmens senkrecht nach unten, bis der Rahmen »umschnappt«. Bei Querformatbildern funktioniert das analog, nur müssen Sie dann die Ecke waagerecht statt senkrecht verschieben.

▼ **Abbildung 10.202**
Das senkrechte Verschieben der Ecke macht aus einem Hochformat- einen Querformatbeschnitt.

10.13 Bereichsreparatur mit dem Stempel

Mit dem Bereichsreparatur-Werkzeug lassen sich kleine Fehler im Bild reparieren, wie zum Beispiel Flecken, die durch Staub auf dem Sensor entstehen. Dabei wird der zu reparierende Bereich durch einen anderen Teil des Bildes ersetzt. Neben der Reparaturmöglichkeit haben Sie auch die Möglichkeit, Bereiche zu kopieren, um damit andere Bildstellen zu ersetzen. Dabei werden zwei miteinander verbundene Kreise verwendet: Der Zielkreis kennzeichnet die zu reparierende Stelle und der Aufnahmekreis den Ausschnitt des Fotos, der zum Kopieren beziehungsweise Reparieren des Bereichs verwendet werden soll.

▼ **Abbildung 10.203**
Beim Kopieren können ausgewählte Bildbereiche dupliziert werden.

▲ **Abbildung 10.204**
Beim Reparieren können Fehler, wie Sensorflecken, oder störende Objekte aus dem Bild retuschiert werden.

Reparatur | Bei der Retusche wird die Umgebung des zu reparierenden Bereichs in Farbe, Helligkeit und Sättigung analysiert und mit der Struktur aus dem Aufnahmekreis gefüllt. Dadurch entsteht eine homogene Fläche, die von der Umgebung nicht zu unterscheiden ist. Dies ist das Werkzeug der Wahl, wenn es um das Entfernen von Flecken auf dem Sensor geht. Vor allem in Bereichen des Himmels und anderen homogenen Flächen sind diese störend.

Kopie | Beim Kopieren wird ein Bereich an einer anderen Stelle dupliziert. Die Kopie wird an den Rändern weich überblendet, um sie möglichst nahtlos in die Umgebung zu integrieren.

10.13.1 Handhabung des Stempels

Reparatur- und Kopierstempel arbeiten auf ähnliche Weise. Der Unterschied liegt nur in der Methode, mit der Aufnahme- und Zielbereich miteinander kombiniert werden. Die Methode kann auch nachträglich umgeschaltet werden.

Werkzeug aktivieren und Modus wählen | Um das Werkzeug aufzunehmen, klicken Sie auf das Bereichsreparatur-Symbol in der Werkzeugleiste. Alternativ können Sie auch die Taste Q drücken. Wählen Sie unter dem Symbol den Modus aus. Im Beispiel verwenden wir zunächst den Kop.stempel (Kopierstempel). Zur Funktion Repar. (Reparatur) können Sie auch nachträglich noch umschalten.

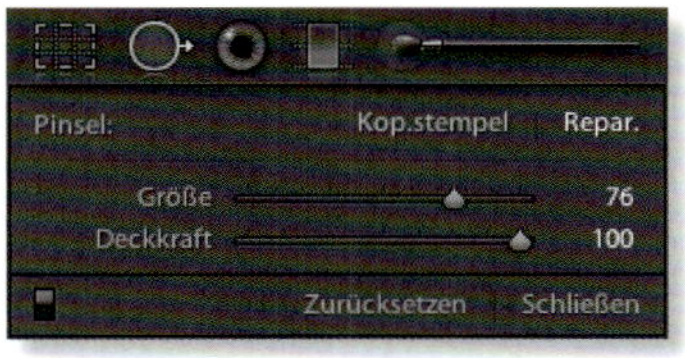

▲ **Abbildung 10.205**
Die Werkzeugpalette zum Entfernen von Staub oder zum Kopieren von Bildstellen

Cursorgröße festlegen | Die Cursorgröße können Sie auch nachträglich korrigieren – sie zu Beginn anzupassen ermöglicht es aber, schon vorher zu sehen, ob der zu kopierende Bereich groß genug ist.

Verschieben Sie das Bi d in der Ansicht so, dass Sie sowohl den Bereich, den Sie überschreiben wollen, als auch den Aufnahmebereich sehen können. Bewegen Sie den Mauszeiger über das Bild, ohne zu klicken, so erscheint ein Kreis in der aktuellen Größe. Verändern Sie den Durchmesser über den Schieberegler Grösse, bis er den zu überschreibenden Bereich umschließt.

Alternativ können Sie die Cursorgröße auch über das Mausrad festlegen. Das Drehen des Rads nach vorn vergrößert den Bereich. Verkleinert wird der Kreis durch Drehen nach hinten.

HINWEIS

Zoomen ist bei aktiviertem Werkzeug nicht möglich, denn dabei wird ein neuer Stempel erzeugt. Verwenden Sie stattdessen die Leertaste zum Zoomen.

▲ **Abbildung 10.206**
Die Größe des Werkzeugs sollte den zu überschreibenden Bereich komplett umschließen.

Bereich auswählen und Kopiervorgang starten | Um den Kopiervorgang zu starten, klicken Sie an der Stelle, die überschrieben werden soll, halten die Maustaste gedrückt und ziehen den Cursor zu dem Punkt, der als Ausgangsbereich gelten soll. Lassen Sie an dieser Stelle die Maustaste los. Der Kopiervorgang wird dann gestartet.

Abbildung 10.207 ▸
Während des Auswahlvorgangs wird im Ansichtsfenster eine Vorschau des Effektes angezeigt.

Bereichs- und Ausgangskreis sind mit einem Pfeil verbunden, der die Kopierrichtung anzeigt. Achten Sie immer auf die richtige Reihenfolge: Zuerst wird der Ziel- und erst dann der Ausgangsbereich festgelegt.

▾ Abbildung 10.208
Die Kopierrichtung wird durch einen Pfeil dargestellt. Dieser zeigt vom Ausgangsbereich zum Ziel.

Bereiche verschieben | Sie können jeden Bereich für sich verschieben. Dazu bewegen Sie mit gedrückter Maustaste den gewünschten Bereich. Dabei wird ein Hand-Cursor sichtbar. Sind Sie am Ziel angekommen, lassen Sie die Maustaste wieder los. Schon während des Verschiebens wird der Zielbereich aktualisiert.

▼ **Abbildung 10.209**
Mit gedrückter Maustaste lassen sich die Bereiche verschieben.

Größe eines Bereichs verändern | Beide Bereiche sind immer gleich groß. Die GRÖSSE können Sie über den Schieberegler in der Werkzeugleiste genau festlegen. Oder Sie klicken mit der Maustaste auf die Kreislinie des Zielbereichs, halten sie gedrückt und ziehen die Maus vom Kreiszentrum weg oder dort hinein

◀ **Abbildung 10.210**
Die Bereichsgröße lässt sich nur im Zielbereich über die Maus steuern.

– je nachdem, ob Sie den Bereich vergrößern oder verkleinern wollen.

Modus umschalten | Sie können den Modus von Kopieren auf Reparieren und umgekehrt umschalten. Dazu müssen Sie nur auf den Begriff REPAR. beziehungsweise KOP.STEMPEL in der Werkzeugleiste klicken.

▼ Abbildung 10.211
Mit dem Modus REPAR. werden die Figuren komplett aus dem Bild eliminiert.

Deckkraft ändern | Für jeden Stempel können Sie die Deckkraft über den gleichnamigen Schieberegler ändern.

Abbildung 10.212 ▶
Über den DECKKRAFT-Regler können Sie den Effekt auch transparent erscheinen lassen.

Arbeiten mit mehreren Bereichen | Sie können auch mehrere Stellen kopieren beziehungsweise reparieren. Dazu klicken Sie die Maustaste und ziehen die Maus wie bei der Erstellung des ersten Bereichs. Inaktive Bereiche werden dann mit einem einfachen, aufgehellten Kreis gekennzeichnet. Ein Klick dort hinein aktiviert den Bereich und blendet den Ausgangskreis sowie den Pfeil ein.

▼ **Abbildung 10.213**
Es können auch mehrere Bereiche mit unterschiedlichen Modi kombiniert werden. Jeder Klick erzeugt einen neuen Bereich, bis das Werkzeug deaktiviert wird.

Bereiche zurücksetzen und löschen | Über die ZURÜCKSETZEN-Schaltfläche werden alle Bereiche gelöscht. Einzelne Bereiche lassen sich nur dann löschen, wenn sie aktiv sind und Sie die [Entf]-Taste drücken.

Bearbeitung beenden | Zum Verlassen des Werkzeugs gibt es drei Möglichkeiten:

- Klicken Sie wieder auf das BEREICHSREPERATUR-Symbol oder auf ein anderes Werkzeug in der Werkzeugleiste.
- Sie können aber auch auf die Schaltfläche FERTIG unten rechts im Ansichtsfenster
- oder auf die SCHLIESSEN-Schaltfläche unter der Werkzeugpalette klicken.

TIPP

Der Bereichskreis wird normalerweise von der Mitte aus erstellt. Durch Gedrückthalten der [⌘]/[Strg]-Taste können Sie einen Kreis aufziehen. Der Startpunkt ist dabei der Cursor. Ziehen Sie die Maus mit gedrückter Maustaste in eine Richtung, so wird der Kreis erstellt. Ein kleiner Punkt markiert den Startpunkt.

10.13.2 Werkzeugüberlagerung

Jedes Werkzeug erhält zur Kennzeichnung im Bild ein Symbol, das dessen Position markiert. Dadurch lassen sich angewendete Stempel wieder auffinden. Diese sind nur während der Bearbei-

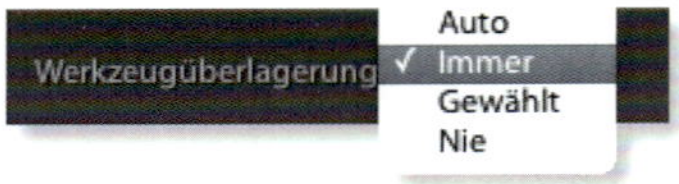

▲ **Abbildung 10.214**
Die Werkzeugüberlagerung dient zur Steuerung der Werkzeugdarstellung und befindet sich unter dem Ansichtsfenster.

tung mit dem entsprechenden Werkzeug sichtbar. Der Stempel wird durch einen Kreis symbolisiert, der die korrigierte Stelle eingrenzt. Diese Darstellung lässt sich über das Dropdown-Menü Werkzeugüberlagerung unten links unter dem Ansichtsfenster steuern. Grundsätzlich muss ein Werkzeug aktiviert sein, damit dessen Überlagerung sichtbar wird.

- **Auto:** Blendet die Werkzeug-Symbole nur ein, wenn sich der Mauszeiger über dem Bild befindet.
- **Immer:** Stellt immer alle Werkzeug-Symbole dar, wenn das entsprechende Werkzeug aktiv ist.
- **Gewählt:** Zeigt nur das aktuelle Werkzeug-Symbol an, das gerade selektiert ist und bearbeitet wird. Andere Werkzeug-Symbole werden ausgeblendet.
- **Nie:** Blendet alle Werkzeug-Symbole aus, selbst das, das sich derzeitig in Arbeit befindet.

10.14 Rote-Augen-Korrektur

Lightroom erlaubt auch ein einfaches Entfernen des Rote-Augen-Effektes bei Blitzfotos. Dieser tritt vor allem bei Kompaktkameras auf und entsteht durch den geringen Abstand zwischen Blitz und Objektiv. Dadurch fällt das Licht in einem sehr spitzen Winkel in

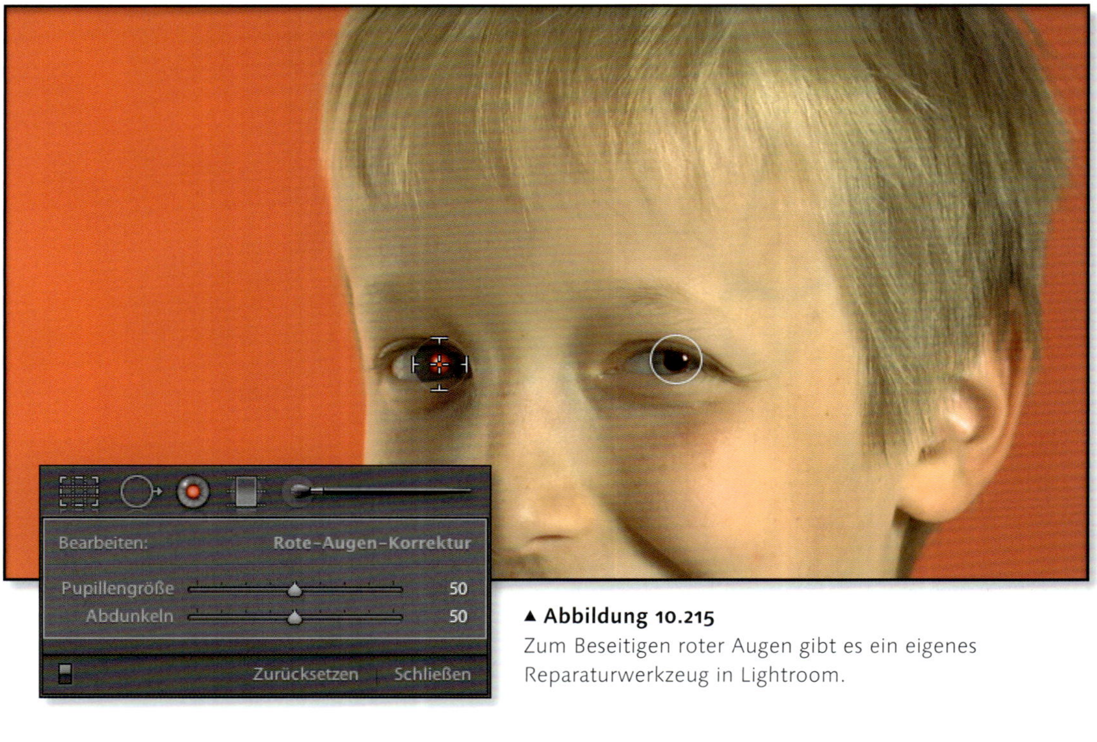

▲ **Abbildung 10.215**
Zum Beseitigen roter Augen gibt es ein eigenes Reparaturwerkzeug in Lightroom.

das Auge und wird von der Netzhaut reflektiert. Je kleiner die Pupille ist, desto spitzer muss der Winkel sein, damit sich der Rote-Augen-Effekt im Bild widerspiegelt. Das Verhältnis zwischen Pupillengröße, Winkel und Abstand zwischen Blitzlicht und Objektiv optimieren Kompaktkameras durch das Abfeuern von Vorblitzen. Die Pupille zieht sich dadurch zusammen, und der Winkel wird groß genug, damit der Effekt ausgeschaltet wird.

In manchen Fällen treten rote Augen jedoch weiterhin auf. Auch auf älteren Bildern findet man diesen Fehler noch häufig.

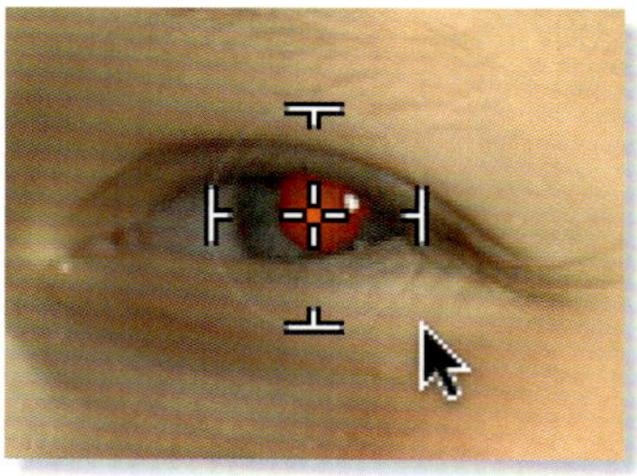

▲ **Abbildung 10.216**
Das Werkzeug wird auf einem Auge platziert.

10.14.1 Handhabung der Rote-Augen-Korrektur

Das Werkzeug für die Rote-Augen-Entfernung befindet sich in der Werkzeugleiste unter dem Ansichtsfenster. Das Symbol besteht unverkennbar aus einem Auge mit roter Pupille.

Das Rote-Augen-Werkzeug anwenden | Zum Entfernen der roten Augen wählen Sie zunächst das Werkzeug aus. Am Mauszeiger erscheint daraufhin ein Kreis mit einer Größenanzeige, sobald Sie sich wieder über dem Bild im Ansichtsfenster befinden.

Klicken Sie nun in das Zentrum des roten Auges hinein, halten dabei die Maustaste gedrückt und ziehen die Maus diagonal von unten nach oben, um ungefähr die Größe der zu bearbeitenden Zone festzulegen.

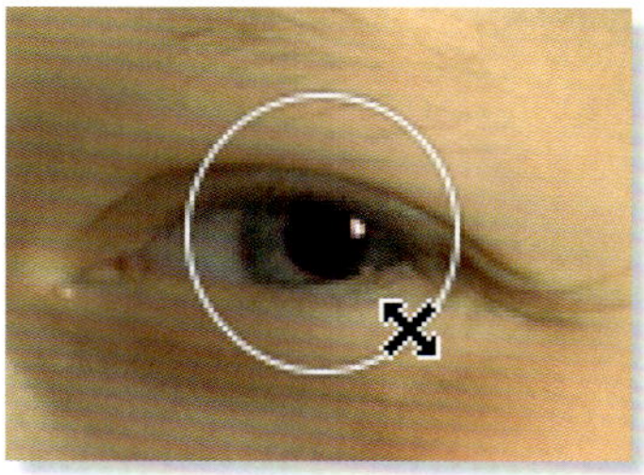

▲ **Abbildung 10.217**
Durch Klicken auf den Rand können Sie den Bereich skalieren.

Lassen Sie anschließend die Maustaste los. Lightroom sucht jetzt selbstständig nach dem zu korrigierenden Bereich und verändert dabei eventuell auch die Form des Werkzeugs.

Größe oder Position anpassen | Eventuell erkennt Lightroom die roten Elemente im Auge nicht ganz korrekt, oder der eingeschlossene Bereich ist zu klein. Sie können diesen dann nachträglich anpassen.

Bewegen Sie dafür den Mauszeiger bei aktiviertem Rote-Augen-entfernen-Werkzeug auf den Rand des Markierungskreises. Sodann erscheint ein Verschiebe-Cursor. Ziehen Sie diesen mit gedrückter Maustaste in Position, um den Bereich anzupassen.

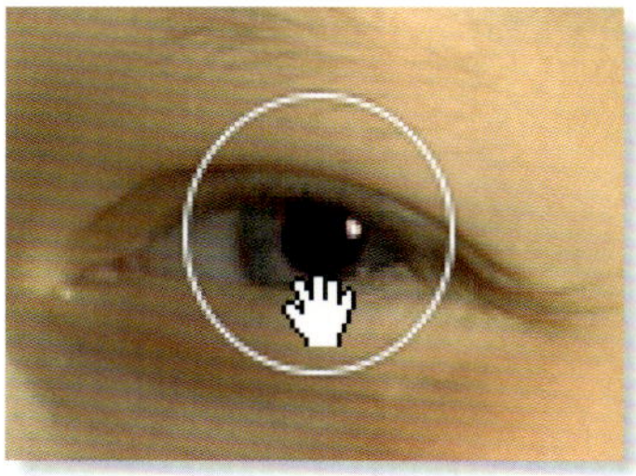

▲ **Abbildung 10.218**
Befindet sich der Mauszeiger im Kreis, können Sie den Bereich verschieben.

Zum Verschieben des gesamten Bereichs bewegen Sie den Mauszeiger in den Kreis hinein – es erscheint dann ein Hand-Cursor. Verschieben Sie damit den Bereich bei gedrückter Maustaste.

Sie können auch noch weitere rote Augen mit dem Werkzeug entfernen, solange es aktiv ist. Zum Deaktivieren des Werkzeugs klicken Sie noch einmal in der Werkzeugleiste darauf oder wählen ein anderes Werkzeug – zum Beispiel die Lupenansicht.

Pupillengröße | Das Rote-Augen-entfernen-Werkzeug wird am besten über die komplette Pupille gezogen. Damit diese jedoch nicht in ihrer eigentlichen Form verändert wird, lässt das Werkzeug einen Rand davon stehen. Dieser definiert dann die Pupillengröße, die sich noch weiter über einen Schieberegler in der Werkzeugleiste anpassen lässt.

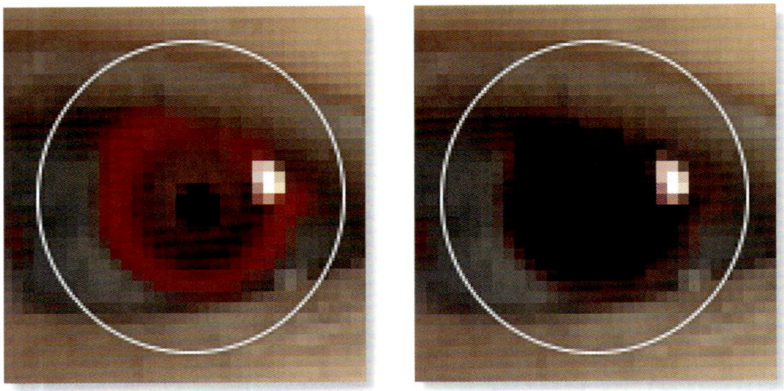

Abbildung 10.219 ▸
Die Pupillengrösse definiert die Breite der Pupille im Markierungskreis des Werkzeugs.

Abdunkeln | Das Werkzeug entsättigt das Rot in den Augen und dunkelt es noch zusätzlich etwas ab. Diesen Effekt können Sie über diesen Regler steuern. Dabei werden vor allem die Glanzpunkte im Auge beeinflusst.

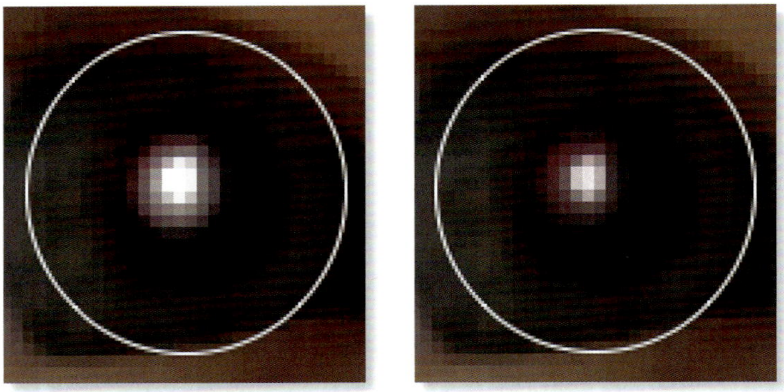

Abbildung 10.220 ▸
Der Schieberegler Abdunkeln dunkelt vor allem Glanzeffekte ab.

10.14.2 Werkzeugüberlagerung

Auch das Rote-Augen-Werkzeug besitzt die Einstellung für die Werkzeugüberlagerung, um das Auffinden einmal gesetzter Korrekturpunkte zu erleichtern. Diese Überlagerungen funktionieren analog zu denen der Bereichsreparatur (siehe Seite 438).

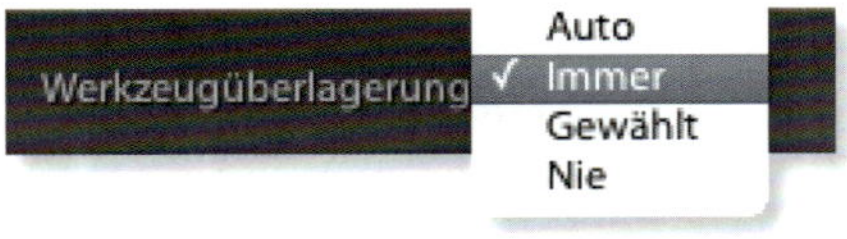

Abbildung 10.221 ▸
Die Werkzeugüberlagerung zur Steuerung der Werkzeugdarstellung unter dem Ansichtsfenster.

10.15 Lokale Anpassungen

Bilder mit einem hohen Dynamikumfang mit extrem hellen und sehr dunklen Stellen zu korrigieren kann sehr kompliziert sein. Jegliche Korrektur in den dunklen Partien des Bildes hat auch auf die hellen Stellen Auswirkungen und umgekehrt. Gerade bei Landschaftsaufnahmen ist es oft wünschenswert, den Himmel etwas abzudunkeln.

Andere Anforderungen werden in der Porträtfotografie gestellt. Hier soll beispielsweise die Haut weicher als die Augen erscheinen. Dazu muss man diese beiden Flächen getrennt, mit unterschiedlichen Scharfzeichnungen, behandeln.

◂▾ **Abbildung 10.222**
Bei der einfachen Bildkorrektur (oben) wird der Himmel zu hell. Dies kann durch die lokale Anpassung des Himmels (unten) korrigiert werden.

Unabhängig davon, welche der hier beschriebenen Problemstellungen gelöst werden sollen, benötigt man ein Werkzeug, das partielle Korrekturen durchführen kann. Lightroom bietet hierfür zwei Werkzeuge, über die lokale Anpassungen durchgeführt werden können:

- **Verlaufsfilter:** Dieser eignet sich vor allem für Landschaftsaufnahmen. Dabei wird ein Verlauf erzeugt, der am Startpunkt die Korrekturen mit 100 % wirken lässt und bis auf 0 % Wirkung ausläuft. Der Verlauf kann quer über das Bild gezogen werden.
- **Korrekturpinsel:** Mit dem Pinsel malt man über die Flächen, die angepasst werden sollen. Dadurch lassen sich die Korrekturen willkürlich aufmalen. Der Pinsel kann in Größe, Deckkraft und Randschärfe verändert werden.

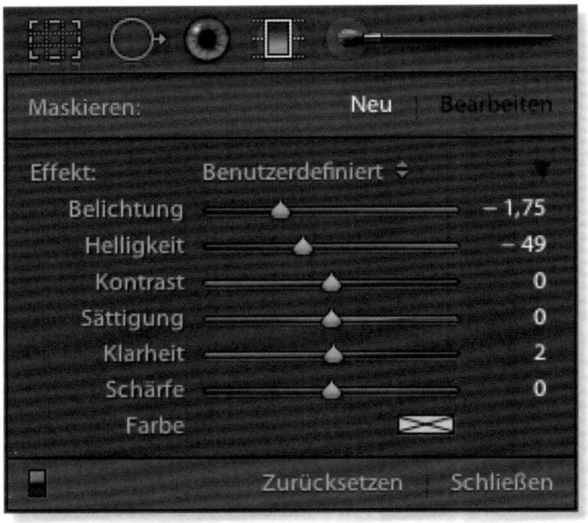

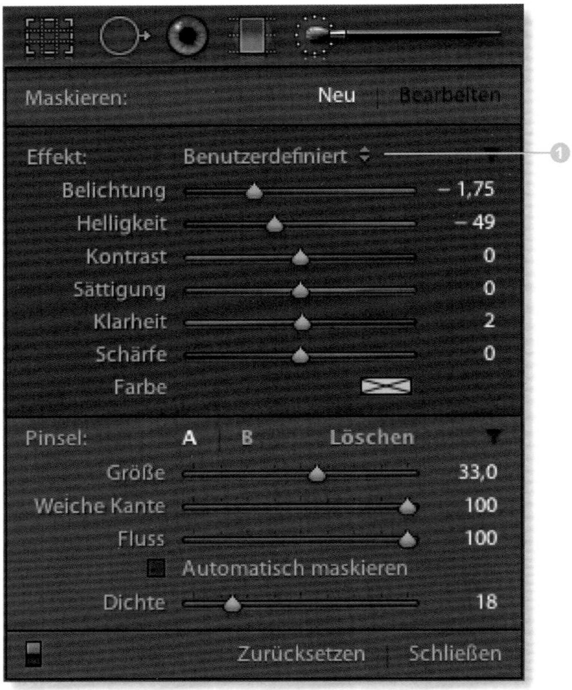

Abbildung 10.223 ▲►
Die Bedienfeldpaletten der beiden Werkzeuge zur lokalen Anpassung: Das Verlaufswerkzeug ist optimal bei Landschaftsaufnahmen mit viel Himmel. Mit dem Pinsel lassen sich dagegen Änderungen aufmalen.

10.15.1 Effekt-Parameter

Beide Werkzeuge besitzen die gleichen Effekt-Parameter. Einmal eingestellte Effekte können als Vorgabe gespeichert werden, um sie für andere Bilder wiederzuverwenden. Dabei werden nur die Parameter, nicht aber die Masken gespeichert.

Es stehen sieben Korrektureffekte zur Verfügung, die als lokale Korrektur angewendet werden können. Diese entsprechen Parametern, die Sie bereits aus den Bedienfeldern der Entwicklungseinstellungen kennen:

- **Belichtung:** Regelt die Gesamthelligkeit des Bildes und wirkt sich auf die hellen Stellen stärker aus.

- **Helligkeit:** Regelt die Helligkeit vor allem der Mitten und der dunklen Stellen.
- **Kontrast:** Verändert den Kontrast vor allem in den mittleren Helligkeitswerten.
- **Sättigung:** Verstärkt oder mildert die Gesamtsättigung der Farben im maskierten Bereich.
- **Klarheit:** Reguliert den subjektiven Tiefeneindruck des Bildes durch eine großflächige Kontrastverstärkung.
- **Schärfe:** Verändert die Schärfe des Bildes. Negative Werte zeichnen das Bild weicher.

Farbe | Klicken Sie das Farbauswahlfeld an, öffnet sich ein Farbdialog. Dort können Sie eine Farbe anwählen, in der der maskierte Bereich eingefärbt werden soll. Je höher die Sättigung der Farbe, umso stärker die Färbung.

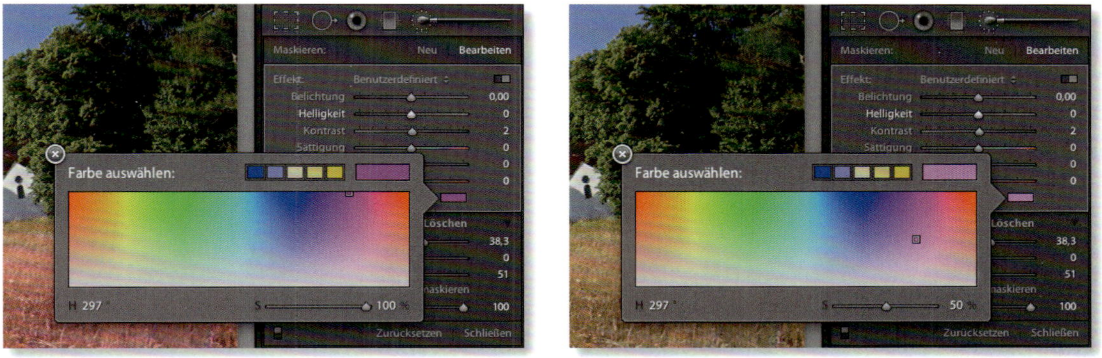

▲ **Abbildung 10.224**
Je nach Sättigung der gewählten Farbe wird der maskierte Bereich, hier die Wiese im Vordergrund, stärker (links) oder schwächer (rechts) eingefärbt.

Ist der Farbdialog geöffnet, können Sie mit der Pipette in das Farbspektrum klicken. Je weiter oben Sie in dem Spektrum klicken, desto gesättigter ist die Farbe. Sie können die Sättigung aber auch mit dem Regler unter dem Spektrum regulieren. Über dem Farbspektrum können Sie aus fünf voreingestellten Farben wählen. Diese entsprechen den Färbungen bei den wichtigsten Farbtemperaturen.

10.15.2 Effektvorgaben

Alle Effekteinstellungen können in Vorgaben abgelegt werden. Die Auswahl und Speicherung erfolgen über das Dropdown-Menü ❶, das sich über den Reglern befindet.

Vorgabe von einzelnen Parametern speichern | Verstellen Sie nur einen der Parameter, wird dieser automatisch als Vorgabe gespeichert, vorausgesetzt, Sie haben die entsprechende Vorgabe selektiert.

Wählen Sie beispielsweise aus dem Menü die Vorgabe Helligkeit aus und verschieben den gleichnamigen Regler, wird der neue Wert als Vorgabe für die Helligkeit gespeichert. Es wird also immer der zuletzt verwendete Wert als Vorgabe gespeichert. Wird ein anderer als der gewählte oder ein zusätzlicher Parameter verschoben, wird die Vorgabe in Benutzerdefiniert umbenannt.

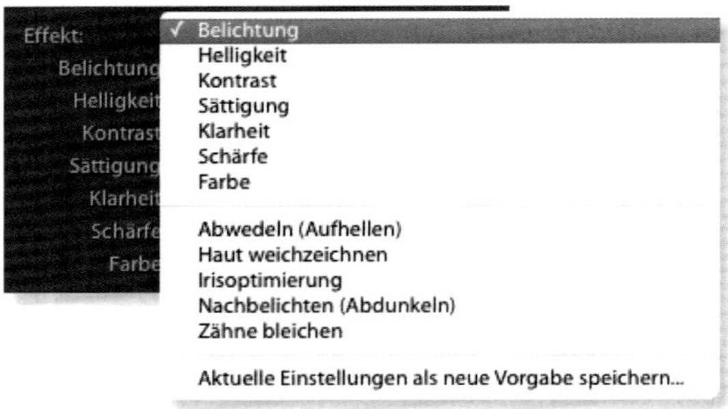

Abbildung 10.225 ▸
Vorgaben für einen einzelnen Effekt speichern immer den zuletzt eingestellten Wert des Parameters.

Kombinationen von Einstellungen speichern | Haben Sie mehr als einen Parameter geändert, werden diese Parameter als Benutzerdefiniert im Dropdown-Menü gekennzeichnet. Klicken Sie das Menü an, und wählen Sie aus dem Dropdown-Menü den Befehl Aktuelle Einstellungen als neue Vorgabe speichern aus. Danach vergeben Sie einen Namen. Nachdem Sie die Vorgabe erstellt haben, ist diese in der Liste verfügbar.

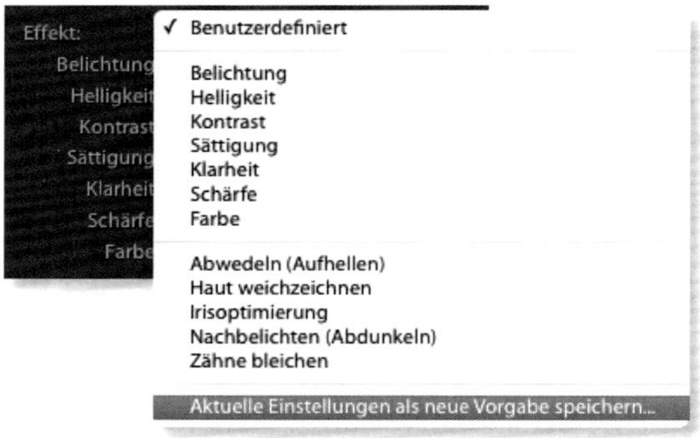

Abbildung 10.226 ▸
Alle Entwicklungseinstellungen können als neue Vorgabe gespeichert werden.

Vorgaben aktualisieren | Wenn Sie bereits eine Vorgabe über das Dropdown-Menü ausgewählt haben und Änderungen an den Parametern durchführen, können Sie diese wieder in die Vorgabe übernehmen. Eine aktualisierte Vorgabe erhält neben ihrem Namen den Zusatz (Bearbeitet).

Zum Aktualisieren wählen Sie den Befehl Vorgabe »Vorgabenname« aktualisieren aus dem Dropdown-Menü aus. Weiterhin können Sie über das Dropdown-Menü Vorgaben löschen oder umbenennen. Dazu muss aber stets vorher die gewünschte Vorgabe im Dropdown-Menü geladen worden sein.

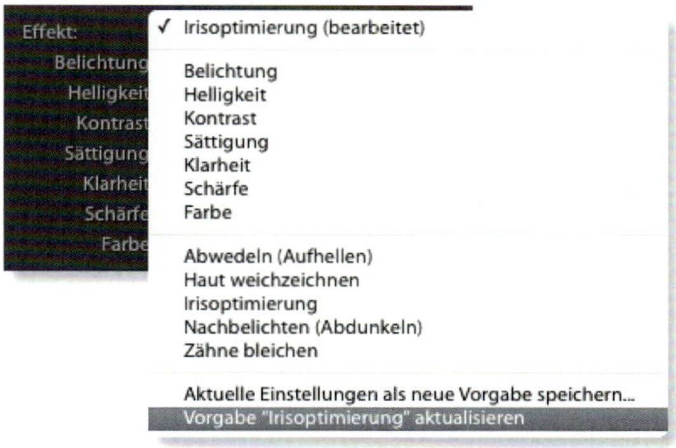

◂ **Abbildung 10.227**
Änderungen an bestehenden Vorgaben können in die gewählte Vorgabe übernommen werden. Dabei wird die ursprüngliche Einstellung überschrieben.

Vorgaben löschen | Vorgaben, die von Lightroom bereitgestellt werden, können Sie nicht löschen. Alle benutzerdefinierten Vorgaben löschen Sie, indem Sie die Vorgabe auswählen und dann aus dem Dropdown-Menü den Befehl VORGABE »VORGABENNAME« LÖSCHEN auswählen.

10.15.3 Verlaufsfilter erstellen und anpassen

Mit Hilfe des Verlaufsfilters erzeugen Sie einen linearen Verlauf. Am Startpunkt des Verlaufs werden die lokalen Anpassungen mit voller Kraft angewendet. Die Wirkung nimmt dann bis zum Endpunkt des Verlaufs kontinuierlich ab. Die Richtung und Länge des Verlaufs können Sie selbst bestimmen.

▴ **Abbildung 10.228**
Schaltfläche zum Aktivieren des Verlaufsfilters

Verlaufsfilter erstellen | Sie erstellen einen Verlaufsfilter, indem Sie am Anfangspunkt des Verlaufs klicken, die Maustaste gedrückt halten und die Maus bis zum Endpunkt ziehen. Dort lassen Sie die Maustaste wieder los.

▾ **Abbildung 10.229**
In diesem Fall wurde ein Verlauf vom Himmel bis zu den Baumspitzen erstellt. Der Himmel wird um eine Blende abgedunkelt.

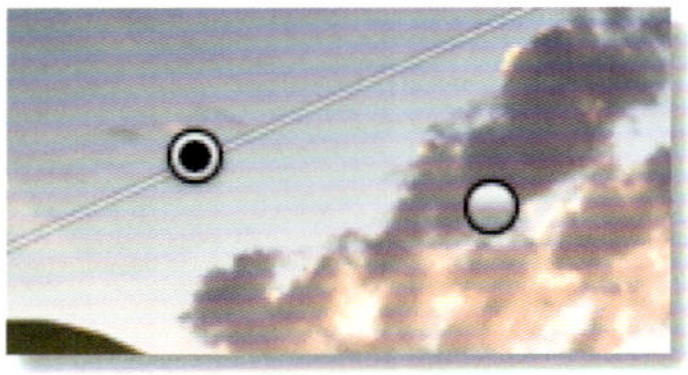

▲ **Abbildung 10.230**
Wird ein zusätzlicher Verlauf erstellt, wird der vorher bearbeitete als grauer Punkt dargestellt. Der neue, jetzt aktive Verlauf erhält einen schwarzen Punkt im Zentrum.

Dort, wo Sie den Verlauf begonnen haben, wirkt sich der Effekt am stärksten aus. Der generierte Verlauf wird durch drei Linien und einen Punkt gekennzeichnet. Diese Darstellung bleibt so lange erhalten, bis Sie einen neuen Verlauf erstellen. Dann werden andere Verläufe nur durch einen grauen Punkt symbolisiert.

Befinden Sie sich im Bearbeitungsmodus eines Verlaufs, müssen Sie die Schaltfläche NEU ❶ anklicken, bevor Sie einen zusätzlichen Verlauf erstellen können. Der Button befindet sich neben dem Begriff MASKIEREN über den EFFEKT-Parametern.

Der bisher aktive Verlauf wird als grauer Punkt dargestellt. Der neue Verlauf besitzt im grauen Punkt zusätzlich einen schwarzen zur Markierung.

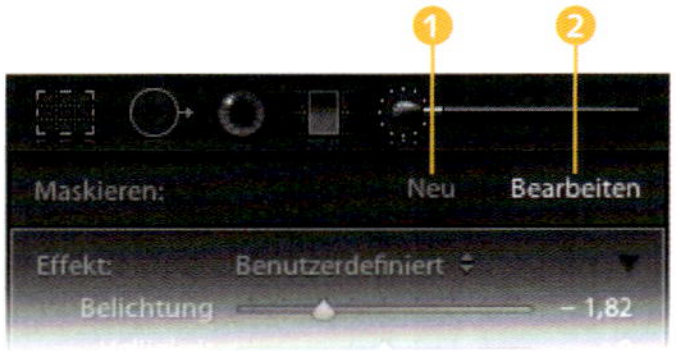

▲ **Abbildung 10.231**
Je nach aktiviertem Zustand wird eine neue Anpassung hinzugefügt oder eine bestehende bearbeitet.

Verlauf bearbeiten | Sie können einen Verlauf auch nachträglich bearbeiten ❷. Sie können Start- und Endlinie verschieben, um die Weite des Verlaufs zu regulieren. Ebenfalls können Sie den Verlauf rotieren, um die Ausrichtung zu ändern oder den gesamten Verlauf zu verschieben.

Sind mehrere Verläufe vorhanden, klicken Sie auf den Punkt, der den Verlauf symbolisiert, den Sie bearbeiten wollen. Dieser wird dann mit schwarzer Füllung dargestellt, und die Begrenzungslinien werden sichtbar. Falls Sie sich nicht im Verlaufswerkzeug befinden, aktivieren Sie dieses zunächst, da sonst die Verlaufspunkte nicht sichtbar sind und somit auch nicht bearbeitet werden können.

▲ **Abbildung 10.232**
Die Begrenzungslinien können verschoben werden, um die Weite des Verlaufs zu regulieren.

▲ **Abbildung 10.233**
Die Ausrichtung des Verlaufs wird durch die Rotation der Mittellinie angepasst.

▲ **Abbildung 10.234**
Die Position des Verlaufs wird durch Verschieben des Mittelpunkts verändert.

- **Begrenzungslinien bearbeiten:** Um eine der Begrenzungslinien zu verschieben, bewegen Sie die Maus über die Linie, bis der Hand-Cursor erscheint. Mit gedrückter Maustaste können

Sie die Linie verschieben. Diese wird immer auf der Verlaufsachse verschoben. Lassen Sie die Maustaste los, wird die Linie an der neuen Stelle platziert.
Wird eine Begrenzungslinie verschoben, richtet sich die Mittellinie neu aus, damit sie sich immer im Zentrum des Verlaufs befindet.

- **Ausrichtung verändern:** Befindet sich der Mauszeiger über der mittleren Linie, erhalten Sie den Rotations-Cursor. Verschieben Sie jetzt mit gedrückter Maustaste die Mittellinie, wird der gesamte Verlauf gedreht.
- **Verlauf verschieben:** Den gesamten Verlauf können Sie verschieben, indem Sie den Mittelpunkt mit gedrückter Maustaste verschieben. Dabei kommt wieder der Hand-Cursor zum Einsatz.
- **Verlauf löschen:** Um einen Verlauf zu löschen, drücken Sie unter Mac OS X die [←]-Taste und unter Windows die [Entf]-Taste.

Ist ein Verlauf aktiv, können Sie die erforderlichen Effekte bearbeiten. Ist kein Verlauf aktiv, so gelten die EFFEKT-Parameter für zukünftig erstellte Verläufe aus Basiseinstellungen.

10.15.4 Korrekturmaske mit Pinsel erstellen

Für viele Bilder eignet sich der Verlaufsfilter nur bedingt oder gar nicht. Hier sollten Sie die lokale Anpassung beliebig platzieren. Dazu bietet Lightroom die Möglichkeit, die für die Korrektur nötige Maske mit einem Pinsel aufzumalen. Nur an den Stellen, an denen gemalt wird, ist die lokale Anpassung wirksam.

Zum Erstellen einer Korrekturmaske müssen Sie zunächst das KORREKTURPINSEL-Werkzeug auswählen. Danach können Sie ein-

TIPP

Unter den Effekteinstellungen befinden sich drei Schaltflächen. Diese finden Sie auch im Korrekturpinsel. Mit dem Schalter 1 können Sie die Auswirkung der Werkzeuge temporär deaktivieren, ohne sie zu löschen. ZURÜCKSETZEN 2 löscht alle Verläufe. SCHLIESSEN 3 beendet das Werkzeug.

▼ **Abbildung 10.235**
Das Original (links) besitzt zwar einen schönen Abendhimmel, die Kuh ist allerdings zu dunkel. Rechts wurde nur die Kuh mit dem Korrekturpinsel aufgehellt.

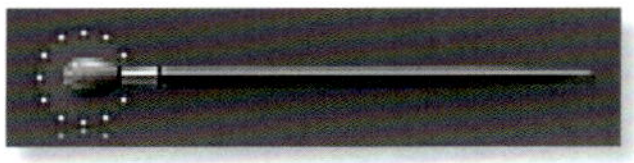

▲ **Abbildung 10.236**
Schaltfläche zum Aktivieren des Korrekturpinsels

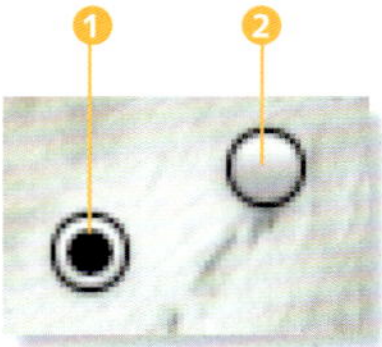

▲ **Abbildung 10.237**
Unterschiedliche Darstellungen einer aktiven ❶ und einer inaktiven Maske ❷

▲ **Abbildung 10.238**
Mit Hilfe der Schaltfläche Neu können Sie zusätzliche Masken generieren. Bearbeiten ist dann aktiv, wenn Sie eine Maske ausgewählt haben.

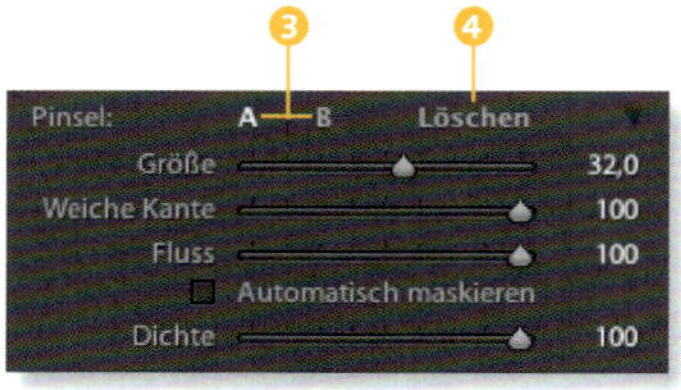

▲ **Abbildung 10.239**
Bedienfeld der Pinseleinstellungen

fach im Bild malen. Solange Sie sich in der aktuellen Maske befinden, können Sie während des Malens auch absetzen, Pinselparameter verändern oder radieren. Während des Malens werden die eingestellten Effekt-Parameter auf die maskierten Bereiche angewendet.

Die aktive Maske ❶ wird, wie auch die Verlaufsmaske, mit einem grauen Punkt mit schwarzem Mittelpunkt dargestellt. Ist eine Maske inaktiv ❷, so wird sie nur durch einen grauen Punkt dargestellt. Anders als Verläufe lassen sich zwar die Markierungspunkte einer Maske verschieben, die Maske selbst bleibt aber am Ursprungsort.

Neue Maske anlegen | Um eine neue Maske anzulegen, müssen Sie sich im Werkzeug befinden. Starten Sie es durch einen Klick auf das Symbol in der Werkzeugleiste, wird automatisch eine neue Maske erstellt. Ist bereits eine Maske aktiv, ist der Begriff Bearbeiten hervorgehoben. Um eine neue Maske zu erstellen, klicken Sie dann die Schaltfläche Neu an.

Pinselauswahl | Lightroom bietet eine Auswahl von drei Pinseln. Zwei davon dienen zum Malen und können unterschiedliche Pinseleinstellungen besitzen, ein dritter dient als Radiergummi. Zum Beispiel können Sie einen breiten Pinsel mit weicher Kante erstellen und einen kleinen Pinsel mit harter Kante. Zwischen den Pinseln können Sie über die Buchstaben A und B im Bedienfeld umschalten ❸.

Haben Sie über den gewünschten Bereich hinausgemalt oder wollen nachträglich Bereiche wieder von der Maske entfernen, können Sie den Löschen-Pinsel ❹ wählen. Im Gegensatz zum Malpinsel besitzt der Löschen-Pinsel keine Dichte. Er entfernt die Maske an den entsprechenden Stellen komplett.

Größe | Dieser Parameter stellt die Größe des Pinsels ein. Die Größe wird durch einen entsprechend großen Kreis um den Mauszeiger angezeigt.

Abbildung 10.240 ▶
Der innere Kreis zeigt die Größe des Pinsels an. Der Abstand zum äußeren Kreis zeigt die Breite der weichen Kante.

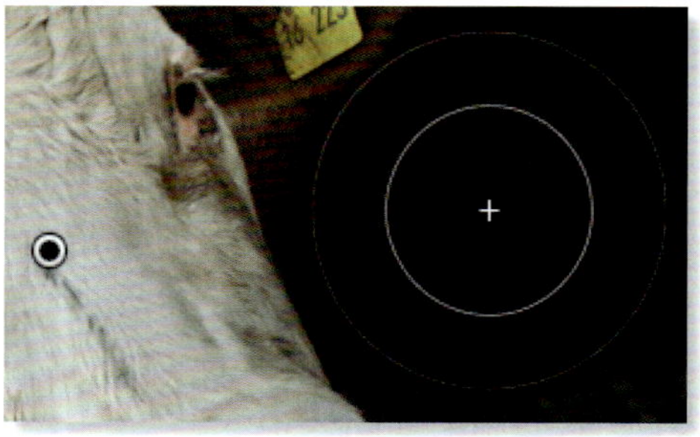

Weiche Kante | Erzeugt um die Pinselspitze einen weichen Rand. Dadurch entsteht ein Verlauf am Maskenrand, der den Effekt weich ausblendet. Die Breite der weichen Kante wird durch einen zweiten, größeren Kreis um die Pinselspitze dargestellt.

Fluss | Ein Pinselstrich entsteht, wenn bei Mausbewegung in einer bestimmten Rate weitere Punkte gesetzt werden. Der Fluss-Parameter stellt diese Rate ein. Je höher der Wert, umso höher ist die Rate, und umso genauer wird der Strich. Je höher die Flussrate, umso dichter wird der Pinselstrich.

▲ **Abbildung 10.241**
Besitzen Pinsel keine weiche Kante, so entstehen bei einer niedrigen Flussrate unschöne Überlagerungen.

▲ **Abbildung 10.242**
Bei einer hohen Flussrate verschwinden die Überlagerungen. Die Pinseldeckung wird erhöht.

▲ **Abbildung 10.243**
Wird bei einer niedrigen Flussrate eine weiche Kante eingestellt, verschwimmen die Überlagerungen.

Automatisch maskieren | Ist dieses Kontrollkästchen aktiviert, maskiert Lightroom nur Bereiche mit ähnlicher Farbe. Wenn Sie beispielsweise einen Himmel maskieren, werden Gebäude oder Bäume ausgespart. Um dies zu erreichen, betrachtet Lightroom bei jedem Setzen eines Malpunktes, welche Farben sich im Zentrum des Pinsels befinden, und maskiert dann nur ähnliche Farben.

◂ **Abbildung 10.244**
Die Funktion Automatisch maskieren hat nur den Himmel maskiert und das Gebäude ausgespart, da die Farbe des Gebäudes nicht der des Himmels entspricht.

Dichte | Steuert die Transparenz der Maske. Während des Malens wird die Dichte der Maske an den angegebenen Wert angepasst. Haben Sie vorher eine Maske mit einer höheren Dichte erstellt, reduziert ein niedriger DICHTE-Wert die Maske wieder.

▲ **Abbildung 10.245**
Die Maske mit einem DICHTE-Wert von 100

▲ **Abbildung 10.246**
Die Maske mit einem DICHTE-Wert von 100 und einem Malpunkt mit DICHTE 70

▲ **Abbildung 10.247**
Die Maske mit einem DICHTE-Wert von 100 und einem Malpunkt mit DICHTE 30

Maske in Ansicht anzeigen | Oft sind die Änderungen so gering, dass man auf den ersten Blick die Verteilung der Maske nicht erkennen kann. Um sich die Maske als rote Fläche anzeigen zu lassen, bewegt man die Maus über den Markierungspunkt. Nach circa zwei Sekunden erscheint die Maske als rote Fläche.

▲ **Abbildung 10.248**
In der Maskenvorschau wird die Maske als rote Fläche kennlich gemacht.

Wenn Sie die aktive Maske während der gesamten Bearbeitung sehen wollen, aktivieren Sie das Kontrollkästchen ÜBERLAGERUNG FÜR AUSGEWÄHLTE MASKE ANZEIGEN in der Werkzeugleiste unterhalb des Ansichtsfensters (siehe Abbildung 10.246).

10.15.5 Bearbeitungspunkte anzeigen

Auch bei der lokalen Anpassung können Sie die Anzeige der Werkzeugüberlagerung steuern. Bei der lokalen Anpassung heißt diese Funktion allerdings BEARBEITUNGSPUNKTE ANZEIGEN. Die Optionen des Dropdown-Menüs verhalten sich analog zu denen der anderen Werkzeuge (siehe Seite 443). Der Korrekturpinsel besitzt aber noch eine Zusatzoption.

- **Überlagerung für ausgewählte Maske anzeigen:** Normalerweise wird die Maske des Korrekturpinsels nur angezeigt, wenn Sie mit dem Cursor über dem Bereichspunkt stehen. Bewegen Sie die Maus wieder weg, wird die Darstellung deaktiviert. Über die Kontrollbox ÜBERLAGERUNG FÜR AUSGEWÄHLTE MASKE ANZEIGEN bleibt die Maske immer eingeblendet, solange die Maske ausgewählt und bearbeitet wird.

▼ **Abbildung 10.249**
Darstellungsoptionen der Bearbeitungswerkzeuge unterhalb des Ansichtsfensters

10.16 Entwicklungseinstellungen zwischen Bildern übertragen

Eine der Stärken von Lightroom gegenüber Programmen wie Photoshop ist das Bearbeiten von größeren Mengen an Bildern. Eine der Aufgaben, die dabei öfter erledigt werden muss, ist die Synchronisation von Einstellungen, also das Übertragen von Entwicklungsparametern von einem Bild auf andere, beispielsweise wenn ein Weißabgleich für ein ganzes Shooting angepasst oder eine Auswahl an Bildern mit den gleichen Parametern scharfgezeichnet werden soll.

In Lightroom können Sie die Einstellungen auf zwei Arten übertragen: automatisch oder manuell.

10.16.1 Automatische Synchronisation

Die automatische Synchronisation dient zum gleichzeitigen Entwickeln mehrerer Bilder. Dabei werden alle Entwicklungseinstellungen des aktiven Bildes auf die anderen, zusätzlich ausgewählten Bilder übertragen.

Bildauswahl | Damit Sie mehrere Bilder auf einmal bearbeiten können, müssen Sie auch mehrere Bilder selektiert haben. Dies können Sie in der Bibliothek oder im Filmstreifen erledigen (siehe Seite 244). Dabei ist ein Bild immer das aktive Bild. Jedes der ausgewählten Bilder kann durch Anklicken zum aktiven Bild gemacht werden, ohne die Gesamtauswahl aufzuheben. Das aktive Bild wird im Ansichtsfenster dargestellt und entwickelt.

▼ **Abbildung 10.250**
Ausgewählte Bilder werden im Filmstreifen hellgrau hinterlegt.

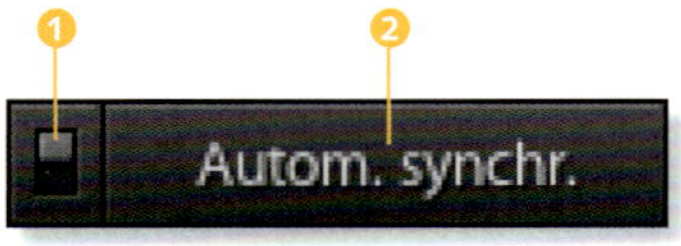

▲ **Abbildung 10.251**
Button mit Toggler zum Umschalten des Synchronisationsmodus

Automatische Synchronisation aktivieren | Zum Aktivieren der automatischen Synchronisation finden Sie am Ende des rechten Bedienfeldes eine zweigeteilte Schaltfläche. Der linke Teil enthält einen Toggler ❶ (Umschalter). Dieser schaltet zwischen der automatischen und der manuellen Synchronisation um. Die Automatik ist aktiviert, wenn der Button ❷ rechts daneben AUTOM. SYNCHR. anzeigt.

Klicken Sie aus Versehen während des automatischen Modus auf die rechte Hälfte, wird der manuelle Modus aktiviert.

10.16.2 Manuelle Synchronisation

Im Gegensatz zur automatischen Synchronisation können Sie mit der manuellen Variante die Einstellungen auch nachträglich auf andere Bilder übertragen. Dabei können Sie genau auswählen, welche Entwicklungseinstellungen Sie übertragen wollen.

Zu synchronisierende Bilder auswählen | Bevor Sie Einstellungen synchronisieren, wählen Sie zuerst alle Bilder inklusive des Ausgangsbildes aus. Das Ausgangsbild ist das Bild, von dem aus Sie die Einstellungen übertragen wollen.

Die Auswahl können Sie auch in der Bibliothek erledigen und dann in das Entwickeln-Modul wechseln. Während der Entwicklung erledigen Sie das aber besser über den Fimstreifen.

Drücken Sie dazu die ⌘/Strg-Taste, und wählen Sie im Filmstreifen die Bilder aus, auf die die Werte übertragen werden sollen. Liegen die Bilder nebeneinander, können Sie auch einfach die ⇧-Taste drücken und zuerst das erste und dann das letzte gewünschte Bild in der Reihe anklicken.

Anschließend klicken Sie in der Auswahl auf das Ausgangsbild. Dieses wird im Ansichtsfenster dargestellt und in der Auswahl hervorgehoben.

▲ **Abbildung 10.252**
Einstellungen werden von dem Bild übernommen, das als aktiv markiert ist. Dieses wird heller dargeste lt als die anderen ausgewählten und ist auch im Ansichtsfenster sichtbar.

Manuelle Synchronisation aktivieren | Bevor Sie synchronisieren, müssen Sie kontrollieren, ob der manuelle Modus aktiviert ist. Dazu klicken Sie einfach auf die SYNCHRONISIEREN-Schaltfläche am Ende des rechten Bedienfeldes. Steht auf der Schaltfläche AUTOM. SYNCH., klicken Sie entweder auf den Toggler ❶ oder direkt auf die Schaltfläche ❷. In beiden Fällen aktivieren Sie damit den manuellen Modus.

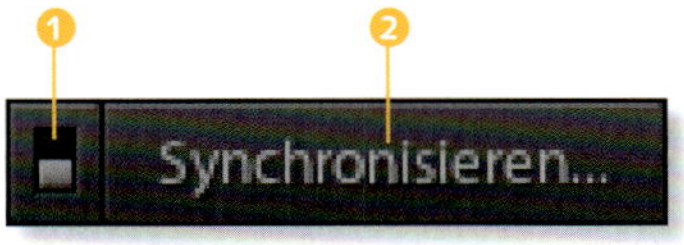

▲ **Abbildung 10.253**
Button mit Doppelfunktion: Der Toggler schaltet den Modus um, und die Taste startet die manuelle Synchronisation.

Einstellungen synchronisieren | Eines der ausgewählten Bilder ist heller als die anderen hinterlegt. Dieses ist das Ausgangsbild. Wollen Sie die Einstellungen von einem anderen Bild der Auswahl übernehmen, können Sie dieses einfach anklicken, um es zu aktivieren. Um die Einstellungen zu übertragen, klicken Sie dann auf die Schaltfläche SYNCHRONISIEREN.

▼ **Abbildung 10.254**
Im SYNCHRONISIEREN-Dialog können Sie die zu kopierenden Parameter auswählen. Werte nicht ausgewählter Bedienfelder werden auch nicht synchronisiert.

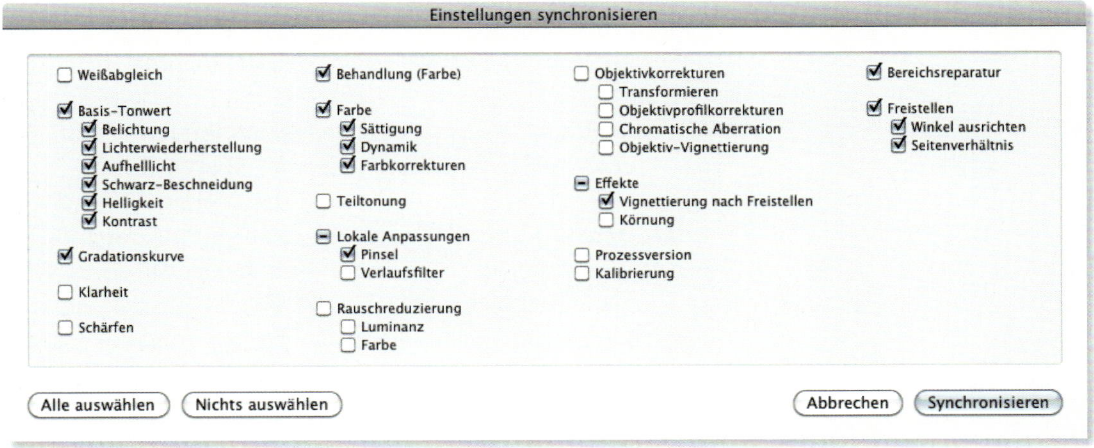

Im Dialog EINSTELLUNGEN SYNCHRONISIEREN können Sie jetzt auswählen, welche Einstellungen des Ausgangsbildes Sie übernehmen wollen. Für jedes Bedienfeld steht ein Kontrollkästchen

▲ **Abbildung 10.255**
Die Vorschau zeigt deutlich die Veränderungen an den synchronisierten Bildern.

bereit. Sie können beliebige Kombinationen wählen. Um nur ein Bedienfeld zu übernehmen, drücken Sie zunächst NICHTS AUSWÄHLEN und dann die gewünschte Kontrollbox. Mit ALLES AUSWÄHLEN werden alle Kontrollkästchen aktiviert. Wenn Sie fertig sind, beenden Sie den Dialog über die SYNCHRONISIEREN-Schaltfläche und starten somit die Übertragung. Danach können Sie die Veränderungen in den Bildern im Filmstreifen sehen.

10.16.3 Synchronisationsoptionen

Es gibt noch einige Optionen, die die Synchronisation beschleunigen. Diese sind über bestimmte Tastenkombinationen verfügbar.

Einstellungsdialog übergehen | Wenn Sie die Einstellungen im Dialog beibehalten und nicht ändern wollen, können Sie durch gleichzeitiges Drücken der ⌥/Alt-Taste und der Schaltfläche SYNCHRONISIEREN den Dialog übergehen und die Synchronisierung sofort ausführen.

Modus umschalten | Durch Gedrückthalten der ⌘/Strg-Taste müssen Sie den Toggler-Schalter nicht betätigen, um zwischen den Modi umzuschalten. In diesem Fall können Sie auch direkt auf die SYNCHRONISIEREN-Schaltfläche klicken.

Menübefehle | Die Synchronisierungsbefehle lassen sich auch über das Menü EINSTELLUNGEN aufrufen.

Kontextmenü | Klicken Sie mit der rechten Maustaste auf ein Bild im Ansichtsfenster oder Filmstreifen, können Sie die Parameter über den Menübefehl EINSTELLUNGEN • EINSTELLUNGEN SYNCHRONISIEREN übertragen. Allerdings nur, wenn mehrere Bilder im Filmstreifen ausgewählt sind (siehe Abbildung 10.253).

▲ **Abbildung 10.256**
Entwicklungseinstellungen können auch in der Bibliothek synchronisiert werden.

Synchronisieren in der Bibliothek | Sie können Entwicklungseinstellungen auch in der Bibliothek synchronisieren. Dazu wählen Sie FOTO • ENTWICKLUNGSEINSTELLUNGEN • EINSTELLUNGEN SYNCHRONISIEREN oder klicken auf die Schaltfläche EINSTELL. SYN. unter der rechten Bedienfeldpalette.

10.16.4 Einstellungen kopieren und anwenden

Bisher haben Sie Entwicklungseinstellungen zwischen Bildern synchronisiert. Die Einstellungen werden dabei direkt übertragen und sind nach dem Vorgang vergessen.

Es besteht jedoch auch die Möglichkeit, die Einstellungen in den Zwischenspeicher zu kopieren und diese dann beliebig auf andere Bilder anzuwenden – ganz unabhängig von der aktuell getroffenen Auswahl. Das Kopieren und Einfügen kann von mehreren Stellen aus erledigt werden:

▲ **Abbildung 10.257**
Entwicklungseinstellungen können über zwei Schaltflächen in der linken Bedienfeldpalette kopiert und eingefügt werden.

- **Bedienfeldpalette links:** Unten in der linken Bedienfeldpalette befindet sich eine KOPIEREN-Schaltfläche. Durch Anklicken öffnet sich das Dialogfeld, das wir bereits für die Auswahl der Synchronisierungseinstellungen verwendet haben. Durch Drücken der [⌥]/[Alt]-Taste können Sie den Einstellungsdialog übergehen und die Einstellungen direkt kopieren. Das Einfügen der Einstellungen lässt sich über die danebenliegende Schaltfläche erledigen.
- **Menüleiste:** Die gleichen Befehle finden Sie auch in der Menüleiste unter EINSTELLUNGEN • EINSTELLUNGEN KOPIEREN und EINSTELLUNGEN EINFÜGEN. Hier stehen auch die entsprechenden Tastenkombinationen, die Sie für die Befehle anwenden können: [⇧]+[⌘]+[C]/[⇧]+[Strg]+[C] bzw. [⇧]+[⌘]+[V]/[⇧]+[Strg]+[V].

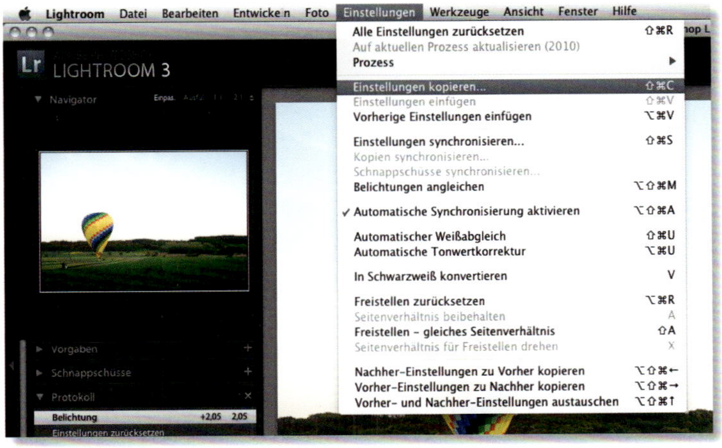

◀ **Abbildung 10.258**
Die Entwicklungseinstellungen können auch über das Menü kopiert und synchronisiert werden.

- **Kontextmenü:** Klicken Sie mit der rechten Maustaste auf ein Bild, so öffnet sich ein Dropdown-Menü. Dort finden Sie die Befehle zum Kopieren und Einfügen unter dem Punkt EINSTELLUNGEN. Beides funktioniert übrigens auch im Bibliothek-Modul.

TIPP

Das Kontextmenü lässt sich über die rechte Maustaste auch im Filmstreifen aufrufen, wenn Sie eines oder mehrere Bilder ausgewählt haben.

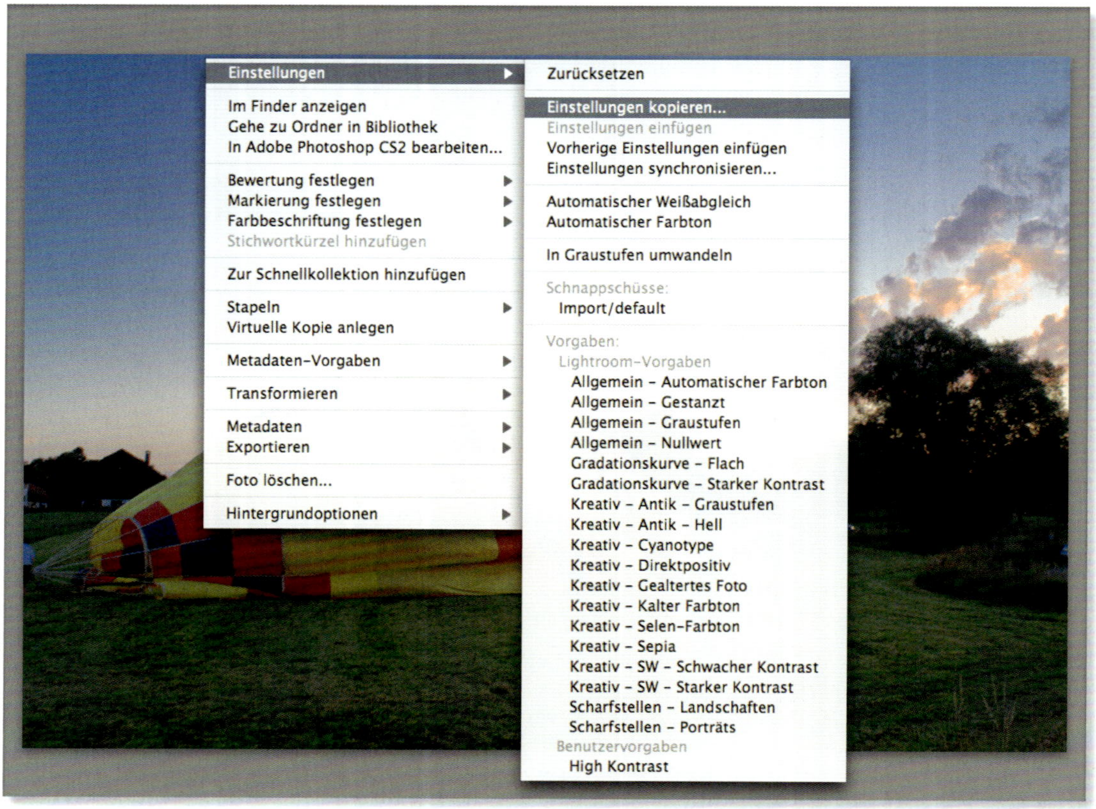

▲ **Abbildung 10.259**
Auch über das Kontextmenü können Entwicklungseinstellungen kopiert werden.

Einstellungen können auch in der Bibliothek kopiert und wieder eingefügt werden. Die Befehle hierzu finden Sie im Menü unter FOTO • ENTWICKLUNGSEINSTELLUNGEN.

10.16.5 Belichtungen angleichen

Dieser Befehl ist eine besondere Art der Synchronisation. Dabei werden nur die Belichtungseinstellungen synchronisiert. Dabei erhalten aber nicht alle Bilder denselben Belichtungswert, sondern Lightroom berücksichtigt dabei die Gesamtbelichtung der Bilder und versucht deren Belichtung aufeinander abzustimmen, um über alle Bilder hinweg eine gleichbleibende Belichtung zu erreichen.

Dies ist sehr hilfreich, wenn man über mehrere Bilder hinweg den gleichen Helligkeitseindruck erzielen will, die Bilder aber sehr unterschiedlich belichtet wurden.

Diese Funktion ist nur über das Menü erreichbar. Sie finden sie dort unter EINSTELLUNGEN • BELICHTUNGEN ANGLEICHEN.

10.16.6 Vorherige Einstellungen anwenden

Es gibt noch eine weitere Möglichkeit, um Entwicklungseinstellungen zu übertragen: die Wiederholung der Bearbeitungen, die man als Letztes vorgenommen hat.

Lightroom speichert alle Parameterveränderungen, die zuletzt an einem Bild ausgeführt wurden – auch wenn sie von einem anderen Foto übertragen wurden.

Um sie zu wiederholen, klicken Sie auf die Schaltfläche VORHERIGE in der rechten Bedienfeldpalette oder rufen den Befehl über das Menü EINSTELLUNGEN • VORHERIGE EINSTELLUNGEN EINFÜGEN auf. Auch der Aufruf über das Kontextmenü funktioniert hier.

Die Schaltfläche ist nur dann verfügbar, wenn ein einzelnes Bild ausgewählt ist. Sind mehrere Bilder markiert, wird sie zur SYNCHRONISIEREN-Schaltfläche. Aber auch dann lässt sich der Befehl noch über das EINSTELLUNGEN-Menü ausführen. Die vorherigen Einstellungen werden dabei auf alle in der Bibliothek oder im Filmstreifen selektierten Bilder übertragen.

▲ **Abbildung 10.260**
Diese Schaltfläche ist nur sichtbar, wenn lediglich ein Bild selektiert ist.

10.17 Einstellungen zurücksetzen

Hat man zwischendurch den Überblick verloren oder ist beim Entwickeln in eine Sackgasse geraten, möchte man gern einzelne Einstellungen oder sogar die gesamte Bearbeitung auf die Standardeinstellung zurücksetzen. In Lightroom gibt es dafür mehrere Möglichkeiten.

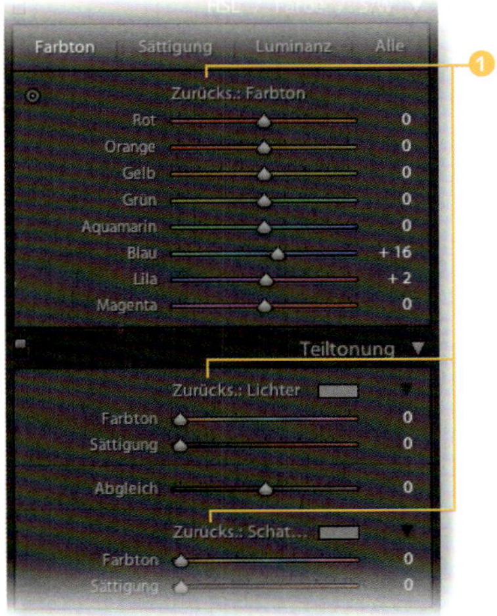

▲ **Abbildung 10.261**
Beim Drücken der ⌥/Alt-Taste erscheinen neben den Parametergruppen Zurücksetzen-Schaltflächen.

10.17.1 Einzelne Bedienfelder zurücksetzen

Sie können einzelne Bedienfelder zurücksetzen, indem Sie die ⌥/Alt-Taste gedrückt halten und mit der Maus auf den Namen des Bedienfeldes ❶ klicken. Zur Kennzeichnung wird neben den Bezeichnungen der Bedienfelder der Begriff ZURÜCKS. eingeblendet – nur nicht bei RAUSCHREDUZIERUNG. Hier hat die Bezeichnung einfach nicht ausreichend Platz, Sie können diese aber trotzdem per Klick zurücksetzen.

10.17.2 Auf Standardeinstellungen zurücksetzen

Um alle Entwicklungseinstellungen auf die Standardeinstellung zurückzusetzen, klicken Sie auf die Schaltfläche ZURÜCKSETZEN am unteren Rand der rechten Bedienfeldpalette. Dieser Befehl wird protokolliert und kann somit jederzeit rückgängig gemacht werden.

▲ **Abbildung 10.262**
Jede Kamera besitzt eigene Standardeinstellungen, die Sie anpassen und als Standard speichern können.

10.17.3 Standardeinstellungen festlegen

Die Standardeinstellungen sind abhängig vom Kameramodell und können für jede Kamera einzeln gespeichert werden.

Halten Sie die [⌥]/[Alt]-Taste gedrückt, so verwandelt sich die ZURÜCKSETZEN-Schaltfläche in die Schaltfläche STANDARD FESTLEGEN.

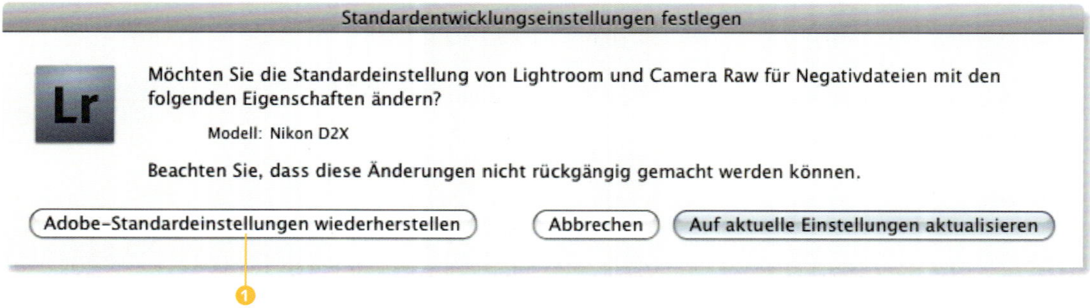

▼ **Abbildung 10.263**
Standardeinstellungen können pro Kamera und sogar nach Seriennummern erstellt werden.

Nach dem Klick auf die Schaltfläche öffnet sich ein Hinweis-Dialog. Darin können Sie die Einstellungen wieder auf die ADOBE-STANDARDEINSTELLUNGEN (1) zurücksetzen.

10.17.4 Auf die Adobe-Einstellungen zurücksetzen

Haben Sie die Standardeinstellungen angepasst, wollen aber trotzdem ein einzelnes Bild auf die Adobe-Einstellungen zurücksetzen, ohne dabei Ihre Standardeinstellungen zu verwerfen, halten Sie die [⇧]-Taste gedrückt. Die ZURÜCKSETZEN-Schaltfläche wird dann zur ZURÜCKS. (ADOBE)-Schaltfläche.

▲ **Abbildung 10.264**
Selbst von eigenen Standardeinstellungen können Sie zu den Adobe-Einstellungen zurückkehren.

10.18 Die Vorher-Nachher-Ansicht

In der VORHER-UND-NACHHER-Ansicht können Sie den Stand eines Bildes vor und nach der Anwendung von Arbeitsschritten vergleichen. Dafür wird das Ansichtsfenster in zwei Hälften geteilt. Eine Hälfte zeigt den Vorher-Status an, die andere den Status nach der Anwendung der Steuerelemente.

Die VORHER-Ansicht zeigt immer den Status an, den das Bild hatte, als Sie das letzte Mal die Vorher-Nachher-Ansicht eingeblendet hatten. Wenn Sie die Ansicht zum ersten Mal aktivieren, wird das Bild mit den Entwicklungseinstellungen beim Bildimport dargestellt.

Die NACHHER-Ansicht zeigt immer den aktuellen Entwicklungsstatus an. Einstellungen des Beschnitts und der Ausrichtung werden auf beide Bilder angewendet, um einen guten Vergleich zu haben.

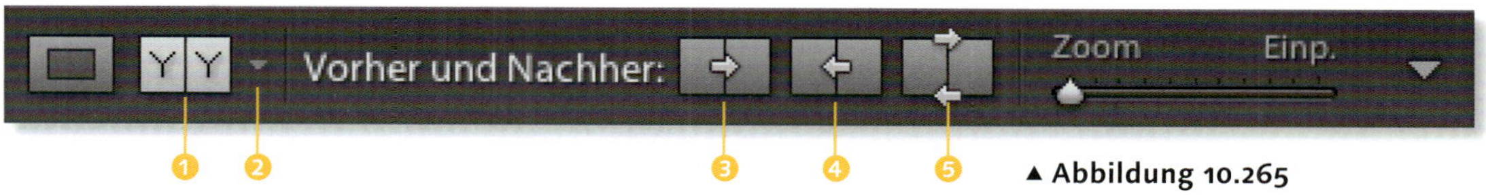

▲ **Abbildung 10.265**
Die Werkzeugleiste der Vorher-und-Nachher-Ansicht unter dem Ansichtsfenster.

Die Vorher-Nachher-Ansicht wird über die Werkzeugleiste ❶ unter dem Ansichtsfenster aktiviert. Die Teilung des Fensters kann vertikal oder horizontal erfolgen ❷. Einstellungen können zwischen der Vorher- und der Nacher-Ansicht übertragen (❸ und ❹) oder ausgetauscht ❺ werden. Unter dem Histogramm werden Farbwerte vor und nach der Bearbeitung angezeigt. In der Vorher-Nachher-Ansicht sind auch alle Zoomwerkzeuge vorhanden. Auf Wunsch können Sie den Zoom-Schieberegler in der Werkzeugleiste einblenden. Auf kleinen Monitoren wird dann allerdings ein Teil der Farbinformation ausgeblendet.

10.18.1 Ansichtsmodi der Vorher-/Nachher-Ansicht

Die Modi können über ein Dropdown-Menü ausgewählt werden, das sich nach einem Klick auf das Dreieck öffnet. Alternativ können Sie auch auf das Icon des aktuellen Modus klicken. Es wird daraufhin auf den nächsten Modus weitergeschaltet.

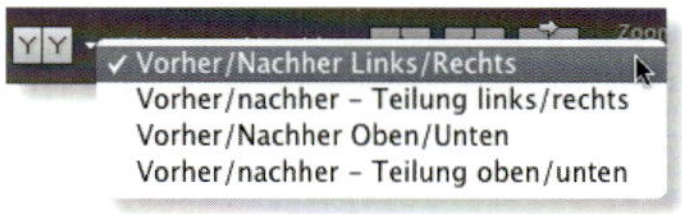

▲ **Abbildung 10.266**
Ein Klick auf das Dreieck öffnet das Dropdown-Menü zur Auswahl des Ansichtsmodus.

Komplette Vorher-Nachher-Ansicht | In der kompletten Vorher-Nachher-Ansicht wird das vollständige Bild in beiden Ansichten angezeigt. Wird in das Bild hineingezoomt, so geschieht das in beiden Ansichten genau in die gleichen Bildbereiche hinein. Beim Verschieben des Bildes in einer Ansicht wird das Bild in der anderen Ansicht synchron mitverschoben.

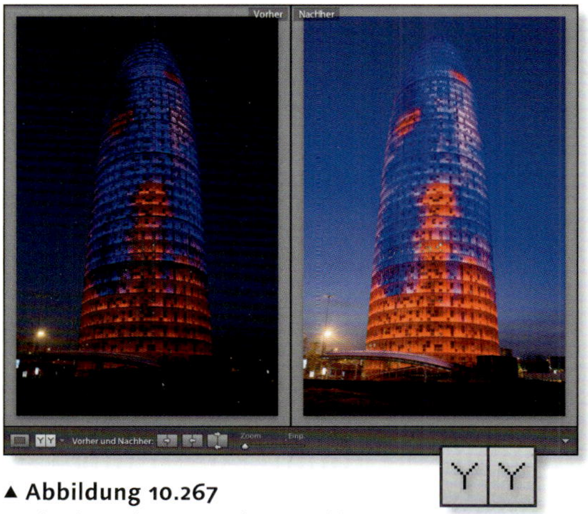

▲ **Abbildung 10.267**
In der kompletten Vorher-Nachher-Ansicht wird jeweils der gleiche Ausschnitt angezeigt.

▲ **Abbildung 10.268**
Die Unterteilung kann auch vertikal erfolgen. Alle Zoomfunktionen bleiben aktiv.

Geteilte Vorher-Nachher-Ansicht | Hier wird das Bild zunächst in der horizontalen oder vertikalen Mitte geteilt. Das Verschieben eines Ausschnitts passt die andere Ansicht so an, dass das Bild dort entsprechend fortgesetzt wird.

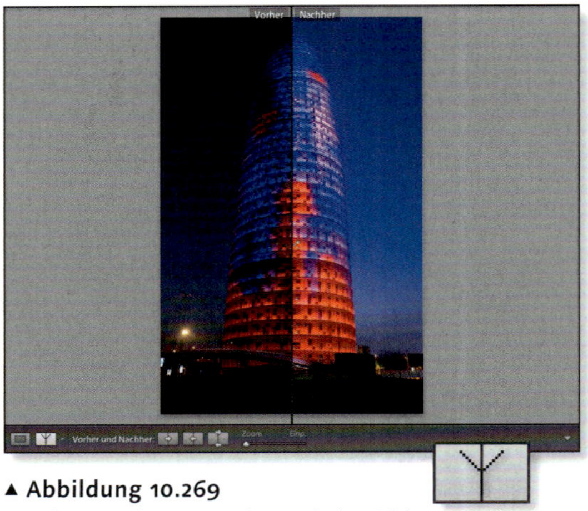

▲ **Abbildung 10.269**
Bei der geteilten Ansicht wird das Bild auf beide Ansichtshälften verteilt. Beide zusammen ergeben den ganzen Ausschnitt.

▲ **Abbildung 10.270**
Die vertikale Variante der geteilten Vorher-Nachher-Ansicht funktioniert analog zur horizontalen Variante.

10.18.2 Übertragen von Einstellungen

In der Vorher-Nachher-Ansicht können auch Entwicklungseinstellungen von Ansicht zu Ansicht übertragen oder zwischen beiden ausgetauscht werden. Im Folgenden werden die Entwicklungsparameter in der vertikalen Teilung übertragen. Die Beschreibung gilt natürlich analog auch für die horizontale Teilung.

Vorher- zu Nachher-Einstellungen kopieren | Dieser Vorgang übernimmt sämtliche Entwicklungen aus dem Bild in der Vorher-Ansicht und wendet sie direkt auf die Parameter in der Nachher-Ansicht an. Dies setzt die Parameter auf den Anfang zurück.

▼ **Abbildung 10.271**
Die vorherigen Einstellungen werden auf die Nachher-Ansicht kopiert.

Nachher- zu Vorher-Einstellungen kopieren | Hierbei werden die Einstellungen von der Nachher- zur Vorher-Ansicht kopiert. Beide Ansichten zeigen so zunächst den gleichen Entwicklungsstand. Sie können anschließend weitere Einstellungen vornehmen und sehen dann die Veränderungen im Vergleich zur »neuen« Vorher-Ansicht. Das ist eine empfehlenswerte Arbeitsweise, wenn die Bildentwicklung in Stufen erledigt wird.

▼ **Abbildung 10.272**
Die Nachher-Ansicht wird zur Vorher-Ansicht – als Basis für weitere Modifikationen.

Vorher- und Nachher-Einstellungen tauschen | Dabei werden die Einstellungen der beiden Ansichten getauscht. Man kann dann eine alternative Entwicklung durchführen und sich danach entscheiden, welche der beiden man verwenden will. Man stellt also zwei Einstellungen einander gegenüber. Gefällt dann die Variante in der Vorher-Ansicht besser, müssen die Einstellungen einfach von der Vorher-Ansicht in die Nachher-Ansicht kopiert werden (sieh Abbildung 10.270).

▼ **Abbildung 10.273**
So werden die Einstellungen zwischen Vorher- und Nachher-Ansicht getauscht.

Änderungen der Farbwerte | Befinden Sie sich in der Vorher-Nachher-Ansicht mit dem Mauszeiger über einem Bild, so werden die Farbwerte der Vorher-Ansicht denen der Nachher-Ansicht unter dem Histogramm gegenübergestellt. Sie erhalten so einen Überblick, wie stark sich einzelne Farbwerte geändert haben – gerade zur Kontrolle der Zeichnung in den Lichtern und den Tiefen eine wertvolle Information.

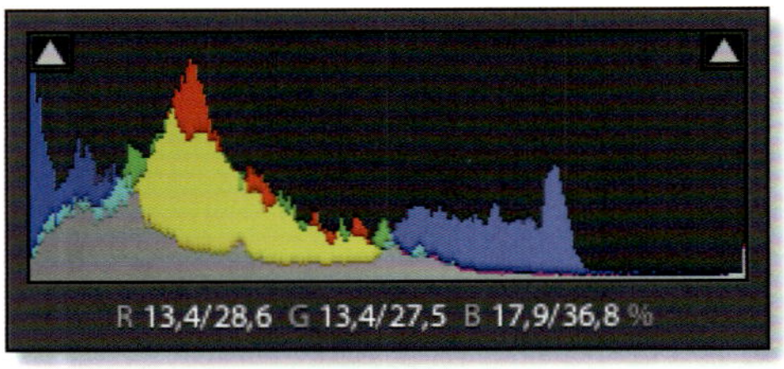

Abbildung 10.274 ▸
In der Vorher-Nachher-Ansicht lassen sich unter dem Histogramm auch die RGB-Farbwerte vergleichen – links der Vorher-, rechts der Nachher-Wert.

10.19 Arbeiten mit Vorgaben

Nahezu alle Entwicklungseinstellungen lassen sich auch als Vorgaben speichern und auf ausgewählte Bilder anwenden, ohne die Parameter neu einstellen zu müssen. Denken Sie dabei an die chromatische Aberration bei einem bestimmten Objektiv: Ist diese Korrektur einmal als Entwicklungsvorgabe gespeichert, können Sie sie schnell auf alle Bilder anwenden, die mit diesem Objektiv fotografiert wurden. Denkbar sind auch komplette Farbveränderungen, um einen fotografischen Stil umzusetzen, oder die Simulation eines analogen Diafilms.

Allerdings gibt es einige Einstellungen, die sich nicht in eine Vorgabe speichern lassen. Dazu zählen das Freistellungswerkzeug, die Bereichsreparatur mit dem Kopierstempel, die Rote-Augen-Korrektur und der Korrekturpinsel.

▴ **Abbildung 10.275**
Vorgaben speichern Entwicklungseinstellungen unter einem Namen ab. Sie können auf jedes Bild angewendet werden.

10.19.1 Vorgaben zuweisen

Der Vorgabenbrowser in der linken Bedienfeldpalette dient zur Ablage und Auswahl von gespeicherten Vorgaben. Das Anklicken genügt, um eine Vorgabe dem aktiven Bild zuzuweisen. Bewegen Sie die Maus über eine Vorgabe, so erscheint eine Vorschau des aktiven Bildes im Navigator-Bedienfeld mit der hervorgehobenen Vorgabe.

10.19.2 Vorgaben speichern und aktualisieren

Gerade wenn Sie sich einige grundlegende Entwicklungs-Workflows erarbeitet haben, die als Basis für immer wiederkehrende Arbeiten anwendbar sind, ist es empfehlenswert, die Einstellungen als eigene Vorgabe zu speichern. Etwa bei einer Graustufenumsetzung oder bei der Verwendung eines bestimmten fotografischen Stils können Sie sich dann in Zukunft die Basisarbeiten sparen und sich allein auf die Entwicklung der Feinheiten in Ihren Bildern konzentrieren.

Vorgabe unter eigenem Namen speichern | Bevor Sie Ihre Einstellungen als Vorgabe abspeichern können, müssen Sie sie in einem Bild angewendet haben. Haben Sie das getan, klicken Sie danach auf das Plus-Symbol im Bedienfeldtitel von VORGABEN.

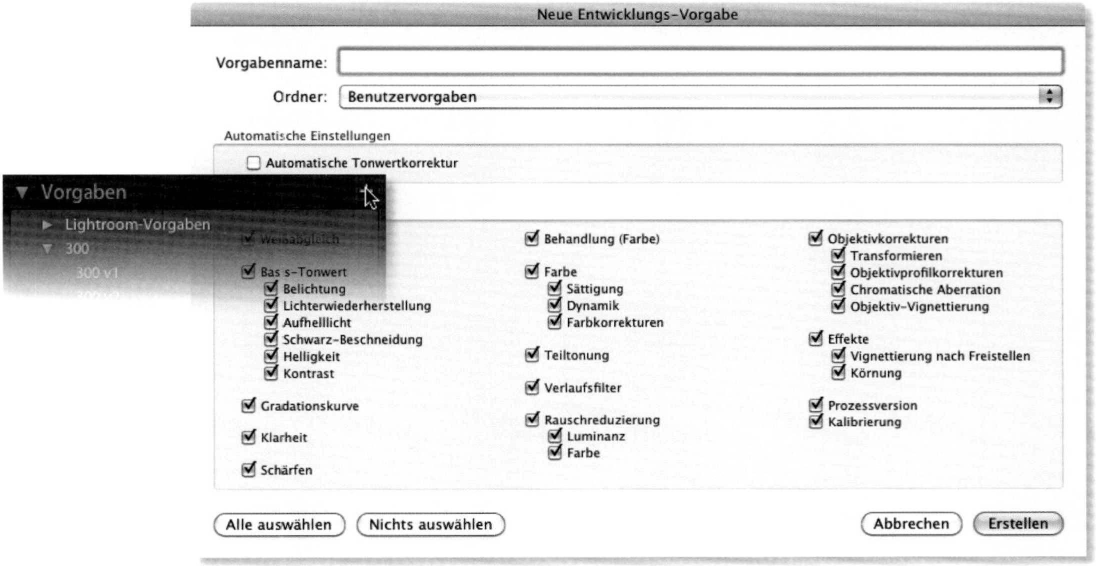

▲ **Abbildung 10.276**
Im Vorgaben-Dialog können Sie die zu speichernden Parameter festlegen.

Geben Sie dann im Dialogfeld NEUE ENTWICKLUNGS-VORGABE einen Vorgabennamen an. Anschließend können Sie im Dropdown-Menü darunter einen Ordner auswählen oder einen neuen Ordner anlegen. Sie können auch festlegen, ob Sie alle oder nur ausgewählte Einstellungen speichern möchten – aktivieren Sie dafür einfach die entsprechenden Kontrollkästchen. Klicken Sie schließlich auf ERSTELLEN, um die Vorgabe abzuspeichern.

Vorgabe mit den aktuellen Einstellungen aktualisieren | Möchten Sie die gespeicherte Vorgabe bearbeiten, öffnen Sie sie aus dem VORGABEN-Bedienfeld heraus und nehmen Sie die neuen Entwicklungseinstellungen vor.

Soll die Vorgabe nun mit den neuen Einstellungen aktualisiert werden, klicken Sie im Vorgabenbrowser mit der rechten Maustaste auf den Vorgabennamen. Wählen Sie dann aus dem erscheinenden Dropdown-Menü den Punkt MIT DEN AKTUELLEN EINSTELLUNGEN AKTUALISIEREN.

Wählen Sie im Dialogfeld ENTWICKLUNGS-VORGABE AKTUALISIEREN alle Einstellungen aus, die in der neuen Version der Vorgabe gespeichert werden sollen – nicht nur die geänderten. Klicken Sie abschließend auf AKTUALISIEREN.

Vorgaben tauschen
Sie können Vorgaben auch im Internet auf Ihrer Website veröffentlichen oder anderen Benutzern in Ihrem Unternehmen zur Verfügung stellen, damit diese einen entwickelten Bildstil mitverwenden können.

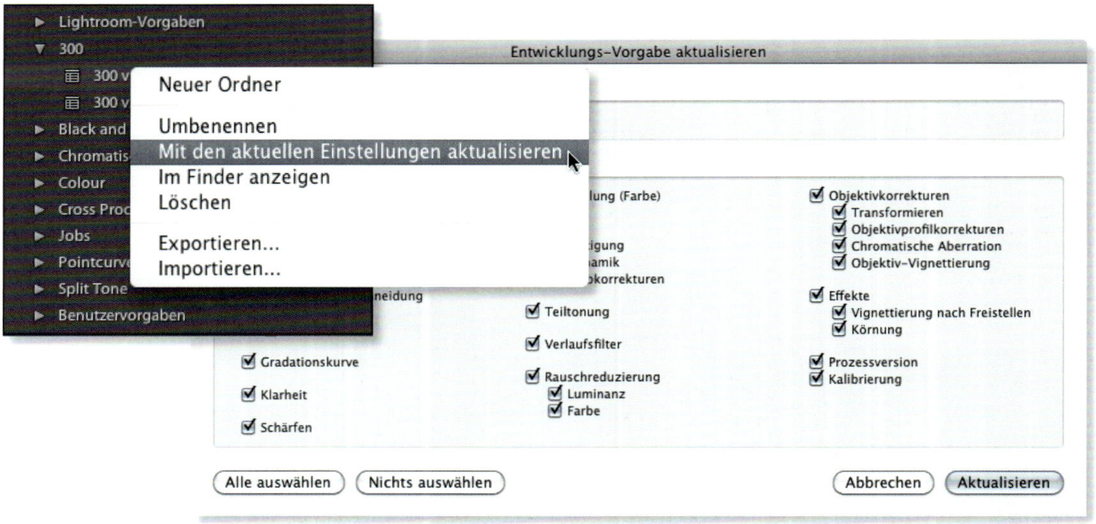

▲ **Abbildung 10.277**
Gespeicherte Vorgaben können mit aktuellen Einstellungen überschrieben werden. Nicht mehr gewünschte Parameter können dabei auch wieder entfernt werden.

Bitte beachten Sie dabei: Es können nur vom Benutzer angelegte Vorgaben überschrieben werden. Die fest eingebauten Vorgaben von Lightroom lassen sich nicht aktualisieren.

10.19.3 Vorgaben verwalten

Zur besseren Übersichtlichkeit können Vorgaben in Ordnern verwaltet werden.

Ordner erstellen | Es gibt vier Varianten, um einen neuen Ordner für Vorgaben zu erstellen:

- Halten Sie die [⌥]/[Alt]-Taste gedrückt, und klicken Sie auf das +-Symbol, dann wird ein neuer Ordner statt einer neuen Vorgabe erstellt.

Abbildung 10.278 ▶
Dialogfeld zur Eingabe eines Ordnernamens

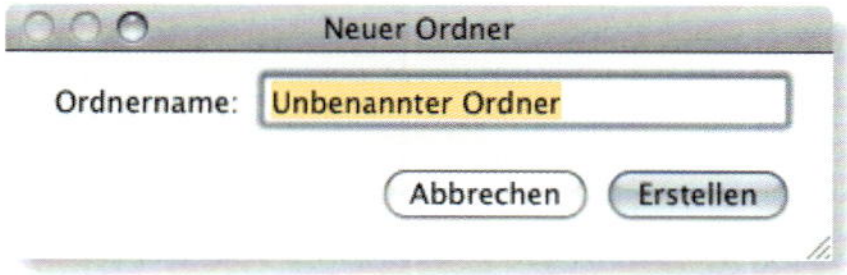

- Klicken Sie mit der rechten Maustaste in den Vorgabenbrowser, so erscheint ein Dropdown-Menü mit der Funktion Neuer Ordner. Klicken Sie dabei auf eine existierende Vorgabe, wird diese in den neu erstellten Ordner verschoben.

◂ **Abbildung 10.279**
Erstellen eines neuen Ordners durch Rechtsklick in der Vorgabenliste

- Auch beim Erstellen einer neuen Vorgabe gibt es im Dialogfeld Neue Entwicklungs-Vorgabe eine Neuer Ordner-Funktion.

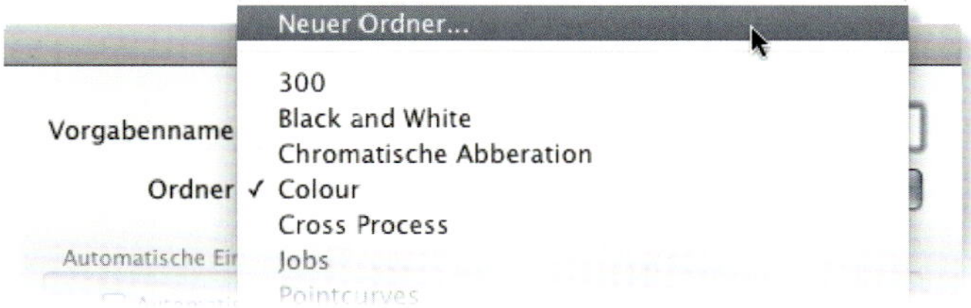

◂ **Abbildung 10.280**
Erstellen eines neuen Ordners während der Speicherung einer neuen Vorgabe

- Eine weitere Möglichkeit führt über das Menü Entwickeln • Neuer Vorgabenordner.

◂ **Abbildung 10.281**
Erstellen eines neuen Ordners über die Menüleiste

Vorgaben verschieben | Sie können Vorgaben verschieben, indem Sie eine Vorgabe anklicken und diese mit gedrückter Maustaste in einen anderen Ordner bewegen. Beim Loslassen der Maustaste wird die Vorgabe im neuen Ordner abgelegt. Eine Linie zeigt Ihnen dabei, an welcher Stelle die Vorgabe eingefügt wird.

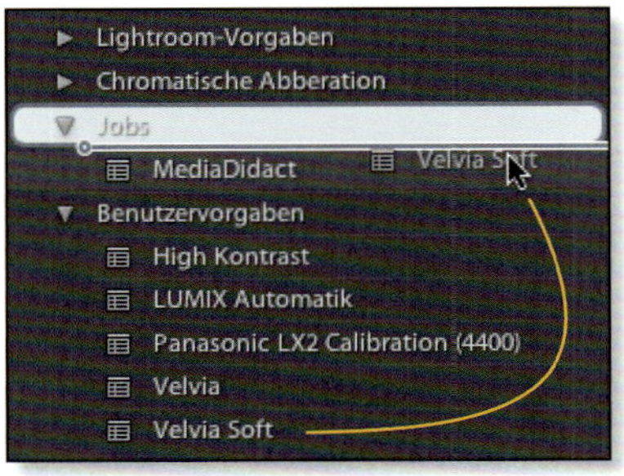

◂ **Abbildung 10.282**
Vorgaben können per Drag & Drop in andere Ordner verschoben werden.

Löschen von Vorgaben oder Ordnern | Um eine Vorgabe oder einen Ordner zu löschen, klicken Sie im Vorgabenbrowser mit der rechten Maustaste auf den entsprechenden Namen. Aus dem Dropdown-Menü wählen Sie dann den Punkt LÖSCHEN.

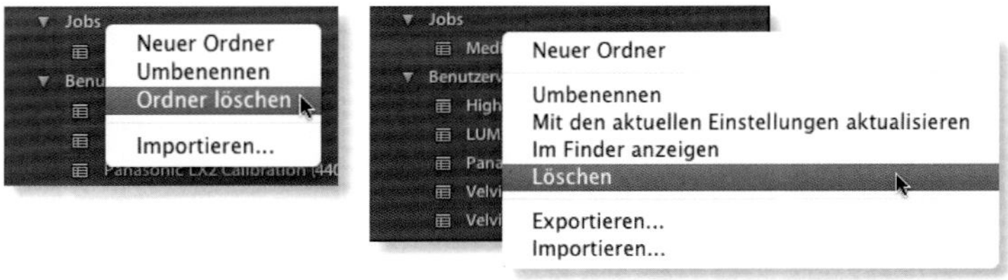

Abbildung 10.283 ▸
Vorgaben oder Vorgabenordner werden mit Hilfe des Kontextmenüs (rechte Maustaste) gelöscht.

10.19.4 Vorgaben exportieren und importieren

Sie können Vorgaben auch exportieren, um sie auf andere Rechner zu transportieren oder anderen Benutzern zur Verfügung zu stellen.

Export von Vorgaben | Klicken Sie mit der rechten Maustaste auf eine Vorgabe, und wählen Sie im aufklappenden Dropdown-Menü den Punkt EXPORTIEREN. Speichern Sie die Vorgabe dann an einem Ort, an dem Sie sie leicht wiederfinden, zum Beispiel auf dem Schreibtisch.

Jetzt kann die Vorgabe ganz einfach per E-Mail verschickt werden. Oder Sie speichern sie in einem Verzeichnis, auf das auch andere Benutzer Zugriff haben.

Vorgaben importieren | Klicken Sie mit der rechten Maustaste auf einen Ordner im Vorgabenbrowser. Wählen Sie dann aus dem Kontextmenü den Punkt IMPORTIEREN. Browsen Sie im Datei-Explorer zu der gewünschten Vorgabendatei, und klicken Sie auf ÖFFNEN. Die Vorgabe wird in den angeklickten Ordner gelegt. Beachten Sie, dass Sie keine Vorgaben in den Ordner LIGHTROOM-VORGABEN importieren können.

▾ Abbildung 10.284
Im Vorgabenbrowser können leider keine kompletten Ordner exportiert oder importiert werden, sondern nur einzelne Vorgabendateien.

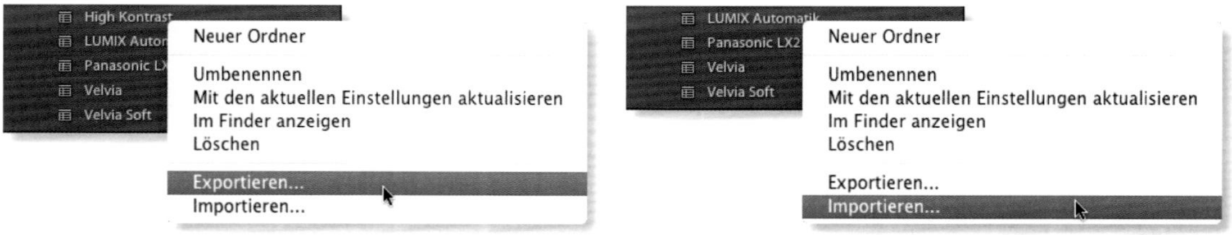

Sie können Vorgaben auch auf Betriebssystemebene auf andere Rechner kopieren oder verschieben. Mehr über die Dateistruktur und Ablageordner von Lightroom lesen Sie auf Seite 163.

10.20 Protokoll und Schnappschüsse

Jeder Bearbeitungsschritt wird im Bedienfeld Protokoll aufgelistet. Durch Anklicken eines Protokolleintrags springen Sie zu diesem Schritt zurück. Sie können auch zu jedem Zeitpunkt der Entwicklung im Bedienfeld darüber einen Schnappschuss erstellen. Alle bis zu diesem Zeitpunkt durchgeführten Arbeitsschritte werden in einem Schnappschuss gespeichert.

▲ **Abbildung 10.285**
Im Protokoll werden alle Bearbeitungsschritte eines Bildes aufgezeichnet.

10.20.1 Protokoll

Das Protokoll merkt sich jede Einstellung, die Sie bei der Entwicklung eines Bildes vornehmen. Für jedes Bild wird ein eigenes Protokoll angelegt. Sie können zu jedem Schritt im Protokoll zurückgehen, wodurch alle danach angewendeten Schritte ihre Gültigkeit verlieren. Das Protokoll bleibt so lange bestehen, bis es selbst oder bis das Bild gelöscht wird.

Neben der Bezeichnung des angewendeten Befehls stehen Zahlen. Die erste Zahl gibt die relative Änderung des Parameterwertes an, die zweite nennt den absoluten Wert.

Protokoll löschen | Es gibt eigentlich keinen Grund, warum ein Protokoll gelöscht werden sollte. Wenn Sie das aber trotzdem tun möchten, drücken Sie auf die Löschen-Schaltfläche 1 neben dem Bedienfeldnamen.

Protokoll-Vorschau | Befinden Sie sich mit der Maus über einem Protokolleintrag, wird der für diesen Schritt gültige Zustand im Vorschaufenster des Navigator-Bedienfeldes angezeigt.

Grenzen des Protokolls | Es gibt aber auch Grenzen, bei denen die Protokollierung nicht erfolgen kann. Da das Protokoll kein Bestandteil von Metadaten ist, kann es beispielsweise beim Synchronisieren von Ordnern gelöscht werden.

10.20.2 Schnappschüsse

Zu jedem Zeitpunkt der Bearbeitung können Sie einen Schnappschuss erstellen. Dieser stellt eine Sammlung aller Arbeiten dar, die bis dato an dem Bild erfolgt sind. Schnappschüsse sind immer nur für das ausgewählte Bild gültig und können nicht auf andere Bilder übertragen werden. Der erste Schnappschuss wird von Lightroom während des Imports erstellt. Er beinhaltet auch eventuelle Vorgabeneinstellungen, die beim Import aktiv waren. Um einen Schnappschuss zu laden, klicken Sie ihn in der Liste an.

▲ **Abbildung 10.286**
Zwischenstände einer Bearbeitung können als Schnappschuss gespeichert werden.

Schnappschuss anlegen | Um einen Schnappschuss zu erzeugen, klicken Sie auf das ⊞-Symbol neben dem Bedienfeldnamen. Geben Sie dann einen Namen dafür an und bestätigen mit ↵.

Sie können auch einen beliebigen Protokollschritt auswählen, um einen Schnappschuss von diesem Zeitpunkt zu erstellen.

Schnappschuss aktualisieren | Haben Sie Entwicklungseinstellungen nach dem Zuweisen eines Schnappschusses verändert, können Sie diese neuen Parameter in den Schnappschuss übernehmen. Dazu klicken Sie mit der rechten Maustaste auf den Namen und wählen aus dem Menü den Befehl MIT DEN AKTUELLEN EINSTELLUNGEN AKTUALISIEREN.

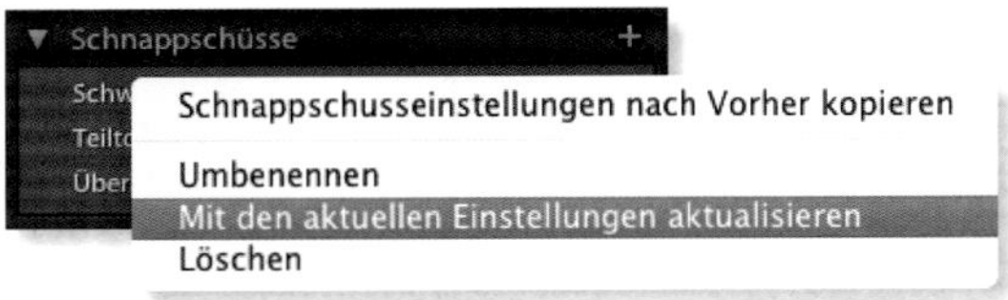

Abbildung 10.287 ▶
Per Rechtsklick auf einen Schnappschuss öffnet sich ein Menü, über das Sie verschiedene Aufgaben erledigen können.

Schnappschuss löschen | Zum Löschen wählen Sie zunächst den gewünschten Schnappschuss aus und klicken dann auf das Minus-Zeichen neben dem Bedienfeldtitel.

Schnappschuss nach Vorher kopieren | Dieser Menüeintrag kopiert die Einstellungen als zuletzt gemachte Entwicklung. Sie können dann über die Schaltfläche VORHERIGE anderen Bildern zugewiesen werden (siehe Seite 463).

▲ **Abbildung 10.288**
Schnappschüsse können als VORHERIGE Einstellung übernommen werden.

Schnappschüsse synchronisieren | Wollen Sie Entwicklungseinstellungen in andere Schnappschüsse übernehmen, können Sie diese mit Hilfe des Menüpunktes EINSTELLUNGEN • SCHNAPPSCHÜSSE SYNCHRONISIEREN in alle anderen Schnappschüsse übernehmen. Welche Parameter Sie übernehmen wollen, können Sie in einem Dialogfeld festlegen.

Workshops: Entwickeln

Das Entwickeln-Modul ist das Herzstück von Lightroom. Dort werden Bilder nicht einfach nur entwickelt, sondern die zahlreichen Funktionen bieten Ihnen auch eine kreative Spielwiese. Bilder können so in ihrem Eindruck komplett verändert werden. In den folgenden Workshops werden Beispiele für typische Entwicklungsprozesse dargestellt:

- **Landschaftsaufnahme verbessern** 4: In diesem Workshop sehen Sie eine typische Landschaft mit viel Weitblick unter einem Himmel mit eindrucksvollen Wolkenformationen. Durch die etwas diesige Luft ging bei der Aufnahme allerdings Kontrast verloren. Die Anleitung zeigt, wie Sie Farben und Kontrast verstärken, um aus dem flauen Foto ein imposantes Bild zu erzeugen.
- **Stilvolle Sepia-Entwicklung** 1: Die Aufnahme der Kinder im Schatten eines Baumes wird erst als Schwarzweißaufnahme mit Sepiatonung richtig interessant. Dieser Workshop zeigt Ihnen, wie Sie auch aus einem vielleicht nicht unbedingt optimalen Ausgangsfoto noch etwas Stilvolles zaubern können.
- **Farbeffekt Teiltonung** 3: Dieser Workshop ist eine Abwandlung der Sepia-Entwicklung. Hier wird mit Hilfe der Teiltonung ein eigener Stil kreiert.
- **Gegenlicht bei Abendstimmung** 2: Vor allem in Städten am Nachmittag oder in der Dämmerung ist der große Kontrastumfang zwischen dem hellen Himmel und den dunklen Häuserschluchten ein großes Problem. Der hohe Dynamikumfang lässt den Himmel ausreißen und die Häuserschluchten zu dunkel erscheinen. Hier müssen Sie mit den Korrekturwerkzeugen einzelne Bereiche anpassen.

1

2

3

4

▲ **Abbildung 1**
Links das Ausgangsbild und rechts das Endergebnis

Landschaftsaufnahme verbessern

Im ersten Workshop werden wir eine Landschaftsaufnahme entwickeln. Diese entstand an einem Nachmittag im Penedès, dem Gebiet, in dem in Spanien Cava produziert wird. Das Sonnenlicht fiel von hinten ein, und somit war die Belichtung kein Problem. Trotzdem fehlt es dem Bild an Ausdruckskraft, unter anderem weil die automatische Belichtungsmessung es um knapp eine Blende unterbelichtet hat. Diese hatte vor allem auf den Himmel gezielt. Im Histogramm (siehe Abbildung 3) erkennt man aber, dass dies bei dem Bild kein Problem darstellt, da weder an den hellsten noch an den tiefsten Stellen Spitzen auftauchen und somit der Dynamikumfang nicht übermäßig groß ist. Diesen werden wir jetzt erhöhen, um dem Bild mehr Brillanz zu verleihen.

Schritt für Schritt: Grundeinstellungen

Die ersten Schritte werden im Bedienfeld GRUNDEINSTELLUNGEN vorgenommen. Dort werden die wichtigsten Parameter festgelegt.

1 Belichtung korrigieren

Im Histogramm des Ausgangsbildes 1 erkennt man, dass in den hellen Stellen 2 noch Spielraum vorhanden ist. Deshalb erhöhen Sie zunächst die Belichtung. Verschieben Sie den Regler BELICHTUNG 3 auf einen Wert von »+1,0«.

2 Kontrast erhöhen

Damit der Eindruck eines strahlenden Sonnentages entstehen kann, erhöhen Sie den Kontrast. Stellen Sie den KONTRAST 5 auf »+60«.

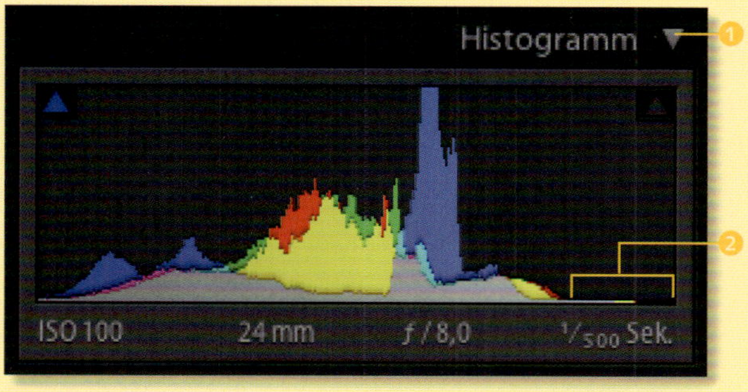

◂ **Abbildung 2**
Im Histogramm des Ausgangsbildes wird sichtbar, dass das Bild leicht unterbelichtet ist.

3 Tiefenwirkung verbessern

Um die Tiefenwirkung zu verbessern, erhöhen wir den Wert für die KLARHEIT 6 auf »+30«.

4 Farbeindruck verstärken

Die Erhöhung der Farbsättigung verstärkt den Eindruck des sonnigen, warmen Tages. Allerdings sollten Sie hier vorsichtig vorgehen, denn zu hoch gesättigte Farben können oft nicht reproduziert werden. Stellen Sie den Wert für die DYNAMIK 7 auf »+20«. Dabei werden nur die niedrig gesättigten Farben verstärkt. Den Wert für die SÄTTIGUNG belassen Sie auf »0«.

5 Schwarzpunkt nachkorrigieren

Durch die Belichtungskorrektur hat sich der Schwarzpunkt etwas verschoben. Stellen Sie daher den Regler SCHWARZ 4 auf »7«. ■

▾ **Abbildung 3**
Das Bild wirkt nach dem Anwenden der GRUNDEINSTELLUNGEN freundlicher.

Schritt für Schritt: Himmel und Wolken herausarbeiten

Das Bild wirkt jetzt schon viel freundlicher, aber es vermittelt immer noch nicht den Ausdruck der Stimmung, die an dem Tag herrschte, an dem ich das Bild aufgenommen habe. Der Himmel und die Wolken wirkten dramatischer.

1 Blauhelligkeit reduzieren

In diesem Fall benötigen wir noch keine lokale Anpassung. Diese würde nicht nur den Blauwert, sondern auch alle anderen Werte reduzieren. Dabei würden auch die Wolken dunkler werden, und das ist nicht erwünscht. Wir können hier viel über eine Reduzierung der Blauhelligkeit erreichen. Blau kommt hier nur im Himmel vor, und somit dunkeln wir nicht unerwünscht eine andere Farbe mit ab.

Wechseln Sie in das Bedienfeld HSL/Farbe/S/W, und klicken Sie im Bedienfeldnamen auf Farbe (1) (siehe Abbildung 4). Wählen Sie das Farbfeld für Blau (2), und stellen Sie die Luminanz (5) auf »–40«.

Das Abdunkeln des Blautons reduziert dessen Sättigung. Stellen Sie daher den Regler für die Sättigung (4) auf »+19«. Den Farbton (3) stellen Sie dann auf »+10«. Dadurch wird das Blau etwas wärmer, und wir erhalten somit ein schönes Königsblau.

▼ Abbildung 4
Durch die Reduzierung der Blauluminanz treten die Wolken deutlicher hervor.

2 Lokale Anpassung

Zum Abschluss der Farbkorrektur wird noch eine lokale Anpassung des Himmels vorgenommen, um den Kontrast der Wolken weiter zu verstärken und die Struktur der Wolken hervorzuheben.

Aktivieren Sie das Werkzeug für die Verlaufsfilter, und ziehen Sie einen Verlauf vom unteren Drittel der Wolke bis über den oberen Teil der Landschaft, so dass sich die Mittellinie auf Höhe des Horizonts befindet.

▼ Abbildung 5
Der Bereich des Verlaufsfilters

Um die Wolken noch besser herauszuarbeiten, reduzieren Sie im Verlaufswerkzeug die BELICHTUNG auf »–0,5« 6 und erhöhen den KONTRAST auf »75« 7. Die Farbsättigung passt jetzt aber nicht mehr zur grünen Landschaft, sie ist eindeutig zu hoch. Reduzieren Sie daher die SÄTTIGUNG auf »–35« 8. Erhöhen Sie zuletzt die KLARHEIT auf »85« 9. Das verstärkt die Tiefenwirkung der Wolken und hebt deren Struktur besser hervor. ■

▼ Abbildung 6
Der Verlaufsfilter verstärkt zusätzlich den Kontrast im Himmel.

▲ **Abbildung 7**
Die automatische Rauschreduzierung (oben) verwischt Details; unten das Bild, wenn die Rauschreduzierung auf null steht.

Schritt für Schritt: Details und Beschnitt

Zum Abschluss werden jetzt noch die Detaileinstellungen wie Schärfe und Rauschunterdrückung angepasst, und anschließend wird das Bild beschnitten, damit sich die Wolke mehr im Zentrum befindet.

1 Rauschreduzierung zurücknehmen

Beim Import wird eine Standardreduzierung angewendet. Da dieses Foto wenig dunkle und wenig graue Flächen aufweist, ist die Rauschunterdrückung zu stark. Dabei gehen sogar einige Details verloren.

Stellen Sie daher im Bedienfeld Details bei Rauschreduzierung die Regler Luminanz und Farbe auf »0« ❺.

Das ohnehin geringe Rauschen des Sensors erhöht den Eindruck von Details und gibt dem Bild einen analogen Touch.

2 Detailschärfe

Um die Schärfe besser herauszuarbeiten, erhöhen wir den Betrag unter der Parametergruppe Schärfen auf »40« ❶. Danach wird der Radius auf »0,5« ❷ reduziert und der Parameter Details auf »77« ❸ erhöht. Der Wert für Maskieren bleibt bei »0« ❹. Diese Einstellungen heben auch die feinsten Strukturen der Landschaft hervor.

▼ **Abbildung 8**
Die Einstellungen zur Detailzeichnung

3 Objektivkorrekturen

Das Objektiv, mit dem Aufnahme entstand, hat kaum Abbildungsfehler, aber wer genau hinschaut, erkennt in den Randbereichen eine leichte chromatische Aberration. Außerdem besitzt das Weitwinkel eine geringe Verzerrung und Vignettierung, die bei dieser Aufnahme jedoch nicht auffallen. Alle drei Objektivfehler lassen sich über die OBJEKTIVKORREKTUREN beseitigen.

◂ **Abbildung 9**
An den Häusern links im Bild wird die Korrektur der chromatischen Aberration sichtbar: links vor und rechts nach der Korrektur.

Wählen Sie das Register PROFIL 6 aus, und aktivieren Sie das Kontrollkästchen PROFILKORREKTUREN AKTIVIEREN 7. Im Dropdown-Menü EINRICHTEN 8 wählen Sie den Punkt AUTO. Das Profil des entsprechenden Objektivs sollte automatisch eingetragen werden 9. Durch das Profil werden alle drei Abbildungsfehler ausgeglichen. Das Profil verwendet allerdings für die chromatische Aberration eine konservative Filterung. Daher erhöhen wir den Wert

▾ **Abbildung 10**
Die Objektivkorrektur führt die Korrektur automatisch durch.

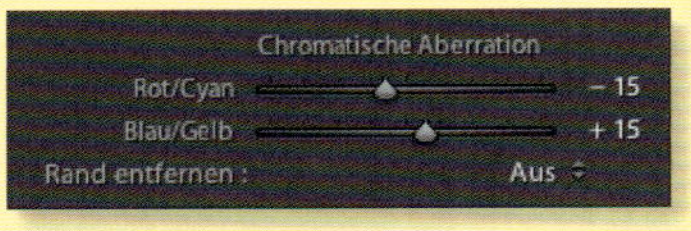

▲ **Abbildung 11**
Alternativ kann die Korrektur auch manuell durchgeführt werden.

für die Stärke der CHROMATISCHEN ABERRATION auf »175« (10). Der Punkt AUTO im Dropdown-Menü EINRICHTEN ändert sich dann in BENUTZERDEFINIERT (8).

Ist in Ihrer Lightroom-Version das Profil Ihres Objektivs nicht vorhanden, können Sie die Korrektur auch manuell durchführen. Deaktivieren Sie dazu das Kontrollkästchen zur Profilkorrektur, und wählen Sie das Register MANUELL. Dort stellen Sie in der Parametergruppe CHROMATISCHE ABERRATION den ROT/CYAN-Wert auf »–15« und BLAU/GELB-Wert auf »+15«.

4 Beschnitt

Zu guter Letzt wird das Bild noch beschnitten. Dazu wählen Sie das Werkzeug ÜBERLAGERUNG FREISTELLEN. Ziehen Sie einen Rahmen von der linken oberen Ecke bis zu dem hohen Schornstein des Hauses rechts unten im Bild. Nun ist die Wolke zentriert.

▲ **Abbildung 13**
Abschließend wird das Bild beschnitten.

▼ **Abbildung 12**
Das Bild wäre übrigens nicht halb so gut, wäre da nicht der Friedhof mit der weißen Mauer als zusätzlicher Eyecatcher.

▲ **Abbildung 14**
Im Ausgangsbild (links) sind die Kinder leider etwas zu dunkel. Dies lässt sich aber gut korrigieren, und durch den Sepiaton bekommt das Bild (rechts) einen eigenen Stil.

Stilvolle Sepia-Entwicklung

Mit den Entwicklungsparametern lassen sich auch ganz andere Effekte erzeugen. Im Folgenden werden wir ein Bild, das auf einer Hochzeitsfeier entstanden ist, nachträglich überbelichten und ihm einen Sepia-Effekt verleihen.

Bei dem Bild wäre ein Blitz sicherlich hilfreich gewesen. Doch das Bild entstand sehr spontan. Nach einer Belichtungskorrektur um eine Blende schauten die Kinder schon wieder in eine andere Richtung – eine zweite Chance gibt es selten. Solche Motive sind immer eine Herausforderung. Die Unterbelichtung ließe sich einfach herauskorrigieren, würde das Bild aber nicht perfekt machen. Erst durch den Sepia-Effekt und die harten Kontraste wird es richtig interessant.

Schritt für Schritt: Grundeinstellungen

Beim Erstellen von derartigen Effekten spielen eine korrekte Belichtung und Farbtemperatur sowie eine korrekte Farbdarstellung keine solch große Rolle wie bei Landschaftsaufnahmen oder in der Architekturfotografie.

1 Belichtung korrigieren

Als Erstes wählen Sie eine Belichtung, bei der die Gesichter der Kinder optimal wiedergegeben werden. Der Rest spielt dabei keine Rolle. Erhöhen Sie dafür die BELICHTUNG auf »+1,0« ①.

2 Aufhelllicht

Zusätzlich werden die dunklen Stellen noch angehoben, indem Sie den Wert für das AUFHELLLICHT auf »20« ② erhöhen. Das hebt vor allem den dunklen Boden und den Ast aus den Tiefen heraus. Ansonsten blieben dort zu dunkle Stellen im Bild bestehen.

3 Kontrast verstärken

Das Bild ist jetzt bezüglich der Helligkeit in Ordnung, hat aber an Kontrast verloren. Den verstärken wir auf den Wert von »+50« ④. Die Belichtungskorrektur für das Farbbild könnten Sie jetzt schon abschließen, denn dafür wäre es jetzt perfekt belichtet.

▼ **Abbildung 15**
Nach der Belichtungs- und Helligkeitskorrektur wäre das Bild, als Farbbild, perfekt belichtet.

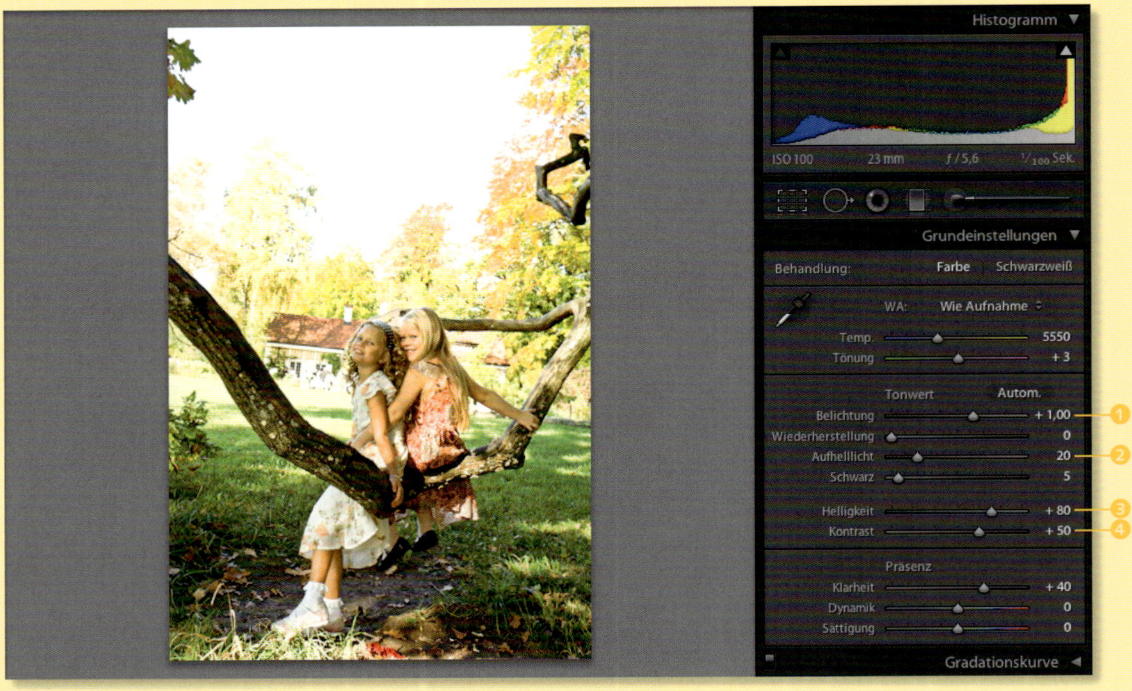

4 High-Key-Effekt

Für die Sepia-Umsetzung hellen Sie das Bild aber noch weiter auf. Vor allem in den dunkleren Bereichen soll es noch heller werden, da diese später durch eine weitere Kontrastverstärkung wieder abgedunkelt werden. Stellen Sie daher für die HELLIGKEIT ③ einen Wert von »+80« ein.

5 Tiefenwirkung

Eine Erhöhung des Parameters für die KLARHEIT 5 unterstützt die Tiefenwirkung. Es gibt nur ganz wenige Fälle, in denen der Wert reduziert wird. Hier unterstützt ein Wert von »+40« die Wirkung.

6 Schwarzweiß durch Reduzierung der Farbsättigung

Um ein Schwarzweißbild zu erzeugen, reduzieren Sie jetzt die SÄTTIGUNG 6 auf »–100«.

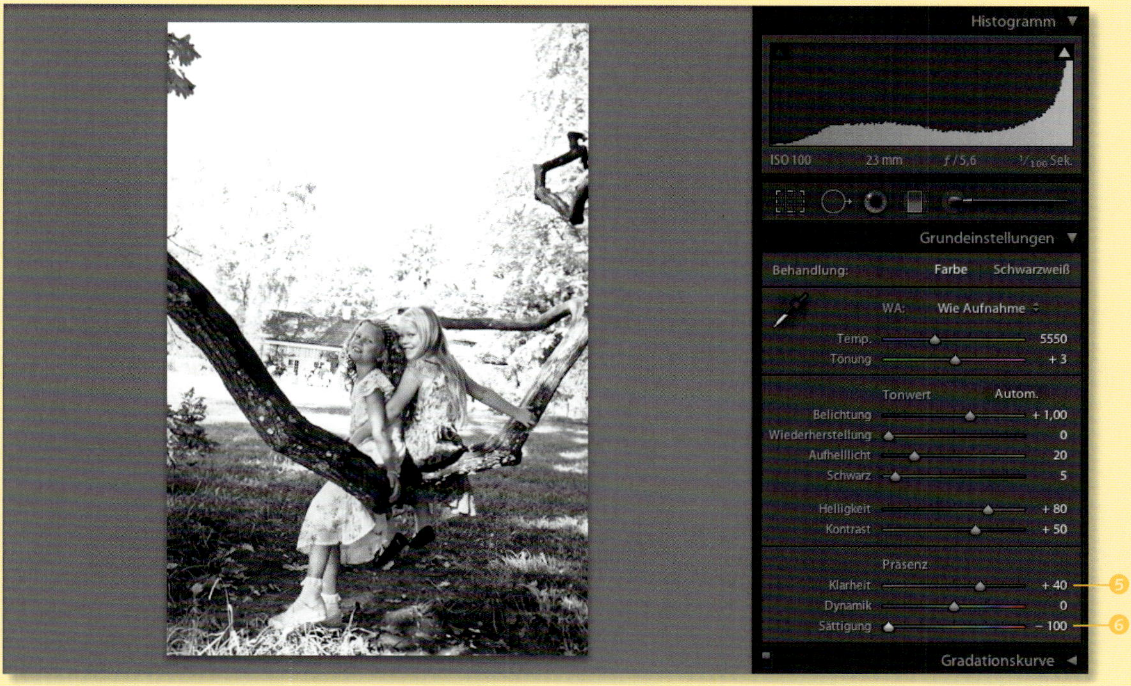

▼ Abbildung 16
Das Bild nach der Helligkeitskorrektur und der Verstärkung der Tiefenwirkung

Die eingebaute Schwarzweißumwandlung passt den Farbkontrast an, was in diesem Fall kontraproduktiv wäre. Die automatische Korrektur verdunkelt die Mitten und somit auch die Gesichter der Kinder. Auch die Wiese wird dunkler und lenkt den Blick des Betrachters nach unten. ■

▼ Abbildung 17
Die automatische Schwarzweißumwandlung (links) im Gegensatz zur Reduzierung der Sättigung (rechts)

TIPP

Halten Sie beim Verschieben des FARBTON-Reglers die Taste ⌥/Alt gedrückt, so sehen Sie die Auswirkungen der Einfärbung auch ohne Anwenden einer Sättigung. Dabei wird einfach temporär die Sättigung erhöht und beim Loslassen der Taste wieder reduziert.

Schritt für Schritt: Sepiatonung erstellen

Die Braunfärbung wird über das Bedienfeld TEILTONUNG generiert. Die Tonung soll dabei in den dunklen Stellen stärker auftreten als in den hellen.

1 Farbe in den hellen Stellen

Stellen Sie den FARBTON der LICHTER ① auf »50«. Solange noch keine Sättigung angegeben wurde, ist keine Auswirkung sichtbar. Geben Sie dann eine SÄTTIGUNG von »10« an.

2 Farbe in den dunklen Stellen

In den dunklen Bereichen soll der Effekt stärker hervortreten. Geben Sie unter SCHATTEN ② den gleichen FARBTON wie bei den LICHTERN an, erhöhen Sie aber die SÄTTIGUNG auf »40«. ■

▼ **Abbildung 18**
Über die Teiltonung wird der Sepia-Effekt generiert.

Schritt für Schritt: Kontrastverstärkung und Detailarbeiten

Das Bild ist jetzt schon ganz gut bearbeitet, es könnte aber noch mehr Kontrast vertragen. Dies wird über die Gradationskurve geregelt. Hierüber haben Sie eine feine Kontrolle, wo genau der Kontrast verstärkt wird. Anschließend wird die Schärfe noch etwas korrigiert und das Bild beschnitten.

1 Gradationskurve

In der GRADATIONSKURVE ist normalerweise bereits eine PUNKTKURVE eingestellt, die der Kontrast etwas verstärkt. Da wir alle Korrekturen mit dieser Kurve im Hintergrund durchgeführt haben, spielt das keine Rolle. Nur wenn Sie die Standardeinstellungen überschrieben haben, müssen Sie die Werte eventuell anpassen, um ein ähnliches Ergebnis zu erhalten. Oder Sie wählen die PUNKTKURVE MITTLERER KONTRAST 5 aus.

Geben Sie für die Parameter HELLE MITTELTÖNE einen Wert von »+20« 3 und für DUNKLE MITTELTÖNE »–20« 4 an.

2 Detailverbesserungen und Beschnitt

Erhöhen Sie den Betrag für SCHARFZEICHNEN auf »40«, und eliminieren Sie die Rauschreduzierung. Eine chromatische Aberration spielt hier keine Rolle.

Zum Abschluss beschneiden Sie das Bild noch so, dass es über dem rechten oberen Ast abgeschnitten wird. Dazu können Sie auch aus dem Dropdown-Menü ein Seitenverhältnis von 4:5 wählen. ■

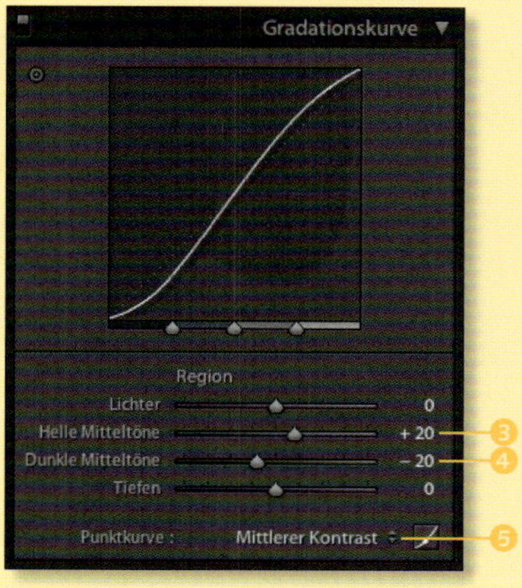

▲ **Abbildung 19**
Über die Gradationskurve wird der Kontrast weiter verstärkt.

◀ **Abbildung 20**
Kinder sind stets ein dankbares Motiv und lassen sich auch meistens gerne fotografieren.

▲ **Abbildung 21**
Ausgangsbild (links) und Endergebnis (rechts)

Farbeffekt Teiltonung

Es gibt nahezu unbegrenzte Variationsmöglichkeiten, um Bildern einen eigenen Stil zu verleihen, vor allem durch die Teiltonung. Das folgende Beispiel verwendet ein Bild aus der gleichen Serie wie das aus dem Workshop zur Sepiatonung. Daher lassen sich die beiden Ansätze für einen unterschiedlichen Stil gut vergleichen. Bis auf die Reduzierung zu Schwarzweiß werden beide Fotos zunächst ähnlich entwickelt.

Schritt für Schritt: Grundeinstellungen und Gradationskurven

Bei diesem Foto gibt es nicht viel zu korrigieren. Die ganze Serie ist knapp eine Blende unterbelichtet, so dass auch dies hier korrigiert werden muss. In diesem Fall wäre statt einer Mehrfeldmessung eine mittenbetonte oder Spotmessung auf das Motiv – die Kinder – sicherlich besser gewesen.

1 Belichtungskorrektur

Die Unterbelichtung korrigieren Sie mit einem Wert von »+1,2« (3) für den Parameter BELICHTUNG. Das Mädchen im Hintergrund holen Sie etwas besser hervor, indem Sie zusätzlich für die HELLIGKEIT einen Wert von »+75« (4) einstellen. Dabei werden dunklere Stellen stärker aufgehellt als bei Anhebung der BELICHTUNG.

2 Tiefenwirkung

Auch in diesem Beispiel der Entwicklung sollte die Tiefenwirkung verstärkt werden. Geben Sie aus diesem Grund für den Parameter KLARHEIT einen Wert von »+40« (5) an.

3 Farbtemperatur

Da das Bild im Endergebnis eher kühl wirken soll, ist die derzeit eingestellte Farbtemperatur zu hoch. Sie müssten in der Teiltonung zu stark gegenkorrigieren. Daher reduzieren Sie die Temperatur auf »5000« Kelvin ① und erhöhen die TÖNUNG auf »+15« ②. Das Bild wirkt dann etwas kühler, aber nicht unnatürlich.

▼ Abbildung 22
Das Foto nach der Bearbeitung der GRUNDEINSTELLUNGEN

4 Gradationskurve

Die GRADATIONSKURVE soll so eingestellt werden, dass die Lichter und Mitten aufgehellt werden. Die dunkelsten Stellen sollen jedoch belassen werden. Stellen Sie daher zunächst die PUNKTKURVE LINEAR ⑩ ein. Dadurch wird die gesamte Kontrastkontrolle an die Gradationskurve übergeben.

Geben Sie für die LICHTER einen Wert von »–25« an ⑥. Er begrenzt die Aufhellung über den Regler HELLE MITTELTÖNE ⑦. Dieser wird mit »+50« relativ hoch eingestellt und würde andernfalls die hellen Stellen ausreißen lassen. Die DUNKLEN MITTELTÖNE werden ebenfalls erhöht, und zwar auf den Wert »+25« ⑧. Dabei werden die Tiefen ebenfalls aufgehellt. Dem können Sie entgegensteuern, indem Sie für die TIEFEN einen Wert von »–10« ⑨ angeben. ■

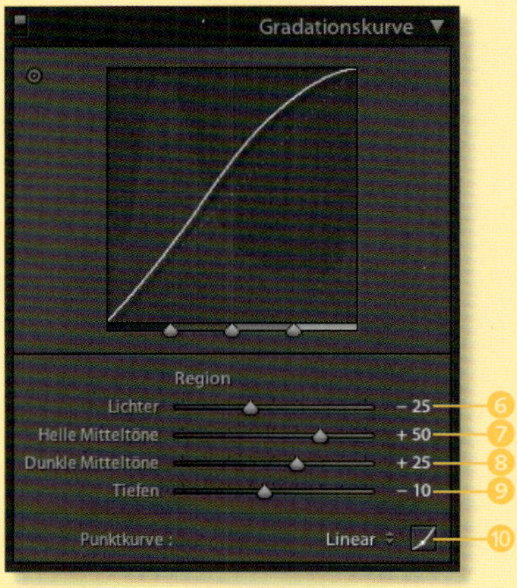

▲ Abbildung 23
Die Gradationskurve hellt vor allem Mitten und Lichter auf.

Schritt für Schritt: Teiltonung

Jetzt werden die Parameter konfiguriert, die den Stil prägen. Dabei werden den Lichtern und den Schatten zwei unterschiedliche Blautöne zugewiesen.

1 Tonung für die Lichter

Die Lichter ① werden in einem warmen Blau eingefärbt. Dazu stellen Sie den Farbton auf »240« und die Sättigung auf »50«.

2 Tonung für die Schatten

Die Schatten ② erhalten ein türkisfarbenen Blauton. Dieser kältere Blauton erzeugt vor allem in den Grüntönen eine Farbverschiebung zum »kalten« Grün. Dazu stellen Sie den Farbton-Regler auf »200« und die Sättigung auf »70«. ■

▼ Abbildung 24
Das Foto nach dem Anwenden der Teiltonung

Schritt für Schritt: Details und Vignettierung

Das Bild sieht nun schon ziemlich interessant aus. Es geht allerdings noch besser: Durch eine nachträglich angewendete Randabdunklung lässt sich der Blick des Betrachters noch mehr auf das Zentrum lenken. Vorher stellen Sie aber erst einmal noch ein paar Details ein.

1 Schärfe

Bei diesem Bild liegt die Schärfeebene nicht ganz perfekt auf dem Gesicht des ersten Kindes. Im Ausdruck würde das zwar erst ab DIN A3 auffallen, erfordert dennoch eine Scharfzeichnung.

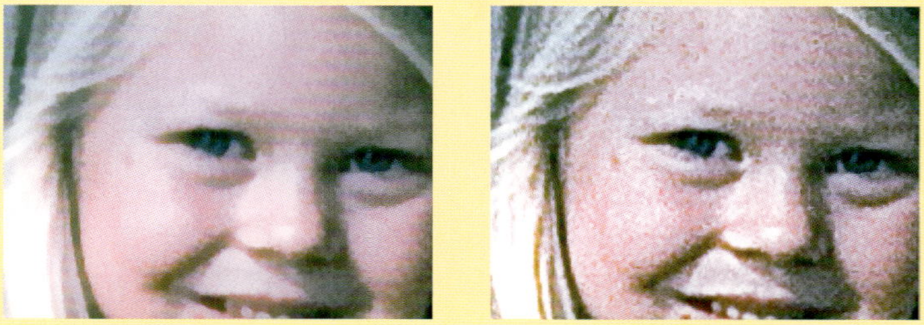

◂ **Abbildung 25**
Beide Bilder wurden mit einem Radius von »2,0« scharfgezeichnet. Das linke Bild bei einem Detailwert von »0«, das rechte mit einem Wert von »70«.

Geben Sie im Bedienfeld Details unter Schärfen einen Betrag von »40« (3) an. Den Radius erhöhen Sie auf »2,0« (4), wodurch die leichte Unschärfe erfasst wird. Den Parameter Details erhöhen Sie auf »100« (5), um mehr Feinstrukturen scharfzuzeichnen. Gerade durch den großen Radius benötigen wir mehr Details, sonst erhalten wir einen Effekt, der nach Wasserfarbe aussieht.

▾ **Abbildung 26**
Die Detaileinstellungen zur Schärfe und Rauschreduzierung

2 Rauschunterdrückung

Auch bei diesem Bild spielt das Farbrauschen keine Rolle und sollte daher unterdrückt werden. Stellen Sie dazu die Regler Luminanz und Farbe unter Rauschreduzierung auf »0« (6).

▲ **Abbildung 27**
Die Vignettierung lenkt das Auge auf das Bildzentrum.

3 Vignettierung

Damit der Blick sich auf die Kinder konzentriert, fügen wir noch eine Randabdunklung (Vignettierung) hinzu. Dabei wird die Helligkeit ab Rand reduziert. Als Stil wählen Sie Farbpriorität ①. Dabei werden vor allem die Mitten abgedunkelt, helle Stellen bleiben eher erhalten. Den Betrag ② stellen Sie auf »–60«, um den Rand abzudunkeln. Den Wert Rundheit ③ stellen Sie auf »+70«. Dadurch wird bei einem Querformat die Maske weniger oval und mehr ein Kreis. ■

▲ **Abbildung 28**
Vergleich der Vignettierungsarten Lichterpriorität (links), Farbpriorität (Mitte) und Farbüberlagerung (rechts)

Alle Bilder eines emotionalen Ereignisses in diesem kühlen Stil zu entwickeln ist nicht unbedingt sinnvoll. Aber zusammen mit anderen Bildern in einer Sammlung oder einem Fotobuch wirken sie sehr interessant.

Gegenlicht bei Abendstimmung

Man sieht ein Motiv, findet es spannend und zückt die Kamera... Zu Hause betrachtet man das Bild und fragt sich, warum man es aufgenommen hat. Das Bild transportiert nicht den beim Fotografieren entstandenen subjektiven Eindruck: Bei diesem Bild ging die Sonne hinter dem Gebäude unter, und die Wolken schienen wie Flammen aus dem Gebäude zu kommen.

▲ Abbildung 29
Das Original (links) ist ein typisches Gegenlichtbild. Der Himmel ist zu hell und das Gebäude zu dunkel. Aber es trägt genügend Informationen, um den subjektiven Eindruck wiederherzustellen (rechts).

Das Schwierigste bei Gegenlichtaufnahmen ist, eine gleichmäßige Belichtung zu erreichen. Nur eine halbe Blende daneben kann alles verderben. Ich habe hier eine Belichtungsreihe gemacht. Entweder war der Himmel zu hell oder das Gebäude zu dunkel. Nur eine einzige Belichtung besaß im Himmel genug Abstufungen, ohne dass das Gebäude dabei zu stark unterbelichtet gewesen wäre.

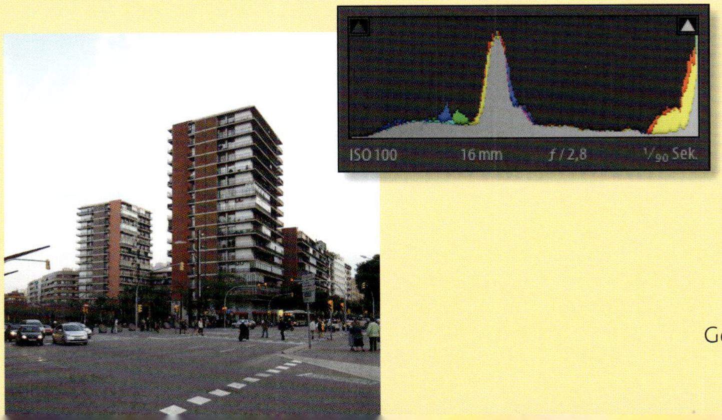

◂ Abbildung 30
Hier das Histogramm eines Fotos, das eine Blende heller belichtet wurde. Das Gebäude ist zwar besser belichtet, dafür ist der Himmel zu hell. Oben das Histogramm des besser belichteten Bildes zum Vergleich.

Schritt für Schritt: Grundeinstellungen

Zunächst müssen Sie die Gesamthelligkeit anpassen. Die Tiefen müssen heller und die Lichter dunkler werden.

1 Belichtung reduzieren

Wir reduzieren zunächst die Belichtung, um die hellen Stellen abzudunkeln und den Himmel besser herauszuarbeiten. Reduzieren Sie dazu die Belichtung auf den Wert »–0,9« ①.

2 Helligkeit erhöhen

Jetzt erhöhen Sie die Helligkeit auf »+80« ⑤. Das hebt die Mitten wieder etwas hervor. Im Histogramm wird deutlich, dass sich die Helligkeitsverteilung verbessert hat. An den beiden Seiten sind kaum Spitzen vorhanden.

3 Lichter wiederherstellen

Durch die Helligkeitskorrektur sind die Lichter wieder etwas zu weit aufgehellt worden. Dies korrigieren Sie, indem Sie den Parameter Wiederherstellung auf »25« ② setzen.

▼ **Abbildung 31**
Das Foto nach der Anpassung wichtiger Grundeinstellungen

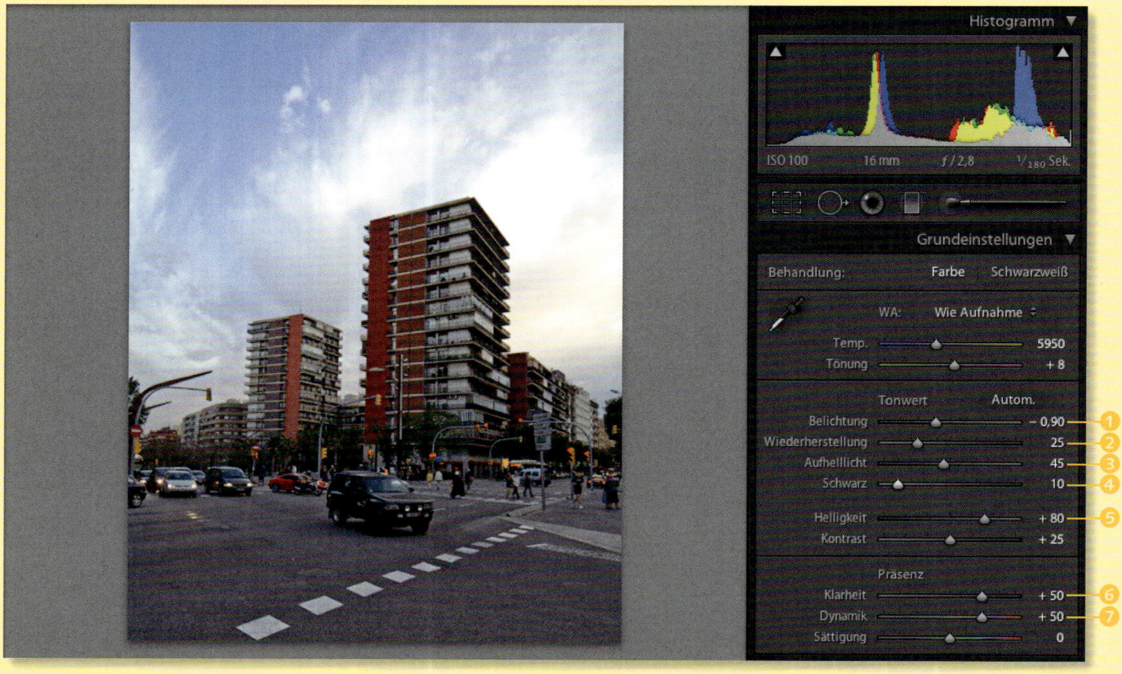

4 Tiefen aufhellen

Auch die Tiefen könnten noch etwas heller werden. Die Gebäude sind noch zu dunkel. Stellen Sie dazu das Aufhelllicht auf »45« ③.

Das Foto besitzt jetzt schon annähernd den Eindruck, den ich während des Fotografierens von der Szene hatte.

5 Schwarzpunkt korrigieren

Durch die Anpassung bei AUFHELLLICHT wurde der Schwarzpunkt zu hell. Korrigieren Sie SCHWARZ auf den Wert »10« 4.

6 Präsenz

Eine Szene wie diese kann nie genug Tiefenwirkung besitzen. Stellen Sie daher die KLARHEIT auf »+50« 6. Erhöhen Sie ebenso den Wert für die DYNAMIK auf »+50« 7. ■

Schritt für Schritt: Lokale Anpassungen

Der Himmel könnte noch etwas betont werden, und auch die Gebäude vertragen noch etwas mehr Leuchtkraft. Dies wird über zwei lokale Anpassungen geregelt: über einen Verlaufsfilter und eine Korrekturmaske.

1 Vordergrund abdunkeln

Die Straße im Vordergrund wird abgedunkelt, damit der Blick nach oben zu den Gebäuden wandert.

Erstellen Sie dazu mit dem Verlaufsfilter einen Verlauf vom unteren Bildrand bis zum Anfang der Gebäude. Geben Sie eine BELICHTUNG von »–0,5« 8 für das Werkzeug an.

▲ **Abbildung 32**
Das Abdunkeln des Vordergrundes fällt nur im direkten Vergleich auf, lenkt das Auge aber unbewusst nach oben zu den Gebäuden.

2 Himmel und Wolken herausarbeiten

Den Himmel und die Wolken können Sie mit dem Verlaufsfilter leider nicht herausarbeiten, da das Gebäude zu sehr in den Himmel ragt und dadurch zu stark mit beeinflusst werden würde. Daher müssen Sie hier eine Korrekturmaske malen. Dabei müssen Sie darauf achten, dass der Übergang zwischen Himmel und Gebäude weich genug ist. Ansonsten entsteht ein störender, leuchtender Übergang an den Gebäuden.

▲ **Abbildung 33**
Die Maske nach der ersten Anwendung: Die nur leichte Färbung der magentafarbigen Maske zeigt eine geringe DICHTE an.

▲ **Abbildung 34**
Nach dem Übermalen mit höherer DICHTE wird die Deckkraft der Maske stärker. Durch den größeren Pinsel und den höheren Abstand zu den Gebäuden entsteht ein weicher Übergang.

Wechseln Sie zum KORREKTURPINSEL-Werkzeug, und stellen Sie eine Pinselgröße von »16« ① ein. Geben Sie ihm eine WEICHE KANTE und einen FLUSS von »100« ②. Deaktivieren Sie die Kontrollbox für AUTOMATISCH MASKIEREN ③, und reduzieren Sie die DICHTE auf »25« ④.

Malen Sie jetzt eine Maske über den Himmel. Dabei können Sie mit dem äußeren Kreis des Pinsels in die Gebäude hineinmalen, sollten aber vermeiden, mit dem inneren über die Gebäude zu malen, da dort die Korrekturen sonst ebenfalls sichtbar würden.

Danach erhöhen Sie die GRÖSSE des Pinsels auf »30« ⑤ und die DICHTE auf »60« ⑥ und malen damit über die bestehende Maske. Dabei sollten Sie aber mehr Abstand zu den Gebäuden halten. Der äußere Kreis sollte die Gebäude nun nicht mehr berühren. Jetzt müssen nur noch die Einstellungen für die Korrekturen der Maske vorgenommen werden. Geben Sie eine BELICHTUNG von »–1,5« und eine HELLIGKEIT von »–30« an ⑦, um den Himmel abzudunkeln. Anschließend erhöhen Sie den KONTRAST ⑧ und die KLARHEIT ⑩ auf »100«. Reduzieren Sie zum Abschluss die SÄTTIGUNG auf »–10« ⑨, um diese an die Gebäude anzugleichen. ■

▲ **Abbildung 35**
Der Himmel besitzt nach der lokalen Anpassung die gewünschte Wirkung.

Schritt für Schritt: Feinschliff

Die wichtigsten Einstellungen sind damit erledigt. Was noch folgt, ist der Feinschliff.

1 Gradationskurven

Das Bild ist schon sehr gut, aber im Druck würde es wahrscheinlich etwas zu dunkel wirken. Das korrigieren Sie, indem Sie in der Gradationskurve den Wert für Dunkle Mitteltöne auf »20« setzen. Das hellt die Mitten etwas auf.

2 HSL/Farbe/S/W

Rechts vom Gebäude besitzt die Wolke eine Orangefärbung. Diese soll verstärkt werden. Wählen Sie im Bedienfeld HSL/Farbe/S/W die Luminanz aus, und verwenden Sie die Zielkorrektur, um die Helligkeit der Wolke rechts vom Gebäude zu reduzieren. Ist der Wert für Orange bei »–35«, lassen Sie die Maustaste los. Der Wert für Gelb wird mitverschoben und sollte dann bei etwa »–21« sein.

Verfahren Sie genauso bei der Sättigung. Schieben Sie den Wert für Orange dort auf »+25«.

Sind Sie mit der Zielkorrektur fertig, klicken Sie mit der Maus auf die in der Werkzeugleiste unter dem Ansichtsfenster befindliche Schaltfläche Fertig.

Abbildung 36 ▸
Über die ZIELKORREKTUR wird die Orangefärbung der Wolke verstärkt.

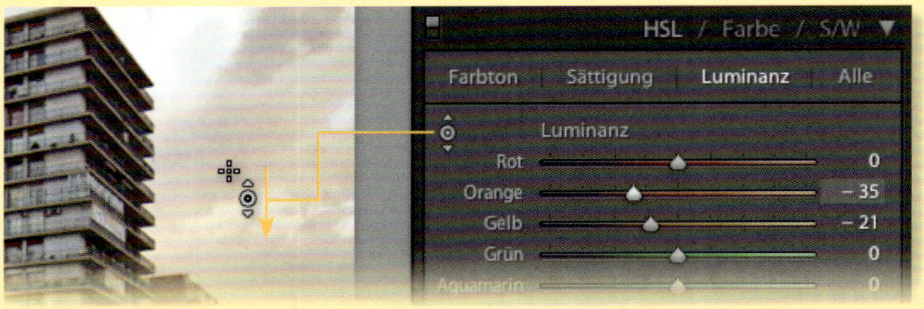

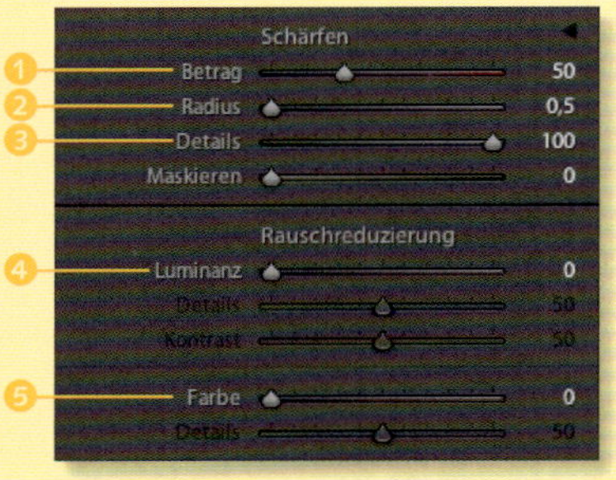

▴ Abbildung 37
Diese Detaileinstellungen zeichnen auch die kleinsten Details scharf.

3 Details

Zum Abschluss wird noch die Schärfe korrigiert und die Rauschreduzierung unterdrückt. Da es sich um eine Architekturszene handelt, müssen auch feine Strukturen sichtbar werden.

Geben Sie für SCHÄRFEN einen BETRAG von »50« (1) an, und reduzieren Sie den RADIUS auf »0,5« (2). Die Strukturen betonen Sie, indem Sie den Regler für DETAILS auf »100« (3) schieben. Verringern Sie dann bei der RAUSCHREDUZIERUNG die Parameter LUMINANZ (4) und FARBE (5) auf »0«. Ein Beschnitt wurde bereits in das Ausgangsbild eingearbeitet. ■

Abbildung 38 ▸
Das bearbeitete Foto gibt nun die Stimmung wieder, die ich in Erinnerung habe.

11 Das Diashow-Modul

Eine beliebte und praktische Art, Bilder gleich am Rechner zu präsentieren, sind sogenannte Diashows. Dabei wird ein Bild nach dem anderen auf dem Screen aufgerufen, und das ganz ohne störende Applikationen. Lightroom ermöglicht eine einfache Erstellung solcher Diashows. Die Bilder sind schnell ausgewählt, die wichtigsten Parameter schnell eingestellt, und es lassen sich auch Vorlagen speichern. Die Diashows lassen sich sogar als Videodatei oder als selbstablaufende PDF-Präsentation exportieren.

▼ Abbildung 11.1
Modul zur Präsentation der Fotos als Diashow

Zur Untermalung mit Musik können MP3-Dateien mit der Diashow abgespielt werden. Präsentationen lassen sich an die Länge eines Musikstücks anpassen. Die Länge des Titels und die Anzahl der Bilder bestimmen dann das Tempo der Diashow.

11.1 Bildauswahl

Diashows beziehen sich normalerweise auf ein Thema und nicht auf die gesamte Bildersammlung. Daher müssen die Bilder, die in der Show angezeigt werden sollen, zusammengestellt werden.

11.1.1 Auswahl eines Ordners oder Sammlung

Grundsätzlich gilt, dass alle Bilder, die in der Bibliothek sichtbar sind, auch in den Ausgabemodulen wie der Diashow zur Verfügung stehen. Denn alle Bilder, die in einem selektierten Ordner oder einer ausgewählten Sammlung liegen, werden im Filmstreifen angezeigt und können somit in der Diashow verwendet werden.

Im Diashow-Modul können Sie zudem auf selbst erstellte Sammlungen zugreifen. Dabei spielt es keine Rolle, ob es sich um eine normale Bildzusammenstellung oder um spezielle Diashow-, Drucken- oder Web-Sammlungen handelt. Ordner können Sie aber nur innerhalb der Bibliothek auswählen.

Alle ausgewählten Ordner oder Sammlungen werden im Filmstreifen angezeigt, der im Ausgabemodul als Mini-Bibliothek dient. Arbeiten Sie mit zwei Monitoren (siehe Seite 147) können Sie sich zusätzlich noch die Rasteransicht zeigen lassen, was das Arbeiten erleichtert.

▼ Abbildung 11.2
Alle Bilder des Filmstreifens können in der Diashow angezeigt werden.

11.1.2 Auswahl über Filter einschränken

Die Selektion der Bilder über Ordner oder Sammlungen kann zusätzlich über Filter eingeschränkt werden. Am schnellsten geht es, wenn für Bilder Attribute, beispielsweise Markierungen, Bewertungssterne oder Farbmarkierungen, vergeben wurden.

Nach diesen Bildeigenschaften können die Bilder in der Leiste über dem Filmstreifen gefiltert werden. Der Filter kann auch auf eine bereits erfolgte Ordner-/Sammlungsauswahl angewendet werden und diese somit weiter einschränken. Die Markierungen und Bewertungen bleiben als Bildeigenschaften bestehen, unabhängig davon, in welchem Modul Sie sich befinden. Wie Sie Attribute hinzufügen, erfahren Sie auf Seite 256.

Ein wesentlicher Vorteil dieser Methode besteht in der Kombinationsmöglichkeit von Auswahlen und Filtern. Ein Filter kann zum Beispiel so gesetzt werden, dass nur Bilder mit dem Markiert-Status **1** ab einer 3-Sterne-Bewertung **2** angezeigt und in die Diashow übernommen werden. Nähere Informationen zum Einstellen von Filtern finden Sie auf Seite 255.

▲ **Abbildung 11.3**
Die Bildauswahl lässt sich weiter durch Filter einschränken.

Dieser Weg der Bildzusammenstellung lässt sich schnell wiederholen, indem nur der Filter neu gesetzt wird. Auch können Filterzusammenstellungen als Vorgabe gespeichert und wiederverwendet werden. Bewertet oder markiert man Bilder neu, ändert sich die Zusammenstellung, da die veränderten Bildeigenschaften dann dem Filter entsprechen oder nicht mehr zutreffen.

11.1.3 Auswahl als Sammlung speichern

Wie bereits erwähnt, können Sie Bildzusammenstellungen als Sammlung speichern. Erstellen Sie eine Sammlung im Diashow-Modul, werden neben den Bildern auch die Einstellungen gesichert. Zu diesen Sammlungen können Sie beliebig viele Bilder hinzufügen oder aus ihnen entfernen, und zwar nicht nur im Diashow-Modul, sondern auch in der Bibliothek, dem Drucken- und Web-Modul. Ebenso ist es möglich, neue Sammlungen für weitere Diashows anzulegen. Ablegen können Sie die Sammlungen in Sammlungssätzen. Sammlungssätze sind Ordner, die es Ihnen ermöglichen, Sammlungen besser zu strukturieren. Um Diashows an unterschiedliche Ausgabeformate wie 4:3 und 16:9 anzupassen, können Sie mit virtuellen Kopien arbeiten.

◄ **Abbildung 11.4**
Die Bildzusammenstellung von Diashows kann als Sammlung gesichert werden. Dabei werden auch die Moduleinstellungen mitgespeichert.

Schritt für Schritt: Erstellen einer Diashow-Sammlung

Diese Schritt-für-Schritt-Anleitung erläutert Ihnen die Erstellung einer speziellen Diashow-Sammlung.

1 Bildauswahl

Selektieren Sie in der Bibliothek die gewünschte Auswahl der Bilder, die in der Diashow präsentiert werden sollen. Um die Auswahl zu begrenzen, können Sie die Anzahl der gezeigten Bilder auf einen Ordner oder eine Sammlung einschränken. Auch der Einsatz von Filtern (siehe Seite 255) ist möglich.

▼ Abbildung 11.5
Nur die selektierten Bilder sollen später in die Kollektion wandern. Selektierte Bilder werden hellgrau hinterlegt.

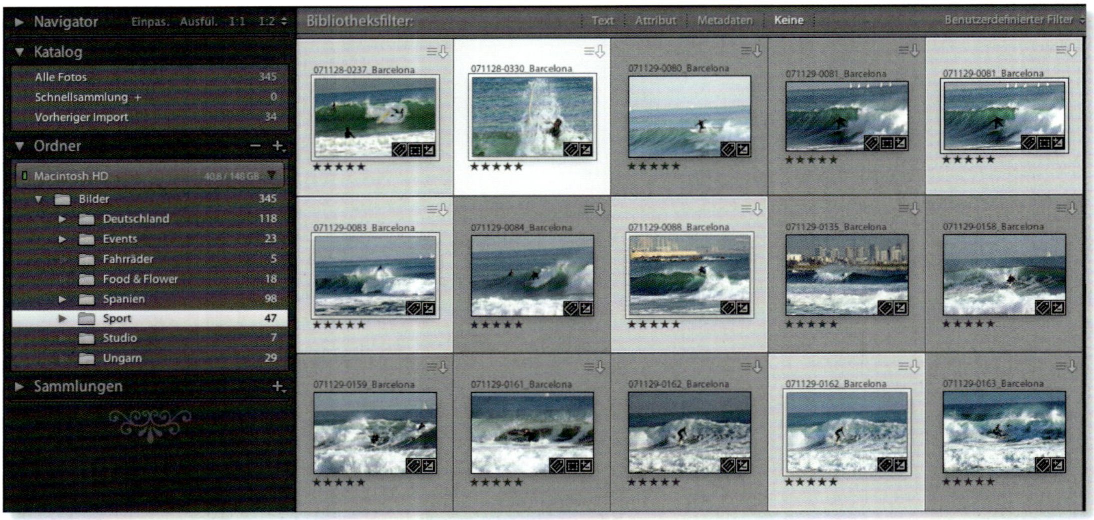

Wählen Sie mit gedrückter ⌘/Strg-Taste die Bilder aus, die in der Diashow präsentiert werden sollen. Später können Sie noch weitere Bilder hinzufügen oder wieder aus der Auswahl entfernen.

2 Auswahl zur Verwendung in Diashow festlegen

Wechseln Sie in das Diashow-Modul. Dort wird der Ordner im Filmstreifen angezeigt, und die ausgewählten Bilder werden wie in der Bibliothek als ausgewählt gekennzeichnet.

ACHTUNG

Nicht immer ist die Reihenfolge der Bildauswahl dramaturgisch sinnvoll. Wenn Sie die Diashow aus einer Sammlung heraus erstellen, können Sie die Abfolge der Bilder ändern, aus Ordnern heraus jedoch nicht.

3 Auswahl als Diashow-Sammlung speichern

Klicken Sie mit der Maus auf das Plus-Symbol neben dem Bedienfeld SAMMLUNGEN, und wählen Sie aus dem Dropdown-Menü den Punkt DIASHOW ERSTELLEN.

Geben Sie im Dialogfeld als Erstes einen Namen an. Haben Sie die Bildauswahl aus einem Sammlungssatz heraus erstellt, wird dieser als Dropdown-Menü neben dem Parameter SATZ angezeigt. Hier können Sie jetzt auch einen anderen Sammlungssatz als übergeordneten Ordner angeben. Wählen Sie OHNE, wird die Sammlung auf der obersten Ebene erstellt.

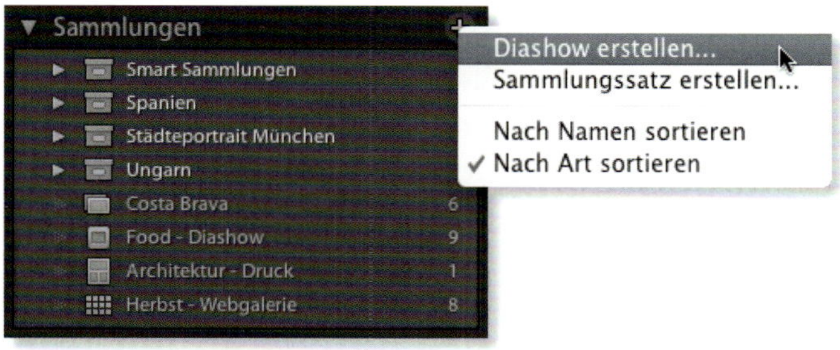

◄ **Abbildung 11.6**
Die neue Sammlung wird nur aus virtuellen Kopien bestehen. Dadurch kann man die Bilder speziell für die Diashow optimieren.

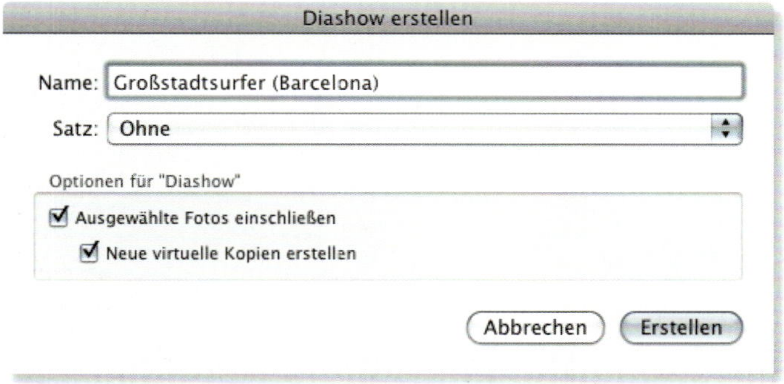

Aktivieren Sie das Kontrollkästchen AUSGEWÄHLTE FOTOS EINSCHLIESSEN. Dadurch werden nur die ausgewählten Bilder in die Sammlung aufgenommen. Ansonsten würden nur das Aussehen und Verhalten der Diashow in der Sammlung gespeichert, aber keine Bilder.

Als weitere Option können Sie die Bilder, die in die Sammlung übernommen werden, als virtuelle Kopien integrieren. Dies ermöglicht Ihnen, spezielle Einstellungen an den Bildern nur für diesen Ausgabezweck vorzunehmen. Meistens handelt es sich dabei um eine auf die Diashow angepasste Beschneidung, um die Bilder z. B. auf Formate wie 16:9 oder 4:3 zu optimieren. Auch angepasste Helligkeitskorrekturen je nach Beamer sind denkbar.

Es entsteht eine Sammlung, in der sich jetzt nur virtuelle Kopien der Bilder befinden. Wollen Sie neue Bilder hinzufügen, erstellen Sie von ihnen zunächst eine virtuelle Kopie und ziehen diese per Drag & Drop auf die Sammlung. Bilder zu einer Sammlung hinzufügen können Sie auch in allen anderen Modulen. ■

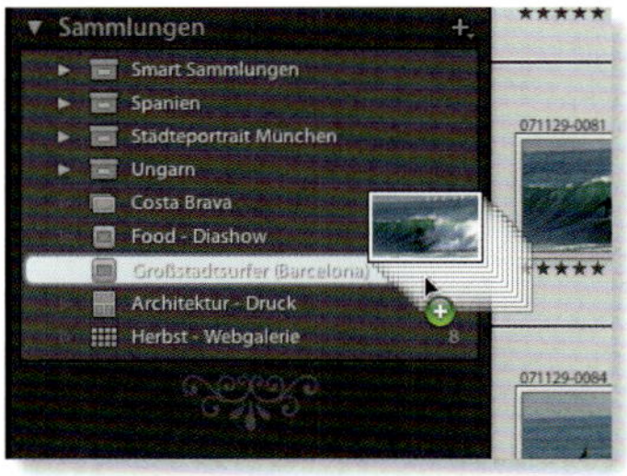

▲ **Abbildung 11.7**
Die Sammlung kann mit weiteren Bildern ergänzt werden. Das kann man von jedem Modul aus erledigen.

11.2 Diashow konfigurieren

Die rechte Bedienfeldpalette ❸ im Diashow-Modul folgt einer klaren Struktur – beginnend mit den Optionen zur Bilddarstellung über die Randabstände im Layout und zur Überlagerung mit Erkennungstafel und Text bis hin zur Konfiguration des Fensterhintergrundes. Zu guter Letzt folgen die Abspieleinstellungen.

Die Bedienfelder auf der linken Seite ❶ enthalten, wie auch in den Ausgabemodulen Drucken und Web, den Vorlagenbrowser sowie Funktionen zum Speichern und Laden von Vorlagen und Sammlungen. Zusätzlich kann man dort die Diashow als PDF-Präsentation oder als Video exportieren. In der Toolbar unter dem Ansichtsfenster ❷ kann man die Bildverwendung (siehe Seite 521) und Textüberlagerungen (siehe Seite 512) eingeben.

▼ Abbildung 11.8
Dreispaltiges Layout des Diashow-Moduls

11.2.1 Bedienfeld »Optionen«

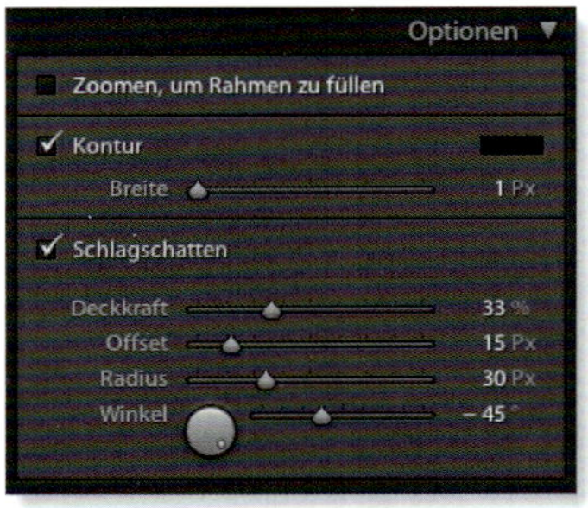

▲ Abbildung 11.9
Das OPTIONEN-Bedienfeld kümmert sich um die Darstellung des Bildes vor einem Hintergrund.

Das erste Bedienfeld auf der rechten Seite ist für die Bilddarstellung zuständig. Veränderungen der Parameter werden sofort im Ansichtsfenster angezeigt.

Zoomen, um Rahmen zu füllen | Besitzt ein Bild ein anderes Seitenverhältnis als durch den Bildschirm und die Ränder vorgegeben, kann es an dieses Seitenverhältnis angepasst werden. Dabei wird es so weit vergrößert, bis es genau in das Layout hineinpasst. Die überstehenden Bildbereiche werden einfach abgeschnitten. Hochformatbilder werden oben und unten beschnitten – aus ihnen wird ein Querformat. Das führt oft zu Verlusten in der

Bildwirkung. Wenn Sie keine Bereiche verlieren wollen – und das empfehle ich Ihnen –, deaktivieren Sie das Kontrollkästchen. Lassen Sie es hingegen aktiviert – etwa wenn Ihre Diashow nur aus Querformaten besteht –, so haben Sie die Möglichkeit, das Bild mit der gedrückten Maustaste im Rahmen zu verschieben.

▼ Abbildung 11.10
Die ZOOMEN-Option skaliert und beschneidet das Bild, bis es komplett in das Layout passt. Hochformatbilder werden dabei beschnitten.

Kontur | Um das Bild herum kann durch Aktivieren des Kontrollkästchens KONTUR ein Rahmen dargestellt werden. Die Farbe des Rahmens lässt sich über das Farbfeld rechts neben der Bezeichnung anpassen. Wie Sie den Dialog zur Farbdefinition verwenden, erfahren Sie auf Seite 514. Die Breite der Kontur wird über den Schieberegler darunter festgelegt.

▼ Abbildung 11.11
Die Option KONTUR erstellt einen Rahmen um das Bild.

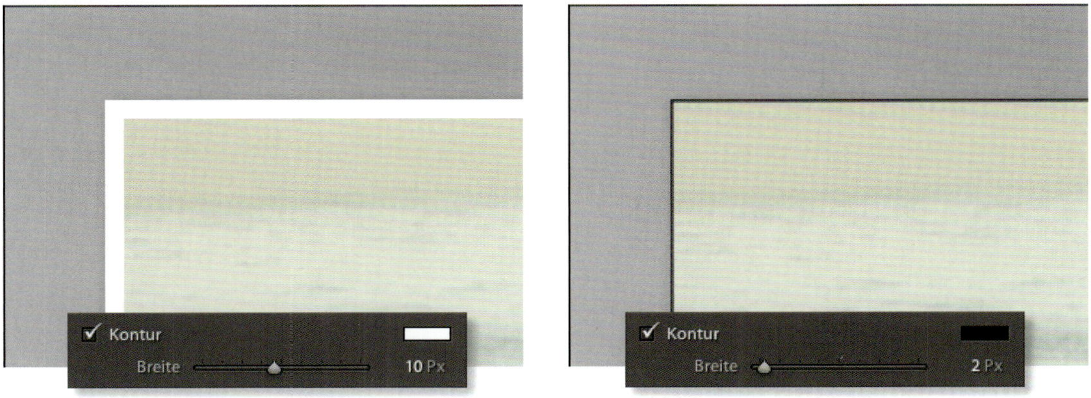

Schlagschatten | Das Bild kann mit einem Schlagschatten optisch vom Hintergrund abgesetzt werden. Dadurch entsteht ein leicht dreidimensionaler Eindruck, das Bild scheint vor dem Hintergrund zu schweben. Der Schlagschatten kann in seiner Farbe nicht weiter verändert werden. Er ist immer von Schwarz zu Grau auslaufend. Man kann ihn aber über die folgenden vier Optionen feiner einstellen:

- Die **Deckkraft** regelt die Transparenz des Schattens. Je geringer sie ist, umso mehr scheint vom Hintergrund durch. Der optische Effekt der Deckkraft ist auch von der Weichzeichnung des Schattens abhängig. Weichere Schatten wirken eleganter.

▼ Abbildung 11.12
Eine niedrige DECKKRAFT lässt den Schatten weicher erscheinen.

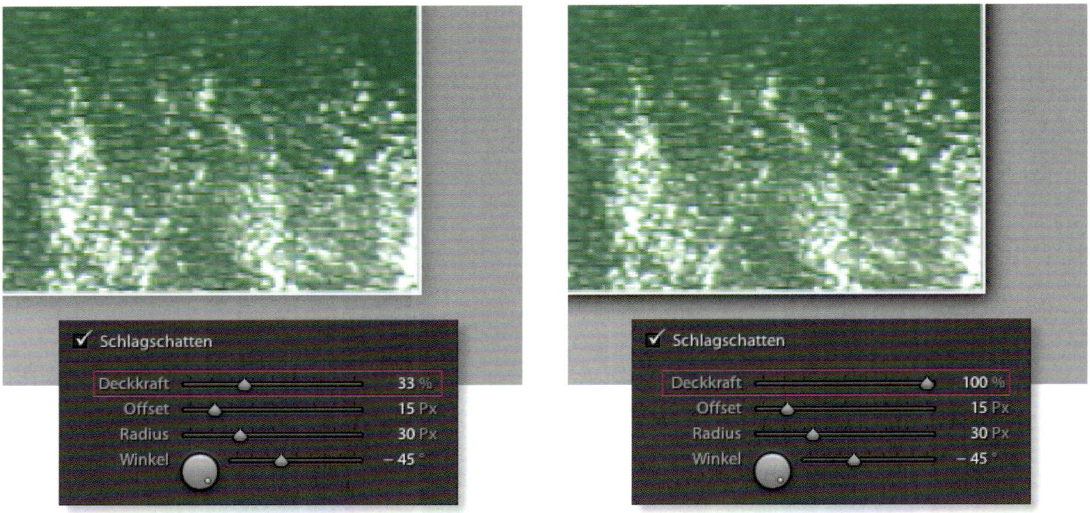

- Der **Offset** regelt die Breite des Schattens um das Bild herum und somit die optisch vorgetäuschte Entfernung des Bildes vom Hintergrund. Steht der Offset auf »0«, so kann man eine dunkle Aura um das Bild erzeugen. Vor allem Bilder, die eine ähnliche Helligkeit wie der Hintergrund besitzen, werden dadurch besser hervorgehoben.

▼ Abbildung 11.13
Der OFFSET gibt den Abstand des Schattens zum Bild an. Dadurch entsteht der räumliche Eindruck.

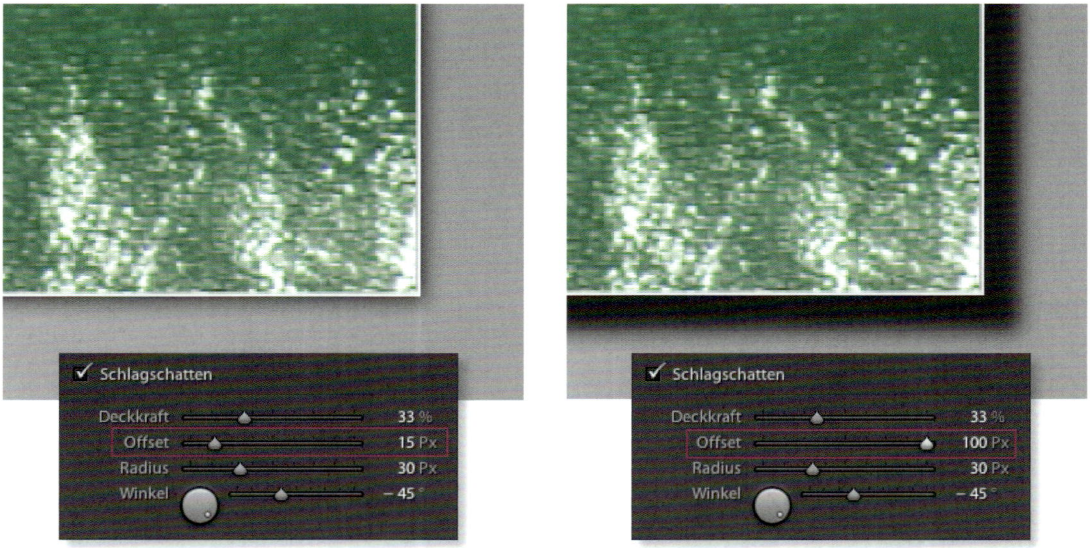

- Der **Radius** legt die Weichzeichnung des Schattens in Pixeln fest. Je höher sein Wert ist, umso weicher wirkt der Schatten. Weichere Schatten erfordern meistens eine höhere Deckkraft, da sie transparenter wirken als härtere Schatten.

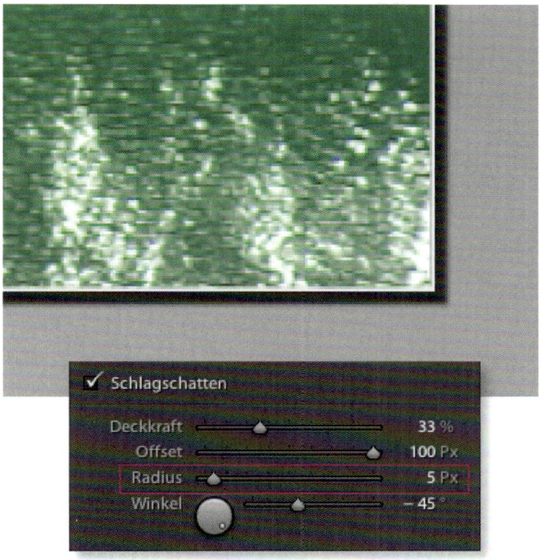

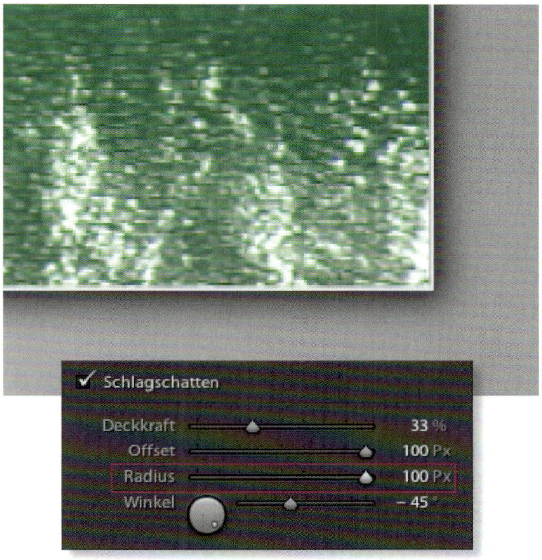

▼ **Abbildung 11.14**
Weiche Schatten (rechts) wirken angenehmer und betonen das Bild. Harte Schatten (links) lenken eher davon ab.

- Über den **Winkel** geben Sie die Richtung an, in die der Schatten projiziert wird. Befindet sich der Schatten rechts unten, empfinden wir ihn am ehesten als realistischen Schatten, was einem Wert von ca. –45° entspricht.

▼ **Abbildung 11.15**
Der Winkel gibt die Richtung an, in die der Schatten geworfen wird.

▼ **Abbildung 11.16**
Hilfslinien markieren den Randabstand. Bei deaktivierter ZOOMEN-Option wird damit die maximale Bildgröße sichtbar.

11.2.2 Bedienfeld »Layout«

Im Bedienfeld LAYOUT legen Sie die Position der Bilder auf der Diashow-Präsentationsfolie fest. Dies geschieht über die Definition der Ränder oben und unten sowie an den Seiten.

- **Hilfslinien einblenden:** Damit die Ränder besser sichtbar sind, sollten Sie Hilfslinien einblenden. Dies ist vor allem dann hilfreich, wenn die Option ZOOMEN, UM RAHMEN ZU FÜLLEN deaktiviert ist. Dabei wird das Bild unbeschnitten in den Bereich auf der Folie eingepasst, der wiederum durch die Breite der Ränder festgelegt wird. Die somit ausgerichteten Ränder entsprechen dann nicht mehr den ursprünglich angewendeten Vorlageneinstellungen.
- **Links, Rechts, Oben, Unten:** Über diese Schieberegler oder über die Eingabe eines Zahlenwertes können Sie die Ränder einzeln einstellen. Spielen Sie ruhig damit – auch ungleiche Werte können interessante Präsentationen ergeben.
- **Randparameter verknüpfen:** Als Vorgabe sind dabei alle Seiten miteinander verknüpft. Ändern Sie einen Wert, so erhalten die übrigen Seiten den gleichen Rand. Sie können einzelne Rahmen aus der Verknüpfung lösen. Dazu klicken Sie jeweils auf das kleine Quadrat neben dem Schieberegler. Es wird dann dunkelgrau, während alle anderen hellgrau bleiben. Durch Klicken auf die Bezeichnung ALLE VERKNÜPFEN wird die Verknüpfung für alle Seiten wiederhergestellt. Ein weiterer Klick deaktiviert die Verknüpfung für alle Seiten.

TIPP

Ist der Rand unten größer als an den anderen Seiten, erweckt dies einen optisch ausgewogeneren Eindruck. Man sagt auch: Das Bild fällt nicht nach unten durch. Das optimale Verhältnis zwischen oberem und unterem Rand entspricht dann 1:1,618 – dem Verhältnis nach dem Goldenen Schnitt. Bei einem oberen Rand von 55 Pixeln entspricht das einem unteren Rand von 89 Pixeln (nach Fibonaccis Zahlenreihe). Im größeren unteren Rand können zudem Textanmerkungen platziert werden.

◂ **Abbildung 11.17**
Alle Ränder sind miteinander verknüpft. Bei der Änderung eines Wertes werden auch alle anderen angepasst.

◂ **Abbildung 11.18**
Der untere Rand wurde aus der Verknüpfung gelöst und ist jetzt breiter. Dadurch wirkt die Platzierung harmonischer.

◂ **Abbildung 11.19**
Die Ränder sind nicht miteinander verknüpft. Jeder Rand kann einen eigenen Wert annehmen.

▲ **Abbildung 11.20**
Sie können in der Diashow auch eine Erkennungstafel einblenden und Ihre Präsentation damit schmücken.

TIPP

Für Muster mit transparentem Hintergrund – wie im abgebildeten Beispiel die Zeichnung – verwenden Sie am besten eine Photoshop-Datei mit transparenter Hintergrundebene.

Alphakanal
Der Transparenzkanal wird auch als Alphakanal bezeichnet. Er ist ein Graustufenbild, das in der Bilddatei als eigener Kanal enthalten ist. Schwarze Stellen im Alphakanal sind transparent, weiße deckend. Alle grauen Pixel dazwischen sind teilweise transparent.

11.2.3 Bedienfeld »Überlagerungen«

Sie können im Bild auch die Erkennungstafel, Bewertungssterne und sogar Textinformationen einblenden. Die Erkennungstafel können Sie dabei auch hinter das Bild auf den Hintergrund setzen, bei Sternen und Text macht das keinen Sinn. Alle Überlagerungen lassen sich auch mit der Maus in der Position verschieben und sogar variabel zum Bild positionieren.

Erkennungstafel | Verwenden Sie eine Haupterkennungstafel, so können Sie diese auch in der Diashow einblenden. In dem kleinen Previewfenster im Bedienfeld erhalten Sie damit eine Vorschau. Über das kleine Dreieck-Symbol öffnen Sie ein Dropdown-Menü, über das Sie auch eine alternative Grafik auswählen können (siehe auch Seite 524).

- **Deckkraft:** Die Erkennungstafel kann über den DECKKRAFT-Regler transparenter gemacht werden.
- **Maßstab:** Über den Regler MASSSTAB können Sie die Größe verändern.
- **Hinter Bild rendern:** Ist dieses Kontrollkästchen aktiviert, so wird die Erkennungstafel hinter dem Bild auf dem Hintergrund platziert. Das Bild verdeckt dann die Erkennungstafel. Dabei muss die Erkennungstafel nicht mit dem Bild verrech-

net werden. Auf nicht so schnellen Rechnern kann das sonst die Diashow verlangsamen.

▼ **Abbildung 11.21**
Deckkraft und Maßstab wurden hier verringert. Dadurch kommt das Bild besser zur Geltung, und die Erkennungstafel wird abgesoftet.

◂ **Abbildung 11.22**
Die Erkennungstafel kann auch hinter das Bild gelegt werden, wenn sie dieses nicht verdecken soll.

Wasserzeichen | Ist dieses Kontrollkästchen aktiviert, können Sie über das Dropdown-Menü rechts ein Wasserzeichen auswählen oder konfigurieren. Dabei greifen Sie auf den Dialog zurück, den Sie auch über das Menü LIGHTROOM • WASSERZEICHEN BEARBEITEN (Windows: BEARBEITEN • WASSERZEICHEN BEARBEITEN) aufrufen können. Mehr über das Konfigurieren von Wasserzeichen finden Sie auf Seite 315.

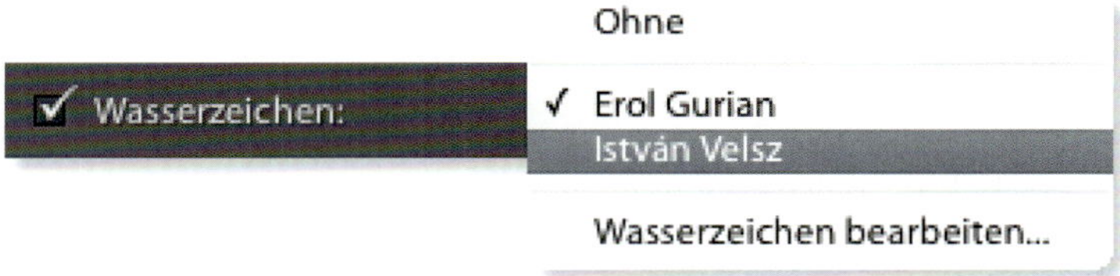

◂ **Abbildung 11.23**
Wasserzeichen können ebenfalls als Überblendung angezeigt werden – das ist aber selten sinnvoll.

Bewertungssterne | Wenn Sie die Bilder bewertet haben, können Sie über dieses Kontrollkästchen auch die zugewiesenen Sterne auf das Bild legen. Sie werden an der linken oberen Ecke platziert, können aber auch mit der Maus verschoben werden. Für die Darstellung stehen Ihnen drei Parameter zur Verfügung:

- **Farbe:** Klicken Sie auf das Farbfeld neben dem Kontrollkästchen, um eine Farbe auszuwählen, in der die Sterne dargestellt werden sollen. Eine dezente Farbe ist hier zu bevorzugen.
- **Deckkraft:** Mit diesem Regler wird die Stärke der Transparenz beeinflusst, die Bewertungssterne lassen sich dadurch absoften.
- **Maßstab:** Über diesen Regler wird die Größe der dargestellten Sterne eingestellt.

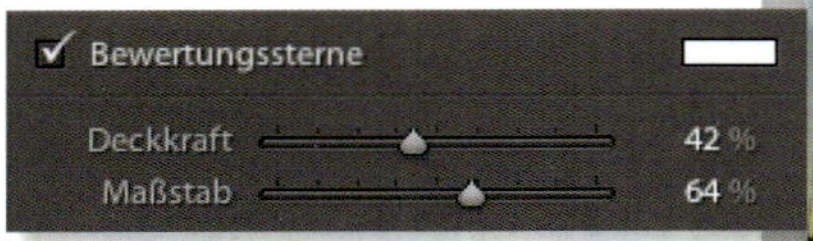

Abbildung 11.24 ▶
Auch die Bewertungssterne können oben im Bild eingeblendet werden.

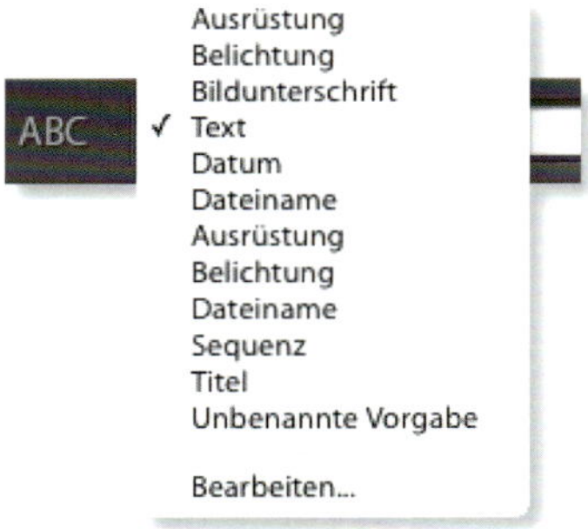

▲ **Abbildung 11.25**
Über die ABC-Schaltfläche wird ein Textfeld erstellt. Dieses kann eigenen Text oder Textbausteine aus Metadateninformationen enthalten.

Textüberlagerungen | Zusätzlich zur Erkennungstafel und zu den Bewertungssternen können auch Textinformationen auf den Folien eingeblendet werden. Die Texte werden aus Tokens zusammengesetzt, das sind Textbausteine, die Lightroom automatisch aus den Metadaten generieren kann.

Tokens beinhalten beispielsweise EXIF- oder IPTC-Daten, Dateiinformationen oder einfach den Namen oder die zugewiesenen Stichwörter des jeweiligen Bildes. Eine Schritt-für-Schritt-Anleitung finden Sie auf Seite 527.

Man kann auch frei geschriebene Textblöcke platzieren und ausformatieren. Die Texteingabe erfolgt in der Eingabezeile über der Werkzeugleiste unterhalb der Bildansicht. Die folgenden Darstellungsparameter können über das Bedienfeld auf der rechten Seite eingestellt werden:

▲ **Abbildung 11.26**
Metadaten können als Text über die Bilder gelegt werden. In diesem Beispiel wurden vier Felder verwendet: IPTC-Land, -Stadt, -Szene und EXIF-Aufnahmedaten.

- **Farbauswahl:** Ist die Textüberlagerung aktiviert, kann durch Klicken auf das Farbauswahlfeld ❶ die Farbe des jeweils aktivierten Textes definiert werden.
- **Deckkraft:** Dieser Regler steuert die Transparenz des Textfeldes.
- **Schriftartname:** Über dieses Dropdown-Menü erfolgt die Schriftauswahl für die Textdarstellung.
- **Schriftart:** Besitzt eine Schrift mehrere Schnitte – wie fett, kursiv, light, extrafett etc. – kann der Text über dieses Dropdown-Menü formatiert werden.

ACHTUNG

Benutzerdefinierter Text ist für alle Dias gleich. Er kann also nur allgemeine Informationen, wie den Namen der Sammlung, oder einen Präsentationstitel beinhalten.

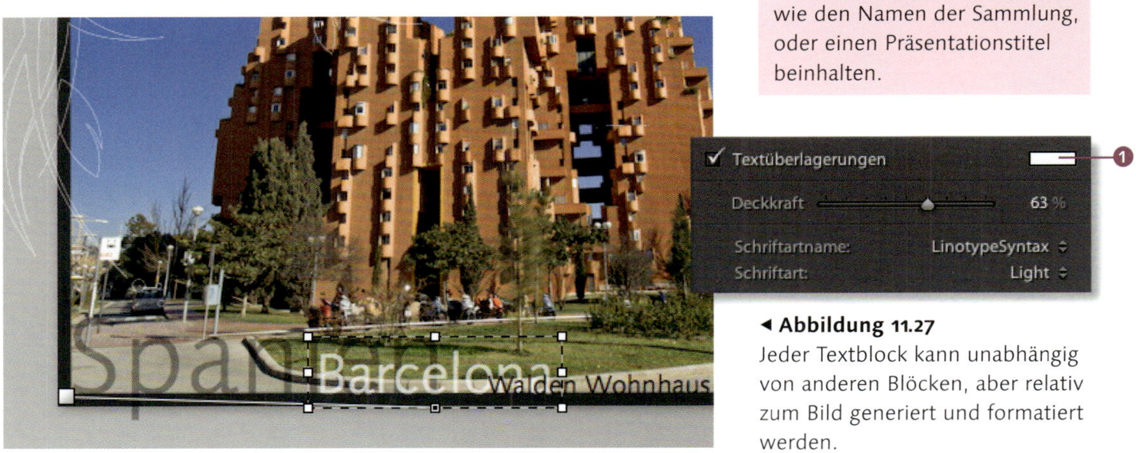

◀ **Abbildung 11.27**
Jeder Textblock kann unabhängig von anderen Blöcken, aber relativ zum Bild generiert und formatiert werden.

Der Farbauswahl-Dialog

Klicken Sie auf ein Farbfeld, erscheint der Farbauswahl-Dialog. Dieser besteht aus einer HSL-Farbpalette ❶. Diese zeigt das Farbspektrum aller Farben von Weiß bis Schwarz. Die Sättigung wird über den Regler rechts daneben ❽ gesteuert. Die aktuelle Sättigung wird dabei durch einen Rahmen eingegrenzt. Die aktuelle Farbe wird mit einem Kästchen markiert ❷ und als aktuelle Farbe ❻ neben der letzten ausgewählten Farbe ❺ zum Vergleich angezeigt. Durch Klicken auf die letzte Farbdefinition ❺ kann diese wieder als aktuelle Farbe hergestellt werden. Vordefinierte Farbfelder für Schwarz und Weiß ❸ und verschiedene Grauwerte ❹ ermöglichen die schnelle Auswahl. Durch den Schalter HEX ❾ kann statt der RGB-Farbwerte ❼ der Hexadezimalwert angezeigt werden.

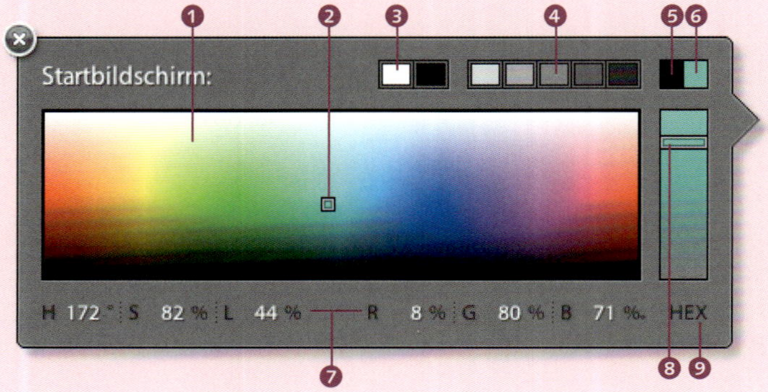

Schlagschatten | Jede Überlagerung mit Erkennungstafel, Bewertungssternen oder Text kann individuell mit einem Schatten versehen werden. Dazu klickt man zuerst die jeweilige Überlagerung an und aktiviert dann die Kontrollbox SCHLAGSCHATTEN. Die Überlagerung wird durch eine gestrichelte Umrandung gekennzeichnet. Danach kann das Aussehen des Schattens über die folgenden Optionen festgelegt werden:

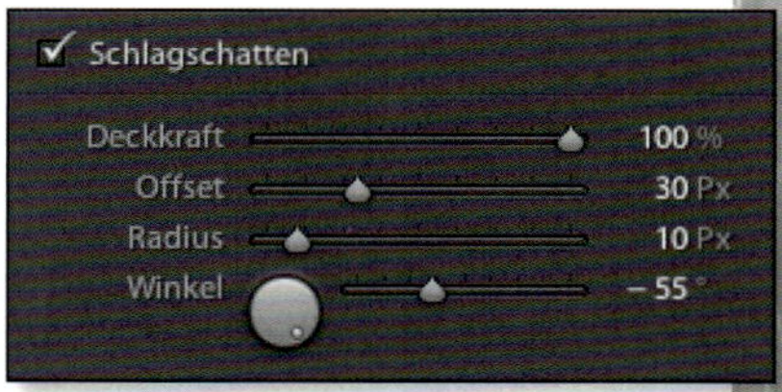

Abbildung 11.28 ▸
Die Erkennungstafel kann einen Schatten auf die dahinterliegenden Objekte werfen.

- Die **Deckkraft** regelt die Transparenz des Schattens. Je geringer die Deckkraft eingestellt ist, umso mehr scheint vom Hintergrund durch.
- Der **Offset** bestimmt die optische Entfernung des Schattens von der Überlagerung. Je höher der Offset, umso weiter entfernt scheint das Bild vor dem Hintergrund zu schweben.
- Der **Radius** definiert die Weichzeichnung des Schattens in Pixeln. Je höher der Wert des Radius, umso weicher ist der Schatten.
- Über den **Winkel** geben Sie die Richtung an, in die der Schatten fallen soll.

11.2.4 Bedienfeld »Hintergrund«

Das drittletzte Bedienfeld auf der rechten Seite konfiguriert den Hintergrund, vor dem die Bilder in der Diashow präsentiert werden. Dafür gibt es drei Gestaltungswerkzeuge: die Hintergrundfarbe, ein Hintergrundbild und ein Verlaufswerkzeug.

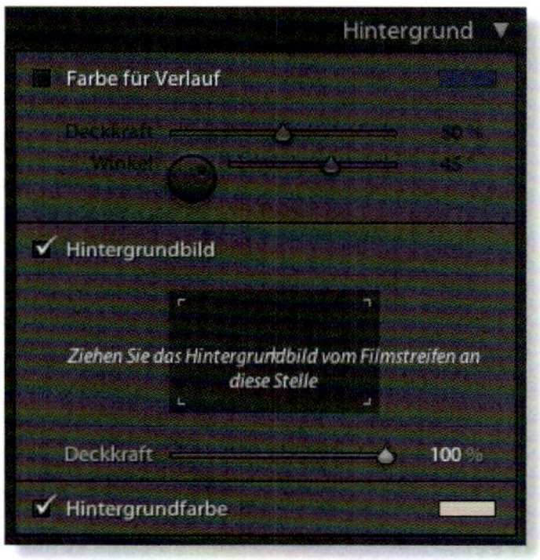

▲ **Abbildung 11.29**
Bedienpalette zum Einstellen des Hintergrunds

Hintergrundfarbe | Dieser Parameter stellt die Hintergrundfarbe ein, die angezeigt wird, wenn im Layout ein Rand eingestellt ist, oder das Bild aufgrund seines Formats den Bildschirm nicht komplett ausfüllt.

Farbe für Verlauf | Der Verlauf wird zwischen der im Bedienfeld angegebenen Hintergrundfarbe und der Verlaufsfarbe erstellt. Die Ausgangsfarbe des Verlaufs kann über das Farbfeld neben dem Kontrollkästchen eingestellt werden.

Der Verlauf besitzt immer die Länge der vollen Fensterbreite. Dreht man den Verlauf um 90°, so dass er von oben nach unten

◀ **Abbildung 11.30**
Die Anfangsfarbe wird bei Farbe für Verlauf, die Zielfarbe bei Hintergrundfarbe eingestellt. Der Verlauf wird dann über die gesamte Diashow-Folie gezogen.

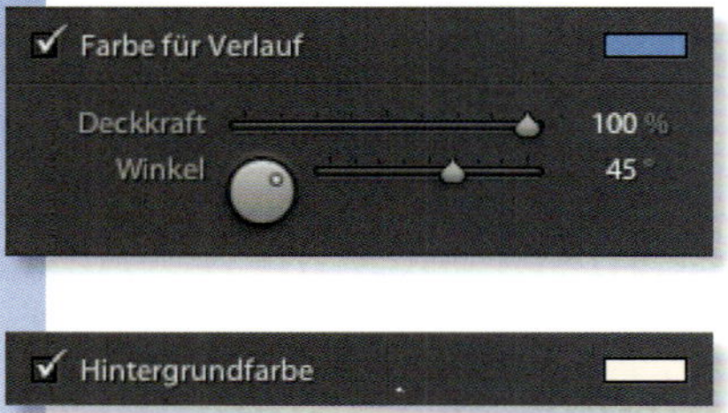

▲ **Abbildung 11.31**
Der Verlauf wird grundsätzlich über die ganze Breite der Präsentation angelegt und bleibt auch beim Drehen erhalten …

▲ **Abbildung 11.32**
… so dass ein Verlauf von oben nach unten eher einem Grauverlauf als einem echten Schwarzweißverlauf entspricht.

zeigt, ist daher nur ein Teil des Verlaufs sichtbar. Er wird also nicht an die Höhe angepasst. Ein Schwarzweißverlauf führt dann nur von Dunkel- zu Hellgrau.

Verläufe werden leider oft etwas streifig angezeigt. Das liegt an der zu geringen Farbtiefe der Monitore. Die Anzahl der Farben reicht nicht aus, um die feinen Abstufungen ohne erkennbare Sprünge darzustellen.

Je geringer der Unterschied zwischen Verlaufs- und Hintergrundfarbe ist, umso gleichmäßiger kann der Verlauf berechnet werden. Ein Schwarzweißverlauf zeigt die meisten, ein Verlauf von Rot nach Gelb oder Magenta deutlich weniger Streifen. Idealerweise greift man die Farben der Stimmung der Bilder auf.

Hintergrundbild | Sie können als Hintergrund auch ein Bild aus dem Filmstreifen verwenden. Dieses ziehen Sie auf das Hintergrundbild-Symbol im Bedienfeld oder einfach auf den Hintergrund im Ansichtsfenster.

Auch hier kann man wieder die Deckkraft einstellen und regelt damit die Transparenz des Bildes zur Hintergrundfarbe. Möchten Sie das Bild aufhellen, so wählen Sie eine helle Hintergrundfarbe, zum Abdunkeln eignet sich ein dunkler Farbton.

Wird zusätzlich zu Hintergrundbild und -farbe auch noch der Verlauf aktiviert, hat Lightroom ein Problem. Normalerweise befindet sich die Hintergrundfarbe hinter dem Bild, beim Verlauf muss sie aber davor liegen, da sie für den Verlauf benötigt wird. Dabei kann es zu ungewollten Farbmischungen kommen. Wird die Hintergrundfarbe deaktiviert, so wird sie nicht mehr in die

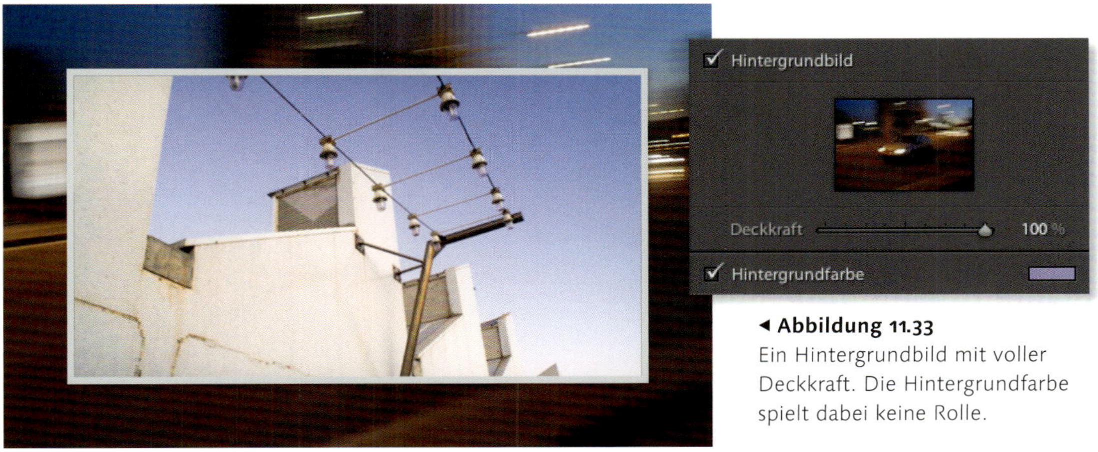

◂ **Abbildung 11.33**
Ein Hintergrundbild mit voller Deckkraft. Die Hintergrundfarbe spielt dabei keine Rolle.

◂ **Abbildung 11.34**
Bei geringerer Deckkraft vermischt sich das Hintergrundbild mit der Hintergrundfarbe.

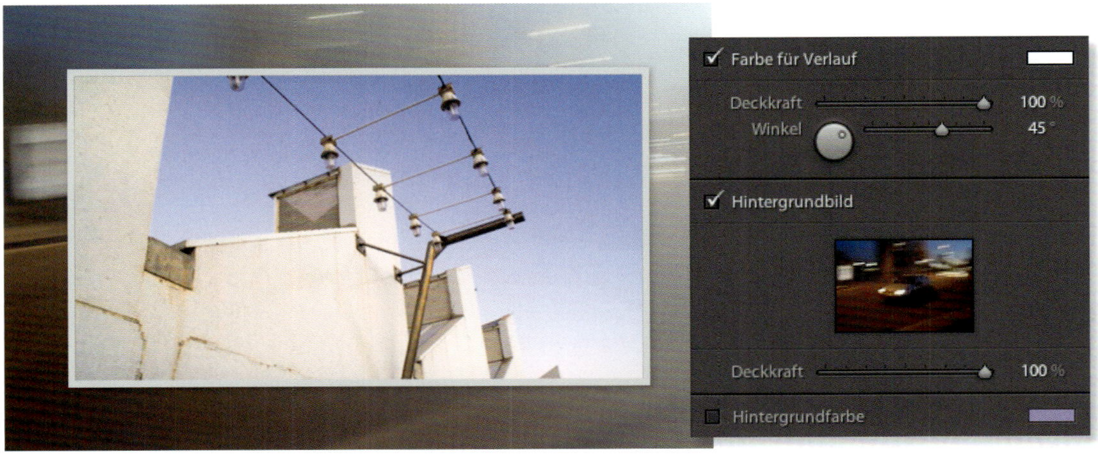

▴ **Abbildung 11.35**
Ein Hintergrundbild mit Verlauf und Hintergrundfarbe erzeugt oft unerwartete Ergebnisse. Ohne Hintergrundfarbe sieht es daher besser aus.

Verlaufsberechnung miteinbezogen. Sie wird dann so behandelt, als wäre sie transparent.

11.2.5 Bedienfeld »Titel«

Über das Bedienfeld TITEL können Sie eine Start- und eine Endfolie für Ihre Diashow festlegen. Sie können für den Start und das Ende jeweils eine Erkennungstafel festlegen. Dabei kann auf dieselben Erkennungstafeln zugegriffen werden wie in der Palette ÜBERLAGERUNG. Die Konfiguration ist dabei analog und wird auf Seite 510 näher erläutert.

Abbildung 11.36 ▸
Der Diashow können am Anfang und am Ende individuelle Titelfolien mit Erkennungstafeln hinzugefügt werden.

Startbildschirm, Endbildschirm | Sind diese Kontrollkästchen aktiviert, wird vor bzw. am Ende der Diashow eine Folie platziert. Deren Hintergrundfarbe lässt sich über das Farbauswahlfeld rechts daneben festlegen.

Erkennungstafel hinzufügen | Wird dieses Kontrollkästchen aktiviert, wird auf der entsprechenden Folie eine Erkennungstafel platziert, ansonsten ist die Folie leer und wird nur in der angegebenen Hintergrundfarbe dargestellt. Klicken Sie in das Vorschaufenster der Erkennungstafel, können Sie eine bereits gespeicherte auswählen oder eine neue erstellen. Mehr über das Definieren von Erkennungstafeln finden Sie auf Seite 126.

Farbe überschreiben | Haben Sie eine Erkennungstafel ausgewählt, wollen diese aber in einer anderen Farbe darstellen, können Sie die Voreinstellung überschreiben. Nach dem Aktivieren des Kontrollkästchens können Sie über das Farbauswahlfeld eine neue Farbe festlegen.

Maßstab | Dieser Regler erlaubt die Skalierung der Erkennungstafel. Diese wird immer mittig platziert.

11.2.6 Bedienfeld »Abspielen«

Musik gefällig? Mit einem passenden Soundtrack gewinnt eine Diashow gleich an Atmosphäre. Im Diashow-Modul von Lightroom können Sie Musik zur Untermalung einbinden.

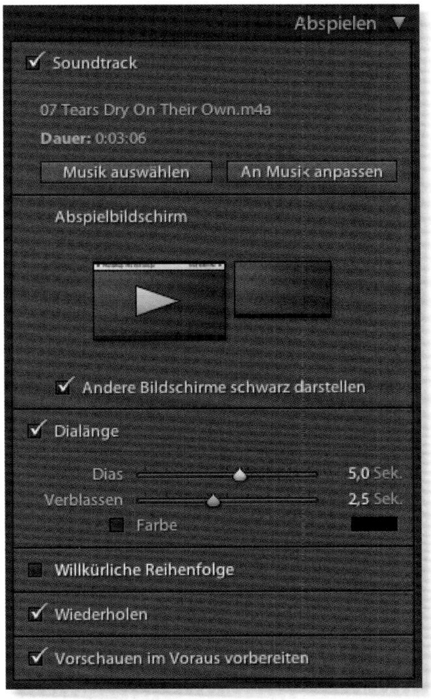

◂ Abbildung 11.37
In der ABSPIELEN-Palette können Sie alle Einstellungen zur Wiedergabe, inklusive eines Soundtracks, angeben.

Soundtrack | Um während einer Diashow Musik abzuspielen, müssen Sie das Kontrollkästchen neben SOUNDTRACK aktivieren. Anschließend können Sie mit Hilfe der Schaltfläche MUSIK AUSWÄHLEN eine Audiodatei auswählen. Leider ist es in Lightroom 3 nicht mehr möglich, mehrere Dateien über eine Wiedergabeliste oder einen kompletten Ordner auszuwählen. Es sind nur noch einzelne Dateien abspielbar. Wenn Sie mehrere Dateien verwenden wollen, müssen Sie sich eine eigene Audiodatei in einem Soundprogramm basteln.

Stattdessen können Sie jetzt die Länge der Diashow an die Länge des gewählten Musikstücks anpassen. Dazu klicken Sie einfach auf die Schaltfläche AN MUSIK ANPASSEN. Diese Schaltfläche ist erst verfügbar, wenn ein Musikstück ausgewählt wurde. Wenn sich die Anzahl der Bilder in der Diashow ändert, müssen Sie die Taste erneut anklicken. Erst dann wird die einzelne Darstellungsdauer der Bilder angepasst.

Abspielbildschirm | Dieser Punkt ist nur dann sichtbar, wenn mehr als ein Bildschirm an den Computer angeschlossen ist. Dies kann der Zweitmonitor, der externe Monitor an einem Notebook oder auch ein Beamer sein.

Das Symbol des aktuellen Abspielmonitors wird mit einem Pfeil gekennzeichnet. Durch Klicken auf das andere Monitor-Symbol kann der Präsentationsbildschirm gewechselt werden. Während des Abspielens wird der inaktive Monitor abgeblendet.

Dialänge | Ein wichtiges Mittel gegen die schnell aufkommende Langeweile bei Diashows ist eine gute Wahl der Einblenddauer für die Bilder. In Lightroom kann dafür bei DIALÄNGE leider nur ein Wert für alle Bilder angegeben werden. Auch gibt es nur einen einfachen Überblendeffekt, nämlich VERBLASSEN, dessen Dauer hier ebenfalls eingestellt werden kann.

Ist die Option DIALÄNGE deaktiviert, können die Bilder beim Abspielen der Diashow durch Drücken der Pfeiltasten [←] und [→] gesteuert werden. Das Klicken mit der Maus unterbricht die Präsentation.

Willkürliche Reihenfolge | Dieses Kontrollkästchen aktiviert einen Zufallsgenerator für die Darstellung der Bilder. Die Pfeiltasten [←] und [→] können auch in diesem Modus zum Blättern zwischen den Bildern genutzt werden.

Wiederholen | Wenn Sie die Diashow als Endlosschleife wiederholen wollen, dann müssen Sie dieses Kontrollkästchen aktivieren. Durch Drücken der [Esc]-Taste wird die Diashow wieder gestoppt.

11.2.7 »Vorschau« und »Abspielen« der Diashow

Am Ende der rechten Bedienfeldpalette befinden sich noch zwei weitere Schaltflächen. Die ABSPIELEN-Taste startet die Diashow bildschirmfüllend, während die Vorschau nur im Ansichtsfenster angezeigt wird. Die Vorschau kann auch über die Werkzeugleiste gesteuert werden.

Abbildung 11.38 ▸
Die Schaltflächen zum Starten der Diashow

11.2.8 Werkzeugleiste

Die Werkzeugleiste unterhalb des Ansichtsfensters bietet einige Steuerungsmöglichkeiten, die nachfolgend beschrieben werden.

Vorschausteuerung | Die START-Taste ❸ hat dabei die gleiche Funktion wie die VORSCHAU-Schaltfläche in der Bedienfeldpalette. Läuft die Diashow, wird die START- zur PAUSEN-Taste. Sie hält die Präsentation an der aktuellen Folie an, während man nach dem Drücken der STOP-Taste ❶ zur ersten Folie zurückspringt. Die Pfeiltasten ❷ erlauben das schnelle Navigieren durch die Präsentation.

▲ **Abbildung 11.39**
Die Werkzeugleiste der Diashow

Zu verwendende Bilder festlegen | Über das VERWENDEN-Dropdown können Sie wählen, welchen Status die Bilder im Filmstreifen besitzen müssen, um in der Diashow angezeigt zu werden.

◄ **Abbildung 11.40**
Auswahl der zu verwendenden Bilder über den Status

11.3 Exportieren einer Diashow

Diashows lassen sich auch exportieren. Dabei stehen zwei Formate zur Auswahl: als PDF-Präsentation oder als Video. Sie können somit die Diashow auch an andere Personen weitergeben, die kein Lightroom besitzen.

11.3.1 Exportieren als PDF

PDF ist das Standardaustauschformat für digitale Dokumente. Für nahezu alle Plattformen gibt es den kostenfreien PDF-Betrachter ACROBAT READER zum Download.

Das Format erlaubt auch bildschirmfüllendes Präsentieren. Dabei werden alle Menüs ausgeblendet und nur die Bilder angezeigt, Hintergrundmusik wird jedoch nicht unterstützt. Die folgenden Parameter können dabei eingestellt werden:

▲ **Abbildung 11.41**
Bei einer Qualität von 60 % (unten) sind bereits deutlich Kompressionsfehler zu erkennen.

- **Qualität:** Die Bilder in der PDF-Präsentation können komprimiert werden. Qualität gibt den Kompressionsgrad und die damit verbundene Qualität an. Je geringer die Qualität, umso geringer die Dateigröße. Bis 75 % ist der Qualitätsverlust kaum sichtbar.
- **Automatisch Vollbildschirm anzeigen:** Wird die PDF-Datei geladen, wird sofort der Präsentationsmodus des Readers aktiviert und die Diashow abgespielt.
- **Breite, Höhe:** Sie können die Präsentationsgröße beliebig festlegen oder über das Dropdown-Menü Grösse aus einer Auswahl voreingestellter Formate wählen.
- **Übliche Größen:** Dieses Dropdown-Menü stellt Ihnen eine Auswahl der gängigsten Bildschirmauflösungen bereit. Die Option Bildschirm erkennt die derzeitige Monitorauflösung und verwendet diese als Endformat.

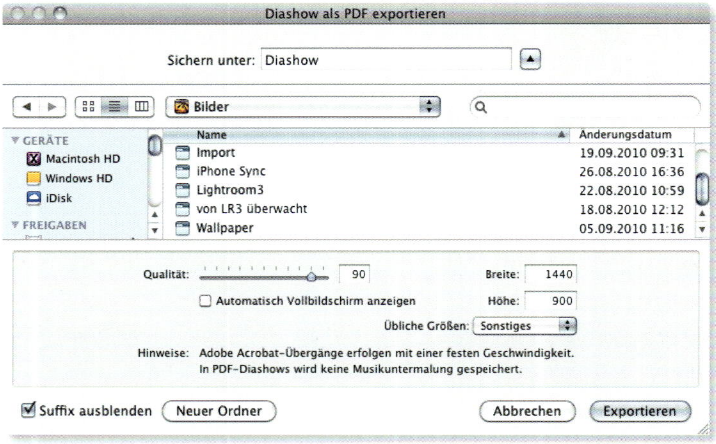

Abbildung 11.42 ▶
Einstellungen zu Qualität, Abspieloptionen und Größe können direkt im Export-Dialog eingestellt werden.

Adobe Acrobat ignoriert übrigens die Einstellung der Überblendungsdauer und verwendet stattdessen eine intern festgelegte. Die Dauer der Bilddarstellung wird aber übernommen.

11.3.2 Export als Video

Neu in Lightroom 3

Exportieren Sie die Diashow als Video, wird eine MPEG4-Datei erzeugt, die mit Apple QuickTime und Windows Media Player 12 kompatibel ist. Im Einstellungsdialog können verschiedene Größen über ein Dropdown-Menü angegeben werden. Weitere Einstellungen zu Qualität oder Datenrate sind nicht möglich.

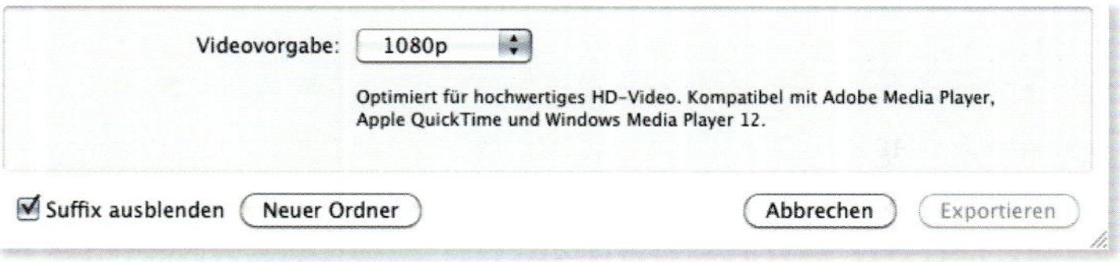

Abbildung 11.43 ▶
Die Einstellungen zum Videoexport sind auf die Angabe der Größe beschränkt.

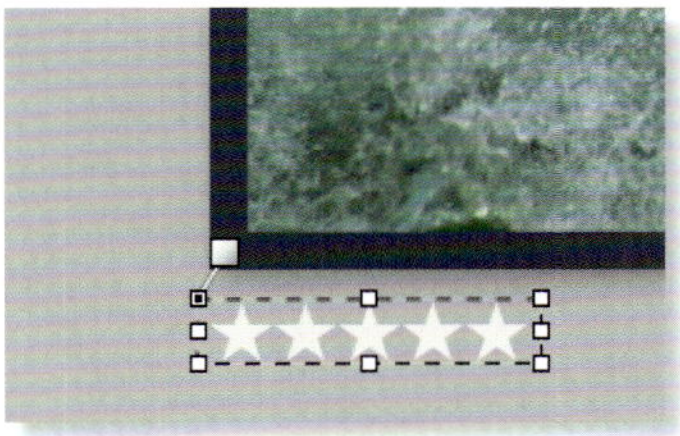

▲ **Abbildung 11.55**
Ist das Ankerkästchen im Bild zu sehen, sind die Sterne angeheftet.

▲ **Abbildung 11.56**
Sie bleiben dann immer an der linken unteren Bildecke positioniert …

▲ **Abbildung 11.57**
… auch wenn statt eines Querformats ein Hochformat gezeigt wird.

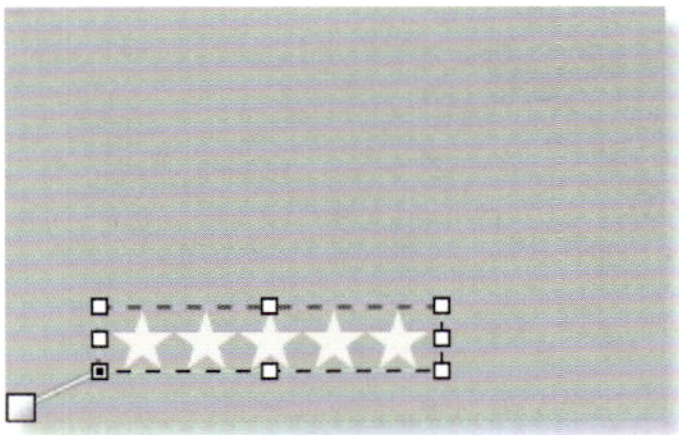

▲ **Abbildung 11.58**
Ist das Ankerkästchen auf dem Hintergrund platziert …

▲ **Abbildung 11.59**
… bleiben die Sterne unabhängig vom Bild an derselben Stelle stehen …

▲ **Abbildung 11.60**
… auch wenn sich das Bildformat ändert.

die Position im Bild geheftet. Wenn man das Ankerkästchen beispielsweise in die linke untere Ecke des Hintergrunds verschiebt, bleiben die Sterne immer an derselben Stelle – auch wenn sich Position und Ausrichtung des Bildes ändern. Das Ankerkästchen gibt es bei jedem überlagernden Element, also auch bei Erkennungstafel und Text.

Sie können die Erkennungstafel jetzt wieder über das Kontrollkästchen aktivieren.

▲ **Abbildung 11.61**
Textfelder werden über die Werkzeugleiste erstellt.

7 Textvorgabe mit Tokens erstellen

Tokens sind kleine Textbausteine, die Informationen aus Metadaten auslesen oder automatisch generierten Text bereitstellen. In dieser Übung werden zwei Vorgaben aus Tokens erstellt und platziert. Das erste Token enthält die Länderangabe aus den IPTC-Daten.

Klicken Sie in der Werkzeugleiste auf die mit ABC gekennzeichnete Schaltfläche. Daneben erscheint ein Texteingabefeld. Links daneben stehen der Begriff TEXT und ein Doppelpfeil. Klicken Sie diesen an, und wählen Sie aus dem Dropdown-Menü den Punkt BEARBEITEN aus.

Es erscheint der Baukasten zum Zusammensetzen von Textschnipseln. Im Textfeld steht jetzt das Token BENUTZERDEFINIERTER

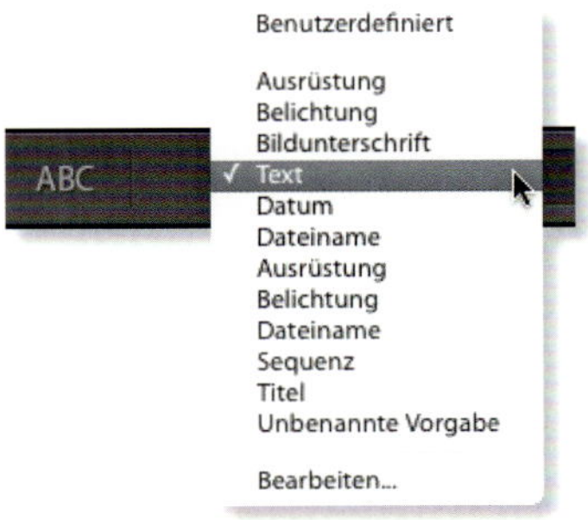

▲ **Abbildung 11.62**
Um ein Token zu erstellen oder zu ändern, klickt man auf die aktuelle Tokenbezeichnung.

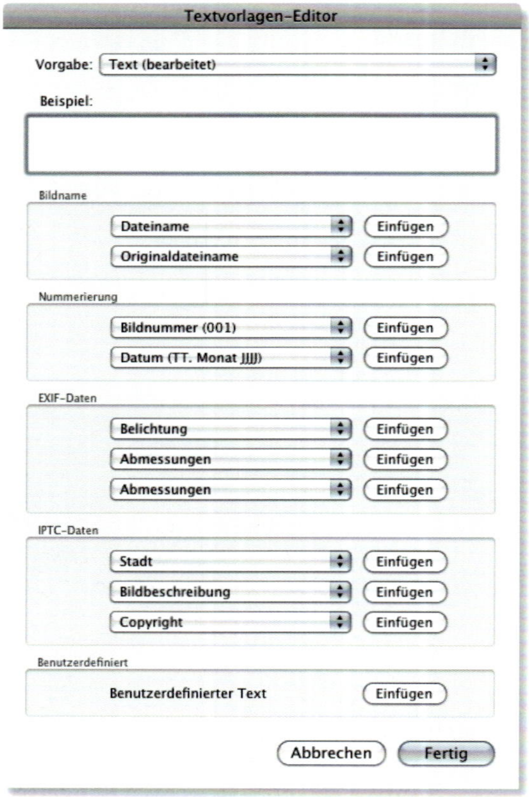

▲ **Abbildung 11.63**
Das Dialogfeld zum Erstellen von Textvorgaben mit Hilfe von Tokens nach dem Löschen des aktuellen Tokens

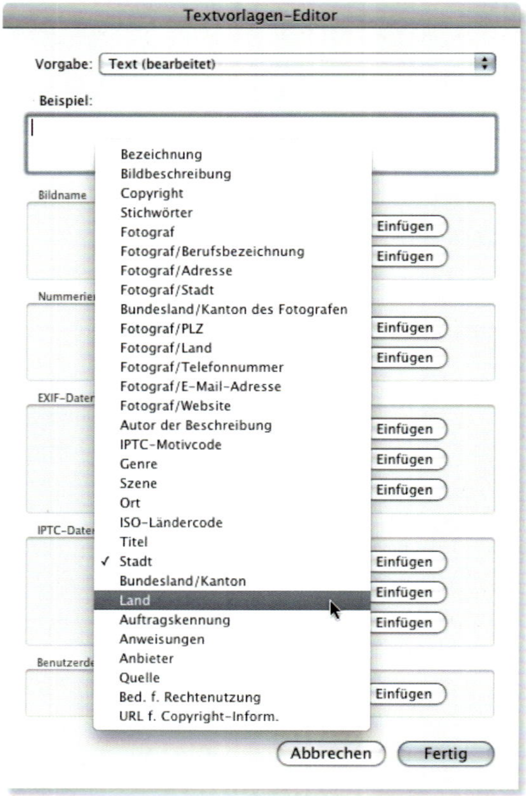

▲ **Abbildung 11.64**
Es wird eine Textvorgabe mit der Länderangabe aus den IPTC-Daten erstellt.

TEXT. Klicken Sie es an, und löschen Sie es mit der [←]- bzw. mit der [Entf]-Taste.

Wählen Sie jetzt in der Rubrik IPTC-DATEN aus einem Dropdown-Menü den Menüpunkt LAND aus. Das entsprechende Token wird automatisch in das Textfeld eingetragen.

Wenn Sie diese mühsam vorgenommene Einstellung nun speichern wollen, öffnen Sie das Dropdown-Menü VORGABE und speichern sie mit dem Menüpunkt AKTUELLE EINSTELLUNGEN ALS NEUE VORGABE SPEICHERN ab. Klicken Sie abschließend auf FERTIG.

In der rechten unteren Ecke der Diashow steht jetzt die Länderbezeichnung, die aus den Feldern der IPTC-Metadaten entnommen wurde.

Im Dialogfeld TEXTVORLAGEN-EDITOR können Sie auch mehrere Tokens untereinander oder mit eigenem Text kombinieren. Auch komplexere Texte lassen sich darüber automatisch erstellen. Allerdings kann man keinen Zeilenumbruch einfügen, so dass

TIPP

Tokens können auch untereinander oder mit eigenem Text kombiniert werden. Dadurch können Sie vielseitige Beschriftungen erstellen, die sich an die Metainformationen des gewählten Bildes anpassen.

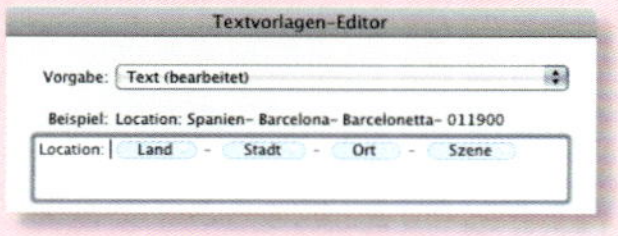

mehrzeilige Kommentare über mehrere Textfelder zusammengebastelt werden müssen, was etwas mühsam ist.

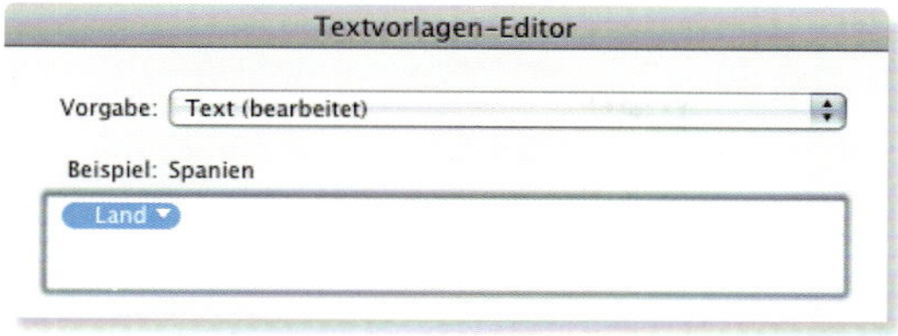

▲ **Abbildung 11.65**
Nach der Auswahl wird das Token im Textfeld abgespeichert.

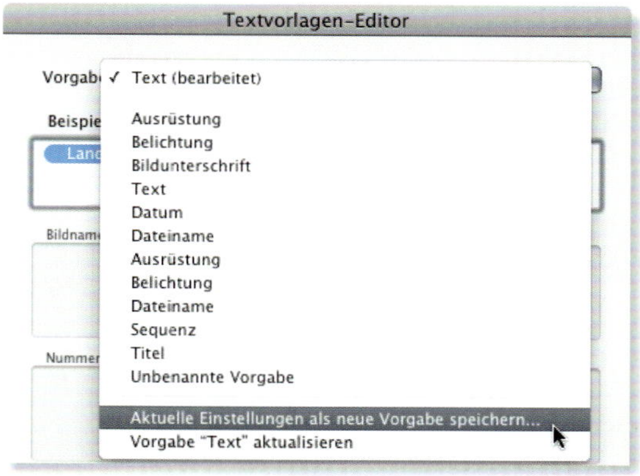

▲ **Abbildung 11.66**
Die Einstellung kann als Textvorgabe gespeichert werden.

8 Textfeld platzieren und einrichten

Das Textfeld soll in unserem Beispiel rechts unten im Bild relativ groß platziert werden. Damit es das Bild aber nicht »erschlägt«, wird die Deckkraft reduziert.

◀ **Abbildung 11.67**
Mit Hilfe der Anfasspunkte können Textfelder, Bewertungssterne und Erkennungstafel skaliert werden.

Klicken Sie das Textfeld an, und verschieben Sie es mit gedrückter Maustaste an die rechte untere Ecke des Bildes. Achten Sie dabei darauf, dass sich das Anker-Symbol an der Ecke des Bildes ausrichtet.

Klicken Sie mit der Maus auf den linken oberen Ankerpunkt des gestrichelten Rahmens. Sogleich erscheint das Skalierungs-Symbol. Ziehen Sie es mit gedrückter Maustaste ein gutes Stück nach links oben – dadurch wird das Textfeld entsprechend vergrößert. Skalieren Sie es auf ungefähr ein Drittel der Breite des Bildes.

Korrigieren Sie die Position so, dass die Grundlinie des Textes an der Innenkante des Rahmens anliegt.

Klicken Sie dann im Bedienfeld Überlagerungen in der Rubrik Textüberlagerungen auf das Farbfeld, und klicken Sie darin auf eine Farbe, die der des Bildrahmens ähnelt – hier ist es ein dunkles Grau oder Anthrazit.

Reduzieren Sie dann noch die DECKKRAFT auf 50%. Wenn Sie es wünschen, können Sie auch noch eine alternative Schriftart wählen.

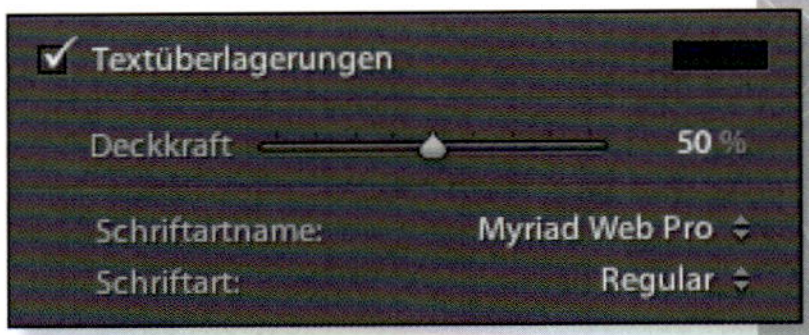

Abbildung 11.68 ▶
Das fertig erstellte Textfeld greift auf den Inhalt der IPTC-Daten des Bildes zurück. Erscheint ein Bild mit einer anderen Länderangabe, ändert sich der Text entsprechend.

9 Textfeld mit Angabe der Stadt

Zum Abschluss wird noch ein weiteres Textfeld erstellt. Dieses soll den Namen der Stadt enthalten, an der Bildmitte ausgerichtet und etwas kleiner dargestellt werden.

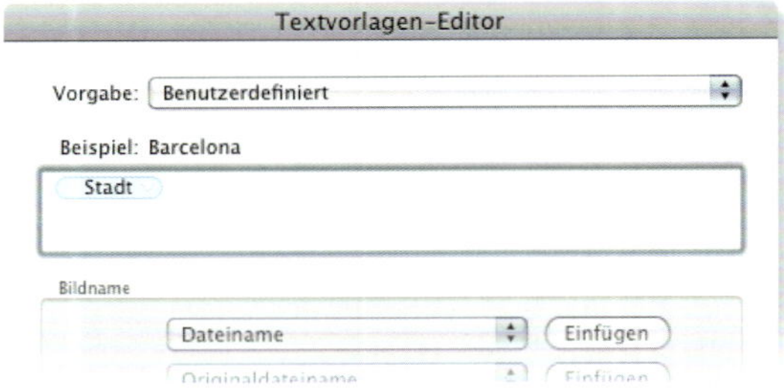

Abbildung 11.69 ▶
Das zweite Textfeld wird mit dem Token STADT erstellt.

Erstellen Sie ein Textfeld wie in Schritt 7. Verwenden Sie jedoch statt des Tokens LAND nun das Token STADT aus den IPTC-Daten.

10 Textfeld an der Bildmitte verankern

Verschieben Sie dann das Textfeld so weit, bis sich das Ankerkästchen an der Bildmitte ausrichtet, das Feld aber etwas rechts davon steht. Es sollte die Länderangabe leicht überlagern. Die Grundlinie des Textfeldes sollte innen am Bildrahmen ausgerichtet sein.

Sie können den Text auch noch mit Transparenz, Schriftfarbe, -art und -schnitt formatieren. Im Beispiel wird ein weißer Text in halber Größe und mit einer Deckkraft von 90% verwendet.

◂ **Abbildung 11.70**
Das Textfeld wird durch das Anker-Symbol an der Bildmitte ausgerichtet. Die Linie zum Textrahmen gibt die Entfernung zum Textfeld an. Dieser Abstand wird immer beibehalten, auch wenn sich die Position der Bildmitte ändert.

Die Parameter im Bedienfeld zeigen immer die Werte des aktuell ausgewählten Textfeldes an. Wollen Sie die Werte ändern, so müssen Sie also erst das entsprechende Textfeld auswählen.

In der Vorschau werden leere Textfelder entsprechend mit dem Wort »leer« gekennzeichnet. In der Vollbildschirm-Präsentation werden diese aber ausgeblendet. ■

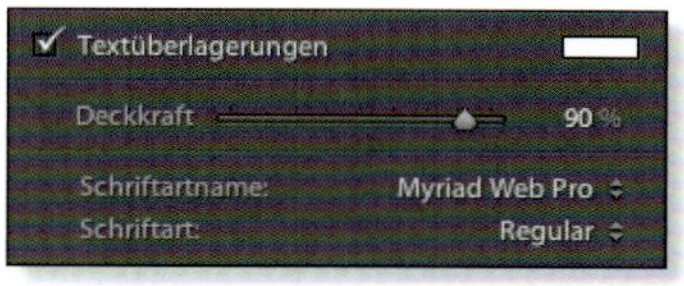

▴ **Abbildung 11.71**
Der Text wird mit Schriftartname und Schriftart formatiert.

11.5 Arbeiten mit Vorlagen

Wenn Sie sich die Arbeit gemacht haben, ein Design für Ihre Diashows zu erstellen, sollten Sie es unbedingt als Vorlage speichern, um auch später wieder darauf zurückgreifen zu können. Im Gegensatz zu Sammlungen speichern Vorlagen nur die Einstellungen der Diashow ab und können auf jede neue Diashow angewendet werden. Sie bilden somit die Basis für neue Diashow-Sammlungen. Für Vorlagen ist der Vorlagenbrowser in der linken Bedienfeldpalette zuständig. Dieser befindet sich auch in allen anderen Ausgabemodulen. Im Vorlagenbrowser finden

◂ **Abbildung 11.72**
Der Vorlagenbrowser der Diashow

Sie eine Auswahl Ihrer gespeicherten oder der in Lightroom mitgelieferten Vorlagen.

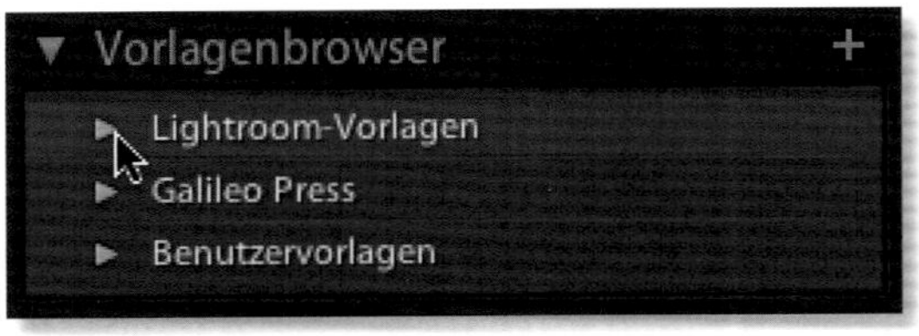

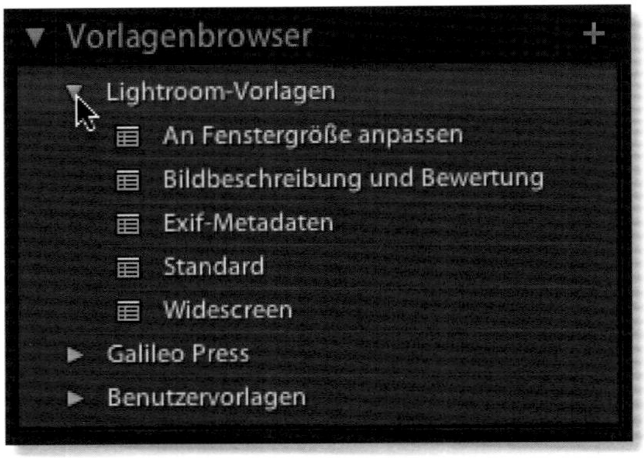

Abbildung 11.73 ▲▶
Durch Anklicken der kleinen Dreiecke lassen sich die Vorlagenordner auf- und zuklappen.

Aktivieren Sie davon eine mit der Maus, wird Ihnen oben eine Vorschau davon angezeigt. Die Vorlagen können Sie auch in Unterordnern verwalten – etwa für verschiedene Diashow-Arten. Eine Präsentation der Urlaubsbilder soll ja anders aussehen als eine mit Businessfotos.

11.5.1 Vorlage speichern

Haben Sie ein Diashow-Design entworfen und wollen es abspeichern, klicken Sie auf das +-Symbol rechts neben der Bezeichnung VORLAGENBROWSER.

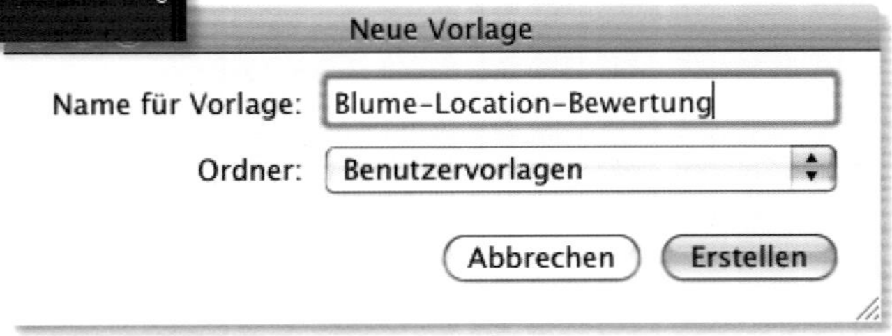

Abbildung 11.74 ▶
Über die HINZUFÜGEN-Schaltfläche – also das Plus-Symbol – können Sie eine neue Vorlage abspeichern.

Tragen Sie im Dialogfeld einen Namen ein. Im Dropdown-Menü darunter können Sie einen Ordner auswählen. Wenn Sie für die Vorgabe einen neuen Ordner erstellen wollen, wählen Sie den Menüpunkt NEUER ORDNER mit einem beliebigen Namen. Die Vorgabe wird dann in diesem Ordner erstellt.

11.5.2 Vorlage zuweisen

Um einer Diashow eine Vorlage zuzuweisen, klicken Sie einfach auf ihren Namen. Die Vorlage ist dann sofort im Ansichtsfenster zu sehen und kann mit Bildern bestückt werden. Ist eine Sammlung aktiv, wird die Vorlage auf die Sammlung übertragen und in ihr zusammen mit den Bildern abgespeichert.

11.5.3 Vorlage aktualisieren

Wenn Sie bei einer Vorlage Änderungen vornehmen, können Sie diese auch in die Vorgabe hineinschreiben und sie somit aktualisieren. Dies entspricht einem einfachen Überschreiben der Einstellungen.

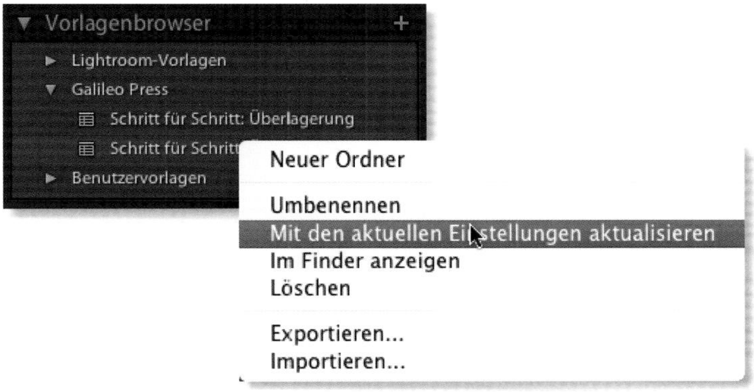

◀ **Abbildung 11.75**
Vorlagen können mit aktualisierten oder neuen Einstellungen überschrieben werden.

Haben Sie in einer Vorlage einzelne Parameter geändert, so klicken Sie im VORLAGENBROWSER mit der rechten Maustaste auf die Vorgabe, die Sie aktualisieren wollen. Wählen Sie dann aus dem Dropdown-Menü den Punkt MIT DEN AKTUELLEN EINSTELLUNGEN AKTUALISIEREN.

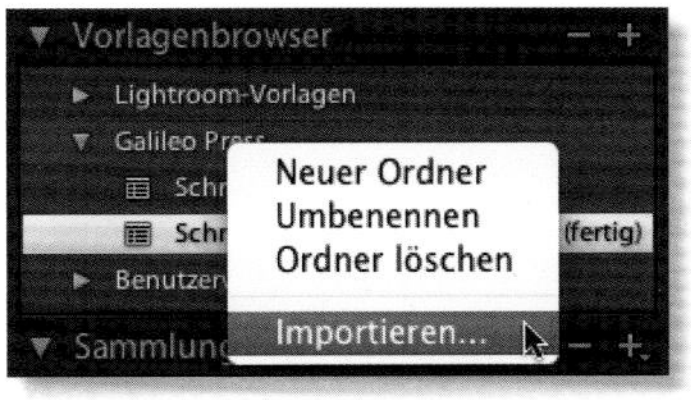

▲ **Abbildung 11.76**
Ordner können auch beim Erstellen von Vorlagen generiert werden.

11.5.4 Vorlagenordner erstellen und bearbeiten

Zur besseren Strukturierung können Sie Vorlagen auch in Ordnern zusammenfassen. Klicken Sie mit der rechten Maustaste in den VORLAGENBROWSER, erhalten Sie über ein Dropdown-Menü die Möglichkeit, Ordner zu generieren, umzubenennen oder zu löschen.

Die Ordner LIGHTROOM-VORLAGEN und BENUTZERVORLAGEN sind Standardordner von Lightroom und können daher nicht gelöscht oder umbenannt werden. In den Ordner LIGHTROOM-VORLAGEN können Sie außerdem keine Vorlagen importieren.

▲ **Abbildung 11.77**
Mit dem Rechtsklick-Menü können Ordner erstellt, gelöscht oder Vorlagen in einen Ordner importiert werden.

11.5.5 Vorlage verschieben

Sie können Vorlagen aus einem Ordner in einen anderen verschieben, indem Sie eine Vorlage anklicken und diese mit gedrückter Maustaste in den anderen Ordner ablegen.

Abbildung 11.78 ▸
Alle Verwaltungsaufgaben lassen sich auch über das Rechtsklickmenü ausführen.

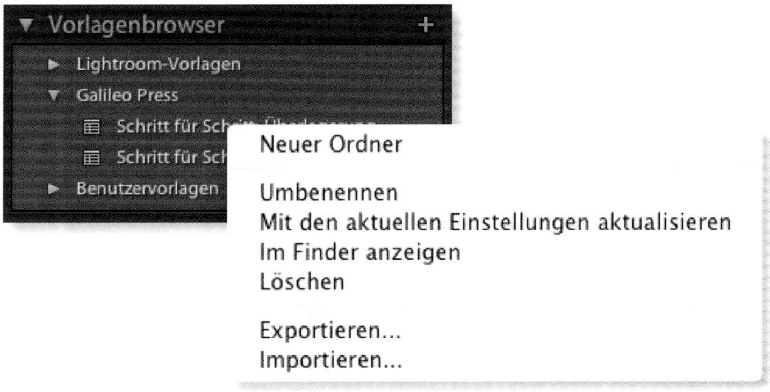

11.5.6 Vorlage löschen

Um eine Vorlage oder einen Ordner zu entfernen, klicken Sie mit der rechten Maustaste auf die entsprechende Bezeichnung. Aus dem Dropdown-Menü wählen Sie dann den Punkt LÖSCHEN. Ist eine Vorlage aktiv, erscheint in der Titelzeile ein ▬-Symbol. Klicken Sie dieses an, wird die Vorlage ebenfalls gelöscht.

11.5.7 Vorlage exportieren

Vorlagen können Sie auch auf einen Datenträger exportieren. Dies ist normalerweise nur dann erforderlich, wenn Sie den Rechner wechseln oder Ihre Vorlagen anderen Benutzern zur Verfügung stellen wollen.

Klicken Sie mit der rechten Maustaste auf eine Vorlage, und wählen Sie im Dropdown-Menü den Punkt EXPORTIEREN. Speichern Sie die Vorlage dann an einem Ort, an dem Sie sie leicht wiederfinden, zum Beispiel auf dem Desktop beziehungsweise Schreibtisch. Dann kann die Vorlage beispielsweise per E-Mail verschickt werden. Oder Sie speichern die Vorlage in einem Verzeichnis, auf das auch andere Benutzer Zugriff haben.

11.5.8 Vorlage importieren

Eine exportierte Vorlage macht nur dann Sinn, wenn man sie auch importieren kann. Klicken Sie dazu mit der rechten Maustaste auf einen Ordner im VORLAGENBROWSER. Wählen Sie den Punkt IMPORTIEREN aus dem Dropdown-Menü. Beachten Sie aber, dass Sie nichts in den Ordner LIGHTROOM-VORLAGEN importieren können. Die Vorlage wird schließlich in den Ordner gelegt, den Sie angeklickt haben.

Workshop: Diashow

Das Diashow-Modul von Lightroom ist zwar nicht so flexibel wie die Funktionen von iPhoto oder Apple Aperture, aber mit ein paar Tricks und etwas Vorarbeit lassen sich auch hier professionell anmutende Diashows erstellen. In diesem Workshop erzeugen Sie eine Diashow mit Bildern aus der Beispielbibliothek. Als Start- und Endfolie verwenden Sie jeweils eine speziell angefertigte Grafik, und ein selbst erstellter Hintergrund dient als Rahmen.

▲ Abbildung 1
Für diese Diashow dient uns ein extra angefertigtes Bild als Hintergrund.

Start- und Endfolien kann man als Bilder in Photoshop oder anderen Grafikprogrammen erzeugen und diese in Lightroom importieren. Man stellt sie dann einfach an den Anfang beziehungsweise das Ende der Präsentation. Lightroom bietet die Möglichkeit, Erkennungstafeln für den Anfang und das Ende zu verwenden.

Diese lassen sich auch für andere Präsentationen verwenden. Die für diesen Zweck erstellten Grafiken müssen dann aber allgemein gehalten werden und dürfen nicht inhaltsbezogen sein.

Je nach verwendetem Monitor oder Beamer passt Lightroom das Seitenverhältnis der Präsentation an. Das bedeutet, dass die Präsentation auf einem 16:10-Monitor ein anderes Seitenverhältnis besitzt als auf einem handelsüblichen 4:3-Beamer.

Abbildung 2 ▸
Je nach Format des Abspielbildschirms passt Lightroom das Format der Diashow an. Oben die Darstellung auf einem 16:10-Monitor (Apple Cinema Display) ...

Abbildung 3 ▸
... und unten die Darstellung auf einen 4:3-Monitor.

Wenn Sie also bildschirmfüllende Motive als Erkennungstafel verwenden wollen, müssen Sie eventuell für jedes Seitenverhältnis eine eigene Erkennungstafel generieren. Für dieses Beispiel sind bereits Grafiken im Verzeichnis ERKENNUNGSTAFELN auf der Buch-DVD vorhanden. Diese wurden mit Adobe Photoshop erstellt und als TIFF-Datei gespeichert.

Schritt für Schritt: Diashow-Sammlung erstellen

Bevor Sie mit der Konfiguration der Diashow beginnen, sollten Sie die Bilder auswählen und der Diashow zuweisen. Am besten speichern Sie diese dann gemeinsam mit den Einstellungen als Diashow-Sammlung ab. Anschließend können Sie auf die Präsentation immer wieder zurückgreifen.

1 Leere Diashow-Sammlung erstellen

Sie können natürlich einfach einen Ordner auswählen und in das Diashow-Modul wechseln. Alle Bilder werden dort angezeigt, und Sie speichern nur die besten in einer eigenen Sammlung. Wollen Sie aber Bilder aus mehreren unterschiedlichen Ordnern in der Diashow präsentieren, so ist es einfacher, erst die Sammlung zu erstellen und dann alle Bilder darin zu sammeln. Außerdem werden dann alle Einstellungen, die Sie während der Konfiguration tätigen, sofort in der Diashow-Sammlung gespeichert.

Wechseln Sie daher in das Diashow-Modul, und erzeugen Sie eine leere Sammlung unter einem eindeutigen Namen, zum Beispiel »Barcelona Surfing«.

Die Sammlung sollten Sie deshalb im Diashow-Modul erstellen, damit es sich um eine reine Diashow-Sammlung handelt. Eine Sammlung aus der Bibliothek würde die gewünschten Einstellungen nicht mitspeichern.

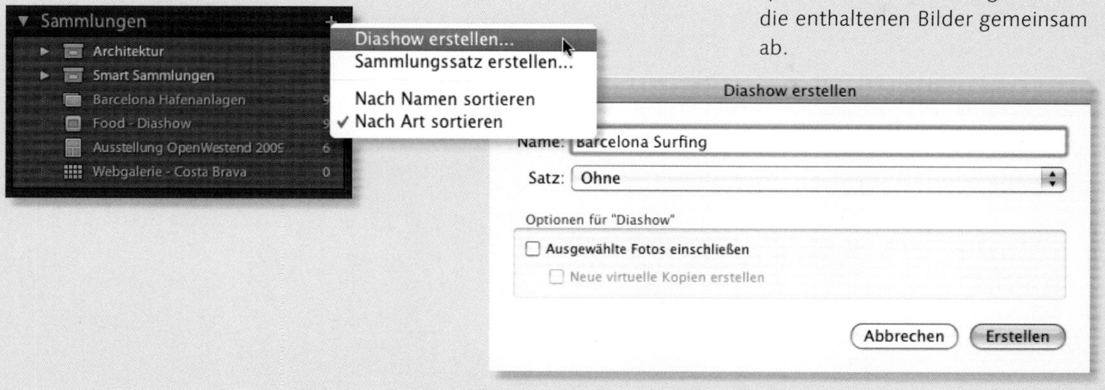

▼ **Abbildung 4**
Zunächst wird eine leere Diashow-Sammlung angelegt. Diese speichert alle Einstellungen und die enthaltenen Bilder gemeinsam ab.

2 Bilder hinzufügen

Jetzt können Sie in der Bibliothek alle gewünschten Bilder auswählen und der Sammlung hinzufügen.

Wechseln Sie wieder zurück in das Bibliothek-Modul. Ziehen Sie alle Bilder aus dem Ordner Sport, die Sie für die Präsentation verwenden wollen, auf die Diashow-Sammlung.

Abbildung 5 ▸
Die Bilder werden in der Bibliothek der Diashow-Sammlung hinzugefügt.

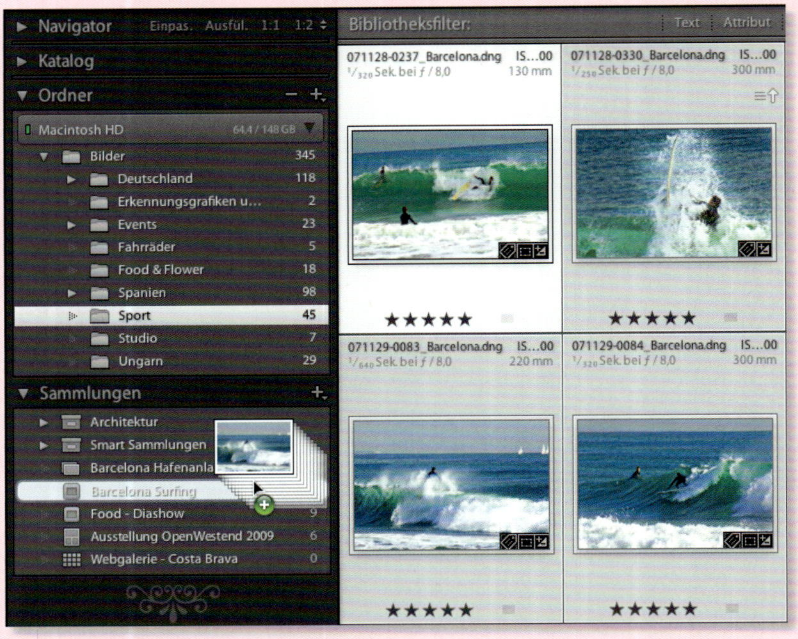

3 Hintergrund nicht vergessen

Wenn Sie besondere Hintergrundbilder für die Präsentation verwenden möchten, müssen sich diese im Filmstreifen befinden. Daher müssen Sie den besonderen Hintergrund nun ebenfalls zur Sammlung hinzufügen.

Wählen Sie aus dem Ordner ERKENNUNGSGTAFELN das Bild *Hintergrund 16x10.psd* aus und fügen dieses per Drag & Drop der Sammlung hinzu. Besitzen Sie einen 4:3-Monitor, verwenden Sie die Datei *Hintergrund 4x3.psd*. ■

Abbildung 6 ▸
Das jeweilige Hintergrundbild muss sich in der Diashow-Sammlung befinden, da es sich sonst nicht als solches verwenden lässt.

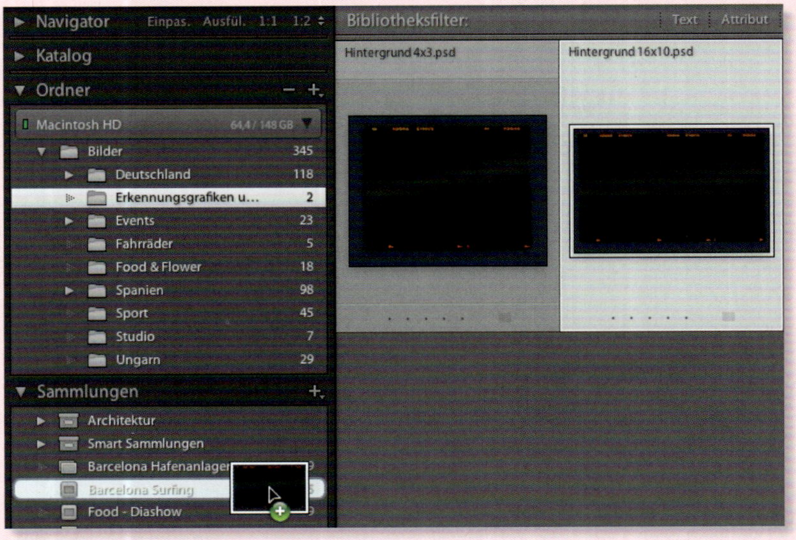

Schritt für Schritt: Diashow konfigurieren

Jetzt, da sich alle Bilder in der Sammlung befinden, können Sie die Diashow konfigurieren. Solange die Diashow-Sammlung in der linken Bedienfeldpalette ausgewählt ist, werden dort alle Einstellungen direkt gesichert.

Wechseln Sie dazu in das Diashow-Modul, und wählen Sie die erstellte Diashow-Sammlung aus. Beim Konfigurieren arbeiten Sie nun nicht alle Bedienfelder von oben nach unten ab, sondern beginnen mit dem Hintergrund, da sich alle anderen Parameter an diesem ausrichten.

1 Hintergrund festlegen

Bevor die Bilder platziert werden können, muss der Hintergrund festgelegt werden, denn die Seitenränder werden an das Bild im Hintergrund angepasst.

Scrollen Sie im Filmstreifen zu dem Bild mit dem Fotorahmen und ziehen es per Drag & Drop auf die kleine Vorschaufläche im Bedienfeld HINTERGRUND. Geben Sie eine DECKKRAFT von »100%« ❷ an, und deaktivieren Sie das Kontrollkästchen für die Verlaufsfarbe ❶.

Da das Bild beim Ziehen ausgewählt wurde, wird es auch in der Vorschau angezeigt. Klicken Sie einfach ein anderes Bild an, um die Vorschau zu aktualisieren. Für den nächsten Schritt ist das Hintergrundbild als Vorschau nämlich nicht geeignet.

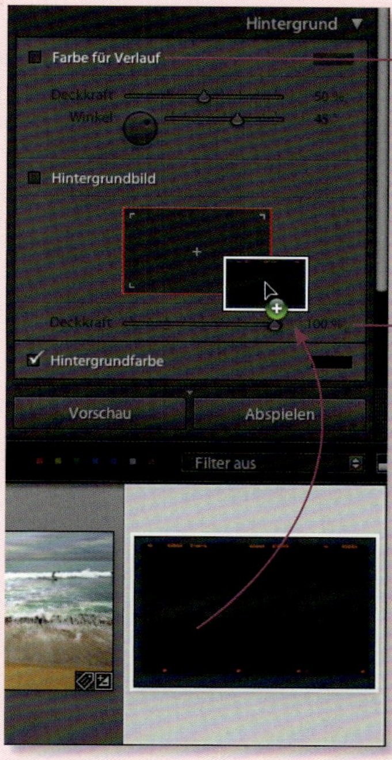

▲ **Abbildung 7**
Aus dem Filmstreifen wird das Bild per Drag & Drop auf das Vorschaufenster im Bedienfeld HINTERGRUND gezogen.

▲ **Abbildung 8**
Nach dem Zuweisen des Hintergrunds steht das Bild noch nicht richtig im Rahmen.

2 Bilder einpassen

Damit die Bilder in der Diashow den Rahmen unabhängig vom Bildformat komplett ausfüllen, aktivieren Sie zunächst im Bedienfeld OPTIONEN das Kontrollkästchen ZOOMEN, UM RAHMEN ZU FÜLLEN ❶.

Deaktivieren Sie zusätzlich die Kontrollkästchen für die KONTUR ❷ und den SCHLAGSCHATTEN ❸, denn diese sind schon im Hintergrundbild eingebaut.

3 Seitenränder einstellen

Jetzt, da Sie das eine Foto in Kombination auf dem Hintergrund sehen, können Sie die Seitenabstände leichter einstellen. Da der untere Rand als Einziger einen anderen Wert besitzt, deaktivieren Sie im Bedienfeld LAYOUT die Option UNTEN ❻. Stellen Sie die Ränder so ein, dass das Bild mittig mit einem gleichmäßigen Abstand zu der Beschriftung auf dem Hintergrund steht. Der Wert für den Rahmen LINKS, RECHTS und OBEN ist »94 Px« ❹. UNTEN geben Sie einen Rand von »152 Px« ❺ an.

▼ **Abbildung 9**
Die Darstellungsoptionen und die Einstellungen der Ränder

4 Überlagerungen konfigurieren

In diesem Beispiel platzieren wir eine kleine Erkennungstafel in der rechten unteren Ecke.

Aktivieren Sie im Bedienfeld ÜBERLAGERUNGEN die Kontrollbox für die ERKENNUNGSTAFEL ❼, falls diese nicht schon aktiviert ist. Wählen Sie über das Dropdown-Menü in der Vorschau eine Erkennungstafel aus, oder erstellen Sie eine neue mit Ihrem Namen oder Logo, indem Sie den Punkt BEARBEITEN ❾ auswählen.

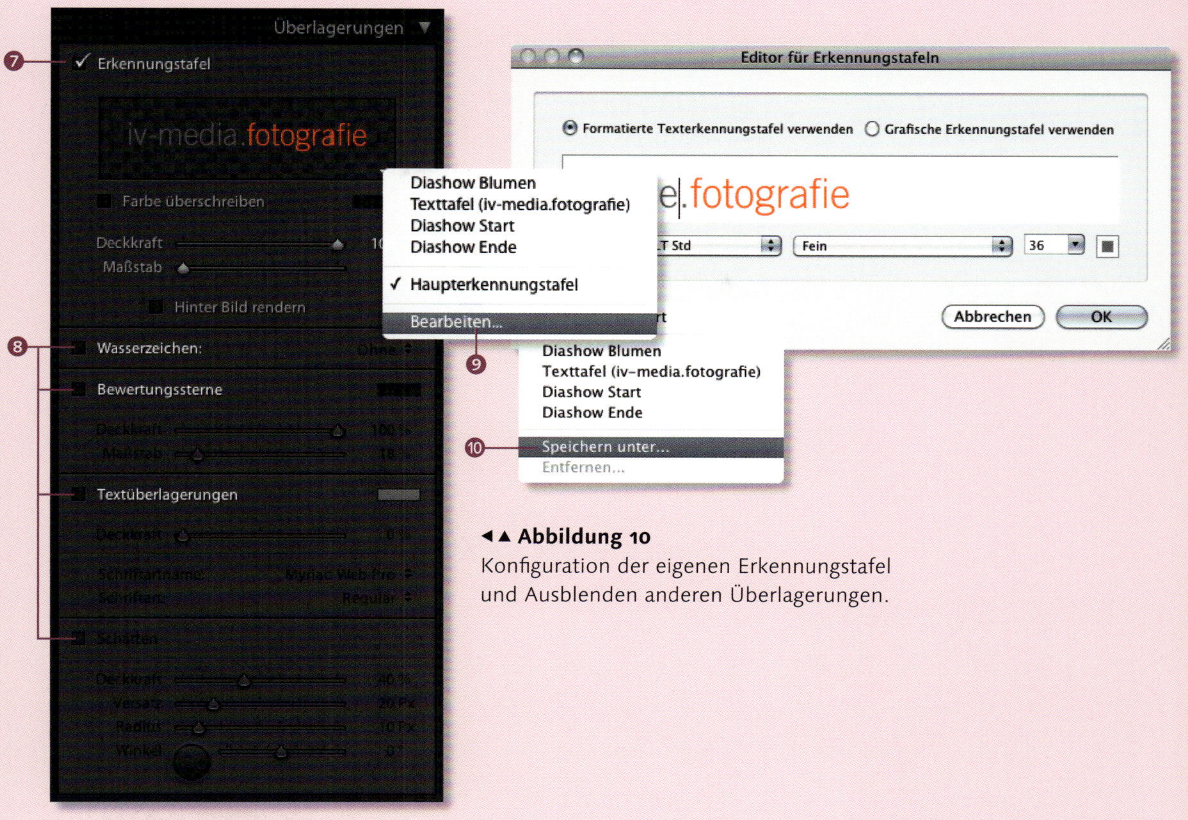

◄▲ Abbildung 10
Konfiguration der eigenen Erkennungstafel und Ausblenden anderen Überlagerungen.

Gestalten Sie dann Ihre Erkennungstafel. Speichern können Sie diese über das Dropdown-Menü links unten im Editor ⑩. Wenn Sie die Erkennungstafel nicht speichern, wird diese nur für diese Diashow-Sammlung verwendet.

Ein Wasserzeichen, die Bewertungssterne, Textüberlagerungen und Schatten werden nicht benötigt. Achten Sie daher darauf, dass die entsprechenden Kontrollkästchen ⑧ deaktiviert sind.

▲ Abbildung 11
Werte für Deckkraft und Maßstab der Erkennungstafel

5 Platzieren der Erkennungstafel

Die Erkennungstafel soll in der rechten unteren Ecke erscheinen. Normalerweise wird diese links oben dargestellt. Finden Sie sie dort nicht, kann es sein, dass der Maßstab zu klein ist. Vergrößern Sie daher den Wert Massstab auf »20 %« ⑫, und kontrollieren Sie, ob die Deckkraft auf »100 %« steht ⑪.

Verschieben Sie die Erkennungstafel nach rechts unten und richten sie an der optischen, senkrechten Linie des Bildes aus. Achten Sie jedoch darauf dass die Positionsmarke ⑬ sich in der rechten unteren Ecke der Diashow und nicht des Bildes befindet. Dies spielt eigentlich in dieser Diashow keine Rolle, da das Bild immer die gleiche Größe besitzt.

▲ Abbildung 12
Die erstellte Erkennungsgrafik wird in die rechte untere Ecke verschoben.

6 Start- und Endbildschirm konfigurieren

Die Start- und Endfolie legen Sie als Erkennungstafeln fest. Diese lassen sich somit für weitere Präsentationen wiederverwenden. Sie enthalten allerdings keine Texttafel, sondern grafische Erkennungstafeln mit Bildern. Dazu müssen Sie nun neue Erkennungstafeln erstellen.

Aktivieren Sie im Bedienfeld Titel die Kontrollkästchen für Startbildschirm und Endbildschirm ❶ und geben bei beiden Schwarz als Hintergrundfarbe ❷ an.

Jetzt müssen Sie nur noch die Erkennungstafeln einrichten und diese als Vorlage abspeichern. Damit die Erkennungstafel verwendet werden kann, müssen die Kontrollkästchen Erkennungstafel hinzufügen ❸ aktiviert sein.

Klicken Sie im Vorschaufeld des Startbildschirms auf die derzeit angezeigte Erkennungstafel, und wählen Sie aus dem Dropdown-Menü den Befehl Bearbeiten ❹.

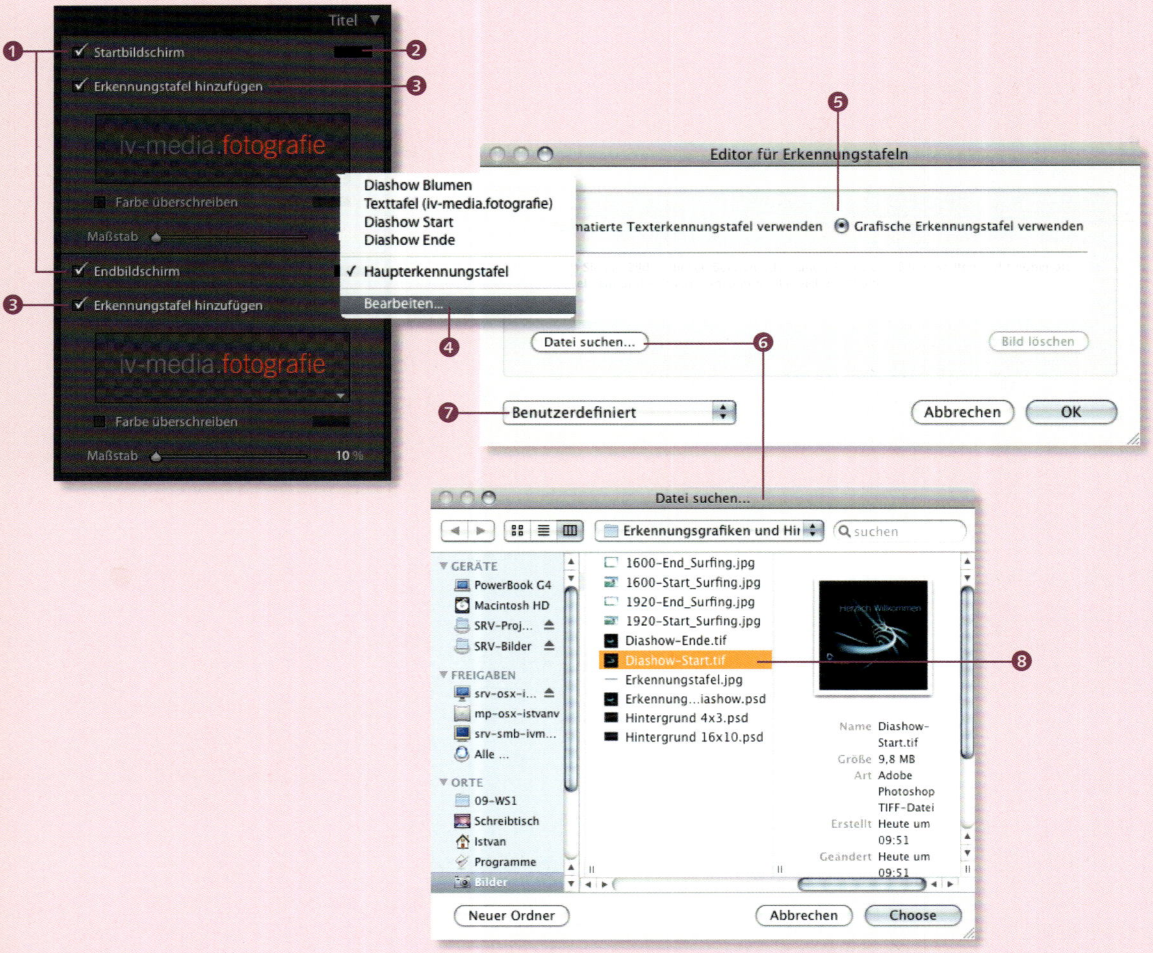

▼ Abbildung 13
Neue Erkennungstafeln für den Start- und Endbildschirm erstellen

Aktivieren Sie die Option GRAFISCHE ERKENNUNGSTAFEL VERWENDEN ❺. Über die Schaltflächen DATEI SUCHEN ❻ können Sie dann eine Datei angeben. Geben Sie als Erkennungsgrafik die Datei *Diashow-Start.tif* ❽ aus dem Verzeichnis ERKENNUNGSGRAFIKEN UND HINTERGRUENDE an. Speichern Sie die Erkennungstafel als Vorgabe ab, indem Sie aus dem Dropdown-Menü BENUTZERDEFINIERT ❼ den Punkt SPEICHERN UNTER wählen. Geben Sie als Namen zum Beispiel »Diashow Start« an.

Verfahren Sie auf die gleiche Weise mit dem Endbildschirm. Verwenden Sie dort die Datei *Diashow-Ende.tif* und geben der Erkennungstafel einen Namen, beispielsweise »Diashow Ende«.

7 Maßstab festlegen

Da die Bilder der Erkennungsgrafiken quadratisch sind, passen sie sowohl für 16:10- als auch für 4:3-Monitore. Damit sie möglichst groß dargestellt werden, müssen Sie den MASSSTAB beider Erkennungstafeln auf »100%« ❾ festlegen, damit diese auf die Größe des gesamten Bildschirms gezogen werden. ■

▼ Abbildung 14
Der Endbildschirm der Präsentation

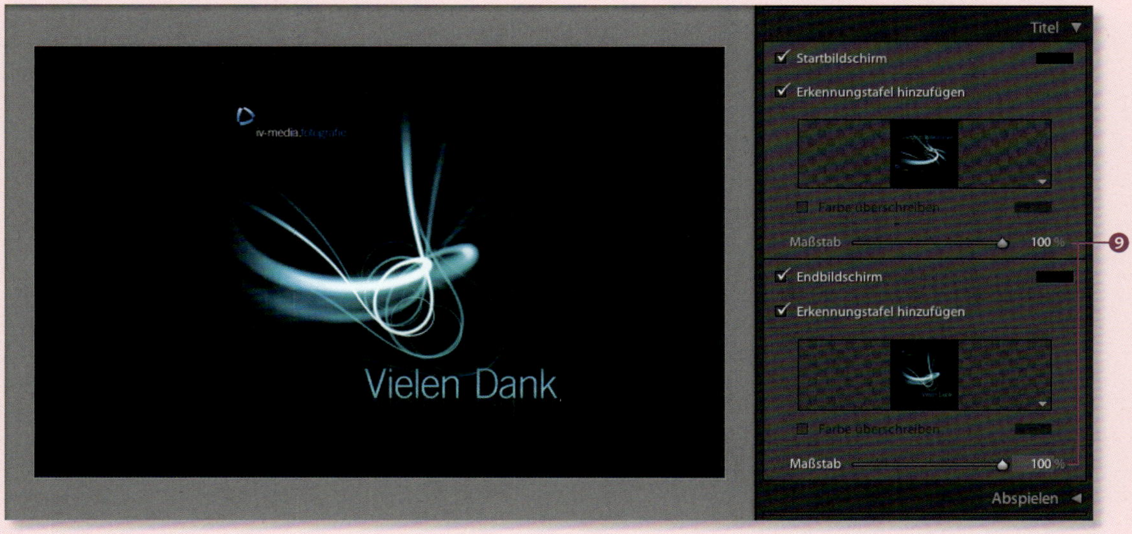

Schritt für Schritt: Abspieloptionen

Nun geben Sie die Abspieloptionen für die Diashow an. Dazu zählen zum Beispiel die Eingabe eines Musikstücks und die Auswahl des Anzeigebildschirms. Auch die Länge der Anzeige eines Bildes und die Überblendungsdauer werden hier festgelegt.

1 Soundtrack und Einblendzeiten festlegen

Falls gewünscht, können Sie der Präsentation einen SOUNDTRACK ❶ hinzufügen. Aktivieren Sie dazu das Kontrollkästchen, und wählen Sie über die Schaltfläche MUSIK AUSWÄHLEN ❷ eine Sounddatei aus. Leider ist es nicht möglich, mehrere Musikstücke als Wiedergabeliste auszuwählen.

▲ **Abbildung 15**
SOUNDTRACK und zusätzliche Abspieloptionen zur Steuerung der Präsentation

Die Bilder sollten ca. vier Sekunden stehen bleiben, und die Überblenddauer etwa zwei Sekunden betragen. Dies ergibt bei 45 Bildern eine Dauer von vier Minuten und 30 Sekunden. Ein paar Sekunden für Start- und Endbildschirm sollten Sie auch noch addieren. Wählen Sie daher ein Musikstück, das ungefähr dieser Zeitdauer entspricht.

Legen Sie jetzt zunächst die Überblenddauer (VERBLASSEN) auf »2,0« Sekunden fest ❼. Haben Sie ein passendes Musikstück mit entsprechender Dauer gefunden, können Sie über die Schaltfläche AN MUSIK ANPASSEN ❸ die Dialänge automatisch festlegen. Ansonsten geben Sie unter DIALÄNGE eine Abspiellänge der DIAS von »4,0« Sekunden ❻ an.

2 Abspielbildschirm

Wenn Sie zwei Bildschirme besitzen oder einen Beamer angeschlossen haben, wählen Sie durch Anklicken des entsprechenden Symbols ❹ den Bildschirm aus. Achten Sie dabei allerdings auf das Seitenverhältnis. Wenn Sie nun den Abspielmonitor wechseln, verändert sich eventuell auch das Seitenverhältnis der Diashow, wenn der neue Bildschirm ein anderes Seitenverhältnis haben sollte. In diesem Fall müssen Sie eventuell das Hintergrundbild mit dem entsprechenden Seitenverhältnis ebenfalls der Sammlung hinzufügen und dieses als Hintergrundbild verwenden.

Durch Aktivieren des Kontrollkästchens ANDERE BILDSCHIRME SCHWARZ DARSTELLEN ❺ werden alle anderen Bildschirme abgedunkelt und stören nicht mit ihrem Licht die Präsentation.

3 Weitere Abspieloptionen

Deaktivieren Sie jetzt noch die Optionen WILLKÜRLICHE REIHENFOLGE ❽ und WIEDERHOLEN ❾. Dadurch bleibt die Endfolie nach der Diashow stehen. Wenn Sie die Diashow als Endlosschleife wiederholen lassen möchten, können Sie auch den Endbildschirm deaktivieren.

Zusätzlich empfiehlt es sich, die Funktion VORSCHAUEN IM VORAUS VORBEREITEN ❿ zu aktivieren. Dies dauert beim ersten Mal eventuell etwas länger, aber durch das Vorberechnen wird gewährleistet, dass das Abspielen nicht durch das Berechnen während der Präsentation verzögert wird.

Schritt für Schritt: Bildreihenfolge festlegen

Zum Abschluss stellen Sie nun noch die Reihenfolge der Dias ein. Dabei sollten Sie auch darauf achten, dass das Hintergrundbild nicht in der Präsentation auftaucht.

1 Reihenfolge der Bilder anpassen

Im Filmstreifen können Sie die Bilder einfach durch Verschieben in eine andere Reihenfolge bringen. Die Bilder sollten Sie optimalerweise so anordnen, dass sie eine Geschichte erzählen.

Zum Testen des Ablaufs können Sie die Diashow im Ansichtsfenster abspielen, indem Sie die Schaltfläche VORSCHAU ⓫ verwenden. Abbrechen können Sie den Test mit der Esc-Taste.

▼ **Abbildung 16**
Taste zum Testen der Präsentation

▲ **Abbildung 17**
Das Bild mit dem Surfer am Strand eignet sich als erstes Bild. Sie können es per Drag & Drop an den Anfang des Filmstreifens verschieben.

2 Hintergrund ausschließen

Das Hintergrundbild hat nichts mit den Bildern der Präsentation zu tun und dient Ihnen ja nur als Rahmen. Daher muss es aus der Präsentation ausgeschlossen werden. Die einfachste Methode dafür ist, den Hintergrund aus der Sammlung zu löschen. Wählen Sie dazu das Hintergrundbild im Filmstreifen aus, und drücken Sie die [←]/[Entf]-Taste.

▼ Abbildung 18
Taste zum Abspielen der Präsentation

3 Diashow abspielen

Zum Präsentieren der Diashow klicken Sie jetzt einfach auf die ABSPIELEN-Schaltfläche ❶. ■

Alternative Titelfolien und Zwischentitel erstellen | Anstatt der Erkennungstafeln für Start- und Endbildschirme können Sie auch zwei Bilder erstellen und diese in Lightroom importieren. Diese fügen Sie dann der Diashow-Sammlung hinzu und platzieren sie im Filmstreifen jeweils am Anfang und Ende. Diese Lösung eignet sich auch für Zwischentitel, um eine Präsentation in mehrere Kapitel zu unterteilen. Beachten Sie aber, dass diese auf dem eingestellten Hintergrund – wie die anderen Dias auch – angezeigt werden. Der Vorteil dieser Methode ist, dass Sie bei vielen unterschiedlichen Präsentationsdesigns nicht auch ebenso viele Erkennungstafeln konfigurieren müssen.

▼ Abbildung 19
Ein eigens erstelltes Bild kann als Titelfolie oder Zwischentitel verwendet werden.

12 Das Drucken-Modul

Das Drucken-Modul von Adobe Lightroom ermöglicht das Drucken einzelner Abzüge sowie das Zusammenstellen mehrerer Bilder auf einem Kontaktbogen. Darüber hinaus können Bildpakete geschnürt werden, das heißt, dass Bilder in unterschiedlicher Größe auf einer Seite platziert werden können. Die Auswahl zwischen den Layoutvarianten findet über die Layoutstile statt.

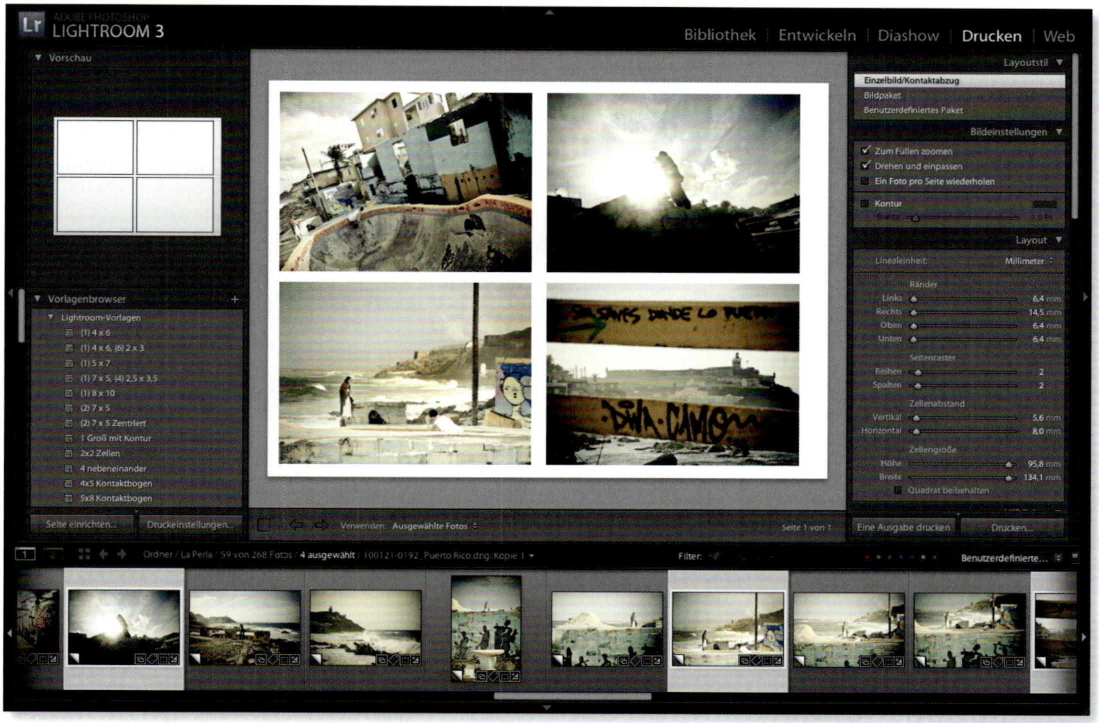

▲ **Abbildung 12.1**
Das Drucken-Modul erlaubt alles – vom Erstellen von Kontaktbogen bis zur Ausgabe hochwertiger Fine-Art-Prints.

Auf den Ausdrucken können die Bilder mit Textinformationen wie Name, Datum oder Kameradaten oder einer Erkennungstafel – etwa dem Logo des Fotografen – versehen werden. Alle Einstellungen können zusammen mit der Bildauswahl können in Drucksammlungen gespeichert werden.

12.1 Layoutstil auswählen

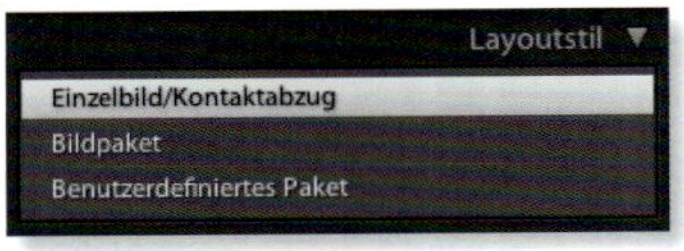

▲ **Abbildung 12.2**
Palette zur Auswahl des Layoutstils im rechten Bedienfeld

Bevor gedruckt werden kann, muss der Layoutstil angegeben werden. Diese Einstellung können Sie über das erste Bedienfeld der rechten Palette vornehmen. Die Stile haben nicht nur unterschiedliche Designs, sie besitzen auch komplett andere Funktionen mit eigenen Parametern. Ähnliches bietet auch das Web-Modul, bei dem Sie sich entscheiden können, eine HTML- oder eine Flash-Galerie zu erstellen. Drei Stile stehen zur Verfügung:

- **Einzelbild/Kontaktabzug:** Hierbei lassen sich mehrere unterschiedliche Bilder auf einer Seite in einem Raster anordnen und ausdrucken. Sie können das Raster frei verändern, um mehr oder weniger Bilder pro Seite zu platzieren.

Abbildung 12.3 ▸
Druckbeispiel eines Einzelbilds

Abbildung 12.4 ▸
Druckbeispiel eines Kontaktbogens mit quadratischen Ausschnitten

Bildauswahl

Die Auswahl der Bilder erfolgt in allen Ausgabenmodulen auf die gleiche Weise. Nähere Informationen zur Bildauswahl finden Sie daher im Kapitel »Diashow« auf Seite 500.

- **Bildpaket:** Dieser Layouttyp erzeugt mehrere Varianten ein und desselben Bildes in unterschiedlicher Größe auf einem Bogen. Die Größe und die Anordnung der Bilder können im Rahmen der Seitengröße beliebig variiert werden.

◂ **Abbildung 12.5**
Druckbeispiel eines Bildpakets mit einem Bild in unterschiedlichen Größen

- **Benutzerdefiniertes Paket:** Dieser Stil besitzt die gleiche Grundfunktionalität wie das Bildpaket. Zusätzlich können Sie aber unterschiedliche Bilder in verschiedenen Größen platzieren – fast so wie in einem Layoutprogramm.

◂ **Abbildung 12.6**
Druckbeispiel eines benutzerdefinierten Bildpakets mit freier Gestaltung

Mit dem benutzerdefinierten Paket können Sie einzelne Seiten für einfache Fotobücher gestalten. Leider lassen sich aber keine Farbflächen oder frei formatierbare Textboxen auf den Seiten platzieren.

12.2 Kontaktabzug

HINWEIS

Das Format der Drucklayouts ist abhängig von der eingestellten Seite. Diese können Sie unter SEITE EINRICHTEN konfigurieren. Sie sollten hier auch direkt den Drucker wählen, mit dem Sie später drucken, denn die verfügbaren Seitengrößen sind vom gewählten Drucker abhängig.

Bilder werden bei Kontaktabzügen in gleich großen Zellen platziert. Jede Zelle beinhaltet immer nur ein Bild und dessen Zusatzinformationen. Als grafisches Element können Sie eine Erkennungstafel hinzufügen und die Hintergrundfarbe anpassen. So lassen sich auch optisch ansprechende Kontaktbogen gestalten.

12.2.1 Bedienfeld »Bildeinstellungen«

In der rechten Bedienfeldpalette stehen viele Funktionen bereit, um den Abzug zu gestalten und die Ausgabe zu steuern. Ganz oben befinden sich die Bildeinstellungen, über die festgelegt wird, wie die Bilder in den Rasterzellen dargestellt werden. Im Einzelnen finden sich dort die folgenden Funktionen.

Zum Füllen zoomen | Ob im Hoch- oder Querformat: Wenn ein rechteckiges Bild in einer der quadratischen Zellen platziert wird, bleiben in der Zelle leere Balken stehen – ähnlich den schwarzen Randbalken im Fernsehen. Über die Option ZUM FÜLLEN ZOOMEN vergrößert man das Bild, bis dessen Schmalseite die Zelle ausfüllt. Überstehende Bildinhalte werden dabei abgeschnitten. Beim Zoomen kann auch der Bildausschnitt angepasst werden, wie die Anleitung auf Seite 334 zeigt.

▲ **Abbildung 12.7**
Beim Zoomen wird die Zelle mit dem Bild gefüllt (links). Überstehende Bereiche werden abgeschnitten. Rechts ist die Option ZUM FÜLLEN ZOOMEN deaktiviert.

Drehen und einpassen | In einer quadratischen Zelle spielt es keine Rolle, ob ein Bild horizontal oder vertikal platziert wird. Sobald aber die Zelle selbst ein ungleiches Seitenverhältnis aufweist, kann durch eine Drehung des Bildes der Platz besser ausgenutzt werden. Ein Hochformatbild wird dann in einer Querformatzelle um 90° gedreht. Das gedrehte Bild wird dadurch größer dargestellt.

▲ **Abbildung 12.8**
Hochformatige Bilder werden in Querformatzellen aufgrund ihres Seitenverhältnisses stark verkleinert (links). Durch das automatische Drehen nutzen die Bilder den verfügbaren Platz besser aus (rechts).

Ein Foto pro Seite wiederholen | Mit dieser Option werden alle Zellen in einem Druckbogen mit demselben Bild gefüllt. Diese Funktion ist zum Beispiel dann nützlich, wenn Sie mehrere Abzüge von einem Bild drucken möchten.

Beim Verschieben mit aktivierter Zum Füllen zoomen-Option werden alle Versionen des Bildes so verschoben, dass in allen Zellen der Ausschnitt exakt gleich ist. Für jedes ausgewählte Bild wird eine eigene Druckseite generiert.

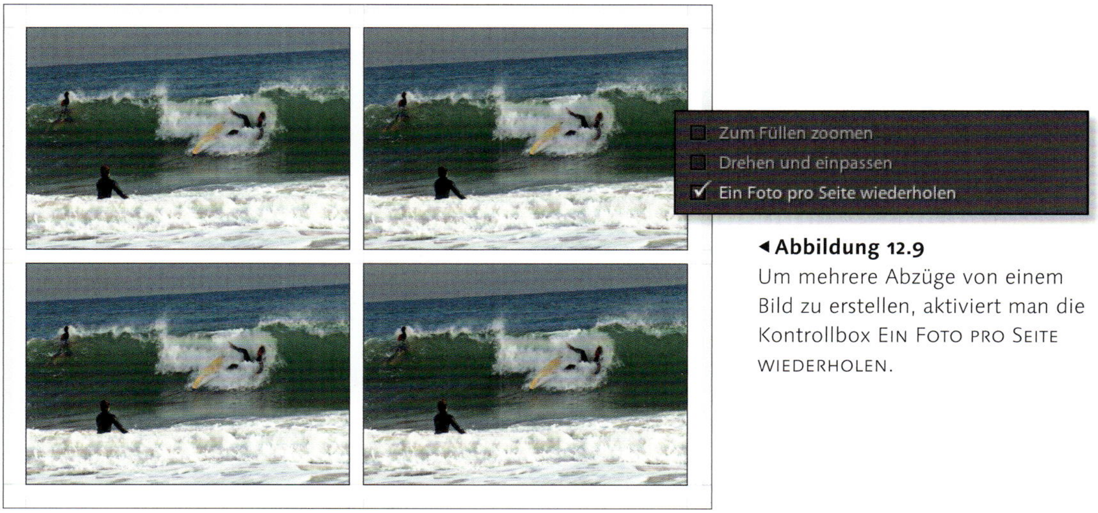

◂ **Abbildung 12.9**
Um mehrere Abzüge von einem Bild zu erstellen, aktiviert man die Kontrollbox Ein Foto pro Seite wiederholen.

Kontur | Bilder können mit einem Rahmen versehen werden. Dieser kann in Breite und Farbe individuell angepasst werden. Die Breite von maximal 20 Punkt (pt) wird über den gleichnamigen Schieberegler festgelegt. Dabei wird der Rahmen innerhalb des Zellbereichs definiert und das Bild entsprechend verkleinert. Es werden jedoch keine Bildinhalte am Rand weggeschnitten.

Der Dialog zur Farbwahl für den Rahmen wird durch Anklicken des rechteckigen Farbfelds rechts neben dem Kontrollkästchen geöffnet.

Abbildung 12.10 ▸
Bilder können eine Rahmenstärke von maximal 20 pt erhalten. Die Farbe kann über die Farbauswahl individuell eingestellt werden.

Schritt für Schritt: Bildausschnitt in Zelle einpassen

Beim Zoomen bis zur Rahmenfüllung wird das Bild zentriert, und überstehende Bereiche werden abgeschnitten. Oft liegt der wichtige Inhalt aber nicht in der Mitte des Bildes. Um den Ausschnitt dann wieder anzupassen, können Sie die Bilder in den Zellen manuell verschieben und so in die richtige Position bringen.

[Maßeinheit Punkt (pt)]
Allgemein gibt es zwei verschiedene Punkteinheiten: den Didot und den Cicero. Im Desktop-Publishing hat sich der Didot-Punkt durchgesetzt. Er wird auch in Lightroom verwendet:
1 pt = 1/72 Inch = 0,352 mm
20 pt = 20/72 Inch = 7,05 mm

1 Bild auswählen

Klicken Sie ein Bild in einer Zelle an. Das Bild erhält einen gestrichelten Rahmen um sein komplettes Format. Am Rahmen erkennen Sie, wie das Bild beschnitten wurde.

2 Bild verschieben

Halten Sie die Maustaste gedrückt, und verschieben Sie das Bild, bis Ihnen der Ausschnitt gefällt. Achten Sie darauf, dass Sie das zentrale Motiv in den Mittelpunkt stellen.

▲ **Abbildung 12.11**
Wenn Sie ein gezoomtes Bild anklicken, können Sie den Ausschnitt in der Zelle verschieben.

Die Ausschnittsveränderung wird im Bild mitgespeichert und auch auf andere Raster und Zellenaufteilungen übertragen, wenn dort die Option ZUM FÜLLEN ZOOMEN aktiviert ist. ■

12.2.2 Bedienfeld »Layout«

Das zweite Bedienfeld in der rechten Palette ermöglicht das Anpassen des Seitenlayouts durch Festlegen der Größe und Aufteilung der Rasterzellen. Auch die Seitenränder des Druckbogens lassen sich hier einstellen.

Linealeinheit | Ganz oben werden die Maßeinheiten für die Lineale im Ansichtsfenster und die Parameter der Seitenränder, der Zellengröße sowie der Zellenabstände eingestellt.

▼ **Abbildung 12.12**
Die Linealeinheiten verändern auch die Einheiten am Seitenrand und die der Zellparameter. 1 Pica (pc) entspricht 12 Punkt (pt).

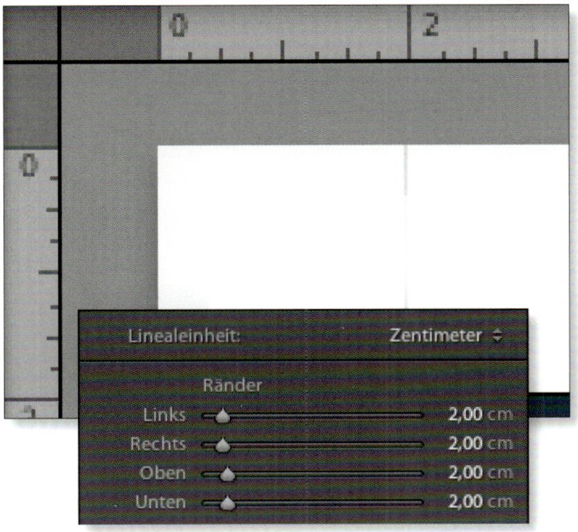

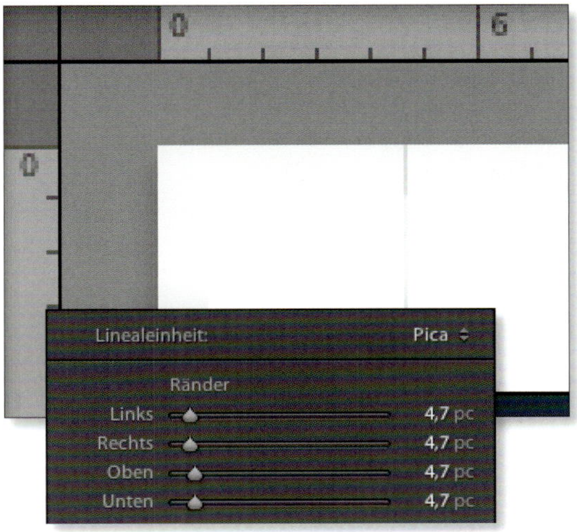

Ränder | Hierüber lassen sich die Maße der Seitenränder definieren und damit der Platz, der sich für die Zellen auf der Druckseite ergibt. Benötigen die Zellen insgesamt weniger Platz, als ihnen zur Verfügung steht, werden sie auf der Seite zentriert dargestellt.

Bei Druckern, die nicht bis zum Rand drucken können, entsprechen die Minimalwerte dem Druckrand des Druckertreibers. Exportieren Sie die Bilder als JPEG, müssen Sie das Kontrollkästchen BENUTZERDEFINIERTE DATEIABMESSUNGEN im Bedienfeld DRUCKAUFTRAG aktivieren (siehe Seite 572).

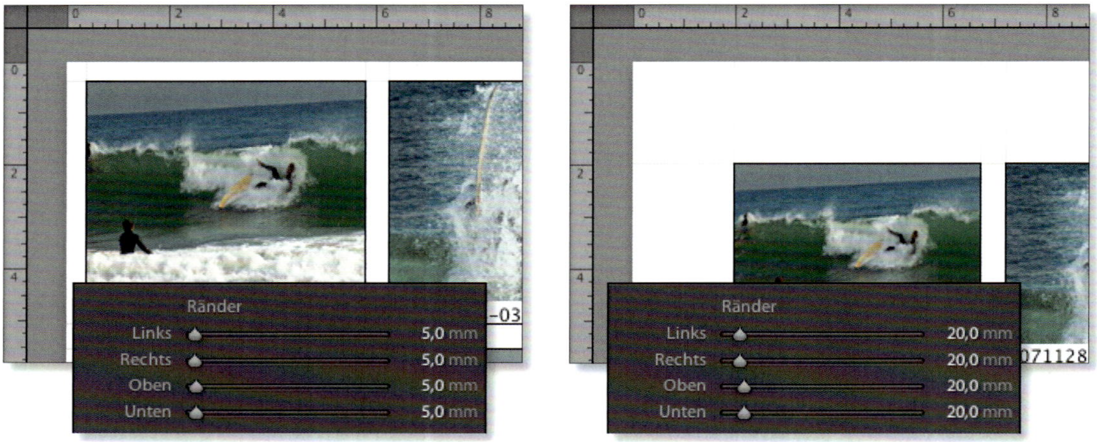

▼ **Abbildung 12.13**
RÄNDER definiert den Abstand des Bildrasters zum Seitenrand.

Seitenraster | Dieser Eintrag legt die Anzahl der Zellen fest. Der verfügbare Platz wird in ein Raster zerlegt, das aus REIHEN und SPALTEN besteht. Die Schieberegler legen die Anzahl der Reihen und Spalten fest.

▲ **Abbildung 12.14**
SEITENRASTER legt die Anzahl der Bilder in Reihen und Spalten fest.

Zellenabstand | Dieser Parameter ist nur dann verfügbar, wenn Sie mehr als eine Zelle verwenden. Sie stellen damit den Abstand der Bilder zueinander ein.

▼ **Abbildung 12.15**
Der ZELLENABSTAND stellt den Weißraum zwischen den Zellen ein.

Zellengröße | Gleiches wie für den Zellenabstand gilt auch für die Zellengröße. Eine Anpassung dieses Wertes hat immer auch Auswirkungen auf den Zellenabstand. Dieser wird dann abhängig von der Zellengröße angepasst.

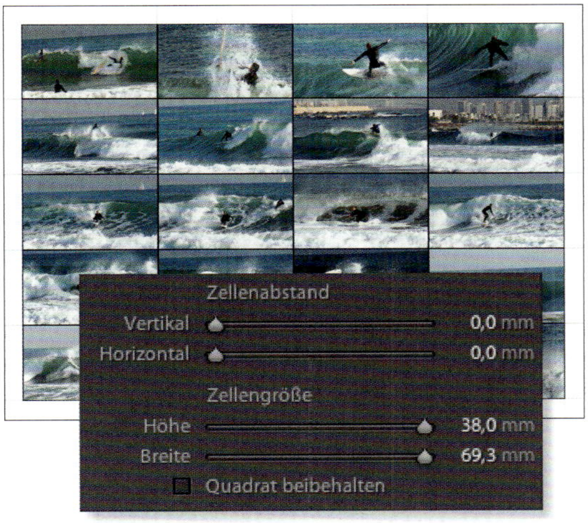

▲ **Abbildung 12.16**
Die maximale ZELLENGRÖSSE wird durch die Seitenränder eingeschränkt.

▲ **Abbildung 12.17**
Eine Verkleinerung der ZELLENGRÖSSE erhöht gleichzeitig auch den ZELLENABSTAND.

Quadrat beibehalten | Bei Aktivierung dieses Kontrollkästchens bleiben die Zellen immer quadratisch.

Die Regler für ZELLENGRÖSSE und ZELLENABSTAND werden bei dieser Funktion verknüpft. Zieht man etwa die Zellengröße nach rechts, wird der Abstand geringer. Soll der Zellenabstand größer werden, werden die Zellen kleiner. Auf jeden Fall wird immer die quadratische Form der Zellen bewahrt.

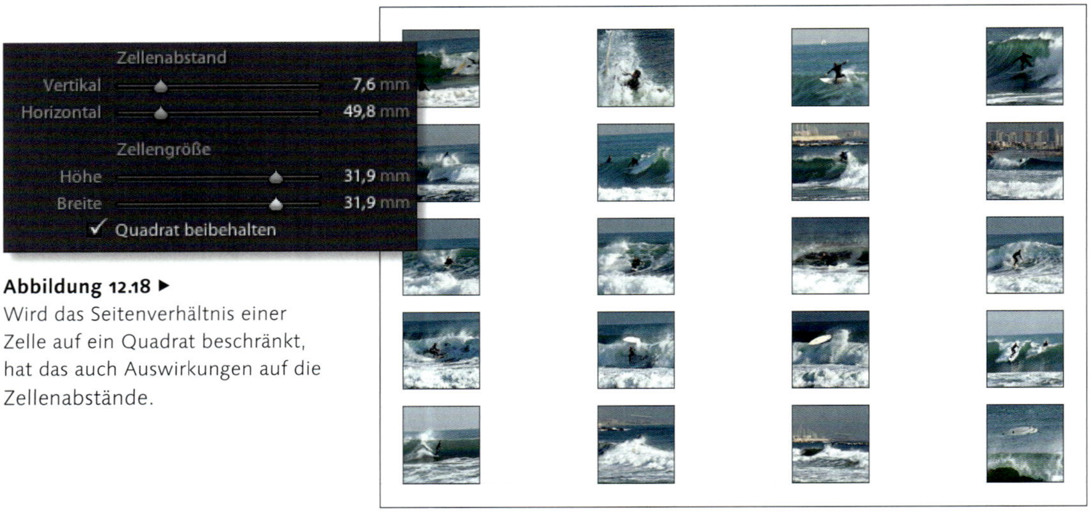

Abbildung 12.18 ▸
Wird das Seitenverhältnis einer Zelle auf ein Quadrat beschränkt, hat das auch Auswirkungen auf die Zellenabstände.

TIPP

Die Seitenränder und Zellenabstände können auch direkt im Ansichtsfenster mit der Maus angepasst werden. Dazu bewegt man die Maus auf eine der Hilfslinien. Daraufhin erscheint ein Pfeil, der sich mit gedrückter Maustaste verschieben lässt. Dabei wird der entsprechende Wert geändert. Klicken Sie auf eine Linie zwischen den Zellen, so verändern Sie den Zellenabstand. Die Seitenränder verschieben Sie, indem Sie eine Hilfslinie an einem der Ränder bewegen. Dabei werden Ihnen die Maße für Seitenrand oder Zellengröße angezeigt.

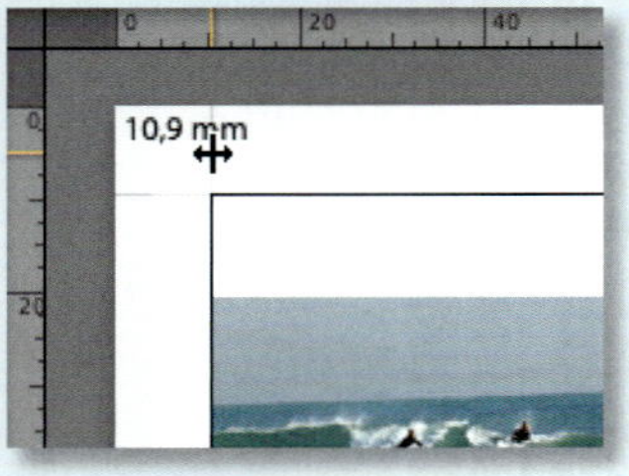

Hilfslinien einblenden | Zur besseren Kontrolle können im Ansichtsfenster Hilfslinien und Zusatzangaben eingeblendet werden. Diese werden nicht gedruckt. Das Kontrollkästchen deaktiviert die generelle Darstellung von Hilfslinien unabhängig von der Aktivierung der einzelnen Hilfslinienarten oder aktiviert deren Sichtbarkeit.

❶ **Lineale:** Zeigt die Lineale im Ansichtsfenster an – sowohl oben in der horizontalen als auch an der linken Seite in der vertikalen Achse. Klicken Sie mit der rechten Maustaste bzw. `Strg` + Mausklick auf eines der Lineale, um die Maßeinheit zu verändern.

❷ **Seitenanschnitt:** Zeigt den nicht druckbaren Bereich einer Seite an. Der Anschnitt ist vom verwendeten Drucker und von den Seiteneinstellungen abhängig. Er beträgt meistens ca. 5 mm. Manche Drucker lassen an einer Seite einen größeren Rand.

❸ **Ränder und Bundstege:** Zeigt die Hilfslinien für die Seitenränder und Zellenabstände an. Kann Ihr Drucker beidseitig drucken, wird zusätzlich der im Druckertreiber eingestellte Bundsteg angezeigt.

❹ **Bildzellen:** Der Rand der Zellen wird hervorgehoben. So kann man auch ohne Bilder erkennen, wo sich die Zellen befinden.

❺ **Abmessungen:** Zeigt die Abmessungen der Zellen im Ansichtsfenster an.

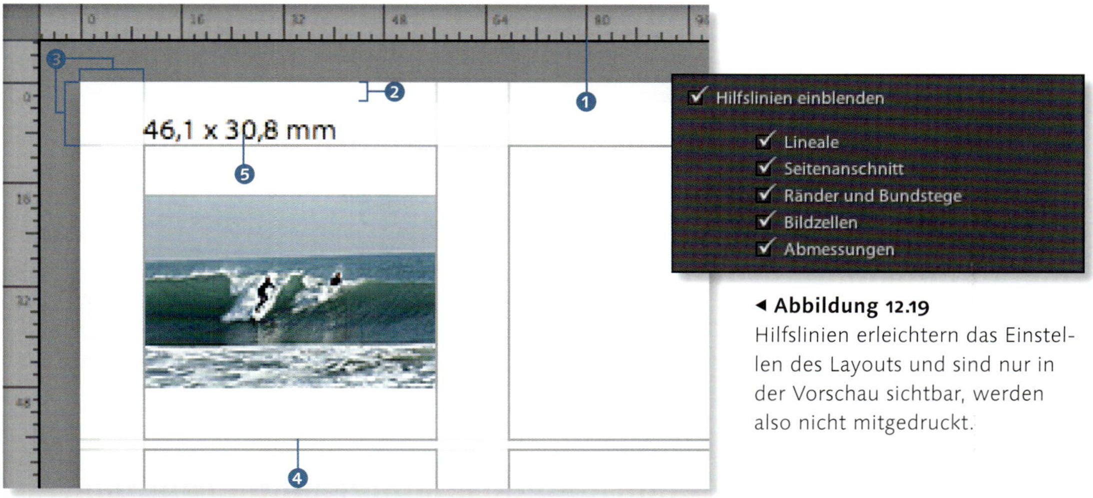

◂ **Abbildung 12.19**
Hilfslinien erleichtern das Einstellen des Layouts und sind nur in der Vorschau sichtbar, werden also nicht mitgedruckt.

12.2.3 Bedienfeld »Seite«

Im Drucken-Modul können Sie den Druckbogen auch mit einer Erkennungstafel überlagern und zu jedem Bild spezifische Informationen oder globale Seiteninformationen einblenden.

Über jedes Bild können Sie zusätzlich ein Wasserzeichen drucken lassen. Die Seitenoptionen geben Auskunft über die Einstellungen des Druckauftrags. Äußerst hilfreich ist das Einblenden von unterschiedlichen Fotoinfos. Zumindest Aufnahmedatum und Bildname sollten hier vermerkt sein, damit der Abzug auch wirklich einen guten Überblick bietet. Sie müssen die Werte nicht einmal manuell eingeben, Lightroom generiert sie einfach aus den Metadaten, die zu den Bildern zur Verfügung stehen. Die Parameter werden im Folgenden einzeln vorgestellt.

◂ **Abbildung 12.20**
Überlagerungen werden als Zusatzinformationen oder als Kennzeichnung der Bilder mitgedruckt.

Erkennungstafel | Haben Sie eine eigene Erkennungstafel konfiguriert, können Sie diese auf der Druckseite vor oder hinter Ihre Bilder drucken. Sie können aber auch zusätzliche Tafeln erstellen. Wie das geht, erfahren Sie auf Seite 126. Eine Beschreibung zum Platzieren und Verschieben der Erkennungstafel auf einem Druckbogen finden Sie auf Seite 525.

- **Erkennungstafel drehen:** Rechts neben dem Kontrollkästchen zum Aktivieren der Erkennungstafel finden Sie eine Gradangabe. Wenn Sie diese anklicken, können Sie aus der aufklappenden Liste einen Drehwinkel auswählen.

▼ Abbildung 12.21
Die Erkennungstafel kann in 90°-Schritten gedreht werden.

- **Auswahl und Vorschau der Erkennungstafel:** In diesem Bedienfeld wird die aktuelle Erkennungstafel in einer Vorschau angezeigt. Klicken Sie diese an, können Sie aus gespeicherten Tafeln auswählen. Über den Menüpunkt Bearbeiten können Sie eine neue Tafel erstellen oder die aktuelle verändern.

▲ Abbildung 12.22
Sie können eine Erkennungstafel aus der Liste auswählen oder direkt eine neue erstellen.

- **Farbe überschreiben:** Die Farbe der verwendeten Texttafel lässt sich mit einer anderen Farbe überschreiben, beispielsweise mit Weiß. Aktivieren Sie dazu das Kontrollkästchen. Die Farbe stellen Sie über das Farbfeld rechts daneben ein.
- **Deckkraft:** Mit diesem Regler stellen Sie die Transparenz der Erkennungstafel ein. Sie wird dann mehr oder weniger durchsichtig und lässt das Bild durchscheinen. So lässt sich auch gut ein dezenter Wasserzeichen-Effekt erzeugen, der vor einem Missbrauch der Bilder schützt.
- **Maßstab:** Legt die Größe der Erkennungstafel fest. Dieser Regler bezieht sich immer auf die Größe des Bildes und die Drehung der Erkennungstafel. Bei 0° sind 100 % die gesamte Breite der Seite. Wird die Tafel um 90° gedreht, so wird die Höhe der Seite als 100 %-Wert genommen.

◂ **Abbildung 12.23**
Deckkraft und Massstab erlauben eine weitere Anpassung der Erkennungstafel. Die Farbe von Texttafeln kann auch noch nachträglich überschrieben werden.

- **Hinter Bild rendern:** Normalerweise wird die Erkennungstafel über das Bild gelegt. Durch Aktivieren dieser Option wandern die Bilder in den Vordergrund. Die Tafel wird dann unter Umständen teilweise verdeckt.

◂ **Abbildung 12.24**
Erkennungstafeln können auch hinter den Bildern stehen.

- **Auf jedes Bild rendern:** Die Erkennungstafel wird normalerweise nur einmal auf die Seite gedruckt. Aktivieren Sie das Kontrollkästchen AUF JEDES BILD RENDERN, wird sie zentriert auf jedes Bild gedruckt.

Abbildung 12.25 ▸
Die Erkennungsgrafik kann auch auf jedes einzelne Bild in einem Kontaktbogen gedruckt werden.

Verschieben der Erkennungstafel

Deaktivieren Sie die Option AUF JEDES BILD RENDERN, können Sie die Erkennungstafel auch manuell verschieben. Das geht so:

Klicken Sie die Erkennungstafel im Ansichtsfenster an. Sie wird dadurch mit einer gestrichelten Kontur versehen. An den Ecken der Kontur erscheinen acht Anfasspunkte. Greifen Sie die Erkennungstafel innerhalb der Kontur, und verschieben Sie sie mit gedrückter Maustaste an eine beliebige Stelle.

Möchten Sie die Tafel vergrößern oder verkleinern, so klicken Sie auf einen der Anfasspunkte in den Ecken und ziehen ihn nach innen oder außen. Die Tafel wird dann proportional skaliert.

Mit der Verschiebehand können Sie die Erkennungstafel positionieren.

Über die Anfasspunkte kann die Tafel auch direkt in der Ansicht vergrößert oder verkleinert werden.

- **Wasserzeichen:** Ist diese Kontrollbox aktiviert, können Sie zum Beispiel Copyright-Informationen auf die Bilder drucken. Über das Dropdown rechts neben der Kontrollbox können Sie aus der Liste der konfigurierten Wasserzeichen eines auswählen oder ein neues hinzufügen. Eine genaue Beschreibung der Konfiguration von Wasserzeichen finden Sie auf Seite 315.

◂ **Abbildung 12.26**
Wasserzeichen werden auf die Bilder gedruckt, um unerlaubtes Kopieren zu verhindern.

Seitenoptionen | Diese Kontrollkästchen betreffen Nummern und Hilfsmittel, die – im Gegensatz zu den Hilfslinien im Bedienfeld LAYOUT – auch auf dem Ausdruck erscheinen. Das Kontrollkästchen aktiviert zunächst einmal generell die Darstellung dieser Informationen. Die einzelnen Optionen können dann noch getrennt voneinander hinzu- oder abgeschaltet werden.

▾ **Abbildung 12.27**
Die SEITENOPTIONEN geben Auskunft über die Druckeinstellungen, nummerieren die Druckseiten und helfen durch Schnittmarken beim Ausschneiden von Bildern.

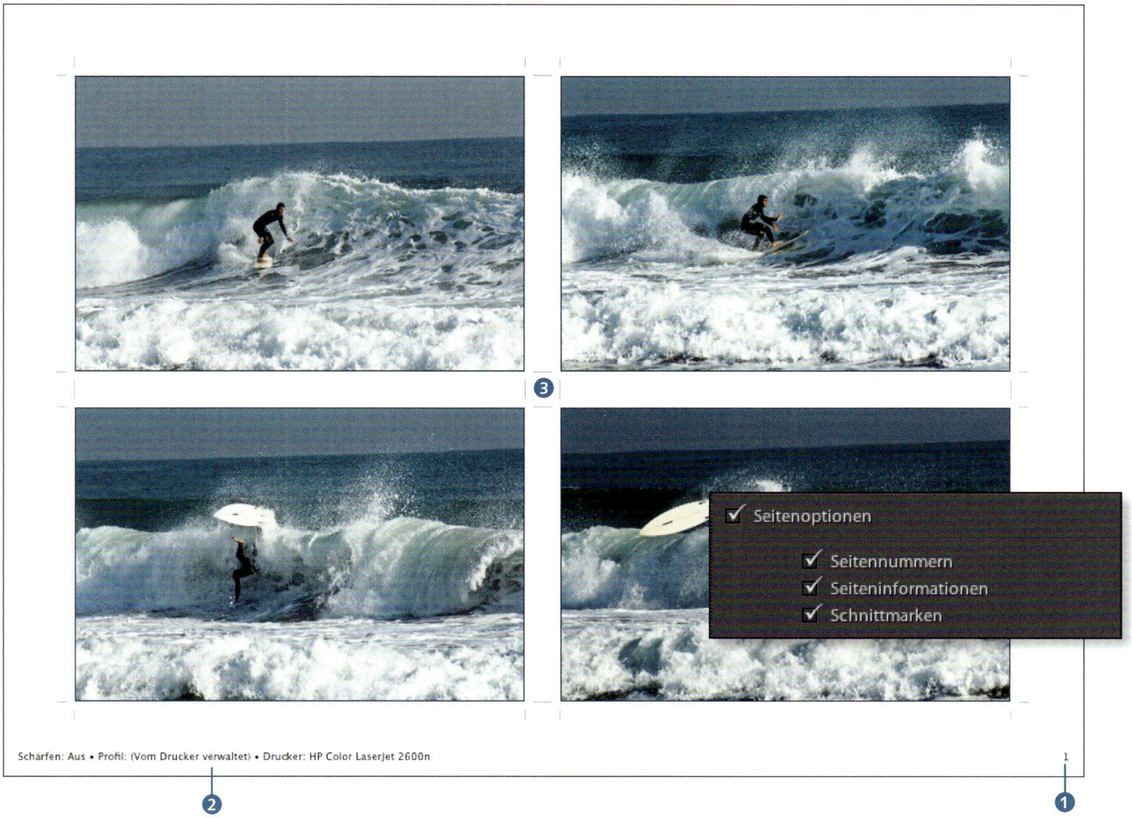

1. **Seitennummern:** Mit dieser Option wird rechts unten auf dem Druckbogen eine Seitennummer gedruckt. Das macht beispielsweise Sinn für Übersichten auf Kontaktbogen (Abb. 12.27).
2. **Seiteninformationen:** Damit können Sie links unten auf der Seite Informationen zu Schärfung, Farbprofil und zum Drucker ausgeben. Dies dient vor allem zur Qualitätsbeurteilung beim Vergleich von Druckvarianten (Abb. 12.27).
3. **Schnittmarken:** Dabei werden kleine Marken an die Zellengrenzen gesetzt. Diese erleichtern beim Beschneiden das Anlegen eines Lineals. Die Marken werden an den Zellengrenzen erstellt, sparen aber den Bereich der Bildinformation so aus, dass nur der Bildbereich beschnitten wird (Abb. 12.27).

Fotoinfo | Wird dieses Kontrollkästchen aktiviert, werden auch unter die einzelnen Bilder zusätzliche Angaben gedruckt. Die Infos werden dabei in die Zelle geschrieben und verkleinern das Bild. Als Standardinformation wird der Dateiname angezeigt. Sie können aber auch andere Metadaten einblenden. Über SCHRIFTGRAD geben Sie die Größe der Fotoinfo an. Klickt man die Größenangabe an, erscheint ein Dropdown-Menü mit diversen Punktgrößen zur Auswahl.

▲ **Abbildung 12.28**
Unter den Bildern können Informationen eingeblendet werden.

Schritt für Schritt: Einblenden von Metainformationen

Wenn Sie eine FOTOINFO einblenden möchten, sollten Sie dafür auf die Metainformationen Ihrer Bilder zurückgreifen. Diese können aus unterschiedlichen Metadatenkategorien und -feldern stammen.

1 Aktivieren der Fotoinfo

Aktivieren Sie im Bedienfeld ÜBERLAGERUNGEN das Kontrollkästchen FOTOINFO. Somit wird der Dateiname unter jedem Bild angezeigt.

2 Ändern der Fotoinfo

Klicken Sie auf den Begriff DATEINAME rechts neben der Kontrollbox zum Aktivieren der Fotoinfo, und wählen Sie aus dem Dropdown-Menü den Punkt BEARBEITEN aus. Klicken Sie im Eingabefeld das platzierte Token DATEINAME an, und löschen Sie es.

Wählen Sie danach aus dem Register mit den Metadaten die gewünschte Metainformation aus und fügen diese über die danebenliegende EINFÜGEN-Schaltfläche in das Feld ein.

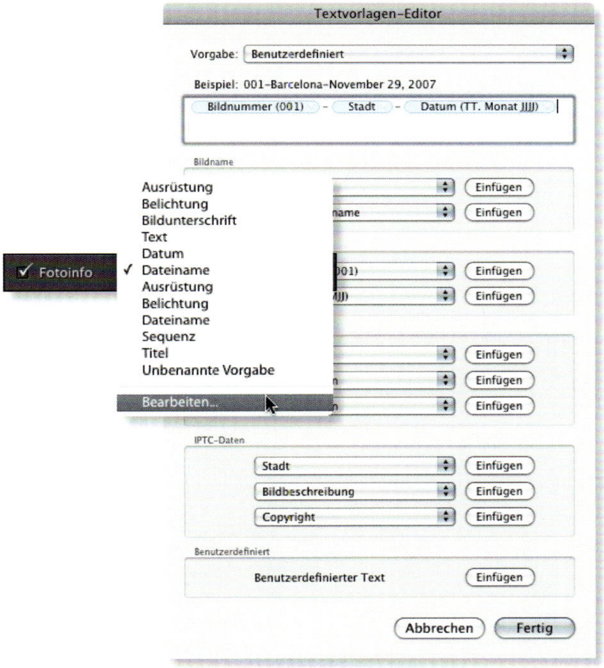

◀ **Abbildung 12.29**
Die FOTOINFO kann über Tokens aus den Metadaten oder aus anderen Informationen zusammengesetzt werden. Sie wird unter jedem Bild platziert. Die Einstellung kann auch als Textvorgabe gespeichert werden.

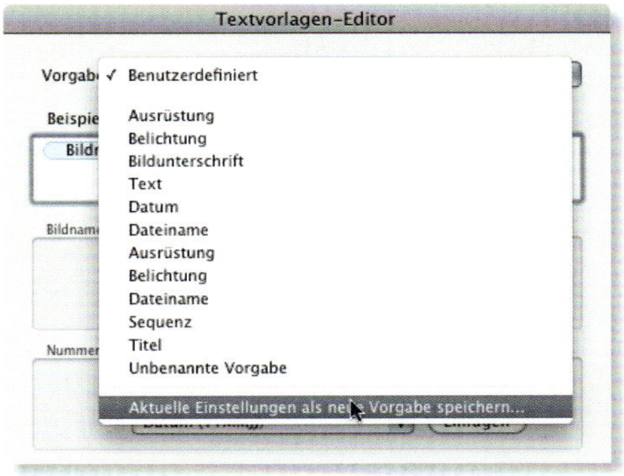

▲ **Abbildung 12.30**
Die Speicherung der FOTOINFO erfolgt über das Dropdown-Menü im Kopf des Dialogfelds.

Sie können auch mehrere Tokens auswählen und diese miteinander kombinieren. Auf Kontaktbogen sollten Sie jedoch nicht zu viele Daten drucken, da diese sonst mehr Platz einnehmen als die Bilder selbst, was der Übersichtlichkeit schadet.

3 Speichern der Einstellung

Wenn Sie diese Einstellung speichern wollen, klicken Sie auf das Dropdown-Menü ganz oben neben VORGABE. Wählen Sie den Punkt AKTUELLE EINSTELLUNGEN ALS NEUE VORGABE SPEICHERN, und vergeben Sie einen Namen für die neue Vorgabe. ■

12.2.4 Bedienfeld »Druckauftrag«

Das Bedienfeld für die Einstellungen des Druckauftrags dient den Einstellungen der Ausgabe und der Druckqualität. Dieses Bedienfeld wird ab Seite 572 näher erläutert.

12.3 Bildpaket

Das Bildpaket dient zum Ausdrucken eines Bildes in unterschiedlichen Größen auf einer Seite. Die Bilder können dabei beliebig auf der Seite verschoben werden. Das Bildpaket eignet sich vor allem für Drucker, die DIN A3 oder größer ausgeben können. Denn dann hat man genügend Spielraum, um unterschiedliche Größen zu generieren. Bei DIN A4 ist man in dieser Beziehung doch eher beschränkt. Interessant ist aber, dass ein Bildpaket für ein Bild aus mehreren Seiten bestehen kann. Das Bildpaket könnte also ein Vorbote zu einer Fotobuch-Funktion sein, die viele Anwender in Lightroom 3 noch vermissen.

Einige der Bedienfelder wie BILDEINSTELLUNGEN und SEITE verhalten sich genauso wie beim Konfigurieren von Kontaktabzügen. Sie werden daher hier nur kurz vorgestellt.

▼ **Abbildung 12.31**
Beispiel eines Bildpaketes, bei dem von einem Bild verschiedene Größen erzeugt werden

12.3.1 Bedienfeld »Bildeinstellungen«

In den BILDEINSTELLUNGEN wird angegeben, wie die Bilder in den Rasterzellen dargestellt werden. Diese Einstellungen verhalten sich ähnlich wie die Einstellungen im Layoutstil EINZELBILD/KONTAKTABZUG.

Zum Füllen zoomen | Dabei wird das Bild so weit gezoomt, dass es den Rahmen komplett ausfüllt. Ein Teil des Bildes kann dabei abgeschnitten werden.

Drehen und einpassen | Wollen Sie ein Bild im Querformat in einen Hochformatrahmen einpassen, kann Lightroom das Bild so drehen, dass es optimal in den Rahmen passt.

◂ **Abbildung 12.32**
Die Bilder können automatisch optimal an die Rahmen angepasst werden.

Fotorand | Dieser Schieberegler erzeugt einen Rahmen innerhalb der Bildzelle. Aktivieren Sie dazu das Kontrollkästchen, und verschieben Sie dann den Regler. Der Rand ist auf allen Seiten gleich dick und kann in der Farbe leider nicht geändert werden.

Kontur innen | Eine Kontur wird innerhalb des Bildrands erstellt und verkleinert somit den sichtbaren Bereich des Bildes. Dies gilt auch, wenn bereits ein Fotorand erstellt wurde. Die Kontur wird dann innen zusätzlich zum Fotorand generiert. Anders als der Fotorand, kann die Kontur eine eigene Farbe besitzen.

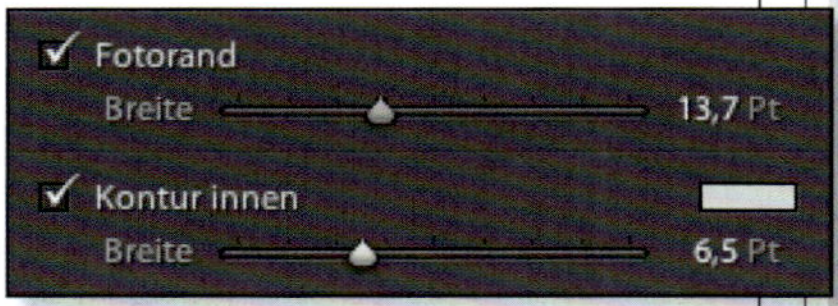

Abbildung 12.33 ▸
Bilder können mit einem weißen Fotorand und einer zusätzlichen Kontur versehen werden.

12.3.2 Bedienfeld »Lineale, Raster und Hilfslinien«

Zur besseren Platzierung der Bilder können, wie auch beim Kontaktabzug, Hilfsobjekte eingeblendet werden. Da sich die Rahmen im Bildpaket beliebig auf der Seite verschieben lassen, gibt es im Bildpaket zusätzlich ein Raster.

Linealeinheit | Durch das Anklicken der aktuellen Einheit öffnet sich ein Dropdown-Menü zum Umstellen der Maßeinheit.

▴ Abbildung 12.34
Dropdown-Menü zur Ausrichtung an einem Raster.

Rasterausrichtung | Der Rasterabstand von 2,5 mm kann nicht geändert werden, er reicht aber aus. Über das Dropdown-Menü RASTERAUSRICHTUNG können Sie angeben, ob das Raster magnetisch sein soll. Stellen Sie das Dropdown-Menü auf den Punkt ZELLEN, ist nicht das Raster, sondern die Zellengrenzen sind magnetisch ❷. Dabei werden die verlängerten Begrenzungen einer Bildzelle magnetisch. Dies ist vor allem dann eine Hilfe, wenn man nicht nach dem Raster arbeiten will, aber die Bilder zueinander ausrichten möchte. Natürlich haben Sie auch die Möglichkeit, die magnetischen Zellen und das Raster auszuschalten.

Hilfslinien einblenden | Mit diesem Kontrollkästchen schalten Sie die Darstellung aller aktivierten Hilfsobjekte ein oder aus. Die untergeordneten Kontrollkästchen aktivieren dann die einzelnen Elemente.

1. **Lineale:** Blendet die Lineale im Ansichtsfenster ein.
2. **Seitenanschnitt:** Zeigt den nicht druckbaren Bereich der Seite als hellgrauen Rahmen an. Die Breite ist vom Druckertreiber abhängig.
3. **Seitenraster:** Zeigt das Seitenraster an.
4. **Bildzellen:** Zeigt eine schwarze Umrandung um das Bild an.
5. **Abmessungen:** Aktiviert die Anzeige der Bildgröße. Dabei wird die Abmessung der Zelle angegeben. Der Fotorand und die Kontur zählen zum Bild.

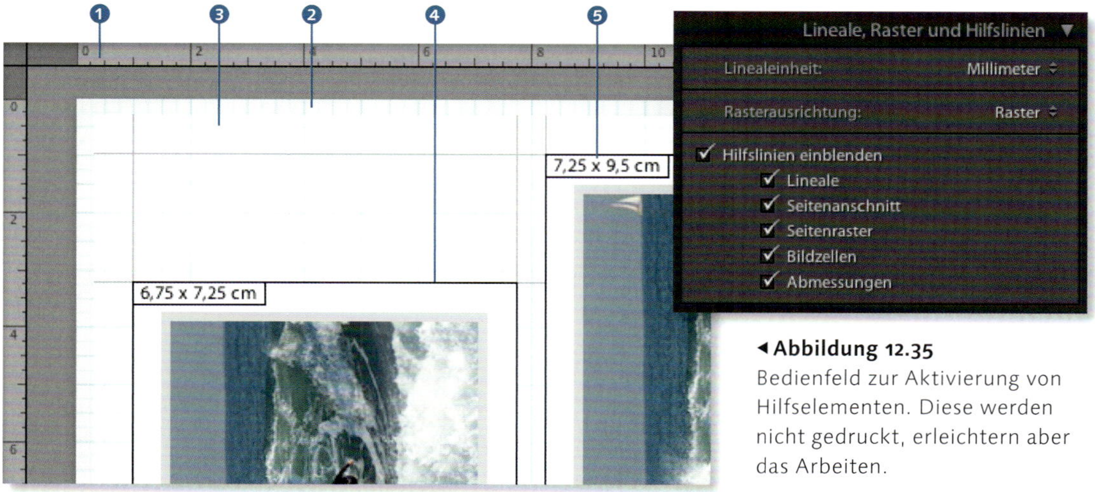

◂ **Abbildung 12.35**
Bedienfeld zur Aktivierung von Hilfselementen. Diese werden nicht gedruckt, erleichtern aber das Arbeiten.

12.3.3 Bedienfeld »Zellen«

Dies ist das Kernbedienfeld des Bildpakets. Mit dessen Hilfe erstellen Sie neue Zellen auf der Seite. Lightroom bietet sechs voreingestellte Zellengrößen, zu denen Sie eigene Größen hinzufügen können. Diese werden nicht als Tasten angezeigt, können aber durch Klicken auf das Dreieck neben der jeweiligen Taste in ein Dropdown-Menü eingefügt werden.

Wählen Sie dazu den Punkt Bearbeiten aus, und geben Sie in das Dialogfeld die gewünschte Größe ein. Die neue Größe ist aber nur bei der Taste verfügbar, bei der Sie die neuen Abmessungen angegeben haben. Sie können pro Taste immer nur eine zusätzliche Größe angeben.

▴ **Abbildung 12.36**
Den Tasten können eigene Größen hinzugefügt werden.

Dem Paket hinzufügen | In dieser Parametergruppe können Sie neue Rahmen auf der Seite platzieren. Reicht der Platz nicht mehr aus, wird automatisch eine neue Seite generiert. Sie können aber auch durch Drücken der Schaltfläche NEUE SEITE eine leere Seite hinzufügen.

▼ Abbildung 12.37
Passen nicht alle Rahmen auf eine Seite, wird automatisch eine neue Seite erstellt.

Um Rahmen auf einer Seite mit möglichst wenig Verschnitt zu verteilen, können Sie die Taste AUTO-LAYOUT drücken. Dadurch werden alle Bilder auf der Seite optimal, aber nicht unbedingt schön verteilt.

Ein komplettes Layout können Sie mit Hilfe der Taste LAYOUT LÖSCHEN zurücksetzen. Sie erhalten dann eine leere Seite.

Achtung

Nicht alle Arbeitsschritte des Bedienfeldes ZELLEN lassen sich rückgängig machen. Dazu zählen auch die Befehle AUTO-LAYOUT und LAYOUT LÖSCHEN.

Ausgewählte Zelle anpassen | Sie müssen sich aber nicht unbedingt an die Größenvorgaben halten. Sie können jede Bildzelle auswählen und skalieren. Dies können Sie über die Schieberegler oder direkt am Rahmen der Zelle erledigen. Dazu müssen Sie nur eines der Kästchen am Markierungsrahmen mit gedrücker Maustaste verschieben. Halten Sie die [↑]-Taste gedrückt, wird der Rahmen proportional skaliert. Die Zelle kann zum Zentrum hin skaliert werden, wenn Sie die [Alt]-Taste gedrückt halten.

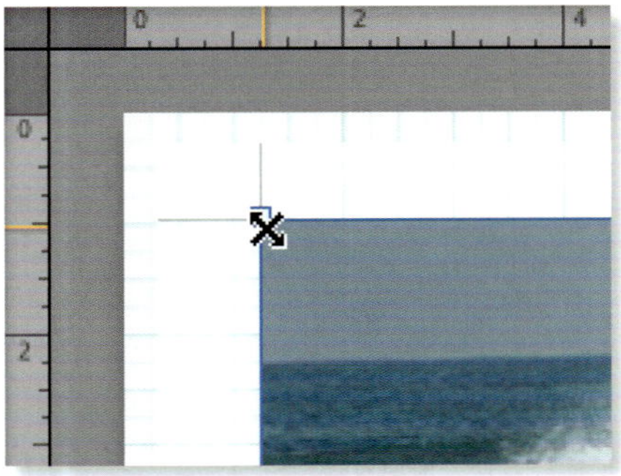

Abbildung 12.38 ▶
Die Zellen können skaliert werden, indem man einen Rahmen anklickt und dann die Kästchen an den Kanten verschiebt.

Die Bildzellen können auch verschoben werden. Dazu halten Sie in einer Zelle einfach die Maustaste gedrückt und verschieben dann das Bild. Ist die Ausrichtung am Raster aktiviert, so springt die Zelle mit dem Bild von Rasterpunkt zu Rasterpunkt.

▲ **Abbildung 12.39**
Durch Anklicken dieses Symbols können Sie eine Seite löschen.

12.3.4 Bedienfeld »Seite«

Im Bildpaket können Sie im Gegensatz zum Kontaktbogen nur eine Erkennungstafel, ein Wasserzeichen und Schnittmarkierungen auf der Seite platzieren. Die Darstellung einer Fotoinfo ist nicht möglich.

Die Konfiguration der Überlagerungen funktioniert mit den gleichen Parametern wie beim Kontaktabzug. Nähere Erläuterungen zu deren Handhabung finden Sie auf Seite 550.

▲ **Abbildung 12.40**
Dieses Symbol zeigt überlappende Zellen an.

12.4 Benutzerdefiniertes Bildpaket

Neu in Lightroom 3 Lr

Im Unterschied zum normalen Bildpaket können in den Zellen des benutzerdefinierten Bildpakets beliebig viele Bilder platziert werden. Damit lassen sich auch einfachere Fotobücher oder Präsentationsmappen erstellen. Die Parameter entsprechen nahezu denen des Bildpakets. In diesem Abschnitt werden deshalb nur die Unterschiede zum einfachen Bildpaket erläutert.

12.4.1 Bedienfeld »Bildeinstellungen«

In den Bildeinstellungen wird angegeben, wie die Bilder in den Rasterzellen dargestellt werden. Diese Einstellungen verhalten sich analog zu den Einstellungen des Layoutstils Einzelbild/Kontaktabzug.

Der einzige Unterschied besteht darin, dass das Kontrollkästchen Zum Zoomen füllen nicht vorhanden ist. Dieses wird hier nicht benötigt, da jedes Bild individuell angepasst werden muss.

Die Beschreibung der anderen Einstellungen finden Sie auf Seite 550.

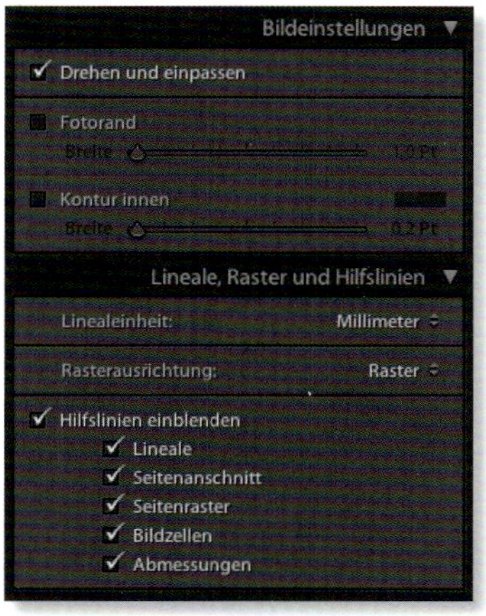

▲ **Abbildung 12.41**
Bedienfelder Bildeinstellungen und Lineale, Raster und Hilfslinien

12.4.2 Bedienfeld »Lineale, Raster und Hilfslinien«

Ein Raster erleichtert das Ausrichten von Objekten. Dieses ist beim benutzerdefiniertem Bildpaket besonders hilfreich. So lassen sich sauber gestaltete Layouts mit vielen Bildern anlegen, ohne dass Zwischenräume und Abstände variieren. Da die Parameter denen des »einfachen« Bildpakets ähneln, sind hier nicht extra erklärt. Die Beschreibung der Einstellungen finden Sie daher auf Seite 566.

12.4.3 Bedienfeld »Zellen«

In diesem Bedienfeld finden Sie Schaltflächen mit vorgegebenen Zellgrößen, die Sie auch nach Ihren Wünschen anpassen können. Dies ermöglicht Ihnen, bereits mit einer Auswahl an vorgefertigten Zellen, schnell flexible Layouts zu erstellen. Mehr Informationen zum Anpassen der Zellvorgaben finden Sie auf Seite 567.

Zusätzlich können Sie hier über die Taste NEUE SEITE weitere Seiten hinzufügen. Die Taste LAYOUT LÖSCHEN entfernt nicht nur eine Seite, sondern das gesamte Layout mit allen Seiten.

Auf Foto-Seitenverhältnis sperren | Mit diesem Kontrollkästchen werden alle Zellen an das Seitenverhältnis des Bildes angepasst. Da diese Änderung auf alle platzierten Bilder angewendet wird, verändert sich das Layout eventuell signifikant.

▼ Abbildung 12.42
Werden alle Zellen auf das Foto-Seitenverhältnis angepasst, ändert sich das Layout eventuell signifikant.

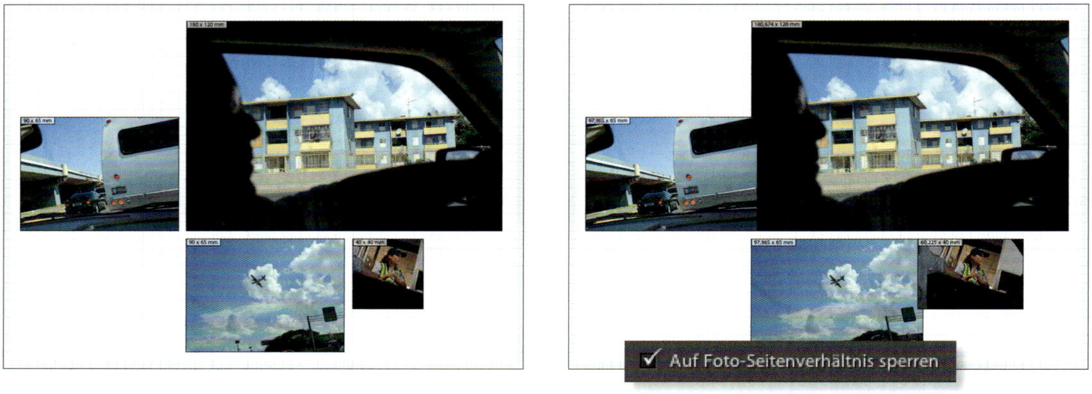

Nur einzelne Zellen an Seitenverhältnis anpassen | Sie können aber auch nur eine einzelne Zelle an das Seitenverhältnis anpassen. Dazu klicken Sie mit der rechten Maustaste auf ein Bild und wählen aus dem Kontextmenü den Befehl FOTO-SEITENVERHÄLTNIS ABGLEICHEN.

Abbildung 12.43 ▸
Einzelne Zellen passen Sie über das Kontextmenü an das Foto-Seitenverhältnis an.

12.4.4 Bedienfeld »Seite«

Auch im benutzerdefinierten Bildpaket können Sie nur eine Erkennungstafel auf der Seite platzieren. Diese kann, wie in den anderen Layoutstilen, beispielsweise auch als große Hintergrundgrafik als Schmuckelement platziert werden. Sie wird aber immer nur auf einer Seite, normalerweise der ersten angezeigt. Sie können diese allerdings auch auf andere Seiten schieben.

Die Konfiguration der Überlagerungen funktioniert mit den gleichen Parametern wie beim Kontaktabzug. Nähere Erläuterungen zu deren Handhabung finden Sie auf Seite 550.

▲ **Abbildung 12.44**
Bedienfeld Seite

12.4.5 Platzierungshilfen für Zellen

Über das Kontextmenü, das sich per Rechtsklick auf eine Zelle öffnet, erhalten Sie Zugriff auf Optionen, die Ihnen die Platzierung einzelner Zellen erleichtern (siehe Abbildung 12.43).

- **In den Hintergrund:** Liegen mehrere Bilder übereinander, wird damit das angeklickte Bild hinter alle anderen Bilder gelegt.
- **Schrittweise rückwärts:** Legt das Bild hinter ein darunterliegendes Foto.
- **Schrittweise vorwärts:** Legt ein Bild vor ein darüberliegendes Foto. Dazu muss das Bild jedoch an einer Stelle sichtbar sein, da es ansonsten nicht ausgewählt werden kann.
- **In den Vordergrund:** Bewegt ein weiter hinten liegendes Bild ganz nach vorn.
- **Zelle drehen:** Dreht eine Zelle und somit das Bild in 90°-Schritten gegen den Uhrzeigersinn.
- **Zelle löschen:** Löscht eine Zelle und somit auch das Bild von der Seite.
- **Foto-Seitenverhältnis abgleichen:** Passt die Zelle an das Seitenverhältnis des Bildes an.

▼ **Abbildung 12.45**
Verankerte Bilder werden auf allen Seiten angezeigt.

- **Zelle verankern:** Wird eine Zelle verankert, wird sie auf allen Seiten dargestellt. Auf diese Weise lassen sich Hintergrundbilder konfigurieren. Der Menüpunkt eines verankerten Bildes ändert sich dann zu VERANKERUNG DER ZELLE AUFHEBEN. Mit diesem Befehl wird das Bild dann nur noch auf der Seite angezeigt, auf der es ursprünglich platziert wurde.

12.5 Der Druckauftrag

Das letzte Bedienfeld im Drucken-Modul ist für die Konfiguration des Druckauftrags an sich zuständig. Die Einstellungen, die Sie dabei in Lightroom vornehmen, sind unabhängig von Ihrem verwendeten Drucker und Druckertreiber.

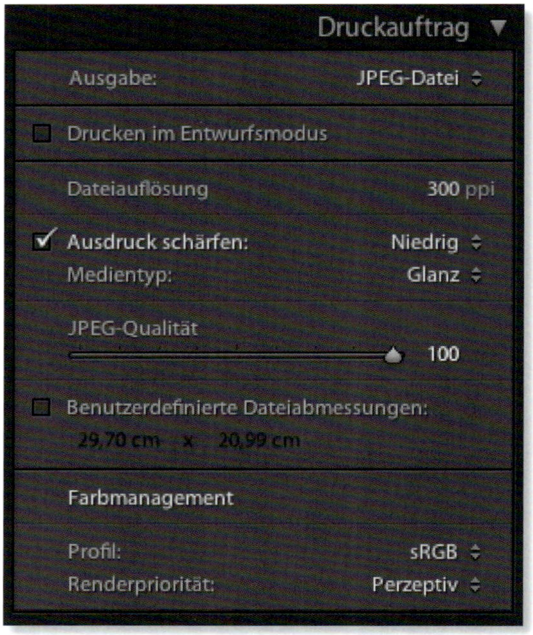

Abbildung 12.46 ▲▶
Das Bedienfeld DRUCKAUFTRAG: links mit der Option für den Druck und rechts mit der Möglichkeit, den Druckauftrag in eine JPEG-Datei zu schreiben

Neu in Lightroom 3 Lr

Ausgabe | Normalerweise will man die Seiten, die man im Drucken-Modul erstellt hat, auch ausdrucken. Es gibt aber Situationen, in denen man beispielsweise den Kontaktabzug per E-Mail versenden möchte, um den Kunden oder Freunden eine Bildauswahl für die Nachbestellung von Abzügen zu ermöglichen. Auch das Drucken der frei gestalteten Seiten bei einem Fineart-Dienstleister erfordert einen Export. In diesem Fall kann man über das Dropdown-Menü alternativ die Seiten als JPEG-DATEI speichern. Ist hier JPEG-DATEI aktiv, verändert sich auch das Bedienfeld.

Drucken im Entwurfsmodus | In diesem Modus werden die zwischengespeicherten Standardvorschauen gedruckt. Liegen solche nicht vor, sendet das Programm einfach die Miniaturbilder an den Drucker. Miniaturbilder besitzen eine geringere Auflösung und werden deshalb oft schlechter dargestellt. Das Farbmanagement und andere Parameter des Bedienfeldes werden bei dieser Option deaktiviert.

TIPP

Die richtige Auflösung ist abhängig vom Betrachtungsabstand. Geht man bei Bildern im Format bis DIN A3 von 240 bis 300 ppi (Pixel per Inch) aus, so reichen bei DIN A2 auch 200 ppi und bei DIN A1 oder größer 144 ppi und weniger. An einer Wand aufgehängte Fotos werden grundsätzlich mit einem größeren Abstand betrachtet als Broschüren, einfache Abzüge oder andere Drucksachen und benötigen daher nicht die höchste Auflösung.

Druckauflösung | Die Option, um die Auflösung eines Bildes für den Druck festzulegen, hat nichts mit der Auflösung Ihres Druckers zu tun. Ist die Option aktiviert, wird das Bild auf die angegebene Auflösung umgerechnet. Ist diese Option deaktiviert, wird die Originalgröße des Bildes an den Drucker geschickt.

Beim Speichern als JPEG-Datei kann diese Option (DATEIAUFLÖSUNG) nicht deaktiviert werden. Es muss immer eine Auflösung gewählt werden. Dies ist einleuchtend, denn während die Bilder auf dem Drucker je nach der gedruckten Größe eine unterschiedlichen Auflösung besitzen können, benötigt eine JPEG-Datei eine einheitliche Auflösung.

Ausdruck schärfen | Die für den Druck umgerechneten Bilder können auch noch nachgeschärft werden. Ob eine Schärfung infrage kommt und welche der drei Stufen für den Druck optimal ist, müssen Sie mit Ihrem Drucker austesten. Der Scharfzeichnungsalgorithmus schärft das Bild abhängig vom Papiertyp. Über das Dropdown-Menü MEDIENTYP haben Sie die Wahl zwischen MATT und GLANZ.

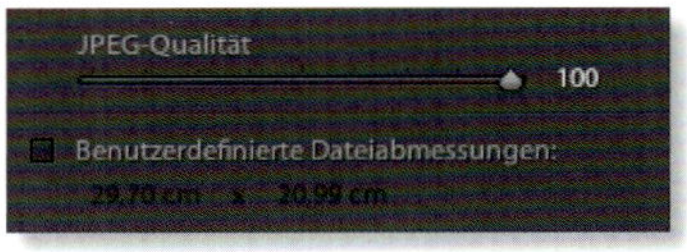

▲ **Abbildung 12.47**
Diese Parameter sind nur sichtbar, wenn der Druckauftrag als JPEG-Datei gespeichert wird.

16-Bit-Ausgabe (nur Mac OS X) | Gedruckte Verläufe können Farb- und Helligkeitssprünge aufweisen. Dies liegt an der beschränkten Anzahl der möglichen Farbabstufungen bei 8 Bit. Um dies zu vermeiden, können Sie die Option 16 Bit aktivieren. Wird dies von Ihrem Drucker nicht unterstützt, verlängert sich zwar die Druckdauer, gedruckt wird das Bild aber nur in 8 Bit.

JPEG-Qualität | Diese Option ist nur verfügbar, wenn Sie eine JPEG-Datei erzeugen. Hier können Sie über einen Schieberegler die Qualität bzw. die Kompressionsrate wählen.

Benutzerdefinierte Dateiabmessungen | Diese Option ist ebenfalls nur beim Speichern als JPEG verfügbar. Dadurch können Sie die Abmessungen der JPEG-Datei anders angeben, als es in den Seiteneinstellungen für den Druckauftrag eingestellt ist.

ACHTUNG

Wenn Sie in Lightroom ein Farbprofil auswählen, müssen Sie in den Einstellungen Ihres Druckertreibers das druckereigene Farbmanagement deaktivieren.

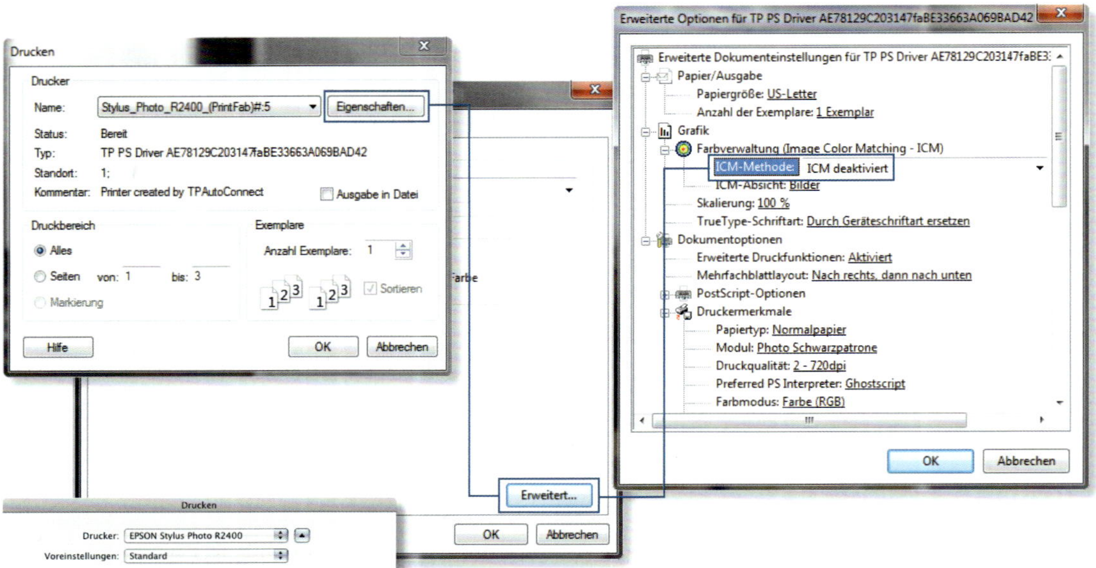

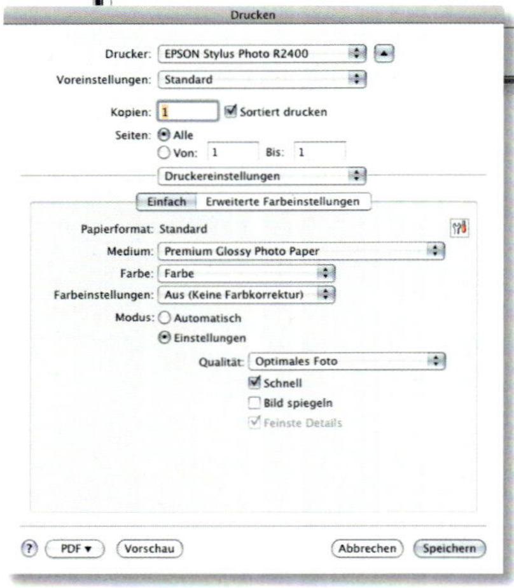

▲ **Abbildung 12.48**
Der Drucken-Dialog ist je nach Drucker und Betriebssystem unterschiedlich. Bis man darin das druckereigene Farbmanagement deaktivieren kann, sind unter Windows oft mehrere Klicks nötig.

◂ **Abbildung 12.49**
Unter Mac OS X ist der Dialog für das Farbmanagement direkt über den Drucken-Dialog zugänglich, allerdings ist es vom Druckertreiber abhängig, wo er sich befindet (links).

Farbmanagement | In diesem Abschnitt können Sie ein Farbprofil auswählen. Dieses sollte auf Ihren Drucker und auf das verwendete Papier abgestimmt sein. Jeder Druckerhersteller hat zumindest für seine eigenen Papiere entsprechende Farbprofile, die bei der Einrichtung des Druckers mitinstalliert werden. Viele Papierhersteller bieten ebenfalls Farbprofile für die eigenen Papiere an, die in der Regel auf die Drucker der führenden Druckerhersteller kalibriert sind.

- **Profil:** Die Liste der Farbprofile kann sehr lang und unübersichtlich sein, und es werden hier nicht alle Profile sofort angezeigt. Man muss sie der Liste zuerst manuell zuordnen. Dazu klicken Sie auf die kleinen Pfeile neben dem Begriff Profil und wählen den Punkt Andere. Aus der erscheinenden Auswahl können Sie dann die wichtigsten Profile heraussuchen und durch Aktivieren des jeweiligen Kontrollkästchens der Profilliste zuordnen. Alle aktiven Farbprofile stehen im Profil-Dropdown-Menü zur Auswahl bereit.

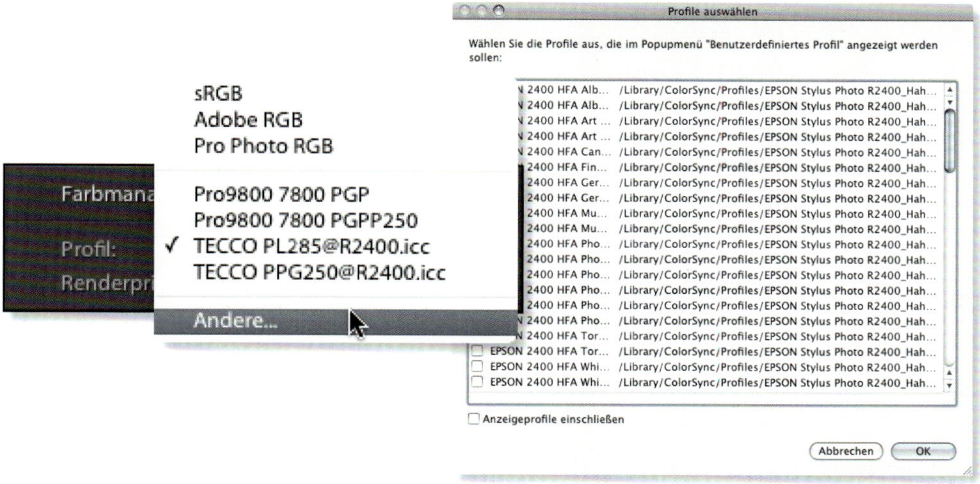

▲ **Abbildung 12.50**
Profile müssen zuerst hinzugefügt werden. Dadurch behält man die Übersicht über die Vielzahl der Profile, aus der man vielleicht nur wenige benötigt.

- **Renderpriorität:** Hier stellen Sie das Umrechnungsverfahren zwischen den Farbprofilen des Programms und den Profilen des Druckers ein. Mehr zu den dabei gültigen Renderprioritäten erfahren Sie auf Seite 75.

Seite einrichten | Diese Schaltfläche befindet sich am Ende der linken Bedienfeldpalette. Sie ermöglicht die Einstellung der Seite für den Druck, bestimmt aber auch deren Darstellung im Ansichtsfenster. Das Drucklayout richtet sich nach der hier angegebenen Seitengröße und Ausrichtung. Die hier gemachten Einstellungen werden auch in Vorlagen und Sammlungen mitgespeichert.

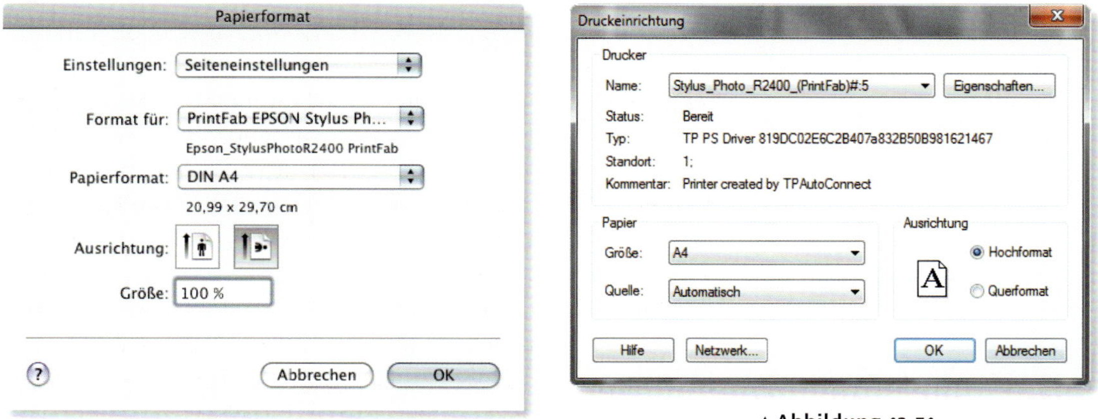

▲ **Abbildung 12.51**
Die Dialoge zum Einstellen des Seitenformats und der Ausrichtung unter Windows 7 und Mac OS X

Druckeinstellungen (nur Mac OS X) | Neben der Schaltfläche SEITE EINRICHTEN befindet sich unter Mac OS X noch eine weitere, mit der Sie die Druckereinstellungen vornehmen können, ohne den Auftrag an den Drucker zu schicken. Stellen Sie diese zusammen mit den Seiteneinstellungen ein, brauchen Sie später nur auf die Schaltfläche EINE AUSGABE DRUCKEN klicken. Der Druckauftrag wird dann sofort ohne Drucken-Dialog ausgeführt. Unter Windows erreichen Sie die Druckeinstellungen auch aus dem SEITE EINRICHTEN-Dialog heraus. Somit ist kein eigener Druckeinstellungsdialog erforderlich.

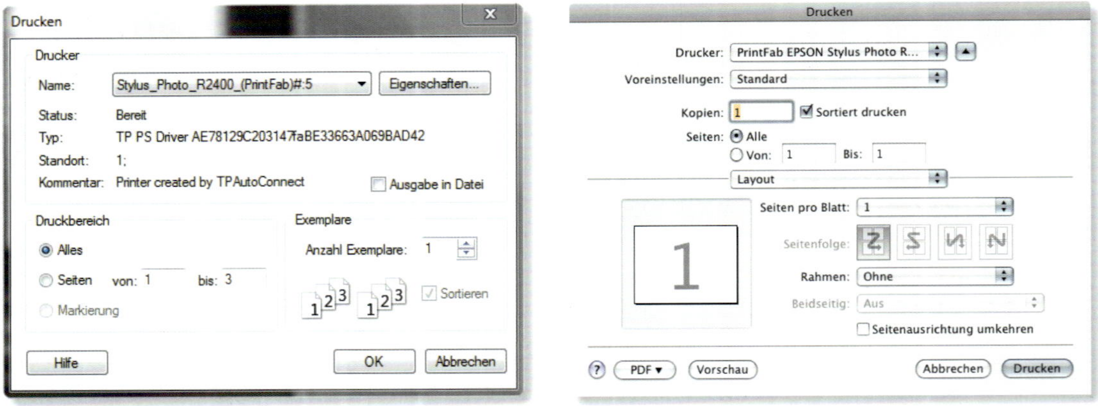

▲ **Abbildung 12.52**
Die Basiseinstellungen der Drucken-Dialoge von Windows 7 und Mac OS X.

Eine Ausgabe drucken | Diese Schaltfläche am Ende der rechten Bedienfeldpalette startet sofort den Druckauftrag, ohne vorher noch einen Dialog zur Konfiguration des Druckers durchzuführen.

Drucken | Klickt man auf die DRUCKEN-Schaltfläche, so wird der Drucken-Dialog des jeweiligen Betriebssystems geöffnet. Die Einstellungen sind abhängig vom Druckertreiber. Nach dem Beenden mit der OK-Schaltfläche wird der Druckauftrag gestartet.

12.6 Die Drucken-Werkzeugleiste

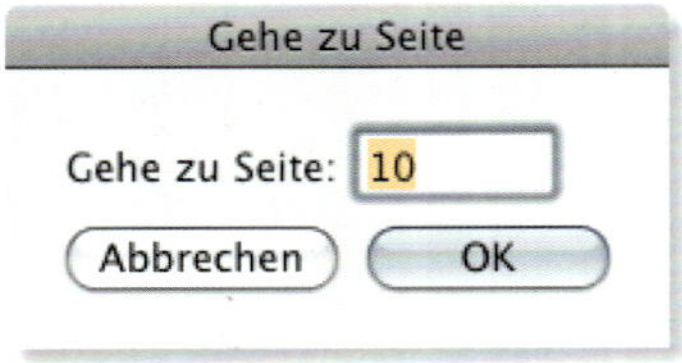

▲ **Abbildung 12.53**
Durch Klicken in das Statusfeld der Seitenzahl können Sie direkt zu den gewünschten Seiten blättern.

Die Werkzeugleiste stellt Ihnen im Drucken-Modul nur wenige Funktionen zur Verfügung.

Ist mehr als eine Seite zum Drucken vorhanden, können Sie über die Pfeiltasten VORHERIGE SEITE ANZEIGEN ❷ und NÄCHSTE SEITE ANZEIGEN ❸ durch die Seiten blättern. Die aktuelle Seitenzahl wird Ihnen rechts ❻ angezeigt. Klicken Sie in das Anzeigefeld, so können Sie über ein Dialogfeld direkt einzelne Seiten ansteuern.

Durch Drücken auf das Quadrat ERSTE SEITE ANZEIGEN ❶ neben den Pfeiltasten gelangen Sie auf die erste Seite zurück.

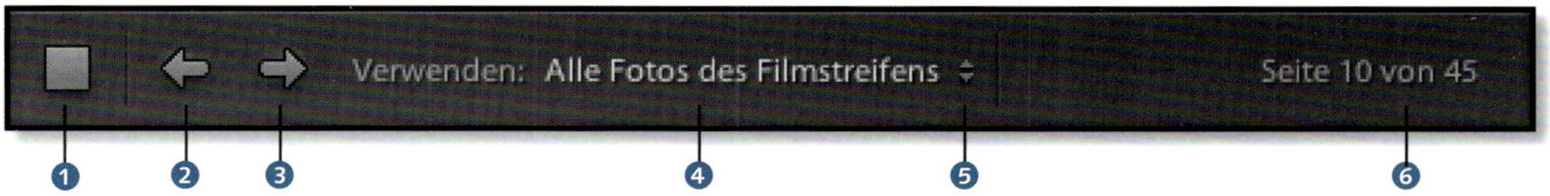

Über das VERWENDEN-Dropdown ❹ können Sie angeben, ob nur ausgewählte, nur als markiert gekennzeichnete oder ob alle Fotos des Filmstreifens in das Drucklayout übernommen werden sollen. Je nach gewählter Option in Kombination mit dem Drucklayout schwankt die Gesamtanzahl der Seiten.

▲ **Abbildung 12.54**
Die Werkzeugleiste des Drucken-Moduls

12.7 Arbeiten mit Vorlagen und Drucksammlungen

Es empfiehlt sich, dass Sie Ihre Drucklayouts einmal zusammenstellen und dann immer wieder verwenden. Dazu können Sie sie als Vorgaben speichern und wieder laden. Sammlungen speichern zu den Voreinstellungen auch noch die Bildauswahl mit. Beide Funktionen finden Sie in der linken Bedienfeldpalette.

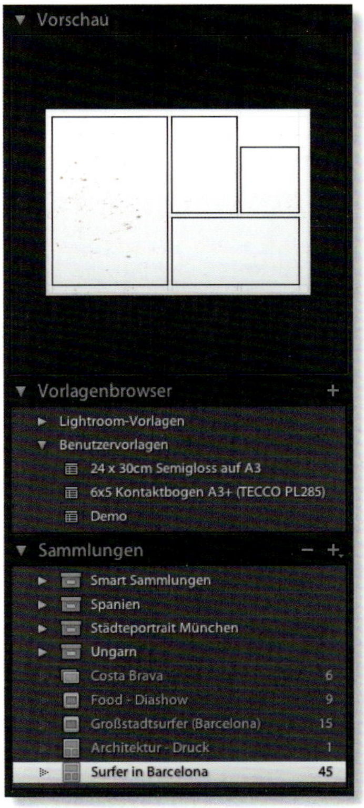

▲ **Abbildung 12.56**
Die linke Bedienfeldpalette dient zum Speichern und Verwalten von Vorlagen und Drucksammlungen.

12.7.1 Vorlagen

Im VORSCHAU-Bedienfeld sehen Sie eine Vorschau, sobald Sie sich mit der Maus über eine Vorlage bewegen. Im Vorlagenbrowser wählen Sie aus bereits gespeicherten Vorlagen aus. Dabei werden alle Einstellungen der Bedienfelder auf der rechten Seite übernommen. Die Vorlagen können Sie auch in Unterordnern verwalten – etwa für verschiedene Kontaktabzugtypen und für nach Format abgestimmte Einzelabzugvorlagen.

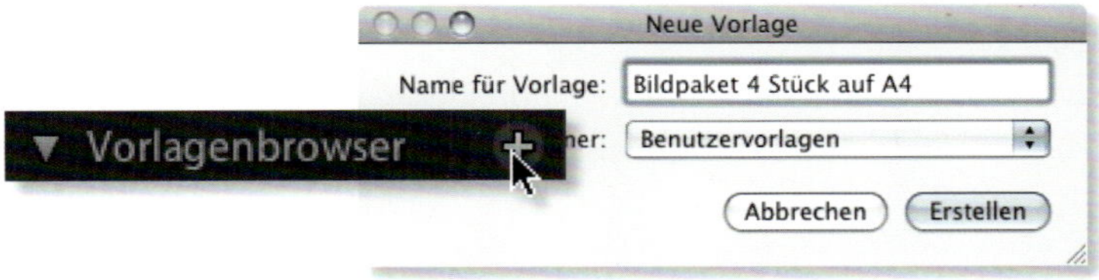

▲ **Abbildung 10.55**
Über die »Hinzufügen«-Schaltfläche können Sie neue Vorlagen erstellen. Diese können auch in Unterordnern abgelegt werden.

Haben Sie bereits ein Drucklayout entworfen und wollen darauf zurückgreifen, klicken Sie auf die +-Schaltfläche nebem dem Begriff VORLAGENBROWSER.

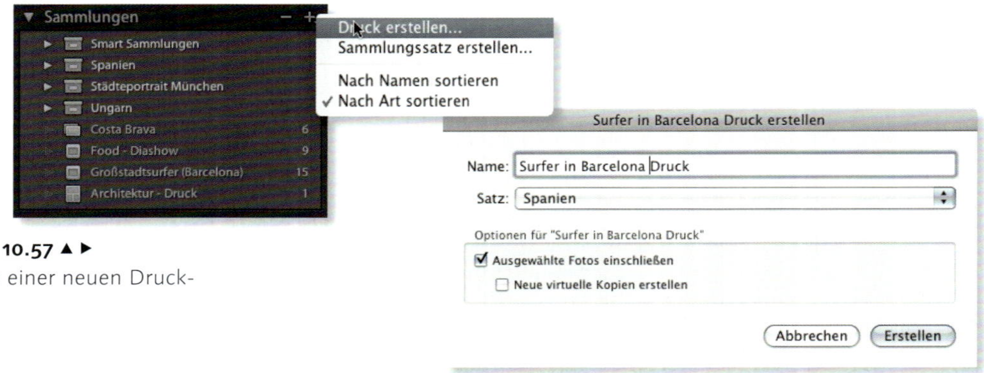

Abbildung 10.57 ▲ ▶
Hinzufügen einer neuen Drucksammlung

Tragen Sie im Dialogfeld einen Namen ein. Im Dropdown-Menü darunter können Sie einen Ordner auswählen. Wenn Sie für die Vorgabe einen neuen Ordner erstellen wollen, wählen Sie den Menüpunkt Neuer Ordner mit einem beliebigen Namen. Die Vorgabe wird dann in diesem Ordner erstellt.

Um eine Vorlage einem Drucklayout zuzuweisen, klicken Sie einfach auf ihren Namen. Die Vorlage wird dann für die angezeigten Bilder verwendet.

Das Bearbeiten, Aktualisieren und Ordnen der Druckvorlagen funktioniert genauso wie bei den Vorlagen im Modul Diashow. Genauere Informationen dazu erhalten Sie ab Seite 531.

12.7.2 Drucksammlungen

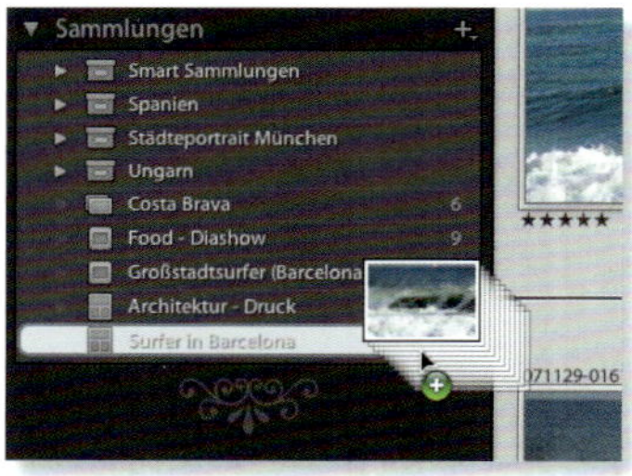

▲ **Abbildung 10.58**
Die Sammlung kann mit weiteren Bildern ergänzt werden. Das kann man von jedem Modul aus erledigen.

In der Drucksammlung werden nicht nur die Layouteinstellungen gespeichert, sondern, was viel wichtiger ist, auch eine Bildauswahl. Um eine Drucksammlung zu speichern, klicken Sie auf das +-Symbol neben dem linken Bedienfeld Sammlungen und wählen aus dem Dropdown den Punkt Druck erstellen. Vergeben Sie dann einen Namen für die Drucksammlung.

Die hinzugefügten Bilder können Sie dem Druck auch als virtuelle Kopien zuordnen. Das hat den Vorteil, dass Sie diesen Bildern eigene Entwicklungseinstellungen zuweisen können, ohne die Originale zu beeinflussen.

Solange die Drucksammlung im Bedienfeld ausgewählt ist, werden alle Einstellungen, die im rechten Bedienfeld vorgenommen werden, in der Sammlung gespeichert.

Neue Bilder können einfach per Drag & Drop zur Sammlung hinzugefügt werden. Dies kann aus jeder anderen Sammlung oder aus einem Ordner erfolgen. Virtuelle Kopien müssen Sie dann aber vorher erstellen.

Nähere Informationen und eine genauere Beschreibung zum Erstellen und Verwalten von Sammlungen für die Ausgabemodule erhalten Sie auf Seite 580.

Workshops: Drucken

Das Drucken-Modul eignet sich recht gut zum Drucken von Kontaktbogen und Bildpaketen. Mit der Version 3 von Lightroom lassen sich nun auch mehrere Bilder beliebig auf einer Seite platzieren. Komplexe Fotobücher lassen sich so zwar noch nicht erstellen, einfache und ansprechende Layouts aber durchaus. Dieses Kapitel enthält zwei Workshops:

- **Triptychon mit Hintergrundbild:** In diesem Workshop werden Sie lernen, wie Sie mit einem Trick auch anspruchsvolle Einzelseiten mit einem Hintergrund erstellen.
- **Doppelseite für ein Fotobuch:** Sie erfahren hier, wie Sie mehrere Bilder mit unterschiedlichen Formaten auf einer Seite platzieren und an einem Raster ausrichten. Auf diese Weise können Sie ein einfaches Fotobuch-Layout erstellen.

Triptychon mit Hintergrundbild

Das dreispaltige Bild wird als Kontaktbogen angelegt und mit einer Grafik hinterlegt. Das Zauberwort heißt auch hier Erkennungstafel. Wie im Workshop für das Diashow-Modul verwenden Sie hier eine eigens angefertigte Erkennungstafel, die Sie hinter den Bildern platzieren. Entscheidend ist nur, dass Ihr Drucker randlos drucken kann, denn sonst entsteht im Druckergebnis immer ein weißer Rand, den Sie anschließend etwas mühsam wegschneiden müssen.

Für dieses Beispiel wurde in Photoshop ein Hintergrund in der Größe DIN A3 erstellt und als JPEG-Datei abgespeichert. Diese Vorlage kann aber auch für DIN-A4-Ausdrucke verwendet werden.

Ein solches Layout könnte auch als benutzerdefiniertes Bildpaket angelegt werden – so wie das Layout im zweiten Workshop. Aber ich möchte Ihnen hier zeigen, dass Sie auch ans Ziel gelangen können, wenn Sie ein wenig um die Ecke denken.

▲ **Abbildung 1**
Dieses Triptychon ist das Ziel des ersten Workshops.

Schritt für Schritt: Drucken-Sammlung erstellen

Bevor Sie mit der Konfiguration der Seiten beginnen können, müssen Sie die Bilder auswählen, die gedruckt werden sollen. Am besten speichern Sie diese dann als Drucken-Sammlung ab. So können Sie die Abzüge immer wieder nachdrucken.

1 Leere Drucken-Sammlung erstellen

Sie können natürlich einfach einen Ordner auswählen und in das Drucken-Modul wechseln. Alle Bilder werden dort angezeigt, und Sie können beispielsweise nur die besten in der Sammlung speichern. Verwenden Sie aber Bilder aus mehreren unterschiedlichen Ordnern, so ist es einfacher, erst die Sammlung zu erstellen und dann alle Bilder darin zu sammeln. Da es sich um eine Drucken-Sammlung handelt, müssen Sie sich im Drucken-Modul befinden, um diese zu erstellen.

Wechseln Sie daher in das Drucken-Modul, und erzeugen Sie eine leere Sammlung unter einem eindeutigen Namen, zum Beispiel »Barcelona Architektur«, indem Sie mit der rechten Maustaste auf den Sammlungssatz ARCHITEKTUR klicken und den Befehl DRUCK ERSTELLEN auswählen.

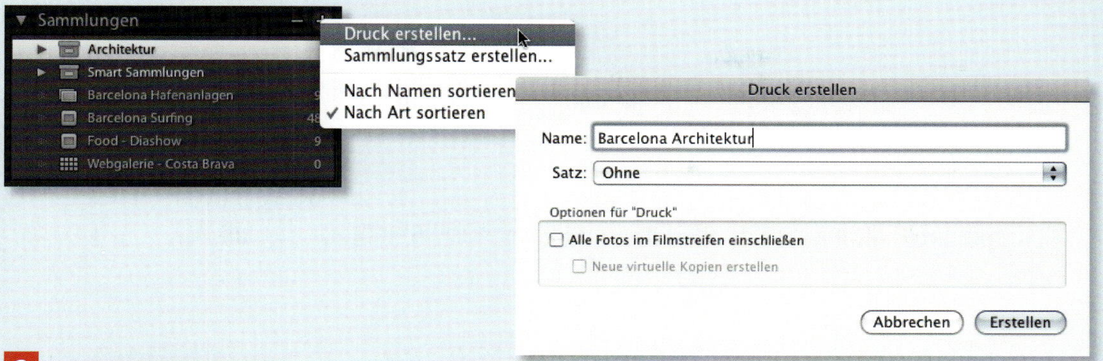

2 Bilder hinzufügen

Die Sammlung wurde im Drucken-Modul erstellt, damit es sich auch wirklich um eine Drucken-Sammlung handelt. Eine Sammlung aus der Bibliothek würde die Druckeinstellungen nicht mitsichern.

Wechseln Sie danach wieder zurück in das Bibliothek-Modul. Ziehen Sie Bilder aus dem Ordner Barcelona, die Sie für den Ausdruck verwenden wollen, auf die Sammlung. Da immer drei Bilder auf einer Seite stehen, sollte die Gesamtanzahl der Bilder durch drei teilbar sein. Um dem Titel gerecht zu werden, weisen Sie nur Bilder zu, die das Thema Architektur widerspiegeln. ■

▲ **Abbildung 2**
Zunächst wird eine leere Drucken-Sammlung angelegt.

▲ **Abbildung 3**
Bilder werden in der Bibliothek per Drag & Drop der Drucken-Sammlung zugewiesen.

Schritt für Schritt: Seitenformat und Bildreihenfolge festlegen

Als Nächstes müssen Sie das Seitenformat festlegen. Da im Beispiel drei Bilder nebeneinander platziert werden sollen, ist ein Querformat am besten geeignet. In diesem Fall legen Sie eine DIN-A4-Seite an.

1 Seite einrichten

Unter Mac OS X und Windows unterscheiden sich die Einstellungsdialoge signifikant. Schauen Sie daher eventuell im Handbuch des Betriebssystems nach, wie Sie das Seitenformat optimal einstellen.

In Lightroom klicken Sie auf die Schaltfläche SEITE EINRICHTEN in der linken Bedienfeldpalette. Stellen Sie ein Papierformat von DIN A4 im Querformat ein. Unterstützt Ihr Drucker randloses Drucken, wählen Sie die entsprechende Papierformatoption.

▼ Abbildung 4
Die Dialoge zum Einstellen des Papierformats erreichen Sie über die Schaltfläche in der linken Bedienfeldpalette.

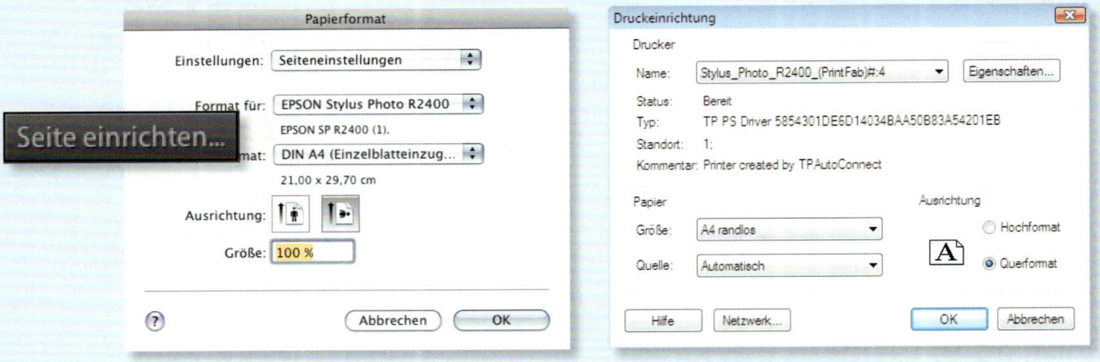

2 Bildreihenfolge festlegen

Damit immer drei zusammenpassende Bilder gedruckt werden, müssen Sie die Bilder im Filmstreifen sortieren.

Dazu verschieben Sie die Bilder im Filmstreifen per Drag & Drop an die richtige Position.

Bei mehr als drei Bildern werden automatisch neue Seiten erstellt, bis alle vorhandenen Bilder verwendet wurden. ■

Abbildung 5 ▸
Die Bildreihenfolge können Sie per Drag & Drop verändern. Es sollten immer drei Bilder zusammenpassen.

Schritt für Schritt: Design anpassen

Zunächst werden die Basisparameter festgelegt. Sie steuern die Anordnung der Bilder auf der Seite. Die Erkennungstafel wird dann anschließend als Überlagerung generiert.

1 Layoutstil

Wählen Sie im Bedienfeld Layoutstil die Option Einzelbild/Kontaktabzug ❶. Bei diesem Layoutstil können drei unterschiedliche Bilder gleicher Größe automatisch auf einer Seite erzeugt werden, ohne Rahmen manuell platzieren zu müssen.

2 Bildeinstellungen

In den Bildeinstellungen aktivieren Sie das Kontrollkästchen Zum Füllen zoomen ❷. Dadurch werden alle Bilder auf den später festgelegten Rahmen beschnitten.

Achten Sie auch darauf, dass die Funktion Drehen und einpassen ❸ deaktiviert ist, damit querformatige Bilder nicht ungewollt gedreht werden.

Zur besseren optischen Trennung zwischen Bildern und Hintergrund aktivieren Sie die Kontur, geben ihr eine Stärke von »0,5 Pt« und stellen mit Hilfe des Farbwählers die Farbe der Kontur auf Weiß ❹.

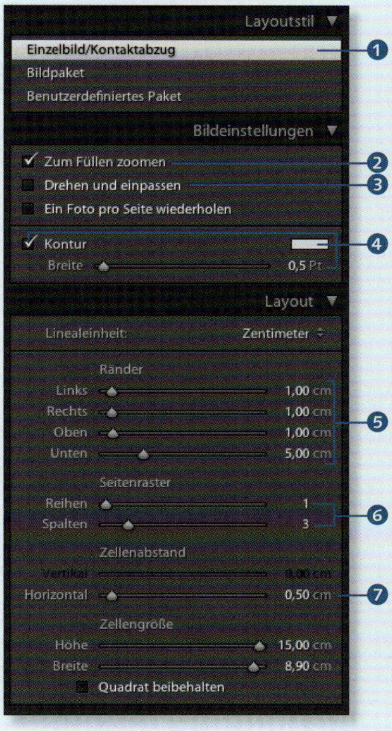

▲ **Abbildung 6**
Die Einstellungen der ersten drei Bedienfelder steuern die Positionierung der Bildrahmen.

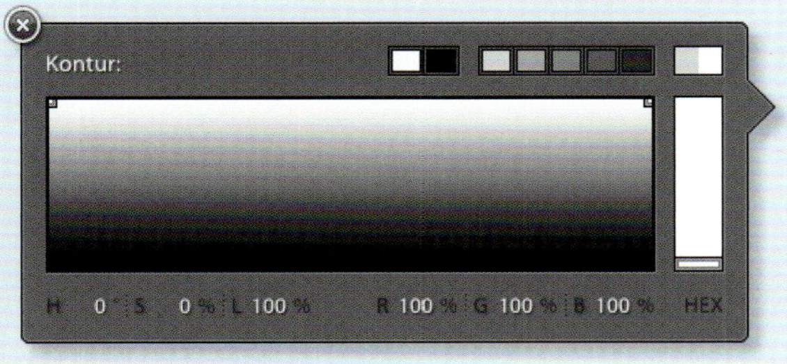

◀ **Abbildung 7**
Farbwähler zum Einstellen der Konturfarbe

3 Layout-Einstellungen

Als Nächstes werden im Bedienfeld Layout die Ränder und die Anzahl der dargestellten Bilder eingerichtet, dadurch werden die Rahmen auf der Seite richtig platziert.

Geben Sie Links, Rechts und Oben einen Rand ❺ von »1,0 cm« an. Unten wird ein größerer Rand benötigt. Hier sollten Sie »5,0 cm« eingeben, damit der Schriftzug, den Sie dann über die Erkennungstafel einstellen, nicht verdeckt wird.

Um drei Bilder nebeneinander zu erhalten, geben Sie ein Seitenraster von einer Reihe und drei Spalten ❻ an. Ein Zellenabstand ❼ von »0,50« cm ergibt ein ausgewogenes Gesamtbild. Bei DIN A3 können die Ränder und der Zellenabstand auch größer sein. Nehmen Sie in diesem Fall die Abmessung ungefähr mal 1,4. Dies entspricht in etwa dem Größenunterschied zwischen DIN A3 und DIN A4. ■

▼ **Abbildung 8**
Die Hilfslinien dienen zur leichteren Ausrichtung und werden nicht mitgedruckt.

Schritt für Schritt: Überlagerung einstellen und drucken

Die Überlagerung besteht aus einem Schriftzug, der auf einem schwarzen Hintergrund platziert wird. Der schwarze Hintergrund hebt die Bilder hervor. Alle Einstellungen werden im Bedienfeld Seite erledigt.

1 Hintergrundfarbe einstellen

Als Erstes aktivieren Sie das Kontrollkästchen vor Erkennungstafel ❶, um eine Erkennungstafel zu aktivieren. Stellen Sie dann die Hintergrundfarbe über das darunterliegende Farbkästchen auf Schwarz.

2 Erkennungstafel konfigurieren

Jetzt können Sie die Erkennungstafel angeben. Dieses Verfahren kennen Sie eventuell bereits aus den anderen Workshops. Hier funktioniert das genauso. Klicken Sie auf das Vorschaubild im Bedienfeld, und wählen Sie aus dem Dropdown-Menü den Punkt Bearbeiten ❷, um den Editor zu starten.

Aktivieren Sie dann im Editor die Option Grafische Erkennungstafel verwenden ❸.

Wählen Sie mit Hilfe der Schaltfläche Datei suchen ❹ die gewünschte Bilddatei aus die als Tafel verwendet werden soll. Für dieses Beispiel verwenden Sie das Bild *Barcelona-Architektur.psd* aus dem Verzeichnis Erkennungstafeln.

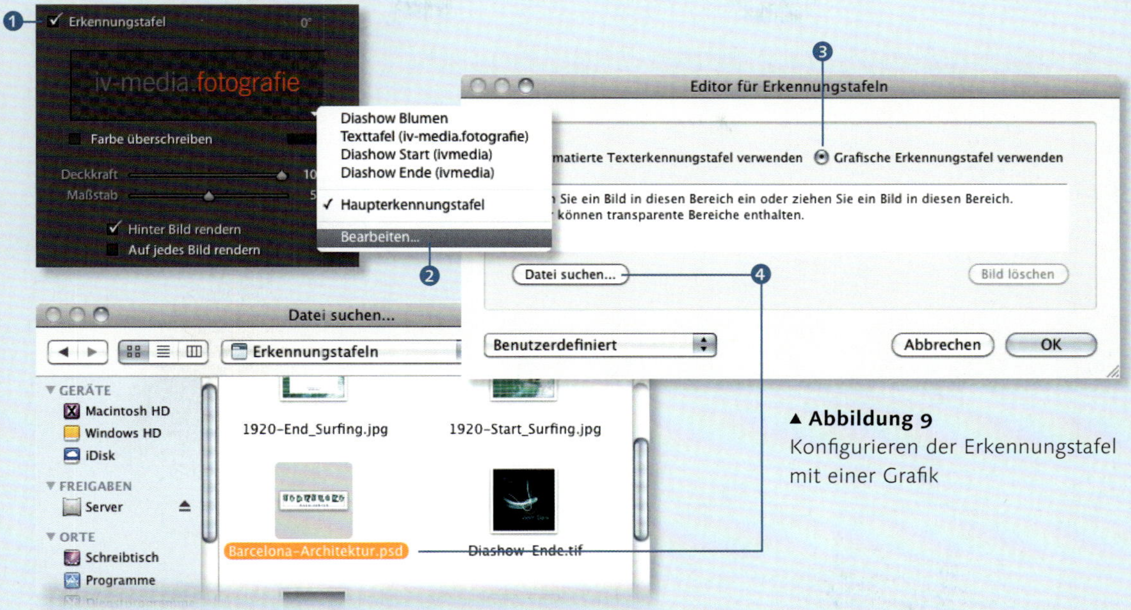

▲ **Abbildung 9**
Konfigurieren der Erkennungstafel mit einer Grafik

Speichern Sie die Erkennungstafel, indem Sie auf das Dropdown-Menü links unten im Editor klicken und den Befehl Speichern unter ❺ verwenden. Geben Sie der Tafel den Namen »Barcelona Architektur«.

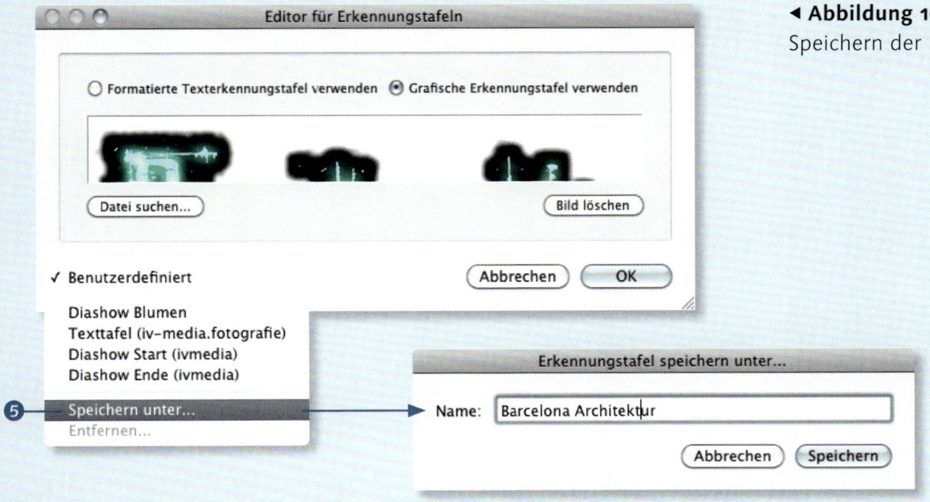

◀ **Abbildung 10**
Speichern der Erkennungstafel

3 Erkennungstafel platzieren

Die Erkennungstafel wird jetzt mittig über den Bildern angezeigt. Ihre Größe ist dabei von der Einstellung abhängig, die zuletzt eingegeben wurde. Wir verschieben nun die Tafel an die endgültige Position und optimieren ihre Größe.

Zunächst stellen Sie den Massstab auf »50 %« ein ❶. Dann ist die Tafel gut zu sehen, und sie lässt sich leicht verschieben. Klicken Sie anschließend die Erkennungstafel an, und verschieben Sie diese nach unten, bis sie mittig unter den Bildern steht.

▼ **Abbildung 11**
Die Erkennungstafel wird unter den Bildern platziert.

4 Drucken

Jetzt können Sie die Seiten drucken. Geben Sie eine Druckauflösung von mindestens 200 ppi an. Sie können die Auflösung aber auch deaktivieren ❷. Die Einstellung des Parameters bringt nur einen Vorteil, wenn Bilder aufgrund eines sehr großen Beschnitts hochskaliert werden müssen. Dann gibt dieser Wert die Endauflösung an.

Je nachdem, wie Sie Bilder generell schärfen, können Sie hier eventuell die Bilder für den Druck nachschärfen ❸. Das sollten Sie aber zunächst ausprobieren und zudem sind die Einstellungen hier auch stark vom Drucker abhängig.

Wenn Sie mit Farbmanagement ❹ arbeiten, können Sie hier noch entsprechende Angaben zu den Profilen machen. Mehr Informationen zu diesem Thema finden Sie auf den Seiten 72 und 76. ■

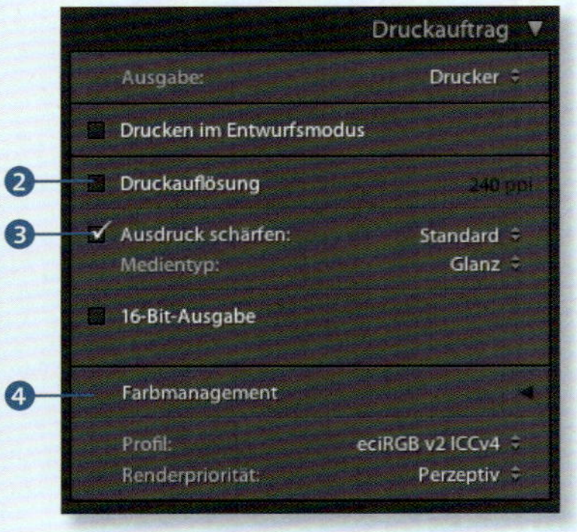

▲ **Abbildung 12**
Die Angaben für den Druckauftrag sind von Ihren Erfahrungen und von Ihrem Drucker abhängig.

Doppelseite für ein Fotobuch

In diesem Workshop erfahren Sie, wie Sie Bilder individuell auf einer Seite platzieren. Dies ermöglicht Ihnen das Gestalten individueller Fotobücher. Leider sind bis auf die Bildplatzierung keine besonderen Layoutfunktionen vorhanden, wie Musterseiten oder frei gestaltbare Textboxen. Daher ist die Gestaltung zwar etwas mühsam, aber nicht unmöglich.

Gerade weil die Layoutfunktionalitäten eingeschränkt sind, ist eine genaue Planung nötig. Sie sollten sich also schon vorher über Ihr Layout im Klaren sein. Auch wenn Sie nicht jede einzelne Bildplatzierung im Kopf haben müssen, sollten Sie sich ein Grundraster überlegen. Für einfache Layouts verwende ich beispielsweise ein Raster aus zwölf Spalten und sechs Zeilen. Damit lassen sich drei- und vierspaltige Layouts mit drei Zeilen realisieren. Für noch mehr Flexibilität sind die Zeilen halbiert.

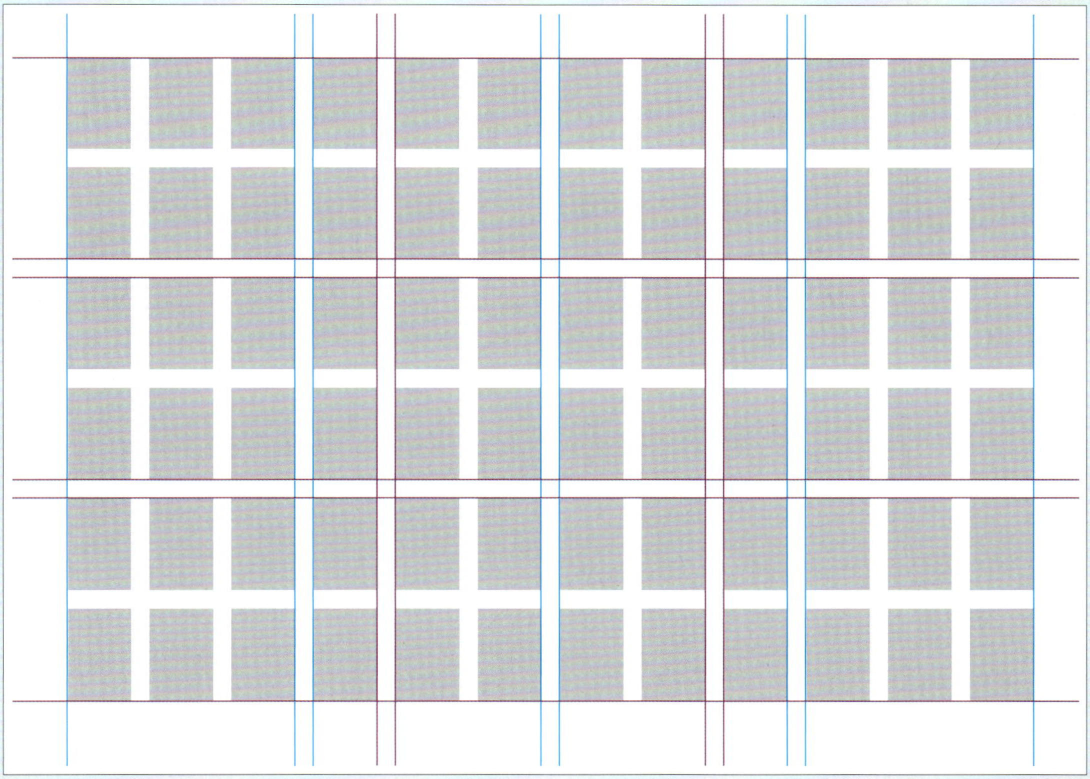

▼ Abbildung 13
Beispiel eines flexiblen Seitenrasters für Fotobücher

Dieses Raster kann als Grundraster verwendet werden. Leider wird die Erkennungstafel nur auf der ersten Seite angezeigt. Sie müssen die Erkennungstafel also auf jede Seite verschieben. So können Sie das Layout Seite für Seite aufbauen.

HINWEIS

Erstellen Sie vorher am besten eine neue Drucken-Sammlung wie auch schon im vorhergehenden Workshop (siehe Seite 580), und stellen Sie das Papier auf DIN A4 im Querformat.

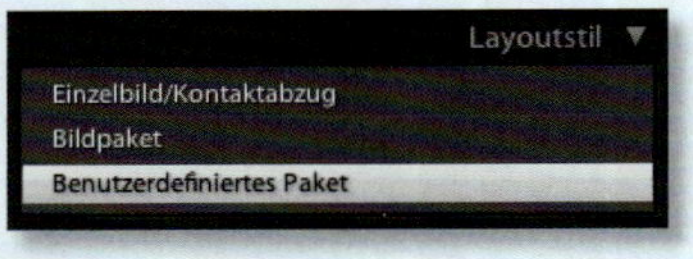

▲ **Abbildung 14**
Mit dem Benutzerdefinierten Paket können Sie freie Layouts erstellen.

Schritt für Schritt: Erkennungstafel für Hilfsgitter erstellen

Erkennungstafeln haben Sie sicherlich schon in den anderen Workshops erstellt, zum Beispiel auch im ersten Drucken-Workshop. Daher erkläre ich den Vorgang hier nur in Kurzform.

1 Layoutstil auswählen

Wählen Sie als Layout das Benutzerdefinierte Bildpaket im Bedienfeld Layoutstil aus.

2 Erkennungstafel erstellen

Erstellen Sie eine neue grafische Erkennungstafel mit der Bilddatei *12x6 Grid.pdf* aus dem Verzeichnis Grids der Buch-DVD. Speichern Sie die Erkennungstafel, beispielsweise unter dem Namen »Druckraster 12x6«, ab.

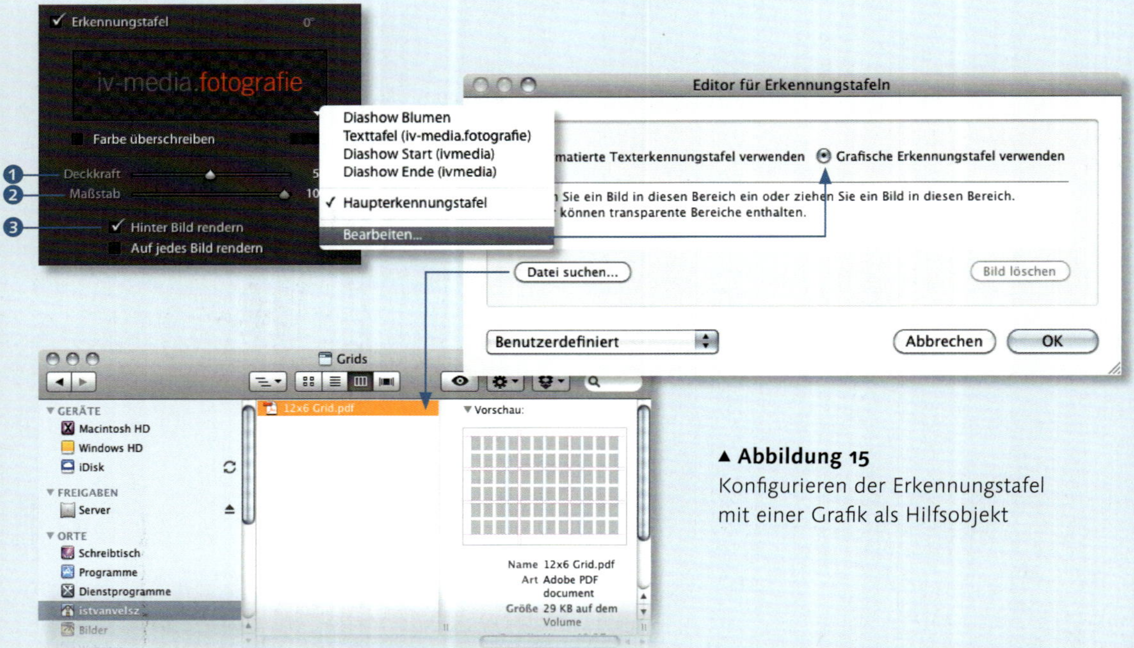

▲ **Abbildung 15**
Konfigurieren der Erkennungstafel mit einer Grafik als Hilfsobjekt

3 Erkennungstafel platzieren

Geben Sie der Erkennungstafel einen Massstab von »100 %« ❷, und aktivieren Sie das Kontrollkästchen Hinter Bild rendern ❸. Reduzieren Sie die Deckkraft auf »50 %« ❶, damit das Raster durch die Grafik durchscheint.

Die Erkennungstafel liegt nicht ganz sauber auf der Seite, es reicht aber, um die Bilder schnell zu platzieren und am Raster von Lightroom auszurichten. ■

Schritt für Schritt: Bilder platzieren

Jetzt können Sie die Bilder auf der Seite platzieren. Am besten aktivieren Sie dazu vorher noch das Raster von Lightroom. Es erlaubt eine genauere Ausrichtung der Bilder.

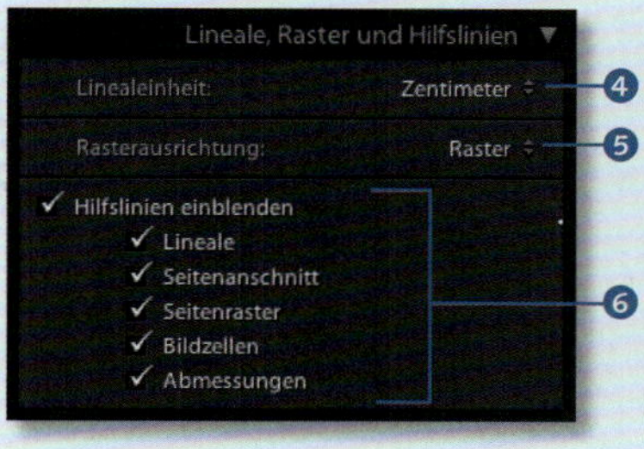

▲ **Abbildung 16**
Hilfslinien und Raster erleichtern das Platzieren.

1 Raster aktivieren

Aktivieren Sie im Bedienfeld Lineale, Raster und Hilfslinien noch die Linealeinheit »Zentimeter« ❹ und die Rasterausrichtung »Raster« ❺. Lightroom erstellt ein Raster mit 2,5 mm Abstand, an dem sich die Bilder ausrichten. Zur besseren Darstellung aktivieren Sie alle Hilfslinien ❻.

2 Bilder platzieren

Nun können Sie mit dem Platzieren beginnen. Auf der ersten Seite soll sich nur ein Bild befinden. Dieses dient quasi als Aufmacher für die Doppelseite.

Ziehen Sie dazu das erste Bild auf die Seite. Platzieren Sie es links oben. Achten Sie darauf, dass es ungefähr dort liegt, wo sich die entsprechende Ecke des Hilfsrasters in der Erkennungstafel befindet.

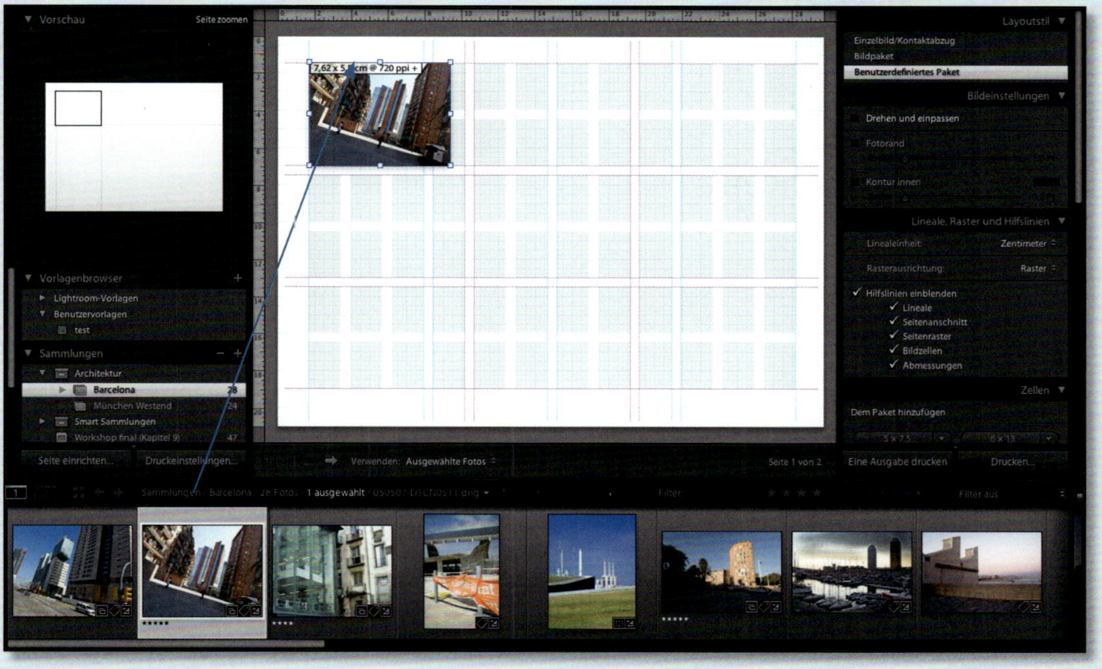

▲ **Abbildung 17**
Das Bild wird zunächst in der linken oberen Ecke platziert.

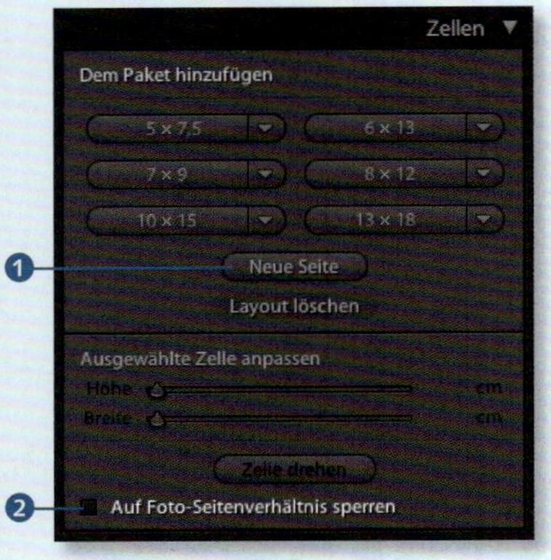

▲ **Abbildung 18**
Das Bedienfeld ZELLEN benötigen Sie nur zum Deaktivieren der Sperrung des Seitenverhältnisses.

3 Bild skalieren

Jetzt können Sie das Bild vergrößern. Dazu verwenden Sie die Anfasspunkte des Bildrahmens. Achten Sie aber darauf, dass Sie nicht aus Versehen auf den Hintergrund klicken, sonst bewegen Sie die Erkennungstafel ungewollt und müssen diese dann wieder zurück an die Ursprungsposition schieben.

Um das Bild unabhängig von dessen Seitenverhältnis zu skalieren, müssen Sie noch die Option AUF FOTO-SEITENVERHÄLTNIS SPERREN ❷ im Bedienfeld ZELLEN deaktivieren. Damit können Sie eine beliebige Größe der Zelle angeben. Das Bild passt sich dann der Zelle an.

Ziehen Sie mit gedrückter Maustaste den rechten unteren Anfasser nach rechts unten. Die Größe des Bildes sollte dann 26,5 x 17,5 cm betragen. Dies können Sie im Label des Bildes ablesen, das links oben eingeblendet wird.

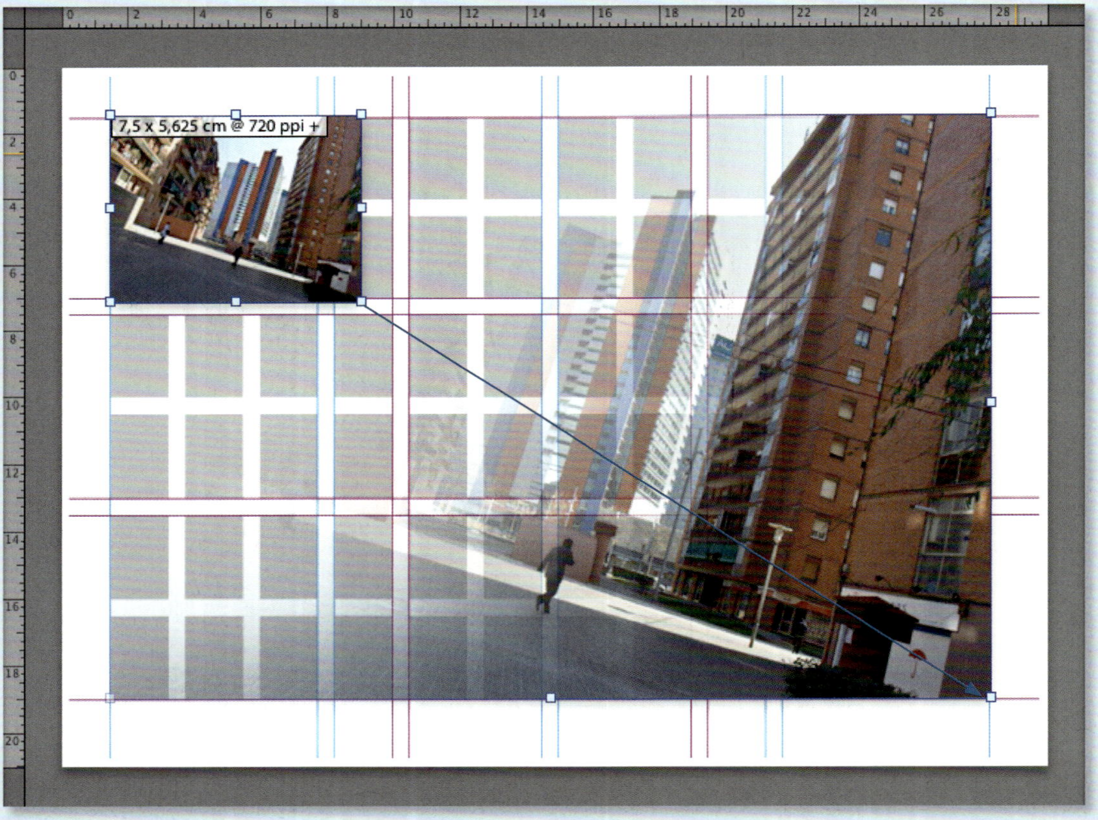

▲ **Abbildung 19**
Über die Anfasspunkte der Zelle können Bilder skaliert werden.

Sie können die Platzierung des Bildes mit Hilfe der Anfasspunkte jederzeit korrigieren. Haben Sie inzwischen an einer beliebigen Stelle in Lightroom geklickt, können Sie das Bild erneut selektieren, indem Sie es einfach anklicken.

4 Neue Seite hinzufügen

Für die weiteren Bilder benötigen Sie eine zusätzliche Seite. Dazu klicken Sie im Bedienfeld ZELLEN auf die Schaltfläche NEUE SEITE ❶. Je nach Größe und Format des Ansichtsfensters wird die neue Seite neben oder unter der ersten Seite angezeigt.

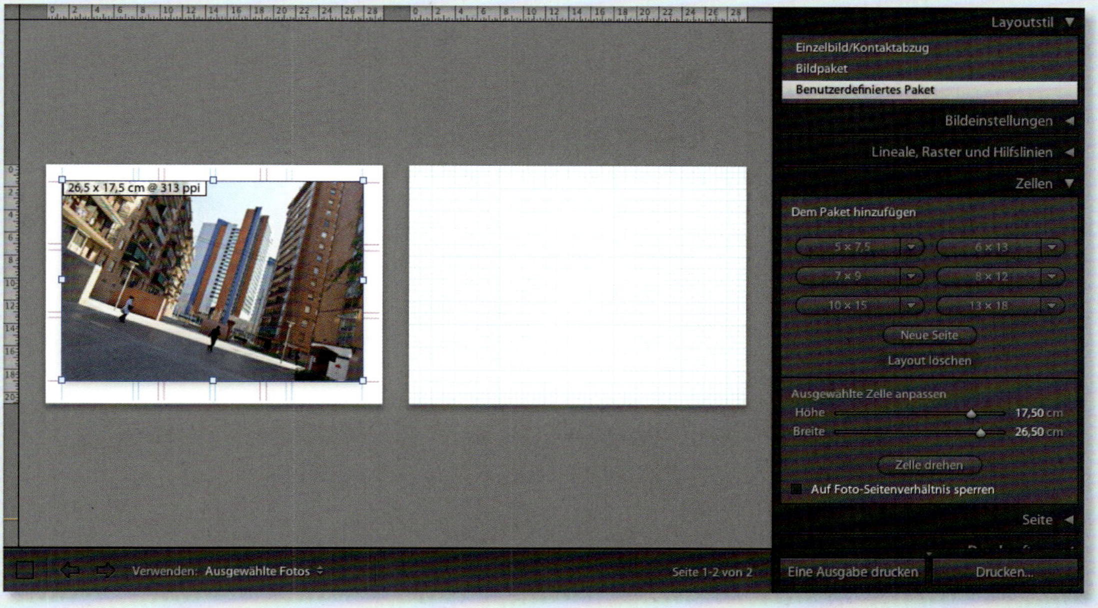

▼ **Abbildung 20**
Beide Seiten werden nebeneinander angeordnet.

Wenn Sie nur eine leere Seite sehen, ist im linken Bedienfeld VORSCHAU die Option SEITE ZOOMEN ❸ aktiv. Klicken Sie den Begriff einfach an, um aus der Seite herauszuzoomen.

▲ **Abbildung 21**
Möchten Sie nur eine Seite sehen und bearbeiten, können Sie diese über SEITE ZOOMEN vergrößern und anschließend wieder auf die Seitenübersicht herauszoomen.

5 Erkennungstafel auf neue Seite verschieben

Damit Sie auf der zweiten Seite in den Genuss der Erkennungstafel als Hilfsgrafik kommen, müssen Sie sie auf die neue Seite verschieben. Dazu klicken Sie mit der Maus auf den Seitenhintergrund, um die Erkennungstafel zu selektieren. Dann schieben Sie diese mit gedrückter Maustaste auf die zweite Seite. Platzieren Sie sie möglichst mittig auf der Seite.

◀ **Abbildung 22**
Die Erkennungstafel wird auf die neue Seite verschoben.

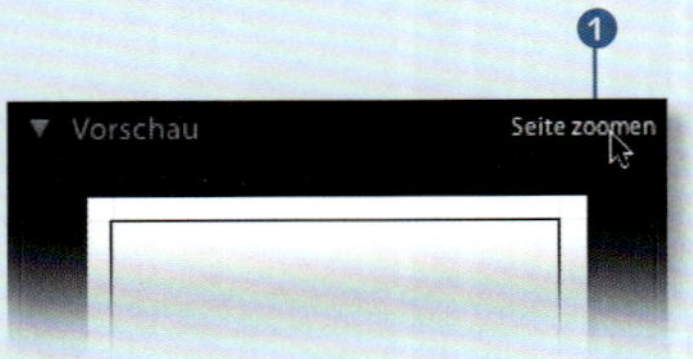

▲ **Abbildung 23**
Über Seite zoomen können Sie auf eine Seite heranzoomen.

6 Neue Seite zoomen

Um Bilder optimal platzieren zu können, sollten Sie auf die zweite Seite heranzoomen. Diese Funktion wurde in Schritt 4 bereits kurz erwähnt.

Klicken Sie im Bedienfeld Vorschau auf die Schaltfläche Seite zoomen ❶, um die aktuelle Seite zu vergrößern.

Wird die falsche Seite vergrößert, ist kein Objekt auf der zweiten Seite ausgewählt. Klicken Sie erneut auf Seite zoomen, dann auf der zweiten Seite auf den Hintergrund. Dadurch wird die Erkennungstafel selektiert.

Wenn Sie jetzt wieder heranzoomen, wird die richtige Seite vergrößert. Alternativ können Sie dazu auch die Pfeiltasten ❷ in der Werkzeugleiste verwenden.

7 Weitere Bilder platzieren

Nun können Sie neue Bilder auf der Seite platzieren. Schieben Sie einfach per Drag & Drop Bilder aus dem Filmstreifen auf die Seite, und passen Sie diese an das Raster an. Verwenden Sie dazu die Anfasspunkte. Verschieben können Sie ausgewählte Bilder einfach mit der Maustaste. Zum Löschen ungewollter Bilder drücken Sie die [←]/[Entf]-Taste.

▼ **Abbildung 24**
Weitere Bilder wurden auf Seite 2 platziert.

Es gibt noch weitere hilfreiche Funktionen in Lightroom, um Bilder zu platzieren und zu bearbeiten:

- Zum Austauschen eines Bildes ziehen Sie das neue Bild einfach aus dem Filmstreifen auf ein bestehendes Bild.
- Zum Verschieben eines Bildes innerhalb der Zelle wählen Sie ein Bild aus und halten die [⌘]/[Strg]-Taste gedrückt, während Sie das Bild verschieben. Ein Bild im Rahmen zu skalieren ist leider nicht möglich.
- Über die Pfeiltasten ❷ in der Werkzeugleiste können Sie zwischen den Seiten blättern. ■

◀ **Abbildung 25**
Blättern ohne zu zoomen geht auch mit den Pfeiltasten in der Werkzeugleiste.

Wenn Sie möchten, können Sie nun weitere Seiten mit individuellen Bildanordnungen anfertigen. Dazu erstellen Sie eine neue Seite, verschieben die Erkennungstafel und platzieren andere Bilder.

Schritt für Schritt: Drucken

Das Design der Doppelseite steht – nun können Sie es fast schon drucken!

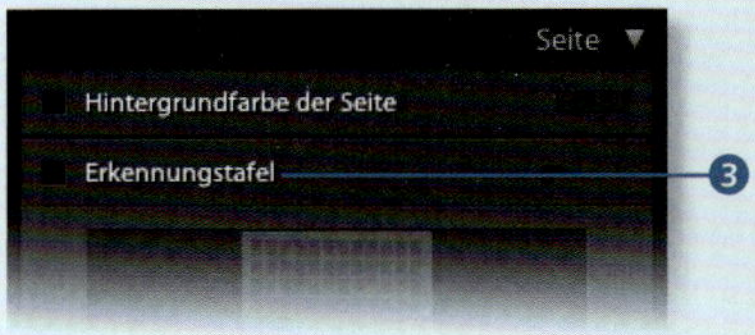

▲ **Abbildung 26**
Vor dem Drucken muss die Erkennungstafel ausgeblendet werden.

1 Erkennungstafel deaktivieren

Damit die Tafel, die uns ja nur als Hilfsgrafik gedient hat, nicht mitgedruckt wird, müssen Sie sie deaktivieren. Dazu entfernen

Sie einfach das Häkchen vor dem entsprechenden Kontrollkästchen ❸ (siehe Abbildung 26) im Bedienfeld SEITE.

2 Drucken

Jetzt steht dem Druck eigentlich nichts mehr im Wege. Vorher können Sie den Bildern nach Belieben auch noch Konturen geben oder die Hintergrundfarbe der Seite anpassen.

▲ **Abbildung 27**
Die fertigen Doppelseiten ohne Erkennungstafel und mit ausgeblendeten Hilfslinien und Raster

Als Richtwerte zu den Druckeinstellungen können Sie die Einstellungen aus dem vorhergehenden Workshop verwenden. Weitere Informationen zu den Druckeinstellungen finden Sie auf Seite 575. ■

13 Das Web-Modul

Was liegt in Zeiten des Internets näher, als Bilder direkt über das Web zu präsentieren, anstatt sie auszudrucken und zu verschicken? Das ist nicht nur preiswerter und schneller, es kann sich sogar jeder Nutzer weltweit rund um die Uhr Ihre Bilder anschauen – oder sogar per Suchmaschine finden, wenn Sie Ihre Galerie dort anmelden.

▼ Abbildung 13.1
Aus Lightroom lassen sich einfach HTML- oder Flash-Galerien erzeugen und anschließend im Internet veröffentlichen.

13.1 HTML oder Flash?

Eine Webgalerie ist nichts anderes als eine eigene Website, auf die Sie eine Auswahl an Bildern gestellt haben. Diese werden als kleine Vorschauen auf einer Übersichtsseite präsentiert. Klickt der Betrachter eines der Bilder an, so wird es im Internetbrow-

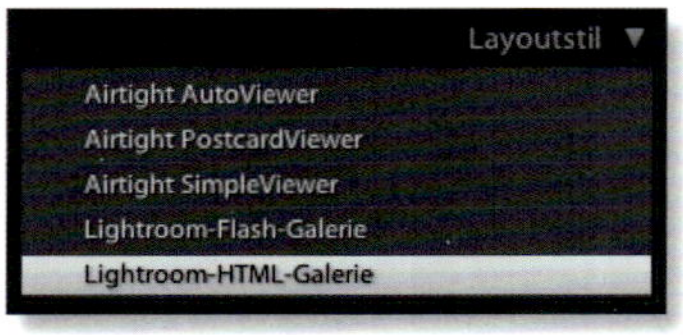

▲ **Abbildung 13.2**
Über das Bedienfeld LAYOUTSTIL lassen sich die unterschiedlichen Galerievarianten auswählen. Hier finden Sie auch Alternativen externer Entwickler.

ser in einer größeren Auflösung auf einer Einzelseite geladen. In Lightroom ist es möglich, Webgalerien sowohl in HTML als auch in Flash zu erstellen. Die Dateien lassen sich direkt aus Lightroom heraus per FTP auf einen Webserver übertragen. Aber welche Art der Galerie eignet sich für welche Zwecke am besten?

13.1.1 Webgalerien in HTML

HTML (Hypertext Markup Language) ist die Standardsprache des Internets. Dabei handelt es sich nicht um eine Programmiersprache, da mit ihr keine eigenen Funktionen erzeugt werden können. Sie besteht eigentlich nur aus normalem Text, der über Auszeichnungsbefehle, sogenannte Tags, formatiert wird. Die Tag-Attribute entscheiden über das Erscheinungsbild einer Website. Im Laufe der Jahre hat sich das Web von einer reinen Textwiedergabe zu grafisch aufwändigen Darstellungen gewandelt.

Lightroom erzeugt HTML-Galerien mit Indexseiten zum Überblick über die verfügbaren Bilder. Jedes Vorschaubild (Thumb-

▼ **Abbildung 13.3**
HTML-Galerien besitzen eine Übersichtsseite (Index) und eine Seite für die Detailansicht des Bildes.

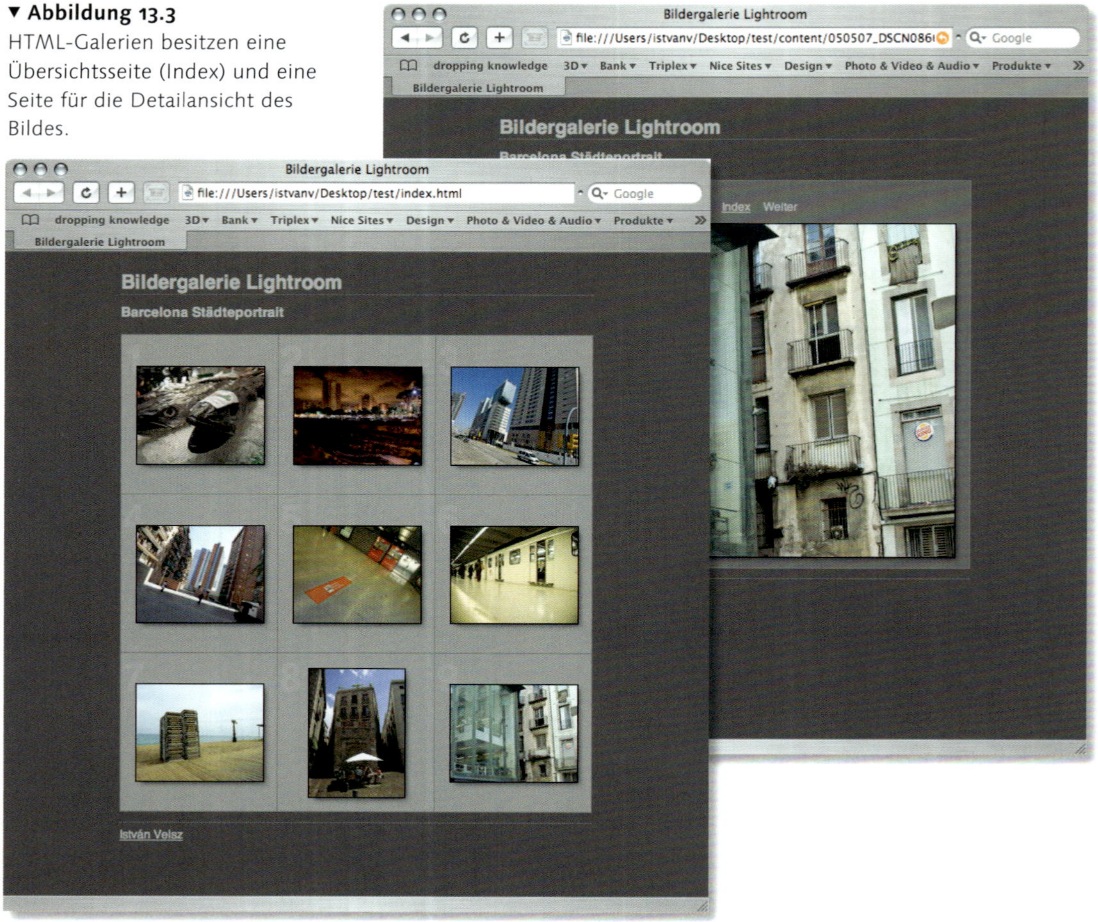

nail) verlinkt auf eine Einzelseite mit dem entsprechenden Bild in hoher Auflösung und mit zusätzlichen Metainformationen. Jede Index- und jede Bildseite ist jeweils eine eigene HTML-Seite. Bei 25 Bildern gibt es also mindestens 26 HTML-Dateien – mit insgesamt 25 Thumbnails und 25 großen Bildern.

Erstellt man in Lightroom eine HTML-Galerie und führt dann noch Änderungen an einem Bild durch oder fügt ein neues hinzu, so muss die Galerie noch einmal komplett neu berechnet werden.

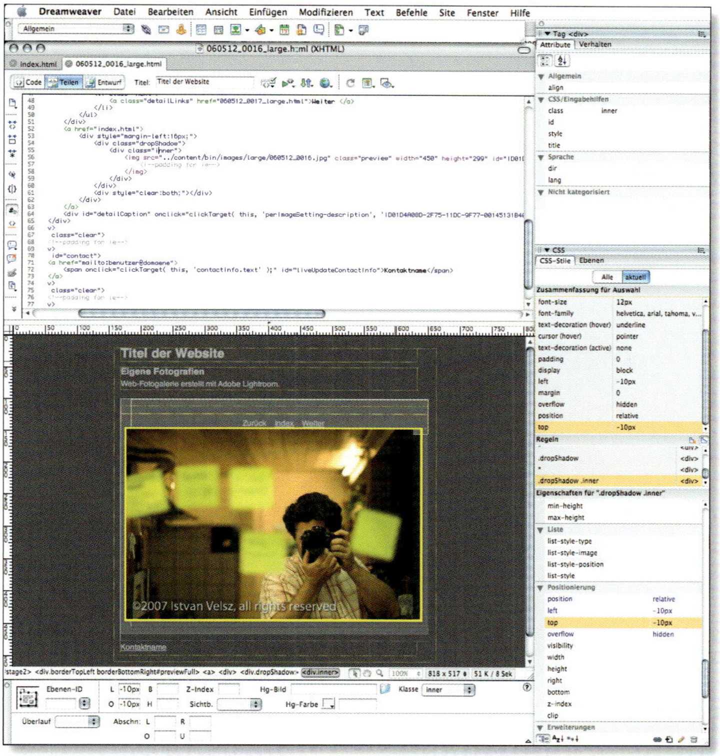

◂ **Abbildung 13.4**
Detailseite einer Galerie im HTML-Editor Dreamweaver inklusive Codeansicht und Vorschau

Vorteile einer HTML-Galerie

- Eine HTML-Galerie benötigt lediglich einen beliebigen Webbrowser ohne Plug-ins. Dabei muss es nicht der neueste Browser sein, auch ältere Versionen können sie noch darstellen.
- Alle Daten werden nur dann über das Internet geladen, wenn sie für die Darstellung auch wirklich benötigt werden.
- Der Zugriff ist sehr schnell, die Ladezeiten sind gering. Die Besucher können sich die Bilder sogar herunterladen.
- Wenn man etwas von HTML versteht, kann man Änderungen am Layout oder an den Inhalten auch selbst durchführen, ohne die Galerie bei jeder Änderung gleich neu erstellen zu müssen.

HTML-Dateien editieren
Obwohl HTML eigentlich mit jedem Texteditor zu bearbeiten ist, gibt es eine Reihe von spezialisierten Programmen wie Dreamweaver, GoLive oder Frontpage. Diese Programme behalten nicht nur einzelne Seiten, sondern die komplette Website im Blick. Sie prüfen auf fehlerhafte Links oder Schreibweisen der Tags und helfen bei der Auswahl der Tag-Attribute. Darüber hinaus erlauben sie das Erstellen auch fast ohne HTML-Kenntnisse durch WYSIWYG-Editoren *(What you see is what you get)*.

Nachteile einer HTML-Galerie

- Die Galerie enthält zahllose Dateien und Codebefehle, die für den Laien unverständlich sind. Wenn einmal vergessen wurde, eine Datei auf den Server zu übertragen, funktioniert die Galerie anschließend nicht mehr richtig.
- Es ist keine selbstablaufende Diashow mit Überblendeffekten möglich, die Galerie ist komplett statisch.
- Jeder beliebige Besucher hat Zugriff auf die Daten der Bilder und kann diese einfach herunterladen und verwenden.
- Es ist immer ein Webbrowser zum Betrachten der Bilder erforderlich.

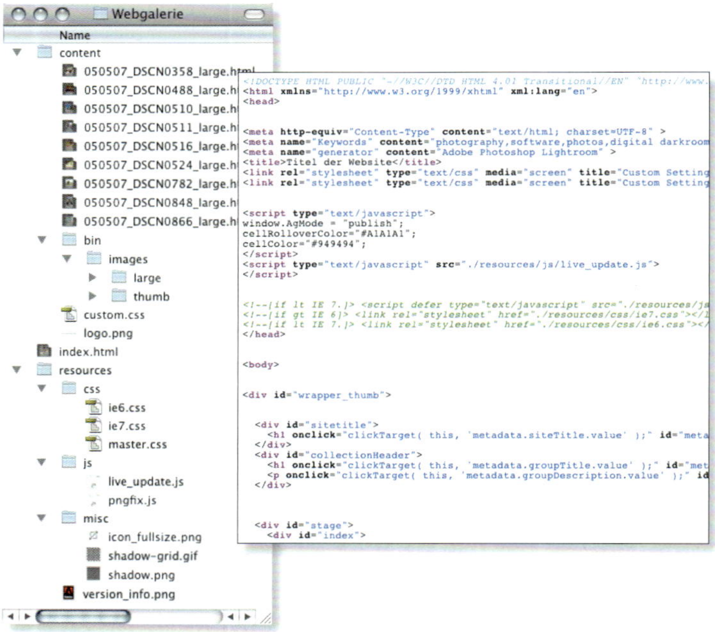

Abbildung 13.5 ▸
Für eine Webgalerie sind zahlreiche Dateien nötig. Die hier abgebildeten dienen nur zur Seitendarstellung, hinzu kommen noch die Bilddateien als Detailansicht und Thumbnails. Der HTML-Code ist als Textdatei angelegt und kann von jedermann eingesehen und bearbeitet werden.

TIPP

Verkleinert man das Galerie-Bedienfeld durch Klicken auf die Bedienfeldbezeichnung, so wird die Liste auf ein Dropdown-Menü zusammengeschrumpft. Die Vorlagen lassen sich dann auch auswählen, ohne das Bedienfeld wieder ausklappen zu müssen.

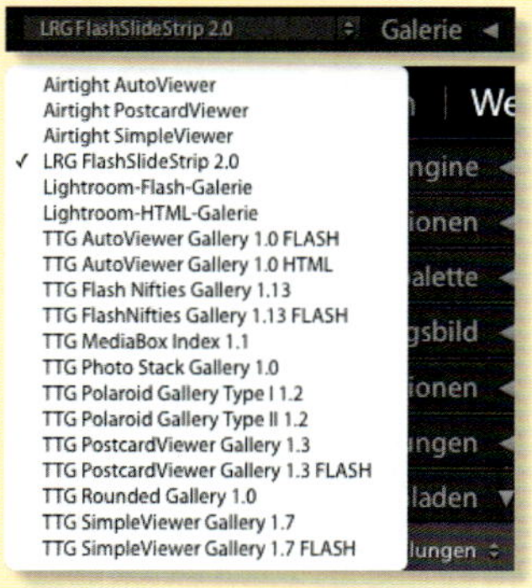

13.1.2 Webgalerien in Flash

Flash ist eine eigenständige Technologie, die mit Vektorgrafiken erstellte Animationen über eine Scriptsprache steuert. Diese Sprache mit dem Namen ActionScript reagiert auf Eingaben über die Maus oder Tastatur und besitzt Ähnlichkeiten mit JavaScript. Abgespielt werden die Animationen über eine eigene Player-Software oder über ein Plug-in im Webbrowser. Flash wurde über viele Jahre immer wieder verbessert und ist heute eine Standardanwendung für multimediale Webpräsentationen.

Inhalte von Flash-Dateien sind nicht zwingend statisch wie bei einfachen HTML-Lösungen. Sie können auch dynamisch zugeladen werden. Dabei werden Bilder und Texte nicht in der Flash-

Datei selbst abgelegt, sondern liegen als externe Dateien vor. Beim Abspielen werden dann nur die jeweiligen Daten ausgelesen und nachgeladen.

Auch die Flash-Galerie in Lightroom arbeitet nach diesem Verfahren. Die Bilder werden dabei in unterschiedlichen Größen in einem eigenen Ordner abgelegt. Die für die Anzeige zuständigen Angaben – etwa Galeriename oder Bildbeschreibung – werden in einer XML-Datei (Extensible Markup Language) abgespeichert. Das eigentliche Authoring-Programm, das bei Lightroom im Hintergrund abläuft, beinhaltet das Design und die Funktionalität dafür, wie Bilder dargestellt oder überblendet werden. Beim Abspielen der Flash-Datei wird dann die XML-Datei ausgelesen, und die Angaben werden entsprechend verarbeitet.

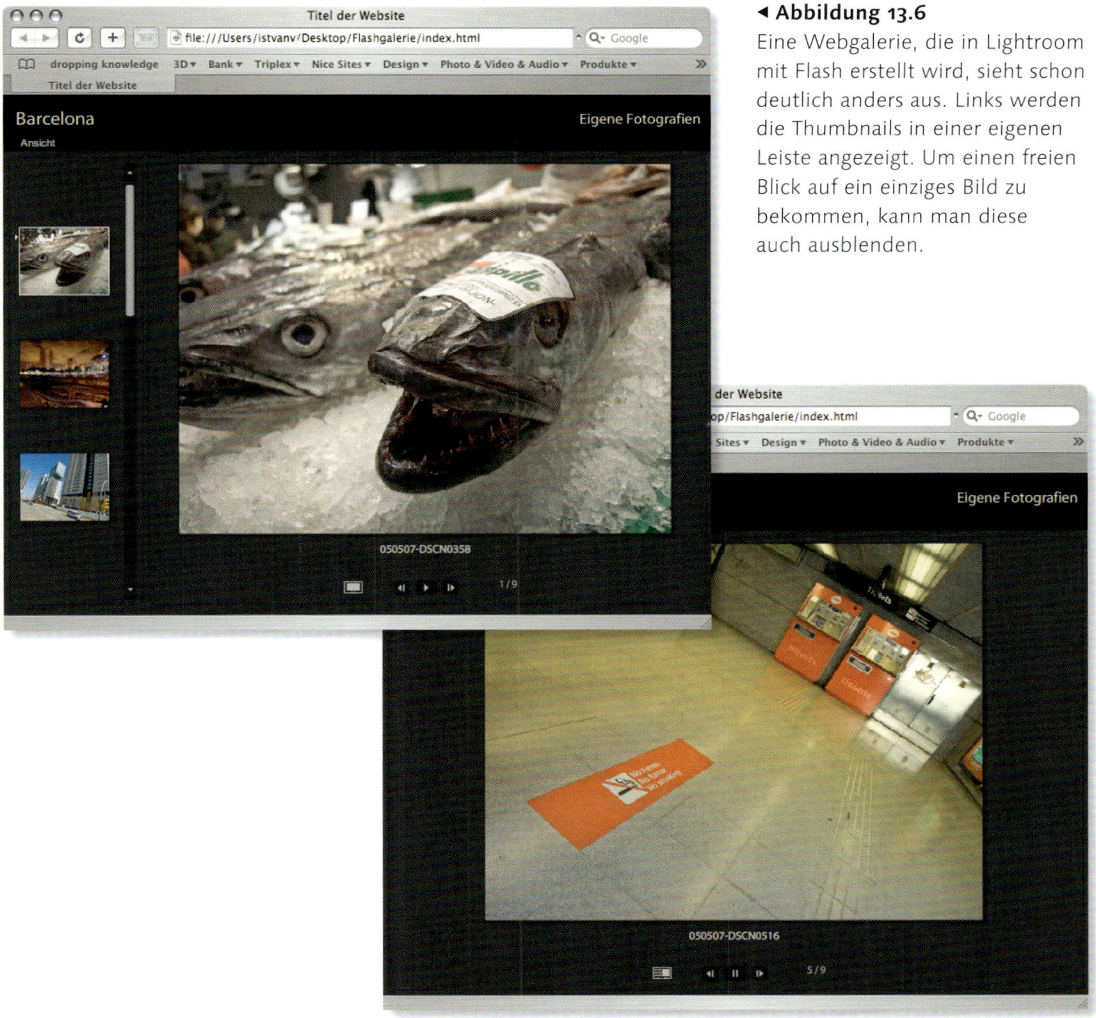

◀ Abbildung 13.6
Eine Webgalerie, die in Lightroom mit Flash erstellt wird, sieht schon deutlich anders aus. Links werden die Thumbnails in einer eigenen Leiste angezeigt. Um einen freien Blick auf ein einziges Bild zu bekommen, kann man diese auch ausblenden.

Vorteile einer Flash-Galerie

- Jeder Browser stellt die Galerie gleich dar. Es gibt keine Abweichungen von der Darstellung im Lightroom-Ansichtsfenster.
- Die Bilder können weich ineinander überblendet werden.
- Die Galerie kann als automatische Diashow von selbst ablaufen.
- Die Bilder können mit Flash zwar betrachtet, aber nicht heruntergeladen werden.
- Der Programmcode kann nicht eingesehen und muss auch nicht bearbeitet werden.

Nachteile einer Flash-Galerie

- Es wird ein Plug-in benötigt. Eventuell werden Flash-Dateien durch eine Firewall aufseiten des Benutzers herausgefiltert.
- Es besteht keine Möglichkeit, Bilder in der Flash-Galerie zum Herunterladen bereitzustellen.
- Der Programmcode muss erst geladen werden – das verzögert die Darstellung.
- Änderungen am Design sind auch mit Flash-Kenntnissen nicht möglich, da die Galeriedatei nicht zu öffnen ist.

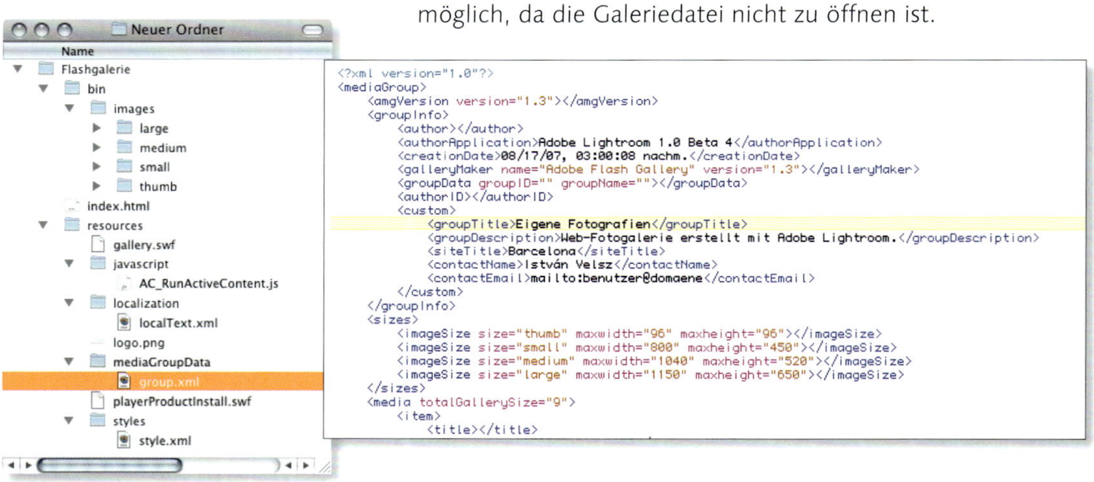

▲ Abbildung 13.7
Inhalte und Angaben wie Titel, Beschreibung und Metadaten werden in der Flash-Galerie über externe XML-Dateien angegeben. Lightroom muss nur die Bilder und Informationen exportieren. Die Flash-Anwendung selbst bleibt unberührt.

13.1.3 Wer die Wahl hat …

Beide Varianten haben ihre bevorzugten Einsatzgebiete. So werden HTML-Galerien überwiegend in der Kommunikation mit Kunden verwendet. Dieser kann die Bilder dann auf seinem Rechner speichern und verarbeiten, etwa für eigene Entwürfe. Flash-Galerien eignen sich eher für eine Webpräsentation mit einer professionellen Bilderschau, die sich an einen offenen Benutzerkreis richtet.

13.2 Alternative Webgalerien

Lightroom bietet bisher keine Schnittstelle, um Plug-ins direkt in die Software zu integrieren und somit die Funktionalität zu erweitern. Bei Webgalerien sieht das anders aus. Im Internet gibt es zahlreiche Galeriedesigns zum Herunterladen. Diese werden dann quasi als komplexe Vorlagen in Lightroom installiert und können dort benutzt werden. Die Vorgaben darin – die Layouts und das Verhalten der Galerieanwendung – stecken in ihrer Programmierung und Funktionalität.

▲ **Abbildung 13.8**
Zwei Beispiele alternativer Flash-Galerien: Diese werden in das Vorlagenverzeichnis gelegt und können auch innerhalb von Lightroom in der Vorschau betrachtet werden.

Lightroom greift nicht direkt darauf zu, sondern exportiert nur die Bilder und die zugehörigen Informationen. Die Flash- oder HTML-Dateien bilden lediglich den Darstellungsrahmen und müssen von Lightroom nicht angepasst werden.

Die meisten alternativen Galerievorlagen im Internet sind kostenlos. Es gibt sogar Entwickler, die an Galerien für die kommerzielle Online-Vermarktung von Bildern arbeiten und PayPal-Bezahlfunktionen integrieren. Wöchentlich erscheinen neue Galerievarianten. Es lohnt sich immer, nach neuen Versionen Ausschau zu halten.

TIPP

Auf *www.lightroomgalleries.com* finden Sie Webgalerien und Beschreibungen zum Erstellen eigener Galerien – HTML- und Flash-Kenntnisse werden vorausgesetzt.

Schritt für Schritt: Installation einer alternativen Webgalerie

In dieser kurzen Anleitung wird in zwei Schritten erklärt, wie Sie eine Webgalerie als Plug-in installieren.

1 Download-Datei entpacken

Haben Sie eine Galerie aus dem Internet heruntergeladen, müssen Sie zuerst die Datei, meist ein ZIP-Archiv, entpacken. Dabei wird ein Ordner mit dem Namen der Galerie erzeugt. Benennen Sie den Ordner um oder generieren Sie einen neuen, müssen Sie darauf achten, dass der Name keine Leer-, Sonderzeichen oder Umlaute besitzt.

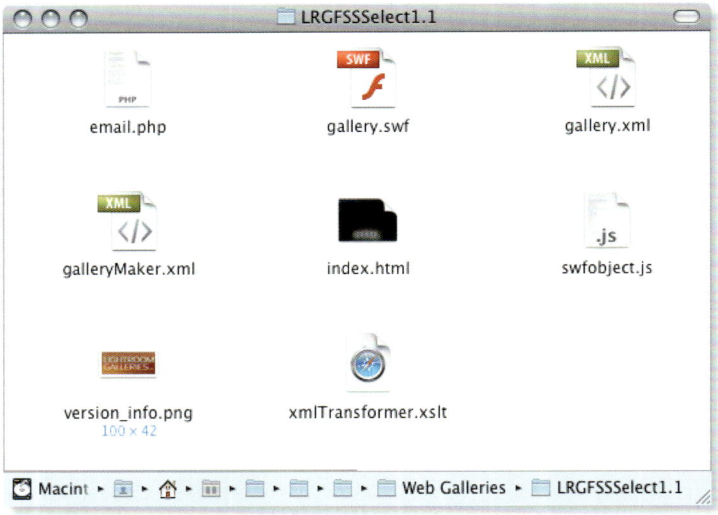

Abbildung 13.9 ▸
Die heruntergeladene ZIP-Datei wird in einen Ordner entpackt und enthält alle nötigen Dateien zum Erstellen einer Galerie. Der Ordner muss in den Webgalerie-Ordner von Lightroom verschoben werden.

2 In Vorgabenordner verschieben

Der Ordner mit der neuen Galerie wird nun im Ordner Web Galleries abgelegt. Dieser befindet sich auf dem Mac beim jeweiligen Benutzer unter Library/Application Support/Adobe/Lightroom. Unter Microsoft Windows liegt er unter Dokumente und Einstellungen/{Benutzername}/Anwendungdateien/Adobe/Lightroom. ■

Nicht alle Flash-Galerien sind so entwickelt, dass sie in Lightroom eine Vorschau darstellen können. Andere Galerien besitzen wiederum einen HTML-Teil. Dieser beinhaltet meist den Rahmen mit der Erkennungstafel und der Galeriebeschreibung, die um die Flash-Galerie herum eingeblendet wird. Manche Galerien haben auch Probleme mit Umlauten. Andere sind wieder nicht so perfekt programmiert oder wurder ursprünglich nicht für den Einsatz mit Lightroom entwickelt. Wenn Sie also Galerien aus dem Internet herunterladen, lesen Sie die Beschreibungen genau durch.

▲ **Abbildung 13.10**
Umfang, Art und Zusammenstellung der Bedienfelder sind abhängig von der Programmierung der jeweiligen Galerie.

Jede Galerie besitzt ihre eigenen Parameter. Je nach Galerie können Hintergrundfarben, Texte, Bildanordnung oder Diashow-Intervalle angegeben werden. Dies alles wird über eine Parameterdatei (*galleryMaker.xml*) in der Galerievorlage bestimmt.

13.3 Bildauswahl und Websammlungen

Grundsätzlich stehen in Lightroom für eine Webgalerie alle Bilder zur Verfügung, die im Web-Modul unten im Filmstreifen angezeigt werden. Die Selektion kann weiter eingeschränkt werden, indem man dort einzelne Bilder auswählt. Die Auswahl erfolgt analog zu den Ausgabemoculen Diashow und Drucken. Lesen Sie hierzu auch den Abschnitt auf Seite 500.

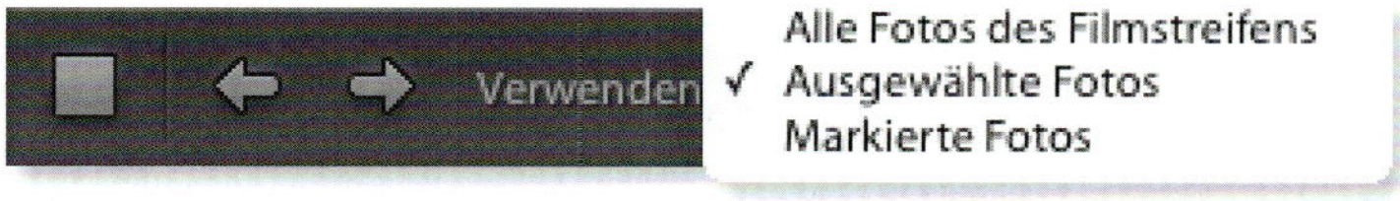

◀ **Abbildung 13.11**
Über die Werkzeugleiste können Sie angeben, welche Bilder in der Webgalerie angezeigt werden sollen.

In der Werkzeugleiste können Sie wählen, ob Sie alle Bilder des Filmstreifens, nur die ausgewählten oder alle, die mit einer Markierung versehen sind, verwenden möchten. Dazu klicken Sie auf den angezeigten Menüpunkt neben dem Begriff VERWENDEN in der Werkzeugleiste und wählen die gewünschte Option aus. Diese Auswahl beeinflusst auch das Dialogfeld zum Erstellen einer Sammlung.

▲ Abbildung 13.12
Webgalerien werden im SAMMLUNGEN-Bedienfeld mit einem Raster-Symbol gekennzeichnet.

Für Flash-Galerien, die auch als Diashow betrachtet werden können oder die die Bilder hintereinander anzeigen, ist es wichtig, eine dramaturgisch sinnvolle Abfolge der Fotos festzulegen. Denn normalerweise erfolgt die Sortierung der Bilder in einer Kollektion oder in einem Album nach formalen Kriterien wie Dateinamen, Erstellungsdatum oder anderen Informationen. So werden sie dann auch in der Bibliothek und in der Webgalerie angezeigt.

Nur in einer Sammlung können Sie Bilder in eine neue, selbst gewählte Reihenfolge bringen. Sie können jederzeit aus einer Bildauswahl im Web-Modul eine Sammlung generieren. Wenn Sie das aus dem Web-Modul erledigen, können Sie eine spezielle Websammlung erstellen. Dann speichert diese auch die Einstellungen der aktuellen Galerie mit ab.

Webgalerie-Sammlung erstellen | Haben Sie in der Bibliothek einen Ordner ausgewählt und wechseln in das Web-Modul, wird dieser Ordner im Filmstreifen angezeigt. Sie können jetzt Bilder auswählen oder die Einstellungen Ihrer Galerie vornehmen. Die Reihenfolge spielt dabei keine Rolle.

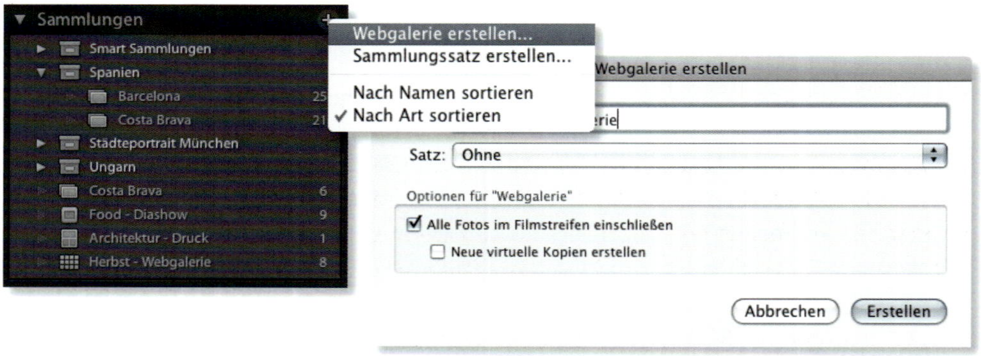

▼ Abbildung 13.13
Erstellt man statt eines Sammlungssatzes eine Webgalerie, werden alle Parameter in dieser Galerie gespeichert.

Um eine Webgalerie zu speichern, klicken Sie auf das +-Symbol neben dem linken Bedienfeld SAMMLUNGEN und wählen aus dem Dropdown den Punkt WEBGALERIE ERSTELLEN. Vergeben Sie dann einen Namen für die Galerie. Je nachdem welche Option Sie als Verwendung in der Werkzeugleiste ausgewählt haben, können Sie alle Bilder, nur ausgewählte oder nur markierte Bilder über das Optionen-Kontrollkästchen der Webgalerie hinzufügen.

Die hinzugefügten Bilder können Sie auf Wunsch diese auch als virtuelle Kopien der Webgalerie zuordnen. Das hat den Vorteil, dass Sie diesen Bildern eigene Entwicklungseinstellungen zuweisen können, ohne die Originale zu beeinflussen. So können Sie unter anderem eigene Beschneidungen für die Bilder der Webgalerie durchführen.

TIPP

Es empfiehlt sich, alle Einstellungen mit nur wenigen ausgewählten Bildern vorzunehmen. Jede Änderung verursacht nämliche eine Neuberechnung der Galerie, und das kann zu Verzögerungen führen.

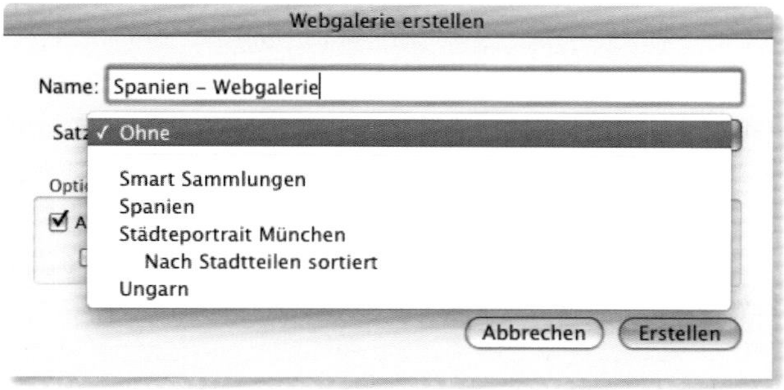

◂ **Abbildung 13.14**
Über das Dropdown-Menü Satz kann man die Webgalerie innerhalb eines Sammlungsordners erstellen.

Solange die Webgalerie im Bedienfeld ausgewählt ist, werden alle Einstellungen, die im rechten Bedienfeld vorgenommen werden, in der Sammlung gespeichert.

Neue Bilder können einfach per Drag and Drop zur Sammlung hinzugefügt werden. Dies kann auch aus jeder anderen Sammlung, zum Beispiel einer Druck- oder Diashow-Sammlung heraus geschehen. Dabei kann man aber keine virtuellen Kopien erstellen lassen. Dies muss man dann vorher per Hand erledigen. Weitere Informationen zu Sammlungen finden Sie auf Seite 266.

13.4 Konfigurieren von Flash-Galerien

Wie bereits erwähnt, besitzt jede Galerie ihr eigenes Parameterset, das sich von Fall zu Fall unterscheidet. Beispielhaft sollen hier die Parameter der vorinstallierten Lightroom-Flash-Galerie erläutert werden. Diese finden Sie in ähnlicher Form in allen Webgalerien. Es sollte mit der folgenden Beschreibung daher kein Problem sein, auch alternative Flash-Galerien zu konfigurieren.

▾ **Abbildung 13.15**
Das Bedienfeld zu den Informationen der Galerie wie Titel und Beschreibung

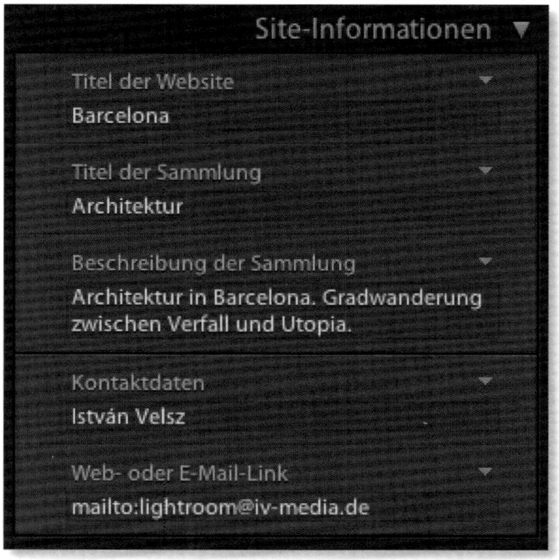

13.4.1 Bedienfeld »Site-Informationen«

Das erste Bedienfeld in der rechten Palette legt die allgemeinen Informationen für die Website fest, die Sie mit der Galerie erstellen. Sie erscheinen alle in Flash – es sei denn, Sie arbeiten mit einer Flash-Galerie, die diese Daten in ein übergeordnetes HTML-Dokument schreibt.

Titel der Website | Dies ist die Hauptüberschrift. Sie wird nur dann angezeigt, wenn keine Erkennungstafel eingeblendet wird. Der Titel kann ein übergeordneter Begriff für mehrere Sammlungen sein – etwa »Städteportraits« – oder aus einem Titel Ihrer Website stammen, zum Beispiel »Auge > Linse > Pixel«.

▼ Abbildung 13.16
Die Site-Informationen stellen die allgemeinen Angaben zur Galerie wie Titel, Autor etc. bereit. Diese werden oberhalb der Bilder eingeblendet.

Titel der Sammlung | Dies ist der Titel der aktuellen Galerie oder Kollektion, die Sie präsentieren. Wenn Sie als Titel der Website beispielsweise »Städteportraits« verwendet haben, kann im Titel der Sammlung der Name der Stadt, zum Beispiel »Barcelona«, stehen.

Beschreibung der Sammlung | In diesem Textfeld können Sie die Galerie näher beschreiben und auch Copyright-Hinweise hinterlegen. Die Beschreibung wird auf einer eigenen Seite in der Galerie angezeigt.

Klicken Sie dafür in der Galerie-Vorschau auf den Menüpunkt Ansicht, und wählen Sie aus dem Dropdown-Menü den Befehl Über diese Fotos aus.

▼ Abbildung 13.17
Die Beschreibung der Sammlung wird auf einer eigenen Seite der Galerie dargestellt.

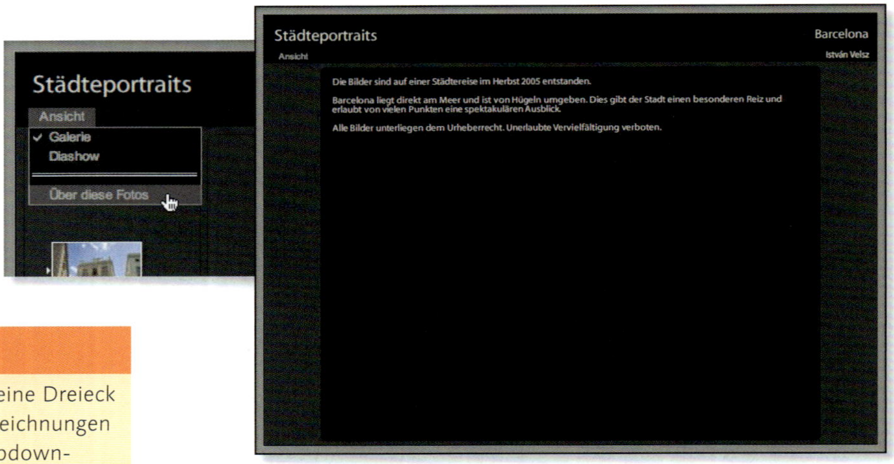

TIPP

Bei Klick auf das kleine Dreieck neben den Feldbezeichnungen öffnet sich ein Dropdown-Menü, das die letzten Einträge des jeweiligen Feldes auflistet.

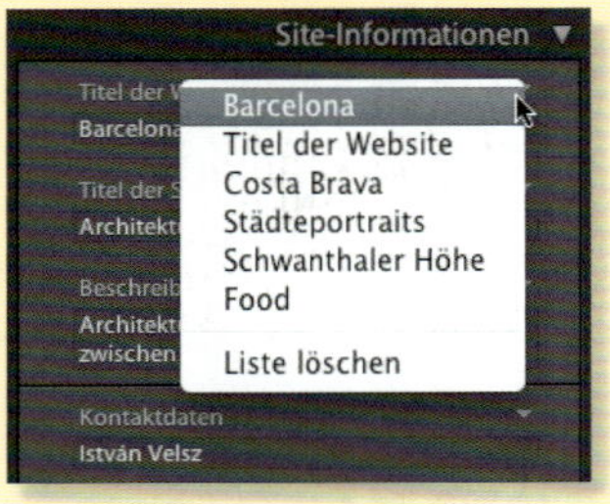

Kontaktdaten | Hier können Sie den Namen des Administrators oder des Fotografen angeben. Alternativ ist auch der Titel der Website denkbar.

Web- oder E-Mail-Link | Hier geben Sie den Hyperlink an, auf den die Kontaktdaten verweisen sollen. Wollen Sie keinen solchen Link erzeugen, so lassen Sie das Feld einfach leer – oder besser noch, Sie löschen den voreingestellten Wert. Sonst führt der Link ins Nirwana.

Geben Sie eine E-Mail-Adresse an, so fügt Lightroom in die Verknüpfung den Code »mailto:« ein. Auf einen Klick hin öffnet sich direkt ein Dialogfenster mit der richtigen Adresse, in dem Sie eine Nachricht erstellen können.

13.4.2 Bedienfeld »Farbpalette«

Hier lassen sich die Farben sämtlicher Elemente in der Flash-Galerie anpassen. Die Einträge bedeuten im Einzelnen:

- Mit Text verändern Sie die Farbe des Textes unter dem Bild, die der Seitennummer und die des Textes auf der Beschreibungsseite 9.
- Die Option Kopfzeilentext bezieht sich auf die Farbe des Textes, der in der Kopfzeile steht 2.
- Mit Menütext färben Sie die Farbe des Textes im Ansichtsmenü und im Kontaktfeld unterhalb der Kopfleiste ein 1.
- Die Farbeinstellung für Kopfzeile bezieht sich nicht auf den Text selbst, sondern auf den Hintergrund in der Kopfzeile 3.
- Unter Menü stellen Sie die Hintergrundfarbe für das Menü unterhalb der Kopfzeile ein 4.

▼ Abbildung 13.18
Alle Farben der Flash-Galerie können über die Farbpalette angepasst werden.

- Mit Hintergrund ist die Hintergrundfarbe des Hauptbereichs hinter dem Bild und hinter der Bildlaufleiste gemeint (6).
- Mit Rand stellen Sie die Farbe des Rahmens ein, der um Bild und Bildlaufleiste gezogen wird (5).
- Hintergrund Steuerelemente bezeichnet die Hintergrundfarbe der Bedienelemente Vorheriges Bild, Nächstes Bild, Diashow abspielen und Diashow anzeigen (8).
- Analog färben Sie mit Vordergrund Steuerelemente die Symbole der Bedienelemente in der Abspielleiste ein (7).

Abbildung 13.19 ▸
Andere Farben erzeugen einen ganz anderen Eindruck.

13.4.3 Bedienfeld »Erscheinungsbild«

Über dieses Bedienfeld lässt sich die Seitenaufteilung zwischen Hauptbild und Miniaturbildern anpassen. Zusätzlich kann anstelle des Titels der Galerie auch die Erkennungstafel eingeblendet werden.

Damit die Bilder auch auf großen Monitoren optimal betrachtet werden können, kann man die Größe der kleinen Thumbnails und des aktuell dargestellten Bildes auch ganz exakt vorgeben. Die Parameter und ihre Optionen im Einzelnen sind:

Layout | Für die Flash-Galerie stellt Ihnen Lightroom vier Layoutvarianten zur Verfügung. Diese können über das Dropdown-Menü ausgewählt werden, das sich öffnet, wenn Sie auf die Bezeichnung des aktuellen Layouts – rechts neben dem Parameter Layout – klicken.

▲ **Abbildung 13.20**
Layoutvariante BILDLAUF

▲ **Abbildung 13.21**
Layoutvariante MIT SEITENUMBRÜCHEN

▲ **Abbildung 13.22**
Layoutvariante LINKS

▲ **Abbildung 13.23**
Layoutvariante NUR DIASHOW

- **Bildlauf:** Diese Variante eignet sich nur für flache Querformat- oder Panoramabilder. Die Bildlaufleiste nimmt bei Hochformaten zu viel Platz weg – vor allem auf Breitbildmonitoren.
- **Mit Seitenumbrüchen:** Diese Variante ist geeignet für Galerien mit vielen Bildern und gemischten Formaten. Es erfolgt damit eine bessere Darstellung auf Breitbildmonitoren, da die Trennung zwischen Miniaturbildern und Bildansicht immer in der Mitte verläuft. Je größer die Anzeige, umso mehr Miniaturbilder werden in der Übersicht angezeigt.
- **Links:** Dies ist die Standardansicht. Hier befindet sich die Bildlaufleiste links von der Bildansicht. Diese Variante gewährleistet eine optimale Darstellung auf allen Monitoren. Sie ist nur dann ungünstig, wenn der Betrachter den Browser sehr schmal und hoch ausrichtet. In diesem Fall würde sich die Layoutvariante BILDLAUF besser eignen.
- **Nur Diashow:** Diese Layoutvariante verzichtet komplett auf die Darstellung von Miniaturbildern.

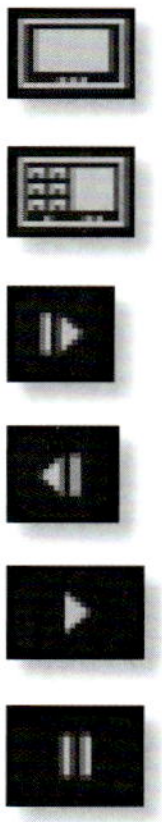

DIASHOW ANZEIGEN
GALERIE ANZEIGEN
NÄCHSTES BILD
VORHERIGES BILD
DIASHOW ABSPIELEN
DIASHOW ANHALTEN

▲ **Abbildung 13.24**
Bedienelemente der Flash-Galerie

Die Layoutvariante NUR DIASHOW kann auch während des Betrachtens der Galerie aktiviert werden. Dazu klicken Sie die Taste DIASHOW ANZEIGEN. Möchten Sie die Miniaturen einblenden, klicken Sie die Taste GALERIE ANZEIGEN, die dann anstelle von DIASHOW dargestellt wird.

Die Diashow lässt sich auch als selbstablaufende Präsentation abspielen. Dazu klicken Sie auf die Taste DIASHOW ABSPIELEN. Diese wandelt sich dann zur Taste DIASHOW ANHALTEN.

Mit den Pfeiltasten neben dem Abspielknopf können Sie zwischen den Bildern hin- und herblättern – unabhängig davon, ob die Diashow läuft oder nicht.

Erkennungstafel | Haben Sie eine Erkennungstafel konfiguriert, können Sie auch diese anstelle des Titels einblenden. Die aktuell gewählte Tafel sehen Sie im kleinen Vorschaufenster im Bedienfeld. Haben Sie mehrere Erkennungstafeln konfiguriert, können Sie diese über das Dropdown-Menü, das sich durch Anklicken des kleinen Dreiecks in der Erkennungstafel-Vorschau öffnet, auswählen.

▼ Abbildung 13.25
Die Erkennungstafel kann anstelle des Titels eingeblendet werden.

Große Bilder | Die Darstellungsgröße der Einzelbilder kann vom Betrachter durch Vergrößern bzw. Verkleinern des Browserfensters variiert werden. Damit die Darstellungsqualität immer optimal bleibt, werden ab einer gewissen Größe automatisch höher aufgelöste Bildversionen für die Darstellung verwendet. Bei kleineren Darstellungen reichen wiederum niedrig aufgelöste Bilder aus. Maximal werden von Lightroom in der Webgalerie vier Bildgrößen für jedes Foto berechnet. Der Vorteil ist ein schnelles Nachladen der Bilder bei geringeren Auflösungen. Wer die Bilder in hoher Auflösung und damit in bester Qualität sehen will, ist am ehesten bereit, etwas länger darauf zu warten.

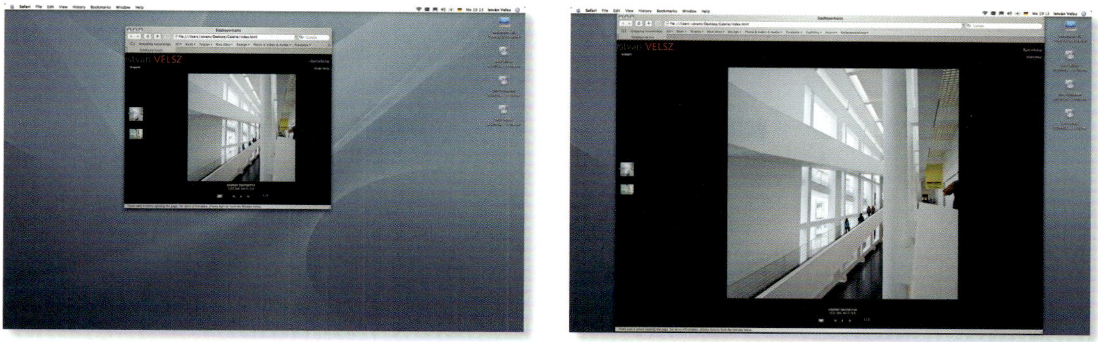

Daher könnte man nun meinen, dass man die Bilder in möglichst hoher Auflösung bereitstellen sollte. Das hat aber auch Nachteile, z. B. die langen Hochladezeiten. Außerdem dauert das Laden im Browser zusätzlich unnötig lange. Das Beschränken der Bildgröße auf eine niedrigere Auflösung reduziert auch für Sie den Zeitaufwand beim Hochladen der Galerie auf den Webserver. Außerdem können solche Bilder dann nicht in hoher Auflösung per Screenshot vom Monitor abfotografiert und illegal weiterverwendet werden.

▲ **Abbildung 13.26**
Bei Verwendung der Bilddarstellung »sehr groß« werden die Bilder mit dem Browserfenster skaliert und auch bei hoher Auflösung bildschirmfüllend dargestellt.

Miniaturbilder | Bei den Miniaturbildern verhält sich das ein wenig anders. Diese werden nicht mit dem Browserfenster vergrößert bzw. verkleinert. Über das Dropdown-Menü legen Sie die absolute Größe der Thumbnails in der Bildlaufleiste fest.

▲ **Abbildung 13.27**
Die Größe der Miniaturbilder kann in vier Stufen angegeben werden – links sehen Sie die kleinste und rechts die größte Variante.

13.4.4 Bedienfeld »Bildinformationen«

Unter den Bildern in der großen Zentralansicht können Informationen aus bis zu zwei verschiedenen Textfeldern eingeblendet werden. Diese können entweder aus benutzerdefiniertem Text oder aus Metainformationen bestehen.

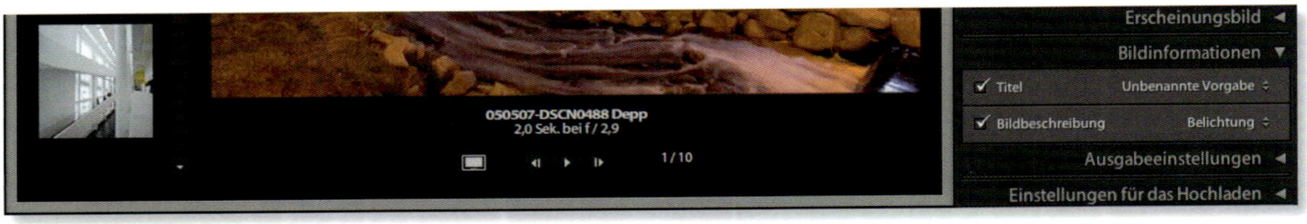

▲ **Abbildung 13.28**
Die Bildinformationen werden unter dem Bild platziert.

Titel | Diese Information steht direkt unter dem Bild und wird fett gedruckt dargestellt.

Bildbeschreibung | Diese steht direkt unter dem Titel. Sie wird in einem regulären Schriftschnitt angezeigt. Sie können aus dem Dropdown-Menü eine Vorgabe auswählen oder eine eigene Info oben in das Textfeld schreiben. Die Konfiguration der Bildinformation ist in Lightroom modulübergreifend. Wenn Sie also bereits im Modul Diashow oder Drucken eine Fotoinfo erstellt haben, so können Sie diese auch hier auswählen. Wenn Sie jetzt eine Fotoinfo erstellen möchten, blättern Sie zurück auf den Seiten 527, 562.

▼ **Abbildung 13.29**
Die Bildinformationen können aus einer bereits erstellten Textvorlage bestehen oder neu erstellt werden. Die Textvorlagen aus den anderen Modulen stehen auch hier zur Verfügung.

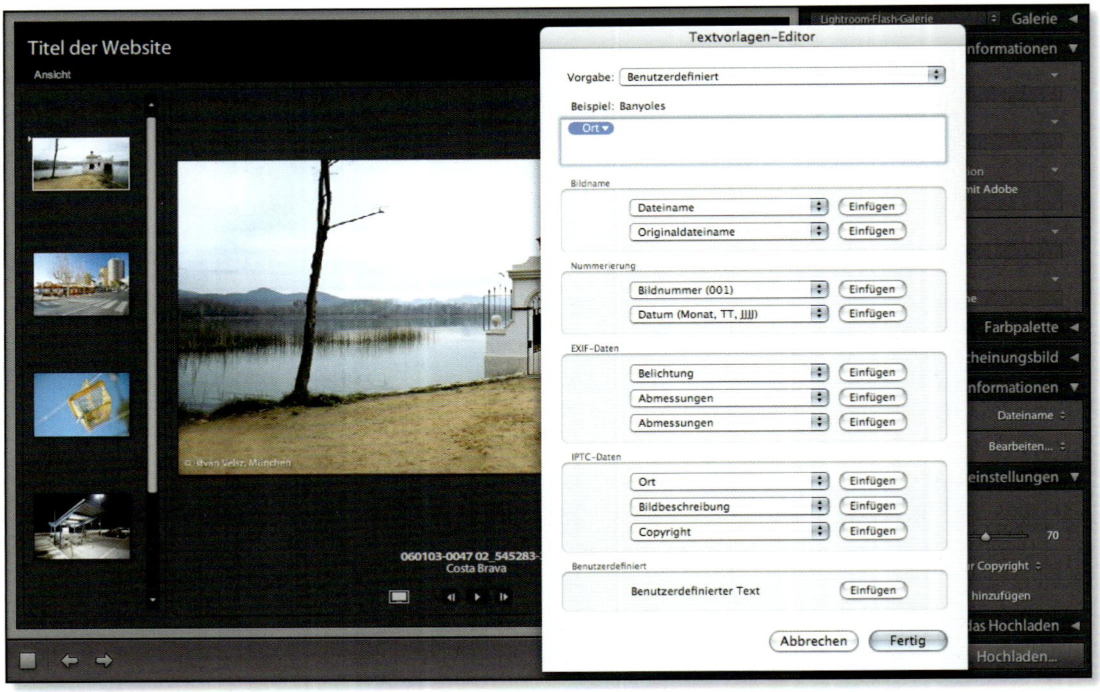

13.4.5 Bedienfeld »Ausgabeeinstellungen«

Die Bilder, die in der Flash-Galerie angezeigt werden, liegen als externe JPEG-Dateien in einem gesonderten Verzeichnis und werden von der Anwendung je nach Bedarf nachgeladen. Dateigröße und Qualität sind daher vom Kompressionsgrad beim

Export abhängig. Zusätzlich können auch Metadaten in die JPEG-Dateien geschrieben werden. Es gibt folgende Einstellungen:

Qualität | Dieser Schieberegler bestimmt die JPEG-Qualität der Bilder. Je niedriger der Wert, umso größer ist die Kompression, aber umso schlechter wiederum die Bildqualität. Ein Wert um »75« stellt einen guten Kompromiss zwischen Qualität und Dateigröße dar.

Metadaten | Diese Option schreibt entweder nur die Copyright-Information oder aber gleich alle möglichen Metadaten – also auch Stichwörter, IPTC- und EXIF-Informationen – in das Bild. Dies garantiert, dass beispielsweise Copyright-Hinweise und der Name des Fotografen auch in Bildern erhalten bleiben, wenn diese von der Website heruntergeladen werden.

▼ Abbildung 13.30
Das Copyright aus den IPTC-Informationen wird in das Bild »eingebrannt«.

Wasserzeichen | Mit diesem Kontrollkästchen blenden Sie ein Wasserzeichen über das Bild. Über das Dropdown-Menü können Sie aus gespeicherten Wasserzeichen auswählen oder neue Wasserzeichen konfigurieren. Mehr über die Konfiguration von Wasserzeichen erfahren Sie auf Seite 315. Sie sollten diese Möglichkeit unbedingt nutzen, wenn Sie nicht darauf verzichten wollen, hochaufgelöste Bilder ins Netz zu stellen. Das Wasserzeichen wird immer in der linken unteren Ecke platziert.

Schärfen | Beim Verkleinern und Komprimieren der Bilder für die Webgalerie gehen oft feine Details verloren. Das Schärfen verbessert den Detaileindruck. Die Bilder erhalten mehr Tiefenwirkung. Sie haben die Möglichkeit, aus drei unterschiedlichen Schärfegraden zu wählen oder die Funktion über das Kontrollkästchen komplett abzuschalten. Der Effekt wird aber erst in der exportierten Webgalerie sichtbar, da der Filter erst beim Exportieren angewendet wird.

13.5 Konfigurieren von HTML-Galerien

Haben Sie bereits eine Flash-Galerie erstellt, so ist es ein Leichtes, auch eine HTML-Galerie zu bauen. Die Bedienfelder sind größtenteils identisch. Im Hintergrund geschieht jedoch etwas anderes: HTML-Galerien werden in der »Sprache« des Internets erstellt und können auch ohne Flash-Plug-in betrachtet werden. Neben HTML kommen die Technologien JavaScript und CSS (Cascading Style Sheets) zum Einsatz, was einen Internetbrowser voraussetzt, der nicht allzu alt ist.

Eine HTML-Galerie sieht auch etwas anders aus als eine Flash-Galerie. Sie besteht aus zwei unterschiedlichen Arten von Webseiten: Der Betrachter sieht zuerst eine reine Indexseite mit einer Thumbnail-Übersicht der Bildergalerie. Klickt er eines der Thumbnails an, gelangt er auf die Detailseite des gewünschten Bildes, auf der dann dieses allein angezeigt wird. Die Bildauswahl und die Betrachtung in einer hohen Auflösung geschehen also getrennt voneinander – und nicht in einem Fenster kombiniert wie in der Flash-Galerie.

Im Wesentlichen besteht eine HTML-Galerie aber aus denselben Bestandteilen wie eine Flash-Galerie. Und auch viele Einstellungen sind ähnlich. Ich werdee hier daher nicht alles ausführlich wiederholen, sondern nur die Unterschiede erklären.

▼ Abbildung 13.31
Beispiel einer HTML-Galerie mit Index- und Detailseite

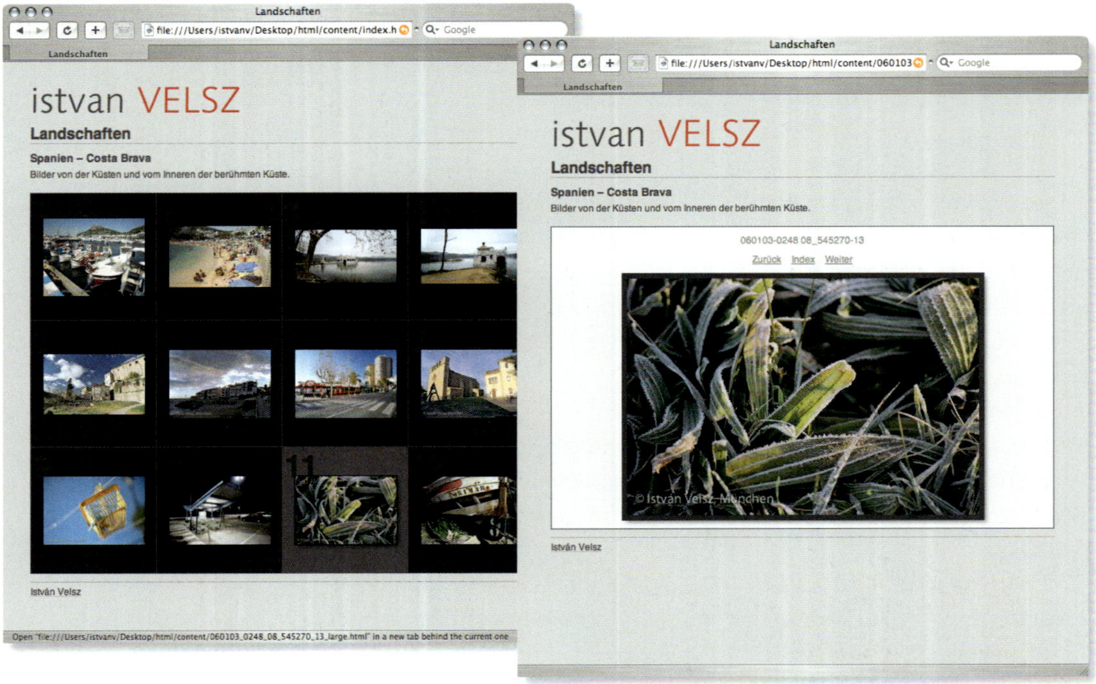

13.5.1 Bedienfeld »Site-Informationen«

Dieses Bedienfeld bietet eine Eingabemöglichkeit für die Rahmeninformationen der Galerie. Die Eingabefelder sind dieselben wie bei der Flash-Galerie – mit einem Unterschied: Bei der HTML-Galerie wird auch die Konfiguration der Erkennungstafel in diesem Bedienfeld vorgenommen. Auch die Anzeige der Informationen zu den Bildern in der Galerie unterscheidet sich deutlich von der Flash-Variante.

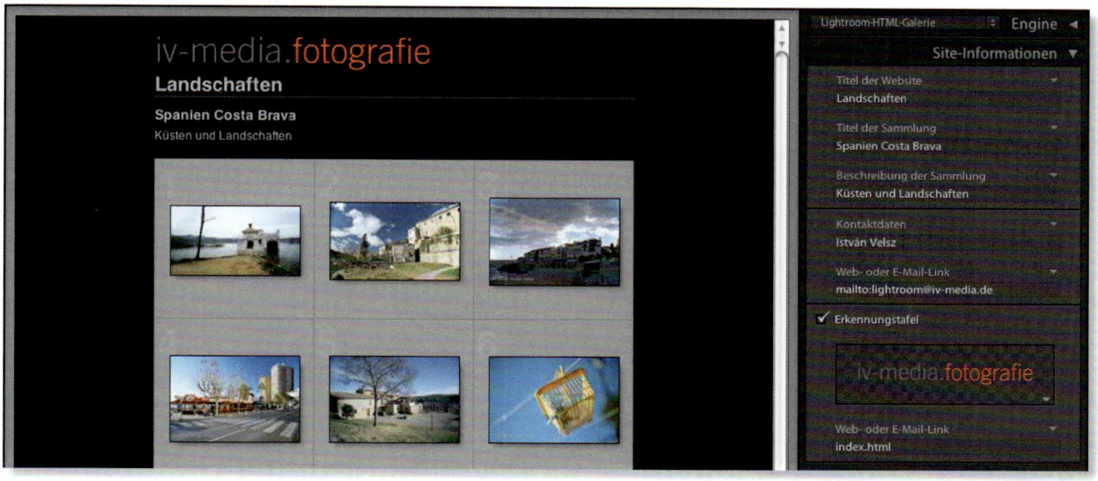

▲ **Abbildung 13.32**
Die Site-Informationen stellen die allgemeinen Angaben zur Galerie bereit und werden in der HTML-Galerie über den Bildern angezeigt – sowohl auf Index- als auch auf Detailseiten.

Titel der Website | Die Hauptüberschrift der HTML-Galerie wird auf der Indexseite wie auch auf der Detailseite in einem eigenen Rahmen über den Bildern angezeigt – ebenso wie der Titel der Sammlung.

Beschreibung der Sammlung | Die ausführlichere Beschreibung des Bildes, in der Sie auch einen Copyright-Hinweis hinterlassen können, wird auf der HTML-Seite ebenfalls direkt auf Index- und Detailseite angezeigt, und zwar unter dem Titel der Sammlung. In der Flash-Galerie ist dafür eine eigene Seite reserviert, die sich auf einen Klick hin öffnet.

Kontaktdaten | Der Kontaktname rutscht in der HTML-Galerie nach unten links unter die Bildauswahl bzw. unter das Detailbild. Die Unterstreichung des Namens zeigt bereits an, dass er in der

◀ **Abbildung 13.33**
Die Kontaktinformation wird unter den Bildern angezeigt. Sie kann mit Links auf eine E-Mail-Adresse oder auf eine Website hinterlegt werden.

Regel verlinkt wird mit der Adresse, die man ins Feld Web- oder E-Mail-Link eingibt. Nach einem Klick darauf öffnet sich beim Betrachter entweder ein neues Browserfenster (bei einer Webadresse mit »www.«) oder das E-Mail-Programm (bei einer Mailadresse mit »@«).

Erkennungstafel | Die Erkennungstafel ist jetzt in das Bedienfeld Site-Informationen gewandert, wird aber bedient wie für eine Flash-Galerie. Angezeigt wird sie oben über dem Titel der Seite.

Mit einem Klick auf das kleine Dreieck in der Vorschau im Bedienfeld können Sie die Tafel bearbeiten oder eine andere Grafik dafür auswählen.

▼ **Abbildung 13.34**
Die Erkennungstafel wird über dem Titel eingeblendet.

13.5.2 Bedienfeld »Farbpalette«

Die Farbpalette dient auch hier zum Einfärben sämtlicher sichtbarer Elemente in der Galerie. Die Parameter haben sich aber gegenüber der Flash-Galerie leicht verändert. Außerdem lassen sich einige Einstellungen getrennt nach Index- und Detailseite konfigurieren:

- Der Parameter Text gibt die Schriftfarbe für alle Textelemente vor, die in der HTML-Galerie außerhalb des Bildbereichs stehen – sowohl für die Index- als auch für die Detailseite ❶.
- Die Option Detail Text bezieht sich auf die Farbe des Textes, der im Bildbereich der Detailseite steht – also für die Bildbeschreibung und die Navigation ❼.

▲ **Abbildung 13.35**
Die Zellenfarbe lässt sich für das Maus-Rollover (rechts) getrennt vom Normalzustand (links) festlegen.

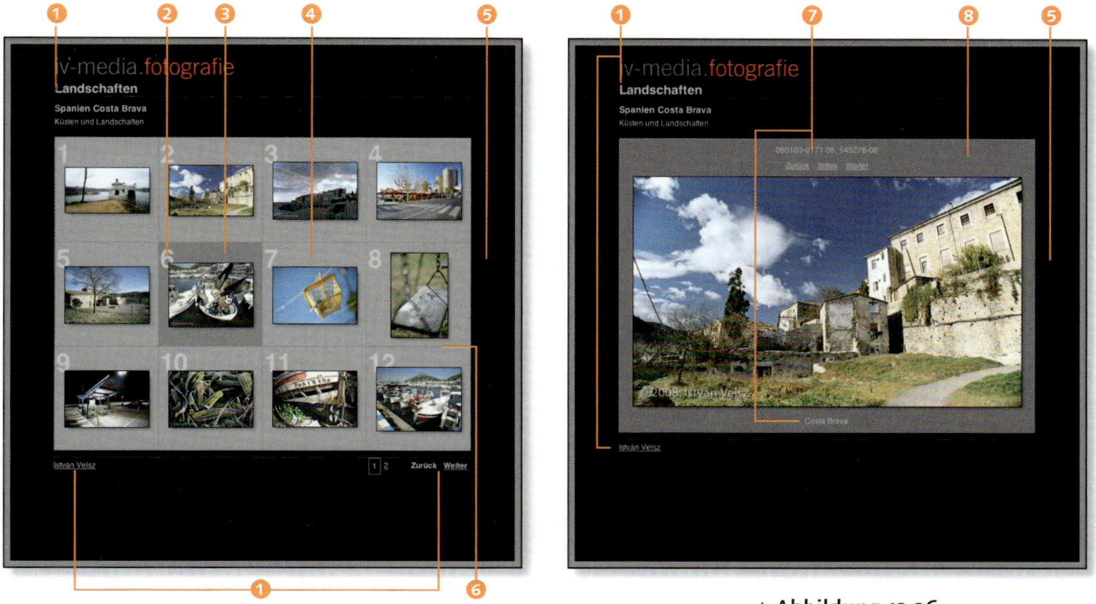

▲ **Abbildung 13.36**
Trotz weniger Parameter lässt sich die Farbdarstellung sehr flexibel steuern.

- Mit HINTERGRUND ist die Hintergrundfarbe von Index- und Detailseite gemeint ❺.
- Mit DETAIL HINTERGRUND stellen Sie die Farbe des Fonds im Bildbereich auf der Detailseite ein ❽.
- Die Farbe des Bildbereichs auf der Indexseite geben Sie über den Parameter ZELLEN vor ❹.
- ROLLOVER steht für die Farbe, die eine Zelle auf der Indexseite einnimmt, wenn der Betrachter mit der Maus darüberfährt ❸.
- Die RASTERLINIEN sind die kleinen Rahmen, die die Zellen auf der Indexseite voneinander trennen ❻.
- Auch den NUMMERN in den Zellen auf der Indexseite können Sie eine eigene Farbe verleihen ❷.

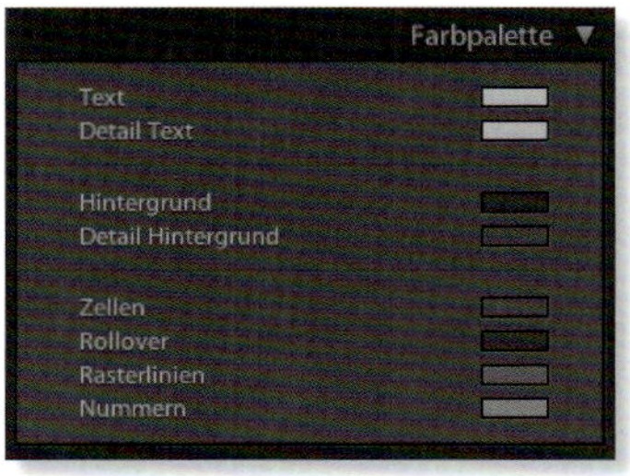

▲ **Abbildung 13.37**
Bedienfeld für die Einstellungen der Farbpaletten

13.5.3 Bedienfeld »Erscheinungsbild«

Dieses Bedienfeld unterscheidet sich völlig von dem in der Flash-Galerie. Sie können hier eine ganze Reihe von Einstellungen am Design der HTML-Galerie durchführen. Die Parameter im Einzelnen sind:

Den Fotos Schlagschatten hinzufügen | Der Schlagschatten hebt die Bilder optisch etwas vom Bildschirm ab. Sie scheinen vor dem Hintergrund zu schweben.

Abbildung 13.38 ▶
Schlagschatten heben das Bild vom Hintergrund ab. Es fängt dadurch an, zu »schweben«.

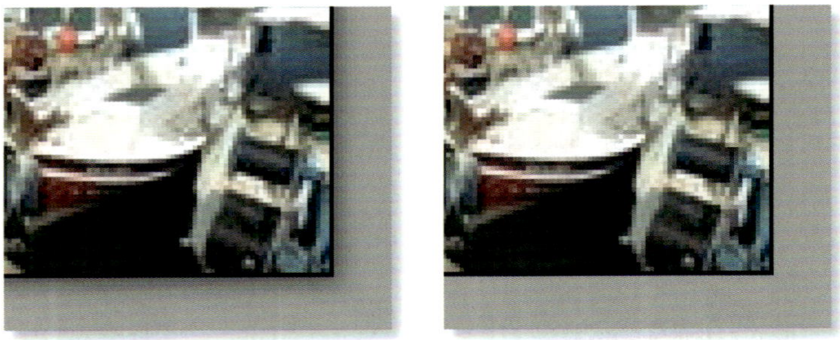

Abschnittsrahmen | Unter dem Titel und über der Kontaktinformation befindet sich eine gepunktete Linie. Dies ist der Abschnittsrahmen, der mit Hilfe des Kontrollkästchens ein- und ausgeblendet werden kann. Die Farbe lässt sich durch Anklicken des Farbauswahlrechtecks anpassen.

Abbildung 13.39 ▶
Der Abschnittsrahmen ist eigentlich kein richtiger Rahmen, sondern eine gepunktete Linie. Links sehen Sie die Titelinformation mit, rechts ohne Abschnittsrahmen.

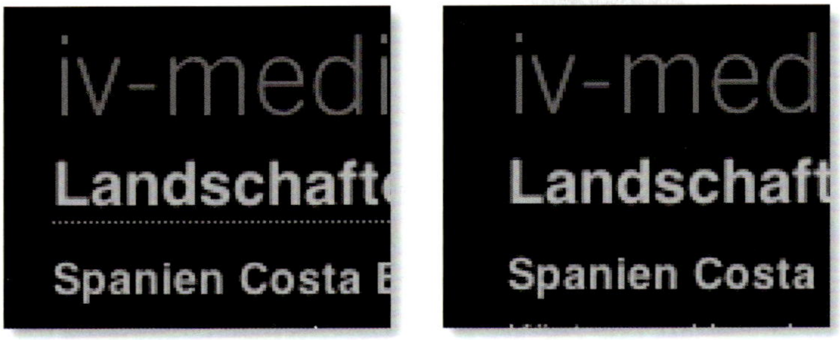

Rasterseiten | Die Rasteraufteilung für die Bilder auf der Indexseite lässt sich in diesem Feld vorgeben. Sie müssen dafür keine Werte für Zeile und Spalte angeben, sondern klicken einfach auf das entsprechende Feld in dem kleinen Raster, das die untere rechte Ecke der Indexseite bilden soll.

Beachten Sie dabei die Anzahl der Bilder, die Sie auf eine Indexseite bringen wollen. Möchten Sie beispielsweise zwölf Thumbnails darstellen, so klicken Sie auf das vierte Feld von links und das dritte von oben. Oder auf das dritte von links und vierte von oben. Die breite Version ist besser für querformatige, die schmale gut für Hochformatbilder geeignet. Haben Sie eine gleichmäßige Mischung an Formaten, wählen Sie als Raster am besten ein Quadrat, denn in ein solches passt gleichermaßen ein Hoch- wie auch ein Querformatbild.

Das Raster ist beschränkt auf mindestens 3 x 3 und höchstens 8 x 5 Rasterzellen. Sind mehr Bilder für die Galerie ausgewählt, so werden mehrere Indexseiten generiert. Diese können über die Schaltflächen unterhalb des Rasters durchgeblättert werden.

▲ **Abbildung 13.40**
Mehrere Indexseiten können über die Navigation unter den Thumbnails durchgeblättert werden.

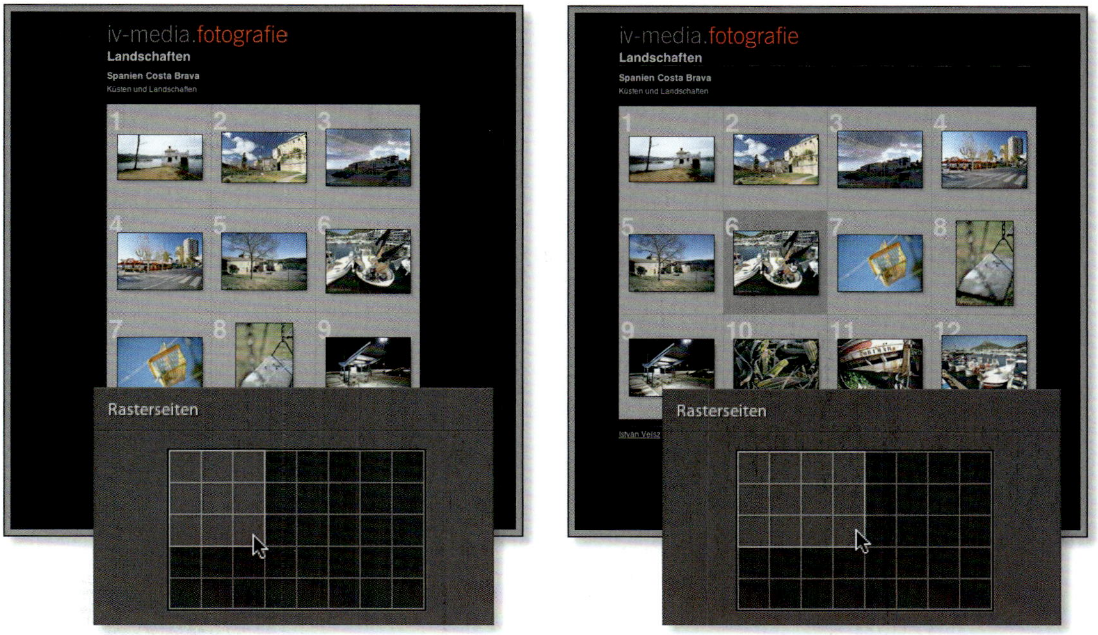

Zellennummern anzeigen | Mit diesem Kontrollkästchen können Sie die Nummern in den Zellen ein- und ausblenden. Die Farbe der Nummern wird im Bedienfeld FARBPALETTE mit dem Farbauswahlfeld NUMMERN eingestellt.

▲ **Abbildung 13.41**
Anzahl und Aufteilung der Rasterzellen können mit der Maus interaktiv aufgezogen werden.

◀ **Abbildung 13.42**
Die Nummern in den Zellen können ein- und ausgeblendet werden.

Fotorahmen | Dieses Kontrollkästchen steuert die Darstellung des Rahmens, der um die Thumbnails gezogen wird. Normalerweise ist der Rahmen aktiviert. Die Farbe gibt man über die Farbauswahlbox rechts neben dem Kontrollkästchen an.

▼ **Abbildung 13.43**
Einstellung des Rahmens um die Thumbnails

Bildseiten | Dieser Teil des Bedienfeldes ist für die Bildeinstellungen auf den Detailseiten zuständig. Damit Sie die Auswirkungen gleich sehen können, rufen Sie am besten eine Vorschau auf, indem Sie auf der Indexseite auf ein Thumbnail klicken. Dies wird Ihnen auch durch das Warnsymbol am rechten Rand signalisiert.

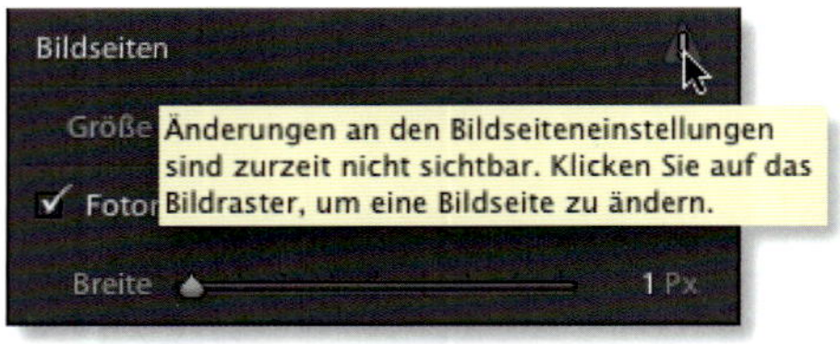

Abbildung 13.44 ▸
Das Warnsignal weist darauf hin, dass Sie erst auf eine Bildseite wechseln müssen, um die Einstellungen sehen zu können.

- **Größe:** Hierüber geben Sie die Größe der Bilder auf den Detailseiten an. Dabei werden diese so skaliert, dass die längere Seite die hier eingestellte Pixelgröße besitzt. Normalerweise reicht eine Vorgabe von maximal 800 Pixeln aus. Damit benötigen Sie für Hochformatbilder einen Monitor, der mindestens 1 200 Pixel in der Höhe besitzt – das sind normalerweise Monitore ab 21 Zoll –, um das Bild komplett darzustellen. Eine solche Auflösung sollte man voraussetzen können.
- **Fotorahmen:** Wie bei den Thumbnails können Sie einen um die Bilder herumführenden Rahmen einblenden. Für die Detailseite können Sie auch die Breite des Rahmens einstellen. Die Farbe wird über das Farbauswahlfeld eingestellt. Der Rahmen ist eine HTML-Eigenschaft und muss daher nicht in das Bild eingerechnet werden.

▾ Abbildung 13.45
Die Bildeinstellungen legen die Größe der Bilder und die ihrer Rahmen auf den Detailseiten fest.

13.5.4 Bedienfeld »Bildinformationen«

Wie auch in der Flash-Galerie können auf den Detailseiten der Bilder noch zusätzliche Informationen untergebracht werden – aus maximal zwei Quellen, die aus den Metadaten stammen können, oder aus der manuellen Eingabe eines benutzerdefinierten Textes. Die beiden Textfelder lauten:

Titel | Diese Textinformation ist die Bildüberschrift, in der Regel nimmt man hier den Dateinamen. Sie wird über dem Bild angezeigt.

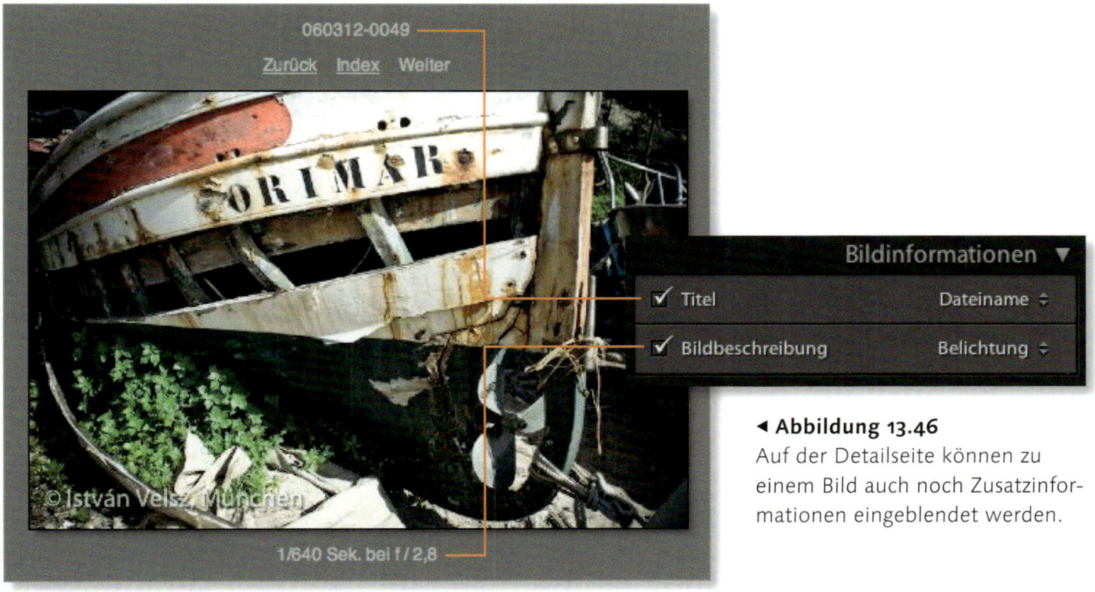

◂ **Abbildung 13.46**
Auf der Detailseite können zu einem Bild auch noch Zusatzinformationen eingeblendet werden.

Bildbeschreibung | Hier müssen keine Daten stehen, Sie können auch beliebigen Text eingeben. Achten Sie dabei darauf, dass die Bildunterschrift nicht direkt unter dem Titel, sondern für sich allein unter dem Bild eingeblendet wird.

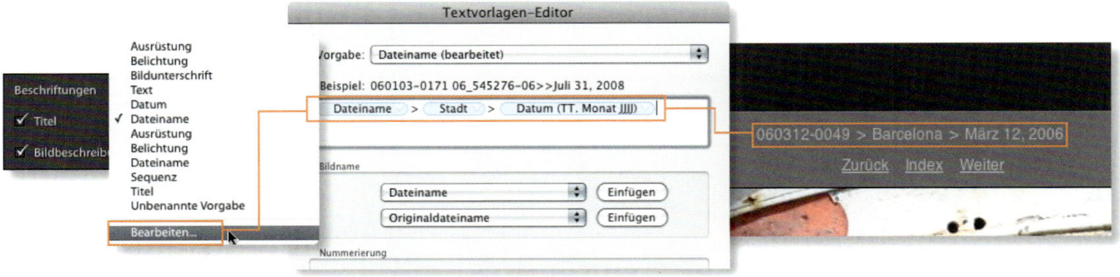

▴ **Abbildung 13.47**
So setzen Sie die Bildbeschreibungen aus Metadatenfeldern zusammen.

TIPP

Sie können die Bildbeschreibung mit Hilfe von XML-Tags vornehmen. Dazu müssen Sie den Inhalt zwischen die beiden Tags `<ag:formatted>` und `</ag:formatted>` setzen. Zum Fettdruck verwenden Sie die Tags `<strong>` und `</strong>`, für kursiv `<em>` und `</em>`. Einen Zeilenumbruch erreichen Sie mit `<br />`.

Die Bildinformation kann – wie in den anderen Modulen Diashow und Drucken sowie in der Flash-Galerie – aus Metadaten-Tokens bestehen, die Sie kombinieren und als Textvorlage ablegen können.

Das Auswählen der Vorgaben nehmen Sie über das Dropdown-Menü vor, das sich beim Klicken auf den Namen der aktuellen Vorgabe öffnet. Wollen Sie eine neue Vorgabe erstellen oder eine bestehende ändern, wählen Sie den Punkt Bearbeiten. Für eine genaue Anleitung blättern Sie zurück auf Seite 527. Wollen Sie hingegen keinen Titel bzw. keine Bildinformation anzeigen, deaktivieren Sie die entsprechenden Kontrollkästchen einfach.

13.5.5 Bedienfeld »Ausgabeeinstellungen«

Fotos werden auf Webseiten als JPEG-Dateien eingebettet. Sie werden bei Bedarf vom Webbrowser geladen und angezeigt. Die Geschwindigkeit, mit der diese dann angezeigt werden können, ist von deren Dateigröße abhängig; je kleiner desto besser. Dies steht aber ganz im Gegensatz zu den Qualitätsansprüchen eines Fotografen. Daher muss zwischen Qualität, Größe und Datenmenge ein Kompromiss gefunden werden.

- **Qualität:** Dieser Schieberegler bestimmt die JPEG-Qualität der Bilder und damit auch deren Dateigröße. Je niedriger der Wert, umso stärker werden die Bilder komprimiert. Dies führt aber immer auch zu einem Qualitätsverlust. Ein Wert um »75« stellt einen guten Kompromiss zwischen Qualität und Dateigröße dar.
- **Wasserzeichen:** Da Bilder von HTML-Seiten einfach per Mausklick heruntergeladen werden können, ist bei HTML-Galerien das Einblenden eines Wasserzeichens empfehlenswert. Über das Dropdown-Menü können Sie aus gespeicherten Wasserzeichen auswählen oder neue konfigurieren. Mehr über die Konfiguration von Wasserzeichen erfahren Sie auf Seite 315.
- **Schärfen:** Um bei heruntergerechneten Bildern mehr Detailzeichnung und Tiefenwirkung zu erhalten, haben Sie die Möglichkeit, aus drei Schärfestufen auszuwählen.

▼ **Abbildung 13.48**
Über die Ausgabeeinstellungen kann ein Copyright-Wasserzeichen in die Bilder gesetzt werden. Ebenso können Sie hier die Kompressionsrate und die Handhabung der Metadaten angeben.

13.6 Die Werkzeugleiste

Die Werkzeugleiste hat im Web-Modul keine bedeutende Funktion. Über die quadratische Schaltfläche gelangen Sie im Ansichtsfenster immer auf die Startseite der aktuellen Galerie. Die Pfeiltasten dienen zur Navigation im Filmstreifen, haben aber keinen direkten Einfluss auf das Ansichtsfenster. Über VERWENDEN können Sie angeben, ob Sie alle Bilder, nur die ausgewählten oder alle markierten Bilder in die Webgalerie einbinden wollen.

Zur besseren Verdeutlichung wird Ihnen zusätzlich angezeigt, ob Sie derzeit eine Flash- oder eine HTML-Galerie bearbeiten.

▼ **Abbildung 13.49**
Werkzeugleiste des Web-Moduls

13.7 Galerie auf Webserver laden

Nachdem Sie eine Flash- oder HTML-Galerie erstellt haben, können Sie diese auch gleich auf einen Webserver hochladen. Voraussetzung dafür ist, dass Sie über Webspace mit einem FTP-Zugang verfügen. Wenn nicht, wenden Sie sich am besten einfach an Ihren Internet-Provider. In den meisten Angeboten ist bereits etwas Speicherkapazität auf einem Webserver enthalten.

▲ **Abbildung 13.50**
Über den VORSCHAU-Button am Fuß der rechten Bedienfeldpalette wird auf dem Computer eine Galerie erzeugt und im Browser angezeigt. Dies erlaubt eine Kontrolle der Galerie vor dem Hochladen.

13.7.1 Bedienfeld »Einstellungen für das Hochladen«

Die Übertragung auf den Webserver geschieht per **FTP** (File Transfer Protocol). Die dazu benötigte Software ist bereits in Lightroom integriert, so dass der Upload direkt aus dem Programm erfolgen kann. Um die Daten im Internet anbieten zu können, müssen sie auf einem Server abgelegt werden, der jederzeit mit dem Internet verbunden ist und auf dem zusätzlich eine entsprechende Webserver-Software läuft. Diese stellt dann den Internetnutzern Ihre Galerie zur Verfügung.

▼ **Abbildung 13.51**
Den Dialog zum Speichern der FTP-Zugangsdaten erreichen Sie über das Dropdown-Menü FTP-SERVER. Ohne diese Daten können Sie die Galerie nicht auf einen Server übertragen. Die Einstellung kann als Vorgabe gesichert werden und ist dann über dieses Dropdown-Menü verfügbar.

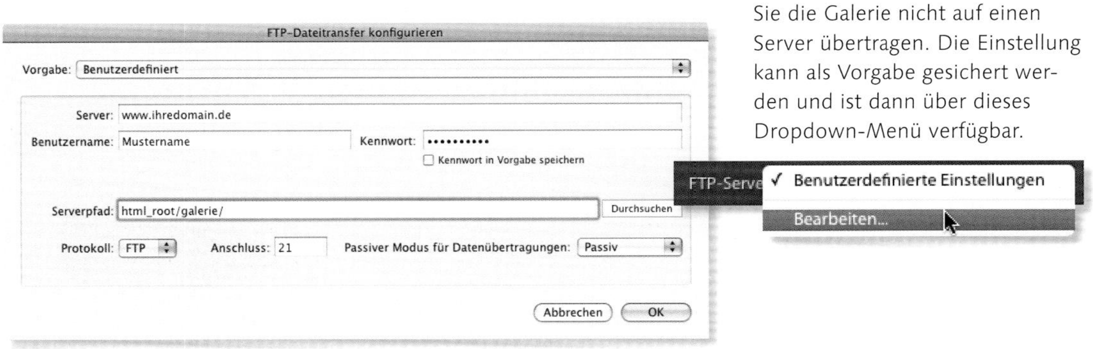

TIPP

Achten Sie darauf, dass Sie im Internet bei der Benennung von Dateien und Ordnern Leerzeichen, Umlaute und Sonderzeichen vermeiden. Auch sollten Sie Verzeichnisnamen und Dateiangaben immer kleinschreiben, da einige Systeme zwischen Groß- und Kleinschreibung unterscheiden und es somit eventuell zu Problemen kommen kann.

Eine Galerie lässt sich auch auf Ihrem eigenen, lokalen Rechner einrichten, das macht jedoch nur selten Sinn und ist nur etwas für IT-Profis. Lokale Rechner sind nicht immer eingeschaltet, außerdem ist eine Öffnung nach außen auch immer ein Sicherheitsrisiko. Abgesehen davon besitzen sie in den seltensten Fällen eine fest zugewiesene IP-Adresse.

Wenn Sie über Webspace verfügen, haben Sie von Ihrem Provider auch entsprechende FTP-Zugangsdaten dafür erhalten. Diese bestehen aus drei Informationen: dem Servernamen, Ihrem Benutzernamen und einem Passwort. Ohne diese Daten können Sie die Galerie nicht über das Internet veröffentlichen.

FTP-Server | Um einen neuen FTP-Zugang zu konfigurieren, klicken Sie auf das Dropdown-Menü mit dem derzeitigen Titel Benutzerdefinierte Einstellungen. Wählen Sie den Punkt Bearbeiten. Es öffnet sich dann der Dialog FTP-Dateitransfer konfigurieren mit den folgenden Einstellungen:

[FTP]
Das *File Transfer Protocol* ist das Standardverfahren zum Übertragen von Dateien in TPC/IP-Netzen – also beispielsweise im Internet. Es dient dem Zugriff auf Daten und Verzeichnisse, um diese herunter- oder hochzuladen. Das HTTP-Protokoll ist ein anderes bekanntes Protokoll. Mit ihm werden die Webseiten übertragen und im Browser angezeigt.

- **Server:** Hier tragen Sie Ihre Website ein. Es kann sein, dass Sie statt des »www.« ein »ftp.« vor den Domainnamen setzen müssen. Die Angaben finden Sie in den Unterlagen Ihres Providers.
- **Benutzername:** Geben Sie hier Ihren FTP-Benutzernamen an.
- **Kennwort:** Das ist das Feld für das Ihnen zugewiesene FTP-Passwort.
- **Kennwort in Vorgabe speichern:** Wenn Sie dieses Kontrollkästchen aktivieren, wird das FTP-Passwort in Lightroom gespeichert. Da nicht bekannt ist, wie sicher die Speicherung in Lightroom ist, würde ich Ihnen empfehlen, dies zu unterlassen.

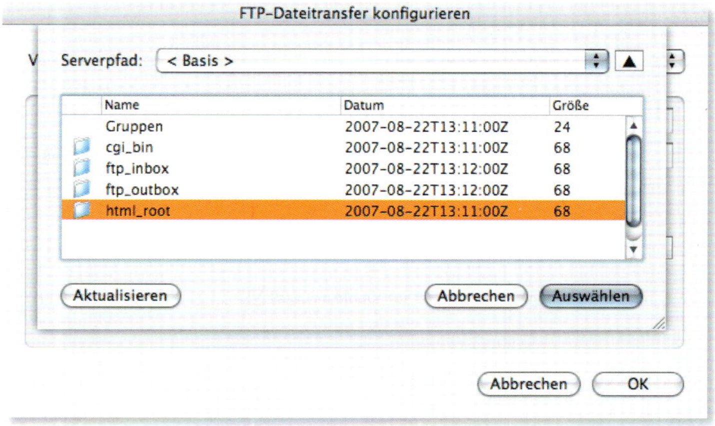

Abbildung 13.52 ▸
Den Serverpfad zu den Daten Ihrer Website können Sie im Menü auswählen. Dazu wird eine Verbindung zu Ihrem Server aufgebaut. Das ist auch eine Möglichkeit, die Verbindungsdaten zu testen.

- **Serverpfad:** Geben Sie hier den Verzeichnispfad auf Ihrem Webserver bis zu dem Ordner Ihrer Website an. Oft liegen Webseiten nicht direkt in dem Verzeichnis, in das Sie gelangen, wenn Sie sich per FTP auf dem Server anmelden. Sie liegen dann etwa in Ordnern wie HTML_ROOT oder PUBLIC_HTML. Wählen Sie in einem solchen Fall dieses Verzeichnis aus. Sind Sie sich nicht sicher, wie Ihr Serverpfad genau lautet, klicken Sie auf DURCHSUCHEN neben dem Pfadeingabefeld. Dann verbindet Sie Lightroom mit dem Server und zeigt Ihnen den Inhalt aller Verzeichnisse an. Dort können Sie den Pfad auswählen.
- **Protokoll:** Sie können das einfache FTP-Protokoll verwenden oder alternativ das sicherere, verschlüsselte SFTP-Protokoll. Normalerweise wählen Sie das FTP-Protokoll. Nur bei Webseiten mit hohen Sicherheitsanforderungen oder für den Administratorenzugriff müssen Sie sich gegebenenfalls für SFTP entscheiden.
- **Port:** Die Durchwahl der Leitung, auf der die Verbindung mit dem Server stattfindet, nennt sich *Port*. Standard für FTP ist »21«, für SFTP ist es der Port »22«.
- **Passiver Modus für Datenübertragungen:** Dies ist eine besondere Form der Kommunikation während eines FTP-Transfers und erleichtert die Verbindung bei Firewalls bzw. NAT-Diensten. Da dieser Modus auch funktioniert, wenn Sie ihn eigentlich nicht benötigen, können Sie dieses Kontrollkästchen auch aktiviert lassen. Bei deaktiviertem Kontrollkästchen ist die Übertragung eventuell etwas schneller. Falls Sie Probleme bei der Übertragung haben, probieren Sie alle Modi durch oder erkundigen Sie sich bei Ihrem Provider.

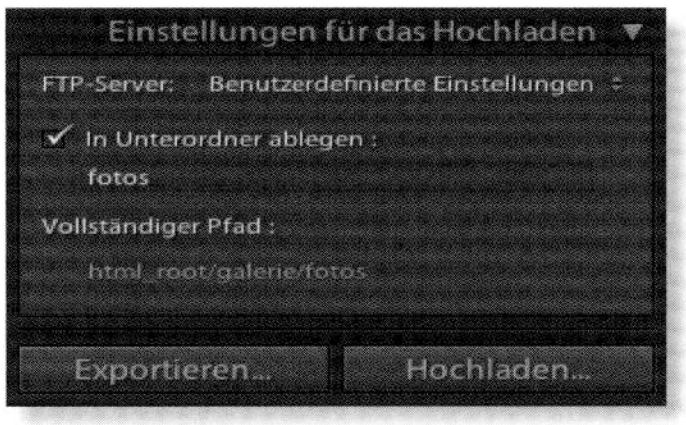

▲ **Abbildung 13.53**
Die Galerien können über Unterordner strukturiert auf dem Server abgelegt werden.

Die gemachten Einstellungen können Sie dann als Vorgabe abspeichern, um die Daten nicht immer wieder neu eingeben zu müssen. Wählen Sie dazu einfach aus dem Dropdown-Menü VORGABE den Eintrag AKTUELLE EINSTELLUNGEN ALS NEUE VORGABE SPEICHERN.

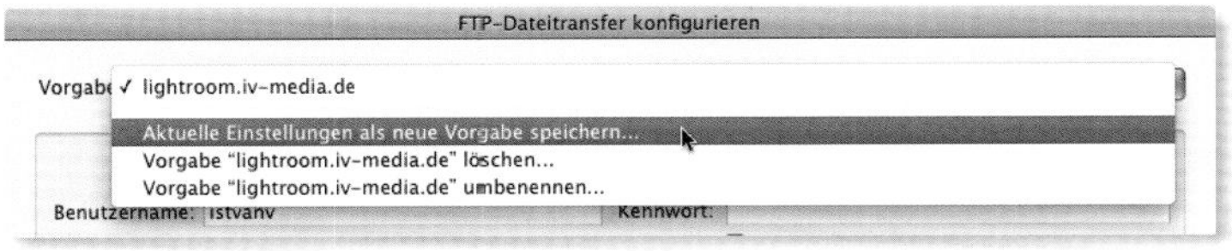

◀ **Abbildung 13.54**
Die FTP-Einstellungen können als Vorgabe gespeichert werden.

In Unterordnern ablegen | Jede Galerie wird zwar ohnehin in einem eigenen Ordner abgelegt, trotzdem ist es sinnvoll, alle Galerien in einen übergeordneten Ordner zu legen.

Aktivieren Sie das Kontrollkästchen, und geben Sie einen Ordnernamen wie »galerien« an. Verwenden Sie hier am besten nur Kleinbuchstaben, das reduziert Missverständnisse beim Eingeben der URL im Browser.

Sie können auch Unter-Unterverzeichnisse anlegen. Diese trennen Sie einfach mit einem Schrägstrich /, zum Beispiel »galerien/flash«. Dann wird zusätzlich ein Unterverzeichnis in Ihrem HTML-Ordner angelegt. Es sind auch weitere Unterordner, beispielsweise für Sammlungsnamen, möglich.

Der vollständige Pfad, beginnend beim FTP-Startverzeichnis, wird Ihnen unter dem Eingabefeld angezeigt.

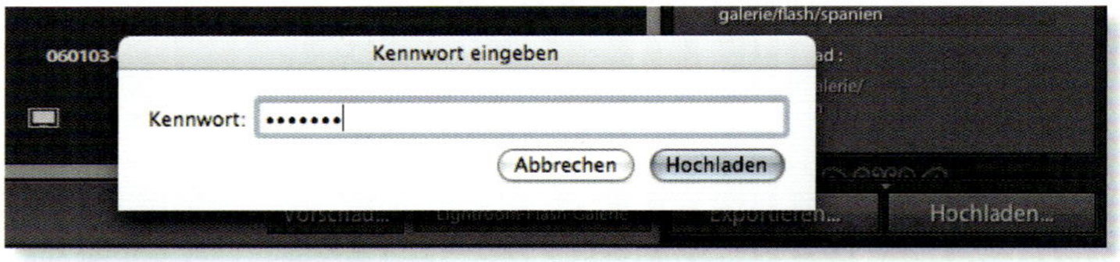

Abbildung 13.55 ▸
Das Passwort sollte man nicht über das Konfigurationsmenü von Lightroom speichern, sondern besser erst direkt vor dem Hochladen eingeben, wenn der Server danach fragt. Das erhöht die Sicherheit.

13.7.2 Hochladen der Galerie

Schließlich kann die Galerie auf den Webserver übertragen werden. Klicken Sie dazu auf die Schaltfläche HOCHLADEN. Wenn das Passwort nicht in Lightroom gespeichert wird, was Sie in den FTP-Servereinstellungen angeben können, müssen Sie es jetzt eingeben. Ansonsten werden die Daten direkt hochgeladen.

Wird der Rechner von mehreren Personen genutzt und ist er nicht besonders gesichert, dann sollten Sie das Passwort nicht in den Einstellungen speichern, sonst hat jeder Zugriff auf Ihre Website.

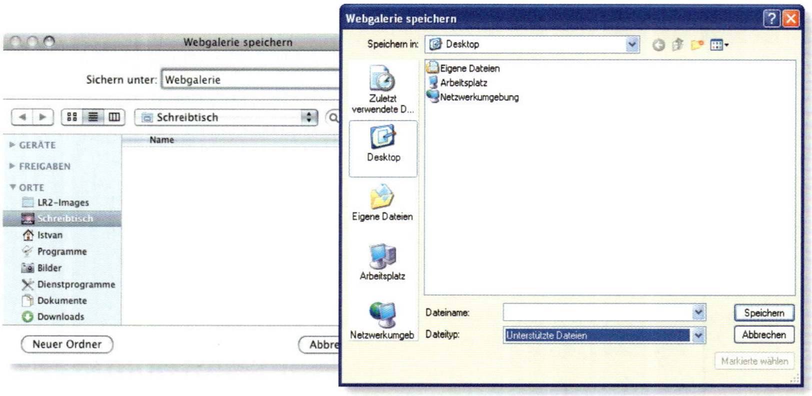

▴ Abbildung 13.56
Galerien werden beim Exportieren in eigene Ordner abgelegt. Diese tragen den angegebenen Namen. Die darin enthaltenen Dateinamen sind für alle Galerien gleich.

13.8 Exportieren einer Webgalerie

Die Galerie kann auch exportiert und auf der Festplatte gespeichert werden. Dazu wird nach dem Anklicken der EXPORTIEREN-Schaltfläche ein SPEICHERN UNTER-Dialog geöffnet. Der Name, den Sie dort vergeben, wird für den Ordner verwendet, der die Galerie enthält. Einen eigenen Dateinamen für eine Galeriedatei gibt es also nicht. Auch beim Export einer Flash-Galerie wird eine HTML-Seite erzeugt »index.html«. Diese dient als Rahmen für die Darstellung der Galerie. Sie ist notwendig, da nur die wenigsten Benutzer einen browserunabhängigen Flash-Player besitzen und somit die Galerie sowieso nur im Webbrowser betrachten können. Auch bei HTML-Galerien ist »index.html« die Startseite der Galerie.

Zum Betrachten der Galerie doppelklicken Sie einfach auf die Seite »index.html«. Der Webbrowser wird dann automatisch gestartet und zeigt die Galerie an.

Aufrufen der Galerie im Webbrowser | Ist die Galerie hochgeladen, können Sie den entsprechenden Link an Freunde, Bekannte oder Kunden per E-Mail verschicken. Der Link setzt sich aus drei Teilen zusammen:

- Teil 1: Ihre Domain wie *www.ihrname.de*
- Teil 2: Der Verzeichnispfad ohne Ihr Webseiten-Verzeichnis. Haben Sie einen Serverpfad, zum Beispiel »html_root«, angegeben, so muss dieser beim Link weggelassen werden. Nur die Verzeichnisse werden angegeben, die den Weg zur Ihrer Galerie beschreiben. Beginnen und enden muss die Angabe mit einem Schrägstrich, also beispielsweise »/fotogalerie/flash/«. Achten Sie darauf, dass auch die Groß-/Kleinschreibung stimmt.
- Teil 3: Der Dateiname der HTML-Seite, in die die Galerie eingebettet ist. Er lautet immer »index.html«.

▼ Abbildung 13.57
Der komplette Pfad lautet zum Beispiel *www.ihrname.de/fotogalerie/flash/index.html*. Darüber können andere Personen auf die Website zugreifen.

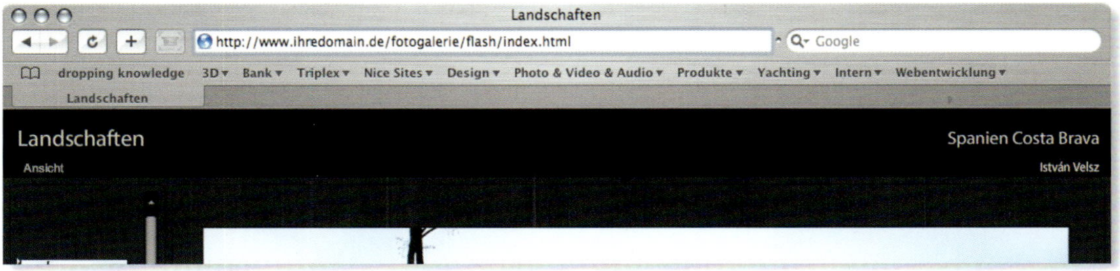

13.9 Arbeiten mit Vorlagen und Websammlungen

Websammlungen speichern wie die anderen Ausgabesammlungen der Diashow und des Drucken-Moduls nicht nur die Einstellungen, sondern auch die zugewiesenen Bilder. Mehr zum Erstellen einer Ausgabesammlung erfahren Sie auf Seite 266.

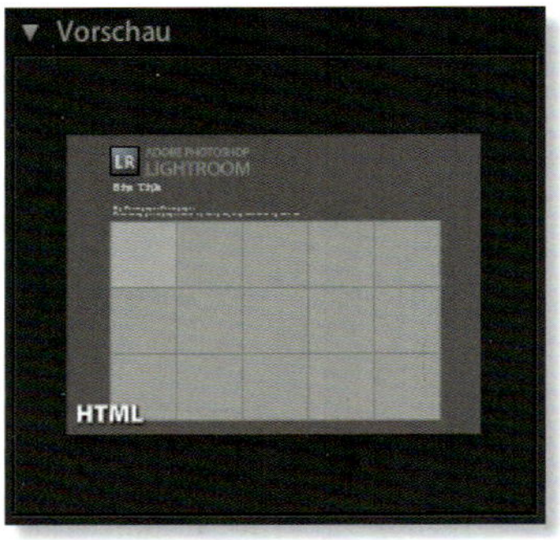

▲ **Abbildung 13.58**
Vorlagen einer HTML-Galerie werden in der linken unteren Ecke mit dem HTML-Symbol gekennzeichnet.

▲ **Abbildung 13.59**
Vorlagen für eine Flash-Galerie werden in der linken unteren Ecke mit dem Symbol für Flash versehen.

▲ **Abbildung 13.60**
Vorlagen, die von Drittherstellern stammen, haben oft gar keine Kennzeichnung. Sie sind allein durch das Vorschaubild zu identifizieren.

Gleiches gilt für die Erstellung und Verwaltung von Vorlagen. Diese werden wie in den beiden anderen Ausgabemodulen im Vorlagenbrowser des jeweiligen Moduls verwaltet. Mehr über die Verwaltung von Vorlagen erfahren Sie auf Seite 531.

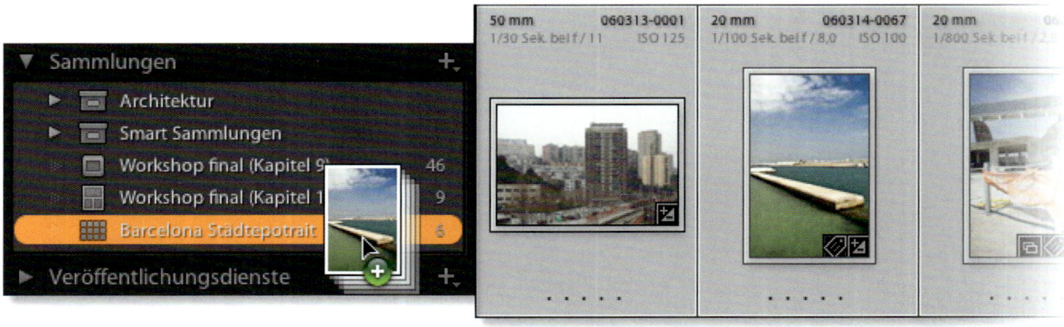

▲ **Abbildung 13.61**
Die Sammlung kann mit weiteren Bildern ergänzt werden. Das kann man von jedem Modul aus erledigen.

14 Kompatibilität mit Photoshop und Co.

So umfangreich die Funktionen und Möglichkeiten von Lightroom auch sind – das Programm hat auch Grenzen. Die Stärken einer Software zeigen sich in ihrer Fähigkeit, nach außen zu kommunizieren, also kompatibel mit anderen Programmen und Diensten zu sein. Dabei sind an dieser Stelle nicht soziale Netzwerke oder ähnliche Onlinedienste gemeint, sondern wie sich Lightroom im Zusammenspiel mit anderen Programmen verhält.

Das Arbeiten mit Raw-Daten stellt dabei allerdings schon eine erste Hürde dar: Denn anders als ein TIFF-Bild, das in allen Programmen gleich aussieht, sind Entwicklungen von Raw-Bildern nur innerhalb des jeweiligen Raw-Konverters sichtbar. Andere Programme können die Einstellungen nicht interpretieren. Lightroom ist da keine Ausnahme. Darüber hinaus löst Lightroom das Bild quasi aus der Dateiverwaltung des Betriebssystems heraus und verwaltet es über einen eigenen Katalog. Auch dies verhindert das beliebige Verschieben und Verwalten durch andere Programme. Und im Gegensatz zum Betriebssystem ist Lightroom das Dateiformat nicht egal. Der Zugriff von außen auf die Datenbank des Lightroom-Katalogs ist schon gar nicht möglich. Andere Anbieter von Raw-Konvertern begegnen diesem Problem, indem sie die Verwaltung der Bilder in einem datenbankbasierten Katalog gar nicht erst anbieten. Lightroom ist aber trotz seines eher geschlossenen Konzepts nicht unkommunikativ. Wo die Schnittstellen des Programms liegen und welche Daten ausgetauscht werden können, ist Thema dieses abschließenden Kapitels.

14.1 Schnittstelle zu Adobe-Produkten

Lightroom profitiert eindeutig davon, der Adobe-Produktfamilie anzugehören. Da Adobe hauptsächlich Software für grafische Applikationen anbietet, unter anderem auch Photoshop, hat Lightroom integrierte Schnittstellen vor allem zu anderen Adobe-Produkten.

14.1.1 Die Welt von Adobe

Adobe bietet nahezu alles, was das Designer- und Fotografenherz begehrt: mit Lightroom ein komplettes Entwicklungslabor mit Archivierungssystem, mit Photoshop eine Compositing- und Designlösung, Printdesign mit InDesign, Logo und Grafikdesign mit Illustrator sowie Webentwicklung mit Dreamweaver und Flash. Nicht zu vergessen das universelle Dokumentformat PDF. Das Motto könnten also lauten: »Von der Eingabe bis zur Ausgabe alles aus einer Hand.« Doch ganz so einfach ist es leider nicht. Das liegt vor allem am Raw-Format. Dadurch dass die Bearbeitungen ja nur als Metainformationen der Bilddatei anhängen, müsste jedes Programm über ein Mini-Lightroom verfügen, um sie zu interpretieren. Jede Änderung an der Raw-Engine würde ein Update aller Applikationen nach sich ziehen, was ein unverhältnismäßiger Aufwand wäre. Das heißt aber nicht, dass gar keine Zusammenarbeit möglich ist. Adobe beschränkt sie nur auf das Wesentliche.

Adobe Camera Raw als Basistechnologie | Wer sich ein bisschen mit Software rund um die Bildverarbeitung beschäftigt, hat sicher schon mitbekommen, dass mit jeder Lightroom-Version zeitgleich auch Adobe Camera Raw aktualisiert wird. Camera Raw ist die Basis der kompletten Raw-Verarbeitung in Adobe-Produkten. Es besteht eigentlich nur aus einem Plug-in, das alle Funktionen zum Lesen und Verarbeiten von Raw-Daten beinhaltet. Dieses Plug-in ist in Lightroom fest integriert, da es hier als Basisbestandteil für die Raw-Entwicklung dient.

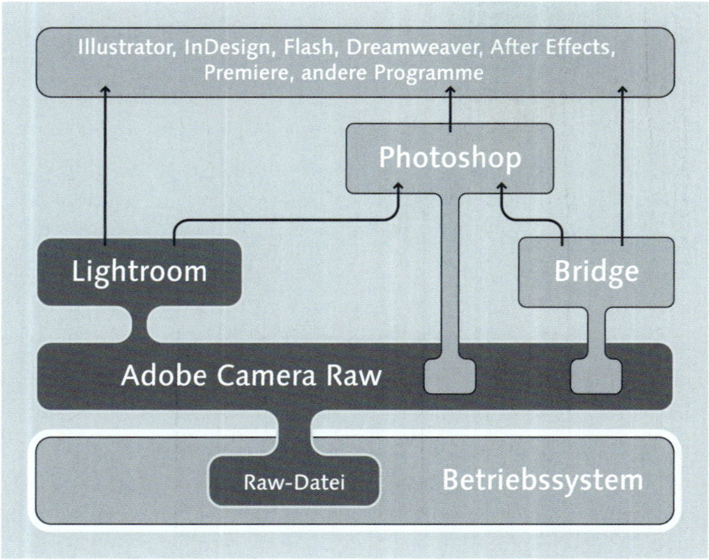

Abbildung 14.1 ▶
Fluss der Raw-Verarbeitung der Adobe-Produkte: Über das Camera-Raw-Plug-in werden Lightroom, Photoshop sowie Bridge bedient. Alle anderen Programme sind von deren Ausgabe abhängig.

Jetzt könnte man annehmen, es sollte ein Leichtes sein, dass alle anderen Programme auch einfach nur auf dieses Plug-in zugreifen können. Aber leider ist dem nicht so, im Moment zumindest nicht. Die Technologien der Programme und somit auch der Plug-in-Schnittstellen sind doch zu unterschiedlich.

Zumindest zwei Programme greifen auf das Adobe-Camera-Raw-Plug-in zu: Photoshop und Bridge. Photoshop ist wohl jedem Fotografen ein Begriff, Bridge vielleicht eher unbekannt. Dabei handelt es sich um einen Bildbrowser. Zu den Funktionen von Bridge erfahren Sie auf Seite 637 noch etwas mehr.

Funktionen von Camera Raw | Das Camera Raw Plug-in wird sichtbar, wenn Sie eine Raw-Datei direkt in Bridge oder Photoshop öffnen. Es besitzt auch alle Entwicklungseinstellungen, die Sie von Lightroom kennen. Allerdings ist das Handling vor allem auf Einzelbilder ausgelegt.

▼ Abbildung 14.2
Benutzeroberfläche des Camera-Raw-Plug-ins

14.1.2 Lightroom und Photoshop

Am engsten verknüpft sind Lightroom und Photoshop. Sie können z. B. Raw-Dateien direkt aus Lightroom heraus in Photoshop öffnen. Die dabei entstandenen Dateien werden als neues Bild neben der Raw-Datei gespeichert und in den Lightroom-Katalog integriert. Zusätzlich kann Lightroom direkt auf Photoshop-Funktionen zugreifen. Dazu zählt u.a. das Generieren von Panoramen und von HDR-Bildern.

Lightroom für Photoshop vorbereiten | Normalerweise ist Lightroom gleich so vorbereitet, dass es mit Photoshop kooperiert. Falls dies jedoch aus irgendeinem Grund bei Ihnen nicht funktionieren sollte, finden Sie die dafür benötigten Einstellungen im Dialog Voreinstellungen, den Sie über das Menü Lightroom bzw. Bearbeiten aufrufen (siehe Seite 154).

▼ Abbildung 14.3
Über die Voreinstellungen wird die Kooperation mit Photoshop festgelegt.

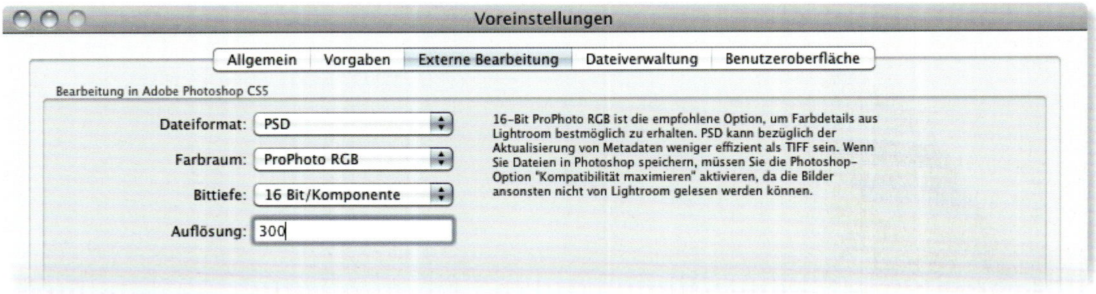

Bilder in Photoshop bearbeiten | Um Bilder in Photoshop zu bearbeiten, klicken Sie mit der rechten Maustaste auf ein oder mehrere Bilder und wählen aus dem Kontextmenü den Befehl Bearbeiten in • In Adobe Photoshop CS5 bearbeiten. Weitere Photoshop-spezifische Funktionen befinden sich ebenfalls in diesem Menü. Hier können Sie auch direkt auf Funktionen von Pho-

Abbildung 14.4 ▶
Das Kontextmenü zum Bearbeiten in Photoshop oder einem anderen externen Programm

toshop zugreifen, die auf Dateioperationen beruhen. Mit dem Befehl In Adobe Photoshop CS5 bearbeiten wird das Raw-Bild in eine Photoshop-Datei konvertiert und geöffnet.

Alle Bilder, die Sie in Photoshop bearbeiten und speichern, werden normalerweise zusätzlich zu der Original-Raw-Datei gespeichert. Als Dateiendung erhalten die Bilder den Namenszusatz »-Edit« ❶ und werden mit dem Original in einem Stapel verbunden. Die Photoshop-Datei wird auch ohne Nachfrage in die Lightroom-Datenbank importiert.

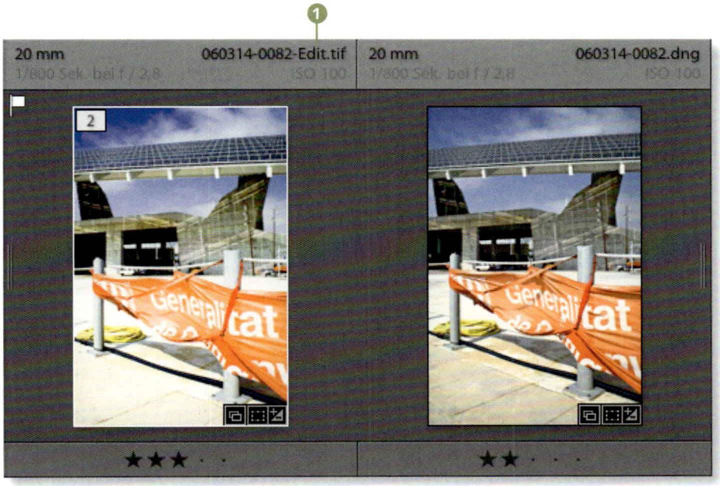

◂ **Abbildung 14.5**
Raw-Datei und Photoshop-Datei werden in Lightroom zusammen gestapelt und verwaltet.

Raw-Bilder als Smart-Objekte in Photoshop | Bei einem Smart-Objekt wird das Original-Raw-Bild in Photoshop auf einer Ebene eingebettet. Der Vorteil ist, dass alle bereits am Bild vorgenommenen Bearbeitungen des Raw-Programms enthalten bleiben. Das geht in Photoshop unter anderem mit Vektordateien aus Illustrator und mit Raw-Dateien aus Lightroom oder Camera Raw. Dabei bleiben alle nichtdestruktiven Änderungen von Lightroom erhalten und können nachträglich angepasst werden. Wollen Sie also nachträglich die Belichtung ändern, müssen Sie nicht erst wieder das Original in Lightroom bearbeiten und dann wieder in Photoshop neu öffnen.

Gerade wenn Sie bereits viele Photoshop-spezifische Aufgaben, beispielsweise mit mehreren Ebenen, durchgeführt haben, wäre eine erneute Anwendung aller Arbeitsschritte womöglich sehr zeitaufwändig. Hier können Sie einfach das Raw-Bild aus Photoshop heraus editieren. Allerdings wird dann nicht Lightroom geöffnet, sondern das Camera-Raw-Plug-in. Dort finden Sie aber auch alle Parameter wieder, die auch in Lightroom vorhanden sind.

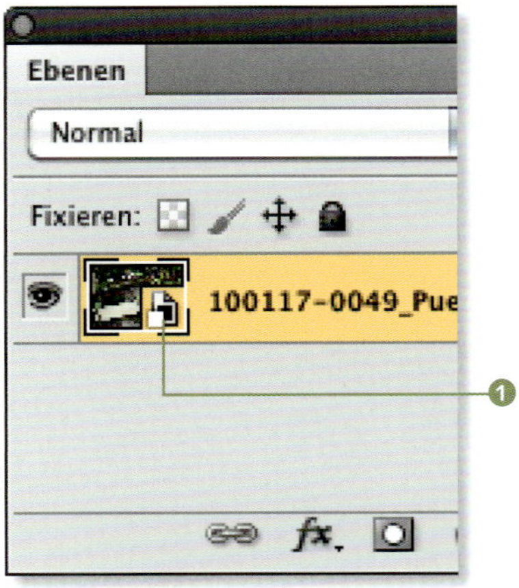

▴ **Abbildung 14.6**
Smart-Objekt-Ebenen erhalten als Kennzeichnung ein Dokumentensymbol ❶.

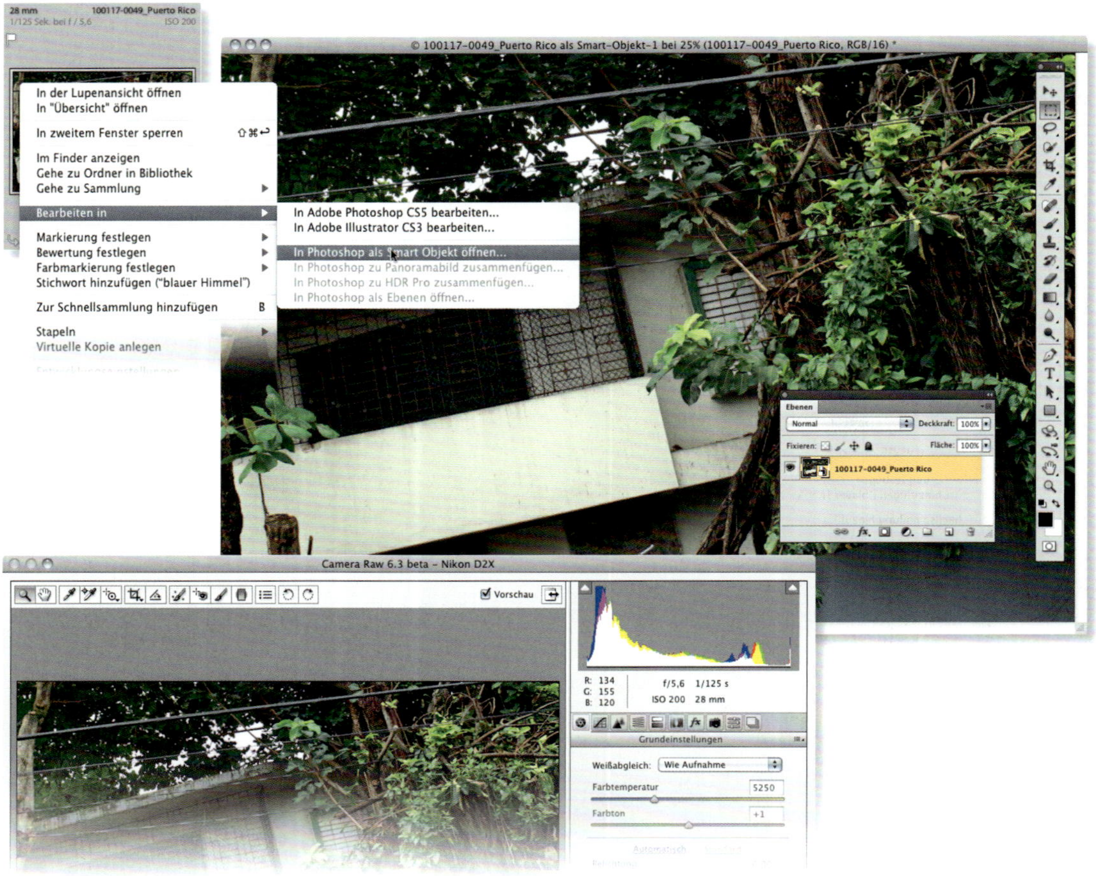

▲ **Abbildung 14.7**
Als Smart-Objekt geöffnete Raw-Bilder können im Camera-Raw-Plug-in nachträglich angepasst werden.

Grundsätzlich empfiehlt es sich immer, die Bilder als Smart-Objekt einzubinden, denn dies spart zudem Speicherplatz. Denn die Raw-Information benötigt weniger Speicherplatz als ein 16-Bit-Photoshop- oder -TIFF-Bild.

In Photoshop zu einem Panorama zusammensetzen | Sind Objekte zu groß, um sie auf eine Aufnahme zu bannen, machen viele Fotografen einfach mehrere Teilaufnahmen, die sich dann in Photoshop zu einer Aufnahme zusammensetzen lassen. Mit einem solchen Verfahren können in der Panoramafotografie auch komplette 360°-Rundumblicke erstellt werden.

Das Zusammensetzen der Einzelbilder übernimmt Photoshop. Dazu besitzt die Software ein besonderes Modul, das Photomerge genannt wird. Bei dem Verfahren werden Lage und Ausrichtung der Motivteile miteinander verglichen und die Bilder entsprechend angeordnet. Über eine spezielle Berechnung werden die Bilder weich ineinandergeblendet. Photoshop arbeitet hier sicherlich nicht so genau wie spezialisierte Panoramaprogramme, kann aber einfache Aufgaben gut erledigen. Gerade wenn ohne Stativ fotografiert wurde oder sich die Bilder nicht genug überlappen, häufen sich allerdings Fehler, die aufwändig nachgebessert werden müssen. Auch extreme Perspektiven wie aus Abbildung 14.8 sind später nur schwierig auszugleichen.

◄ ▼ Abbildung 14.8
Nach der Bildauswahl werden die Bilder in Photomerge geöffnet und zu einem Panorama kombiniert. Das fertige Bild wird in Lightroom gesichert.

In Photoshop als HDR Pro zusammenfügen | HDR-Bilder (*High Dynamic Range* = hoher Dynamikumfang) bilden mehr Helligkeitsstufen ab, als in einem einzelnen Bild gespeichert werden können. Für dieses Verfahren werden Bilder vom selben Motiv mit unterschiedlichen Belichtungen aufgenommen. Photoshop blendet dann die Bilder zu einem Bild zusammen. Dabei können durch spezielle Berechnungsmethoden (*Tonemapping*) auch teilweise fast surrealistische Aufnahmen entstehen, obwohl der ursprüngliche Zweck eigentlich ja nur darin bestand, den Tonwertumfang zu erhöhen.

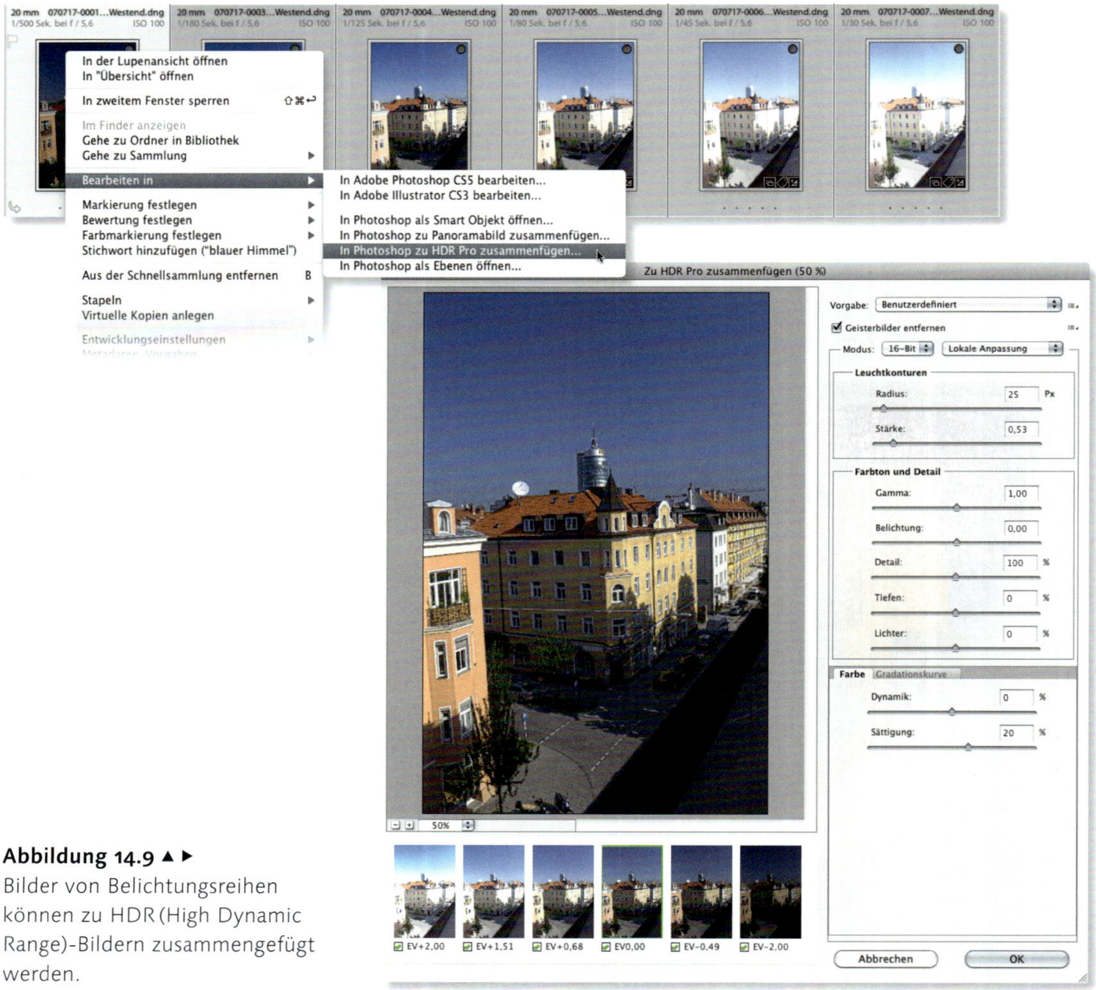

Abbildung 14.9 ▲ ▶
Bilder von Belichtungsreihen können zu HDR (High Dynamic Range)-Bildern zusammengefügt werden.

In Photoshop als Ebenen öffnen | Mit dieser Funktion werden mehrere Bilder einfach in einer Photoshop-Datei auf mehrere Ebenen verteilt, um diese beispielsweise in einer Collage miteinander zu verschmelzen.

14.1.3 Lightroom und Bridge

Adobe Bridge ist ein Bildbrowser. Er ähnelt in der Funktionsweise dem Finder oder dem Windows-Explorer, besitzt aber zusätzlich Funktionen wie eine Vorschau, Metadatenanzeige, Stichwortverwaltung sowie eine Raw-Bearbeitung über das Camera-Raw-Plug-in und vieles mehr.

◄ ▲ Abbildung 14.10
Bilder aus Lightroom können auf unterschiedliche Ebenen gelegt werden, um diese beispielsweise mit Masken zu überblenden.

Wenn man das nun hört, taucht vielleicht als Erstes die Frage auf, warum man dann überhaupt noch Lightroom benötigt. Bridge ist nur zusammen mit Photoshop erhältlich, und nicht jeder Fotograf benötigt auch Photoshop. Bridge kann zwar einiges, aber auch nicht alles, was Lightroom leistet. Lightroom ist stärker auf den Arbeitsablauf des Fotografen abgestimmt, und die Bearbeitung

▲ Abbildung 14.11
Programmfenster des Bildbrowsers Bridge, der mit Photoshop ausgeliefert wird

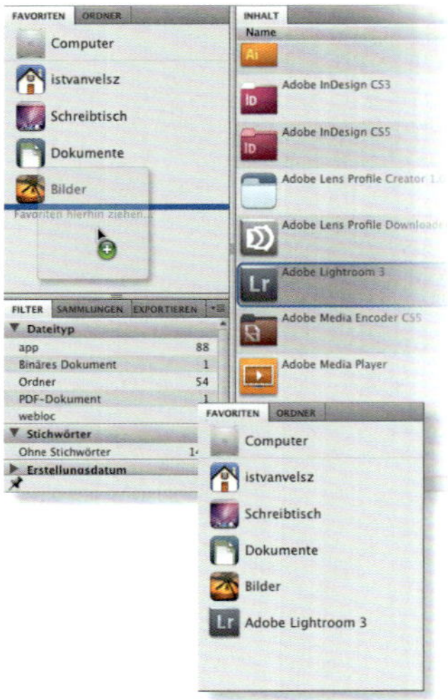

▲ Abbildung 14.12
Lightroom kann als Verknüpfung in die FAVORITEN-Palette von Bridge gelegt werden.

von großen Bildmengen ist damit deutlich einfacher. Der Schwerpunkt von Bridge liegt eher im Browsen und zielt auf Grafiker ab, die Bilder in Verbindung mit InDesign und Illustrator verwalten.

Die zweite Frage ist, wie Bridge und Lightroom kooperieren. In reinen Fotografenumgebungen ist eine Zusammenarbeit eher unwahrscheinlich. Aber in gemischten Umgebungen kann ein Zusammenspiel schon von Vorteil sein. Ich arbeite beispielsweise nicht nur als Fotograf, sondern auch als Grafikdesigner und habe dieses Buch in InDesign gesetzt – die Bilder, die ich für das Buch benutze, verwalte ich mit Bridge. Umgekehrt gibt es viele Grafikdesigner, die gerne fotografieren und dann eher mit Lightroom arbeiten. Und außerdem gibt es auch im Leben eines Fotografen Bilder, die nicht unbedingt in den Lightroom-Katalog gehören: zum Beispiel die Bilder für die Ebay-Auktion der alten Kamera oder die Delle am Auto für die Versicherung.

Lightroom als Favorit in Bridge | Sie können Lightroom direkt aus Bridge heraus starten. Dazu navigieren Sie in Bridge zum PROGRAMME-Ordner Ihres Rechners und ziehen das Programmsymbol von Lightroom in die FAVORITEN-Palette auf der linken Seite. Ein Klick auf das Programmsymbol öffnet dann Lightroom aus Bridge heraus. Allerdings ist der Zugriff über die Dockleiste des Macs oder die Schnellstartleiste unter Windows auch nicht wesentlich aufwändiger.

Bilder aus Bridge in Lightroom importieren | Interessanter ist die Möglichkeit, Bilder aus Bridge nach Lightroom zu exportieren. Man könnte nun denken, dass man dazu die Bilder nur auf das Lightroom-Programmsymbol in der FAVORITEN-Leiste ziehen müsste. Leider geht das aber nicht, denn Drag & Drop funktioniert in Bridge leider nicht mit Programmen. Hier muss man sich ein wenig behelfen:

Sie benötigen dazu einen Ordner, der innerhalb von Lightroom als automatischer Importordner angelegt ist ❶ (siehe Seite 200). Dieser wird ebenfalls in der FAVORITEN-Leiste ❷ abgelegt. Jedes Bild, das Sie in diesen Ordner verschieben ❸, egal, ob in Bridge oder auf Betriebssystemebene, wird sofort und automatisch importiert ❹, wenn Lightroom geöffnet ist.

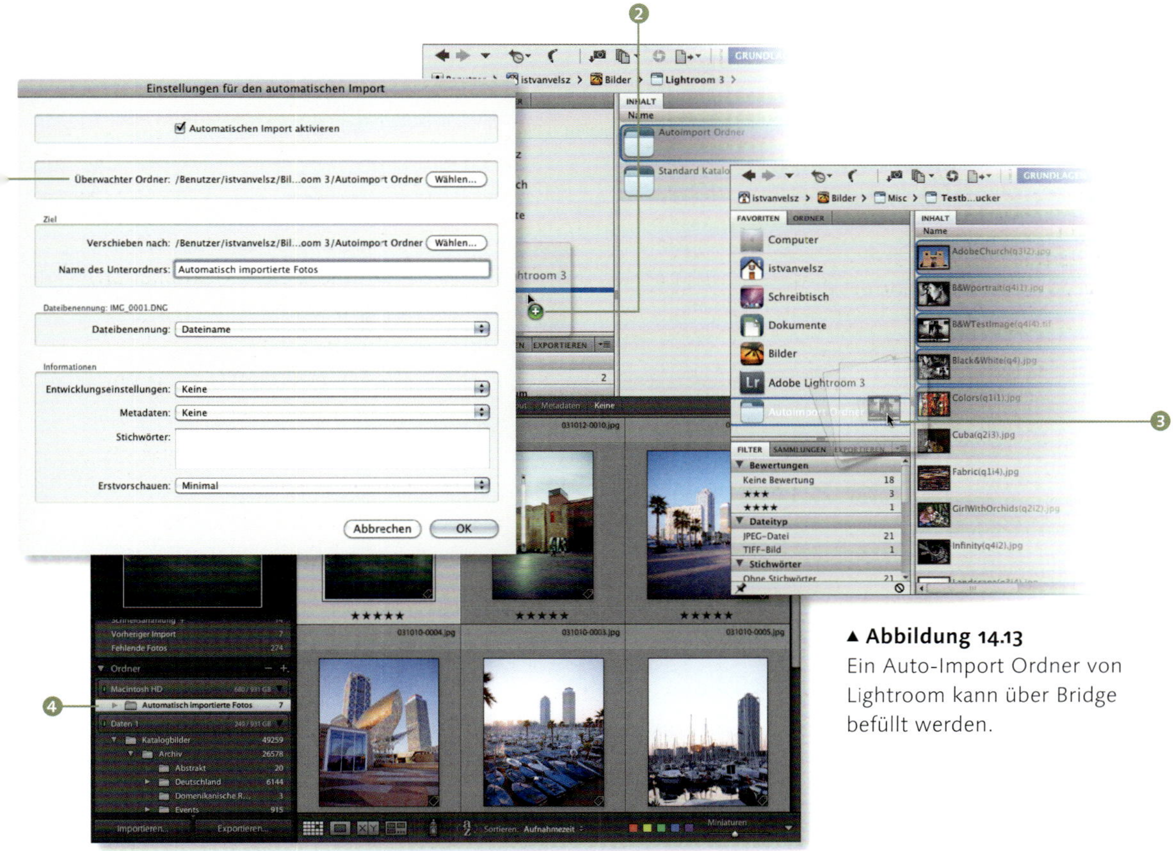

▲ **Abbildung 14.13**
Ein Auto-Import Ordner von Lightroom kann über Bridge befüllt werden.

Besitzen Sie einen Mac, können Sie Bilder aus Bridge heraus auch direkt auf das Lightroom-Programmsymbol in der Dockleiste ziehen. An dieser Stelle funktioniert Drag & Drop auf Programmsymbole so, dass das Programm den Importvorgang ausführt.

14.1.4 Lightroom und andere Produkte

Es können aber nicht nur Adobe-Programme mit Lightroom kooperieren. Im Grunde kann jedes Programm, das TIFF- oder PSD-Dateien verarbeitet, auch mit Lightroom verbunden werden. Die benötigten Einstellungen hierfür finden Sie in den VOREINSTELLUNGEN im Register EXTERNE BEARBEITUNG ❶ (siehe Seite 154). Ist ein Bearbeitungsprogramm eingestellt, können Sie ein oder mehrere Bilder über das Kontextmenü ❷ öffnen. Je nach Programm erhalten Sie einen Zwischendialog ❸, in dem Sie weitere Optionen festlegen können.

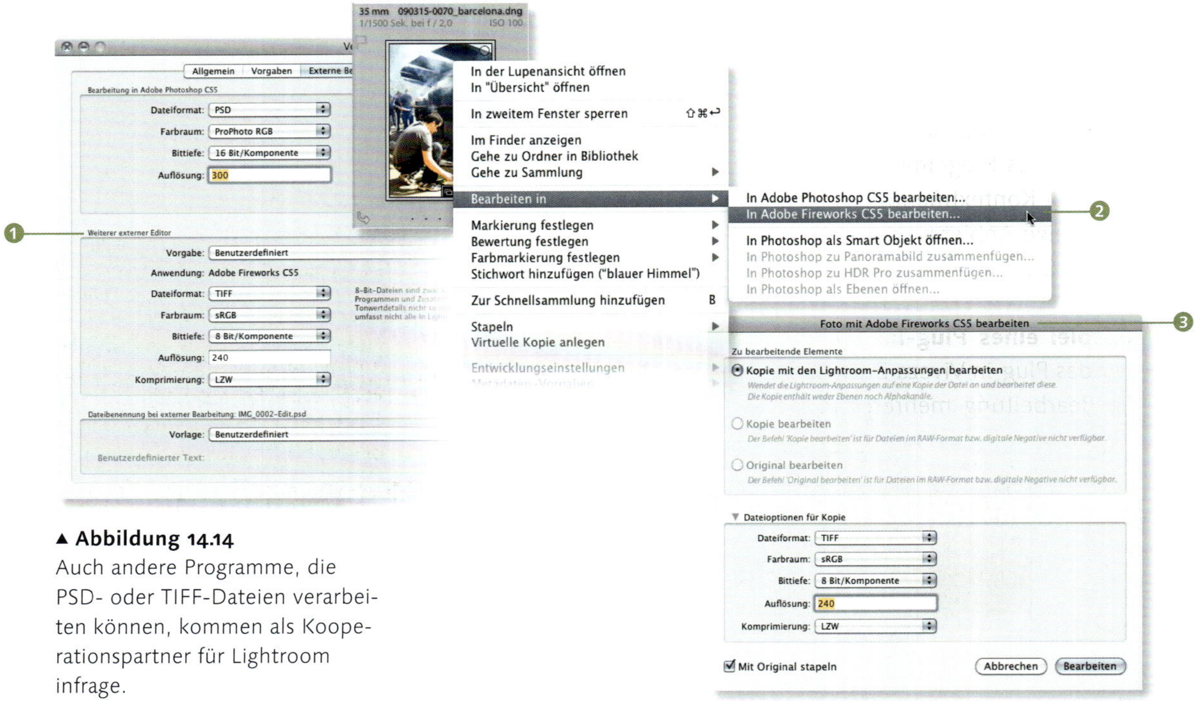

▲ **Abbildung 14.14**
Auch andere Programme, die PSD- oder TIFF-Dateien verarbeiten können, kommen als Kooperationspartner für Lightroom infrage.

Folgende Optionen sind je nach Programm im Zwischendialog vorhanden:

- **Kopie mit den Lightroom-Anpassungen bearbeiten:** Hier wird das Bild mit den Lightroom-Entwicklungseinstellungen als Kopie angelegt und mit der Dateiendung »-Edit« versehen. Anschließend wird diese Kopie in dem benannten Programm geöffnet. Über die DATEIOPTIONEN kann man vom Einstellungsdialog abweichende Einstellungen angeben.
- **Kopie bearbeiten:** Diese Option ist bei Raw-Bildern nicht aktiv. Handelt es sich jedoch um ein TIFF, PSD oder JPEG, kann mit dieser Option eine Kopie ohne Lightroom-Einstellungen angelegt und bearbeitet werden.

- **Original bearbeiten:** Auch diese Option ist bei Raw-Daten nicht verfügbar. Sie öffnet das Originalbild, wenn es sich um ein TIFF, PSD oder JPEG handelt. Eine Kopie wird nicht erzeugt. Änderungen überschreiben dann eventuell Lightroom-interne Einstellungen am Original.

14.2 Externe Plug-ins

Über Plug-ins wurde an anderen Stellen bereits gesprochen (siehe Seiten 164, 306). Dabei handelte sich aber immer um Plug-ins, die auf die Dateiverarbeitung, zum Beispiel beim Export, eingreifen.

Lightroom erlaubt es nicht, externe Plug-ins als Entwicklungseinstellungen direkt ins Programm zu integrieren. Viele Plug-ins erwecken zwar genau diesen Eindruck, sie werden aber dabei wie ein externes Programm in Lightroom integriert. Dieses lässt sich dann per Kontextmenü öffnen und bearbeitet eine Kopie des Bildes. Einige Anbieter wie TopazLabs bieten Zwischenprogramme, die das Erstellen der Kopien und deren Verwaltung steuern.

LINKS

Hier finden Sie zwei Links zu bekannten Plug-in-Entwicklern:

- Nik Software: *http://www.niksoftware.com*
- Topaz: *http://www.topazlabs.com*

Weitere Links finden Sie auch auf der Website von Adobe unter *http://www.adobe.com/products/photoshoplightroom/plugins*

Beispiel eines Plug-ins zur Farbkorrektur | Als Beispiel wird hier das Plug-in Viveza 2 von Nik gezeigt. Dieses ermöglicht auch die Bearbeitung mehrerer Bilder, ohne dass für jedes Bild das Plug-in erneut geöffnet werden muss.

▼ Abbildung 14.15
Plug-ins zur Entwicklung werden wie externe Programme eingebunden und ausgeführt.

Nach dem Herunterladen und Installieren eines Plug-ins müssen Sie dieses über die VOREINSTELLUNGEN als externes Programm angeben (siehe Seite 154). Dann können Sie es über das Kontextmenü starten.

14.3 Lightroom und GPS

Die Speicherung der Ortsinformation ist über die Metadaten möglich. Diese werden dort im Feld GPS gespeichert. Leider bietet Lightroom keine Möglichkeit, GPS-Koordinaten einzugeben. Besitzen Sie jedoch Raw-Daten, die bereits GPS-Koordinaten beinhalten, können Sie diese auslesen und auf der Google-Maps-Website anzeigen lassen.

14.3.1 Aufnahmeort in Karte anzeigen

Voraussetzung hierfür sind die GPS-Koordinaten ❶ als Metadaten in Ihren Bildern. Dieses Feld wird nur angezeigt, wenn GPS-Koordinaten enthalten sind, ansonsten ist das Feld nicht sichtbar. Sind allerdings GPS-Koordinaten vorhanden, erscheint neben diesen eine Schaltfläche ❷ mit einem Pfeil. Klicken Sie diese an, öffnet sich der Webbrowser und zeigt den Ort in Google Maps an.

▼ Abbildung 14.16
GPS-Koordinaten werden nur in den Metadaten angezeigt, wenn diese in der Datei vorhanden sind.

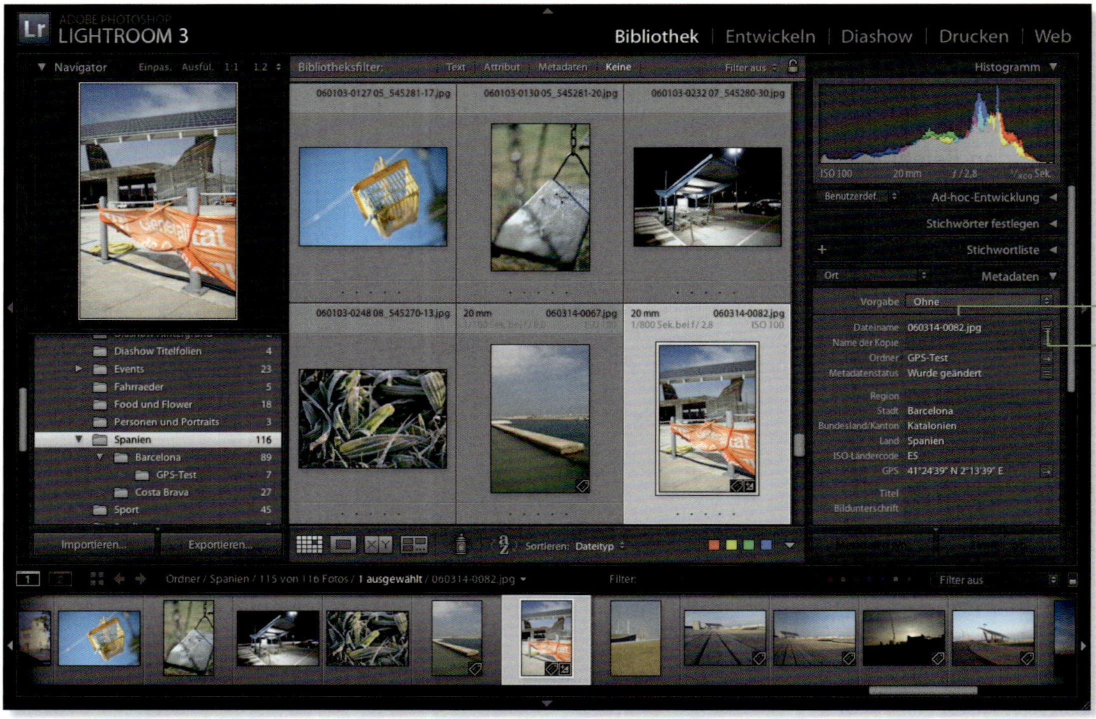

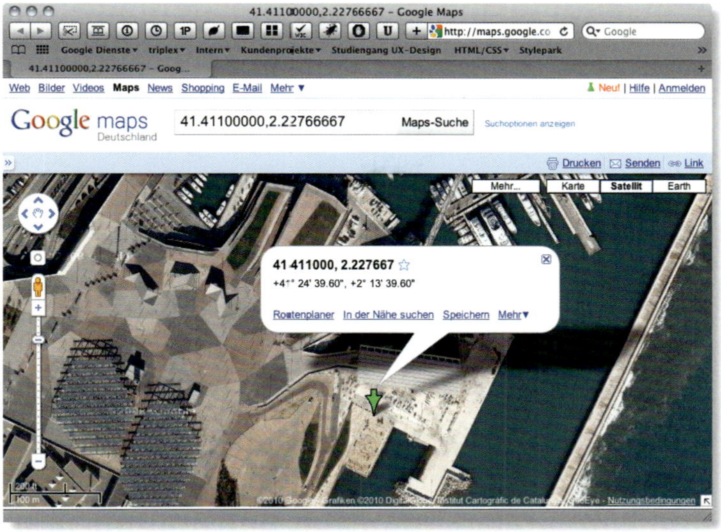

◂ **Abbildung 14.17**
Per Mausklick kann der Ort in Google Maps angezeigt werden.

14.3.2 GPS-Koordinaten in Raw-Daten einbetten

Besitzen Sie keine Kamera mit GPS-Funktionalität, sind Sie auf Software von Drittanbietern angewiesen. Dabei gibt es zwei Möglichkeiten:

Einbetten der GPS-Daten außerhalb von Lightroom | Hierzu benötigen Sie ein Programm (z.B. GPSPhotoLinker) zum Speichern der Geodaten ❶ in den Bildern. In diesem Programm öffnen Sie die Bilder und geben die Längen- und Breitengradkoordinaten des Aufnahmeortes an. Nach der Speicherung der GPS-Koordinaten müssen Sie diese in Lightroom neu einlesen. Dazu klicken Sie mit der rechten Maustaste auf das Bild und wählen aus dem Kontextmenü den Befehl METADATEN • METADATEN AUS DATEI LESEN ❷. Achten Sie jedoch darauf, dass Sie Entwicklungen und Metadaten vorher in die Datei gespeichert haben (Seite 249), sonst werden diese mit den externen überschrieben.

LINKS

Software zur GPS-Integration in Bilddaten:

- **Windows:** EXIFTool *http://www.sno.phy.queensu.ca/~phil/exiftool/* Benutzeroberfläche für EXIFTool: *http://freeweb.siol.net/hrastni3/*
- **Mac OS X:** GPSPhotoLinker *http://www.earlyinnovations.com*

◂ **Abbildung 14.18**
GPS-Koordinaten können über ein externes Programm in die Bilder eingebettet werden.

LINK

Alle Informationen und den Download zu dem hier erwähnten Plug-in finden Sie unter *http://regex.info/blog/lightroom-goodies/gps*

Einbetten von GPS-Koordinaten in Lightroom | Es gibt jedoch auch ein Plug-in, das GPS-Koordinaten innerhalb von Lightroom in die Bilder integrieren kann. Dieses arbeitet als internes Plug-in: Da es nur die Metadaten in der Datei ändert, müssen Sie nicht mit einer Kopie des Bildes arbeiten, wie das bei Entwicklungs-Plug-ins der Fall ist.

Das Plug-in »jf Geocoding« ❷ wird über den Zusatzmodul-Manager (siehe Seite 166) von Lightroom installiert und erzeugt eine neue Metadatenmaske ❸. Alle Angaben in dieser Maske werden auch in der Datei in einen eigenen Bereich geschrieben. Solche Metadaten werden als »Schatten-Metadaten« bezeichnet, da sie ohne das Plug-in quasi nicht vorhanden sind und nur von diesem verarbeitet werden können. Beim Export lassen sich die Daten aber auch in die »normalen« Metadaten einfügen, so dass die Kompatibilität gewährleistet ist.

Zum Eintragen der GPS-Daten wählen Sie den Punkt ZUSATZMODULOPTIONEN • GEOENCODE ❶ aus dem DATEI-Menü aus. Dort erhalten Sie auch Zugriff auf andere verknüpfte Geodienste wie OpenStreetMap oder Google Earth.

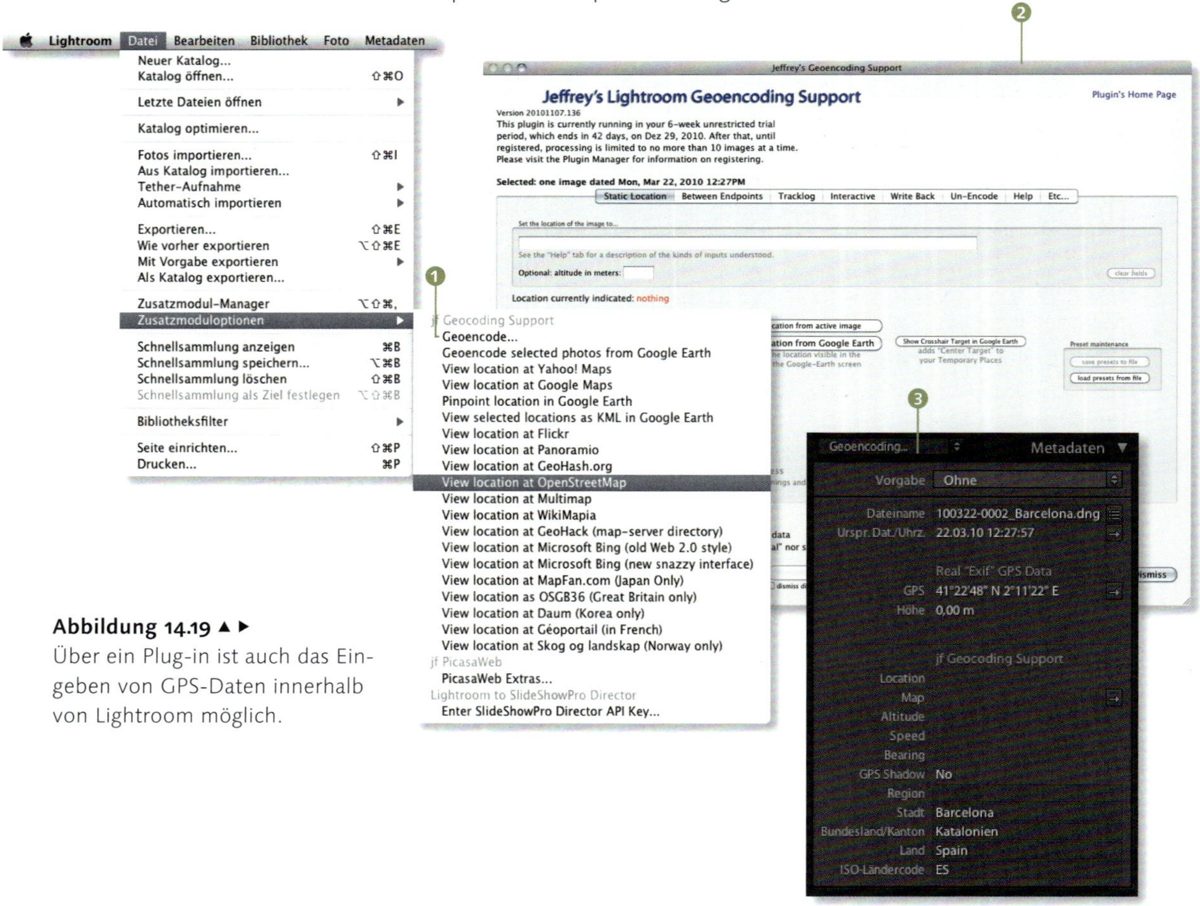

Abbildung 14.19 ▲ ▶
Über ein Plug-in ist auch das Eingeben von GPS-Daten innerhalb von Lightroom möglich.

Tastaturbefehle

In diesem Abschnitt erhalten Sie eine Übersicht über die meiner Meinung nach wichtigsten Tastaturbefehle. Ganz rechts in der Spalte »in Modul« ist angegeben, in welchen Modulen die Befehle funktionieren, da einige auch modulübergreifend ausgeführt werden können.

Umschalten zwischen den Modulen und Ansichten

		Windows	Mac OS X	in Modul
Bibliothek-Modul	letzter Ansichtsmodus	Strg + Alt + 1	⌥ + ⌘ + 1	B E D P W
	Rasteransicht	G	G	B E D P W
	Lupenansicht	E	E	B E D P W
	Vergleichsansicht	C	C	B E D P W
	Übersicht	N	N	B E D P W
Entwickeln-Modul	letzter Ansichtsmodus	Strg + Alt + 2	⌥ + ⌘ + 2	B E D P W
	aktives Bild	D	D	B E D P W
Diashow-Modul		Strg + Alt + 3	⌥ + ⌘ + 3	B E D P W
Drucken-Modul		Strg + Alt + 4	⌥ + ⌘ + 4	B E D P W
Web-Modul		Strg + Alt + 5	⌥ + ⌘ + 5	B E D P W
Zurück zum vorherigen Modul		Strg + Alt + ↑	⌥ + ⌘ + ↑	B E D P W
Zurück		Strg + Alt + ←	⌥ + ⌘ + ←	B E D P W
Weiter		Strg + Alt + →	⌥ + ⌘ + →	B E D P W

B = Bibliothek, E = Entwickeln, D = Diashow, P = Drucken, W = Web

Fenster

		Windows	Mac OS X	in Modul
Ansichtsmodi	nächster Ansichtsmodus	F	F	B E D P W
	vorheriger Ansichtsmodus		⇧ + F	B E D P W
	Vollbildschirm und Bedienfelder aus-/einblenden	⇧ + Strg + F	⇧ + ⌥ + F	B E D P W

B = Bibliothek, E = Entwickeln, D = Diashow, P = Drucken, W = Web

		Windows	Mac OS X	in Modul
Beleuchtung	nächster Beleuchtungsmodus	L	L	B E D P W
	vorheriger Beleuchtungsmodus	⇧+L	⇧+L	B E D P W
	gedämpfte Beleuchtung	⇧+Strg+L	⇧+⌥+L	B E D P W
Diashow	frei gestaltete Diashow starten	Strg+↵	⌘+↵	B E D P W
Informationen	durchlaufen in Lupenansicht	I	I	B E
	ausblenden in Lupenansicht	Strg+I	⌘+I	B E

B = Bibliothek, E = Entwickeln, D = Diashow, P = Drucken, W = Web

Bedienfelder und Werkzeugleiste

		Windows	Mac OS X	in Modul
Seitenbedienfelder	ein-/ausblenden	Tab	Tab	B E D P W
Alle Bedienfelder	ein-/ausblenden	⇧+Tab	⇧+Tab	B E D P W
Werkzeugleiste	ein-/ausblenden	T	T	B E D P W
Modulauswahl und Erkennungstafel	ein-/ausblenden	F5	F5	B E D P W
Filmstreifen	ein-/ausblenden	F6	F6	B E D P W
Bedienfeldpalette links	ein-/ausblenden	F7	F7	B E D P W
Bedienfeldpalette rechts	ein-/ausblenden	F8	F8	B E D P W
Solomodus	umschalten	Alt + Klicken auf Bedienfeld	⌥ + Klicken auf Bedienfeld	B E D P W
Neues Bedienfeld öffnen	ohne einzelnes Bedienfeld zu schließen (umgeht den Solomodus)	⇧ + Klicken auf Bedienfeld	⇧ + Klicken auf Bedienfeld	B E D P W
Alle Bedienfelder	öffnen/schließen (umgeht den Solomodus)	Strg + Klicken auf Bedienfeld	⌘ + Klicken auf Bedienfeld	B E D P W

B = Bibliothek, E = Entwickeln, D = Diashow, P = Drucken, W = Web

Zweiter Monitor

	Windows	Mac OS X	in Modul
Zweites Fenster	F11	⌘+F11	B E D P W
Rasteransicht	⇧+G	⇧+G	B E D P W
Lupenansicht	⇧+E	⇧+E	B E D P W
Gesperrte Lupenansicht	Strg+⇧+↵	⌘+⇧+↵	B E D P W
Vergleichsansicht	⇧+C	⇧+C	B E D P W
Überprüfungsansicht	⇧+N	⇧+N	B E D P W
Diashowansicht	Strg+Alt+⇧+↵	⌘+Wahl+⇧+↵	B E D P W

B = Bibliothek, E = Entwickeln, D = Diashow, P = Drucken, W = Web

		Windows	Mac OS X	in Modul
Vollbildmodus öffnen		⇧ + F11	⌘ + ⇧ + F11	B E D P W
Filterleiste		⇧ + <	⇧ + <	B E D P W
Zoomen	ein-/auszoomen	Strg + ⇧ + # / Strg + ⇧ + –	⌘ + ⇧ + # / ⌘ + ⇧ + –	B E D P W
Rasterminiatur	vergrößern/verkleinern	⇧ + # / ⇧	⇧ + # / ⇧	B E D P W

B = Bibliothek, E = Entwickeln, D = Diashow, P = Drucken, W = Web

Verwalten von Fotos und Katalogen

		Windows	Mac OS X	in Modul
Katalog öffnen		Strg + O	⌘ + ⇧ + O	B E D P W
Voreinstellungen		Strg + U	⌘ + U	B E D P W
Katalogeinstellungen		Strg + Alt + ,	⌘ + ⌥ + ,	B E D P W
Ordner	neuen erstellen	Strg + ⇧ + N	⌘ + ⇧ + N	B
Virtuelle Kopie erstellen	erstellen	Strg + T	⌘ + T	B E
Foto	im Explorer/Finder anzeigen	Strg + R	⌘ + R	B E
	gehe zu nächstem	→	→	B E D P W
	gehe zu vorherigem	←	←	B E D P W
	umbenennen	F2	F2	B
	aus Katalog entfernen	Alt + Rücktaste	⌥ + Entf	B
	löschen und in Papierkorb verschieben	Strg + Alt + ⇧ + Entf	⌘ + ⌥ + ⇧ + Entf	B
	löschen	Rücktaste oder Entf	Entf	B
	in Photoshop bearbeiten	Strg + E	⌘ + E	B E
	in anderem Editor öffnen	Strg + Alt + E	⌘ + ⌥ + E	B E
	drucken	Strg + P	⌘ + P	B E D P W
Seite einrichten		Strg + ⇧ + P	⌘ + ⇧ + P	B E D P W
Importieren	von Datenträger	Strg + ⇧ + I	⌘ + ⇧ + I	B E D P W
Tether-Aufnahme	neuen Unterordner erstellen	Strg + ⇧ + T	⌘ + ⇧ + T	B
	Aufnahmebalken ein-/ausblenden	Strg + ⇧ + Q	⌘ + ⇧ + Q	B
Exportieren		Strg + ⇧ + E	⌘ + ⇧ + E	B E D P W
	mit vorherigen Einstellungen exportieren	Strg + Alt + ⇧ + E	⌘ + ⌥ + ⇧ + E	B E D P W
Zusatzmodulmanager		Strg + Alt + ⇧ + ,	⌘ + ⌥ + ⇧ + ,	B E D P W

B = Bibliothek, E = Entwickeln, D = Diashow, P = Drucken, W = Web

Arbeiten im Bibliothek-Modul

		Windows	Mac OS X	in Modul
Raster-/Lupenansicht	zur Lupenansicht wechseln	E oder ↵	E oder ↵	B
	zur Rasteransicht wechseln	G oder Esc	G oder Esc	B
	von Raster- zur Lupenansicht wechseln	Leertaste oder E	Leertaste oder E	B
Vergleichsansicht	Auswahl und Kandidatenfotos in der Vergleichsansicht austauschen	↓	↓	B
	nächstes Foto in der Vergleichsansicht auswählen und als Kandidat festlegen	↑	↑	B
Zoomen	Zoomansicht aktivieren/deaktivieren	Leertaste oder Z	Leertaste oder Z	B
	in Lupenansicht einzoomen	Strg + #	⌘ + #	B
	in Lupenansicht auszoomen	Strg + –	⌘ + –	B
	gezoomtes Foto in der Lupenansicht nach oben durchlaufen	Bild ↑ auf voller Tastatur	Bild ↑ auf voller Tastatur	B E W
	gezoomtes Foto in der Lupenansicht nach unten durchlaufen	Bild ↑ auf voller Tastatur	Bild ↓ auf voller Tastatur	B E W
Drehen	Foto nach rechts drehen (im Uhrzeigersinn)	Strg + .	⌘ + .	B
	Foto nach links drehen (gegen den Uhrzeigersinn)	Strg + ,	⌘ + ,	B
Rasterminiatur vergrößern/verkleinern		# / –	# / –	B
Rasterminiaturen nach oben durchlaufen		Bild ↑ auf voller Tastatur	Bild ↑ auf voller Tastatur	B
Rasterminiaturen nach unten durchlaufen		Bild ↓ auf voller Tastatur	Bild ↓ auf voller Tastatur	B
Zellenoptionen umschalten		Strg + ⇧ + H	⌘ + ⇧ + H	B
Kennzeichen ein-/ausblenden		Strg + Alt + ⇧ + H	⌘ + ⌥ + ⇧ + H	B
Rasteransichten durchlaufen		J	J	B
Ansichtsoptionen öffnen		Strg + J	⌘ + J	B
Auswählen	mehrere separate Fotos auswählen	Strg + Klicken	⌘ + Klicken	B

B = Bibliothek, E = Entwickeln, D = Diashow, P = Drucken, W = Web

		Windows	Mac OS X	in Modul
	mehrere zusammenhängende Fotos auswählen	Klicken bei gedrückter ⇧-Taste	Klicken bei gedrückter ⇧-Taste	B
	alle Fotos auswählen	Strg + A	⌘ + A	B
	Auswahl aller Fotos aufheben	Strg + D	⌘ + D oder ⌘ + ⇧ + A	B
	nur aktives Foto auswählen	Strg + ⇧ + D	⌘ + ⇧ + D	B
	Auswahl von aktivem Foto aufheben	⇧ + D	⇧ + D	B

B = Bibliothek, E = Entwickeln, D = Diashow, P = Drucken, W = Web

Fotos bewerten und markieren

		Windows	Mac OS X	in Modul
Sternbewertung	1 bis 5 Sterne	1 – 5	1 – 5	B E D P W
	1 bis 5 Sterne und zum nächsten Foto wechseln	⇧ + 1 – 5 (obere Zahlenreihe)	⇧ + 1 – 5	B E D P W
	entfernen	0	0	B E D P W
	entfernen und zum nächsten Foto wechseln	⇧ + 0	⇧ + 0	B E D P W
	um 1 Stern erhöhen/verringern	. / ,	. / ,	B E D P W
Farbbeschriftung	Rot	6	6	B E D P W
	Gelb	7	7	B E D P W
	Grün	8	8	B E D P W
	Blau	9	9	B E D P W
	zuweisen und zum nächsten Foto wechseln	⇧ + 6 – 9 (obere Zahlenreihe)	⇧ + 6 – 9	B E D P W
Markierungsstatus	als markiert kennzeichnen	P	P	B E D P W
	als markiert kennzeichnen und zum nächsten Foto wechseln	⇧ + P	⇧ + P	B E D P W
	als abgelehnt kennzeichnen	X	X	B E D P W
	als abgelehnt kennzeichnen und zum nächsten Foto wechseln	⇧ + X	⇧ + X	B E D P W
	Markierung aufheben	U	U	B E D P W
	Markierung aufheben und zum nächsten Foto wechseln	⇧ + U	⇧ + U	B E D P W
	erhöhen	Strg + ↑	⌘ + ↑	B E D P W
	verringern	Strg + ↓	⌘ + ↓	B E D P W

B = Bibliothek, E = Entwickeln, D = Diashow, P = Drucken, W = Web

		Windows	Mac OS X	in Modul
	Einstellungen durchlaufen	H	H	B E D P W
	Fotos verbessern	Strg + Alt + R	⌘ + ⌥ + R	B E D P W

B = Bibliothek, E = Entwickeln, D = Diashow, P = Drucken, W = Web

Filter

		Windows	Mac OS X	in Modul
Bibliotheksfilterleiste	ein-/ausblenden	<	<	B
Mehrere Filter in der Filterleiste	öffnen	⇧ + Klicken auf Filterbeschriftungen	⇧ + Klicken auf Filterbeschriftungen	B
Filter	ein-/ausblenden	Strg + L	⌘ + L	B E D P W
Foto	suchen mit Text	Strg + F	⌘ + F	B

B = Bibliothek, E = Entwickeln, D = Diashow, P = Drucken, W = Web

Sammlungen

		Windows	Mac OS X	in Modul
Neue Sammlung im Bibliothek-Modul erstellen		Strg + N	⌘ + N	B
Schnellsammlung	hinzufügen oder entfernen	B	B	
	hinzufügen und zum nächsten Foto wechseln	⇧ + B	⇧ + B	
	anzeigen	Strg + B	⌘ + B	B E D P W
	speichern als Sammlung	Strg + Alt + B	⌘ + ⌥ + B	B E D P W
	löschen	Strg + ⇧ + B	⌘ + ⇧ + B	B E D P W
Zielsammlung	als Zielsammlung festlegen	Strg + Alt + ⇧ + B	⌘ + ⌥ + ⇧ + B	B

B = Bibliothek, E = Entwickeln, D = Diashow, P = Drucken, W = Web

Metadaten und Stichwörter im Bibliothek-Modul

		Windows	Mac OS X	in Modul
Stichwörter	hinzufügen	Strg + K	⌘ + K	B
	bearbeiten	Strg + ⇧ + K	⌘ + ⇧ + K	B
Stichwortkürzel	festlegen	Strg + Alt + ⇧ + K	⌘ + ⌥ + ⇧ + K	B
	ausgewähltem Foto hinzufügen/entfernen	⇧ + K	⇧ + K	B
Malen aktivieren		Strg + Alt + K	⌘ + ⌥ + K	B
Stichwortsatz	Stichwort einem ausgewählten Foto hinzufügen	Alt + 1 – 9	⌥ + 1 – 9	B

B = Bibliothek, E = Entwickeln, D = Diashow, P = Drucken, W = Web

		Windows	Mac OS X	in Modul
Stichwortsätze	vorwärts/rückwärts durchlaufen	Alt + 0 / Alt + ⇧ + 0	⌥ + 0 / ⌥ + ⇧ + 0	B
Metadaten	kopieren	Strg + Alt + ⇧ + C	⌘ + ⌥ + ⇧ + C	B
	einfügen	Strg + Alt + ⇧ + V	⌘ + ⌥ + ⇧ + V	B
	in Datei speichern	Strg + S	⌘ + S	B
Rechtschreibprüfung	Dialogfeld öffnen		⌘ + :	B
	prüfen		⌘ + ;	B
Zeichenpalette öffnen			⌘ + ⌥ + T	B

B = Bibliothek, E = Entwickeln, D = Diashow, P = Drucken, W = Web

Entwickeln-Modul

		Windows	Mac OS X	in Modul
In Graustufen konvertieren		V	V	E
Automatische Tonwertkorrektur		Strg + Alt + U	⌘ + ⌥ + U	E
Automatischer Weißabgleich		Strg + ⇧ + U	⌘ + ⇧ + U	E
Einstellungen kopieren/einfügen		Strg + ⇧ + C / Strg + ⇧ + V	⌘ + ⇧ + C / ⌘ + ⇧ + V	E
Einstellungen von vorherigem Bild einfügen		Strg + Alt + V	⌘ + ⌥ + V	E
Vorher-/Nachher-Ansicht	Nachher-Einstellungen zu Vorher kopieren	Strg + Alt + ⇧ + ←	⌘ + ⌥ + ⇧ + ←	E
	Vorher-Einstellungen zu Nachher kopieren	Strg + Alt + ⇧ + →	⌘ + ⌥ + ⇧ + →	E
	Vorher- und Nachher-Einstellungen tauschen	Strg + Alt + ⇧ + ↑	⌘ + ⌥ + ⇧ + ↑	E
	vorher und nachher (links und rechts) anzeigen	Y	Y	
	vorher und nachher (oben und unten) anzeigen	Alt + Y	⌥ + Y	
	vorher und nachher in geteiltem Bildschirm anzeigen	⇧ + Y	⇧ + Y	
Regler	in kleinen Schritten erhöhen	#	#	E
	in kleinen Schritten verringern	–	–	E
	in größeren Schritten erhöhen	⇧ + #	⇧ + #	E
	in größeren Schritten verringern	⇧ + –	⇧ + –	E

B = Bibliothek, E = Entwickeln, D = Diashow, P = Drucken, W = Web

		Windows	Mac OS X	in Modul
Die Einstellungen des Bedienfelds »Grundeinstellungen« durchlaufen		+	n.a.	E
Regler zurücksetzen		Auf Reglernamen doppelklicken	Auf Reglernamen doppelklicken	E
Reglergruppe zurücksetzen		Alt + Klicken auf Gruppenname	⌥ + Klicken auf Gruppenname	E
Alle Einstellungen zurücksetzen		Strg + ⇧ + R	⌘ + ⇧ + R	E
Synchronisieren	Einstellungen	Strg + ⇧ + S	⌘ + ⇧ + S	E
	Einstellungen ohne Dialogfeld »Synchronisierungseinstellungen«	Strg + Alt + S	⌘ + ⌥ + S	E
	»Automatisch synchronisieren« aktivieren/deaktivieren	Strg + Klicken auf Schaltfläche »Synchronisieren«	⌘ + Klicken auf Schaltfläche »Synchronisieren«	E
	automatische Synchronisierung aktivieren	Strg + Alt + ⇧ + A	⌘ + ⌥ + ⇧ + A	E
	Gesamtbelichtungen abgleichen	Strg + Alt + ⇧ + M	⌘ + ⌥ + ⇧ + M	E
	Weißabgleichswerkzeug auswählen (alle Module)	W	W	B E D P W
	Freistellen-Werkzeug auswählen (alle Module)	R	R	B E D P W
	Seitenverhältnis bei ausgewähltem Freistellen-Werkzeug beibehalten	A	A	E
	auf gleiches Seitenverhältnis wie vorherige Freistellung freistellen	⇧ + A	⇧ + A	E
Freistellen	von Mitte des Fotos aus freistellen	Ziehen bei gedrückter Alt-Taste	Ziehen bei gedrückter ⌥-Taste	E
	Freistellenraster-Überlagerung durchlaufen	O	O	E
	Ausrichtung der Freistellenraster-Überlagerung durchlaufen	⇧ + O	⇧ + O	E
	Freistellung zwischen Quer- und Hochformat wechseln	X	X	E
	Freistellen zurücksetzen	Strg + Alt + R	⌘ + ⌥ + R	E
Bereichsreparatur		Q	Q	E
Verlaufsfilter		M	M	E
Korrekturpinsel	Korrekturpinsel auswählen (alle Module)	K	K	B E D P W

B = Bibliothek, E = Entwickeln, D = Diashow, P = Drucken, W = Web

	Windows	Mac OS X	in Modul
Pinselgröße erhöhen	.	.	E
Pinselgröße verringern	,	,	E
Pinselweichzeichnung erhöhen	⇧ + .	⇧ + .	E
Pinselweichzeichnung verringern	⇧ + ,	⇧ + ,	E
zwischen Korrekturpinsel A und B wechseln	<	<	E
vorübergehend von Pinsel A oder B zum Radiergummi wechseln	Ziehen bei gedrückter Alt-Taste	Ziehen bei gedrückter ⌥-Taste	E
horizontale oder vertikale Linie zeichnen	Ziehen bei gedrückter ⇧-Taste	Ziehen bei gedrückter ⇧-Taste	E
Betrag erhöhen	Korrekturstift nach rechts ziehen	Korrekturstift nach rechts ziehen	E
Betrag verringern	Korrekturstift nach links ziehen	Korrekturstift nach links ziehen	E
lokalen Korrekturstift ein-/ausblenden	H	H	E
lokale Korrekturmasken-Überlagerung ein-/ausblenden	O	O	E
lokale Korrekturmasken-Überlagerungsfarben durchlaufen	⇧ + O	⇧ + O	E
Direktes-Anpassen-Werkzeug auswählen, um Gradationskurvenkorrekturen vorzunehmen	Strg + Alt + ⇧ + T	⌘ + ⌥ + ⇧ + T	E
Direktes-Anpassen-Werkzeug auswählen, um eine Farbtonanpassung vorzunehmen	Strg + Alt + ⇧ + H	⌘ + ⌥ + ⇧ + H	E
Direktes-Anpassen-Werkzeug auswählen, um eine Sättigungsanpassung vorzunehmen	Strg + Alt + ⇧ + S	⌘ + ⌥ + ⇧ + S	E
Direktes-Anpassen-Werkzeug auswählen, um eine Luminanzanpassung vorzunehmen	Strg + Alt + ⇧ + L	⌘ + ⌥ + ⇧ + L	E
Direktes-Anpassen-Werkzeug auswählen, um eine Graustufen-Kanalanpassung durchzuführen	Strg + Alt + ⇧ + G	⌘ + ⌥ + ⇧ + G	E

B = Bibliothek, E = Entwickeln, D = Diashow, P = Drucken, W = Web

		Windows	Mac OS X	in Modul
	Auswahl des Direktes-Anpassen-Werkzeugs aufheben	Strg + Alt + ⇧ + N	⌘ + ⌥ + ⇧ + N	E
Histogramm	Beschnitt anzeigen	J	J	E
Zoomen	zwischen Lupenansicht und 1:1-Zoom-Vorschau wechseln	Leertaste oder Z	Leertaste oder Z	E
	ein-/auszoomen	Strg + # / Strg + –	⌘ + # / ⌘ + –	E
Nur Vorher anzeigen		⇧ + S	⇧ + S	E
Schnappschuss	erstellen	Strg + N	⌘ + N	E
Vorgaben	erstellen	Strg + ⇧ + N	⌘ + ⇧ + N	E
	Vorgabeordner erstellen	Strg + Alt + N	⌘ + ⌥ + N	E
Entwicklungsansicht-Optionen öffnen		Strg + J	⌘ + J	E

B = Bibliothek, E = Entwickeln, D = Diashow, P = Drucken, W = Web

Diashow-Modul

		Windows	Mac OS X	in Modul
Diashow abspielen		↵	↵	D
Diashow anhalten		Leertaste	Leertaste	D
Vorschau einer Diashow anzeigen		Alt + ↵	⌥ + ↵	D
Diashow beenden		Esc	Esc	D
Zum nächsten Dia		→	→	D
Zum vorherigen Dia		←	←	D
Hilfslinien ein-/ausblenden		Strg + ⇧ + H	⌘ + ⇧ + H	D
PDF-Diashow exportieren		Strg + J	⌘ + J	D
JPEG-Diashow exportieren		Strg + ⇧ + J	⌘ + ⇧ + J	D
Video-Diashow exportieren		Strg + Alt + J	⌘ + ⌥ + J	D
Vorlagen	neue Diashow-Vorlage erstellen	Strg + N	⌘ + N	D
	neuen Diashow-Vorlagenordner erstellen	Strg + ⇧ + N	⌘ + ⇧ + N	D
	Diashow-Einstellungen speichern	Strg + S	⌘ + S	D

B = Bibliothek, E = Entwickeln, D = Diashow, P = Drucken, W = Web

Drucken-Modul

		Windows	Mac OS X	in Modul
Drucken		Strg + P	⌘ + P	B E D P W
Eine Kopie drucken		Strg + Alt + P	⌘ + ⌥ + P	P
Dialogfeld »Seite einrichten« öffnen		Strg + ⇧ + P	⌘ + ⇧ + P	B E D P W
Dialogfeld »Druckeinstellungen« öffnen		Strg + Alt + ⇧ + P	⌘ + ⌥ + ⇧ + P	P
Seitennavigation	zur ersten Seite	Strg + ⇧ + ←	⌘ + ⇧ + ←	P
	zur letzten Seite	Strg + ⇧ + →	⌘ + ⇧ + →	P
	zur vorherigen Seite	Strg + ←	⌘ + ←	P
	zur nächsten Seite	Strg + →	⌘ + →	P
Lineale, Hilfslinien und Raster	Hilfslinien ein-/ausblenden	Strg + ⇧ + H	⌘ + ⇧ + H	P
	Lineale ein-/ausblenden	Strg + R	⌘ + R	P
	Seitenanschnitt ein-/ausblenden	Strg + ⇧ + J	⌘ + ⇧ + J	P
	Ränder und Bundstege ein-/ausblenden	Strg + ⇧ + M	⌘ + ⇧ + M	P
	Bildzellen ein-/ausblenden	Strg + ⇧ + K	⌘ + ⇧ + K	P
	Abmessung ein-/ausblenden	Strg + ⇧ + U	⌘ + ⇧ + U	P
Vorlagen	neue Druckvorlage erstellen	Strg + N	⌘ + N	P
	neuen Druckvorlagenordner erstellen	Strg + ⇧ + N	⌘ + ⇧ + N	P
	Druckeinstellungen speichern	Strg + S	⌘ + S	P

B = Bibliothek, E = Entwickeln, D = Diashow, P = Drucken, W = Web

Web-Modul

		Windows	Mac OS X	in Modul
Webgalerie neu laden		Strg + R	⌘ + R	W
Vorschau in Browser		Strg + Alt + P	⌘ + ⌥ + P	W
Webgalerie exportieren		Strg + J	⌘ + J	W
Vorlagen	neue Webgalerie-Vorlage erstellen	Strg + N	⌘ + N	W
	neuen Webgalerie-Vorlagenordner erstellen	Strg + ⇧ + N	⌘ + ⇧ + N	W
	Webgalerie-Einstellungen speichern	Strg + S	⌘ + S	W

B = Bibliothek, E = Entwickeln, D = Diashow, P = Drucken, W = Web

Glossar

Additive Farbmischung
(auch *additives Farbsystem*) Bei dieser Farbmischung werden die drei Lichtfarben Rot, Grün und Blau gemischt. Dabei erhält man Weiß. Diese Farbmischung ist nur mit Geräten möglich, die Licht aussenden, wie Monitore oder Fernseher. Auch RGB-fähige Drucker können nicht in Rot, Grün und Blau drucken, sondern separieren (→ *Separation*) die Farben vorher in die Druckfarben (→ *CMYK*).

Alphakanal
Normalerweise besteht ein Bild nur aus den Farbkanälen RGB oder CMYK. Der Alphakanal ist ein zusätzlicher Graustufenkanal, der die Transparenz eines Bildes steuert. Pixel in Schwarz sind dabei transparent und weiße deckend. Alle Werte dazwischen sind, entsprechend ihrer Helligkeit, teilweise durchsichtig.

APS-C
(*Advanced Photo System Classic*) Größenspezifikation von Sensorchips mit den Abmessungen 25,1 x 16,7 mm. Sie wird in den meisten digitalen Semiprofi-Spiegelreflexmodellen eingesetzt.

Artefakt
Artefakte sind sichtbare Fehler in Bildern, die auf deren Umrechnung oder Kompression zurückzuführen sind. Bei JPEG-Bildern wird starke Kompression durch quadratische Blöcke sichtbar.

Auflösung
In der Fotografie ist damit die Anzahl der Pixel pro Längeneinheit (cm oder in) gemeint. Das bedeutet, je mehr Pixel pro Einheit, umso höher die Auflösung. Sie wird meistens in → *dpi* angegeben. Jedes Foto besitzt eine absolute Pixelanzahl in Breite und Länge. Diese Anzahl geteilt durch die Auflösung in dpi ergibt die druckbare Größe des Bildes in Zoll. Um den Wert auf Zentimeter umzurechnen, muss er mit 2,54 multipliziert werten.

Aufhellblitz
Ein Blitz, den man dazu verwendet, Schattenpartien im Bild aufzuhellen. Ein Aufhellblitz ist meistens in der Helligkeit leicht reduziert. Außerdem sollte er ein weiches Licht ohne Schatten liefern.

Belichtung
Die Belichtung ist in der Fotografie das Zusammenspiel aus → *Blendenwert*, → *Belichtungszeit* und gewähltem → *ISO-Wert*. Ein perfektes Zusammenspiel der drei Faktoren ist nötig, um ein optimal belichtetes Bild zu erreichen. Bei einer Belichtung wird immer nur ein Bild erzeugt.

Belichtungsumfang
Der Helligkeitsumfang, den ein Sensorchip verarbeiten kann. Dieser ist abhängig von der Bauart, wird aber von der → *Bittiefe* beschränkt. Ein 12-Bit-Sensorchip kann theoretisch maximal zwölf Blendenstufen Belichtungsumfang verarbeiten.

Belichtungszeit
Dauer, in der Licht während der Belichtung auf den Sensor fällt. Sie besitzt einen direkten Bezug zur Blende, denn eine Halbierung der Belichtungszeit entspricht der Verkleinerung der Blende um einen → *Blendenwert*. Dabei wird immer die einfallende Lichtmenge um die Hälfte reduziert.

Beugung
Fällt Licht durch ein Loch, wird es an den Rändern der Öffnung abgelenkt bzw. gebeugt. Je kleiner die Öffnung ist, umso größer ist die Anzahl der gebeugten Strahlen im Gegensatz zu den ungebeugten. Da gebeugte Strahlen eine Unschärfe erzeugen, wird ein Bild bei zu kleinen Blendenöffnungen unschärfer.

Bikubisch
Ist ein Verfahren zur Berechnung von Bildern bei Größenveränderung/Skalierung. Dabei werden Werte benachbarter Pixel herangezogen.

Bit
Ein Bit ist die kleinste Einheit im digitalen Maßstab. Sie bedeutet den Zustand »ein« bzw. »aus« und wird durch eine 0 und eine 1 symbolisiert. Durch die Verwendung im Dualsystem können Zahlen und Werte dargestellt werden; siehe auch → *Byte*.

Bittiefe
→ *Farbtiefe*

Blende
Die Blende ist die Öffnung, durch die das Licht auf den Sensor fällt. Der Durchmesser kann zur Steuerung der → *Belichtung* verändert werden.

Blendenstufe
→ *Blendenwert*

Bleach-Bypass
Ist wie das → *Cross-Processing* ein Entwicklungsverfahren, bei dem das Bleichen während der Filmentwicklung ausgelassen wurde. Dieser Vorgang belässt die Silberanteile im Film. Das Ergebnis sind ein dichteres Schwarz, ein stärkerer Kontrast und gering gestättigte Farben. Die → *Spitzlicher* reißen dabei aus.

Blendenwert
Die Blende der Kamera verringert beim Schließen die Fläche des einfallenden Lichts. Entscheidend für den Blendeneffekt ist das Verhältnis zwischen Brennweite und Blendendurchmesser.
Ein Verhältnis von Brennweite »f« (Fokus) und Blende von 1,0 bedeutet, dass der Durchmesser der Brennweite entspricht. Bei 50 mm wäre der Blendendurchmesser also ebenfalls 50 mm. Jedes Abblenden um eine Stufe halbiert die einfallende Lichtmenge.
Da es sich dabei um Flächenangaben handelt, verursacht nicht die Verdopplung der Blendenwerte eine Halbierung der Lichtmenge, sondern die Quadratwurzel aus 2, also ca. 1,4. Das ergibt dann eine Wertefolge von 1,0 – 1,4 – 2,0 – 2,8 – 4,0 – 5,6 – 8 – 11 – 16 etc. f2,8 – also eigentlich f/2,8 – bei 50 mm bedeutet einen Blendendurchmesser von 17,86 mm. Dadurch wird auch klar, warum lange Brennweiten höhere Ausgangsblenden besitzen.

Blooming
Eine Eigenschaft von → *CCD-Chips*. Da diese aus in Reihen geschalteten Elementen bestehen, kann zu viel Licht von einem Element zum nächsten überlaufen, wie Wasser in nebeneinanderstehende Eimer. Dadurch überblenden mehrere Elemente, und die Lichter überstrahlen.

Bracketing
Beim Bracketing werden mehrere Bilder eines Motivs mit unterschiedlichen Belichtungen durchgeführt, um später die beste auszuwählen oder diese zu einem HDR-Bild (→ *HDRI*) zu montieren.

Brennweite
Die Entfernung der Hauptebene der Linse zum Brennpunkt des Objektivs. Je höher der Wert ist, umso näher erscheinen die Objekte (Teleobjektiv). Weitwinkelobjektive besitzen eine kürzere Brennweite (> 50 mm bei Vollformatsensoren).

Byte
Ein Bit besitzt zwei Werte: 0 und 1. Beginnt man zu zählen, benötigt man ab 2 eine neue Stelle, die nächste Stelle ab der Zahl 4. Die Zahl 255 schreibt man dann beispielsweise 11111111. Das sind 8 Bit; dies entspricht, inklusive der 0, 256 Werten. Ordnet man jedem Wert eine Helligkeitsstufe zu, haben wir 256 Helligkeitswerte bei 8 Bit. Nehmen wir für Rot, Grün und Blau jeweils 8 Bit, kommen wir auf 24 Bit Farbtiefe. Das entspricht dann insgesamt ca. 16,7 Mio. Farben. Viele Digitalkameras speichern Raw-Daten mit 12 Bit pro Farbe. Dies bedeutet pro Farbe 4096 Abstufungen und eine Gesamtanzahl von ca. 68,7 Mrd. Farben.

Candela
Maßeinheit für Lichtquellen, die Licht aussenden.

CCD
(*Charge-Coupled Device*) Eine Bauform für Sensorchips. Das Besondere dabei ist, dass diese aus Sensorelementen bestehen, die in Reihen geschaltet sind. Zum Auslesen werden diese um eine Zelle verschoben. Das Bild wird also reihenweise aufgebaut. CCD-Chips tendieren zum → *Blooming*. Diese Chips sind einfacher zu produzieren, somit billiger und werden eher in günstigen Kameras verbaut.

Chromatische Aberration
Fällt Licht durch eine Linse, wird dieses je nach Wellenlänge unterschiedlich gebrochen. Dadurch entstehen Farbsäume, vor allem an Bildrändern. Der Effekt ist abhängig von der Brennweite – beim Weitwinkel ist er stärker – und von der Qualität des Objektivs.

Clipping
Erreicht die Menge an Licht, die auf einen Sensor fällt, einen bestimmten Wert, kann dieser nicht mehr Licht aufnehmen. Ab da ist das Bild an diesen Stellen weiß. Gleiches gilt für Schwarz. Erst ab einer bestimmten Menge Licht beginnt der Sensor aufzuzeichnen

und einen Wert heller als Schwarz anzugeben. Da dies abrupt passiert, spricht man von Clipping.

CMOS
(*Complementary Metal Oxide Semiconductor*) Eine Bauform für Sensorchips, bei der im Gegensatz zum →*CCD* jedes Element einzeln ausgelesen werden kann. Sie sind aufwändiger herzustellen und somit teurer. Sie werden vor allem in Spiegelreflexkameras eingebaut.

CMYK
Farbsystem zum Drucken (→*subtraktives Farbsystem*). Dabei werden Farben durch das Zusammenmischen der Grundfarben Cyan, Magenta und Gelb erzeugt. Da diese Farben zusammen aufgrund technischer Probleme nur theoretisch Schwarz ergeben, wird zusätzlich Schwarz als vierte Farbe (K = Key) beigemischt.

ColorSync
Farbmanagementsystem auf einem Mac

Cropping
→*Freistellen*

Cross-Processing
Dabei wurden früher Negative in Diafilmchemie entwickelt oder Diafilme in Negativchemie – daher der Name des Begriffs. Dabei entstand in den Tiefen eine Farbverschiebung. Die Lichter wurden in die entgegengesetzte Richtung verschoben. In der digitalen Nachbearbeitung können die Farben für Lichter und Tiefen getrennt voneinander verschoben werden. Dieser Vorgang heißt in Lightroom Teiltonung.

dpi
Gibt die Pixelanzahl pro Zoll (= Inch) an. Je höher diese Zahl ist, desto dichter und kleiner sind die Pixel. Die Abmessungen werden dann geringer, das Bild wirkt im Ausdruck aber schärfer. 300 dpi sind für den Offsetdruck geeignet. Für großformatige Tintenstrahlausdrucke, die größer als DIN A3 sind, reichen 200 dpi. Für noch größere Formate wie DIN A0 und größer reichen oft schon 100 dpi, da auch der Betrachtungsabstand zu diesen Bildern größer ist; siehe auch →*Auflösung*.

Druckraster
→*Raster*

Dualsystem
Im Gegensatz zum Dezimalsystem, das zehn Ziffern kennt, kennt das Dualsystem nur die zwei Ziffern 0 und 1. Wenn man also die Zahl 2 darstellen will, benötigt man bereits eine zweite Stelle. Eine dezimale 2 ist eine 10 im Dualsystem. Eine dezimale 5 ist im Dualsystem eine 101 etc. Alle Dezimalzahlen lassen sich in Dualzahlen umrechnen und somit im Computer verarbeiten. Dies ist auch die Grundlage für die digitale Verarbeitung von Licht und Farbe.

Dynamikumfang
Beschreibt den →*Tonwertumfang* eines Motivs. Ist der Dynamikumfang zu groß, kann dieser von einem Bild nicht mehr erfasst werden. Es entstehen dabei →*Clippings* an den Schwarz- und Weißwerten. Motive mit hohen Dynamikumfängen sind meist kontrastreicher, während Motive mit geringem Dynamikumfang meist einen geringen Kontrast besitzen und ohne Probleme belichtet werden können.

Farbgamut
→*Farbtiefe*

Farbkanal
Jedes Bild wird je nach Farbsystem in dessen Grundfarben zerlegt. Bei RGB-Bildern in die drei Farbkanäle Rot, Grün und Blau, bei CMYK-Bildern in die Kanäle Cyan, Magenta, Gelb und Schwarz. Jede Farbe bekommt in einem digitalen Bild einen »Kanal« zugewiesen.

Farbchart
→*Farbtafel*

Farbmanagement
Jedes Ein- und Ausgabegerät stellt Farben anders dar. Dies ist zum einen durch die unterschiedlichen Farbsysteme bedingt – Monitore geben RGB-Farben aus, und Drucker geben CMYK-Farben aus. Zum anderen werden die Farben aufgrund von bauartbedingten Eigenschaften anders dargestellt. Das Farbmanagement versucht, alle Geräte zu standardisieren, um auf allen möglichst die gleiche Darstellung zu erreichen. Dazu wird jedem Gerät ein →*Farbprofil* zugewiesen.

Farbmodus
Farbsystem, in dem ein Bild gespeichert ist

Farbprofil
Speichert die Farbeigenschaften eines Aus- oder Eingabegeräts in eine Datei. Diese Datei wird als Profil Geräten zugewiesen und bei Bedarf ausgelesen, und die Farben werden entsprechend daran angepasst.

Farbraum
Jedes Gerät kann Farben entweder im RGB- oder CMYK-Farbmodus darstellen bzw. erzeugen. Die Menge der darstellbaren Farben im jeweiligen Farbsystem definiert den Farbraum.

Farbtafel
Eine Vorlage mit unterschiedlichen Farbfeldern und Grauwerten. Sie wird meist bei Beginn eines Fotoshootings einmal fotografiert. Danach kann man die Felder messen und die Szene an die Werte der Farbfelder anpassen. Anhand von Farbtafeln lassen sich Digitalkameras kalibrieren

Farbtemperatur
Lichtquellen strahlen immer das gesamte Spektrum des Lichts ab. Allerdings ist dieses nicht immer gleich verteilt. Die Verteilung richtet sich grundsätzlich nach der Farbtemperatur eines schwarzen Strahlers in der Einheit Kelvin.

Farbtiefe
Anzahl der darstellbaren Farben in Bit für alle → *Farbkanäle* zusammen. Dieser Wert wird durch die Anzahl der Kanäle geteilt, um die Menge der Helligkeitsabstufungen pro Farbe zu erhalten.

Farbumfang
Alle darstellbaren Farben, die von einem Gerät wie einem Monitor oder Drucker dargestellt werden können

Farbwert
Genauer Wert einer Farbe. Sie setzt sich aus den jeweiligen Anteilen der Grundfarben zusammen. RGB-Farbwerte werden überlicherweise in Abstufungen von 0 bis 255 angegeben, CMYK-Werte in Prozent.

Freistellen
Wird ein Bild an den Seiten beschnitten, spricht man vom Freistellen. Es können auch einzelne Objekte in einem Bild freigestellt werden. Das bedeutet dann, dass alle Objekte um das Bild herum weggeschnitten werden. Da die Bildbearbeitungssoftware nur rechteckige Dateien verarbeiten kann, wird die freie Fläche um das Objekt herum als transparent gekennzeichnet (→ *Alphakanal*).

Frontallicht
Licht, das von vorn auf ein Objekt trifft. Es ist meistens das Hauptlicht. Bei einer Standard-Porträtaufnahme fällt das Frontallicht im Winkel von ca. 30° zur Kamera auf das Objekt.

Fülllicht
(auch Aufhelllicht) Es hellt Schatten auf und verringert scharfe Schattenkanten. Es wird beispielsweise durch einen → *Aufhellblitz* oder Reflektor erzeugt.

Fullsize-Chip
Ist die Größenspezifikation für Sensorchips mit denselben Abmessungen wie beim Kleinbildfilm. Sie betragen 36 x 24 mm.

FTP
Das File Transfer Protocol ist das Standardverfahren zum Übertragen von Dateien in TPC/IP-Netzen – also beispielsweise im Internet. Es dient dem Zugriff auf Daten und Verzeichnisse, um diese herunter- oder hochzuladen. Das HTTP-Protokoll ist ein anderes bekanntes Protokoll. Mit ihm werden die Webseiten übertragen und im Browser angezeigt.

Gamma
Verteilung der Helligkeitsabstufungen über die Mitte. Bei einem Gamma von 1 sind die Helligkeiten zwischen Mitten und Schwarz genauso verteilt wie zwischen Mitten und Weiß.

Gradation
Stellt den Kontrastverlauf von Schwarz nach Weiß dar. Dieser kann grafisch dargestellt werden. Bei einer neutralen Gradation ist der Kurvenverlauf gerade. Ist die Kurve steiler, wird der Kontrast verstärkt.

Grauskala
Abstufungen der Grauwerte von Weiß nach Schwarz. Sie stellt somit gleichzeitig auch die Helligkeitsskala dar.

HDRI (HDR)
→ *High Dynamic Range Image*

High Dynamic Range Image
Besitzt eine Aufnahmesituation einen zu großen Helligkeitsumfang, können nicht alle → *Tonwerte* in der Aufnahme abgebildet werden. In diesem Fall werden mehrere Aufnahmen per → *Bracketing* erstellt. Diese werden dann zu einer Aufnahme zusammengefügt und in einem speziellen HDR-Format gespeichert. Diese Bilder können dann per → *Tonemapping* in Bilddaten umgerechnet werden, die auch auf einem Monitor oder Drucker dargestellt bzw. ausgegeben werden können.

High-Key-Aufnahme
Aufnahme, die bewusst sehr hell belichtet wurde. Dabei befinden sich fast alle Tonwerte in den hellen Bereichen.

HSL
HSL steht für *Hue* (Farbton), *Saturation* (Sättigung) und *Luminance* (Helligkeit). Im HSL-Farbraum lassen sich Farben sehr detailliert und selektiv korrigieren.

ICC
Das ICC (*International Color Consortium*) ist ein Zusammenschluss von Hard- und Softwareherstellern, die zusammen einen plattformunabhängigen Standard für das Farbmanagement geschaffen haben. Alle ICC-Farbprofile richten sich danach.

Interpolation
Umrechnung von zwei unterschiedlich großen Mengen, zum Beispiel das Verkleinern von Bildern. Dabei müssen Informationen weggelassen werden. Wie das geschieht, wird mit der Interpolationsmethode bestimmt. Für die Skalierung von Bildern wird meist das Verfahren → *Bikubisch* angewendet.

ISO
(*International Organization for Standardization*) Für Fotografen hat diese Organisation die Lichtempfindlichkeit von Filmen standardisiert. Diese sind für Sensorchips übernommen worden. Je höher der ISO-Wert ist, umso lichtempfindlicher ist der Sensorchip. Auch hier bedeutet eine Verdopplung des Werts eine Verdopplung der Lichtmenge. Bei ISO 200 ist der Chip also doppelt so empfindlich wie bei ISO 100.

Kalibrieren
Beim Kalibrieren wird ein Aus- oder Eingabegerät gemessen. Die Abweichungen des Ist- vom Soll-Wert wird im → *Farbprofil* gespeichert. Das Farbmanagement übernimmt dann die Korrektur des Ist-Werts, bis dieser dem Soll-Wert entspricht. Das Gerät ist kalibriert. Bei Monitoren oder Druckern werden die dargestellten Farben mit einem Messgerät gemessen. Scanner und Kameras nehmen geeichte Farbcharts auf. Das Ergebnis wird dann jeweils mit den Soll-Werten abgestimmt.

Kantenlicht
Licht, das von schräg hinten auf ein Objekt fällt. Dabei werden vor allem die Kanten beleuchtet und das Objekt optisch vom Hintergrund getrennt. Vor allem die Kanten der Schattenpartien sollen dadurch aufgehellt werden.

Kissenverzerrung
Bei der kissenförmigen Verzerrung werden die Ecken eines Bildes von der Mitte weggezogen – gerade Linien wölben sich also nach außen. Kissenverzerrung ist vor allem ein Problem bei Teleobjektiven.

Kompression
Reduzierung der Datenmenge durch Zusammenfassen doppelter oder Weglassen unwichtiger Informationen. Werden Informationen weggelassen, entstehen unwiederbringliche Verluste an den Bilddaten. Man spricht dann von verlustbehafteter Kompression. Unter den Bildformaten ist beispielsweise JPEG ein Verfahren, mit dem Bilder verlustbehaftet komprimiert werden.

Kontrast
Der Helligkeitsabstand zwischen zwei Flächen. Je höher der Abstand zwischen den Farbwerten ist, umso größer der Kontrast. Bei Bildern mit hohem Kontrast besitzen die hellen und dunklen Bildbereiche einen hohen Helligkeitsunterschied.

Lichter
Bildstellen mit sehr hellen Tonwerten

Lichtmessung
Bei dieser Messung wird das tatsächlich vorhandene Licht gemessen. Handbelichtungsmesser arbeiten mit dieser Messmethode. Da sie keinen Referenzwert für die Ermittlung von Belichtungswerten benötigen, arbeiten sie in allen Lichtsituationen sehr genau.

Low-Key-Aufnahme
Eine sehr dunkel belichtete Aufnahme mit vielen dunklen Tonwerten

Luminanz
Die Helligkeit einer Farbe. Dabei werden Farbton und Sättigung ignoriert.

LZW
Eine verlustfreie Komprimierungsart. Sie reduziert die Bilder nicht so stark wie beispielsweise JPEG, löscht aber dafür keine Bildinformationen.

Maske
Ein Graustufenbild, das über ein anderes Bild gelegt wird. Die abgedeckten Bereiche (dunkle Stellen) verdecken das darunterliegende Bild. Masken werden zum lokalen Anpassen von Bildern verwendet. Dabei werden nur die Stellen bearbeitet, die von der Maske abgedeckt werden. Auch der → *Alphakanal* ist eine Maske, dient aber nur zum Darstellen der Transparenz.

Mittelton
Bereiche eines Bildes mit mittlerer Helligkeit. Sie entsprechen in der Helligkeit ungefähr einem mittleren Grauton.

Moiré
Werden zwei gleiche, regelmäßige Gitter nicht genau übereinandergelegt, entsteht ein Muster. Solche Muster werden Moiré genannt. Da im Druck Helligkeiten über mehr oder weniger gefüllte Rasterzellen erzeugt werden, kann ein ungenaues Übereinanderlegen der Farbkanäle ein Moiré verursachen. Aber auch beim Fotografieren von Gitterstrukturen können solche Muster entstehen, und zwar dann, wenn das fotografierte Gitter mit dem Pixelraster nahezu identisch ist, beide aber gegeneinander versetzt oder verdreht sind.

Motivkontrast
Helligkeitsunterschiede in einem abzubildenden Motiv. Ist der Motivkontrast zu stark, kann der gesamte Umfang eventuell nicht im Bild festgehalten werden – z. B. bei Mittagssonne in einer Stadt. Dabei überstrahlt der Himmel, und die Schatten werden schwarz. Während man im Studio mit →*Aufhellblitz* oder Reflektoren den Motivkontrast verringern kann, hat man bei der Architekturfotografie fast keine Möglichkeiten, den Motivkontrast zu verringern.

NAS
Ein NAS (*Network Attached Storage*) ist eine Festplatte mit Netzwerkanschluss. Oft kann in das Gehäuse auch mehr als eine Festplatte eingebaut werden. Jede weitere Festplatte dient zur Vergrößerung des Speicherplatzes oder zur Sicherung.

Objektmessung
Im Gegensatz zur Lichtmessung wird bei der Objektmessung das Licht gemessen, das von einem Objekt reflektiert wird. Alle Kameras arbeiten nach diesem Verfahren. Dabei muss das einfallende Licht mit einem Referenzwert verglichen werden. Nur wenn das Motiv in etwa der Helligkeit des Referenzwerts entspricht, kann die Kamera das Foto korrekt belichten. Der Referenzwert ist auch als 18 % Grau bekannt, da er 18 % des Lichts reflektiert. Dies entspricht ungefähr dem, was wir als mittleren Grauton wahrnehmen.

Panoramafotografie
Art der Fotografie, bei der extreme Blickwinkel mit einem großen Seitenverhältnis dargestellt werden. Meistens werden dabei komplette 360°-Rundblicke aufgenommen. Da nur Spezialkameras komplette 360°-Rundblicke aufnehmen können, werden stattdessen viele Aufnahmen, die im Kreis aufgenommen wurden, zu einem Bild montiert. Durch die Auftrennung des Kreises und die Ausbreitung des Motivs auf einer ebenen Fläche entstehen faszinierende Aufnahmen.

Perzeptiv
Perzeptiv ist ein →*Rendering Intent* zum Umrechnen von Farbräumen. Dabei werden größere Farbräume skaliert, bis sie in einen kleinen Farbraum passen. Dabei werden alle Farben angepasst. Werden kleinere Farbräume in größere umgewandelt, werden diese allerdings nicht entsprechend hochskaliert.

Pixel
Ein Pixel ist ein Bildpunkt mit einem Farbwert. Alle Fotos setzen sich aus zahlreichen Pixeln zusammen. Dabei spielt es zunächst keine Rolle, wie groß ein Pixel ist. Ein Pixel besitzt also keine Größe, sondern erhält diese erst in Bezug zu einer Anzahl von Pixeln pro Einheit, z. B. 100 Pixel pro Zentimeter. In diesem Fall ist ein Pixel 0,1 mm groß.

Plug-in
Viele Programme bieten eine Schnittstelle, an der sich kleine Zusatzprogramme andocken können, um den Funktionsumfang zu erweitern. Diese Zusatzprogramme werden Plug-ins genannt.

Proof
Um den Druck von Bildern besser vorhersehen zu können, werden diese vorher zur Überprüfung ausgedruckt. Solche farbverbindlichen Ausdrucke heißen Proofs.

Prozessfarben
Prozessfarben sind die Farben, mit denen gedruckt werden kann. Dabei handelt es sich um die Farben Cyan, Magenta, Gelb und Schwarz; siehe auch →*CMYK*.

Punkt (pt)
Allgemein gibt es zwei verschiedene Punkteinheiten: den Didot und den Cicero. Im Desktop-Publishing hat sich der Didot-Punkt durchgesetzt. Er wird auch in Lightroom verwendet:
1 pt = 1/72 Inch = 0,352 mm
20 pt = 20/72 Inch = 7,05 mm

Raster
Das Raster, auch Druckraster, dient zur Erzeugung von Helligkeitsabstufungen im Druck. Farbabstufungen können nur gedruckt werden, indem in einem Raster einzelne Rasterpunkte in der Größe variiert werden. Kleine Punkte im Raster decken wenig Fläche ab, der Tonwert ist dadurch heller, große Rasterpunkte decken mehr Fläche ab und erzeugen dadurch dunklere Flächen. Während im Offsetdruck mit regelmäßigen Rastern in einer festen →*Rasterweite* gedruckt wird, variieren Tintenstrahldrucker ihr Raster, denn sie können keine herkömmlichen Raster erzeugen. Dort wird ein Tonwert durch das eher zufällige Setzen einzelner Punkte (Farbpixel) zusammengestellt. Flächen erscheinen weniger homogen als im Offset, dafür ist oft kein Druckraster zu erkennen.

Rasterpunkt
Ein Rasterpunkt eines Druckrasters besteht aus einzelnen Pixeln. Je mehr Pixel ein Rasterpunkt besitzt, umso mehr Größenvariationen sind für einen Rasterpunkt möglich. Dies hat auch eine größere Anzahl von Helligkeitsabstufungen im Druckraster zur Folge.

Besteht ein Rasterpunkt beispielsweise aus vier Pixeln, sind maximal vier Abstufungen möglich, ein Rasterpunkt mit 16 Pixeln kann bereits 16 Abstufungen erzeugen.

Rasterweite
Die Rasterweite misst den Abstand vom Mittelpunkt eines Rasterpunkts zum nächsten.

Relativ farbmetrisch
Ein → *Rendering Intent* zur Farbraumkonvertierung. Wird ein größerer Farbraum in einen kleineren konvertiert, werden alle Farben, die außerhalb des kleineren Farbraums liegen, skaliert. Farben, die innerhalb des Farbraums liegen, bleiben erhalten. Diese Methode verändert weniger Farben, kann aber Zeichnungsverlust bedeuten.

Rendern
Das Berechnen von Bildern aus Informationen heraus. Zum Beispiel müssen Raw-Informationen in Lightroom beim Export erst mit ihren Einstellungen verrechnet (gerendert) werden, um daraus dann ein in anderen Programmen darstellbares Bild zu erhalten.

Rendering Intent
Das Umrechnen zwischen Farbräumen geschieht über einen Prozessor, der mit Umrechnungsalgorithmen gefüttert ist. Diese Algorithmen (*Rendering Intents*) geben vor, wie die vorhandenen Farben von einem Farbraum in einen anderen konvertiert werden. Die am häufigsten verwendeten Rendering Intents sind → *Perzeptiv* und → *Relativ Farbmetrisch*.

Schärfeebene
Die Schärfeebene entspricht der Entfernung, auf die beim Fotografieren fokussiert wurde. Dabei handelt es sich aber nicht nur um einen Punkt, der scharf ist, sondern um alle Punkte, die in dieser Entfernung liegen. Sie liegen auf einer Fläche – der Schärfeebene.

Schärfentiefe
Der Bereich, der vor und nach dem Punkt liegt, auf den scharfgestellt wurde. Die Tiefe dieses Bereichs ist abhängig von der Brennweite und der gewählten Blende.

Schwarzpunkt
Der dunkelste Punkt in einem Tonwertverlauf

Sensorrauschen
Photonen treffen nicht regelmäßig und in immer der gleichen Menge auf einen Chip. Darüber hinaus stören bauartbedingte Einflüsse das Auswerten. Dadurch entsteht ein ungleichmäßiges Muster, das durch Signalverstärkung, beispielsweise bei höheren ISO-Werten, weiter verstärkt wird. Dieses Muster ist das Rauschen.

Shift
Beim Shiften wird das Objektiv parallel zur Sensorebene verschoben. Dadurch wird der Blickbereich ebenfalls verschoben – die Kamera muss nicht mehr zur Blickrichtung gedreht werden, um ein Motiv mittig auf das Bild zu bringen. Dies wird oft bei Architekturaufnahmen gemacht, da dadurch stürzende Linien vermieden werden. Anstatt die Kamera nach oben zu neigen, wird das Objektiv nach oben geschoben. Die Kamera kann dabei senkrecht gehalten werden.

Separation
Umwandlung von RGB-Daten in Druckfarben, meistens CMYK. Die Umrechnung erfolgt heutzutage über → *Rendering Intents*.

Softbox
Große, durchscheinende Fläche, die vor ein Blitzgerät montiert wird. Sie streut das Licht und erzeugt somit eine sehr große und weiche Ausleuchtung des Motivs. Dies verhindert harte Schatten.

Softproof
Bei Softproofs werden Proofausdrucke am Monitor simuliert. Dabei werden die Bilder mit dem Farbprofil des Druckers angezeigt, mit dem sie gedruckt werden.

Spitzlichter
Kleine Bereiche mit reinem Weiß, die überbelichtet sind. Sie bestehen oft aus Lichtquellen oder deren Reflexion in Bildern. Diese sind meist so hell, dass sie mehrere Blendenstufen über den hellen Stellen liegen. Da sie eine geringe Fläche einnehmen und auch keine wichtigen Bilddetails beinhalten, können sie bei der Belichtungsmessung normalerweise ignoriert werden.

Subtraktive Farbmischung
Bei diesem Farbsystem (CMYK) werden Farben durch Mischung erzeugt. Weiß wird erzeugt, indem keine Farbe aufgetragen wird. Schwarz wird eigentlich durch die Mischung von Cyan, Magenta und Gelb erreicht. Leider wird daraus in der Realität ein dunkles, schmutziges Grau. Daher gibt man zusätzlich noch Schwarz als vierte Farbe hinzu.

Tiefen
Die dunklen Stellen eines Bildes

Tiefenschärfe
→ *Schärfentiefe*

Tilt
Dabei wird das Objektiv an der Kamera seitlich gedreht. Um das Motiv trotzdem wieder im Blick

zu haben, muss die Kamera entsprechend gekippt oder verdreht werden. Das Abbild bleibt zwar dasselbe, aber der Abstand zw - schen Objektivebene und Sensorchip wird auf einer Seite länger als auf der anderen. Dadurch werden die Bereiche, die näher und weiter weg vom Mittelpunkt liegen, unscharf. Wird dies mit einem Verschieben des Drehpunkts über die →*Shift*-Funktion kombiniert, kann der Schärfepunkt aus der Mitte geschoben werden. Eine Abbildungsweise, die gerade sehr in Mode gekommen ist.

Thumbnail
→*Vorschaubild*

Token
Ein Token ist ein Platzhalter für Informationen. Diese bestehen beispielsweise aus Metadaten oder Variablen. Eine Kombination von Tokens kann in Lightroom beispielsweise zum Erzeugen von Dateinamen während des Imports verwendet werden.

Tonemapping
Verfahren, bei dem ein großer Helligkeitsumfang in einen kleineren konvertiert wird. Dies ist beispielsweise bei der Darstellung von HDR-Bildern notwendig. Dort ist der Tonwertumfang so groß, dass es kein Anzeigegerät gibt, das ihn darstellen kann. Das Tonemapping quetscht diesen extrem großen →*Tonwertumfang* in den verfügbaren Umfang eines Monitors. Dabei entstehen oft surrealistische Bilder.

Tonnenverzerrung
Sie ist das Gegenteil der →*Kissenverzerrung*. Die Ecken werden eher in die Mitte des Bildes gezogen – gerade Linien wölben sich also nach innen. Dieser Effekt tritt oft bei Weitwinkelobjektiven auf.

Tonwert
Helligkeitsabstufungen eines Farbkanals

Tonwertkorrektur
Beeinflussung des Helligkeitsverlaufs. Meist werden dabei der →*Weiß*- und →*Schwarzpunkt* des Bildes sowie der mittlere Grauwert angepasst.

Tonwertumfang
Der Helligkeitsumfang eines Bildes

Tonwertzuwachs
Im Druck werden Tonwerte immer etwas dunkler. Dies ist bedingt durch die Saugfähigkeit des Papiers und den klecksenden Farbauftrag. Dadurch wird mehr Farbe aufgetragen als gewünscht. Dieses Mehr an Farbe ist der Tonwertzuwachs; er wird in Prozent angegeben.

TTL-Blitzmessung
Bei der TTL-Blitzmessung misst nicht das Blitzgerät das Licht und bestimmt die Blitzleistung, sondern die Kamera durch das Objektiv, genau wie bei der Objektmessung. Für den Sensor nicht sichtbare Lichtquellen werden dabei nicht berücksichtigt. Der Blitz steuert zusätzlich die Lichtabgabe anhand von Fotozellen im Boden der Kamera nahe des Sensors. Bei modernen TTL-Blitzen wird zur Berechnung zusätzlich auch der Autofokus der Kamera – also der Bereich, auf den fokussiert wird – berücksichtigt.

Unscharf maskieren
Dieser Begriff stammt aus dem Laboralltag der Analogfotografie. Dabei wird ein unscharfes Negativ aus dem Bild generiert. Über das Bild gelegt, verstärkt es bei der Nachbelichtung die Kanten. Je nach Unschärfe der Maske wirkt sich der Effekt auf Details oder größere Bereiche aus. Der Parameter Radius in Lightroom entspricht der Schärfe der Maske.

Vorschaubild
Ein Vorschaubild ist eine kleine Variante des Originals. Es besitzt eine geringere Pixelanzahl und ist stärker komprimiert. Vorschaubilder eignen sich vor allem zum schnellen Anzeigen großer Bildmengen, wie in der Rasteransicht von Lightroom. Diese lassen sich schneller generieren. Außerdem ermöglichen sie, dass man die Bilder anzeigen kann, auch ohne Zugriff auf die Originalbilder zu haben.

Virtuelle Kopie
Virtuelle Kopien sind alternative Varianten eines Bildes. Dabei werden nur die Einstellungen als Alternative zum Original gespeichert. Alle virtuellen Kopien eines Originals greifen auf die gleiche Negativdatei zu wie das Original.

Wahrnehmungsgetreu
→*Perzeptiv*

Weißabgleich
Je nach Farbtemperatur kann der →*Weißpunkt* eine andere Färbung aufweisen. Bei Kerzenlicht ist dieser eher gelblich. Der Weißabgleich der Digitalkameras passt die Färbung des Weißpunkts an die Situation und Sehgewohnheiten an. Beim Menschen leistet das Gehirn diesen Abgleich. Weicht die automatische Ermittlung der Kamera vom tatsächlichen Eindruck ab, muss sie in der Nachbearbeitung manuell korrigiert werden.

Weißbalance
→*Weißabgleich*

Weißpunkt
Die hellste Stelle im Bild, die Weiß darstellt

Die DVD zum Buch

Der Inhalt der DVD-ROM zum Buch ist auf mehrere Ordner aufgeteilt. Im Folgenden ein kurzer Einblick in die einzelnen Ordner:

Ordner »Beispielkatalog«
Sie finden auf der DVD zum Buch einen Beispielkatalog. Dieser enthält die Fotos aus dem Ordner BILDER. Er ist bereits mit Sammlungen und Stichwörtern versehen. Nicht alle Bilder sind aber fertig entwickelt, so dass Ihnen Raum für kreative Entfaltung bleibt. Es sind getrennte Bibliotheken für Microsoft Windows und Apple Mac OS X vorhanden, da es bei Umlauten von Dateinamen zu Problemen kommen kann. Kopieren Sie den Katalog zusammen mit dem Ordner ARCHIV in einen neuen Ordner auf Ihre Festplatte. Von der DVD aus können Sie die Daten nicht bearbeiten.

Ordner »Archiv«
Dieser Ordner befindet sich im Ordner BEISPIELKATALOG. Dort befinden sich die Bilder aus der Beispielbibliothek, mit denen Sie die Module von Photoshop Lightroom für eigene Entwicklungsvorgänge ausprobieren können. Bitte beachten Sie, dass die Urheberrechte für die Bilder beim Autor liegen und die Bilder nicht weitergegeben werden dürfen.

Ordner »Bookmarks«
In diesem Ordner finden Sie eine HTML-Datei mit nützlichen Links auf Webseiten oder Podcasts zu Adobe Photoshop Lightroom. Weitere nützliche Links und Informationen zum Buch finden Sie auf der Website *http://lightroom.iv-media.de/*.

Ordner »Demoversion«
In diesem Ordner finden Sie eine nach Installation 30 Tage lang gültige Testversion von Photoshop Lightroom 3.2. Diese Programmversion ist vollständig nutzbar, und Sie können alle Beispiele in diesem Buch damit nachbauen. Um Photoshop Light-

room zu installieren, gehen Sie im Ordner DEMOVERSION auf den Unterordner WINDOWS, wenn Sie an einem PC arbeiten, und doppelklicken dort auf *Lightroom_3_LS11_win_3_2.exe.*

Arbeiten Sie mit Mac OS X, gehen Sie in den Unterordner MAC OS X und klicken dort auf die Datei *Lightroom_3_LS11_mac_3_2.dmg.* Wenn das Disk Image entpackt ist, doppelklicken Sie im aufklappenden Fenster auf die Datei *Adobe Photoshop Lightroom.pkg.* Danach startet die Installation.

Ordner »Erkennungstafeln«

In diesem Ordner finden Sie Zusatzdateien wie Erkennungstafeln und Hintergründe, die Sie für die Übungen und Workshops benötigen. Die Fotos, die Sie in den Workshops verwenden, sind bereits im Katalog enthalten.

Ordner »Vorgaben Übungsdateien«

In diesem Verzeichnis finden Sie die Erkennungstafel zur Übung aus dem Kapitel »Das Diashow-Modul« und die dazugehörige fertige Vorgabe im Ordner SLIDESHOW TEMPLATES. Kopieren Sie die Vorgabe in den entsprechenden Vorgabenordner. Mehr Informationen zu diesem Thema finden Sie auf den Seiten 153, 163.

Ordner »Wissenswertes«

Hier finden Sie PDF-Dokumente zu den Themen RAW, DNG, IPTC, lineares Gamma etc.

Ordner »Video-Training«

In diesem Ordner finden Sie Lektionen aus dem Video-Training »Adobe Photoshop Lightroom 3. Das umfassende Training« (978-3-8362-1584-8) von Maike Jarsetz. Sie schauen der Trainerin bei der Arbeit mit Lightroom über die Schulter und können so ganz leicht die vorgestellten Methoden nachvollziehen. Um das Video-Training anzusehen, klicken Sie auf die Datei »Start.html«. Alle anderen Dateien in diesem Ordner können Sie ignorieren. Das Video-Training startet mit einer gesonderten Oberfläche, von der aus Sie die einzelnen Lektionen auswählen können.

Kapitel 1 »Fotos individuell verbessern«

Kapitel 2 »Lightroom und Photoshop«

Kapitel 3 »Metadaten und Kataloge«

Index

C

D

E

S

W

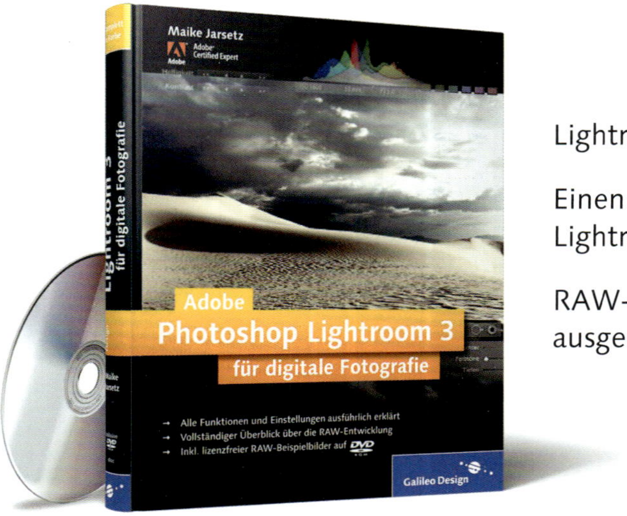

Lightroom meistern – Schritt für Schritt

Einen eigenen Foto-Workflow mit Lightroom aufbauen

RAW-Fotos perfekt entwickeln, ausgeben und präsentieren

Maike Jarsetz

Das Lightroom-Buch für digitale Fotografie

Sie suchen ein praktisches und verständliches Buch, das Ihnen sofort zeigt, wie Sie Ihre Fotos am besten mit Lightroom entwickeln? Dann ist dieses Buch von Maike Jarsetz genau das Richtige für Sie! Die Lightroom- und Photoshop-Expertin zeigt Ihnen in diesem Buch in leicht nachvollziehbaren Schritt-für-Schritt-Anleitungen, wie Sie Ihre Bilder mit Lightroom gekonnt entwickeln, bearbeiten und archivieren können. So lernen Sie nicht nur, Lightroom effizient einzusetzen sondern auch, wie Sie Ihren fotografischen Praxis-Workflow optimieren können – von der Bildorganisation über die Fehlerkorrektur und Optimierung bis hin zur Ausgabe der Fotos. In einem Zusatzkapitel mit spannenden Lightroom-Projekten zeigt Ihnen Maike Jarsetz außerdem, wie Sie Lightroom für Ihr Lieblingsgenre ausreizen, vom Porträt bis zum Naturfoto.

ca. 410 S., komplett in Farbe, mit DVD, 39,90 Euro, ISBN 978-3-8362-1601-2, November 2010

>> www.galileodesign.de/2366

Der Name Galileo Press geht auf den italienischen Mathematiker und Philosophen Galileo Galilei (1564–1642) zurück. Er gilt als Gründungsfigur der neuzeitlichen Wissenschaft und wurde berühmt als Verfechter des modernen, heliozentrischen Weltbilds. Legendär ist sein Ausspruch *Eppur si muove* (Und sie bewegt sich doch). Das Emblem von Galileo Press ist der Jupiter, umkreist von den vier Galileischen Monden. Galilei entdeckte die nach ihm benannten Monde 1610.

Lektorat Christine Keutgen
Korrektorat Angelika Glock, Wuppertal
Herstellung Steffi Ehrentraut
Einbandgestaltung Klasse 3b, Hamburg (*www.klasse3b.de*)
Satz István Velsz, München
Druck Himmer AG, Augsburg

Dieses Buch wurde gesetzt aus der Linotype Syntax (9,25 pt/13 pt) in Adobe InDesign CS3. Gedruckt wurde es auf chlorfrei gebleichtem Bilderdruckpapier (115 g/m²).

Gerne stehen wir Ihnen mit Rat und Tat zur Seite:
christine.keutgen@galileo-press.de
bei Fragen und Anmerkungen zum Inhalt des Buches

service@galileo-press.de
für versandkostenfreie Bestellungen und Reklamationen

julia.bruch@galileo-press.de
für Rezensions- und Schulungsexemplare

Bibliografische Information der Deutschen Nationalbibliothek
Die Deutsche Nationalbibliothek verzeichnet diese Publikation in der Deutschen Nationalbibliografie; detaillierte bibliografische Daten sind im Internet über *http://dnb.d-nb.de* abrufbar.

ISBN 978-3-8362-1600-5

1. Auflage 2011